BOT项目

——成绵苍巴高速公路全生命周期建设管理

田宝华　王义春　李洁勇　著

西南交通大学出版社
·成　都·

图书在版编目（CIP）数据

BOT 项目 ：成绵苍巴高速公路全生命周期建设管理 / 田宝华，王义春，李洁勇著. -- 成都：西南交通大学出版社，2024. 8. -- ISBN 978-7-5774-0081-5

Ⅰ. U412.36

中国国家版本馆 CIP 数据核字第 2024X7H988 号

BOT Xiangmu
——Cheng-Mian-Cang-Ba Gaosu Gonglu Quanshengming Zhouqi Jianshe Guanli

BOT 项目
——成绵苍巴高速公路全生命周期建设管理

田宝华　王义春　李洁勇　著

策划编辑	黄庆斌　赵思琪
责任编辑	赵思琪
封面设计	墨创文化
出版发行	西南交通大学出版社 （四川省成都市金牛区二环路北一段 111 号 西南交通大学创新大厦 21 楼）
营销部电话	028-87600564　028-87600533
邮政编码	610031
网　　址	https://www.xnjdcbs.com
印　　刷	四川玖艺呈现印刷有限公司
成品尺寸	185 mm × 260 mm
印　　张	52.5
字　　数	1309 千
版　　次	2024 年 8 月第 1 版
印　　次	2024 年 8 月第 1 次
书　　号	ISBN 978-7-5774-0081-5
定　　价	560.00 元

组织委员会

主　任　肖红武　王政松

副主任　王义春　田宝华　李洁勇

委　员　王　政　叶建兴　申瑞灿　刘玉柱　刘延龙　汝新学　孙　帆　孙长德　李文杰　李宏建　张　征　张圣强　胡传生　姜　彬　徐振龙　梁永锋　彭继安　程　楠　廖其德

编写委员会

主　编　田宝华　王义春　李洁勇

副主编　刘延龙　孙长德

编　委　王万余　王　建　王　璐　王　飞　王玉龙　王红亮　王国权　王洪翔　毛德富　仇　果　方　林　左雪芹　田　野　田　鹤　史忠祥　仪　凡　朱建连　刘　爽　刘天宝　刘宇轩　刘红修　刘陈坤　刘金铭　刘海军　孙　栋　李胜臣　杨　洋　杨　毅　杨荣光　杨俊东　汪恩来　张　星　张　勇　张　浩　张　彪　张　鹏　张双洋　张重阳　陆清元　陈　光　陈俊杰　陈海龙　陈鹏辉　欧阳平　罗　杰　罗　程　孟凡成　赵　强　赵天伟　姜　营　袁臻辉　聂健行　徐　杰　高海峰　郭鸿政　奚　成　曹国军　葛亚歌　曾映红　温　平　戢　玲　解统贝　褚智文　谭　斌　潘微旺　薛家成

审　稿　张俊儒

主编单位　中铁二十三局集团有限公司

PREFACE

前　言

成绵苍巴高速公路是国家“十纵十横”综合运输大通道的组成部分，是川陕甘交通枢纽的骨干性支撑工程。项目全长 320.4 km，由 G5 京昆高速公路绵阳至成都扩容段、绵阳至苍溪、苍溪至巴中 3 条高速公路组成。起于成都市绕城高速，止于巴中市巴达高速，连通了成都、德阳、绵阳、广元、巴中 5 市。

2023 年 12 月 29 日，成绵苍巴高速公路绵阳市涪城区杨家镇至广元市苍溪县元坝段全线正式并网通车，成为第三条出川、入陕、进京大通道。此举进一步完善了大巴山区、川陕革命老区和川东北区域的交通路网，为四川扩大向北开放提供了有力支撑。同时，它对四川融入“一带一路”建设、强化与京津冀经济区的联系、带动沿线经济发展、推动乡村振兴等具有重要意义。

该项目是中国铁建股份有限公司（简称“中国铁建”）单笔投资额最大的 BOT（Building-Operating-Transfer，建设-经营-转让）高速公路项目，创下了系统内由一个工程局独立完成施工任务规模之最。项目团队采用科学高效的“铁建方案”，在全线率先完成管段内 152 km 建设任务，较全线计划通车日期提前半年。

建设中，面对独家承建 152 km 线路、26 座隧道、101 座桥梁、13 处枢纽互通的超大工程量，中铁二十三局集团有限公司（简称“中铁二十三局”）通过积极优化线路设计，形成整体性施组方案，并采用“大统筹、大施组、集约化、精细化”的管理模式，调集所属 9 家单位的精兵强将参与工程建设。实施过程中，成绵苍巴项目部前期以架梁通道为关键线路，以重难点工程施工为重点，后期以路面铺设为关键线路，以路床交验为重点，并集中优势力量攻克了嘉陵江特大桥、涪江特大桥、永明枢纽互通、苍溪枢纽互通、成绵苍巴高速与成万高速共线导改等重难点控制性工程，保证了工程有序组织、整体协同、均衡生产、高效推进。此外，整个建设项目深入推进智慧工地建设，并大力开展科技创新和技术攻关，实现了又好又快完成项目建设。项目部先后获得全国工人先锋号、四川省总工会工人先锋号、共青团四川省委青年文明号、中国铁建股份有限公司劳动竞赛先进单位等荣誉。获得中国安全生产学会科技进步奖一等奖 1 项、中国铁建股份有限公司科技奖 1 项、中国施工企业管理协会专利奖 3 项，获评省部级工法 14 项，授权国家专利 40 项、登记软件著作权 20 项，参编国家标准 2 项、形成企业技术标准 1 项。

编委会对建设过程中取得的成果进行了细致的归纳、总结与提炼，最终编纂成此书。全书内容涵盖以下主要方面：成绵苍巴高速公路论证立项、成绵苍巴高速公路建设管理体系、成绵苍巴高速公路施工技术、成绵苍巴高速公路数字化建设应用、成绵苍巴高速公路运营及维护。系统总结了项目在策划、施工、全生命周期管理、科技创新、数字化建设等方面形成的经验和成果，希望能给国内同行提供参考。

书中参考和引用了部分国内外专著、论文及规范，在此向这些作品的作者及相关人士致以诚挚的感谢！特别要感谢的是：中国铁建昆仑投资集团有限公司、中铁第一勘察设计院集团有限公司、西南交通大学、西南石油大学、四川大学、四川农业大学、山东省交通科学研究院、山东建筑大学、山西启程建筑工程管理股份有限公司等单位，它们对本书涉及的研究项目给予了宝贵的支持与协助。

鉴于编写组在认知水平及实践经验上的局限性，书中难免存在疏漏与不足之处，恳请广大读者不吝批评与指正。

编委会
2024 年 8 月

CONTENTS

目　录

第 4 篇 成绵苍巴高速公路数字化建设应用

第5篇 成绵苍巴高速公路运营及维护

第 1 篇

成绵苍巴高速公路论证立项

第 1 章　成绵苍巴高速公路立项及批复

1.1　项目可行性研究报告

1. 京昆高速绵阳至成都段扩容工程

2015 年 7 月，四川兴蜀公路建设发展有限责任公司委托四川省交通运输厅公路规划勘察设计研究院承担《京昆高速绵阳至成都段扩容工程可行性研究报告》编制工作，四川省交通运输厅交通勘察设计研究院承担监理咨询工作。2016 年 10 月，完成成绵高速公路通道扩容方案研究报告初稿。2017 年 4 月，完成《京昆高速公路绵阳至成都段工程可行性研究报告》初稿。2017 年 5 月，结合 G5 广元至绵阳段扩容路线方案、拟建绵苍巴高速及规划绵阳至中江高速路线走向，编制完成《成绵广高速公路扩容通道方案研究报告》。2017 年 6 月，完成《京昆高速公路绵阳至成都段扩容工程可行性研究报告》送审稿。2017 年 7 月，工可报告送审稿通过了由四川省交通运输厅组织的专家预评审。2017 年 11 月，根据四川省交通运输厅组织的专家预评审意见，修改完成《京昆高速公路绵阳至成都段扩容工程可行性研究报告》修改稿。2018 年 5 月，依据项目前期工作进展以及其他最新变化情况，完成《京昆高速公路绵阳至成都段扩容工程可行性研究报告》修编稿。2018 年 6 月 11 日，通过省发改委和省交通运输厅联合评估，并按照专家评审意见修编完成《京昆高速公路绵阳至成都段扩容工程可行性研究报告》。

2. 绵阳至苍溪高速公路

2011 年 2 月，四川省交通运输厅委托四川省交通运输厅交通勘察设计研究院开展绵阳至苍溪高速公路工程可行性研究工作，四川公路工程咨询监理公司进行技术咨询、过程监理和成果文件审查工作。2012 年 5 月 19 日，项目组完成《绵阳至苍溪高速公路工程可行性研究报告》(送审稿)。2015 年 1 月 5 日至 8 日，四川省交通运输厅组织召开了《绵阳至苍溪高速公路工程可行性研究报告》专家评审会。2015 年 6 月，四川省交通运输厅组织召开了《绵阳至苍溪高速公路工程可行性研究报告》行政审查会。2015 年 10 月，按照厅行业审查意见及相关专题意见修订完成工程可行性报告。2017 年 4 月 25 日，按营改增修订完成工程可行性报告。2017 年 11 月，结合《京昆高速公路绵阳至成都段扩容工程可行性研究报告》，修编完成了工程可行性报告。2018 年 1 月 24 日，通过省发改委和省交通运输厅联合评估，并按照专家评审意见修编完成《京昆高速公路绵阳至成都段扩容工程可行性研究报告》。

3. 苍溪至巴中高速公路

2011 年 2 月，四川省交通厅委托中交第一公路勘察设计研究院有限公司进行苍溪至巴中段高速公路工程可行性研究工作。委托四川公路工程咨询监理公司进行技术咨询、监理和成果文件审查工作。2011 年 2 月，中交一公院收集相关资料及统计数据，各种材料单价，用地价格，基础设计资料，进行地质调查和必要的钻探，进行 0D、交通量调查。2011 年 10 月完成初步方案研究。2011 年 11 月，咨询单位对工可文件咨询。2012 年 5 月，根据监理咨询单位的咨询审查意见对工可研究报告进行了修改完善，完成送审稿编制。2014 年 10 月根据四川省交通厅、巴中市要求对终点方案进行了补充研究。2015 年 1 月，四川省交通厅组织对工可评审。2016 年 7 月，根据工可评审意见中交一院对路线调整修改，同时根据项目进展，对调整交通经济、估算调整修改。2017 年 12 月，中交一院完成工可修编。2018 年 4 月，依据项目进展完成工可修编。

1.1.1　概　述

1. 项目背景

四川省正在加快推进“一枢纽、三中心、四基地”和“一极一轴一区块”建设，将构建贯通南北、连接东西、通江达海的西部综合交通枢纽，将四川建设成为辐射西部、面向全国、融入世界的西部经济开发高地。成绵苍巴高速公路项目（以下简称“项目”）的建成将有力推动四川省的战略构想。

项目位于四川省绵阳市、南充市、广元市境内，是《四川省高速公路网规划（2011 年调整方案）》7 条东西横向路线“绵阳至万源高速公路”的重要组成路段，线路自绵阳市起，向东经绵阳游仙区、梓潼县，止于广元市苍溪县，与规划的苍溪—巴中—万源高速公路相接，与 G108 线和 S302 线走向基本平行。该项目有利于四川省五大经济区、四大城市群之间路网连接，于当地的经济、交通运输、革命老区发展和资源整合有利，加强了相邻市州连接，实现了四川省内大通道、向外辐射和向次枢纽的多点连接拓展。同时也是成都、德阳、绵阳、巴中经万源至陕西出川高速公路的又一通道。

2. 编制依据

（1）《四川省交通运输厅关于委托广元至平武等 8 个高速公路项目工可研究及监理咨询任务的通知》（川交函〔2011〕65 号）。

（2）《四川省高速公路网规划（2011 年调整方案）》《四川省高速公路网规划（2014—2030 年）》。

（3）《西部综合交通枢纽建设规划》。

（4）《公路建设项目可行性研究报告编制办法》。

（5）《建设项目经济评价方法与参数（第三版）》。

（6）其他相关标准、规范及参考资料。

3. 研究内容

成绵苍巴高速公路项目的可行性研究报告基于绵阳、广元、苍溪等地的实际区域发展和道路交通发展情况，对拟建项目所在区域的经济发展现状及规划、项目影响区域交通运输现状及发展、相关公路技术状况及存在问题、项目所在区域路网中的地位和作用等方面开展了综合研究和分析。

1.1.2 经济社会和交通运输发展现状及规划

1. 项目区域概况

1）项目概况

成绵段 G5 京昆改扩建项目位于四川省成都市、德阳市、绵阳市境内，是《国家公路网规划（2013 年—2030 年）》中 G5 京昆高速绵阳至成都段改扩建工程，同时也是连接成都、德阳、绵阳三市的又一新的重要快速通道。线路起于绵阳魏城镇附近，与拟建绵阳—苍溪—巴中高速公路相交，并对接绵阳南环线高速公路（约 23.6 km），随后绵阳过境段利用既有绵阳南环线高速公路原路改扩建至绵阳涪城区关帝镇附近（约 9.3 km），之后线路在既有成绵高速公路东侧新建复线，经涪城区、中江县、旌阳区、广汉市、金堂县、青白江区、新都区，接成都二环至三环城市干道（约 94.8 km），线路全长约 127.7 km。项目建成后将有利于缓解现有高速公路通道交通压力，并支撑“成、德、绵”一体化发展改革，有效推动三市相互融合发展。

绵阳至苍溪高速公路是《四川省高速公路网规划（2014—2030）》中东西横向路线“绵阳至万源高速公路”的重要组成路段，该项目的建设将有利于优化五大经济区、四大城市群之间路网，加强相邻市州的连接，实现省内大通道由成都向外辐射次枢纽多点连接拓展，确保重要城市间有多条替代路线，解决重要节点迂回绕行的问题。

苍溪至巴中高速公路是四川省规划建设的“16、5、5”网中 5 条东西横线之一绵阳至万源（绵阳—梓潼—苍溪—巴中—通江—万源）中的一部分。项目的建设不仅会大大促进绵阳、广元、巴中及周边县市的交通联系和社会经济发展，缓解城市过境交通压力，同时也对加强四川省川北地区与中西部其他地区的经济、文化交流，促进川西北及整个西部地区的发展也将起到重要的作用。

2）项目影响区的划分

综合考虑本项目在区域路网中的地位和作用，以及对沿线各地区经济、交通、人流、物流等的影响程度，确定绵阳市及其所辖涪城区、游仙区和梓潼县，广元市及其所辖剑阁县和苍溪县，南充市及其所辖南部县和阆中市为项目影响区。

3）项目影响区域特点研究

项目影响区具有以下几个特点：

（1）地处经济区域发展带、区位优势明显。

项目的主要影响区——绵阳市既属于成德绵经济带，同时也是成渝经济区的重要组成部分，具有独特的区位优势。成德绵经济带是川西平原城市最为密集的一大区域，四川经济总量中有近一半都由该区域创造的，该区域农业先进、科技领先、交通发达、城镇化水平高、产业聚集效应明显，是西南地区及四川省发展的前沿高峰地带。

绵阳市以及项目另一条重要影响区——南充市都位于成渝经济区之内，绵阳市是成渝经济区西北部中心城市，南充市更是成渝经济区“一极一轴一区块”发展框架中“成渝通道发展轴”的重要中心城市。未来，该发展轴将重点建设成渝经济区长江上游沿江以及内渝、成遂南、广渝三大发展带，建成西部重要的商品集散地和经济走廊，从而成为四川省经济发展次高地。

（2）地区经济发展差异明显，但发展速度较快。

绵阳市是四川省第二大城市，基本形成以电子信息产业为主导的现代工业体系，生产总值总量一直省内排名第二。南充市经济实力略逊于绵阳，但生产总值总量也在全省名列前茅。广元市地处陕甘革命老区，农业发展基础稳固，工业对经济发展具有一定支撑力，经济发展具有较大潜力，目前已纳入国家和省的经济社会发展总体规划，亟待加快开发和建设。项目影响区 2015 年生产总值发展对比如图 1-1-1 所示，项目影响区 2015 年城镇居民人均可支配收入及农民人均收入对比如图 1-1-2 所示。

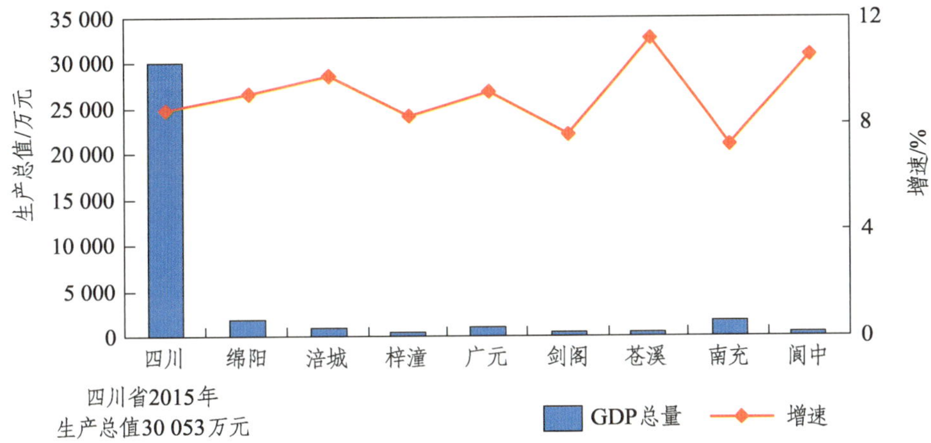

图 1-1-1　项目影响区 2015 年生产总值发展对比

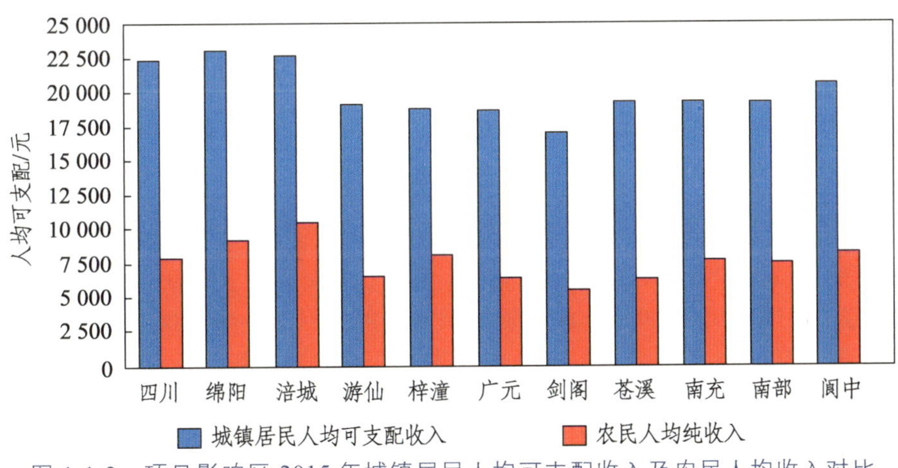

图 1-1-2　项目影响区 2015 年城镇居民人均可支配收入及农民人均收入对比

从图 1-1-1 和图 1-1-2 中可以看出，无论是生产总值还是人均可支收入，广元市都比较低。而从经济发展速度可以看到，广元市仍具备一定发展潜力，经济增速与绵阳、南充相比较快。随着国家西部大开发的实施，成渝经济区的建设和发展成为我国继长三角、京津冀、珠三角之后的第四个经济区域。绵阳和南充市地处成渝经济区的重要地带，同时绵阳也是成德绵经济带的中心城市，对接成都、重庆两大区域性中心城市的经济辐射，承接成都产业转移极为有利，地理区位的优势将大大增加项目影响区的发展潜力。

（3）资源丰富，但开发程度不高。

绵阳市全市已发现资源有铁、锰、铅锌、钨、金、银、磷、硫、水晶、方解石、石灰石、白云石、膨润土、石英岩、天然气等多达 57 种。绵阳也是著名的文化古城和旅游胜地，以源远流长的巴蜀文化和三国文化、民族风情资源而闻名于世。绵阳市 2001—2005 年旅游情况详见表 1-1-1。

表 1-1-1 绵阳市 2001—2005 年旅游收入及人数统计

年度	旅游者总人数/万人次	旅游总收入/亿元	全省旅游总收入/亿元	占全省份额/%	在全省的位次	旅游收入占全市生产总值比重/%
2001	427.55	21.50	313.50	6.86	3	6.50
2002	471.86	25.60	380.20	6.73	3	6.90
2003	558.57	28.30	420.80	6.73	3	7.14
2004	711.09	36.04	566.20	6.37	4	7.92
2005	760.49	45.07	721.26	6.25	4	9.34
2006	1 038.45	63.50	979.57	6.48	3	11.32
2007	1 338.48	80.94	1 217.31	6.65	3	12.00
2008	741.87	40.18	1 091.52	3.68	8	5.41
2009	879.37	47.80	1 472.48	3.25	11	5.83
2010	1 194.31	65.24	1 886.10	3.46	—	6.79
2011	1 581.50	97.20	2 449.20	3.97	—	8.17
2012	1 921.60	137.20	3 280.30	4.18	—	10.19
2013	2 463.50	205.20	3 877.40	5.29	—	14.10
2014	2 821.10	277.30	4 891.00	5.67	—	17.55
2015	3 385.70	343.48	6 137.60	5.60		20.20

注：数据来源绵阳市旅游局和统计局官方网站。

广元市天然气资源丰富，新发现的九龙山、元坝、龙岗西三大气田 2015 年累计探明储量达 4 000 亿立方米。广元市是四川省旅游资源最富集的地区之一和“国家优秀旅游城市”，三国文化底蕴丰厚，同时也是省级爱国主义教育基地、国防教育基地、省级文物保护单位。广元市 2006 年以来旅游接待和收入情况见图 1-1-3。

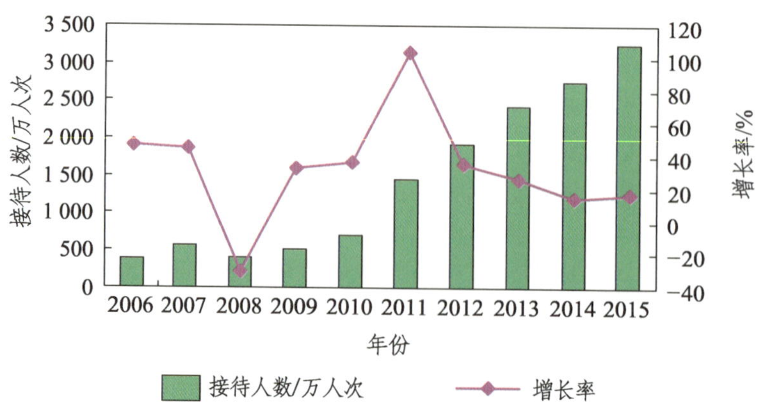

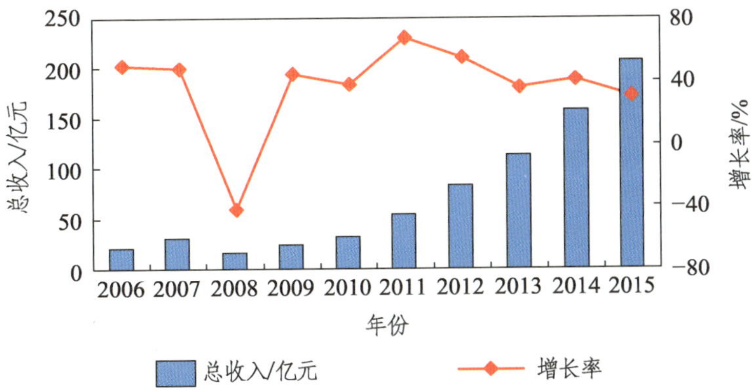

图 1-1-3　广元市 2005—2015 年旅游收入及人数统计

南充市资源富集，是重要的水能开发基地；龙岗气田的经济可采储量就达 7 000 亿立方米，是普光气田的 2～3 倍，占全国总储量的 28%；旅游资源极为丰富，拥有全国和省、县三级重点文物保护单位 200 多个，旅游景点 60 余处，有全国历史文化古城阆中、白塔古庙、嘉陵江第一山锦屏山以及升钟水库等。南充市旅游业发展情况见表 1-1-2。

表 1-1-2　南充市 2005—2015 年旅游收入及人数统计

南充	生产总值/亿元	旅游总收入/亿元	旅游人次/万人次	旅游总收入占生产总值比重/%
2005	335.27	18.58	472.37	5.54
2006	396.46	28.14	586.61	7.10
2007	508.13	35.27	695.30	6.94
2008	601.95	49.13	812.48	8.16
2009	686.28	71.60	1 101.52	10.43
2010	800.00	91.13	1 307.60	11.39
2011	1 029.48	122.30	1 510.60	11.88
2012	1 180.36	155.43	1 826.50	13.17
2013	1 328.55	210.23	2 553.90	15.82
2014	1 432.02	253.78	3 078.95	17.72
2015	1 516.20	321.72	3 726.50	21.22

注：资料来源于南充市旅游局。

2. 经济社会现状

1）绵阳市

（1）概况。

绵阳市位于四川盆地西北部，涪江中上游地带，东邻广元市、南充市，南接遂宁市，西接德阳市，西北与阿坝藏族羌族自治州和甘肃省接壤，总面积 20 249 km^2。

绵阳市自然资源丰富，全市境内主要河流有涪江、安昌江等，水能蕴藏量为 2.9×10^6 kW 左右，可开发量为 2.5×10^6 kW 左右；境内有金、钨锰、石灰石、天然气等资源约 56 种，有 4 500 多种植物，市境内野生动物资源十分丰富，根据调查统计，全市已知有脊椎动物 5 纲 32 目 109 科 791 种，有无脊椎动物 2 门 6 纲 33 目 241 科 1 257 种。境内县级以上文物保护单位 484 处，以源远流长的巴蜀文化和三国文化、民族风情资源而闻名于世；有翠云廊、王朗和小寨子沟自然保护区等自然旅游资源。

（2）经济社会现状。

2015 年全年绵阳市实现生产总值达 1 700 亿元，比上年增长 7.6%，其中：第一产业增加值 260 亿元；第二产业增加值 859 亿元；第三产业增加值 581 亿元。

绵阳市是全省粮食、蔬菜、水果、油橄榄、茶叶、生猪等的重要产区，以种植业和畜牧业为主，2015 年全市农业生产稳步增长。

2）广元市

（1）概况。

广元市地处四川盆地北部边缘，北靠陕西，南邻绵阳市，东与巴中、南充毗邻，西北与甘肃、阿坝接壤。

广元市气候温和，物产丰富，盛产水稻、小麦、玉米、薯类和水果。名优特产品众多，苍溪雪梨、猕猴桃、香菇、竹笋、木耳、竹编、麻柳刺绣、唤马剪纸等在全省、全国都享有盛誉，木耳产量为全国之冠。

广元市矿产资源和水资源丰富，有金、煤、铁、天然气、大理石等 30 多种。水电资源集中在白龙江、嘉陵江流域。

广元市旅游资源十分丰富，风景名胜众多，有剑门关、鹤鸣山、翠云廊、昭化古城、皇泽寺、千佛崖、先秦古栈道、唐家河国家级自然保护区、白龙湖国家级风景名胜区等旅游景点。

（2）经济社会现状。

2015 年广元生产总值为 605 亿元，比上年增长 8.6%，其中：第一产业增加值 99.76 亿元；第二产业增加值 285.53 亿元；第三产业增加值 220.14 亿元。从全省整体范围看，广元市仍属经济小市、财政穷市、工业弱市，经济总量、财政收入和工业总产值等指标均排全省后列。

目前广元市已初步形成了以有色金属、能源、食品、电子和建材为支柱的工业体系，以畜牧、林业、水果、蔬菜、茶叶、中药材、蚕桑为重点的特色农业也初具规模，以旅游、商贸流通为重点的第三产业也有了长足进步，但房地产业、通信、交通等发展相对缓慢。是全省粮食、蔬菜、水果、油橄榄、茶叶、生猪等的重要产区，以种植业和畜牧业为主，2015 年全市农业生产稳步增长。

3）南充市

（1）概况。

南充市位于四川盆地东北部，嘉陵江中游，东邻达州市，南接广安市，西与遂宁市、绵阳市接壤，北与广元市、巴中市毗邻。

南充市土地、矿产资源相对贫乏，垦地后备资源不足，人均耕地占用量少。

（2）经济社会现状。

2015 年，南充市全年实现生产总值达 1 516.2 亿元，比上年增长 7.6%，其中：第一产业增加值 335.23 亿元；第二产业增加值 741.11 亿元；第三产业增加值 439.86 亿元。

3. 经济社会发展趋势

（1）《四川省国民经济和社会发展“十三五”规划纲要》：“十三五”期间，在提高发展平衡性、包容性、可持续性的基础上，年均生产总值增长 7%以上，到 2020 年地区生产总值和城乡居民人均收入比 2010 年翻一番以上，人均地区生产总值与全国平均水平的差距进一步缩小。加快建成经济总量大、经济结构优、创新能力强、质量效益好的经济强省。

（2）《成渝经济区区域规划》：根据 2011 年 5 月 5 日国务院正式批复的《成渝经济区区域规划》，将成渝经济区建成为西部地区重要的经济中心、全国重要的现代产业基地、深化内陆开放的试验区、统筹城乡发展的示范区和长江上游生态安全的保障区。《成渝经济区区域规划》提出，成渝经济区将依托中心城市和长江黄金水道、主要陆路交通干线，形成以重庆、成都为核心，沿江、沿线为发展带的“双核五带”空间布局。到 2015 年，成渝经济区建成西部地区重要的经济中心；到 2020 年，成为我国综合实力最强的区域之一。

（3）《川东北经济区发展规划（2014—2020 年）》：川东北经济区范围包括广元、南充、广安、达州和巴中 5 市，面积为 $6.4\times10^4\,km^2$，占四川省总面积近八分之一，2013 年末常住人口占全省的四分之一，人口密度为全省平均水平的近两倍，属于典型的地少人多的区域。根据区域发展基础、比较优势和资源环境承载能力，立足川东北经济区在全省、西部地区乃至全国的战略地位和主体功能分工，《川东北经济区发展规划（2014—2020）》将川东北经济区打造成川渝陕甘结合部的区域经济中心，建设国家重要的清洁能源化工基地、特色农产品生产基地、生态文化旅游区和川陕苏区振兴发展示范区；将在经济区内构建以南充、达州为核心，沿江、沿线为发展带的“双核五带”城市群，两座城市将发展成为人口超百万的特大城市，以此带动整个区域内的整体进步；到 2020 年与全国全省同步实现全面建成小康社会目标，经济增速高于全省平均水平，整体经济实力明显增强，地区生产总值和人均地区生产总值在 2013 年基础上翻一番，城镇居民人均可支配收入达到 40 500 元，农民工人均纯收入达到 16 600 元，城镇化加快推进，城镇化率力争达到 50%，国家扶贫开发工作重点县全部实现“摘帽”，全部扶贫对象基本脱贫。

（4）《秦巴山片区区域发展和扶贫攻坚规划（2011—2020 年）》：秦巴山区区域包括河南、湖北、重庆、四川、陕西、甘肃六省市的 80 个县（市区）。区域总面积为 $2.25\times10^5\,km^2$，加快秦巴山片区区域发展，加大扶贫攻坚力度，有利于保障和改善民生，推进贫困人口整体脱贫致富，缩小发展差距，促进社会和谐；有利于深入推进西部大开发和促进中部地区崛起，实现国家区域协调发展；有利于水资涵养、水土保持和生物多样性保护，构筑国家重要生态安全屏障；有利于南水北调中线工程水利实施和三峡库区安全，对实现国家总体战略目标和全面建设小康社会奋斗目标，具有十分重要的意义；《秦巴山片区区域发展和扶贫攻坚规划（2011—2020 年）》提出了六个战略定位，即区域交通重要通道、循环经济创新发展区、科技扶贫示范区、知名生态文化旅游区、国家重要生态安全屏障；到 2015 年，汽车和装备制造业、现代农业、旅游业等特色优势产业加快发展，循环经济初见实效；基础设施明显改善，有效缓解运输瓶颈制约；依托铁路、高速公路等综合运输通道，加快中心城市、重点城市和产业聚集区建设，提升辐射带动功能，增强片区与关中一天水经济区、成渝经济区、武汉城市圈和中原经济区等国家重点经济区和南阳、襄阳、万州、达州等周边城市的经济联系，构建“一带三中心五走廊”经济发展格局，形成发展要素聚集、产业特色突出、区域联系紧密、城镇体系完善的主体空间结构。

（5）《构建“西三角”经济区基本思路》：对构建“西三角”经济区的必要性、可行性，构建总体构想、重点领域及保障措施进行了科学定位；川陕渝共建“一极三区、两高地一中心”，“一极”即全国区域经济增长第四极，与长三角、珠三角、环渤海湾并驾齐驱，共同支撑全国 60%左右的经济总量；“三区”指全国内陆地区对外开放先行区、全国城乡统筹发展示范区和全国生态文明示范区；“两高地一中心”即建设全国重要的现代产业高地和全国科技创新高地，是西部地区教育、文化、卫生、信息、会展等现代城市功能综合服务中心。建设高效便捷的交通网，打造西部地区产业高地，发挥西安科研、航空、航天、机械制造优势，成都信息软件、重大装备制造、清洁能源优势，重庆制造基础雄厚、配套能力强、工业体系齐备优势，联手打造全国重要的装备制造、能源化工、汽摩、资源加工、高科技、国防军工等六大产业基地。

4. 预测结果及分析

国家深入推进新一轮西部大开发战略，加大力度支持川东北经济区、革命老区、贫困地区和秦巴山区发展；四川省各级政府先后出台了《成渝经济区区域规划》《关于加快巴中革命老区发展的意见》《川东北经济区发展规划（2014—2020）》《构建“西三角”经济区基本思路》。项目影响区面临着前所未有的发展机遇，国民经济将会保持较高的增长水平，项目影响区主要经济社会指标发展预测结合前述经济预测模型，并参考各市县区的“十三五”规划纲要和远景规划目标，综合分析确定。项目影响区人口及生产总值预测结果见表 1-1-3 及表 1-1-4。

表 1-1-3 项目影响区人口预测表

项目	年份	四川	绵阳	涪城	游仙	梓潼	广元	剑阁	苍溪	南充	南部	阆中
历史	2001—2005	0.55%	0.47%	2.30%	1.28%	0.11%	0.11%	−0.07%	0.02%	0.55%	−0.69%	1.07%
	2006—2010	0.82%	0.41%	1.60%	0.95%	0.22%	0.43%	0.59%	0.61%	0.62%	0.87%	−0.47%
	2001—2015	0.05%	0.32%	1.59%#	1.01%#	0.15%#	0.05%	0.07%#	0.22%#	0.30%	−0.03%#	0.58%*
增长率	2016—2020	0.40%	0.50%	1.66%	0.90%	0.34%	0.40%	0.54%	0.60%	0.60%	0.75%	0.52%
	2021—2030	0.35%	0.48%	1.55%	0.77%	0.32%	0.37%	0.52%	0.54%	0.52%	0.55%	0.50%
	2031—2040	0.28%	0.46%	1.40%	0.64%	0.29%	0.28%	0.48%	0.48%	0.45%	0.45%	0.46%
	2041—2050	0.20%	0.43%	1.26%	0.52%	0.25%	0.26%	0.43%	0.45%	0.35%	0.35%	0.42%
预测值	2017	8 172.76	551.54	72.68	56.38	38.62	311.38	68. 05	79.53	763.57	130.94	74.31
	2020	8 337.53	565. 47	78.92	58.96	39.28	317.66	69.90	81.95	786.76	135.93	76.26
	2030	8 633.98	593.21	92.04	63.67	40.56	329.61	73. 62	86.48	828.64	143.59	80.16
	2040	8 878.80	621.07	105.77	67.86	41.75	338.96	77.24	90.73	866.69	150.18	83.92
	2050	9 057.98	648.30	119.88	71.47	42.80	347.87	80.62	94.89	897.51	155.52	87.52

注：人口预测基数为户籍人口，单位为万人；带“*”数据为 2001—2012 年增长率；带“#”数据为 2001—2014 年增长率。

表 1-1-4　项目影响区经济预测表

项目	年份	四川	绵阳	涪城	游仙	梓潼	广元	剑阁	苍溪	南充	南部	阆中
历史	2001—2005	11.17%	10.03%	11.89%	11.10%	9.05%	8.59%	6.88%	6.53%	11.71%	11.83%	11.94%
	2006—2010	13.71%	12.39%	14.70%	13.68%	12.19%	12.34%	12.18%	12.46%	14.64%	13.98%	14.10%
	2001—2015	10.77%	11.21%	12.07%	12.11%	10.57%	11.51%	10.69%	11.91%	11.01%	11.90%	12.01%
增长率	2016—2020	7.50%	8.00%	8.50%	8.50%	8.50%	8.50%	8.50%	8.50%	8.00%	8.50%	8.50%
	2021—2030	6.50%	7.00%	7.50%	7.50%	7.00%	7.00%	7.00%	7.00%	7.00%	6.50%	7.00%
	2031—2040	5.00%	6.00%	6.00%	6.00%	6.00%	6.00%	5.50%	5.50%	5.50%	5.50%	5.50%
	2041—2050	4.00%	5.00%	5.00%	5.00%	5.00%	5.00%	4.50%	4.50%	4.50%	4.50%	4.50%
预测值	2017	34 730.11	1 983.26	738.63	221.61	100.42	712.73	105.97	133.67	1 768.50	313.37	210.52
	2020	43 145.11	2 498.34	943.44	283.06	128.26	910.36	135.36	170.74	2 227.80	400.26	268.90
	2030	80 989.31	4 914.62	1 944.46	583.40	252.31	1 790.81	266.27	335.87	4 382.41	751.34	528.96
	2040	131 923.04	8 801.33	3 482.23	1 044.79	451.85	3 207.07	454.83	573.72	7 485.79	1 283.40	903.55
	2050	195 278.33	14 336.44	5 672.18	1 701.84	736.02	5 223.99	706.34	890.97	11 625.20	1 993.08	1 403.18

注：表中增长率为可比价增长率，预测值单位为亿元；带“*”数据为 2001—2012 年增长率；
带“#”数据为 2001—2013 年增长率。

1.1.3　项目影响区域交通运输现状及发展

1. 综合交通运输现状

经过几十年的发展，四川省已经形成铁路、公路水运、民航、管道五种运输方式齐全的综合交通运输体系。交通运输业作为国民经济的基础产业，在生产和消费、城市和农村之间架起了桥梁，对四川省经济建设和人民生活水平提高起到了至关重要的作用。

铁路方面，四川已经形成包括宝成铁路、达成铁路、成渝铁路、成昆铁路、内六铁路等 5 条铁路干线、8 条铁路支线和 4 条地方铁路组成的铁路网。密切联系了华东、华中、华北、西北、华南等区域，形成了系列铁路网。随着我国高速铁路跨越式发展，四川省也积极推进高速铁路的规划建设，全省境内开通成灌、成遂渝、达成、成绵乐、成渝、成兰、成贵等快速客运通道，跟随着国家高速建设趋势，进入了铁路高速时代。

公路方面，四川省形成了由高速公路和普通国省道共同组成的公路网格局，公路里程居全国第一，如 G5 线各路段（成雅高速、西攀高速、攀田高速等），G65 线各段（达渝高速、广南高速），G85 线各段（成渝高速、内宜高速），G42 线各段（成南高速、成渝高速），成渝环线 G93 高速等。

水运方面，四川省是全国水运发达的省份之一，长江横贯全省，是水路运输的干线，并与岷江、金沙江等支线沟通，在境内形成了一个天然的水路运输网络。水运航道标准低、港口设施差、技术装备落后，根据《泸州—宜宾—乐山港口群布局规划》《宜宾港总体规划》《乐山港总体规划》等最新规划成果，实现千吨级船舶昼夜通航，嘉陵江川境段 13 级航电枢纽已建成 8 级，在建 5 级。

民航方面，四川省有 13 个民用机场，包括成都双流机场、泸州蓝田机场、九寨沟黄龙机场、攀枝花保安营机场、南充高坪机场、宜宾菜坝机场、绵阳南郊机场、西昌青山机场、广元盘龙机场、达州河市机场、广汉市广汉机场、康定机场、稻城亚丁机场，开通国际国内航线 150 多条，初步形成了以成都为中心的航空网络。但目前四川省民用机场平均密度为每 1 $\times 10^5$ km 有 22.68 个机场，难以满足构建西部综合交通枢纽和促进经济社会快速发展的需要。

管道方面，四川省内天然气资源储量居全国之首，管道运输以输送天然气、原油为主，管道运输业为中石化和中石油两大企业，中石化以新场气田为中心，中石油以盆地东部、中部、西部、西南部四大气区为中心。同时外供云南、贵州和湖北。

2. 运输量发展水平

公路运输在全省客货运输中居主导地位，是四川省主要的运输方式，2015 年四川省完成公路旅客周转量 672 亿人公里，完成公路货运周转量 1 480 亿吨公里。从历史发展趋势看，公路完成的客、货运量份额超过全省的 90%，四川省历年客、货运量及周转量发展情况见表 1-1-5 及表 1-1-6。

表 1-1-5 四川省历年客运量及周转量发展情况统计

年份	客运量/万人					旅客周转量/亿人公里				
	总计	铁路	公路	水运	民航	总计	铁路	公路	水运	民航
2000	143 072	3 161	136 729	2 523	659	600	101	407	3	88
2001	135 720	3 138	129 000	2 876	706	632	104	428	4	96
2002	143 822	3 841	136 153	2 992	836	684	113	454	3	114
2003	141 149	3 476	133 782	3 134	757	612	106	400	2	104
2004	158 665	4 112	150 000	3 487	1 066	787	124	517	3	143
2005	170 383	5 122	160 130	3 843	1 288	879	153	550	3	173
2006	195 536	5 113	184 852	4 084	1 487	891	149	531	3	208
2007	208 217	5 365	197 033	4 106	1 713	972	153	568	3	248
2008	206 121	5 774	196 055	2 739	1 553	1 187	191	757	3	236
2009	221 870	5 738	211 288	2 897	1 947	1 272	195	771	3	303
2010	242 732	6 829	230 988	2 733	2 182	1 235	221	802	2	209
2011	255 665	7 482	242 615	3 083	2 485	1 556	252	901	3	400
2012	280 256	7 997	266 338	3 276	2 645	1 698	260	1 005	3	430
2013	291 749	8 240	276 871	3 228	3 410	1 924	310	1 068	3	543
2014	141 899	8 778	126 691	2 677	3 752	2 078	322	630	3	629
2015	140 044	9 078	124 014	2 748	4 204	1 664	272	672	3	717
年均增长率										
2001—2005	3.6%	10.1%	3.2%	8.8%	14.3%	7.9%	8.7%	6.2%	0.0%	14.5%
2006—2010	7.3%	5.9%	7.6%	−6.6%	11.1%	7.0%	7.6%	7.8%	−7.8%	3.9%
2011—2015	−11.3%	3.9%	−12.6%	−2.3%	11.1%	1.4%	1.5%	−5.7%	0.0%	12.4%

注：资料来源于历年《四川省统计年鉴》和《2014 年四川省国民经济和社会发展统计公报》；带“*”数据为 2011—2013 年年均增长率。

表 1-1-6　四川省历年货运量及周转量发展情况统计

年份	货运量/万吨					货物周转量/亿吨公里				
	总计	铁路	公路	水运	民航	总计	铁路	公路	水运	民航
2000	54 943	5 645	47 058	2 224	16	597	354	229	12	2
2001	54 141	5 720	46 000	2 406	15	648	399	235	12	2
2002	57 297	6 547	48 154	2 579	17	704	443	242	16	3
2003	57 200	6 937	47 466	2 782	15	699	463	219	15	2
2004	65 580	7 634	55 000	2 928	18	804	506	272	23	3
2005	70 364	7 335	60 022	2 986	21	898	553	310	32	3
2006	74 201	7 289	63 719	3 167	26	891	532	311	44	4
2007	79 940	7 597	68 667	3 644	32	979	575	343	56	5
2008	114 513	7 681	103 068	3 736	28	1 513	610	828	70	5
2009	118 094	7 454	106 472	4 136	32	1 526	611	851	57	7
2010	133 364	7 093	121 017	5 218	36	1 710	642	985	75	8
2011	153 827	7 651	139 771	6 367	37	1 909	673	1 139	90	8
2012	174 451	8 867	158 396	7 151	37	2 130	694	1 325	104	7
2013	189 611	8 994	173 329	7 247	41	2 438	820	1 485	124	8
2014	157 703	7 165	142 132	8 361	45	2 692	801	1 761	120	9
2015	153 502	6 146	138 622	8 688	46	2 359	686	1 480	183	10
年均增长率										
2001—2005	5.1%	5.4%	5.0%	6.1%	5.6%	8.5%	9.3%	6.2%	21.7%	8.4%
2006—2010	13.6%	−0.7%	15.1%	11.8%	11.4%	13.7%	3.0%	26.0%	18.6%	21.7%
2011—2015	−0.04%	−4.29%	−0.16%	6.41%	4.45%	4.32%	0.38%	5.38%	15.25%	4.56%

注：资料来源于历年《四川省统计年鉴》和《2014 年四川省国民经济和社会发展统计公报》。

3. 公路运输

由于公路承担着四川省大部分的客、货运输量，因此随着四川省经济社会的快速发展，公路的建设显得极为迫切，经过几十年的建设和发展，四川省基本上形成了以成都为中心，以国、省道干线公路为骨架，由县、乡公路连接城市、沟、贯通相邻省区的公路网。

1.1.4　相关公路技术状况及存在问题

1. 技术状况

区域内与拟建项目平行的公路：G108 线、S302 线、S205 线、S101 线、成德南高速；自西向东与拟建项目相交的公路：G212 线、成绵广高速、绵遂高速、广南高速、绵西高速（在建）。目前 G108 线绵阳城区至梓潼段与 S302 线共同构成与本项目最直接相关的道路，两条道路与本项目走向基本一致，距离较近，相互之间影响较大，规划中的成德南高速公路也将成为区域内长途过境交通量的快速通道之一，与本项目共同承担成都及苍溪、巴中方向的长途过境交通量，S205 线和 S101 线共同构建横向通道，由于路况较好，目前也承担了很大部分绵阳市区、江油市至阆中市、苍溪县的交通出行，本项目建成后会对其产生一定的交通分流。成绵广高速公路与 G212 线分别在起终点与本项目相交，还有在建的绵遂高速公路（国高网）、绵西高速公路，共同担负着项目影响区南北方向交通运输的重任，与本项目共同构成了川东北地区纵横交错的公路网络。另外达成铁路与本项目走向大致平行，本项目建成后也将会吸引部分铁路客流和货物运输。各道路走向及技术等级情况见表 1-1-7。

表 1-1-7　主要相关公路技术等级情况

路线名称	路基宽度/m	技术等级	车道数	与本项目关系
G108	8.5 ~ 24	一级	2、4	平行
S302	11 ~ 23	一级、二级	2	平行
S205	23	一级	4	平行
S101	11 ~ 12	二级	2	平行
成德南高速	24.5	高速	4	平行
G212	20 ~ 25	一级	4	相交
成绵广	24.5	高速	4	相交
广南高速	24.5 ~ 26	高速	4	相交
绵遂高速	24.5	高速	4	相交
绵阳—西充高速	24.5	高速	4	相交

（1）G108 线，全长 3 356 km，途经北京市、河北省、山西省、陕西省、四川省和云南省，是四川北面出川重要的公路运输线。项目影响区域内，G108 线起自绵阳市涪城区，止于梓潼县，全长约 55 km，一级公路标准。

（2）S302 线，起于达州市的万源市，终到阿坝藏族羌族自治州的阿坝县，全长 952.9 km，与本项目直接相关路段起自梓潼县文昌镇，经宝石乡、元山镇、长岭乡、枣碧乡、江南镇至阆中市，全长 85 km，二级公路标准。

（3）S205 线，起于九寨沟，止于遂宁川渝界，全长 813.8 km，是连接绵阳、遂宁两市南北各区县的政治经济通道，一级公路标准。

（4）S101 线，起于成都青白江区，止于南江，全长 551.03 km。项目影响范围起于绵阳三台县，止于南部县建兴镇，影响区段长约为 190 km，其中一级公路长 74 km，二级公路长 116 km。

（5）G212 线，在苍溪县及阆中市境内与本项目相交，起点为甘肃兰州，终点为重庆，全程 1 302 km，一级公路标准。

（6）成绵广高速公路，是国家高速公路网京昆高速公路（G5 线）的重要组成部分，路线在四川省境内连接了成都、德阳、绵阳、广元等重要经济节点。成绵广高速公路起于成都三合场，止于广元市，全长约 250 km。

（7）成德南高速，起于成都绕城高速公路螺蛳坝互通式立交，经成都青白江、金堂，德阳中江，绵阳三台、盐亭，止于南部县，与正在进行前期工作的巴中至南部高速公路相接，路线全长约 191 km。

（8）广南高速，是国家高速公路“7918 网”中第 8 纵兰州—海口线（G75）的重要组成路段，也是川东北地区南北向重要交通通道。项目基本沿国道 G212 线，跨越了长江重要的支流嘉陵江，全长 241 km。

（9）绵遂高速，是贯穿四川盆地西北至东南走向的重要交通干线，为《国家高速公路网规划》中成渝环线绵阳至重庆公路中的一段。项目起于绵广高速公路张家坪，终于遂宁市船山区复桥镇，全长 176 km。

（10）绵阳—盐亭—西充高速，是《四川省高速公路网规划（2014—2030）》中 20 条联络线中的一条，路线全长 120 km，建成后将实现绵阳市与南充市直接连通，加强成都平原经济区与川东北经济区的联系，支撑绵阳市、南充市枢纽建设。

（11）达成铁路，为国家 I 级干线，东起四川达州市，西至成都市，全长 403 km。共有车站 46 个，线路自襄渝铁路三汇镇站引出，经渠县、营山、蓬安、南充、蓬溪、大英、遂宁、中江、金堂、新都，与成渝铁路龙潭寺站接轨，抵达成都市。

2. 存在问题

成绵苍巴高速公路项目所在地区位于成都市东北部，公路运输一直是该地区最主要的运输方式。G108 线与 S302 连接成的横向通道与项目走向基本一致，且距离最近，是目前区域内东西方向最主要的交通通道。位于该通道南部，是另外一条由 S205 线和 S101 线搭建而成的横向通道，这两条通道共同发挥着连接成都、德阳、绵阳、广元南部地区、南充北部地区及达州市各区县的重要桥梁作用。目前路网存在问题主要有以下几点。

（1）路网布局不合理，通达性不足，从路网布局看，绵阳市、广元市、南充市与成都市间分别有成绵广高速及成南高速相连通，城际综合运输通道已基本形成。而本项目通道内各区县（梓潼县、阆中市、南部县等）与省会城市、地级市之间交通仍主要靠路线迂回，等级偏低的国省道相连，尽管未来成德南高速公路的建成将对这一地区的交通压力起到一定缓解作用，但剑阁县南部的高山地区、苍溪县以及阆中市的对外交通出行仍十分不便，严重制约了这些地区的经济发展。项目主要影响区 2015 年公路网密度情况如图 1-1-4 所示。

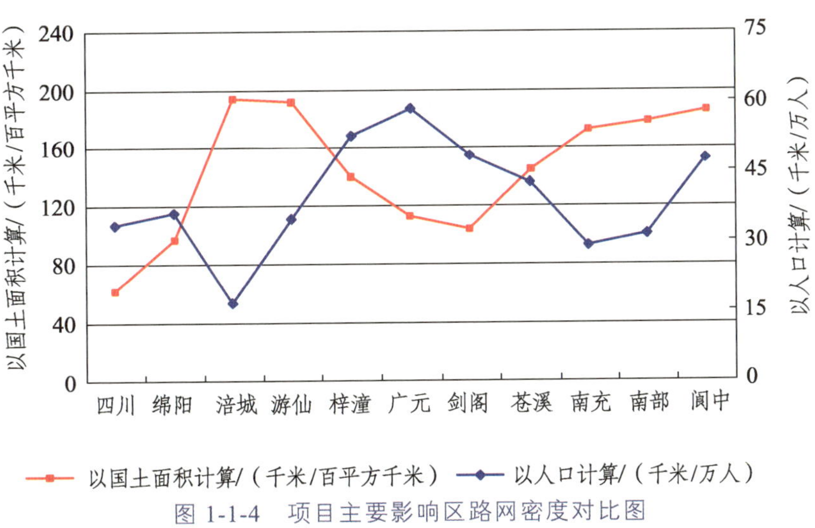

图 1-1-4　项目主要影响区路网密度对比图

从路网规模上看，公路网密度以国土面积技术指标普遍较高，除阆中市外，其他城市均高于全省平均水平。从图上可以大致判断两个指标的走向略呈相反态势，尤其是广元市和剑阁县。由于人口较少的原因，使得这两个地区以人口计算的公路网密度指标高于其他地区，可见，本项目影响区内路网规模分布不均匀。

（2）公路等级偏低，路况较差。2013 年绵阳市、广元市以及南充市境内等级公路分别占各自公路总里程的 67.1%、68.8%和 87.9%，但现状路网中二级以上公路所占比重小，南充市二级及以上公路仅占总数的 4.2%。高等级公路较少，缺乏直接有效的高等级道路相连，使得行驶时间明显增加，运行车辆的运营成本大幅度增加，同时也导致了货物在途时间加长，损坏量大，抑制了物资的运输交流。目前，与项目基本平行的两条最主要干线 S302 线和 S101 线路面破损严重、路况较差，在降低道路通行能力的同时也严重影响了车辆行驶的舒适度，给沿线城镇居民的出行带来了诸多不便。随着川东北经济区的区域协作发展，地区之间的横向往来需求增加，建立高效合理的公路网络，增加对外联系快速通道已成为迫在眉睫的任务之一。

（3）公路线形较差，影响行车安全。目前与本项目最相关的 S302 线线形弯曲，道路走向迂回曲折，尽管路面状况基本达到二级公路水平，但线形却为三级公路标准。尤其是剑阁县演圣镇至阆中市一段，山路崎岖，一侧岩石峭壁，一侧深谷低洼地，且路线视距较短，视线较差，极大地延长了车辆通行时间，对行车安全造成较大隐患；中途要经过升钟湖支流，车辆行人需乘坐摆渡通行，等候及通过时间较长；涂山乡及阆中市境内路段有路面沉陷现象，急弯较多，一侧有零星落石，部分路段由于施工受阻，建筑土石堆砌占道，路面沉陷严重，阴雨天道路泥泞不堪，小车根本无法通行，导致大部分绵阳方向的车辆至苍溪、阆中方向需绕行 S205 线和 S101 线通过。

（4）街道化问题严重，时间难以保证。项目影响区域人口较为密集，城镇分布较多，S302 线梓潼至阆中市沿途经过 20 多个乡镇，街道化里程约占通道内总里程的 30%。虽然带动了当地经济社会的发展，提高了这些乡镇相互通达的便捷性，但是很多路段随着城镇面积的逐渐扩大，街道化现象日益严重，甚至沿街摆摊设点，影响了车辆的顺畅通行，降低了道路通行能力。以演圣镇为例，街道化使得道路极其狭窄，单向车辆甚至无法顺畅通行，需等候数分钟方可前进，车辆行驶中为躲避行人和坑洼路面，经常占用对向车道行驶，存在一定的交通安全隐患。随着未来交通量的增长，S302 线将成为限制区域发展的交通瓶颈。

1.1.5　项目在区域路网中的地位和作用

根据《西部综合交通枢纽建设规划》，项目区域内基本形成以绵广高速（西南方向至东北方向）、广南高速（南北方向）以及东西方向的成南巴高速形成三角形的高速路网，但从整体路网看，高速公路布局仍然极其不合理，由于缺乏东西向连接通道的联系，高速公路间交通转换十分不便，使综合运输效率大大降低。要建成西部综合交通枢纽就需要布局合理、便捷高效的综合交通网络作支撑。

项目的建设能够加强成都平原经济区与川东北经济区之间的联系，加强对革命老区的连接，支持革命老区的发展，实现绵阳与苍溪，向东北延伸与巴中的直接连接，扩大四川省高速公路路网覆盖范围；能够推动绵阳市与巴中市区域性综合交通枢纽及四川省西部综合交通枢纽建设，促进区域经济合作与交流，带动区域经济社会快速发展，实现高速公路网的有机衔接。

本项目是《四川省高速公路网规划（2014—2030 年）》中 8 条横线中的 1 条，本项目建成后，不仅连通了绵阳—苍溪东西向通道，同时还将成绵广、广南以及成德南 3 条高速公路联系成一个有机整体，真正形成便捷高效的高速公路网。另外，项目还将连接宝成铁路、兰渝铁路，形成东西向综合运输大通道。因此，本项目对全省建设西部综合交通枢纽意义重大，同时，对绵阳市以及广元市加快构建区域性次级交通枢纽也有重要的促进作用。

同时本项目建成后该区域路网将得到完善和优化，对沿线地区经济社会发展具有非常重要的意义。梓潼到绵阳可以通过本项目直达；可以解决剑阁县约 2/3 的人口（约 46 万人）的东西向出行；苍溪、阆中可实现与绵阳、成都的最短连接，比目前通过南线的成南巴到达成都里程至少缩短约 50 km（成德南 176 km+南部至苍溪 84 km=260 km），到绵阳更加便捷。本项目的建设，将最大限度地加强成都平原经济区与川东北经济区之间的联系，加强对革命老区的连接，支持革命老区的发展，还可实现绵阳与苍溪，向东北延伸与巴中的直接连接，扩大四川省高速公路路网覆盖范围，并产生极大的国民经济效益。

1.1.6　主要结论

1. 建设必要性

项目区域内现状交通主要有 G5 京昆高速、G93 成渝经济环线、G75 兰海高速、S2 成巴高速、绵西高速及 G108 线，东西横向通道主要为 G347 线。从整体路网来看，该区域路网南北向主要为县道及乡道等低等级道路连接，东西向 G347 为三级公路，以至于梓潼、广元、苍溪、阆中方向交通极为不便，出行绵阳、成都等绕行较远。区域内地形复杂、交通道路等级低、沿线坐落较多县、乡、镇、村，综合路网效益得不到充分发挥，同时也给区域经济融合发展造成了很大障碍。

项目建成后，该区域路网将得到完善和优化，对沿线地区社会经济发展具有非常重要的意义。东接巴中、西连 G5 京昆高速，实现绵阳、梓潼、广元剑阁、苍溪、阆中最短连接，解决剑阁县约 2/3 的人口东西出行。本项目的建设，将最大限度地加强成都平原经济区与川东经济区之间的联系，加强对革命老区的连接，支持革命老区的发展，还可实现绵阳与苍溪，向东北延伸与巴中的直接连接，扩大四川省高速公路路网覆盖范围，将产生极大的国民经济效益。同时也是一条重要的出川通道。

2. 技术标准

根据项目功能定位、交通量预测及相衔接公路的技术标准，按双向四车道高速公路标准建设，设计速度 80 km/h，路基宽带 25.5 m。主要技术标准见表 1-1-8。

表 1-1-8　主要技术标准

序号	指标名称	单位	技术指标	
			整体式路基	分离式路基
1	公路等级	—	高速公路	高速公路
2	设计速度	km/h	80	80
3	路基宽度	m	25.5	12.75

续表

序号	指标名称	单位	技术指标	
			整体式路基	分离式路基
4	行车道宽度	m	4×3.75	2×3.75
5	圆曲线最小半径极限值	m	250	250
6	圆曲线最小半径一般值	m	400	400
7	最大纵坡	%	5	5
8	最小坡长	m	200	200
9	凸形竖曲线最小半径	m	4 500	4 500
10	凹形竖曲线最小半径	m	3 000	3 000
11	汽车荷载等级	—	公路-I 级	公路-I 级
12	路面结构类型	—	沥青混凝土	沥青混凝土
13	桥梁宽度	m	25.5	12.75
14	隧道宽度	m	2×10.25	10.25
15	桥梁及路基设计洪水频率	—	特大桥 1/300、其他 1/100	特大桥 1/300、其他 1/100
16	交通工程及沿线设施	—	A 级	
17	通航等级	—	嘉陵江：Ⅲ（3）级	

3. 线路走向及建设规模

1）在可研阶段对本项目的线路走向及建设规模规划

（1）成绵段线路走向和建设规模。

①本项目起于绵阳市魏城镇附近，与拟建绵阳至苍溪至巴中高速公路交叉相接，C7 线经石板、观太、白庙至永明，后 C1 线原路“四改八”加宽改扩建绵阳南环线高速公路至关帝附近与 L 线相接，复线经玉皇镇、黄鹿镇、永太镇子金跨越凯江，路线在新中镇以南与在建成都经济区环线高速公路交叉相接，经和新至连山镇附近并入 K 线，路线德阳至成都止点段全线高架（仅天府北湖服务区互通综合体设置段为路基），先后跨越锦远河、石亭江、青白江与成都第二绕城高速公路交叉，沿成青金快速通道继续高架至止点与成都绕城高速公路交叉，接成都市二环 ~ 三环城市干道，线路长 127.660 km。

②本项目占地 20 703.5 亩（1 亩≈666.66 m²），设置桥梁 61 837.26 m/176 座，其中特大桥 45 832.26 m/5 座，大桥 10 260 m/31 座，中小桥 5 745 m/140 座，桥梁占路线长度的 48.5%；设置隧道 6 030 m/8 座，其中短隧道 1 533 m/4 座，中隧道 1 553 m² 座，长隧道 2 944 m² 座，隧道占路线长度的 4.7%；互通式立体交叉 19 座（其中枢纽 6 处），连接线长 37.42 km，根据所连接道路的技术标准等级确定为一级或二级，路基宽度 25.5 m 或 10.0 m。主要控制性工程为起点段左幅涪江特大桥（主跨 100 m 连续钢构，桥长 2 228 m）、止点段广青新高架特大桥（32 354.26 m² 座）。投资估算 331.80 亿元，平均每千米造价 25 991 万元。

（2）绵苍段线路走向和建设规模。

①本项目路线起于绵阳市魏城镇南，接 G5 京昆扩容，在 BK22 处上跨国道 108 线，经

徐家镇，上跨 G108 线进入梓潼县石牛镇，经东石乡，马迎乡，在 AK24+000（剑阁国光乡）跨越剑盐路，AK36+000 跨越西河后，沿剑阁广平乡，碑垭乡，在距白龙镇以南 5 km 处跨越剑南路，沿锦屏乡，进入苍溪白桥镇，在 AK73+100 处，沿亭子口电站下游跨越嘉陵江，在 AK76+630 处下穿兰渝铁路池鲤村大桥后，止于苍溪县以北茶店乡，与 G75 兰海高速（广南高速 K82+960）形成"十"字枢纽互通，对接苍溪至巴中高速，路线全长 101.904 km。

②建设规模：本项目线路全长 101.904 km，建设里程 100.797 km（魏城枢纽 Y 形无主线），桥隧比 61.48%，全线桥梁 33 536 m/87 座，占路线总长的 32.91%。绵阳至苍溪高速公路，其中特大桥 963 m/1 座，大、中桥 32 027 m/66 座，小桥 546 m/20 座；全线设隧道 29 110 m/27 座，占路线总长的 28.57%，其中长隧道 20 340 m/12 座，中隧道 5 870 m/8 座，短隧道 2 900 m/7 座；互通式立交 10 座，其中枢纽互通 2 处，一般互通 8 处；永久占用土地 8 066.8 亩；路基挖土方 284.7 万 m^3，石方 389.2 万 m^3，填土方 313.2 万 m^3，填石方 277.4 万 m^3；路基排水防护工程 46.4 万 m^3。总投资估算 133.38 亿，平均每千米造价 13 232.78 万元。

（3）苍巴段线路走向和建设规模。

①线路走向，本项目路线起于苍溪县以北的茶店乡，与广南高速公路交叉设苍溪枢纽，向东经伏公乡设伏公互通，在元坝镇以北跨东河，向东在歧坪镇以南设歧坪互通和服务区，继续向东在龙山镇以南设龙山互通，折向东南方向至渔溪镇设渔溪互通，沿青木河下行至恩阳区西南的明扬乡与巴南高速公路交叉，设明扬枢纽互通，后经恩阳南兴隆乡（设机场互通）、设郭家坝互通与许家岭组团地方了衔接，终于巴中南东侧与巴中至达州高速公路设三岔子河枢纽。

②建设规模，路线主线全长 91.987 km，共设桥梁（含互通式立交主线跨线桥）25 306 m/81 座（含互通区），其中：特大桥 2 450.5 m/3 座、大中桥 22 855.5 m/78 座，涵洞、通道 91 道；共设隧道 29 554 m/25 座，其中特长隧道 3 015 m/1 座、长隧道 20 033 m/12 座、中隧道 4 520 m/6 座、短隧道 1 986 m/6 座。全线桥隧占路线总长的 59.639%。共设互通式立交 9 处，其中枢纽立交 3 处，主线上互通立交设置平均间距 12.755 km，最大间距 24.289 km，最小间距 3.635 km，互通连接线 1.39 km/1 处（伏公连接线）。估算总金额 134.33 亿元，平均每千米造价 14 603.07 万元。

2）投资估算、资金筹措与工期安排

（1）成绵段投资估算。

本项目推荐方案线路长 127.660 km，投资估算 331.80 亿元，平均每千米造价 25 991 万元。主要技术经济指标见表 1-1-9。

表 1-1-9　推荐方案主要技术经济指标

指标名称	单位	C7+C1+L+C4+C+K 线				
		C7 线（魏域枢纽～永明枢纽段）	C1 线（绵阳南环线原路扩容段）	L+C4+C+K 线（关帝枢纽～德阳互通段）	K 线（广青新高架桥段）	合计
公路等级	—	高速公路	高速公路	高速公路	高速公路	高速公路
设计速度	km/h	100	100	100/120	120	100/120
路基宽度	m	41.5	41.0	41.5/42.0	42.0	41.0/41.5/42.0
路线长度	km	23.570	9.300	54.146	40.644	127.660

续表

<table>
<tr><td colspan="2" rowspan="2">指标名称</td><td rowspan="2">单位</td><td colspan="5">C7+C1+L+C4+C+K 线</td></tr>
<tr><td>C7 线（魏域枢纽～永明枢纽段）</td><td>C1 线（绵阳南环线原路扩容段）</td><td>L+C4+C+K 线（关帝枢纽～德阳互通段）</td><td>K 线（广青新高架桥段）</td><td>合计</td></tr>
<tr><td colspan="2">公路等级</td><td>—</td><td>高速公路</td><td>高速公路</td><td>高速公路</td><td>高速公路</td><td>高速公路</td></tr>
<tr><td colspan="2">占用土地（新增）</td><td>亩</td><td>4 584.2</td><td>610.0</td><td>10 468.1</td><td>5 041.2</td><td>20 703.5</td></tr>
<tr><td colspan="2">拆建建筑物</td><td>km^2</td><td>98.994</td><td>18.600</td><td>216.434</td><td>98.286</td><td>432.315</td></tr>
<tr><td colspan="2">掖办电及线</td><td>km</td><td>28.070</td><td>11.200</td><td>60.946</td><td>19.155</td><td>119.371</td></tr>
<tr><td rowspan="3">路基土石方</td><td>挖方</td><td>km^2</td><td>5 320.876</td><td>1 622.426</td><td>8 984.504</td><td>518.543</td><td>16 446.349</td></tr>
<tr><td>填方（含利用隧道弃渣）</td><td>km^2</td><td>4 842.444</td><td>1 558.347</td><td>9 194.855</td><td>498.062</td><td>16 093.708</td></tr>
<tr><td>弃方（含未用隧道弃渣）</td><td>km^2</td><td>1 004.202</td><td>64.079</td><td>2 020.748</td><td>20.480</td><td>3 109.509</td></tr>
<tr><td colspan="2">路基排水工程</td><td>km</td><td>38.153</td><td>15.741</td><td>35.486</td><td>4.354</td><td>93.734</td></tr>
<tr><td colspan="2">路基防护工程</td><td>km^2</td><td>130.872</td><td>54.676</td><td>114.863</td><td>16.154</td><td>316.565</td></tr>
<tr><td colspan="2">特殊路基处理长度</td><td>km</td><td>1.565</td><td>2.550</td><td>4.090</td><td>1.020</td><td>9.225</td></tr>
<tr><td colspan="2">路面工程（面层）</td><td>km^2</td><td>632.381</td><td>258.523</td><td>1 367.068</td><td>132.653</td><td>2 390.625</td></tr>
<tr><td rowspan="4">桥梁</td><td>特大桥</td><td>米/座</td><td>4 040/1</td><td>2 228/1</td><td>1 160/1</td><td>38 404.26/2</td><td>45 832.26/5</td></tr>
<tr><td>大桥</td><td>米/座</td><td>1 840/5</td><td>0/0</td><td>8 420/26</td><td>0/0</td><td>10 260/31</td></tr>
<tr><td>中小桥</td><td>米/座</td><td>1 598/38</td><td>218/8</td><td>3 749/91</td><td>180/3</td><td>5 745/140</td></tr>
<tr><td>合计</td><td>米/座</td><td>7 478/44</td><td>2 446/9</td><td>13 329/118</td><td>38 584.26/5</td><td>61 837.26/176</td></tr>
<tr><td colspan="2">涵洞（含通道）</td><td>米/道</td><td>4 800/80</td><td>0/0</td><td>10 500/175</td><td>600/10</td><td>15 900/265</td></tr>
<tr><td colspan="2">人行天桥</td><td>米/座</td><td>285/3</td><td>0/0</td><td>665/7</td><td>0/0</td><td>950/10</td></tr>
<tr><td colspan="2">分离式立交</td><td>米/座</td><td>600/5</td><td>530/4</td><td>840/7</td><td>0/0</td><td>1 970/16</td></tr>
<tr><td rowspan="2">互通式立交</td><td>枢纽</td><td>处</td><td>2</td><td>0</td><td>2</td><td>2</td><td>6</td></tr>
<tr><td>连接地方</td><td>处</td><td>2</td><td>2</td><td>3</td><td>6</td><td>13</td></tr>
<tr><td colspan="2">互通连接线</td><td>km</td><td>二级，5.3</td><td>一级，0.80</td><td>一级，16.7；
二级，7.02</td><td>一级，7.6</td><td>一级，25.10；
二级，12.32</td></tr>
<tr><td colspan="2">隧道</td><td>米/座</td><td>0/0</td><td>0/0</td><td>6 030/8</td><td>0/0</td><td>6 030/8</td></tr>
<tr><td colspan="2">桥隧比</td><td>%</td><td>31.7</td><td>26.3</td><td>35.8</td><td>94.9</td><td>53.2</td></tr>
<tr><td colspan="2">估算总投资</td><td>亿元</td><td>47.12</td><td>12.83</td><td>134.92</td><td>136.93</td><td>331.80</td></tr>
<tr><td colspan="2">平均每千米造价</td><td>万元</td><td>19 991</td><td>13 797</td><td>24 917</td><td>33 691</td><td>25 991</td></tr>
</table>

注：德阳和新互通仅计入了 3 km 一级公路连接线投资，其余 8.6 km 投资未纳入本项目。

（2）绵苍段投资估算。

方案路线长 101.904 km，建设里程 100.797 km，估算总金额为 133.38 亿元，平均每千米造价 13 232.78 万元。估算结果详见表 1-1-10。

表 1-1-10　投资估算结果

路段名称	单位	推荐线	备注
路线长度	km	101.904	
建设里程	km	100.797	
第一部分建安工程费	万元	1 008 177.479 2	
第二部分设备、器具购置费	万元	23 358.799 6	
第三部分工程建设其他费用	万元	198 613.820 6	
其中：土地征用及征拆补偿费	万元	58 906.261 1	
建设期贷款利息	万元	78 216.108 1	
第一至第三部分费用合计	万元	1 230 150.099 4	
预留费用	万元	103 674.059 2	
投资估算总金额	万元	1 333 824.158 7	
平均每千米造价	万元	13 232.776 4	

注：1.BK17+593.3～BK18+700 段 1.107 km 计入 G5 京昆扩容魏城枢纽互通，其长度已扣除。

征地拆迁补偿费：按照地方招商优惠政策（投资人按 7 万元/亩包干负责征地拆迁费用，不足部分由地方政府承担），投资估算按 7 万元/亩计列。

（3）资金筹措。

①成绵扩容资金筹集采用项目资本金和负债性资金的方式，其中资本金按照估算投资总金额的 20%考虑（静态总投资的 20%与贷款利息之后），其余 80%资金采用国内银行贷款方式筹集。

②绵苍高速采用资本金及银行贷款的融资方案，本项目资本金为总投资的 20%投资人出资，其余 80%，扣除 300 万元/km 的政府补助后采用银行贷款，三年建设期的贷款比例按 3∶4∶3 的比例分配，贷款年利率按 4.90%计算。

③苍巴高速段采用项目业主自筹及国内银行贷款的方式筹集资金，项目资本金为总投资的 25%由项目业主自筹。其余 75%采用银行贷款，分 3 年贷，贷款比例为 3∶4∶3，年利率按 4.9%计算。

（4）工期安排。

①成绵扩容项目根据四川省交通建设安排，综合项目建设条件、建设规模、实施难度、经济评价等具体情况，建议本项目于 2018 年开工，2021 年建成，工期 3 年。

②结合方案建设规模、建设单位的建议及资金筹措的时间性和可能性，本项目工程建设工期计划：2017 年开工建设，2020 年底竣工通车，建设期 3 年。

③苍巴段高速公路项目计划于 2018 年初开工建设，2020 年底建成通车，建设期 3 年。

1.2 项目推进

项目推进主要是初步设计阶段和施工图设计阶段两阶段，经前期现场踏勘、方案优化、设计优化，与设计院和业主积极主动对接，两阶段设计进展顺利，方案优化和设计优化成效好。

1.2.1 初步设计推进

2019 年 7 月下旬，绵苍和苍巴初步设计外业验收，经咨询审查单位出具过程审查意见并开放内业设计，设计地勘工作已结束，路线方案除魏城枢纽互通、茶店枢纽互通和巴中机场互通外路线基本稳定，初步设计单位对三个互通进行推荐方案同精度比选，除首开试验段外的其他段落将在施工图阶段进行进一步优化。

2019 年 9 月起，项目组织全线参建单位对现场进行细致深入的踏勘，收集线路规划选择、临建（便道、便桥、梁场、驻地、拌和站、临时电力、临时用地等）方案、核对概算设计图等数据，组织编制实施性施工组织设计。对接项目设计、监理、业主单位，提出合理化建议和切实可行的施工组织设计。

2020 年 7 月 23 日经四川省交通运输厅交通建设工程造价管理站批复初步设计概算，该项目批复估算金额 133.38 亿元，经咨询审查单位审查后的初步概算金额 140.03 亿元，省造价站审核概算金额 139.61 亿元，增加 6.23 亿元，占比 4.67%。

1.2.2 施工图设计推进

根据沿线地方政府要求，建设单位拟定成绵段涪江特大桥绵苍段旺瓢山水库段、西河特大桥、嘉陵江特大桥；苍巴段歧坪互通和恩阳河特大桥为本项目管段内的首开试验段。

在初步设计的基础上，设计院按标准要求、时间节点任务，同时在建设、施工、设计、勘察单位的共同推进下，2021 年 9 月将施工图设计交上级审核部门审查。

为了让本项目技术安全可靠、经济合理实效、方案优化优选，组织施工、设计、监理、建设单位进行方案优化设计，在临时工程、施工技术、施工方案、施工措施等方面进行优化设计。

2021 年 12 月 31 日经四川省交通运输厅交通建设工程造价管理站批复施工图预算，G5 京昆成绵段扩容项目批复概算金额 347.84 亿元，审核预算金额 346.30 亿元，较批复概算减少 1.54 亿元，减少 0.5%，控制在批复概算范围内。

2021 年 12 月 13 日经四川省交通运输厅交通建设工程造价管理站批复施工图预算，绵苍高速公路项目批复概算金额 139.61 亿元，审核预算金额 138.71 亿元，较批复概算减少 0.9 亿元，减少 0.64%，控制在批复概算范围内。

2022 年 3 月 1 日经四川省交通运输厅交通建设工程造价管理站批复苍溪至巴中高速公路审核施工图设计预算金额 133.32 亿元，较批复初步设计概算金额 133.81 亿元减少 4 983 万元，控制在批复概算范围内。

第 2 章　BOT 模式及应用

2.1　BOT 模式概述

BOT（Building-Operating-Transfer，建设-经营-转让）是基础设施投资、建设和经营的一种方式，以政府和企业机构之间达成协议为前提，由政府向企业机构颁布特许，允许其在一定时期内筹集资金建设某一基础设施并管理和经营该设施及其相应的产品与服务。

BOT 模式不仅仅包含了建设、经营和转让的过程，更是项目融资的一种方式。项目融资是指以项目本身信用为基础的融资。项目融资是与企业融资相对应的。采用项目融资方式融资时，银行只能依靠项目资产或项目的收入回收贷款本金和利息。

采用 BOT 项目管理模式主要是为了解决资金的融通问题，主要是将项目的经营权与所有权分离。其中《特许权协议》是实现 BOT 融资最基本、最核心的文件，它明确了协议各方在项目的建设、运营和移交中的权利和义务，确定了项目融资的文件和解决争议的原则及程序，由项目公司与各地市州政府签订。利用 BOT 投资方式的主要优点有以下 5 点。

1. 解决资金投入问题

目前，我国虽然迎来了经济发展的时期，但是各个地区因经济发展不同的问题引起各地区基础设施建设各有差别，对于高速公路的建设而言，需要强大的财力资金的支持，但国家财政在交通建设中的投入支出薄弱，BOT 项目管理模式的应用有利于解决我国目前基础设施建设不足的局面，同时还能解决我国基础设施建设中的巨大的资金投入问题。

2. 吸引资本投入

BOT 项目管理模式主要是针对我国的基础设施建设项目，我国高速公路是属于基础设施的范畴，有利于引导社会资本更加倾向于基础设施的投入，同时加快基础设施的建设步伐。

3. 提高企业积极性及降低投资风险

BOT 项目管理模式是政府赋予投资公司企业工程项目的所有权与经营权的融资模式，在一定的期限内，工程项目的所有权与经营权都是由企业掌控，但最终的所有权还是属于政府，这不影响政府的所有权。另外，暂时将这些权益分配给企业，有利于提高企业对基础设施投资的积极性和投资风险最小化。

4. 最新资金融通模式

BOT 项目管理模式是目前世界上继传统的国内、国外融资以及国外独资方式之后的最新的资金融通模式。它结合了当前世界最新的科学管理理论，能提高工程建设的效率，同时还不断引进新的工程实施的技术手段，在管理模式上还会随着工程的不断向前推进而不断更新。在高速公路的建设中，如果投资公司企业不采取先进的科学管理理念，加强工程建设质量，就难以确保在今后的营运期间能正常通车运营，并有可能付出巨大的维修费用。

5. 改善传统融资模式及利于外资利用

BOT 项目管理模式有利于改善我国传统的融资模式，对社会资金发挥着强大的吸引力，也有利于我国外资利用的结构。

2.2 成绵苍巴高速公路融资模式

2.2.1 合作模式

本项目采用 BOT 模式，合作模式为政府招募社会资金，由成都市、绵阳市、德阳市、广元市人民政府组织公开招标，联合体中标方有：四川高速公路建设开发集团有限公司、中国铁建股份有限公司、成都交通投资集团有限公司、四川公交投建设工程股份有限公司。

本项目建设总投资的 75%采用银行贷款，总投资的 25%作为项目的资本金，由联合体各方按比例共同出资。

2.2.2 回报机制

本项目回报机制为四川高速公路建设开发集团有限公司 40%、中国铁建股份有限公司 39.5%、成都交通投资集团有限公司 19.5%、四川公交投建设工程股份有限公司 1%共同出资，组建项目公司负责本项目筹划、资金筹措、设计、建设、投资、运营维护、运营管理，项目公司通过项目本身自负盈亏，政府按法律、法规、政策及合同约定授予项目公司投资、建设、运营本项目的特许经营权。

2.2.3 盈利模式

1. 特许经营权协议

本项目《特许权协议》前期的商谈工作由四川高速公路建设开发集团有限公司牵头进行，各投资人均对《特许权协议》提出优化修改意见，主要针对当地地材资源优惠政策、征地拆迁标准和地方道路补偿范围等几个关键。2019 年 8 月 21 日，经四川省交通厅专门组织 5 个地市和 4 家投资人代表共同开会研究《特许权协议》。会议达成一致意见，并由四川省交通厅出具会议纪要明确了以下几点：一是《特许权协议》不再修改，并于 9 月 10 日前签署完毕；二是各地市州提供的地材资源优惠政策由投资人与各地市州进一步商谈明确；三是加快推进项目前期工作。

2. 特许经营权

特许经营权包含如下方面：

（1）投资、建设项目的权力。

（2）经营、管理项目的权力。

（3）收取车辆通行费的权力。

（4）项目沿线规定区域内的服务设施经营权。

（5）项目沿线区域内的广告经营权。

3. 主要优惠政策

本项目部《特许经营权协议》签署的主要优惠政策有以下几条：

（1）地方政府按 300 万元/千米提供建设期补助，优先用于征地拆迁费用，政府成立专门机构负责本项目公路建设用地范围内的征地拆迁及相关补偿工作，并协助完成土地手续的报批。

（2）投资人按 7 万元/亩包干承担征地拆迁费用，按进度支付给地方政府支配使用，不足部分由地方政府按辖区分别承担。

（3）在工程建设期间，凡用于本项目建设的供配电、地材，按照四川省相关规定予以支持。同时，加大建设市场监管力度，严厉打击非法垄断、哄抬物价等行为。

（4）红线内土地征用及拆迁补偿费用根据省政府相关文件规定标准测算，由投资人按本协议约定标准承担、地方政府负责包干使用完成征拆工作（土地报批的税金由项目公司自行承担并缴纳），具体用地数量以实际征用为准。

（5）当地政府积极协助本项目办理砂石料开采及加工的相关手续，并享受当地现行的相关优惠政策。

（6）积极争取国家专项建设基金作为投资人资本金出资。

4. 避免损失

由于法律法规、政策变动允许调整收费期或不可抗力导致项目受到实质性影响造成项目公司遭受损失的，由项目公司申请，经项目相关市政府核实后报省政府批准，可以通过延长收费期或采取其他措施对项目公司予以适当补偿。调整后的收费期不超过国家法律及政策规定的最长期限。

2.2.4　项目融资

本项目建设资金拟采用项目资本金、债务性资金和政府补助的方式，资本金为总投资（含建设期利息）的 20%由各投资人出资，其余 80%中扣除 300 万元/千米的政府补助后采用银行贷款方式筹集，贷款利率 4.9%。

资金筹措措施如下：

（1）拟投入本项目的自有资金（项目资本金）266 765 万元，由项目公司各个投资人共同按协议约定出资。为了保障资金到位，各个投资方共同签订合作协议，向当地政府部门登记备案，同时各投资方提供银行正式有效担保；

（2）除去政府补助 165 914 万元，其余建设资金为 1 028 415 万元，采取国内银行贷款筹措，办理完善银行贷款手续、签订合同并提供担保；

2.2.5　项目退出

本项目特许经营权的期限包括准备期、建设期和运营期（含收费期）三个阶段。准备期：自项目投资协议签订起至项目开工之日止，本项目准备期 240 日内；建设期：自项目开工日至项目通过交工验收之日止，不超过批准的建设工期；运营期（含收费期）：自项目通过交工验收之日起至项目收费期届满日止。其中项目收费期自项目批准收费起至项目收费期届满日止，实际起止日期以四川省人民政府批准的为准，本项目中标收费期为 2029 年 11 月 5 日。

特许经营期满后，本项目应按照特许权协议的约定将公路（含土地使用权）、公路附属设施及相关资料等无偿移交给四川省人民政府指定的机构。

第 2 篇

成绵苍巴高速公路建设管理体系

第 3 章　成绵苍巴项目总承包管理模式

3.1　总承包管理的原则与目标

3.1.1　成绵苍巴高速公路项目总体架构

1. 中国铁建昆仑投资集团有限公司与其他中标单位联合成立项目公司

项目公司（四川成绵苍巴高速公路有限责任公司）由四川高速公路建设开发集团有限公司、中国铁建昆仑投资集团有限公司、成都交通投资集团有限公司合资组建。项目公司下设成绵高速分公司（四川高速公路建设开发集团有限公司负责组建）、绵苍高速建设指挥部（中国铁建昆仑投资集团有限公司负责组建）、苍巴高速分公司（成都交通投资集团有限公司负责组建）。

2. 由中国铁建昆仑投资集团有限公司牵头成立三个联合总包部

在股份公司的指导下，由中国铁建昆仑投资集团有限公司牵头，与中铁第一勘察设计院集团有限公司、中铁二十三局集团有限公司（简称“中铁二十三局”）联合成立了三个总承包指挥部，分别为 G5 京昆高速公路绵阳至成都段扩容项目设计施工总承包指挥部（TJ10 标 1 ~ 5 分部）；绵阳至苍溪高速公路项目设计施工总承包指挥部（TJ1 标 6 ~ 10 分部、TJ2 标 11 ~ 15 分部）；苍溪至巴中施工总承包指挥部（SG1 标 15 ~ 17 分部）三个总包部的人员均由中铁二十三局派出。

3. 成立中铁二十三局集团成绵苍巴项目部

集团公司成立成绵苍巴项目部，项目本级设 9 个部门、定员 60 人。根据业主、当地政府要求和项目管控实际，成立了绵阳指挥部、广元指挥部，两个指挥部为项目部派出机构，人员根据现场需要临时从项目部抽调，主要是靠前指挥、协调与地方关系、督导现场施工。根据各工程公司的专业化发展方向，组建了 17 个土建分部、1 个机电分部、2 个路面分部。

3.1.2　总承包管理的原则

（1）“公正”原则：总包管理始终遵循公正对待每一方，不偏袒、不区别对待，在集中采购材料、选择分包商上，还是在协调征拆、处理施工过程中面临的各类问题上，一直坚持“公正”原则，都以企业利益、项目利益为重。

（2）“统筹”的原则：本项目总包单位为最大限度发挥总承包管理的职能，坚持“统筹”管理的原则，统筹组织了概预算梳理、初步设计图梳理纠误、施工图设计优化、线路选择与调整、临建方案优化与审核、编制实施性施工组织设计、主要大宗材料集中采购招投标、统一劳务分包指导价等有利于项目管控的举措。

（3）“监管”的原则：为了提升本项目参建工程公司专项施工能力、项目管理能力和“五化”建设水平，提升项目部信誉评价等级，对本项目实施工程安全、质量、进度、环水保、信誉、初步控制等进行监管，发现施工管理相应问题时及时进行指导和帮助。

（4）“协调”的原则：为了达到总承包管理的目标，要求在总包单位的管理下，各分部与总包互相协作，协调解决现场各分包方之间的作业交叉点，对界面不清、工作任务不明确、里程划分和责任划分有争议的，总承包单位负责协调解决。

（5）“服务”的原则：为了确保项目收益最大化，总承包单位以服务为保障，带领各分包专业人员进行集中办公、集思广益，邀请专业技术人才进行各项指导，发挥总承包单位资源优势，补齐各项目存在的短板和缺陷。

3.1.3　总承包管理的目标

（1）打造品质铁建、品质成绵苍巴高速公路工程，争创国家优质工程。

（2）不折不扣地完成项目创效创誉目标，创建国家优质工程，确保四川省公路信誉评价“A”、力争“AA”，擦亮“中国铁建”品牌形象。

（3）突出“专业化、工厂化、机械化、信息化”四项支撑，以专业化为重点推进工程公司“五化”建设。

（4）充分利用成绵苍巴体量大、沿线政府关注度高等特点，积极对接沿线政府及社会资源，做好物资集采、半成品集中加工、智慧工地等工作，培育新兴业务和新兴产业。

（5）培养造就一批优秀的技术管理人才和项目管理团队。

3.2　总承包管理的管理模式

集团公司充分吸取以往局处两级项目责权利不明而导致内耗严重、效益流失的惨痛教训，把加强顶层设计，明确各层次、各单位责权利作为项目管理的第一要务。明确成绵苍巴项目部是集团公司的一次性工程指挥部，是集团公司派出的项目管理机构，全面负责项目的组织实施，履行“统筹、监管、协调、服务”职能，对项目建设管理承担主体责任，核心职责是提升项目信誉评价等级，强力推进方案优化，助推工程公司提升专项施工能力、项目管理能力和“五化”建设水平，确保项目收益最大化。集团公司收取既定的相关费用后，其余都交由各工程公司，谁多赚的钱就归谁，不搞“大锅饭”。各参建工程公司履行“法人管项目”的主体责任，承担指挥和保障，主要突出项目生产要素配置、施工生产组织及成本费用监管等职能。各工程公司项目分部承担工程项目的“组织实施”职责。作为工程公司法人的派出机构，是“法人管项目”的重要内涵和组成部分，主要对工程安全、质量、进度、环水保、信誉、成本控制以及上级下达的经济责任目标负主体责任。总承包管理的管理方向如下：

1. 投资控制方面

总承包联合各方直接参与现场踏勘、线路优化、施工组织优化、方案优化，提升施工图设计与现场施工的匹配性、可行性及经济性，在优化施工周期、优化技术适用和经济投入的同时确保工程实用性。极大降低建设方的管理、协调费用，降低合同管理费用，优化设计施工费用。多数情况下，由总承包方管理协调，极大地降低了建设各方的风险。

2. 进度控制方面

总承包各方共同参与设计优化、线路优化、技术优化，在技术先进的同时，合理规划线路、临建设置，统一设计参数降低周转材料费和措施费投入，做好技术先进、施工可行、适用成本低等重要方向，有利于合理缩短建设周期。

3. 质量控制方面

对分包人的质量控制由施工管理总承包单位进行。分包工程任务符合质量控制的“他人控制”原则，对质量控制有利。各分包之间的关系可由施工管理总承包单位负责，这样就可以减轻业主方管理的工作量。

4. 合同管理方面

业主方主要协调解决与总承包各方的合同管理，施工各方的协调均由总承包方负责，业主方的招标及合同管理工作量较小。对于分包人的工程款支付可由施工管理总承包单位支付，有利于施工管理总承包单位对分包人的管理。

3.3 参建各方责任区分

本项目发包人为四川成绵苍巴高速公路有限责任公司（以下简称“发包人”），总包单位分别为中国铁建昆仑投资集团有限公司、中铁第一勘察设计院集团有限公司、中铁二十三局集团有限公司。

3.3.1 发包人责任

（1）发包人应按合同条款的规定支付合同价款。

（2）协助总包方办理法律法规规定的有关施工证件及批件。

（3）发包人负责办理永久占地的用地报批手续。

（4）按合同约定及时组织竣工验收。

3.3.2 总包方责任

（1）设计合同内容：完成合同范围内的施工图设计，包括本项目总体、路线、路基、路面、桥涵、隧道、路线交叉、环保、景观、三改工程、外接电力、外接自来水、地方道路连接线等其他工程的施工图设计和预算文件编制工作、价格清单编制、补充技术规范编制、安全风险评估、水土保持、环境保护、地震安评、行洪论证等专题评估工作（并取得批复要件）及施工配合后续服务等。

（2）牵头负责施工图设计阶段的牵头汇总与协调工作：除上述施工图设计合同内容外，还包括全线的交通工程、沿线设施、房屋建筑工程施工图设计和勘察工作的牵头汇总。

（3）施工合同内容：完成合同范围内路基、路面、桥梁、涵洞、隧道、机电、房建、绿化、交安工程及环保工程等。

（4）总包方应按照《四川省交通运输厅关于规范特许经营高速公路建设项目投资人自行建设有关事宜的通知》（川交函〔2017〕473 号）的要求进行项目承包管理，根据总承包的范围、内容、要求和资源状况，合理确定施工标段。项目建设过程中，行业监督、项目管理、施工监理、信用评价及交竣工验收等工作开展将以施工标段作为基本管理对象。承包人设置总承包项目经理部、总承包项目经理部分部（标段项目经理部）。总承包项目经理部分部（标段项目经理部）按照承担的工程规模配备技术人员、管理人员，履行工程技术、施工组织、机具投入、质量控制、安全等管理义务。其中分部（标段）项目经理、安全管理等人员应具有相应资格。

第 4 章　BOT 模式下的设计管理与优化

4.1　联合体模式下的 BOT 模式管理

本项目始终坚持以项目效益最大化为原则，在中国铁建昆仑投资集团有限公司的组织带领下，和中铁第一勘察设计院集团有限公司等单位一起，根据 BOT 项目的特点扎实开展前期准备工作，切实做到“谋定而后动，知止而有得”，为全面展开施工做了充分准备，为实现更好的效益奠定了基础。

在施工图纸正式下发之前，重点从初步设计和线路优化上下功夫，做好“开源”工作。优化设计是工程项目中标后开工前，配合设计单位应做的一项重要工作。目的是协助设计单位完善设计、快出施工图、变更工程数量，便于施工组织求得最佳效益。经过各方多次努力，在不降低建设标准、避开拆迁困难、降低施工难度、减少建设规模等前提下，对全线的桥梁、隧道、路基、大小临建等开展了施工图优化。同时对全线的纵断面进行了优化调整，大大降低了施工难度。

4.2　施工图设计过程中的设计管理与优化

4.2.1　优化设计原则

（1）优化设计和工程数量加入施工图工作由项目总工程师负责，技术部门牵头，计划合同、物资设备等部门配合组织实施。

（2）优化设计工作要在现场勘察、图纸审核的基础上进行，优化后的方案要确保结构稳定和工程质量，确保施工安全。

（3）加入施工图的工程数量尽可能是施工难度小的、安全风险低的、符合计量支付要求的数量。

4.2.2　优化设计重点

1. 线路优化

线路优化的主要目标是避开征拆困难区域、环境保护区、水源保护区，以降低施工难度、减少建设规模为前提，对全线的线路开展施工图优化。

2. 用电线路永临结合

根据各标段的施工内容及电力需求，结合地方既有的电力配置情况，积极与机电设计单位协调，将施工过程中必要的临时用电线路，按照机电施工图纸的要求进行布设，在工程竣工后，用作本标段永久用电线路进行移交，极大地节约了用电架设的成本。

3. 配合比优化

进场首先调查地方既有各种材料来源，根据地方既有碎石场生产的砂石骨料，对施工中采用的各种强度等级、性能的混凝土进行配合比设计。

调查当地火力发电厂的粉煤灰质量，在配合比设计时，以满足混凝土的各种结构性能为前提，适当增加优质粉煤灰的掺入，尽量减少水泥的使用量，可以大量节约成本。

根据当地地质情况，选择使用开山、河卵石等原材料，自建碎石加工厂。

由于政府环保要求，河沙价格较高，以机制砂代替河沙设计混凝土配合比，可以节约大量成本。

4. 路基工程设计优化

（1）进行路基断面实测，复核设计的土石方工程数量。

（2）复核表层土（一般多为腐殖性土壤）是否被设计考虑（表层土需远运外弃），需增加的填土量是否被计列。

（3）调查设计土石方分界线及地质分类，将土石方比例按照现场实际情况进行调整。

（4）取土场及弃土场位置设计是否合理，尽量避免“舍近取远”或场地不能使用。

（5）设计中土石方调配方案是否合理，尤其是跨标段的调配要尽量避免。

（6）以挖作填地段的填料是否合格。

（7）路基填筑地段按工中“超填”、工后“挖除”部分工程数量能否进入施工图。

（8）路基附属土石方在路基成形后，应增加外运运距。

（9）特殊路基的设计和处理措施，主要包括抛石挤淤、碎石桩、水泥搅拌桩、高压旋喷桩等软基处理的数量、范围及施工处理方法要在施工图中补足。

（10）地面挖树根、清草皮及清除拆迁建筑垃圾等数量要进施工图。

5. 桥涵工程设计优化

（1）设计的桥涵数量、位置、孔径能否满足汇水面积要求。可采用以桥代替涵洞群、以长桥代替短桥群优化方案，完善沿线排水系统。

（2）通过线路的调整，达到高墩变低墩、空心墩变实心墩、低墩减少中系梁的目的，从而降低施工难度，减少投资。

（3）桥梁变更路基、减少桥梁长度、合并距离及功能较近的涵洞、可以增加土石方消耗，减少转运及弃渣的费用。

（4）立交桥梁要与既有道路顺接，满足沿线居民生活、生产方面的需求。

（5）桥涵所处位置的地质状况需进行复核，软基地段钻孔所增加的钢护筒、钢板桩等加强措施应进施工图和预算。

（6）根据当地水保环保要求，钻孔泥浆需增加外运费用。

（7）关注设计中对于桥梁施工的相关工艺要求，尽可能地避免比较复杂繁琐、危险性较大的施工工艺，采用较为成熟、安全的施工工艺。比如：避免 8 m 以上高度的满堂支架、避免陡坡上人工挖孔桩等。

（8）桥梁横跨河道的水中墩，连续刚构施工作业难度较大，可以通过跨度的改变，将原设计的连续刚构梁优化为预制简支 T 梁架设。

（9）个别大跨度的钢箱梁可以优化为钢混组合梁，减少用钢量。

（10）对于跨河施工，两岸没有通行条件，必须设置钢栈桥的，可以根据现场实际地形对钢栈桥进行优化设计。比如：增加部分填土围堰，减少钢栈桥的长度；距离岸边较近的，可以不搭设施工平台，减少钢栈桥的投入。

（11）桥涵设置需考虑改河、改移地方既有沟渠、道路等工程措施加入施工图和预算。

（12）特殊结构桥梁（水中墩、特种梁、悬灌梁、运营线桥梁等）的大临设施及工程量满足施工要求。

6. 隧道工程设计优化

（1）详细勘察各隧道洞口段的地形地貌，合理调整隧道洞口段支护参数。比如：偏压隧道要设置挡墙防护；陡坡处洞口设置主动或被动防护网；进洞的超前支护采用大管棚，确保安全进洞；根据实际的明暗交界位置设置明洞的防护形式，其中明洞施工工艺复杂耗时，可以尽量优化明洞长度。

（2）突水、软弱、破碎、岩溶、风积砂和含水砂层、膨胀、岩爆等特殊地质和不良地质段尽量要设置开挖前的超前帷幕止水注浆，或者开挖后的径向注浆，并将其工程数量加入施工图。

（3）涉及到瓦斯隧道的，防爆机械设备、防爆电缆的瓦斯隧道必需的措施费用要列入施工图和预算。

（4）弃渣场的选取要避开环境敏感区，通向弃渣场的临时道路、便桥选址、选线要合理。

（5）超长隧道风、水、电、辅助洞室设置需增加的投入，应考虑加入施工图和预算。

7. 枢纽互通工程设计优化

交通枢纽及互通工程，势必要进行涉路施工，在优化时，尽量减少与既有道路的穿插施工，减少在既有道路上设置墩柱、满堂支架、防护棚架等工程作业内容，由此可以大幅减少与既有道路产权单位的诉求冲突，减少协调费用。

互通收费区匝道要与地方既有道路顺接，在设计优化时，要尽量规避拆迁难度较大的区域，以免造成工期延误。

本项目位于川东北元坝气田附近，互通区的线路规避既有燃气管道、电力管线也是必须要考虑的一项内容。

4.2.3 优化设计实施

1. 初步设计阶段的设计优化

提前组织人员认真调查沿线水文、气象、地形、地质、地表建筑物、三线迁改、油气井及管线、土地征用、地方电力、地材供应及价格、主材供应、交通、通信、当地风俗、社会治安、医疗卫生、环境保护区、水源保护区等，积极和地质勘察院、设计院沟通，提供详尽资料，尽量确保线路避开环境敏感点、重要建筑物、高压线、油气井、油气管线等因素，为施工阶段创造良好条件。

初步设计概算编制完成后，组织技术、计划人员，聘请设计院各专业专家协助，对初步设计概算进行了详尽梳理。主要工作情况如下：

（1）工程数量清理。

工程技术人员认真熟悉初步设计文件，对照概算编制文件，逐条梳理，将漏计工程量列表登记，为概算修编提供依据。

（2）横向比较。

成绵苍巴项目由三条高速构成；建设方由四家公司联合组成，各自对出资范围内项目包干使用；初步设计由多家设计院独立完成，设计方案差别较大，措施费用差异较大，造成概算编制有较大差异。本项目经认真比较，将其中差异部分梳理列表，为全线概算相对统一提供依据。

（3）措施费、保通费、特殊地段的调查。

针对全线既有道路改造地段和既有高速交叉导改，跨越国道、铁路、跨越油气水管线、邻近建筑物爆破、跨越河流水库、跨越环境敏感点等因素，认真梳理概算中相关费用情况，确保概算的准确性。

（4）临时工程梳理。

对照现场实际需求，将临建规模和数量、临时电力现状和需求、临时用地取弃土场需求等数据和概算规模对照，为临时工程相关费用编制提供依据。

对取费标准、材料信息价、运杂费计算、国家新规、地方环境保护规定、通航河流要求等因素调查，确保概算对相关因素的响应。

2. 施工图设计阶段的设计优化

进入施工图设计阶段，本项目专门成立了设计优化小组，提前调查和开展工作，明确施工图下发前的工作目标，在认真调查的基础上，对线路平面、纵断面、互通结构形式、桥梁结构形式、土石方平衡、防护结构形式等方面提出优化建议，同时聘请咨询单位和专家，积极地和施工图设计单位沟通、大力开展施工图设计优化工作。项目设计优化工作取得较好效果，达到了在不降低建设标准的前提下，降低施工难度，减少安全风险，避开拆迁困难、环境敏感区地段，为下一步施工创造良好条件。

4.3　施工过程中的设计管理与优化

4.3.1　施工过程中的设计管理

施工过程中所涉及的设计管理主要是设计变更管理。设计变更是指自施工图设计，经地方行政主管部门批准之日起至项目通过竣工验收正式交付使用之日止，对已批准的施工图设计文件所进行的修改、完善、优化等工作。已批准的施工图设计的严肃性须得到维护，任何单位或者个人未经批准不得擅自变更已批准的施工图设计文件，不得肢解设计变更规避审批，不得在设计变更中弄虚作假、降低质量标准或安全生产条件，不得谋取不正当利益或损害国家利益。

4.3.2　施工过程中的设计优化

1. 设计变更的原则

（1）设计变更必须严格执行国家有关公路工程强制性标准及技术规范，应当以确保或提高工程质量、节省建设资金和综合利用资源、推动技术进步为目标；符合公路工程安全、质量和使用功能要求；符合环境保护和水土保持要求；符合变更方案经济合理、变更管理规范、变更程序清晰、变更资料齐全、合理控制投资的总体要求。

（2）对所有设计变更实行逐级上报审批制，设计变更应坚持“先批准，后变更；先设计，后施工”的原则。

（3）设计变更不得违背已批准设计文件的规定，不得降低工程技术标准、质量指标和使用功能；未经批准不得突破总投资金额和影响施工工期，不得更改已有合同单价。

（4）设计变更必须深入调查、充分论证，坚持集体决策、分级审批的原则，一次变更到位，杜绝“反复变更”。同一单项工程原则上只能变更一次，无特殊理由不得多次变更，不得将单项工程肢解为多个小的变更。

（5）由于本项目为总价包干施工，工程变更全额体现在风险包干费中。根据合同约定，除重大变更外，业主不会另外追加投资金额，原则上要达到“非必要，无变更”。

2. 设计变更的条件

（1）设计文件中存在差、错、漏、碰及设计明显不合理，不能满足使用功能。

（2）勘察设计资料不详尽，导致设计不准确甚至存在重大安全质量问题或隐患。

（3）原设计与自然条件（地质、水文、地形）重大不符。

（4）因不可抗力导致原设计不能实施，如地震、泥石流、暴雨（雪）等。

（5）便于推广应用新技术、新工艺、新材料、新设备，有利于保证或提高工程质量、提高工效、促进技术进步。

（6）经对原设计进行优化，可有效减少工程数量、节省投资（或工程成本）、节省占地。

（7）降低施工工艺难度、加快工程进度、缩短工期以及减少地质病害、改善施工条件、有利于环境保护。

（8）因国家标准、技术规范变化或上级主管部门对工程提出新的建设要求，工程正式开工后至项目竣工验收前，因社会经济发展、建设条件、建设环境等需要或因当地政府要求确需进行的变更。

3. 设计优化内容

（1）临建工程的设计优化。

在充分熟悉现场的基础上，加强施工组织设计编制，提高施工组织的可行性、经济性。项目经理部统筹全线，打破各分部施工区段界限，优化临时工程。其中：

①钢筋加工厂由原计划的 56 个优化为 37 个，混凝土拌和站由 30 座优化为 23 座，炸药库由 38 座优化为 7 座，并在隧道附近设置了 25 处火工品临时存放点。

②统筹考虑土建分部和路面分部后期临时用地，临时用地共节约 1 530 亩。

③优化临时用电线路，协调解决各分部的共用线路，最大限度实现施工用电、后期线路运营永久用电或沿线农村电网改造相结合，实现各方共赢。

④临时便道结合地方农产品外运需求，与地方政府、村民协商，采取“永临结合”，由地方和村民免费提供土地，项目方负责修建，供双方使用，道路相关手续由地方办理，可以节省临时用地租金、土地复垦、林地复植、土地勘测等诸多费用。

（2）选线方面的优化。

减少线路长度，降低实物工程量，并尽量绕避安全风险大（高大建筑物、高压线路、油气管道、有毒气田、穿越铁路、高速公路等）和环境敏感位置（环境保护区），通过第一阶段优化，线路长度从 167 km 减少到 152 km；加强线路与地形的拟合，减少桥隧长度，减少填挖高度，同时绕避征拆难点。通过优化，缩短桥梁长度 9 652.4 m、隧道长度 1 305.5 m，减少土石方量 3.918×10^5 m^3。以永明互通为例，原设计位置征拆难度大，通过调整位置，充分利用既有地方互通，降低了工程规模，减少了跨越既有高速路次数（从 9 次跨越绵盐路优化为 4 次跨越），避开了建筑密集地区，降低了征拆难度。成绵苍巴高速公路优化项目数量详见表 2-4-1。

表 2-4-1　成绵苍巴高速公路优化项目数量对比

序号	项目	单位	优化前	优化后	优化数量
1	线路长度	km	167	152	15
2	桥梁长度	km	46.83	37.18	9.65
3	隧道长度	km	30.59	29.28	1.31
4	土石方数量	m^3	$5.280\ 83\times10^7$	$5.241\ 65\times10^7$	3.918×10^5

（3）降低施工难度方面的优化。

调整线路标高减少高墩大跨桥梁（苍溪枢纽主线由上跨兰海高速调整为下穿兰海高速，墩高降低 10 m 以上；塔子山大桥桥位适当偏移，墩高降低 20 m 以上），调整桥梁结构统一跨径和墩柱形式，部分钢箱梁优化为钢混结合梁，并深化排水和防护工程，在满足功能的前提下最大限度降低成本。

对于桥隧相接的工程，缩短桥梁跨径或减少一跨，确保隧道洞口具备施工条件，也可减少由于隧道施工导致的桥台施工时间滞后。

（4）隧道围岩等级的变更优化。

隧道工程实行动态优化，根据地质情况随时调整设计方案，减少不必要投资。

（5）路面结构的设计优化。

路面水稳层由 20 cm 底基层+36 cm 基层优化为 28 cm 底基层+28 cm 基层，在保证施工质量的前提下，可以加快施工进度。

（6）土石方调配方面的变更优化。

将原设计的桥梁优化为路基，在有效利用隧道洞渣和挖方弃土量的同时，还有效降低施工成本。

第 5 章　项目策划

5.1　项目工程可行性研究阶段策划

5.1.1　线路策划

1. 成绵高速

工程可行性研究推荐方案主线 C7+C1+L+C4+C+K 线全长 127.660 km，路基宽度 25.5 m，占用土地 20 703.5 亩，设置桥梁 61 837.26 m/176 座。其中，特大桥 45 832.26 m/5 座，大桥 10 260 m/31 座，中小桥 5 745 m/140 座，桥梁占路线长度的 48.5%；设置隧道 6 030 m/8 座，其中短隧道 1 533 m/4 座，中隧道 1 553 m/2 座，长隧道 2 944 m/2 座，隧道占路线长度的 4.7%；互通式立体交叉 19 座（枢纽 6 处）。桥隧比约 53.2%，总投资估算 333.16 亿元，平均每千米造价 26 097 万元。主要控制性工程为起点段左幅涪江特大桥（主跨 100 m 连续刚构，桥长 2 228 m）、止点段北河、广青新高架特大桥（32 354.26 m^2 座）。

2. 绵苍高速

工程可行性研究推荐线起点位于绵阳市魏城镇南，接 G5 京昆扩容，终点位于苍溪县以北茶店镇，与广元—南充高速公路相接，线路全长 100.797 km，路基宽度 24.5 m，永久用地约 8 066 亩，设桥梁 33 536 m/87 座，占线路总长的 32.91%，其中特大桥 963 m/1 座，大、中桥梁 32 027 m/66 座，小桥 546 m/20 座；设隧道 29 110 m/27 座，占线路总长的 28.57%，其中长隧道 20 340 m/12 座，中隧道 5 870 m/8 座，短隧道 2 900 m/7 座；设互通立交 8 座，其中枢纽互通 1 处，一般互通 7 处；永久占用土地 8 066.8 亩；路基土石方数量：挖土方为 2.847×10^6 m^3，石方为 3.892×10^6 m^3，填方土方为 3.132×10^6 m^3，石方为 2.774×10^6 m^3；路基排水防护工程数量为 4.64×10^5 m^3；本项目桥隧比 61.48%，总投资估算 141.44 亿元，平均每千米造价 14 031.89 万元。

3. 苍巴高速

工程可行性研究推荐线起点位于苍溪县以北约 10 km 处茶店镇，设茶店互通与广元—南充高速公路（广南 K82+800 衔接）；终点位于巴中南互通东侧，与已建巴中至达州高速公路相接。全长 91.987 km，路基宽度 25.5 m，永久用地约 7 271 亩，路基土石方 99 412m^3/km；桥梁（含互通式立交主线跨线桥）25 306 m/81 座（含互通式立交 10 座），其中特大桥 2 450.5 m/3 座、大中桥 22 855.5 m/78 座，涵洞、通道 91 座；共设隧道 29 554 m/25 座，其中特长隧道 3 015 m/1 座、长隧道 20 033 m/12 座、中隧道 4 520 m/6 座、短隧道 1 986 m/6 座。全线桥隧比 59.6%，总投资估算 128.39 亿元，平均每千米造价 13 961 万元。主要控制性工程为恩阳河特大桥［（$6\times40+100+185+100+9\times40$）m 连续刚构、桥长 986 m］、蒲家梁隧道（3 015 m）。

5.1.2　交通策划

成绵段沿线交通发达，各料厂的道路交通较便利，均为水泥混凝土路面或沥青混凝土路面，基本为双向两车道或四车道，完全满足材料运输条件。

绵苍、苍巴推荐线路区属主要干线为 G108 国道、G347 国道（原 S302 省道）、X197 县道、X127 县道等，乡镇间主要靠乡道、村道连接。省道均为双车道，宽度约 7 m，为沥青路面；乡道以双车道为主，宽约 6 m，为沥青或水泥路面；村道一般约 3 ~ 4.5 m 宽，为水泥路面。主要工点可由乡道、村道引入，村道一般需拓宽。

5.1.3　地材利用策划

成绵、绵苍、苍巴高速区所属山脉无一定走向，主要由砂、泥岩相间构成台阶状孤山包，线位多为沿河和越岭延展。区内泥岩均为软岩、极软岩；砂岩饱和单轴抗压强度在 5 ~ 30 MPa 之间。根据工程经验，沿线泥岩、砂岩多可作为一般填料（膨胀性泥岩除外）参与全线土方平衡。饱和单轴抗压强度大于 20 MPa 的砂岩、长石砂岩可以用作附属工程、软土路基的基底换填，也可作为挡墙、边沟工程的料石、片石、条块石使用，但选用时需取样对其力学指标进行测试，工程全线此类砂岩、长石砂岩的分布较广泛。

5.1.4　桥位选址策划

通过对嘉陵江特大桥、茶店互通、恩阳河特大桥、涪江特大桥、涪江四桥特大桥等工点的调查，初步认为成绵扩容、绵苍、苍巴高速项目的主要特殊结构桥梁桥位处无明显地质问题。但个别桥存在与既有构筑物相互影响的问题，可能影响桥位选择。详见风险因素部分，个别侨址如图 2-5-1、图 2-5-2 所示。

图 2-5-1　恩阳河特大桥桥址

图 2-5-2　嘉陵江特大桥桥址

5.1.5　风险因素策划

1. 围岩情况

绵苍高速工程可行性研究阶段设置隧道共计 29 110 m/27 座，穿越岩层以砂泥岩地层为主，其中Ⅴ级围岩 6 286 m，占总长度 21.6%；Ⅳ级围岩 22 824 m，占总长度 78.4%。

苍巴高速工可阶段设置隧道共计 29 554 m/25 座，穿越岩层以砂泥岩地层为主，其中Ⅴ级围岩 9 851 m，占总长度 33.3%；Ⅳ级围岩 15 515.2 m，占总长度 52.5%；Ⅲ级围岩 4 187.7 m，占总长度 14.2%。

通过对蒲家梁隧道、龙凤山隧道、天主庙隧道、蒲花村隧道等长隧道洞口及沿线经停地段基岩出露现场调查情况看，隧址区大都穿越砂泥岩互层地层，地质条件简单、单一，隧道围岩级别以Ⅳ级、Ⅴ级为主，仅有少部分厚层长石砂岩段可划分为Ⅲ级。

2. 绵苍段 AK71+000 ~ AK75+000 附近线位问题

AK74+000 处线路左侧约 90 m 为中石化 271 号气井，近邻神皇垭隧道（2 050 m）及池鳞村大桥（桥跨为 28 × 20 m），目前暂不清楚其安全防护等级，根据《中华人民共和国石油天然气管道保护法》第三十五条第三款“（三）在管道线路中心线两侧各二百米和本法第五十八条第一项所列管道附属设施周边五百米地域范围内，进行爆破、地震法勘探或者工程挖掘、工程钻探、采矿。”的规定，施工单位应当向管道所在地县级人民政府主管管道保护工作的部门提出申请。

神皇垭隧道出口（AK73+875）右侧发现一隧道洞口，已封闭，推测为大唐亭子口水电站原引水隧洞（可能已废弃），其走向可能与本隧存在交叉。

池鳞村大桥（28 × 20）在 AK74+767 处下穿既有兰渝铁路等，如图 2-5-3 ~ 图 2-5-5 所示。

图 2-5-3　271 号气井

图 2-5-4　神皇垭隧道出口引水隧洞

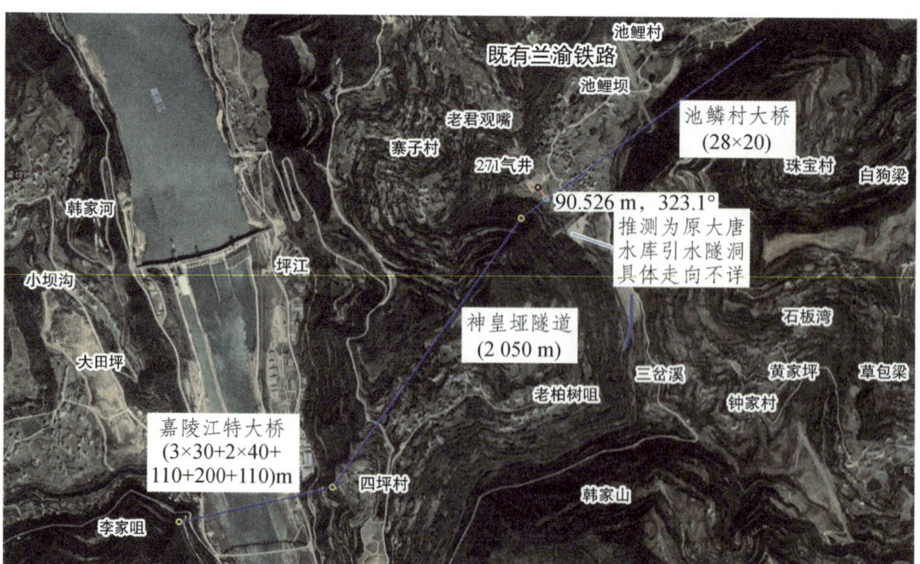

图 2-5-5　神皇垭隧道周围相关设施平面图

该处线位受控因素较多，存在不确定性，且上述工点线位如调整可能导致嘉陵江特大桥及附近线位调整（嘉陵江大桥桥址位于大唐亭子口水电站及既有嘉陵江大桥之间），建议深化该段（影响绵苍高速范围约为 AK71+825 ~ AK77+997，长约 6 km）选线工作。

3. 苍溪县元坝镇附近气田群

苍溪县城东侧元坝镇附近气田群权属中石化股份西南油气分公司采气二厂。该气田区为中国第二大高含 H_2S（硫化氢）气田区，厂辖管线总长约 400 km，管径以 DN200、DN400、DN800、DN1060 为主，其中 DN1060 管为高含 H_2S 酸气管线（H_2S 浓度为 5% ~ 8%），管道压力为 6 ~ 8 MPa，经川东北—川西联络线输送往普光气田用于西气东输；一般管道压力为 2 ~ 3 MPa。苍溪县嘉陵江西侧有部分停采气田。

工程可行性研究推荐线位部分段落距离气井较近，该气田为“高含硫化氢”气田，安全控制要求较高，根据《川东北天然气井钻井井控技术规范》（Q/SH 0205—2009）井控安全距离的相关规定：井口距高压线及其他永久性设施不少于 75 m，距民宅不少于 100 m；含硫化氢天然气开发井的井口距民宅不少于 300 m，距铁路、高速公路不少于 200 m；距学校、医院和大型油库等人口密集性、高危性场所不少于 500 m。

部分的工程可行性研究推荐线路可能存在不确定性，建议工程可行性研究及初步设计单位进一步核实（推测影响苍巴高速范围约为 K1+313 ~ K5+000，长约 3.7 km）。

根据调查，线路区未见天然气苗情况，天然气层埋深均大于 4 000 m。本地区类似地质条件下，个别已建隧道，存在低瓦斯情况，因此绵苍高速终点段隧道及苍巴高速起点段隧道按低瓦斯隧道考虑是合适的。

4. 危岩落石估量不足

区内岩性组合多为砂、泥岩互层，其抗风化能力上的差异往往在砂岩陡崖底部形成凹岩腔，在陡倾节理裂隙的切割下形成危岩，加之坡体前缘临空，进而易引发崩塌。

绵苍、苍巴段沿线危岩体发育，工程可行性研究文件推荐线对该不良地情况罗列较少，对危岩体数量及段落的估计不足。但由于沿线多为中低位危岩体，工程技术风险及投资风险影响有限。

5.1.6　材料价格及供应情况策划

1. 材料价格分析

1）成绵高速公路

（1）钢材、沥青、水泥单价分析。

经现场调查资料分析，钢筋单价较评估单价高约 362 元/t，型钢单价较评估单价高约 137 元/t，沥青单价较评估单价高约 722 元/t，改性沥青单价较评估单价高约 509 元/t，水泥单价较评估单价低 15 ~ 62 元/t。结合估算资料，主材较评估增加投资约为 22 679.57 万元。

（2）地材分析。

经现场调查资料分析，砂单价与评估单价基本相同，碎石单价较评估单价低 8 ~ 11 元/m^3，片石单价较评估单价高约 19 元/m^3，结合估算资料，地材较评估减少投资约为 6 530 万元。综合分析主材及地材，现场调查价较评估价增加投资约为 16 149.37 万元。

2）绵苍高速公路

（1）钢材、沥青、水泥单价分析。

经现场调查资料分析，钢筋、型钢单价与评估单价基本一致，钢绞线较评估单价高约 800 元/t，沥青单价较评估单价高约 400 元/t，改性沥青单价较评估单价高约 200 元/t，水泥单价较评估单价高 10～47 元/t。结合估算资料，主材较评估增加投资约为 12 420.83 万元。

（2）地材分析。

经现场调查资料分析，机制砂与评估单价基本一致，中粗砂单价较评估单价高约 21 元/m^3，碎石单价较评估单价高 18～27 元/m^3，片石单价较评估单价高约 40 元/m^3。结合估算资料，地材较评估增加投资约为 27 224.98 万元。综合分析主材及地材，现场调查价较评估价增加投资约为 39 645.82 万元。

3）苍巴高速公路

（1）钢材、沥青、水泥单价分析。

经现场调查资料分析，钢筋单价与评估单价基本一致，型钢单价较评估单价低约 250 元/t，钢绞线单价较评估单价高约 700 元/t，沥青单价与评估单价基本一致，改性沥青单价较评估单价低约 900 元/t，水泥单价与评估单价基本一致。结合估算资料，主材较评估减少投资约为 2 026.75 万元。

（2）地材分析。

经现场调查资料分析，机制砂与评估单价基本一致，中粗砂单价较评估单价高约 18 元/m^3，碎石、片石单价与评估单价基本一致。结合估算资料，地材较评估增加投资约为 5 890.11 万元。综合分析主材及地材，现场调查价较评估价增加投资约为 3 863.34 万元。

2. 材料供应情况

（1）成绵扩容项目。

成都段沿线由于环保政策影响，基本无地材加工厂，仅有零星小规模零售商，质量难以保障。经调查，该段施工小规模需求可从广汉市采购，大量采购需从绵阳市三台县（约 150 km）、江油市（约 170 km）、眉山市（约 160 km）等地区采购，运距较远。

德阳段靠近成都方向的广汉市等地区，有部分地材加工厂，但其料源基本来自于成都地区及周边的建筑行业基坑开挖所产生的砂石料。成都地区的基坑开挖料，基本都运至广汉市进行再次加工，其料源不稳定，且价格较高，但离线路较近，运距均在 20 km 以内。

德阳段靠近绵阳方向的罗江区等地区，有部分暂未关停的地材加工厂，其料源为沿线河流开采，但储量较小，价格较高。德阳段以西方向的绵竹市，靠近龙门山脉，储量丰富，石料质量好，但因政府暂不允许开采，工程开始前，可与当地政府协商，联合开采，但该地距离线路较远，运距约 70 km。该地区的国有企业金申砂石料厂为主要生产厂商，该厂商主要依靠河道整治，获得料源，储量及产量都比较大，但受地方政策限制，该厂商现仅供应本地建筑行业，若需大批量采购，须得到政府同意。

绵阳段周边县市地材储量较为丰富，其中三台县涪河沿线，依托涪江开采加工的厂家较多，距离线路 30 km 以内，储量丰富。绵阳安州区、北川县、江油市，具有以矿山开采为主的料源，数量丰富，质地较好，但运距较远，约 100 km。

（2）绵苍高速项目。

线路沿线地质主要为砂性泥岩，强度低，不适合利用作为砂石骨料开采使用，可作为路基填料使用。线路沿线没有矿山采石场，沿线周边主要利用河流采砂和冲积卵石进行碎石加工。河流采石场主要位于涪江和嘉陵江沿线。绵苍高速线路中间梓潼县区段地材供应较为困难，只有利用线路两端县市供应，主要集中在江油市和苍溪县采石场，运输距离较远。

游仙区到梓潼县境内主要由江油市涪江沿线采石场和矿山采石场供应，根据现场实地调查，江油市采石场供应碎石和砂，储量丰富，除个别厂商价格极端偏差较大，多数厂商价格基本相当，即：出厂价碎石 90 元/m^3，机制砂 120 元/m^3，片石 35 ~ 40 元/m^3 均含 3%普税，运费基本 1 元/（km · m^3），该线路平均运距为 55 km。

梓潼县—苍溪县区段主要利用嘉陵江沿线碎石料场主要为江中卵石破碎所得，产量不稳定，除个别厂商价格极端偏差较大，多数厂商价格基本相当：出厂价碎石 90 元/m^3，机制砂 120 元/m^3，片石没有货源，均含 3%普税，运费基本 1 元/（km ·m^3），到线路平均运距为 50 km。苍溪县已经成立了土投公司（四川聚宝源投资有限公司），调查的砂石料场经营期限为 2018 年 12 月 21 日止。从 2019 年 1 月 1 日，苍溪县境内所有砂石料场开采权都将收归政府所有。注意应考虑涨价风险。

（3）苍巴高速项目。

据调查，巴中市在建巴桃高速砂石料主要购于汉中市，巴万高速砂石料主要购于南部县。沿线砂石料厂大多分布于苍溪县（10 ~ 40 km）、南部县（120 km）、仪陇县（100 km），料源一般来自嘉陵江、东河的河沙或卵石制砂。南部县砂石料厂提供配送，运费约 0.5 元/（t · km）。嘉陵江 5 ~ 9 月汛期期间禁采，仪陇县砂石料厂目前正在进行国有化改造，计划明年开建。

3. 调研分析

各项目工程可行性研究提供的地材料源名录，其中大部分已关闭，工可地材单价均比市场价低，且地方性材料供应受环保政策影响，供应比较紧张，综合运输距离考虑不够；工程可行性研究中的主材包括钢材、水泥、沥青等，价格均比市场价偏低。在项目建设期应考虑材料的涨价风险，对材料供应合理安排筹划。

根据现场调查结果调整，成绵、绵苍、苍巴高速公路建安费投资均有所增加。成绵、绵苍、苍巴高速公路建安费在中铁第一勘察设计院集团有限公司 2018 年 7 月所作的项目评估报告的基础上增加投资分别约为 1.61 亿元、3.96 亿元、0.39 亿元，合计增加 5.96 亿元。

5.2　施工过程阶段策划

5.2.1　工程规模及特点

1. 工程规模

路基工程：挖方 2.731×10^7 m^3、填方 1.733×10^7 m^3。

桥梁工程：35.4 km/100 座，其中特大桥 4.3 km/3 座；主跨百米级桥梁 5 座，最大跨度为 200 m，最大墩高 77 m；

隧道工程：29.42 km^2/6 座，其中 1 000 m 以上隧道 21.676 km/13 座；管段内最长隧道老

鹰岩隧道，长 2 623 m；

混凝土圬工约 5.34×10^6 m^3、预制梁 13 201 片、钢筋 3.8×10^5 t、水泥 2.23×10^7 t、型钢 4.9×10^4 t、钢绞线 2.4×10^4 t、粉煤灰 4.6×10^4 t；沥青 7.7×10^4 t、玄武岩类级配料约 2.2×10^5 t；级配地材需求量约 2×10^7 m^3。

2. 工程特点

（1）项目区域沟壑纵横，河流众多，地质复杂，建设难度大。

路线走廊位于四川盆地东北部丘陵与低山过渡带，沿线地形起伏较大，最高海拔 1 040 m，最低只有 330 m，地形条件差；项目跨越河流 23 条，主要有涪江、梓江、西河、嘉陵江、石门河、东河。其中，嘉陵江、涪江和东河为通航河流。通航和行洪手续批复程序复杂，通航安全保障极为重要。区域内泥岩、砂质泥岩与砂岩互层，沟谷堆积残坡积、坡洪积低液限黏土，危岩崩塌体、滑坡段较多，地质条件复杂。

（2）工程规模大，桥隧比较高。

本项目全长 151.77 km，概算投资 242.22 亿元。管段内桥梁总长度 35.7 km/97 座，隧道总长度 29.28 km^2/6 座，桥隧整体占比 42.8%。抓好桥隧工程节点和安全是保障项目顺利交、竣工的重要条件。

（3）管段线路长、产权单位多、协调难度大。

本项目涉及 2 市 7 区县（绵阳市：涪城区、三台县、经开区、游仙区、梓潼县；广元市：剑阁县、苍溪县）、24 个乡镇、79 个自然村。线路交叉跨越 1 条铁路（兰渝铁路）、2 座电站（亭子口电站、碑沱电站）、3 条高速（绵西、绵遂、广南高速）、4 道高规格燃气管道（成绵芦溪—磨家供气管道、苍巴中卫—贵阳输气管道、九龙山—北外环输气管道 2 次交叉、中石化输气管道 2 次交叉）、5 座水库（跃进水库、团结水库、金银水库、旺瓢山水库、闫家沟水库）。另外，沿线高压线密布、厂矿林立、房屋密集，对接管理部门众多，管理层级复杂，协调难度大。

（4）瓦斯隧道多，安全风险突出。

绵苍、苍巴高速项目位于川东气田区、管段有微瓦斯、低瓦斯隧道 5 座（神皇垭隧道、观音庙隧道、陶家山隧道、慈航殿隧道、细亚梁隧道），瓦斯隧道通风、防明火、有毒有害气体检测是隧道风险管控重点。

（5）环境敏感区域多，环保、水保、森林防火标准高。

本项目经过自然保护区、风景名胜区、国家级水产种质资源保护区、城市集中式饮用水源地、地质公园、森林公园、湿地公园等各类自然保护地和环境敏感区域，且路线大段落穿越林区，重大环境制约因素问题突出。

（6）地材分布不均衡。

项目建设需地材母料超过 2×10^7 m^3，沿线地质岩层主要为砂岩与泥岩，沿江、河母材受环保政策及地方政策影响，材料跨区运输困难，且各地料场生产能力波动较大，产能不稳，价格不可控，保供困难。争取地材限价保供政策对项目进度、投资控制和施工成本极其重要。

（7）项目影响大，社会关注度高。

成绵苍巴项目是联系成都经济区与川东北的经济带，是拉动区域经济发展的重要通道。扩大了成都对周边的辐射作用。同时，成绵苍巴项目是中国铁建较大规模的单体投资项目，也是四川境内重要的公路项目，社会关注度较高。

根据成绵苍巴总工期安排,结合初步设计,选定工程量大、工期长的结构物作为先期开工点。G5 京昆高速绵阳至成都扩容段涪江特大桥；绵苍高速先期开工点有魏城互通段、马迎互通段 K35+580 ~ K36+500、王家山隧道、羊鹿山隧道、西河大桥、老鹰岩隧道、蒲花村隧道（后更名石城隧道）、嘉陵江特大桥、神皇垭隧道、杨家店路基段；苍巴高速先期开工点为东河大桥。

5.2.2　沿线资源配置

项目建安费约为 185 亿元，根据施工图概算设备物资成本约为 113 亿元，项目设备物资占工程成本的 61.4%，因此管控好设备物资成本对控制工程总成本和提高项目经济效益起着至关重要的作用。

项目进场之初以做好市场资源调查为首要工作，成立了由集团公司、项目部、各工程公司及分部组成的物资设备考察小组，充分搜集设备物资管理的相关信息。信息包括内部施工信息和外部市场信息。内部工程信息包括施工组织设计、工点分布、施工预算和概预算（中标成本）、施工组织形式和行业主管部门、建设单位对设备物资管理方面的要求等信息；市场信息包括料源分布、保障能力、物价及趋势预测、交通条件、运距、运力、运价、设备租赁行情和地方相关政策等。这些信息对项目施工中设备物资管理起着巨大的支撑作用。

对项目周边资源进行调查,全面了解各种原材料的市场供应情况,精准掌握其真实价格。深入水泥厂（11 家）、钢厂（6 家）、砂石厂（68 家）等厂家进行实地考察，对各类材料的市场行情、各个厂家的产能及指标情况等进行了充分的梳理与了解,形成详细的市场调查报告，同时与厂家建立良好沟通联系，为后期源头采购奠定了基础。

1. 项目周边资源分布情况

（1）水泥。

成绵苍巴项目线路周边水泥厂较多，资源较为丰富。

项目沿线 200 km 范围内，有海螺水泥、西南水泥（中建材）、红狮水泥、双马水泥等多个水泥厂，主要分布在江油、绵阳、德阳、广元、巴中等市辖区域，年生产能力在百万吨以上的有十余家，能够满足工程需要。各水泥厂所在区域距高速公路、省道、县道较近，道路条件较好，到各分部拌和站交通比较便利，具体内容可见表 2-5-1。

表 2-5-1　水泥厂家

序号	厂家	生产厂位置	年供应能力/$\times 10^4$ t	辐射距离/km	距绵阳距离/km	距苍溪距离/km	距巴中距离/km	系列品牌
1	江油红狮水泥	江油市武都镇	200	200	53	204	313	浙江红狮
2	江油国大水泥	江油市含增镇	200	200	46	241	306	中建材西南
3	安县中联水泥	绵阳市安州区桑枣镇	200	200	47	244	316	中建材西南
4	剑门川煤水泥	广元市剑阁县下寺镇	100	200	139	112	176	中建材西南
5	旺苍西南水泥	四川旺苍县白水镇	100	200	274	85	58	中建材西南
6	广元海螺水泥	广元市朝天区朝天镇	350	200	204	129	173	安徽海螺
7	巴中海螺水泥	巴中市南江县南江镇	300	200	330	216	75	安徽海螺
8	四川双马水泥	江油市二郎面	200	200	56	207	316	四川双马

绵阳方向水泥厂主要供应范围为四、二、上海、一分公司管段，分布在江油、绵阳、德阳等地，主要有江油国大、北川中联、安县中联、绵竹奥东、双马水泥、江油红狮、北川四星、兰丰水泥等大中型生产厂。广元方向水泥厂相对较少，主要供应范围为三、六、一分公司管段，分布在广元、巴中等地，主要有广元海螺水泥有限责任公司、巴中海螺水泥有限责任公司、旺苍川煤水泥有限责任公司、广元市高力水泥实业有限公司等厂。

各水泥厂对付款方式要求较为严格，均为先付款后供货。部分厂家能少量接收限定范围内银行承兑汇票（最高比例为 70%，一般为 50%左右），且承兑期限短（最长 6 个月），逾期均有贴息要求。定价机制均为市场浮动价，存在上涨风险。为应对环保检查，水泥协会对各家水泥厂都安排有停产时间，平均每家每年约 100 d，均有受环保影响停产的风险（广元海螺以熟料置换停产时间，影响较小）。生产厂家不提供运输服务，运输由专业公司承运。根据市场调查，P·O42.5 散装水泥按出厂现款单价 440 元/t，运输单价按 0.5 元/（t·km）估算，到工地现款价在 470 ~ 510 元/t。

（2）钢材。

项目周边较大钢铁企业有达州钢铁、德胜钢铁、陕西汉中钢铁、川威钢铁、攀钢等多个钢厂，资源较丰富，生产能力能够满足施工需要。各钢厂对付款要求严格，均为先付款后供货。定价机制为根据市场行情浮动价。调研期间 HRB400E 螺纹钢 ϕ18 ~ ϕ25 成都市场自提价格约为 4 150 元/t（参照龙钢、达钢网价）。

贸易商（供应商）供货单价一般比市场建筑钢材价格高 150 元/t 左右（含税到位价）。

项目型材、钢绞线厂家主要集中在成都、重庆、陕西汉中等地，运距 300 km 以内的有 5 家，资源能满足项目需求，具体见表 2-5-2。项目根据资金情况适当考虑厂家定轧型钢。目前沙钢原材料网价 4 630 元/t，加工费与运杂费预计为 800 元/t，到厂价预计为 5 430 元/t。

表 2-5-2　钢材厂家

序号	厂家	产品简称	生产厂位置	年生产能力/×10^4 t	距绵阳距离/km	距苍溪距离/km	距巴中距离/km	备注
1	攀钢集团有限公司（攀钢集团攀枝花金属制品有限公司）	攀钢	四川省攀枝花市东区向阳村	890	785	941	997	
2	四川省达州钢铁集团有限责任公司	达钢	四川达州市通川区西河路	320	365	318	137	
3	陕钢集团汉中钢铁有限责任公司	陕钢	陕西省勉县定军山镇	300	438	239	185	
4	四川德胜集团钢铁有限公司	德钢	四川省乐山市沙湾区	100	349	443	500	
5	四川省川威钢铁集团有限公司	威钢	四川省威远县连界镇	250	270	363	420	

（3）地材。

周边河道卵石主要沿涪江、梓江、嘉陵江分布；山石资源主要集中在绵阳北川、江油和广元青川、旺苍等地以石灰岩为主，梓潼剑阁等地山石为强风化石，无法用于工程。通过调查发现：①原有的料场受政府政策变化等原因关停较多，地材资源更进一步地集中在各地政府资源平台公司下；②在多种因素影响下，材料价格逐步上涨；③高强度等级混凝土使用的砂、石来源较少；④项目沿线地材资源匮乏，分布不均，距施工线路相对较远；⑤政府规定每年 6 月 1 日至 9 月 30 日为河道禁采期，更加剧了地材紧张；⑥沿线道路运输条件较差，乡村道路险峻，道路较窄坡陡弯急。

项目沿线砂石料资源紧张、生产线性能落后质量不满足施工要求产能低且规模较小，在满足地方基本建设需求后，无法为项目提供稳定的砂石料供应和服务，更无法保证市场价格的稳定。基于当前政府的管控及当地地材资源分布，砂石料价格上涨将成为本项目项目物资、成本管理最大的不可控风险，可有效解决外购砂石所出现的资金、产量、运输等难题，解决因砂石供应造成进度受限和效益流失的难题，因此项目必须推行砂石料自行加工或合作加工模式。地材厂家分布具体内容见表 2-5-3。

（4）电力。

项目沿线多为农网电力，电力设施薄弱且负荷较重，剩余容量不多，无法满足施工需要。需对当地电网进行线路升级，安装变电站。充分结合当地线路升级规划，最大限度地实现施工用电与农村电网改造、运营期永久用电相结合。

（5）粉煤灰。

目前，四川省内生产粉煤灰的企业主要为火电厂和粉磨站。经调查，项目周边火电厂较少以水电为主，每年丰水期（6 ~ 10 月）火电基本保持最小运行方式运行，粉煤灰资源紧张。项目周边主要有神华江油发电厂以及旺苍等地的自备电厂。其中，江油电厂有分选设备，可采用分选工艺，生产一级粉煤灰，其他电厂均无分选设备，只生产原灰。而原灰质量不稳定，烧失量高，活性差，不符合标准要求。周边粉磨站较多，生产工艺为将粗灰或其他材料（建渣、石灰石等）经过磨压等非高温燃烧方式加工的粉煤灰，产品质量无法满足要求。神华江油天明发电厂两台 2×1 100 MW 机组正在建设。从经济、技术方面分析，一级粉煤灰均具有较高的使用价值。

2. 地材供应模式及建厂规划

为保障项目砂石供应，稳定采购价格，降低采购成本，项目部采取购买母料自行建厂或合作加工模式解决砂石料供应问题。项目主管领导带队，各参建单位组织专人、成立专班研究政策文件，加强资源调查，收集各类支撑文件，到各级政府、行业主管部门、政府平台公司进行多轮谈判磋商，最终通过与地方政府平台公司合作建厂，实现了地材自加工。

同时，根据地材资源分布和原材质量、运输条件，结合现场实际需求情况，本着合理、经济、满足施工要求的原则进行统筹布局建厂，项目沿线拟规划建设五处碎石加工厂。其中，梓潼县境内三处（建材公司），主供料范围为第一分公司所属项目，同时兼顾上海分公司、第二分公司、重庆第六分公司所属项目；三台县境内一处（第四分公司），主供料范围为第四分公司所属项目，同时兼顾第二分公司所属项目；剑阁县境内一处（重庆第六分公司），主供料范围为重庆第六分公司所属项目，同时兼顾第三分公司所属项目，五处地材加工厂规划可日产各类砂石约 24 000 t。同时项目鼓励督促分部通过方案变更和优化，将线路附近石料、河道卵石较多区域纳入取、弃土场等方式将资源抓在手中。在整体布局的基础上，各分部可因地制宜，就地取材，利用隧道、路基土石方爆破、红线征地、河道施工取砂等既有资源，采用移动破碎进行就地加工。另外要通过积极拓宽砂石供应渠道、加强砂石源头采购、统筹管理外购业务、提前做好材料储备、对周边砂石价格信息发布和监测预警等一系列措施，保证砂石采购价格的稳定。

表 2-5-3　地材厂家

项目分部	料源地名称	具体位置	物资名称	税率/%	含税出厂单价/元	含税运价/[元/（t·km）]	至各拌和站运距		供应是否正常	碎石检测指标	
							1#站运距	2#站运距		母材抗压强度	压碎值
1、2分部	江油金时达石业有限公司	江油市香水乡镇江村一组	碎石	3	53	0.4	85	89	正常	76	17.2
			机制砂		56				正常		
3、4、5分部	北川石料厂	绵阳市北川羌族莱麻坑	碎石	3	45	0.45	80		是	73	20
			机制砂		48				是		
6分部	南方矿业	北川西屏镇镇江村	碎石	3	45	0.4	93		是	82	国标8
			机制砂		48				是		
7分部	江油文胜矿业	厚坝镇养马峡村	碎石	13	60	0.5	85	90	正常	>63	<18%
			机制砂		72				正常		
8分部	南方矿业	北川县草洞子	碎石	3	46	0.49	110	124			
			机制砂		52.5						
	江油文胜	江油市文胜镇	碎石	3	57	0.49	110	124			
			机制砂								
9分部	北新路桥兴投公司	青川县乐安寺	碎石	3	43	0.35	139	157	正常		
			机制砂		46				正常		
10分部	高池乡砂场	高池乡风力发电机组旁	米石	3	46.16	0.43	38	53	一般		
	剑阁县江口镇一碗水	剑阁县江口镇一碗水	机制砂	3	84.5	0.41	50	65	一般		
			碎石								
	剑阁县鹤陵镇梁家嘴	剑阁县鹤陵镇梁家嘴	机制砂	3	84.09	0.41	51	66	不稳定		
			碎石								

续表

项目分部	料源地名称	具体位置	物资名称	税率/%	含税出厂单价/元	含税运价/[元/（t·km）]	至各拌和站运距		供应是否正常	碎石检测指标	
							1#站运距	2#站运距		母材抗压强度	压碎值
10 分部	昭化区黄龙镇	昭化区黄龙镇	机制砂	3	68.1	0.41	90	105	一般		
			碎石								
	青川县司马沟/高坝	青川县司马沟/高坝	机制砂	3	57.6	0.41	140	155	稳定		
			碎石								
11 分部	罗江砂场	江口镇罗江村	碎石	13	60.925	0.57	55	55	正常	未检测	7.1
			机制砂		72.925				正常		
	张王砂场	剑阁县张王镇	碎石	13	60.925	0.56	105	105	正常	未检测	7.1
			碎石		72.925				正常		
12 分部	江口料场	江口镇罗江砂厂	碎石	13	60	0.6	60		是		6.8
			中粗砂		71				是		
	江口料场	江口镇一碗水砂厂	碎石	13	60	0.6	60		是		7
			中粗砂		71				是		
	鹤龄料场	鹤龄镇化林村	碎石	13	50.85	0.6	25		是		7.1
			机制砂		62.15				是		
			天然砂		73.45				是		
13 分部	合林砂石料厂	合林镇	机制砂	13	62.15	0.6	25		紧缺	未检测	6.2
			碎石		50.85				紧缺		
			自然砂		73.45						

续表

项目分部	料源地名称	具体位置	物资名称	税率/%	含税出厂单价/元	含税运价/[元/（t·km）]	至各拌和站运距		供应是否正常	碎石检测指标	
							1#站运距	2#站运距		母材抗压强度	压碎值
13 分部	苍溪张家坝沙石料厂	苍溪县张家坝	碎石	13	70.65	0.55	37		紧缺	未检测	8.3
			机制砂		75.7				紧缺		
	溪佳源砂石经营有限公	苍溪县张家坝	碎石	1	55.5	0.55	37		紧缺	未检测	7
			机制砂		55.5				紧缺		
14 分部	苍溪县佳源砂石经营有限公司（亭子口料场）	四川省广元市苍溪县亭子镇五福村	机制砂	13	56	0.5	26		是	—	4.5
			碎石		56				是		
	四川致速物流有限公司（鹤龄料场）	四川省广元市剑阁县鹤龄镇化林村	机制砂	13	62.15	0.55	30		是	—	5.4
			碎石		50.85				是		
			自然砂		73.45				是		
15 分部	广元海螺水泥有限公司	广元海螺水泥有限公司内部	机制砂	1	51	0.48	125	125	是	未检测	9.6
			5～10 mm 碎石		59				是		
			10～30 mm 碎石		48				是		
	璨宇建材有限公司	广元市苍溪县金斗村	机制砂	13	55.5	0.77	26				
			碎石		55.5	0.77	26		是		
16 分部	旺苍县	旺苍县嘉川镇小松村	碎石	3	40	0.4	100		否	63	9.8
			机制砂		50				否		
17 分部	汪苍县锦源钙业有限公司	旺苍县嘉川镇小松村	碎石	3	45	0.5	70		是	93	11
			机制砂		55				是		
	四川省茂航建筑工程有限公	阆中市七里办事处	碎石	3	45	0.5	70				11
			机制砂		55						
			河沙		85				是		

3. 火工品供应模式及库房建设规划

项目全线火工品由集团公司爆破公司进行直供，爆破公司精心统筹谋划，根据特点为项目量身打造了从爆破设计方案内审、爆破项目审批、民爆器材供应到涉爆人员培训、爆破安全监管的一体化服务方案。

面对项目跨市县多，工作面多，民爆物品运输难度大等不利因素，爆破公司集中专业力量主动开展工作，从前期爆破作业、火工品采购及运输等方面进行筹划，制定详细的实施方案，并定期对管理情况进行检查，确保火工品安全管理可控。

依托专家团队，提前布局谋划全线炸药库房建设和供应，全线优化设置 7 座（5 t）炸药库，在梓潼县境内建设 1 处炸药库，在剑阁建设 4 处炸药库，在苍溪建设 2 处炸药库，设置 20 余座民爆器材临时存放点，采取统一设计、统一标准、统一安评、统一验收和统一管理。同时，发挥专业优势，对民爆器材运输车进行统一集中调配，及时优化出车线路，科学安排配送顺序，降低运输成本。实现火工品的采购、运输、储存、使用等各个环节的统一、安全、规范管理，并定期对管理情况进行检查，确保火工品安全管理可控。

4. 周转材料配置方案

配置应遵循优先内部调剂，后租赁、再购置的原则。各分部根据需求数量编制配置计划，项目部统筹协调、调配，根据施工安排统筹考虑周转材料加工和使用次序，并结合需求编制确定周转材料配置方案。

周转材料严格按照成绵苍巴项工〔2020〕9 号会议要求统一模板加工基本参数和标准，提高模板循环利用率。圆柱墩和系梁模板参数：采用平口模板，面板厚度 δ=5 mm；钢楞选用 8 号槽钢（80 × 43 × 5），竖向间距 30 cm，横向间距 60 cm；法兰厚度 δ=12 mm；螺栓采用双螺母高强螺栓；标准节长度选 2 m 或 3 m，配置部分长度 1 m 和 0.5 m 调整节。系梁模板采用侧模座底模方式，底模设法兰打孔；系梁钢楞间距需验算后确定。盖梁模板：采用平口模板，面板厚度 δ=5 mm；钢楞选用 10 号槽钢（100 × 48 × 5.3），间距暂不统一；法兰厚度 δ=10 mm；系梁模板采用侧模座底模方式；底模和侧模数量建议按 3：1 比例进行配置。以上模板螺栓孔统一采用 ϕ20 mm，间距 20 cm。

强化内部资源联动调配，建立周转材料资源数据库，制定周转材料调拨管理办法，明确分部之间的调配流程，充分提高资源利用率，降低重复采购成本。加强现场管理，制定落实防锈、防腐、防变形等质量保证措施。现场倒运模板及配件，严禁抛掷，防止碰撞损坏；模板拆除后，应及时清理灰浆，并对损坏及变形的模板及配件及时修复。禁止随意改变周转材料外观、尺寸、物理性能和连接形式，不得随意焊接、切割、拼接，禁止随意打孔。大力开展修废利旧工作，树立“修旧就是增收，利废就是增效理念”。积极调查了解公司内部可调配及周边项目资源，提高物资利用效能，优化施工方案和工艺，充分修旧利旧，加强旧模板的改制和再利用。

5. 主要机械设备配置

项目进场便结合施工组织安排、自有设备情况、当地设备市场情况，本着满足施工要求，保证使用安全，降低使用成本的原则编制设备配置方案。同时根据施工组织、施工方案的变化和不同施工阶段的设备需求及时调整、优化资源配置，提高使用效率，满足机械化施工要求。

主要施工机械设备配备原则：一是要配套，二是要先进，三是要满足施工需求并略有富余，四是要保证其完好率和出勤率。针对不同的工序施工，按专业化组织流水作业，以性能好、效率高、机况良好的大型机械设备装配本项目的主要作业，实现项目机械化。同时，尽可能采用同厂家设备，以便维修、配件供应和通用互换，确保机械使用率。

项目进场便对集团闲置设备、机具进行梳理，并结合项目需求本着先调剂、后租赁、再购置的原则，确定项目设备配置方案，对现有机械设备、施工车辆进行调剂，最大限度盘活闲置资产，审慎购置新设备。对于新购设备加强采购选型，按照技术先进、经济合理、配套合理、安全可靠、节能环保的原则，进行设备采购。同时，做好投入产出、租购对比分析，合理比选设备租赁形式；做好设备安全使用管理，加强设备定期维护保养和安全动态监管。强化机械使用费用管控，制定了常用设备租赁限价，实行按工作量计租为主、按工时（台班）计租为辅的租赁方式，尽量将机械费计入分包单价中，减少设备的购置或租赁。推行设备单机核算，落实大型设备定人、定机、定岗制度。利用二维码建立设备电子档案，通过运输机械云监系统及时对设备进行调配，提高设备利用率和周转率，实时掌握租赁设备运行和油耗情况，及时清退消极怠工和油耗高的租赁设备。

6. 临建配置

对全线的钢筋厂和拌和站等进行统筹规划，新购设备统一品牌，对管段内所有钢筋、混凝土进行统一加工，集中供应。推行钢筋厂和拌和站、预制梁场集约化、标准化管理，在建设方面实行统一规划、统一标准、统一布局，以管理专业化、制造工厂化、生产机械化、过程标准化、管理信息化为抓手，采用先进的钢筋加工、混凝土拌和设备和信息化系统，对管段内所有钢筋、混凝土进行集中加工、供应，实现钢筋加工和混凝土拌和数据实时采集，用机械化、信息化保证产品的加工质量，提高生产效率，降低损耗率。

发挥资源共享优势，不断优化临建布局。全线钢筋加工场由原计划建设 54 个，优化为 31 个，其他改为钢筋半成品临时存放点；预制梁场由 20 个优化为 17 个；混凝土拌和站由 26 座优化为 23 座。从目前临建工程运转情况看，能够较好地满足现场施工生产需求。

5.2.3 征地拆迁策划

成绵苍巴高速公路项目拆迁量较大，涉拆面广。涉绵阳市和广元市七个区县，23 个乡镇，74 个村。需征地约 1.47 万亩、拆迁房屋 1 389 户（成绵扩容段企业房屋数量较多）、迁改管杆线 1 275 处（其中 35 kV 及以上的高压电力线、大型燃气管道、国防光缆等数量较多）。工期紧，施工压力较大，边开工边开展征地拆迁工作，征地拆迁任务十分艰巨。

1. 工作原则

加强管理，规范行为，统一思想认识，明确职责，规范程序，根据相关法律法规，充分履行“统筹、监管、协调、服务”职责。

（1）有序推进项目建设征地拆迁工作，保障工程建设顺利实施，合理控制各项征迁费用。

（2）认真贯彻执行国家法律、法规和规章，严格遵循“十分珍惜、合理利用土地和切实保护耕地”的基本国策，在统一管理的原则下依法进行征地拆迁工作。

（3）严格按照高速公路项目建设用地图确定的用地范围，配合当地政府以及项目公司实施征地拆迁，严禁随意扩大征地范围。

（4）按项目建设计划，完成各分部建设征拆工作任务，保证项目建设按计划顺利实施。

（5）各分部征拆工作包括配合当地政府与项目公司对建设用地、控制红线内的树木、房屋、电力、电讯、生产生活用水、水利、石油、天然气、国防管线、道路改移、农田灌溉系统等设施的征用和拆迁，充分保障项目的施工顺利开展。

（6）负责征地拆迁工作的人员应熟悉施工图设计文件、项目合同文件、工程技术及电力电讯等有关知识，掌握项目征地拆迁范围、数量，熟悉征地拆迁相关法律、法规及各级地方政府的相关政策，积极争取当地政府及有关部门的支持。

（7）各分部配合协作和依靠项目公司，同时协调地方政府，紧密围绕施工计划展开工作，负责施工建设过程中的所有临时用地的选址规划、协议签订、复垦复绿等手续的合法办理、合法使用，为满足施工生产的逐步推进提供保障。

2. 工作依据

（1）《中华人民共和国土地管理法》。

（2）《中华人民共和国土地管理法实施条例》。

（3）《中华人民共和国土地管理法》。

（4）《关于调整征地补偿安置标准等有关问题的意见》。

（5）《中华人民共和国森林法》。

（6）《四川省重点项目管理办法》。

（7）《四川省人民政府办公厅关于加快推进全省平安智慧高速公路建设的指导意见》。

（8）《国务院关于深化改革严格土地管理的意见》。

（9）《四川省国土资源厅关于调整征地补偿安置标准等有关问题的意见的通知》。

（10）其他相关法律法规和地方规定以及项目用地和项目特许经营权文件等。

3. 组织机构及责任分工

1）组织机构

项目部设置征拆办公室，在征拆分管领导的统筹管理下开展征地拆迁各项工作。各分部均设立征拆工作协调小组并配备相应人员，各分部主管领导是征拆工作的第一责任人。各分部的征拆工作在项目部的统一领导下开展进行。

2）征地拆迁工作主要内容

（1）和项目公司征拆部办理建设用地审批（包括单体工程提前开工手续办理）。

（2）协助地方政府调查登记与汇总。

（3）配合地方政府补偿协议的签订。

（4）建设用地管理。

（5）临时用地手续办理。

（6）参与三改工程的协调和规划。

（7）借用地方道路的协调和规划。

（8）炮损工作的协调。

（9）各项资料整理及归档。

3）主要职责

（1）负责与当地政府紧密联系和协调配合，落实征地拆迁工作，协调解决征地拆迁相关问题，负责配合协助项目公司征地拆迁协议谈判工作；及时向项目公司报告项目征地拆迁进展及相关问题。

（2）根据线路走向，了解征迁范围，配合地方政府做好登记和统计计算工作。配合征地拆迁标准、费用测算及征地拆迁协议的谈判，配合拟定征迁协议及签订、报审工作。

（3）配合做好建设用地及地上附着物的丈量登记、汇总、地方政府做好拆迁安置等工作。负责配合项目建设用地范围内拆迁房屋的结构界定、面积丈量、协议签订等工作。

（4）会同各相关单位对项目建设所涉及的电力、电讯、生产生活用水、水利、石油、天然气、国防管线、道路改移、农田灌溉系统等设施结合设计文件进行实地查勘，确定拆迁方案，提供有关资料。

（5）负责与当地政府各相关部门的联络协调，处理好与各单位的关系，公平、公正地维护各方利益，及时协调处理矛盾及纠纷。配合当地政府做好拆迁安置工作。

（6）负责临时用地的规划选址、用地踏勘、手续办理、复垦复绿等工作。负责三改工程的对外协调和规划工作，负责改迁内容进行实地查勘，与产权部门共同研究迁改方案，提供相关资料。

（7）负责做好火工品爆破点的周边群众工作。首次施工爆破前，会同当地政府相关部门对范围内的房屋进行登记、标记、留存影像等工作。负责与当地政府相关部门的接洽协调工作，处理好线路周边的村民关系，尊重当地的民风民俗。

4）责任分工

（1）各分部工作。

①配合完成项目占地勘测定界工作。

②配合提供安置补偿听证材料（村组意见证明材料）。

③配合提供补偿资金拨付证明材料。

④配合完成项目征占用林地可行性研究报告的野外调查工作。

⑤完成项目临时占地复垦方案编制和野外调查工作。

⑥完成土地报件过程中与地方政府的协调工作。

（2）调查登记及汇总工作。

①配合调查登记工作由各分部根据建设项目征迁量分组进行。每组必须指定一名负责人。

②配合登记汇总：登记汇总工作由各分部指定的各征迁小组负责人会同当地政府有关部门负责实施完成，并对其准确性及完整性负责。

（3）电力、电讯、生产生活用水、水利、石油、天然气、国防管线、农田灌溉系统设施和道路改移等调查工作由各分部派出专人，会同权属单位、评估单位进行，并制定出科学合理、经济实效的改迁方案，并对其负责。

（4）厂矿、企业拆迁调查工作由各分部派出专人会同权属单位、评估单位进行摸底调查，要对调查的方案、数据真实性负责。

（5）征地放线由各分部配合项目公司或地方政府实施完成。

（6）征拆台账及档案管理由各分部指定人员负责。

4. 主要风险防控

1）风险防范和化解措施

（1）成立本项目维稳工作领导小组。

成立本分部维稳领导小组，完善相应的责任制；建立风险、管理联运机制，制定风险处置应急预案，共同解决本项目准备、建设及过程中可能出现的各类社会稳定风险事件；明确各自的分工职责，下设信息搜集，配合联系地方做政策解释、秩序维护、协调处置四个小组。

（2）对主要风险因素进行动态监督。

及时掌握每个阶段的风险因素并对其进行动态监督并及时告知地方政府相关部门和上级部门，配合处理每个阶段敏感问题，将社会稳定风险事件控制在萌芽阶段。

（3）完善本项目治安保障系统。

若发生阻工事件，则采取报警处理，由公安维持现场秩序，控制局势，协调原因，妥善处理，追究肇事者相应的责任，做到公正、公平。

2）专项风险防范和化解措施

（1）土地房屋征收征用范围风险。

由于高速公路征地拆迁范围是根据工程建设实际情况确定的，随工程形式和地形不同而变化，容易造成个别村民的误会，造成个体阻工或上访事件。该项风险发生在施工准备阶段，责任主体是地方征地拆迁办，需采取以下防范和解决措施：加强征地拆迁政策的宣传，营造良好的社会舆论氛围；对不理解或存在疑虑的个体实行上门服务，给予耐心答疑，寻求一个合理的解决方式；发生群众上访的，相关部门要热情接待，耐心解释答疑，在法律、法规或政策许可范围内，加强各部门、各单位协调，帮助群众解决发生的问题。

（2）补偿资金风险（针对临时用地补偿）。

对各分部临时用地补偿资金来源及数量是否到位要有充足的准备，若在发放过程中减少或不到位，将会引起群体阻工或上访事件。该项风险发生在准备和施工阶段，责任主体是各分部，需采取以下防范和解决措施：加强补偿资金的组织和使用，所需资金总额按计划、按时足额拨付到位，做到专储、专账、专管、专用；掌握资金发放情况，预防腐败的发生，防止因资金使用、资产运作不当而影响农民切身利益，进而发生“次生”社会不稳定，科学安排补偿资金支付方式，防止超付导致部分村民无法得到补偿或补偿不到位。

（3）被征地群众就业生活风险。

高速公路项目征地拆迁后通常以货币方式和安置方式进行补偿。当被征地人的货币使用完毕后会出现生活困难，后续生活来源中断将会引起群体阻工或上访事件且风险概率较高。该项风险发生在施工阶段，责任主体是地方政府、建设单位、施工单位，需采取以下防范和解决措施：安置应尊重群众意愿，按照方便群众生活原则进行安置；引入社保制度，对被征地群众实施社会养老保险；探索失地群众的就业技能培训，对失去土地，难以从事农业生产的群众，如果有再就业技术培训的需要，政府应专门在征地补偿费中列出一定的预算，采取订单式等方式，向有关社会机构购买培训课程，对失地群众进行技能培训；动员沿线青年参加现场的施工作业，提供更多的岗位给当地村民，改善当地村民的收入条件。

（4）水土流失风险。

工程建设开挖和回填作业将形成裸露地表，并设置取弃土场，在雨季易形成水土流失，存在淤积农田或冲毁周边房屋的风险，在生命财产安全受到影响的条件下，易发生个体阻工和上访事件。该风险发生在施工阶段，需采取以下防范和解决措施：施工期做好占用土地周边的排水及顺接作业，使雨水保持畅通排出；临时工程选址需取得当地群众和水利行政主管部门的同意，禁止擅自堆放，否则将追究相关负责人的责任；发生水土流失事件时，各分部应积极进行处理，并给予合理的补偿，在村委内部将矛盾化解，可对沿线群众的影响降至最低。合理安排施工工序和施工工艺，采取水土流失临时防护措施，满足水土保持要求，接受水行政主管部门的监督检查。

（5）土地复垦（主要针对各类临时用地）。

工程建设将占用较多的临时用地，施工完毕后将对临时用地进行复垦并交还当地土地权人，若复垦达不到要求，当地群众将不会接收，易造成个体上访事件。该风险发生在施工后期，责任主体是国土部门和各分部，需采取以下防范和解决措施：严格按照《土地复垦条例》和《复垦、复绿方案》确定的复垦、复绿目标及制定的复垦、复绿措施开展复垦、复绿工作（可参照国家林草局的相关规定），临时用地交付使用前需经国土和林业等行政主管单位进行验收，确定是否达到复垦、复绿的要求；复垦、复绿工作尽量结合土地权属人的意愿和诉求开展，或按事先协议约定，由具有资质的第三方公司签订三方《复垦、复绿协议》并及时完善交地手续。

（6）对周边交通的影响风险。

高速公路工程建设将给沿线居民的出行和生产带来一定程度的影响，若处理不当易造成群体阻工或上访事件。该风险发生在施工和运营阶段，责任主体是地方政府，需采取以下防范和解决措施：配合当地政府部门加强高速公路建设的宣传工作，让沿线地方对高速公路建设给予支持和理解；对将利用沿线村、社内部道路的地区给予适当的补助，加强对道路的养护，控制道路扬尘和运输作业时间；做到文明施工，加强与沿线乡镇和村社的联系，避免与沿线村、社发生征地拆迁上的冲突，尽可能地满足群众的合理诉求；新建道路尽量不占林地与基本农田，借用既有道路在使用前，需调查好道路名称、起止里程、完好程度等情况，需备份使用道路的影像资料并签订相关协议；各分部应当了解当地地方政府规划新建道路的计划，根据实际情况制定“永临结合”方案，并签订相关协议约定，待工程结束或使用期满后交付地方使用，完善相关交接手续。

5. 工作实施流程

1）征迁准备阶段

（1）委托文物、压矿、地灾、水保、环评、土地等相关咨询评估机构完成相应的报告书，在获取相关行政批文后，委托国土咨询评估机构编制土地利用总体规划修改及土地预审呈报书，报省自然资源厅审批。

（2）在设计单位出征地红线图后，项目公司委托林业勘察单位编制《使用林地可行性研究报告》和《使用林地调查报告》，报林业厅初审，报国家林业局（现国家林业和草原局）批准。

（3）各级政府印发高速征地拆迁补偿标准。

（4）地方政府建立相应的征地拆迁协调领导小组，并成立全职的交通局指挥部拆迁办公室，建议属地政府办公室应设立土地核查小组、房屋丈量小组、矛盾纠纷协调小组。

（5）根据初步设计编制征地拆迁简介，准备征地拆迁使用的各种表格及工具、用具等。编制项目征地拆迁实施预案，为正式实施征地拆迁做好准备，配合协调召开征地拆迁动员大会。

2）征地拆迁程序管理

（1）征迁方式。

①依据施工图设计文件数量，由项目公司征拆部与地方政府协商征迁方式。

②建设用地及地上附着物一般由所在地各市、县政府负责统征。

③林地、林木一般由林业主管部门负责统征。

④厂矿企业、水利等设施一般由目所在地各市、县政府实行统征。

⑤电力、电讯、自来水、水利、石油、天然气、国防管线、道路改移、农田灌溉系统等设施一般由项目公司与权属单位商议确定。

（2）征迁范围。

两阶段施工图设计确定的建设红线范围及设计变更增加的用地范围。

（3）征地放线实施。

①征地放线工作由工程部、征迁办公室共同负责实施配合。

②征迁放线工作须采用坐标放线，只放征地边线，并每隔 20 m（直线段）埋设一个公路界桩，曲线段每隔 10 m 埋设一个公路界桩、界沟。

③征地放线工作必须与丈量登记同步进行，根据丈量登记进度及时调整征地放线速度，防止出现抢栽抢种的现象。

（4）建设项目用地影像资料收集。

各分部会同县级国土部门对工程项目沿线及周边进行现场踏勘，全程进行拍照和摄像，并留存影像资料，其中包括以下内容：

①拆迁地块内房屋原貌、地址、用途、建筑面积、结构类型等基本情况。

②拆迁地块内现状道路、管线等情况，重点调查地上杆线、设施、地下建（构）筑物、其他设施及苗木等情况。

③对已丈量登记的地上附着物的拆除情况进行摄像或拍照并留存影像资料。

（5）调查登记。

①调查登记工作由项目公司根据项目的统筹安排进行，并根据征迁项目类别制定出统一规范的登记表格。

②土地、房屋、林地、林木及地上附着物的丈量登记及汇总。

3）管线拆迁

电力、电讯、生产生活用水、水利、石油、天然气、国防管线、道路改移、农田灌溉系统等设施同属国家的重要设施，应在迁改设计阶段尽量做出比较合理的迁改方案，处理好公共设施与公路的关系。如遇到重大迁改问题应及时报告项目部，经开会研究，必要时申请涉及部门的上级主管部门进行协商解决。

（1）电力、电讯、生产生活用水、水利、石油、天然气、国防管线、道路改移、农田灌溉系统等设施拆迁补偿所具备的条件。

（2）电力、电讯、生产生活用水、水利、石油、天然气、国防管线、道路改移、农田灌溉系统等设施的拆迁由各分部派出专人会同权属单位、评估单位进行摸底调查，制定出切实可行的改迁方案。

（3）各分部的征拆人员与工程技术人员配合被拆迁方对改建做出合理方案优化、拆迁预算、评估方做出相应的评估（咨询）报告。

（4）各分部详细调查权属单位、改迁数量，规格及范围，并将改迁方案、预算、评估报告、线路走向图（包括改迁前和改迁后）的资料存档管理。

（5）重难拆迁。

①各分部要提前分析本区域征迁进度、难易程度、确定征迁工作重点并制定出切实可行的工作计划。

②根据建设实际，各分部召开工程进度与征拆进度专题会，根据施工工期、工程节点制定出详细的周期拆迁安排，并联系协调地方拆迁部门与项目部，对影响重点工程、难点工程、关键工程、节点工程、“卡脖子”工程的房屋、管线、设施等建筑物，建议实行专项征拆资金，把先期资金用在重点工程、难点工程、关键工程、节点工程、“卡脖子”工程上，并派专人落实、专人跟踪进度情况，确保征迁工作的有序推进。

4）路网管理

（1）充分利用有利地形，线路尽可能顺直，少占或不占良田好地。尽量避免与公路交叉。

（2）施工主干道尽可能地靠近主要工点，以减少引入线长度。引入线以直线用料地点为原则，避免材料二次倒运。

（3）施工便道要充分利用原有乡间道路改扩建或根据设计施工，并尽量做到永临结合。合理布局，尽量使便道与地方交通运输道路形成网络。

（4）施工便道在危险地段要设置防撞或护栏，在急转弯、S 形地段、大坡度、靠近居民区地段要设置警示标志。

（5）施工生产运输网络要分阶段推进。第一阶段的交通运输体系主要指基础道路、横通道路加红线内的施工便道。进场半年后需要形成以大部分横通道、地方道路和大部分红线内纵向通道为主的第二阶段交通运输体系。进场一年内要求除了主要卡控点之外的、红线内纵向道路必须形成区段贯通。

（6）路网建设要注意区分新建、改扩建还是永临结合，永临结合的路网建设优先干、大胆干，关键节点、“卡脖子”节点优先干。

5）建设用地管理

（1）用地管理。

①各分部进场后要尽快成立征迁协调领导小组，并将各分部的征迁协调领导小组成员上报项目部备查。征迁协调领导小组组长必须由各单位分部经理或分部书记担任，并指定二名或三名以上业务能力强的正式职工专职负责，征迁领导小组一经成立，中途严禁更换人员，确需更换协调人员的参建单位需提前 15 d 向项目部提出申请，经项目经理部同意方可更换，以确保征迁工作的连续性。

②各分部进场后，要尽快组织相关工程技术人员对已交付的建设用地进行施工放线，复核已征地界，准确掌握征地范围。对于征地宽度不足或因设计漏项未征的建设用地，各单位要标明地名和公里桩号，并以书面形式上报项目部和地方政府，及时进行补征。

③各分部要及时保护已征建设用地，对已交付的建设用地负管护主体责任。各分部要及时清表，对丢失的路界标识要及时补栽，对易丢失界桩地段实行灰桩灌注，地表可用石灰撒线标定等有效措施并开挖界沟，确保建设用地建设过程中界限清楚，杜绝后期封闭引发不必

要的矛盾纠纷。

④项目经理部积极配合项目公司加强同沿线地方政府的沟通、联系，争取当地政府的大力支持，确保工程建设的顺利实施。

⑤各分部严禁出现私自征地，私自交易或私自抬高补偿标准，否则，引发的所有责任均由各分部自行承担。

⑥征地拆迁工作必须实行按级负责原则，严禁出现越级上报和越级协调的现象，防止口径不一造成不必要的征迁困难。

⑦各分部进场后由项目公司及时给各分部进行征迁交底，各分部应深入调查本辖区所涉及到的电力、电讯、自来水、水利、石油、天然气、国防管线、农田灌溉系统等设施，弄清具体走向及方位后方可施工，严禁盲目施工。在疑似有管线的地方，具备条件的分部可动用管线探测器明确管线位置，不具备条件的分部可动用人工以挖探沟的方式进行查探，一般采用井字形探沟法查探。

（2）临时用地管理。

①为了保证工程的顺利进行，各分部要及时优化并全面考虑临时占地数量和类别。

②临时用地租用费、临时用地勘测费、临时用地复垦、复绿等费用由各单位在总包干费用列支。

③各分部严格依照国家和当地政府及相关文件规定，临时用地方案经项目部工程部、征拆办公室审核通过后方可向当地土地管理部门上报临时用地申请，经批准后签订临时用地补偿协议书，协议书中要明确临时用地复垦方式及费用（临时用地复垦工作由各分部和当地土地管理部门商议），或按事先协议约定，由地方政府相关部门同意具有资质的第三方公司签订三方《复垦、复绿协议》并及时完善交地手续。协议签订后由各分部将协议、支撑文件、审批资料、支付附件等（复印件）胶装后上报项目经理部征拆办公室备案。

④各分部临时用地补偿标准参照当地政府下发的统一产值标准，并经项目部征拆办和各区、县相关部门协定后统一标准，任何单位和个人都不得擅自提高补偿标准。

⑤临时用地的使用年限由各分部与当地政府及相关单位协商确定（原则上不超过四年）。

⑥临时用地由各分部会同当地乡（镇）及土地管理部门共同丈量确认。

⑦临时用地涉及到拆迁房屋及砍伐林木的按照项目现行补偿标准予以赔付。

⑧各分部要严格把关，尽量减少临时用地数量，做到文明施工、节约土地、保护环境。

⑨临时用地复垦方案按照协议内容，待临时用地协议期限满后，各分部以书面形式通知签订协议的第三方复垦单位与国土部门，复垦单位进场进行复垦工作。（具体实施办法按协议内容约定执行）

6）弃、取土场用地管理

（1）各分部进场后，弃、取土场、选址必须严格遵循施工图设计，无特殊原因不得随意调换弃、取土场位置。

（2）各分部对弃、取土场严格按照“水土保持方案”和“环境影响性评价报告书”的有关规定进行施工。

（3）各分部确需调整弃、取土场位置，必须向项目部提出书面申请，项目部及时协调解决。

6. 工作亮点

1）超前谋划，少走弯路

提前介入拆迁设计优化，涉及二次拆迁或多次拆迁的，主动联系设计和地方政府，最大限度避开或绕开，少走弯路。不仅缩短了征拆周期，更节约了资金。

2）优化临建、合理布局

（1）通过前期的设计优化，在施工组织管理上根据地理环境情况、交通情况以及产值分配，合理划分各分部施工范围，调配土石方，优化取弃土场，全线设计临时占地 3 229 亩，实际临时占地 2 259 亩，优化节约用地面积 970 亩。

（2）临建过程中，将专业化、工厂化、信息化、机械化贯穿始终，发挥资源共享优势，优化大临设施。全线钢筋加工场由原计划建设 54 个，优化为 31 个，其他改为钢筋半成品临时存放点，预制梁场由 20 个优化为 18 个，混凝土拌和站由 26 座优化为 23 座，大临设施共占地 1 002 亩，相比优化前节约 200 亩，使整个项目临时工程建设布置更加合理有效，不仅节约了成本，还提高了土地有效利用率。

3）永临结合，保护耕地

施工便道遵循“少占耕地、永临结合”的原则，充分利用永久道路、临时道路、农村规划、扶贫措施相结合等服务于施工生产，免去了临时用地租金、土地复垦、林地复植、土地勘测等诸多费用，既节约成本，又保护耕地、更利好村民。

4）统一标准，协议复垦

临时用地租用根据各市相关文件统一补偿标准，就低不就高。绵阳和广元部分分别参照梓潼县和剑阁县相关补偿标准执行，节约了施工成本；与有资质的第三方专业单位签订三方复垦协议（自然资源局、各分部、第三方），因复垦面积大，因此复耕协议单价相对较低（硬化部分为 10～13 元/m^2，未硬化部分为 4～6 元/m^2），约定复垦单位及时按照相关要求完成临时用地复垦后并负责完成土地交验工作，不仅避免了完工后“复耕不及时和交地难”的问题，更节约了施工成本。

5.2.4 项目风险分析及规避方案策划

1. 工程建设风险

项目线路沿线的山区地形变化大、地质条件复杂以及雨季雨量充沛的特点，主要风险为自然灾害风险、不良地质引起的隧道开挖风险、瓦斯隧道、高护坡高填土路基以及深路堑和道路的施工风险等。

1）自然灾害风险

影响本项目最大的自然灾害主要有：崩塌、滑坡、泥石流、地面塌陷、山间的洪水、暴雨、雷电以及山区地形特有的峡谷地形风等，地震、大面积水灾等其他灾害也有发生的可能。

（1）地质灾害风险。

本项目山洪、山崩、滑坡引发的泥石流对桥梁基础产生的危害也是明显的。在涪江、嘉陵江等跨大江大河地区，基础施工时，所必需的钻井钢平台、钢护套、钻机设备以及与桥梁相关的附属设施，如护岸、桥台、防护设施等一旦遇到暴发的洪水及泥石流就有可能造成重大损失。

（2）暴雨灾害风险。

在隧道洞口施工、深路堑、高护坡施工、施工道路、高填土路基建设时，由于山林植被的破坏，使斜坡上覆盖层或土坡裸露，如不及时做好防护工作，一旦遇到暴雨，极有可能在泥水混合物下泄时，造成结构物的损失或施工机械的损坏，同时还有可能造成农田、农舍及其他已建设施的第三者责任损失。

（3）洪水灾害风险。

本项目沿线地形、地质条件复杂，岩性变化大，山高坡陡谷深，各处水文地质条件差异较大，暴发洪水主要是对桥梁的基础施工及桥梁水中辅助设施造成的破坏。特别对于护坡、护堤施工，洪水会造成护堤坍塌损失。

（4）雷电灾害风险。

本项目雷电灾害主要是对高坡上施工的作业机械及照明线路等存在一定的施工风险。雷电灾害主要是高耸建筑物、构作物、塔架、高吊杆造成的直接雷击损失以及在输配电线路、通信线上产生的感应电流造成电器设备、机房、通信中心输变电站等供电系统的损毁。

（5）地震灾害风险。

本项目所处区域龙门山断裂带附近，地质较为活跃，龙门山断裂带发生地震风险的概率客观存在，地震灾害风险因素不容忽视。

2）工程风险

高速公路由路线、路基、路基防护、路面、桥梁、涵洞、立体交叉、隧道、交通设施、服务区设施等组成，由于成绵苍巴高速路线布设于山区丘陵地带，地形相对复杂，在施工期间各种事故损失均有可能发生。

非人为故意行为造成的主要风险包括：路基及路基防护工程风险；路面沉降、变形及各种结构层破坏等；桥梁、涵洞、立交工程的倒塌、开裂等；隧道工程边仰坡坍塌、洞内涌突水以及瓦斯爆炸等。

3）拆迁风险

注意和防范因拆迁引起周边财产和人员的伤亡事故，以及造成第三方责任事故的发生。

4）环保风险

因施工现场环保管理疏漏造成周围水、大气、噪声与震动、固体废弃物污染等事故。

5）经济风险

（1）通货膨胀、物价上涨风险。

工程预算和投标报价都是以当时情况作出，对通货膨胀幅度过大、世界原油价格上涨幅度异常等经济形势预料不到，也预测不准。因此增加的工程投资往往需要再拨款，拨款不及时就可能出现停工等。

（2）总体经济形势下滑风险。

目前世界经济总体水平开始从下滑阶段转入稳定阶段，我国宏观经济总体发展势头依然迅猛。从宏观角度看，本项目的总体经济背景趋好，风险较低。

6）合同风险

（1）施工总承包合同风险。

本项目由 G5 京昆高速公路成都至绵阳扩容、绵阳至苍溪高速公路、苍溪至巴中高速公路三条高速公路组成。承发包双方的工作界面不清晰造成的风险。

（2）内部经济承包协议风险。

①农民工工资风险。

项目部出台农民工工资管理办法，按照国务院《保障农民工工资支付条例》中华人民共和国国务院令（第 724 号）执行，交纳农民工工资保证金，并开设农民工工资专用账户，专项用于支付该工程建设项目农民工工资。

②索赔风险。

劳务合同签订严格执行集团公司的合同范本，对于不同的窝工原因引起的窝工事件，队伍会上报相应的索赔报告，但是合同条款中所有的窝工费用均由乙方负责，因此合同履约及执行存在一定的风险。

（3）物资合同风险。

①项目制定设备物资采购合同范本，各分部未按照范本进行合同签订。

②各分部未实行重要采购合同备案制度，采购金额在 50 万（含）以上的物资设备采购合同报项目设备物资部备案，并对合同履行情况进行动态监控；各项目分部物资设备部门未建立健全采购合同管理台账。

（4）分包（劳务）风险。

项目部共设立 20 个分部对项目进行施工，其中土建 17 个分部，路面 2 个分部，机电 1 个分部。项目分包（劳务）风险主要为分包模式风险、分包队伍选择风险、分包结算风险。

①分包模式风险。

A. 专业分包模式下存在的主要风险。

a. 转包模式风险：在专业分包模式下，由于监管不力，往往伴随着以包代管、分包队伍再行分包等失控情形，风险非常大。如分包队伍拖欠实际施工人工程款或民工工资，往往导致单位被起诉或承担连带付款责任，对企业的经济和社会效益均造成不良影响。

b. 分包队伍索赔风险：费用索赔和工期索赔。费用索赔一般是利用企业管理人员的工作量签认单、技术人员的变更设计交底书等做原始资料。虽然有些变更设计交底书等签发出去后，根本没有实施，但由于没有及时收回，分包队伍往往以此为依据向我方索赔。工期索赔是因抢工期或延误工期而导致费用支出的增加，工期索赔最终往往也是归于费用索赔。

c. 分包队伍冒用企业名义对外采购、租赁风险：分包队伍施工用材料一般由承包方供应，但往往也自行采购部分材料或者租赁部分机械设备。出于向承包方转移风险的目的，分包队伍有时会冒用承包方名义签订合同、打白条，对材料供应商和设备出租方欠款；或者采取各种手段得到项目部的担保，使项目部实质上是企业在法律上承担连带还款责任，产生风险。

B. 劳务分包模式下的风险。

a. 劳务作业人员劳动合同风险：劳务分包企业，在聘用劳务作业人员时没有签订劳动合同或在订立和履行、解除、终止劳动合同的过程中，发生违反劳动合同法等法律、法规规定的情形，给劳动者或者承包单位造成损害，从而引起纠纷所导致的风险。

b. 劳务作业人员薪资支付风险：由于劳务分包方违反劳动合同法等法律、法规规定，拖欠劳务作业人员工资，给劳务作业人员或承包方造成损害，使企业产生的风险。

②分包队伍选择风险。

a. 分包队伍借用他人资质，双方只是一种资质借用关系，被借用单位事实上对分包队伍只收取资质使用费，并不进行管理。

b. 分包队伍冒用他人资质，当其对不知情的第三人造成损害时，因其并无法人资格和资质，企业往往要承担连带责任。

c. 分包队伍施工能力不足或不具备资金实力，合同往往很难得到履行。

d. 分包队伍系业主指定，往往很难管理，而其产生的风险企业则不得不首先承担或与其连带承担。

③分包结算的风险。

a. 工程计量方面存在争议，达不成共识。

b. 套用定额存在争议，工程价款的结算存在差距。

c. 关于拨付材料的价款方面双方没有约定好，也未达成书面共识；关于结算的有权签字人没有明确约定，以至于过程中签字人员比较多，造成混乱，引发纷争。

d. 中途清退施工队伍或分包队伍中途主动退场，对结算及补偿、索赔等问题，双方形不成共识。

上述结算中的问题，如果不能有序解决，往往与材料商欠款、农民工工资事宜纠缠在一起，很容易引发系列性的问题，对企业的经济和社会效益均产生不利影响。

7）财务资金风险

（1）施工过程中，可能出现业主资金拨付不及时、融资出现问题、资金链断裂等原因，造成项目资金短缺无法正常施工的风险。

（2）施工过程中，使用票据等方式支付欠款造成项目成本费用增加的风险。

（3）资金审批流程等内控制度执行不到位或者存在漏洞，造成项目资金损失的风险。

8）人为风险

（1）设计错误影响工程质量或多次变更影响工程进度。

（2）监理工程师监理不力、失职或操行不端、以权谋私，造成质量、安全、进度等出现问题。

（3）施工力量不足或施工组织不合理或施工管理混乱的承包商，可能造成质量、进度、安全等多方面的工程风险。

（4）材料供应环节利益冲突，致使工程停工待料或使用不合格材料。

（5）承包人工程招标过程可能存在不规范和隐蔽违法行为，中标单位或缺乏诚意或履约不力或收管理费后层层分包或违约等。

（6）由于拖欠工程款或拖欠工人工资或福利待遇不好，出现群体性罢工或骚乱，使工程施工瘫痪或造成其他意外损失。

（7）由于赶工期，施工面广，施工场地较窄，施工流程混乱。

（8）公路施工产生的弃渣或泥浆，若处理不好，也会污染环境。

9）其他风险

（1）工期风险。

本项目总工期 3 年。但是存在红线用地征用，房屋拆迁、资金支付、材料供应、自然灾害、社会环境、不可抗力等影响导致项目的整体推进进度受到严重影响，可能造成总工期的延误。

（2）原材料、设备运输风险。

本项目施工所用的原材料及设备需求量较大，且运输时借用大量地方交通，一旦遭遇重大灾害（包括进场运输）或在运输途中发生意外事故，一般损失都比较大。

（3）第三者责任风险。

在施工期间，因发生与本项目工程直接相关的意外事故引起工地内及邻近区域的第三者人身伤亡、疾病或财产损失，或因事故产生法律风险。

2. 工程建设主要风险控制对策

1）风险综合评估

根据类似工程比较分析，结合本项目工程特点，加上采取各种风险管理措施适当规避、减少、转嫁各类不同风险，本项目的风险等级属于中等偏上水平。本项目各分项工程的主要风险从大到小排列是：隧道、桥梁等主要控制工程工期延误、停工待料、拨款跟不上施工进度、设计失误和变更、施工安全事故等。

2）防范和降低风险的主要对策

（1）预防风险。

本项目工程风险预防拟采用工程措施为主。在工程活动开始之前就采取一定的措施，减少风险因素。如在施工现场，当用电的施工机械增多时，可采取措施，加强电气设备管理和做好设备外壳接地等，减少因电而引起的安全事故。

（2）风险转移。

对于自然灾害方面的风险，可以采取保险转移方式转嫁给保险公司等机构，保险可以采用投标方式确定保险公司，以减少向保险公司投保的成本。建立和启动索赔机制，转移风险。

（3）风险自担。

对于发生频率大，单项风险损失较少，采取其他转嫁和控制需要较大成本，可能得不偿失时，只有自担风险。

（4）控制风险。

许多风险可以通过管理和控制措施防止其发生，减少其损失，对于上述主要风险因素要在设计和施工的各个环节提出技术可行、经济合理的预防措施，同时研究一旦风险发生立即启动一定程序把风险减少到最低限度范围内，使损失达到最低程度，尤其要避免连带的二次风险发生。

定期通过对项目风险进行识别、估计和评价，并以此为基础合理地使用多种管理方法、技术和手段对项目活动涉及的风险实行有效的控制。

（5）风险识别与应对措施。

风险识别与应对措施具体见表 2-5-4。

表 2-5-4　风险识别与应对

序号	风险名称	影响结果	应对措施	处置
1	地质突变（坏）	塌方，工期拖延	加强地质预报，提前采取措施	预防
2	气候变化（大、暴雨）	影响洞外施工	与气象部门保持联系，提前防范，可索赔	转移
3	地震	工期拖延，财产损失甚至项目失败	与有关部门保持联系，提前防范，可索赔	转移

续表

序号	风险名称	影响结果	应对措施	处置
4	爆破物品丢失风险	影响社会稳定	严格纪律，加强看守	预防
5	爆破伤害风险	伤亡或重大伤亡	加强过程控制，严格施工纪律，培训、持证上岗	预防
6	机械设备伤害风险	人身伤亡	培训、持证上岗，设备合格证	预防
7	高压触电伤害风险	人身伤亡	完善个人防护，培训、持证上岗	预防
8	高空作业风险	人身伤亡	完善个人防护，严格操作规程，培训、持证上岗	减少
9	过程检验试验不合格	质量事故，企业信誉	加强仪器校验，严格施工工艺，做好过程监控	预防
10	塌方风险	伤亡或重大伤亡，工期拖延	优化施工方案，严格控制施工工艺，加强量测反馈	预防
11	设计出入	不能计价后的利润损失	加强协调沟通。做好资料收集	减少
12	方案不合理	安全、质量事故，企业信誉	加强方案审查	预防
13	成本超支	项目最终利润	加强目标成本管理，控制费用支出	减少
14	测量错误	质量事故，企业信誉	加强仪器校验，坚持三级复核制	预防
15	技术能力不能满足施工	影响质量，工期拖延	充分做好项目工作前的人员安排	减少
16	材料价格上涨	项目最终利润	注意信息收集，建立长期客户关系	减少
17	融资不到位	不能计划正常进行	注意沟通，相互理解，做好资料备忘	减少
18	政策变化	影响目标的实现	不可抗力	转移
19	组织管理	影响目标的实现	搞好前期项目策划	减少
20	与政府、业主、监理、设计关系	影响目标的实现	注意沟通，相互理解，做好资料备忘	减少
21	各标段关键人员调离	项目延误，或失败	配备良好条件	预防

3. 合同风险管控

1）签订完善施工合同

（1）依法签订合同。

合同法规定合同当事人的法律地位平等，一方不得把自己的意志强加给另一方，当事人应当遵循公平的原则确定各方的权利和义务。施工阶段的法律、法规是保护工程承发包双方利益的法律依据，只有熟悉和掌握这些法律法规，才能加强用法律保护自己利益的意识，有效依法控制工程风险。

（2）分析签订合同的可行性。

承、发包双方在谈判和签订施工合同前要对可预见及不可预见的风险进行分析研究，对于承担风险过多、于己不利的合同宁可不签。施工合同具有可行性，可再进行实质性谈判。

（3）使用集团公司标准合同文本。

内容完整，条款齐全，双方责权利明确、平衡，风险较小，对一些不可避免的风险，分担比较公正合理。

2）在施工合同履行过程中加强合同管理

（1）研究合同预测工程风险。

计划合同部首先要对施工合同进行完整、全面、详细的研究分析，切实了解自己和对方在合同中约定的权利和义务，预测合同风险，分析合同变更和索赔的可能性。

（2）明确项目管理目标。

在开工准备阶段，要根据合同要求编制施工组织设计，安排生产计划，制定工期目标、质量目标、成本目标，建立配套的组织体系、责任体系，确保目标实现。

（3）加强现场施工管理。

现场施工管理是防范风险的重要环节，对工程实施全过程管理，对工程质量、进度、成本严格控制，做好事前、事中和事后控制，避免因工期延误、质量问题、人员、材料、设备的浪费带来的风险。

（4）加强安全管理。

实行全员、全过程的安全管理，教育员工必须严格遵守安全操作规程，避免由于生产过程当中的安全因素造成责任事故和人身伤亡等重大法律风险。

（5）注意和重视索赔资料的收集和准备。

索赔的成功很大程度上取决于发包方对索赔作出的解释和强有力的证据。

（6）注意索赔方法和策略。

索赔方法以单项索赔为主，单项索赔事件能及时得到补偿。当索赔事件发生后，严格按合同规定的要求和程序提出索赔，保证索赔事件的真实，要有足够的证据来证明索赔事件是由于对方责任引起的。

4. 分包（劳务）风险管控

1）分包模式风险的防范控制

（1）专业分包模式下存在的主要风险的防范控制。

①转包模式下风险的防范控制。

a. 严禁采取转包模式，从源头上防范风险。

b. 对已经采取转包模式的项目，加强监管，掌握其实际施工人的具体情况及双方的结算情况等，监管好民工工资的发放。

c. 与分包队伍及时结算工程款，对其对外欠款在办理相关手续后予以代付。

d. 对转包所发生的纠纷，应及时遏制，防止事态蔓延，依法妥善处置。

②分包队伍索赔风险的防范控制。

a. 项目部管理人员手写的技术交底资料、设计变更资料等，要特别注明经过书面确认是否实际发生后才能作为进行工程结算的依据。

b. 项目实施中及时回收未施工的技术交底资料、设计变更资料等。

c. 对于分包合同已明确包含在综合单价中、应该由分包队伍承担的临设、雨季施工增加、夜间施工增加、短暂停工等费用，禁止现场人员在分包单位的数量及费用单据上签字确认。

d. 与分包队伍及时办理工程进度结算和工程决算。

e. 根据合同中关于工程总体施工进度的约定，对分部施工项目及时下达调整作业计划要求。

③分包队伍冒用企业名义对外采购、租赁风险的防范控制。

a. 加强对分包队伍的监管，及时掌握分包队伍对外采购、设备租赁的资金付款情况，防止其以企业或项目部名义对外签订合同、出具欠条等。

b. 严禁项目部以任何名义对分包队伍购料或租赁等行为进行担保。

c. 对分包队伍的购料、租赁等，可视工程款的支付情况、资金额度等具体情形，在办理相关手续后予以代付。

发现分包队伍有冒用企业或项目部名义对外签订合同、出具欠条等情形时，及时采取有效措施，化解风险。

（2）劳务分包模式下风险的防范控制。

①劳务作业人员劳动合同风险的防范控制。

a. 企业在与劳务分包方签订劳务分包合同时，必须通过招议标选择具有独立用工资格和劳务分包资质的作业队伍，并采取合理低价中标。严禁与不具备相应资格和资质的单位或自然人签订劳务分包合同。

b. 要求劳务分包方提供与其作业人员所签符合劳动合同法规定必备条款、约定条款的劳动合同，并向承包方项目部提供劳务作业人员花名册及全部劳动合同复印件，人员发生变化时及时提供变化后的资料。

c. 对劳务作业队伍加强过程监控，及时掌握动态情况；定期监督、检查劳务分包方人员变化情况及其劳动合同书的履约情况，对不符合项要求劳务分包方及时进行整改。

②劳务作业人员工资支付风险的防范控制。

a. 在劳务分包合同条款中明确约定由甲方代劳务分包方按月支付劳务作业人员的工资。在办理相关手续的前提下，由甲方在劳务分包结算款中先予扣除由劳务分包方对劳务作业人员考核结算的工资后，再按规定支付给劳务分包方剩余劳务分包费用。

b. 甲方在指定的银行设立劳务作业人员个人工资支付账户，由甲方每月按劳务作业人员工资所得，将工资打到劳务作业人员个人账户。

2）分包队伍选择风险的防范控制

（1）优先在企业发布的“合格分包商”名录中按照议标程序选择。如果参与投标的队伍不在合格分包商名录中，严格按照“资格预审、实地考察、资信调查和综合评价”的程序对其进行考核评价。

（2）对分包队伍的营业执照、资质证书、安全生产许可证、法定代表人证和法人授权委托书等进行严格审查，确保中标队伍资质真实、证照齐全；证照不全的队伍坚决不予使用；冒用他人证照或伪造证照的，要在整个企业通告，任何时候不得使用。

（3）不但要对分包单位本身进行调查核实，也要调查了解其施工队伍负责人的诚信、业绩、施工组织能力等重要情况；即使分包商符合公司要求，如果其派出的施工队伍负责人有不良记录或其他不符合公司基本要求的事宜，该施工队伍也不得使用。

（4）在分包队伍满足公司基本要求的前提下，着重考察其施工能力、机械装备、施工经历和业绩，优先选用能满足本项目特定施工要求的分包队伍。

（5）对分包队伍的资金状况、垫付能力进行考察，除满足施工各方面的要求外，优先选择在承包方资金出现困难时、具备一定资金垫付能力的施工队伍。

（6）对业主指定的分包队伍，也必须满足企业的各项要求，并按照规定程序进行。

3）分包结算风险的防范控制

（1）签订合同前，慎重选择分包队伍，特别是初次合作的施工队伍更要认真考察、慎重决策，以防止不合格队伍进入；坚决杜绝施工队伍先进场、后签合同的现象发生；对不履约或故意刁难企业、不服管理、给企业和社会造成负面影响的施工队伍，要依法坚决予以清退。

（2）在签订分包合同时，采用清单单价或固定总价方式进行分包，对工程计量及变更时的处理做出明确约定。工程计量和工程价款结算要严格按照《项目管理操作规程》规定的程序履行签字手续。

（3）严格按合同计量条款及时计量，要防止久拖不决、分包队伍诉诸法律走工程造价司法鉴定的途径，对企业造成不利。

（4）对于分包队伍支付的材料款、民工工资等款项，先办理相关代付手续，并在结算工程款时一并计入工程款总额。

（5）对已经结算完毕的项目，在决算书中特别注明。工程竣工结算必须是经验收合格的项目。结算书中，要特别注明双方已就本项目的全部工程量和工程款，包括合同内已经列明和未列明的项目全部结算完毕，再无其他结算、变更计价、索赔内容，以防止分包队伍在将来的某一时间再提出索赔等事宜。

（6）在工程进度款结算和末次决算中，要及时将分包队伍持有的项目部签字盖章的有关资料进行梳理，对一些已经修改或者作废的资料要及时回收处理。工程结算和最终决算须按照《项目管理操作规程》规定的程序经有权管理人员履行签字手续且加盖印章后才能生效。

5. 财务风险管控

加强与业主方的信息沟通与协调，确保工程款及时拨付，在业主出现融资问题或者资金链断裂的迹象时，项目根据问题的原因、可能的后果及时预测对项目施工的影响，适时启用备用方案。在签订材料供应合同、劳务分包合同、租赁合同等合同时，在不增加项目成本费用的前提下，将票据支付方式纳入合同条款（票据不限于铁建银信、承兑汇票）。

严格执行集团公司内控管控流程，把完善的内部控制制度和有效的约束制约机制落实到日常工作和经济事项的处理过程中。完善内部财务会计控制制度，健全内部监督制约机制，规范经营管理行为和财务会计行为，杜绝和防止舞弊现象的发生，维护企业资产的安全完整，加强流程审核，规避资金使用风险。

5.2.5 项目工作思路及实施方案策划

1. 项目工作思路

项目总体工作包括劳务用工、成本管控、物资管控、财税管控、征拆管控等方面。

1）劳务用工思路

劳务用工由工程公司或委托项目部以招（议）标方式组织实施，工程公司根据项目投资额的大小进行分级管理，参与、指导和监督。分包队伍选择，项目经理主导选择，法人总体把关，行使最终否决权。

2）成本管控思路

成绵苍巴项目采用“法人管项目”的掌控手段，由股份公司、集团公司、工程公司三级法人与项目经理部一起分工协作、密切配合管理项目。项目管理要按照“股份公司统筹指导、集团公司全面管控、工程公司主体负责、项目部组织实施”的原则，形成统分有序、协同有力、责任清晰、运转高效的项目管理机制。项目主要经公司测定责任预算成本，利用责任预算成本签订劳务分包合同，物资设备合同，以及直接费、间接费的确定等。

3）物资管控思路

为贯彻股份公司“1234+”工程项目管理思路，落实集团公司物资设备管理要求，扎实、有效做好项目设备物资管理集约化、标准化、精细化、信息化工作。利用“项目群、大施组、大资源”规模优势，切实降低物资设备施工成本，打造先进的、智慧化的物资设备新型管控模式。在保障施工、满足质量的前提下，以降本增效为目标，依靠现代信息技术和管理手段，运用大数据、云计算、区块链、人工智能等前沿技术推动管理手段、管理模式创新。

利用先进信息化手段做好物资管理的策划、计划、采购、验收、保管、发放、使用、核算、处置、统计及档案等方面工作，加大管控力度，进行全过程综合管控。部分重要管理节点实现远程可视化。

系统开展设备管理工作，做好投入产出，科学合理配置。利用信息化手段，实施专业化集中管理，减少设备折损，提高设备使用效率。规划、协调地材自加工、半成品/成品加工、拌和站管理，统一资源调配。统一规划，分级管理，分散实施，以量换价，资源共享。实现项目物资设备管理集约化、手段现代化、配置最优化、效益最大化、流程标准化、管理系统智能化等目标。

4）财税运作思路

本项目各核算单位根据自身情况，结合财务共享中心、业务 EIM（集团公司综合信息管理）系统等信息化进程，在集团公司、子公司制度框架内制定项目财务管理办法，管理办法内容至少包含会计机构及人员管理、资金管理、经费报销管理、债权债务管理、税务管理、经费预算管理、财务报告管理、会计档案管理等。

本项目采用总分包模式，计税方式为一般计税方式，适用税率 9%。如涉及物资材料销售，适用税率 13%。按照所在地税务机关要求办理税务登记、申报纳税等事宜。结合全线路所经地域，合理开展税收筹划工作，重点关注城建税税率、耕地占用税等税费。

项目各核算单位根据自身情况开展税负测算工作，关注劳务分包单位纳税身份（小规模纳税人 3%和一般纳税人 9%），物资采购建立采购价格比选机制，要求投标人的报价实行价税分离，注明不含税价和税率，将每个供应商不含税报价转化为评审价格或综合采购成本进行比选。实际操作中基于保证质量、综合采购成本最低、利润最大化的总体原则，在充分市场调研的前提下，综合考虑供应商资质、信誉、产品质量等因素，在采购指导限价范围内，以不含税报价为基础，针对适用不同税率的货物或服务，及供应商可开具发票的税率，建立采购比价模型，选取综合采购成本最低的供应商。

5）征拆管控方思路

按照“统筹、监管、协调、服务”的原则，有效调动各分部推进征拆工作的积极性，达到科学统筹、主动协调、快速推进工程项目征拆工作的目的，按计划完成成绵苍巴高速公路征地拆迁任务。

2. 主要工程施工方案确定原则

1）路基工程施工方案

本项目挖方 $3.497\,73\times10^{7}$ m^3（含隧道弃渣 $6.139\,5\times10^{6}$ m^3），填方 $2.357\,87\times10^{7}$ m^3，为典型移挖做填类型，路基所有填料均来自就近的路堑挖方和隧道弃渣，因此前期进场需加快涵洞及路堑挖方施工，为隧道弃渣用作路基填料打开施工通道。

本项目路基填方工程量大，为减少沉降、不均匀沉降等引起的路基病害，应认真做好路堤施工质量控制，对路基填料的选择及填筑次序、分层压实厚度、最佳含水量的实验均应严格把关，并做好高填路堤的监测等工作，确保路堤的稳定。

在路堤施工过程中要进行动态监控，根据施工过程中的反馈信息，定量分析评价路堤的工后沉降，以确定合理的路面铺筑时间。

路基土石方开挖应自上而下进行，不得乱挖超挖，严禁掏底开挖，并应严格按照开挖一级防护一级的原则进行，即上一级边坡开挖后应及时进行防护，不完成该级防护之前不允许开挖下一级。

2）路面工程施工方案

路面底基层、基层均以集中厂拌和摊铺机摊铺法施工，沥青混凝土路面面层分上、中、下三层，分别以拌和厂集中拌和和摊铺机全断面摊铺法施工。路面施工宜安排在 7、8、9 月等气温较高时摊铺。

在铺筑路面结构层以前应对路基进行质量检查，要确保上路床填料的强度 CBR（加州承载比）值及压实度、回弹模量等指标应满足要求。当路基顶面检测质量不满足要求或路基处于潮湿、过湿状态时，不得进行路面铺筑，必须采取必要的处理措施，确保路基质量符合要求后，方可铺筑路面结构层。

路面工程正式开工前，各种原材料的试验结果，以及据此进行的目标配合比设计和生产配合比设计结果，应在规定的期限内向业主及监理提出正式报告，待取得正式认可后，方可使用。路面各结构层正式施工前，铺筑试验段，通过试验段施工总结各项施工参数，以指导大面积施工。试铺段选择在经验收合格的下承层进行，试铺段的长度，每种方案试验 100～200 m，通过对比，确定设备合理组合及最佳的碾压方式、碾压遍数。

3）桥梁工程施工方案

本项目桥梁下部结构主要为钻孔桩、柱式墩、柱系梁、盖梁；上部结构有连续刚构+T 梁；钢箱梁+现浇箱梁；简支 T 梁或箱梁结构；桥梁工程的钻孔灌注桩根据地质情况选用旋挖钻［本项目根据《四川省交通运输厅关于发布<四川省公路水运建设项目禁止限制使用落后工艺、设备、材料目录>（试行）的通知》（川交函〔2018〕664 号）优先采用旋挖机施工］、冲击钻钻孔。考虑到沿线地形条件、运输条件、结构形式等情况，上部板、梁拟分标段集中预制，预应力混凝土预制 T 梁、预制箱梁在桥址附近设置预制场现场预制。施工采用架桥机吊装方案。现浇箱梁优先采用“承插轮扣式”支架施工。盖板涵采用预制安装施工，箱涵采用立模现浇方案。

4）隧道工程施工方案

隧道施工开挖方法应根据地质条件、隧道埋深、断面形状及跨度、施工的技术条件等因素综合分析后确定。软弱围岩段遵循“弱爆破、短开挖、强支护、早闭合、衬砌紧跟”的原则，在施工中各工序紧跟，不能脱节。浅埋段及地表有建筑物段落应采用控制爆破、机械开挖等其他有效方式，减少对围岩的扰动，短开挖，快支护。

3. 施工方案管理程序

1）施工组织设计及方案的编制

本项目施工组织设计及方案的编制分为单项工程施工组织设计、单位工程施工组织设计、标段（分项）施工方案。在编制施工方案时，根据承担的建设工程任务范围和内容进行编制。

2）施工组织设计与方案的审查

施工组织设计或方案编制完成后，由各分部填写“施工组织设计/施工方案报审表”附施工组织设计或施工技术方案，报监理单位；对危险性较大的编制专项方案，超过一定规模的组织专家论证。

审查的主要内容及要求如下：

（1）编制依据是否充分，包括招标书、投标书、施工合同、指挥部其他要求，以及政府有关规定、国家和地方有关规范、现场状况等。

（2）施工组织设计的施工范围、质量目标、安全目标、工期目标和环水保目标是否符合合同的要求。

（3）施工组织设计是否有针对性，根据本项目具体特点是否提出相应措施。

（4）施工组织机构，HSE［健康（Health），安全（Safety），环境（Environment）］管理体系和质量管理体系等是否完善健全，相关人员的资质、经验、能力和配合等是否满足工程要求。

（5）进度计划是否满足项目建设总体要求；进度计划安排是否与实际情况相符，网络进度计划是否经过优化，关键路线及主要控制点是否明确；资源需求量计划是否已经确定，来源是否落实；资金、施工人员、施工机械、设备、材料安排是否按照施工阶段，有计划、有保证地适时投入，进退场时间安排是否科学、合理。

（6）现场平面布置是否符合总平面布置要求，是否达到方便施工、易于管理、节省成本和符合消防安全等相应管理规定。

（7）审查质量、安全要求。对工程质量通病有无具体措施和奖惩制度，对关键工序和关键部位是否有重点防范措施；对在危险环境下施工作业，有无具体防护措施和紧急预案；对各承包单位的施工管理工作有无协调程序和管理措施；对现场成品、半成品有无保护措施。

（8）审查施工组织与方案。施工组织措施考虑是否周全、有无重大漏项或缺陷；采用的技术规范标准是否有效，与工程设计规定执行的规范标准是否一致；针对关键工序、施工难点采用的技术方案是否科学、经济、方便、适用；根据施工季节特点（如风季、雨季、冬季等），是否有针对性地采取了不同施工措施；针对现场文明施工是否有相应的达标管理措施。

（9）根据审核修改意见重新进行修订，并将修改后的施工组织设计与方案重新报审。

3）修订和补充

（1）建设工程项目开工前施工组织设计的某些内容，由于条件、时间限制，报审前来不及作详细计算和绘制详图，则在审定后或进一步取得有关资料后，需要进一步作完整的计算和绘制详细的图纸，据此予以补充和完善。

（2）当工程设计有较大变更时，可能改变施工方法、施工顺序，甚至改变施工机械时，必须要对施工组织设计（或施工方案）的相应部分进行修改和调整。修改和调整的内容包括变更原因说明，以及变更后的施工方法、技术措施和进度计划要求。修改调整后的施工组织设计或方案，按照施工组织设计报审程序进行审批。

5.2.6 施工进度策划

本项目合同建设工期 36 个月，开工日期为 2021 年 1 月 1 日，竣工日期为 2023 年 12 月 31 日。

由于本项目的特殊性，各参建单位在 2019 年便已进场踏勘，参与了全线的初步设计、施工图设计，因此对各自管段内的征拆、管线、水文地质、线路走向等均已熟知，这为后续全线的施工组织、进度计划的策划奠定了基础。

1. 成绵苍巴高速公路项目整体进度目标

1）G5 京昆绵阳至成都高速公路 TJ10 标

G5 京昆绵阳至成都高速公路项目于 2021 年 1 月开工，合同工期 36 个月通车。总体施工进度以路面为主线控制结构物施工，土建工程按照梁的生产和架设为主线控制工期。

路基土石方按照 2022 年旱季结束时基本完工，个别特殊地段安排在 2022 年 9 月至 2022 年底旱季结束。重难点结构物按照 30 个月以内控制。路面施工时间大致安排 10 ~ 12 个月（和下部结构搭接 2 ~ 4 个月），路面结束后留 3 ~ 4 个月进行剩余机电、绿化及交工准备时间。隔离栅栏在路面施工完 70%左右开始施工，大致安排 120 天。

全线施工主线为：施工准备及征地拆迁→永明枢纽互通交通导改及收费站拆除工程→永明枢纽互通导改后钢箱梁施工→永明互通 L/G 匝道现浇梁施工→剩余路面工程→后续机电、绿化工程、交工准备。从 2021 年 1 月计算施工准备期，总持续时间 36 个月。

2）绵阳至苍溪高速公路 TJ1 标

总体施工进度计划总工期按照 36 个月安排，开工日期按照报审稿图纸到达日期 2021 年 1 月 1 日开始，结束工期到 2023 年 12 月 31 日。总体施工进度以路面为主线控制线下工程施工，以梁的生产及架设为主线控制路基及桥隧工期。

路基土石方工程按照 2022 年 6 月旱季结束时基本完工，个别特殊地段安排在 2022 年 9 月至 2022 年底完成。中小型结构物及中小型隧道施工期安排 24 个月内结束。重难点结构物按照 30 个月以内控制。路面施工时间大致安排 10 ~ 17 个月（和线下工程搭接 2 ~ 4 个月），路面结束后留 3 ~ 4 个月进行剩余交安、机电、绿化及交工准备时间。隔离栅栏在路面施工完 70%左右开始施工，大致安排 120 天。

全线从 2021 年 1 月 1 日施工准备开始，到 2023 年 12 月 31 日交工验收，总持续时间 36 个月。

3）绵阳至苍溪高速公路 TJ2 标

总体施工进度计划总工期按照 36 个月安排，开工日期按照报审稿图纸到达日期 2021 年 1 月 1 日开始，结束工期到 2023 年 12 月 31 日。总体施工进度以路面为主线控制线下工程施工，以梁的生产及架设为主线控制路基及桥隧工期。

路基土石方工程按照 2022 年 6 月旱季结束时基本完工，个别特殊地段安排在 2022 年 9 月至 2022 年底完成。中小型结构物及中小型隧道施工期安排 24 个月内结束。重难点结构物按照 30 个月以内控制。路面施工时间大致安排 10 ~ 17 个月（和线下工程搭接 2 ~ 4 个月），路面结束后留 3 ~ 4 个月进行剩余交安、机电、绿化及交工准备时间。隔离栅栏在路面施工完 70%左右开始施工，大致安排 120 天。

全线施工主线为：施工准备及征地拆→迁嘉陵江特大桥主桥下部结构出水面→主桥下部施工→主桥 0 号块施工→连续钢构悬臂施工及边中跨合龙→大小里程体量架设→桥面系及附属→路面工程→后续交安、机电、绿化工程→交工准备→交工验收。从 2021 年 1 月 1 日施工准备开始，到 2023 年 12 月 31 日交工验收，总持续时间 36 个月。

4）苍溪至巴中高速公路 TJ1 标

总体施工进度计划总工期按照 36 个月安排，开工日期按照报审稿图纸到达日期 2021 年 1 月 1 日开始，结束工期到 2023 年 12 月 31 日。总体施工进度以路面为主线控制线下工程施工，以梁的生产及架设为主线控制路基及桥隧工期。

路基土石方工程按照 2022 年 6 月旱季结束时基本完工，个别特殊地段安排在 2022 年 9 月至 2022 年底完成。中小型结构物及中小型隧道施工期安排 24 个月内结束。重难点结构物按照 30 个月以内控制。路面施工时间大致安排 10 ~ 17 个月（和线下工程搭接 2 ~ 4 个月），路面结束后留 3 ~ 4 个月进行剩余交安、机电、绿化及交工准备时间。隔离栅栏在路面施工完 70%左右开始施工，大致安排 120 天左右。

全线施工主线为：施工准备及征地拆迁→东河大桥主桥下部结构出水面→石门河大桥主桥下部施工→主桥 0 号块施工→连续刚构施工及边中跨合龙→大小里程 T 梁架设→桥面系及附属→路面工程→后续机电、绿化工程→交工准备→交工验收。从 2021 年 1 月 1 日施工准备开始，到 2023 年 12 月 31 日交工验收，总持续时间 36 个月。

2. 重难点工程先开工

根据公路工程的施工经验，所辖范围内的工程工期最长且无法压缩的为连续刚构桥梁施工、长大隧道施工、环境敏感区内的土方工程施工。因此，进场先确定了已经稳定线路内的 3 座连续刚构桥梁（涪江特大桥、西河大桥、嘉陵江特大桥）和旺瓢山水库段路基为全线必须开工的先期开工点，并积极协调设计方在合同约定的开工日期前，第一批提供以上 4 个工点作为首开试验段先行施工，有效减少了因重难点工程卡控工期的风险，为全项目的工期可控做好了铺垫。需求图纸为长大隧道图纸、跨河施工的桥梁图纸，同时协调设计方出具全线征地图纸，便于为后期征地做好准备。只有重点工程的施工图纸保障到位，整体工期才会受控。

3. 施工主线的拟定

不同阶段制定不同的施工主线，制定节点工期，整体考虑全线施工进度均衡进行，对各参建单位的策划重点进行把控。

从刚进场的临时便道、拌和站、钢筋加工厂、预制梁厂等大临工程开始策划。刚进场就是冲刺，要在首开试验段图纸下发之前，使临建工程满足施工条件，保证前期开工点可以顺利进行。

前期以架梁通道为全线的施工主线，而土石方工程是架梁通道得以畅通的首要条件，加快征拆进度，抓紧时间施工填方段涵洞是路基得以连续施工的必备要素。必须在旱季来临之前，保证所有主线涵洞施工完成，保证旱季路基可以大面积开工。

后期以沥青路面施工为全线施工的施工主线，而路床交验是路面施工得以畅通的首要条件。同时，加快桥面铺装，隧道混凝土下面层施工是路面工程得以连续施工的保障。

总承包单位逐月制定施工进度计划，根据征拆进度、图纸供应进展，以满足架梁通道为第一个施工主线，以主线单幅贯通为第二个施工主线，以路床交验确保路面工程持续施工为第三条施工主线。对比不同时期的施工主线来调整“卡脖子”工程的资源调配，这样才能站在大局观统筹协调、总管全局，保证总体工期。

4. 组织管理保证措施

（1）本项目实行项目法施工，由于本项目分项工程较多、施工线路较长，为便于管理和组织施工，成立由主管生产副经理领导的，由组织路桥施工经验丰富的人员担任调度员的生产指挥调度室，加强施工现场的协调和指导。由各作业队主管生产的负责人担任调度员，以各施工队为生产实施对象，形成一个从上而下的主管施工进度的组织体系。

（2）建立以合同段为核心的责权利体系，定岗、定人、授权，各负其责。

（3）各施工队应坚持每天一次的生产布置会，做到当天的问题不留到下一天，并让每个生产者清楚明天的工作，及时安排布置。

（4）每周由项目经理或主管生产的副经理主持的生产例会，总结上周的施工进度情况，安排下周的施工生产；合理调配机械设备、物资和人力，及时解决施工生产中出现的问题；对施工机械设备、生产物资和劳动力安排计划；并对资金进行合理分配，保证施工进度的落实和完成。

（5）建立严格的“工程施工日志”制度，每日详细记录工程进度、质量设计修改、工地洽商等问题，以及施工过程中必须记录的有关问题。

（6）各级领导必须“干一观二计划三”，提前为后续工序的施工，做好人力、物力和机械设备的准备，确保工程一环扣一环地进行。对于影响工程总进度的关键工程、关键工序，主要领导者和有关管理人员必须跟班作业，必要时组织有效力量，加班加点突破难点，以确保工程总进度计划的实现。

（7）建立奖罚严明的经济责任制，每月进行一次总结，对提前完成任务的相关责任人进行奖励；未能按时完成任务的按拖延的天数进行罚款，谁拖延谁受罚。多次完成任务不力者调离岗位，同时广泛开展“劳动竞赛”“流动红旗评比”等活动，激发广大职工的工作热情和创造性，提高劳动效率，确保工期的实现。

5. 控制性项目工期保证措施

（1）集中力量加快临时设施建设。在修建施工主便道，开展混凝土搅拌站、钢筋加工厂及项目经理部（工地试验室）建设的同时，尽早启动预制场建设。确保主线桥梁桩基下部开工后，预制架设工序跟进。

（2）预制梁板施工提前制定详细的预制、存放、运输及架设计划，并与桥梁下部施工计划安排相匹配。

（3）新老路基、桥涵施工安全畅通的要求高，针对每项工程特点，做好技术超前策划，优化施工组织设计、细化分项工程施工方案，对重大技术问题制定计划，明确解决目标及方法，突破制约工程建设的关键环节。

（4）积极同高速公路、交管等部门沟通，制定合理的保证措施，确保施工安全的同时，保证全线四车道正常运营。

5.2.7　主要施工生产资源要素策划

1. 劳务（专业）分包策划

1）项目部管辖劳务队的专业

路基施工队、桥梁施工队、涵洞施工队、隧道施工队、临建工程施工队、预制架设梁施工队、拌和站（加工、运输）施工队、小型预制构件施工队、路面施工队。

2）承包方式

采用劳务分包，本项目所用混凝土、钢材等主要材料全部由项目部进行采购。

3）劳务队数量

由工程公司或委托项目部确定。

4）劳务队来源

项目部要根据工程规模和难易程度严格控制劳务队伍数量、质量，防止劳务队伍过多过滥。劳务队伍选择，必须采取招标方式进行。

5）能力要求

（1）有完成类似工程的质量、安全评定资料或从事过类似工程项目的施工经验和业绩证明。

（2）有为承担工程项目所需的设备及资金能力。

（3）有企业法人营业执照、资质证书和健全的组织体系。

（4）有长期相对固定的施工人员，关键岗位从业人员有职称证或资格证。

6）劳务队的退场

（1）正常退场：分包商完成分包合同约定的所有工作。

（2）非正常退场：因工程停工等非分包商原因，与其协商退场。因分包商违约或者不能满足项目要求的，项目部应向上级申请同意后按合同约定中（终）止合同，核定违约责任，安排分包商有序退场。

7）队伍的优化

根据专业不同、现场情况不同，及时优化各专业队伍。

（1）加强对劳务队伍考核。

劳务公司之间的竞争主要是施工队伍的竞争，好的施工队伍是劳务公司的立足之本。项目要先考察劳务队伍的班组长、骨干施工人员的综合素质，进行综合评定，结合现场观感，既有理性认识又有感性认识，为顺利完成项目施工任务打下良好的人力保障。

（2）深化劳务队伍管理。

从项目部劳务队伍班子管理入手，项目部生产管理部门负责人要统管劳务组织的生产管理：一是对现场施工管理程序纯熟，便于现场规范管理；二是劳务项目主管（或劳务队长），要征求项目经理部意见，劳务公司委派。

劳务项目主管对劳务公司负责，并接受项目经理部的管理。其职责是负责项目施工现场劳务管理的全面工作；负责与项目部之间的沟通协调；按照项目部的质量和进度要求执行施工组织设计；制定和落实质量、安全措施，对项目的质量和安全负责；合理组织人员，保证人力资源的合理配置和充分利用；控制劳务成本，保证劳务分包的经济效益。

劳务队设施工、质检、核算、材料员，分别负责测量、技术、质量、安全方面的管理，负责劳务作业预决算、统计、工资管理，负责由劳务公司提供的小型机具、周转材料等的采购、保管、发放、维修等工作，总之劳务组织管理班子成员的配备必须挑选精兵强将。

施工劳务层是施工过程中的实际操作人员，是施工质量、进度、安全、文明施工的最直接的保证者。选择劳务层操作人员时的原则为：有良好的质量、安全意识；有较高的技术等级；有类似工程施工经验能吃苦耐劳的人员。作业班组人员保持相对稳定，便于管理，并隶属于项目经理部统一领导，统筹调度。本项目的管理人员、技术人员及劳动力配置，详见表 2-5-5。

表 2-5-5　管理人员、技术人员及劳动力配置

项目名称	类别	2020 年	2021 年	2022 年	2023 年
临时工程	技术工	750			
	普通工	1 750			
路基	技术工	300	1 200	1 200	
	普通工	700	3 800	3 800	
路面	技术工			100	200
	普通工			300	500
桥梁	技术工	1 000	3 000	3 000	
	普通工	2 000	7 500	7 500	
隧道	技术工	1 000	1 800	1 800	
	普通工	2 000	4 400	4 400	
交叉	技术工		600	900	
	普通工		1 500	2 000	
交通工程及沿线设施	技术工			300	900
	普通工			500	1 500
绿化及环境保护	技术工				200
	普通工				800
合计	管理人员	800	1 400	1 400	800
	工程技术人员	500	800	800	500
	技术工	3 050	6 600	7 300	1 300
	普通工	6 450	17 200	18 500	2 800

2. 施工物资（周转器材）配置策划

1）明确管理体系和职责定位

明确各级物资设备管理职责定位和各环节管理界面，做到责、权、利匹配。运用现代化的管理方式，构建集中的、多层次、全方位的物资设备管理体系，形成由集团公司、项目部、

各子公司、项目分部共同参与、分工明确、上下协调的管理模式，实现对项目物资设备实行全过程、全覆盖监管，提升项目物资设备管理水平。

在项目统筹、协调下，实行各工程公司及所属项目部分散实施的工作机制，局项目部做好统筹谋划，力争效益最大化；搭建采购平台，发挥以量换价优势；统一资源调配，实现资源共享；优化设备配置，提高使用效率；强化过程管控，提升管理水平；加强督导检查，助推工作落实。各工程公司及所属项目部是物资设备管理的主体，全面承担主体责任。项目分部负责各项具体工作，落实法人对项目的管控目标。

2）做好前期策划和方案优化，实现源头创效

在进场后一个月内，应依据上级规定和项目实际进行物资设备管理策划，针对项目特点分析物资设备工作的管理环境，确定人员配置、资源需求数量和来源、采购供应方式、设备配置方案、运输方案、周转材料的配置方案以及物资设备管理的重难点等工作。设备物资管理策划包括设备物资管理体系的建立、管理目标的制定、主要物资采购方案、地材自加工方案、火工品供应方案、仓储保管方案、周边资源市场调查、材料质量控制方案、周转材料配置方案、材料调差、物资管理控制要点、设备配置资源方案、成本控制措施、物资设备创效重点及目标等内容。

策划时，应进行详细的资源市场调查，系统地搜集、记录、整理有关市场信息和资料，分析市场行情，了解市场的现状及其发展趋势，为管理预测和决策提供客观的、正确的数据资料，并根据调查情况，形成市场资源调查报告。这样便于项目及公司全面掌握项目设备物资总体情况和实施要点，预测、评估管理风险，提前采取应对措施，确保设备物资各项目标的顺利完成，提高管理水平和盈利能力，确保各项管理指标始终处于受控状态实现施工生产顺利进行和项目效益最大化。

3）推行集中采购，实现降本增效

集中采购在保供应、保质量、降成本，以及提升管理效益、规范采购管理方面发挥了重要作用。项目对所属各单位通用的物资设备实行统一策划、统一采购、统一资源调配，通过批量集中发挥规模优势，降低采购成本。根据相应的物资采购供应权限，明确股份公司集采供应物资、集团公司集采物资、项目集采物资、工程公司和项目分部集采物资，执行“股份公司区域集采+集团公司年度招标采购+项目部招标采购+项目分部小件物料网络采购、零星采购、应急采购”四位一体的采购模式，做好物资设备分级集采工作。凡具备集采条件的项目部将积极搭建采购平台组织集中采购，发挥规模优势、批量优势。不具备集采条件的物资项目应建立价格约束机制，定期发布材料信息价、设备租赁指导价实现控价目的。

集采工作由项目组织各相关分部参与，按股份公司、集团公司规定实施。其中钢材 52 000 t 划分 3 个包件，水泥 2 250 000 t 划分 7 个包件，钢绞线 28 700 t 划分 2 个包件，沥青 84 000 t 划分两个包件通过中铁物资西南公司采取“厂家源头采购+共同选商”的采购模式完成集采工作；柴油 52 230 t 划分 5 个包件，型钢 59 417 t 划分 4 个包件，项目止水带 764 500 m^3 划分 4 个包件，在股份公司成都集采中心进行统一招标；防水板、锚具、土工材料、外加剂、桥梁支座、桥梁伸缩缝、声测管、周转材料等物资采取战略采购方式，从集团公司年度采购供应商中进行优选；二三项材料、机具通过铁建商城进行网络集采；拌和站等主要施工设备采购铁建重工等系统内部产品和框架产品；此外项目和专业厂商合作建立钢筋网片集中加工中心，对钢筋网片进行集中加工、统一配送，实现了质量可控、成本节约、效率提高的目的。项目主要材料需求详见表 2-5-6，物资采购管理程序如图 2-5-6 所示。

表 2-5-6　项目主要材料需求统计

序号	材料名称	计量单位	需求数量	概算单价/元	概算金额/万元
1	钢材（线材）	t	52 000	4 800	249 600
2	钢材（型材）	t	59 417	5 500	32 679.35
3	钢绞线	t	28 700	5 800	16 646
4	水泥	t	2 250 000	500	112 500
5	沥青	t	84 000	5 700	47 880
6	柴油	t	52 230	6 800	35 516.4
7	钢制品	t	36 835	6 480	23 869.08
8	地材（砂石）	m^3	21 150 523	150	317 257.8
9	火工品				11 527
10	土工防排水材料	m^2	9 221 722	15.72	14 496.5
11	支座、伸缩缝				11 562.7
12	锚具	套	223 410	147.47	3 294.5
13	设备费				194 431.3
合计		1 071 260.8			

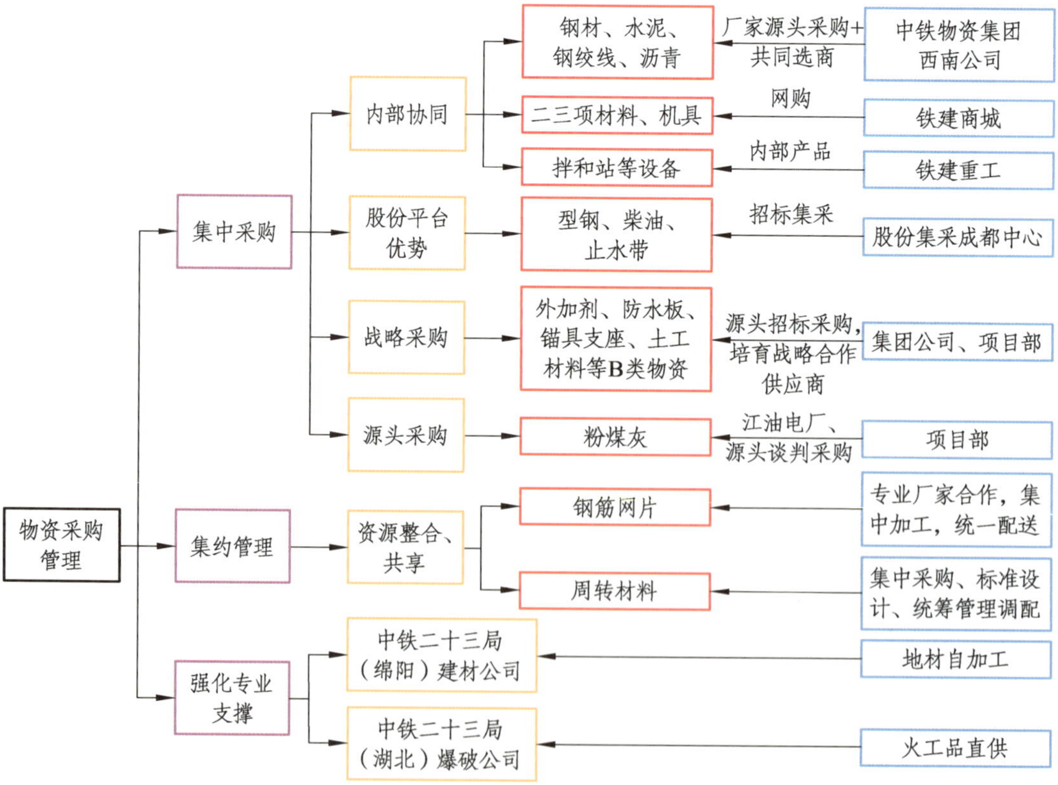

图 2-5-6　物资采购管理程序

4）建立价格约束机制，实行有效监控

大宗材料实行限价管理，具备集采条件的项目部将积极搭建采购平台组织集中采购，各工程公司、项目分部可推荐并参与共同选定合格供应商，项目发布合格供应商名录，各分部可在名录内自行选定供货商；若各单位有在价格、资金支付等方面有更优惠的供应商，通过正规程序选定后，经工程公司审批，上报局项目部、集团工程管理部审核通过后，也可采购，但价格不得超过集采价格。

不具备集采条件的物资项目将建立价格约束机制，定期发布材料信息价、设备租赁指导价实现控价目的。

5）开展地材自加工、火工品直供工作，提高创效水平

为保障项目地材和火工品供应，稳定采购价格，降低采购成本，集团公司成立了中铁二十三局（绵阳）建材公司和中铁二十三局（湖北）爆破公司。项目全线火工品由爆破公司进行直供，统筹规划炸药库房建设和供应；地材通过成立砂石专业化公司采用自建厂和联合建厂模式大力推进地材自加工，对地材加工实行集中管控，专业管理。

6）强化物资设备管控

（1）加强组织领导，强化设备物资管控意识和管控能力。完善管理制度，建设统一物资管理体系和工作机制，充分发挥集团公司直属项目部的龙头作用，做好监督、服务、指导、组织、协调等工作，督促各项目分部承担起主体责任，全面落实各项工作。项目设备物资管理做到采购过程公开透明，进料过程有人监督，发料过程有据可查，使用过程有人管控，使用之后有核算核销，材料管理严进严出、账物相符、日清月结、堵跑塞漏。

（2）做好过程管控，抓住物资管理关键环节。结合股份公司“1234+”工程项目管理思路，和集团公司物资设备管理工作要点，做好项目设备和物资过程管理工作。着重做好物资组织供应；做好物资采购成本控制；规范物资设备采购计划的审批管理和采购程序，降低成本；做好采购合同管理，执行合同评审和备案制度；做好物资消耗控制，严格执行限额发料、超额审批制度。

（3）运用供应链管理思想和模式，提高工程项目采购管理水平。转变采购管理理念，将传统的采购转变为外部资源管理，将采购成本管理界面向上游延伸，通过规模优势、资金的杠杆作用和资源整合能力，实现供应链上游各环节合作模式的重新设计和总体成本的降低。培育和优选上游供应商，加大战略合作、集中采购工作的推进，降低采购和物流成本。密切关注新型材料、新型设备的应用，根据实际需求，联合优质供应商，积极探索开发应用，增强装备水平，提高核心竞争力。

7）强化周转材料管理，实现资源共享

（1）加强修废利旧工作。项目开工前期组织各单位对周边完工项目进行调查、摸底，可采购利用蒲都、德简、九绵等项目旧台车 19 台（套），钢模板约 1 000 t。

（2）项目对周转材料实施“集中采购、标准设计、统筹管理调配”，在设计施工图时，积极与设计院沟通，对结构物进行优化，统一结构形式（统一墩柱尺寸、减少梁型）。召集各分部进行研讨，根据施工安排统筹考虑周转材料加工和使用次序，统一组织集中采购，采用模块化生产，统一各单位加工的标准，确保所有周转材料无差异使用。加强周转材料调拨管理，制定周转材料调拨管理办法，规范分部之间周转材料调配流程，合理确定不同调拨单位间费用承担比例（按照残值 30%，调入调出单位各承担 35%进行转账），强化内部

资源联动调配，建立周转材料资源数据库，及时更新周转材料在库、在用等状态信息，实现周转材料动态管理，充分提高资源利用率，降低重复采购成本。计划推行新型塑钢模板。项目部在全线桥梁防撞护栏、路基防护工程、平模、预制构件、隧道中心水沟结构物施工中推广使用高强度塑钢模板，塑钢模板具有轻便易装、施工灵活、降低成本、绿色环保、循环高效等优点。

（3）周转材料摊销方法：一次摊销法；分期摊销法；分次摊销法；定额摊销法。各项目分部可结合实际情况选择摊销方法，一经选定，在项目周期内不得改变。

8）依靠先进信息化技术推动物资设备管理手段、管理模式创新

借助数字化和智能化，建设智慧物资设备管理平台。运用大数据提升管理水平，为物资管理提供支撑。利用“项目群、大施组、大资源”规模优势，降低物资设备施工成本，打造先进的、智慧化的物资设备新型管控模式。做好智能物料验收系统（智能磅站）、设备GPS定位与油耗控制系统、拌合站智能监控系统等先进管理系统的推广应用，充分利用EIM系统，依托股份公司物资采购应用平台，充分利用互联网+，实行网上招标，网上电子评标全流程电子化交易，使采购工作规范高效。

做好拌和站发料管控系统、磅房智能物料验收系统，推动各部门联动管理。打造物流、智能仓储管理系统，提高物流配送、仓储智能化管理水平和库管人员工作效率，降低运行成本。利用信息平台融合二维码技术，统一材料进场验收、设备二维码管理。融合设备安装智能运转记录软件设施，实现其运行轨迹、运转状况的全流程智能化管理，实时远程监测设备状态。融合推行租赁设备使用竞价软件竞价选用等先进的技术手段。

9）建立有效的考核、评价、监督机制

提高管理手段，做到规章制度落实到位。针对项目物资管理的特性，采取相应措施，加大监管力度。严肃物资纪律，对违规违纪人员，严查严办。建立有效的考核机制，定期对设备物资管理运行情况和重点工作的落实、进展情况进行督促检查，制定工作清单，抓好目标分解和责任落实。强化考核结果的运用，将日常督查和考核结果作为奖惩的重要依据，通过考核发现问题查找不足，促进设备物资管理不断提升。

3. 施工机械配置方案策划

1）加强设备采购和租赁管理

原则上实行先调剂、后租赁、再采购，按照优先采购、租赁内部机械设备和工业产品，经调剂后自有设备仍不能满足要求的，可通过经济技术比较，选择新购、租赁或设备作业承包模式进行补充的原则。拌和站等主要施工设备采购铁建重工等系统内部产品和框架产品，实现股份公司资源效益和整体利益最大化。

2）提高机械化施工能力，优化设备配置共享资源

规范设备管理做好投入产出、租购对比分析，科学合理配置，优先考虑自有设备调配，合理比选设备租赁形式，强化设备单机核算、强化设备定期维护保养，严控设备投入方式、严控设备进场来源、严控设备安全管理，优化设备使用成本，扩大资源共享度。机械设备投入按照统筹安排、优化配置、保证重点、兼顾一般、经济适用、安全环保的要求进行配置。本项目拟投入设备见表2-5-7。

表 2-5-7　主要机械设备配置计划

序号	设备名称	规格型号	单位	数量	备注
1	T 梁架桥机	160 t	台	8	
2	架桥机	JQJ（180 t，40 m）	台	5	
3	运梁车		台	15	
4	龙门吊	120 t	台	6	
5	龙门吊	80 t	台	12	
6	龙门吊	20 t	台	3	
7	龙门吊	10 t	台	22	
8	龙门吊		台	7	
9	混凝土搅拌站	HZS90	个	7	
10	混凝土搅拌站	HZS120	个	16	
11	混凝土搅拌站	HZS180	个	2	
12	混凝土罐车	12 m^3	辆	238	
13	振动压路机	20 t	台	43	
14	冲击碾压机		台	6	
15	强夯机		台	1	
16	边坡震动压路机	YZS-068	台	6	
17	轮胎式装载机	ZL50	台	105	
18	汽油发电机	10 kW	台	6	
19	柴油发电机	300 kW	台	48	
20	柴油发电机	400 kW	台	21	
21	平地机	GR180	台	23	
22	汽车起重机	25～100 t	台	67	
23	混凝土喷射机械手	GHP24D-Ⅰ	台	11	
24	混凝土湿喷机	TK-961	台	48	
25	衬砌台车	12 m	台	54	
26	衬砌台车	9 m	台	4	
27	自卸车	22	辆	412	
28	混凝土输送泵		台	61	
29	轴流式通风机	2×55 kW	台	58	
30	空压机	24 m^3/min	台	174	

续表

序号	设备名称	规格型号	单位	数量	备注
31	冲击钻	GPS-20 型	台	32	
32	旋挖钻机	SR360	台	26	
33	单斗挖掘机	200-360 型	台	166	
34	履带式推土机		台	37	
35	履带式起重机		台	2	
36	全自动钢筋笼滚焊机		台	10	
37	数控钢筋弯曲中心		台	17	
38	振动打拔桩机		台	7	
39	自备吊车	12 t	台	10	
40	钢筋调直机	GQ50	台	24	
41	钢筋弯曲机	GW40	台	22	
42	钢筋套丝机	GS-40	台	32	

5.2.8 保护区管理控制重点策划

1. 旺瓢山水库管理控制重点策划

本段（旺瓢山水库段 K36+500 ~ K40+600）为先期开工段，路线总体走向为由西南向东北方向。路线起于李家咀，沿旺瓢山水库南侧山腰布线，经大架岩止于杨家山。路线里程 4.1 km。

施工区域线路沿旺瓢山南侧山腰布设，山高坡陡，植被茂密，冲沟较多。山下进场道路主要是马迎乡至旺瓢山水库区的乡道，个别地方有山上住户农耕的崎岖小路可以到达线路附近。

旺瓢山水库位于绵阳市梓潼县马迎乡流泉村境内，大坝建在涪江二级支流后头河中段，距马迎乡政府 4 km，梓潼县城 24 km，水库大坝址以上流域面积 14.3 km^2，主河道长度 7.3 km，河床平均坡降 15.35‰，设计总库容 3.05×10^6 m^3，正常库容 2.06×10^6 m^3，死库容 2.5×10^5 m^3，灌溉马迎乡流泉村、金光村、天鼓村和建门村四个村 28 个村社的 4 100 亩农田，工程下游有 302 省道，4 km 处有马迎乡镇，8 km 处有二洞乡场镇，是一座以农业灌溉为主，兼有防洪、养鱼效益的小型水库。

旺瓢山水库具体保护措施如下：

（1）全面规划、合理布局、统筹安排建设用地，按照“安全、环保、合理、适用”的原则规划取土场、弃土场、工区、水池、油库、炸药库等建设用地。

（2）堆料场远离饮用水源、水井、河、渠、池塘等地表水体。混凝土拌和场、预制场、机械加工点均宜远离居民集中点，距离不得小于 200 m。混凝土搅拌站、堆料场、材料加工厂设在居民区的下风向。当无法满足时，采取适当的防范和隔离措施。

（3）标识明确、划出醒目的施工用地界线，禁止越界施工。加强施工管理，尽最大可能保护红线外施工沿线的地表植被、土地和沿线生态环境。

（4）严格实行耕地保护制度，施工场地、弃土场尽量占用荒山、荒地，不占、少占良田。

（5）严格按规范要求操作。禁止超范围砍伐施工界线外的植被，确有必要时取得所有者和林业主管部门的许可。明确保护目标和保护范围，最大程度地避免对周围植被和土地资源的破坏。确定征地范围后，聘请林业技术人员识别征地范围内的国家重点保护植物，对影响范围内所有珍稀濒危植物和古树名木提出有针对性的保护措施，并做好标记。对需要迁移的树木，先选好移栽位置，并采取措施确保成活。为避免机械设备碾压农田、破坏林地和地表植被，对机械、车辆行驶车道及范围做标识和划定，禁止车辆随意在划定范围外有植被的地面穿行。对已经被车辆碾压破坏的地表及时植草覆盖，确保场地无裸露表土。

（6）控制爆破方法，以浅眼小炮为主，以保持山体、岩体的稳定性，减少土、石、渣对山坡原有植被的破坏。在施工场地开挖和弃土场堆土以前，先剥离表层覆盖层或耕植土，并选择便于储存、不易流失的储土场堆存，做好必要的防护和保肥。施工结束后将弃渣弃土整理、恢复，表面用耕植土覆盖。

（7）做好施工便道和施工场地的防护工作，保护自然景观，减少水土流失。施工便道尽量使用原有道路，新修便道尽量少占耕地、少砍伐树木、少破坏植被，最大限度地减轻对自然景观的破坏。在施工便道两侧采取工程防护措施，高边坡顶修建截水沟，低洼处修建沉沙池，水流经沉淀后排入自然沟渠。按照“适地适树、适地适草”原则在便道边坡植树种草（如白茅、黑麦草），路侧栽植防护林，尽快恢复沿线植被。

（8）临时堆、拌料场不宜设在沿线河边，选址要隐蔽，尽量不占用自然植被、自然环境好的地方，并要易于恢复。完成工地排水和废水处理设施的建设，并保证工地排水和各工点、驻地生活废水处理设施在整个工程中有效运行。

（9）加强生态环保宣传，制定奖惩措施，使施工人员自觉参与生态环境保护。在工地及周边设立爱护野生动物和自然植被的宣传牌，施工工人进场后，立即进行生态保护教育，明确保护责任。宣传和教育的内容包括生物多样性的科普知识和相关法规、当地重点野生动植物的简易识别和保护方法等。

（10）在教育的同时，采取适当奖惩措施，奖励保护生态环境的积极分子，处罚破坏生态环境的人员。严禁施工人员乱砍滥伐、偷伐盗猎、肆意捕食鱼类、鸟类及其他野生动物。

2. 剑阁县西河自然保护区管理控制重点策划

西河桥主要跨越西河剑阁段特有鱼类国家级水产种质资源保护区实验区及剑阁西河湿地市级自然保护区实验区。西河自然保护区是以水资源及鸳鸯、胭脂鱼、鹭群等水生动物和陆生野生动植物生态系统为主要保护对象的河流型湿地自然保护区，保护区内有野生植物 130 科 698 属 1 231 种，属国家一级重点保护植物有银杏、苏铁 2 种，属国家二级重点保护野生植物有三尖杉、巴山榧、香樟、香果树、油樟、厚朴、鹅掌楸、杜仲、喜树等 9 种，有脊椎动物 5 纲 32 目 76 科 314 种，国家二级以上保护动物 30 种。特有鱼类国家级水产种质资源保护区主要保护鱼种为乌鳢、翘嘴鲌等，其他保护品种 41 种，是四川省 11 个国家级水产种质资源保护区其中之一。保护区内植物群落结构复杂，生境多样，层次丰富，是一个重要的基因库，环境保护要求较高。西河大桥跨越河流为西河，本项目不涉及沿线集中式饮用水水源保护区，主要为地表水，农业灌溉用水。

剑阁县西河自然保护区的保护措施具体如下：

（1）施工及生活污水的排放遵循清污分流、雨污分流的原则，各种施工废油、废液集中储积，集中处理，严禁乱流乱淌，污染水源，破坏环境。

（2）施工作业产生的污水经过沉淀池沉淀，并经过净化处理，符合要求后进行排放。

（3）食堂废水按规定设置隔油池，定期处理油污，污水经过处理后排入污水管道。施工、生活产生的经过处理的废水严禁排入农田。

（4）现场厕所采用封闭式，并经常冲洗。化粪池经常清理。

（5）废弃垃圾中不得含有有毒有害物质，避免雨水冲洗后对地表、地下水造成污染。

3. 翠云廊保护区管理控制重点策划

本项目线路内与翠云廊保护区重叠范围为 K70+000 ~ K71+800 段，主要为老土地隧道横穿翠云廊古柏保护区以及翠云廊国家森林公园一般休憩区。所处位置为碑垭乡山峰村以及圈龙乡新桥村。经现场调查主要涉及翠云廊的段落为 K70+000 ~ K70+260，260 m 路基范围、K70+260 ~ K71+475 老土地隧道（埋深约 140 m）以及 K71+470 ~ K71+800，330 m 桥梁。

翠云廊保护区的保护措施具体如下：

（1）单株的古柏同时满足树冠垂直投影及其外侧 5 m 宽和距树干基部外缘水平距离为胸径 20 倍以内，在此保护范围内，不得损坏表土层和改变地表高程，除保护及加固设施外，不得设置建筑物、构筑物及架（埋）设各种过境管线，不得栽植缠绕古柏的藤本植物；在距树冠投影外缘保护范围内，不准挖坑取土、堆物；禁止在古柏保护范围内新建扩建建筑物和构筑物、挖坑取土、动用明火、排烟、采石、倾倒有害污水和堆放有毒有害物品等行为。

（2）勘察现场时结合图纸，找出红线范围内所有古柏，并核实古柏信息，做好记录，留好影像资料。对未挂牌的胸径超过 30 cm 的大树，也做好明显标识，悬挂大树标识牌。并对古柏和保留大树做好编号，统一管理。

（3）在古柏区域的施工过程中需林业局古柏保护专业人员在现场提供技术指导，施工图中与古柏相关图纸需经过专业人员确认后方可施工，若存在施工图与古柏保护原则不符的情况，宜根据专业人员意见进行现场调整。

（4）施工过程中，施工现场的古柏设置保护围栏，围栏与树干距离不得少于 5 m，特殊立地条件无法达到 2 m 的，以人摸不到树干为最低要求。围栏采用网格式围栏，高度 1.3 m，围栏上悬挂安全、警示、宣传标语。围栏内土壤表面可种植三叶草等豆科植物，以保持土壤湿润、透气。并根据不同树种对水分的不同要求进行浇水或排水。

（5）在测定土壤元素含量的情况下进行科学施肥；古柏周围严禁烟火，并制定处罚措施。

（6）广泛宣传保护古柏的重要性。由于古柏分布广泛、树种多，光靠业务部门的保护和管理是不够的，大力宣传保护古柏的重要性，大力宣传古柏的生态、科研、旅游、观赏和文化价值，提高公众爱护、保护古柏的意识，依靠全社会的力量对古柏进行监管和保护。提高广大群众对古柏的知情权、监督权和保护权，使保护古树、珍爱绿色成为人民群众的自觉行动。

（7）加强法治建设，依法保护古柏。根据《中华人民共和国森林法》及全国绿化委员会《关于加强保护古柏的决定》等法律、法规和文件规定，因地制宜制定有关古柏的规章制度。同时要加大执法力度，采取有效措施，严厉打击各种破坏古柏的违法活动，使古柏的保护和管理工作走上法治化、规范化。

4. 嘉陵江三级通航水域管理控制重点策划

根据《绵阳至苍溪高速公路亭子口嘉陵江大桥桥梁通航安全影响论证报告》，嘉陵江特大桥桥址位于亭子口水电站下游，河段规划为Ⅲ-（3）级航道。受电站泄水影响水流流速较急，河床宽约 400 m，最大流量是 18 700 m^3/s；最大流速为 5 m/s。勘察期间水位标高在 373 m 左右；水深 2 ~ 9 m，主要受大气降水和上游补给影响；地下水以松散孔隙水、基岩裂隙水为主，斜坡段地下水较缺乏，河岸段地下水较为丰富。水位随季节性而变化；每年 7 ~ 9 月为汛期，最高汛期水位达到 384 m。其余月份水位标高在 373 m 左右变化，对施工影响较大。

本项目桥位通航桥梁的设计最高通航水位 383.18 m，最低通航水位为 372.6 m，高低水位相差 10.58 m。

嘉陵江三级通航水域具体保护措施如下：

（1）采用浮动式钢覆复合材料防撞设施；水上施工产生的废水集中排放在设置的污水坑或其他地方。经沉淀处理后进行排放或集中运出处理。

（2）在水上施工区域，禁止在水上施工场地产生粪便。如要产生粪便，必须集中堆放，定期收集运至岸上统一处理。禁止使用一次性塑料餐具，防止白色污染。施工机械产生的废油料及润滑油等，必须集中收集运至岸上指定的弃土场或其他堆放废弃物场所深埋。生产用油料必须严格保管，防止泄漏，污染水质。水上施工人员的生活污水，定期运至岸上，集中处理。不得往水里排放。

（3）做好施工机械的管理，做到不漏油，废机油不得随便倾倒入河，污染水资源。指定专人负责施工现场和施工活动的环境保护工作，完成施工环保设计方案和环保工作方案中的各项工作。

（4）严格控制人为噪声，进入施工现场不得高声喊叫、乱吹哨，杜绝高音喇叭的使用，最大限度地减少噪声扰民。施工垃圾及时清运，确保施工现场整洁。

（5）施工机械运转中产生的油污水，采取隔油池等措施处理，不得超标排放。岸上施工产生污水，须进行过滤沉淀后排放，不得直接排放入水中。

（6）产生的粪便不得直接排入河水中，如有必要，必须修建临时厕所并设化粪池，厕所污水及其他生活污水必须定期运出。生活垃圾分类集中收集，对可降解废弃物集中掩埋在指定地点；对不可降解的废弃物如塑料袋等集中收集，运往指定垃圾场统一妥善处理；确保垃圾无人为随地抛撒的现象。

5.2.9　安全、质量、环水保控制重点策划

1. 安全控制重点策划

1）安全目标

成绵苍巴项目线路长，体量大，具有高墩、互通导改、瓦斯隧道、涉水作业等施工内容，安全管控压力巨大，上场初期项目详细筹划安全管控思路，提出安全管理目标，安全监督部就全员落实安全责任，制定了全员目标细化管理，并对应编制具体措施。

不发生一般及以上生产安全事故或其他造成重大社会影响的生产安全事故；杜绝因工死亡事故；杜绝较大设备事故及火灾事故；杜绝一般以上职业病危害责任事故；创建安全文明达标工地。

2）目标责任分解

（1）项目经理责任清单。

①对项目施工生产安全负全面领导责任。

②贯彻落实国家安全生产方针、政策、法律、法规和各项规定。贯彻落实企业和建设单位的安全生产各项规章制度。结合项目特点，负责组织制定项目安全生产责任制、安全生产规章制度等，实施相应的考核。

③负责组织成立项目安全生产领导小组，按规定配备专职安全管理人员。负责抓好、监督安全教育培训，保证安全管理体系有效运行。

④负责组织或参与安全生产检查，按照“三定”原则（定人员、定措施、定时限）组织存在问题和隐患的整改，及时消除事故隐患。

⑤保证项目安全生产费用的足额提取和规范使用。负责组织制定并实施生产安全事故应急救援预案。负责与各级单位（内部或外部关联单位）签订有效施工安全协议，认真履行岗位责任。

⑥发生因工伤亡事故时，负责事故现场保护与伤员抢救工作，及时、如实报告生产安全事故，启动应急救援，接受属地政府的事故调查。按照“四不放过”（事故原因未查清不放过，责任人员未处理不放过，整改措施未落实不放过，有关人员未受到教育不放过）原则落实整改措施和责任追究。

（2）党工委书记责任清单。

①按照安全生产“党政同责，一岗双责”的要求，履行安全职责，负责分管范围的安全生产工作，对项目部安全生产负有综合管理责任，对分管范围内的安全工作负直接领导责任。

②认真贯彻落实党和国家的劳动保护、安全生产方针、政策、法令和规定。

③负责组织、监督全员安全思想教育工作，负责掌握员工思想动态，充分发挥党团员骨干作用，及时解决施工中遇到的安全认识问题。

④负责宣传安全生产先进典型，积极维护员工劳动保护权益。负责教育管理人员牢固树立“安全第一”思想，对生产安全事故承担领导责任。

（3）党工委副书记责任清单。

①按照安全生产“党政同责，一岗双责”的要求，履行安全职责，负责分管范围的安全生产工作，协助主管领导组织全员思想教育工作，及时解决员工在生产安全中的思想问题，提高全员安全生产意识。

②负责贯彻安全生产方针政策和安全法规，并监督行政认真执行和落实，检查监督各级干部履行安全工作职责。负责职工安全思想政治工作，采取多种形式对职工进行安全教育，经常深入第一线听取职工对安全生产的意见，并及时向主要领导反馈。

③协助项目主管领导做好项目的安全工作，参与研究和解决安全生产中的重大问题。支持主要领导和有关部门正确使用安全一票否决权。

④按规定参与项目部应急救援工作，配合做好事故的善后处理工作。

（4）副经理、总工程师责任清单。

①贯彻落实安全生产方针、政策，负责施工生产安全技术管理工作。负责项目施工组织设计、专项施工方案、安全技术规程等技术文件中的安全技术措施。负责处理和解决施工现场生产安全技术问题。

②在组织编制、审查施工方案时，负责制定重大危险源的控制措施，监督检查实施情况。负责组织生产安全防护设施和设备的验收，按规定组织检查，发现问题及时处理。

③负责施工生产安全技术交底工作。负责“四新”技术使用过程中，各项安全技术措施的制定和落实。

④负责各类施工生产安全隐患整改过程中，安全技术措施的制定和落实。负责对危及员工生命重大事故隐患立即提出技术措施和技术整改方案。负责组织技术人员分析事故原因，提出技术鉴定意见和改进措施。对因技术原因造成的生产安全事故，承担技术领导责任。

（5）生产副经理责任清单。

①按照“一岗双责”要求，贯彻落实岗位安全生产责任。全面负责分管范围的安全工作，为分管范围的安全生产第一责任人。负责分管领域或部门贯彻落实上级及本级关于安全生产工作的决策部署。

②负责组织分管领域或部门完善和落实全员安全生产责任制，将安全生产工作与业务工作同时安排部署、同时组织实施、同时监督检查。负责推进分管领域、部门安全生产工作，研究解决相关安全生产问题，监督分管部门履行安全生产工作职责。

③负责落实“管业务必须管安全”的职责要求，督促、检查分管业务范围内的安全生产工作。负责参加重大施工方案、安全风险点、重要防护设施等的安全验收，监督各单位安全专项方案和技术措施的落实。

④组织参与国家、地方政府及企业开展的有关安全生产活动。参与安全生产会议，解决安全生产问题，制定安全防范措施。发生伤亡事故时，负责组织参与抢救人员，配合事故调查。

（6）安全总监责任清单。

①负责贯彻落实国家安全生产方针、政策、法律、法规和各项规定，按照“一岗双责”要求，贯彻落实岗位安全生产责任。对工程项目的安全工作负安全监管责任，是专职安全管理负责人。

②负责监督各单位安全管理制度体系的建立和有效运行。负责监督检查安全生产投入的有效实施。

③负责施工组织设计、施工专项方案中安全技术从实的审查，监督安全技术措施的落实。负责监督检查安全质量、工程技术、物资设备、计划财务等管理部门履行安全生产职责情况并抓好整改落实工作。

④负责项目安全风险管控和隐患排查治理工作，监督各单位及时消除事故隐患。负责生产安全检查与考核、排查整改事故隐患，督促有关业务部门做好特种作业人员、特种设备、劳动防护、应急管理和预案演练、员工安全教育培训、安全信息化管理等日常工作。

⑤负责协调解决项目生产中存在的安全突出问题。负责组织或配合生产安全事故调查、处理。

（7）总会计师责任清单。

①负责贯彻落实国家安全生产方针、政策、法律、法规和各项规定，按照“一岗双责”要求，贯彻落实岗位安全生产责任。全面负责分管范围的安全工作，为分管范围的安全生产第一责任人。

②负责分管领域或部门贯彻落实上级及本级关于安全生产工作的决策部署。负责组织分管领域或部门完善和落实全员安全生产责任制，将安全生产工作与业务工作同时安排部署、同时组织实施、同时监督检查。

③负责推进分管领域、部门安全生产工作，监督分管部门履行安全生产工作职责。负责落实“管业务必须管安全”的职责要求，督促、检查分管业务范围内的安全生产工作。

④负责审查、汇总、上报各用款单位的项目资金计划，及时审批项目安全生产费用。负责审查安全生产费是否符合安全生产的法律、法规和强制性标准要求。负责项目工程一切险、团体意外险。

⑤按规定，负责参与生产安全事故救援及配合调查处理工作。

（8）总经济师责任清单。

①负责贯彻落实国家安全生产方针、政策、法律、法规和各项规定，按照“一岗双责”要求，贯彻落实岗位安全生产责任。全面负责分管范围的安全工作，为分管范围的安全生产第一责任人。

②负责分管领域或部门贯彻落实上级及本级关于安全生产工作的决策部署。负责组织分管领域或部门完善和落实全员安全生产责任制，将安全生产工作与业务工作同时安排部署、同时组织实施、同时监督检查。

③负责推进分管领域、部门安全生产工作，监督分管部门履行安全生产工作职责。负责落实“管业务必须管安全”的职责要求，督促、检查分管业务范围内的安全生产工作。

④负责项目计划合同管理，选取有安全资质的第三方单位，签订合同的同时必须签订安全生产协议，明确各方安全责任。负责监督审核安全生产费的计价工作，安全生产费用的编制和支付是否符合有关规定和强制性标准。

⑤按规定，负责参与生产安全事故救援及配合调查处理工作。

（9）综合办公室责任清单。

①认真贯彻国家相关的安全生产方针、政策、法令、法规和上级有关安全生产的规定，按照“管业务必须管安全”要求，负责业务范围内的安全工作。

②负责制定项目日常管理制度，明确安全管理要求。负责督促传达落实各级单位领导有关安全方面的要求、决议、指示批示等。

③负责及时传送有关安全文件，接受包含安全问题的职工来信来访，做好沟通、协调工作。负责参与或组织项目安全生产重要会议、活动。

④负责收集、整理各部门对施工安全工作提出的合理化建议。负责安全生产工作的宣传报道。

⑤负责项目部办公场所、宿舍、后勤服务设施的防火防盗，生活用电安全，饮食和饮用水卫生，消防安全等工作。负责组织项目部本级的安全检查，并在节日前后对用电、消防设施和保卫工作进行检查，发现问题隐患及时落实整改。

⑥负责参与生产安全事故的应急处置工作。

（10）工程部责任清单。

①认真贯彻国家相关的安全生产方针、政策、法令、法规和上级有关安全生产的规定，在项目经理、副经理和项目总工程师的领导下，负责项目部的安全生产技术管理工作。

②对施工生产中的有关技术施工问题负安全责任，严格按照国家有关安全技术规程、标准编制审核技术文件。负责组织编制安全技术措施，监督各单位安全技术措施的制定和落实。

③负责解决施工中疑难问题，从技术措施上保证安全生产。负责对新技术、新设备、新工艺制定相应的安全措施和安全操作规程。负责监督指导各单位安全技术交底工作。

④负责组织编制审查各单位危险性较大分部分项工程专项施工方案。负责项目质量监督管理工作，负责因质量隐患引发安全隐患的整改落实工作。

⑤负责参与项目安全生产工作检查,负责对各类安全问题隐患整改提出的安全技术措施、整改方案进行审查。负责组织或参与各单位重大临时设施、重大设备开工安全条件验收。

⑥按规定，负责参与项目安全生产事故应急救援，参与或配合事故调查。

（11）安全监督部责任清单。

①认真贯彻国家相关的安全生产方针、政策、法令、法规和上级有关安全生产的规定，在项目经理、安全总监的领导下，负责项目部的安全监督工作。

②负责组织或参与制定、修订项目部的安全生产管理制度、应急救援预案等。负责监督检查各单位安全技术措施的落实情况。负责组织或参加安全生产检查，监督责任单位对排查出的安全隐患落实整改。

③负责监督施工现场安全管理，遇有危及安全生产的紧急情况，有权责令其停止作业。负责监督、考核各单位安全生产管理工作和安全生产目标的实现情况。

④负责审查项目危险性较大的分部分项工程专项施工方案，并监督检查落实情况。负责组织或参与对各单位安全生产条件进行审查、监督。负责组织或参与项目安全生产事故应急救援演练，监督各单位开展应急救援演练。

⑤负责组织或参与项目安全教育培训，监督各单位开展安全教育培训。负责组织或参与项目安全生产例会，提出有关安全工作问题，提出解决方案。

⑥负责审查各单位安全生产费用的使用，监督各单位安全生产费用的足额提取。负责配合地方行业部门、应急管理部门开展政府监督工作。

⑦负责各类事故的汇总统计上报工作，并建立健全事故档案，按规定参加事故的调查处理工作。

（12）设备物资部责任清单。

①认真贯彻国家相关的安全生产方针、政策、法令、法规和上级有关安全生产的规定，负责项目部各类机械设备（含特种设备）、原材料、火工品的管理。按照“管业务必须管安全”要求，负责业务范围内的安全工作。

②负责组织或参与编制有关设备、物资、危险品的管理制度并明确安全管理措施，并负责监督贯彻实施。负责组织或参与选定有安全资质的设备租赁单位和材料供应商，与其签订合同过程中，负责签订安全责任书。

③负责组织或参与重要设施设备、重要材料、大型机械等的进场验收，保证供应设备和物资的安全。负责组织或参与对危险品的安全监管，监督各单位建立危险品管控制度，落实各项安全管控措施。

④负责供应的各种设备和材料符合设计规定的安全技术要求。负责项目应急救援物资设备配置，监督日常的维护。负责参与项目安全检查，对发现的机械设备、危险品等的安全问题隐患，监督整改落实。

⑤负责特种设备的管理使用，监督各单位办理进行检验、备案手续；负责劳保用品管理，督促检查各单位保管、发放劳动保护用品。负责各单位施工机械、机电设备的日常维修及保养工作，保证安全可靠。

⑥负责易燃易爆、有毒、有腐蚀性的危险品材料的采购、运输、贮存、使用等管理。

⑦按照项目应急救援体系中的责任分工，参与项目生产安全事故救援和配合调查处理工作。

（13）财务部责任清单。

①认真贯彻国家相关的安全生产方针、政策、法令、法规和上级有关安全生产的规定，按照“管业务必须管安全”要求，负责业务范围内的安全工作。

②负责组织或参与制定项目安全生产费使用管理制度。负责项目部安全生产费的成本归集，做到专款专用，严禁挪用安全生产费。

③负责制定项目资金使用计划及项目安全生产费的使用管理。负责审核事故隐患治理、安全教育培训、各类事故处理等安全费用的支出。

④负责审查各单位安全生产费用支出，监督检查各单位农民工工资发放情况。负责配合参与工程保险合同的签订。

⑤按规定参与生产安全事故救援和配合调查处理工作。

（14）计划合同部责任清单。

①认真贯彻国家有关的安全生产方针、政策、法令、法规和上级有关安全生产的规定，按照“管业务必须管安全”要求，负责业务范围内的安全工作。

②负责制定和落实与本部门有关的安全管理制度。负责组织签订项目部施工合同与内部经营承包合同，监督审核合同文件中安全生产相关条款。

③负责监督审核各单位与分包单位签订安全管理协议。负责监督审核各单位选择有资质和安全保证能力的分包单位，并及时跟踪、掌握安全资质有效性。

④根据工程施工进度和完成产值情况，及时提供安全经费使用计划，为安全投入提供工程量依据。负责监督审查各单位安全生产经费使用情况，据实验工计价，根据安全生产费投入及时申报中间计量。

⑤参加项目部安全生产综合检查；负责项目劳务实名制管理工作，监督各单位开展劳务实名制工作。负责项目工程一切险、团体意外险等保险的协调、购买工作，负责保险理赔工作。

⑥按规定参与生产安全事故救援和配合调查处理工作。

（15）信息化中心责任清单。

①负责贯彻国家有关的安全生产方针、政策、法令、法规和上级有关安全生产的规定，按照“管业务必须管安全”要求，负责业务范围内的安全工作。

②负责项目安全生产信息化建设、并与其他信息系统集成融合提供技术支持。负责建立完善网络信息化基础设施建设、管理和维护过程中的安全生产制度，确保项目部信息网络设施等的安全。

③负责项目安全视频监控系统硬件和软件的维护工作。负责编制信息化建设管理制度，相关安全管控要求。负责项目智慧工地建设工作。

（16）征拆办责任清单。

①认真贯彻国家安全生产法律、法规、标准以及上级有关安全生产方面的方针、政策，负责本部门工作范围内的安全生产工作。负责项目征地拆迁工作，解决因征地拆迁工作而引发的矛盾和纠纷，维护项目部的安全稳定。

②负责项目环水保管理工作。贯彻执行国家、地方政府环境保护的法律法规和上级单位关于环水保和文物保护方面的相关要求，编制环水保组织方案，制定项目部环境保护管理目标和计划，监督落实环水保措施，对外协调环水保部门做好相关工作。

③做好与地方政府部门、指挥部的沟通、协调和征地拆迁过程中的安全维稳工作。负责项目环境事故的应急处置，落实“四不放过”事故处理原则，配合环境事件的调查工作，参与环保工程验收评定。

④按规定参与项目生产安全事故应急救援和事故调查处理工作。

（17）各分部责任清单。

①认真贯彻国家安全生产法律、法规、标准以及上级有关安全生产方面的方针、政策，负责本单位工作范围内的安全生产工作，并承担安全生产施工主体责任。

②负责建立健全分部安全生产管理体系和全员安全生产责任清单，明确分部领导、各部门及作业层等各层级人员的岗位安全职责及责任。

③负责安全生产费用投入的及时性和有效性。负责设立安全生产管理机构，配备专职安全生产管理人员。负责分部主要管理人员、专职安全员、特种作业人员等的持证上岗工作。

④负责建立全员劳动用工安全台账，按规定为从事危险作业的人员办理意外伤害保险。负责为作业人员配备符合国家、行业标准的劳动防护用品。负责本施工段的施工现场安全生产管理、监督及检查工作。负责分部的安全教育培训、安全技术交底工作。

⑤负责建立安全生产双重预防机制，负责安全隐患排查和风险管控；定期开展隐患排查和风险动态管控。负责建立健全应急管理体系，并配备应急救援队伍和设备物资。

⑥严格执行各类伤亡事故报告制度，凡发生安全伤亡事故，必须严格按照国家的相关规定及时上报，不得隐瞒和私自处理事故，并严格执行安全生产事故处理“四不放过”原则。

⑦法律、法规要求的其他安全生产责任。

（18）分包商责任清单。

①负责贯彻安全生产法律法规和各项管理制度，服从项目（分部）安全管理，严格履行经济合同中安全生产、环境保护、职业病预防防治和卫生防疫、文明施工、消防保卫等总体目标管理要求，对本承包方人员安全、健康和预防职业伤害负直接责任。

②负责持有安全生产资格证，特种作业人员持有效特种作业操作证。负责所属人员安全教育培训工作。负责建立分包人员台账，并保持人员的相对稳定。

③严格执行项目（分部）审批安全技术措施与方案。负责对班组进行安全技术交底和班前安全讲话制度。负责参加项目（分部）组织安全生产检查。负责落实劳动保护和职业病防治有关规定。

④按项目（分部）要求做好与其他承包方之间交叉作业安全管理、防护设施的交接检查验收、使用和维护。

⑤发生因工伤亡事故，必须严格执行因工伤亡事故报告规定，立即向项目（分部）报告，并采取一切有效措施、方法和手段积极抢救受伤人员，做好事故现场保护。积极配合事故调查处理的各项工作。

（19）施工队长责任清单。

①负责贯彻安全生产方针政策和法规，严格遵守安全生产规章制度和安全操作规程，按照“一岗双责”要求履行岗位责任的同时，负责岗位安全职责。

②负责监督执行安全技术措施及安全操作规程，负责对现场进行安全检查。负责组织落实所管辖施工队伍安全教育，开展各项安全活动，学习安全操作规程等。

③负责监督执行施工组织设计中安全技术措施具体要求，对所管辖施工现场中所设置的

安全防护设施完整、齐全、有效性负直接责任。

④负责经常检查所管辖班组（包括外协施工队伍）作业环境、设备和安全防护设施的安全状况，接受安全管理机构或人员安全监督检查。负责对工程项目中采用新材料、新工艺、新技术，接受项目技术人员及上级安全管理人员指导。

⑤发生因工伤亡和险性事件必须停止施工，保护现场，立即上报，不得擅自撤除现场保护设施，强行复工。

（20）班组长责任清单。

①负责贯彻安全生产规章制度及安全操作规程,对本班组人员在安全生产中的安全负责。

②负责经常组织班组人员学习安全操作规程,监督班组人员正确使用个人劳动保护用品。

③负责认真落实安全技术交底和班前讲话。负责经常检查班组作业现场安全生产状况，维护安全防护设施。

④发生因工伤亡及险性事件，保护好现场，立即上报有关领导。

（21）安全员责任清单。

①负责贯彻和宣传国家安全生产方针、政策及上级各项安全规章制度，并监督检查执行情况。执行国家、地方、行业法律法规，落实集团公司的公司管理规定，结合工程特点编制项目安全管理策划。

②负责参与制定工程项目安全生产工作计划，安全生产管理办法实施细则等。负责组织参与或协助开展各项安全生产活动。负责工程项目安全生产管理分支机构及人员的业务领导和组织工作。负责工程项目各级安全生产基础管理台账及安全管理资料的建立和归档工作。

③负责员工安全教育、安全培训的组织管理、配合劳资人员搞好特种作业人员考核办证工作。负责监督检查外协施工队人员三级安全教育及特种作业人员持证上岗工作。

④开展辨识危险源活动，参与危险性评价工作；建立施工班组安全活动、班前安全讲话、定期安全检查制度，监督落实情况。

⑤参加施工组织设计、施工方案会审，参加工程项目生产会。参加安全生产例会，建立工程项目安全生产例会制度，并负责组织实施。

⑥认真执行各项法规、标准，制止违章，对事故隐患、严重违章施工、违章作业，有权下令停止施工并越级上报。

⑦对工程项目劳动保护用品采购、使用、管理有监督、检查权，对进入施工现场的单位或个人，有权检查、监督其是否符合现场安全管理规定要求，发现问题责令其改正。

⑧协助因工伤亡事故调查，对伤亡事故和险性事件进行统计分析。

（22）操作岗位责任清单。

①认真学习和严格遵守各项规章制度，不违反劳动纪律，不违章作业，对本岗位安全生产负直接责任。虚心服从安全生产管理人员监督、指导及时纠正违章行为，有责任劝阻和纠正共同作业者的错误操作。

②积极参加各项安全教育和培训，接受安全技术交底、参加安全班前讲话活动，刻苦学习安全理论、安全技术，提高自己的安全意识和安全操作技能。

③识别和控制与工作岗位相关的危险源，精心操作，严格执行施工规范，做好各项记录，交接班必须交接安全情况。

④发扬团结友爱精神，在安全生产方面做到互相帮助，互相监督，维护一切安全设施、

设备，做到正确使用，不随意拆改，对新工人有传、带、帮责任。

⑤对不安全作业要求提出意见，有权拒绝违章指令，并可以直接向安全管理部门或越级反映情况。正确分析、判断和处理各种事故隐患，把事故消灭在萌芽状态，如发生事故，要正确处理，及时、如实报告，并保护现场，做好详细记录。

3）机构设置

项目部成立安全生产领导小组，负责安全生产管理的组织领导工作。项目主管领导担任组长，项目副职为副组长，其他领导及各职能部门负责人为小组成员。专职安全管理人员配置五人。组长由项目经理、党工委书记担任；副组长由项目部领导班子副职担任；成员为项目部各部门负责人

各分部依据项目经理部组织机构设置规定设置分部安全生产领导小组，设置安全监督部，专职管理安全生产工作。专职安全管理人员数量根据交通运输部公路水运工程安全生产监督管理办法执行。

4）两区三场管控

（1）临时用房包括营区驻地（含办公区）、拌和场、预制场、钢筋加工场临时用房和施工现场临时用房。

（2）临时用房设置在安全地段，避开高压线、滑坡、泥石流、爆破区、洪水位下、强风口、取（弃）土场等危险区域。

（3）临时用房须编制方案，包括位置、占地面积、功能区划分、道路布置、排水及供电设施、消防设施等，并对安全设施做出详细说明，方案经总监审批后组织实施，验收合格后投入使用。

（4）装配式临时用房应有产品合格证。采用复合彩钢板搭建临时用房时，其芯材燃烧性能等级应为 A 级（不燃型），并提供相关检测资料。

（5）临时用房、临时设施的消防设施布置应满足《建设工程施工现场消防安全技术规范》（GB 50720—2011）的相关要求。

（6）临时用房、临时设施的供用电须符合《施工现场临时用电安全技术规范》（JGJ 46—2005）的相关要求。

（7）生活用水须符合国家相关饮用水标准。

（8）两区三厂选址前应进行地质初筛或地灾评估。

5）驻地营区管控

（1）驻地内应设置完善的排水系统，保证排水通畅，并符合环保排放要求。

（2）结构牢固，具有抵抗常规自然的能力，彩钢瓦屋顶应采用人字形。

（3）临时用房间距须满足消防要求规定的净距且不小于 7 m。宿舍及办公用房与在建工程的间距应不小于 10 m，且不应与厨房操作间、锅炉房、变配电房等组合建造。

（4）双层临时用房，每层建筑面积大于 300 m^2 时，应设置不少于两部疏散楼梯，疏散走道及楼梯的净宽度不应小于 0.9 m。

（5）临时用房搭设完成后由安装单位、项目经理部、总监办共同验收，相关资料归档。验收资料包括方案、产品合格证、生产及安装单位资质证明等。

（6）容纳 50 人以上的大会议室应设置两个门，门向外开启，确保发生危险时人员能安全疏散。

（7）宿舍、办公用房在 200 m^2 以下时应配置两具 MF/ABC4 灭火器，每增加 100 m^2 时，增配 1 具 MF/ABC4 灭火器。会议室、食堂、配电房、材料库等须单独配置两具 MF/ABC4 灭火器。

（8）驻地营区应设置消防责任牌，责任牌应注明消防责任人姓名、责任范围；消防设施设备应张贴巡查人姓名、巡查时间。

6）特种设备管控

（1）风险分级。

①特种设备使用单位结合本单位的实际，根据风险辨识总分值进行风险分级，风险等级从高到低 分为重大风险（Ⅰ级）、较大风险（Ⅱ级）、一般风险（Ⅲ级）、低风险（Ⅳ级），分别用红、橙、黄、蓝四种颜色表示。

②特种设备风险等级以本单位单台（套）特种设备风险辨识结果最高等级确定。

③特种设备使用单位对风险辨识、分级结果需建档，做到“一单位一册”“一台（套）一档”。

④特种设备使用单位每年至少进行一次风险辨识、分级。出现下列情况应重新进行风险辨识和分级。风险因素自身发生变化；风险因素周边环境发生较大变化；同类型风险因素或者相关行业发生事故灾害；国家、地方和行业相关法律、法规、规章、安全技术规范和标准发生变化。

（2）风险管控。

①特种设备使用单位是风险管控的主体，使用单位安全监督部门和设备物资部门根据职责分工负责风险管控工作。把管控要求落实到部门人员和操作人员。

②承担具体风险管控的人员要对每个风险因素制定和采取具体严密的安全管控方案，风险等级为重大风险由使用单位负责人监督落实管控措施，较大风险由使用单位特种设备安全管理负责人监督落实管控措施，一般风险由安全管理机构监督落实管控措施，低风险由安全管理人员和作业人员负责落实管控措施。

③特种设备使用单位要根据风险等级的高低来定期检查管控方案的落实情况，对于风险等级较高的设备要加大检查力度和频次。重大风险、较大风险等级特种设备，相关负责人至少每个月检查一次管控方案的落实情况；一般风险、低风险等级特种设备，相关负责人至少每季度检查一次管控方案的落实情况。

④对于确实需要立即解决的较高风险因素要报本单位负责人并采取有效措施，确保设备安全。使用单位要将所有安全风险因素逐一登记，建立特种设备安全风险管控档案。

（3）日常隐患排查内容。

①特种设备安全法律、法规、规章、安全技术规范和标准的贯彻执行情况，安全生产责任制、安全管理规章制度、岗位操作规范的建立落实情况。

②应急（救援）预案制定、演练，应急救援物资、设备的配备、维护和使用方法的培训情况。特种设备运行状况和日常维护、保养、自行检查、检验、检测情况。

③从业人员接受安全教育培训、掌握安全知识和操作技能情况，作业人员培训考核和持证上岗情况。风险辨识分级管控制度的建设及措施落实情况。施工过程中委托第三方特种设备检测机构对特种设备进行安全性能检测。

④其他影响特种设备安全的情况。

（4）隐患治理。

①特种设备安全管理人员、作业人员发现安全隐患，应当报告直接负责人并及时处理。

②发现直接危及人身安全的紧急情况，有权停止作业或者采取可能的应急措施后撤离作业场所。

③特种设备使用单位发现事故隐患后，应当采取安全措施，并及时组织治理。

④对一般事故隐患，单位负责人或者有关人员应立即组织整改。对较大、严重事故隐患，应当按照以下规定处理：根据需要停止使用相关设施、设备，局部停产停业或者全部停产停业；组织专业技术人员、专家或者具有相应资质的专业机构进行风险评估（评价），明确安全隐患的现状、产生原因、危害程度、整改难易程度；根据隐患的风险评估结果制定治理方案，治理方案应明确治理目标和任务、治理方法和措施、经费和物资保障、责任部门和人员、治理时限和要求、安全措施和应急预案等内容；落实治理方案，消除安全隐患；对确定为严重事故隐患的，特种设备使用单位应当立即向当地特种设备监管部门报告安全隐患的现状，并及时报送安全隐患的产生原因、危害程度、风险评估（评价）结果和治理方案等。

（5）起重设备。

①特种设备作业人员须持有特种作业操作证。作业前，应对作业人员进行安全教育培训和技术交底。

②安装、拆卸龙门吊、塔吊、架桥机等起重机械应编制安装和拆除安全专项方案，安全操作规程应悬挂于设备操作室或主要工作场所。在起重、吊装、垂直运输中，应保证起重设备，设施的完好性，达到规定的安全技术要求，保险、限位、限重等安全设施和装置应定期检查维护。

③轨道上运行的起重设备应设夹轨器、锚定装置等防风防爬装置。起重机的吊钩、吊环严禁补焊，当出现表面有裂纹、破口、危险断面及钩颈有永久变形、挂绳处断面磨损超过高度 10%、心轴磨损超过规定等不同情况时应予以更换。起重机起吊荷载达到起重额定起重量的 90%及以上时，应先将重物调离支撑面 20 ~ 50 mm 后，检查起重机的稳定性、制动器的可靠性等，确认安全后方可操作。

④应定期对设备进行检查维护。作业前，操作人员应检查各类安全装置、制动器、操纵控制装置、紧急报警装置等。每月应由专业机务人员对安全装置、制动器、离合器的可靠性和精度、重要零部件的状态、电气及液压系统的工作性能、动力系统和控制器等进行检查。

⑤作业过程中，严格按指挥信号操作，指挥者和司索工应密切注意观察吊物及周围情况，如发现问题，及时发出指挥信号。对紧急停车信号，无论何人发出，都必须执行。

⑥起吊物不得从人头顶上通过，吊物和起重臂下严禁站人。遇到 6 级以上大风时，不得进行起重吊装作业。

（6）施工电梯。

①施工电梯安装与拆除应编制安全专项方案。施工电梯安装与拆除须由相应资质的专业队伍承担。电梯安装完毕后，项目经理部应组织有关人员进行验收，经市场监管部门检测合格后方可使用。检测合格标志应置于桥厢内明显位置。

②施工电梯的日常检查维护应委托有资质的单位进行。施工电梯须由经考核取证后的专职电梯司机操作。

③停靠层的过桥和运输通道应平整牢固，出入口护栏应安全可靠。电梯四周 5 m 内不得有易燃易爆及其他杂物，不得在此范围内挖坑、沟、槽，电梯出入口应设防护棚。严禁在电梯井架、支撑上设置缆绳、标语等。

④同一施工现场的各种起重机与电梯保持 5 m 以上安全距离，并有可靠的防撞措施。电梯每班首次运行时，应空载及满载试运行，将梯笼升离地面 1 m 左右停车，检查制动器灵敏性，确认正常后方可投入运行。每次起动前应鸣警示意。

⑤电梯内荷载应均匀分布，严禁超载和人货混装。运送物料不得伸出护网。电梯应至少每隔 15 d 进行一次清洁、润滑、调整和检查。暴风雨后，应对电梯各有关装置进行全面检查，确保安全可靠，严禁带故障运行。

⑥停运后，电梯应降至底层，各控制开关扳至零位，切断电源，锁好闸箱和电梯门。

（7）压力容器。

①贮气罐使用要执行国家有关压力容器定期试验的规定。贮气罐上的安全阀是限制贮气罐内的压力不超过规定值的安全保护装置，要求灵敏有效。

②输气管输送的压缩空气如直接吹向人体，会造成人身伤害事故，需要注意输气管路的连接，防止压缩空气外泄伤人。

③氧气瓶及乙炔瓶应符合条码管理的有关规定，项目经理部应到取得充装许可的单位采购。氧气瓶在储运和使用过程中，应采取措施，避免剧烈振动和撞击。开启氧气瓶阀时，应缓慢拧开，以防止因高压氧流作用而引起静电火花。

④乙炔瓶在运输、储存、使用时，禁止敲击、碰撞、应立放，不能卧放，不得靠近热源和电气设备。使用乙炔瓶的现场，储存量超过 5 瓶。当储存量超过 5 瓶，但不超过 20 瓶时，应在现场设单独的储存间；当储存量超过 20 瓶时，应设置乙炔瓶库。储存间应有良好的通风、降温等设施，避免阳光直射，与明火或散发火花地点的距离不小于 10 m。乙炔瓶必须装设专用的减压器、回火防止器。开启时，操作者应站在阀口的侧后，动作要轻缓。

⑤氧气瓶、氧气表及焊割工具的表面，严禁沾染油脂。氧气瓶应设有防震胶圈，并旋紧安全帽。氧气表及乙炔气表应保持完好，损坏后及时更换。氧气瓶与乙炔瓶应分开放置。作业时乙炔瓶、氧气瓶安全距离不小于 5 m，与明火作业点的距离不小于 10 m。

⑥氧气胶管与乙炔胶管不得相互混用，所有的胶管必须符合国家标准要求。氧气胶管为红色，乙炔胶管为黑色。夏季使用气瓶时，应采取遮阳等有效措施防止暴晒。

7）涉路施工

（1）涉路施工严格按照施工方案，特殊工种作业必须持证上岗，作业人员必须每天进行班前教育，每天对机械设备进行维护保养。

（2）作业人员安全帽、反光马甲、安全带等安全防护用品穿戴齐全，现场设置安全反光警示标识。涉及夜间施工时，确保施工地点有足够的灯光照明，保证施工人员及施工机械安全。

（3）施工区域内设专人负责指挥，确保现场交通安全。机械设备在操作前需进行安全检查，严禁“带病”运行，做好设备维修保养记录。

（4）交叉路口安装警示标牌、减速带等警示设施。对挖方段危石可能掉落既有高速，采取警示灯、警示牌、吨袋、水马、防撞墩、彩钢板、工字钢排架等防护措施，同时要求作业人员按方案施工。

8）防洪防汛

（1）积极与气象汛情预报单位沟通，重大降雨天气加强每天与当地气象、水文有关部门进行联系，及时获取有关气象、汛情等情报资料，作出科学的预测分析，为防洪、防汛工作的决策、实施提供充分依据。

（2）合理安排工序，防止汛期洪水影响施工安全。在雨季、汛期来临前，对施工现场的设备、设施进行全面检查。

（3）对梁场、库房、电线路架设、变配电箱位置，物料机具摆放、深基坑、现场道路、隧道排水等设施进行周密的安排布置，要符合防洪、防坍塌滑坡、防雷击的要求。

（4）配置必需的抢险器材和物资，警钟长鸣，常抓不懈，随时应急处理突发事件。保证施工现场与项目经理部、外界之间的联络畅通，发现问题及时上报处理。

9）分包商安全管控

（1）将分包商纳入项目安全管理体系，加强分包商现场管理人员参与安全隐患排查治理活动；参与项目安全生产管理方案策划、安全生产会议，认真履行作业控制体系。

（2）加强班前教育活动开展，把班前教育活动作为持之以恒的重要任务开展，实事求是，不走过场，重点分析宣传当天风险点及防控措施。

（3）定期对分包商开展安全生产考核评价，填写《分包商安全履约评价表》。

2. 质量控制重点策划

1）质量目标

工程实体质量满足国家和行业相关标准、规范及设计文件要求，具体如下：

（1）在合理使用和正常维护条件下，路基、桥梁、隧道、房建、交安等工程结构的施工质量，满足设计使用寿命期内正常运营要求。

（2）杜绝工程质量一般以上事故［按中国铁建安质〔2018〕57 号文件，一般质量事故是指直接经济损失 100 万（含）以上 1 000 万（不含）以下事故］，控制质量通病，产品合格率 100%，质量管理达到行业先进水平。

（3）交工验收质量目标：合格。

（4）竣工验收质量目标：优良。

（5）争创品质工程，力争国家优质工程。

2）建立质量保证体系

为使施工全过程始终处于受控状态，建立如下质量保证体系，确保施工质量。工程质量管理体系如图 2-5-7 所示。

3）提供质量保证措施

成立质量管理组织机构和全面质量管理领导小组，配齐专职质检工程师和质检员，推行全面质量管理和目标责任管理，从组织措施上使创优工作落到实处。

中铁二十三局集团成绵苍巴高速公路项目经理部认真贯彻《质量体系生产安装和服务的质量保证模式》《高速公路施工标准化技术指南》以及业主颁发的管理规定等，建立健全质量保证体系。在本标段中，项目经理部成立全面质量管理领导小组，组织领导工程创优工作。明确各级管理职能，建立严格的考核制度，将经济效益与质量挂钩。形成行政上支持、技术上把关的良性循环，质量领导小组负责工程总体质量控制。

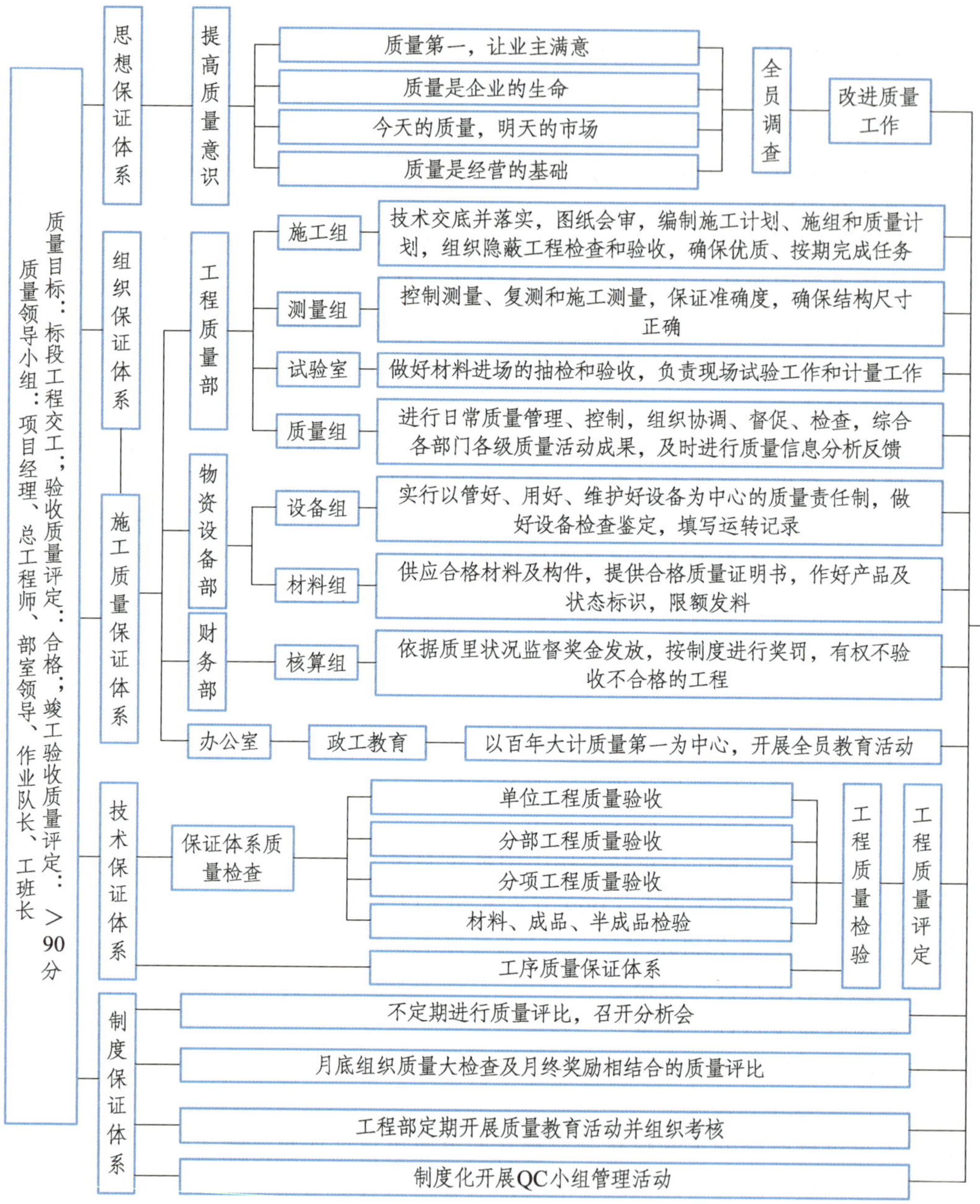

图 2-5-7　工程质量管理体系

项目负责人（项目经理）担任组长，项目副职（项目副经理、总工程师、安全总监）为副组长，其他领导及各职能部门负责人（工程部部长、安全监督部部长、设备物资部部长、财务部部长、计划合同部部长、综合办公室主任、中心试验室主任、信息中心主任、征拆办公室主任）为小组成员。

领导小组办公室设在项目经理部工程部，负责质量领导小组日常工作。

4）制定质量管理制度

（1）设计文件审核制度。

总包部总工程师或工程部部长负责组织总包部、标段技术人员共同对设计文件进行会审和现场核对，对发现的问题由总包部汇总，与业主、监理、设计院协调解决。标段未得到书面答复前，不得自行实施。设计文件审核分为专业会审和综合会审两种形式。

①专业会审。

a. 各专业施工图的张数、编号与图纸目录是否相符，是否为正式施工图并经设计单位正式签字、盖章。

b. 施工图纸、施工图说明、设计总说明是否齐全明确，三者有无矛盾。设计资料是否符合现场地形地质情况，设计要求的施工方法是否可行。

c. 线路平面位置和纵向坡度是否符合设计规范，构造物设计位置是否合理。构造物尺寸、标高、预留孔和预埋件的位置是否正确。图纸上构配件的编号、规格、型号、数量与合同工程数量清单是否一致。

d. 分项工程数量是否遗漏，汇总数量有无错误，计算工程数量与图纸数量是否相符。

e. 图纸审核后，将发现的问题做好记录，提出建议，提交图纸会审时进行研讨解决。

②综合会审。

a. 图纸会审由项目总工程师组织全体技术人员参加，合同计划部、设备物资部等部门派员参加。

b. 施工图设计是否符合国家有关技术、经济政策和规定，设计标准图、参考图是否作废或错用。施工图的基础设计与地基处理有无问题，是否符合现场实际地质情况。

c. 建设项目坐标、标高与总平面图中标注的位置是否一致，与相关建设项目之间的几何尺寸、轴线和方向有无矛盾和差错。

d. 图纸是否清晰，说明是否明确、齐全，各专业图纸之间的关系、尺寸、标高是否一致。建筑平面、立面、剖面图之间关系是否矛盾，标注是否遗漏。建设项目与地下构筑物、管线等之间有无矛盾。

e. 结构图本身是否有差错和矛盾。结构图中是否有钢筋明细表，若无钢筋明细表，钢筋构造要求在图中是否说明清楚。施工图中有哪些施工特别困难的部位，是否便于施工，宜采用哪些特殊材料，构配件、货源如何组织。

f. 研讨设计采用的新技术、新结构、新材料、新工艺和新设备的可行性，以及采取的必要措施。

g. 现场施工条件和现有机械设备满足不了设计所采用的新技术、新结构，以及存在重大安全风险的，要求设计单位予以改变部分设计的，会审时一并提出，共同研讨。

③审核记录与审核报告。

a. 列出参加会审单位名称、人员姓名及会审地点并盖章，存在问题及疑点记录汇总表（要注明图名、图号，必要时附图说明），报设计部门答疑和审批。

b. 主要工程项目明细表及技术特点，主要工程数量汇总表，各种材料数量汇总表。

c. 工程所需定型图、通用图、参考图以及相适应的质量、环境职业健康安全行业标准、规范、规程及法律法规一览表。

d. 经核对无误后，分单位工程向计划合同部提供一份工程数量表，向设备物资部和试验室各提供一份材料数量表。

（2）全员培训、关键岗位培训、持证上岗制度。

①按照建设单位和集团公司的有关规定，必须对各级管理人员、技术人员、施工人员进行全员质量教育培训，未经培训或考试不合格的人员不得上岗。对技术标准、工艺工序标准、验评标准的培训，建设单位有专门规定的，按照建设单位要求严格执行。对四新技术（新技术、新工艺、新材料、新设备）、关键工序作业的培训，结合技术交底、工艺试验和施工过程进行。

②全员日常质量教育的主要内容包括质量意识、质量管理、专业技术、操作技能和有关业务知识教育。

③对管理人员、技术人员进行全面系统（法律法规、管理制度、事故案例、施工技术规范、质量验评标准）的教育，使其在质量管理中负起全面责任。

④对员工进行质量意识教育（事故案例、宣传警示栏等），加强技术、技能教育（安全操作规程、技能培训、技术交底等），提高技术业务水平和操作技能。特别是对外协队伍、劳务员工的教育要实行同等标准，纳入规范管理。

⑤特殊工种按照政府和主管部门要求进行专业技术培训和复审，现场要达到 100%持证上岗（原件、复印件在总包部安全监督部建档备案）。对于关键质量控制点（梁体钢筋对焊）必须指定专人，即使有该特殊工种上岗证的其他人员也不得从事该关键质量控制点的作业。

⑥教育培训是本项目确保工程质量的关键工作，必须落实到位。总包部质量培训由总工程师分管，安全监督部每季度下达教育培训计划，各标段安全监督部部长牵头，工程部部长配合或落实。对关键的培训总包部派管理人员现场督导，在月度考评中检查并不定期组织专项检查。

（3）工程开工报告申请制度。

新建、停建后复工的工程项目或工程项目中的分项工程，都需要在正式开工或复工前办理开工报告审批手续，严禁擅自开工。开工报告的申报、审批按建设单位《工程开工报告审批办法》执行。开工报告没有审批不得擅自开工。工程开工必备条件：

①测量放线准确无误。按照规定完成了施工图现场核对，需完善、优化的项目变更设计图已到齐，并经核对无误。

②完成征地、拆迁或先行用地审批，施工场地清理、平整、硬化达到规定要求，临时工程（道路、水、电、通信、办公和生活设施）满足开工要求，安全、环保等措施符合业主及相关标准有关规定要求。

③进场人员满足施工需要，且均培训合格。明确该施工工程的现场技术负责人。进场材料满足连续施工需要，且完成了检验、水质化验、配合比选定等必要的试验工作。

④实施性施工组织设计编制完成并审批。施工工序及有关工序的施工工艺并已经审核，涉及的重大施工方案、技术方案已经总监办审核通过。观测、检测方案已通过审查。

⑤针对该工程的突发事件处理办法和保证措施编制。

⑥其他应做的准备工作已完成。

（4）工程质量巡视检查制度。

为确保通过各级检查，切实把质量安全隐患消灭在萌芽状态，实现项目管理的质量安全目标，制定本制度。

①工程质量、安全、进度综合检查：每月进行一次，总包部领导带队，工程部、安全监督部、物资设备部、综合办公室等部门参加，对管内各标段对照评比标准检查评分，并根据最终评分结果实施奖罚。

②专项检查：总包部根据工程特点和季节特点，按照预防为主的方针，冬季组织冬季施工、防冻、防火的专项检查，夏季、雨季组织防暑降温、防洪防汛专项检查，以及开工前复工后的专项检查。检查组由总包部领导带队、安全监督部、工程部、设备物资部、综合办公室等部门参加，形成检查记录、及时整改发现的问题。

③日常检查：按照质量控制关键点，检查各项制度、措施、要求的落实情况。标段、标段分部、施工队、三级分级进行日常检查。工班执行每日按三检制（自检、互检、交接检），施工队执行周检制，标段执行旬检制，标段实行月检制。

④突击检查：突击检查由总包部领导根据工程情况安排，有关部门落实。

各种检查应提前制订检查计划，必须有检查记录。对检查发现的问题，要视情况采取立即整改、限期整改、开具检查通知书、罚款、停工整改直至追究有关责任人，撤换队伍等的处置措施，以确保各项工作的真正落实。检查发现的问题必须闭合。书面指出的问题书面回复，有关人员签字。重要问题分级进行复查。

对质监局、业主书面发出的整改通知书，标段负责整改，整改结果上报总包部，由总包部汇总并经验证合格后，报质监局或业主进行回复。对集团公司、总监办以文件发出的整改要求，标段负责整改并将整改结果报总包部。总包部相关部室复查合格后以书面形式分别对集团公司、总监办进行回复。

检查记录、检查计划、整改回复、通知书等由总包部工程部、安全监督部分别存档。

（5）质量事故报告、调查和处理制度。

①标段工程部每月 25 日填报上月工程质量事故统计报表，上报总包部工程部。

②工程发生质量事故后，现场负责人应立即采取有效措施，防止事故扩大，并保护好事故现场。标段经理或总工同时必须立即用电话、电传、报告总包部，由总包部总工、工程部长报告政府主管部门、设计院、建设单位，并通知设计、监理单位驻现场有关人员。

③发生质量事故必须立即向总包部报告。报告内容包括：发生的时间、地点、工程项目，发生的简要经过、损失情况，发生原因的初步分析，采取的应急措施，处理方案及恢复计划。

④工程质量事故处理严格按照集团公司责任追究制度，对责任单位、责任人进行处罚。质量事故处理有关资料由标段工程部（安全监督部）建档，妥善保管。

（6）质量问题分析制度。

为了从质量问题和质量通病中吸取教训，总结经验，制定切实可行的具体措施，防止再次发生，保证工程质量有序可控，按照集团公司有关规定，制定本制度。

①工程开工前，总包部总工程师组织工程部、安全监督部、设备物资部门及各标段职能部门召开会议，分析研究工程质量通病和可能发生的质量问题，确定工程质量管理的重点，制定具有针对性、可操作的作业指导书或技术交底。

②对施工中出现的质量问题，标段经理牵头组织，标段总工程师主持召开会议，由施工生产负责人，技术、安全、质量负责人，标段安全监督部、施工技术、物资设备负责人和有关技术、管理人员参加。现场生产、技术负责人介绍质量问题发生的时间、地点、人员、设备等过程细节，对产生质量问题的原因分析自查。管理人员、技术人员讨论研究，找出产生

问题的原因。根据原因分析，制定纠正措施。总包部工程部、安全监督部派人员参加分析会，必要时邀请监理工程师参加。

③出席质量分析会人员签到表由标段安全监督部保留。质量问题分析会记录由标段安全监督部、工程部存档。纠正措施由标段工程部编制，标段总工审批，总包部工程部、安全监督部备案。比较严重的质量问题处置方案由总包部工程部提出，总包部总工程师审批，经过设计、监理等认可。

④对于类似质量问题重复发生或质量问题的性质较严重时，总包部总工程师可组织召开扩大分析会，标段技术、生产负责人列席会议。

⑤由标段经理组织对纠正措施实施情况进行检查评价。对质量问题责任人的处理按照总包部工程质量管理办法执行。

⑥总包部工程部、安全监督部分别建立质量问题台账。人员签到表、事故处理记录和纠正措施、纠正措施落实情况、对责任人的责任处理等有关资料存档备案。总包部工程部、安全监督部对发生质量问题的质量点列入重点巡视项目，检查落实情况，跟踪验证整改是否到位，是否需要进一步的整改措施，并及时向总工程师报告。

（7）工程质量责任追究制度。

为全面实现项目质量目标，必须严格质量管理，杜绝质量事故发生。对发生的质量问题，质量事故必须按照“四不放过”原则，严肃责任追究。对发生质量问题、质量事故的责任单位、责任人的处理，按集团公司《工程质量管理办法》执行。并强调以下规定：

①各部门细化、明晰质量责任制，认真执行质量内控体系的一系列规定。建立完善质量记录台账，并具有可追溯性。

②按照集团公司《工程质量管理办法》专职质量安全检查人员有权对违章作业、违章指挥下发整改通知书，有权对拒不整改、整改不彻底的问题下发罚款通知书、建议停工整顿、撤换队伍和有关责任人。

③总包部安全监督部建立工程质量跟踪卡，完善各种质量管理台账，以利于发生质量问题、质量事故对责任人的分析界定，把质量终身制落实到人。

（8）工程变更设计（优化）制度。

①设计变更（优化）必须遵循“先批准后变更，先设计后施工”的原则，严格按照建设单位《工程变更设计管理办法》执行。

②变更设计（优化）必须按合同或有关规定的程序办理。所有变更设计必须经建设单位和相关方面同意签字后方可组织施工，交付施工时应落实已做工程的损失处理办法和落实工程投资。

③设计变更（优化）批准后应及时修改原设计文件并做好标识。当批准后的变更设计取代原设计时，必须立即对原设计加注“作废”标识并封存或经项目总工批准后销毁，防止误用导致质量事故。

④变更设计应设置提示牌，置于技术部门办公室醒目位置，提醒技术人员引起高度注意。

（9）分项、分部、单位工程质量检查、申报和签认制度。

①分项、分部、单位工程检查。由标段技术负责人、质检工程师组织技术员、质检员、施工负责人（工班长）等人员按公路工程质量检验评定标准、施工规范的要求进行现场检查量测，在自检合格的基础上，填写子分项、分项工程质量验收记录，签字齐全后监理单位进行验收。

②分部工程检查。分部工程完成后，由标段经理组织标段技术负责人、质量负责人、作业队长、领工员等有关人员，按验评标准、施工规范要求进行检查，在自检合格的基础上，填写标段工程质量验收记录，签字齐全后提交监理单位进行验收。

③单位工程检查。单位工程完成后，标段经理组织标段相关人员依据验标、相关规范、标准进行自检。在自检合格的基础上报总包部，由总包部经理组织项目相关职能部门进行复查，合格后，填写单位工程质量验收记录、签字齐全、加盖公章后提交建设单位（监理单位）进行验收。

质量验评资料是工程质量的原始凭证，要以现场实际检测测量的数据说话，严禁虚假资料。各标段要转变观念，高度重视，分解责任明确到人。各单位工程开工前，标段安全监督部要将该单位工程施工负责人、技术负责人、质检员、作业队伍及其主要管理人员、关键工序及特殊工序参建人员名单、特种工种人员（起重工、电焊、架子工、电工等）名单，分项、分部、单位工程验评单签字人员名单、电话，书面报总包部安全监督部，以便于总包部对工程质量的监控，保证工程正常进行。

（10）隐蔽工程及关键部位验收制度。

①在通知监理工程师检查隐蔽工程前，标段总工组织质检工程师、专业工程师、专职质检员先进行严格的自检。自检合格后，按规定格式填写隐蔽工程检查证及附件，于隐蔽前 24 h 通知监理工程师到现场检查确认。检查合格后，经监理工程师签认后方可进行隐蔽和继续施工。

②对检查不合格或检查证及附件与实际不符时，必须在规定时限内改正达标并经重新检查签证，并将有关情况向总包部工程部、安全监督部报告。

③与设计资料差异较大的隐蔽工程，应及时通知总包部工程部、安全监督部及总工程师，由总包部工程部通知驻地监理、业主参加检查、签证。

④对监理工程师或建设单位代表的随时抽查和重点检查，提供必要的检查条件。

（11）成品、半成品保护制度。

必须像重视工序操作一样重视成品的保护。标段施工管理人员应合理安排施工工序，尽量减少工序的交叉作业。上、下工序之间要做好交接工作，并做好记录，下道工序的施工必须尽量保护好上道工序的成品，如可能造成影响时，应征得管理人员的同意。对避免不了的破坏和污染，须按要求和标准进行恢复，对于贪图方便，肆意蛮干，给上道工序成品造成的损失，由下道工序操作者及管理人员负责恢复、赔偿。

（12）施工工艺流程设计制度。

①对本标段的关键工序和特殊工序必须进行施工工艺和作业指导书设计，编制详细的作业书，制订工艺实施细则。

②施工过程中，标段经理、总工程师、工程部长、安全监督部长、现场工程师检查作业指导书执行情况，如有违规现象，要及时制止，并对有关人员进行批评教育。劝说无效的，应坚决将其清退出场，不得继续进行施工。

③标段质检工程师严格按作业指导书对关键工序和特殊工序进行监督和检查，严格执行隐蔽工程检查制度，加强对工序的监测，及时进行信息反馈，消除不稳定因素。对工程质量有重大影响的关键环节施工时，标段必须派技术人员对施工全过程旁站监督，确保关键环节施工始终处于受控状态。

④总包部对标段进行不定期检查，检查工序作业指导书的编制情况以及施工过程中各工

序落实和检查监督情况。总包部、标段相关工艺文件、方案、细则等需报总监办审查批复。

（13）工艺试验制度。

成绵苍巴高速公路工程规模大、线路长、技术标准高、施工难度大，因此，要集中技术力量开展路基基底处理、路基填筑、工后沉降观测、桥梁工厂化生产、桩基及墩柱施工、隧道施工、工地试验室建设等各专业难点、重点问题、关键施工工艺的研究工作，从施工方法、施工工艺、质量保证措施等方面进行研究和试验，取得成熟经验，经总结评价，方可全面推广应用到工程施工。

（14）基础技术资料管理制度。

各级工程技术人员要认真贯彻落实相关技术标准和规定，积极推行施工技术标准化管理。具体单位工程采用何种标准依据合同规定和设计要求，不得擅自做主。坚持施工技术管理的标准化作业，即：一项记录，两个方面的协调，三个阶段的审查，四项专业总结，备齐五种图，建六项台账，严守七条工作要求，坚持八项内容检查，实施现场施工十不准。

①一项记录：工程日志簿（或施工记录簿）随身携带，记载工程事项并供监理人员签注意见。

②两个方面的协调：部门内各专业间及专业工点负责人间的协调配合；标段内各业务部门之间的协调配合。

③三个阶段的审查：开工前审查设计；施工中审查原始凭证、台账记录和各种报表的正确性；竣工时审查竣工数量和竣工文件是否准确齐全。

④四项专业总结：工程的全面综合总结；重点工程技术总结；专业技术总结；技术专题总结。

⑤备齐五种图：工程设计图；工程平面图及纵断面图；施工组织设计进度图；施工场地平面布置图；工点（工号）分布图（含工点工程量）。

⑥建六项台账：历月工程进度台账；变更设计台账；验工计价台账；工程大事记录台账；主要工程综合指标台账；建工程项目台账。

⑦严守七条工作要求：一切数据有计算依据；图纸和各种报表有签字负责人；设计文件资料交接有书面签认；工程开工有批准的开工报告；变更设计有批准手续；处理施工问题有记录；技术人员调动有工作移交记录。

⑧坚持八项内容检查：设计文件是否满足需要，是否已进行技术交底；测量放线是否已双检，有无复测记录；是否按图施工，操作是否正确；原始记录有无，记载是否符合实际施工情况；有无安全质量保证措施、设计或已签订安全协议，工程质量状况如何；混凝土、砂浆、土壤夯填等工程试验是否按要求办理，施工计量是否严格；采用的新技术、新工艺、新材料、新设备是否已能掌握运用；工程日志簿，工程检查证，工程大事记等记录是否已填写。

⑨实施“现场施工十不准”：无正式设计图不准开工（经建设单位或监理签章的施工资料除外）；未进行技术交底、未办理开工报告不准开工；实施性施工组织设计未批准，不准主体工程开工；变更设计未经批准，不准交付生产和记入台账；隐蔽工程未经建设单位或监理检查签证，不准进行下道工序；测量和放线放样未经双检复核，不准进行下道工序；成品、半成品和工程材料无试验合格证明，混凝土和砂浆无设计配合比，不准用于工程；验工计价须经丈量收方，不准估报数量；未备齐竣工文件和经过自检整修，不准报工程竣工；发生安全、质量、设备事故，不准隐瞒不报。

（15）工作制度。

①技术岗位责任制。按制定的岗位职责范围履行职责。

②技术交底制。提供必要的书面资料和图表，逐级向下交底，交底时应做好交接签认记录。

③材料检验制。各种主要材料、成品、半成品，均应有出厂合格证明文件，运到工地时应先进行包装外观检查，核对规格和品质，并按规定进行抽样检查或复试，检查、复试合格后方可使用，否则不得用于工程。

④测量双检及交接桩记录签认制。凡施工测量放线放样，均须进行双检；交接桩必须办理书面记录，双方签字，重要桩位须用图示意说明，复杂地形须用仪器观测交桩，一般地形允许点交，记录中应写明存在的误差及调整补救办法，记录应作为移交文件，妥善保存。

⑤测量记录标准化。所有测量必须有正式记录簿，不准乱涂乱写，不准在其中演算草式。每次测量均要有测量人员签字，测量成果须归档妥善保存。

⑥经办人员签字负责制。标段技术部门和各级技术人员经办的图纸、计算单、报表、资料、稿件等，制表、编写、计算、审核、批准及部门负责人均应签字负责。

⑦文件图纸资料收发标准化。建立登记和签收制度，借阅须办理借阅手续，避免丢失和错发、漏发。

⑧设计文件审查制及变更设计管理制。

⑨施工组织设计管理制。工程或重要的临时设施的施组设计或施工方案应分别按要求上报审批。

⑩临时工程管理制及竣工文件归档管理制。

（16）施工日志填写制度。

施工日志的填写要及时、准确、翔实，客观反映施工过程和质量状态。工程日志本要随身携带，记载工程事项。工程日志填写工作要求如下：

①标段建立工点技术负责制。每个工点的工程日志必须指定专人负责填写，不得事后补填。

②工程日志填写负责人按规定内容逐日详细填写，字迹工整，表述简洁、清楚。与该工程无关内容不得填写。工程日志填写内容，应根据工程实际情况确定，一般应有以下内容：开竣工日期、施工勘测资料、工程进度安排及上级有关工程施工及技术方面的指示、批示等；施工方案、施工工艺或方法，施工组织和机械化程度情况；每日完成的主要工程数量；每日使用的主要材料规格、数量及其工地试验结果；气候、气温情况；各项圬工施工配料、拌和、测温等结果；施工中发生的问题，如变更设计、施工与设计图符合情况、变更施工方案或方法、工程质量事故及经检查发现的问题及其解决方法等；检查人员对施工的改进意见及其他有关事项。

（17）工程质量自检、自纠、自控制度。

①工程质量自检。

本项目施工质量执行“三级”检验制度：作业班组为一级质检，一级质量检验由班组长进行检验；施工作业队为二级检验，专职质检员负责质量检验的评定与签证；标段工程部为三级检验，标段现场技术主管审查一、二级质量验收记录，并向标段申请检验，由标段进行检验，检验合格后，完成三级质量检验、评定、签证，并向监理工程师报检，配合监理工程师检验验收。

作业班组每个作业人员，在完成自己的作业任务后，对照质量评定验收标准、施工技术规范认真检查其质量是否符合要求。作业人员自检合格后，班组兼职质检员对其作业质量进行严格的检查，同一工序各班组之间进行互检，合格后报标段专职质检员检查，标段质检员检验合格后由标段质检工程师（质检员）抽查，合格后方可向监理报检。

子分项是施工质量验收的基本单元，它是分项工程的组成部分。确保子分项质量合格，是保证单位工程质量合格的最基本、最基础工作，必须认真负责地填写“子分项质量验收记录表”。标段质检工程师和监理工程师分别签认。

对作业队自检合格的项目，由标段质检工程师按照有关规定和要求对其进行符合性复检，合格后报标段质检工程师抽检，抽检合格后方可报监理工程师检查；否则应责令其限期整改达标，并跟踪验证，直至达到规定的质量标准后报监理工程师终检签证，方可进入下道工序。

工程施工质量的检验、评定按子分项、分项、标段和单位工程进行，检查方式有：一般工程的抽查，关键工序、特殊过程、主要隐蔽工程的重点检查，以及联合检查等。

检查实测记录包括：施工项目、单位、标段、分项、子分项、名称、检查日期、检查内容、标准要求、实测数据、检查人、被检查单位负责人等。

②工程质量自纠。

通过自检发现子分项、分项、标段或单位工程中出现不合格品时，现场施工负责人必须及时报告标段经理、总工。标段首先对不合格品进行分析，由标段经理组织、标段总工召集工区工程部长、安全监督部长、质检工程师、技术人员、现场施工负责人、现场队长、工班长、质检员、安全员和与质量问题有关的作业人员召开调查分析会，找出产生的原因，追查不合格的责任人，制定纠正措施，报总包部总工、工程部、安全监督部，对纠正措施及有关责任人的处理进行评价审批。内容包括不合格事实描述，产生不合格的过程描述及原因分析，产生不合格的责任划分，制定的纠正措施，对有关责任人的处理等。

经过评价后，标段将审核批准的纠正措施交施工作业队组织实施。实施过程中，标段质检工程师跟踪监督、检查，总包部安全监督部跟踪复查。

纠正措施完成后，作业队将实施结果的记录报标段，由标段组织工程部、安全监督部参加，对所采取的纠正措施进行评审并做出评审记录。标段工程部、安全监督部对质量问题必须建立质量问题档案。对类似的问题再次发生或关键质量控制点出现不合格，总包部安全监督部、工程部派员参加或扩大分析。扩大分析的形式为在现场召开各标段经理、总工、工程部长、安全监督部长参加的分析会，以达到举一反三的教育效果。

③工程质量自控制度。

标段对施工队的验工计价要经过标段有关部门（工程部、安全监督部、计划合同部、设备物资部、财务部）会签后报领导审批。总包部工程部负责签字确认质量控制是否符合要求，当工程存在严重质量缺陷或质量隐患，未整改或整改未达标时，有权对该标段拒绝签字计价，整改后经自检、复检，确认达标，监理认可方给予签字计价。

总包部要建立严格的质量自控体系，加强质量自控工作，减少子分项、分项、分部的不符合，杜绝单位工程的不合格品发生，确保工程质量。

标段成立质量保证检查机构，具体负责对本辖区工程的质量检查和监督等日常工作，以工程项目为中心，直接、全面、全过程地对工程质量实行全过程监控。

在施工过程中自上而下按照“跟踪检查”“复查”“抽查”三个检测等级分别实施检测任务，监督施工作业班组做到“检查上道工序，干好本道工序，服务下道工序”。

建立和完善严格的质量保证制度和考核制度，制定从标段经理、作业队长到工班长的岗位质量职责，明确各级职责，各司其职，各负其责，将个人的经济利益与本人的质量活动挂钩，确保施工生产中的全部质量活动处于受控状态。标段要配备精干的检测试验人员，持证上岗，做好重要设备、材料、物资的进货验证，严把材料设备到货后的质量关，杜绝不合格原材料投入使用，从源头上保证工程质量。

（18）检测、试验仪器控制制度。

①检验、检测和试验仪器的控制应按有关规定办理，总包部中心试验室对计量仪器兼职管理，对各标段试验室的计量检测工作进行监督指导和不定期检查，发现违规现象时应及时制止，并采取措施予以改正。

②中心试验室试验工程师负责建立检验、测量、试验仪器的计量检测台账，对本标段使用的仪器设备按期校验，保证仪器在校验有效期使用。

③使用计量仪器前，试验工程师首先检查计量仪器状态标识的有效性，必须坚持“先鉴定，后使用”的原则。鉴定的仪器应送往具有资质的校验单位进行鉴定，鉴定合格后，在计量器具的明显部位粘贴相应的状态标识，并保存校验证书，检定或校准结果在仪器计量检测台账上予以记录。

④每台仪器均应明确标识其检验状态，逾期未鉴定的仪器设备严禁使用。损坏或待报废的设备、工器具“禁止使用”标识必须醒目、单独上锁存放，严防被误用。

（19）质量分析会制度。

①标段每月定期召开质量分析会，并邀请总包部相关人员参加，对工程中易发生的质量通病，采取预防措施防止质量事故发生。对施工过程中发现的质量隐患，采取纠正措施，限期整改，确保工程质量。

②标段会议由标段经理或总工主持，施工技术、安全、质量、环保、物资、设备、计划合同、综合部等与生产部门负责人和有关人员参加。会议前施工技术、安全监督部要准备上会资料。总结本月内工程质量控制状态，以及对下月施工质量控制重点及采取的措施。

③标段每月定期召开质量分析会，会议由总工主持，对各标段本月施工质量情况分析，下月施工中易发生的质量通病，采取预防措施防止质量事故发生。对施工过程中发现的质量隐患，采取纠正措施，限期整改情况进行汇报。工程部分析本月施工质量状况、下月施工质量控制重点，采取预防措施等，各部门对质量的要求，项目经理、总工进行部署及要求。

（20）纠正和预防制度。

①标段质检工程师及时收集质量问题的各类信息，每月对质量不符合信息（自检发现的问题，总包部、监理、业主检查发现的问题，标段检查发现的问题，各类批评和表扬等）进行整理，提出分析报告交标段总工，并报送总包部安全监督部、工程部。针对出现的问题由总包部总工程师主持质量分析会，判明不合格品产生的原因，制定相应处置方案和纠正措施，在规定期限内要求标段进行整改，项目工程部门对实施效果进行跟踪验证。

②开工前，技术部门收集类似工程质量通病。由总工程师主持，技术人员、现场生产负责人参加，对质量通病发生的原因进行认真细致的分析，制定针对性的详细预防措施。由标段技术部门以技术文件的形式下发施工作业队，并负责跟踪验证并做好记录。对预防措施要加强控制，确保其有效性，对有效的措施应予以巩固和推广。

（21）过程管理制度。

认真贯彻执行“三工”制和坚持施工过程中的“五不施工”和“三不交接”的规定。“三工”即工前质量交底，工中质量检查，工后质量讲评。“五不施工”是未进行技术质量交底不施工；材料无合格证，试验不合格不施工；上道工序或成品、半成品未经检查验收不施工；隐蔽工程未经监理工程师检查签证不施工；图纸和技术要求不清不施工。“三不交接”是无自检记录不交接，未经质检人员验收不交接，施工记录不全不交接。各项工作由标段相关部门具体负责落实，总包部安全监督部、工程部、设备物资部对相关内容进行抽查，不能满足要求的不得进行下一道工序。

（22）质量信息管理制度。

①质量信息内容。

a. 进入工地的各种原材料、成品、半成品的产品合格证及质量检查验收情况。

b. 施工组织设计或施工方案、技术交底、图纸会审、变更、隐蔽工程和有关质量记录情况。

c. 历次质量检查、各种验收检查记录情况，质量事故调查记录和处理。新材料、新技术、新工艺、新标准等信息的收集整理情况。

d. 机械设备、计量测试仪器、人员素质等其他影响工程质量的调查记录和处理情况。

e. 同行业有关工程质量的管理办法和手段，以及发展方向等概况。

f. “月（季）工程质量情况报表”实行逐级上报制度，即标段报总包部，总包部向集团公司报告。总包部将各标段的“月工程质量情况报表”每季度汇总一次，报集团公司。

g. 总包部、各标段应指定专人负责，严格按业主和监理单位的要求按时提交各种报表。

h. 各标段应于每年 7 月 5 日前写出“半年工程质量小结”，12 月 25 日前写出“年度工程质量总结”上报总包部。

②检测报告。

试验室根据《来样/报告发放登记表》的内容，按照试验规程的要求，及时检测及时填写检测报告，并及时将检测报告发放送检单位，检测报告 3 份。试验室保存电子版本和 1 份原件，送检单位存档 1 份原件，使用单位 1 份。并根据工程部门要求提交检测报告。如遇检验材料不合格，应及时通知物资部门并对不合格材料进行封闭、标识。

（23）质量上岗教育培训制度。

①标段质量教育培训内容及要求。

a. 全员学习与质量有关的法律、法规、验标及质量管理办法。

b. 全员了解每月施工现场的施工质量情况。

c. 及时通报事故案例、警示全体人员。

d. 定期、不定期对管理干部进行质量管理知识培训。

e. 质量教育形式。

f. 利用安全质量会议形式进行“质量重于泰山”宣传教育。

g. 现场观摩学习。

h. 开展质量管理交流会、专题会。

i. 组织参加质量事故案例专题会议。

j. 开展质量知识竞赛。

②标段每月进行一次质量管理培训。

a. 对新工人（包括合同工、学徒工、实习工）必须重新进行技术交底并讲解清楚。

b. 标段、施工队必须坚持“三工”教育：施工前的质量要求；施工中，检查是否符合质量标准、规定、要求，对存在的质量隐患及时整改；施工后，对其进行综合讲评，表扬遵章守纪、批评违章乱纪，严格执行奖罚制度。

c. 标段组织质量教育培训，通过知识竞赛、专题讲座、事故案例分析等教育活动来提高全员的质量意识。

③资料整理。

a. 对于所有质量教育活动，标段必须做好相关记录，并附参加人员签到表或影像资料。

b. 各标段的工程部在每月将当月的质量教育活动记录报送总包部工程部存档。

c. 总包部工程部每月对各标段质量教育培训情况进行监督检查。

（24）首件工程质量认可制度。

①为加强工程质量管理，促进标准化工地建设，保持工程质量稳定可控，防止出现较大的质量波动，标段根据建设单位及总包部有关文件精神，制定首件工程质量认可制度。

②首件工程认可制度是指分项工程开工前，编制首件工程清单、施工方案，从施工组织、教育培训、施工工艺、工装配备、质量验收标准、安全防护标准、文明施工标准、过程控制程序、安全质量保证措施、内业资料收集整理及现场管理等方面做好规划设计，经监理工程师审核后实施，所有分项工程必须实行样板引路，做到开工必优、一次成优。

③首件分项工程如路基软基处理、路基填筑、路堑等，桥梁如桩基、承台、墩身、预制梁、连续梁首节段等，隧道如洞口、开挖、初期支护首节段、二次衬砌首节段等、排水沟、电缆槽、各类小型构件预制等均需实行首件工程质量认可制，严把开工第一关，确保工程项目实现创优目标。

④首件工程施工，必须经总监理工程师亲自检查验收施工准备，并由总监理工程师组织的第一次安全技术交底。每一道工序必须上报总监理工程师审批、验收，审批、验收通过后方可进行下道工序。在首件工程实施过程中发现的问题，各标段要及时分析总结完善首件工程实施方案、施工工艺、安全质量保证措施等。首件工程施工暴露的问题，不论是工艺问题还是管理问题都要制定针对性的能解决问题的优化措施或解决方案，否则不得进行下道工序施工。

⑤每个标段的每个作业队都要进行首件工程质量认可，首件工程经监理工程师验收合格后方可安排其他工程施工。

⑥各标段首件工程施工总结形成的施工条件、工艺流程、质量验收标准、安全防护标准、文明施工标准、过程控制程序、安全质量保证措施及现场管理经验各标段要进一步归纳提升形成模块化管理方案，上报监理工程师，经监理工程师批准后采用现场会的形式进行推广。同时根据首件工程施工要求，同类工程施工按照相同的程序及标准，严格执行相关要求。真正做到“实施有标准、操作有程序、过程有控制、结果有考核”。

3. 环水保控制重点策划

1）概况

本项目处于四川盆地东北部丘陵与低山过渡带，近盆地边缘，主要为低山、丘陵地貌，间有河流堆积阶地。地表水体为涪江、嘉陵江水系。本项目穿越游仙区铁炉村国家传统村落保护单位、梓潼县翠云廊古柏树保护区、剑阁县西河湿地市级自然保护区、苍溪县插江国家级水产种质资源保护区，跨越涪江、梓江、西河、嘉陵江、插江、东河等 6 条江河。本项目施工生产线路长，环境影响范围广、影响因素多，涉及的风险点也相对较多，区域生态环境较为脆弱。因此，本项目环水保刚性要求相对较多。

2）管理目标

深入学习贯彻习近平生态文明思想和对环水保工作的重要指示批示精神，全面落实股份公司和集团公司环水保管理要求，严格按照国家环境保护法和水土保持法及地方政府有关规定落实环水保“三同时”（同时设计、同时施工、同时投产使用）制度；遵循“预防为主，防治结合，综合治理”的原则，设置完善相应的环保、水保设施，并采取各种工程防护措施，减少工程建设对周边生态环境的破坏和污染，确保周边景观不受破坏，江河水质不受污染，植被得到有效保护。并全面完成集团公司下达的各项指标任务；杜绝发生环境污染及水土流失责任事件，杜绝违规、违法事件，杜绝群体投诉事件，减少行政处罚；践行绿色发展，深入实施低碳环保、节能减排，加快建设资源节约型、环境友好型企业，当好生态文明建设的排头兵。环水保主要控制项目及指标见表 2-5-8。

表 2-5-8　环水保主要控制项目及指标

序号	主要项目	控制标准
1	生产、生活污水	生产生活污水排放达到国家二级排放标准。生活污水经过污水处理设备处理后排放，其 5 d 生化需氧量即 BOD5≤60 mg/L、化学耗氧量 COD≤150 mg/L，污水排放前无明显悬浮物
2	化学及危险品	试验用的化学试剂、混凝土施工外加剂等严格按照相关规范使用，不遗洒、泄漏；所有危险品应收尽收，合法规范贮存，合法转移利用或处置
3	固体废物	节约材料、控制废弃物的产生。废弃物分类存放，提高废弃物的回收率
4	扬尘	施工扬尘符合地方有关标准。施工时目测 1.5 m 以上无扬尘
5	噪声	排放同时符合国家、地方有关法律法规等要求。施工场界噪声限值：6:00～22:00≤70 dB；22:00～6:00≤65 dB
6	运输	密闭运输材料、渣土、垃圾等，无遗洒
7	弃土场	施工前须剥离表土并存放，平均剥离厚度为 20 cm；弃土须遵循“先挡后弃”的原则，以充分发挥防护措施的效用；弃土要分层堆放，并分级、分层碾压夯实，加固弃土堆放坡脚以确保弃土体的稳定，同时做好弃土场周围的遮拦防护；弃土结束后，应按照复垦方案及时复垦
8	资源能源	节约资源能源、降低材料消耗。水电消耗不超过定额预算，尽量节约；钢材、水泥、木材不超过定额预算，尽量回收利用上一道工序的废弃料

3）环水保管理保障体系

（1）环水保管理机构设置。

项目部成立以项目主管领导为组长，分管领导为副组长，各业务部室负责人为成员的生态环境保护与水土保持工作领导小组。分部成立以分部经理为组长的环水保工作小组，分部配备环水保监督员，负责各项环水保措施的具体落实工作。

根据本项目的施工区域的生态环境特点，依据有关法律、法规及建设单位环水保有关规定，实行一岗双责制。制定详细的环境保护措施（包括保护自然保护区、水土流失、水污染、野生动植物、维护生态平衡系统、维护土壤生物、避免人为恶化环境等），从思想、组织、过程、检查、效果、目标、经济等七方面进行管控，实现总体环水保目标。

（2）职责分工。

①项目部职责。

a. 宣传和执行国家及行业颁布的生态环境保护与水土保持法律、法规、规章和标准以及上级下发的各项管理规定。

b. 制定和完善生态环境保护与水土保持规章制度、考核评价办法，加强基础工作建设和管理。

c. 检查指导、服务监督各分部开展生态环境保护与水土保持工作。

d. 组织开展生态环境保护与水土保持宣传、教育、培训等活动。

e. 处理来信来函及投诉，督促各分部协调好项目相关各方关系，维护企业信誉。

f. 收集汇总、编制上报各类统计报表，定期总结分析生态环境保护与水土保持管理情况。

g. 组织生态环境保护与水土保持管理情况考核评比工作。

②各分部职责。

a. 各分部应遵守《中华人民共和国环境保护法》《中华人民共和国水土保持法》以及国资委、股份公司和集团公司环水保工作相关的规定，严格执行“三同时”（即同时设计、同时施工、同时投入使用）。把环水保工作与工程质量、安全、进度放在同等位置管理；环水保工程质量同工程质量放在同一标准尺度验收。

b. 各分部必须按照股份公司、集团公司要求成立由党政主要负责人任组长的环水保工作领导小组，全面管理本分部生态环境保护与水土保持工作。各分部应当明确环水保机构的部门，制定《工程项目环水保管理办法》并配置相应管理人员与专（兼）职人员，配齐检验监测设备，完善组织管理、统计监测、考核奖惩工作运行体系，形成自上而下的管理架构，加强纵向管理体系建设。

c. 各分部按照国资委、股份公司、集团公司“党政同责、一岗双责、失职追责”的要求，落实环水保主体责任，建立全员责任制，形成以党政主要负责人统一领导，业务部门各负其责，全员各尽其职的责任体系。

d. 分部党政主要负责人是本分部环水保工作的第一责任人，分管领导承担主要责任，业务部门承担履职责任。分部项目经理是本段项目环水保工作的第一责任人；分管领导承担主要责任；专职人员承担履职责任。

e. 各分部采取有效措施贯彻执行各项规定与标准，实现工程总体目标，按照文明施工及创建文明标准工地要求，积极创建文明工地。工程开工前，预先制定环水保方案，上报当地环境保护和水土保持管理部门批准，并报项目部、监理核备。

f. 积极与政府职能部门沟通，接受地方市政主管部门、业主、监理、项目部的管理与监督。整改落实上述单位和部门在监督检查中发现的问题。执行监理单位的指令，并接受其监督和协调。

g. 各分部必须推行“6 个 100%标准化工地建设”，做到工地周边 100%围挡、物料堆放 100%覆盖、土方开挖 100%湿法作业、路面 100%硬化、出入车辆 100%清洗、渣土车辆 100%密闭运输。

h. 编制《重大环境事件应急预案》，组织、协调或参与环保事件的调查和处理并配置相应的后勤保障部门与物资。负责环保投诉的处置。做好环水保工作内外部信息沟通和交流。编制或委托具有资质的单位出具临时用地专项《环评报告书》，并报当地主管环保部门审批。

4）环水保管理措施

项目部坚决贯彻落实股份公司“1234+”工程项目管理思路，严格按照股份公司、集团公司相关文件精神，恪守“坚守底线，不碰红线，创造亮点”的节能环保工作原则，结合本项目的节能工作实际情况，强化管理措施，狠抓责任落实，坚持绿色施工，有效降低能耗，总结推广成功经验，不断提高节能环保管理水平。

（1）环水保责任制。

①分部环保、水保领导小组的工作内容是在施工过程中，有计划地保护和改善环境，预防环境质量的恶化，制定环保、水土保持措施，控制环境污染，减少和消除有害物质，创造适宜的劳动和生活环境，保护自然生态和人身健康。

②加强对施工人员的教育与管理，使人人心中都明确环水保工作的重大意义，积极主动地参与环水保工作，自觉遵守环水保的各项规章制度；提高全员的环水保意识，加强监督管理；主动接受地方主管部门的监督与指导。

（2）环水保技术与交底管理。

①工程开工前编制包括方案、措施、设施、工艺、设计、培训、监测、检查等项目方案，计算环境保护工作量并做出经费预算。做好施工现场开工前的环水保准备工作，对开工前必须完成的环水保工作列出明细表、明确要求。在开工前完成工地排水和废水处理设施的建设，在生活营地设置污水处理系统，保证工地废水处理设施在整个施工过程的有效性，做到现场无积水、排水不外溢、不堵塞、水质达标。

②将文明施工及环境保护方案纳入施工组织设计，经监理单位审批、业主核准后执行。其主要内容包括：施工现场平面布置图，现场围挡设计，现场工程标牌的设计，临时建筑物、构筑物、硬化场地、道路等单体设计，现场污水处理及排放设计，粉尘控制措施，施工区域内现场市政管网和周围建筑物、构筑物的保护。

③施工过程中严格按照“六个 100%”（工地周边 100%围挡、物料堆放 100%覆盖、土方开挖 100%湿法作业、路面 100%硬化、出入车辆 100%清洗、渣土车辆 100%密闭运输）、“六个必须”（必须打围作业、必须硬化道路，必须设置冲洗设施、必须湿法作业、必须配齐保洁人员、必须定时清扫施工现场和重要道路）、“六个不准”（不准车辆带泥出门、不准高空抛撒建渣、不准现场搅拌混凝土、不准场地积水、不准现场焚烧废弃物、不准现场堆放未覆盖的裸土）的要求实施管理。

（3）环水保宣传教育培训管理。

分部根据设计图纸、业主的环水保管理办法、国家和地方主管部门的法律法规组织对进场人员关于环水保的教育培训，由环水保部门负责，培训要建立培训台账，同时对影像资料、签到表和培训资料进行存档。

（4）环水保检查与整改管理。

建立环水保检查制度。环水保工作的检查由项目部环水保部门牵头实施，其他相关部门和专职安全环水保人员配合。检查要明确检查的内容、检查方法、检查周期频次及检查人员，检查要有记录、有总结、问题整改期限及措施，还应有问题整改后的闭环管理资料。

5）环水保具体措施

（1）设计阶段就涉及环境敏感保护区采取相关避绕措施。

①最大限度绕避了重要生态敏感区。由于本项目所在区域生态敏感区较多，且多呈南北向条带状分布，在最大限度实施避绕的情况下，仍不可避免穿越绵阳游仙区水禽湿地县级自然保护区、翠云廊古柏省级自然保护区、剑阁县西河湿地市级自然保护区、西河剑阁段特有鱼类国家级水产种质资源保护区、插江国家级水产种质资源保护区。对此，设计上采用穿越最短且以隧道、大跨径桥梁等影响最小的工程形式，以尽量保持生态系统的完整性、地域连续性、物种多样性及生物组成的协调性，减轻线路对生态敏感区的不利影响。

②最大限度绕避了森林公园、风景名胜区、文物保护单位等。本项目在设计论证期间，就慎重考虑了线路布设对重要环境敏感区的影响，放弃了原穿越七曲山的走廊带方案，最大限度地向南实施绕避，避免了对七曲山一带国家级风景名胜区、自然保护区核心区、森林公园以及文物的影响。

③最大限度绕避了饮用水源保护区。本项目选线期间以尽量减少对饮用水水源的影响为原则，最大限度绕避了各饮用水水源保护区，全线不涉及各级集中式饮用水水源保护区。

④结合城镇规划布线，尽可能地避开了人口密集区。本项目布线本着近而不进原则绕避了城镇规划区，同时结合地方道路合理布设互通节点，控制连接线规模，沿线绕避了医院、学校等特殊声环境敏感点。

（2）美化、绿化施工场地。

各分部的场地废料、土方处理，应按设计要求在指定的地点处理，防止水土流失。保持排水通道畅通，工地干净卫生。施工中还应尽量减少对周围绿化环境的影响和破坏。

（3）防水排水治理。

①各分部在施工期间应始终保持工地的良好排水状态，修建一些临时排水渠道，并与永久性排水设施相连接，且不得引起淤积和冲刷。

②施工便道填筑应随挖、随运、随填、随压实，依次进行；每层表面应筑成适当的横坡，保证不积水。

（4）冲刷与淤积治理。

①各分部采取有效预防措施，防止施工场所占用的土地或临时使用的土地受到冲刷。防止从本项目施工中开挖的弃方材料，对河流、水道、灌溉渠或排水系统，造成污染。

②各分部施工中的临时排水系统，应能最大限度地减少水土流失及对水文状态的改变。

③各分部开挖或填筑的土质路基边坡应及时采取防护措施，防止雨季到来时水流对坡面的冲刷而影响排水系统，减少对附近水域的污染。

④各分部未经上级单位或监理工程师的事先书面同意，不得干扰河道、水道或现有灌溉或排水系统的自然流动。

（5）废料废方的处理。

①各分部施工营地和施工现场的生活垃圾，应集中堆放。

②各分部清理场地的废料、废方处理，不得影响排灌系统及农田水利设施。应按图纸规定或监理工程师的指示在适当地点设置弃土场，力求少占土地，及时复耕、复植。

③施工垃圾清运要符合当地主管部门的相关法规要求，并到相关部门办理《渣土消纳

许可证》，并按照规定的时间、路线和地点，消纳建筑垃圾、渣土，采取防止垃圾运输遗撒措施。

④各分部桥梁隧道施工过程中的泥浆及废弃物等，应在工程完工时及时清除干净，施工现场设置污水、泥浆沉淀和循环池。

⑤各分部开挖方工程的弃方场地，应采取以下水土保持措施：废方堆放点应统筹安排，堆放点应远离河道，尽量不要压盖植被，尽可能选择荒地；及时对弃方进行压实，并在表面进行植被覆盖，可以种植草皮，灌木或树木，既可防止水土流失，又能美化环境；尽可能将弃土方整平用作耕地。

（6）防止和减轻水、大气污染。

①施工废水、生活污水不得直接排入农田、耕地、灌溉渠和水库，不得排入饮用水源。

②施工区域，在施工期间和完工以后应妥善处理，以减少对河道、溪流的侵蚀，防止沉渣进入河道或溪流。

③冲洗集料或含有沉积物的操作用水，采取过滤、沉淀池处理或其他措施，使能做到达标排放。

④施工期间，施工物料如沥青、水泥、油料、化学品等应堆放管理严格，防止雨水将物料随雨水径流排入地表及附近水域造成污染。

⑤施工机械应防止漏油，禁止机械在运转中产生的油污水未经处理就直接排放，或维修施工机械时油污水直接排放。

⑥为减少施工作业产生的灰尘,应随时进行洒水或其他降尘措施,使不出现明显的扬尘。

⑦易于引起粉尘的细料或松散料应予遮盖或适当洒水润湿。运输时应用帆布、盖套及类似遮盖物覆盖。

⑧运转时有粉尘发生的施工场地，如水泥混凝土拌和机站（场）等均应有防尘设备。

⑨各分部的各种临时设备和场地，如堆料场、加工厂等距居民区不应小于 300 m，而且应设于居民区主要风向的下风处（视周边建设环境而定）。

⑩使用机械设备的工艺操作，要尽量减少噪声、废气等的污染；建筑施工场地的噪声应符合《建筑施工场界噪声限值》的规定，并应遵守当地有关部门对夜间施工的规定。

（7）运输车辆的清洗。

城市范围内、郊区、居民点或当地相关部门要求的施工建设工点，凡有土方作业的现场出入口处，均设置符合要求的冲洗车辆设施。

（8）保护绿色植被。

①各分部尽量保护红线用地与临时用地范围之外的现有绿色植被。若因修建临时工程破坏了现有的绿色植被，负责在拆除临时工程时予以恢复。

②各分部要保护红线两旁的古树名木和法定保护的树种，即使处在红线用地范围内，有可能时也要尽量设法保护。

③施工期间破坏植被的面积应严格控制，除了不可避免的工程占地、砍伐以外，不再发生其他形式的人为破坏。

（9）土地资源的保护。

各分部妥善处理废方、弃土，尽量避免破坏或掩埋林木、基本农田及其他工程设施。沿河弃土应避免淤塞河道、改变水流方向和抬高水位而淹没或冲毁农田、房屋。弃土场选建要满足国家和当地的法律、法规，严禁乱占、乱用，严禁未批乱砍林木。

（10）减少扰民噪声。

施工期间主要的噪声来源是施工机械等，采取的控制措施如下：

①各分部施工场地噪声按《建筑施工场界噪声限值》的要求进行控制。

②各分部采取措施保证在各施工阶段选用低噪声的机械设备和工法。各分部对主要噪声源（如发电机、装载机、卷扬机、钻孔桩机械、运输车辆等）采用有效的吸声、隔音材料做封闭隔声或隔声屏，使其对周边居民的干扰降至规定标准。

③各分部夜间施工经批准领取“夜间施工许可证”；各分部确定施工场地合理布局、优化作业方案，保证施工安排和场地布局，考虑减少施工对周围居民生活的影响，减小噪声强度和敏感点受噪声干扰的时间，建立必要的噪声控制设施，如隔声屏障等。

④各分部自备发电机时将作隔声处理，在有电力供应时不使用自备发电机。

（11）降低环境污染。

主要从以下 5 个方面控制环境污染：

①生态敏感区污染防治管理。

a. 严格控制施工作业带宽度，将施工场地、弃渣场、施工便道等临时工程布置在生态敏感区之外；跨河大桥不进行涉水作业；生态敏感区域隧道进口或出口采用单向掘进法，区外端出渣的施工方式。

b. 自然保护区内路基连续较长的路段，应为兽类、爬行类、两栖类等动物合理设置下穿式迁移通道；加强生态敏感区路段施工过程中的环境管理，严禁废水和固体废物排入生态敏感区；设置生态保护宣传牌及生态敏感区边界警示牌。

c. 及时做好生态敏感区路段的生态恢复，合理调整工程施工时段和方式，减小施工噪声对野生动物的影响。

②生态污染。

a. 施工期间生态污染主要是对地表、地貌植被的破坏、施工产生的建筑垃圾等。

b. 各分部在施工范围内严格按国家、国资委、股份公司、集团公司、项目部有关法规与规定执行。临时用地待施工结束后根据协议内容要求进行复耕、复绿；砍伐或迁移树木要报批，不得随意砍伐或迁移树木；古树名木按要求进行特殊保护。各分部在施工期间严禁猎捕野生动物，尽量避免夜间施工，并力求避免在晨昏和正午爆破施工。

c. 各分部对地上和地下的文物要防震、防毁和避让、不污染和破坏文物、不危及文物安全。发现地下文物，要保护好现场，及时向有关单位报告。

d. 严格履行各类用地手续，按划定的施工场地组织施工，不乱占地，不多占地。在相关文件中明确施工场地的恢复要求和具体的实施时间表，保证施工结束后及时撤场、尽快恢复。在施工场地围挡外不得堆放物料、废料。

③水污染。

施工期间的水污染主要是施工泥浆水、施工机械清洗用水（如拌和机清洗）、施工人员生活污水、雨季地表径流等，可采取的控制措施如下：

a. 各分部根据不同施工场地排水网的走向和过载能力，选择合适的排口位置和排放方式。

b. 各分部在工程开工前完成工地排水和废水处理设施的建设，并保证工地排水和废水处理设施在整个施工过程的有效性，做到现场无积水、排水不外溢、不堵塞、水质达标。各分部在环保措施中制定有效的雨季排水措施；在雨季临河岸及泄洪渠采取施工防洪抗汛应急措施，以防止出现洪涝灾害，产生环境污染源及传染病源等。

c. 泥浆水产生处设沉淀池，沉淀池的大小根据排水量和所需沉淀时间确定，并且施工现场配备有效的废浆处理设备。

d. 各分部根据施工实际，考虑本地降雨特征，制定雨季排水方案，避免废水无组织排放、外溢等造成污染事故的应急措施、方案，并在需要时实施。各分部施工现场设置料库，库房地面做防渗漏处理，储存、使用、保管专人负责，防止油料跑、冒、滴、漏污染土壤、水体。

④大气污染。

本项目对大气的主要污染源有机械挖运作业、燃油机械、炉灶等，可采取的控制措施如下：

a. 粉尘、扬尘的作业面和装卸、运输过程，制定操作规程和洒水降尘制度，在旱季和大风天气适当洒水，保持湿度。

b. 各分部严禁在施工现场焚烧任何含废弃物和会产生有毒有害气体、烟尘、臭气的物质，熔融沥青等有害物质要使用封闭和带有烟气处理装置的设备，水泥等易飞扬细颗粒散体物料必须安排在（罐内）库内存放，堆土场、散装物料露天堆放场要压实、覆盖。

c. 为防止运输车在运输过程中产生扬尘污染周边环境，要求所有运输车辆在运输过程中必须采取适当洒水或覆盖措施。

d. 拆除构筑物时要有防尘遮挡，并适量洒水消尘；使用清洁能源，炉灶符合烟尘排放规定。

e. 施工前做好施工便道的规划设置，临时施工道路基础要夯实、路面要硬化。

⑤固体废弃物污染。

本项目固体废弃物的主要来源是工程弃土、建筑废料和生活垃圾，会对周边环境卫生造成影响，必须采取的控制措施如下：

a. 各分部合理选定堆放场位置，对弃土进行洒水覆膜封闭，防止扬尘污染，堆土场周围加护墙和护板。

b. 各分部制定泥浆和废渣的处理、处置方案，按照法规要求选择有资质的运输单位，及时清运施工弃土和淤泥渣土，建立来往登记制度，防止中途倾倒事件发生并做到运输途中不洒落。

c. 选择对环境影响小的出土口、运输线路及运输时间。剩余料具、包装及时回收、清退，对可再利用的废弃物回收利用。各类垃圾及时清扫、清运，不随意倾倒，做到每班清扫、每日清运。

d. 施工现场内无废弃砂浆和混凝土，运输道路和操作面落地料及时清运，砂浆、混凝土倒运时应采取防洒落措施。

6）工作评定和考核

为进一步加强项目生态环境保护工作，确保项目施工生产过程中的污染物稳定达标排放，废弃物有组织计划管理，不发生媒体通报及环境污染事件，实现环境保护控制目标。根据《中华人民共和国环境保护法》，结合《中铁二十三局集团有限公司能源节约与生态环境保护监督管理办法》以及本项目实际特制定成绵苍巴高速公路环境保护考核细则（试行）。

为加强环水保考核的组织和领导，项目部成立了项目部环水保领导小组和考核工作组。

（1）环水保工作领导小组及职责。

项目部成立了以项目党工委书记、项目经理为组长，环水保分管领导为常务副组长，其他领导班子成员为副组长，各部门负责人为成员的环水保工作领导小组。其主要职责是：

①负责组织协调考核工作组对各分部环水保工作的考核。

②负责监督考核工作组对各分部环水保工作考核的实施。

③负责研究和决定考核工作组对各分部环水保工作考核的结果。

（2）环水保考核工作组。

项目部成立了以环水保工作分管领导为组长，安全总监、绵阳和广元片区指挥长、环水保办公室主任为副组长，各部门负责人及环水保办公室全体人员为成员的环水保考核工作组。其主要职责是：组织实施对各分部环水保工作的考核；对各分部的考核结果报经考核领导小组研究和决定；待考核领导小组研究和决定后，行文并通报最终考核结果。

（3）依据《中铁二十三局集团成绵苍巴高速公路项目生态环境保护监督管理细则》，按照“六个 100%”“六个必须”“六个不准”的要求对所属分部进行严格考核。

（4）各单位和参建员工有权对环水保违规、违章作业行为进行制止，及时处理、有效闭合在检查或巡查过程中发现的问题，遏制环水保违法、违规、违章事（故）件的发生。

（5）项目部本级、各分部及所有参建的施工人员都是环水保的责任人，都有在现场按章操作、监督和制止他人的环水保违规、违章行为的职责。

（6）考核评价。

环水保的日常工作由考核组按照规定检查内容进行不定期的检查，通报检查结论和经项目部领导小组研究决定的处罚结果。

每季度、年度末由考核组根据《中铁二十三局集团成绵苍巴高速公路项目经理部环境保护工作达标考核分值表》对所属分部进行全面考核评价并排出名次、形成考核结论报项目部领导小组研究后，兑现奖罚。

（7）奖励与处罚。

在日常检查过程中，凡有下列行为和事件发生时，给予罚款处理，由分部自行研究处理，罚款名单由分部留存备查。

①乱倒施工、生活垃圾，未按规定进行处理的，一经发现给予 5 000 元/（次、处）的罚款。

②未按要求设置污水沉淀池排放污水的，一经发现给予 10 000 元/处的罚款。

③对施工道路、现场未按要求洒水降尘的，一经发现给予 5 000 元/（次、处）的罚款。

④驻地、站场等未对雨水和污水进行有效分离的，一经发现给予 10 000 元/（次、处）的罚款。

⑤未对施工现场采取有效措施而造成土壤、水体污染，一经发现根据受污染程度给予 10 000 ~ 30 000 元/（次、处）的罚款。

⑥未按规定排放生产、生活污水的，一经发现给予 20 000 元/（次、处）的罚款。

⑦邻近居民区施工未采取降噪措施或未经相关部门批准进行施工的，一经发现给予 10 000 元/（次、处）的罚款。

⑧弃土（渣）场未按设计完成挡护工程，一经发现给予 20 000 元/处罚款。

⑨现场施工未对植被、自然资源、野生动物、文物、古树名树以及法定保护的树种采取保护措施，一经发现给予 20 000 元/（次、处）的罚款。

（8）定期对各分部进行检查，对有环境保护违规、违章行为的按以下标准进行处罚；由分部自行研究处理，罚款名单由分部留存备查。

①对未按“整改通知单”的期限整改到位的，给予 50 000 元/（项、次）的罚款。

②对造成环境轻度污染的给予 30 000 ~ 50 000 元/（项、次）的处罚，并全线通报批评。

③凡被政府环保部门因环保问题通报批评的，给予 100 000 ~ 200 000 元/（项、次）的处罚，在当季度的综合考评时扣 5 分。

④凡有被信访举报并查实或被环水保部门检查出违法、违规、违章行为，造成集团公司信誉受损，产生较大社会影响的，给予 150 000 ~ 300 000 元/（项、次）的处罚，并上报集团公司相关部门，同时在当季度综合考评时扣 10 分。

（9）项目部每季度由考核组按照《中铁二十三局集团成绵苍巴高速公路项目经理部环境保护工作达标考核分值表》的内容对各分部的环水保工作进行考核评价、排名，凡有 1 项违反第八条规定被处罚的分部不参加当季度的考评。

对季度考核评价得分在 85 分及以上的分部，分别给予 80 000 ~ 10 000 元的奖励。其中：分部经理和环水保分管领导各奖励 10%，20%用于奖励环水保工作人员，剩余 60%由分部自行研究分配，分配名单由分部留存备查。

对季度考核评价得分 80 分以下的分部，分别给予 30 000 ~ 10 000 元的罚款，其中：分部经理和环水保分管领导各罚款 5%，其余 90%的罚款由分部自行研究处理，罚款名单由分部留存备查。

（10）年度考核评价，由项目部考核组根据当年四个季度的考核评价得分进行综合考核评比，凡有 1 项违反第八条规定被处罚的分部不参加当年的考核评价。

对年度考核评价得分在 95 分及以上的分部给予 150 000 元奖励；90 分及以上的分部给予 100 000 元奖励；85 分及以上的分部给予 80 000 元的奖励。其中：分部经理和环水保分管领导各奖励 10%，20%用于奖励分部环水保工作人员，剩余 60%由分部自行研究分配，分配名单由分部留存备查。

对年度考核评价得分 85 分以下的分部，分别给予 50 000 ~ 20 000 元的罚款，其中：分部经理和环水保分管领导各罚款 5%，其余 90%罚款由分部自行研究处理，罚款名单由分部留存备查。

（11）所有奖罚均由项目部通过次月验工计价兑现，由项目部计划合同部和财务部落实。

7）环水保管理工作成效

通过全方位的措施管控，基本实现了节能环保管理目标，取得了一定的工作成效，呈现出了许多亮点，尤其是推广一体化污水处理设备、降碱设备和砂石分离机的成功应用，获得了股份公司及其他单位相关领导的认可和赞许。

（1）驻地与场站内设置一体化污水处理设备（图 2-5-8），利用微生物菌群将生活区污水中的氮、磷等有机物进行吸附和降解，达到净化指标。

（2）拌和站生产污水经降碱设备（图 2-5-9）处理后的水质达标（pH 值：6 ~ 9 的生产污水排放标准），重复利用，未排放。

（3）各拌和站增设砂石分离机（图 2-5-10）对混凝土搅拌及运输设备清洗的废料（水、砂、石、泥）进行有效分离（分离出的碎石表面光洁，砂子含灰≤1%，含水≤3% ~ 5%），经分离后的碎石、砂子、水可以回收再利用，污水达到零的排放，环保效益显著。

图 2-5-8　一体化污水处理设备

图 2-5-9　降碱设备

图 2-5-10　砂石分离机

（4）拌和站生产污水和雨水实行了有效分离（图 2-5-11），严禁雨污混排；驻地和场站生活污水和雨水实行了有效分离（图 2-5-12），严禁雨污混排。

图 2-5-11　生产污水与雨水分离

图 2-5-12　生活污水与雨水分离

（5）拌和站出口、料仓内、进料口分别设置洒水车、冲洗设施（图 2-5-13）、雾炮设施（图 2-5-14）、喷淋设施（图 2-5-15）、洒水车（图 2-5-16）等降尘设施，有效控制了扬尘。

图 2-5-13　冲洗设施

图 2-5-14　雾炮设施

图 2-5-15　喷淋设施

图 2-5-16　洒水车

（6）各驻地及场站生活污水、垃圾、危险废物等，均与有资质的单位签订协议并定期清运处置，做好相关台账及影像收集。

（7）施工区域涉及主要道路口严格按照环保相关要求设置围挡和喷淋（图 2-5-17）。

图 2-5-17　围挡和喷淋

（8）弃土场严格按照“先挡后弃”原则完善了挡护设施（图 2-5-18）、排水设施并及时完成渣体分级削坡（图 2-5-19）；及时覆盖施工现场堆放的不扰动裸土；及时复绿已成形路基边坡，有效控制了水土流失。

图 2-5-18　弃土场挡墙

图 2-5-19　渣体分级削坡

（9）设置扬尘、噪声监测设施（图 2-5-20）对各场站和施工现场进行监测，有效控制了扬尘、噪声污染。

图 2-5-20　扬尘、噪声监测设施

（10）积极开展低碳环保、节能减排等学习（图 2-5-21）、宣传活动（图 2-5-22），增强项目全体员工节能环保意识；编制《环水保工作手册》以加强项目环水保宣传学习和指导，并组织开展了环水保知识竞赛活动，形成了“人人参与环保，人人管理环保”良好氛围。

图 2-5-21　开展低碳环保及节能减排学习

图 2-5-22　开展低碳环保及节能减排宣传

5.2.10　文明施工控制措施策划

1. 组织机构

（1）各分部成立以分部经理为组长的文明施工领导小组。对施工现场的文明施工进行监督、指导、检查。

（2）分部所属各工区成立以工区负责人为组长的施工现场文明施工小组，负责各施工区域内施工现场的文明施工管理工作，并结合实际情况制定文明施工管理细则。在施工过程中协调好与当地居民、当地政府的关系，共建文明施工窗口。

（3）加强对施工人员的文明施工宣传，加强教育，统一思想，使广大干部职工认识到文明施工是企业的形象，是队伍素质的反映，是安全生产的保证。增强现场管理和全体人员文明施工的自觉性。

（4）健全各项文明施工的管理制度，如岗位责任制、经理负责制、奖罚制度、会议制度、专业管理制度、检查制度和资料管理制度。

（5）明确各级领导及有关职能部门和个人文明施工的责任和义务，从思想上、行动上、管理上、计划上和技术上重视起来，切实提高现场文明施工的质量和水平。

（6）在开工前，全体施工人员认真学习文明公约，遵守公约的各项规定。

（7）在现场施工过程中，施工人员的生产管理符合施工技术规范和施工程序要求，不违章指挥、不蛮干。对不服从统一指挥和管理的行为，按条例严格执行处罚。

（8）对施工现场不断进行整理、整顿、清扫、清洁，有效地实现文明施工。

（9）按照工程特点，加强现场施工的综合管理，减少现场施工对周围环境的干扰和影响。

（10）加强检查监督，从严要求，持之以恒，使文明施工现场管理真正抓出效果。项目经理组织对文明施工现场实行定期和不定期检查。

（11）合理布置场地。各项临时施工设施必须符合标准要求，做到场地清洁、道路平顺、排水通畅、标志醒目、生产环境达到标准要求。

2. 现场管理措施

施工现场挂牌施工，内容包括现场施工总平面图、总平面管理、安全生产、文明施工、环境保护、质量控制、材料管理等的规章制度和主要参建单位名称和工程概况等说明；同时还要有文明施工管理牌、组织网络牌、安全纪律牌、防火须知牌。工程概况牌设置在工地围挡的醒目位置上，载明项目名称规模、开竣工日期、施工许可证、建设单位、设计单位、施工单位及质量、安全监督单位和联系电话，自觉接受社会监督。

（1）加强施工现场管理，严格按照有关部门审定批准的平面布置图进行场地建设。临时建筑物、构筑物要求稳固、安全、整洁、并满足消防要求。按设计架设用电线路，严禁任意拉线接电，严禁使用电炉和明火烧煮食物。施工场内的所有物品严格按施工现场平面布置图定位放置，做到图物相吻合。同时根据工程进展，适时地对施工现场进行整理和整顿。

（2）加强职工政治思想教育，严格劳动纪律，遵守操作规程。通过教育和实践锻炼一支政治觉悟过硬、思想道德过硬、遵章守纪的技术过硬的施工队伍。针对施工不同阶段、施工部位对职工进行教育，提高职工素质和文明施工的自觉性，增强职工以工地为家的主人翁意识。

（3）施工现场维护。

①建立文明施工责任区，划分区域，明确管理人，实行挂牌制，做到现场清洁整齐。食堂卫生要符合卫生标准。

②施工现场场地平整，道路坚实畅通，设置相应的安全防护设施和安全标志，周边设排水设施，人行通道的路径避开作业区，设置防护，保证行人安全；基础、管道等施工完后及时回填平整，清除积土。

③施工现场临时水电派专人管理，不得有长流水、长明灯。

④施工现场的临时设施，包括生产、办公、生活用房、仓库、料场以及照明、动力线路等，严格按施工组织设计确定的位置布置、搭设或埋设整齐。

⑤施工操作地点和周围保持清洁整齐，做到活完脚下清，工完场地清，抛洒的砂浆混凝土及时清除。

⑥针对施工现场情况设置宣传标语和黑板报，并适时更换内容，切实起到表扬先进、促进后进的作用。

⑦施工现场严禁乱堆垃圾及杂物。在适当的地点设置临时堆放点，并定期外运。并且采取遮盖防漏措施，运送途中不得遗撒。

（4）现场物资管理。

①现场物资材料供应按计划进场，既保证施工生产使用又避免因进料过多而造成无处堆放。

②对进入现场的物资材料应分类堆放整齐有序，部分采取搭盖顶棚或覆盖。

③砂浆、混凝土在使用过程中，做到不洒、不漏、不剩。

④对成品进行严格的保护措施，严禁污染损坏成品。

⑤工程材料、制品构件分门别类、有条理地堆放整齐。机具设备定机、定人保养，并保持运行正常，机容整洁。同时在施工中严格按照审定的施工组织设计实施各道工序，做到工完料清，场地上无淤泥积水，施工道路平整畅通，以实现文明施工。

（5）现场机械管理。

①现场使用的机械设备，按平面布置规划固定定点存放，遵守机械安全规程，经常保持机身及周围环境的清洁；机械的标记、编号明显，安全装置可靠。及时调整设备、机具和材料的位置，保证摆放整齐，保证工作面宽敞，提供良好的工作环境。施工现场坚持工完料清，垃圾杂物集中堆放，及时处理。

②清洗机械排出的污水设有排放措施，必须严格按照当地环保规定和招标、设计文件要求经处理达标后排放，不得随地流淌。

③现场不使用砂浆拌和机，不堆放水泥、黄沙、石膏。

④确保装运建筑材料、土石方、建筑垃圾等的车辆采取封闭运输，在行驶途中不污染道路和环境。

（6）现场安全、保卫、卫生。

①建立健全安全保卫制度，落实治安、防火工作。

②施工人员统一佩戴工作卡，做到持证上岗。

③进入施工现场的人员一律戴安全帽，遵守现场的各项规章制度。

④经常对工人进行法纪和文明教育，严禁在施工现场打架斗殴及进行黄、赌、毒等非法活动。

⑤生活区内根据人员情况，设置厕所及淋浴室。并派人专门负责清洗，保证无异味，无臭味。

⑥项目经理部设卫生所，负责工地员工的医疗保健，做好防病治病，开展医疗卫生宣传。

（7）其他要求。

①现场施工人员统一着装。弃渣不得随意弃置，并运至规定的弃渣场。外运和内运土方时不准超高，并采取遮盖围护措施，防止泥土沿途遗漏污染道路。施工场地外洒落的渣土派人及时清扫干净并进行冲刷，以避免尘土飞扬。运输车辆在出场前必须对轮胎进行冲洗，防止轮胎上的泥土污染路面。

②加强内业资料的管理。在工程施工中，文明施工的主要内容之一是内业资料的管理，各种资料做到分类合理、齐全，字迹端正，内容翔实，手续完整，存放有条有理。

③加强施工现场的检查与监督，从严要求，持之以恒，实现文明施工管理，真正抓出成效。同时经常征求建设单位和施工监理对文明施工的意见，及时采取整改措施，切实搞好文明施工，争创“安全文明施工样板工地”。

5.2.11　成本效益及二次经营策划

1. 成本效益策划

通过对成绵苍巴高速公路工程成本及效益的对比分析，为了达到22%以上的效益点，需要在初步设计阶段、施工图设计阶段、施工阶段和收尾阶段，做好设计优化、方案优化、施工组织、施工优化、变更索赔等工作，在节约成本、缩短工期、增加收益等方面充分考虑，重点做好了以下工作：

（1）制定下发全线统一的劳务指导价。依据西南片区正在承建的高速公路项目劳务单价（渝黔、合安、蒲都、机场延线、恩阳等项目）制定成绵苍巴高速公路项目劳务指导价，并于2019年11月26、27日召集各子公司分管责任成本的副总经理、经管部长与会讨论，并邀请集团公司原经管部相关人员参加，形成一致意见后，经项目班子会通过后并上报集团公司战备部许可后下发执行。

（2）制定下发成绵苍巴项目责任成本管理实施细则。在集团公司《中铁二十三局集团有限公司责任成本管理办法》（中铁二十三局经管〔2016〕142号）的基础上进行细化（主要在工程数量的控制、物资消耗量的控制、劳务单价的控制、临建成本的控制、计价结算的控制等），编制《中铁二十三局集团成绵苍巴高速公路项目责任成本管理实施细则》，并广泛征求各子公司的意见，经项目班子会通过后下发执行。

（3）统一全线的计划合同业务。通过对全线的劳务合同、计价报表、计量台账、责任成本报表、经济活动分析等业务的统一。一是便于了解和掌握各分部的经济活动情况；二是有利于横向进行指标对比，找差距；三是通过业务交流及对比，培养一批成本管理方面的年轻骨干。

（4）积极同中国铁建昆仑投资集团有限公司路桥公司、总包部开展对接工作，及时掌握本项目的概算、施工图预算的进展情况，以便及时跟进并参与；同时，督促路桥公司、总包部抓紧合同谈判，为项目的各项工作开展奠定良好的基础。

（5）抓紧进行绵阳、广元两市在公路造价方面的补充性文件以及材料信息价的收集工作。

（6）参与总包部组织的初步设计概算修编，对概算文件中不合理部分进行汇总修正，以利于下一步施工图预算工作的开展。

2. 二次经营策划

为了确保企业的利润源头，做好项目整个过程的“三阶段经营”显得非常重要。三阶段经营分为概预算或投标中的管理（第一阶段经营）、施工中的管理（第二阶段经营）、变更索赔（第三阶段经营）。

1）成立项目经营策划领导小组

为提高项目经营管理实效，发挥项目部全体员工的积极性，明确项目经营管理相关人员任务分工，特成立项目部经营管理领导小组：组长（项目经理、项目书记）；副组长（项目总工、成本分管副经理）；成员（各部门部长）。

项目部总工程师为设计经营策划责任人，计划部为经营创效工作的总牵头部门，施工技术部（工程部）为经营策划的主要责任部门。

2）项目三阶段经营的主要原则

（1）临时工程考虑充分：充分合理预估沿线需要增设的拌和站、梁场、钢筋场、临时电力、炸药库、便道、栈桥等临时工程数量，与设计院沟通，并及时列入施工图预算。

（2）措施费用项列足：充分估足便道栈桥、围堰、桩基、围岩支护、爆破、边坡支挡防护等方面的安全文明环境保护措施费用项，留足优化空间，往利润点高的项目考虑，列入施工图预算。

（3）工程数量做到全面、系统：重点是列足利润点高的工程数量。对亏损、利润低有风险的项目，提高措施或变更为利润点高风险低的项目，留足优化空间。

（4）找准有利突破口：重点是管段内的个性问题、新增工程、不能出现清单漏项等，本项目管段线路旁有天然气井，考虑作为一项突破口。

（5）建立施工图与投标清单量差预警机制：认真清理和准确计算施工图工程量，建立施工图工程量与清单工程量对比表，及时找出清单漏项或工程数量不足项目，及时反馈设计和建设单位。

（6）实行项目经理负责制。

①项目经理为本项目项目经营效益规划工作的第一责任人，项目总工程师、成本副经理为项目经营效益规划工作的第二责任人。

②在实施项目各阶段经营创效过程中，涉及数量的签认资料应由项目总工程师牵头，技术部门负责完成。涉及费用的资料由成本副经理牵头，计划、工程、物资、安环等相关部门配合完成。

③按项目职责分工事宜由其他部门签证的资料，项目经理应指定其他部门完成签证。所有签证完成的资料应全部及时移交计划部门处理，相关部门留存备案。

3）项目三阶段经营的总体思路

出蓝图前做好前期现场勘查、准备技术方案、项目规划和策划等；出施工图后认真研究学习图纸、梳理工程量、现场勘查、优化方案、测量控制等。本项目三阶段经营的总体思路有以下几点：

（1）出蓝图前。

①做好前期现场勘查，准备施工技术方案、比选优化技术方案，准备切实可行的实施性施工组织。

②要紧紧抓住大临建设、临电策划、施工措施费、安全文明环境保护措施等方面，创造有利的量差，要以工程量形式足额列入施工图。减少或取消潜在亏损项目工程量，增加预期利润好的项目工程量，在合理、适用、安全、质量的前提下考虑充分。

③全面研究招标文件、特许经营权协议，了解相关变更索赔、材料调差、地材开采、地材优惠、征地拆迁等具体情况，为项目经营创效提供参考。对接业主、局指、设计院，配合做好项目前期概预算工作。

（2）出蓝图阶段。

①全面研究合同：组织全员共同研究合同，把合同关键内容、专用条款、计量规则、清单单价及所含内容、验工计价、技术标准、变更索赔等了解清楚，分析透彻。从合同中找出关键控制点、创效点，指导项目经营创效。

②学习和梳理施工图：组织技术人员对施工图纸进行仔细审核，详细计算各项工程量，与工程量清单、施工图工程数量表进行对比，对“差、错、漏、碰”进行学习比对，对发现的问题及时联系业主、设计、监理单位，能更正入图的尽快完善相关手续，以便降低成本、

指导施工、加快对上计量。

③分析工程量清单单价：可做负变更减少亏损项目的工程量以加快工期和减少亏损，可将单价亏损项目变更为有利润的工程项目，增加有利润空间的工程项目数量。

a. 在防护工程方面的思路，由于当地地材价格高，考虑减少高边坡防护工程。

b. 在桩基施工方面的思路，考虑中风化砂岩和泥岩地质、地形水文、施工安全、环境保护、施工进度方面，拟主要采用旋挖钻机施工，坡体部分难以实现旋挖钻成桩时拟采用人工挖孔施工（旱桩）。

④加大盈利项目数量：把利润低的工程项目变更为利润高的工程项目，比如把软基处理中的换填砂砾石变更为利润空间大的碎石桩。

⑤增加弃方量、增加运距：力争在设计上。增加洞渣弃方工程量，减少洞渣利用填方量，改变弃土场位置，增加运距。

a. 通过试验检测、地质勘探报告、施工规范标准等，配合证明需减少洞渣利用方以增加弃方数量。

b. 通过对线路调查、与地方协调、场地条件要求等情况明确需调整弃土场位置，增加运距。

⑥充分分析和了解现场实际情况：做出本项目管段整体交通（便道、便涵、便桥、栈桥等）规划。因广元市属丘陵地带，雨水充沛，有滑坡带、黏性土质，施工便道质量要求较高，因此侧重增加便道的长度和提高便道质量，为雨季、冬季期间现场施工提供通道保障，收集相关资料，充分估足大、小临及措施费用。

⑦利用现有道路、管线迁改等措施费预估足：充分考虑进场道路（县、镇、乡、村道路）利用和拓宽，估足道路的改建和补偿费。沿线水、电、通信、输油管、天然气管线迁改等相关措施费用，积极与局指、设计、业主沟通。

⑧做好桥梁优化：在桥梁方面，多增加措施费和防护费。对水中墩采用钢板桩、灌桩围护措施，对桩基采用旋挖钻成孔的，列足措施费和防护费。在桥梁钻渣、泥浆外运费用方面考虑充分，列入综合单价。项目穿过村庄、乡镇较多，在安全防护、声屏障设计方面综合考虑，增加设置利润空间大的措施，入施工图。

⑨增加环保、安全防护、防排水工程量：通过现场调查，针对本项目位于自然保护区，在安全防护措施、防排水措施、水土保持措施方面多下功夫，考虑充足的费用。

⑩材料价差的调整：仔细研读业主合同材料调差条款，根据材料调差模式，每季度由工程部统计季度完成工程数量、应耗材料数量，由物资部收集材料采购实际单价，计划部根据材料调差条款约定计算材料价差，及时找监理、设计及建设单位确认并完善相关资料。

4）项目三阶段经营主要内容

（1）第一阶段经营。

第一阶段经营就是要在源头创效，要提前介入，深入沟通，不仅为避免设计概算漏项，还要考虑充分、充足。

①在安全防护、文明施工、环境保护、大临设施、用水用电、排水排污、雨期施工措施方面考虑充足。

②做好临建（便道、便桥、栈桥、临电、梁场、钢筋场、便涵等）规划，列出明细、数量、规格情况，纳入图纸；桩基、围堰、隧道洞口开挖方式、隧道围岩支护措施、防排水等措施费用列足，留足后期正式施工时的优化空间，能入图部分一定入图、能留足空间的措施一定考虑全面。

（2）第二阶段经营（施工中的管理）。

第二阶段经营重在过程控制创效，过程控制是施工企业创效最关键、最核心的内容，而方案优化在施工过程控制方面，尤其在项目减亏增盈方面发挥着无可替代的作用。施工过程中方案的优化带来的是效益，因此强有力地执行施工方案、技术措施是保障效益的根本。

①贯彻落实精细化管理，高度重视施工方案的优化。

制定切实符合现场实际的实施性的施工组织设计。一个项目的最终经营成果与施工方案的选择有着密不可分的关系，因此应该高度重视施工方案的优化，牢固树立“方案决定成本”的意识。

a. 考虑西河大桥连续梁段的水中主墩施工采用栈桥方案，但在实际施工中采用普通填土筑岛围堰的方案组织施工。

b. 优化桥梁钻孔桩基施工方案。其中：旋挖钻成孔，施工进度快，节约了工程成本；山坡旱桩考虑人工挖孔，施工成本低，但要注意避开雨期、汛期，注意施工安全防护措施；冲击钻成孔占地面积大，制备泥浆容易污染环境，后期还需要处理泥浆，成本偏高。

c. 优化隧道掘进围岩支护措施，如在施工图设计阶段考虑采用中隔壁（CD）法、交叉中隔壁（CRD）法，实际施工过程中根据围岩等级优化，考虑优化方案为环形开挖留核心土法。

②积极进行管理和技术创新，向技术管理要效益。

a. 在桥梁桩基施工中，在施工完第一循环后，项目部应及时掌握扩孔率、混凝土超耗率，分析原因、研究出控制扩孔率、桩头高度、混凝土超耗率的具体措施，并严格执行，有效减少混凝土的浪费，节约成本。

b. 在隧道开挖掘进过程中，分析隧道超欠挖情况原因，研究具体控制超欠挖措施，严格执行，减少混凝土的浪费，节约成本。

③加强物资管理。

a. 完善制度，加强管理：制定完善的物资管理办法，强化物资管控，如物资招标管理办法、限额领料管理办法、物资节超分析管理办法、拌和站收料管理办法等。

b. 物资材料的价格控制：大宗材料根据集团公司、公司要求进行招标选用制度，项目自购材料采用“货比三家”、择优选用的原则。及时签订合同，锁定合同单价。

c. 严格控制材料的质量和数量：严格执行进场材料验收入库制度，杜绝不合格品、残次品、数量不足等情况发生，避免不合格品退场及耽误工期造成的损失，避免验收不到位导致的数量不足造成的损失。严格执行限额领料、材料专用，领料必须专人负责，完善签字手续，明确用途，掌握物料的去向。

d. 加强现场物资管理，每月盘点现场物资情况，及时回收或调拨物资材料，杜绝队伍多占物资材料、停工待料、浪费物资材料等情况发生。

e. 供应保障方面积极关注材料价格波动情况，掌握材料供应情况。物料紧缺时提前采取备料、备选供应单位、应急采购等措施，减少材料供应、涨价对成本的影响等。

④加强劳务管理。

a. 完善管理制度，严格劳务队伍引入制度：优选专业、施工能力强、有垫资能力、信誉好的劳务队伍，严格按优选、精选原则。杜绝不专业、信誉差、转包提成、施工能力差的队伍进场施工。

b. 明确单价和工作内容，严格合同管理：拟定完善的劳务合同，杜绝开口合同，明确单价、工作内容、计量规则、责任和义务；执行先签合同后进场、先交履约保证金后验工计价原则。

c. 严控工程数量、计价流程：认真复核队伍实际完成设计范围内合格工程数量，严禁超设计、超清单计量，严禁将工程“虚量”计给队伍；严格按公司要求执行验工、计价、开票据、付款流程。

d. 加强劳务队伍现场管控：加强现场安全、质量、环保、工效、物资材料损耗、机械使用管理，杜绝效益流失。严格把控施工质量，监控队伍施工工效，对不服从管理、工效差的队伍及时采取措施。

e. 加强队伍领用物资材料管理，杜绝浪费材料：一方面精选钢筋加工场，在合理情况下少设置钢筋场，提高钢筋底料的利用、方便废料的管理；另一方面严格限额领料，根据现场实际情况领取物资材料，杜绝浪费，对超耗部分在计价中坚决扣除。

f. 严格现场计日工（零星用工、零星机械台班）数量：合同约定劳务队伍负责工序所有工作内容，可以说是不应该有计日工，特殊情况确需发生的，要做到及时、数量准确、原因清楚、签字完善。

⑤加强机械管理。

a. 自有设备要做好设备的维护保养，租赁设备的规格型号须满足现场施工要求，提高机械设备使用率。

b. 建立设备租赁台账、使用台账、油耗台账，加强施工过程管控，及时清退不服从管理、效率低的设备。

c. 根据现场实际情况及时增加或减少租赁设备，减少因设备配置不合理导致的效益流失。

⑥周转材料管控。

a. 完善周转材料管理台账，跟踪周转材料出库领用、使用、周转、损耗、回收入库、调拨、处理情况，加强周转材料管控。

b. 加强现场监管，满足现场流水作业同时提高周转材料利用率。杜绝现场闲置或队伍多占资源情况。

⑦杜绝安全事故、加强质量管理。

一方面杜绝安全事故，本项目存在桩基、高墩、爆破、高边坡、深基坑、瓦斯、电力、交通等危险源，施工过程中紧抓安全管理，杜绝事故和损失；另一方面紧盯质量管理，确保工程项目施工质量合格、达标，避免返工造成的工料机浪费，如杜绝发生断桩、混凝土跑模、强度不足、预埋件位置错误、前道工序不管后道工序、标高控制不到位等情况引起的整改或返工。据统计，返工的成本约增加 3 倍，而且损失了工期，最关键的是影响企业的形象和信誉。

⑧做好实施性施工组织设计，避免突击赶工。

编制科学合理的实施性的施工组织设计，合理地安排好施工方法和施工所需要的工、料、机消耗量和临时工程计划。根据工程实际情况及时调整施工组织设计，做到均衡组织生产，杜绝施工出现窝工、赶工等浪费现象。当发生某些工序资源配置确实不足时，千万不能只考虑增强队伍配置而不考虑合同约定。一定要快速谋划，否则将会导致成本成倍增加（工料机浪费），质量难以管控，工期损失，关键是影响企业的形象和信誉。

⑨强化责任成本管理。

a. 建立项目成本管理组织机构，制定项目成本管理体系，提高项目成本管理意识。建立健全成本核算、监督、考核等成本管理体系，制定切实可行的项目成本管理责任制，明确各部门、个人的职责范围，提高全员成本意识，使人人具有控制成本增长，促进成本降低的经济观念和效益观念。

b. 落实责任成本，搞好施工前的成本预测，建立健全项目责任成本核算机制，是实施成本控制的中心环节，是项目成本管理的基础工作。为保证项目成本真实准确，保证项目责任人的利益，必须正确合理地界定项目的责任成本范围，项目部的责任成本=人工费+材料费+机械使用费+其他直接费+间接费。把可控制成本作为项目部的责任成本，实行“以收定支”的原则。项目部再将责任成本二次分解到各部门及各相关人员，真正做到人人有成本、人人有责任，人人有压力，实现成本管理的有效化。

c. 工程项目成本预测是成本计划的先导、是成本控制的目标、是成本核算的参照、是成本考核的依据、是成本分析的基础、是成本管理工作的第一步。搞好项目成本预测需要大量的基础数据。为做好这项工作，需要项目各部门密切配合为成本测算提供资料，保证项目成本管理工作的有效实施。

d. 加强对工程项目施工过程中的成本控制。由于影响项目成本的因素很多，应针对不同，采取不同的控制方法。项目成本的管控应从组织机构、技术方案、经济措施、合同管理等方面着手。

e. 规范项目成本核算办法。为保证工程项目的盈余空间，项目从一开始，成本管理就必须做到事前预测和事中控制，不能“只管干，不管算”。在成本预测的基础上严格过程管控，必须切实执行项目各项管理制度规定，夯实成本管控基础，要划清成本费用支出与非成本费用支出的界限，还要严格遵守成本开支范围，划清工程项目成本和期间费用的界限，划清本期工程成本与下期工程成本的界限，划清未完工程成本与已完工程成本的界限。

f. 加强工程项目成本分析与考核工作。项目部应按月及时召开经济活动分析会，分析成本升降的原因，并制定相应对策。搞好成本考核应从以下方面进行：完善考核制度，制定成本考核办法，统一考核标准；理顺考核程序，建立由生产、技术、核算、材料、劳资、财务等相关部门参加的成本考核领导小组；规范考核办法，采取分月、分工程部位的考核办法，应与事前预测、事中控制结合起来进行考核，考核结果要建立考核档案，完善相关的激励约束机制。

项目成本管理具有综合性，在项目成本管理预测、计划、控制、核算、分析和考核这六大环节中，只有依靠各部门配合协作，才能取得良好的效果。

（3）第三阶段经营（变更索赔）。

第三阶段经营（变更索赔）是贯穿于工程施工中与施工后的一个长期的过程，从开工的第一天起，就要积极收集资料、做好各方工作，争取监理签认，争取设计变更、争取业主认可，力争变更成功。项目部要及时收集有关工程中出现的需要索赔的资料，研读合同、了解有关的法律法规，对提出的索赔项目做到有理、有据、客观、合法、合理地反映索赔事件，其证据具有真实性、全面性、及时性和法律证明效力，做好与监理、设计、业主等各方的沟通工作，为能成功地变更索赔打下基础。

变更索赔要定目标、定责任人、定工作推进计划。要明确工作目标，理清工作思路，落实好责任人，在有效的时间内扎实有序的开展工作，决不能盲目地、无头绪地进行。

变更索赔要确定好方向，主要减少亏损项目工程数量、增加盈利项目数量、优化工序工期。要与地方关系深化沟通、联合，争取有利的变更。

凡事预则立不预则废，项目的经营创效需要提前谋划，做好事前预控和事中控制，发挥项目全员的积极能动性，努力做好“第一、二、三阶段”经营，才能取得经济效益的更大化，才能夯实经营管理的基础。

5.2.12　项目资金管理、财务管理与税务策划

1. 项目资金管理

项目资金管理是企业内部财务制度的核心内容，其目的是在保证资金安全完整的情况下，既要满足项目施工过程中对资金的需求，又要尽可能提高资金的使用效益。

项目需严格执行集团公司（分公司）资金管理办法，依据资金管理的规定，在确保方便、快捷办理银行结算业务和保证资金安全的前提下，选择在中国铁建财务公司开设银行结算账户，账户实行资金集中、统一管理。根据合同约定，按期或按照工程进度，根据业主拨款比例和资金到位情况，结合工程的实际需要，统筹安排资金、合理使用。

1）银行账户管理

项目各核算单位结算账户应首选在中国铁建财务公司开设银行结算账户（民工工资专用账户除外）。全部纳入账户管理系统及核算系统统一管理核算，严格按中国人民银行规定的用途使用银行账户。项目主体完工须尽快办理销户，转入完工项目管理。

2）资金计划管理

根据施工进度及合同约定收款比例，每月编制“资金使用计划”报上级公司审批，按照批准的额度将工程款对下支付使用。拨付资金时，需严格履行审批程序，把好资金付款控制关，防止超付、错付及付款比例差距过大等现象发生，杜绝资金、效益流失风险。按照集团公司（分公司）下达的年度、季度上缴计划，根据业主资金到位情况及现场资金需求情况，合理安排、及时上缴。

3）支付管理

项目所有支出均须附件齐全、合规，按系统流程完成审批，由共享服务中心制单，项目部审核支付。原则上不允许使用现金，特殊情况需要使用现金的，应报集团公司审批后使用。网上银行开通后，将网银制单盾及支付密码器上交财务共享中心管理，加强内部控制，规范业务流程。实行印鉴与票据分管制度，银行印鉴必须分人保管。原则上取消职工备用金借款。更换财务人员时，必须办理移交手续。

4）工程款回收

按照合同规定，在确保工程技术、计划部门按照实际完成的工程量及时上报、办理验工计价报批手续的前提下，及时取得业主（建设单位）计价资料的批复手续，及时组织工程款回笼，确保资金按照合同规定的付款比例及时到位，防止因资金拨付不及时，影响工程进度、造成工期拖延、增加费用、效益流失现象发生。

5）资金风险管控

针对业主资金拨付不及时、融资出现问题、资金链断裂等原因，造成项目资金短缺无法正常施工的风险，需加强与业主方的信息沟通与协调，确保工程款及时拨付。在业主出现融资问题或者资金链断裂的迹象时，项目应根据问题的原因、可能的后果及时预测对项目施工

的影响，适时启用备用方案，比如临时使用部分票据用于支付欠款。在签订材料供应合同、劳务分包合同、租赁合同等合同时，在不增加项目成本费用的前提下，将票据支付方式纳入合同条款（票据不限于铁建银信、承兑汇票）。

资金审批流程等内控制度执行不到位或者存在漏洞，造成项目资金损失的风险。项目各核算单位需严格执行集团公司内控管控流程，把完善的内部控制制度和有效的约束制约机制落实到日常工作和经济事项的处理过程中。完善内部财务会计控制制度，健全内部监督制约机制，规范经营管理行为和财务会计行为，杜绝和防止舞弊现象的发生，维护企业资产的安全完整。加强流程审核，规避资金使用风险。

2. 项目管理模式与计税方式

1）项目管理模式

本项目为中国铁建昆仑投资集团投资，中铁二十三局集团承建的高速公路项目，共设三个总包部，四个标段，将施工任务分配给各分公司，下设 17 个土建分部，2 个路面分部、1 个机电分部、1 个交安分部、1 个房建分部，与各分公司签订内部分包协议。

2）项目计税方法选择

项目于 2019 年 10 月由中铁二十三局集团有限公司中标，计税方式为一般计税方式，适用税率 9%。如涉及物资材料销售，适用税率 13%。

3. 会计核算与财务管理

1）财务制度建设

项目应以《中华人民共和国会计法》为基础，结合财务共享中心、业务 EIM 系统等信息化进程，根据集团公司《工程项目财务管理办法》等相关制度建立健全项目财务管理规定。项目各核算单位应在集团公司、分公司制度框架内制定项目财务管理办法，管理办法内容至少应包含会计机构及人员管理、资金管理、经费报销管理、债权债务管理、税务管理、经费预算管理、财务报告管理、会计档案管理等。按时完成财务部门和岗位职责制定及上墙工作。

2）会计核算

项目各核算单位按《中国铁道建筑有限公司会计核算办法》《23 局 FSSC 业务指导书》申请开设久其财务系统账套，纳入共享平台进行会计核算。久其财务系统核算业务必须与 EIM 系统业务全面对接，EIM 系统管控单据由 EIM 系统直接推送久其财务系统，确保业财一体化工作全面推行，业财数据定期核对相符。

项目财务部应认真贯彻执行国家的会计法规及相关政策，不断学习，做好项目相关政策、制度的宣贯工作。项目财务部负责原始凭证的审核报销，保证原始凭证的真实性、合法性；做好项目银行账务处理，做到真实、准确、及时，账账相符、账款相符，及时编制提交银行余额调节表；做好本项目的成本核算，保证核算的真实合理。项目财务部要建立定期对账制度，做好债权债务的核对工作，进行账证核对、账实核对、账账核对，严格执行久其关账制度，根据各上级单位的账务处理时间节点要求完成项目的基本工作、久其财务系统日常岗位工作。

3）报表编制及财务分析

项目各核算单位应根据集团公司（分公司）相关规定及通知，按照时间节点完成各类报表上报工作，并确保报表数据准确完整。原则上，月报上报时间为月末最后一天，季度、年度上报时间为季度末或年度末 4 d 前，具体上报时间以法人单位决算通知为准。

各单位要充分发挥决算功能支撑作用，认真做好财务分析工作，及时上报主要指标变动分析、年度经济运行分析等报告，更好地为企业经营提供多角度、全方位的决策支持。财务分析不能“简单罗列、就数比数”，要求言简意赅、直面问题、剖析到位。项目各类基础台账建立、报表编制、财务分析制度，应与项目定期经济活动分析结合，真实反映项目施工生产实际、盈亏水平。

4. 税务筹划与核算

1）财税运作方式

本项目计税方式为一般计税方式，适用税率 9%。如涉及物资材料销售，适用税率 13%。应按照所在地税务机关要求办理税务登记、申报纳税等事宜。结合全线路所经地域，合理开展税收筹划工作，重点关注城建税税率、耕地占用税等税费。

2）项目税务备案登记与纳税管理

（1）跨区域涉税事项报告。

及时申请办理，按期报验。如项目部跨几个地区的，可向所在地上一级税务机关申请，经其同意并指定一个地区统一报验，如不能统一报验的，须分地区开具报告。有效期届满前 10 个工作日内，申请办理核销或延期手续。项目在所在地直接办理延期的，需向上级法人单位进行备案。经营活动结束，填报《经营地涉税事项反馈》，结清经营地应纳税款以及其他涉税事项，上级法人办理核销登记。严禁项目超期核销、就地延期不报备等违反跨区域涉税管理规定影响法人单位税收信用评级。

（2）预缴增值税。

以当期发生纳税义务的全部价款和价外费用扣除支付的分包款后的余额，按照 2%的预征率计算应预缴税款，在项目所在地主管国税机关进行预缴：应预缴税额=（全部价款和价外费用-支付的分包款）÷（1+9%）×2%（注意：纳税人提供建筑服务取得预收款，应在收到预收款时，以取得的预收款扣除支付的分包款后的余额，在建筑服务发生地预缴增值税）。预缴增值税后应留存增值税预缴纳税款表、完税凭证，并按月结转至法人机关。每期及时取得分包商发票和预缴增值税完税证明复印件，足额进行差额扣除申报，防止出现税务机关不允许总分包差额预缴，或未扣减分包差提前纳税占用资金。同时将每期申报资料及扣减资料留存备查。

（3）附加税费。

城市维护建设税、教育费附加、地方教育附加等，纳税义务发生时间同增值税，每月申报期内按就地预缴增值税额为计税基础计算缴纳。各项目部要针对线路区域内城建税存在纳税地点不同、税率不同的特点进行税务筹划，尽量选择较低的城建税税率。如存在水利基金等附征地方性规费，与税务机关沟通，争取减免。

（4）企业所得税预缴。

根据《国家税务总局关于跨地区经营建筑企业所得税征收管理问题的通知》（国税函〔2010〕156 号）规定就地预缴企业所得税比例 0.2%。各单位要加大与所在地税务机关沟通力度，符合不在当地预缴条件的（比如分公司跨区域设立的项目部）不在项目所在地预缴。按文件规定必须在项目所在地预缴企业所得税的，须报上级法人单位审批或备案，预缴企业所得税完税凭证，完税凭证纳税人名称为纳税主体单位全称，不得出现“××公司××项目”的情况，税款所属期不能跨年，预缴比例不得超过 0.2%。建立预缴企业所得税台账，按季度结转回法人单位，季度末项目部“应交企业所得税”不得有余额，在填报报表时不反映发生额，由纳税主体汇总填报。

（5）耕地占用税。

各核算单位与政府相关部门及时沟通，因地制宜，争取优惠政策；项目应结合施工安排，按照实用、经济原则，临时占地时应尽量少占用耕地或选择定额税率较低的耕地。各核算单位对已缴纳耕地占用税的，应建立相关台账，内容包括但不限于项目名称、地点、项目负责人、批准占用耕地时间、占用面积、缴纳的税款、完税税号、凭证号、经办人等信息。项目中后期，各分部财务人员及项目拆迁经办人员应对耕地占用税的台账进行核对，在期限内完成临时用地复垦并经地方相关部门验收的，及时向当地税务机关办理退税事宜。

（6）代扣代缴纳个税。

据实代扣代缴，按时申报。按年收集或更新员工六项专项附加扣除信息数据，保证员工充分享受个税政策。正确处理日常工资薪金与全年一次性奖金的个人所得税合理申报，督促纳税义务人在次年做好个人所得年度汇算清缴工作。

（7）其他税费。

其他税费按税法及当地主管税务机关申报管理规定执行，但必须取得相关正式文件依据，对无依据收费不予缴纳。

3）税负测算

项目各核算单位应根据自身情况开展税负测算工作，关注劳务分包单位纳税身份（小规模纳税人 3%和一般纳税人 9%），物资采购应建立采购价格比选机制，要求投标人的报价实行价税分离，注明不含税价和税率，将每个供应商不含税报价转化为评审价格或综合采购成本进行比选。实际操作中应基于保证质量，坚持“综合采购成本最低，利润最大化”的总体原则，在充分市场调研的前提下，综合考虑供应商资质、信誉、产品质量等因素，在采购指导限价范围内，以不含税报价为基础，针对适用不同税率的货物或服务，及供应商可开具专用发票的税率，建立采购比价模型，选取综合采购成本最低的供应商。

4）日常税务核算管控

项目各核算单位应接受施工地主管税务机关管理，在主管税务机关规定的申报期完成纳税申报、税款缴纳，不得超期申报或不进行申报。严格执行股份公司《增值税会计核算办法》和集团公司增值税会计核算相关规定，通过“应交税费”各明细科目核算各税种的税金计提和缴纳。遵从增值税价外税的原则，将增值税从收入、成本中剥离出来，细化核算科目，准确核算项目收入，避免收入从高纳税风险；准确核算各项目成本费用及进项税额，坚持“成本最低，利润最大”的原则，努力降低税负，避免进项应取未取和应抵未抵损失。

做好增值税预缴税费、与上级单位税费清算资金计划，及时取得分包发票及各类增值税进项税抵扣，避免因发票不及时、进项抵扣不充分多缴增值税，占用施工生产资金。充分考虑税费和利润平衡，利用价格平衡争取成本最低的前提下足额取得进项税额，保持税负有效降低的同时增加项目利润；合理安排资金，做好资金规划，通过加大清收降债，控制“两金”占用，积极化解资产负债率上升趋势，逐步改善财务状况。

5）税收优惠政策应用

（1）研发费用归集。

严格执行集团公司《研发费用管理办法》，按集团和上级法人研发项目计划，配合完成高新企业认定、研发费加计扣除政策享受工作，做好科技立项、研发费用预算、费用开支与归集、辅助台账登记等，及时收集整理研发项目成果效用情况及研发成果报告。

（2）固定资产优惠抵税。

根据生产经营需求，在同等条件下优先购置列入国家税务总局《节能节水和环境保护专用设备企业所得税优惠目录（2017 年版）》（财税〔2017〕71 号）、《安全生产专用设备企业所得税优惠目录（2018 年版）》（财税〔2018〕84 号）范围的环保、节能节水、安全生产专用设备（如电动机、变压器、锅炉等）。法人单位在年度所得税汇算时进行税务备案，该专用设备投资额的 10%可以从企业当年的应纳税额中抵免。当年不足抵免的，可以在以后 5 个纳税年度结转抵免。

（3）地方性税收减免政策。

较多的地方政府均针对地方开发区出台了税收优惠政策，具体优惠内容可参考各地方税收政策文件。

（4）税费返还。

加强与地方财政、税务等部门的沟通，摸清、了解国家及各地政府出台的税费返还政策，合理反映企业诉求，最大限度地取得税费返还。

5.3 运营阶段策划

5.3.1 运营管理原则

高速公路运营管理是以建成的高速公路项目为载体，围绕依法行政、企业管理、文明服务、科技应用和协调协作而展开，以高速公路的维护养护、收费管理和资产运作为核心，兼顾高速公路信息化建设、交通安全和地方关系而形成的一整套科学的管理活动。目的是采用优质高效的管理和服务理念，实现项目快速、畅通、安全、舒适的使用功能，为通行车辆和人员提供安全、舒适、便捷的交通服务。

5.3.2 运营管理制度

高速公路运营管理主要包括收费管理、养护管理、机电维护管理（收费、监控、通信三大系统）、路政交通安全管理、服务区和综合开发管理等内容。为此，本项目运营将制定一套管理制度。

（1）建立内控机制和授权责任体系，形成决策和控制框架。按照公司法和公司章程，明确公司股东会、董事会、监事会和经理层的职责，做到权责明晰、管理有序。明确经理层分工，强调团队领导、集体决策，通过总经理办公会、工作例会等一系列议事规则，建立民主集中制的领导决策机制。

（2）通过建立以工作目标和业绩为导向的绩效评估和薪酬激励体系，建立健全分层次的考核激励机制。

（3）推行精细化的经营计划管理体系和全面预算管理制度，建立财务审批等基本制度，严格控制成本费用，规范公司财务管理。

（4）围绕公司主营业务，建立有效的信息管理制度，保障内外信息畅通；建立各类后勤管理制度，确保营运项目各项工作的顺利开展。

（5）充分发挥党组织的政治核心作用，抓好党风建设和反腐倡廉工作，建立各项纪检监察制度，着力构建惩治和预防腐败的机制，强化对权力运行的监督。

（6）建立党工团各项组织管理制度，以精神文明创建和党工团活动为载体，营造“以人为本”的企业文化氛围，活跃员工队伍、凝聚人心，形成共谋发展的活力与战斗力。

5.3.3 合作期限内运营管理目标、服务质量目标和保障措施

1. 运营管理目标

按照交通运输部、省人民政府及相关部门规定的技术规范和操作规程、路况标准等有关规定开展养护管理工作，通过经常性、及时性、周期性和预防性养护，保持高速公路经常处于良好技术状态。

2. 运营管理目标保障措施

1）思想保障

树立高度的交通服务意识和安全意识，在项目养护作业中，按照相应的行业标准和规范进行安全施工组织及现场布置，满足正常行车的需要。

2）组织保障

（1）项目公司股东实力雄厚，高速公路运营管理经验丰富。

（2）项目公司将按照公司法和公司章程规定，构建符合现代企业制度的法人治理结构，提供有力的组织保障。

（3）为保证项目运营养护工作顺利开展，项目公司将成立运营管理部，负责项目运营养护管理。

3）人员保障

我公司具有丰富的高速公路运营管理经验，将向项目公司委派经验丰富的管理人员；原建设期间工程技术人员中有志从事高速公路运营管理工作的，通过转岗培训考核合格后竞聘上岗；通过社会招聘方式，选择高速公路运营管理专业人才和收费人员。

4）养护队伍保障

项目公司将通过公开招标选择具有相应资质的公路养护队伍或其他专业公司负责本项目的运营养护工作，确保项目实现运营养护目标。

5）标准保障

将严格按照有关技术规范和标准进行养护作业，确保养护质量指标合格。

6）经费保障

根据《公路养护技术规范》《四川省高速公路桥梁养护管理办法》《四川省高速公路养护工程管理办法》，结合项目实际，及时编制项目养护计划，足额落实养护资金，专款专用。

7）设施设备保障

按照国家有关技术规范和省有关规定配备足够的养护设施、设备和物资，保证养护作业机械化程度、效率。

8）制度保障

项目公司将建立完整的运营管理制度体系以及养护管理办法等系列制度，加强运营养护作业，确保运营养护质量和设施、设备有效运行，落实养护巡视检查工作制度，及时发现高速公路及其附属设施的损害情况和可能影响交通安全的落物等，以便及时、合理地安排维修和清理，尽快恢复高速公路的正常使用状态。

9）技术状况评定信息保障

项目公司将按照《公路工程技术标准》以及交通运输主管部门相关规定进行公路技术状况评定工作，并按有关规定向交通运输主管部门报送公路技术状况评定报告。

10）监管保障

项目公司将接受交通运输主管部门或其授权的管理机构的监督管理，接受其组织的公路大检查或养护大检查及质量评定。养护检评质量指标必须达到行业主管部门要求。通过监管，发现问题，持续改进，不断提高养护管理水平。

11）资料保障

项目公司将保存项目所有养护或维修的记录，按规定向项目实施机构和交通运输主管部门进行上报相关记录，提供项目实施机构和交通运输主管部门合理需要的关于项目的运营、养护和维修的资料。通过技术资料总结和技术资料交流，完善养护方案、提高养护能力。

12）创新保障

项目公司将不断探索和应用新材料、新设备、新技术、新工艺，提高养护作业的时效性、机动性、安全性和可靠性，迅速、优质、高效地处理各类设施设备、路面损害和障碍，确保运营质量。

13）培训保障

项目公司将经常性、多渠道、多方式组织对养护管理人员、作业人员进行业务培训，不断提高养护管理水平和养护作业能力。

14）考核奖惩保障

定期考评养护管理人员、养护施工队伍、养护工区人员工作情况，根据考评结果进行奖惩，达到激励和约束效果。

3. 服务质量目标及保障措施

1）服务质量目标

满足国家、四川省规定的服务标准和交通运输行业管理要求。

2）服务质量保障措施

（1）行车流畅保障措施。

①建立职能明确、统一高效的项目公司组织管理架构，通过控成本、增效益、重服务来实现项目公司的管理目标。

②从交工之日至特许经营期结束期间，项目公司依据运营养护手册，按照国家规定的技术规范和操作规程，对项目及其附属设施进行日常检查、维护，保证项目始终处于良好的技

术状态，为社会公众提供安全便捷、畅通高效、绿色智能的公共服务。

③项目养护维修施工作业时，事先经过相关部门批准并按规定实施施工现场布控，维护好施工现场秩序，作业完工后及时清理现场，确保公路完好畅通。

（2）收费优质服务保障措施。

①项目公司严格执行收费、监控等系统管理制度。

②项目公司按照交通运输主管部门统一要求，在收费站显著位置公开收费站名称、审批机关、收费单位、收费标准、收费起止年限、监督电话、绿色通道相关政策等内容的公告牌，接受社会监督。

③招收、配备与收费车道的数量、车流量相适应的收费人员，按项目所在地公路路网收费车道的标准配置。

④加强收费员的道德教育、业务培训和工作考核。收费人员按照项目公司、交通运输主管部门要求，统一着装、统一文明礼仪规范，做到文明收费、优质服务、收费人员经培训合格后持证上岗。持续提升业务技能和窗口服务质量，不断提高公路收费快速通行能力。

（3）服务区周到服务保障措施。

①提供公厕、临时休息场所、简单锻炼设施、残障人士和妇婴服务设施、汽车加水设施。

②使用电动巡逻车，扩大安保巡逻范围和频次。

③停车区和引导标志标线规划合理、醒目。

④加强加油站油品质量管理，以及防火、防雷等安全管理。

（4）经营期环境保护措施。

①注重公路沿线交通噪声防治。对公路附近的村镇和单位，根据具体情况采取噪声防治措施，设置声屏障、临路两侧密集植树绿化等，并在城镇沿线的路段禁止鸣笛并设置禁鸣标志。

②重视行车安全、减少各种潜在风险。对运载危险品的车辆进行严格检查、监控，防止事故发生。严禁各种泄漏、散装、超载车辆上路。在高速收费站、服务区、养护区设置污水处理站，各种污水经处理达标后方可排放。特殊天气下，合理安排通行状态，依据实际情况选择封闭、限流等措施，避免车辆拥堵。

③注重公路沿线绿化。在靠近公路两侧，特别是跨村镇路线附近密植树木、边坡种植草皮，净化吸收过往车辆尾气中的污染物，减少大气中的粉尘含量，起到美化周边环境，改善路线景观的作用。严格执行《全国机动车尾气排放监测管理制度（暂行）》，利用收费站对过往车辆尾气排放状况进行抽查，禁止尾气排放严重超标的车辆上路。

④与地方公安、环保及相关部门联合成立应急机构，制定有毒有害物品运输应急预案，一旦发生有毒有害物品泄漏事件，采取有效措施，将对环境的影响程度降至最低。

（5）经营期水土保持措施。

①坚持预防为主、全面规划、综合治理、因地制宜、加强管理的原则。

②定期组织工作人员学习国家有关水土保护的法律、法规，加强和提高全员对环境保护与水土保持工作的责任意识。

③每个工作区应备有临时的污水汇集设施，视污水产生量和产生规律，修建适宜的污水沉淀池和处理池。

④运营过程中产生的废水和生活污水不得直接排入饮用水源、养殖水体、农田灌溉水体。粪便、污水必须经化粪池收集处理。

⑤管道应具有足够的过水断面，且不小于原过水断面。

⑥在大雨来临前后，检查道路排水设施是否完好，对有损坏的设施及时进行修复。

⑦遵守国家和当地有关水土保持的规定，采取必要的措施防止燃料、油、沥青、污水、废料和垃圾等有害物质对河流、湖泊、池塘和水库的污染。

⑧在项目建设区内的裸露地、闲置地、废弃地、区内道路、各类边坡等一切能够用绿色植物覆盖的地面，进行植物建设和绿化美化工程；草种、树种选择，要做到适地适树，且以当地乡土树种为主。

5.3.4　养护质量指标和保障措施

从交工之日至特许经营期结束期间，依据批准的经营养护手册、按照国家规定的技术规范和操作规程，积极贯彻"预防为主，防治结合"的方针，坚持"以路面养护为中心，以桥梁养护为重点，科学开展全面养护"的原则，加强养护安全、养护计划、养护施工组织、养护质量、养护经费等方面的全面管理。采取正确有效的技术措施，对本项目及沿线设施进行日常检查维修，提高公路的使用质量，延长公路的使用年限，保持公路和沿线设施的完好状态，及时维修损坏的路产，保障行车安全、舒适、畅通，提高公路的营运效益和社会效益。

1. 路基及附属养护与维修方案及措施

（1）对路基各部分进行日常巡视和定期检查，发现病害及时查明原因，采取帮填、加固、浆砌等有效措施进行修复或加固。

（2）高填方路基采取斜向注浆加固的措施，防止路基继续沉降。

（3）水损段路基及时恢复路基原状，加强排水。

（4）采用新技术进行路基变形自动观测，为科学养护及时提供数据。

（5）平时做好备土准备，紧急情况下能及时恢复路基。

2. 桥涵养护与维修方案及措施

1）技术状况检查的类型

（1）固定时间检查。

（2）常规性检查。

（3）全面检查。

2）检查项目及维修方案与处理措施

（1）桥面铺装：清理积水、污物，清除冰块和积雪；挖补处理坑槽、裂缝；疏通泄水管槽。

（2）桥梁伸缩缝：清理伸缩缝内的砂、石等杂物；更换已破坏或变形的伸缩缝缘石栏杆、立柱等；粉刷栏杆、立柱等设施；清刷钢质护栏、油漆，修补、加固缘石栏杆、立柱等。

（3）交通标志、过桥管线等：维修、更换已损坏的标志、桥梁吨位牌；反光膜和反光漆清理更换，维修已破损的过桥管线。

（4）主梁梁体：修补混凝土孔洞破损、剥落、表面风化及裂缝。

（5）支座：保持支座各部位完整、清洁，对变形、断裂、位移的支座及时更换调整；对固定支座应注意支座垫板要平整紧密；及时拧紧安全螺栓。

（6）涵洞：疏整通道，使洞口铺砌与上下游水槽坡道平整顺适；用水泥砂浆铺底和涵墙勾缝，保持洞中底面平顺，并有适当纵坡，不使水流发生旋涡掏深缝隙；涵管接头处填料脱落时，应用相应材料填实；倒虹吸管如发现虹顶路面出现湿斑，应及时修理端墙、翼墙。

3. 隧道维护方案及措施

（1）加强隧道的日常维护和保养工作，保持隧道外观整洁、内路面平整、衬砌完整无明显开裂和剥落；标志标线清晰醒目，排水系统、照明系统、通风系统、监控系统、消防系统、应急疏导系统工作正常，技术状况良好。

（2）加强隧道的经常性检查、定期检查。根据定期检查结果，或当隧道内发生重大交通事故、起火爆炸、遭受自然灾害，或发生其他非常事件后，及时对隧道结构进行详细检查和检测。经常性检查和定期检查的频率不少于规范要求。

（3）建立隧道养护管理系统，提高隧道养护维修的及时性、准确性，加强预防性养护，消灭隐患于萌芽之中，确保隧道结构安全，衬砌无损坏、洞口、洞身无松动岩石和危石，人行和车行横洞清洁畅通。

5.3.5 大中修方案

1. 大中修范围

根据国家有关法律、法规及公路行业管理有关规定、标准等，结合公路养护大中修工程相关要求，对公路及其沿线设施的较大损坏进行周期性的综合修理，或对老化、磨损和局部损坏进行修理、加固、更新、完善，以全面恢复到原技术标准的工程。

2. 大中修条件

大中修工程项目由公司运营管理部会同其他相关部门初步审核大中修工程方案。对于符合大中修工程条件、具有实施可行性的项目，由公司委托相关专业设计单位进行大中修工程方案设计，编制工程数量概算和投资概算。公司的专家委员会对大中修工程项目进行认证、审核，将通过的上报公司审批立项。

公司已经批准立项的大中修工程项目，委托专业设计单位进行详细的施工图设计。

3. 时间安排

为保持高速公路及其附属设施的正常使用功能，项目公司将在积极采取预防性养护措施的基础上根据道路使用情况在通车后每 3 ~ 5 年进行一次中修，每 10 年内进行一次大修。

4. 大中修计划管理

根据定期检查和健康监测数据的分析结果，对发现的缺陷病害进行维修方案论证，施工图设计，编制年度专项维修计划；对日常巡查中发现的病害及因交通事故造成的桥梁损坏，及时进行分析，编制应急抢修专项计划。

项目公司将根据年度养护工程计划组织编制大中修工程实施方案，报市交委审查、备案。

5. 组织实施

大中修工程施工，按照国家相关规定，社会投资人具有相应设计、施工资质的，可直接参与大中修项目。社会投资人不具备相关设计、施工资质的，项目公司可通过招标选择专业设计、施工、监理等单位，并按照有关规定接受公路工程质量监督部门的监督。

6. 大中修内容及方案

1）路基及其附属养护及维修方案

（1）通过对路基各部分的日常巡视和定期检查，发现病害及时查明原因，采取帮填、加固、浆砌等有效措施进行修复或加固。

（2）高填方路基采取斜向注浆加固的措施，防止路基继续沉降。

（3）水损段路基及时恢复路基原状，加强排水。

（4）采用新技术进行路基变形自动观测，为科学养护及时提供数据。

（5）平时做好备土准备，紧急情况下能及时恢复路基。

2）公路沥青路面养护方案及措施

（1）沥青路面的破坏主要分结构性和功能性破坏，其破损具体可分为以下几类：

①缝类：龟裂、不规则裂、纵裂、横裂。

②松散类：坑槽、松散、麻面、脱皮。

③变形类：沉陷、车辙、波浪、拥包。

④其他类：泛油、修补损坏。

（2）沥青路面养护维修的特点。

维修时间集中，施工季节性强；位置零散、分散；效率低；影响因素多；装备要求配套；技术要求高。

（3）沥青路面养护维修的措施。

根据养护维修特点、技术复杂程度、动用大型装备程度、道路封闭程度、工程组织的方式等因素进行日常养护。

3）桥涵养护与维修方案

保证项目公路桥涵安全，必须加强现有桥涵等构造物的检查和保养、维修等工作，使其处于完好的状态。

技术状况检查的类型：定期检查、经常性检查、特殊检查。

检查项目及维修方案与处理措施如下：

（1）桥头跳车：对沉陷高度超过 2.5 cm 路段，要当年维修。

（2）伸缩缝：每月检修 1 次；泄水孔每月清通 1 次，保证正常使用。

（3）栏杆：保证清洁，每年统一油饰 1 次。

（4）涵洞清淤：每年清淤 2 次。

（5）积水通道：雨后及时疏通。

（6）构造物石砌护坡：雨季到来前统一检修 1 次，填写检修记录，保证砌体完好。

（7）墩台与基础主要检查：有无滑动、倾斜、下沉现象；台背填土有无沉降裂缝或挤压隆起；混凝土墩及帽梁有无风化、腐蚀、开裂、剥落、露筋等；墩台顶面是否清洁，伸缩缝是否漏水；基础有无冲刷或掏空现象；墩台表面保持清洁，每年 6 月检修 1 次。

（8）桥面：产生坑槽、波浪、严重裂缝要及时维修。

4）隧道养护与维修方案

（1）不少于 1 次/周的经常性检查。

（2）通过经常性和预防性养护及对破损的维修等，保持和恢复隧道良好的技术状况，保持隧道外观整洁，隧道内路面平整，衬砌无损坏，标志标线清晰醒目，洞口、洞身无松动岩石和危石，人行和车行横洞清洁畅通，隧道内外排水设施保持良好，人行道或检修道畅通，斜（竖）井和风道保持良好。

（3）隧道衬砌（洞壁）或洞内路面结构发生病害时，视病害类型、危害程度，采取注浆、挂网、喷混凝土、增设锚杆、增设仰拱、灌浆、修补或更换衬砌和路面等措施进行处治。修补或更换衬砌（洞壁）、路面时，不得侵占隧道的建筑限界。

（4）明洞上边坡出现危石或有崩塌可能时，及时清除或加固，或进行保护性开挖或采取打抗滑桩等抗滑措施；明洞的防水处理和防偏压保护。

（5）隧道内渗漏水的处治应贯彻“预防为主，防、排、截、堵相结合”的综合治理原则。对防水层，纵、横、竖向渗沟，明暗边沟、截水沟、排水横坡、泄水孔等应及时维修，保持排水畅通。

（6）各类消防与救援设备必须保持完好状态。消防设施的设备完好率应达到 100%，救援设施的设备完好率应不低于 98%。

5）标志标线维护方案

（1）定期检查：主要检查沿线标志标线反光效果是否良好，对反光效果不好的标志立即修复或更换反光膜。

（2）标志清洁：对支柱、板面等每季度初清洗 1 次；地面标线，匝道及进出口部位标线保持清晰。

（3）路边轮廓桩、公里桩：每年清洗 2 次。

6）沿线设施及安全设施维修方案

交通安全设施的养护与维修达到护栏和隔离栅无异常，无损坏、无变形；沿线房屋的维修应保持外观美观大方，环境舒适；整段更换沿线防护设施；周期更新标志、标牌、标线。

7）大中修安全和保畅通管理

（1）高速公路养护大中修作业区安全管理。

①在高速公路上进行养护作业的人员必须穿着带有反光标志的安全标志服。从事工程管理工作的人员必须穿着带有反光标志的橘红色背心。在高速公路上进行养护作业的机械设备均应严格管理，保证设备在安全区域内正常施工，施工车辆须悬挂明显的施工标志，进出工作区应有专人指挥，要设有专门出入口。

②交通控制区两端施工单位 24 h 维持交通。交通控制区内所有安全设施由专人 24 h 看护，对于锥形交通标志，不得因任何原因致使出现缺损、歪斜等情况。加强对缓冲区、借道通行区、下游过渡区及活动护栏出入口路面出现的坑槽、拥包、高低差等影响行车的病害进行技术处理，保持路面平整，以便车辆通行。

③项目公司、施工单位、监理单位均应成立安全生产管理机构，建立健全安全生产管理制度，项目公司应制定切实可行的安全生产和交通控制方案及奖惩措施，保障道路安全畅通、工程顺利开展。

④在施工路段安排专门的路产巡查车，保证路产人员现场值勤，具体负责现场交通控制、疏导车辆、处治突发情况及监督、检查施工单位交通管理人员的工作。

⑤积极与公安交通运输部门配合，对施工路段出现的车辆故障及交通事故及时疏导和处

理，避免出现大的压车和堵车现象。

⑥公路桥梁、涵洞、隧道养护现场，应专门设置养护维修作业的交通标志。在桥梁栏杆外侧和桥梁墩台进行养护维修作业时，必须设置有效的安全防护设施，作业人员必须系安全带。特大桥的养护维修，应根据需要设置限载标志。

⑦在隧道内进行养护作业时，除遵守上述规定外，还应遵守以下规定：在开放交通条件下的养护维修作业，应制定控制区交通管理方案。隧道控制区必须有足够的照明。并设置必要的安全设施。隧道入口前必须设置施工标志。应配备专职人员加强车速限制和车辆限宽的管理。隧道内禁止存放易燃易爆物品，严禁烟火。注意观察和控制隧道内的有害气体浓度，做好通风工作。

⑧电子设施等对维护安全有特别要求的，应按相关安全规程执行。

（2）高速公路养护大中修作业区保畅管理。

大中修作业要严格按照《公路养护安全作业规程》等有关规定进行，保证施工和交通安全，确保道路畅通。

高速公路养护施工作业应严格按现行道路交通标线、公路养护安全和高速公路养护施工安全管理的有关规定执行。

项目公司应加强养护施工现场监管，督促施工单位严格遵守有关规定，保障施工作业现场安全有序。养护从业单位应对施工作业安全管理情况实施监督检查，及时纠正违反安全作业规定和操作规程的行为。

养护施工作业开始前，项目公司将组织设计、施工、监理单位召开技术及安全交底会议，明确养护安全管理工作具体要求，对施工单位进场安全准备情况进行核查。

固定作业养护施工单位应在施工 5 d 前，将作业信息报送项目公司监控中心，并以项目公司名义通过绵阳市、广元市主要媒体发布公告。可变情报板和收费站入口处的提示标志应在养护施工 3 d 前开始信息提示，并持续到施工结束。公告、信息提示应包括施工地点、期限、交通管控措施等内容。

施工单位应设置专门安全管理岗位，明确相应责任，并研究制定安全管理制度和具体的操作规程，配备施工安全必需的设施和设备，按有关程序办理施工的各项手续。

施工单位加强作业现场安全管理，严格按照公路养护安全作业和高速公路养护施工作业管理等有关规定要求，配备管理人员，规范布置施工作业控制区和安全设施。施工单位应严格管理施工作业人员、车辆、设备和物资，保证施工现场施工作业安全，保障施工路段安全通行秩序。施工单位车辆及设备操作人员必须具有相应的上岗资格证书，并经过安全知识和安全技能培训合格后方可上岗作业。施工单位应按规定为所有施工作业人员办理意外伤害保险，并应积极采用先进的施工设备，提高施工作业效率，保证养护工程质量，减少施工作业时间。

①施工现场人员管理。

施工、监理单位应建立健全施工作业人员管理规章制度，落实安全责任，定期组织安全教育和安全培训。施工现场应配备具有安全考核合格证书的专职安全员，具体负责施工现场安全管理，并配合有关部门维持现场秩序，纠正违章违规行为。

施工、监理人员在施工作业区域内统一穿着带反光标志的橘红色工作服（套装），安全员穿着带反光标志的橘红色背心。

施工人员必须在施工作业区内活动，不得擅自离开作业区。施工人员禁止随意横跨、穿越高速公路。施工人员严禁在路上拦截、搭乘其他过往车辆。施工人员应组织集中上路，严禁酒后上路和骑自行车、摩托车上路。施工人员不得将废渣、废料弃于桥涵下或土路肩、边坡、边沟内，损坏或污染公路路面及附属设施。

②养护施工作业车辆管理。

项目公司的专业养护施工作业车辆应符合以下规定：

a. 日常性养护施工作业车辆车身应当统一喷涂橘黄色或粘贴反光膜作为安全示警标识。

b. 施工车辆驾驶室顶部明显处应当设置黄色示警灯，驾驶室高度不足的特殊车辆，应当在车身最高部位顶部明显处设置黄色警示灯，且在车厢板尾部两侧最高处各增设一个黄色示警灯。

c. 配备车厢板的施工车辆应在后车厢板悬挂移动性施工作业标志，且标志背面应当斜插两面红色示警旗，车厢高栏处悬挂施工指示标志（自卸车除外）；无车厢板且发动机后置的施工车辆应当在发动机后盖外侧悬挂施工作业标志，且标志背面应当斜插两面红色示警旗。施工作业标志、红色示警旗及施工指示标志的尺寸、式样应当符合国家、省有关道路交通标志标线的规定。

d. 其他临时性养护施工作业车辆应按照有关规定粘贴反光膜或粉刷油漆，悬挂施工作业标志、配备施工作业标志灯。

e. 在养护施工期间，施工车辆须按相关规定开启作业标志灯及双闪警示灯，在封闭作业区内作业的车辆除外。

f. 施工车辆应自觉遵守交通安全法规，不得违章行驶。施工车辆只能在作业区内指定地点停放。施工车辆进出施工作业区时，应当注意观察并避让其他过往车辆。施工车辆应将项目公司发放的道路施工证明放置于前挡风玻璃明显处，以便接受检查。施工车辆不得超限、超载，运送易洒落材料时必须采取有效的覆盖措施。

g. 严禁农用车、三轮车、畜力车等高速公路禁止通行的车辆自行驶入高速公路实施作业。

施工单位应严格按照国家和有关公路养护施工作业安全管理规定的要求布设相应的养护维修作业控制区。其中，移动式作业范围一般不得超过一个车道。

③维修作业控制区管理。

材料、机具、设备等施工物品按有关施工规范摆放整齐、有序。

施工单位负责作业区环境卫生，及时清除施工垃圾，不得随意倾倒施工废弃物，确保路容路貌整洁。长、大型设备进行施工作业时，吊杆、传送带等悬出部分不得伸出工作区，不得影响其他车辆正常通行。

工作区应设置工程车辆专门的进口和出口，出入口应设在顺行车方向的下游过渡区内，并安排专人负责管理，管理人员应着反光背心，手持红、绿旗指挥施工车辆安全出入。出入口和施工现场应合理插设红旗。施工作业现场夜间不能撤离的，施工单位应做好以下工作：设置夜间灯光防护设施、反光锥标。现场保证不少于两人进行值守，并采取措施，确保自身安全；遇有雨、雾等特殊天气，应增加安全巡查力量。负责施工现场夜间安全维护，确保正常通行秩序。及时排除隐患，遇有重大情况及时上报。保障通信渠道，确保联络畅通。

④高速公路收费站的维修管理。

高速公路收费站的车道、收费亭、雨篷等收费设施需要维修，按以下规定执行：

a. 项目公司将组织设计、施工、监理单位对收费、监控、通信、土建系统的施工方案进行综合优化与安排，制定出详细、可行、封闭时间最短的施工组织设计，该施工组织设计一经主管部门批准不得随意更改。

b. 除按本规定在有关媒体上公告和发布信息外，还必须在前后收费站的主线出口减速车道外 4 km 开始设置诱导标志，诱导标志不应少于 4 块。

c. 诱导标志必须在该收费站关闭前 1 h 设置完成，不得提前和拖后；在解除关闭的同时拆除，不得提前和拖后。

⑤高速公路服务区的维修管理。

高速公路服务区的进出匝道、停车场、加油站等设施需要维修，按以下规定执行：

a. 项目公司将组织设计、施工、监理单位对施工方案进行综合优化与安排，制定出详细、可行、封闭时间最短的施工组织设计，该施工组织设计一经主管部门批准不得随意更改。

b. 施工单位除按本规定进行公告和发布信息外，还必须在前后服务区的减速车道外 4 km 开始设置诱导标志，诱导标志不应少于 4 块。

c. 诱导标志必须在该服务区关闭前 1 h 设置完成，不得提前和拖后；在解除关闭的同时拆除，不得提前和拖后。

⑥中央分隔带活动开口的管理。

施工养护作业需开启中央分隔带活动护栏时，施工单位应向项目公司提出申请，得到同意后方可开启。严禁擅自开启中央活动护栏。

因施工特殊需要，养护施工车辆临时利用中央活动开口调头时，应采取安全保障措施，优先保证正常过往车辆通行安全，严禁抢道抢行。施工车辆调头后，施工人员应立即将中央活动开口恢复原状。

施工单位完成养护施工后，应清理现场，消除安全隐患。施工现场经管理单位检查验收合格后，施工单位方可撤离。

5.3.6　经营期保险方案

1. 经营期风险概述

（1）不可抗拒因素：如自然灾害（如地震、洪水、洪涝等）可能会对路基、路面及附属设施等造成不可预估的破坏，导致道路暂时无法正常通行，减少了通行费收入；如在汛期遭遇洪水、暴雨、滑坡、泥石流等而引起塌方等自然灾害，导致养护成本的增加。

（2）社会环境因素：由于国家政策、市场经济、法律政策、利率汇率、物价上涨、通货膨胀等造成车辆通行费下调，导致营运成本增加、车流量减小、经营收入降低。

（3）人为因素：超载运输车辆在公路上行驶，由于车辆荷载远远超过了公路和桥梁的设计承受能力，致使路基、路面、桥梁过早的损坏。

2. 风险管理对策

（1）对于由不可抗力的自然灾害，和由不可预料的意外事故而引发的风险，可以采用保险点的方式转移风险。

（2）对于社会风险、市场风险、管理风险等，可以采用加强对宏观经济走向的研究，及时改变经营策略的方式，对最大限度地规避风险。

3. 经营期间需要投保的险种

运营期项目公司根据适用法律规定，为本项目的正常运营维护购买和维持适用法律所要求的保险。

（1）财产一切险：对构成本项目设施组成部分的、正在使用并位于项目场地的建筑物、构筑物、设备、机械、材料或其他不动产所有灭失或损失的所有一般及惯常的可保风险（包括但不限于火灾、雷电、爆炸、自燃、台风、洪水、恶意破坏、地震等）。

（2）机器故障损坏险：对构成本项目设施组成部分的任何机器、辅助设备的突然和不可预见的有形损坏或损坏的保险。

（3）第三者责任险：因运营和维护项目设施造成的对第三者的人身伤害或财产损失或损坏所应承担的法律责任，并承担相应的经济赔偿。

第 6 章　项目实施管理

6.1　质量管理

6.1.1　组织机构

为将成绵苍巴高速公路项目打造成优质工程、精品工程，本项目推行全面质量管理，成立由总包部工程部、中心试验室、物资设备部等单位组成的质量管理机构。由总包部统一负责本项目工程质量的领导工作，各参建标段充分沟通、协调，对工程全过程的质量进行控制，实现本项目的管理目标。

总包部成立工程质量管理领导小组，由总包部领导、工程部、中心试验室、物资设备部组成，负责对本项目工程质量进行指导和管理。工程质量管理领导小组下设工程质量管理工作小组（组长：总工程师；副组长：工程部、中心试验室、物资设备部负责人；成员：工程部各专业质检工程师、中心试验室、物资设备部部员、各标段协调中心主任、各项目部技术负责人）。

6.1.2　质量管理职责

1. 总包部质量管理职责

总包部是本项目的管理单位，为本项目工程质量责任单位，受上级单位的监管，具体负责本项目的工程质量管理工作，其职责如下：

（1）负责对成绵苍巴高速公路项目工程质量进行宏观协调管理和总体控制，建立健全质量保证体系，建立质量管理制度，落实质量责任制。

（2）主动接受工程质量监督站对成绵苍巴高速公路项目质量保证体系的监督检查。工程开工前，向工程质量监督站办理监督申请手续，主动接受工程质量监督站对工程质量的监督检查，对检查中发现的质量问题认真对待，督促采取措施及时处理。

（3）施工前，组织详细的施工图审查，负责并会同设计咨询单位、设计单位，对全线进行外业核查及内业审查。除对标准规模进行审核外，对全线平纵横、不良地质、结构物、挖方段路床处理等进行详细核查，及时提出问题交设计单位，所提出问题在初步设计图纸或施工图出版前修改，以减少施工过程中的变更，确保工程质量。

（4）施工过程中会同设计代表经常深入施工现场，积极协助各标段解决和处理工程中出现的与设计有关的技术难题和质量问题。

（5）在建设过程中贯彻执行国务院《建设项目环境保护管理条例》，加强工程的环保监督管理工作，检查有关水土保持的措施，确保工程环保的质量，审查公路的排水系统对区域水利的影响，并对不合理部分予以调整。

（6）积极主动地参与施工质量管理工作，严格推行“首件认可”制度。

（7）按季度进行质量抽查或巡查制度，督促各标段建立完善的自检和质量保证体系，并按规定频率进行抽检、自检试验；对发现的质量问题和质量事故隐患要求各标段及时处理，较大问题要进行通报。

（8）主动配合上级有关部门对全线范围内的工程质量进行监督检查，并汇总、上报工程质量问题整改情况。

2. 各标段质量管理职责

（1）各标段应根据合同要求选配技术水平高、质量意识强、整体素质好、遵章守纪的各项目经理部班子。项目经理、技术负责人、质量管理负责人应有相应的施工经历和业绩，并严格履行投标承诺。对合同允许的分包和劳务合作应加强管理，必须坚决纠正由包工头包揽生产、生活管理的做法。

（2）加强施工人员的管理，明确岗位职责，建立健全“横向到边、纵向到底、控制有效”的质量自检及质量保证体系和各项工程技术管理制度，认真执行自检、互检、交接检的三检制度，加强对员工的培训，树立质量高于一切的意识。加强技术交底制度在每道工序施工前进行书面交底，使质量责任落到实处、落到每个施工人员身上。严格执行施工员登记制度，做到每个正在进行施工的工点的施工均有持证的施工员进行现场施工管理。

（3）做好导线控制桩、结构物定位桩、水准基点等复测工作，确保施工放线的准确性，同时应加强测量仪器的维修养护及标定工作，控制桩必须经监理工程师批复才能使用。

（4）建立和完善工地试验室设施，配齐各种试验仪器（设备）及合格的试验人员，建立健全试验室各项规章制度，按技术规范要求完成各项标准试验和现场质量检测试验，确保各种试验数据真实可靠。

（5）各标段必须重视质量通病的研究和治理，对高填土下沉、软土地基超限沉陷、沥青路面早期破损、路面不平、桥梁伸缩缝和桥头跳车、防护工程和小型结构物表面粗糙、预应力结构管道压浆不实、大体积混凝土浇筑水化热过高等质量通病必须制定预控措施。努力推广使用有利于提高工程质量的先进技术和施工手段，对工程的重要结构部位和隐蔽工程要有质量控制和复检制度。

（6）严格执行监理程序，严格执行原材料检验、开工申请批复、测量复核、试验段施工、工序验收、成品验收等监理程序。

（7）工程中发生质量事故时，各标段必须按规定向总包部工程部报告，暂停该项工程的施工，并采取有效的安全措施，尽量保护现场原貌接受调查，认真进行事故处理。

（8）严格按照国家、省级及本项目有关档案管理规定，及时收集、整理工程各环节的文件资料，现场质量检查、质量验收资料按划分的分项分部和单位工程归档。现场质检原始资料和施工原始记录必须全面、真实、准确、可靠，不得转借，不得复印。接受总包部、业主和质量监督单位检查时，必须出具原始资料原件。

3. 总包部各职能部门质量管理职责

1）设备物资部

（1）参与制定设备的采购计划，负责设备的进场检验和管理，配合设备的安装、调试和施工。

（2）配合设备安装工程的二次设计及施工管理。

（3）参与专业设备的验收，参与对设备供应商的考核和评价。

（4）负责材料设备进场时的交接、检查、登记工作，负责材料设备进场后的保管、管理和发放工作。

（5）负责施工机械设备、临时用电的规范管理，负责特种机械设备的报装、检测和定期、不定期的检查和维修保养工作，建立台账、进行动态跟踪管理。

2）中心试验室质量管理职责

（1）组建中心试验室，经总包部按照相关规定进行核查，符合要求后，报送上级主管质监机构备案，并接受监督管理。

（2）派驻符合要求并适应现场工作需要的试验检测人员。建立切合实际运行有效的质量保证体系，建立健全工作制度和管理制度。

（3）中心试验室在业务上配合监理工程师做好试验检测服务工作，独立完成合同规定的试验检测任务。

（4）按照现行国家和行业标准、规范和规程开展试验检测工作，负责合同范围内的验证试验、工艺试验、标准试验、抽样试验，及时提供试验检测成果与报告，并对其真实性负责，以确保工程质量完全处于受控状态。

（5）严格执行不合格上报制度。经自检和外委检验发现不合格材料应在 2 d 内以书面的形式向总包部报告。

（6）建立试验检测数据汇总台账，每月向总包部提交试验检测汇总结果，并对其数据的真实性和准确性负责。

（7）参加监理工程师组织的中间交工验收、业主、总包部组织的交工验收和上级行业质量监督主管部门组织的检查和竣工验收。

（8）试验检测资料（验证试验、工艺试验、标准试验、抽样试验等）应按照国家科技档案的标准和交通运输部规定的归档范围，全部完成组卷和编目。

3）工程管理部

（1）组织对参建各方质量管理行为和施工过程质量控制行为进行检查和考核，对发现的质量问题下发整改通知书并督促整改落实。

（2）参加工程质量事故的调查处理，审查有关工程质量事故处理方案和措施；按照“四不放过”的原则提出工程质量事故的处理建议，提交事故调查报告。

（3）参加对参建各方的信用评价考核工作。

（4）贯彻落实质量管理的方针、政策、法律、法规和强制性技术标准；及时传达落实上级有关质量工作的文件和指示。

（5）负责编制工程质量管理办法。

（6）参与、配合交通行政主管部门依据《四川省重点公路工程勘察设计审查暂行规定》对项目设计文件的全过程审查，督促勘察设计单位按审查意见对设计文件进行修改，确保勘察设计质量。

（7）组织相关单位和勘察设计单位进行施工图审核和优化。

（8）组织、协调实施设计变更管理，协调设计单位做好施工配合和变更设计工作。

（9）负责编制指导性施工组织设计,参与审批标段施工单位编制的实施性施工组织设计。确定合理的建设工期和资源投入计划，保证工程质量。

（10）督促检查施工、设计、试验检测单位是否严格按照行业技术规范、标准和规程的规定进行项目建设，确保建设工程质量。

（11）负责督促、指导施工单位质量保证资料的填写、收集、整理、汇总及移交工作。

（12）参加对参建标段的信用评价考核。

（13）参加工程质量事故的调查处理工作，并监督工程质量事故处理措施及方案的实施。

4）计划合同部

（1）在总包部招标和建设合同签订过程中，明确所属参建标段的质量责任；依法通过招标选择有资质和能力的施工、试验检测等单位，并对其业绩进行审查。

（2）在计划编制、调整过程中，应满足工期相关规定及合同要求。

（3）采用合理的计价流程，确保质量合格的工程方可验工计量。

（4）组织对参建标段人员和机械设备的履约检查，参加对参建单位的信用评价考核。

（5）参与上级单位的重大质量管理活动。

5）财务部

（1）按规定及时拨付工程款，监督检查参建标段的资金使用情况，保证建设资金用于项目建设。

（2）参与总包部组织的重大质量管理活动。

6）综合办公室

（1）宣传国家质量管理的方针、政策、法律、法规和标准，及时传达上级关于质量管理方面的文件。

（2）参与总包部质量事故的处理，关注新闻媒体舆论动态，协调好与各新闻单位的关系，努力实现其对建设项目质量管理的正面报道。

（3）参与总包部组织的质量宣传教育活动，参与总包部组织的重大质量管理活动。

6.1.3 质量管理实施

1. 临建标准化建设验收

（1）从临建的标准化入手，增强各参建单位的质量意识，为全面贯彻标准化施工、提升实体工程质量，打基础、树氛围。

（2）全线临建布置须按《高速公路施工标准化技术指南》《高速公路施工标准化技术指南》，以及《绵苍高速公路标准化管理手册》的要求，统筹规划、实施。

（3）提前介入，所有临建规划及方案必须经总包部批准后，上报总监办审批后方可实施。完工后按照方案内容进行验收、认可。

2. 物资材料管理

为加强成绵苍巴高速公路项目工程建设质量管理，从源头控制重要路用材料的产品质量，把控重要路用材料的准入关，对本项目使用的橡胶支座、伸缩缝、锚夹具、土工格栅、土工布、防水板、水泥压浆剂等 7 种重要路用材料，必须从合格材料准入名单中选取，实行准入管理。项目实施过程中，若上级单位有新的管理文件发布，按新文件执行。

3. 首件工程验收认可

（1）为加强本项目工程建设管理，消除质量通病，对项目工程建设实施“首件工程认可制”。

（2）“首件工程认可制”是对每一个分项工程，在开工前，从技术培训、技术交底、材料进场、施工工艺、技术要求、质量控制等方面进行分析、论证，制定施工组织设计。按施工组织设计中的工艺技术要求先完成样品工程，随后对样品的各项质量指标进行检测，并对检测结果进行分析、对比，再对施工组织设计进行修改完善，然后下发试生产，待施工工艺和质量满足要求后方可正式施工。

（3）外露结构物（如立柱、梁板、墙式护栏等）施工前须经过试验品施工，外观质量得到总包部、业主及监理认可后才能全面施工，项目部必须保证按认可的标准实施，否则总包部、业主、监理有权对不合格品作废品处理。

4. 关键工序隐蔽工程验收

（1）严格把关工序，每道工序完工后，必须经监理工程师检查、验收后才能进行下一道工序的施工。

（2）严格按照《公路工程质量检验评定标准》中规定的验收标准进行把关，严格审查有关施工方案及施工工艺和质量保障措施，确保工程质量。

（3）严格隐蔽工程验收管理，经验收合格确认后才能隐蔽覆盖。

（4）严格桥梁桩基终孔验收，按照不同权限对不同的桩基础进行验收终孔。

5. 质量检查规定

（1）检查分类。

质量检查分不定期的质量抽查或巡查，分项或专项工程质量检查，质量检查，质量评比检查，包括上级单位的各项质量检查。

（2）检查内容。

①临建工程标准化：主要包含标段项目部驻地（含施工人员驻地）建设、预制（拌和）场地建设、钢筋加工厂场地建设、隧道洞口场地与设施建设、施工便道等是否满足标准化要求。

②实体工程质量：针对建设各阶段质量管理的重点内容，由总包部、业主组织或总监办进行的分项或专项工程检查。主要检查各标段是否按规范进行各道工序的施工，标段各分项、分部工程质量状况，材料送检、自检的频率和可靠性，是否按基建程序进行施工，内业资料的齐全性、真实性情况等。

（3）总包部每季度外业巡查、抽查，对每个标段项目部、中心试验室的工作进行检查。

6. 样板工程管理

本项目推行样板工程制度，在项目的创优活动中，通过分阶段分批组织进行“标杆”工程评选，对各分项（分部）工程的实体检查评比，评选项目样板“标杆”工程，作为项目的亮点，以点带面，带动全线施工创优活动的开展。

7. 质量上报管理

（1）及时填写施工日志，内容包括时间、天气、地点、施工项目、工程数量、工程质量状况是否出现问题，质量问题处理情况、工程大事记，标段项目部每周应在总包部要求的时间内编制工程周报和工程月报（包括完成的主要工程量、存在的问题、完成质量状况、下阶段工程安排等）。

（2）中心试验室统计试验检测汇总结果，编制检测报告上报总包部。

（3）第三方检测监测单位汇总检测监测结果，编制检测监测报告上报总包部。

（4）总包部工程部是质量管理的执行机构，对整个项目各项目部的质量状况要随时掌握、了解，组织处理质量事故，发现重大问题及时向主要领导汇报。

8. 质量台账管理

在施工阶段建立本项目的质量管理台账，列入重要的质量技术指标。

（1）台账范围包含但不限于混凝土强度、钢筋保护层、路基压实度、填筑层厚度、桩基检测质量等级、专项施工方案审批情况、原材料质量情况、隧道施工拱架间距、喷射混凝土厚度、路面层厚度、路面层压实度、路面抗滑构造深度等重要指标。台账指标要基本满足《公路工程质量检验评定标准》的主要指标。

（2）要求项目部、中心试验室、第三方检测监测单位统计相关台账以电子版形式上报总包部工程部。所属各标段单位要及时分析质量指标的动态情况及趋势，针对性采取有效的措施，确保工程质量受控。

（3）质量管理台账实行动态更新，强化数据质量管理，保证与工程实体对应。

9. 质量管理奖惩措施

总包部以合同文件中相关处罚规定为依据，结合现场实际情况制定质量管理罚则（由总包部开出的处罚通知单和整改追踪单，若出现受检单位拒签情况，总包部直接下发红头文件全线通报，并加倍罚款）如下：

（1）总包部工程管理人员在日常工程质量检查中，对发现的质量问题或质量管理混乱等违规情况及时发出《工程质量问题整改通知单》，若未在期限内完成整改，将发出《工程质量问题处罚通知单》（可根据工程质量问题严重程度辅以罚款），罚款按照施工合同和质量管理办法中相关处罚条款计算。

（2）施工标段对检查中发现的问题及时进行整改，整改完成后填写《整改情况回复单》报总包部，由总包部工程部对整改情况进行复核。

（3）总包部管理人员日常巡查、综合检查和上级单位检查中发现的质量问题和相关指标抽检合格率，将参照相关合同中质量责任追究相关规定，对项目部给予警告、通报批评处理，对相关质量管理责任人进行通报批评、清退等责任追究。

6.2 工期管理

6.2.1 工期管理模式

1. 组织机构

成立以项目经理为组长，项目部分管领导为副组长，各部门负责人为组员的进度管理领导小组，进度管理领导小组定期开会分析项目实施中出现的问题，统一协调，统筹安排，确保目标工期的实现，进度管理领导小组办公室设在工程部，负责日常的进度管理工作。

项目负责人（项目经理）担任组长，项目副职（项目副经理、总工程师、安全总监）为副组长，其他领导及各职能部门负责人（工程部部长、安全监督部部长、设备物资部部长、财务部部长、计划合同部部长、综合办公室主任、中心试验室主任、信息中心主任、征拆办公室主任）为小组成员。

领导小组办公室设在项目经理部工程部，负责进度领导小组日常工作。

2. 工期管理职责

（1）项目经理工期岗位职责。

项目经理是本项目施工的主要负责人，负责主持本项目施工管理，督促、落实上级各类计划以及各项标准和政策，保证各项任务的按时完成。负责项目工程进度计划的管理和运行；主持项目工期计划工作会议，组织“项目工期计划”的实施及修改工作；组织审批工期措施及方案，并督促落实；组织保工期责任小组会议，分析工期生产情况；进行工期责任的分解，组织制定工期责任小组会。

（2）项目书记工期岗位职责。

项目书记协助项目经理抓好项目的安全生产、文明施工管理工作。督促项目部管理人员岗位责任制和各项规章制度的落实。做好后勤保障工作，负责协调周边关系，做好征地拆迁协调工作。

（3）项目副经理工期岗位职责。

项目副经理协助项目经理负责施工生产管理工作，协调施工生产各类关系，协调调度、生产任务安排，统筹项目进度计划及有关工作安排。

（4）项目总工程师工期岗位职责。

项目总工程师是本项目的技术负责人，负责领导项目工期管理中的技术业务工作，审定工程施工组织设计和特殊工程的施工方案，对本项目的工程工期和工期管理负全面技术责任；负责组织新材料、新工艺、新设备、新技术的开发和推广应用工作；负责技术文件和有关工期文件的批准、发布和更改的审批等工作。对本项目的工程工期管理负全面技术责任。

（5）安全总监工期岗位职责。

安全总监负责指导检查施工现场安全施工、安全保卫工作规范化管理开展落实情况；指导检查施工现场文明施工、环境保护、职业健康工作规范化管理开展落实情况；督促分包单位建立健全安全生产管理制度，包括安全责任制，安全检查制，安全教育制并定期或不定期地进行检查。

（6）总经济师工期岗位职责。

总经济师负责组织贯彻计划、统计、合同、结算、预算、定额、信息等方面的政策、法规和规章制度，结合项目实际制订补充规定，并对实施情况进行检查。组织贯彻公司的经营方针目标，制定项目经理部的经营计划和目标，并对实施情况进行检查。根据合同的年（季）度计划和合同工期要求，组织制定项目经理部年（季、月）施工生产计划，并对实施情况进行检查。

（7）总会计师工期岗位职责。

总会计师负责全面管理项目日常财务会计工作。编制和执行预算、财务收支计划，拟定资金筹措方案，开辟财源，有效使用资金。

（8）工程管理部工期岗位职责。

工程管理部负责编制施工进度计划，并督促落实；进行现场指导，解决技术难题；负责制定施工方案，确保工程按期完成。

（9）计划合同部工期岗位职责。

计划合同部负责分解工期计划任务，编制本项目现场施工月度施工计划，负责收集进度信息，做好实物工程量和形象进度的统计工作，掌握施工的实际进度，分析施工情况及时向项目经理汇报；负责计划编制、调整、统计工作；负责建立工期奖励机制，奖罚兑现；负责组织劳动竞赛，调动干部职工的生产积极性。

（10）物资设备部工期岗位职责。

物资设备部负责配置足够机械设备，做好机械设备保养工作，保证机械完好，努力提高机械利用率；做好各作业队、各专业工种间机械使用的调度平衡工作，保证作业队有条不紊地使用机械设备；编制材料需求计划并保证现场材料供应；按合同规定交货期验证进场材料质保书和材质、规格、品种并进行计量认证。

（11）征拆办公室工期岗位职责。

征拆办公室负责项目经理部全线征拆和环水保工作。负责推进正线征拆工作，为正线施工用地提供保障。负责督导征拆和环水保问题的落实情况，指导帮助各分部征拆及环水保管理过程中出现急需解决的重点、难点事宜。检查各分部环水保管理制度、办法、相关方案、应急预案是否编制，是否符合相关规范标准要求及分部实际情况。

（12）安全监督部工期岗位职责。

安全监督部负责制订安全生产责任制，明确所属各单位安全生产责任，监督、考核各单位安全生产管理工作和安全生产目标的实现情况。审查安全生产费用使用计划，监督、检查安全生产投入情况。审查各分部超过一定规模的危险性较大的分部分项工程专项施工方案，并监督检查落实情况。

（13）中心试验室工期岗位职责。

中心试验室工期岗位负责本项目的试验检测规划、统筹、监督、服务、协调整个项目的试验检测工作。负责水泥混凝土配合比设计、沥青混凝土配合比设计、路面基层材料配合比等标准试验的审核工作。检查混凝土拌和站配合比使用及计量系统校准。检查工地试验室信息化系统，对水泥、钢筋及钢筋连接、混凝土、砂浆抗压强度等试验检测进行监控。

（14）财务部工期岗位职责。

财务部负责项目部全面预、决算管理，定期进行预算执行分析、财务分析，配合计划部定期进行经济活动分析。负责项目资金、债权债务管理工作，保障资金安全高效使用，落实资产清查工作。负责项目税务筹划、税费申报及管理工作，合理管控税负，保持良好的税企关系。

（15）综合办公室工期岗位职责。

综合办公室负责项目部后勤保障工作。

（16）信息化中心工期岗位职责。

信息化中心负责智慧工地建设，为现场施工监控、混凝土超耗、车辆运输等方面提供数据。

6.2.2　进度计划管理

成绵苍巴高速公路进度计划管理遵循的原则：明确进度控制的目标、加强施工进度控制的意识、建立健全进度控制管理的组织机构、加强项目的信息调查和管理、对施工进度进行动态控制管理。

（1）施工前：要培养相关工作人员的素养，完善施工制度，建立健全进度控制管理组织机构。对项目进行细致的分析，结合工程实际、工期长短、安全质量、材料供应等各方面进行评价，制定合理有效的总体施工计划，再根据总体施工计划分解为年度计划、季度计划、月度计划以及周计划。

（2）施工阶段：在施工过程中，实时对现场施工进度与施工计划相对比，进行跟踪调查了解，对关键工序制定相应的措施，确保项目整体施工进度。当进度与施工计划不相符时，详细分析进度滞后的原因，人员、材料、机械是否满足现场施工需要，是否是天气的原因，是否需要重新制定施工计划等，安排专人管理，制定预警措施及纠偏措施；制定考核管理办法，对进度依旧严重滞后的进行处罚。

6.2.3　工期管理实施

1. 总体计划

根据合同文件及项目业主的要求，线下工程以隧道、预制梁架设为主线倒排工期，线上工程以路面具备施工条件为主线确定路床交验完成时间，制定总体施工计划，编制施工组织设计及上场策划书。

2. 过程控制

根据工期目标管理制定的计划，依据项目业主下发的年度施工计划完成产值，制定项目年度节点目标、形象进度及计划完成产值，各标段根据年度计划，编制详细的季度、月度计划及总结，通过月报、周报、日报，详细地分析月度完成工程量与整体施工计划，对施工进度较慢的部位及时纠偏；开展劳动竞赛，同时对制定的节点目标进行考核，激励各标段加快施工进度。

3. 程序管理

严格按照“PDCA”循环的四个阶段进行计划管理。

（1）P（计划阶段）：分析项目现场实际情况及总体节点目标，制定切实可行的施工计划。

（2）D（执行阶段）：根据制定的施工计划，在现场管理中按照制定的施工计划安排人员进场，材料、机械设备按照施工计划要求确保满足现场施工需要，现场施工在保证安全、质量的前提下，合理安排施工工序，以最短的时间完成施工任务。

（3）C（检查阶段）：收集月报、周报、日报的数据，与施工计划进行对比，查找进度滞后的工程部位。

（4）A（处理阶段）：详细分析工程部位进度滞后的原因，人员、材料、机械是否满足现场施工需要，是否是天气的原因，是否需要重新制定施工计划等，安排专人管理，制定预警措施及纠偏措施；制定考核管理办法，对进度依旧严重滞后的进行处罚。

6.3 安全管理

6.3.1 安全管理总体目标

（1）不发生一般及以上生产安全责任事故或其他造成重大社会影响的生产安全事故。

（2）杜绝因工死亡事故。

（3）杜绝较大设备事故及火灾事故。

（4）遏制较大险性事件。

（5）严防安全生产失信惩戒。杜绝因安全生产违法行为而被国家有关部委实施联合惩戒和纳入“黑名单”。

（6）杜绝一般以上职业病危害责任事故。

（7）创建四川省“平安工地”。

6.3.2 安全目标的分解

1. 建立健全制度体系

责任体系、安全管理体系、培训教育体系、应急管理体系等体系建设，全面梳理覆盖全员的安全生产职责清单，进一步明确各岗位安全生产职责，从制度建设上落实一岗双责管理要求。围绕贯彻落实国务院安全生产工作“十五条硬措施”、国务院国有资产监督管理委员会提出的“五个必须”，实行股份公司明确的“十个坚决”具体措施，通过岗位安全责任考核，层层压实全员安全生产责任，推动全员主动履行安全生产职责，让每位管理人员时时刻刻把安全责任扛在肩上、落实在行动上。

2. 落实安全包保责任

逐级签订《安全包保责任书》，落实安全责任包保要求。所有一线工人与班组签订安全生产责任书，各班组与分包队伍、分包队与项目部、项目部与部门负责人、部门负责人与部员分别签订年度安全包保责任书。通过层层包保、层层负责，强化一线作业层的安全管理，贯彻“谁主管、谁负责”的原则，做到职责分明，责任到人。对重大危险源加强跟踪监督，落实风险包保责任人，制定风险管控措施，加强日常巡查检查。按照每周至少一次的频率开展巡查工作，并及时填写巡查记录表，发现问题现场出具整改通知单，督促工区整改落实。

3. 深入开展安全生产检查

不定期开展安全生产检查，对全体人员落实五个责任体系安全责任履行情况进行检查，现场技术、管理人员是否按照审批的专项方案监督工序作业实施情况；专职安全管理人员是否监督到位，对发现的隐患是否进行制止，有无视而不见、习以为常现象；各班组是否开展班前教育活动，活动内容是否和作业环境安全隐患相一致，分包商现场负责人是否开展作业安全管控。

4. 加强全员安全监督

以“我要安全、我会安全、我懂安全、我能安全”为原则，大力宣传、倡导实现施工作业零违章、设备状态零缺陷、施工现场零隐患。通过在现场设置“安全隐患举报公示牌”鼓励一线作业人员积极参与安全生产管理，及时举报安全生产隐患，监督隐患整改落实情况，提高项目安全生产管理水平，并对相应责任人进行奖罚。充分调动作业人员参与施工现场安全管理工作的积极性，发挥群众监督作用，使所有人员感受人人讲安全、人人为安全的良好安全生产氛围。

5. 强化安全教育培训

督促落实安全教育培训制度，严把劳务人员“进场关、培训关、体检关”。进场人员必须经劳务管家实名制录入、多媒体工具箱培训、健康体检、三级安全教育、体验式安全教育并经过安全考核，合格后方能上岗。强化全员安全生产教育培训，加强企业和项目安全文化建设，开展基层班组安全建设活动，把安全生产履职尽责意识、安全管理措施、安全作业要求、事故防范技能落实到各级管理人员和一线员工，全面提升现场安全生产水平。通过每天班前由管理人员或班组长组织施工人员进行班前宣讲，重点告知作业人员当天作业内容和本岗位存在的安全隐患及危险源因素、注意事项，提高教育培训的针对性和实效性，做到防患于未然，提高全员安全生产意识和能力，让一线管理人员清楚怎么管，作业人员清楚怎么做。组织教育培训机构对特种作业人员以及瓦检员、爆破员开展业务培训，考试合格后持证上岗，切实提升作业人员的业务技能。通过教育培训的针对性和实效性，做到防患于未然，提高全员安全生产意识和能力的目的。

6. 落实约谈机制

严格落实安全生产责任制度，加大安全过程管控，对过程管控不到位的单位与年底考核挂钩。在日常检查整改落实、安全生产专项活动开展等方面，要求各单位必须严格落实，对隐患排查不全面、问题整治不彻底、责任落实不到位的单位和人员，采取约谈、通报、罚款等方式进行严肃处理。对安全管理无明显改观、现场隐患重复出现、屡禁不止的行为，约谈上级单位相关负责人。

6.3.3 安全目标保证措施

1. 特种设备安全管理

成绵苍巴高速公路项目高峰时期全线特种设备共计 205 台。为保证项目安全生产平稳有序进行，确保所有设备安全可靠使用，项目部针对实际情况制定了特种设备管理办法及操作规程，规范了各级管理人员职责以及操作控制重点。

（1）特种设备操作岗位责任。

操作岗位责任制度是特种设备安全管理制度的核心，是明确操作人员在设备管理及使用时对安全生产应负责的制度，要求持证上岗，严格按照特种设备操作规程操作设备，不违章作业，按时巡回检查、准确分析、判断和处理特种设备的运行中的异常情况，出现紧急异常情况时立即采取措施，保证设备安全。在设备投入使用前必须进行检查，及时填写检查记录。

（2）特种设备主管部门责任。

项目部及各分部设备物资部负责特种设备的检验标定和日常维保工作，熟悉掌握特种设备相关安全知识。做好特种设备的定期检验以及安全附件、仪器仪表的检测、校验工作。做好特种设备一机一档管理工作，特种设备档案必须附有出厂时所附带的安全技术规范要求的设计文件、产品质量合格证明、安装及使用维修说明、监督检验证明、注册登记文件、安装监督检验报告、年度检验报告、日常运行记录、故障排除及维修保养记录等。

（3）安全管理部门责任。

按照规定对操作人员进行教育培训以及安全技术交底工作，加强对特种设备在使用过程中的监管，确保操作程序和人员合规。监督检查特种设备日常维保记录以及设备安全使用状态。

为确保设备的安全性能符合要求，项目部邀请有资质的第三方检测单位不定期对特种设备使用性能、工况进行抽查检测，出具检测意见书和检测报告，确保各类设备处于安全状态。

2. 风险分级与隐患排查双预控实施

（1）做好教育培训，增强安全管理意识。

高速公路施工建设的直接主体就是一线施工工人，因此工人的安全意识往往决定项目整体的安全管控能力。所以施工中应加大对一线施工工人的技能培训力度，确保他们的工作素养达标。优先聘用具有施工建设经验的队伍和工人，从前期管理上杜绝不稳定因素。施工前，对施工工人进行技能培训和考核，并对他们的安全风险意识以及相关知识进行了解，必须要着重加强安全意识教育。只有满足考核标准之后才能够上岗工作。要将一些先进的施工技术以及现场工程设备的使用方法告知工人，并确保他们能够熟练掌握。

施工中利用安全培训的机会，向工人告知安全风险，使所有作业工人了解本岗位风险特点及风险种类。加强建设工程安全事故的案例讲解，使工人了解事故的发生原因及预防措施，时刻提高工人的思想警觉性。同时，在项目部管理人员的监督下，进一步加大安全防护设备设施的投入。每天认真开展班前讲话活动，一线工人利用亲身经历讲述工班应注意事项，对安全隐患采取措施，提前规避可能出现的各种安全风险。

（2）风险分级及风险清单库的建立。

安全风险管控清单是施工安全风险管控的重要依据，主要通过一系列的风险评估活动确定。项目部以《公路桥梁和隧道工程施工安全风险评估指南》《高速公路路堑高边坡工程施工安全风险评估技术指南》为依据，对桥梁、隧道、高边坡等进行总体和专项风险评估，评价结果分为低度风险（Ⅰ级）、中度风险（Ⅱ级）、高度风险（Ⅰ级）、极高风险（Ⅳ级）。现场设立风险告知牌，将风险等级用红、橙、黄、蓝来表示。分别建立总体风险清单、风险汇总清单和重大危险源清单。

为落实风险分级管控原则、提高各等级风险的管理效率，按照集团公司《生产安全风险管控规定》的要求，将不同等级的风险明确风险管控的层级，项目部管控Ⅰ、Ⅱ级风险，分公司管控Ⅰ、Ⅱ级，审批Ⅲ、Ⅳ级风险并监督实施。各层级共同管理使各等级风险得到合理的关注和控制。

（3）隐患排查治理。

做好隐患排查治理工作，不能够只在出现了问题之后才寻找问题的根源，要能够在工作开展之初以及工作开展的整个流程中保持足够强的安全警觉意识，对各种不规范的施工建设方法进行整治。要对近期问题清单库形成巡查机制，结合不定期抽查的模式来形成较强的监管力，并加强与所有施工工人之间的沟通交流，了解施工中存在的一些困难。引入安全隐患举报机制，鼓励所有工作人员对存在安全风险的环节以及相关责任人进行举报，然后有针对性地开展调查和整治工作。隐患排查治理工作应当始终贯穿于整个高速公路施工过程，尽最大的可能来消除安全风险，以确保全项目安全生产目的。

项目部建立隐患排查治理台账，如实记录每次巡查后事故隐患问题情况，包括排查时间、隐患类型、所在位置、治理措施及整改情况等主要内容。分部接到安全隐患整改单后，在规定的时间内对隐患问题进行整改并恢复，项目部对整改问题及时复查，符合整改要求及时销号。

3. 远程视频安全管理

（1）视频云监系统。

成绵苍巴项目全线长约 152 km，使用安全生产视频云监系统，在全线拌和站、重大风险源点及重要点位安装视频监控。除常规检查外，每天安排专人在信息中心巡查监督施工生产情况，及时掌握全线安全生产信息，对生产施工作业现场进行全过程、全方位安全监控，及时觉察事故苗头、隐患和习惯性违章现象，从源头去抓和治理，有效遏制生产安全事故发生。这样不仅能监控所有作业点位的安全隐患情况，而且巡查效率高，隐患整改及时。通过视频云监系统的使用，杜绝了现场一些习惯性违章作业，促进了现场管理及作业人员保持良好的工作习惯。

根据视频云监系统，管理人员可以随时了解各关键部位、高风险施工现场情况，发现传统现场安全检查不能及时发现的问题。及时发现习惯性违章行为，减少影响，再通过视频云监系统对各个作业面实时查看，能第一时间发现习惯性违章行为（如墩柱施工过程高处作业人员未系挂安全带），可直接通知现场管理人员，对存在习惯性违章行为进行制止。同时，可将违章视频或照片保存，制作成警示视频或影像资料，用作业人员身边或自身的违章行为作为教育资料，让作业人员真正意识到违章造成的危害和后果，进一步提高安全教育实质效果，不断提升班组作业人员安全意识，对班组安全标准化建设也具有重要意义。

（2）施工安全风险识别及智慧感知系统。

本项目与西南石油大学合作建立复杂环境下高速公路施工安全风险识别及智慧感知系统。该系统可构建高速公路施工安全状态判识准则，通过视频监控数据与数据库对比，发出高速公路施工安全风险预警信息及控制措施，包括人的不安全行为以及环境因素。目前，系统运行良好，对发现的安全隐患可及时通过扩音器通知现场人员，系统后台同步发送信息至管理人员。

4. 应急管理

（1）健全应急体系，做好应急管理指挥保证。

成绵苍巴设立三级应急管理体系：项目经理部本级、片区指挥部（绵阳、广元）、分部应急管理体系。明确各级单位负责人是应急管理工作的责任主体，按照分片负责、条块结合的原则，落实责任管理。

建立稳定的应急基本队伍。目前，各分部均建立一支应急救援队伍，同时与社会第三方应急救援队伍签订救援协议，在自身救援力量满足不了救援任务时，参与应急救援。

（2）开展应急演练，提高应急管理工作。

按照年初应急演练计划，结合项目实际情况，以《中华人民共和国突发事件应对法》《突发事件应急演练指南》《公路交通突发事件应急预案》等文件为纲领，编制了 16 个高速公路专项应急预案，预案体系完备。针对防汛抢险、坍塌、交通运输、高处坠落、临时用电等重点事故隐患编制专项预案。

经常开展演练，各分部每半年都要组织专项预案的演练，提高应急队伍的综合素质和应急技能。项目部牵头组织其他分部参与观摩，对演练的全过程进行总结，便于提高演练处置能力。通过内部的交流互动，及时发现、查找演练过程中存在的问题，对发现的问题进行集中讨论，达成统一共识，从而进一步更新完善预案，始终保证预案的科学性、指导性、实用性和可操作性。

（3）加强应急演练，提高应急处置能力。

积极推进应急管理“关口”前移，加强源头防范，我们按照“提前预警，及早处治，减少损失”的原则，根据季节变化及施工特点，提前进行汛期、森林灭火、高处坠落等隐患类型的演练，努力做到“防患于未然”。

6.4 成本管理

6.4.1 计划合同目标管理

为深入贯彻落实股份公司“1234+”工程项目管理思路的实施意见，为打造“品质二十三局”助力，努力提升本项目创誉创效水平，确保本项目实现 22%以上收益点，利用先进科学的方法将劳务成本管控在合理范围内，通过劳务分包队伍选用、分包模式、统一劳务指导价、合同管控、工程计量管控、结算管控等方面明确控制要点。

1. 劳务成本目标管理原则

（1）成本最低化原则：一方面挖掘各种降低成本的能力，采取各种措施，使可能性变为现实；另一方面要从实际出发，以客观条件和现实的技术水平为依据，制定通过主观努力可能达到合理的最低成本水平。如通过多方案经济比选达到成本降低目标。

（2）动态控制原则：成本控制不是一成不变的，随着项目施工进展，成本管控的重点和重心也会发生转移，前期做好的策划和方案需要在施工过程中通过对比分析实际，查找问题并分析对策的 PDCA 动态管理过程。

（3）全面成本控制原则：项目成本的全过程控制要求成本控制工作要随着项目施工进展的各个阶段连续进行，既不能疏漏，又不能时紧时松，应使施工项目成本自始至终置于有效的控制之下。

（4）责、权、利相结合的原则：明确项目各方和各管理层的责任是成本管控的基石，享有相应权力是实现成本管控的保障，考核奖罚是对成本管控工作的考评提升，只有三者紧密依存、相互扶持，才能快速高效地确保成本管控目标实现。

2. 劳务成本目标管理的措施

（1）劳务分包队伍选用：坚持通过劳务招标择优选用与集团公司长期合作的劳务分包队伍，优选信誉良好、垫资能力强、施工能力强的优质劳务分包队伍，杜绝选用“一次性”、信誉不良、转包提点的劳务队伍。

（2）劳务分包模式多样化：根据劳务分包项的特点和可行性，有效控制成本，针对性地采用清包加辅料、清包加辅料加机械、包工包料等多样化模式，如临建工程可以采用清包加辅料加机械模式、路基工程采用包工包料模式、桥涵工程采用清包加辅料模式。

（3）统一劳务指导价：本项目前期就根据当地市场人工单价、集团相邻项目指导价并综合各子公司劳务分包价,集中讨论并统一劳务指导价,用以指导劳务分包价和劳务分包内容。

（4）劳务合同管控：完善劳务分包合同相关规定和要求，明确劳务合同的责任和权力，确定施工工作内容、预估施工工程量和劳务分包单价，严格执行劳务分包单位先签订劳务合同后上场施工的要求，杜绝因劳务合同签订漏洞导致的成本增加。

（5）劳务队伍清退：制定月计划任务，月度严格考核队伍施工工效、安全质量、材料损耗，对施工效率低、安全质量差、材料损耗大的队伍提出整改要求，并跟踪队伍整改情况，对整改不力的队伍直接快速清退出场，以免出现恶意窝工、误工索赔、安全隐患等造成成本大幅增加的问题。

（6）工程计量管控：根据项目特点，合理划分劳务分包段落，根据每个队伍负责的段落，梳理出 0#清单量、施工图量和现场实际量，以三量最小数据为管控目标，严格把控工程量计量，杜绝出现超设计计量情况。

（7）方案优化管控：通过多方案经济比选，合理降低临建成本；通过施工组织，优化劳务队伍选用；通过优化工序，降低劳务成本；通过优化物资供应，杜绝劳务窝工、误工成本增加。

（8）安全质量管控：制定安全质量管理制度，进行安全教育培训，现场检查督导落实安全质量管理，严格把控安全质量，争取施工一次性达标，整体质量优良，安全质量无事故，向安全质量要效益，杜绝安全事故、返工事故发生的成本增加。

（9）变更索赔：根据现场实际情况，将施工难度大、技术不成熟、施工成本过高、效益点低的项目变更为技术成熟、施工难度小、施工成本低、效益点高的项目；对于原材料价格、新增工作内容、后补充项目增加措施费较高的情况进行索赔。

（10）结算管控：在劳务队伍完成施工任务后，为了快速锁定项目成本，要快速对劳务队伍进行年度结算最终结算办理，杜绝因时间过长、人员调动等情况导致数据混乱而造成不必要的成本增加。对于工期少于一年的，及时办理最终结算；对于工期超过一年的，在每年年底要进行年度结算办理，并在完成施工任务后及时办理最终结算。

6.4.2　设备物资目标管理

1. 设备物资管理总体工作目标

在保障施工、满足质量的前提下，以降本增效为目标，利用先进信息化手段做好物资管理的策划、计划、采购、验收、保管、发放、使用、核算、处置、统计及档案等方面工作，加大管控力度，进行全过程综合管控。实现项目物资设备管理集约化、手段现代化、配置最优化、效益最大化、流程标准化、管理系统智能化等目标。

（1）质量目标：施工物资满足设计、国家、行业标准相关要求，合格率 100%。

（2）成本目标：以项目成本计划中的材料单价和数量为目标，切实可控，保持材料采购价格稳定、拌和站地材验收节约率为 0.5%，物资消耗节余率控制在集团要求范围内，其中钢材、水泥等主材消耗节余率在集团公司文件要求标准再下浮 0.2%。

（3）进度目标：合理提报物资需求计划，组织材料进场，供应保障率100%。

（4）采购目标：设备物资需求计划、采购计划上报审批率100%；物资集采率不低于93%，设备集采率不低于96%，节资率不低于3.5%；小件物资网采率不低于施工产值的1.1%，节资率不低于10%。

2. 项目设备物资管理工作开展

（1）完善管理体系和机制建设，夯实管理基础。

俗话说“没有规矩，不成方圆”。规矩也就是规章制度，是我们应该遵守的，用来规范我们行为的规则、条文。它保证了良好的秩序，是各项事业成功的重要保证。项目设备物资管理按照统筹规划、统一领导、分级管理的原则，实行项目经理部、各分部的二级管理体制，建立统一物资管理体系和工作机制。各管理层级分别设置物资设备部，配置专职管理人员进行归口管理，充分发挥集团公司直属项目部的龙头作用，做好监督、服务、指导、组织、协调等工作，督促各项目分部承担起主体责任，全面落实各项工作。

项目设备物资部根据建设单位及上级物资管理规定，结合项目实际制定了设备物资管理办法、拌和站（物资）管理办法、钢筋（物资）加工厂管理办法、周转材料管理办法、地材管理办法等制度。规范设备物资业务流程，夯实了管理基础，使项目设备物资管理有章可循，有据可依。对各类业务流程进行优化，提高工作效率。强化规章制度学习，提高规章制度的执行力，确保各项制度落实到位，保障设备物资各项工作依法合规、使项目设备物资管理做到采购过程公开透明，进料过程有人监督，发料过程有据可查，使用过程有人管控，使用之后有核算核销，材料管理严进严出、账物相符、日清月结、堵跑塞漏。

（2）做好物资供应，确保价格稳定、质量可控。

根据项目施工特点、生产进度、材料使用时间节点、运输路线、场地布置、物资种类等要素，将物资供应与工程施工工序衔接，制定科学合理的物资供应方案，实现物资按需、按量、按时到场。近年，受中央环保督察、汛期、限电政策等综合因素影响，主要材料价格波动较大，供应形势严峻，项目通过广泛调查市场资源，精密分析价格走势，加强和供应商沟通，掌握可支配库存、价格、物流等重要信息，提前进行研判，制定应对措施，科学储备物资，合理规划运输路线等一系列措施确保物资供应及时高效，有效地稳定了价格，保障了现场施工。

做好质量控制，加强材料进场监管，落实质量责任：加强对原材料源头的把控，做好原材料的选择和筛选工作，选取优质可靠的原材料供应商；要加强原材料质量进场检验，严格落实先检后用等规范要求，对检验不合格原材料立刻退场，不得使用；加强随机抽检频次，提高原材料抽检率，定期开展原材料质量监督检查机制，确保进场原材料质量能满足施工规范要求；严格执行股份公司、集团公司有关规定，已招标的原材料必须在招标确定的厂家及品牌中选择，严禁擅自变更供应商及产品。

（3）做好合同签订、履约及供应商管理。

项目统一合同范本，建立健全采购合同管理台账，对合同履行情况、款项支付情况进行动态监控和管理，防范合同履约风险。对采购金额在50万（含）以上及重要设备物资合同实行备案制度，合同签订后10 d内报项目部备案。建立长效机制和保障体系，对拖欠时间较长、金额较大的项目集采物资供应商进行代付，确保现场材料供应，加强供应商沟通，避免诉讼风险。

对供应商实行动态管理，按照季度对项目在用供应商进行评价，填写《供应商考核评分表》，项目汇总后发布供应商考核结果，通过对供应商履行、价格、交货、质量、服务等情况的考核，将供应商分为优秀、良好、慎用、禁用等，促进供应商优胜劣汰，督促供应商不断提高履约质量和服务水平。

（4）强化现场管控力度，确保设备物资管理规范运行。

做好项目设备和物资过程管理工作，抓住物资管理关键环节。建立完善各类设备物资台账，做到账物相符、日清月结；加强设备物资现场标准化管理，抓好物资管理的关键环节，做好物资供应计划、采购、合同、验收、发放、消耗、核算等关键环节的管理，使物资管理工作做到规范、有序、受控。

①做好物资供应计划管理。物资供应计划必须依据经过复核的设计文件与合理的消耗定额水平以及工程项目的实际情况提出。需要批量定尺生产钢材、型材单独提报计划，指挥部汇总，达到定尺生产数量时，与钢厂协商定尺加工。

②做好物资采购成本控制。严格物资设备采购计划的审批管理，采购过程严格执行相关采购制度，加强市场调查摸底，规范采购程序，降低价格。

③做好采购合同管理。执行合同评审和备案制度，建立合同管理台账，对合同执行过程进行跟踪记录，及时解决合同纠纷，化解合同风险。

④物资验收管理环节。严格物资进场验收检验制度，加强原材料的检测工作，按规范要求对进场材料进行取样送检，确保入库物资数量准确、质量合格。

⑤物资发放管理。物资部门依据单位工程物资用量，建立物资定额供应台账，实行从开工到竣工全过程定量控制。严格执行限额发料、超额审批制度。加强对材料领用人管理，确保出库受控，程序合理。

（5）做好设备物资核算和分析工作，堵塞管理漏洞。

物资设备成本核算工作是工程项目责任成本管理的重要组成部分，要贯穿于物资设备供应管理的全过程。物资设备成本核算主要分为数量核算和成本核算。项目成立由工程、计划、财务、物资设备等部门组成的成本核算小组，制定物资设备核算细则，作为经济活动分析的主要内容之一，每月开展节超分析活动。物资设备消耗核算执行与工程进度同步、与劳务计价同步、与财务核算同步的“三同步原则”。物资设备核算的主要工作如下：

①确定核算对象：正确划分核算对象是确定限额供应、成本归集，核算节超的前提，核算各环节必须按照统一的对象进行。对拌和站要进行两次核算，即混凝土用原材料的消耗节超情况和混凝土的消耗节超情况。

②限额供应：由工程、计划、物资设备等部门密切配合，制定限额计划与台账，严格执行限额供应。

③计量与盘点：每月 25 日前组织工程、计划、物资对各核算对象的已完工程量和原材料、半成品进行现场计量和盘点，据实计算实际完成的工程量、半成品和原材料库存量。

④材料节超计算：每月 26 日前工程部门根据实际完成的工程量、半成品量、规定损耗计算汇总得出核算对象的应耗量，物资设备部门根据实际供货量和库存量计算汇总得出核算对象的实耗量，通过应耗量和实耗量的对比最终得到核算对象的节超情况。

⑤机械使用经济活动分析：合理经济地使用机械设备，应尽量实行单机核算，对单机（机组）、单车油材料消耗及完成工作量建立台账并逐月进行考评、考核。

⑥分析和运用：每月定期召开节超分析会和经济活动分析会，分析节超原因，研究对策、兑现奖罚，合理利用分析结果，制定措施，优化工艺，堵塞漏洞、规范现场物资消耗过程。定期对队伍进行物资核算工作，超耗材料及时从计价款中扣除。

（6）加强机械设备管理，提升创效水平。

加强自有机械设备的管理，及时掌握设备动态，提高设备使用效益。落实大型设备定人、定机、定岗制度，实施专业化集中管理，减少设备折损，提高完好率。推行设备的单机核算，进一步建立和完善机械设备管理激励机制，奖励先进，处罚落后。

外租机械设备管理的重点就是机械设备租赁费。主要从以下几方面控制：

①做好投入产出、租购对比分析。

②按需租用，严控数量和租期，合理比选设备租赁形式，实行按工作量计租为主、按工时（台班）计租为辅的租赁方式。

③加强单机单车核算，进一步提高设备使用效率，台班、台时的使用进行准确记录，搞好租赁费的计价。

④做好设备操作人员和辅助生产人员的协调工作，提高机械设备的台班产量，充分发挥外租设备的使用效能，减少停置浪费，不需用的闲置机械要及时组织退场。

3. 项目具体做法及取得成效

（1）提前谋划，做实做细准备工作。

开工伊始在集团公司领导和业务部门的指导下，项目管理团队对设备物资管理进行全面策划，从管理定位、资源配置、成本管控、创效措施等方面进行谋划和布局，明确各级和各环节管理界面，同时细化管控目标和管控方案。

①做好市场资源调查。深入厂家进行实地考察，对各个厂家的产能及指标情况、各类材料的市场行情等进行了充分的梳理与了解，形成详细的市场调查报告，同时与厂家建立良好沟通联系，为后期源头采购奠定了基础。

②专项推进部署。项目先后召开推进会四次、专题会五次、策划会两次推进设备物资工作，明确各级和各环节管理界面，就各项工作时间节点、责任人、工作要点做出安排部署，为项目顺利实施开展提供了重要支撑。

③超前谋划材料量、价差管控。根据投资项目特点，项目部通过对施工图概算用量、价和调查价格进行对比分析，结合材料调差政策，调整主要原材料概算单价，制定切实可行的增收、节支、创效措施。

④做好材料设计对接和变更。在保证安全、质量的前提下，通过对防水材料（防水板、土工布）、土工格室、钢筋网片等材料技术指标进行变更，降低采购成本。如将防水板撕裂指标由 18 kN/m 变为 16 kN/m，降低土工格室高度、将钢筋网片由 ϕ9、ϕ10 统一变更为 ϕ8，将全线浆砌片石改为混凝土。

⑤科学确定设备和周转材料管控方案。项目进场便对集团闲置设备、机具、周转料进行了梳理，并结合项目需求本着先调剂、后租赁、再购置的原则，确定项目设备配置方案。制定了常用设备租赁限价，尽量将机械费计入分包单价中，减少设备的购置或租赁。

⑥细化制定管理实施方案。编制项目物资设备管理工作方案，明确工作目标，制定工作规划，完善管控保证措施。项目部、工程公司、各分部几方共同参与、步调一致、分工明确，

高标准起步、高效率推进各项工作开展。

（2）发挥集采优势，提升采购质效。

项目主要材料按照“集中采购、共同参与、分散操作”模式，实施统一集中采购，通过源头采购、区域集采、框架协议、战略采购等途径发挥集采优势，提升采购质效。

其中，钢材、水泥、钢绞线、沥青通过中铁物资集团西南有限公司采取“厂家源头采购+共同选商”的采购模式完成集采工作，直接面向资源生产厂采购，实现生产厂家到使用终端的点对点供应，减少中间环节，降低了采购成本，有效解决了保质量、保供应、降成本的问题。通过源头采购，采购单价降幅明显，与区域内其他项目相比，钢筋最大降幅达 170 元/t、水泥平均降幅 50 元/t，节资效果显著。在同等支付条件下，支持各单位使用价格、垫资等方面更优秀的自有供应商。

型钢、柴油、止水带等材料在中国铁建股份有限公司物资集中采购成都中心进行统一招标，依托股份公司区域平台优势，方便地采用有利于已方的方案确定交易，实现最佳资源配置的目标，节约采购费用。

防水板、锚具、土工材料、外加剂、桥梁支座、桥梁伸缩缝、声测管等物资采取战略采购方式，从集团公司年度采购供应商中进行优选，充分发挥集团规模效应，以量换价，加强源头控制，确保原材料采购质量，与年度采购供应商建立长期战略合作关系，以便更好地服务项目。

集中采购在推行过程中，各单位要有全局意识，实现整体利益与局部利益相结合。项目通过各工程公司、分部共同参与集采，分散实施方式，强化各级执行力，解决了集采和分权相统一的问题；通过资金集中管理，主材统一代付方式解决了资金支付；通过按季度对供应商进行评价，实行黄、黑名单制度，解决了供应商管理问题。充分发挥了集团化、规模化和专业化优势。

（3）强化周转材料管理，实现资源共享。

通过项目集采周转材料仅加工费比市场价节资达 5%，在保证安全质量的前提下通过对模板加工设计方案进行优化减少质量 300 t 以上。通过对周转材料实行标准加工、统筹调配，项目周转材料实际加工数量比计划量减少约 2 800 t（18%），达到理想节资效果。

加强修废利旧工作。项目开工前期，组织各单位对周边完工项目进行调查、摸底，采购旧台车 19 台（套）1 651 t，模板 627 t。项目部积极对旧模板和台车进行现场自主改造，其中十三分部在原台车基础上通过增加支撑模块的方式，解决了加宽段台车问题，和传统改造方式相比既保证了原台车结构不受影响，又节约了成本。据测算每台可节约 15 万元，现该方式已全线推广。通过修旧利废、现场改制利用，很大程度上降低了项目采购成本，为项目带来可观的经济效益，预计累计可节约资金约 900 万元。

（4）开展地材自加工、火工品直供工作，提高创效水平。

项目的全线火工品由集团爆破公司进行直供，统筹规划炸药库房建设和供应，对民爆器材运输车进行集中调配，实现了火工品的采购、运输、储存、使用等各个环节的统一、规范管理。在火工品直供推进过程中，面对作业面多、人员不足、跨县市多、外部环境复杂等不利因素，爆破公司依托专家团队，集中专业力量主动开展工作。从前期爆破作业、火工品采购及运输等方面进行筹划，制定详细的实施方案，并定期对管理情况进行检查，确保火工品安全管理可控。在保安全降风险的同时，有效地节约了成本。据测算目前通过火工品直供已为项目节约资金 2 300 万，达到了保安全增效益的目的。

通过成立砂石专业化公司采用自建厂和联合建厂模式大力推进地材自加工，对地材加工实行集中管控，专业管理。进场伊始，集团公司领导就高度重视地材自加工工作，主管领导亲自安排部署，多次召开地材工作专题会和推进会，各参建单位主管亲自上手，组织专人、成立专班研究政策文件，加强资源调查，收集各类支撑文件资料，利用地方政策和项目优势，依靠政府和市场两个途径，通过多次和政府平台公司谈判取得预期效果。

根据地材资源分布和原材质量、市场现状、运输条件，结合现场实际需求情况，本着合理、经济、满足施工要求的原则进行布局建厂。目前已建成并投产五处碎石加工厂，其中梓潼县境内三处（建材公司），三台县境内一处（第四分公司），剑阁县境内一处（重庆第六分公司），可日产各类砂石约 24 000 t。截至目前自产各类砂石 3 100 000 t（全部），砂石原材储备 500 000 m^3。在环保督察、河道禁采、砂石相关企业关停的背景下，建材公司稳定了砂石采购价格，有力地保障了项目地材供应。

转变传统观念，突破思维定式，通过优化方案、更改线路等方式，将地材资源抓在手中（将河道卵石较多区域纳入项目取土场，通过线路变更将附近山体纳入红线内），在地材自加工方面实现突破。在整体布局的基础上，各分部因地制宜，就地取材，利用隧道洞渣、路基土石方爆破、红线征地、河道施工取砂等既有资源，采用移动破碎进行就地加工，形成“一条龙”产出供应链，既保障了施工用料的稳定，又降低了物资采购成本。截至目前项目利用洞渣、路基石等方式自加工地材约 1 050 000 t，与市场采购价比，预计为企业创效 1 800 万元以上。另外，通过统筹管理外购业务、组织各分部砂石源头采购，拓宽供应渠道、提前做好材料储备、对周边砂石价格信息发布和监测预警等一系列措施，避免了各分部之间相互抬价，保证了项目施工过程中砂石采购价格的稳定。

（5）抓好管理关键环节，实现量价双控。

①完善管理制度和管理流程，规范管理行为。建立项目设备物资管理情况简报，每月对各分部设备物资工作开展情况、运行指标、主要材料采购价格、工作中存在问题等进行分析和通报。

②做好设备物资管理策划，确保效益最大化。

③做好设备物资采购计划管理，规范采购程序，建立价格约束机制，制定下发了项目物资采购限价，规范采购价格。

④做好采购合同管理，统一合同范本，实行合同备案制度，并对合同履行情况进行跟踪管理，及时化解合同风险。

⑤做好设备物资质量控制，加强材料进场监管，落实质量责任，坚持“先检测，后使用”的原则。项目组织按季度对全线材料进行抽检，坚决杜绝不合格材料流入施工现场。

⑥做好设备物资成本管理，建立限额发料台账，严格执行限额发料制度，实行限额发放、总量控制。定期进行物资核算工作，分析节超原因，规范物资消耗过程管理。

⑦加强供应商管理，对项目主要供应商实行分级管理，建立健全考核机制、评价机制和激励机制，按季度组织各分部对主要材料在用供应商进行考核评价工作，并进行评价结果公示，督促供应商不断提高履约质量和服务水平。

⑧推广使用新材料和新工艺，项目部在全线桥梁防撞护栏、路基防护工程、平模、预制构件、隧道中心水沟结构物施工中推广使用高强度塑钢模板。塑钢模板具有轻便易装、施工

灵活、降低成本、绿色环保、循环高效等优点。通过试验对比，工效提高 20%，整体成本节省 30%。

（6）密切关注市场变化，准确把握价格走势。

原材料价格上涨是影响项目成本的重要因素之一。2021 年上半年，钢材水泥等大宗材料价格继续偏强运行。项目部通过对施工图概算用量和定额消耗量以及实际消耗量的量、价差收支对比分析，结合材料调差政策，调整主要原材料概算单价，制定切实可行的增收、节支、创效措施。根据施工计划和生产的季节特点、消耗规律，确定主要物资设备的供应时间节点，分阶段制定物资采购计划和采购供应方案，深入市场调查，掌握材料价格波动的真实信息和物资采购规律，确定合理的采购方式和采购时机，避开价格峰期谈判，科学择优选择供应商。集采完成后对采购效果进行核算和评价。

及时跟踪把握市场行情，密切关注原材料价格趋势，做好材料价格预判和资金占用成本和资金节约之间的效益盈亏点分析工作，在材料价格低迷时通过“锁价”“锁货”等方式做好原材料储备，固定采购成本。在 2021 年春节前和 2022 年 7 月底，项目公司抓住钢材价格较低的有利时机，积极联系中铁物资集团西南公司组织各分部进行钢材储备，仅此钢筋储备一项就节约资金 2 000 万元以上。项目部于 2021 年 5 月份研判受汛期和环保督促等因素影响，地材供应形势趋紧，组织提前进行砂石储备，各分部储备砂石约 300 000 t，有效地稳定了钢材价格，保障了现场施工。

（7）施工用电“永临结合”助力电网完善。

项目用电负荷大、线路长，点位多且分散，沿线地方多为农用变电站且富余容量小，电力负荷不能满足施工生产要求，需要电量扩容。项目部充分考虑临时用电和永久用电两方面的电量需求，统筹规划方案和线路，积极对接沿线电力部门，通过组织分部对原有线路进行调查，优化线路走向及距离，协调各分部共用电力线路，调整变压器容量尽量与永久性使用相一致等方式，实现项目施工用电与运营期永久用电相结合。经现场核对全线共有 40 处临电线路可以利用，其中隧道口有 33 处，停车区 2 处，互通 2 处，服务区 1 处，收费站 1 处，梁场 1 处。据统计分部间共用电力线路 39 km，节约资金约 1 299 万元；临时用电和运营期永久用电结合 40 处，预计节约资金 500 万元以上。既满足现场施工用电以及未来隧道和收费所站永久用电问题，也助力地方电力系统得到全面提升，实现项目和社会效益最优。

（8）借助信息化手段，提高管理效率。

利用智能物料验收系统（智能磅站）、拌和站数据云监系统、运输机械云监系统等智慧工地系统，对进场机械、设备、材料进行过程实时监控，规范材料点验、混凝土原材料节超分析、机械油耗控制等工作，当超过设计量或高于指导价时及时预警，实现物料精准收发、设备集中调度、数据账单管理、数量节超报警、成本动态分析等功能。通过 EIM 系统中的各类查询、统计报表功能，对数据进行对比分析，为项目建管提供决策依据，及时发现问题堵塞漏洞。通过运输机械云监系统及时对设备进行调配，提高设备利用率和周转率，实时掌握租赁设备运行和油耗情况，及时清退消极怠工和油耗高的租赁设备。

（9）强化监督检查，助推工作落实。

针对项目物资管理的特性，结合集团公司年度工作重点，制定了项目设备物资监督考核办法，合理设定物资管理绩效考核指标，每季度开展一次全面考核评价，同时根据业务需要和重点工作开展情况不定期地对各分部采取有针对性的抽查方式进行考核，动态跟踪工作进展，用数据说话、用数据管理、用数据决策，通过检查发现问题、整改问题、完善管理，以检查促规范，以规范促提升，采取相应措施，加大监管力度。对分部按照指标考核，督促提升管理水平及管理质量。

项目通过优化管理流程，推行集约管理，强化现场管控，以信息化和标准化为抓手，落实合规要求，持续提升设备物资管理效率及质量，取得明显成效，各项指标均控制在了预定目标范围内。

6.4.3 财务管理

就本项目而言财务管理目标：以合法合规为前提，采取一系列的管控措施，规范各类经济行为，减少成本费用支出，避免各类经济风险、诉讼风险以及税务风险，最终实现项目经济效益最大化的目标。财务工作围绕实现项目经济效益最大化的目标，依据股份公司的“1234+”的管理思路，切实做好责任成本管理工作。

1. 财务预算管理

本项目通过预算监测各项目标的实施进度，有助于控制开支，并预测项目的现金流量与利润。项目主要涉及全面预算、间接费预算及资金计划管理。

1）全面预算管理

项目全面预算以实现项目的目标利润（项目一定期间内的利润的预计额，根据项目目标利润制定作业指标，如产值、施工进度、合同成本、项目资金等）为目的，以产值收入预测为起点，进而对施工生产、成本及现金收支等进行预测，并编制预计损益表、预计现金流量表和预计资产负债表，反映项目在未来财务期间的财务状况和经营成果。

项目全面预算秉承四大原则（目标性、可行性、全面性、重要性）编制，预算目标必须服从集团公司（分公司）总体战略目标，反映预算期内最佳的水平，具有先进合理性，做到将项目施工生产及管理活动均纳入预算范围，要紧抓项目施工过程中的重要关键指标予以控制分析。

（1）项目全面的预算编制。

预算的编制基本采取自上而下、自下而上、上下结合的编制方法。先由集团公司（分公司）制定并下达年度本项目产值目标，项目部根据公司下达的产值目标，各业务部门分别编制负责范围内的预算（比如工程部测算目标产值对应的工程量、材料理论消耗量，物资部根据材料理论消耗量以及施组安排编制采购计划，计划部测算期间内完成该工程量需要核对计价金额等），财务部根据各业务部门提供的预算数据汇总形成营业收入、成本、利润以及债权债务等数据，过程中上下联动反复沟通，最终形成项目的全面预算方案，并通过久其系统上报上级单位。

项目全面预算编制内容以项目产值收入、合同成本费用、两金管控、现金流量为重点。围绕重点，有的放矢，合理预测未来期间内项目的整体经济活动情况，起到指导性作用。

（2）预算执行与调整。

项目部按照公司下达的产值目标，根据施工现场的具体情况，对各施工环节或者部位进行时间节点管控，确保节点工期；各业务部门积极完成各项资源的整合调配，保障现场施工有序进行，最终完成全年预算指标。除发生影响施工生产的重大事件外，全面预算一般不做调整。重大事件比如重大自然灾害（地震、水灾等）、对项目产生重大影响的国家法律法规变化等，确有需要调整的需向集团公司（分公司）提交调整申请，履行审批程序。

（3）预算分析与考核。

发挥预算对项目周期管理的指导性作用，项目建立了对应的预算执行分析制度，定期对本项目全面预算执行情况进行分析，主要是预算指标完成情况、指标差异原因分析、预算执行中存在问题的整改情况及效果、本期预算执行中存在问题的整改措施及预期目标等。差异原因分析主要涉及指标有产值收入及利润、清收清欠完成率（应收账款及合同资产）、三项费用支出等。将预算指标完成情况及预算分析报告管理纳入考核。

2）间接费预算管理

项目间接费用预算管理是根据集团公司（分公司）预算管理要求，规范项目费用开支，以项目间接费用控制为主要任务，在保证项目正常有序推进前提下，以降低间接费开支为出发点，对项目间接费用进行合理高效的管控措施。主要包括项目整体间接费预算编制、审批并下达、年度预算分解、执行与分析、考核等环节，编制原则主要是分项控制、总额封顶，逐年核定、据实调整等原则。

（1）预算的编制。

项目进场后，依据集团公司（分公司）下发的工程项目间接费用预算编制指导书内的标准，按照项目具体施工组织安排（主要是工期及人员配置），对“合同履约成本-工程施工-间接费用”下的费用明细进行测算估计，主要包括：职工薪酬、办公费、差旅费、物料消耗、通信费、车辆使用费、非生产性资产折旧、维修费、水电燃煤气暖费、租赁费、会议费、其他间接费等。工期可分为筹备期、施工期及收尾（结算）期三个阶段，其中可根据项目施工的具体情况再将施工期划分为前期、中期、后期等三个阶段，有利于更加科学地配置管理人员，预算更加贴近实际情况。

（2）审批下达及分解。

间接费预算编制完成后经项目层面各级领导审核同意后，上报集团公司（分公司）财务部履行审批流程（集团公司对重点项目的间接费预算履行公司总经理办公会过会审批流程，分公司下属项目间接费预算履行公司总会计师审批流程），预算过会审批通过后下达给项目部。项目财务部会同各业务部门，依据预算总额再将预算在项目期间进行逐年分解（年度分12 个月列示），当期的年度预算应经过项目领导审批，并录入久其财务系统内的“预算资金业务”模块，执行间接费用预算的刚性管控。

（3）预算执行分析与考核。

项目将间接费预算植入系统后，纳入管控的各项费用在提单时会自动显示“本年滚动预算金额”“本年滚动执行金额”“本年滚动可用金额”，对于超过“本年滚动可用金额”的报销费用无法保存提交，形成间接费预算的刚性管控。对于合理确需调整预算的，通过在久其财务系统内的“预算资金业务”模块内填制“预算调整单”履行审批程序，在年度总预算范围内予以适当调整。项目在每季度末（或者半年末）对年度预算的执行情况进行分析，对比分析预算数据与实际发生数据的差异，对于严重偏离预算的事项分析原因，是否因为突发事件或者特殊事项造成预算偏离，对这些事项做专门的记录分析，是周期性的还是偶发性的，无特殊情况发生的预算偏离要分析预算本身是否存在不合理，及时纠正预算本身的偏差，为以后的预算编制提供依据。

项目在年度末和项目部结束时，对间接费预算进行考核，对项目实际间接费发生对比预算金额进行分析考核。一方面考核预算执行情况，刚性管控是否到位，是否存在随意调整变更预算的情况，是否纳入预算执行分析等等；另一方面考核项目间接费用占比，是否超过集团公司（分公司）核定的间接费比例（总额），考核结果纳入项目综合考评。

3）资金计划管理

资金计划管理是集团公司（分公司）对项目资金统筹管理的一项重要内容，具体包括月（年）度编制、审批、下达、调整、计划执行与监督、结果分析等环节。其主要目标是提高项目资金使用的安全性、效益性和流动性，发挥资金统筹优势，为集团及下属项目的生产经营提供金融支持。成绵苍巴项目整体线路长，在不同的施工阶段重难点也不同，通过对本项目现场施工生产的计划和管理需求，针对未来一段时间的现金收支，分类分项编制收支计划，合理高效调配资金，将有限的资金运用到合适的地方，杜绝资金的不合理占用。基本原则是统一管理，分级负责；以收定支，预算控制；内部监督，防范风险。资金计划编制审批简易流程如图 2-6-1 所示。

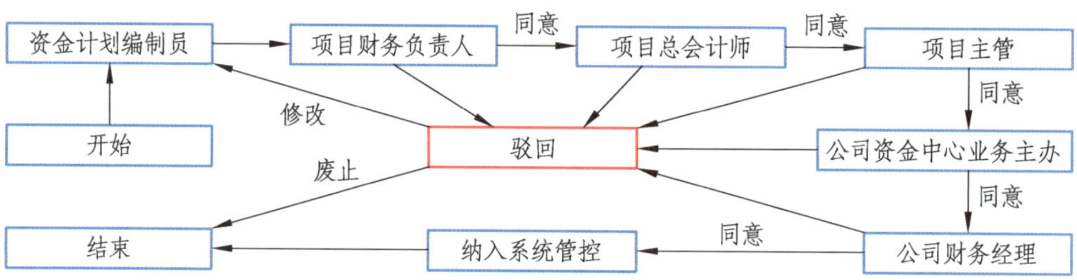

图 2-6-1 资金计划简易流程

（1）计划编制。

为确保资金计划的指导性，资金计划主要由项目财务部、计划部、设备物资部、工程部、安监部以及办公室等业务部门参与编制，内容主要涉及业务部门未来一个月度周期内的经济业务计划，以保障现场施工正常开展为前提，以收定支，业务部门突出重点，编制资金支出计划。财务部汇总后，录入财务资金预算系统进入审批流程，由项目分管领导及主管领导审核后，再由集团公司财务部予以审批下达。

资金收入计划编制的主要依据源于业主计量后按照合同条款约定应收的工程款金额，本项目业主每期在月底计量，资金拨付基本在次月上旬完成，按照过程拨款 94%的支付比例予以计算资金收入金额，对于偶发性的其他资金收入不纳入资金计划考虑，实际发生时据实入账。

项目所属各业务部门根据其负责的业务单元，对下一月度的资金支出做出合理计划，主要依据有：月度施工计划、对下结算欠款情况、材料采购欠款情况、设备租赁欠款情况、各类合同及协议、其他经济业务结算支付情况、间接费预算控制等。相关支付计划按照客商进行编制，便于纳入系统进行收支管控。项目财务部会同各业务部门，结合资金收入计划合理制定支付计划，即以收定支。

（2）计划审批与下达。

项目财务部将收集汇总的资金计划上传至财务系统内资金计划模块，由项目分管领导及主管领导审核，审核中对不合理的或者需要调整的退回并进行修改，修改完成并由分管及主管领导审批后，审批流程去往上级单位财务部（项目部的上报集团公司财务部审核，参建分部的上报分公司财务部）。对计划中需要单独详细说明的事项，将说明同步上传系统。根据量入为出的原则，集团公司（分公司）财务部资金管理中心对项目上报的资金计划予以审核，对于计划内需要调整修改或者疑问的事项要及时反馈，项目相关部门在接到通知后应第一时间进行调整或者回复，解决计划中存在的问题。计划在财务系统内完成审核下达后，财务系统将各项计划自动纳入资金管控，对所提支付单据进行数据额度校验控制，对超计划支付的系统自动驳回单据。

（3）计划执行与监督。

月度资金计划在上级单位审批后，纳入系统自动管控，项目部在业主资金到位后，按照资金到位情况以及现场施工实际情况，在月度资金计划额度内编制实际的支付计划，财务系统会将超计划支付的单据予以驳回，若确需支付的，需要履行计划调整流程。对于项目月度内个别特殊情况需要对资金计划进行调整的，项目部需要在财务系统内填制“合同支付调整单”，并经项目部领导、集团公司（分公司）财务部审核后予以调整。集团公司（分公司）不定期对项目的计划执行情况进行检查，确保资金的使用合规，提升资金使用效率。

（4）计划分析及考核。

月度结束，项目分析资金计划的编制质量及执行情况，比如：对业主应收的款项是否全额收回；对供应商、劳务队等的欠款是否按计划支付（含民工工资）等。分析货币资金收支计划编制、审核和执行是否合理编制、严格审核、规范执行，并对相关情况纳入综合考核。

2. 财务核算管理

1）制度管理

项目进场后，项目根据股份公司、集团公司、分公司的相关制度文件，结合项目实际，制定相应核算层级的内控制度和办法，建章立制，力求制度贴近实际，并在执行中不断修订，在规范内简化流程，提高效率及制度的适用性和落地。制度包括（但不限于）财务管理办法、差旅费管理办法等，财务管理办法可以涵盖会计人员及机构设置、账簿设置、核算管理、账户及资金管理、债权债务管理、经费报销管理、预决算管理、税务管理等，根据项目实际情况这些模块制度也可以单独成文下发执行。制度中对相关经济业务的审批流程做出规范约定，久其财务系统、EIM 业务系统内已经植入规范化的单据审批流程，对需要在线下审批签字、归属“三重一大”的事项的流程在制度中要做出明确规定。制度制定后要履行文件下发相关程序，并对项目全员进行宣贯。项目在过程中对上级单位修订的制度办法，要对应第一时间完成对项目制度办法的修订下发，同时对变化的部分及时宣传到位。

2）成本费用管理

项目各级核算中直接费均已实现业务系统与财务系统的对接，相关成本数据实现直接推送，即业务部门在业务系统内录入直接成本费用的相关数据，生成对应的单据直接推送至财务系统，比如物资部的材料点验单、发料单，计划部的对下结算单等，财务部审核业务部提供的相关附件资料并扫描上传至财务系统，进行凭证生成的审批流程。在业财一体化下，财务部一方面重点审核附件资料的合理合规性，最终确保成本的真实合理；另一方面将管理工作前移，由后向前，加强和业务的联系，全面提升业务人员、财务人员专业能力和综合素质。

项目财务人员以预算为起点，依据费用报销制度，对业务凭据严格审核，确保经济业务合规合法。坚持报销原则，严格按照集团公司、分公司及项目部的制度管理办法，将不合规的业务单据拒之门外。针对项目业务过程中不明白或者有疑问的地方，及时协助指导，增强业务办理的流畅性。与共享中心业务人员保持良好的沟通协调关系，及时处理共享中心审核过程中反馈的问题，提高业务办理效率；对久其财务系统及 EIM 系统运行过程中发现的问题积极与系统运维人员对接，及时化解系统问题。

按照时间节点督促业务部门完成成本费用的推送工作，在 EIM 系统月结时点前完成职工工资表、对下计量、原材料的点发等单据的填报、审批、推送等工作。次月 1 日前，项目财务部在核算系统内完成月度凭证复核、记账以及关闭会计期间等工作，完成核算系统关账操作（共享中心另有通知的参照通知执行）。关账前应完成（不限于）工资计提、固定资产折旧计提、对上对下验工计价、利息入账、工会经费计提、税费计提、临时设施摊销、债权债务清理、周转材料摊销、资产盘点、安全生产费计提、税费结转、收入和成本费用确认、期末结转等业务，并签认关账承诺书。

3）报告及分析管理

项目财务部按期编制财务报告，真实反映项目财务状况。按月编制快报及清欠报表，按季度编制基础报表，真实反映项目财务状况。对不同时期的经营成果及财务状况进行对比、评价及分析，为相关决策提供必要的数据支持。整理相关财务数据信息台账，及时准确地提供给有需要的部门，为项目部决策提供依据。按规定时间和要求编制并上报会计报告。会计报告包括月报、季报、半年报和年报。原则上，月报上报时间为月末最后 1 d，季报、年报上报时间为季度或年度终了 4 d 前，具体上报时间和要求以集团公司相关通知为准。

按季度做好财务分析，分析内容至少应包含：项目本级经费开支情况、资金情况、职工收入情况、债权债务情况、项目收益情况等。认真参与项目经济活动分析工作，积极配合成本管理部门做好经济活动分析，总体分析项目财务情况、项目收益情况、风险资产情况等等，为领导的决策提供有效的数据支持。

4）监督审核管理

项目财务部切实履行财务监督审核职能，参与各类经济合同的评审。项目签订的分包合同、材料采购合同、设备租赁合同、保险采购合同、试验检测合同、环保咨询合同等，财务部均参与评审并发表意见和建议，对合同的签订提供决策支持。项目积极响应股份公司、集团公司相关工作安排，梳理财务部门各类风险及防控措施，建立健全“大风控”“大监督”的风险管控体系。项目过程中按要求完成各项风险自查工作，查找问题，减少财务风险。积极配合各级审计、巡视工作，对发现的问题及时整改，举一反三，完善财务管理工作。

3. 项目资金管理

资金管理在工程项目财务管控中占有举足轻重的地位，本项目施工线路长，参建分部多，管理难度大，确保全线资金收支平衡，对项目整体正常运转起着至关重要的作用。

1）项目资金集中管理

（1）统筹项目资金，集中分配管理。

通过集团财务共享平台系统将线上、线下审批程序进行整合，将核算、预算、计划、决策、应付模块及支付结算系统进行整合，实现精简高效的资金收支结算管控与内部服务管理平台相结合。通过共享平台增加对参建各单位财务状况的查询权限，实现信息共享，可随时通过核算系统获得全部资金使用情况，了解其资金流向，掌握各单位实际生产经营情况，更好地明确资金的用途，降低资金风险，了解各单位的资金需求，以便于对业主拨付的工程款进行合理分配，将有限的资金优先用于项目关键的内容，实现资金价值的最大化，降低资金短缺及分配风险，使得各单位之间在资金分配方面保持总体平衡，也对全线总体资金运营起到了监管和制约作用。

（2）规范银行账户开立，落实资金集中管理制度。

项目全线参建单位涉及集团内 6 家分公司 19 个分部，为避免资金过于分散不受管控，在银行账户方面，统一在铁建财务公司开立账户，提高集团公司账户管理的集中度，也让项目资金管理更加规范化，有效防范了乱开户、多开户等行为，降低资金的业务风险。在农民工工资专户方面，为保证农民工合法权益和降低企业诉讼风险，项目前期按业主要求在指定银行开立农民工工资专户，专用于民工工资拨付，业主每期按计划将款项拨付到专户中，实现专款专用，避免资金因占为他用等情况导致的无法按时支付工资等问题，确保民工工资及时到位，在降低企业劳务风险、检查风险和债务风险方面，起到了积极作用。项目中后期实现民工工资总包部代发，进一步压减银行账户的开立数量。

2）项目资金收支管理

（1）落实资金计划编制，确保资金收支有序。

为确保资金链正常和现场施工有序开展，项目积极采取解决措施。在资金收支方面，每期制定资金计划以保证施工生产的正常运行，遵守以收定支、目标控制和综合平衡原则，积极与业主单位、项目领导以及相关部门进行沟通，对收付款情况提前做好计划，收入支出预计力求精确。具体编制各项收支计划内容由各业务部门按责权分工，根据生产进度安排和合同履约等情况将各项用款列入月度资金计划，由财务部门进行汇总，对于未按时报送资金计划的事项，财务部门可以不予开支。资金计划的编制根据施工生产进度进行细化，按月度资金计划进行适时调整，避免虚报收入和不合理开支的发生。通过资金收支计划合理控制项目资金流向、流速，杜绝无序资金使用现象。这一做法，有效提高了资金收支的规范性、资金统筹能力和资金运转效率，通过规范管理，实现工程项目资金自平衡。

（2）重视确权清收，加快资金回收。

项目工程技术、计划部门每月按照实际完成的工程量，整理相关资料上报、办理验工计价报批手续，完成并取得业主（建设单位）签批的计量资料，第一时间对上开具发票并送达，及时组织工程款回笼，确保资金按照合同规定的付款比例及时到位，防止因资金拨付不及时，影响工程进度、造成工期拖延、增加费用、效益流失现象发生。本项目在整个施工过程中，相关计量手续及时有效取得，根据计量进度尾部回收工程款，过程中计价拨款率均在 90%以上，保障项目整体有序推进。

（3）加强流程管控，杜绝资金支付风险。

项目在日常资金支付过程中，严格履行既定的审批流程，对支付资料严格审核，对于材料的原始验收资料及劳务队的计量资料，核实资料的真实及完整性，确保形成的债务及成本数据真实合规。同时随着国家政策导向和民工自身维权意识的提高，为防范农民工随意举报，恶意讨薪等问题给企业带来损坏信誉和诉讼的风险，项目通过不断规范农民工工资代发业务，定期走访了解现场农民工实际情况，研读农民工管理办法等措施，规范作业队伍管理，从而降低项目资金风险，保证农民工权益的同时，也正当维护企业形象，降低资金支付风险。

项目充分利用共享资金中心结算平台，借助财务共享平台完成全覆盖式线上资金支付业务，集中审核再进行支付，通过线上制单来规范交易流程，资金在支付过程中多一层共享平台审批环节，有效提高了资金支付的准确率，线上网银支付替代了传统柜台付款业务繁琐的流程，优化了付款模式和支付效率。另外，在降低大额付款业务风险和财务人员人为可操作性上发挥了积极作用，有效规避了舞弊风险，提高内部资金结算效率，获得更快的资金周转速度，也确保了项目账户资金的安全性。

（4）优化结算方式，防范诉讼风险。

项目借助体量优势，不断完善供应商管理体系，并在招投标及合同谈判过程中明确供应商所需垫资额度及付款节点、比率、方式等关键内容，选择资信好、价格合理、综合实力较强的供应商合作，从源头上缓解项目资金支付压力，避免因资金给付不到位引起的价格上涨或材料供应不及时等问题。项目部通过自行支付、业主代付等方式，确保货款及时到位。

充分发挥票据业务的优势，满足多样化的资金需求，针对欠款金额较大的客商，为缓解企业现金流压力，在合理的额度范围内协商申请开具票据，并统一向集团公司做出申请，依托财务公司平台，实现统一开票、统一运作等统筹安排，提高票据资金使用效率，同时不断引入新的金融产品体系，降低票据资金风险和管理成本，提高了现有资金调度能力，不占用项目过多资金，保证项目的正常生产开支。

通过加强资金集中管理、预算管理、收支管理及催收清欠管理等工作，建立和完善资金管理的运行机制，采取行之有效的管理和控制措施，疏通资金流转环节，提高资金周转率及使用效率，促使资金进入良性循环，保证项目正常运转。

4. 税务管理

1）跨区域涉税事项审批及管理

项目在取得施工合同后，在财务系统全税种模块提交跨区域涉税事项申请单。公司按工程承包合同、审批表，向机构所在地税务机关提出申请，填报《跨区域涉税事项报告表》。所属各单位持《跨区域涉税事项报告表》及施工地税务机关要求提供的相关资料，在规定的时间内向当地主管国税机关办理报验。跨区域涉税事项有效期届满的，项目在期满前 10 个工作日内，向上级纳税主体申请办理核销手续。项目在所在地直接办理延期的，向上级法人单位进行备案。

2）收入管控

（1）准确确认纳税义务时间。

严格按照《增值税暂行条例》第十九条、《增值税条例实施细则》第三十八条、《关于全面推开营业税改征增值税试点的通知》（财税（2016）36 号）第四十五条、《关于建筑服务等营改增试点政策的通知》（财税〔2017〕58 号）第二条等关于增值税纳税义务、扣缴义务发生时间的规定，结合合同、每期计价结算情况，以开具发票、收款、合同约定付款日孰先原则确定纳税义务发生时间，合理掌握计价、收款、开票进度，准确计算销项税额。

（2）对业主结算开票、收款。

项目部根据业主计价结算单、支付通知单并参照合同约定的条款，通过久其全税种模块开票流程向集团公司（分公司）申请开具增值税发票。项目部收到发票后，应认真核对发票开具内容、商品编码、备注栏与合同约定、实际业务是否一致，发票开具是否符合要求。若发票无误，应尽快移交给业主提出付款申请，收取工程款。若因发票开具等原因导致发票作废、红冲的，项目部及时向法人机构申请作废、红冲，并将作废、红冲发票相关联次传递给法人机构保管，同时在久其系统全税种模块提红蓝票进项调整单。发票的内、外传递履行交接登记手续，填制发票移交登记表。

（3）废旧物资处置。

项目废旧物资处置一般情况下适用税率为 13%，但出售营改增前购入的固定资产，出售时按 3%减、按 2%征收、1%部分为减免税额，开具增值税普通发票。也可以放弃减税，依照 3%征收，并可以开具税率为 3%的增值税专用发票。

（4）投标咨询服务。

在材料采购、劳务分包等公开招标时收取的标书咨询服务费，在招标文件中约定为投标咨询服务费，并要求汇款时加以备注，投标咨询服务费按照咨询服务 6%计提销项税。

3）成本费用管控

（1）采购管理。

①项目部根据公司整体留抵税额情况，采购时充分考虑附加税的影响，通过对供应商报价进行成本测算，在确保能够降低项目部采购成本的前提下，应选择提供低税率进项发票的供应商，这样也能减少税金对项目资金的占用。

项目在充分市场调研的前提下，以不含税报价为基础，针对适用不同税率的货物或服务，以及供应商可开具发票的税率，分别测算不同供应商的投标报价，基于保证质量、“综合采购成本最低，利润最大化”的总体原则，建立采购比价模型，选取评审价格最低的供应商。投标人的报价实行价税分离，注明不含税价和税率，将每个供应商不含税报价转化为评审价格进行比选。投标人评审价格=净价+净价×（所有投标人的最高进项抵扣税率-投标人进项抵扣税率）×附加税率之和。其中，对于能提供增值税扣税凭证的投标人，净价是指增值税扣税凭证的不含税价格，不含税价=含税价/(1+税率或征收率)；对于只能提供普通发票的投标人，净价即含税价格，其进项抵扣税率为 0%。

②项目采购材料由实际使用单位与供应商签订合同，供应商将发票开具给实际使用单位，以确保增值税抵扣链条的完整性。严格执行合同条款，按合同单价与完成工程量进行计价、结算、开票，外部施工队合同单价内清单材料应由施工队自行采购、自行消耗，严禁项目部报销施工队采购材料。禁止施工队从项目部领用其合同清单材料，如发生领用材料的，项目部应按实际含税采购价格加合理管理费后做销售处理，缴纳增值税，材料款可从结算价款中扣回。如在分包合同中明确约定材料甲供的，对施工队应实行甲供材定额领用制度，完善领用签字，严格控制超定额消耗，超定额消耗的材料，应做好分析并予以扣回。

③项目材料收发实行价税分离，原材料发生非正常损失时，要做相应的进项税转出，项目严格执行原材料等实物管理办法，确保施工生产的同时控制库存量（除部分因价格波动或季节性供应不足需要提前备料的材料外），防止因管理不善造成被盗、丢失、损坏等非正常损失。

（2）劳务分包管理。

①项目严格执行分包合同，坚持“谁签合同、谁结算开票、向谁付款”和“先验工、后计价，先开票、后付款”原则。假如选择简易计税模式，在合同中明确“甲供材”条款。

②项目按期根据合同、实际完成工程量进行计价，计价当期及时取得分包方增值税发票，确保分包额及时差额扣除，减少预缴税款资金占用和附加税费支出，并在合同条款中约定劳务客商必须在当地主管税务机关报验进行预缴，验工计价提供发票的同时提供当期完税证明复印件。

③按合同约定及时收取各类履约保证金、民工保证金，按期从计价中扣除质量保证金，按计价全额开具增值税专用发票，严禁未收取保证金进场施工和超拨款。

④项目为防范税务风险，严格规范甲供材料管理。劳务综合单价中包含油料、火工品等材料，但实际操作中由项目部甲供，应在签订合同时，将油料、火工品等甲供材料从单价中分离出来，明确甲供材料清单、限额领用制度等条款。如果单价无法剥离的，应在合同中明确单价构成，合同单价包含了甲供材料的内部控制价格，明确甲供材料范围、清单，分包方不得自行在外采购清单甲供材料，对分包商结算时，扣除实际领用甲供材料的金额作为应支付的分包款，分包方开具相应分包金额的增值税专用发票。

除合同中明确的甲供材料外，禁止分包方在项目部领用其他材料。过程中假如存在对分包队等外部单位发材料、扣材料的情况，均按照材料销售行为处理，按 13%税率缴纳增值税，同时项目还应按实际采购价格（含税）加合理管理费确定销售价格，防止税金损失和税务风险。

（3）设备租赁。

①项目严格执行合同，按月计价结算并全额取得增值税专用发票。项目在租赁设备时，假如出租方配备操作人员的，要求对方提供“建筑服务”增值税专用发票。假如出租方未配备操作人员的，应要求对方提供“有形动产租赁”增值税专用发票。

②假如供应商提供发票税率与其纳税人身份不符时，需核实该设备的采购时间是否符合时间要求及税务备案资料。项目租入固定资产、不动产，既用于一般计税方法计税项目，又用于简易计税方法计税项目、免征增值税项目、集体福利或者个人消费的，其进项税额可从销项税额中全额抵扣。

4）税费清理

（1）项目按月与公司进行税金结转、清算。

对于增值税项目每月末将应交增值税、预交增值税余额结转至上级纳税主体，如出现贷方余额的，原则上应上交增值税款进行清税。附加税项目仅计提实际在当地交纳的附加税，公司本级交纳的附加税统一在机关计提，不在项目间分配结转。

（2）税费清理。

项目过程中定期清理税费情况，比如：个人所得税定期核实已代扣的个人所得税是否按规定缴纳，耕地占用税在批准临时占用耕地的期限内恢复所占用耕地原状的，向税务机关申请全额退还已经缴纳的耕地占用税。

（3）跨区域涉税事项注销管理。

纳税人跨区域经营活动结束后，项目部向当地税务机关填报《经营地涉税事项反馈表》，及时核销《跨区域涉税事项报告表》并结清经营税款的应纳税款以及其他涉税事项。同时项目部及时将《经营地涉税事项反馈表》传递给公司财务部，纳税主体在机构所在地主管税务机构核实核销情况。

6.5　环水保管理

6.5.1　环境质量控制目标

（1）水污染控制目标：不因公路建设加重沿线河流水质污染程度。地表水环境质量应满足《地表水环境质量标准》（GB 3838—2002）中的Ⅲ类水质标准。

（2）大气污染控制目标：沿线大气环境质量应满足《环境空气质量标准》（GB 3095—2012）中二级标准的要求。

（3）噪声污染控制目标：沿线声环境质量应分别满足《声环境质量标准》（GB 3096—2008）中 2 类、4a 类区标准的要求。

（4）生态控制目标：保持区域生态平衡，维持生态系统的完整性，防止生态环境的破坏和生态功能的退化。

6.5.2　突发环境事件应急预案

为了积极应对可能发生的突发环境事件，及时采取有效措施，高效、有序地组织开展事件抢险、救灾工作，维护社会稳定，保障公众生命健康和财产安全，保护环境，依据《中华人民共和国环境保护法》《国家突发公共事件总体应急预案》，以及集团公司有关要求和法律法规，结合成绵苍巴工程建设实际，特制订《中铁二十三局集团成绵苍巴高速公路工程项目突发环境事件应急预案》（以下简称《预案》）。预案的具体内容如下。

1. 适用范围

本预案适用于成绵苍巴高速公路工程施工过程中可能发生的环境污染及水土流失事件，包括：

（1）粉尘污染、噪声污染、大气污染及固体废弃物污染。

（2）污水设施、石油（天然气）管道的损坏造成的环境污染。

（3）化学物品的排放或泄漏对大气、水体、土壤造成的环境污染。

（4）施工造成植被破坏及排水系统不完善造成的水土流失。

2. 突发环境事件应急指挥组织机构

成绵苍巴高速公路工程突发环境事件应急抢险救灾工作，实行中铁二十三局集团成绵苍巴高速公路项目经理部（以下简称“局指”）统一组织领导和所属各分部、工区作业队负责相结合的原则。局指成立突发环境事件应急领导小组（以下简称“应急领导小组”），突发环境事件发生后，应急领导小组根据事故类别，组织指挥、协调抢险救灾工作。

项目部成立了以项目党工委书记、项目经理为组长，环水保分管领导为常务副组长，其他领导班子成员为副组长，各部门负责人及环水保办公室全体人员为成员的应急领导小组。

应急领导小组的主要职责如下：

（1）发布启动突发环境事件应急救援预案的命令。

（2）按照《预案》程序组织、协调、指挥重大应急救援预案的实施。

（3）随时掌握《预案》实施情况，并对《预案》实施过程中的问题采取应急处理措施。

（4）应急领导小组办公室设在征拆（环保）办公室，主任由征拆（环保）办公室主任兼任。

（5）收集各分部突发环境事件应急预案并备案及备案资料，建立台账。

（6）在突发环境事件时，组织有关部门按照预案迅速开展抢险救灾，紧急调用各类物资、设备、人员和场地；根据事故发生状态，统一部署预案的实施；根据事故灾难情况，有危及周边村镇、单位和人员的险情时，组织进行人员和物资疏散；配合上级部门进行事件调查处理。

（7）成立突发环境事件应急救援中心（以下简称“应急救援中心”）。

（8）各分部均要成立相应的应急抢险救援机构和救援队，制定详细的突发环境事件应急预案，做好突发环境事件应急管理和救援工作。

应急救援中心的主要职责如下：

（1）负责对应急领导小组及有关单位的联络和综合协调工作。

（2）负责启动一般突发事件应急预案的实施，第一时间及时通知应急领导小组成员到达现场指挥。

（3）按照应急领导小组的指示要求调集有关物资、装备及应急救援力量。

（4）负责要情上报、信息反馈及事后的总结工作。

3. 应急救援演练

根据国家安全管理相关法律法规要求，为保持应急救援能力，有效应对突发事件，减少人员伤亡和财产损失，应急救援预案每年至少进行一次演练。根据演练评议，对预案进行适应性的修订和补充，确保应急程序合理有效。

4. 应急保障措施

（1）装备保障：根据应急工作的需要，加强污染源的检验、鉴定和监测设备建设。增加应急处置、快速机动和自身防护装备、物资的储备，不断提高应急监测、动态监控的能力，在发生突发环境事件时，能有效防范对环境的污染和扩散。各工区也应配备必要的应急装备，以满足突发事件的应急工作需要，并适时更新装备。

（2）技术保障：与相关环保部门建立技术协作关系。

（3）物资保障：建立应急救援物资储备制度，加强对储备物资的管理，防止储备物资被盗用、挪用、流失和失效，对各类物资及时予以补充和更新。

（4）通信保障：一旦发生突发环境事件，利用手机、无线通信等通信手段，保障事件现场与应急指挥之间的联系。

5. 应急响应

1）较大、重大事故和险情

在接到较大、重大环境污染事故和险情报告后，应急领导小组要以最快的时间到达现场，分析紧急状态和确定风险事故级别，并负责向上级和有关地方管理部门、组织、机构联络和报告事故情况，制定抢险救援方案措施，指挥现场应急抢险救援工作。

2）突发事故和紧急情况

（1）在现场发生事故或出现险情时，现场人员要大声呼叫险情并迅速报告应急救援中心。在可以进行抢险救援的情况下，进行抢险救援。

（2）现场人员立即停止施工操作，处于危险区域的人员要立即从疏散通道、安全出口等处脱离危险区域，并进行自救，不能脱险的人员尽可能躲避在安全区域或安全避难所，需要时发出求救信号，等待救援。

（3）现场应急抢险救援组织成员在发现情况或接到通知后，要立即赶到现场按职责分工进行应急抢险救援，并及时进行内外部联系和报告。

3）扩大应急

（1）因事态发展，超出项目突发环境事件应急领导小组的处置能力，需要更多部门和单位参与处置时，应及时向上级有关部门汇报。

（2）当突发环境事件造成的危害程度已十分严重，超出项目自身控制能力，需要其他部门和单位提供援助和支持时，应及时向上级有关部门提出请求。

6. 应急终止

（1）符合下列情形之一的，应当终止。

①突发环境事件现场得到控制，事件发生条件已经消除，无继续发生的可能。

②污染源的泄漏或释放已降至规定限值以内。

③采取了必要的防护措施以保护公众免受危害，并使事件可能引起的中长期影响趋于合理的水平。

（2）一般突发环境事件由应急领导小组审核，并报所在区县主要领导批准后宣布应急终止。较大、重大、特别重大事件由所在市应急办审核，并报市委主要领导批准后宣布应急终止。必要时，应及时通过新闻单位向社会发布应急终止信息。

（3）应急终止后，必要时应继续进行一定频次的环境、水质监测。

7. 后期处置

1）调查评估

根据调查做出详细的评估报告。评估报告包括：突发环境事件等级、基本情况、发生的主要原因和发生经过；应急处置过程、采取措施及效果；相关环境、水质影响评价；应急过程存在的问题，取得的经验教训及改进意见等，并在突发环境事件结束后 20 d 内上报有关部门。

2）善后处置

在上级有关部门的统一领导下，组织实施损失核定和善后处置工作，全面开展损害核定工作，及时收集、清理与处置污染物。

3）奖励和责任追究

（1）对突发环境事件处置工作有突出贡献的劳动模范、先进作业队、班组和个人，由局指给予表彰和物质奖励。

（2）对在突发环境事件处置工作中因思想不重视、措施不落实、工作不到位导致事故发生的，依照有关规定，追究有关人员责任，并给予处罚，构成犯罪的由司法机关追究其刑事责任。

8. 内外部报告联络

1）报告联络程序及时间要求

（1）现场一般发生环境污染事故后，事故现场有关人员应立即向所属分部应急救援中心负责人或其他领导成员报告；当应急救援中心负责人或其他领导成员接到报告后，应当立即向事故发生地县级以上人民政府安全生产监督管理部门和负有安全生产监督管理职责的有关部门报告；同时，按规定逐级向局指、集团公司、建设、监理单位报告，每级上报时间不得超过 1 h。

（2）现场人员发现严重火灾、爆炸事故，要立即报警。

（3）污水、燃气、石油等管线设施损坏由应急救援中心负责人和现场人员立即向项目经理部应急领导小组、地方市政、公安和产权部门报告。

（4）发生伤亡，需要医院救护的，由现场人员向当地医院联系。

2）报告事故的内容

（1）事故发生单位概况。

（2）事故发生的时间、地点以及事故现场情况。

（3）事故的简要经过。

（4）事故造成的污染程度和初步估计的直接经济损失。

（5）已经采取的措施。

（6）其他应当报告的情况。

3）应急抢险救援注意事项

（1）不得强令冒险救援抢险，人员不得在不可靠的措施下冒险进入危险区域和场所。

（2）事故产生的废水、废物等不得随意排放和弃置，按相关规定进行处理。

（3）应急抢险物资不得随意挪作他用。

（4）较大、重大污染事故由应急领导小组启动应急救援预案。一般事故由各分部应急救援中心启动应急救援预案。

（5）紧急救援联系方式（急救：120；火警 119；报警 110）。

6.5.3 现场检查

（1）各分部每月组织一次自查。检查要有记录、有总结。如有污染、破坏环境的行为，限定整改日期，并跟踪其落实情况，并认真填写环水保工作考核表，予以保存，便于检查。

（2）各分部环水保部门负责对施工作业队日常的检查，对环水保工作进行监督。

（3）项目部对各分部环水保工作每月结合安全质量检查活动一并进行检查及不定期抽查，对检查情况进行通报，对于不合格施工的分部进行处罚，并做出整改方案要求，同时对整改情况进行跟踪管理。

6.5.4 环水保工作开展情况

为全面完成集团公司下达的各项指标任务；杜绝发生环境污染责任事件，杜绝违规、违法事件，杜绝群体投诉事件，减少行政处罚；践行绿色施工，防治污染，建设资源节约型，环境友好型企业管理目标，主要做好以下工作：

（1）牢记工作原则，确保“硬指标”全面落实。

根据集团公司本年度能源节约和环境保护工作要点要求，按照集团公司“1234+”项目管理总体思路，全面贯彻了“坚守底线，不碰红线，创造亮点”的环境保护管理总体工作要求，坚持了节约与保护优先，依法合规管理，全员共同参与的工作原则，严格按照工地建设环境保护硬指标落实了施工现场环境保护管理工作。

（2）建立健全机制，保证管理体系有效运行。

为加强项目生态环境保护工作，明确管理责任，规范管理行为，加快构建绿色可持续发展管理体系，项目部和各分部分别成立了以主管领导为组长，分管领导为副组长，各业务部室负责人为成员的生态环境保护领导小组，设立了环水保管理部门，完善了环水保管理体制，并明确了工作职责，落实了相关责任，建立了上下联动、分级管控的有效机制，确保了管理体系的有效运转。

（3）完善制度建设，确保环水保工作有效开展。

为规范和促进环水保工作的有序开展，根据股份有限公司和集团有限公司下发的关于《能源节约与生态环境保护监督管理办法》等相关文件要求，结合项目实际，先后制定并完善了《中铁二十三局集团成绵苍巴高速公路项目生态环境保护监督管理细则（暂行）》《中铁二十三局集团成绵苍巴高速公路工程环境保护工作考核实施细则（试行）》。同时加大现场监督检查和季度考核力度，促使各项制度真正落到了实处，确保了环水保工作切实有效的开展。

（4）紧盯重点区域，加大监督管理力度。

为切实加强项目涉及环境敏感地点、重要地段、保护区和江河、水源生态区等重点区域的有效管控，及时识别重要环境因素，明确目标，建立了《成绵苍巴高速公路工程环水文保管控（自查自纠）清单（试行）》管理清单，落实了责任，自查自纠、立查立改，加大了监督管理力度，提高了环境污染治理能力。严格按照环境保护要求完善了项目涉及翠云廊古柏省级自然保护区、西河市级湿地自然保护区，西河剑阁段特有鱼类国家级水产种质资源保护区、插江国家级水产种植资源保护区的临时用地相关环评手续、专项环水保方案与措施。

（5）树立先进典范，加大资金投入以完善环保设施。

3 分部拌和站在建站过程中就充分考虑了环水保基础设施的建设。不但完善了雨污分流系统，对雨污实施了有效分流，还设置扬尘、噪声监测系统，对扬尘和噪声实施了有效监控，并成功引进了生活污水一体化处理、生产污水降碱处理及砂石分离机等先进设施及管理经验，生产、生活污水经有效处理后可用于场站冲洗、便道洒水降尘等，经分离后的砂、石可重复利用，不仅节能环保，还节约了成本。这些在历次检查中获得了上级单位及地方相关部门领导的褒奖。项目部在 2021 年初就以 3 分部为先进典范，组织全线各分部现场观摩学习，并推广污水先进处理设备的应用，不断加大环水保资金投入，积极完善了污水一体化处理设备、降碱设备、砂石分离机、雾炮机、喷淋设施、洒水车、环境监测设备等，并与有资质的第三单位签订生活污水、固废垃圾及危险废物的处置协议。

（6）细化管控措施，严格按照规范实施管理。

①加强水土流失防治，建设美好生态。弃土场遵循“先挡后弃”的原则按照设计实施并完善挡护及排水设施，弃土过程中对边坡分级削坡并层层碾压夯实，防止水土流失、污染环境或造成滑坡、溜滩等；对施工场地堆放的不扰动裸土进行覆盖，路基边坡及时防护、复绿，防止水土流失。

②加强大气污染防治，守护碧水蓝天。搅拌站的进料仓上安装喷淋降尘设施，水泥、粉煤灰等粉状料罐顶部设置脉冲式降尘器，有效　控制了粉尘污染。硬化厂区和便道，及时清扫洒水降尘，隧道内增设大功率风机等措施，加大空气流通，并通过雾炮机洒水等控制扬尘，

保护施工人员的身体健康；主要道路交叉口安装冲洗设施，确保工地的车辆不带泥土、碎屑及粉尘等类似物体上公共道路；施工现场禁止燃烧有毒、有害物质、垃圾及废弃物，与有资质的单位签订固废垃圾处置协议并定期清运处置。

③加强水污染防治，确保岸清水绿。生产、生活污水和雨水实行了有效分离，拌和站投入污水处理设备对生产污水进行有效处理后循环利用；增设砂石分离机对混凝土搅拌及运输设备清洗的废料（其中的砂、石、泥）进行分离、收集和重复利用，分离机和沉淀池相连，经沉淀处理后的水循环使用，泥浆池定期进行清理，有效控制了环境污染和资源浪费，达到了节能、减排、环保的良好效果；场站及驻地与第三方有资质的单位签订生活污水抽排协议并定期抽排转运处置；对油料存放和机械保养场地进行了防渗漏处理，防止造成施工区附近的水土污染和破坏；隧道口设置三级沉淀池对生产污水进行沉淀处理，严禁直排；桥梁桩基施工设置泥浆池对产生的泥浆进行沉淀，及时转运，严防污染地方水系。

④强化固体废物污染防治，保障公众健康。加大对梁场、板场、拌和站、生活区的清扫和清理力度，产生的工业及生活垃圾做到了定点堆放，分类收集，并与有资质的单位签订清运处置协议及时清运至消纳站。

⑤加强噪声监控，严防噪声扰民。加强与隧道爆破、钻桩机施工等施工范围周边百姓的沟通，收集相关意见、建议并及时制定措施进行整改；对施工噪声影响较大的工点，配置噪声监控设备和降噪设备，合理制定作业时间，确保群众正常生产生活。

（7）积极配合检查，不断提升管控效能。

积极配合内外检查单位的日常、专项、季度、半年及全年等检查，并对检查发现问题积极落实整改闭合。尤其在 2021 年 8 月中央环保督察组第二轮驻川督察期间，为切实落实各项环水保措施，有序推动项目建设，充分做好迎接中央生态环境保护督察组督察准备，项目部成立环水保工作领导小组和迎检工作组，各参建子公司、各分部也相应成立了“迎检工作组”，切实加强了分级管理、责任到人管控机制。“环水保提升月”活动期间积极配合了业主、环水保监理、监测公司针对央督督察工作重点和项目实际情况，对项目环水保管理进行了全面梳理和排查，对排查发现的问题进行了彻底整改，使管理进一步规范化、合理化，管理质量和水平也进一步得到了提升，并顺利迎接了中央环保督察组第二轮检查。2022 年 7 月，以四川省水利厅 2022 年生产建设项目水土保持“双随机”检查为契机，联合中国铁建昆仑投资集团有限公司绵苍高速公路项目建设指挥部（以下简称“绵苍建指”）开展了“水土保持工作提升行动”，并制定了《水土保持工作提升行动实施方案》，进一步提升了项目全员的水土保持工作思想认识，使项目水土保持工作管理水平迈上了新台阶。

（8）强化环水保护意识，积极开展宣传活动。

①为推动“低碳环保、节能减排”主题宣传和实践活动常态化，切实提高项目员工环水保意识，践行建设资源节约型、环境友好型企业，项目部及各分部于每年 6 月和 8 月分别以“世界环境日”和“全国节能宣传周和全国低碳日活动”等为主题开展了宣传和实践活动，提高了全员对节约能源、构建和谐社会等环保理念的认知，同时也增强了人人参与项目环水保管理的责任心和信心。

②为切实加强成绵苍巴高速公路工程环水保管理工作，进一步提升项目环水保管理水平和质量，在项目部领导的指导和组织下，2021 年 8 月，根据第二轮中央环保督察组驻川督察的重点工作内容要求和“环水保提升月活动”经验总结，汇编了《成绵苍巴高速公路工程环

水保工作手册》《成绵苍巴高速公路工程环水保法律法规及管理办法》等资料印发给全体员工及各分部，以加强项目环水保宣传学习和指导，并组织开展了环水保知识竞赛活动，形成了“人人参与环保，人人管理环保”良好氛围。

（9）利用云监系统，加大监督管理力度。

利用项目部信息化管理中心安全生产视频云监系统，对施工现场和各场站不定期巡查监督，对发现环水保问题立即督促相关分部及时整改闭合。增强了管理力度，并提高了管理效率。

（10）结合项目实际，强化四节（节材、节水、节能、节地）措施。

①节材措施方面。加强周转材料调拨管理，强化内部资源联动调配，建立周转材料资源数据库，及时更新周转材料在库、在用等状态信息，实现周转材料动态管理，充分提高资源利用率；材料运输方法得当，防止损坏和遗洒；根据现场平面布置情况就近卸载，避免和减少二次搬运；积极推广使用高强度塑钢模板，塑钢模板轻便易装、施工灵活、降低成本；各拌和站增设砂石分离机对混凝土搅拌及运输设备清洗的废料（其中的砂、石、泥）进行有效分离、收集和重复利用。

②节水措施方面。生产、生活污水和雨水实行了有效分离，设置雨水沉淀池，将沉淀后的雨水用于场地冲洗、洒水降尘等；拌和站投入一体化污水处理设备、降碱设备和砂石分离机，对污水及运输设备清洗的废水进行了有效处治后循环利用，也可用于混凝土养护、车辆冲洗、路面洒水降尘等。

③节能措施方面。设定生产、生活、办公和施工设备的用电指标，积极开展节约“一度电、一滴水、一张纸”等宣传活动，形成“人人节约、事事节约、处处节约”的良好风尚；淘汰旧工艺，淘汰老旧高耗能设备，购置更新节能环保设备；做好机械设备的维修保养工作，使机械设备使用保持低耗、高效的状态；鼓励施工现场运输车辆使用新能源动力车辆。

④节地措施方面。场地内布置合理、紧凑，提高土地有效利用率；临时便道采取了“永临结合”，充分利用永久道路、临时道路、农村规划、扶贫措施相结合等服务于施工生产；各驻地及场站设置垃圾箱（桶）分类收集存放固废垃圾，与有资质的单位签订协议并定期清运处置，禁止垃圾乱堆乱放。

第 7 章　电子档案管理系统

7.1　电子档案管理建设背景

根据《公路工程竣（交）工验收办法实施细则》的相关规定，公路项目在交工验收前，应按《建设项目档案管理规范》的有关要求，完成项目建设项目立项文件、招投标文件、合同协议文件、勘察设计文件、征地拆迁文件、项目管理文件、施工文件、信息系统开发文件、设备文件、监理文件、科研项目文件及竣工验收文件的收集、整理及归档工作；在竣工验收前，竣工文件必须按照国家、行业和地方制定的有关在建项目文件归档范围的全部内容进行编制整理，并取得档案单项验收合格的证明材料。

长期以来，从文件的收集、整理到竣工文件的编制直至最后形成的公路建设项目档案都会占用项目很大的人力及财力，最为常见的是在竣工文件编制阶段才发现前期文件有错、漏等现象，项目通车后才开始组织大量的人力开始查漏补缺，而且到后期项目档案的形成与前期文件形成是完全不同的两个专业，即工程人员不懂档案，导致项目通车后 3 年、5 年都不能完成项目档案移交。

成绵苍巴项目智慧工地建设为电子档案系统提供了有利条件，通过智慧工地建设将电子档案系统与试验云检系统、计量计支宝系统、BIM（建筑信息模型）数据进行互联，可从其他系统中提取或导入数据进行引用，更好地解决了施工文件的真实性和准确性。

鉴于以上因素，成绵苍巴项目经过考察了解目前国内的相关政策及趋势就明确提出，在中铁建管段范围内采用信息化结合项目管理特点形成一套完整、规范的电子文件与电子档案管理系统。从前期建设期业务实施阶段即形成电子文件，将元数据在过程中嵌入，文件形成即自动分类、拟写题名、转换检索系统、形成电子档案。过程中每月进行检查、考核，保证现场与资料进度一致，达到项目交工资料完工，项目通车三月内完成项目档案的编制工作，通车一年内完成项目档案验收。

7.2　档案制度体系建设

7.2.1　管理制度体系建立

项目自建场初期便开始电子档案系统的推进工作，自 2020 年 12 月—2022 年 2 月，由绵苍建指及中铁二十三局总承包指挥部工程部牵头制定了项目电子文件归档及电子档案管理制度体系，绵苍建指各业务部门配合执行。设计单位、施工单位、监理单位根据建指制定的管理制度体系，结合自身实际情况制定符合自身管理情况的电子档案管理制度体系，建立以电子文件归档和电子档案管理规范化、科学化为核心，相关单位和人员权责明确，覆盖从建设项目电子文件“形成、流转、归档”到电子档案“移交、保管、利用”等的全流程管理制度体系。

2020 年 12 月，绵苍建指印发了《绵苍高速公路建设指挥部档案管理办法》(绵苍指〔2020〕

45 号），明确了建设单位档案领导小组及成员职责划分，并要求各参建单位成立档案管理领导小组，明确人员职责，报建设指挥部备案。

2020 年 12 月，各参建单位按要求上报了领导小组成立文件，并将档案机构及档案人员管理网络图在项目档案室上墙。各单位均制定了领导小组工作职责、专职档案员工作职责、资料员工作职责、兼职档案员工作职责，并在各部门上墙。

2021 年 9 月，根据项目管理实际，制定了《成绵苍巴高速公路档案管理应急预案》《临时档案库房管理制度》《档案保密制度》《档案保管制度》《档案借阅制度》等工作制度，并制作了《档案室工作流程图》，在阅览室上墙。

2021 年 11 月—2022 年 2 月，由绵苍建指组织各参建单位配合制定《电子文件填写制度》《电子文件审批制度》《电子文件归档制度》《电子文件移交制度》《电子档案保管制度》《电子档案借阅制度》《电子档案销毁制度》《电子档案保密制度》《电子档案备份制度》。

7.2.2　电子档案工作的组织

项目部建立了覆盖各参建单位的电子档案管理体系，成立了电子档案管理机构领导小组，由中国铁建昆仑投资集团有限公司绵苍高速公路项目建设指挥部指挥长担任组长，中铁二十三局集团有限公司总承包指挥部项目经理担任常务副组长，各监理单位总监及施工单位项目经理为副组长。电子档案管理执行部门设在绵苍建指工程部，并配备了具有多条高速公路建设项目档案移交工作经验的专职档案员 1 名，负责协调管理项目电子档案工作落实情况。各参建单位均配备了 1 名专职档案员，负责项目电子档案的具体实施。

7.2.3　电子档案管理机构领导小组职责

（1）组长职责：全面负责成绵苍巴高速公路建设项目档案管理工作，贯彻执行党和国家关于档案工作的方针、政策、法律、法规，落实上级单位有关档案工作的指示、规定和办法等。

（2）常务副组长职责：组织协调及管理项目总承包范围内项目文件的收集、整理和归档工作。对施工单位电子档案工作进行监督、检查、考核和奖励。

（3）副组长职责：组织协调及管理所属合同段范围内项目文件的收集、整理和归档工作。建立符合绵苍建指要求的电子文件管理制度，报建设单位确认。配备满足工作需要、符合安全保管要求的设施设备，采取措施确保项目文件的安全。

（4）建指专职档案员职责：负责建指各部门项目文件收集、整理和归档工作的监督和指导；负责统一协调、指导各参建单位专职档案员对本单位内电子档案的整理以及归档工作。项目开工前制定项目档案工作方案，对各参建单位进行项目电子文件管理和归档交底，并按建指档案管理办法规定进行考核。

（5）参建单位专职档案员职责：负责执行建设单位关于电子档案工作的各种指令，对本级内电子档案进行整理、归档及移交。

7.2.4　制度规范建设

1. 电子文件归档及电子档案管理系统的执行依据

成绵苍巴高速公路项目电子文件归档及电子档案系统业务按照如下标准执行：

（1）《中华人民共和国档案法》。

（2）《中华人民共和国电子签名法》。

（3）《科学技术档案案卷构成的一般要求》（GB/T 11822—2008）。

（4）《电子文件归档与电子档案管理规范》（GB/T 18894—2016）。

（5）《中国档案机读目录格式》（GB/T 20163—2006）。

（6）《电子文件管理系统通用功能要求》（GB/T 29194—2012）。

（7）《电子文件管理系统建设指南》（GB/T 31914—2015）。

（8）《电子文件存储与交换格式　版式文档》（GB/T 33190—2016）。

（9）《信息与文献　电子办公环境中文件管理原则与功能要求　第 1 部分：概述和原则》（GB/T 34840.1—2017）。

（10）《信息与文献　电子办公环境中文件管理原则与功能要求　第 2 部分：数字文件管理系统指南与功能要求》（GB/T 34840.2—2017）。

（11）《信息与文献　电子办公环境中文件管理原则与功能要求　第 3 部分：业务系统中文件管理指南与功能要求》（GB/T 34840.3—2017）。

（12）《信息与文献　文件管理过程　文件元数据　第 1 部分：原则》（GB/T 26163.1—2010）。

（13）《信息安全技术　网络安全等级保护基本要求》（GB/T 22239—2019）。

（14）《信息安全技术　公钥基础设施　电子签名格式规范》（GB/T 25064—2010）。

（15）《信息技术　安全技术　实体鉴别　第 3 部分：采用数字签名技术的机制》（GB/T 15843.3—2016）。

（16）《信息安全技术　XML 数字签名语法与处理规范》（GB/T 25061—2020）。

（17）《建设项目档案管理规范》（DA/T 28—2018）。

（18）《纸质档案数字化技术规范》（DA/T 31—2018）。

（19）《文书类电子文件元数据方案》（DA/T 46—2009）。

（20）《版式电子文件长期保存格式需求》（DA/T 47—2009）。

（21）《基于 XML 的电子文件封装规范》（DA/T 48—2009）。

（22）《数码照片归档与管理规范》（DA/T 50—2014）。

（23）《照片类电子档案元数据方案》（DA/T 54—2014）。

（24）《档案关系型数据库转换为 XML 文件的技术规范》（DA/T 57—2014）。

（25）《电子档案管理基本术语》（DA/T 58—2014）。

（26）《录音录像档案数字化规范》（DA/T 62—2017）。

（27）《录音录像类电子档案元数据方案》（DA/T 63—2017）。

（28）《文书类电子档案检测一般要求》（DA/T 70—2018）。

（29）《纸质档案缩微数字一体化技术规范》（DA/T 71—2018）。

（30）《录音录像档案管理规范》（DA/T 78—2019）。

（31）《基于文档型非关系型数据库的档案数据存储规范》（DA/T 82—2019）。

（32）《产品数据管理（PDM）系统电子文件归档与电子档案管理规范》（DA/T 88—2021）。

（33）《档案著录规则》（DA/T 18—2022）。

（34）《电子档案移交接收操作规程》（DA/T 93—2022）。

（35）《建设电子文件与电子档案管理规范》（CJJ/T 117—2017）。

（36）《建设项目电子文件归档和电子档案管理暂行办法》（档发〔2016〕11 号）。

（37）《国家档案局办公室关于组织开展第三批建设项目电子文件归档和电子档案管理试点工作的通知》。

（38）《电子档案管理系统基本功能规定》（档办发〔2017〕3 号）。

（39）《关于印发公路建设项目文件材料立卷归档管理办法的通知》（交办发〔2010〕382 号）。

2. 制度、规范的制定

根据项目建设管理实际情况，中铁二十三局集团成绵苍巴高速公路项目经理部制定了符合自身项目情况的制度、规范，并要求相关部门和参建单位落实实施。相关制度、规范如下：

（1）《成绵苍巴高速公路建设项目档案管理规范（试行）》。

（2）《绵苍高速公路建设指挥部档案管理办法》（绵苍指〔2020〕45 号）。

（3）《成绵苍巴高速公路有限责任公司企业标准公路工程建设项目单位、分部及分项工程划分指南》。

（4）《成绵苍巴高速公路有限责任公司企业标准公路工程建设项目施工质检表格资料标准化填写规程（第一册土建工程）》。

（5）《成绵苍巴高速公路有限责任公司企业标准公路工程建设项目施工质检表格资料标准化填写规程（第二册机电工程）》。

（6）《成绵苍巴高速公路有限责任公司企业标准公路工程建设项目施工质检表格资料标准化填写规程（第三册房建工程）》。

（7）《成绵苍巴高速公路有限责任公司企业标准竣工图编制指南》。

（8）绵苍高速公路电子文件及电子档案系统使用说明书。

（9）成绵苍巴高速公路建设项目文件归档范围和保管期限表。

7.3　电子档案管理系统概况

7.3.1　电子档案管理模式

成绵苍巴高速公路项目档案采取“纸质版档案+电子档案”的方式进行管理。因项目前期立项文件、初步设计、施工设计文件、招投标、征地拆迁均已形成纸质实体文件，在项目建设完成后竣（交）工验收文件由于有政府单位参与，只能形成纸质实体文件，这部分文件在归档时，拟采用传统纸质版文件归档，同时进行数字化加工，形成 PDF 文件后批量上传，加上各业务系统本身生成的电子文件，在系统里形成一套完整的项目电子文件。为方便后期电子检索利用（在检索系统中设置明显标识，注明文件属性是电子文件还是 PDF 扫描件）。

7.3.2　电子档案系统进展

自项目上场之初，成绵苍巴高速公路项目经理部就开始启动了电子档案系统的推行工作，于 2020 年 9 月，启动电子档案管理系统搭建工作，10 月邀请四川省档案专家进行项目档案管理培训。2021 年 6 月，完成前期准备工作及系统测试；7 月 15 日，按最新执行的行业标准及四川省建设工程质量安全监督总站评审确定的全部质检表格在系统中的内置；7 月 29 日，系统完成了 OA（办公自动化）、计量、BIM、智慧工地、试验检测等业务系统文件及数据的接入和输出接口配置功能，并为不具备电子签章功能的业务系统预留了签章接口；8 月 2 日，依照项目建设单位及参建单位组织机构情况，系统完成了组织机构创建、建设项目全部单位、合同段及用户的创建。

2021 年 8 月 9 日，绵苍建指组织各参建单位在总承包指挥部召开试点运行推进会，绵苍 TJ1 标 7 分部和 10 分部作为先行试点标段开展工序报验及电子文件填写业务系统的培训；8 月 10 日，试点分部开始正式操作录入，仅用时 10 d 完成了单位、分部、分项结构树创建及部位资料填写功能试用测试；8 月 20 日，绵苍建指组织全线参建单位开展全体动员操作培训会；8 月 21 日起，绵苍高速项目全线启动电子文件在线填报、签审工作。

2022 年 3 月，完成与试验云检系统对接和调试，对接后两个系统共用一个结构树，试验报告可直接推送至部位，作为附件与质检资料同步走审批流程。2022 年 5 月，完成智能张拉系统与电子档案管理系统的对接，张拉数据由智能张拉机导出后上传至电子档案系统与部位质检资料同步走审批流程，减少了技术人员填写较多数据的问题。

2023 年 3 月，组织各监理、施工单位共同对房建、机电、绿化和交安各小专业监表、检表和记录表的表格进行了审核，确认了表格标准、填写标准和审批流程，并将修改后的表格在电子档案管理系统内进行了配置。2023 年 4 月，全线开始进行电子档案预立卷工作。2023 年 7 月，变更设计文件审批和竣工图模块在系统中上线，可将形成的变更设计文件和竣工图上传系统后进行签认。2023 年 10 月，项目电子档案管理团队与技术研发团队对电子档案长期保存的关键技术方案课题研究完成。包含《电子签章方案》《四性检测方案》《元数据方案》《长期保存方案》四项关键技术方案。2023 年 12 月，中国铁道建筑集团有限公司组织专家组以线下会议形式对试点项目关键技术方案进行了评审，一致同意通过评审。2024 年 3 月，通过国家档案局组织的第三批电子文件归档和电子档案管理试点验收。

7.4 电子档案系统设备配置

7.4.1 服务器及机房的搭建

电子文件归档及档案系统采用集中部署方式。部署地点设在成都市新都区成绵苍巴项目运营管理中心，项目档案资源集中存储在管理中心机房服务器上，终端用户通过档案系统域名，在线登录档案系统进行业务操作。

集中部署方式：采用三台服务器，分别是 WEB（网站）应用服务器、SQL（结构化查询语言）数据库（备份）服务器和芒果文件数据库服务器。SQL 数据库（备份）服务器外接 45 T 光纤存储设备进行本地备份，并使用阿里云 OSS（对象存储服务）每日进行异地灾备。内网数据交换通过全千兆核心交换机进行，通过 150 M 电信商务光纤+100 M 联通光纤进行互联网访问。网络安全方面通过奇安信下一代防火墙进行防攻击、防病毒，WEB 层面安全则使用阿里云 WEB 应用防火墙防护。

7.4.2 项目临时档案室的建设

绵苍建指于 2020 年 12 月下发了《绵苍高速公路建设指挥部档案管理办法》，对各参建单位工地档案室和电子档案库的建设、配置等做出明确要求。现已完成 11 个临时档案库房的建设工作。临时档案室按照档案库房建设标准配备了灭火器、监控设备、空调、除湿机、遮光窗帘、防盗门及防虫防霉药包，确保档案库房保持适当的温度和相对湿度，做好防火、防潮、防光、防盗、防尘、防有害气体、防有害生物等防护工作。

总承包指挥部在办公区二楼设置了一间档案阅览室、两间档案库房。档案库房采用档案柜放置档案，面积共计 90 m^2。一号档案库房存放公司形成的管理类档案、会计档案、声像及实物档案，并配有防磁柜存放电子文件；二号档案库房存放建设项目纸质档案；阅览室中配置了电脑、打印机和书桌等设备，由专职档案员负责日常管理。

7.5　电子文件归档和电子档案管理系统功能项描述

电子文件归档和电子档案管理系统功能项描述见表 2-7-1。

表 2-7-1　电子文件归档和电子档案管理系统功能项描述

<table>
<tr><th>序号</th><th>功能模块</th><th>功能项</th><th>描述</th></tr>
<tr><td>1</td><td rowspan="7">系统管理</td><td>组织结构配置</td><td rowspan="7">对系统的管理，修改组织机构，创建单位、项目、用户、创建角色以及权限的管理、分配等，由系统管理员维护，系统管理员查看日志，日志记载每个操作人员操作登录时间、操作和浏览的内容等</td></tr>
<tr><td>2</td><td>项目组织结构配置</td></tr>
<tr><td>3</td><td>角色管理</td></tr>
<tr><td>4</td><td>权限管理</td></tr>
<tr><td>5</td><td>用户管理</td></tr>
<tr><td>6</td><td>用户组管理</td></tr>
<tr><td>7</td><td>日志管理</td></tr>
<tr><td>8</td><td rowspan="7">业务管理</td><td>程序性管理文件报审</td><td>建设过程中施工单位报监理单位及建设单位的程序性文件表格定制及审批流程定制。
建设过程中监理单位报建设单位的程序文件表格定制及审批</td></tr>
<tr><td>9</td><td>业务配置</td><td>由管理员根据自己需求定制管理流程审批用表</td></tr>
<tr><td>10</td><td>工程结构树定制</td><td>根据《公路工程质量检验评定标准》及项目实际情况创建 WBS（工作分解结构）结构树</td></tr>
<tr><td>11</td><td>工程划分创建、审批、修改</td><td>施工单位按照单位、分部、分项、部位划分各自标段的结构树，按照监理规范要求完成审批流程。结构树有变更及修改按照规范要求重新走审批流程</td></tr>
<tr><td>12</td><td>APP（应用）电子日志</td><td>现场技术员、监理员利用手机 APP 填写施工日志，电脑端汇总施工、监理日志中内容</td></tr>
<tr><td>13</td><td>监理指令</td><td>现场监理工程师利用 APP 下发监理指令，施工单位责任人收到后对指令内容进行回复</td></tr>
<tr><td>14</td><td>监理月报</td><td>监理在系统上按月填写监理月报，上报后完成审批形成电子文件</td></tr>
</table>

续表

序号	功能模块	功能项	描述
15		工序质检资料填写	监理员、技术员现场通过 APP 采集现场实测实量数据，对表格中实测项目中实测值进行填写。档案员根据各部门填写的检测信息汇总完成工序资料填写。 系统从智慧工地中智慧拌和站、智能张拉、智能压浆、试验室信息管理系统中读取需要的数据直接填入质检资料中，完成数据采集
16		评定管理	根据 WBS 结构树及质检资料填写数据，按照行业标准完成单位、分部、分项工程自动汇总评定功能
17		进度统计	根据填写的数据自动统计，电子文件填写数据量、审批数量、指令闭合情况等
18	电子文件管理	电子签章	系统形成文件通过 CA（证书授权）机构完成电子签章
19		电子文件采集	将建设项目需归档文件收集入系统内
20		电子文件整理	将文件按照单位、分部、分项及文件形成的自然规律进行自动整理
21		电子文件分类	按标准嵌入分类及自动生成档号前缀
22		归档管理	文件按卷整理完成后提交审核生成封面、目录、备考表
23	电子档案管理	档案移交	各部门、各参建单位文件归档完成后整体移交档案室
24		档案检索	通过日期、档案类型、业务类型、所属机构等信息进行档案查询。对各种格式的文档、数据库等异质海量信息实现统一检索，提供关联检索、容错检索、信息摘要、逐层检索功能
25		档案借阅	保留查看档案人员查阅信息、下载记录及用途，制作电子借阅台账
26		档案销毁	根据保管期限设置档案保管期限到期提醒。自动筛选到期档案，记录销毁档案的列表信息
27		档案统计	通过日期、档案类型、业务类型、所属机构等信息进行档案数量统计
28	兼容数据接口	试验文件、数据传入	通过接口将数据、文件传送到本系统进行报审流程及归档管理
29		OA 办公文件传入	通过接口将电子文件传送到本系统进行归档管理
30		计量文件传入	系统通过接口将电子文件传送到本系统进行归档管理
31		数据、文件输出到 BIM 模型中体现	通过接口将形成的部位文件传送到 BIM 模型中，在模型中查看已完自检资料
32		进度、文件输出到计量系统中	通过接口将形成的部位文件传送到计量系统中体现

成绵苍巴项目电子档案管理系统主要包括项目管理、工程质量保证资料管理、电子文件归档、电子签章、文档、数据兼容管理等功能模块。

7.5.1　项目电子文件系统组织机构及人员的创建

项目电子文件系统组织机构及人员创建如图 2-7-1、图 2-7-2 所示。

名称	单位类型
▬ 四川成绵苍巴高速公路有限责任公司	建设单位
└▬ 北京中港路通工程管理有限公司绵阳至苍溪高速公路MCZJB1总监办	总监办(二级)
└▬ 四川国际工程监理有限公司绵阳至苍溪高速公路MCZDB1驻地办	驻地办
└▬ 中国铁建昆仑投资集团有限公司绵苍高速公路工程总承包指挥部(四川国际工程监理有限公司绵阳至苍溪高速公路MCZDB1驻地办)	总承包
└ 中铁二十三局集团有限公司绵阳至苍溪高速公路TJ1标(四川国际工程监理有限公司绵阳至苍溪高速公路MCZDB1驻地办)	施工单位(分包单位)
└▬ 长沙华南土木工程监理有限公司绵阳至苍溪高速公路MCZDB2驻地办	驻地办
└▬ 中国铁建昆仑投资集团有限公司绵苍高速公路工程总承包指挥部(长沙华南土木工程监理有限公司绵阳至苍溪高速公路MCZDB2驻地办	总承包
└ 中铁二十三局集团有限公司绵阳至苍溪高速公路TJ1标(长沙华南土木工程监理有限公司绵阳至苍溪高速公路MCZDB2驻地办)	施工单位(分包单位)
└▬ 广西交科工程咨询有限公司绵阳至苍溪高速公路MCZDB3驻地监理办公室	驻地办
└▬ 中国铁建昆仑投资集团有限公司绵苍高速公路工程总承包指挥部(广西交科工程咨询有限公司绵阳至苍溪高速公路MCZDB3驻地监理办	总承包
└ 中铁二十三局集团有限公司绵阳至苍溪高速公路TJ1标(广西交科工程咨询有限公司绵阳至苍溪高速公路MCZDB3驻地监理办公室)	施工单位(分包单位)
└ 中铁二十三局集团有限公司绵阳至苍溪高速公路TJ2标(广西交科工程咨询有限公司绵阳至苍溪高速公路MCZDB3驻地监理办公室)	施工单位(分包单位)
└▬ 武汉桥梁建筑工程监理有限公司绵阳至苍溪高速公路MCZDB4驻地办	驻地办
└▬ 中国铁建昆仑投资集团有限公司绵苍高速公路工程总承包指挥部(武汉桥梁建筑工程监理有限公司绵阳至苍溪高速公路MCZDB4驻地办	总承包
└ 中铁二十三局集团有限公司绵阳至苍溪高速公路TJ2标(武汉桥梁建筑工程监理有限公司绵阳至苍溪高速公路MCZDB4驻地办)	施工单位(分包单位)

图 2-7-1　组织机构界面

□	UID	昵称	手机号	登录次数	最后登录时间	最后登录IP	状态	签章状态			签章角色	操作
□	431			184	2021-11-21	3062091084	正常	个人签名			路基工程质...	操作
□	432			45	2021-11-18	3063124894	正常	个人签名			路基工程施...	操作
□	433			40	2021-11-18	3062091045	正常	个人签名			路基工程施...	操作
□	434			86	2021-11-20	3663255747	正常	个人签名			路基工程施...	操作
□	435			48	2021-11-19	1957233878	正常	个人签名			路基工程施...	操作
□	436			4	2021-08-15	3062091054	正常	个人签名			隧道工程质...	操作
□	437			38	2021-11-17	3063131830	正常	个人签名			路基工程施...	操作
□	439			72	2021-11-17	2101360945	正常	个人签名			路基工程施...	操作
□	440			2	2021-08-28	3062090890	正常	个人签名			桥梁工程质...	操作
□	441			5	2021-11-15	3746891622	正常	个人签名			路基工程施...	操作
□	442			97	2021-11-16	3063126696	正常	个人签名			路基工程施...	操作
□	443			28	2021-11-18	3063124894	正常	个人签名			路基工程施...	操作
□	444			9	2021-10-27	3062091179	正常	个人签名			测量员	操作
□	585			4	2021-11-18	3063126593	正常				项目经理	操作
□	586			0	1970-01-01	0	正常				项目总工	操作

« 1 2 3 4 5 6 7 8 9 »

图 2-7-2　人员创建情况界面

7.5.2 工程质量保证资料管理情况

根据最新公路工程质量检验评定标准要求及四川省地方要求制定的单位、分部、分项划分结构树。施工单位根据图纸按照模板选择在建工程划分结构树。监理单位与施工单位共享划分，保持项目结构树的一致性，为开工审批、计量支付、工程评定、交工验收奠定了基础，如图 2-7-3 所示。

模板名称	工程类型	操作
−路基工程	单位工程	操作
−路基土石方工程	分部工程	操作
+土方路基	分项工程	操作
+填石路基	分项工程	操作
+砂垫层	分项工程	操作
+灰土、砂砾垫层	分项工程	操作
+碎石、石渣垫层	分项工程	操作
+抛石挤淤	分项工程	操作
+刚性桩	分项工程	操作

图 2-7-3 系统内置工程划分结构树

施工单位根据图纸在系统进行工程划分如图 2-7-4 所示。

K2＋020铁炉村大桥 查看监理信息 查看施工信息

名称	序号	归档状态	进度	类型
− 0#台基础及下部构造			-0-0-0	分部工程
+ 0#桥台混凝土扩大基础	0		0%0 0	分项工程
+ 0#桥台现浇台身	1		0%0 0	分项工程
+ 0#桥台现浇台帽钢筋加工及安装	2		0%0 0	分项工程
+ 0#桥台现浇台帽	3		0%0 0	分项工程
+ 0#桥台背墙钢筋加工及安装	4		0%0 0	分项工程

图 2-7-4 施工单位根据图纸在系统中的工程划分

制定工程划分电子审批流程，包括开工划分审批、划分修改审批。保证划分结构树的完整性，结合发生变更划分结构树发生变化制定了二次审批流程。解决了以往工程划分结构树调整随意，完工后结构树不可用的弊端，如图 2-7-5 所示。

绵阳至苍溪高速公路项目K12＋182～K30＋186土建工程合同段工程划分统计表

施工单位：中铁二十三局集团有限公司绵阳至苍溪高速公路TJ1标

监理单位：长沙华南土木工程监理有限公司绵阳至苍溪高速公路MCZDB2驻地办　　第4页 共861页

单位工程	单位工程编号	分部工程	分部工程编号	分项工程	分项工程编号
K47＋346～K55＋341绿化工程	LH02	国光互通BK0＋000～BK0＋230. 347边坡绿地	LH02B03	国光互通BK0＋000～BK0＋230. 347土工格室植草灌	LH03B04X00
		国光互通CK0＋000～CK0＋387. 482边坡绿地	LH02B03	国光互通CK0＋000～CK0＋387. 482喷播植草灌	LH03B05X00
				国光互通CK0＋000～CK0＋387. 482土工格室植草灌	LH03B05X00
		国光互通DK0＋000～DK0＋445. 116边坡绿地	LH02B06	国光互通DK0＋000～DK0＋445. 116土工格室植草灌	LH03B06X00
		国光互通EK0＋000～EK0＋390. 496边坡绿地	LH02B07	国光互通EK0＋000～EK0＋390. 496喷播植草灌	LH03B07X00
				国光互通EK0＋000～EK0＋390. 496拱形骨架护坡	LH03B07X00
		国光互通SFK0＋000～SFK0＋334. 904边坡绿地	LH02B08	国光互通SFK0＋000～SFK0＋334. 904喷播植草灌	LH03B08X00
				国光互通SFK0＋000～SFK0＋334. 904土工格室植草灌	LH03B08X00
				国光互通SFK0＋000～SFK0＋334. 904拱形骨架护坡	LH03B08X01
		ZK48＋866. 46～ZK50＋900边坡绿地	LH02B09	ZK48＋866. 46～ZK50＋900喷播植草灌	LH03B09X00
				ZK48＋866. 46～ZK50＋900土工格室植草灌	LH03B09X00
				ZK48＋866. 46～ZK50＋900拱形骨架护坡	LH03B09X01
		K48＋866. 46～K50＋928. 32边坡绿地	LH02B10	K48＋866. 46～K50＋928. 32喷播植草灌	LH03B10X00

图 2-7-5　系统生成工程划分统计表

7.5.3　施工准备阶段报审

施工准备阶段报审具体流程如图 2-7-6 所示。

图 2-7-6　施工准备阶段报审流程

管理流程审批用表及施工组织设计报批单界面如图 2-7-7 所示。

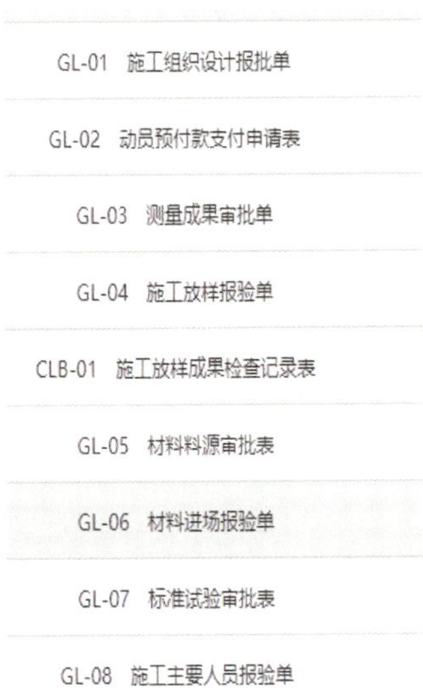

（a）程序性管理流程审批用表

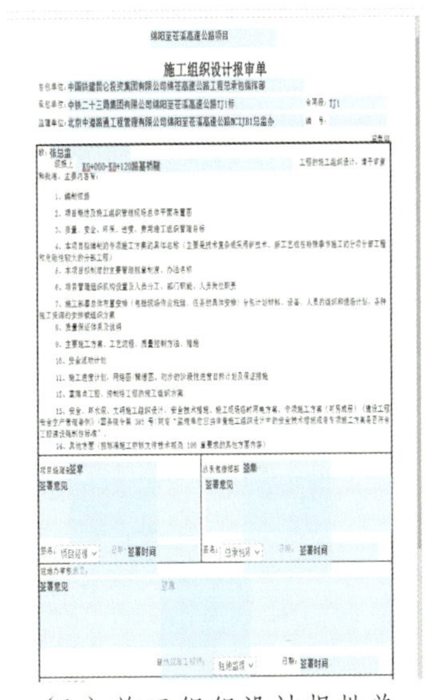

（b）施工组织设计报批单

图 2-7-7　管理流程审批用表及施工组织设计报批单界面

7.5.4　电子施工日志、监理日志、巡视记录填写

手机 APP 填写施工日志、监理日志、监理巡视。解决施工员、监理员、监理工程师在现场手写日志容易丢失，不易汇总及字迹不清晰等问题。图 2-7-8 所示为手机 APP 填写施工日志、监理日志、监理巡视界面。

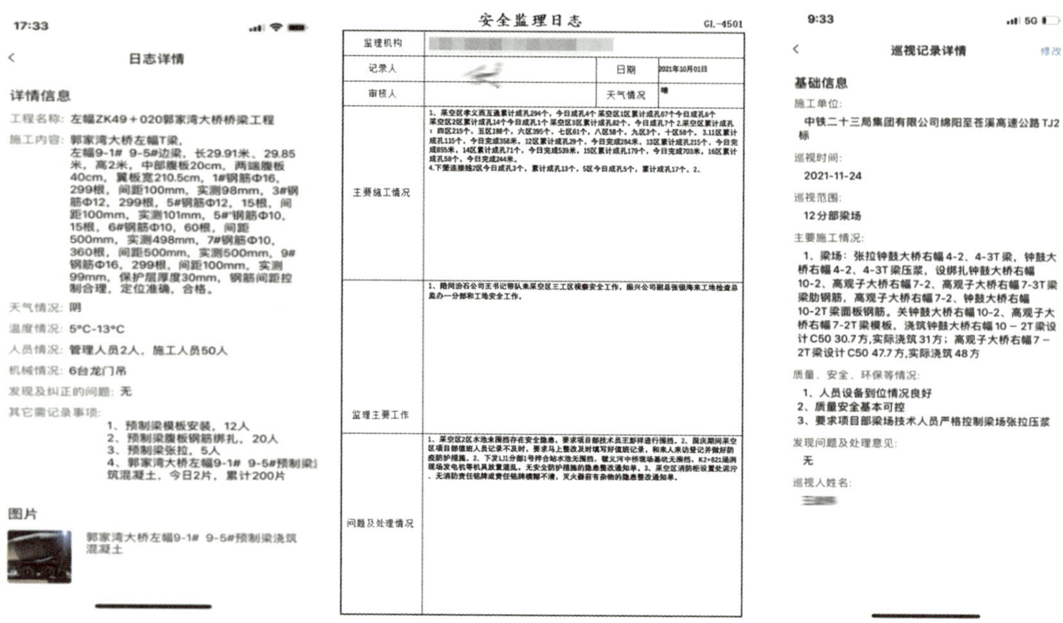

（a）电子施工日志　　（b）监理日志　　（c）监理巡视记录

图 2-7-8　手机 APP 填写施工日志、监理日志、监理巡视界面

7.5.5　监理指令

监理工程师利用电子档案系统手机 APP，能够在现场随时随地下发监理指令，方便查看指令闭合情况，具体页面如图 2-7-9 所示。

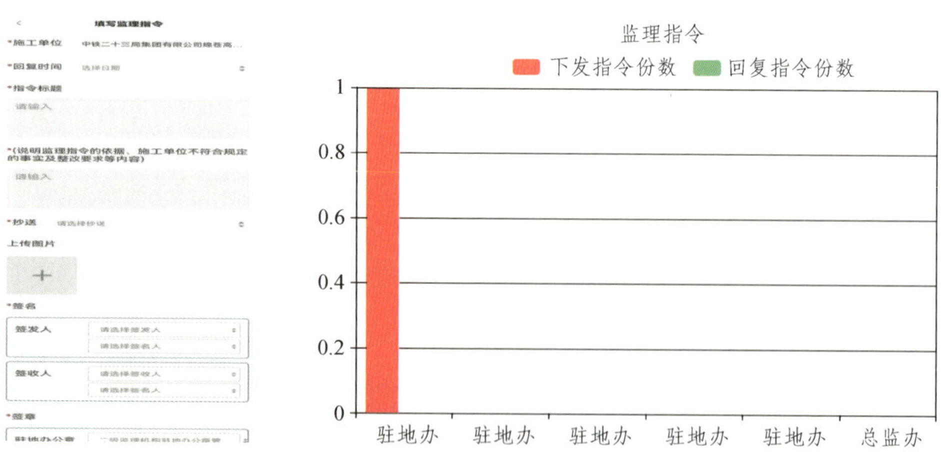

图 2-7-9　手机 APP 下发监理指令及查看闭合界面

7.5.6　监理月报填写

监理单位在系统上填写监理月报，完成报审，形成电子文件，如图 2-7-10 所示。

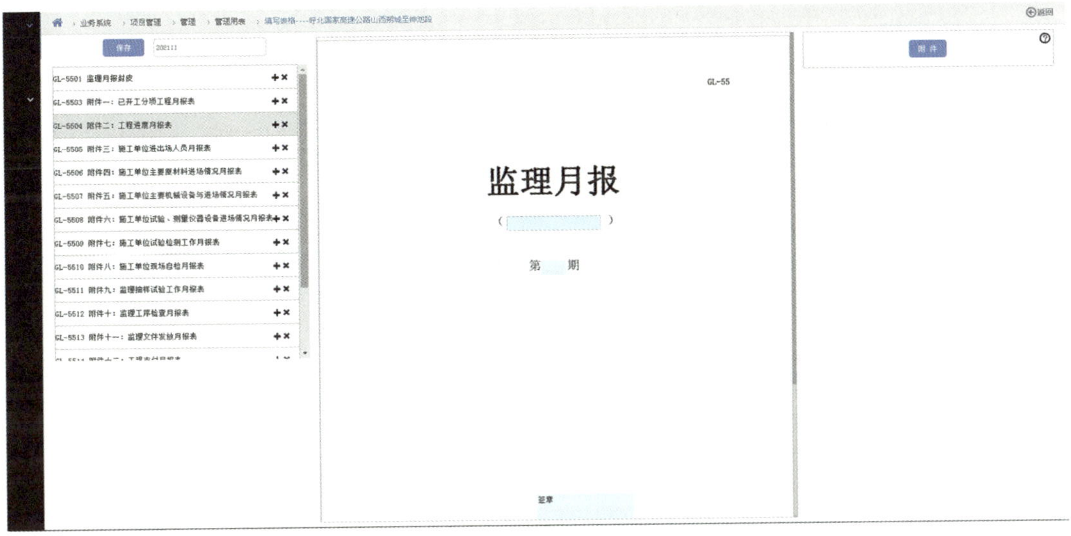

图 2-7-10　填写监理月报界面

7.5.7　分类目录的创建

系统根据国家档案局《建设项目档案管理规范》（DA/T 28—2018）规范、《关于印发公路建设项目文件材料立卷归档管理办法的通知》（交办发〔2010〕382 号）文件及《四川省交通重点建设项目竣工文件编制及档案整理规范》（川交办〔2002〕245 号）文件，对分类目录进行设置，如图 2-7-11 所示。

（a）建设单位分类目录设置　（b）监理单位分类目录　（c）施工单位分类目录

图 2-7-11　分类目录划分界面

7.5.8 电子文件自动归档

系统根据单位分部分项划分，对同类型案卷进行自动归档，具体页面如图 2-7-12 所示。

图 2-7-12 电子文件归档界面

7.5.9 电子文件案卷题名

系统根据文件名称及题名规则自动生成卷内目录及案卷目录，如图 2-7-13 所示。

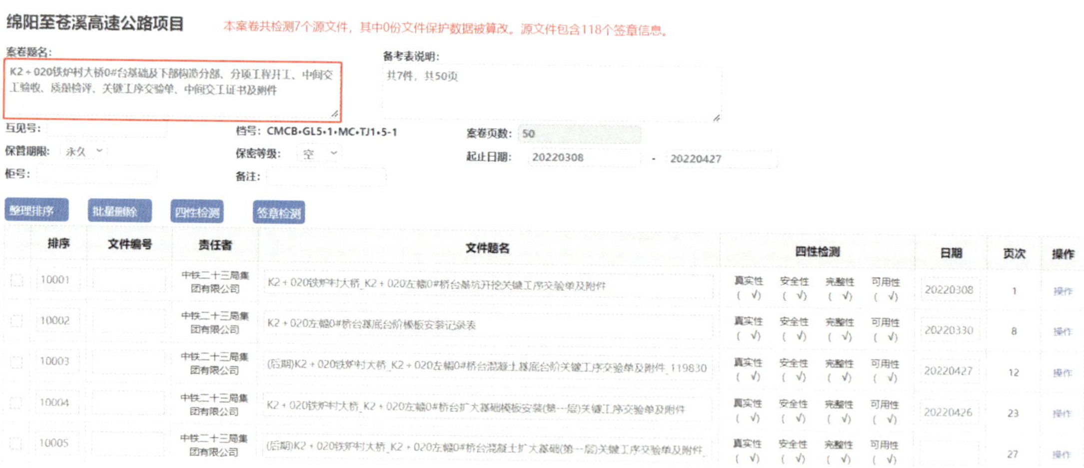

图 2-7-13 电子卷内目录界面

7.5.10 电子文件组卷

根据归档要求，编制页码、制作封面、目录、文件、备考表，生成案卷。

7.5.11 电子签章

电子签章包括电子签章实名认证、电子签章证书的生成、手机 APP 审批、批量签章。

7.5.12　文档、数据兼容管理

文档、数据兼容管理包括试验文件通过接口将电子文件传送到本系统进行报审流程及归档管理、OA 系统通过接口将电子文件传送到本系统进行归档管理、计量系统通过接口将电子文件传送到本系统进行归档管理、通过接口将形成的部位文件传送到 BIM 模型中体现、通过接口将形成的部位文件传送到计量系统中体现，详见图 2-7-14。

试验室信息化系统采集的试验数据通过接口接入，直接将数据采集至部位数据中进行读取。智慧拌和站数据自动获取至施工记录表格相应现场拌和记录中。

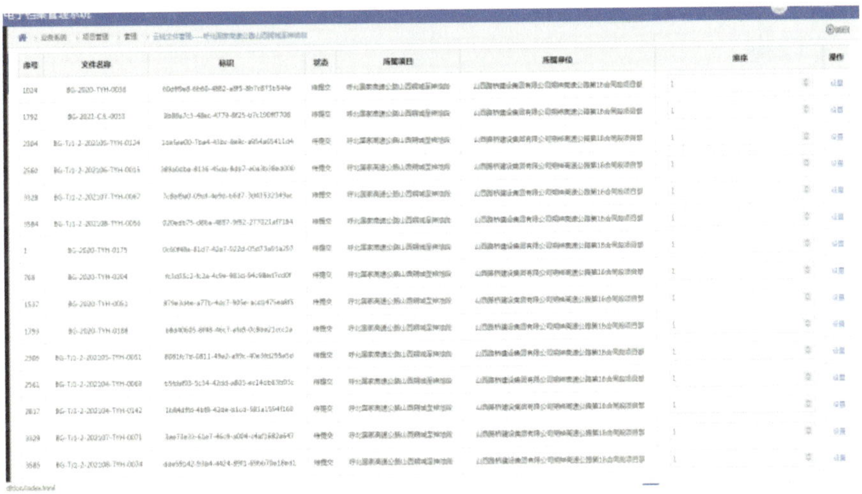

图 2-7-14　文档、数据兼容管理

7.6　电子文件关键技术方案及四性解决方案

本项目在实践中探究“建设项目电子文件归档和电子档案管理中存储格式、元数据、电子签名、封装和备份”等关键技术方案，并提出了保证电子文件真实性、完整性、可用性和安全性的解决方案。

7.6.1　存储格式

根据《版式电子文件长期保存格式需求》(DA/T 47—2009)及《国家档案局关于印发〈电子档案移交与接收办法〉的通知》(档发〔2012〕7 号)研究了存储格式。目前存储满足如下要求：

(1)数据格式为 XML，格式开放，元数据与国际国内相关标准对应，通用的 XML 格式易于提取和检索。允许用户自定义一部分元数据。

(2)系统使用浏览器直接访问，支持目前市场上使用的全部系统，文件阅读格式为 PDF，不依赖特定阅读软件。

(3)文件呈现的全部信息完全包含。

(4)目前系统生成文件不会因为阅读软件变化而变化，未设置口令保护和文件加密，算法字体公开，确保了显示一致性。

（5）系统文件格式稳定，更新迭代同步更新保证统一有序，前后兼容，设置了有效的容错机制。未采用有可能改变文件内容或降低原数据质量的操作。

（6）文件支持 JSON、HTML、XML 等相互转换和长期保存。

（7）文件利于存储，数据结构设计合理，采用云数据库可容纳大量数据，格式可转换实现聚合能力。

（8）系统支持技术认证机制，数字签章采用上上签三方认证接口。

（9）易于利用，支持分割页面、提取文本串、图像等，支持全文检索，文件中包含的文本信息符合自然阅读顺序。

7.6.2 元数据

根据《信息与文献 文件管理过程 文件元数据 第 1 部分：原则》（GB/T 26163.1—2010）、《照片类电子档案元数据方案》（DA/T 54—2014）、《录音录像类电子档案元数据方案》（DA/T 63—2017）、《科学技术档案案卷构成的一般要求》（GB/T 11822—2008），以及交通运输部行业要求等，研究元数据方案。元数据包含文件实体元数据、机构人员实体元数据、业务实体元数据、实体关系元数据四个领域。根据文件类型不同分为文字类元数据、照片类元数据、录音录像类元数据。

1. 文件实体元数据

（1）文字类文件实体元数据包含：聚合层次、来源（项目公司名称、项目公司代码、全宗名称、立卷单位名称）、电子文件号、档号（全宗号、大类号、属类号、项目代号、立卷单位代号、阶段小类号、流水号）、内容描述（文件序号、页号、案卷题名、文件题名、文件编号、责任者、日期、保管期限、密级、件数、页数）、形式特征、电子属性、数字化属性、电子签名结果、存放位置、权限管理、附注等信息。

（2）照片类文件实体元数据包含：项目公司代码、照片门类代码、聚合层次、唯一标识符、档号、题名、责任者、摄影者、著录者、时间、主题、全球定位信息、来源、保管期限、权限、附注、存储位置、生成方式、捕获设备、信息系统描述、计算机文件名、计算机文件大小、格式信息、图像参数、参见号、数字签名信息等。

（3）录音录像类文件实体元数据包含：档案馆代码、统一社会信用代码、门类代码、聚合层次、唯一标识符、档号、题名、责任者、摄录者、编辑者、著录者、数字化责任信息、时间、主题、来源、保管期限、权限、附注、存储、原始载体、生成方式、捕获设备、信息系统描述、计算机文件名、计算机文件大小、格式信息、视频参数、音频参数、参见号、数字签名信息等。

2. 机构人员实体元数据

机构人员实体元数据包含：机构人员标识符、机构人员名称、机构人员类型、组织机构代码、机构人员代码、个人职位。

3. 业务实体元数据

业务实体元数据包含：业务类型、业务名称、业务行为时间、业务行为依据、业务行为描述。

4. 实体关系元数据

实体关系元数据包含：授权标识符、授权名称、授权类型、发布时间。

元数据均在电子文件立卷完成，检查人检查案卷结束签章时统一捕获，捕获方式为电子文件归档及电子档案系统自动捕获。

7.6.3　电子签名

满足国家电子签名法提出的电子签名方案，满足信息中含有签名格式、签名时间、签名者、签名、证书、证书引证、签名算法。本系统由 iTrusChina Class 2 Root CA-G3 机构颁发证书。

7.6.4　封装

根据《档案关系型数据库转换为 XML 文件的技术规范》(DA/T 57—2014)、《基于 XML 的电子文件封装规范》(DA/T 48—2009)，研究封装技术方案。

根据封装要求，系统增加了 36 条关于封装使用的元数据及实体标识符组配，详见表 2-7-2、表 2-7-3。

表 2-7-2　封装新增的元数据

编号	元数据	编号	元数据	编号	元数据
M201	电子文件封装包	M213	文件数据	M229	机构人员实体块
M202	封装包格式描述	M214	文档	M230	机构人员实体
M203	版本	M215	文档标识符	M231	机构人员实体关系
M204	被签名对象	M216	文档主从声明	M233	电子签名块
M205	封装包类型	M217	文档数据	M234	签名标识符
M206	封装包类型描述	M218	编码	M235	证书块
M207	封装包创建时间	M219	编码描述	M236	锁定签名
M208	封装包创建单位	M220	反编码关键字	M237	被锁定签名标识符
M209	封装内容	M221	编码数据	M238	修改封装内容
M210	文件实体块	M222	文件实体关系	M239	修改标识符
M211	文件实体	M225	业务实体块	M240	原封装包
M212	授权	M226	业务实体	M241	修订内容

表 2-7-3　实体标识符的组配

组配对象		组配结果	
对象 1	对象 2	编号	元数据
实体标识符（8.1）	文件实体（7.2.11　）	M223	文件标识符
		M224	被关联文件标识符
	业务实体（7.2.95　）	M227	业务标识符
	机构人员实体（7.2.10　4）	M228	机构人员标识符
		M232	被关联机构人员标识符

注：本表参考《基于 XML 的电子文件封装规范》(DA/T 48—2009)。

创建的电子文件封装包结构模型如图 2-7-15。

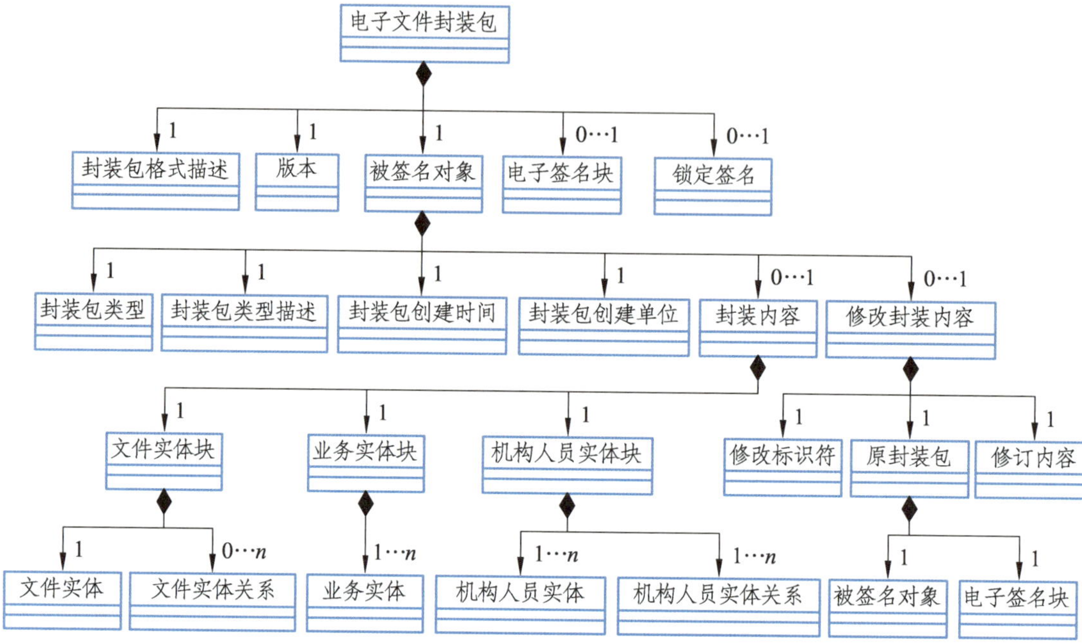

图 2-7-15 电子文件封装包结构模型

7.6.5 备份

（1）服务器备份：①使用 MySQL 数据库主从备份的机制，把主数据库的所有的数据同时写到备份的数据库中。实现 MySQL 数据库的热备份。②将主服务器需要同步的数据库内容进行备份一份，上传到从服务器上，保证初始时两服务器中数据库内容一致。

（2）物理备份：由于本项目以电子文件为主，为确保数据及文件安全，在建设过程中要求软件维护技术人员每日 0 时、12 时将服务器数据备份并拷贝入电子硬盘中做离线备份；各参建单位每隔一周将生成的电子文件做离线物理备份一套。电子硬盘贴好标签，每月由指挥部统一收集放入档案库房中的防磁柜中做离线保存。

7.6.6 四性检测

1. 真实性检测内容

（1）电子文件来源真实性检测，通过检测归档电子文件中的固化信息是否有效来确认电子文件来源的真实性，检测项目为固化信息有效性检测。

（2）电子文件元数据真实性检测，检测归档电子文件元数据是否符合《文书类电子文件元数据方案》（DA/T 46—2009）要求，包括数据类型、长度、格式、值域以及元数据项著录是否合理等，检测项目包括元数据项数据长度检测、元数据项数据类型及格式检测、设定值域的元数据项值域符合度检测、元数据项数据值合理性检测、元数据项数据包含特殊字符检测、档号规范性检测、元数据项数据重复性检测。

（3）电子文件内容真实性检测，检测电子文件内容数据中包含的电子属性信息与电子文件元数据中记录的信息是否一致，检测项目为内容数据的电子属性一致性检测。

（4）元数据与内容关联真实性检测，检测电子文件元数据与内容数据是否关联，检测元数据中记录的文件存储位置与电子文件内容数据的实际存储位置是否一致，检测项目为元数据是否关联内容数据检测。

（5）归档信息包真实性检测，检测电子文件归档信息包的信息组织结构和内容是否符合国家有关规定，检测归档的信息包与业务部门发送的信息包是否一致，检测项目包括说明文件和目录文件规范性检测、信息包目录结构规范性检测、信息包一致性检测。

2. 完整性检测内容

（1）电子文件数据总量检测，检测《电子文件归档与电子档案管理规范》（GB/T 18894—2016）中《电子文件归档登记表》登记的电子文件数量和字节数与实际归档的电子文件数量和字节数是否相符，检测项目包括总件数相符性检测、总字节数相符性检测。

（2）电子文件元数据完整性检测，对照《文书类电子文件元数据方案》（DA/T 46—2009）检测元数据项是否齐全完整，具有连续编号的元数据项，如归档号、件内顺序号等是否有漏号现象，反映重要问题的归档电子文件是否包括主要修改过程和办理情况记录等，检测项目包括元数据项完整性检测、元数据必填著录项目检测、过程信息完整性检测、连续性元数据项检测。

（3）电子文件内容完整性检测，检测归档电子文件是否有对应的内容数据，内容数据是否齐全完整，检测项目包括内容数据完整性检测、附件数据完整性检测。

（4）归档信息包完整性检测，对照归档信息包的组织方式以及单位的归档范围，逐项检测信息包的内容数据和元数据是否齐全完整，检测项目包括归档范围检测、信息包内容数据完整性检测。

3. 可用性检测内容

（1）电子文件元数据可用性检测，检测电子文件元数据是否可以被正常访问，检测项目包括信息包中元数据的可读性检测、目标数据库中的元数据可访问性检测。

（2）电子文件内容可用性检测，检测电子文件内容数据是否可以被正常打开和浏览，内容数据格式是否符合归档要求，检测项目包括内容数据格式检测、内容数据的可读性检测。

（3）电子文件软硬件环境检测，检测电子属性元数据中记录的软硬件环境信息是否符合归档要求，检测项目为软硬件环境合规性检测。

（4）归档信息包可用性检测，检测归档信息包是否包含影响其可用性的因素，如使用非公开压缩算法、加密等，检测项目为信息包中包含的内容数据格式合规性检测。

4. 安全性检测内容

（1）归档信息包病毒检测，检测归档信息包是否包含恶意代码，检测项目为系统环境中是否安装杀毒软件检测、病毒感染检测。

（2）归档载体安全性检测，检测载体内是否含有非归档文件；通过外观、读取情况等判定载体是否安全、可靠；针对光盘，检测其是否符合《档案级可录类光盘 CD-R、DVD-R、DVD+R 技术要求和应用规范》（DA/T 38—2021）的有关要求，检测项目为载体中多余文件检测、载体读取速度检测、载体外观检测、光盘合格性检测。

（3）归档过程安全性检测，检测归档信息包在归档和保存过程中是否安全、可控，检测项目为操作过程安全性检测，详见图 2-7-16 及图 2-7-17。

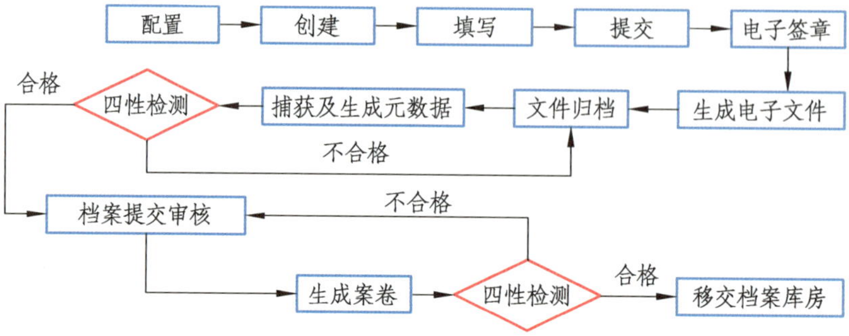

图 2-7-16 本系统内业务文件生成、移交流程

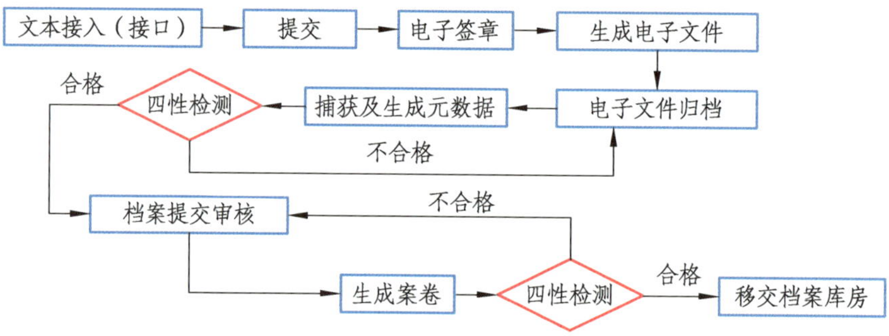

图 2-7-17 外业务系统电子文件生成、移交流程

第 8 章　创优创新创誉目标管理

8.1　工程创优

为加强绵苍高速公路工程建设质量管理，安全、优质、高效、快速、有序地将项目建成优质工程，确保“争创国家优质工程”目标的实现，结合项目工程特点，制定本项目创优规划。

8.1.1　创优组织机构与职责

为确保在施工过程中能将创优工作有效地贯彻执行落到实处，有效地组织开展本项目的创优工作，特成立创优工作领导小组。所有创优工作均由领导小组统一领导、组织和协调。创优领导小组由项目经理、党工委书记担任组长，党工委副书记、总工程师、副经理、总会计师、总经济师、安全总监等担任副组长，相关部室负责人、各分部经理及总工程师为组员。设立创优工作办公室，负责创优工作日常事务。

创优领导小组组长领导工程创优总体部署、策划，制定目标，明确职责分工。相关部室负责人负责各自业务范围内的工作。各分部经理及总工程师负责各分部创优工作。

创优工作组织机构如图 2-8-1 所示。

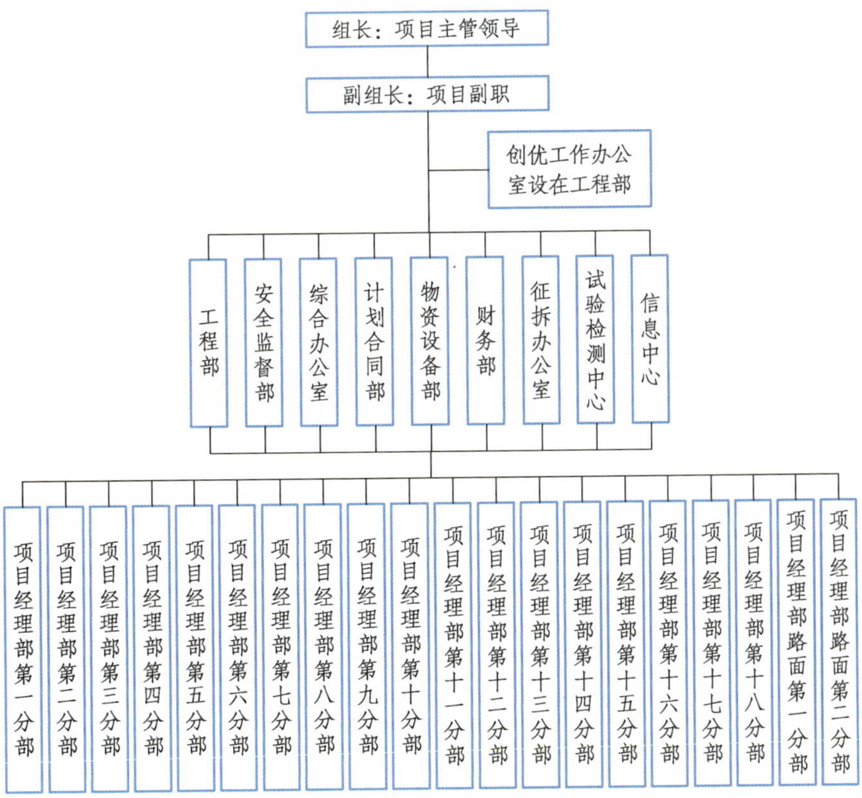

图 2-8-1　创优工作组织机构

8.1.2 创优规划

1. 创优方针

以技术标准、管理标准、作业标准为基础，建立目标一致、分工负责、协同共进的建设项目标准化管理体系。

通过五个标准化管理（驻地建设标准化管理、工地试验室建设标准化管理、场站建设标准化管理、安全和文明施工标准化管理、项目创优施工工法标准化管理），在成绵苍巴项目全线建成标准化项目经理部（含分部）、标准化工区、标准化作业队、标准化工地。

加强组织领导和协调配合，加强质量管理，强化施工安全，注重技术创新，充分发挥总承包优势，实现总体工程优良、结构工程精品、附属工程协调，把成绵苍巴高速公路项目建成“绿色智能公路，品质工程”，确保天府杯优质工程，争创国家优质工程。

2. 创优目标规划

1）质量目标规划

（1）确保落实质量方针，构建精品工程、安全工程，主体工程质量零缺陷。

（2）各检验批、分项、分部工程施工质量检验合格率达 100%，单位工程验收合格率 100%。

（3）杜绝工程质量等级事故。

（4）确保年度一次性抽检合格率（监督部门抽检数据）不低于 95%。

（5）确保“交、竣工鉴定质量不符合项清单”不超过交通运输部规定的清单要求。

（6）交工验收合格，竣工验收优良。

（7）确保省部级优质工程，争创国家优质工程。

2）安全生产目标规划

无因工死亡事故、无人身安全的重大、大事故；无火灾、爆炸事故；杜绝违章指挥；消灭违章作业；消灭惯性事故；事故负伤频率为零；创建安全施工标准化工地。

建立健全安全生产管理体系，落实安全生产主体责任，实行“全员责任、党政同责，一岗双职”。

3）工期目标规划

按照《成绵苍巴高速公路工程招投标文件和施工合同》要求的工期为编制依据，工期 3 年，完成路基、桥涵、隧道主体工程施工，一年内完成路面、交通、机电、通信附属等工程施工，并进行工程扫尾工作安排。

根据建设单位的要求，主体工程于 2021 年 1 月 1 日开工，于 2023 年 12 月 31 日完工，具备通车条件，总工期为 36 个月。

4）成本目标规划

在确保工程安全、质量、工期、环保目标前提下，以施工图预算和合同价款为控制目标进行分解，明确成本管理责任。通过优化施工方案，做好资源均衡配置和变更设计管理，加强责任成本执行过程控制，把项目成本控制在集团公司责任预算成本以内，实现最佳的社会效益和企业效益。

5）信誉评价目标规划

确保在四川省公路施工企业信誉评价等级为“A”级，争创“AA”级。

6）环境保护、水土保持及节能目标

严格执行国家和地方政府有关环境保护和水土保持的法律、法规和规定，接受当地环保部门监督、检查和指导。建立完整的环保、水保体系和措施。严格按照上级部门批复的环保、水保方案实施，确保工程所处的环境不受污染，将该项目建成以人为本、生态和谐、资源节约、绿色环保的“生态公路”。

7）廉政建设目标规划

增强全体参建人员的党风建设意识，严格自律，廉洁从建意识。加强思想道德、岗位职责、干部作风等方面的风险防控，确保工程优质、干部优秀。确保权力行使安全，资金运用安全，项目建设安全，干部成长安全。

8）文明施工目标规划

做到现场布局合理，施工组织有序，材料堆码整齐，设备停放有序，标识标志醒目，环境整洁干净，实现施工现场标准化、管理规范化。

9）职业健康及文明施工目标规划

注重职工的职业健康，保证文明施工，注重劳动保护，杜绝职业病发生；加强卫生监控，确保无传染病流行。

健全管理体制，加强职工教育，进行功能分区，做到现场布局合理，施工组织有序，材料堆码整齐，设备停放有序，标识标志醒目，环境整洁干净。通过开展创建文明工地活动，施工现场的管理水平达到标准化、规范化、制度化、科学化。

10）综合治理目标规划

及时发放工人工资，维护地方治安，避免各类纠纷案件发生。

本项目创优规划目标见表 2-8-1。

表 2-8-1　创优规划目标

序号	工程名称	工程规模	创优等级	施工单位
1	嘉陵江特大桥	左幅 1 008.5 m	省、部优	14 分部
		右幅 932 m		
2	神皇垭隧道	左幅 2 126 m	省、部优	14 分部
		右幅 2 147 m		
3	石城隧道	左幅 2 488 m	省、部优	12、13 分部
		右幅 2 525 m		
4	老鹰岩隧道	左幅 2 602 m	省、部优	11、12 分部
		右幅 2 623 m		
5	苍溪枢纽互通	大型	省、部优	15 分部

注：分项工程达到样板工程，以上工程同时创优质工程。

8.1.3　创优标准

本项目要创国优工程，首先要确保能获得四川省建设工程天府杯奖。根据《四川省建设工程天府杯奖（省优质工程）评选办法》，制定以下创优标准：

（1）在施工中积极应用新材料、新技术、新工艺、新设备或专利技术，技术有创新。

（2）杜绝重大、特大质量安全事故的发生。

（3）杜绝在建设过程中，工程因质量安全方面原因受到县级以上建设行政主管部门行政处罚。

（4）符合安全、环保、美观、和谐的要求。

（5）依法组织建设，按规定进行竣工验收，办理竣工验收备案手续，确保竣工后经过一年以上的使用检验，无结构上的质量问题和隐患，无使用功能上的严重缺陷。

（6）施工符合国家、行业和四川省有关施工技术规范以及质量验收评定标准，未违反工程建设标准强制性条文规定；工程项目管理先进、科学；应取得省级工法或专利技术、取得四川省工程建设优秀 QC（质量控制）小组成果的优先。

（7）各项技术指标和经济指标应达到本专业省内领先水平。

（8）施工过程中应按照质量评定标准进行评定，评定资料与评定表格齐全；项目竣工验收工程质量及主体工程合同段质量等级评定均为优良。

（9）资金管理规范，竣工决算未超概算（包括修正概算），无工程款拖欠。

（10）实际工期未超过合同工期（含经批准延长的工期）。

8.1.4 目标和标准分解

目标和标准分解见表 2-8-2。

表 2-8-2 目标和标准分解

序号	项目	目标和标准分解
1	路基工程	1. 创优目标：争创国家优质工程。 2. 目标分解：在建分项工程合格率 100%以上，竣工验收评分 90 分以上，重大工程质量、安全事故 0 次。 3. 土石方路基压实度、弯沉、纵断高程、中线偏位、宽度、平整度、横坡、边坡合格率 100%。 4. 土工格栅下承层平整度、拱度、搭接宽度、搭接缝错开距离、锚固长度合格率 100%。 5. 挡土墙砂浆强度、断面尺寸、平面位置、顶面高程、竖直度或坡度、底面高程、表面平整度合格率 100%
2	桥涵工程	1. 创优目标：争创国家优质工程。 2. 目标分解：在建分项工程合格率 100%以上，竣工验收评分 90 分以上，重大工程质量、安全事故 0 次。 3. 桥梁采用数控钢筋加工。 4. 桥面中线偏位、桥宽、桥长，引道中心线与桥梁中心线的衔接、桥头高程衔接各实测指标合格率 100%。 5. 涵洞轴线偏位、流水面高程、涵底铺砌厚度、长度、孔径、净高各实测指标合格率 100%

续表

序号	项目	目标和标准分解
3	隧道工程	1. 创优目标：争创国家优质工程。 2. 目标分解：在建分项工程合格率 100%以上，竣工验收评分 90 分以上，重大工程质量、安全事故 0 次。 3. 隧道净总宽、隧道净高、隧道偏位、边仰坡合格率 100%。 4. 车行道、路线中心与隧道中心线的衔接实测指标合格率 100%
4	绿化工程及声屏障工程	1. 创优目标：争创国家优质工程。 2. 目标分解：在建分项工程合格率 100%以上，竣工验收评分 90 分以上，重大工程质量、安全事故 0 次。 3. 中央分隔带苗木成活率≥95%。 4. 路侧绿化草坪覆盖率≥95%

8.1.5　工程创优申报资料编制要求

《四川省建设工程天府杯奖（省优质工程）评选办法》及《国家优质工程评选办法》对创优工程的相关要求，工程创优申报资料的编制要求按“四川省天府杯奖”及“国家优质工程奖”分别作出要求。

1. 四川省建设工程天府杯奖申报资料的内容和要求

1）申报资料的内容

（1）《天府杯奖申报书》一式两份（单独装订，并提交电子版）。

（2）申报资料总目录（应注明各种资料的份数和页码）。

（3）工程立项审批文件。

（4）施工图设计审查合格文件。

（5）国有土地使用证。

（6）建设工程规划许可证。

（7）建设工程施工许可证或开工报告及批文。

（8）地勘、设计、监理、施工、参建单位承包合同。

（9）消防验收合格文件（有消防设计的工程必须提供）。

（10）工程竣工验收报告。

（11）工程竣工验收备案书。

（12）优秀设计证书。

（13）工程所获省级以上奖项证书或文件。

（14）工程彩色照片（10～15 张）。

（15）反映工程概况配有解说词的影像资料（5 min）1 份，工程复查时交给复查组长。

上述内容不得缺项，如有特殊原因，须附相关单位的说明。其中，（1）、（2）、（14）、（15）项提供原件，其他提供复印件。现场复查过程中，（12）、（13）项应向复查组提供原件。

2）申报要求

（1）对于有意申报“鲁班奖”,“国优”的工程，每年申报时间为 3 月 20 日前申报。

（2）为确保天府杯奖评审会议的会议质量，每年 6 月、12 月申报的工程，原则上不安排现场复查工作。

（3）每年六月底前对所复查的工程进行评审，确保“鲁班奖”和“国优”工程的申报工作顺利进行。

（4）未按申报书要求填写信息的，不予安排现场复查。

（5）必须使用由四川省建设工程质量安全与监理协会统一印制的《天府杯奖申报书》。表内签署意见的各栏，必须写明对工程质量的具体评价意见。

（6）申报资料提供的文件、证明和印章等必须清晰，容易辨认。

（7）申报资料必须准确、真实，并涵盖所申报工程的全部内容。资料中涉及建设地点、投资规模、建筑面积、结构类型、质量评价、工程性质和用途等，数据和文字必须与工程一致。如有差异，要有相应的变更手续和文字说明。

（8）工程影像资料的内容应包括：工程全貌、工程竣工后的各主要功能部位，工程基础施工、主体结构施工、设备安装、装饰装修的施工情况及完工后的观感质量，以及能反映项目施工难点、特点、创新点和体现新技术、新工艺、新材料、新设备应用情况等方面的内容。

3）初审及复查要求

（1）四川省建设工程质量安全与监理协会依据本办法对推荐工程的申报资料进行初审，并将没有通过初审的工程告知推荐单位。

（2）被推荐工程经初审合格后由协会组织专家进行现场复查。根据工程类别和数量，由 3～5 人组成专家复查小组，分别对每个工程进行现场复查。复查小组对工程进行复查时，被查工程所属地区的质量监督机构或建设工程行政主管部门选派 1 人配合复查工作。

（3）工程复查的内容和要求如下：

①结合影像资料、工程汇报 PPT 听取承建单位对工程施工和质量的情况介绍。主要介绍工程特点、难点，施工技术及质量保证措施。

②实地查验工程质量水平。凡是复查小组要求查看的工程内容和部位（涉及国家重要机密的除外），都必须予以满足，不得以任何理由回避或拒绝。

③听取使用单位对工程质量的评价意见。复查小组与使用单位座谈时，主要承建单位和主要参建单位的有关人员应当回避。

④查阅工程有关的内业资料。

a. 立项审批资料。包括工程立项报告，有关部门的审批文件、工程报建批复文件等（上述资料应是原件）。

b. 质量控制资料。有关技术、质量和管理资料中，按照有关规定应该是原件的必须提供原件。

c. 管理资料。

d. 工程备案书。

4）质量保证体系评价

（1）凡获得国家、部、省 QC 成果奖的，得该项分值。

（2）凡采用住建部（交通、水利）公布的建筑业新技术的工程项目，并得到省级及以上建设行政主管部门通过审查确认的项目，得该项分值。

（3）文明施工，凡获省级标准化文明施工的项目（非房建工程可按各行业的相关规定及情况予以考虑），得该项分值。

（4）获用户满意工程的工程，得该项分值。

（5）获得国家、省市科技进步奖的工程，得该项分值。

2. 国家优质工程奖申报材料要求

1）国家优质工程奖申报材料具体要求

（1）工程简介。

工程简介 1 份，由工程概述和工程照片组成。工程概述限 800 字以内。工程照片至少提供 20 张，其中全貌照片不少于 3 张，特殊部位照片不少于 3 张，并在每张照片下方标注标题。

（2）国家优质工程奖申报表。

申报表一式两份，其中 1 份装订在证实性材料中。申报表可到中国施工企业管理协会网站（www.cacem.com.cn）下载。表格内容须用黑色 4 号仿宋打印，并加盖公章。

（3）证实性材料。

证实性材料 1 份。

（4）工程创新成果总结。

创新成果总结 1 份，包括建设、咨询、设计、监理、施工、调试等与工程有关的管理、技术、质量、科技进步、节能环保等方面创新成果，限 10 000 字以内。

（5）影像资料。

影像资料 1 份，申报国家优质工程奖项目控制在 5 min 以内，金奖项目控制在 8 min 以内。主要内容有工程概况、工程建设程序合法性、工程建设特（难）点、建设过程质量管控措施、重要部位及隐蔽工程的质量检验情况、关键技术及科技进步、节能环保措施与成效、工程获奖情况以及取得的经济和社会效益等。

2）证实性材料内容及装订顺序

（1）证实性材料封皮。

（2）承诺书。

（3）目录（注明页码）。

（4）国家优质工程奖申报表。

（5）主申报单位（非建设单位申报时）资质证书。

（6）工程可评（研）报告或项目建议书（如获奖请附证书）。

（7）工程立项文件。

（8）工程报建批复文件（建设工程规划许可证、建设用地规划许可证、土地使用证、施工许可证、环评报告批复文件等）。

（9）工程质量监督（咨询/监理）单位的工程质量评定文件。

（10）工程专项竣工验收文件（规划、节能、环保、水土保持、消防、安全、职业卫生、档案等）。

（11）工程竣工验收及备案文件。

（12）工程竣工决算书或审计报告。

（13）无安全质量事故、无拖欠农民工工资证明文件。

（14）省（部）级优质工程奖证书。

（15）省（部）级优秀设计奖证书。

（16）科技进步证明（科技进步奖、新技术应用示范工程、专利、行业新技术应用明细情况等）。

（17）业主满意度评价表（住宅小区工程）。

（18）主申报单位（非建设单位申报时）与建设单位签订的承包合同。

（19）其他说明工程质量的材料（省部级 QC 活动成果、绿色示范工程证明等）。

上述内容不得缺项，如有特殊原因，须附相关单位的说明。其中，（1）～（4）、（13）、（17）项提供原件，其他提供复印件。施工过程中，严格执行规划措施，工程实体质量符合要求，同时根据优质工程资料编制要求收集各类书面及影像资料，后续将根据省优及国优工程的申报要求，按时间节点积极申报。

8.2 科技创新

8.2.1 科技创新的组织管理

针对本项目点多、线长、面广的特点，采用项目经理部专人负责，对全线科技创新工作统一规划及业务指导的模式。

项目经理部工程部是本项目科技创新工作的管理部门，针对本项目范围的技术重难工程，对科技创新方向进行引导、对实施过程进行指导、监督、检查、沟通、协调，与集团公司科学技术中心共同对研究成果进行验收。

各分部项目部是项目实施的主体，针对影响工程质量、安全、工期和效益的关键工序，分部总工程师负责组织开展本分部的科技创新活动，积极鼓励发明、创造、技术革新、技术改造，开展群众性合理化建议活动，以达到降低成本，提高质量及工效的目的。

课题负责人组织研发团队，负责课题的具体实施，作为科研项目实施的主体，应按科研合同有关规定，组织技术攻关，完成研究内容，系统总结科研成果。

项目经理部工程部将科技创新工作的相关内容纳入对分部的定期考核体系，与项目奖惩和经济效益直接挂钩。

8.2.2 科技创新目标策划

根据本项目技术重难点工程的具体情况，需要攻克的技术难关及急需解决的工程管理难题，提出初步目标，经相关会议审议，确定本项目科技创新目标如下：

（1）发明及实用新型专利：15 项。

（2）工法：10 项。

（3）论文：20 篇。

（4）科技成果：8 项。

本项目力争获得四川省土木工程“李冰”奖 1 项。

8.2.3　科技创新项目的选题与申报

科技研究开发计划主要针对工程新技术、新装备、新材料、新工艺的研究、开发、试验；引进技术的消化吸收和国产化，以及管理科学研究等方面的项目课题。选题的原则主要是解决工程重难点工程中技术难题及项目管理的难题。首先立足于自身解决问题，对于自身能力及水平无法解决的疑难技术问题，通过施工企业与大专院校联合研发的模式解决。

项目经理部工程部根据上级领导的指示，考虑到全线重难点工程，综合平衡，形成课题开发项目的初步意向。

各分部针对工程中急需解决的技术难点，通过与项目经理部工程部的沟通讨论，形成自己的科技研究开发计划，并上报项目经理部工程部进行备案。

项目经理部工程部汇总分部上报的科技研究开发计划，形成全线科技研究开发计划。

各分部首先将科技研究开发计划申请表报至项目经理部工程部进行审核，待修改完善后再报集团公司科技研究开发计划。

成绵苍巴高速公路科技研究开发计划项目科研课题情况见表 2-8-3。

表 2-8-3　成绵苍巴高速公路科技研究开发计划项目汇总

序号	技术项目名称	课题级别	年度	课题类别	课题编号	起始年度	结束年度	专业类别	承担单位
1	高陡边坡生态防治与监测预警系统关键技术研究	股份公司	2020	C	2020-C32	2020	2024	线路及综合	一公司（7 分部）
2	公路交通智慧工地系统集成技术与智慧化平台研发和示范	股份公司	2020	C	2020-C33	2020	2024	线路及综合	局指、电务公司（18 分部）
3	山区高墩大跨径连续刚构桥梁关键技术研究	集团公司	2020	C	2020-06C	2020	2023	桥梁	三公司（14 分部）
4	无人机倾斜摄影技术结合 BIM+GIS 在道路施工中的应用研究	集团公司	2020	C	2020-09C	2019	2022	线路及综合	三公司（14 分部）
5	碎屑岩弃渣水稳料强度变形特征及其长期稳定性研究	集团公司	2021	B	2021-03B	2021	2023	隧道与地下工程	一公司（8 分部）
6	高陡边坡生态防治与监测预警系统关键技术研究	集团公司	2021	B	2021-07B	2021	2024	线路及综合	一公司（7 分部）
7	全机械化施工在长大隧道中的应用	集团公司	2021	C	2021-04C	2021	2023	隧道与地下工程	三公司（12 分部）
8	川北盆地丘陵地带潮湿多雨地区路基高边坡综合施工技术研究	集团公司	2021	C	2021-06C	2021	2023	线路及综合	一公司（7 分部）

续表

序号	技术项目名称	课题级别	年度	课题类别	课题编号	起始年度	结束年度	专业类别	承担单位
9	复杂环境下高速公路复合枢纽互通工程施工关键技术研究	集团公司	2021	C	2021-09C	2021	2022	线路及综合	二公司（3 分部）
10	高吸附性骨料配制大流动性混凝土的应用研究	集团公司	2021	C	2021-10C	2021	2022	线路及综合	三公司（14 分部）
11	川北地区穿越军用雷达站浅埋隧道综合施工技术研究	集团公司青年创新人才专项	2021	C	2021-03QC	2021	2023	隧道与地下工程	一公司（7 分部）
12	川中盆地多震区浅埋隧道综合施工技术研究	一公司	2021	C	2021-4C	2021	2022	隧道及地下工程	一公司（7 分部）
13	川中盆地丘陵地带潮湿多雨地区路基高边坡综合施工技术研究	一公司	2021	C	2021-5C	2021	2022	线路及岩土	一公司（7 分部）
14	软弱围岩隧道台阶法施工技术参数优化研究	一公司	2021	C	2021-1C	2021	2022	隧道及地下工程	一公司（8 分部）
15	川北复杂山区高填挖路基处理及高边坡防护施工技术研究	一公司	2021	C	2021-2C	2021	2022	线路及岩土	一公司（8 分部）
16	川北复杂山区预制 T 梁快速化施工及运输架设施工技术研究	一公司	2021	C	2021-3C	2021	2022	桥梁工程	一公司（8 分部）
17	复杂环境下高速公路复合枢纽互通工程施工关键技术研究	二公司	2021	C	2021-9C	2021	2022	桥梁工程	二公司（3 分部）
18	CSG 桩在绵苍高速中试验及应用技术研究	轨道公司	2021		2021-01	2021	2022	线路及岩土	轨道公司（6 分部）
19	装配式挡墙预制与施工技术研究	轨道公司	2021		2021-02	2021	2022	线路及岩土	轨道公司（6 分部）
20	填方路基边坡压实技术	六公司	2021		GS2021-05	2021	2022	线路及岩土	六公司（9 分部）
21	柱式桥墩柱系梁装配化技术研究	六公司	2021		GS2021-07	2021	2022	桥梁工程	六公司（10 分部）
22	老土地隧道穿越翠云廊自然保护区环境影响技术研究	三公司	2021		2021-03	2021	2022	隧道与地下工程	三公司（11 分部）
23	双环式半苜蓿叶 L 字互通枢纽施工关键技术研究	三公司	2021		2021-03	2021	2023	桥梁工程	三公司（15 分部）
24	新建隧道下穿既有管线施工关键技术研究	三公司	2021		2021-04	2021	2023	隧道与地下工程	三公司（16 分部）

续表

序号	技术项目名称	课题级别	年度	课题类别	课题编号	起始年度	结束年度	专业类别	承担单位
25	上下保通条件下跨既有高速国道桥梁原位拆除重建	四公司	2021		2021-04C	2021	2022	桥梁工程	四公司（1 分部）
26	成绵苍巴高速公路施工工人不安全行为智慧管控平台研究	局指挥部	2021			2021	2022	线路及综合	三公司（14 分部）
27	高速公路红层高边坡稳定性数字化快速动态评估方法研究	局指挥部	2021			2021	2022	线路及综合	二公司（5 分部）
28	复杂山区近水平岩层隧道施工期围岩稳定性与安全风险管控关键技术研究	局指挥部	2021			2021	2022	隧道与地下工程	六公司（10 分部）
29	成绵苍巴高速公路 3P 项目全寿命周期建设管理	集团公司	2022	A	2022-02A	2022	2024	线路及综合	局指挥部
30	高速公路工程电子档案管理系统研发与应用	集团公司	2022	B	2022-01B	2022	2024	线路及综合	局指挥部
31	高速公路扩容工程逆作法施工及高边坡控制关键技术研究	集团公司	2022	B	2022-02B	2022	2022	线路及综合	二公司（5 分部）
32	柱式桥墩柱系梁装配化技术研究	集团公司	2022	B	2022-05B	2022	2023	桥梁工程	六公司（10 分部）
33	上下保通条件下跨既有高速国道桥梁原位拆除重建	集团公司	2022	C	2022-05C	2022	2023	桥梁工程	四公司（1 分部）
34	山区高速公路机电设备安装施工技术研究	集团公司	2022	C	2022-12C	2022	2023	线路及综合	电务公司（18 分部）
35	卵砾石破碎用于水稳摊铺裂纹防治研究	集团公司	2022	C	2022-01QC	2022	2024	线路及综合	一公司（19 分部）

8.2.4　科技创新项目的实施

科研开发计划下达后，项目负责人要制定研究试验大纲及工作计划，落实人员与经费，组织研究任务的实施、协调和检查，并对项目的实施负组织责任。

课题经费依据课题的级别及来源分别来自股份公司、集团公司工程公司或项目经理部。

科技开发项目实施中，由各分部按季度将课题执行情况报送项目经理部工程部，项目经理部工程部不定期对课题实施检查与业务指导。

课题实施过程中，要注重施工过程资料的收集，将施工工艺拍摄成有代表性的工程照片和录像，以便课题成果总结时，可以提供足够的佐证材料。

课题实施中，如果发生课题依托的施工图纸有重大变更、所选的技术方案技术路线已无实用价值，或由于其他重大变化导致课题无法进行的，依据相应的程序进行课题终止或变更。

8.2.5 科技创新项目的鉴定验收与成果管理

科研计划课题按计划合同完成后，视课题的来源和技术水平，向立项单位提出评价或评审申请，填写结题申请表，与结题技术文件一并上报，由立项单位依据评价或评审程序，组织人员对项目进行验收，验收合格后项目结题。课题无故不能结题的，立项单位有权终止合同，因客观原因导致课题延期的，须在期满前 3 个月提出延期申请。

对于重要课题，应与专利咨询机构合作，全过程策划专利布局，实施申请专利，规避专利风险等。

承担单位委托其他单位完成部分研发任务，且费用由承担单位支付的，知识产权全部归承担单位所有；被委托单位出部分资金，其知识产权归属与收益分配需在合同中约定，且须报集团科学技术中心审核同意。

8.2.6 科技创新成果

截至目前，取得的科技成果如下：

（1）科技成果评审：省部级 2 项；股份公司级 6 项。

（2）知识产权：获得授权发明专利 10 项、实用新型专利 30 项；登记软件著作权 20 项。

（3）标准编制并发布：国家标准 2 项；企业标准 1 项。

（4）工法：获得省部级工法 14 项。

（5）论文：发表 33 篇科技论文。

（6）奖项：中国安全生产学会科技进步奖一等奖 1 项；中国铁建股份有限公司科技奖 1 项。中国施工企业管理协会专利奖 3 项，获省级 QC 成果奖 9 项。

科技创新成果汇总详见表 2-8-4。

表 2-8-4 科技成果汇总

成果类型	序号	名称	类型	备注
科技成果评审	1	复杂环境下大型高速公路安全-快速-智慧建造关键技术	中国安全生产学会	中安协评字〔2023〕第 38 号
	2	西南红层区高速公路绿色高效建造与安全保障关键技术	中国公路学会	中公评字〔2024〕第 112 号
	3	大流速山区河流大跨度连续刚构桥建造关键技术	股份公司	（2024）中铁建科评字 204 号
	4	复杂环境下长大隧道安全-快速-智慧施工技术	股份公司	（2024）中铁建科评字 210 号
	5	复杂环境下高速公路复合枢纽互通工程施工技术	股份公司	（2024）中铁建科评字 205 号

续表

成果类型	序号	名称	类型	备注
科技成果评审	6	高速公路深路堑—天桥逆作法施工技术	股份公司	（2024）中铁建科评字 206 号
	7	柱式桥墩柱系梁装配化综合技术	股份公司	（2024）中铁建科评字 207 号
	8	上下道路保通条件下既有上跨高速公路桥梁原位拆除重建安全技术	股份公司	（2024）中铁建科评字 208 号
科技奖	1	复杂环境下大型高速公路安全-快速-智慧建造关键技术	中国安全生产学会	科技奖一等奖
	2	复杂环境下大型高速公路安全智慧管控关键技术	2023 年股份公司	科技奖一等奖
省级工法	1	超宽混凝土桥面全自动三维激光摊铺机铺装施工工法	四川省级工法	2021 年度
	2	隧道防水板及二衬钢筋自动化安装施工工法	四川省级工法	2021 年度
	3	电站下游深水急流状态下锁口钢管桩围堰施工工法	四川省级工法	2021 年度
	4	基于“智慧工地”系统高速公路混凝土施工工法	四川省级工法	2021 年度
	5	等离子光氧综合处理系统沥青拌合站环保施工工法	中国公路建设行业协会	2021 年度
	6	预制 T 梁自行式整体液压模板施工工法	山东省级工法	2022 年度
	7	基于“智慧工地”系统高速公路混凝土施工工法	山东省级工法	2022 年度
	8	预制 T 梁自行式整体液压模板施工工法	中国公路建设行业协会	2022 年度
	9	大跨度钢混组合梁施工及天桥逆作法施工工法	四川省级工法	2022 年度
	10	隧道拱顶衬砌纵向连续灌注施工工法	四川省级工法	2022 年度
	11	多震地区装配式榫接柔性生态挡墙施工工法	中国公路建设行业协会	2023 年度
	12	3D 智能摊铺大厚度水稳施工工法	中国公路建设行业协会	2023 年度
	13	基于智能压实系统的路面基层压实施工工法	中国公路建设行业协会	2023 年度

续表

<table>
<tr><th>成果类型</th><th>序号</th><th>名称</th><th>类型</th><th>备注</th></tr>
<tr><td>省级工法</td><td>14</td><td>隧道拱顶衬砌纵向连续灌注施工工法</td><td>中国公路建设行业协会</td><td>2023 年度</td></tr>
<tr><td rowspan="20">软件著作权</td><td>1</td><td>隧道超欠挖快速计算系统</td><td></td><td>软著登字第 9043607 号</td></tr>
<tr><td>2</td><td>桥梁隧道定期巡查监控管理软件</td><td></td><td>软著登字第 9593175 号</td></tr>
<tr><td>3</td><td>隧道灯光远程智能化控制系统</td><td></td><td>软著登字第 9593176 号</td></tr>
<tr><td>4</td><td>隧道工程施工进度可视化监管服务系统</td><td></td><td>软著登字第 9607274 号</td></tr>
<tr><td>5</td><td>隧道病害监测数据采集处理管控系统</td><td></td><td>软著登字第 9607276 号</td></tr>
<tr><td>6</td><td>隧道自动监控测量智能预警软件</td><td></td><td>软著登字第 9611915 号</td></tr>
<tr><td>7</td><td>工人安全行为养成管理平台</td><td></td><td>软著登字第 10051290 号</td></tr>
<tr><td>8</td><td>工人行为安全管控平台</td><td></td><td>软著登字第 10051298 号</td></tr>
<tr><td>9</td><td>隧道超欠挖测量数据辅助计算系统</td><td></td><td>软著登字第 11311313 号</td></tr>
<tr><td>10</td><td>拌合站生产控制系统</td><td></td><td>软著登字第 10451223 号</td></tr>
<tr><td>11</td><td>智能物料验收系统</td><td></td><td>软著登字第 10451222 号</td></tr>
<tr><td>12</td><td>混凝土云联管理系统</td><td></td><td>软著登字第 10410834 号</td></tr>
<tr><td>13</td><td>人员实名管理系统</td><td></td><td>软著登字第 10410835 号</td></tr>
<tr><td>14</td><td>企业数据门户系统</td><td></td><td>软著登字第 10410800 号</td></tr>
<tr><td>15</td><td>施工进度管理系统</td><td></td><td>软著登字第 10415533 号</td></tr>
<tr><td>16</td><td>项目成本归集管理系统</td><td></td><td>软著登字第 10415535 号</td></tr>
<tr><td>17</td><td>拌合站监控系统</td><td></td><td>软著登字第 10415763 号</td></tr>
<tr><td>18</td><td>边坡勘察信息统计及稳定性评价平台</td><td></td><td>软著登字第 12516372 号</td></tr>
<tr><td>19</td><td>隧道围岩稳定性监测平台</td><td></td><td>软著登字第 12244196 号</td></tr>
<tr><td>20</td><td>装配式挡土墙压力、位移计算监测系统</td><td></td><td>软著登字第 11525919 号</td></tr>
<tr><td rowspan="3">授权专利（发明专利）</td><td>1</td><td>一种桥面铺装防水粘结层及其施工方法</td><td>发明专利</td><td>ZL202110737601.0</td></tr>
<tr><td>2</td><td>一种装配式挡土墙稳定性计算方法</td><td>发明专利</td><td>ZL202210018310.0</td></tr>
<tr><td>3</td><td>高速公路通信管道集束管敷设结构及施工方法</td><td>发明专利</td><td>ZL202210481513.3</td></tr>
</table>

续表

成果类型	序号	名称	类型	备注
授权专利（发明专利）	4	一种桥梁预应力施工系统及后张施工方法	发明专利	ZL202210659805.1
	5	山坡斜面复杂地质条件下的桩代柱施工方法	发明专利	ZL202210682611.3
	6	混凝土生产施工全过程动态监控方法及系统	发明专利	ZL202311345296.6
	7	立体挡土墙绿化生态防护系统及其装配方法	发明专利	ZL202410353761.9
	8	一种边坡挡土墙的离心试验方法	发明专利	ZL202410353756.8
	9	一种可移动多用途挡墙模拟试验装置及其试验方法	发明专利	ZL202410353759.1
	10	拌合站沥青废气处理碳排放测算评价方法、系统及装置	发明专利	ZL202410295725.1
授权专利（实用新型专利）	1	一种声屏障吸声板安装工装	实用新型专利	ZL 2020 21461207.6
	2	一种降低局部冲刷的桥墩保护装置	实用新型专利	ZL202121600948.2
	3	一种沥青废气等离子光氧综合处理系统	实用新型专利	ZL202220065707.0
	4	一种钢管桩周防冲刷装置	实用新型专利	ZL202220824388.7
	5	一种抗冲击桩基减振装置	实用新型专利	ZL202220824394.7
	6	隧道仰拱止水带施工固定结构	实用新型专利	ZL202221021569.2
	7	一种盖梁施工结构	实用新型专利	ZL202221043784.2
	8	钢栈桥钢管桩导向装置	实用新型专利	ZL202221043790.8
	9	隧道防水布铺设自动焊接台车	实用新型专利	ZL202221046477.X
	10	预制梁钢绞线穿设辅助装置	实用新型专利	ZL202221059702.3
	11	预制梁梁底支撑调节结构	实用新型专利	ZL202221279683.5
	12	预制梁自动喷淋系统	实用新型专利	ZL202221290395.X
	13	预制梁定型模板调节结构	实用新型专利	ZL202221348847.5
	14	混凝土拌合站污水处理系统	实用新型专利	ZL202221511577.5
	15	一种装配式挡墙结构及装配式挡墙	实用新型专利	ZL202221614133.4
	16	一种激光测距仪用支撑架	实用新型专利	ZL202221706200.5
	17	一种加固装配式挡土墙	实用新型专利	ZL202221998480.1
	18	一种隧道衬砌钢筋定位辅助设备	实用新型专利	ZL202222006430.7

续表

成果类型	序号	名称	类型	备注
授权专利（实用新型专利）	19	预制 T 梁模板吊装装置	实用新型专利	ZL202222006692.3
	20	桥梁施工模板安装台车	实用新型专利	ZL202222006732.4
	21	一种隧道防水板的铺挂辅助设备	实用新型专利	ZL202222006770.X
	22	桥面系施工模板结构	实用新型专利	ZL202222366721.7
	23	桥面摊铺施工设备	实用新型专利	ZL202222366722.1
	24	预制梁钢筋骨架成型胎架	实用新型专利	ZL202222419202.2
	25	预制 T 梁模板预制结构	实用新型专利	ZL202222419267.7
	26	一种桥梁用预制系梁	实用新型专利	ZL202320031358.5
	27	桥梁预制系梁辅助安装设备	实用新型专利	ZL202320030973.4
	28	一种隧道围岩快速分级的装置	实用新型专利	ZL202322690084.3
	29	一种边坡自动监测装置	实用新型专利	ZL202322316903.8
	30	一种带有顶帽的千斤顶	实用新型专利	ZL202323330819.8
专利奖	1	一种全自动数控滑模机路基边沟施工方法	中国施工企业管理协会 2022 年	专利奖二等奖
	2	一种用于箱涵预制的内模系统	中国施工企业管理协会 2022 年	专利奖优胜奖
	3	一种沥青废气等离子光氧综合处理系统	中国施工企业管理协会 2023 年	专利奖一等奖
	4	隧道仰拱止水带施工固定结构	中国铁建股份公司 2023 年	专利奖优秀奖
标准编制	1	公路工程装配式挡墙技术规程	股份公司标准	Q/CRCC 23303-2023
	2	水泥胶砂碳化性试验方法	国家标准	GB/T 42277—2022
	3	用于水泥中的火山灰质混合材料	国家标准	GB/T 2847—2022
公开发表论文	1	远场地震作用下简支梁桥搭接长度分析		《铁道标准设计》
	2	研讨公路桥梁施工混凝土裂缝防治		《路桥工程》
	3	装配式立体生态植被防护挡墙研究		《铁道建筑技术》
	4	急流条件下钢栈桥水流力数值模拟研究		《公路》
	5	柱式墩柱间预制系梁施工工艺研究		《建筑技术开发》

续表

成果类型	序号	名称	类型	备注
公开发表论文	6	深水大跨桥梁水中墩锁口钢管桩围堰施工技术研究		《铁道建筑技术》
	7	大跨度高墩连续梁 0 号现浇支撑系统研究		《价值工程》
	8	基于云模型的整体式液压模板技术综合效益评价		《铁道建筑技术》
	9	装配式榫接柔性生态挡墙支护技术研究		《铁道建筑技术》
	10	盖梁预埋爬锥施工技术研究		《工程技术》
	11	柱式墩柱间预制系梁施工工艺研究		《建筑技术开发》
	12	隧道衬砌纵向连续灌注技术研究		《中华建设》
	13	基于 Massflow 的西南地质滑坡-碎屑流运动模拟研究		《成都理工大学学报》
	14	浅谈“边通车、边施工”快速拆除现浇梁施工棚洞施工工艺		《户外装备工程科研》
	15	浅谈高速公路边沟盖板的快速安装方法		《工程前沿》
	16	浅谈山区高速公路机电设备安装要点		《中国科技期刊数据库工业 A》
	17	工程弃渣碱活性检测及预防措施研究		《2023 中国矿业科学技术大会论文集》
	18	聚羧酸减水剂复配技术在机制砂混凝土中的应用		《中国科技期到效据库　工业 A》
	19	高性能减水剂对混凝土工作性能及强度的影响		《中国科技期到效据库　工业 A》
	20	公路桥梁工程主塔混凝土施工重点及控制措施		《工程技术》
	21	公路桥涵台背回填施工技术及管理		《工程施工与管理》
	22	免像控技术在低空无人机摄影测量三维实景建模中的应用		《轨道建筑》
	23	防水板及钢筋自动化安装施工技术应用		《工程技术》
	24	预制系梁刚度对双柱式桥墩抗震性能影响分析		《建筑技术开发》

续表

成果类型	序号	名称	类型	备注
公开发表论文	25	预制系梁与柱式墩连接节点力学性能分析		《建筑技术开发》
	26	预制系梁不同连接方案下对双柱式桥墩抗震性能影响分析		《建筑技术开发》
	27	隧道的防水板自动化焊接台车应用		《石材》
	28	公路路基标准化施工技术及质量控制措施探讨		《电脑爱好者》
	29	A new point cloud simplification method with feature and integrity preservation by partition strategy		《Measurement》
	30	复杂山区隧道围岩动态分级方法研究		《铁道建筑技术》
	31	保通条件下既有高速公路扩容段深挖路堑施工技术		《工程技术》
	32	浅谈钢箱梁顶推施工技术		《工程技术》
	33	Performance evaluation of prefabricatedretaining wall systems based on centrifugetests		《Engineering Sustainability》
QC 成果	1	QC 成果二等奖“提高沥青拌和站废气排放合格率”		2021 年四川省
	2	QC Ⅱ类成果“提高隧道钻爆开挖精度”		2022 年四川省
	3	QC Ⅰ类成果“3 m 直径桩基一次验收合格率”		2022 年四川省
	4	QC 成果Ⅱ等奖“提高涵洞防水质量一次合格率”		2022 年四川省
	5	QC 成果Ⅲ等奖“墩柱竖直度一次合格率”		2022 年四川省
	6	QC 二等奖“提高粉质黏土地层桩基一次成孔合格率”		2022 年中国建筑业协会
	7	QC 成果奖“提高粉质黏土地层桩基一次成孔合格率”		2022 年中国铁建
	8	提高尹家山隧道二次衬砌一次施工合格率		2023 年四川省
	9	QC 成果Ⅱ等奖“提高钢筋直螺纹套筒一次连接合格率”		2023 年四川省

8.2.7　本项目核心创新技术

1. 超宽混凝土桥面全自动三维激光摊铺机铺装施工技术

在桥面混凝土铺装施工中，研发了一种可调整摊铺宽度的三维激光桁架摊铺机（图 2-8-2），能够自动设定线形、标高，实时跟踪定位，自动调整高低，全面提升了混凝土高程控制的精准度，能够有效解决人为操作施工带来的不确定因素。该摊铺机实现了 10 ~ 20 m 整幅桥面铺装全自动、智能、集约化操作，大大减少了施工人员的工作量，加快了施工进度，降低了工程成本，经第三方检测，平整度质量提升显著。

图 2-8-2　超宽混凝土桥面全自动三维激光摊铺机施工

（1）核心创新点。

①摊铺机采用了三维激光+液压控制系统，可自动设定线形及调整标高。

②改进了三维激光悬挂裄架轮轴组合式振捣整平机，摊铺宽度达到 19.15 m，适应多种桥面参数变化，减少了纵向施工缝，提升了混凝土表面质量。

③研制了凹槽型振动熨平板，解决了水平形板混凝土布料分散的问题，提高了振捣质量。

④创新采用橡胶轮行走装置，实现了两侧独立行走，满足了各种半径曲线梁的工况，提高了效率，降低了成本。

（2）取得成果。

获得四川省级工法 1 项，专利 3 项，股份公司科技评审 1 项，集团公司工法 1 项，集团公司优秀论文 1 项，公开发表论文 2 篇。

2. 深水急流状态下锁扣钢管桩围堰施工技术

嘉陵江特大桥是全线跨度最大的混凝土连续刚构桥，左幅 1 008.5 m，右幅 932 m，主跨 200 m，最大桩径 3 m，桩长最深 36 m。桥址位于大唐电站下游，距水坝不足 1 400 m，常水位深 8 m，洪水位深 17 m。建设期内大坝泄洪流量高达 15 950 m^3/s，流速高达 10 m/s，施工难度及安全风险极大。汛期泄洪时围堰已全部淹没（图 2-8-3），汛期后常水位时围堰如图 2-8-4 所示。

图 2-8-3　汛期泄洪时围堰已全部淹没

图 2-8-4　汛期后常水位时围堰

深水急流状态下锁扣钢管桩围堰施工技术克服了深水、高流速、基岩裸露等水文地质不利条件下围堰施工困难及急流速下围堰度汛难题，工程成功实施为深水、高流速、复杂地质情况下的基础施工积累了相关经验。

（1）核心创新点。

①首次采用聚氨酯遇水膨胀止水胶进行锁扣缝填堵止水，解决了锁扣钢管桩桩间渗水问题。

②研究了逆作法锁扣钢管桩围堰技术，解决了基岩裸露钻孔成桩保浆难题。

③研发了锁扣钢管桩导向施工技术，确保了深水急流工况下的插打精度。

（2）取得成果。

获得四川省级工法 1 项，获得专利 2 项。股份公司科技评审 1 项，集团公司工法 1 项，集团公司专利一等奖 1 项，公开发表论文 2 篇。

3. 电站下游深水急流状态下钢栈桥施工技术

以嘉陵江特大桥深水急流中架设的施工临时钢栈桥为工程背景，解决了急流下水中墩基础施工中的度汛的难题，降低了安全风险、节约了成本，同时满足嘉陵江特大桥的施工进度及物资、设备运输要求。嘉陵江大里程二期栈桥如图 2-8-5 所示，泄洪状态下的二期栈桥如图 2-8-6 所示。

电站下游深水急流状态下钢栈桥施工技术通过采用流体动力学软件 FLUENT，进行二维水流绕流的数值模拟，开展结构动力响应分析。采用了一、二期钢栈桥的设计，保证了钢栈桥安全度汛，确保了大桥施工的安全，同时降低了成本。

图 2-8-5　嘉陵江大里程二期栈桥

图 2-8-6　泄洪状态下的二期栈桥

（1）核心创新点。

①依据流体动力学软件 FLUENT 进行二维水流绕流的数值模拟，开展结构动力响应分析研究，采用各种加强措施，使得钢栈桥在电站汛期泄洪时，能够抵抗水流的高流速冲击力，保证钢栈桥平稳度汛。

②研发了深水急流（10 m/s）状态下钢栈桥钢管桩下沉精准定位技术，解决施工过程中出现“偏位、倾斜、深度不够”等问题，确保钢管桩下沉位置及深度达到要求。

（2）取得成果。

获得发明专利 1 项；实用新型专利 2 项；股份公司工法关键技术评审 1 项；发表论文 2 篇。

4. 盖梁预埋爬锥施工技术

桥梁盖梁采用预埋爬锥施工技术，与常规抱箍法施工相比，操作简单、安拆速度快，周转方便，降低了成本，缩短工期，有效地降低了施工中的安全风险，如图 2-8-7、图 2-8-8 所示。

图 2-8-7　爬锥法施工盖梁整体

图 2-8-8　爬锥法施工盖梁承重结构局部

（1）核心创新点。

①研制了爬锥式托架，受力明确，适用范围广。

②开发了爬锥式托架施工盖梁技术，保证了外观质量和施工安全。

（2）取得成果。

获得股份公司科技评审 1 项，获得专利 1 项。集团公司工法 1 项，集团公司专利一等奖 1 项，公开发表论文 1 篇。

5. 多柱式桥墩盖梁支撑托架快速卸落施工技术

多柱式桥墩盖梁支撑托架快速卸落施工技术（图 2-8-9）相比传统牛腿上加砂筒、千斤顶等，工字钢纵梁直接坐落于抱箍牛腿上，便于操作，两端可直接设置防滑挡块，稳定性更高；拆除过程中不需要分解两根纵向工字钢横向连接锁定装置，减少了高处吊装作业，极大地降低倾覆风险；盖梁顶作业工人只需要一次松动底模、一次吊装绳索锁定、一次托架锁定及解锁，降低了高处作业次数。

（1）核心创新点。

①改良抱箍内橡胶摩擦垫板，提高了抱箍的摩擦力，保证了抱箍的可靠性。

②优化了托架结构设计，取消了落架装置，提升了结构稳定性。

图 2-8-9　多柱式桥墩盖梁支撑托架施工

③研制了轴型滚轮，确保支撑托架整体平稳滑落。

（2）取得成果。

获得股份公司科技评审 1 项，获得专利 1 项。集团公司工法 1 项，集团公司专利一等奖 1 项，公开发表论文 1 篇。

6. 小半径架梁施工技术

苍溪枢纽互通桥梁采用预制 20 m 及 30 m 预应力混凝土 T 梁架设，最小曲线半径为 125 m，最高桥墩 65 m。T 梁通常采用普通 180 型和 120 型架桥机进行架设，但要求架梁半径不小于 400 m，因此传统架桥机无法架设，如图 2-8-10 所示。

图 2-8-10　架桥机小半径 T 梁架设

小半径架梁施工技术在保持架桥机受力稳定的基础上，通过对架桥机结构进行改进，增加前导梁、中支腿处法兰盘旋转结构，利用盖梁的有限宽度，调整架桥机前支腿及中支腿与盖梁轴线移动偏角，使架桥机处于受力平衡状态，同时满足整跨内外边梁架设，实现了 400 m 以下半径 T 梁架设，其最小架设半径可为 60 m。

（1）核心创新点。

①提出了一种基于传统架桥机安装小半径曲线梁的设备改造技术，解决了最小半径 60 m 曲线桥预制梁架设难题。

②研发了 60 m 极小半径下 20 ~ 40 m 跨径预制 T 梁架设成套工艺技术。

（2）取得成果。

获得发明专利 1 项，股份公司科技评审 1 项。

7. 互通匝道桥变宽段辅助架梁临时支架施工技术

苍溪枢纽互通 A 匝道与 E 匝道、B 匝道与 H 匝道相接处桥梁共计 6 跨。最小曲线半径 100 m、最大纵坡 4%、最大桥墩高 51.7 m、相邻盖梁最大夹角 17.2°。变宽段桥梁的设计为现浇箱梁。因该桥处于山谷中，地形起伏较大，如果采用常规的钢管桩贝雷梁支架现浇梁施工，钢管桩地基需要处理且支架搭设过高，工期过长，存在安全隐患，成本较高。

互通匝道桥变宽段辅助架梁临时支架施工技术采用了增设临时支架的施工工艺，即在桥墩内侧及外侧增设临时附着墩，通过横向联系梁与墩柱相连以增加临时附着墩的稳定性，增大前支腿支撑区域面积，改善了架桥机受力，确保使用普通架桥机进行预制 T 梁架设时高效、便捷且安全。与传统现浇箱梁施工相比，该技术可以提前预制 T 梁，标准化施工，只需搭设钢管支架，节省了贝雷梁，大大缩短了施工工期，减少了施工成本。

A 匝道 3#墩支架平台搭设如图 2-8-11 所示。

图 2-8-11 A 匝道 3#墩支架平台搭设

（1）核心创新点。

①研发了一种采用临时支架辅助架梁的方法，解决了匝道变宽段桥宽差异大、盖梁轴线偏角大、架桥机半径受限的问题。

②提出了 40 m 以上钢管支架的结构形式，保证了支架结构的安全、稳定，实现了支架的快速安装。

（2）取得成果。

获得发明专利 1 项，股份公司科技评审 1 项。

8. 墩柱装配式钢系梁综合技术

目前，柱式桥墩的常规施工工艺中，因墩柱系梁的存在，墩柱必须分段施工，系梁底面以下的墩柱混凝土达到一定强度后方可支承柱系梁的模板及湿重，且柱系梁模板的安装、柱系梁钢筋的绑扎更增加了现场工作强度，特别是对于高墩系梁问题更加突出。而装配化系梁技术可使桥墩墩柱的施工摆脱系梁施工的限制，极大地缩短桥墩的施工工期，同时钢系梁较大的弹性结构与混凝土结构比较，更有利于桥梁抗震，如图 2-8-12 所示。

图 2-8-12　系梁梁体与钢混组合接头焊接

（1）核心创新点。

①基于钢材延展性好的特性，发明了一种桥梁用钢系梁结构，与传统混凝土结构相比，提高了系梁结构的抗震性能。同时，该结构可现场拼装，实现了工厂化生产、装配化施工，有效降低了施工安全风险。

②研发了一种钢系梁与混凝土墩柱的组合连接节点结构，通过钢筒焊接剪力钉与钢筋拼装，使钢筒与混凝土柱形成一个整体，实现了墩柱钢系梁稳固连接。

③研发了一种钢系梁安装快速精确定位的方法，通过红外线发射及接受系统校准，使系梁两端固定圈的固定孔之间横向处于一条直线，达到了钢系梁安装快速精确定位的目的。

④研发了一种钢系梁辅助安装装备，通过无线信号控制的方法，自动调整剪叉式升降平台升降到位，提高了钢系梁安装精度和效率。

（2）取得成果。

获得专利 3 项；股份公司科技评审 1 项；发表论文 4 篇；编制技术指南 1 篇。

9. 高速公路深路堑——天桥逆作法施工技术

该工程位于四川省绵阳市游仙区信义镇，施工里程 K17+460 ~ K18+000，最大挖深 47.3 m，最大为 5 级边坡、挖方量在 690 000 m^3，需要形成多段、连续的陡边坡，并且需要边挖边填边防护、排水工程的施工等，且在该段路基主线上方有一座建梓路天桥，横跨路基全断面，最大跨度为 50 m，需在建梓路天桥建成通车后，才能进行土方开挖，路基施工持续时间长，安全风险、质量风险高，控制难度大。从清表施工开始至路床验收完成，若连续施工预计不少 12 个月。在整个路基施工期间，需经历 4 个月雨季，遭遇塌方、滑坡的状况，安全风险极高，且排水工程的防水质量、防护工程的安全质量，工程工期的进度保证导致施工的难度极大。

采用的逆作法是和常规施工顺序相反的一种施工方法，不同于自下而上的施工顺序，逆作法不用架设临时支撑，而是将工程主体结构作为全部或部分支承结构，先桩柱一体化施工、再施工盖梁和梁等结构，当支撑体系施工完成后对周围土方进行反开挖的新型施工技术，如图 2-8-13 所示。

图 2-8-13 天桥逆作法施工

（1）核心创新点。

①提出了“先桥后路”的逆作施工方法，研发了山坡斜面复杂地质条件下的桩代柱施工技术，实现了道路提前贯通，提高了施工工效。

②研发了十字交叉法、线锤法垂直定位配合人工进入孔内实测的质量控制技术，解决了桩柱定位精度难控制的问题。

③研发了深路堑逆作法施工安全监控技术，保障了施工质量和安全。

（2）取得成果。

获得发明专利 1 项；省级工法 1 项；发表论文 2 篇。

10. 保通条件下曲线钢箱梁高位上坡顶推施工技术

G5 京昆高速公路绵阳至成都段扩容项目绵三公路上跨主线桥位于三台县永明镇，既有线上方存在高压线路横跨高速公路，部分高压线路刚好位于跨线天桥上方，距离跨线天桥路面仅 10 米，钢箱梁架设施工难度大、施工危险系数高，采用了顶推施工技术，如图 2-8-14 所示。

图 2-8-14 钢箱梁顶推

顶推技术与传统吊装工艺相比，解决了高落差、大坡度等地形条件限制情况下无法采用常规吊装工艺的施工难题，减少了扩容施工对既有高速运营的干扰，降低了既有高速运营安全风险，确保了行车安全。与此同时，保通条件下曲线钢箱梁高位上坡顶推施工技术简化了施工工序，实现了不间断连续作业，有效地提高了施工生产效率，降低了施工投入成本。

（1）核心创新点。

①形成了曲线钢箱梁高位步履式上坡顶推同步性施工技术，解决了在复杂条件下曲线钢箱梁顶推难题，提高了顶推控制精度。

②研制了一种带有顶帽的千斤顶装置、一种带有扁担梁的千斤顶装置及钢箱梁循环落梁临时支垛装置，形成了曲线钢箱梁高位落梁技术，提高了高位落梁效率。

（2）取得成果。

获得发明专利 1 项；实用新型专利 4 项；股份公司工法关键技术评审 1 项；发表论文 1 篇。

11. 上下保通条件下跨既有高速桥梁拆除施工技术

G5 京昆高速公路绵阳至成都段扩容项目绵三公路上跨主线桥位于三台县永明镇，工程涉及既有跨线桥梁拆除，在上下保通条件下，如何安全、高效、快捷地拆除既有跨线桥梁，以减少施工对既有高速及跨线道路造成的交通运营安全风险，同时确保道路的基本通行条件，成为了亟待解决的难题。

与传统的封路爆破拆除和封路机械破除工艺对比，该技术对上下交叉道路分别制定了不同道路通行保障措施，对上跨国道采取半幅双向交通组织方案，按照规范要求对车道进行警示设施加强、车道渠化及隔离防护，确保了道路双向通行基本条件，避免了断道施工对地方交通带来的不便；对于下穿高速公路，采取了门洞式棚架防护措施，实现了扩容施工与高速行车分离条件，降低了施工引发的行车干扰。采用架桥机代替常规汽车吊，通过架梁步骤逆做方式拆除梁体，在加快梁体拆除进度的同时确保桥面整体稳定性，消除梁体掉落风险。

上下保通条件下跨既有高速桥梁拆除如图 2-8-15 所示。

（1）核心创新点。

①提出了保通条件下架桥机拆除既有桥梁的施工技术，确保了在复杂环境条件下拆除工作的安全。

（a）梁体吊离　　（b）炮车运梁至破碎区

图 2-8-15　上下保通条件下跨既有高速桥梁拆除

②提出了一种利用架桥机拆除梁体技术，结合防护棚架，提高了拆除效率，保证了下方高速公路行车安全。

③采用了高空绳锯分块拆除盖梁技术，实现了盖梁分段高效拆除。

（2）取得成果。

获得发明专利 1 项；股份公司工法关键技术评审 1 项；发表论文 1 篇。

12. 大跨度钢混组合梁施工监控技术

TJ10 标行车天桥中使用钢混组合梁作为桥梁中跨。在整个组合梁施工过程中，桥面板铺设、钢箱梁安装等施工分项都会对组合梁内力和整体线形产生影响，影响桥梁施工质量。组合梁施工工艺复杂，人为监控困难，经过研究试验后创新性地使用组合梁钢梁自动化监控的方法进行施工。通过 MIDAS 软件进行不同工况下钢梁的应力和挠度进行数值分析，在钢梁上安装应变监控计，结合自动数据采集仪器进行自动化数据记录。通过分析实际监测数据与理论数据的对比，对组合梁钢梁的成桥质量，梁体线形进行严格监控，保证成桥质量，实际应用于项目施工中，如图 2-8-16 所示，施工效益明显。

图 2-8-16　钢混组合梁施工监控

（1）核心创新点。

①通过使用 MIDAS 软件进行施工阶段理论分析，对不同施工阶段下的不同工况的钢梁理论应变、挠度数值进行计算，提供实际施工中的数据对比样本，保证成梁质量。

②使用振弦式应变计进行数据采集，根据钢梁受力状态确定多个应变控制截面，布设监测点，大范围监控钢梁应变和线形等关键数据，快速准确地反应钢梁内力变化。

③自动化应变采集仪，数据传输使用 WLAN 无线信号传输，在采集仪电量供应方式上使用太阳能板进行供应，无需人工更换电池，减少人力消耗。

④电脑客户端通过 WLAN 无线传输方式与采集模块（MCU）联系，在同一 WLAN 网络线下的所有采集仪同时完成数据传输，避免因数据时效性不足造成误差。

⑤挠度数据采集使用静力水准仪进行自动测量，数据传输使用 WLAN 模块进行无线传输，实现无人快速，高时效性的数据监测传输。

（2）取得成果。

获得四川省级工法。

13. 预制 T 梁自行式整体液压模板施工技术

随着高速公路工程建设的高速发展，对施工的标准化、高效化、流水化的要求越来越高。目前在预制梁施工中模板在施工时需要每片梁均需进行分节安装、分节拆除，存在效率低、模板易变形、占用龙门吊时间较长的缺点，并且过多的吊装作业存在较大的安全隐患。随着整体式液压模板的出现，极大地提高了预制梁施工的质量、效率、安全。成绵苍巴七分部采用了全自动自行式整体液压模板（图 2-8-17）进行预制梁的施工，实现了预制梁施工的自动化、机械化、高效化。

该技术采用整体式胎模进行钢筋绑扎、采用数控系统对施工进行自动控制、用整体液压模板进行混凝土浇筑、采用自动液压系统进行拆模、立模、模板行走、采用智能喷淋系统进行预制梁养护，该技术在施工中具有自动化程度高、作业流水化强的特点，在施工中提高了效率、保证了质量、降低了成本。

图 2-8-17　自行式整体液压模板

（1）核心创新点。

①通过创新采用的数控系统、液压系统、行走系统、整体模板，实现了模板的自行式移动、自动调整、精确就位，提高了预制梁施工生产的自动化、机械化水平。

②通过自主研发的整体模板脱模系统，实现了模板的整体、快速脱模，提高了整体模板的脱模速度，保证了混凝土的外观质量。

（2）取得成果。

省部级工法 2 项。

14. 40 m 公路 T 梁自动化预制施工技术

为解决 T 梁预制模板拆装慢、T 梁振捣工艺、T 梁在张拉时底座首应力破坏、T 梁养护不及时、混凝土强度低等问题，根据高观子大桥及羊岭互通 E 匝道大桥的特点，在总结预应力T梁施工的基础上形成自动化预制施工技术。该技术能很好地加快T梁施工，施工速度快、降低成本、安装精度满足规范要求，解决了传统技术面临的T梁预制模板拆装慢的技术、T梁振捣工艺、T梁在张拉时底座首应力破坏、T梁养护不及时，混凝土强度低的问题；提高了施工质量、提高了施工效率、实现企业、项目效益最大化。

核心创新点：

①采用液压模板（图 2-8-18）并改进横隔板连接构件。解决模板拆装慢，使得模板更快地拼装。

②采用分层浇筑施工，附着式振捣器振捣（图 2-8-19），确保各部位振捣密实。解决了T梁人工振捣不均匀、不密实。大大提高振捣效率及振捣质量。

图 2-8-18　液压模板应用

图 2-8-19　附着式振捣器

③底座采用表面光洁的钢模板，减少阻力。底座基础采用工字钢作支撑分成三个独立受力的底台膜；两端工字钢进行加密布置并用混凝土加固。解决T梁在张拉时底座受应力破坏。

④采用智能张拉设备（图 2-8-20）及红外线穿束设备，智能张拉设备对称张拉减少侧向应力。红外线穿束设备可高效准确的进行T梁穿束。

⑤采用自动化喷淋养护（图 2-8-21），使得T梁全覆盖及时养护。保证T梁混凝土强度快速提升，缩短了张拉等待时间。

图 2-8-20　智能张拉机

图 2-8-21　自动化喷淋养护

15. 隧道防水板及二衬钢筋自动化安装技术

隧道施工采用防水板钢筋自动化安装一体台车施工技术（图 2-8-22），可实现二衬钢筋及防水板的自动化安装，有效地解决了隧道施工多工序作业相互干扰的问题，该设备一机多用，减小了施工人员的劳动强度，提高了工作效率，有利于施工质量的提高，该技术在老鹰岩隧道成功实施。

图 2-8-22　隧道防水板及二衬钢筋自动化安装一体化台车

（1）核心创新点。

①研制了防水板及钢筋安装一体化台车，同时满足防排水作业线和二衬钢筋作业线施工要求，减少了设备投入，提高了施工效率。

②研究了防水板自动化安装施工技术，解决了一次性铺设 6 m 宽幅防水板的难题，减少了搭接，提高了防水质量。

③研究了隧道二衬钢筋自动定位技术，降低了劳动强度，提高了安装效率。

（2）取得成果。

获得四川省级工法 1 项。获得专利 2 项，股份公司科技评审 1 项，集团公司工法 1 项，集团公司科技一等奖 1 项，公开发表论文 1 篇。

16. 隧道二衬纵向连续灌注施工技术

近年来，随着全国高速公路及高铁工程施工力度的加大，隧道的修建日益普及，传统隧道施工中二次衬砌拱顶脱空的质量问题也愈发受到关注。目前，隧道衬砌施工中传统施工技术是通过混凝土分层浇筑，自下而上的。在混凝土浇筑完成后，进行带模注浆或后期注浆。传统的施工技术基本能满足衬砌混凝土质量要求，但此该技术受灌注方式、压浆效果等因素的影响，极易造成拱部混凝土密实程度差，造成衬砌厚度不足、背后脱空、不密实等衬砌质量缺陷，后期隧道通车运行存在非常大的安全隐患。

为解决隧道衬砌传统施工技术上存在的问题，成绵苍巴七分部在隧道衬砌施工中推行实施隧道二次衬砌纵向连续灌注施工技术（图 2-8-23），来解决解决隧道衬砌拱顶施工质量缺陷问题。

图 2-8-23　二次衬砌纵向连续灌注台车

（1）核心创新点。

①开发了二衬混凝土浇筑的联动式、一次性纵向灌注成型工艺，保证了隧道二衬施工质量。

②创新了混凝土浇筑可视化、感知化的检测与监控系统。

③研发了钢筋、防水板台车与灌注台车的快速化转换装置，提高了台车的利用效率。

（2）取得成果。

获得发明专利 1 项；实用新型专利 2 项；省部级工法 2 项；发表论文 1 篇。

17. 分段起爆限单响药量下穿既有管线施工技术

慈航殿隧道为成绵苍巴高速公路最长低瓦斯隧道，由于隧道地表有大直径天然气管线横穿而过，设计院建议 ZK4+573 ~ ZK4+857、K4+558 ~ K4+848 里程范围内采用非爆破开挖。如果考虑非爆破开挖，则非爆破开挖的长度较长，施工进度缓慢，无法按合同约定工期实现隧道贯通；如果采用爆破开挖，开挖过程中的爆破振动势必会影响地表管线的安全。因此，如何在确保施工工期的前提下又能保证施工对地表管线的安全就成为了该工程的难点。

分段起爆限单响药量下穿既有管线施工技术在隧道下穿作业中通过控制掌子面钻爆施工过程中最大单响药量、炮眼布置、钻孔方式、装药方式、爆破器材选择等施工方法，如图 2-8-24 所示，来降低爆破振动速度和超欠挖现象。这样，既保证了隧道掌子面一次成形效果，又降低了对既有地表输气管线的影响。采用爆破振动速度检测系统对输气管线附近的爆破振动速度进行实时监控，了解爆破振动速度是否超标，实现了施工过程中对管道的动态保护。该技术保证了隧道施工的安全，同时大大缩短了工期。

（1）核心创新点。

①提出了一种低振速隧道控制钻爆施工方法，通过电子雷管分段起爆控制爆破最大单响药量，实现了爆破施工时管线附近爆破振速低于管线安全允许振速。

②采用了爆破振动速度监测系统，通过对管道基础质点进行实时监测，实现了对大直径输气管道的动态保护。

图 2-8-24　周边眼连线

（2）取得成果。

获得发明专利 1 项；股份公司工法关键技术评审 1 项。

18. 多震地区装配式榫接柔性生态挡墙施工技术

研发了新型柔性装配式生态挡土墙设计及施工技术（图 2-8-25）。常规的重力式挡墙在现场浇筑混凝土而成，混凝土方量大且坡面无法绿化，该装配式挡墙构件在预制场预制，现场拼装，结构之间填以碎石土，坡面间隙塞以植生袋以供绿化，既缩短了施工周期、又减少了对环境的破坏，促进生态环境的绿色发展。

图 2-8-25　柔性生态装配式挡墙现场施工

（1）核心创新点。

①提出了一种新型的装配式榫接柔性生态挡墙结构，研发了成套的施工技术，实现了挡墙的轻质化安装，保证了新型装配式挡墙的整体稳定性，提高了挡墙的抗震效果。

②形成了一套预制构件的流水线生产工艺，实现了预制件生产的工厂化、标准化。

③研发了一种装配式挡土墙稳定性的计算方法和监测技术，实现了全周期监测，保证了挡墙的可靠性、安全性。

（2）取得成果。

依托该技术，中国铁建发布企业标准《装配式挡土墙技术规程》；获得专利 2 项；股份公司科技评审 1 项；集团公司工法 1 项，集团公司科技一等奖 1 项，公开发表论文 2 篇。

19. 新旧路基衔接施工技术

永明枢纽互通与绵遂高速交叉互通，其中与绵遂高速两侧新旧路基衔接处理长度约 2 000 m。

在新旧路基拼接的过程当中，采用数值分析方法对新旧路基进行研究，通过对施工及运营过程中产生的相互作用和特性以及各个方面的影响、新路基加宽的方式、施工的工艺和新旧路基拼接过程中所产生的影响和对整个工程施工的影响进行分析。在分析新路基边载作用下新旧路基应力应变特性的基础上，采用先进的数值分析法研究公路扩建对新旧路基的沉降和变形规律，并根据新旧路基路面结构路用性能以及变形稳定的要求，提出在新旧路基拼接过程中所要注意的事项和控制施工的标准，即控制新旧路基工后差异沉降、新路基总沉降量及工后沉降量的“三指标”控制标准。

核心创新点：

①土工格栅的铺设很大程度上提高了新旧路搭接处路基的整体性，对新旧路搭接处路基起到了很好的防裂作用。

②土工格栅从土工格栅的铺设到搭接再到定位、平整不需耗费大量的人力物力就能够轻松完成。施工过程非常方便，操作简单，大大地缩短了工期，降低了费用成本。

③采用液压高速夯实机对压实区进行补强夯实处理，具备夯击能量高、影响深度大、机动性和适应性强、作用峰值力小、击打频率高以及动作柔和等优点。这些特性有效提升了新旧路基结合部的压实度。

土工格栅横向搭接如图 2-8-26 所示，填挖交界处进行补夯如图 2-8-27 所示。

图 2-8-26 土工格栅横向搭接

图 2-8-27 填挖交界处进行补夯

20. 膨胀土路基处理施工技术

膨胀土路基是工程建设中常见的一种特殊土路基，膨胀土不能直接作为路基填料，必须经过改良处理，掺加一定比例的掺料（图 2-8-28），并搅拌均匀推平碾压（图 2-8-29），使膨胀土的物理、化学性质发生变化，以达到降低膨胀土膨胀潜势、增加强度和提高水稳性的目的，有效防止土体边坡滑坍和变形，保证路基稳定、耐久。3 分部开展膨胀土路基施工，针对膨胀土路基施工进行了大量的试验和实践，分析总结了膨胀土路基施工的特点，掌握了膨胀土路基施工工艺，快速、高效、优质地完成了施工任务，取得了较好的经济效益和社会效益。在施工过程中，不断总结提高，形成膨胀土路基处理施工技术。

核心创新点：

①石灰改良膨胀土技术能够对膨胀土路基进行有效处理，提高路基承载力。

②石灰资源丰富，成本较低，且石灰改良土可显著提高土工结构的可碾压含水量，有效缩短施工周期，降低了成本。

③减少了大量弃方，省掉大面积的弃土场及取土场，有利于环境保护。

图 2-8-28　掺加一定比例的掺料

图 2-8-29　搅拌均匀推平碾压

21. 碎屑岩水稳料综合利用施工技术

高速公路施工中隧道及路基施工的碎屑岩，一般采用渣场埋置，不仅占地，而且带来环保问题，同时施工沿线地材缺乏，需要长距离运输，成本高昂。

碎屑岩水稳料综合利用施工技术对洞渣可利用性分类研究，分析不同类别弃渣用于制作路面水稳料和路床、路堤填料的可行性。研究水稳料的最优配方配比及其宏观物理力学性质。沿线隧道弃渣、石方路基开挖工程量大，其中硬质岩占比在 30%左右，可利用碎屑岩占比较多，在当前砂石料价格较高情况下，有可操作性的价值。

路基段临时加工点如图 2-8-30 所示，弃渣场临时加工点如图 2-8-31 所示。

图 2-8-30　路基段临时加工点

图 2-8-31　弃渣场临时加工点

（1）核心创新点。

①提出了利用可用弃渣来替代部分天然砂石细骨料的设想，形成了一套隧道弃渣用于制作水稳料可行性研究分析方法，确认了利用砂岩类弃渣用作水稳料细集料的可行性。

②完成了碎屑岩水稳料施工配合比，进一步确认了利用砂岩类弃渣用作水稳料细集料的可行性。

③形成了一套现场快速分拣可利用碎屑岩（砂岩）施工技术，实现了可利用弃渣的快速筛选，确保施工生产进度，保障施工生产质量。

（2）取得成果。

获得发明专利 1 项；实用新型专利 2 项；股份公司工法关键技术评审 1 项；发表论文 2 篇。

22. 3D 智能摊铺大厚度水稳层施工技术

3D 智能摊铺技术不使用卫星信号，而是通过建立 3D 数据模型，由主系统通过无线信号传输，将全自动全站仪和测量棱镜形成“闭环”测量，如图 2-8-32 所示，使得测量数据不受卫星信号误差的影响，提高了施工精度，适用于各种复杂环境。针对混合料表面离析问题，采用的振动压路机与胶轮压路机交叉碾压相结合的碾压工艺，能很好解决大厚度摊铺表面离析问题，提高路面的结构层的整体性和稳定性。基层混合料摊铺如图 2-8-33 所示，摊铺完成后实时监测数据，如图 2-8-34 所示。

图 2-8-32　棱镜及电台接收器

图 2-8-33　基层混合料摊铺

图 2-8-34　摊铺完成后实时监测数据

（1）核心创新点。

①创新应用 3D 数据模型，形成了成套的 3D 智能摊铺技术，实现了智能化、自动化摊铺。

②研发无线传输和内置电机测量相结合的无线局域网技术，解决了山区信号传导难题。

③采用钢、胶压路机交替碾压方式革新传统施工工艺，有效地降低了因高频振动导致的结构层表面离析问题。

（2）取得成果。

获得省部级工法 1 项，集团公司工法 2 项，集团公司科技一等奖 1 项，优秀奖 1 项。

23. 基于智能压实系统的路面基层压实施工技术

压实是路面工程施工的一个重要工序，有效的压实能够显著 提高路面的整体性、稳定性和承载能力。通常，碾压完成后，还需要采用点抽检的方法，进行压实度检测。该流程存在检测繁琐、误差高、检测结果不能真实反映全路段压实质量的现实问题。应用先进的智能化、信息化的压实度检测技术对高速公路路面基层压实效果进行实时检测、监控，如图 2-8-35 所示，有利地确保基层压实质量的均匀性，保证路面基层的施工质量。

（1）核心创新点。

①路面智能压实度监控系统可通过图像分析实时分析压实遍数和压实度，分析精度高，速度快，加强了路面基层压实度的过程控制水平。

②路面智能压实度监控系统通过实时记录压路机运行轨迹，实现压实检测“一点不漏、全面覆盖、全程控制”，提高了检测效率和检测精度，减少了人员投入，提高了施工效率，降低了施工成本。

③路面智能压实度监控系统可有效地控制压路机的碾压遍数，防止漏压和超压状况的出现，保证施工质量的同时降低了能源消耗和污染物的排放，有效控制了施工成本，有利于环境保护。

（2）取得成果。

获得省部级工法 1 项。

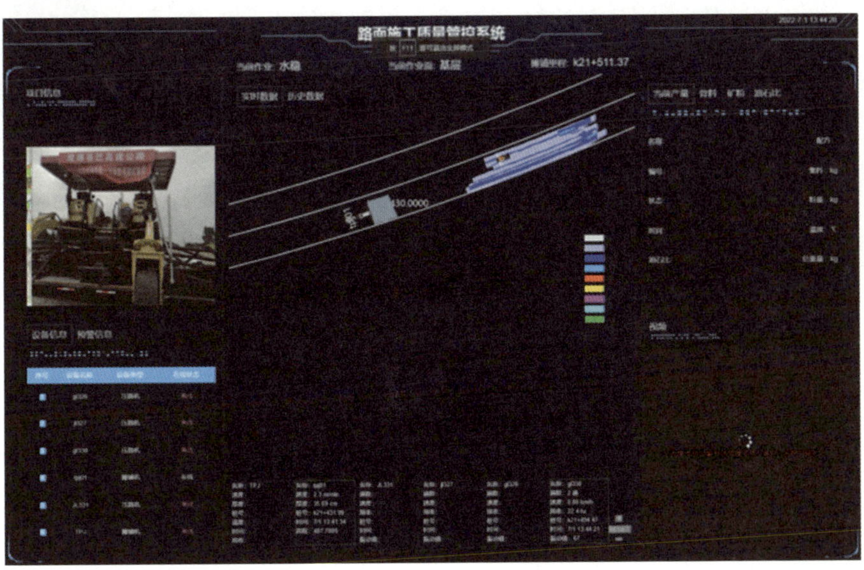

图 2-8-35　智能检测设备

24. 公路交通智慧工地系统集成技术与智慧化平台

公路交通智慧工地系统集成技术与智慧化平台系统主要由智能物料验收、混凝土效能监测、混凝土消耗管理、工地视频云监、现场在线巡视、运输机械云监、劳务实名管理、隧道人&车定位、BIM 进度管理等系统组成，如图 2-8-36 所示。系统将现场管理、劳务管理、物料管理、机械管理、物联监测无缝融合，构建智慧工地平台，为工地提升安全质量、保证工程进度、减少现场劳动力做出贡献。BIM 技术在工程量的统计、施工模拟（进度管理）及可视化交底方面发挥了重要的作用，如图 2-8-37 所示。

图 2-8-36 智慧化工地系统软件界面

图 2-8-37 永明枢纽互通 BIM 模型

取得成果：获得四川省级工法 1 项，股份公司关键技术评审 5 项，获得 14 项软件著作权。

25. 高速公路施工工人不安全行为智慧管控平台

为降低建筑业的安全事故率，减少人员伤亡与经济财产损失，国内外众多学者针对建筑行业的安全问题进行了深入的研究。研究表明：工人的不安全行为是导致建筑安全事故的主要原因，工人操作不当而引起的建筑安全事故约占事故总数的 88%。因此，对工人的不安全行为进行有效的管控显然可以十分有效地降低建筑安全事故率，推动建筑行业的持续健康发展。

现阶段对不安全行为的管控主要集中于学习培训为主，即主要针对事前控制，结合实际工程条件考虑来看，事中管控才是最及时有效的管控方式，因此以工人不安全行为事中管控为切入点，以施工现场的监控视频为载体，借助计算机视觉算法的手段对工人不安全行为进行侦测，搭建工程施工安全智能监管平台，从而实现对工人的不安全行为进行智慧管控，如图 2-8-38 所示。依据该方法对不安全行为进行干预，最大程度上减少不安全行为的发生，实现有效的工程建设施工现场安全管理，以减少施工安全监督成本。

图 2-8-38　嘉陵江特大桥工人不安全行为监控

针对工人的不安全行为，开发了智慧管控平台软件，该系统分别从职业素养、安全管理与安全作业三个层面，对桥梁工程施工现场安全管理人员及作业人员的安全能力进行培养，将施工安全知识转化为安全管理人员与作业人员的安全能力。通过摄像头摄像，系统可以识别不安全行为，实时发出预警信号，从而预防安全事故的发生。

取得成果：平台软件 1 套；软件著作权 2 项。

26. 高速公路工程电子档案管理系统

传统纸质档案文件滞后于实体工程进展，且纸质档案的存储及管理需要占用大量的人力物力，随着信息技术的快速发展，电子档案取代传统纸质档案已是行业发展的大趋势。

课题是国家档案馆第三批电子文件归档及电子档案管理系统试点项目，中铁二十三局也是中国铁建股份公司旗下唯一一家采用电子档案管理进行现场施工文件管控试点的单位，电子档案系统界面如图 2-8-39 所示。

电子档案系统主要特点：

（1）提高管理水平，提升工程质量。

（2）数据互联共享，为后期运营提供数据支撑。

（3）竣工档案电子化，为档案单套制奠定基础。

（4）无纸化办公，节能降碳效果显著。

图 2-8-39 电子档案系统界面

8.2.8　成熟“四新”技术推广应用

从提高工程质量、缩短工期及降低成本等角度对已有工程成功应用的成熟“四新”技术进行层层筛选，结合项目实际情况，形成成熟“四新”技术在项目的推广应用清单，编入项目总体施工组织设计，供分部根据实际需要选用。

本项目已推广“高墩 0#块贝雷梁反压托架预压法”等“四新”技术 29 项，“水泥罐采用环保除尘池除尘”等“小改小革”技术 34 项，下面介绍部分应用实例。

1. 成熟“四新”技术的推广应用

（1）机制砂在混凝土中的应用。

使用机制砂作为混凝土细骨料，能较好地解决天然砂资源分布很不均匀、短时间内不可再生以及工程建设高峰期无砂可用等问题，具有很好的社会效益与经济效益。

（2）制梁场智能化张拉及压浆（图 2-8-40）。

图 2-8-40　制梁场智能化张拉、压浆

（3）预制梁智能养护系统（图 2-8-41、图 2-8-42）。

图 2-8-41　预制梁智能养护

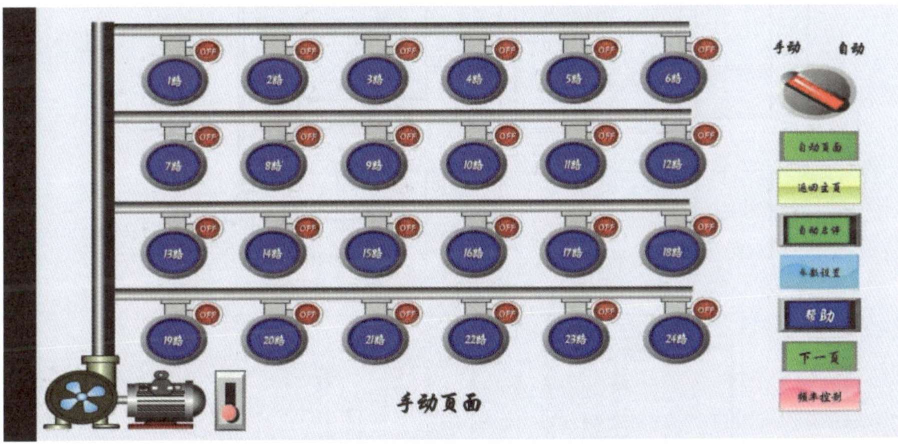

图 2-8-42　智能养护手机控制页面

（4）高墩刚构桥 0#块反压托架预压法（图 2-8-43、图 2-8-44）。

采用反力架法对 0#块反压托架进行预压，工艺简单、操作灵活方便、提高了工作效率，降低了施工成本，缩短了工期，增加了施工过程的安全可靠性。

图 2-8-43　嘉陵江特大桥主墩 0#块支架及反力架

图 2-8-44　西河大桥墩顶托架预压

（5）挂篮无堆载预压法（图 2-8-45、图 2-8-46）。

采用 0#块中埋置精轧螺纹钢筋，采用托架，通过千斤顶施加反压力，实施对挂篮的反压，避免了堆载预压吊装的繁琐程序，降低了施工安全风险。

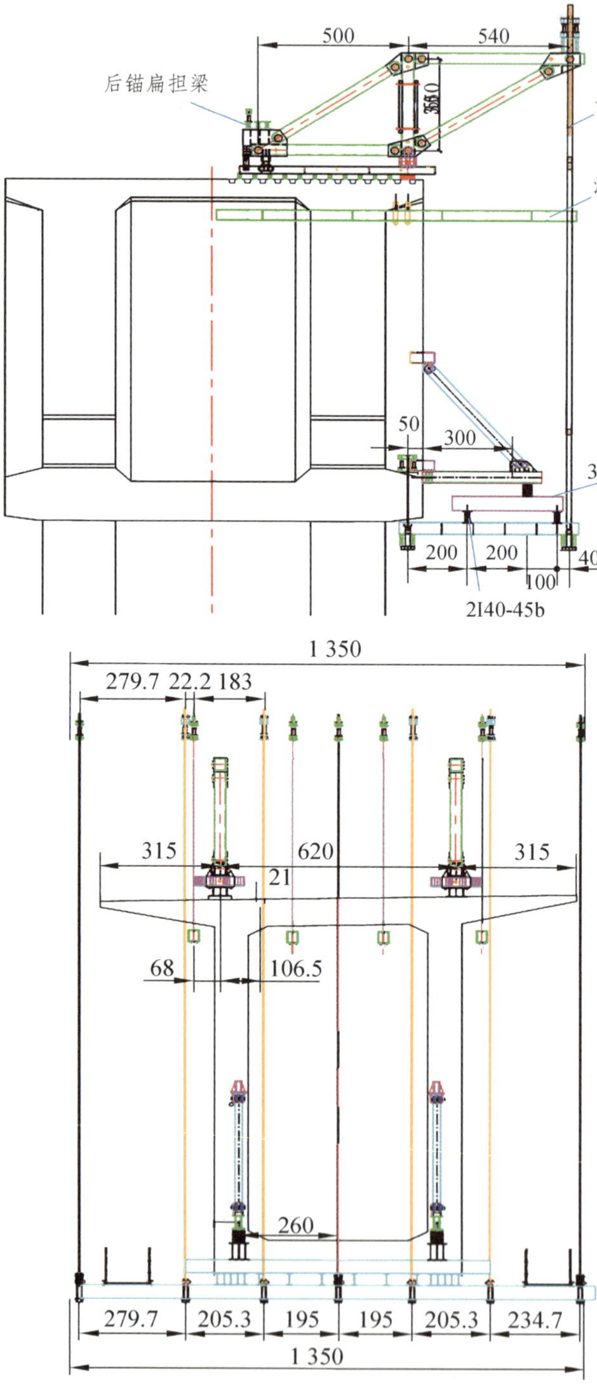

图 2-8-45　嘉陵江特大桥主墩连续刚构挂篮预压设计

图 2-8-46　西河大桥挂篮预压

（6）桩基钢筋笼定位技术（图 2-8-47）。

以往桩基钢筋笼定位均采用引桩法，经现场实际施工发现，单一的引桩法不足以满足施工精度要求，采用十字交叉法、引桩法和线坠法相结合的方式，实现对钻孔桩成孔→下钢筋笼→混凝土浇筑→拔护筒的全过程控制，效果显著。

图 2-8-47　桩基钢筋笼定位技术

（7）采用小型液压夯机（图 2-8-48）。

对桥台背、涵背等部位采用小型液压夯机夯实，保证了压实度达标。

图 2-8-48　小型液压夯机

（8）采用模板台车施工防撞挡墙（图 2-8-49）。

采用模板台车施工防撞挡墙可实现了防撞挡墙施工机械化，保证了施工质量。

图 2-8-49　采用模板台车施工防撞挡墙

（9）隧道湿喷机械手（图 2-8-50）。

采用湿喷机械手进行隧道喷射混凝土的施工，回弹率低、大幅降低了洞内粉尘的污染。机械手喷射混凝土无需搭设台架，可以任意角度喷射，其操作工人少、效率高。

图 2-8-50　湿喷机械手

（10）二次衬砌养护修补台车的应用（图 2-8-51）。

老鹰岩隧道使用二次衬砌养护台车，能够使拱顶及边墙全覆盖喷淋，解决二次衬砌施工后人工养护不及时，不均匀的问题，减少二次衬砌混凝土出现裂缝的可能性。

（11）仰拱定型端模快速施工技术（图 2-8-52）。

细亚梁隧道施工中采用仰拱定型模板，通过采用组合定型仰拱端头钢模板，采用定位卡及普通螺栓对模板进行组装，利用模板拼装结构缝隙及模板自身刚度、强度对背贴式止水带、环向中埋橡胶止水带进行准确定位，通过螺栓连接将仰拱端模与边墙模板形成有机整体，实施中结合了定型中心水沟模板实现模板整体化，形成了仰拱混凝土浇筑流水线作业。

图 2-8-51　二次衬砌养护修补台车

图 2-8-52　仰拱定型端模

（12）风管消音器（图 2-8-53）。

使用风管消音器可有效减少隧道通风机导致的施工现场噪声污染。

（13）隧道纵向中埋止水带夹具固定工装（图 2-8-54）。

图 2-8-53　风管消音器

图 2-8-54　隧道纵向中埋止水带夹具固定工装

2. “小改小革”技术的推广应用

（1）水泥罐采用环保除尘池除尘。

环保除尘池（图 2-8-55）的工作原理：在水泥罐仓顶处焊接钢管，泵送散装水泥时粉尘通过钢管进入集尘池，再通过钢管引入沉淀池。气体由除尘池排出，从而完成整个除尘、滤尘系统工作，并在罐顶增加除尘器。

图 2-8-55　水泥罐采用环保除尘池除尘

（2）气瓶防护棚。

设置气瓶防护棚（图 2-8-56），并悬挂明显的安全警示标志。

图 2-8-56　气瓶防护棚

（3）装配式、定型化安全防护设施（图 2-8-57）。

图 2-8-57　装配式、定型化安全防护设施

（4）钢板装配式泥浆池。

钢板装配式泥浆池（图 2-8-58）采用废旧钢模板拼接，拆装便捷，可以重复利用。

图 2-8-58　嘉陵江特大桥主墩桩基施工采用钢板装配式泥浆池

（5）龙门吊安全滑线供电。

梁场内龙门吊滑线（图 2-8-59）采用单极 H 安全滑触线，改进绝缘、防护等级，安全可靠，同时单极 H 安全滑触线将多级母线集合于一根导管内，安装简单、装配件通用，维修方便。

图 2-8-59　龙门吊滑线

（6）免凿毛止浆带。

免凿毛止浆带（图 2-8-60）可有效解决梁体间湿接缝现场凿毛施工不规范、掉边脱角频发问题，且可重复使用，较现场凿毛，节约成本。

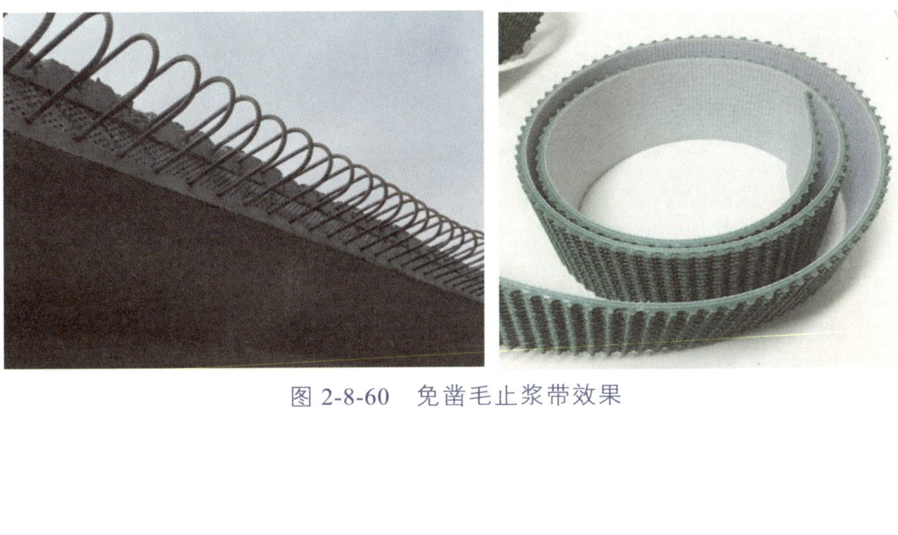

图 2-8-60　免凿毛止浆带效果

（7）桩基渣样架。

桩基渣样架（图 2-8-61）清洗后统一放置到渣样架上。

图 2-8-61　桩基渣样架

（8）隧道门禁及人车分离系统。

通过隧道门禁及人车分离系统（图 2-8-62）统计进洞人员、车辆，并要求人车分离，可避免洞内车祸发生。

图 2-8-62　隧道门禁及人车分离系统

（9）隧道进洞人员动态告示牌及液晶显示屏。

隧道洞口采用智能门禁及监控系统，对进出洞人员数量、工种、时间、洞内分布及各工序情况进行实时监控，外部设置 LED 显示屏，显示进洞人员设备数量，如图 2-8-63 所示。

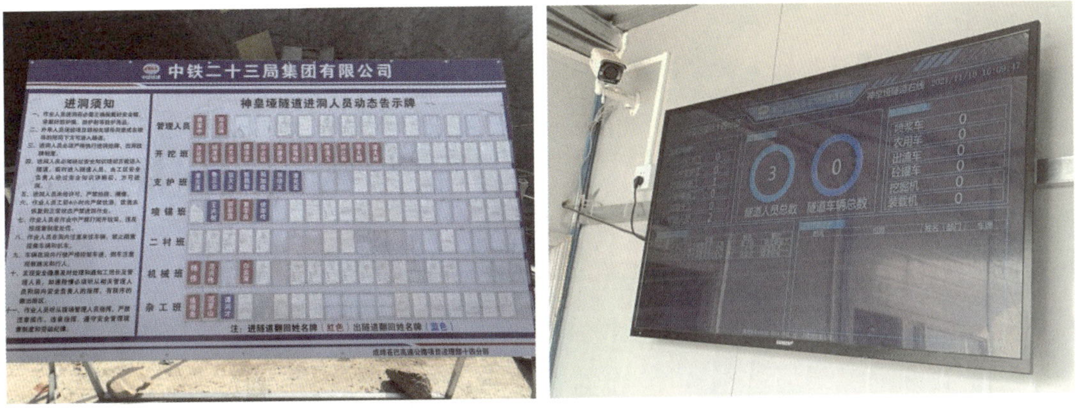

图 2-8-63　隧道进洞人员动态告示牌及液晶显示屏

（10）雾炮车（机）。

为了降温、降尘、养生，隧道内、拌和站配备小型雾炮或多功能洒水车，如图 2-8-64 所示，确保空气质量。

图 2-8-64　雾炮车（机）

（11）钢筋网焊机。

钢筋网焊机（图 2-8-65）节约人工，焊接速度快，焊接质量好，尺寸标准。

图 2-8-65　钢筋网焊机

（12）等离子切割。

等离子切割（图 2-8-66）是全自动智能化设备，设置好参数后，可以全自动切割，无需人员看护，可以切割任意规格尺寸。

图 2-8-66　等离子切割钢板

（13）液压联合冲剪机。

拱架连接钢板使用液压联合冲剪机（图 2-8-67）进行冲孔，确保了成孔的质量及精度。同时该设备还可以对其他槽钢、角钢、钢板进行切割，方便快捷。

图 2-8-67　液压联合冲剪机

（14）二氧化碳气体保护焊。

采用二氧化碳气体保护焊（图 2-8-68），焊缝平整密实，无焊渣，提高了焊接速度，保证了焊接质量。

图 2-8-68　二氧化碳气体保护电弧焊机

（15）全自动数控弯曲中心、全自动数控弯箍机。

全自动数控弯曲中心（图 2-8-69）可以弯曲大直径钢筋，弯曲角度标准可控。全自动数控弯箍机（图 2-8-70）可以将盘条自动弯曲成任意形状，自动切断，批量加工，省时省力，尺寸标准。

图 2-8-69　数控弯曲中心

图 2-8-70　全自动数控弯箍机

（16）钢筋笼滚焊机。

钢筋笼滚焊机（图 2-8-71）加工的钢筋笼，尺寸标准，操作简单方便，质量可控。

图 2-8-71　钢筋笼滚焊机

（17）卷笼机笼盘套筒改造笼盘。

钢筋厂卷笼机笼盘套筒改造笼盘（图 2-8-72），对于不同直径的钢筋笼加工，减少更换套筒工序，提高了钢筋加工工作效率。

图 2-8-72　卷笼机笼盘套筒改造笼盘

（18）钢筋直螺纹加工机（图 2-8-73、图 2-8-74）。

图 2-8-73　钢筋端头锯床

图 2-8-74　钢筋直螺纹加工机

（19）施工现场实名制通道（图 2-8-75）。

图 2-8-75　嘉陵江特大桥实名制通道

（20）休息凉亭、饮水间。

为切实提升劳务工人幸福感，体现项目部的人文关怀，选取原道路树荫旁设置饮水间、休息凉亭（图 2-8-76），给劳务人员提供休憩处。

（21）班前讲话台（图 2-8-77）。

各班组进入施工现场前，由专职安全员宣讲安全注意事项，体现专业化施工理念。

图 2-8-76　嘉陵江茶歇亭

图 2-8-77　班前讲话台

（22）安全体验馆（图 2-8-78）。

工人施工现场前，由专职安全员带领工人去安全体验馆体验安全防护用品的重要性，加强工人正确佩戴安全防护用品意识。

图 2-8-78　安全体验馆

（23）拌和站全自动洗车机（图 2-8-79）。

图 2-8-79　拌和站全自动洗车机

8.3 项目创誉

8.3.1 项目创誉目标策划

创誉就是创建声誉、口碑，突出整条线点多线长面广的特点，展现独特的亮点。

根据工程确保四川省优质工程“天府杯”，争创国优工程的总体目标，相关部门也拟定了各自的目标：

（1）创誉目标：“四川省安全生产文明施工标准化工地”（安全及环保部门）。

（2）创誉目标：“四川省土木工程‘李冰’奖”（工程部）。

（3）创誉目标：集团公司“物资设备管理工作先进单位”（物资设备部）。

（4）创誉目标：股份公司“智慧化工地建设标杆单位”（信息化部）。

（5）创誉目标：股份公司“电子档案建设标杆单位”（工程部）。

（6）创誉目标：股份公司“示范党支部”及集团公司“先进单位”“四好领导班子”（综合办公室）。

（7）创誉目标：股份公司“企业文化建设优秀项目部”（综合办公室）。

（8）创誉目标：省部级“工人先锋号”“模范职工小家”及“王义春劳模和工匠创新工作室”（综合办公室）。

8.3.2 项目创誉成效

目前项目获得的荣誉见表 2-8-5。

表 2-8-5 成绵苍巴项目部本级荣誉统计

序号	获奖单位	奖项名称	授奖单位	表彰年度
1	成绵苍巴项目部	四川省困难职工帮扶基金会评为“金秋助学爱心企业”	四川省总工会	2020 年
2	成绵苍巴项目部	中国铁建股份有限公司 2020 年度“工人先锋号”	股份公司工会	2021 年
3	成绵苍巴项目部	中国铁建股份有限公司 2020 年度“模范职工小家”	股份公司工会	2021 年
4	成绵苍巴项目部	四川省总工会 2021 年度“工人先锋号”	四川省总工会	2022 年
5	成绵苍巴项目部	四川省总工会“安康杯竞赛优胜班组”	四川省总工会	2022 年
6	成绵苍巴项目部	“四川省工人先锋号”	四川省总工会	2022 年
7	成绵苍巴项目部	“四川省安康杯”竞赛优胜班组	四川省总工会	2022 年
8	成绵苍巴项目部	中华全国总工会 2022 年度“工人先锋号”	中华全国总工会	2023 年
9	成绵苍巴项目团工委	中国股份有限公司五四红旗团工委	股份公司团委	2023 年
10	成绵苍巴项目部	企业文化建设优秀项目部	股份公司党委	2021 年

第 9 章　项目党建与施工生产的深度融合

9.1　项目党建与施工生产深度融合的意义

国有企业工程项目是施工企业生产经营的基础，是企业经济效益的源头，是塑造企业形象的窗口，是培养人才的摇篮，是企业生存发展的根本保证。成绵苍巴高速公路项目作为四川省单笔投资额最大的 BOT 工程项目，由中铁二十三局集团公司独立承揽并组织施工，该项目线路长，涉及单位多，做好党建引领和凝聚各方共识至关重要。成绵苍巴项目党建工作和施工生产如同车之两轮、鸟之双翼，二者相辅相成、相得益彰，项目党建工作离开施工生产就会脱离实际，而施工生产活动没有党建引领，就会偏离方向、失去动力，只有深度融合、同向发力，才能为项目高质量发展筑牢根基。

成绵苍巴项目党建工作在密切联系群众、团结群众方面发挥着纽带作用，不管是党的基本政策和方针，还是上级关于施工生产的各项决策部署，都需要以项目党建工作为载体推动各项决策部署全面落实。具体的管理实践中，充分发挥成绵苍巴项目党组织把方向、管大局、保落实的领导作用，实现党对工程项目的政治领导、思想领导、组织领导的有机统一，确保项目施工生产稳步前行。

在施工生产过程中，成绵苍巴项目围绕项目不同时期、不同阶段的生产任务，项目党组织深入开展各种“创岗建区”“创先争优”等党内活动，设立“党员先锋岗”和“青年突击队”，以“党建+政治建设”“党建+劳动竞赛”“党建+风险防控”等“党建+”模式推动施工生产各项工作落实。成绵苍巴项目坚持党建工作服务施工生产不偏离，把提高项目创誉创效作为项目党建工作的出发点和落脚点，以项目创誉创效成果检验党组织的各项工作和战斗力，在项目施工生产的生动实践中，积极推进项目党建工作与施工生产的深度融合，以高质量党建引领保障项目高质量发展。

9.2　项目党建引领施工生产的组织及制度

9.2.1　项目党建工作指导思想和总体要求

要以习近平新时代中国特色社会主义思想为指导，全面学习宣传贯彻党的二十大精神和中央经济工作会议精神，深入贯彻落实习近平总书记关于国有企业改革发展和党的建设重要论述，全面落实党中央、国务院、国资委及股份公司、集团公司党委决策部署和工作要求。坚持党对项目建设的全面领导，坚持稳中求进工作总基调，加快构建新发展格局，着力推动高质量发展，坚定不移强“根”固“魂”。坚持新时代党的建设总要求和党的组织路线，增强项目党组织政治功能和组织功能，学习贯彻习近平新时代中国特色社会主义思想主题教育，引导项目部全体党员干部职工深刻领悟“两个确立”的决定性意义，不断增强“四个意识”、坚定“四个自信”、做到“两个维护”，不断提升项目党建工作水平，以高质量党建引领项目高质量发展，为做好项目各项工作提供坚实的政治保障和组织保障，为中铁二十三局集团公司“构建‘一体两翼’产业新格局，打造高质量发展新优势”的发展战略贡献磅礴力量。

9.2.2 项目党建工作主要任务

项目党建工作的主要任务是统筹、协调、控制、监督。统筹即统筹各参建单位人力资源、物质资源，实现资源的统筹安排、合理调度，统筹成绵苍巴高速公路各标段，确保各参建单位同心同向、目标一致、思路一致。协调即协调各分部、各参建单位以及跨各隶属关系在施工过程中由于交叉作业出现的矛盾；协调项目党建与各分部施工生产之间的关系；协调设计、监理、投资集团、施工单位、业主、地方政府等各个参建单位之间的关系。控制即控制安全、质量、环保、工期、效益、信用，项目党组织积极参与检查工程项目各阶段的建设是否按计划要求进行，党组织开展的巡视巡察和审计工作对项目建设出现的问题和偏差及时分析原因，采取措施并督导落实。监督即加强党风廉政建设和反腐败斗争，对重点工程、重点人、重点岗位、重点事项进行动态监督，以确保项目风清气正。

9.2.3 项目党建工作组织架构

成绵苍巴项目党工委设书记 1 名，专职副书记 1 名，下设项目直属 2 个党支部，分部设 17 个土建党支部，1 个机电党支部，2 个路面党支部，2 个交安党支部，1 个房建党支部。施工大干期间，项目全线共有管理人员 1 200 余人，党员 360 余人，劳务队达 12 000 余人，党员在管理人员占比达 30%。作为战斗堡垒的党支部，分别设党支部书记、副书记、组织委员、纪检委员、宣传委员，支部委员负责支部的各项事务，党组织在项目建设过程中对全线施工生产进行统筹、协调、监督、服务，为党建工作与施工生产的深度融合提供坚实的组织保障。

9.2.4 项目党建工作制度保障

项目党建工作制度化建设是实现项目党建和施工生产深度融合的根本保障。针对各分部参建单位隶属关系不同、组织机构不同、任务不同以及党务思想政治工作薄弱的现状，成绵苍巴项目党工委创造性地提出在完善项目党建工作保障机制的基础上实行大政工管理的思路，以此整合各分部、各参建单位党建人力与物质资源，形成局指挥部项目党工委党建引领各分部施工生产的有机整体，使项目党建引领施工生产的各项决策部署在各分部及不同隶属关系单位中得到统一贯彻执行。结合成绵苍巴项目党建工作实际，完善一系列党建工作制度，健全项目党建工作保障机制，包括《党工委中心组理论学习制度》《“三会一课”制度》《“三重一大”制度》《三簿一册一台账制度》《信访维稳工作制度》《落实全面从严治党主体责任清单制度》《党务公开制度》《党风廉政建设制度》《党建工作责任制考核评价制度》《企业文化建设制度》《舆情处置制度》《党工委（扩大）会制度》《项目经理办公会制度》《周例会制度》《周三业务培训制度》《党员管理制度》《党费收缴管理制度》《民主评议党员制度》《党内监督制度》等。

成绵苍巴高速公路项目全面贯彻落实新时代党建总要求，不断强化党建工作主体责任，严格执行党建工作责任制，以党的政治建设为统领，全面促进项目党建工作与施工生产的深度融合，为做好项目各项工作提供坚实的政治保障。

9.3　项目党建与施工生产深度融合的具体举措

让党建工作在项目管理和工程建设中充分发挥作用，坚持以党的建设为引领，把党建工作作为统领项目各项工作的“导航仪”，不断加强项目党建标准化建设，以党建工作与项目施工生产形成共振，以高质量党建推动成绵苍巴项目高质量发展。

9.3.1　党建+政治建设

成绵苍巴项目党工委坚持把政治建设摆在首位，坚守正确政治方向，严格执行《中共中央关于加强党的政治建设的意见》，把“两个维护”作为最高政治原则和根本政治规矩，持续推动学习贯彻习近平新时代中国特色社会主义思想走深走实。

（1）坚持以党的政治建设为统领。严格落实“第一议题”制度，推动项目党工委理论学习中心组学习常态长效，切实以党的创新理论固本铸魂，加强党内政治教育，严明政治纪律和政治规矩，推动项目党组织和党员干部不断提高政治判断力、政治领悟力、政治执行力，引导成绵苍巴项目广大党员干部、职工群众以实际行动坚定捍卫“两个确立”，坚决做到“两个维护”。

（2）坚持用党的创新理论武装头脑。按照党中央、国资委、集团公司党委统一部署，结合成绵苍巴实际，高质量组织开展“习近平新时代中国特色社会主义思想”主题教育，常态化长效化开展党史学习教育。用习近平新时代中国特色社会主义思想武装党员干部头脑，坚持好、运用好贯穿其中的立场观点方法，自觉把党的创新理论转化为坚定理想、锤炼党性和指导实践、推动工作的强大力量。

（3）严肃党内政治生活。严格执行《关于新形势下党内政治生活的若干准则》《中国铁建股份有限公司党员领导干部民主生活会实施细则》，坚持民主集中制，用好批评和自我批评有力武器，切实提高民主生活会、组织生活会质量，严格执行“三会一课”、谈心谈话、民主评议党员和主题党日制度，推动广大党员领导干部自觉把党章作为总遵循、总规矩，明晰政治纪律和政治规矩的边界，使守纪律、讲规矩内化于心外化于行。严明政治纪律和政治规矩，认真学习，严格遵守党章党规党纪，不断提高政治判断力、政治领悟力、政治执行力，严格落实重大事项请示报告制度。

（4）坚定理想信念。项目党工委以形势教育、政治教育、宗旨教育、廉洁教育作为项目思想政治教育的主攻点，以制作宣传展板、组织生活会、专题党课、中心组学习、周例会、周三培训、主题教育、云课堂培训等形式为载体深入学习党的先进理论，引导广大党员汲取精神力量、坚定理想信念，丰富经验智慧、锤炼干事本领。

加强项目的政治建设，进一步促进了项目党组织深入学习习近平新时代中国特色社会主义思想，切实实现了思想的统一与共识的凝聚，并将党的先进理论与项目施工生产实践进行了更为深入的融合。同时，项目将学习教育与为职工群众办实事紧密结合，将学习成果应用到解决职工实际困难中，持续推动学习教育向纵深发展。这一举措在提升员工业务水平的同时，也促进了党建工作与施工生产的深度融合，为项目的高质量发展提供了有力支撑。

9.3.2 党建+科学决策

项目党工委坚决贯彻落实党中央和上级重要决策部署，充分发挥把方向、管大局、保落实的领导作用，细化项目党工委（扩大）会、经理办公会决策事项，对“三重一大”把关定向、研究决定。项目通过施工生产专题会（图 2-9-1），召集各分部及其他参建单位对施工生产遇到的重难点问题进行协商，不断强化集体领导和民主决策，在听取基层意见的基础上，严格按照民主集中制的原则对制定的决策事项清单进行全面分析研究，实现“三重一大”决策清单化、程序化、透明化，从而制定科学合理的工程项目施工、资金使用、材料采购、设备调配、员工奖惩等方案，提高项目党工委决策和管控能力。精准科学的决策离不开对项目一线施工情况的深入了解。项目党组织在做出决策时，各分部施工现场的实际情况是其重要的信息来源。成绵苍巴项目党工委班子成员各司其职，分管不同分部，党员干部们深入基层、扎根一线，始终坚持以问题为导向，不断强化问题意识，积极运用党的创新理论来探究项目建设中的新情况，并有效解决新出现的问题。同时，项目党工委经常性地开展现场检查工作，重点前往困难重重、群众意见集中、工作难以推进的施工现场及分部，进行深入的检查与指导。他们真诚倾听基层的呼声，真实反映基层的愿望，真情关心基层的疾苦，力求准确掌握施工过程中基层项目的所忧所盼。在此基础上，项目党工委切实摸清情况、找准问题、提出实在对策，以促进各分部施工管理人员实现思想的大解放、能力的大提升、作风的大转变、工作的大落实，从而推动项目实现又快又好的发展。

图 2-9-1 施工生产专题会

9.3.3 党建+劳动竞赛

结合项目节点工期和施工产值计划安排，2021 年项目党工委以“挂图作战保目标，献礼建党 100 周年”劳动竞赛（图 2-9-2）为抓手，坚持高标准、严要求，以安全、质量、进度、环保、效益、廉洁为主要目标。项目坚持“安全第一、预防为主、综合治理”的安全生产工作方针，守住安全底线；坚持科技创新及成果应用，严格规范施工，满足质量验收标准，守住质量底线；围绕合同工期，要素配置合理，均衡生产，守住工期底线；强化事前预控、事中管控和事后评价，守住效益底线；牢固树立“绿水青山就是金山银山”的理念，抓好绿色施工与现场文明作业，守住环保底线；加强信用评价考核管理，提升整体创誉水平，守住信用底线；持之以恒加强党的建设和反腐败工作，依法治企，合规管理，守住廉洁从业底线。

图 2-9-2　劳动竞赛启动大会

成绵苍巴项目全体参建人员斗高温，抢晴天，战雨天，劳动竞赛取得显著成效，充分展现项目党建工作与施工生产的深度融合。同时，为确保项目节点工期顺利完成，各分部党组织在项目党工委的统一安排下，积极发扬“支部建在连上”的光荣传统，成立了党员先锋岗、青年突击队，紧盯重难点工程，充分发挥党支部的战斗堡垒作用和党员的先锋模范作用。项目党工委坚持党建工作服务项目施工生产不偏离，找准党建工作融入施工生产的结合点和切入点，促进项目党工委党建工作与各分部施工生产“目标相融、过程相融、结果相融”，为劳动竞赛提供坚实的政治保障和组织保障。

各项重难点控制性工程在劳动竞赛期间基本完成，隧道实现顺利贯通，劳动竞赛取得的成效为后续路面工程和收尾各项工作打下了坚实基础。2022 年共完成施工产值 56.5 亿元，占集团公司计划 52 亿元的 108.65%；截至 2023 年 6 月，项目开累完成产值 160.56 亿元，路面施工完成 86.65%，机电、房建、交安等小专业进入施工大干阶段。项目部先后获得全国总工会“工人先锋号”、四川省“工人先锋号”、股份公司劳动竞赛先进单位，集团公司“四好领导班子”等荣誉。

9.3.4　党建+正风肃纪

坚持党要管党、全面从严治党。项目党工委、纪工委坚持党风廉政建设与项目施工生产工作两手抓、两促进，同部署、同落实，定规立矩、正风肃纪。

（1）履行两个责任，加大传导“管”的压力，认真贯彻落实《全面从严治党主题责任清单》，把严的标准、严的措施贯穿始终，落实到项目管理各层级、各环节，种好“责任田”，种出“示范田”，真正发挥政治引领和政治保障作用。项目领导班子成员落实好“一岗双责”要求，进一步压实管党治党的政治责任、分内责任、应尽责任，把全面从严治党各项工作抓具体、抓深入、抓到位，切实做到知责于心、担责于身、履责于行。

（2）全面实行常态化监督，健全完善“控”的体系，聚焦“关键少数”，强化权力制约，认真落实《关于加强对“一把手”和领导班子监督的实施意见》，以抓好“关键少数”的监督辐射管住“绝大多数”。全面落实项目“大监督”管理要求，把职能监管融入施工生产各个环节；充分发挥各基层党组织、纪检组织职能，聚焦项目财务资金、物资采购、设备租赁、验工计价、劳务分包等关键环节开展监督，推进监督工作向各分部、班组延伸，做实监督“最后一公里”，形成常态长效的监督合力。

（3）开展任前廉洁谈话，严把选人用人关。任前廉洁谈话是加强党员领导干部教育、管理、监督的重要内容，也是关心关爱干部健康成长的具体举措。成绵苍巴项目党工委、纪工委切实发挥廉洁谈话预防作用，将任前廉洁谈话与警示教育（图 2-9-3）有机结合起来，形成相互连贯、规范完善的任前廉洁教育机制，为新任职干部严明纪律、标示红线，系好廉洁履新“第一粒扣子”。

图 2-9-3 警示教育专题讲座

（4）加强作风建设，始终保持“严”的基调，项目党工委严格落实中央八项规定及其实施细则，积极传承艰苦奋斗、勤俭节约的优良传统。将带头抵制公款吃喝、严格内部接待、制止餐饮浪费作为践行中央八项规定精神、整治“四风”问题的关键环节，同步持续推进警示教育与廉洁教育，创新廉洁风险防控机制，细致排查廉洁风险点。此举旨在警醒全体党员干部保持廉洁自律，审慎行使权力，做到防微杜渐、抓早抓小，将问题防患于未然。

成绵苍巴项目党风廉政建设和反腐败工作取得了显著成效。项目党组织通过加强自身建设，变得更加坚强有力。在项目管理和施工生产过程中，项目党组织紧抓“关键少数”，有效管理“绝大多数”，为项目党建与施工生产的深度融合营造了风清气正的良好环境，持续激发了员工的干事创业热情，为项目的持续健康发展提供了坚实保障。

9.3.5 党建+队伍建设

（1）坚持新时代好干部标准。坚持党管干部原则，按照新时代国有企业好干部“20 字”标准，着力锻造一支忠诚、干净、担当的领导干部队伍。通过组织提名、民主推荐、竞争上岗、公开选聘等方式，选拔能够坚定政治方向、驾驭全局、抓班子带队伍的干部；选拔能够坚持贯彻新发展理念，懂施工生产、善项目管理，注重团结协作，善于组织协调的干部；选拔具有专业思维、专业素养、专业方法，专业水平和能力突出的干部，不断优化项目领导人员队伍结构，进一步强健成绵苍巴项目高质量发展的领导力量。

（2）加大年轻干部队伍建设。成绵苍巴项目按照中国铁建党委《关于“十四五”时期优秀年轻领导人员队伍建设实施方案》，党组织着眼于企业的长远发展，强化系统观与全局观，构建并完善了多渠道持续发掘、动态补充的长效机制。在此基础上，我们进一步解放思想，摒弃论资排辈的传统观念，打破隐性壁垒，加大对年轻干部的跟踪培养力度，并增强优秀年轻干部的选拔与使用。同时，项目坚持激励与约束并重、严格管理与深切关怀相结合的原则，切实落实“三个区分开来”的要求，以保护干部干事创业的积极性，激励干部勇于担当、积极作为。不断完善干部管理“大监督”体系，继续突出对“一把手”的监督，加大对重点领域、关键岗位干部交流轮岗或分工调整力度。着力推进复合型干部队伍培养，打破党群、行政干部使用壁垒，完善技术和管理双向通道，实现职业发展纵向畅通、横向贯通。

（3）加强人才队伍建设工作。项目党工委深入贯彻党的二十大精神及中央、国资委关于人才工作的相关指示，持续推动项目人才工作制度机制的完善。坚持党管人才原则，发挥市场化选人用人机制作用，进一步完善人才培养、评价、使用、激励和保障措施。做好高层次人才选拔和引进工作，做好工匠技师推荐评聘和使用管理。加大高校毕业生录用力度，有针对性地招聘新兴业务所急需紧缺的大学毕业生。继续做好员工总量控制，不断优化人才队伍结构。

项目党工委大力发掘优秀人才，选拔了德才兼备、忠诚干净担当的高素质专业化队伍。推进项目“全员素质提升工程”，打造了各类管理和技术人才，人才队伍建设展现活力。依据项目发展的需要，健全完善“选育留用引”管理机制，着力打造了高水准、专业化、年轻化的干部队伍。特别是加大了一级建造师、试验检测工程师等注册类证书考前培训和 BIM、无人机测量、特种作业等职业技能培训力度，提升员工职业技能水平。项目建设期间局指挥部博士研究生学历 1 人，硕士研究生学历 3 人，正高级工程师 3 人，各种关键岗位从业资格证书满足项目施工生产的需要。

9.3.6　党建+科技创新

项目党工委把争创国优工程作为项目管理目标，科技创新工作既是解决施工现场各种技术难题的手段，也是实现创优目标的必要条件。科技创新工作主要体现在如下三个方面：基于解决技术难点问题的科研课题的立项及实施；积极推进“四新”技术在项目中的应用；推进信息化技术在项目中的应用。

（1）创建“王义春劳模创新工作室”。创新工作室带头人王义春同志对科技创新的引领作用极为重视，充分发挥劳模在创新实践中的示范引领和骨干带头作用，积极推动项目提高施工管理水平和自主创新能力，培养和造就了一支德才兼备、业务精通、创新力强、层次高的创新型人才团队，为攻克施工生产过程中遇到的技术难题提供坚强的技术支撑。

（2）根据工程部下发的《科技创新策划书》，结合项目施工生产过程中遇到的各项技术难题，在深入实际调查研究的基础上，对各项科技创新成果进行编制、申报。项目已获得省级工法 8 项，专利授权 28 项，论文发表 13 篇，股份公司级科技成果 13 项，获得软件著作权 18 项。

（3）打造智慧工地。围绕股份公司“数字铁建”的建设目标，依托成绵苍巴高速项目这一大平台，以最具性价比的硬件采购成本，项目建成了智能物料验收、拌和站效能云监等 10 个系统，助力了项目管理能力的提升。例如：混凝土消耗管理系统，有效控制了混凝土成本超耗；工地视频云监系统使管理者能够实时掌握现场动态，提升了管理效能；运输机械云监系统，使管理者能够准确掌握每一台机械的功效情况，便于科学调配资源，减少资源闲置浪费；隧道人车门禁系统降低了行车安全风险，提升了隧道车辆利用效能；劳务实名管理系统避免了队伍虚造劳务工工资套取工程款，劳务工实际工资被拖欠等问题；BIM 进度管理系统采用 BIM+GIS、物联网、大数据等先进技术实现了进度 3D 可视化展示，对于明确关键线路，实现进度预测、智能预警、自动通知有着显著作用。

9.3.7 党建+文化宣传

项目通过规范企业文化标识，使“诚信创新永恒、精品人品同在”的企业价值观和“编织大地经纬、成就美好未来”的企业使命深入人心。

（1）对项目驻地、拌和站、钢筋加工厂等临建区域、施工现场标识标语的尺寸规格、内容色彩等进行了规范，项目现场照片多次被绵阳质检站内部刊物选用。

（2）加大对重大事件、重点工程、先进典型人物的宣传力度。共刊发重要报道 600 余篇、新闻稿 100 余篇。

（3）做好项目部经验总结工作。撰写工程项目总结，从项目全生命周期建设的角度入手，对项目管理理念、优化设计、过程管控、施工技术、人才培养、科技创新等进行全方面总结。做好政研工作，成立《建筑行业基层党支部思想政治教育对策研究》课题，课题的研究将为建筑行业做好基层党支部思想政治教育工作提供方法借鉴。

9.3.8 党建+群团活动

项目部坚持党建带群建，结合施工生产实际，坚持“党群共建、资源整合、服务群众、大抓基层”的基本原则，通过群团活动激发项目施工生产活力、凝聚项目管理共识。

（1）采取组织创新、机制创新和服务创新措施，锚定重要工作、重点任务，开展技能比武、技术创新、观摩研讨等参与性强的争先创优活动。

（2）丰富职工业余文化生活，组织全体党员及发展党员参观邓小平故居、两弹城、江油纪念馆等红色基地，组织开展演讲比赛等形式新颖、内容丰富、全员参与的文体活动，增进了职工共识，凝聚项目自信自强力量。

（3）开展“冬送温暖、夏送清凉、金秋助学、日常送关怀”系列活动，旨在确保职工面临的急难愁盼问题能够被迅速发现、得到及时响应并妥善解决，从而保障施工生产一线职工能够健康、顺心地投入工作。

9.3.9 党建+风险防控

（1）加强“大监督”体系建设，有效发挥“五位一体”监督作用，通过纪检监督、巡察监督、审计监督、职能部门业务监督及时发现问题并督促整改落实，防范化解重大风险。根据项目施工生产实际，制定成绵苍巴各部门“大监督”重点方面与内容要点，印发《中铁二十三局集团成绵苍巴高速公路项目经理部“大监督”实施细则》，按照集团公司审计部工作安排，开展监督工作，报送监督季度报告。同时全面落实加强对项目“一把手”和领导班子的监督措施，推动监督制度优势更好转化为施工生产效能。持续加强廉洁风险防控，精准用好监督执纪“四种形态”，切实整治管党治党宽松软、履职不到位等问题。

（2）加强“大风控”体系建设。严格按照集团公司下发的《关于中铁二十三局集团有限公司落实“大风控”体系建设实施方案的通知》要求，根据“三道防线”“四道防火墙”的功能定位，认真落实项目第一道防火墙主体职责，建立风险管理领导小组，确保“大风控”体系有效运行，排查的各项风险得到有效管控。根据集团公司统一安排部署，在项目部本级各部门开展全面风险信息评估，经过填报及优化修改后，形成 169 条岗位风险评估信息。同时认真组织项目部全员观看了股份公司和集团公司召开的“大风控”工作推进会和云风控监测中心（图 2-9-4）操作培训等，制作“大风控”“大监督”宣传展板，进一步增强全员风险管控意识。

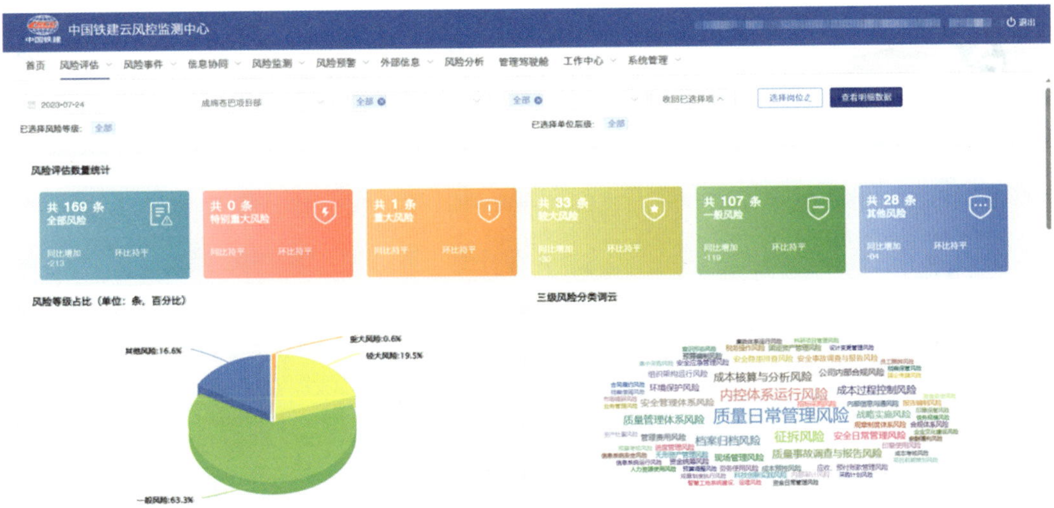

图 2-9-4　中国铁建云风控监测中心

（3）合同签订前严格审查，制作合规资料。对不规范的合同条款和不利于公平公正的合同条款进行沟通修改。按照股份公司和集团公司要求，对合作相对方开展尽职调查，制作合规资料。合规资料内容包括：合同金额 50 万以上的需要合作方填写《第三方调查问卷》《第三方合规申明》《诚信合规协议》，项目部对合作方进行合规信息网上核查，并填写《第三方评估表》《第三方合规风险等级列表及审批表》，最后出具《合同法律合规审核表》。合同金额 50 万以下的需要合作方填写《第三方合规申明》《诚信合规协议》，我方对第三方进行合规信息网上核查并填写《第三方风险排除说明书》，最后出具《合同法律合规审核表》，确保合规资料的完整性，为项目施工生产有序进行提供坚强有力的法律保障。

（4）做好项目部财务核算管理工作，防范税务风险。项目严格执行费用报销制度，编制各季度财务报告，参与项目经济合同的评审，按期完成债务风险专项治理自查工作，减少债务诉讼风险，积极配合集团公司领导离任审计、集团公司党委“六乱六无”专项巡视等工作。同时做好项目税务管理工作，项目党组织持续做好国家税收政策调整的宣贯工作，加强税务筹划，防范税务风险。

（5）加强信访维稳管控，促进项目安全和谐稳定发展。项目党组织通过联系点检查加大不稳定因素排查力度，从源头上预防治理。统筹推进安全生产各项工作，认真落实维稳工作责任制，加强党组织对项目综合治理、信访、保密的领导，强化各类风险防控，积极履行央企社会责任。同时在项目施工生产过程中全力做好乡村振兴定点帮扶工作，坚持共建、共享、共荣，聚心、聚力、聚气，为项目施工生产营造和谐稳定发展的良好环境。

第3篇

成绵苍巴高速公路施工技术

第 10 章　临建工程

根据工程项目场区当地气候、水文、地质灾害环境条件及项目工程量分部情况，采取集中加工原则，设置临建工程位置及规模。在全线设置了 24 座混凝土拌和站、17 个预制梁场、23 个钢构件加工厂、7 座炸药库、2 个中心试验室、8 个工地试验室、6 个试验分室。

10.1　试验室

10.1.1　试验室选址及建设

1. 试验室选址

根据沿线标段的划分及工程类别的差异，通过深入调查沿线环境条件，并综合考量本项目的规模、特点及具体工程内容，依据《四川省公路水运工程工地试验室管理办法》的相关规定，充分权衡了安全、环保需求以及便于试验检测工作的展开等因素，科学合理地设置了工地试验室。

1）安全要求

（1）不受洪水和泥石流影响，避开坍方、落石、滑坡、危岩等地段。

（2）避开取土、弃土场地。

（3）避开高压线路及高大树木，与通信线路保持一定的距离。

（4）办公生活区采用封闭式管理，有固定的出入口。出入口处设置大门，配备专职保卫人员，制定专门的管理制度。

2）管理要求

（1）靠近现场，管理方便，不受施工干扰。

（2）交通便利，尽量靠近公路。

（3）通信畅通，满足施工单位办公自动化要求。

2. 试验室建设

工地试验室内场地硬化处理，水电和拌和站共用，满足供水、供电要求，周边排水设施完善合理。办公区和生活区内均应配置必要的消防安全器具，工地试验室应根据危险源配备相应的灭火器和砂箱，合理分布在各功能室外，灭火器悬挂离地一定高度或置于灭火箱。试验室建立安全、卫生管理制度，落实专人维护和保洁。

10.1.2　验室仪器设备配置

试验仪器设备配置计划中心试验室仪器采用招标购买方式，仪器设备配置需满足工程建设试验检测需求。以“绵苍高速第一工地试验室”为例，配置清单见表 3-10-1。

表 3-10-1 试验仪器设备配置计划

序号	操作室	仪器名称	规格型号	数量
1	力学室	钢筋反向弯曲试验机	—	1台
2		电动钢筋标距仪	—	1台
3		数显游标卡尺	0～500 mm	1把
4		干湿温度计	—	1个
5		混凝土抗折夹具	—	1套
6		压力试验机	DYE-2000	1台
7		微机控制电液伺服万能试验机	WES-1000D	1台
8		微机控制电液伺服万能试验机	WES-600D	1台
9		微机控制电液伺服万能材料试验机	WES-300D	1台
10	水泥室	沸煮箱	FZ-31A	1台
11		抗压夹具	40 mm×40 mm	1套
12		水泥胶砂振实仪	ZT-96	1台
13		行星式水泥胶砂搅拌机	JJ-5	1台
14		水泥净浆搅拌机	NJ-160A	1台
15		雷氏夹测定仪	LD-50	1台
16		雷氏夹	30 mm×30 mm	6个
17		ISO水泥稠度凝结时间测定仪	通用	1台
18		全自动比表面积测定仪	FBT-9	1台
19		分析天平	0.000 1 g	1台
20		数控水泥混凝土标准养护箱	60型	1台
21		水泥胶砂试模	—	8个
22		水泥胶砂流动度测定仪	NLD-3	1台
23		电子天平	5 000 g/0.1 g	1台
24		低温控温水浴（配李氏比重瓶架）	—	1台
25		高温电阻炉	—	1台
26		水泥标准筛	0.9 mm/45～80 μm	1套
27		量水器	—	3个
28		量水器	—	3个
29		水泥负压筛析仪	—	1台
30		水泥全自动抗折抗压试验机	DYE-300	1台

续表

序号	操作室	仪器名称	规格型号	数量
31	集料室	新标准沥青集料筛	0.075 ~ 37.5 mm	1 套
32		新标准方孔石子筛	2.36 ~ 90 mm	1 套
33		浸水力学天平（配低温水槽）个）	5 000 g/0.01 g	1 台
34		针片状规准仪	—	1 台
35		压碎指标值测定仪（国标）	152	1 台
36		压碎指标值测定仪（行标）	150	1 台
37		电动砂当量试验仪	—	1 台
38		数显洛杉矶磨耗试验机（含钢球 12 个）	—	1 台
39		标准筛	1.7 mm	1 套
40		容积升	1 ~ 30 L（7 件）	1 套
41		电子天平	—	1 台
42		棱角性测定仪	—	1 台
43		细集料标准漏斗	—	1 台
44		饱和面干试模	40 mm × 90 mm × 75 mm	1 套
45		压碎指标值测定仪（机制砂）	70 mm × 77 mm	1 台
46		亚甲蓝试验仪	—	1 台
47		电子秤	30 kg/1 g	1 台
48		电子秤	15 kg/0.1 g	1 台
49		标准振筛机	—	1 台
50		容量瓶	500 mL	6 个
51		李氏比重瓶	250 mL	6 个
52		量筒	50 mL	6 个
53		数显游标卡尺	300 mm/0.01 mm	1 把
54		磨光机	—	1 台
55		摆式摩擦仪	—	1 台
56		软弱颗粒含量测定仪	10 kN/0.01 kN	1 台
57		数显叶轮搅拌器	600 ± 60 转/min	1 台

续表

序号	操作室	仪器名称	规格型号	数量
58	土工室	数显液塑限联合测定仪	LP-100D 型	1 台
59		环刀（大）	—	10 个
60		液压电动脱模机	—	1 台
61		电动击实仪（配大击实筒、小击实筒各 2 个）	—	1 台
62		电热鼓风恒温干燥箱	300 ℃/1 ℃	1 台
63		国家新标准土壤筛	60 ~ 0.075 mm	1 套
64		百分表	0 ~ 10 mm	15 个
65		电子天平	2 000 g/0.1 g	1 台
66		电子天平	30 kg/1 g	1 台
67		自由膨胀率测定仪	—	1 台
68		大铝盒	—	20 个
69		小铝盒	—	20 个
70		无侧限抗压试模	150 mm × 170 mm	13 个
71		无侧限抗压试模	100 mm × 100 mm	9 个
72		无侧限抗压试模	50 mm × 50 mm	6 个
73		垫层集料筛	—	1 套
74		短颈比重瓶	100 mL	5 个
75		千分表	0 ~ 1 mm	1 个
76		钢直尺	60 cm/1 mm	1 把
77		温度计	0 ~ 50 ℃/0 ~ 100 ℃	1 个
78		台秤	100 kg/5 g	1 台
79		CBR 试模	—	15 个
80		坩埚	—	6 个
81		蒸发皿	—	6 个
82		干燥器	—	6 个
83		广口瓶	—	6 个
84		砂浴锅	—	1 台
85		直读式测钙仪	—	1 台
86		数显承载比（CBR）试验仪	100 kN	1 台
87		表面振动压实仪	—	1 台

续表

序号	操作室	仪器名称	规格型号	数量
88	混凝土室	磁力混凝土振动台	1 m×1 m	1 台
89		数显混凝土贯入阻力仪	1 200 N/1 N	1 台
90		全自动混凝土抗渗仪	HP-4.0 型	1 台
91		混凝土弹性模量测定仪	TM-Ⅱ	1 台
92		砂浆搅拌机	15 L	1 台
93		砂浆稠度仪	SC145 型	1 台
94		数显水泥砂浆凝结时间测定仪	—	1 台
95		混凝土坍落度筒及捣棒（加厚）	100 mm×200 mm×300 mm	2 把
96		水泥净浆流动度测定仪	—	1 台
97		电子称	100 kg/10 g	1 台
98		电子天平	30 kg/1 g	1 台
99		混凝土抗压试模	150 mm×150 mm×150 mm	30 个
100		砂浆试模	70.7 mm×70.7 mm×70.7 mm	10 个
101		混凝土抗渗试模	175 mm×185 mm×150 mm	2 个
102		混凝土弹性模量试模	150 mm×150 mm×300 mm	6 个
103		打气泵	—	1 台
104		混凝土抗折试模	150 mm×150 mm×550 mm	4 个
105		砂浆保水性试验仪	—	1 台
106		维勃稠度仪	—	1 台
107		圆锥模（外加剂流动度）	—	1 套
108		混凝土压力泌水仪	—	1 台
109		强制式单卧轴混凝土搅拌机	60 L	1 台
110		混凝土含气量测定仪	—	1 台
111		胶轮平板车	—	2 台
112	化学室	磁力加热搅拌机	—	1 台
113		分析天平	0.1 mg	1 台
114		双锁柜	—	1 个
115		水银温度计	0~50 ℃全浸	5 个
116		水银温度计	0~300 ℃局浸	5 个
117		玻璃水银温度计	0~100 ℃局浸	5 个
118		路表温度计	分度值 2 ℃	5 个

续表

序号	操作室	仪器名称	规格型号	数量
119	化学室	300 ℃竹节温度计	分度值 2 ℃	10 个
120		烧杯	300 mL	10 个
121		烧杯	1 000 mL	10 个
122		锥形量杯	200 mL	10 个
123		有塞滴定管	50 mL	1 个
124		容量瓶	500 mL	1 个
125		量筒	5 mL	5 个
126		量筒	50 mL	5 个
127		量筒	100 mL	5 个
128		量筒	250 mL	5 个
129		量筒	500 mL	5 个
130		量筒	1 000 mL	5 个
131		大肚滴定管	170 mL	5 个
132		分度吸量管	5 mL	5 个
133		分度吸量管	10 mL	5 个
134		大度吸量管	5 mL	5 个
135		大度吸量管	10 mL	5 个
136		大度吸量管	50 mL	5 个
137		滴定台及滴定管夹	—	5 个
138		碱式滴定管	0.01 mL	5 个
139		酸式滴定管	0.01 mL	5 个
140		微量滴定管	—	2 个
141	外检室	轻型动力触探仪	10 kg	1 台
142		路面构造深度测定仪	PS-1	1 台
143		摆式摩擦系数测定仪	BM-Ⅱ	1 台
144		贝克曼梁弯沉仪	5.4 m	1 台
145		重型动力触探仪	63.5 kg	1 台
146		灌砂筒	150 mm	1 套
147		灌砂筒	200 mm	1 套
148		混凝土碳化深度测量仪	0 ~ 8 mm	1 台
149		回弹仪（重型）	—	1 台
150		回弹仪	—	1 台

续表

序号	操作室	仪器名称	规格型号	数量
151	外检室	钢砧	—	1 个
152		钢直尺	1 000 mm/1 mm	1 把
153		三米直尺	—	1 把
154		楔形塞尺	0.5 mm	1 把
155		新标准路面渗水试验仪	—	1 台
156		泥浆三件套	—	1 套
157		公路连续式八轮平整度仪	—	1 台
158		钢筋保护层测定仪	ZBL-R620	1 台
159		路面取芯机	—	1 台
160		电动钻芯机	—	1 台
161		手持钻芯机	—	1 台
162	标养控制室	恒温恒湿养护控制仪	±0.1 ℃/±0.1%RH	1 台
163	留样室	水泥留样筒	—	5 箱
164		沥青留样桶	5 ~ 10 kg	1 箱
165	样品室	水泥取样器	—	2 个
166	标准器具柜	游标卡尺	0 ~ 200 mm	1 把
167		游标卡尺	0 ~ 300 mm	1 把
168		深度游标卡尺	0 ~ 200 mm	1 把
169		刀口尺	70 mm/65 mm	1 把
170		刀口形直角尺	100 mm × 63 mm	1 把
171		游标塞尺	1 ~ 15 mm	1 把
172		游标万能角度尺	（0° ~ 320°）/2′	1 把
173		塞尺	0.05 ~ 1.00 mm	1 把
174		外径千分尺	0.01 mm	1 把
175		机械秒表	15 min/0.1 s	2 块

10.1.3 试验室布局

1. 试验室布局

功能室为水泥室、集料室、化学室、土工室、混凝土室、力学室、沥青室、沥青混凝土室、无机结合料室、现场检测室、标养室、样品室、留样室、石料室、储藏室、计量室等。试验室各工作间的面积、工作环境能满足试验检测工作及《公路工程工地试验室标准化指南》的要求。以中心试验室为例，试验室区域总面积约 5 500 m^2，房间使用面积约 1 406 m^2，办公面积约 265 m²；功能室面积约 870 m²，住宿及活动场所等公共区域约 3 600 m²。试验室主要功能室建筑面积见表 3-10-2。

表 3-10-2　试验室主要功能室建筑面积

序号	功能室名称	面积/m²	序号	功能室名称	面积/m²
1	主任办公室	31	9	混凝土室	51
2	集体办公室	102	10	集料室	51
3	会议室	51	11	石料室	31
4	资料室	20	12	样品室	31
5	土工室	31	13	留样室	20
6	力学室	61	14	养护室	102
7	水泥室	41	15	现场检测室	31
8	化学室	31	16	储藏室	31

2. 试验室主要功能室

1）办公室

办公室在醒目位置悬挂地试验室备案证书、授权委托书，以及《工地试验室管理制度》《试验室主任责任制度》《试验人员岗位责任制度》《仪器设备管理及安全生产制度》《维修保养制度》等标识标牌。

2）力学室

地面上：万能试验机、压力机。

工作台上：冷弯冲头、连续式钢筋打点机、游标卡尺（0 ~ 300 mm）。

工作台柜内：各式工具。

墙壁上：悬挂干湿温度计。

万能材料试验机和压力机设置混凝土基础，采用地脚螺栓与基座固定，设备离墙不小于 50 cm。设备设置金属防护罩或安全防护网，采用防护网时网眼尺寸不宜大于 1 cm × 1 cm，使用的防护网应既保证安全、方便操作，同时美观大方。

力学室如图 3-10-1 所示。

3）化学室

地面上：化学试剂柜、危险品柜、酸碱废液桶。

台面上：滴定管夹，容量瓶、量筒、三角烧杯、移液管、干燥器皿、吸球、吸管、滴定管、分析天平、电子天平。

工作台柜内：各种玻璃瓶、秒表、量尺等。

化学室如图 3-10-2 所示。

4）水泥室

地面上：恒应力压力机（300 kN），水泥标准养护箱 2 个、水泥负压筛、水泥胶砂振实台，胶砂流动度测定仪。

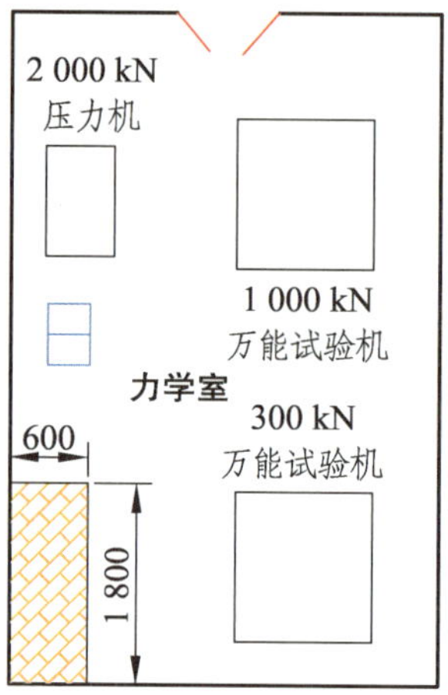

图 3-10-1　力学室

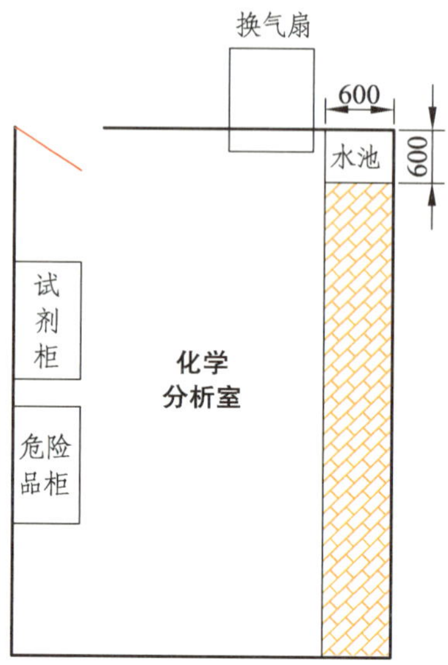

图 3-10-2　化学室

工作台面上：水泥胶砂搅拌机、水泥净浆搅拌机、水泥稠度及凝结时间测定仪、沸煮箱、恒温水箱、雷氏夹测定仪、电子天平。

工作台柜内标准砂、水泥胶砂试模、水泥留样桶。

水泥室如图 3-10-3 所示。

5）水泥混凝土室

地面上：强制式混凝土搅拌机，水泥混凝土振实台、砂浆搅拌机、电子台秤，混凝土贯入阻力仪、砂浆稠度仪、砂浆分层度仪。

工作台柜内：坍落度仪、混凝土试模、砂浆试模、弹性模量试模。

水泥混凝土室如图 3-10-4 所示。

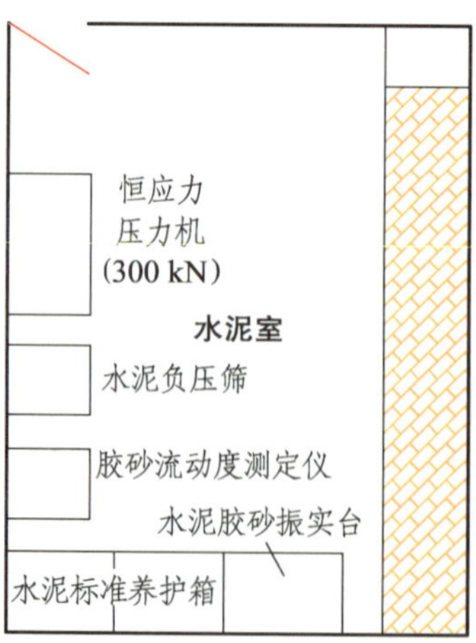

图 3-10-3　水泥室

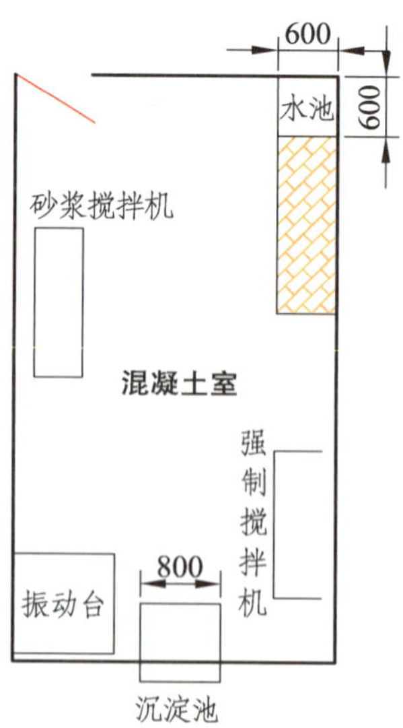

图 3-10-4　水泥混凝土室

6）土工室

地面上：电热干燥箱 2 个、重型电动击实仪、电动脱模器。

工作台面上：标准土工筛、液塑限测定仪、测力环、电子天平。

工作台柜内：铝盒。

土工室如图 3-10-5 所示。

7）集料室

地面上：电热干烘箱、摇筛机。

工作台面上：电子天平、针片状规准仪、砂石标准筛、压碎值仪。

集料室详细图示如图 3-10-6 所示。

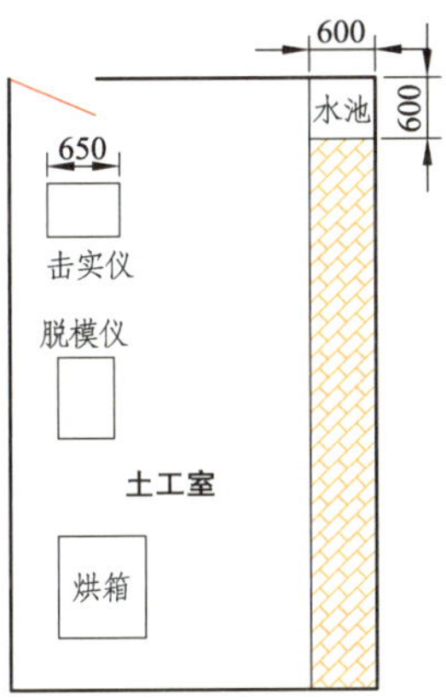

图 3-10-5　土工室

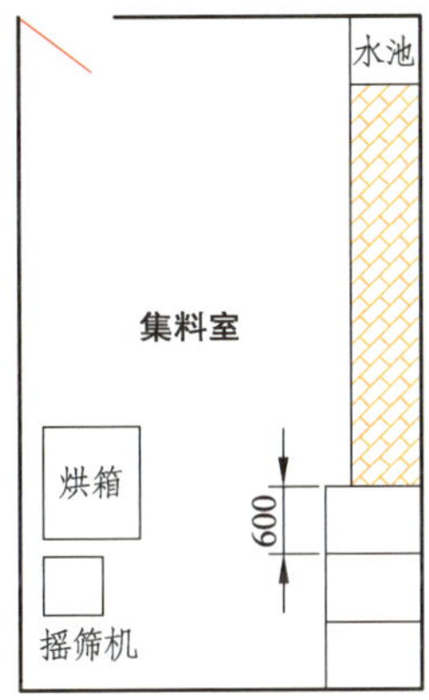

图 3-10-6　集料室

8）现场检测室

工作地面上：弯沉仪、轻型触探仪、3 m 直尺、回弹仪、碳化深度测试仪、钢筋保护层检测仪、灌砂法密度测定。检测室如图 3-10-7 所示。

9）留样室

留样室设置 2 组样品架。以“绵苍高速第一工地试验室”为例，尺寸设置如下，样品架规格：长 200 cm、宽 50 cm、高 150 cm，分四层。其他试验室尺寸根据试验室规模进行调整。留样室如图 3-10-8 所示。

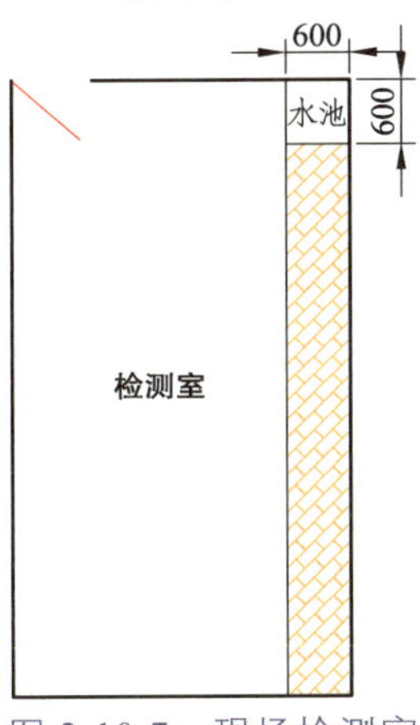

图 3-10-7　现场检测室

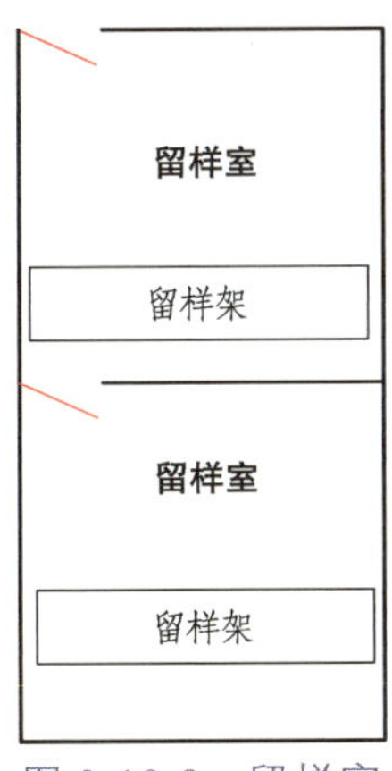

图 3-10-8　留样室

10）标准养护室

标准养护室共两间，室内设置试件架，以“绵苍高速第一工地试验室”为例，尺寸设置如下，每个规格为 2.5 m×0.5 m×1.5 m，6 个支撑角，共 4 层，每层高 0.3 m，第一层距离地面 0.3 m 高。其他试验室尺寸根据试验室规模进行调整。每个养护架用大写英文字母编号，试块登记出入库记录台账。标准养护室配置全自动温湿设备 2 台。室内设置两个干湿温度表，悬挂于室内对角位置上。地面上设置发散形水槽，便于室内水排向室外。标准养护室如图 3-10-9 所示。

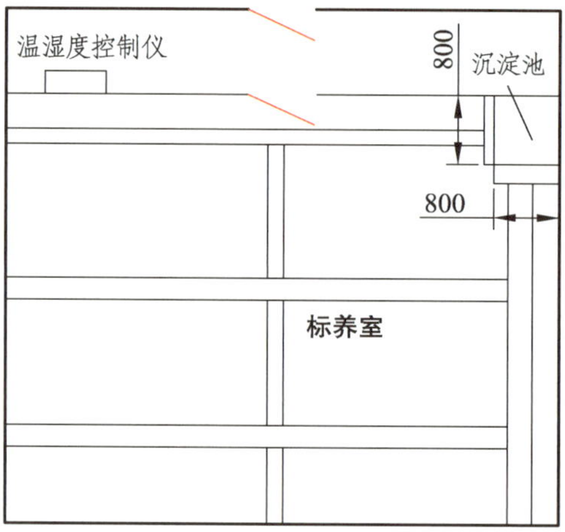

图 3-10-9　标养室详细图示

11）档案室

室内设置档案柜，放置试验室已完工资料。

3. 试验室建设要求

1）房屋总体布置

房屋材料选用活动板房，板厚为 5.5 cm，板材采用 0.3 级材料，填充达到 A 级防火材料。中心试验室现场布设如图 3-10-10 所示。

图 3-10-10　中心试验室现场布设

2）试验室区域划分

试验室分办公区、试验区，各操作间独立设置，互不干扰。

3）标识标牌

试验室大厅门口制作专用牌匾并悬挂于醒目处，牌匾内容与工地试验室印章内容一致；办公室及检测室外悬挂或张贴有统一规格的门牌标识；办公室内墙体上悬挂试验室组织机构框图、人员配置图、主要管理制度及人员岗位职责，检测室主要设备旁边墙体上应悬挂仪器设备操作规程，制作尺寸为项目尺寸统一制作，框图（底线）离地面 150 cm 的墙体上。

4）配套区

储物室、检测废样堆放区（室外）、土样晾晒区等面积满足试验检测需要，并用油漆画线标识。

5）操作台

功能室内操作台高度应控制在 80 cm，台面采用宽度为 70 cm，工作台应保证其稳固性。台面应采用光洁、耐磨、耐腐蚀的材料。台下设置储物柜的，储物柜柜面应采用统一材料制作，保持美观；需要配置货物架的功能室（如养护室、样品室、留样室、外检室）应配置统一规格的试件架、货物架，并对其进行编号标识。

6）仪器布置

对相互干扰和影响的仪器设置隔离区域（如振动类仪器、沸煮箱、比表面积仪器等）。

7）标养室

标养室墙体为外部隔热彩钢板内部砖砌、房顶使用 50 mm 厚隔热板吊顶（距地 2.4 m）；采用温湿度同步控制设备，地面上设置环形排水沟，便于养护室内水排出室外。标养室内设置试件养护架，养护架须具有一定刚度，分层搁架镂空处理，试件间距不小于 2 cm，保证试件的养生效果。标养室现场如图 3-10-11 所示。

图 3-10-11　标养室现场

8）设备防护

压力机、万能材料试验机等力学设备设置金属防护罩或安全防护网，采用防护网网眼尺寸不宜大于 1 cm × 1 cm，使用的防护网应既保证安全、方便操作，同时美观大方。

9）控制设备

水泥室、集料室、混凝土成型室、力学室、养护室等均须安装温湿度控制设备。对有环境要求的区域应在墙体上悬挂温湿度表，对于空间较大的功能室及标准养护室应在房屋对角墙体位置布置不少于 2 个温湿度表。

10）仪器使用要求

仪器设备应按照优化试验检测工作流程、整体布局合理、同步作业不形成相互干扰的原则进行布置；仪器设备应严格按照使用说明书和试验规程相关要求进行安装与调试。需要设置基座的，基座顶面应保持水平并采用地脚螺栓固定设备；对基座有隔振要求的应设置独立混凝土台座，周围存在振源时应在地面与台座间设 5 mm 的厚橡胶垫。试验仪器设备现场布置如图 3-10-12 所示。

图 3-10-12　试验仪器现场布置

10.2　混凝土拌和站

线路总长度约 152 km，为保证拌和站在施工高峰期进行混凝土不间断供应，且保证在混凝土初凝前浇筑完毕，全线共设置混凝土拌和站 24 个，水稳拌和站 7 个，沥青拌和站 4 个。

10.2.1　拌和站建设原则

1. 坚持科学性、先进性、经济性、合理性与实用性相结合的原则

本工程拌和站工程量大、任务重、现场情况复杂多变，在施工中必须保证足够的技术装备和人员投入，采用科学的组织方法，合理地安排施工顺序、优化施工方案。做好劳动力、物资、机械的合理配置，做到施工方案科学合理、技术先进，确保满足项目需求。充分考虑气候、季节及交叉施工作业、多作业点的需求对拌和站的影响，采取相应措施，以一流的管理，确保拌和站的正常运行和满足施工现场的需求。

2. 坚持专业化作业与综合管理相结合的原则

拌和站的建设和使用应充分发挥专业人员和专用设备的优势、综合管理、合理调配、超前计划，合理安排与物资、施工场地之间的衔接。拌和站的建设和使用实行文明施工、重视环境保护、珍惜土地合理利用，严格执行《环境管理体系　要求及使用指南》（GB/T 24001—2016）和《职业健康安全管理体系　要求及使用指南》（GB/T 45001—2020）。

10.2.2　拌和站选址

拌和站的选址应根据合同段的主要构造物分布、交通条件、通电和通水条件、工期要求、满足施工工程量的需求度等综合选址。选址宜满足下列要求：

（1）拌和站应选择地质条件良好的地方，避开坍塌、滑坡、泥石流、落石、洪涝、低洼水淹等不良地质灾害地区。

（2）无高频、高压电源及其他污染源。

（3）离集中爆破区 500 m 以外。

（4）不得占用规划的取、弃土场。

（5）远离生活区、居民区、集镇、学校等敏感地带，如不能避免应设在生活区、居民区的下风向。

（6）尽量靠近需求量大、需求集中的主体工程的施工段，尽可能覆盖更多的施工范围。

（7）拌和站的原材需求量极大，要保证材料运输便利，经济合理，尽可能地利用既有道路。

（8）保证用电、用水方便。

拌和站数量应综合考虑基层工程量、地理地形环境、运距等因素。对于水泥稳定粒料拌和站，每个拌和站可供应 20 ~ 30 km 范围的施工区域；对于热拌沥青混合料拌和站，每个拌和站可供应 15 ~ 25 km 范围的施工区域；对于混凝土拌和站，每个拌和站可供应 15 km 范围的施工区域。

10.2.3 拌和站平面布置规划

场地选址后，根据场内地形和施工生产需要，合理划分办公区、生活区、生产区、清洗沉淀区等。拌和站内生活生产配套设施、标志标牌设置、内业管理等按照标准化建设要求配置。

场地要有必要的防排水设施，对原地面及周围水系进行疏通，并将场地按中间高四周低的原则整理，场地四周形成环形排水沟，确保“雨无积水，雨停水尽”。场内地基应碾压密实，场内道路、进出场道路用水泥稳定类粒料或水泥混凝土硬化。对于可能出现的雨季车辆带泥现象，在进出拌和站的位置设置洗车台，对带泥车辆进行清洗。

拌和站宜采用封闭式管理。各区根据现场条件分开设置，合理布局。场区内道路宜设置为环形道路。办公区、生活区应远离生产区。清洗区宜设置在蓄水池和排水方便的位置。其中，生产区包含材料计量室、材料仓、运输车辆停放点、拌和生产室、现场试验室、配电房等；清洗沉淀区设洗石机、洗砂机、水池、三级沉淀池、洗车台。材料仓应设置在拌和机的上料口附近，与上料口呈一字布置或环形布置。材料仓应分为已检合格区和待检区，或按检料仓和上料仓设置。材料仓应根据各档集料使用比率，将材料仓用砖墙或其他支挡构造物分隔成不同区域，防止堆料时各档集料混杂，隔墙高度满足现场需求。水泥、粉煤灰等粉剂材料用筒仓储存。拌和站现场布置如图 3-10-13 所示。

图 3-10-13　拌和站现场布置

10.2.4　拌和站建设

拌和站建设内容包括智能磅站系统、生产区、清洗沉淀区、消防设施、智能门禁系统、道路、给排水系统、污水处理系统、信息化管理系统等。

1. 智能磅站

智能磅站通过大数据平台（数据积累）建立混凝土的质量和成本关系曲线、深度应用预测和预判，预防安全事故发生、降低管控风险。以拌和站混凝土的砂、石骨料为例，从物料入库信息化、测量盘库自动化、健康监测智能化三个方面，运用大数据、人工智能等信息化技术，有效预防混凝土原材料用量失衡造成质量事故和经营亏损，实现拌和站物料监测和管理智能化。通常采用汽车衡称重系统来实现原材料入库信息的精准化和信息化。该系统通过自动识别送货车辆身份、自动称重，并自动生成扣减车辆重量后的入库物料信息。这些信息随后被上传至拌和站中央控制系统、混凝土 ERP（企业资源计划）等管控系统，从而完成物料信息的精准采集。其系统构成、功能及工作流程均设计得十分严谨，确保了信息的准确性和时效性。

智能磅站系统主要包括：车辆自动定位子系统、自动过磅子系统、语音播报子系统、扫描及图像抓拍子系统等。

（1）车辆自动定位子系统：由两对红外光栅构成，用于判断过磅车辆上秤后是否停放在正确的称重位置，检查过磅时车辆是否存在拖尾或冒头压边的情况。红外光幕安装在磅体两端，一旦红外光幕被遮挡，则认为车辆没有停靠在指定区域，系统将拒绝进行下一步称重操作，工作流程暂停。防止通过车辆不完全上磅而引起的作弊行为。

（2）自动过磅子系统：当车辆过磅信息核对正确，停放位置正确，称重重量满足自动称重门限要求，系统判定重量数据稳定后，自动读取称重结果，生成称重记录上传。

（3）语音播报子系统：由语音系统、电子屏幕、称重仪表等构成。当自动称重完毕，语音提示上下秤、大屏幕显示车辆信息和称重信息。

（4）扫描及图像抓拍子系统：主要功能是扫描车辆牌照、抓拍过磅照片，生成称重记录；将视频信号传输至摄像头扩展盒，通过定位模块，上传到服务器，云平台。扫描及图像抓拍子系统可供拌和站查询送货记录、物料信息，为拌和站质量追溯和原因分析提供依据。

智能磅站系统工作流程：送货车辆上磅→自动车辆定位系统（红外光栅判断车辆是否完整上秤）→系统自动录入过磅信息（抓拍系统扫描车牌识别车辆、拍摄图片、记录进拌和站时间、货物类别、规格、进拌和站重量等信息，自动上传云服务器数据库存储）→入拌和站车辆装、卸货→出拌和站车辆上磅→车辆自动定位系统（判断车辆上称状态是否合规等）→货物信息生成及上传（系统自动扫描识别车辆信息、拍摄图片、调出进拌和站信息、计量车辆出拌和站重量，自动计算生成车辆出拌和站时间、送货物资类别、规格、重量等信息发送给服务器）。

智能磅站的建设必须由具有相应资质的厂家进行生产、安装和调试。设备进场时需检验设备产品合格证、生产许可证、使用说明书、安装手册、基础图册等相关报告。拌和站安排专人负责管理智能磅站，并经过厂家专业培训，能独立完成日常功能的使用和简单问题处理，考核合格后方能上岗。

2. 生产区

生产区包含材料计量室、材料仓、运输车辆停放点、拌和生产室、现场试验室、配电房等。

1）材料计量室

材料计量室包含全自动计量拌和系统、全程监控系统、全自动记录打印系统和计算机程序系统。

（1）全自动计量拌和系统主要包括骨料计量、粉料计量和液体计量三部分。

①骨料计量系统有累计称量和单次称量两种。累计计量是将各种物料逐一加入同一个料斗进行叠加计量，结构简单，制造成本低，但容易出错，尤其是计量值较小时。单次计量是将每种物料放入各自的料斗中进行计量，计量后集中在通用料斗中，再加入到混凝土拌和站设备中，计量精度高，成本相对较高。本项目全线拌和站设备采用单次计量设备计量系统。

②粉料计量是指计量粉料、水泥、矿粉、粉煤灰等。计量开始时，螺旋输送机得到信号，开始向计量斗输送粉料，计量斗内的部分空气和粉尘通过排气管到达集尘装置。当粉料重量达到预设重量值时，螺旋输送机停止输送粉料，完成计量。当气动蝶阀接到排放指令时，排放蝶阀应由气缸或气动执行机构驱动，开门排放。

③液体计量分为水计量和添加剂计量，包括液体输送泵、液体输送管道、计量桶角和蝶阀。是将液体添加剂放入称重料斗中预混合。拌和站材料计量室过程实行全自动控制，设备的性能对生产出的混凝土质量影响很大。

（2）全程监控系统主要为施工场地内视频监控，对施工全过程及进出场车辆进行监控。

（3）全自动记录打印系统主要对车辆的进出场时间、运输材料的品种、重量等进行记录并自动打印，由管理人员及车辆运输人员共同签字确认。

（4）计算机程序系统主要对进出场材料等进行记录，对全自动计量拌和系统、全程监控系统、全自动记录打印系统等进行控制。

2）材料仓

材料仓应四周全部予以围护，仅预留材料进出口。顶面宜采用轻型钢结构搭设顶棚，防止太阳直接照晒或雨淋，高度应满足机械设备操作空间，一般不宜小于 8 m，并满足受力、防风、防雨、防雪等。地面采用混凝土进行硬化处理，料仓地面应高于室外地面，向外顺坡，并在材料仓外四周设置混凝土排水沟。材料仓分仓宜使用砖砌隔墙，墙厚不小于 300 mm，隔墙高度应大于 2.5 m，并用水泥砂浆抹面。仓内中间高，四周低，墙下预留排水孔。材料仓应根据材料品种、规格分仓存放，每仓醒目位置设置材料标识牌。每种材料应设置已检验仓和待检验仓，主要材料应设置不少于 1 个备用仓，以备紧急情况使用。

3）运输车辆停放点

拌和站在生产区内设置统一的停车场地，对拌和站运输车辆、员工车辆应分开设置统一管理，严禁乱停乱放，不得停放任何外来车辆。对停车场实行专号专车停用管理，停放点场地应采用混凝土硬化，并用黄色线标记停车位和停车车位编号。拌和站内部交通行驶路线作出规定，并完善标识。

4）拌和生产室

拌和站应根据现场需求配置相应型号的拌和楼，拌和楼应配置至少两台拌和设备，紧急情况可备用。每个拌和楼应配置不少于 5 个储存罐，按水泥罐：粉煤灰罐：矿粉罐=2：2：1

比例配制，水泥罐、粉煤灰罐、矿粉罐应安装避雷针，接地线。在拌和楼中安装除尘设备，在拌和楼左下方设置一个约 5 m × 3 m 的沉淀池，在排水沟出口处设置沉淀池。

为了确保场地使用的耐久性及清洁环保。拌和站地面应采用硬化处理，一般做法采用不小于 200 mm 砂砾石垫层压实，地面做不小于 200 mm 厚的混凝土。场地设计为四周低，中间高，地面排水坡度不宜小于 2%，利于排水。拌和楼四周设置不小于 300 mm × 300 mm 混凝土排水沟。

拌和楼、储料罐基础应根据厂家提供的参考数据，测算地基承载力、抗倾覆力是否达到要求，满足要求方能按照基础施工图施工基础，基础采用钢筋混凝土构造，依据厂家提供的底座设计图进行基础钢筋混凝土及各种预埋件施工。

拌和生产室拌和楼分为生产室内和生产室外配置，生产室外设骨料配料机（包括骨料仓及骨料配料装置）、输送砂石骨料用的皮带输送机等；生产室内设粉料、水、外加剂配料装置、卸料装置、预加料斗、混凝土拌和机、出料斗等机械设备，还配有空气管路系统、水管路、外加剂管路等辅助设备。

拌和楼安装顺序：储料仓的安装→主机的组装→控制室及支架的安装→皮带机的安装→配料机的安装→吊装螺旋输送机→安装水路、气路和添加剂路→接线调试。

5）现场试验室

在拌和站办公区内设置现场试验室。现场试验室参照试验室章节要求进行设置。

6）配电房

本项目电源由当地供电局单独从变压器接入配电房。同时拌和站应配置能满足拌和站用电负荷的发电机组备用。室内地面应采用混凝土地面，设备安装基础应高于室内地面不小于 50 mm，地面应铺设防静电地毯。配电房和发电机组房进出口门向外开启，采光窗、通风窗、门、电缆沟等进入室内的设施设置防雨雪设施和小动物通行设施。电缆夹层、电缆沟和电缆室采取防水、排水措施。室外设置环形排水沟。发电机组安装地点通风应良好，发电机端应有足够的进风口，周围应保持清洁，避免在附近放置能产生酸性、碱性等腐蚀性气体和蒸汽的物品。配电房和发电机组房按照消防要求配置灭火装置。

3. 清洗沉淀区

清洗沉淀区应设洗石机、洗砂机、蓄水池、三级沉淀池、拌和站污水处理系统、洗车台。

1）洗石机

目前常见的洗石机分为滚筒搅拌式、螺旋上推式、斗轮刮铲式、振动清洗式。

（1）滚筒搅拌式其原理与滚筒搅拌机相同，拆装转场方便，且对场地、基础的要求简单，适合移动性施工的场合。

（2）螺旋上推式是在半圆形槽内安装带轴螺旋带，将槽中石料推至上出口，此类多用于料场对石料的初级清洗。

（3）斗轮刮铲式是在箱形水槽中装有循环转动的斗轮，以刮铲槽内石料，多用于选矿行业。

（4）振动清洗式是在振动筛上加设清洗管路。洗石机对到场的含泥量较多的石料进行清洗，洗去石子中的石粉和泥土，提升石子的质量。

拌和站洗石机一般选用滚筒搅拌式或螺旋上推式。滚筒搅拌式和螺旋上推式洗石机安装基础简易、拆装转场简便、稳定性好、工作可靠性强、经济性好。

2）洗砂机

洗砂机主要用于砂石原料的除杂工作。

3）蓄水池

蓄水池的大小要按照拌和站最高产能用水量计算，保证能够满足拌和站一天的用水量即可。蓄水池可根据现场施工条件采用钢筋混凝土水池或砖砌水池。蓄水池设置一道泄水口，泄水口直接连通排水沟。

4）三级沉淀池

拌和站的施工污水须设置三级沉淀排放设施，制作沉淀池可采用砖砌后水泥抹光，也可用混凝土现浇，但底板必须使用混凝土。沉淀池宜设置外径尺寸长不小于 5.5 m、宽不小于 3 m、深不小于 2.5 m，上沿口应离地面高度大于 500 mm，池壁和三级沉淀隔离池壁厚度大于 200 mm，底板厚度应不小于 200 mm，要满足排水量的要求。沉淀池四周围设 1.2 m 高栏杆，并且悬挂警示标志。沉淀池通过排水沟将水排入地方自然水沟内。三级沉淀池主要对清洗搅拌机和生活污水沉淀，清洗混凝土罐车的污水不宜排到沉淀池内。

5）拌和站污水处理系统

拌和站污水处理系统主要包含污水处理管道、隔油沉淀池、浓污水池、清水池、分离机污水池、污水泵、压滤机、清洗装置、压滤机平台、搅拌器及自动控制系统等。带有污泥的污水从路面或拌和车清洗区汇入污水处理管道中，并进入隔油沉淀池中进行静态隔油分离，然后采用吸油毡将吸附在水体表面的油去除；当隔油沉淀池中的水位处于高位时，总控制器控制压滤平台上的高压污水泵将污水抽到压滤机，经压滤机过滤后，清水流入清水池中；当沉积在压滤机过滤布上的污泥达到一定的程度后，启动压滤机自动清洗按钮，启动清洗装置，清洗粘贴在压滤机过滤布上的污泥，泥浆排放到浓污池中。

6）洗车台

大门处宜设置洗车台，既可以保证外来车辆进入拌和站内部道路的清洁，也可以保证外出车辆的整洁。洗车台基础采用钢筋混凝土结构，上部购买成品洗车设备，洗车设备可安装自动感应系统，做到全自动化。洗车台是一种负责对进行车辆进行轮胎除尘的清洗装置，可以有效地降低扬尘污染。设备的零部件相对简单，主要由地下部件和地上部件两部分构成，可以根据车流的情况和清洗时间作相应的设定，实现全面的自动化。洗车台的地上部件主要由清洗平台、两侧挡板两部分组成。清洗平台上等距排列有横向喷水管，等量的喷水管又组成喷射方位，四周还有一圈呈 45°角喷射的喷水管。清洗平台的喷水管上密布有小孔，当洗车台开始运作的时候，潜水泵会将水流在高气压下从小孔喷出。地下部分要相对简单得多，只需要留出水循环管道的空间就可以了。水循环管道和污水处理系统相连接，可以实现水资源的循环利用，不用额外向其供水。洗车台前后顺接内部通行道路。

4. 消防设施

拌和站是一个能够独立完善其功能的场所，其配套齐全、设备多、用电量大，应单独建设消防急救系统。消防急救系统应储备一定数量的泡沫和干粉灭火器、消防水管、消防沙、麻袋、高压抽水机、防毒面具、消防服以及急救需要的担架、急救药品、防暑防寒药品等常用物资。拌和站的消防设置较简单，站内设有蓄水池、砂石仓可利用，但还需配置消防急救室。拌和站装载机械根据现场需要作为应急设备随时调动。现场每 100 m^2 配置一组（2 个）灭火器，放于显眼位置。站内道路应设置环形消防通道，并标明消防通道、消防设施位置。

5. 智能门禁系统

拌和站施工现场应封闭施工，围护结构沿拌和站四周连续设置。拌和站大门根据现场具体选用智能感应门禁系统，进出车辆进行记录管理。智能感应门禁系统包括前端设备和终端设备。前端设备主要包括门禁主机、计算机（内置系统管理软件）打印机、不间断电源、摄像记录系统等。终端设备主要包括门禁控制器、电控锁、电磁锁、出门按钮、读卡器、密码键盘等。门卫控制室应有专人管理和健全的出入管理制度。

6. 拌和站道路

拌和站内部道路有条件应设环形车道，车道的净宽度和净空高度均不应小于 5 m；拌和站运输车辆都是大型货车转弯半径应不得小于 10 m，场内回车场不宜小于 15 m × 15 m，其坡道坡度不应大于 10%。道路上方 5 m 内不应有架空管线，地下应避开管道、暗沟、水池、化粪池等，道路距既有建筑物和构筑物不宜小于 5 m。外部道路有条件的尽量利用既有道路，道路宽度不够的村道与当地政府协商后进行扩宽处理。

拌和站内外部道路平时使用频繁，大型车辆多，为保证内外部道路使用寿命，拌和站道路要保证有足够的强度、刚度和稳定性，路面宜采用混凝土路面，混凝土厚度不得小于 200 mm，基层不得小于 300 mm 水稳层。路基必须满足道路要求。对于新修路基施工填方要求分层摊铺、分层压实。对旧路基宽度较窄的路段进行开挖和裁弯取直或填土拓宽时，应注意新老路基搭接错台，宽度在 1 000 mm 左右。道路两侧应设置排水沟。

7. 拌和站给排水系统

拌和站给水系统接口分为两种，一种是接入市政管道给水系统，另一种是打井取水。接入市政管道给水系统可采用 PE 给水管。PE 管之间采用热熔连接方式，与其他管材、阀门、室外消火栓等附件的连接采用法兰连接。

雨水系统的收集是通过拌和站内所有散排汇聚至排水沟，通过排水沟经沉沙池后统一排入当地排水沟或河流水道。

8. 拌和站污水处理系统

污水处理系统包括生活污水处理和生产污水处理两部分。通过安装生活污水处理设备使生活污水满足环保、水保排放要求。通过安装生产污水处理设备使拌和站污水经过处理后无需向外排放，可用于拌和站搅拌混凝土循环使用和砂石分离机冲洗罐车，做到节能环保。污水排放水质水量按《污水综合排放标准》（GB 8978—1996）一级标准执行，排放标准见表 3-10-3 所示。污水处理工艺流程如图 3-10-14 所示。

表 3-10-3　污水综合排放一级标准

检测项目	CODcr	BOD_5	SS	NH_3—N	动植物油	食物油	pH
一级	≤100	≤20	≤70	≤15	≤10	≤5	6～9

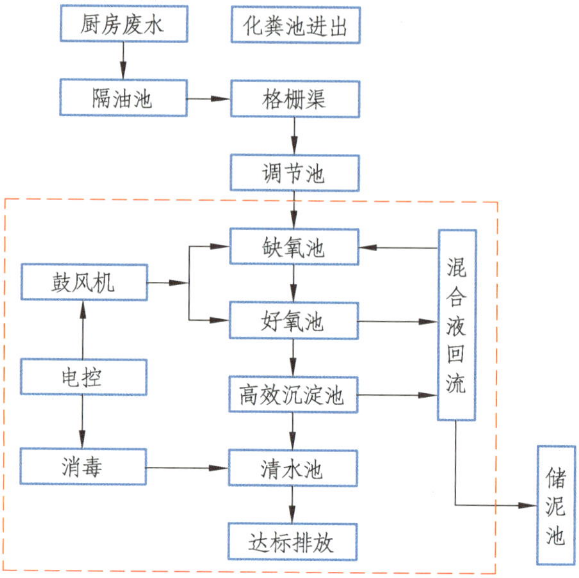

图 3-10-14　污水处理流程

1）生活污水处理系统

污水处理设备内置隔油池、格栅渠、缺氧池、改良接触缺氧池、高效沉淀池、消毒池、设备间，下方设置调节池。设备通过加入活性污泥培养微生物菌群对生活污水进行处理，微生物菌群培养周期为 15 d。设备根据需求自动泵送次氯酸钠溶液对污水进行消毒。

2）生产污水处理系统

生产污水处理系统主要是在污水进入絮凝反应池前调节二级沉淀池中的 pH 值，打开处理设备、泵送 PAC（聚合氯化铝）和 PAM（聚丙烯酰胺），通过絮凝反应池的搅拌设备搅拌使悬浮物沉淀后排放到清水池中。砂石分离机三级沉淀池、絮凝反应池及操作间如图 3-10-15 ~ 图 3-10-17 所示，污水处理工艺流程如图 3-10-18 所示。

图 3-10-15　砂石分离机三级沉淀池

图 3-10-16　絮凝反应池

图 3-10-17　操作间

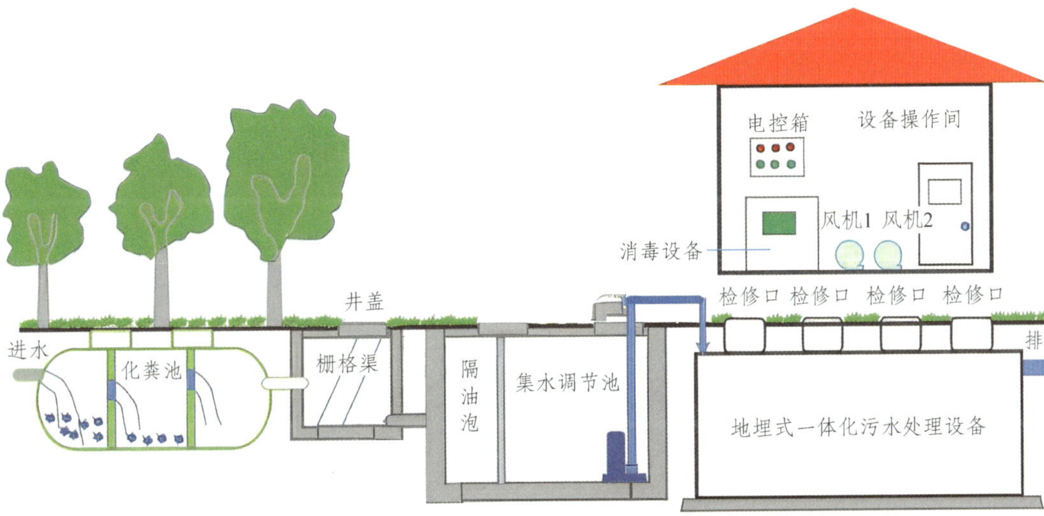

图 3-10-18 污水处理工艺流程

9. **标识标牌**

拌和站建设应综合考虑施工生产情况，合理划分办公区、生活区、拌和生产区、清理沉淀区等。采用封闭式管理，四周设置围墙，进出场设置大门隔离，并悬挂安全生产标语。工程概况牌、安全生产警示牌、安全生产宣传牌、消防保卫牌、场区平面图等放在进入拌和站入口处，其他承建标牌、进出管区指示牌、工点名称牌、配合比牌、交通指示、安全警示牌、形象进度牌、材料牌、机械设备状态牌、操作规程牌按安全标识牌功能布置。拌和站拌和楼出入口控制室应设置禁止、警告、指令标识。

拌和站大门处应设置工程概况牌、安全生产警示牌、安全生产宣传牌、消防保卫牌、场区平面图、主要管理人员名单及监督电话牌、非工作人员禁止入内牌等。办公区、生活区、拌和生产区、清理沉淀区等根据现场实际情况分别设置危险源告示牌、易燃易爆区域平面布置图、配合比牌、操作规程牌等。拌和站内外道路应设置限速标识、机房重地闲人免进警示标识等。

拌和楼应标明负责人姓名及主要人员组成情况，悬挂操作规程和主要技术指标，配合比标识牌悬挂于操作间醒目位置。拌和楼各罐体直连接成整体，安装缆风绳和避雷设施，每一个罐体应喷涂成统一颜色，顶部为蓝色底部及下部锥形位置为蓝色，罐体为白色，并绘制中国铁建标识及中铁二十三局字样，颜色为白底蓝字、字体醒目。罐体下侧门设置禁止、警告、指示标识。

材料仓内的砂石应按级配要求、不同粒径、不同品种分场存放，每区醒目位置设置材料标识牌。各原材料应有明显的材料标识牌，牌上应详细地反映材料名称、生产厂家、规格、出厂日期、出厂批号、进场数量、进场日期、检验日期、检验编号、取样试验人、监理见证人、存放场地名称、拟用部位、目前的检测状态等，并应认真建立各种原材料进场登记台账。各种材料堆旁边均应放置试验样品盒，并放置合格的样品，以满足后期进料与样品进行对比的需要。

10.3 钢构件加工厂

成绵苍巴高速公路项目中铁二十三局集团有限公司施工管段线路总长度约 152 km，根据现场结构物的位置及施工便利性，全线共设置钢筋加工厂 23 个，其中成绵扩容段 5 个，绵苍段 15 个，苍巴段 3 个。

10.3.1 钢筋加工厂设置原则

根据钢筋生产规模大小设置适宜大小的钢筋加工厂；钢筋加工场规模及面积见表 3-10-4。

表 3-10-4 钢筋加工场规模及面积标准

规模	加工总量 T/t	场地面积/m²
大	$T \geqslant 10\ 000$	3 500
中	$6\ 000 \leqslant T < 10\ 000$	2 000
小	$3\ 000 \leqslant T < 6\ 000$	1 500
较小	$T < 3\ 000$	800

钢筋加工场应采用封闭式管理；场地应做硬化处理并做好散水；场地四周设置排水沟；钢筋加工厂防雨棚采用固定式拱形防雨棚（蓝色），高度不小于 7 m，并设置避雷及防风的保护措施。易产生粉尘、有害气体的加工场、存放场应采取除尘、有害气体净化措施，且远离生活区、居民区，尽量将加工场设于场地下风向。钢筋加工厂如图 3-10-19 所示。

图 3-10-19 钢筋加工厂

10.3.2　钢筋加工厂功能分区

钢筋加工厂功能分区合理，主要划分为原材堆放区、钢筋加工区、半成品及成品存放区、废料存放区。

1. 原材堆放区

钢筋、钢绞线、型钢等应按照不同规格型号垫高分类存放，并挂牌标识，离地 30 cm 以上，下部支点应保证钢筋不变形，并保持干燥。钢筋加工厂严禁存放各类腐蚀性物品。锚垫板、预应力锚具、支座等应按照不同规格型号分别存放于库房内的货架上，并做相应标识。按型号、类别登记入册，以便查询。钢筋原材堆放如图 3-10-20 所示。

图 3-10-20　钢筋原材堆放

项目采用二维码追溯管理系统，对进场原材及加工成品制作二维码。进场原材二维码包含材料的规格型号、生产厂商、批号、数量、进场日期、检验日期、检验报告等。加工成品二维码包含原材料信息、使用部位、构造图、钢材检验报告、加工人员及培训信息等。钢筋二维码设置如图 3-10-21 所示。

图 3-10-21　二维码设置

2. 钢筋加工区

1）钢筋加工设备

钢筋加工厂配备了数控钢筋弯曲机、全自动数控带锯床、调直机等设备，各种钢筋均由机械加工成型。钢筋笼加工采用钢筋笼滚焊机加工成型；预制梁板及盖梁钢筋骨架采用定型钢筋模架加工，整体吊装入模。设备设置专门人员进行管理，建立定期检查制度，并且做好检查维护记录。钢筋加工厂主要设备配置见表 3-10-5，钢筋加工设备如图 3-10-22 ~ 图 3-10-29 所示。

表 3-10-5　加工厂主要设备配置

序号	机具名称	单位	数量	备注
1	焊网机	台	1	焊接钢筋网片
2	滚丝机	台	1	钢筋滚丝
3	龙门吊	台	2	材料、半成品吊装
4	空气压缩机	台	1	带动等离子切割
5	冷弯机	台	2	拱架弯曲
6	二保焊机	台	15	—
7	等离子切割机	台	4	—
8	钢筋调直切断机	台	4	—
9	钢筋数控弯曲机	台	2	—
10	钢筋弯箍机	台	2	—
11	数控钢筋滚笼焊机	台	1	桥梁基桩钢筋笼制作

图 3-10-22　数控等离子切割设备

图 3-10-23　钢筋调直切断机

图 3-10-24　钢筋数控弯曲机

图 3-10-25　钢筋弯箍机

图 3-10-26　数控钢筋滚笼焊机

图 3-10-27　全自动数控带锯床

图 3-10-28　滚丝机

图 3-10-29　冷弯机

2）钢筋下料及钢筋大样图

钢筋及钢构件加工下料严格执行技术交底制度。钢筋及其他钢构件加工前应根据设计图纸进行加工单元分解，确定合理加工单元，根据加工单元绘制单元大样图及加工大样图，然后根据大样图编制钢材下料图表。

钢材下料应尽量减少浪费。钢材出现锈蚀的应在下料前进行除锈处理，除锈后满足使用要求的方可继续使用。应在加工制作区悬挂各型号钢筋的大样加工图，标明尺寸、部位，确保下料及加工准确。

3）钢筋加工焊接

钢筋数量、间距以及焊接质量应符合下列要求：

（1）在模具上成型，配合卡具等定位器进行安装，然后逐点进行绑扎、焊接。

（2）受拉、受压区主筋焊接接头应按规范进行设置并确保焊接质量。

（3）合理控制同一断面接头数量，对不合格钢筋接头返工处理。

（4）采用机械化钢筋加工设备，保证钢筋加工精度。

（5）钢筋及钢构件加工完成后应对其进行检查，合格后方可使用。焊接工艺要求采用二氧化碳保护焊，严禁采用焊条焊接。钢筋加工、保护示意如图 3-10-30 所示。

（a）滚焊机制作钢筋笼

（b）钢筋焊接

（c）钢筋绑扎

（d）塑料套保护桩头钢筋

图 3-10-30 钢筋加工、保护示意

3. 半成品及成品存放区

主要施工现场设置成品、半成品临时存放点，地面混凝土硬化，设彩钢瓦雨棚，并进行各功能区划分，满足现场存放要求。钢筋加工完成后应分类进行堆放并做好标识标牌以方便取用，同一类型成品或半成品堆放高度不超过 2 m，并做好下垫工作，下垫可以采取 H30 型钢或砖混墙等方式（型钢需做防锈处理），下垫高度不小于 0.3 m。钢筋成品及半成品存放如图 3-10-31 所示。

图 3-10-31　钢筋成品及半成品存放

4. 废料存放区

钢筋加工厂设置合理的钢筋废料存放区。钢筋加工制作产生的废料按要求放至钢筋废料存放区，保持钢筋加工区干净整洁。剩废料每天清理分拣，按规定码放，严禁混放。另外还要实行废料综合利用，如焊接马凳等措施，节约钢筋。对于各种型号的钢筋按规定低于 40 cm 才算废料。加工成型的却不能使用的钢筋应查明原因不得随意处理，以免造成钢筋的浪费。

10.4　预制梁场

成绵苍巴高速公路中铁二十三局集团有限公司管段线路总长度约 152 km，根据线路桥梁的平面位置分布及施工便利性，全线共设置预制梁场 17 个，其中成绵扩容段 3 个，绵苍段 10 个，苍巴段 4 个。

10.4.1 梁场设置原则及场地建设

1. 梁场设置原则

预制梁场应根据施工合同段预制梁板的数量、尺寸和具体架设要求确定，以方便、合理、安全、经济和满足工期为原则。预制场除用地困难情况并由总承包部批准外，不应设在主线上。梁场设置应规避泥石流、滑坡、水淹等不良地质灾害区域，尽可能靠近主体工程施工部位设立。梁场效果示意如图 3-10-32 所示。

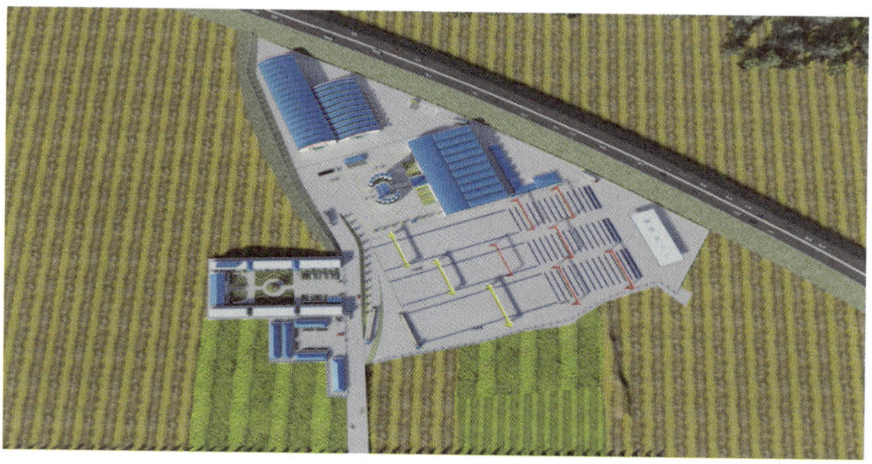

图 3-10-32 梁场效果示意

2. 梁场场地建设

预制场的场地需进行混凝土硬化处理。预制场四周、道路两侧、预制区、存梁区应设 20 cm × 20 cm 砖砌排水沟，水泥砂浆抹面，排放施工废水、养护水、收集雨水并汇入三级沉淀池，沉淀池设置规格为 3 m × 2 m × 1.5 m，沉淀处理后进入蓄水池循环使用。预制场内所有水、电线路应提前规划，场地硬化时应从硬化地面下预埋管道穿过，禁止架空布设。制梁场应统筹设置，建设规模和设备配备应与预制梁板的数量生产工期相适应，一般不低于预制场规模和相关设备配备表规定。预制场规模和相关设备配备见表 3-10-6。

表 3-10-6 预制场规模和相关设备配备

内容	要求
钢筋加工厂	至少 1 座
台座数量	应与预制时间、数量相匹配，建议按 2.5 片/（台座·月）
吊装数量	满足起吊吨位需要，至少 2 台
模板数量	按照台座数量的 1/（4～6）匹配
自动喷淋养生设施	每片梁板设喷管不得少于 3 条（顶部 1 条，侧面各 1 条）；喷管长为梁体长+1 m，喷头间距为 0.5 m
必备的施工辅助设施	横隔板钢筋定位架、钢筋骨架定位架、横隔板底模支撑架
其他施工设备	满足施工需要

预制场所有的电器设备按安全生产的要求进行标准化安装。采用由满足施工机械设备用电最大负荷要求的变电站供电，电力线路须满足三相五线制要求，建议采用五线制滑触线进行供电，配电箱盘必须满足“一机、一箱、一闸、一漏”的安全用电要求，同时设置备用 200 kW 发电机组作为备用电源。预制场出入口设置洗车台（池），防止运送材料车辆、混凝土罐车等将泥土带进场内。场内应设置沉淀池，施工污水应先汇入沉淀池处理达标后方能排放。

施工现场安装、拆卸大型吊装设备时，必须由具有相应资质的单位承担。

10.4.2　预制梁场功能分区

预制场采用封闭式管理，采用围栏封闭，高度不小于 1.8 m，并设置防翻越措施，样式应统一，并做好宣传标语。场地内应按办公区、生活区、生产区。生产区分为材料存放区、钢筋加工区、制梁区、存梁区等。各施工区域布置应科学合理，功能明确，标识清晰，场地占地面积应满足施工需要。梁场现场平面如图 3-10-33 所示，梁场平面布置如图 3-10-34 所示。

图 3-10-33　梁场现场平面

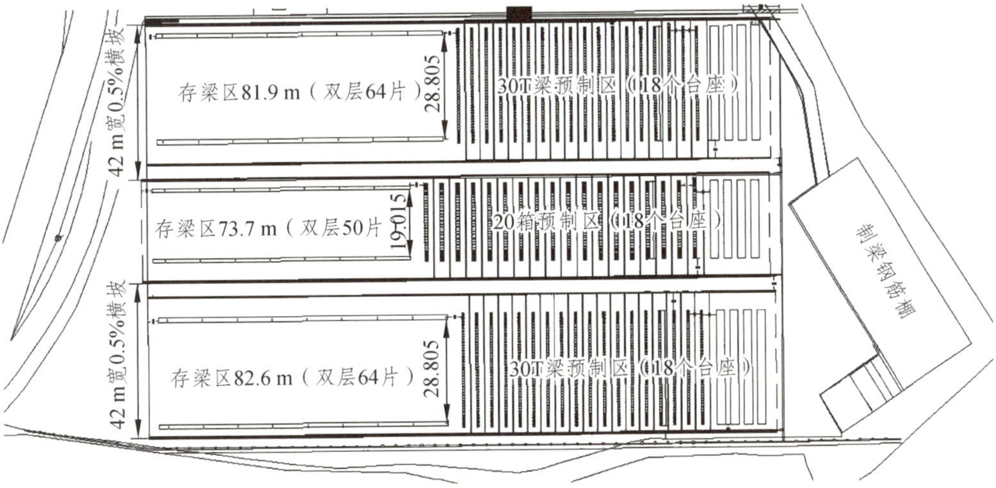

图 3-10-34　梁场平面布置示意

1. 制梁区

制梁场制梁区的功能是实现预应力混凝土梁的预制和初张拉，主要包含钢筋绑扎台座、模型准备台座、制梁台座、门吊轨道基础等土建结构物

（1）预制梁板的台座强度应满足张拉要求，台座宜设置于地质较好处，设置在填方路堤或线外填方场地时，为防止产生不均匀沉降变形而影响预制梁板的质量，应将场地分层碾压密实，并对台座基础进行加固。

（2）制梁台座基础采用框架式基础，台座基础承载力应满足要求，不满足的部位应进行换填及其他措施进行处理。台座采用 C30 钢筋混凝土现浇，预制梁底板须采用不锈钢板，钢板厚度不小于 6 mm，台座两侧采用角钢包边，采用高强度橡胶板填塞，利用侧模顶紧橡胶管达到有效止浆，防止梁底漏浆。台座长度按每片梁设计长度每端头增加 10 cm 设置；起吊点至梁端以外。台座钢板如图 3-10-35 所示。

图 3-10-35 台座钢板

（3）台座纵横向间距应充分考虑施工作业空间，纵向间距一般不小于 7 m，预制台座、间距应大于 2 倍模板宽度，以便吊装模板。

（4）设置安全爬梯，便于施工人员上到梁顶作业。

（5）轨道基座与轨道基础均采用 C30 钢筋混凝土。轨道基础混凝土预埋专用道钉螺栓。采用专用道钉将轨道固定在混凝土基础上，轨道连接采用专用鱼尾板连接，杜绝使用钢筋焊接。

2. 存梁区

存梁台座设置数量应满足工期及最大存梁要求，存梁区台座混凝土强度等级不低于 C20，台座尺寸应满足使用要求。用于存梁的枕梁可设在梁两端支点处，支点位置通过计算确定，应符合设计规定的要求，且不影响梁片吊装的位置，不得设置于支座处。支垫材质必须采用承载力足够的非刚性材料（如枕木或橡胶垫），且不污染梁底。

严禁拆模后将梁板（尤其是 T 梁）无支撑存放，必须设置稳固的支架，防止梁板侧倾；在存梁场存放应严格设置防倾托架。混凝土强度符合吊装要求后，方可吊装进入成品存放区。成品存放区地基应稳固，承重横梁应设在经过承载力验算合格的基础上，周边排水设施完好，通道顺畅。枕梁必须有足够的强度和刚度，相邻枕梁上表面处于同一水平面。空心板、小箱梁最多存放层数依据设计文件要求，文件无规定时，要求空心板不得多于 3 层，小箱梁不得叠层堆放。存梁区如图 3-10-36 所示。

图 3-10-36　存梁区

3. 材料存放区

钢筋及预应力钢绞线存放、加工应设防雨棚，棚高 3.5 m，采用角钢搭设，搭设应牢固，上面盖蓝色彩钢板。室内钢筋堆放、钢筋加工、半成品堆放布置应合理，符合钢筋加工流程，各类钢筋及钢筋加工件应按不同规格堆放整齐，下部采用 H30 型钢加工而成的台座，离地高度为 30 cm，标识应清楚。减水剂、压浆用水泥、锚垫板和预应力锚具均应存放于材料库房内，按型号、类别登记入册，并做相应标识，以便查询。

10.4.3　预制梁施工工艺

1. 钢筋加工、绑扎

钢筋使用前应检验合格，并去除表面浮锈及杂物。钢筋应平直、无局部弯曲，加工完成后的钢筋应无削弱表面积的伤痕。采用焊接的钢筋应做到焊缝饱满，不得出现气泡、夹渣等缺陷，焊接不得损伤钢筋母材。钢筋绑扎架如图 3-10-37 所示。

梁体骨架钢筋应在制梁台座上进行绑扎，设置钢筋台座的应在台座上绑扎完成，整体吊装入模。钢筋绑扎前应准确安装绑扎胎具以确保钢筋绑扎位置正确，保护层厚度应满足设计要求，设置梁体同强度混凝土垫块。梁体钢筋绑扎完成后应进行检查，合格后方可进行下道工序施工。钢筋绑扎、吊装如图 3-10-38 所示。

图 3-10-37　钢筋绑扎架

图 3-10-38　钢筋绑扎、吊装

支座预埋钢板应进行热浸镀锌防锈处理。支座预埋钢板的锚脚连接筋焊接应采用夹具焊接，将镀锌钢板固定于夹具上。

2. 预应力管道安装

预应力管道设置应采用橡胶管成孔或波纹管成孔法。管道采用定位网方法进行固定，直线段定位网片间距不大于 60 cm，曲线段应加密，管道预设位置应准确并固定牢固。预制梁波纹管定位如图 3-10-39 所示。

连接口处用密封胶圈封闭，胶带封死，位置端口应设置封堵措施，防止浇筑混凝土时堵塞管道。钢筋焊接时，应做好金属波纹管的保护工作，以防因焊渣灼伤管壁而发生漏浆。预应力管道安装如图 3-10-40 所示。

图 3-10-39 预制梁波纹管定位点

图 3-10-40 预应力管道安装

3. 预埋件安装

预制梁预埋件含伸缩缝预埋件及其他预埋构件。预埋筋应按要求位置设置，并固定牢固，浇筑混凝土的过程中应对预埋件进行保护，防止其位置偏移。

4. 预制梁混凝土浇筑

混凝土采用项目拌和站混凝土，泵送或料斗浇筑。浇筑前，应对混凝土质量性能、施工性能进行检查，严禁使用不合格的混凝土。

梁体应选择一次性浇筑成型，并注意控制浇筑速度。混凝土采用“斜向分段、水平分层”的方法进行浇筑。混凝土振捣采用附着式振捣与插入式振捣相结合的方式，应做到振捣密实、无气泡，确保梁体的质量及外观满足要求。

振捣混凝土时要避免振动器碰撞预应力管道、预埋件、模板，对锚垫板后钢筋密集区应认真、细致振捣，确保锚下混凝土密实。各层及分段不得间断，应在前层初凝前完成后续浇筑。梁面混凝土应边浇筑边抹面，以保证排水坡度的形成，进行二次抹面并拉毛以防止混凝土开裂。预制梁混凝土浇筑如图 3-10-41 所示。

横隔板凿毛采用专用设备，凿毛充分，全部裸露新鲜碎石。要求对凿毛位置画出边界，预留边界外 2 ~ 3 cm 不凿毛。

梁板预制完成后，移梁前应对梁板喷涂统一标识和编号，标识内容包括预制时间、张拉时间、施工单位、梁体编号、部位名称等。

图 3-10-41　预制梁混凝土浇筑

5. 自动喷淋养护装置

预制区设置自动喷淋养护设备，场地内应根据预制梁养生时间及台座数量设置足够的预制梁养生用的自动喷淋设施，养护采用自动喷淋养生，每片预制梁喷管不得少于 3 条（顶部 1 条，侧面各 1 条）；喷管长为梁体长+1 m 设置，加压泵能保证足够的水压，确保预制梁每个部位均能养护到位，尤其是翼缘板地面及横隔板部位，养生时间应严格按规范执行。自动喷淋养护如图 3-10-42 所示。

图 3-10-42　自动喷淋养护

6. 预应力施工

梁场采用钢绞线自动穿束机进行钢绞线穿束施工，钢绞线穿束机是由机械传动，滚轮夹持钢绞线进行传送，可进、可退、可连续传送，也可电动传送，传达钢绞线速度以无极调速，操作方便，性能可靠，效率显著，预应力钢绞线穿束机大大减轻了劳动强度。穿束机如图 3-10-43 所示。

预应力施工前应对张拉机具进行检查标定并建立台账，张拉宜选用设计张拉力 1.5 倍的机具，张拉千斤顶、压力表及油泵等设备应配套使用。锚具及钢绞线应有出厂合格证，检验合格后方可使用。钢绞线应根据设计及工作长度下料，下料时应由切割机或砂轮机切断，严禁热熔切断。钢绞线应表面无锈蚀，穿束完成后应对外漏部分进行包裹防锈。预应力施工采用智能张拉设备。应采用两端对称张拉，分初张及终张。初张一般在台座内进行，张拉时混凝土强度应满足设计及规范要求，无要求时混凝土强度不低于设计强度的 75%。终张应在混凝土强度达到 100%且养护周期不小于 14 d 后进行。张拉采用双控措施进行控制，以压力表读数为根本，伸长量进行复核检查，对于超出规范要求的应立即停止张拉进行检查，确认无误后方可继续施工。预应力张拉设备如图 3-10-44 所示。

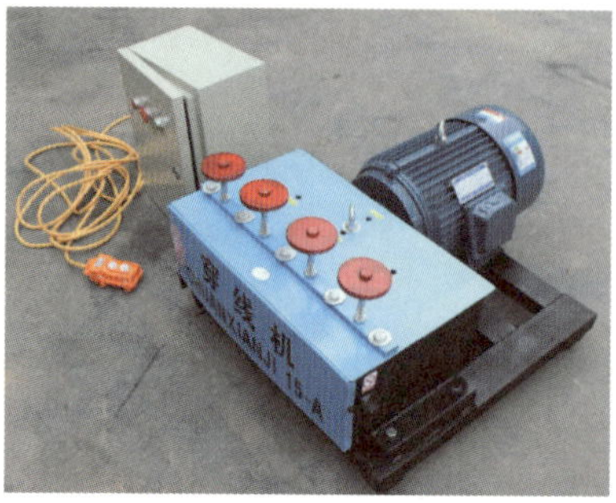

图 3-10-43 钢绞线自动穿束机

图 3-10-44 预应力智能张拉设备

预应力张拉施工应由专业人员进行操作，并在张拉作业时做好防护工作，应于钢绞线前方设置防断丝钢板，钢板必须固定牢固。张拉作业时设置警戒区，非作业人员禁止进入作业区域，张拉设备有专人保管。

预应力张拉完成后宜在 48 h 内完成管道压浆。压浆应采用智能压浆的方式，压浆材料应满足设计要求。压浆前应将管道内的积水及杂物清理干净，压浆应连续进行做到饱满，以浆液从排气阀顺畅流出且稠度与压入浆液相同时视为饱满合格。压浆完成后切割多余钢绞线并进行封锚，封锚采用微膨胀混凝土并涂抹防水涂料。

10.4.4 梁场标志及标牌

1. 标识牌

预制梁场内应设置场地平面图、工艺流程图（预制、张拉、压浆等）、质量检验标识牌（预制、钢筋、张拉等）、安全警示牌、安全操作规程牌（龙门吊、张拉机具等）、文明施工牌等。梁场标识牌设置如图 3-10-45 所示。

图 3-10-45 梁场标识牌设置

2. 警示标志

吊装作业区、安全通道应设置禁止标志，龙门吊上设置“施工重地，注意安全”或“安全生产，质量第一”警示牌。预制场的制梁区、存梁区、构件加工区等各生产区域应设置明显标志。台座两端设防护网和安全警示标志。

10.5　便道及便桥

10.5.1　便道施工要点

（1）便道修筑前首先做好测量工作，定位道路中线，确定便道修筑的位置。

（2）一般旱地地段，在填筑便道前，应先清除表面耕植土后晾晒，在便道坡脚以外挖掘排水沟，保持场地不积水。

（3）在水田地段便道施工时，挖除耕植土及淤泥，可用人工配合推土机、挖掘机，将淤泥规则地堆弃在坡脚外后运至弃土场，然后采用砂砾铺底、建渣填筑。

（4）在水塘地段便道施工时，水塘及淤泥层比较深处，先围堰、抽水，再进行清淤，最后采用砂砾铺底、建渣填筑。

（5）毛渣填筑时，粗细颗粒应分布均匀，避免出现粗粒集中堆积。

（6）便道路基填筑时，清表清淤完成后，采用压路机先对原地面进行碾压处理，达到要求后填筑相关材料。填筑流程：自卸车卸料→推土机推平→压路机分层碾压（分层厚度不大于 30 cm）。

（7）施工断面全线展开后，随着施工车辆的逐步增多，便道需安排专人全天巡查，以便及时进行维修，确保便道的畅通无阻，满足施工车辆的通行要求。

10.5.2　钢便桥施工要点

本项目路线处于丘陵地带，地势较为平坦，农田较多，主线内河渠众多，为减少施工对沿线居民耕地、农田等的影响，防止内涝，减少协调纠纷及期间补偿费用，减少阻工、停工，加快施工进度，根据实地调查，拟在跨越长度大于等于 6 m 河渠时采用钢便桥。

1. 主要施工方法

便桥施工主要采用“钓鱼法”，即使用履带吊结合振动锤施打钢便桥钢管桩、单工作面逐跨推进的作业方式进行。每一跨便桥钢管桩沉放完成后，由下而上依次进行下斜撑、桩顶垫板、双拼工字钢下横梁、贝雷梁、横向分配梁以及槽钢面板安装施工，面板铺好以后履带吊前行，进行下一跨钢便桥施工。

2. 钢管桩沉放施工方法

钢管桩沉放前根据桩位图计算每一根桩中心平面坐标，确定好沉桩顺序，防止先施打的桩妨碍后续桩施工，并且钢管桩在运至现场之前要求在桩身上标明刻度（小刻度为 10 cm），以方便沉桩过程中技术数据的采集。

当沉桩准备工作做好之后，履带吊主钩起吊振动锤，调节振动锤的液压夹具，使其夹紧首节钢管桩顶口。另外，履带吊的副钩通过卡环连接钢丝绳与钢管桩的端部吊点相连，履带吊缓慢起钩，旋转转盘将钢管桩吊离运输车辆，然后一钩起、一钩落，逐步在水中将桩竖直。同时，在测量监控下，慢慢摆动屋带吊扒杆使钢管桩的平面位置到达设计桩位后，实施下桩、稳桩、压锤、沉桩工艺。在沉桩过程中要进行测量监测，并做好沉桩记录。

钢管桩沉放以标高控制为主，贯入度控制为辅，确保桩基承载力满足要求。在整个下沉的过程中由测量全程监控，以便及时进行纠偏。

3. 振动锤沉桩注意事项

（1）播桩初入土时轻振慢打，及时检查位，如在桩打入初期（2 ~ 3 m）发生较大倾斜，可进行修正，或拔出重打。

（2）在桩打入过程中，应控制钢管桩下沉速度，防止溜桩，如溜桩严重，应根据实际情况分析处理。

（3）振动时每次振动持续时间不宜超过 10 ~ 15 min，过长则振动锤易遭到破坏。

（4）每根桩的下沉应一气呵成，不可中途停顿或有较长时间的间隔，以免桩周土恢复造成继续下沉困难。

（5）为确保沉桩质量，钢管桩沉入施工应选择在天气较好时段进行。

（6）已沉放好的钢管桩应按设计要求及时进行桩间支撑及桩顶下横梁连接，尽量缩短单桩抗流时间。

4. 下部结构安装

1）测量

钢管的抄平钢管桩打设好后，按照设计标高进行测量放点和抄平。

2）桩间支撑架施工

单排钢管桩施打就位后，开始桩间支撑架斜撑的连接。支撑架钢管使用履带吊起吊进行安装，为了方便调整钢管位置，用两个 1 t 的手拉葫芦吊挂在桩顶及支撑钢管的两端。支撑钢管调整到位后，先将一端与钢管桩焊牢，然后另一端采用附钢板焊接。所有的环向焊缝均要求满焊，严格控制焊缝质量。

3）桩顶双拼工字钢下横梁施工

桩顶下横梁由 2 根工字钢（双拼）构成，通过在钢管桩顶部焊接 1 000 mm × 1 000 mm × 10 mm 钢垫板，将下横梁置于其上，下横梁的顶标高各桥根据设计图断面控制。双拼工字钢下横梁在后场加工、现场安装。首先在钢管桩顶垫板上放出下横梁轴线及位置，然后起吊安装下横梁、焊接连接板及肋板。

5. 上部构造安装

1）贝雷梁安装

桩顶下横梁安装完毕后，在下横梁上测量放样定出贝雷梁位置。为吊装方便，在已经搭设好的便桥上预拼装二组双排贝雷片，用履带吊分组起吊安装就位。当两组贝雷架全部就位后，用“U”型钢板卡将贝雷梁焊接固定在桩顶下横梁上，各组贝雷梁之间用型钢焊接的支撑架联结成整体。

2）工字钢横向分配梁安装

贝雷梁安装完毕，等间距铺设工字钢作为横向分配梁，用特制的骑马“U”型螺栓与贝雷梁上弦杆锁紧。

6. 附属结构施工

对采用贝雷梁的主跨，因其采用下承式结构，两侧贝雷架即可起到安全防护作用。对采用工字钢的边跨，其在桥面板钢板上焊接钢栏杆，栏杆材料采用角钢或槽钢焊接而成。

河便桥桥面板均采用钢板，为保证车辆行驶安全，拟采用在面板上焊接钢筋，以起防滑作用。同时在两端桥头竖立限载、限速标志牌。

10.5.3　便涵施工要点

当便道跨越沟渠宽小于 6 m 时拟设置便涵，贯通原沟渠水流，保证地表水系畅通。临时便道施工中，做好测量放样定位的工作，根据测量放样的成果，埋设排水涵管。涵管底部应至沟渠流水面以下 0.2 m，确保水流通过。雨季来临时，密切关注天气情况，一旦沟渠过水流量过大，必要时拆除涵顶填料，清理沟渠填土，防止淹没周围农田。

1. 测量放样

首先进行测量放样，放出施工便道边界线，管涵埋设位置。

2. 基坑开挖及基底处理

在预埋设涵管位置，采用人工配合挖掘机下挖至涵管埋设底标高，开挖深度至少在沟渠底 20 cm 以下。基底换填料与管涵下穿的便道路基材料相同。换填后分层充分夯实确认基底承载力满足设计要求后方可埋设涵管。

3. 涵管埋设

按设计坡比进行涵管埋设，根据当地水流情况及沟渠尺寸选用相应直径的钢筋混凝土涵管。涵管埋设施工中要做好涵管的接缝工作，用满足强度要求的水泥砂浆对涵管进行接缝，保证接缝质量，避免水流渗漏造成基础失稳。

第 11 章　路基工程

成绵苍巴高速公路项目路基工程主要工程量的挖方量为 28 837 800 m^3，填方量为 23 578 700 m^3，弃方量 7 937 000 m^3。因四川地区地质较软，全线路基均存在软基处理地段，路堤施工以土石混填为主，路堑开挖以石质路堑开挖为主，路基压实与排水工程均符合常规施工要求、无特殊结构形式，路基防护与支挡除设计给出防护方案外增设 60 m 抗滑桩挡土墙和 2 段装配式挡土墙（七曲山互通和梓潼服务区）。

11.1　路堤施工

11.1.1　压实工艺试验路段

试验段位置的选择主要考虑前期路基填筑施工便利，填方中地质条件、断面形式具有代表性的地段，填筑材料为路基主体填筑常用材料。对其余工程施工的干扰性较小，能够通过试验段施工最快取得各项工程指标目的的项目，经过本项目工程填筑区段的统筹考虑，最终选择观太停车区段路基填筑作为试验段路基。

11.1.2　路基填筑

1. 施工工艺流程

路基填筑施工工艺流程如图 3-11-1 所示。

2. 操作要点

1）施工准备

测量放样，恢复中线并放出边线；组织人员和机械上场；做好路基防排水措施；按规范搞好地质调查和土质试验，并按要求做试验段施工。

2）基底处理

砍伐或移植树木，清除地表杂物及表层耕植土等非适宜性填料或杂物，堆放在指定弃渣场。当原地面纵坡大于 12%或横坡大于 1∶5 时，应按设计要求将原地面挖成台阶，台阶宽度应满足摊铺和压实设备操作的需要，且不得小于 2 m，台阶顶做成 4%的内倾斜坡。对清理后的地表全面进行填前碾压，对开挖的台阶或翻松地段也要进行压实，满足压实度设计要求。

3）分层填筑

路堤填筑采用白灰打格布料和挂线施工，严格控制填层厚度。采取横断面全宽、纵向分段进行分层填筑。施工时每侧超填 50 cm，超填宽度与路堤同步填筑，均匀压实。对于陡、斜坡路堤及半填半挖的填方区路堤由最低一层台阶填起，分层填筑，如压路机无法作业，则用小型机具加以夯实，当任意层与上层填平时，则用压路机补压，所有台阶填完后，即可按一般填筑进行。

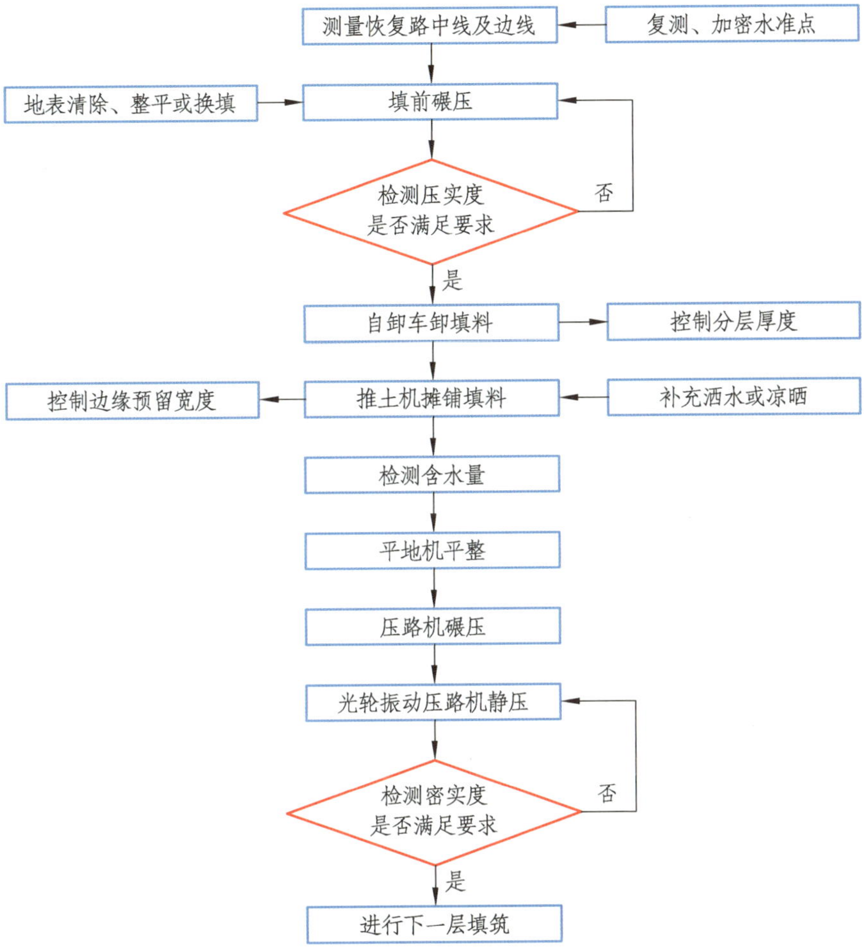

图 3-11-1 路基填筑施工工艺流程

土石混填路堤填筑时应分层填筑，并碾压密实，不能采用倾倒式填筑，并严格控制填料厚度，分层填筑厚度以填方路基试验段确定的参数为准，石料规格及强度符合设计及规范要求。

填土路堤分几个作业段施工时，两个相邻段交接处不在同一时间填筑，先填段应按 1∶1 坡度分层留台阶；如两段同时施工，则应分层相互交叠衔接，其搭接长度不得小于 2 m，相邻合同段填方搭接处也采用此法施工。

4）摊铺整平

土方填筑时，填筑段在卸土的同时，采用推土机初平、平地机终平，注意每层按要求设置路拱。推土机完成一个区段的推平后，采用平地机进行平整，平地机行驶路线从两侧纵向行驶，逐步向路基中心刮平，同时用人工配合填平凹坑，以保证压实质量。

填石路基卸下的石料用推土机整平，整平要均匀，使石块之间无明显高差，个别不平地段人工配合用细粒料找平，个别尖角用大锤人工砸掉。石块应大面向下摆放平稳，紧密靠拢，对于摊铺时出现的石料间的缝隙，采用人工用细粒料进行填塞。

5）洒水或晾晒

路堤填筑时，应随时检测填料含水量，碾压前应控制填料含水量不超过试验段填筑试验中求得的最佳含水量的 ± 2%。当含水量较低时，应及时采取洒水措施。洒水量根据测试的填料最佳含水量按照公式计算。

6）碾压夯实

碾压采用重型振动压路机进行施工，根据不同填土部位和不同的填料情况，按试验段取得的数据控制压实遍数，填石路堤碾压控制沉降量要符合规范要求，确保路基的压实度。

7）检验

路堤填土压实的质量检测，随分层填筑碾压施工同时进行，压实系数检测采用重型击实标准，并按规范规定或监理工程师批准的频次和试验项目进行复查。

填石路堤压实度检测应在监理工程师监督下进行，质量检测主要检查填料质量、填筑层厚度是否符合要求，填筑层在纵向和横向是否均匀平整，施工中采用跟踪检测，检测标准符合设计和规范要求。

对路基压实度和填料的检测，应采用规范要求或监理工程师批准的方法进行，检测结果应及时报监理工程师签证。

8）路床

路床 80 cm 范围内严格按设计要求填料进行填筑，路床土最小强度和压实度应满足路基设计规范要求。

9）路基整修

路基整修严格按设计要求和规范规定进行，土质路基做到设计标高后采用平地机刮平，凹陷部位采用相同土体填补夯实。石质路堑表面用石屑嵌缝紧密，填平坑槽，压实松石。路基两侧超填的加宽部分采用人工挂线清刷；如遇边坡缺土时，由人工挖台阶，分层填补夯实，再按坡比修整。整修后的路基，其外形尺寸和密实度应符合设计和施工规范要求。

11.1.3 土质路基填筑

1. 施工工艺流程

土质路基填筑施工工艺流程如图 3-11-2 所示。

2. 操作要点

（1）根据路堤高度与工艺参数按路基横断面全宽度纵向分层，计算分层层数，并绘出分层施工图，填土松铺厚度控制在 30 cm 以内，填筑至路床顶面最后一层厚度不应小于 10 cm。当地形起伏，高低不平时，则由低处分层填筑，由两边向中心填筑。

（2）地表横坡缓于 1∶5、纵坡小于 12%时，可将表土翻松平整压实，否则填筑前应自下而上开挖台阶，台阶宽度不小于 2 m，并向内设不大于 4%的斜坡，随开挖随填筑压实，以保证路基稳定。

（3）路基填筑要挂线摊铺，不同种类的填料不得混杂填筑。

（4）路基每一层的摊铺宽度应按设计加宽值和设计预留沉落量加宽填筑，以保证路基沉落后的有效宽度。

（5）作业区段交界处，若不在同一时间填筑，则先填筑的地段应按 1∶1 坡度，分层预留台阶；若两个地段同时填筑，则应分层相互交叠衔接，其搭接长度不得小于 3 m。

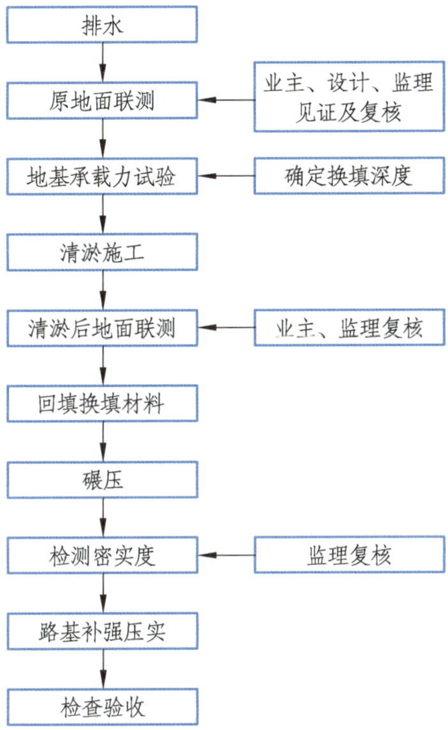

图 3-11-2　土质路基填筑施工工艺流程

（6）填土路基整平时，先用推土机初平，再用平地机精平。

（7）填料碾压前调整其含水量至最佳含水量 ± 2%范围。当填料含水量较低时，应及时采取洒水措施，洒水可采用在取土处提前洒水闷湿和路堤内洒水搅拌的方法；当含水量过大，可采用推土机或平地机松土器拉松晾晒的方法，或将填料运至路堤摊铺晾晒。

（8）按试验段所取得的压路机组合方式碾压遍数等施工参数碾压成型，填筑段采用 YZ18 型震动压路机压实，振动碾重量为 38 t，保证密实度要求。

（9）土质路基用灌砂法、检校过的核子密实度仪进行分层检测，达到设计密实度后方可进行其上一层路基填筑。石质路基或粗粒径的砂石路基采用 K_{30} 荷载板进行检测。

（10）路堤填筑达设计标高后，人工刷边坡，按设计坡度将边坡和平台刷整齐，直至达到线形圆顺，坡面平整顺直，刷坡完成后立即进行路基防护工程施工。

11.1.4　填石路基施工

1. 施工工艺流程

填石路堤施工工艺流程如图 3-11-3 所示。

2. 操作要点

施工工艺与土质路基填筑基本相同。需要注意的是，用于路基填筑的石方为挖方段石方，若开挖石方粒径偏大，则需采用人工配合将其分解、破碎到规范允许粒径后分层松铺，其厚度为 30 ~ 50 cm，石块尺寸不大于压实厚度的 2/3。填筑时安排好石方调配运输路线，专人指挥，先两侧后中央卸料；按水平分层先低后高填筑；用推土机推平；人工填细石料，逐层压实。摊铺与碾压具体施工及检测程序如下：

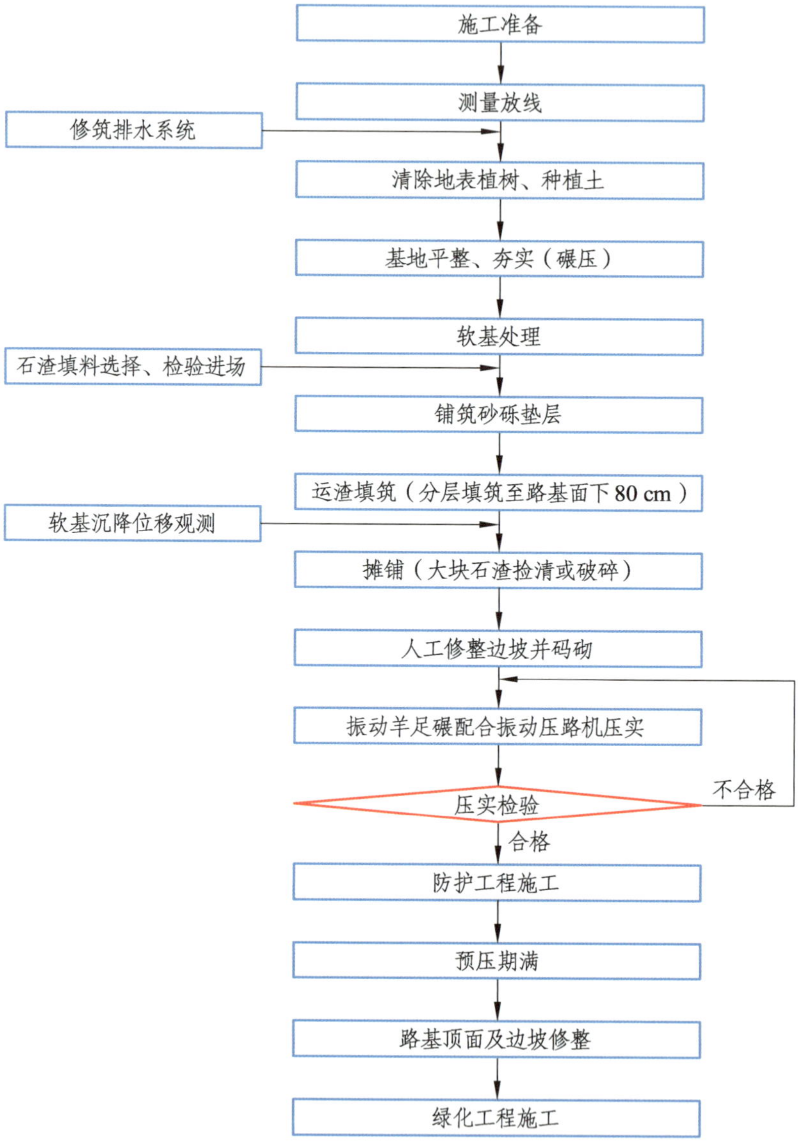

图 3-11-3　填石路堤施工工艺流程

（1）边坡应用粒径大于 30 cm 的大块石码砌，中间部分用推土机推平。

（2）沿线纵向每隔 20 m 设一断面，断面上每 10 m 设一侧点，用红油漆标出。检查松铺厚度，用水准仪测出点的高程与上次该位置处的高程之差，即为本层松铺厚度。

（3）先用 25 t 重型压路机碾压 1 ~ 2 遍使测点稳定，再用净重 18 t 以上的凸块式振动压路机和振动压路机碾压。碾压时，应及时用小石块或石屑填缝。每压实一遍测量各测点高程，计算沉降量，进行分析，当沉降量一般在 5 mm 以下时，密实度已满足要求。

（4）当填至离路堤顶 0.8 m 时，用土方或粒径不大于 10 cm 的石渣填筑。

11.1.5　土石混填路基施工

施工工艺与路基填筑基本相同，采用分层填筑，根据填料调配原则，应先铺大块石料，大面向下，设置平稳，缝隙中填土、砾石、石屑，每层厚 40 ~ 50 cm，再用净重 18 t 以上的凸块式振动压路机和振动压路机碾压。土石混填路堤压实第一遍应先进行静压，然后先慢后快（振动压路机最佳速度 3 ~ 6 km/h）、先弱振后强振进行碾压，直至土达到要求的密实度，石块之间松散接触转变为紧密咬合。具体的碾压遍数及压实标准按现场试验决定。外观质量应表面无明显孔洞，大粒径填石无松动，铁锹挖动困难。

11.1.6　半填半挖路堤填方

1. 纵向半填半挖

地面横坡陡于 1 : 5 时，将原地面挖成宽度不小于 2 m 的台阶，并设向内倾 4%的横坡。纵向台阶挖至路床底标高后，同时将路床向挖方方向超挖 10 m（最短边）长，以便填挖路段路基路面的过渡与衔接，压实度不小于 96%。填筑由最低一层台阶填起，纵向填方段 10 m 范围内填料材质与一般填筑段落相同，但其压实度不小于 96%，每填高 3 m 用液压式压路机补压一次。纵向半填半挖交界处理如图 3-11-4 所示，台阶施工、平整如图 3-11-5、图 3-11-6 所示。

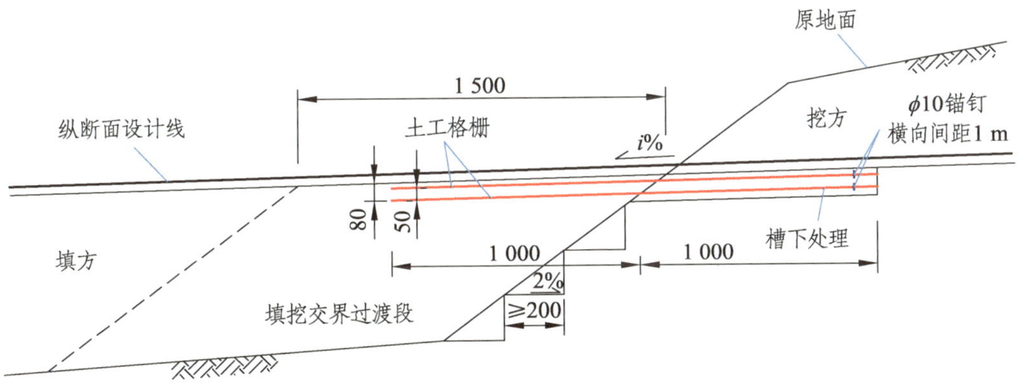

图 3-11-4　纵向半填半挖交界处理

图 3-11-5　台阶施工

图 3-11-6 台阶平整

2. 横向半填半挖

横向填挖交界超挖外边缘线应尽量设在中央分隔带中部，如路基填挖交界点距挖方侧路基外缘距离小于半幅路基宽度时，则对路基挖方一侧半幅全部超挖。分离式路基横向填挖交界则对路基挖方一侧全部超挖。对路床深度范围内的土体进行超挖回填碾压，压实度不小于96%。横向半填半挖路基处理如图 3-11-7 所示。

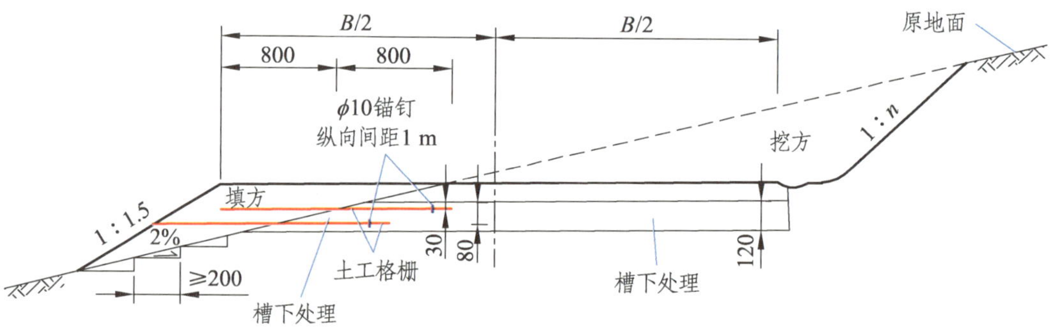

图 3-11-7 横向半填半挖路基处理

11.1.7 路床处理

路床处理采用天然碎石土换填。施工时应从路堤中部开始填筑，中部向前突进后再渐次向两侧扩展，底面有较大的横坡时，应开挖台阶。填筑从最低处开始换填，按不大于 30 cm 松铺厚度分层进行，推土机整平，填筑至路床标高为止。

11.1.8 过渡段填筑

由于桥台与路堤、路堤与横向构筑物、路堑与路堤结合处的动静刚度相差较大，沉降量不一，处理不当可能造成裂缝、错台。因此，过渡段的施工要引起特别注意。按照技术规范要求，回填的材料必须满足图纸及规范的要求，选择透水性较好的碎石土、级配碎石等图纸要求的填料，严禁采用不合格的填料。

1. 施工工艺流程

过渡段施工工艺流程如图 3-11-8 所示。

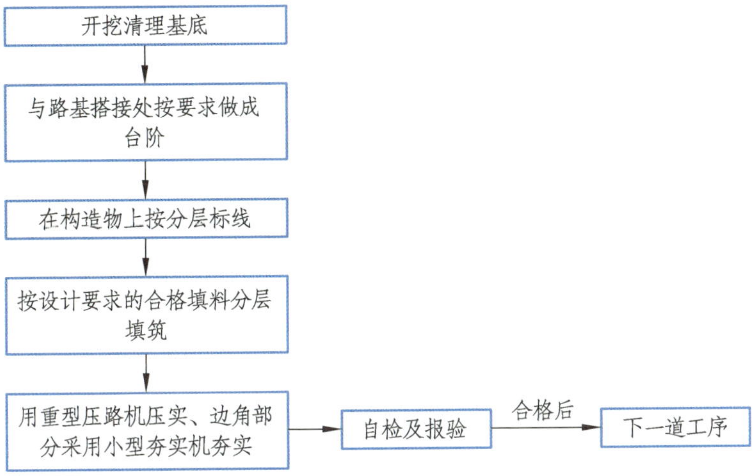

图 3-11-8　过渡段施工工艺流程

2. 操作要点

（1）基坑回填必须在隐蔽工程验收合格后方可进行。施工前先测放出回填范围，用石灰线标示，填料选择必须符合设计要求，并经监理工程师验收。

（2）回填时应对原地表进行处理，基底承载力应满足设计要求，达不到要求时需进行换填处理。经监理工程师批准后，方可进行台背回填施工。

桥涵台背回填区域与路基填土结合部挖设向内倾斜 2%～4%的反坡台阶，台阶应挖到路基压实紧密的稳定土层上（台阶宽度 1～2 m），确保路基反向台阶与桥涵台背回填土的有效衔接。

（3）台背填土顺路线方向，洞身两侧，应对称分层填筑、分层压实，填料粒径宜小于 150 mm。两侧及顶面填土时，应采取措施防止压实过程对涵洞产生不利后果。结构物台背按设计图纸规定材料分层填筑，桥台锥坡与台背同时填筑，每层松铺厚度不宜超过 20 cm，台背的压实度每层均要求大于 96%。在回填压实施工中，应对称回填压实并保持结构物完好无损。压路机达不到的地方应使用小型夯实机或监理工程师同意的其他方法压实。

（4）逐层摊铺。摊铺前在桥涵台背显眼处自下而上用油漆对填层厚度（15 cm）和填层层数进行标识。回填料运输到位后，利用挖掘机配合人工进行摊铺作业，将运输车辆倾卸的料堆按松铺厚度进行摊铺，并保证整个摊铺表面平整。

（5）平整碾压。对摊铺平整的填料，须控制在最佳含水率 ± 2%范围内进行碾压，台背 1 m 以外尽可能采用振动压路机进行碾压（图 3-11-9），松铺厚度可控制在 30 cm 内，台背周边及压路机不宜到达的地方采用小型打夯机压实或平板振动夯（图 3-11-10）压实，松铺厚度为 15 cm。

碾压时应注意压路机与结构物之间的距离和振动幅度，确保结构物的安全，碾压过程中，压路机的后轮应重叠 1/2 轮宽；碾压应一直进行到设计和规范要求的压实度为止，具体碾压遍数应根据首件工程的试验数据而定。

图 3-11-9 台背碾压

图 3-11-10 平板振动夯

11.2 路堑开挖

11.2.1 开挖前准备

（1）路堑开挖前，根据设计文件，恢复中线，进行现场调查，核对地质资料，并对坡顶、坡面的危石、裂缝等其他不稳定情况进行检查，并根据情况采取措施妥善处理，保证施工安全。根据现场调查对设计文件进行核对，核对内容主要包括地形地貌、挖方数量、取弃土场位置、土方利用等，并根据地形、路堑断面及长度，确定合理的开挖方式。

（2）施工前应仔细查明地上、地下有无管线。对照明、输电线路，施工时应查明其平面位置和高度，对施工有影响的应提前拆除。对通信光缆施工时，应与电信局联系，并予以重点保护。对其他地下管线施工时，应查明其位置和埋设深度，并注意开挖边界以外的建筑物是否安全。

（3）根据现场地形确定机械进出便道路线并修筑。便道修筑应满足施工机械和运土车辆转弯半径及正常行驶要求。

（4）根据复测的线路中线放出开挖边线桩，放线时应定位准确，两侧各预留 0.2 ~ 0.3 m 不开挖，待开挖后进行人工刷坡。

（5）开挖前，首先结合现场实际与设计要求，修建临时排水设施，并考虑与永久排水设施相结合，待排水系统完善后进行路堑开挖。

11.2.2 清表及基底处理

按基底的土壤性质、基底地面所处的自然状态，同时结合设计对基底的稳定性要求和路堤填筑高度等采取相应的方法与措施处理。具体操作要点如下：

（1）填筑前，按规定对基底范围内的地表杂土、树根等进行清除，用挖掘机、推土机、自卸车将表层耕植土存放指定地点以备复耕，按规定对基底整平压实，压实度不小于 90%。

（2）对不同高度路堤根据设计文件要求进行基底处理施工。

（3）地面自然横坡或纵向陡于 1：5 时，将原地面挖成台阶，台阶宽应满足摊铺和压实设备操作的需要，且不小于 2 m，台阶顶做成 2% ~ 4%的内倾斜坡。

（4）半堤半挖和陡坡路堤，或基底有地下水影响路堤稳定时，采取拦截引排措施，将地表水引排至基底范围以外，并根据设计要求采取防渗加固措施。

11.2.3　土方路堑开挖

1. 施工工艺流程

土质路堑开挖施工工艺流程如图 3-11-11 所示。

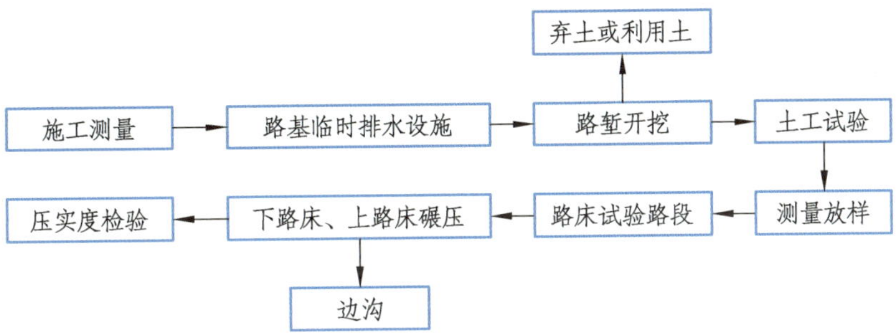

图 3-11-11　土质路堑开挖施工工艺流程

2. 操作要点

（1）根据土石方调配方案和施工顺序，选择最佳的挖方作业面，采用横向全宽挖掘法、逐层顺坡自上而下开挖的方法施工，严禁下部掏挖施工。

（2）以机械施工为主，采用挖掘机、装载机挖土装车，自卸汽车运至弃土点。

（3）当机械开挖至靠近边坡 0.2～0.3 m 时，改为人工修坡。需设圬工防护工程的边坡，在防护工程开工前留置保护层，待防护圬工施工后刷坡。边坡刷好后及时进行边坡防护和排水工程施工。不设圬工防护的边坡，每 10 m 边坡范围插杆挂线人工刷坡。

（4）当开挖接近路基施工标高时，采用人工配合推土机施工。到达设计标高后及时对基底土质情况进行检测，不合规范要求的进行换填。路堑施工要做到路基表面平整、密实，曲线圆顺、边线顺直，边坡坡面平顺稳定、无亏坡，边沟整齐、沟底无积水或阻水现象。

11.2.4　石质路堑开挖

石方开挖与土方开挖工艺流程基本相同。具体操作要点如下：

（1）石方开挖根据岩石的类别、风化程度、岩层产状、岩体断裂构造、施工环境等情况，同时考虑到开挖段落基本位于陡坡地段，挖方地表多富有较厚的堆积土层，为保证开挖边坡上方土体的稳定性，石质路堑均采用机械破碎开挖，人工配合修整；当挖方路段为双边坡石质路堑时，采用纵向挖掘法施工，并分层在横断面中部开挖出每层通道，然后横断面两侧进行机械破碎。

（2）石方开挖施工时，自上而下分层进行，注意保持边坡的稳定，严禁因施工作业引起图纸爆破设计线以外部分岩石的松动。若出现了滑塌情况，应清除并用浆砌片石补砌。对高边坡，应在坡顶埋设观测点，看是否有位移情况发生。

（3）石方的运输采用推土机或装载机、挖掘机配合自卸汽车运输。

（4）石质路堑的路床顶标高，应控制在规范允许范围内，并满足图纸设计要求，高出部分人工凿平，超挖部分按监理工程师批准的级配碎石回填并碾压密实稳固。

11.2.5 路基爆破开挖

1. 施工工艺流程

石方路堑爆破开挖施工工艺流程如图 3-11-12 所示。

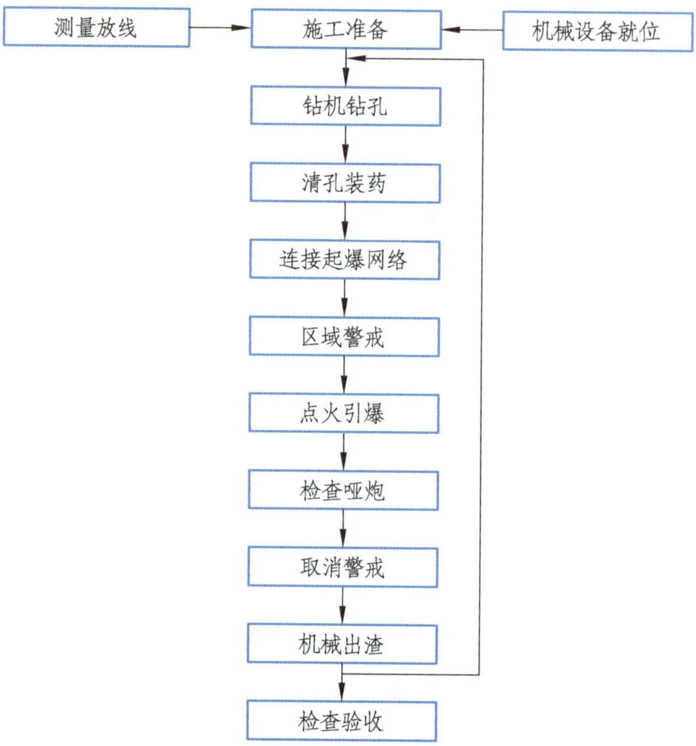

图 3-11-12 石方路堑爆破开挖施工工艺流程

2. 操作要点

1）深孔爆破

深挖地段采用小型潜孔钻机（钻头直径为 90 ~ 100 mm）钻孔，实施梯段深孔微差松动控制爆破。

2）浅孔爆破

对于挖深较浅地段和方量不大的边坡、路基面修整采用风动凿岩机（钻头直径为 32 mm）钻眼，浅孔微差松动控制爆破。

3）光面爆破

在深挖地段采用预留光爆层法进行光面爆破。爆破时，采用低威力炸药，并加工成小直径药卷，采用同段毫秒雷管微差顺序起爆或传爆线起爆。光面爆破先引爆掏槽眼，再引爆辅助眼，最后引爆周边眼。毫秒雷管采用的段数：掏槽眼采用 1、3 段，辅助眼采用 5 段，周边眼采用 11、13、15 段。

4）预裂爆破

软岩和中硬岩边坡实施预裂爆破，为确保爆破质量，保证边坡稳定，在预裂孔与主爆孔之间设一排辅助孔、一排缓冲孔。辅助孔、缓冲孔与主爆孔一同顺序微差起爆。

预裂爆破先引爆周边眼，再引爆掏槽眼，最后引爆辅助眼。毫秒雷管采用的段数：周边眼采用 11、13、15 段，掏槽眼采用 1、3 段，辅助眼采用 5 段。

爆破结构如图 3-11-13 所示，起爆网络如图 3-11-14 所示。

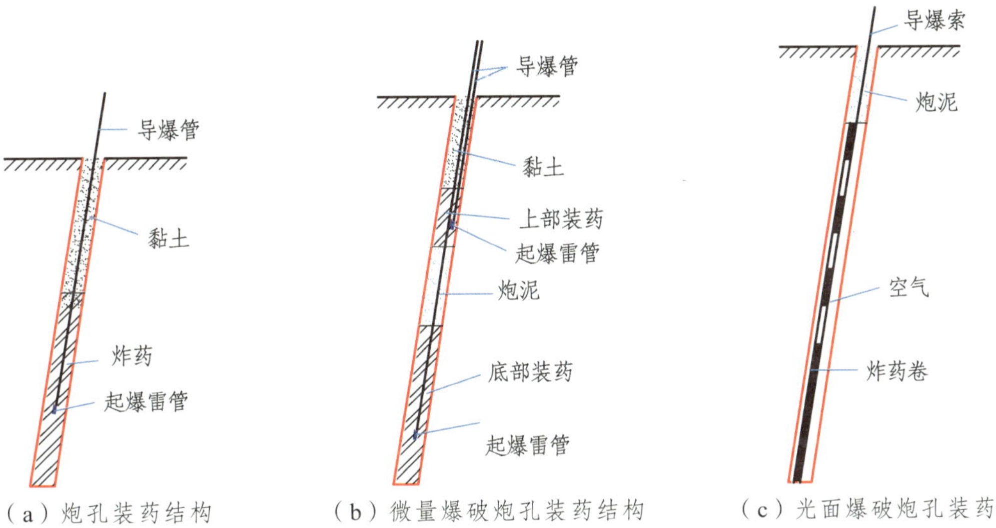

图 3-11-13　爆破结构

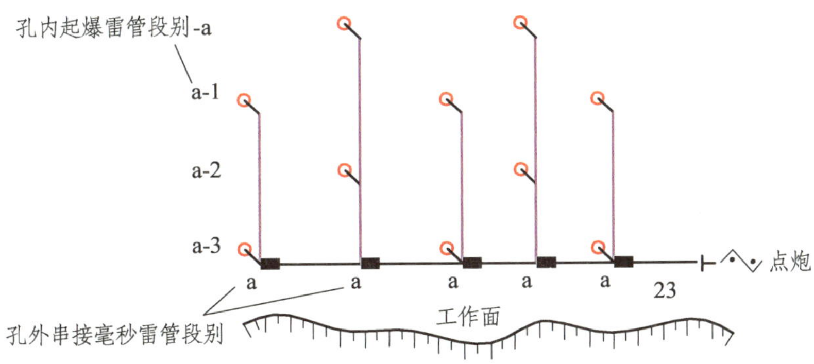

图 3-11-14　起爆网络

11.2.6　沉降观测

施工过程中对高度大于 20 m 的深路堑高边坡土层及软质岩挖方边坡，高度大于 30 m 的硬质岩挖方边坡，软弱夹层、顺层岩层等不良地质挖方路段实施动态监测。沉降观测要求如下：

（1）土质边坡段深埋混凝土桩作为观测桩，石质边坡段可在稳固岩面上做 20 cm 见方的标石（埋设观测点）；设有挡土墙等加固设施者，应在其顶面埋设观测点，观测点用不小于 $\phi 14$ 的钢筋，顶端磨成半球形，中间刻十字。路堑高边坡变形监控布设如图 3-11-15 所示。

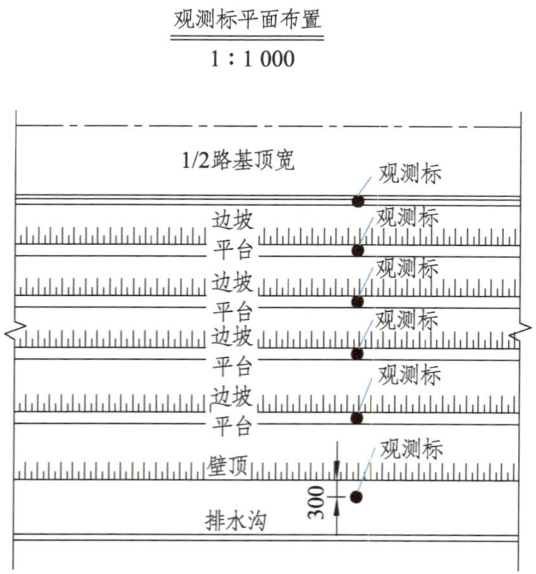

注：
1. 每段高边坡至少设三组观测标，以利于监测结果的相互验证。
2. 坡顶观测标应在施工放样时埋设并记录日期，坐标及高程往下每开挖至一个平台时，完成防护后随即埋设并开始观测。

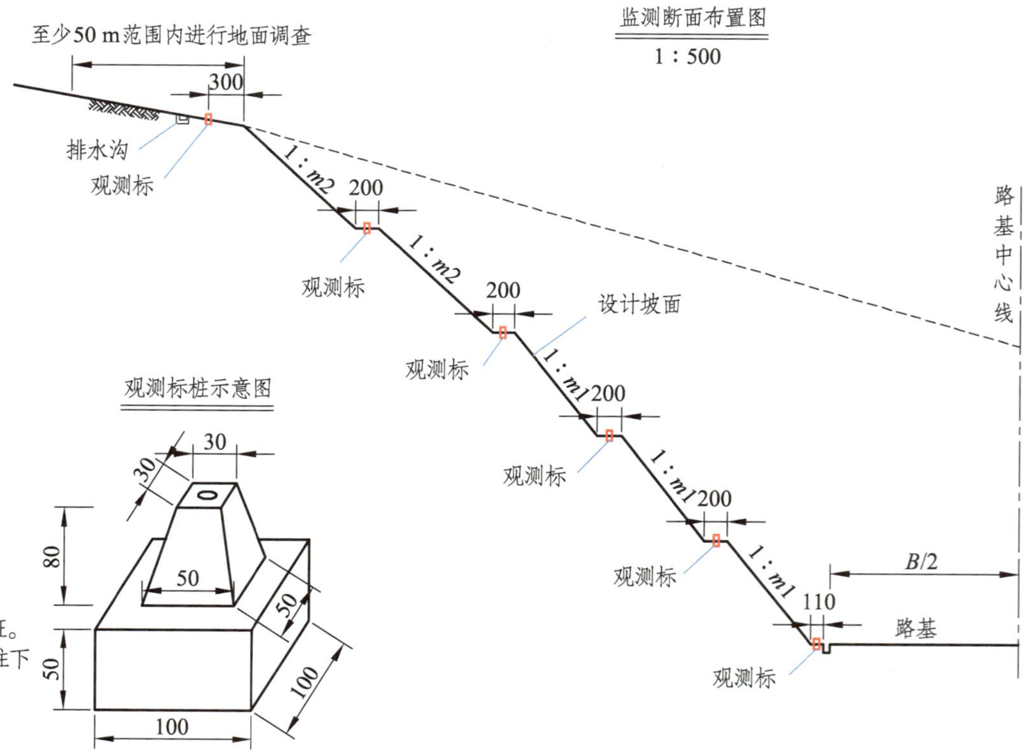

图 3-11-15　路堑高边坡变形监控布设

（2）观测桩测量应用光电测距仪和水平仪进行，用施工平面控制点和水准点作监控测量基准点。测量结果应满足边坡监测技术要求，同时应有专项记录表，并编入竣工资料内。

（3）每段边坡开挖应及时进行坡面、坡顶观测，判断无须变更设计后施工防护工程，再作下一坡面开挖。

（4）施工前应根据具体工点情况制定监测方案，并经监理批准后实施。观测频率应根据施工现场情况、季节变化、位移速率、施工周期等确定。原则上施工期间每天观测一次，施工完成后的第一个月内按施工期的频率观测，以后逐步减少观测次数。施工完一个月后至下一个雨季结束，每天应观测一次，以后每周观测 1～2 次，直至交工验收。特殊情况需要加强观测。边坡检测技术要求详见表 3-11-1。

表 3-11-1　边坡监测技术要求

监控项目	观测内容	基本要求
坡顶地面调查	边坡开挖过程中至交工验收前，应对坡顶进行定期调查，主要调查地表土体有无裂缝发生，有裂缝发生时应记录裂缝产生的时间、深度、连通性、充水状况等的发展变化情况	要及时排出裂缝中的水并封堵裂缝，防止地表水下渗，并根据实际情况研究边坡的稳定性
边坡坡面调查	边坡开挖过程中应记录开挖断面的地质剖面，观测坡面岩层产状，节理发育状况及地下水出露情况，若遇有结构面组合不利于边坡稳定，地下水涌出等情况应及时现场讨论，研究边坡稳定性及应急措施	每段高边坡均应观测，详细做好记录；有异常情况应加密观测次数并取样试验
观测标测量	开挖过程中至交工验收前，应定期进行各观测点的平面及高程监控测量（精确至毫米），发现位移、沉降异常情况，应加密观测次数	所利用的固定点观测桩应稳定，观测到变形连续增加时应认真研究边坡的稳定性，采取必要的应急措施

11.3　特殊路基处理

道路沿线地表一般都覆盖有第四系残坡积、坡洪积、冲洪积层，地表多为耕地，且大部分为水稻田地，软土零星分布于沿线水稻田和鱼塘中，岩性为淤泥质黏土。淤泥质黏土呈软塑状、流塑状，具高压缩性，天然含水量及液限高，孔隙比大，强度低，属软弱层，其工程性质差。本项目针对软弱地基采取的处理措施主要有清淤换填、片石（卵石）盲沟、重压嵌入片石、碎石桩、水泥搅拌桩、高压旋喷桩等。

11.3.1　清淤换填

适用条件：当软弱土层为淤泥质软土、厚度小于 2 m，且路堤整体沉降和稳定性不满足要求时，采用挖除换填处理，换填填料采用浸水抗压强度不小于 20 MPa 的片碎石、碎砾石和骨料碎石。

1. 施工工艺流程

清淤换填施工工艺流程如图 3-11-16 所示。

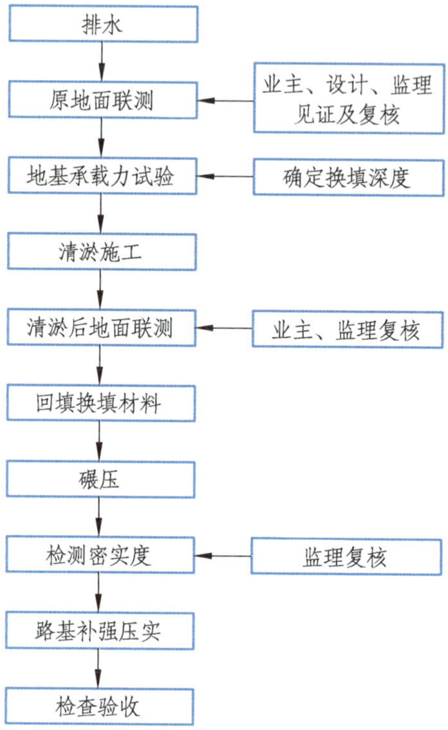

图 3-11-16　清淤换填施工工艺流程

2. 操作要点

1）施工准备

（1）材料准备。

根据合同段挖石方段落分布情况，清淤换填所用石料可从挖石方段落就近借调，减少运距，前期换填石料可由当地市场采购。

（2）排水。

对清淤换填区域积水采用挖沟排水方式，施工所挖排水沟注意与设计及当地排水系统相结合。

（3）技术准备。

由专业工程师组织试验、测量，技术人员熟悉图纸和施工规范，了解现场实际情况。编制技术交底，分工明确，责任到人。技术人员学习技术要求及规范。依据施工测量资料，进行回访测量和现场放样，包括路基边缘、坡脚的具体位置，标明轮廓，打竹片桩并撒上石灰作为施工标志。

2）清淤

清淤前，需对排水疏干后的底面标高进行复测，绘制平面示意图并请测量工程师到现场进行核对后再开挖探坑。采用轻型触探进行地基承载力试验，以确定承载力能否达到设计图纸和规范要求，进而确定清淤厚度。清淤应加宽至坡脚外 2.0 ~ 2.5 m；必须彻底清除干净，不留死角。清淤必须将高液限土等全部清除，直至检查合格为止。清除的淤泥集中堆放。清淤完成后要及时拍照取证。清淤土方可用于路基边坡及中央分隔带种植用土或弃土场复耕土层。

3）清淤后量测

清淤完成后，测量人员及时放出桩位，再报监理工程师及业主进行联测，经业主签证认可后，及时回填换填材料，以保证施工的连续性。

4）换填施工

（1）填料要求。

换填材料应尽量利用隧道洞渣或开挖石渣材料回填。

（2）换填前处理。

对于地面横坡或沿线纵向坡度大于 1∶5 的地段，应按设计要求开挖宽度不小于 2 m，向内倾斜 4%的台阶。对于清淤后仍有积水的地段，应在换填前将积水抽干。

（3）分层填筑。

石渣或碎石回填按填石路基的要求进行。填筑采取横断面全宽、纵向分层填筑的方式。当原地面高低不平时，从最低处分层填筑。回填时按路面平行线分层控制填料的标高，分层摊铺，分层压实。填料松铺厚度不大于 50 cm，铺设的宽度每侧超过设计宽度 50 cm。

为节省摊铺平整时间，可以先用推土机进行初平，对个别不平整处采用人工进行找平。在摊铺的同时，进行初步压实，以确保压路机压至路缘时不至于发生滑移。

（4）碾压。

对于摊铺好的填料，采用振动压路机进行碾压，压实度不小于 90%，碾压时压路机从两边逐渐向中间碾压，每次碾压轮迹重叠 20 ~ 30 cm。第一遍静压，然后先慢后快，由弱振到强振，行驶速度宜先慢后快，最快行驶速度控制在 4 km/h。横向接头压轮重叠 0.4 ~ 0.5 m，做到压实均匀，没有漏压、死角。现场碾压后无明显标高差异，压实层顶面稳定，不再下沉（无轮迹）时，可判定为密实状态。填筑自检合格后报监理工程师抽检，合格签证后再填筑上一层。

（5）检测。

对换填施工主要以沉降差法进行检测。

11.3.2　片石（卵石）盲沟

片石（卵石）盲沟适用于含水路基的排水处理。当软弱土层为非淤泥质土，厚度≤2.0 m 时，按间距 5 ~ 8 m 设置 1.0 ~ 2.0 m 深片石（卵石）盲沟进行处理，同时在原地面以上填筑 0.5 m 厚碎石类、卵砾石类土。

1. 施工工艺流程

片石（卵石）盲沟施工工艺流程如图 3-11-17 所示。

2. 操作要点

1）测量放线

根据路基填土高度及坡度放出坡脚线，确定软基处理范围，用石灰撒线，避免欠挖或超挖，同时测出淤泥顶面标高，作为控制清淤深度依据。

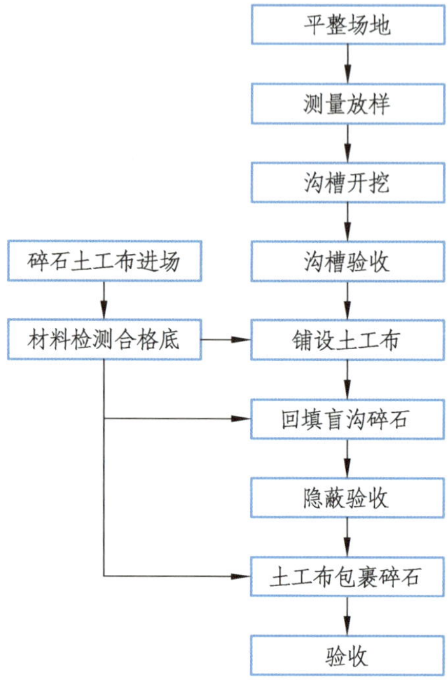

图 3-11-17 片石（卵石）盲沟施工工艺流程

2）沟槽开挖（淤泥清理）

用挖掘机配合推土机把淤泥转运至稻田（鱼塘）边或采用两台挖掘机接力挖运方式，将淤泥装至自卸汽车上，运至附近弃土场。

3）片石盲沟

片石盲沟（图 3-11-18）的片石选用厚度不小于 15 cm 且不大于 30 cm 片状石料，石料质地强韧、密实，无风化剥落、裂纹和结构缺陷，表面清洁无污染，由运输车运至施工区域，采用干砌施工工艺。盲沟砌筑应根据片石的外形尺寸合理搭配，保证结构稳固，并能满足排水要求。人工施作片石排水沟时应在沟壁与含水地层接触面高度处，设置一排或多排向倾斜的渗水孔。沟壁外侧应填以粗粒透水材料或土工合成材料作反滤层，沿沟槽每隔 10 ~ 15 m 或当沟槽通过软硬岩层分界处时应设置伸缩缝或沉降缝。片石盲沟底纵坡不能小于 1%，宜采用 5%，出口水底标高应高出沟外最高水位 0.2 m。

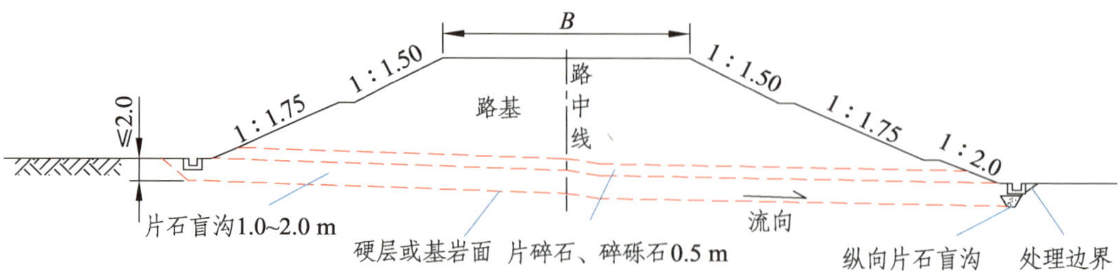

图 3-11-18 片石盲沟

11.3.3　换填加片石（卵石）盲沟

换填加片石（卵石）盲沟（图 3-11-19、图 3-11-20）适用于含水软土路基的排水加固处理。处理工艺与片石盲沟处理相同。当软弱土层为非淤泥质土，厚度在 2 m<h≤3 m 范围时，换填厚度为 0.5 ~ 1.5 m，片石（卵石）盲沟深度为 1.5 m；当软弱土层为非淤泥质土、厚度在 3 m<h≤4 m 范围时，换填厚度为 1 ~ 2 m，片石（卵石）盲沟深度为 2.0 m。注意换填材料采用片碎石、碎砾石，骨料碎石浸水抗压强度不小于 20 MPa。

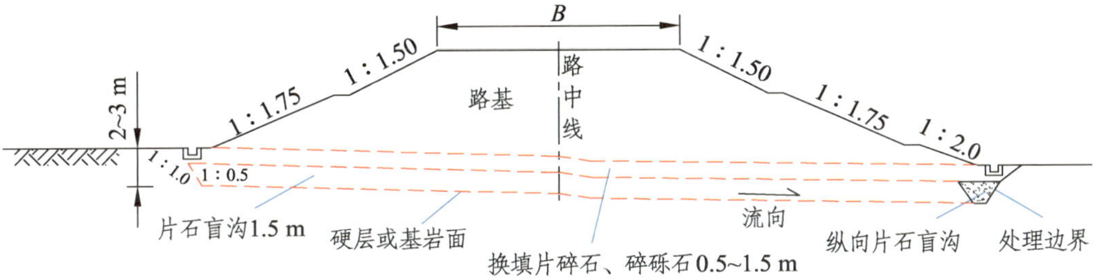

图 3-11-19　换填加片石盲沟（换填厚度 0.5 ~ 1.5 m）

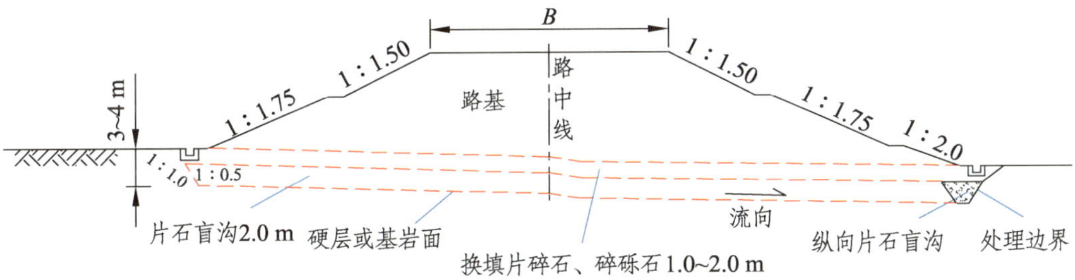

图 3-11-20　换填加片石盲沟（换填厚度 1.0 ~ 2.0 m）

11.3.4　重压嵌入片石

当软弱土层为淤泥质软土，厚度为 2.0 ~ 4.0 m 时，若软土层底面持力层横坡度较小（本次设计按 10°考虑），采用重压嵌入片石（图 3-11-21）处理。

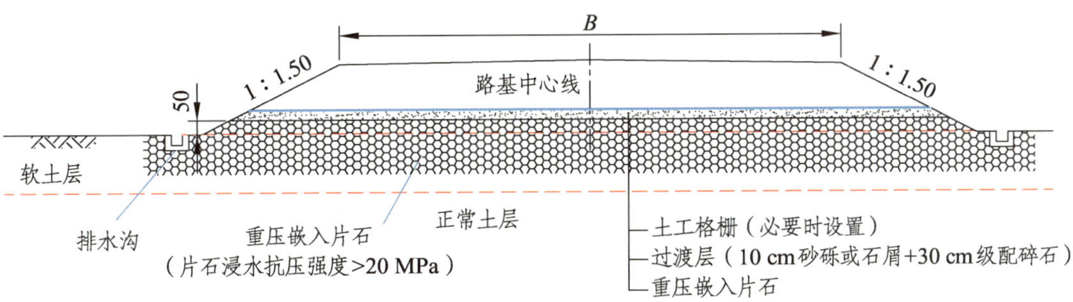

图 3-11-21　重压嵌入片石设计

1. 施工工艺流程

重压嵌入片石施工工艺流程如图 3-11-22 所示。

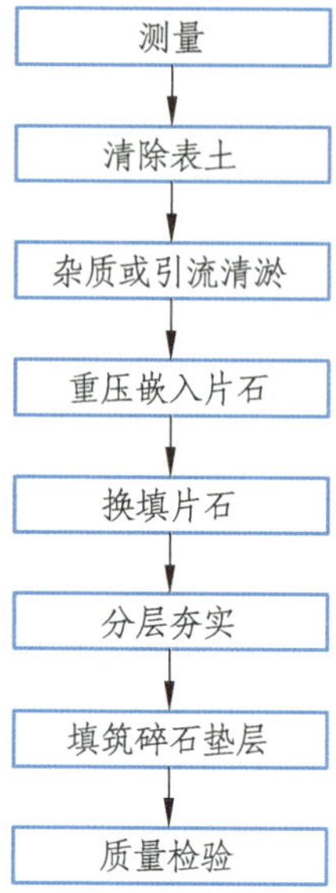

图 3-11-22　重压嵌入片石施工工艺流程

2. 操作要点

（1）施工前应先开挖纵横向临时排水沟，排除地表积水。沟谷、水塘地段表层淤泥必须做清除处理。

（2）采用重压片石处理时，重压嵌入片石应分层铺垫片石，并用重型压路机分层碾压，使其嵌入软弱土层。底部铺设片石可选用粒径较大的硬质石块，向上逐层增加小颗粒成分，反复碾压直到地基稳定和无明显下沉，压实沉降差<3 mm。当达到设计要求后，嵌入片石层顶面应设置过渡层，过渡层采用 30 cm 厚级配碎石+10 cm 厚砂砾（或石屑），粒径应满足 M15/F15>5，M15/F85<5 要求。各层压实度应达到相应层位的设计压实度要求。

（3）重压嵌入片石施工质量控制具体要求如下：

①重压嵌入片石时，底部先填筑一层大粒径（粒径≥50 cm）的片、块石，要求尽量将石块尖角朝下，平面朝上铺筑。先用推土机来回碾压，再用重型压路机反复碾压使其尽量嵌入软弱土层，在其上铺一层粒径 30～50 cm 片石，用重型振动压路机反复碾压后，上层再填铺粒径小于 30 cm 的片、碎石，用重型振动压路机反复碾压至地基稳定和无明显下沉为止。

②嵌入片石的厚度不能达到全部软土层的情况下，路堤填筑完成后需要预留 6 个月以上预压固结的时间，预压固结完成后再施工路面。重压嵌入片石处理后，处理顶面至原地面高程即可，并且必须保证路床 120 cm 厚度范围采用碎石类土、砂砾类土填筑，以保证路基路面的施工质量。

③重压嵌入片石的处理宽度，两侧要求宽出路基坡脚各 2.0 m。要求所用石料采用挖方中不易风化的硬质岩石，片石单轴饱和抗压强度不小于 20 MPa。

④重压嵌入片石时应预留出涵洞位置，和涵洞设计相结合考虑，以免造成工程浪费。在重压嵌入片石处理软弱地基施工中，严禁直接采用大块石厚层堆填或抛填，确保片块石均匀挤入软弱土层，并达到所需深度，确保置换效果。

11.3.5　碎石桩

碎石桩适用于软土路基的排水加固处理。根据施工图设计，施工段有多处软地基需要进行碎石桩加固处理，振动沉管挤密碎石桩（以下简称“碎石挤密桩”）是一种软土地基的处理方法，可以使地基的承载力增加，沉降量减少，防止地震液化的发生，同时亦可用于增大软弱黏性土的整体稳定性，减少沉降量，防止路基位移发生。

1. 施工工艺流程

碎石挤密桩施工工艺流程如图 3-11-23 所示。

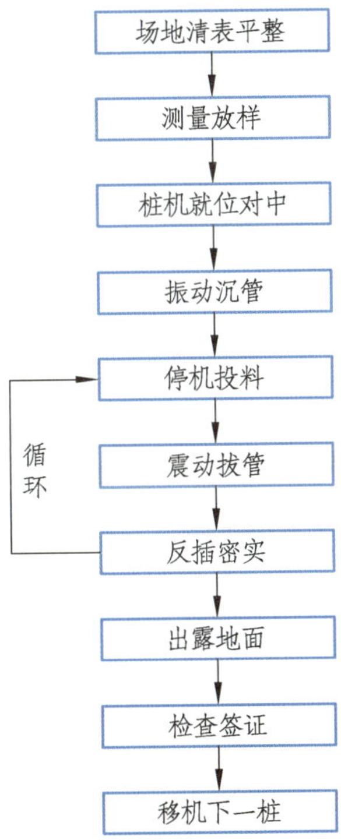

图 3-11-23　碎石挤密桩施工工艺流程

2. 操作要点

1）成桩试验

施工前，应进行成桩试验，取得各种参数，以确保大面积施工质量，成桩试验要求达到以下目的：掌握满足设计要求和各种技术参数，如振动频率、留振时间、反插深度、桩管提升高度和进度、电机的工作电流以及完成全过程的施工时间等。

2）施工准备

在碎石桩施工前首先平整场地，夯实回填素土至地面，清理平整施工段地面障碍物；在施工过程中，地基液化严重，碎石机倾斜或下陷，可在局部铺上一定厚度的碎石确保打桩机平衡，在施工完毕后及时清除。

测量放线，恢复中线，放出路段边中桩，清理平整施工段地基表面，测量平整后的标高，做好排水系统，保证排水通道的畅通。按照设计文件桩间距及形成绘制碎石桩施工平面图，按桩位图准确放出桩并编号，桩间距允许误差为 ± 15 cm。

对进场的碎石按规范要求进行检验，要求碎石为自然级配，粒径为 20 ~ 40 mm，含泥量控制在 5%以下。

3）桩机就位

根据桩机走行钢轨上标出的桩位标记，移动桩机，使桩机对准打桩线。应保证起重设备平稳，导向架与地面垂直，垂直偏角不应大于 1.5%，成孔中心与设计桩位偏差不应大于 50 mm，桩径偏差控制在 ± 20 mm 以内，桩长偏差不大于 100 mm。

4）成孔

采用振动法沉管成孔，根据设计及规范要求，钢管柱在振动过程要求垂直，避免钢管桩倾斜，受力不均匀。振动过程中边振动、边校正。桩身的深度按设计要求在钢管桩体上做好标记，保证钢管桩达到设计要求。成孔的过程中，振动锤边振动、边提拔，重复几次，保证钢管桩内的碎石密实。桩身满足要求后用小推车分批加入填料，然后振实提管，严格防止出现“断桩和缩颈桩”。

5）成桩

启动桩锤电机使桩锤振动，桩管沿桩位下沉。

根据桩深和试桩时确定的充盈系数（充盈系数=碎石填料体积/沉管体积，一般在 1.3 ~ 1.5 之间）制作进料斗，按规定的灌碎石量将碎石装入桩管内。如果桩管一次容纳不了应灌入的全部碎石，剩余的碎石待桩管提升下料振动挤密一段时间后，再补充装入。

逐次把桩管提升 80 ~ 100 cm，提升时桩尖自动打开，向下反插 0.5 m，反复沉管拔管，直至桩管内的碎石料流入孔内。降落桩管，振动挤压 15 ~ 20 s。每次提升桩管 50 cm，挤压时间以桩管难以下沉时为宜。按上述方法反复升降压拔桩管，直至所灌的碎石将地基挤密即完成该桩灌碎石量，桩管提至地面，进行下一根桩的施工。

在以上各施工程序中，关键是施工中对水、电、料的控制，即投料与震动提管以及下沉挤密过程。

11.3.6 水泥搅拌桩

水泥搅拌桩适用于软土路基加固处理。

1. 施工工艺流程

水泥搅拌桩施工工艺流程如图 3-11-24 所示。

2. 操作要点

1）施工前期准备

（1）清除地表下各种障碍物（包括人防工程、建筑垃圾、地下管线、电缆等）。

（2）进场道路畅通，将施工用水、电接至施工现场。

（3）组织材料进场，进场水泥必须具备出场合格证，并经现场取样送试验室复检合格，存放场地要充分满足施工需要，现场布局合理。

2）测放桩位

（1）施工前，首先根据轴线交叉点坐标用全站仪定出轴线。

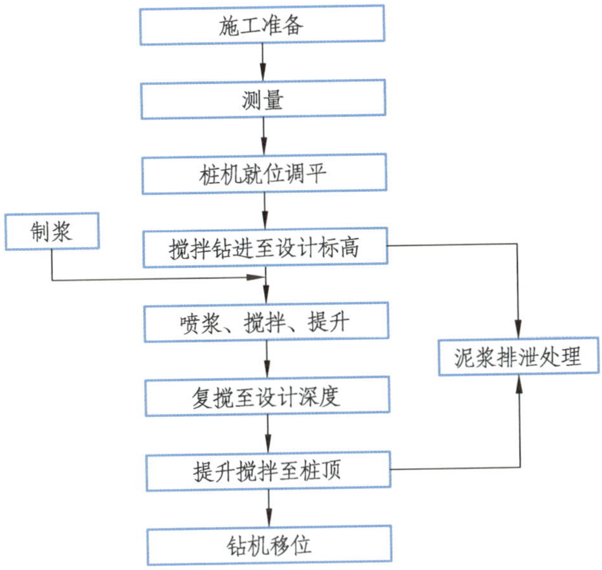

图 3-11-24　水泥搅拌桩施工工艺流程

（2）根据桩位平面图及主要轴线，用经纬仪定向，钢尺量距，确定桩位。

（3）引出主要控制点于施工现场不易碾压的位置，用混凝土固定保留。

（4）测量现场地面标高，确定桩顶标高。对桩位进行编号，以便于施工管理和资料整理。

（5）设备进场后，按设计要求，在不同地点根据不同桩长进行工艺性试验桩的施工，确定下沉及提升速度、水灰比、浆泵工作压力、每米水泥浆用量情况等工艺参数，了解地质情况，待参数确定后再进行工程桩施工。

3）成桩

塔架悬吊搅拌机到达指定桩位，对中（搅拌机的钻杆须垂直并对准桩位），当地面起伏不平时，采取有效措施使起吊设备保持水平。

待搅拌机的冷却水循环正常后，启动搅拌机电机，放松塔底钢丝绳，使搅拌机沿导向架搅拌切土下沉。待搅拌机下沉到一定深度时，即开始按确定的配合比搅拌水泥浆，待压浆前将水泥倒入集料斗中。搅拌机下沉到设计深度后，开启灰浆泵，将水泥压入地基中，边喷浆、边旋转，同时严格按照确定的提升速度提升搅拌机。搅拌机提升至设计加固深度的顶面标高时，集料斗的水泥浆应正好排空。为使软土和水泥浆搅拌均匀，再次将搅拌机边旋转边沉入土中，至设计加固深度后再将搅拌机提升出地面。

向集料斗中注入适量清水，开启灰浆泵，清洗全部管路中残存的水泥浆，直至基本干净，并将黏附在搅拌头上的软土清洗干净。水泥搅拌桩施工如图 3-11-25 及图 3-11-26 所示。

图 3-11-25　水泥搅拌桩施工

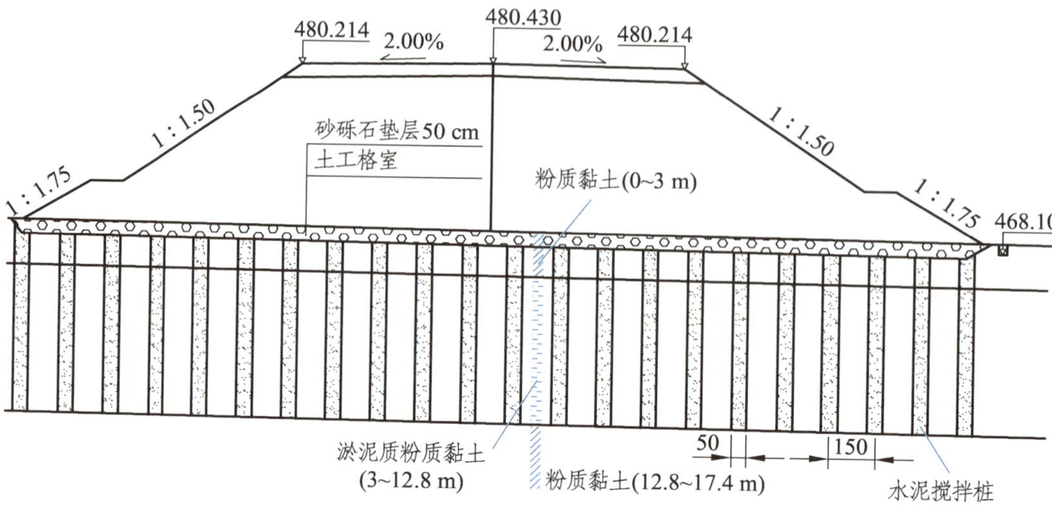

图 3-11-26 水泥搅拌桩

11.3.7 加筋材料

加筋材料适用于软土路基处理。

1. 高强土工格室施工

1）材料要求

高强土工格室的网带连接方式采用 U 型钢钉插接编织，U 型钉直径≥2.5 mm，U 型钢钉需做好镀锌防腐处理。格室片横向抗拉强度≥20 kN/m，对应延伸率≤15%；格室片纵向抗拉强度≥120 kN/m，对应延伸率≤15%；格室片间连接处的断裂拉力≥120 kN/m；连接处连接件的抗剪切力≥120 kN/m；格室高度 75 mm，网格尺寸 40 cm×40 cm，单网面积≥50 m^2。

2）施工流程

测量放样→铺设土工格室→固定土工格室。

（1）在基底上将土工格室展开、拉直平顺，紧贴下承层铺平，保证荷载施加后处于良好受力状态，用 U 型钢钉固定。

（2）土工格室从台阶内缘铺设至加宽路基边坡处，采用自瞄式，以保证整体受力。

（3）土工格室应张拉均匀并用 U 型钢钉固定，钢钉间距为台阶部位 0.5 m，其他部位 1.0 m，并紧贴下承层。

（4）土工格室的铺筑坡度应与路面平行，格室展开方向应与路基纵向中心线垂直。

（5）土工格室铺设以后，应及时填筑填料，以避免其受到阳光过长时间的直接暴晒。

（6）土工格室上的第一层填土摊铺机械宜采用轻型推土机或前置装载机。一切车辆、施工机械只允许沿路堤的轴线方向行驶。

（7）填料不允许直接卸在土工格室上面，必须卸在已摊铺完毕的土面上。土工格室施工如图 3-11-27 所示。

图 3-11-27　土工格室施工

2. 土工格栅施工

1）材料要求

土工格栅施工（图 3-11-28）采用双向 HDPE（高密度聚乙烯）土工格栅，极限抗拉强度 ≥50 kN/m，2%伸长率时的抗拉强度≥20 kN/m，格栅搭接宽度不小于 20 cm，为防止格栅在压实时错动，采用直径为 10 mm 的钢筋固定，间距为 100 cm。

2）铺设位置

新、旧路基衔接在台阶处铺设土工合成材料；低填路段，在路床顶面以下 30 cm 铺一层 HDPE 土工格栅；当（120+A）cm<H≤400 cm 时（A 为铺设土工格栅处的填土厚度），在路床顶面以下 30 cm 处铺一层 HDPE 土工格栅，路基底铺设双向土工格室；当 H>400 cm 时，再在路床底及变坡处各增设一层 HDPE 土工格栅。

3）施工流程

检测、清理下承层→人工铺设土工格栅→搭接、绑扎、固定→摊铺上层路基土→碾压→检测。

土工格栅在平整的下承层上按设计要求的宽度铺设，其上、下层填料无刺坏土工格栅的杂物。铺设土工格栅时，将强度高的方向垂直于路堤轴线方向布置，土工格栅横向铺设，铺设时绷紧、拉挺，避免折皱、扭曲或坑洼。土工格栅沿纵向拼接采用搭接法，搭接宽度不小于 20 cm。铺好土工格栅后，铺设上层填料，及时完成碾压，避免长期暴晒，然后采用机械运料、整平、碾压，机械摊铺、碾压从两边向中间推进，直至其压实度达到设计规范要求。施工中随时检查土工格栅的质量，发现有折损、刺破、撕裂等损坏时，视程度修补或更换。

图 3-11-28　土工格栅施工

11.3.8 塑料排水板

塑料排水板适用于含水软土路基排水加固处理。

1. 施工工艺流程

塑料排水板施工工艺流程如图 3-11-29 所示。

2. 操作要点

（1）在软基范围内开挖纵、横向排水沟，提前将水疏干。根据桩号打出控制桩，再每隔 10 ~ 20 m 放出线路中心桩，按照打设的宽度放出边桩和中桩。

（2）施工前采用动力触探对软基的厚度和强度进行复测。当软弱土层厚度小于 2.5 m 时，可不做插板处理。将施工范围内的淤泥、树根、草皮、腐殖土全部挖除，平整场地。

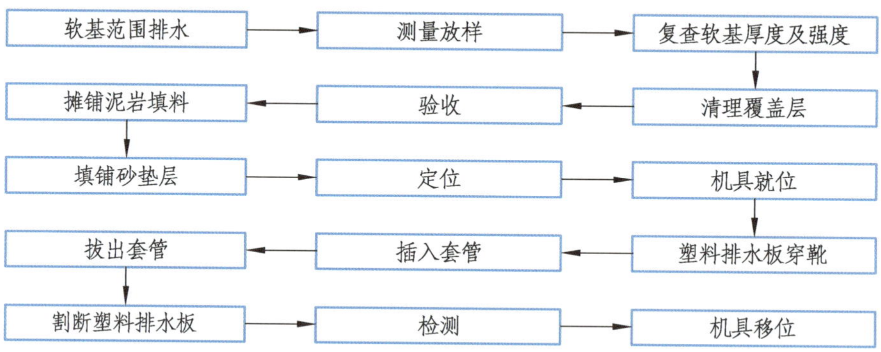

图 3-11-29 塑料排水板施工工艺流程

（3）回填前请监理进行现场验收并确定填筑厚度范围。在平整后的场地内摊铺一层泥岩填料，设置成路拱状，其边缘厚度为 30 cm，中心厚度小于 100 cm。填筑 50 cm 的天然砂砾石，用压路机静压 4 ~ 6 遍。遇有田埂时，应将原地表削成一斜面，以确保砂砾石垫层的连续性及排水效果。砂砾石垫层所用天然砂砾料最大粒径不大于 50 mm，含泥量不得大于 5%。施工过程中宜采用轻型车辆运输，避免对软弱土的过大扰动和隆起。

（4）塑料排水板（图 3-11-30）间距为 1.6 m，采用正三角形布设，每行间距为 1.386 m，

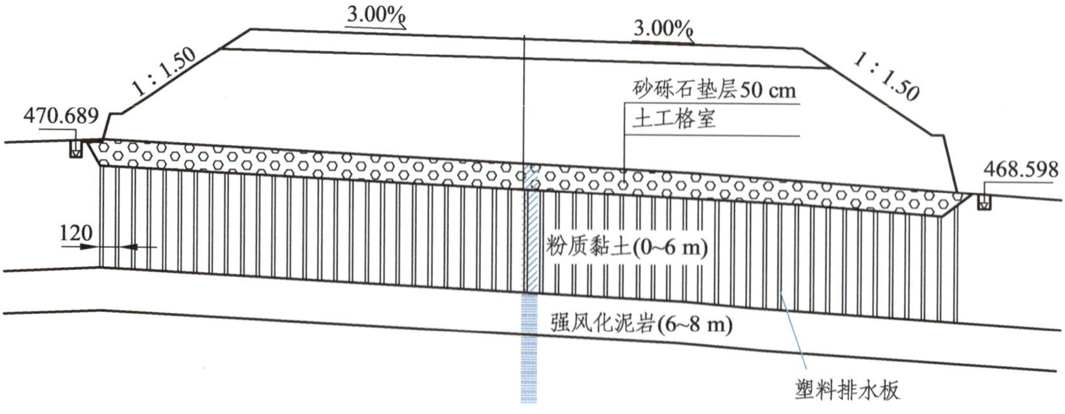

图 3-11-30 塑料排水板

首先沿软基一边等间距布设点位，呈 S 形向另一边推进，绘制好桩位图，用测量仪器放出插板位置和施插顺序，用竹签标志定插孔位，不得遗漏，间距尺寸误差应小于 15 mm。

（5）插板机就位，排水板经导管从底部穿出、回折，与桩尖连接、拉紧，与官靴口贴紧，对准桩位。开始插板时缓慢沉管，防止导管倾斜，导管入土深度距设计标高 2 m 时减慢插入速度，注意地质条件变化。沉入导管至设计深度后缓慢拔出导管，板带及锚靴留在土中，在冒出地表 20 cm 处切断排水板，重新装靴。检查每根板的情况，当符合验收标准时方可移机，打设下一根，否则须在邻近板位处补打。移动桩架至下一桩位进行循环作业。

11.3.9　高压旋喷桩

1. 施工工艺流程

高压旋喷桩施工工艺流程如图 3-11-31 所示。

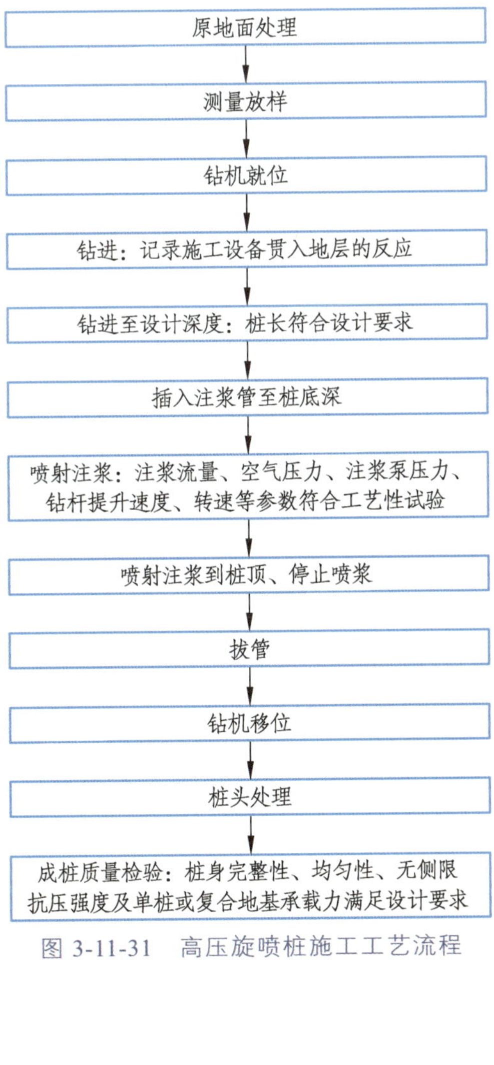

图 3-11-31　高压旋喷桩施工工艺流程

2. 操作要点

1）施工准备

（1）采用人力或机械使场地平整，并挖好排污池及排污沟，做好泥浆池，根据设计要求，采用明显标志放出桩点。

（2）施工前准备好施工机械设备，主要包括钻机、高压泥浆泵、高压水泵、泥浆泵、泥浆搅拌机、注浆管、制浆机等，确保机械设备性能良好。

（3）为掌握喷射注浆固体性质与浆液的合理配方，需取现场各层土样，进行配合比试验选出最佳浆液配方。在正式施工前现场进行喷射试验，确定施工参数。

2）钻机就位

利用钻机的自行行走，移动钻机到设计孔位，调整好垂直度，使钻头对准桩点，为防止钻杆倾斜，可加重钻杆的底部重量，并在钻进过程中用线锤随时进行检查。钻杆倾斜度≥1%，钻孔孔位与设计孔位的偏差≥50 mm。

3）射水试验

钻机就位后，首先进行低压射水试验（0.5 MPa）检查喷嘴是否畅通、压力是否正常。

4）钻孔

（1）将已调试好的钻机，移至设计孔位，并调整好垂直度，使钻头对准设计桩位中心。射水试验后，即可开钻，射水压力由 0.5 MPa 增至 1.0 MPa，目的是减少摩擦，防止喷嘴堵塞。

（2）当第一根钻杆钻进后，停止射水，待压力下降后，接长钻杆，再继续射水钻进，直到钻到设计桩底位置。

5）制浆

采用合格的 P・O42.5 普通硅酸盐水泥和洁净饮用水，按选定的配合比进行配制。

按确定的配合比，将水加入桶内，再加入水泥，开动搅拌机拌和，经过滤网流入泥浆池；用泥浆泵进行第二次过滤筛，进行第二次过滤后，流入泥浆桶的浆液，经过高压泵加压，经高压管送至钻机进行旋喷。

6）旋喷

浆液压力>20 MPa，水泥浆水灰比 1.0，旋转速度，一般以 20 r/min 为宜，提升速度 0.2 ~ 0.25 m/min，喷嘴直径 2 ~ 3 mm，液浆流量 80 ~ 120 L/min。

（1）钻孔至设计高程后，拧下上节钻杆，放入钢球，堵住射水孔，再将钻杆装上，即可向钻机输送高压水泥浆，待液浆从孔底冒出后，钻杆开始旋转和提升，由下而上进行旋喷，旋喷过程中冒浆量应控制在 10% ~ 25%。当遇特殊土层，如砾石土等，为保证桩径和质量，必须进行复喷，复喷高度≤500 mm。

（2）在旋转过程中，当第一根钻杆提出地面后，停止压浆，待压力下降后，迅速拆除钻杆，当提升到桩顶设计标高时，重新开始旋喷桩。当提升到桩顶设计标高时，为避免浆液与土混合后，因钻杆拆除浆液出现缩水，造成旋喷桩顶部凹穴，进行低压补喷。

7）冲洗

补喷完成后，提出钻杆及钻头进行低压射水，冲洗钻杆、喷嘴，即可移动钻机。当遇到特殊情况时，必须清洗所有的管路、器具。

8）移开钻机

当一根桩旋喷完毕后，即可移开钻机，进行下一根桩作业，相邻两桩施工间隔时间≤2 d，间距≤2 m。

11.4　路基压实

1. 试验段

填石路堤、土石混填路堤、特殊地段路堤、特殊填料路堤及拟采用新技术、新工艺、新材料的路基，必须进行试验段施工。试验段路基选在成绵段 K17+100 ~ K17+300，路段长度为 200 m。现场试验应进行到能有效地使该种填料达到规定的压实度为止。试验时应记录压实设备的类型、组合方式、碾压遍数及碾压速度、工序，每层材料的松铺厚度、材料的含水率等。试验段所用的填料和机具应与施工所用材料和机具相同。

2. 施工工艺流程

路基压实工艺流程如图 3-11-32 所示。

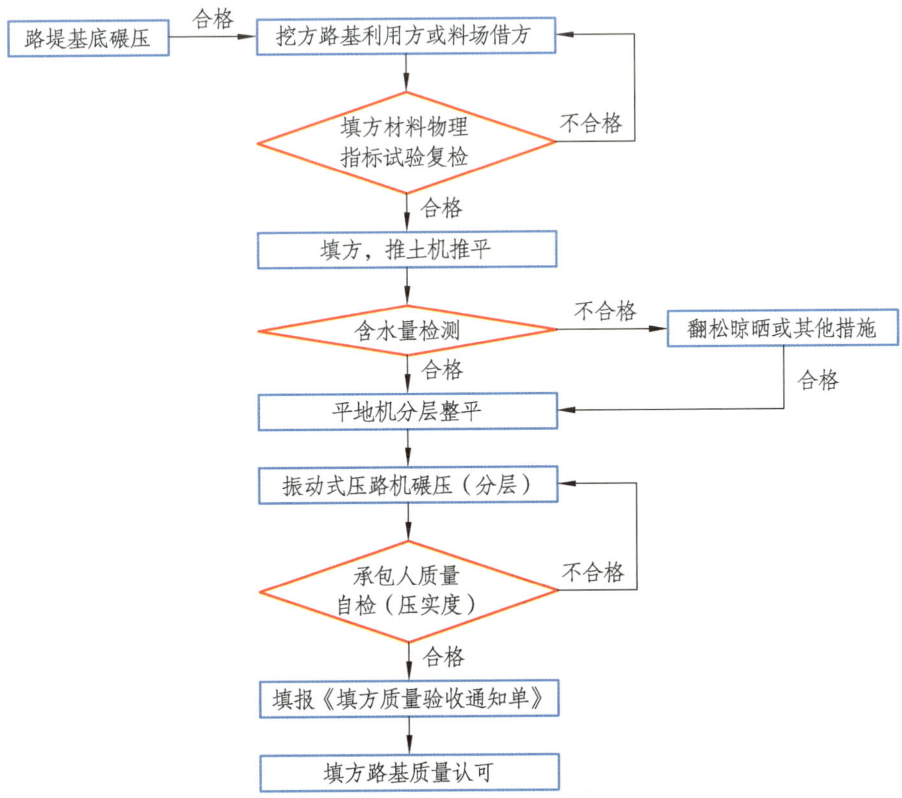

图 3-11-32　路基压实工艺流程

3. 操作要点

（1）碾压前，检查土的含水量是否合适，如果不合适，不要急于碾压，而是要采取处理措施（过湿就摊铺晾晒，过干则洒水润湿）。开始时，宜用慢速，最大速度不宜超过 4 km/h；碾压时，直线段由两边向中间，小半径曲线段由内侧向外侧，纵向进退式进行。横向接头对振动压路机一般重叠 0.4 ~ 0.5 m，对三轮压路机一般重叠后轮宽的 1/2，前后相邻两区段（碾压区段之前的平整预压区段与其后的检验区段）宜纵向重叠 1.0 ~ 1.5 m，应达到无漏压、无死角，确保碾压均匀。采用振动压路机碾压时，第一遍应不振动静压，然后先慢后快，由弱振至强振。

（2）大型运载车辆在路基上行驶，合理安排行车路线，充分利用大型车辆对路基的压实作用。大型车辆轴载大，对路基具有压实作用，但是长时间在同一路线上行驶，会导致过度碾压，形成车辙，反而对路基有害。因此，施工时应尽量让车辆在路基全幅宽度内分开行驶。

11.5 路基排水工程

路基排水工程由边沟、截水沟、急流槽、集水井、排水渗沟等构成，采用挖掘机开挖基础，人工配合，按图纸和规范要求挂线砌筑或立模浇筑混凝土。

1. 施工工艺流程

路基排水工程施工工艺流程如图 3-11-33 所示。

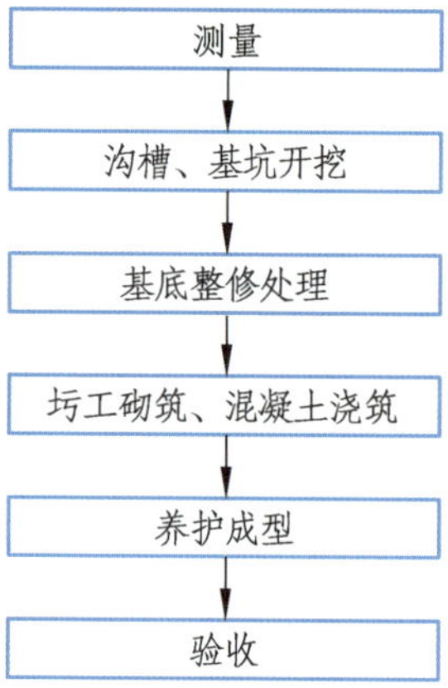

图 3-11-33　路基排水工程施工工艺流程

2. 操作要点

（1）测量定位。截水沟位置为红线外 5 m 范围。

（2）基坑开挖采用人工配合挖掘机作业，沟壁平整坚实，沟内排水通畅无杂物，经检查合格后方可进行砌筑施工。浆砌片石块石采用坐浆法。

（3）砂浆严格按配合比计量，砌体砂浆饱满，分层砌筑，灰缝错开。

（4）石料色泽一致，石料强度应符合设计及规范要求，表面修凿一致，砌筑砂浆饱满，几何结构尺寸符合设计及规范要求，勾缝全部采用凹缝，做到内实外美。

（5）截水沟必须有牢靠的出水口，必须与其他排水设施平顺衔接。排水沟的线形要求平顺，尽可能采用直线，转弯处做成弧形。

（6）现场经监理验收合格后才能做交工验收，否则返工重做。

11.6 路基防护与支挡

11.6.1 挖方边坡防护

为减少高速公路对原有生态系统的破坏，从生态的角度出发，最大限度地采用生态防护技术防护挖方边坡坡面。结合不同的坡面性质、土质情况，兼顾良好景观的形成，以科学性、艺术性、可行性为目标，采用新技术、新工艺、新成果进行技术经济比较。在确保边坡稳定安全的前提下，采用生态防护既能满足护坡固坡、防止冲刷的工程要求，又能因地制宜，与周围生态景观有机地相结合，保证了生态防护的效果。本项目选用如下边坡防护：

（1）喷播（草籽+灌木籽）植草护坡：适用于边坡坡率 1∶1.0～1∶1.5，边坡高度 $H\leqslant 3.0$ m，边坡整体稳定的土质或强风化、全风化软质岩质边坡。

（2）挂三维网喷播（草籽+灌木籽）植草护坡：适用于边坡坡率 1∶1.0～1∶1.5，边坡高度 3.0 m$<H\leqslant$10.0 m，边坡整体稳定的土质或强风化、全风化岩质边坡。

（3）预制混凝土拱形骨架护坡：适用于边坡坡率 1∶1.0～1∶1.5，边坡高度 10.0 m$<H\leqslant$20.0 m，边坡整体稳定的土质或强风化、全风化岩石边坡。

（4）挂双网喷射有机基材防护：适用于边坡坡率 1∶0.75～1∶1.0，边坡高度 10.0 m$<H\leqslant$20.0 m，边坡整体稳定，但开挖后坡面易风化剥蚀、局部有小型楔形块掉落的弱风化、强风化软质岩石边坡防护。

（5）锚杆框架防护：适用于边坡坡率 1∶0.5～1∶1.0，坡高大于 20 m，边坡整体稳定，局部有楔形体滑落的微风化、强风化岩质边坡防护。框架内边坡可根据边坡岩土体的完整程度、风化程度、边坡坡率等选择采用挂铁丝网喷有机基材、植生袋防护或不防护。

（6）挡土墙：主要用于整治不稳定边坡。

11.6.2　填方边坡防护

为防治路基病害，保证路基稳定，应根据气候、水文、地形、地质条件、边坡坡率、边坡高度及路基填料特性等因素，对路堤边坡进行必要的防护加固。本项目选用如下边坡防护：

（1）植草（草籽+灌木籽）护坡：适用于填方边坡高度小于 4.0 m 的土质路堤和土石混填路堤边坡防护。

（2）土工格室植草灌护坡防护：适用于填方边坡高度大于 4.0 m、小于 20 m 的土石混填路堤边坡防护。

（3）预制混凝土拱形骨架（导水槽式）护坡：适用于填方边坡高度大于 4.0 m 的土石混填路堤边坡防护。

（4）片块石边坡码砌：适用于填石路基边坡处理。

（5）带脚墙基础现浇混凝土护坡：适用于浸水路基或冲刷防护段路基边坡防。

（6）挡土墙：当填方高度过大、地面横坡较陡而无法填筑路堤或路堤坡脚伸入河道、大型沟谷时，应设置护肩或路肩挡土墙、路堤挡土墙等支挡结构进行收坡。护肩采用 C25 混凝土、挡土墙采用 C20 混凝土。

11.6.3　挂双网喷射有机基材施工

挂双网喷射有机基材施工适用于挖方边坡坡率 1∶0.75～1∶1.0，边坡高度 10.0 m$<H\leqslant$20.0 m，边坡整体稳定，但开挖后坡面易风化剥蚀、局部有小型楔形块掉落的弱风化、强风化软质岩石边坡防护。

1. 施工工艺流程

挂双网喷射有机基材施工工艺流程如图 3-11-34 所示。

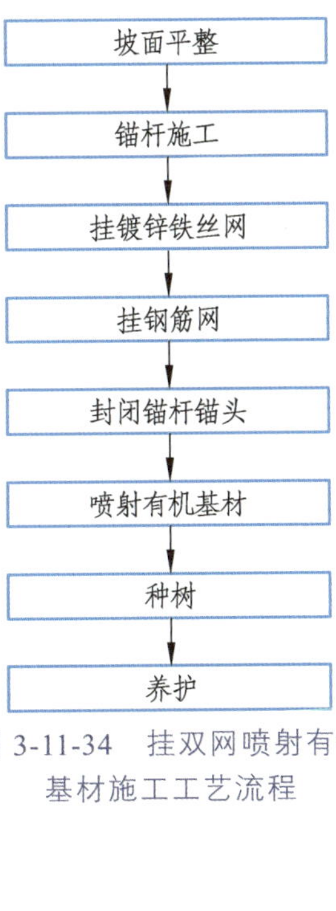

图 3-11-34　挂双网喷射有机基材施工工艺流程

2. 操作要点

（1）采用水力冲洗法，清除坡面危石、浮石、浮土等，有利于基材和岩石表面的紧密结合。人工修整后确定锚杆孔位，进行钻孔，孔深及孔径应符合图纸要求，钻孔完毕后将岩粉吹干净。

（2）采用先注浆后插式安装锚杆，锚杆材料为 20 mm 螺纹钢筋，锚杆长度为 3 m，坡面间距为 2.0 m，黏结材料为水泥砂浆。锚杆起固坡和挂网的双层作用。

（3）铁丝网采用热镀锌机编铁丝网，铁丝直径不小于 2.2 mm，网径为 5 cm × 5 cm：钢筋网采用 *f*6.5 钢筋条，框条间距为 2.0 m。挂铁丝网时应拉紧网，网间用铁丝连接，并采用不同厚度的垫圈来调节，使网与坡面的距离保持在 5 ~ 7 cm。钢筋网应与坡面锚杆焊接牢固，焊接高度以紧贴铁丝网为宜，距坡面距离也保持在 5 ~ 7 cm，钢筋网与铁丝网间用铁丝绑扎。

（4）喷射有机基材：采用 PZ-5B 混凝土喷射机将混合均匀的有机基材喷于坡面，有机基材设计喷播厚度一般为 10 cm，对于硬质岩石边坡设计喷播厚度为 8 cm。喷射基材时应尽量从正面进行，凹凸部分及死角要补喷，厚度不小于设计要求。喷射有机基材后，铁丝网上要保证有 3 ~ 5 cm 厚的基材。

（5）采用液压喷播机将含有草种的营养泥均匀地喷播于有机基材上。

（6）播完草种后，选用 15 g/m^2 丙纶无纺布盖好坡面，并用竹钉固定，减少雨水或浇水冲刷草种。

（7）按要求种植苗木，做到横平竖直。

（8）草坪浇水需用散花喷枪，苗木浇水用直枪喷头，并做好病虫害防治工作以及草坪、苗木施肥、修剪工作。根据草坪草生长情况及季节特征，适时修剪，补播适时草种，以确保覆盖率达到 100%。

11.6.4 锚杆框架防护

锚杆框架防护适用于挖方边坡坡率 1：0.5 ~ 1：1.0，坡高大于 20 m，边坡整体稳定，局部有楔形体滑落的微风化、强风化岩质边坡防护。框架内边坡可根据边坡岩土体的完整程度、风化程度、边坡坡率等选择采用挂铁丝网喷有机基材、植生袋防护或不防护。

1. 施工工艺流程

锚杆框架护坡施工工艺流程如图 3-11-35 所示。

2. 操作要点

（1）施工准备阶段，锚杆孔位按照图纸设计准确放置于坡面上，利用 *f*50 钢管搭设，满足相应承载能力和稳固条件的双排脚手架平台。平台用锚杆与坡面固定，钻机用三角支架提升到平台上。根据坡面测放孔位，准确安装固定钻机，并严格认真进行机位调整。确保孔位允许偏差 ± 50 mm，锚孔深度不小于设计孔深，也不大于设计长度的 500 mm；锚杆杆体长度允许偏差为 – 30 ~ 100 mm，锚杆的钻孔倾斜度（倾角）允许偏差 ± 1°。

（2）采用干钻造孔，禁止采用水钻，以确保锚杆施工不至于恶化边坡岩体的工程地质条件，保证孔壁的黏结性能。造孔速度根据钻机性能和锚固地层严格控制，防止钻孔扭曲和变径，造成下锚困难或其他意外事故。当岩层风化严重或其性质接近土层时，可加用套管钻进，以保证钻孔质量。

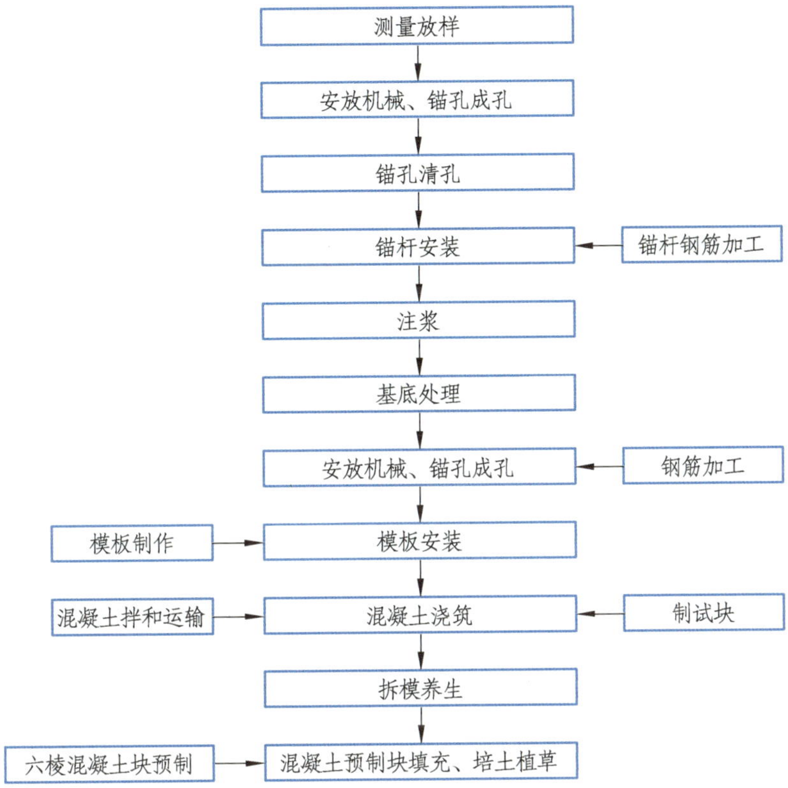

图 3-11-35　锚杆框架护坡施工工艺流程

（3）锚孔钻进达到设计深度后，不能立即停钻，要求稳钻 1～2 min，防止孔底尖灭，达不到设计孔径。孔内不得有沉渣及水体黏滞，必须清理干净。在钻孔完成后，使用高压风将孔内岩粉及水体全部清除孔外，以免降低水泥砂浆与孔壁岩土体的黏结强度。除相对坚硬完整岩体外，不得采用高压水冲洗。若遇锚孔中有承压水流出，待水压、水量变小后方可下安锚筋与注浆，必要时在周围适当部位设置排水孔。如果设计要求处理锚孔内部积聚水体，一般采用灌浆封堵二次钻进等方法处理。

（4）成孔后检查，孔径、孔深检查一般采用设计孔径、钻头和标准钻杆在现场监理旁站的条件下验孔，要求验孔过程中钻头平顺推进，不产生冲击和抖动，钻具验送长度满足设计锚杆孔深度，退钻要求顺畅，用高压风吹验不存明显飞溅尘渣及水体现象。同时要求复查锚孔孔位、倾角和方位。

（5）锚杆制作后应及时存放在通风、干燥之处，严禁日晒雨淋。锚杆在运输过程中，应防止钢筋弯折、定位器松动。

（6）砂浆灌注采用了智能张拉设备，该设备操作、原理与预制梁场的预应力智能张拉设备相同。注意，待锚杆孔内砂浆强度达到设计强度 70%后，方可进行框架梁施工。

（7）按照框架竖梁、横梁尺寸及模板厚度，精确挖出单根梁肋轮廓。基础采用人工开挖，石质地段利用风镐开挖。先施工竖梁，并于接点处预留横梁钢筋，竖梁形成后，再施工横梁。竖梁、横梁基础采用 2～5 cm 的水泥砂浆调平，遇局部架空采用 M10 浆砌片石嵌补。绑扎钢筋，用砂浆垫块垫起，与坡面保持一定距离。

（8）用脚手架钢架杆支撑固定模板，模板底部要与基础紧密接触，以防跑浆，胀模胀模。模板表面刷隔离剂，便于脱模。模板安装时要进行拉线安装和检查，保证坡率及平整度满足要求。

（9）框架混凝土灌注连续作业，边灌注边捣固。尤其是锚孔周围，钢筋较密集，一定要仔细振捣，保证质量。

（10）框架分片施工，每隔 10 ~ 15 m 设伸缩缝一道缝宽 2 cm，以沥青麻筋填塞。锚头应埋于框架中，锚头钢筋与纵梁钢筋焊接相连，与纵梁钢筋同时浇筑。

（11）待框架梁强度达到设计强度 70%后，再进行挂铁丝网喷有机基材、铺砌植生袋防护。

11.6.5　片石混凝土挡土墙

片石混凝土挡土墙主要适用于整治不稳定边坡。

1. 施工工艺流程

挡土墙施工工艺流程如图 3-11-36 所示。

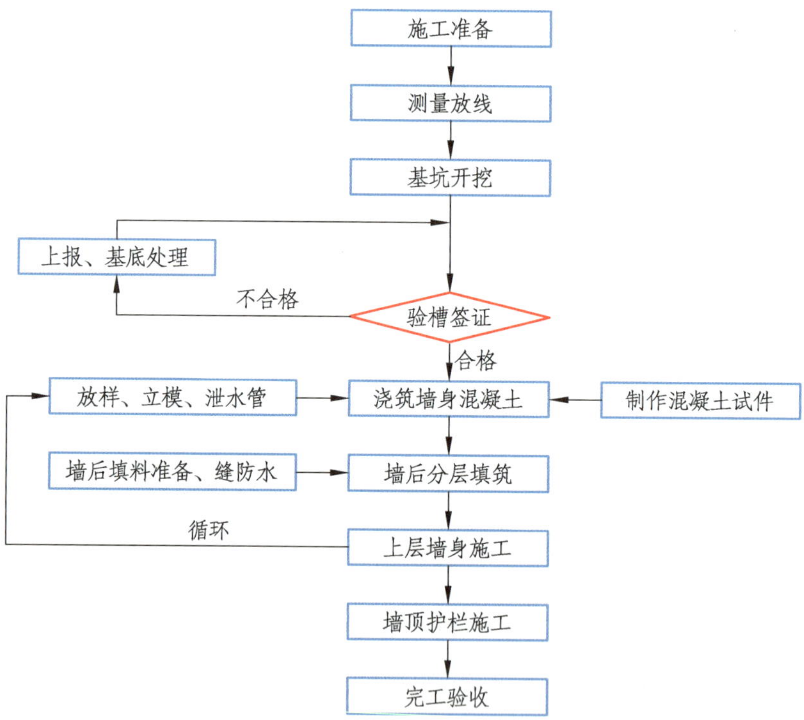

图 3-11-36　挡土墙施工工艺流程

2. 操作要点

（1）开挖前认真了解设计图纸，和有关部门了解在施工红线范围内是否有地下管线、电缆，洞穴，如有应排除后方可进行开挖。在开挖基槽时，应在基槽外周边挖截水沟，以防边槽外的雨水流进基槽内。在基槽底部做一处小沟，在一定的距离内，特别在有地下水处做一处小集水井，用潜水泵将水排出。

（2）基坑开挖完成后，用触探法或岩芯取样法进行地基承载力的检测。检测合格后，及时进行地基验槽封闭，避免基底长时间暴露。

（3）两侧均采用双排操作架，确保脚手架不下沉。立杆下垫通长脚手木板，木板断面尺寸不小于 50 mm × 100 mm，长方向沿径向布置；靠原边坡的水平支撑均用地锚进行锚固。当脚手架接高时，其下部必须与已浇筑部分混凝土内拉杆进行固结。

11.6.6　喷薄植草护坡

喷薄植草护坡适用于填方边坡高度小于 4.0 m 的土质路堤和土石混填路堤边坡防护；且适用于挖方边坡坡率 1 : 1.0 ~ 1 : 1.5，边坡高度 $H \leqslant 3.0$ m，边坡整体稳定的土质或强风化、全风化软质岩质边坡。

1. 施工工艺流程

喷播植草护坡施工工艺流程如图 3-11-37 所示。

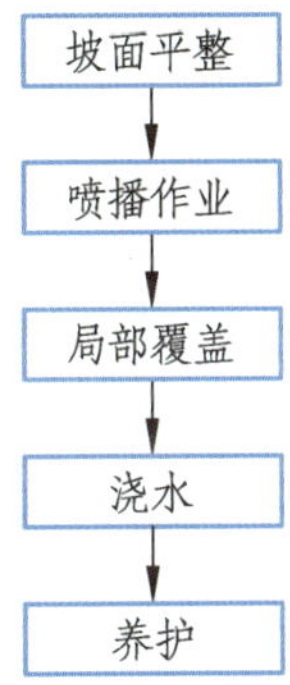

图 3-11-37　喷播植草护坡施工工艺流程

2. 操作要点

（1）施工面整理。对平坦及缓坡地，进行清除杂物和局部整平、镇压作业；对超过 30°的坡地，进行清除杂物和表土整理后直接进行喷播作业。

（2）喷播时先加水至罐的 1/4 处，开动水泵，使之旋转，再加水，然后依次加入种子、肥料、保水剂、纸纤维黏合剂等。搅拌 5 ~ 10 min 使浆液充分混合后，方可喷播。喷播时，操作人员要均匀连续地喷到播种地面。为了保证效果，应每次喷 4 m，下一次喷重叠 2 m，且从左右两个方向往复喷植，即每一个地方都是左右方向各喷一次。喷播后 5 ~ 1 min 水分下渗，此时容易检查效果，不足应补喷。喷播过的地方严禁踩踏。

（3）由于施工现场阳光暴晒、风大导致水分流失，对部分有条件的施工现场可进行无纺布或草帘子覆盖并进行固定，可有效减少水分蒸发，促进种子出苗。

（4）采用洒水车喷洒浇水。如现场有条件，也可采用移动式喷灌进行补充浇水。

（5）视天气状况制定浇水计划。并根据实际情况进行病虫害防治工作。养护期自喷播工作完成后 3 个月。

11.6.7　挂三维网喷播植草护坡

坡面施工工艺流程与喷播植草基本相同。其施工操作要点如下：

（1）铺设：将三维植被网沿坡面由上至下铺于坡面上，网与坡面之间保持平顺结合。

（2）预埋：三维网铺于坡顶时需延伸 40 ~ 80 cm，埋于土中并压实。

（3）锚固：将三维网自下而上用 6 mm 以上的 U 型钢筋将三维网固定，U 型钢筋一般长 15 ~ 30 cm，宽约 8 mm，U 型钢筋间距一般长 1.5 ~ 2.5 m，中间用 8#U 型铁钉或竹钉进行辅助固定。

11.6.8　锚索框架梁施工

锚索框架梁施工适用于顺层高边坡或不稳定的深挖方边坡加固。

1. 施工工艺流程

锚索框架梁施工工艺流程如图 3-11-38 所示。

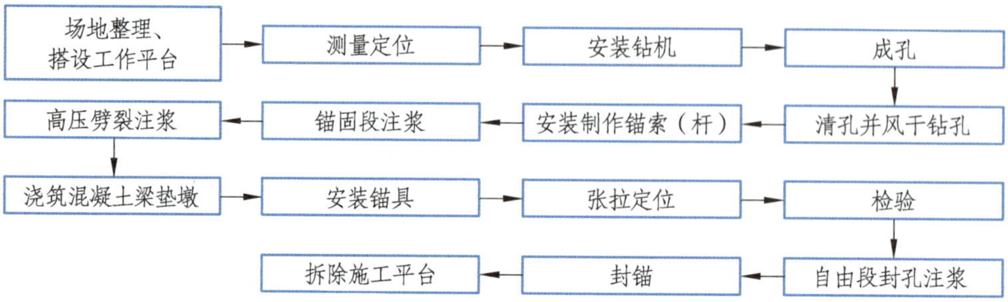

图 3-11-38 锚索框架梁施工工艺流程

2. 操作要点

1）锚索制作与安装

（1）筋体组装必须搭设组装平台，平台高度不得小于 30 cm。

（2）锚索编束时，每根钢绞线或高强钢丝需顺直，要严格依据设计尺寸下料，每股长度误差不得大于 ± 50 mm。钢绞线要求采用机械切割，对有死弯、机械损伤及锈坑材料应剔除。若采用压力分散型锚索或其他荷载分散型锚索，应严格按照设计相关要求下料和编制。

（3）锚索体完成隔离支架与紧箍环的组装后，应在其底端接装导向帽。导向帽尺寸应严格按设计要求制作，尺寸制作误差应 ≤ ± 5 mm，接装定位误差应 ≤ ± 20 mm。导向帽宜采用铁丝绑接牢固，不宜采用焊接方式。

（4）当采用二次补充注浆的锚筋体组装时，应同时装放二次注浆管和止浆密封装置；当采用高压劈裂注浆提高地层锚固力时，要求以浆体强度控制开始劈注时间（一次浆体强度为 5 MPa），并注意二次注浆管之锚固段内应设花孔和封塞。

（5）压力分散型（拉压复合型）锚索锚固段钢质承载板与挤压套之间要求采用对拉栓接固定，所有钢质材料外露部分表面要求涂刷防锈漆加以保护。

2）张拉与压浆

张拉与压浆采用了智能张拉、压浆设备，该设备操作与原理与预制梁场的预应力智能张拉设备相同。

11.6.9 主动防护网

主动防护网适用于节理、裂隙发育的弱风化硬质岩且整体稳定的路堑边坡防护。

1. 施工工艺流程

主动防护网施工流程如图 3-11-39 所示。

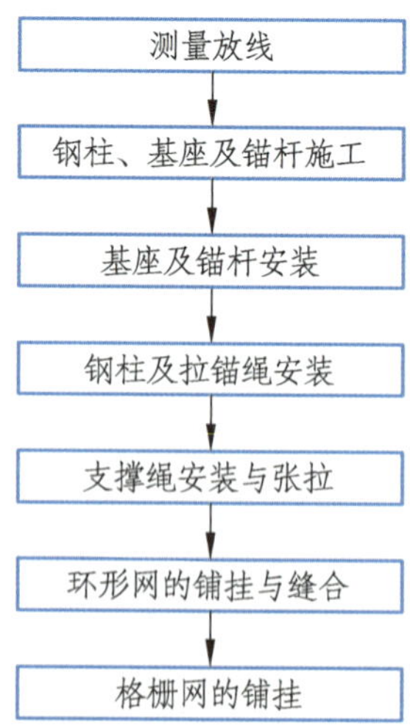

图 3-11-39 主动防护网施工流程

2. 操作要点

（1）测量放样，确定锚杆及钢柱基础位置。

（2）当岩质地基时，钻凿地脚螺栓锚孔，当为土质地基时开挖基坑浇筑基础混凝土。

（3）安装钢柱基座和锚杆，并进行灌浆封锚。
（4）安装、调试钢柱及拉锚绳。
（5）安装、调试支撑绳。
（6）张挂、连接环形网。
（7）最后将格栅网张挂安装。
主动防护网如图 3-11-40 所示。

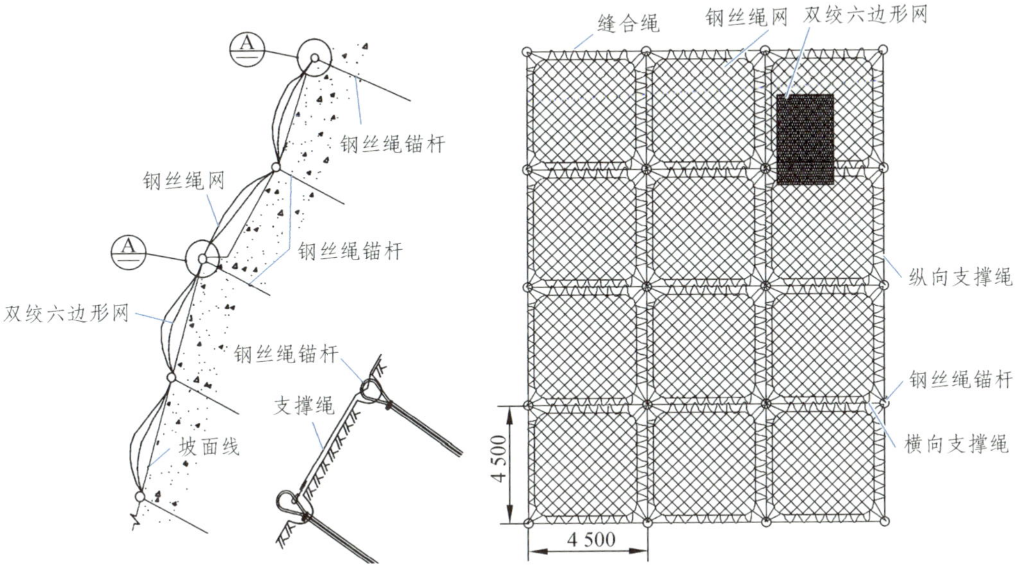

图 3-11-40　主动防护网

11.6.10　被动防护网

被动防护网适用于节理、裂隙发育且整体稳定的岩质路堑边坡防止落石等异物侵入设计，一般设置于路堑堑顶或天然陡坡下低矮路堤外。被动防护网施工流程如图 3-11-41 所示，其操作要点与主动防护网一致。被动防护网如图 3-11-42 ~ 图 3-11-44 所示。

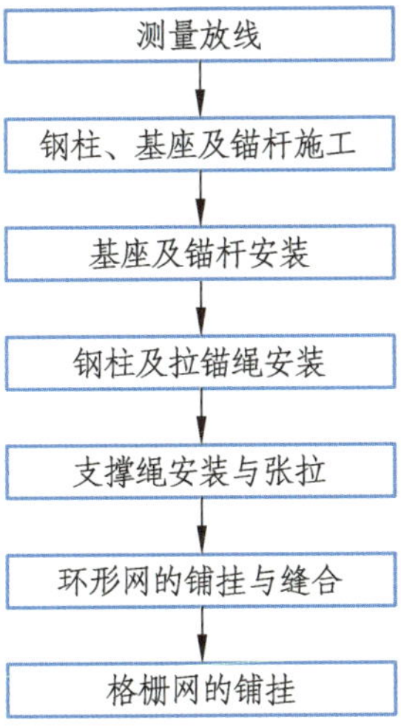

图 3-11-41　被动防护系统施工流程

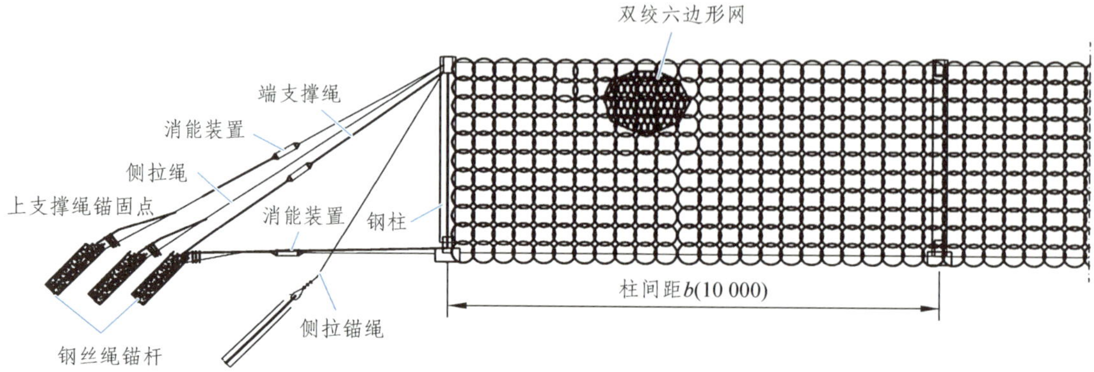

图 3-11-42　被动防护系统立面图

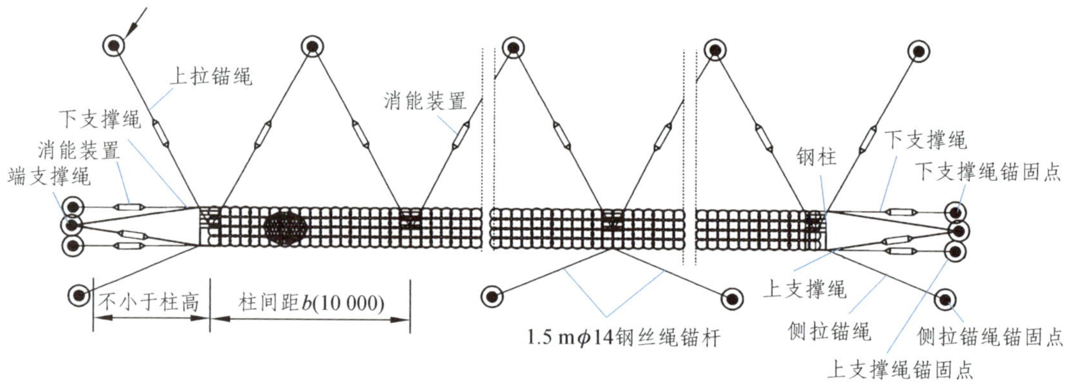

图 3-11-43　被动防护系统平面图

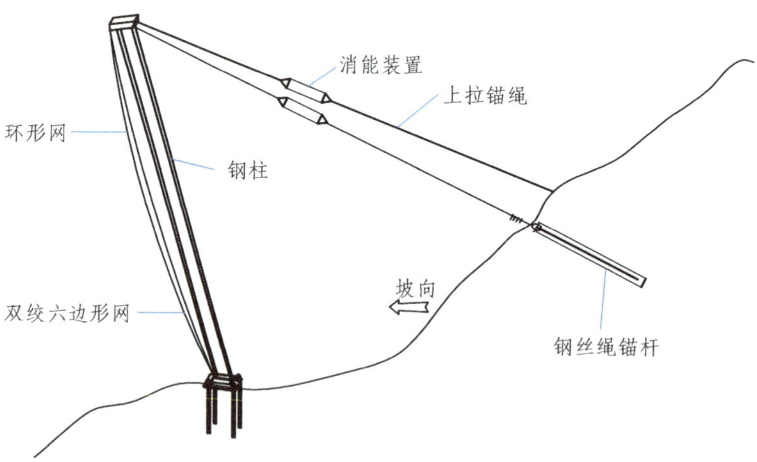

图 3-11-44　被动防护系统横断面图

11.6.11　路基位移监测

1. 高路堤监测

高路堤监测设计如图 3-11-45 所示。

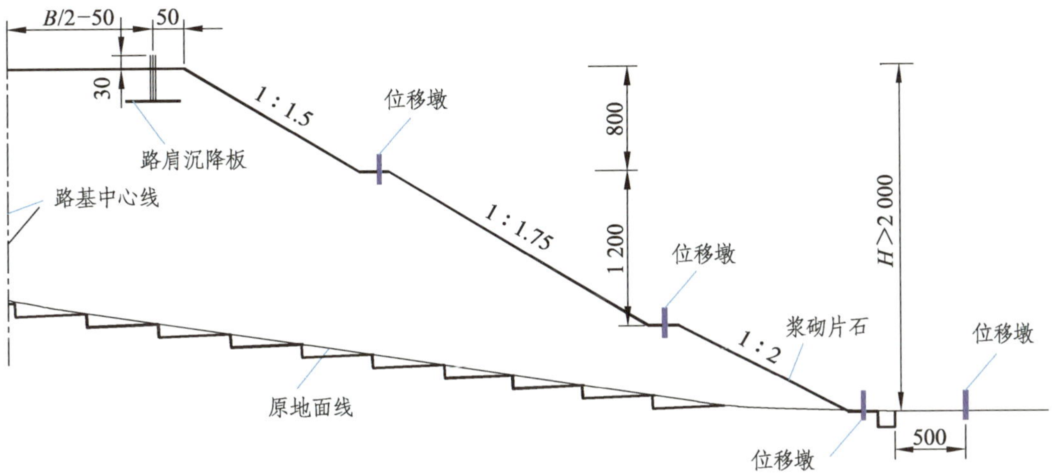

图 3-11-45　路堤监测设计

埋设沉降板时，底槽应平整，其下设 60 cm × 60 cm × 20 cm 砂垫层。沉降板的测杆垂直偏差不大于 1.5%。沉降板采用钢板，测杆宜为钢管，与沉降板焊接一体，套管为塑料管，必须有足够的刚度和强度。

位移墩布置在高路堤平台、坡脚及外侧，桩顶露出埋置面 20 cm。

水准点应设在不受垂直向和水平向变形影响的坚固地基上或永久建筑物上。

观测仪器应采用 S1、S2 型水准仪，以二等精度要求的几何水准测量高程，观测精度应小于 1 mm。

路堤填筑速率要求边桩位移量每昼夜不大于 5 mm。边部沉降连续 2 个月观测的沉降量每月不超过 5 mm，方可开始路面铺筑。

2. 深路堑监测

边坡变形监测主要对坡体位移随时间、开挖进程和降雨的变化进行监测。

（1）监测内容：边坡变形，观测裂缝发展情况。

（2）工作方法：采用全站仪监测各固定点的坐标、高程，利用直尺测量裂缝宽度变化情况。

（3）工作程序：在深挖路堑边坡范围内，从挖方边坡最高处开始设观测断面，并沿路线方向每隔 40 m 间距向两侧布置观测断面，于断面边坡坡口线外 2 m 处埋设位移监测桩。开挖过程中，在对应边坡平台位置埋设固定桩，直至边坡坡脚。

（4）监测频率：监测周期应与施工和降雨相联系。边坡施工期间，每 15 d 观测 1 次固定桩位移；雨季每 7 d 观测 1 次，遇强降雨及突发性暴雨应每天观测 1 次；边坡施工完成后至道路通车 1 年半时间内，每 1 个月观测 1 次，若变形明显加大，应持续监测。

（5）工作量：对于一个观测点，若边坡施工期为 1 年，则总的观测次数约为 120 次。监测数据应及时整理和分析，监测结果用于指导施工。施工中应注意保护位移监测桩及其他监测原件，避免被施工机具破坏，影响观测结果。深挖路堑边坡监测断面布置图如图 3-11-46 所示。

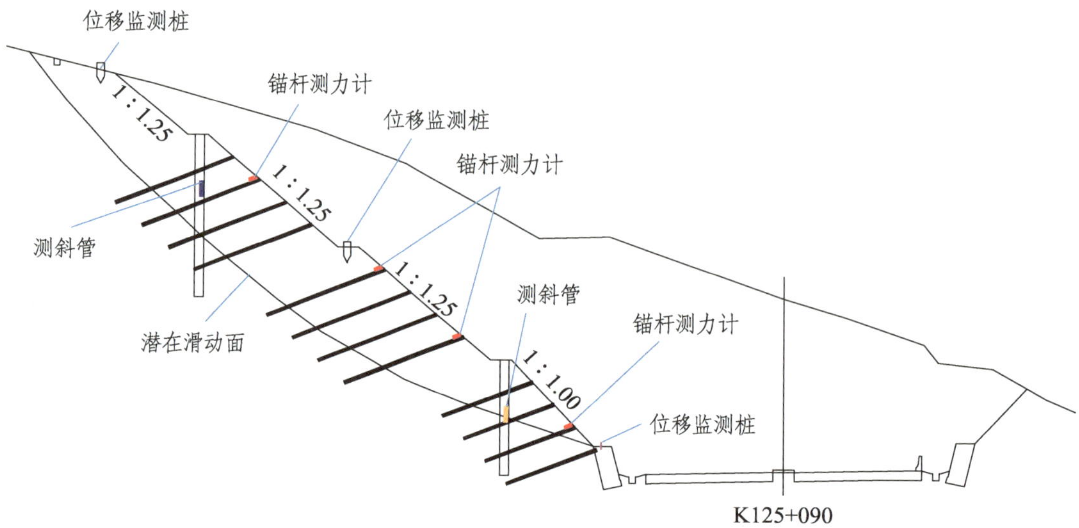

图 3-11-46 路堑监测断面布置

3. 挡土墙路段监控

对于高大挡土墙和斜陡坡路堤上的挡土墙要求进行水平位移和侧向位移监测。监测部位为挡土墙墙顶内缘（路肩墙为护栏顶，此时仅设置钢钉），监测点由 C20 混凝土现浇，顶部尺寸为 20 cm × 20 cm，底部尺寸为 40 cm × 40 cm，高 30 cm，现浇混凝土顶面放置一钢板。监测横断面布置如图 3-11-47 所示。

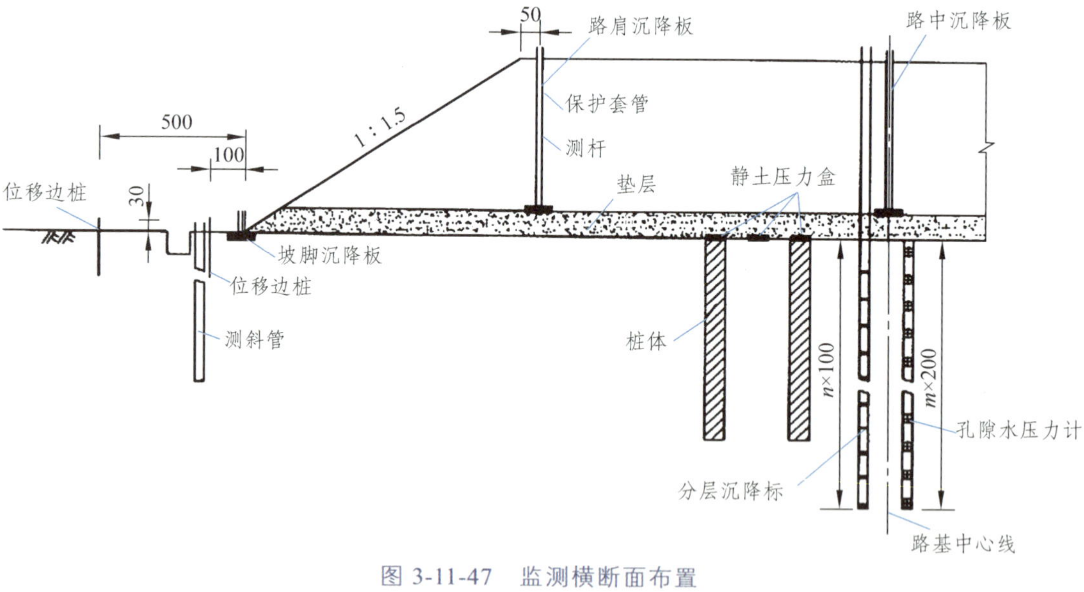

图 3-11-47 监测横断面布置

11.6.12 滑坡和崩坡积体地表变形观测

滑坡和崩坡积体变形监测主要研究位移随时间、施工进程和降雨的变化规律，监测内容、方法、频率等。

（1）监测内容：水平位移、竖向位移、观测裂缝发展情况。

（2）工作方法：采用全站仪监测各固定点的坐标、高程，用直尺量测裂缝宽度变化。

（3）工作程序：从进场后开始设观测断面，滑坡和崩坡积体周界内埋设固定桩（0.1 m × 0.1 m × 0.6 m），每 40 ~ 60 m 网状布设观测点，形成 3 ~ 5 条纵断面与滑坡和崩坡积体周界断面，既有建（构）筑物应设观测桩，项目实施的挡防工程、路基及桥梁均应及时设观测桩进行观测，特殊位置应加密观测点。利用已有固定点对设置的观测桩进行位移、高程的测量，滑坡周界外至少 50 m 范围内进行地表调查。

（4）工作频率：施工期间，每天观测一次固定桩位移，遇强降雨及突发性暴雨应在雨后增加 1 次观测，施工完成后至道路通车前时间内，每 14 d（2 周）观测一次，道路通车 1 年半时间内每 1 个月观测 1 次。交工验收时交业主便于运营期间观测。

滑坡和崩坡积体地表变形观测桩布置如图 3-11-48 所示。

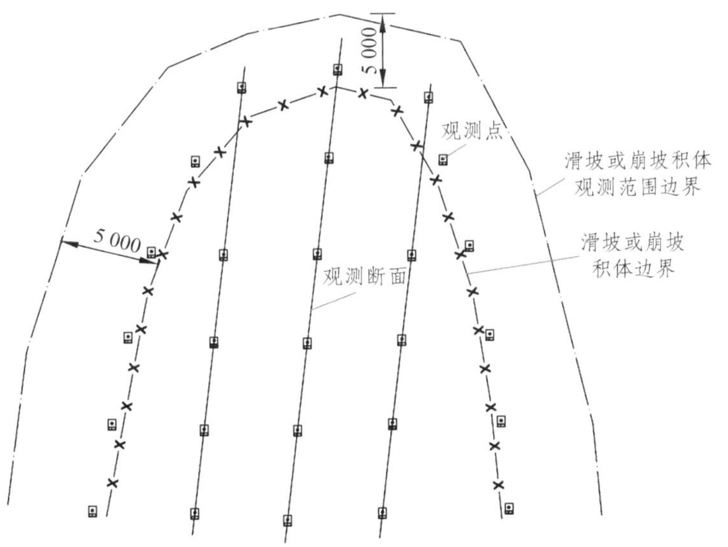

图 3-11-48　滑坡和崩坡积体地表变形观测桩布置

11.6.13　抗滑桩挡土墙

本项目在 K36+410 ~ K36+700 右侧路基边坡采用了抗滑桩挡土墙。该段边坡按设计图纸拱形骨架防护后多次塌方。中铁第一勘察设计院集团有限公司设计代表于 2021 年 9 月 6 日、10 月 13 日来现场实地踏勘后，项目部实测了山体开裂范围，挖探土层厚度，探坑深度达到 3.4 m，未挖到基岩。同年 12 月 26 日，项目部同设计代表在该段路基右侧山体选点进行钻探检查塑性土质深度，山体地勘点坐标及取芯样见表 3-11-2。

根据取芯结果得知该段边坡土质松软、易坍塌，原设计拱形骨架无法满足边坡防护要求，因此该段路基边坡滑塌 60 m 范围的防护形式变更为抗滑桩挡土墙。抗滑桩挡土墙边坡稳定性强，工艺特点是可操作性强、效率高、施工设备投入少、成本可控，适用于公路路堑边坡支挡防护工程。

表 3-11-2　K36+420 ~ K36+700 右侧山体地勘点坐标及取芯样表

点位	坐标/m		深度/m	达到岩质
旺瓢山 D1	X	481 181.692 8	9	中风化泥岩
	Y	3 503 274.147		
旺瓢山 D2	X	481 136.608 5	15	中风化泥岩
	Y	3 503 255.671		
旺瓢山 D3	X	481 175.125 5	14	强风化粉质砂岩
	Y	3 503 231.155		
旺瓢山 D4	X	481 113.858 9	13	中风化砂岩
	Y	3 503 223.425		
旺瓢山 D5	X	481 136.436 8	12	中风化砂岩
	Y	3 503 209.74		
旺瓢山 D6	X	481 124.604 1		因阻工未取到
	Y	3 503 184.201		
旺瓢山 D7	X	481 182.69	11	中风化砂岩
	Y	3 503 317.78		

1. 施工工艺流程

抗滑桩挡土墙工艺流程如图 3-11-49 所示。

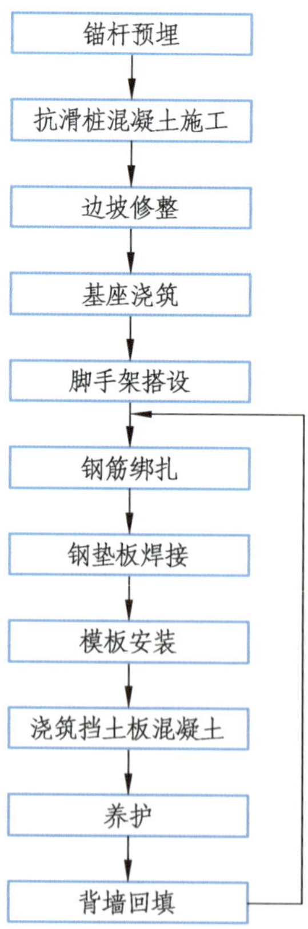

图 3-11-49　抗滑桩挡土墙工艺流程

2. 操作要点

1）预埋锚杆

钢筋笼安装好后，定位放线，确定好锚杆的准确位置，然后进行钻孔、预埋锚杆，并进行固定，防止抗滑桩混凝土施工时碰撞锚杆，引起锚杆位置变形。预埋锚杆如图 3-11-50 所示。

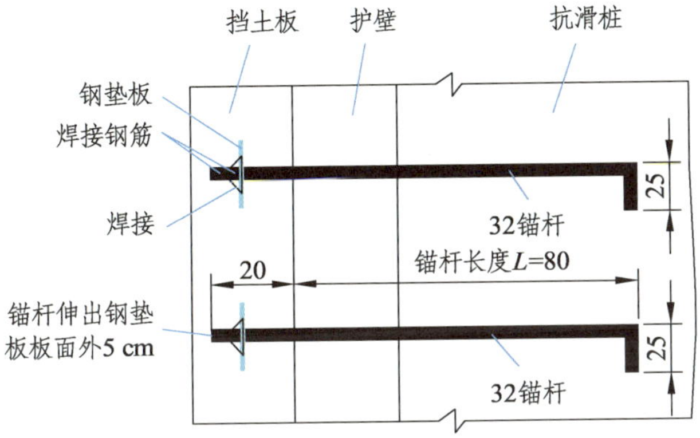

图 3-11-50　预埋锚杆大样图

2）抗滑桩混凝土施工

抗滑桩混凝土的施工程序：场地整平→放线、定桩位→挖第一节桩孔土方→绑扎护壁钢筋、支模浇灌第一节商品混凝土护壁→在护壁上二次投测标高及桩位十字轴线→安装活动井盖、设置垂直运输架、安装电动葫芦（或卷扬机）、吊土桶、潜水泵、鼓风机、照明设施等→第二节桩身挖土→清理桩孔四壁、校核桩孔垂直度和周边尺寸→拆上节模板、绑扎第二节钢筋、支第二节模板、浇灌第二节商品混凝土护壁→重复第二节挖土、支模、浇灌商品混凝土护壁工序，循环作业直至设计深度→对桩孔尺寸、深度、扩底尺寸、持力层进行全面检查验收→清理虚土、排除+孔底积水→在抗滑桩四周搭设双排脚手架→绑扎桩身钢筋→支模并浇灌桩身商品混凝土。混凝土施工前，与商品混凝土拌和站进行沟通，确保桩身混凝土施工时连续浇筑，不得出现水平施工缝。

3）边坡修整

桩基施工完成，经检测完全合格且桩身混凝土达到设计强度后，进行土方开挖，并修整边坡，根据图纸要求进行定位放线，确保现浇混凝土挡土板厚度的同时线型顺畅，外观美丽。

4）基座浇筑

依据设计图纸，对基座位置进行测量定位放样，并将基座底面进行清理、整平及夯压，将基座范围内的地基表层浮渣、松散物清除干净后，采用小型平板振动夯进行夯压，确保基座底面平整密实。

基座纵向分段水平设置，基座尺寸：宽 0.5 m × 高 0.5 m，采用 C15 混凝土现浇。模板为竹胶板或钢模，每 5 m 设置一道沉降缝，模板内侧打磨干净后刷涂脱模剂，并确保模板支设牢固、可靠，线形顺直，模板内无杂物和积水，自检合格后向现场监理工程师进行报验。

基座混凝土采用拌和站集中拌和，混凝土罐车运送至施工现场，混凝土等级为 C15，经试验人员测试坍落度合格后方可浇筑。采用插入式振动棒振捣，振捣过程中“快插慢拔”并在混凝土表面产生浮浆，顶面混凝土不发生下沉时停止振捣。完成浇筑后对混凝土顶面进行二次收光，以确保顶面平整光洁及不开裂。

混凝土终凝后采用土工布进行覆盖并安排专人进行保温保湿养护。

5）脚手架的搭设

（1）材料及规格选择。

根据《建筑施工安全检查标准》（JGJ 59—2011）标准要求，采用钢管搭设，钢管尺寸采用 48 mm × 3.5 mm，并使用钢扣件。

（2）搭设尺寸。

搭设要求，根据现场实际情况，采用双排脚手架，架体立杆内侧采用安全密目网全封闭围挡施工。

满铺竹笆，不得高低不平，并设置挡脚板，挡脚板高度为 18 cm。满铺距墙的距离小于 10 cm。

（3）架体与抗滑桩的拉结。

脚手架高度在抗滑桩顶面设置拉结点，采用预埋钢管与架体连接，并加设顶撑使之同时承受拉力和压力，保证架与抗滑桩之间连接牢固，不摇晃、不倒塌。

（4）排水措施。

架底处不得有积水，并设排水沟。

6）钢筋绑扎

挡土板钢筋安装前，对抗滑桩的预埋锚杆进行抗拔力抽检试验，锚杆抗拔力试验抽检频率应不小于 5%，单根锚杆设计锚固力为 50 kN。

钢筋进场加工前，严格按照试验规程对原材料进行送检。抽检合格的钢筋方能进行加工。按照设计图的规格、尺寸进行加工。钢筋的加工，统一在钢筋场内进行加工及绑扎成型。绑扎成型的钢筋运送至现场后依托锚杆进行固定，采用预制垫块进行保护层的控制。垫块与钢筋绑扎牢固，呈梅花形布置，且每平方米不少于 4 个。

每块挡土板设置 4 个泄水孔，泄水孔采用预埋直径为 6 cm 的 PVC 管进行成孔，浇筑前对孔口使用透明胶带进行包裹，防止浇筑时堵塞。4 块锚孔的钢垫板与预埋锚杆焊接牢固，锚杆头采用 4 根 22 的钢筋焊接，并将焊渣清除干净。钢垫板的平面尺寸为 20 cm × 20 cm，厚 1 cm。进行分层跳板安装。

自检合格后向现场监理工程师进行报验，报验合格后进行下一道工序的施工。

7）模板安装

单块挡土板厚 35 cm、长 498 cm、高 100 cm。相邻挡土板须设置水平缝，采用 1 mm 厚的油毛毡进行隔离。相邻挡土板须设置竖向伸缩缝，采用 20 mm 厚、300 mm 宽的泡沫板进行隔离。竖向伸缩缝设置必须竖直且竖向投影与抗滑桩桩宽中心重合。

模板为 2 cm 厚、100 cm 高的竹胶板，安装前模板内侧打磨干净后刷涂脱模剂，并确保模板支设牢固、可靠，线形顺直，模板内无杂物和积水，自检合格后向现场监理工程师进行报验。

8）浇筑混凝土

挡土板的混凝土等级为 C30，采用插入式振动棒进行振捣，确保振捣密实，拆模后无蜂窝麻面现象。

9）养护

养护采用土工布覆盖、保湿方式。设置专人一名，养护时间不低于 7 d。确保表面光滑，无裂纹。

10）墙背回填

挡土板（图 3-11-51）每施工一排后，进行墙背回填，挡土板背后应设 0.3 m 反滤层，反滤层材料采用碎石。挡土板顶应用 C30 混凝土回补至抗滑桩顶面，使挡土板顶面线形顺畅。

图 3-11-51　挡土板

11.6.14　装配式挡土墙

本项目位于川西南多雨、多震地区，具有地质构造复杂、地震频发的特点，同时雨季较长、雨水极为丰富。常规的重力式挡墙易开裂、变形，且在现场浇筑而成，混凝土方量大、坡面无法绿化，因此在七曲山互通与梓潼服务区段采用了一种新型的装配式榫接柔性挡土墙。

装配式榫接柔性挡土墙（图 3-11-52）主要由预制混凝土构件、墙体填充材料、墙顶隔水层、绿植等组成，通过构件与构件之间的凹槽衔接形成挡土墙骨架，然后依靠墙体填充材料及构件重力抵抗土压力。适用于高速公路、铁路、市政工程路基挡墙施工。

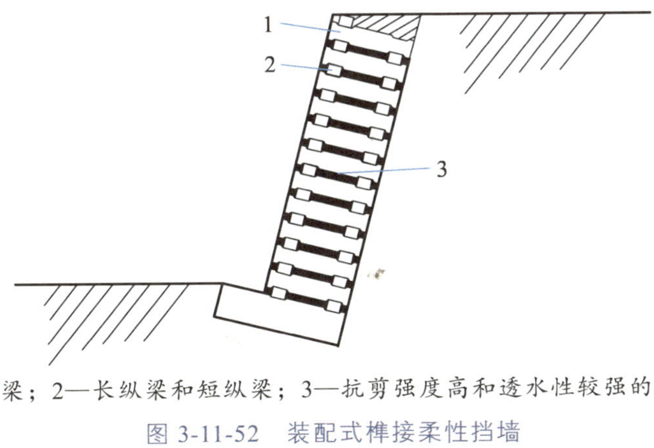

1—横梁；2—长纵梁和短纵梁；3—抗剪强度高和透水性较强的填料。

图 3-11-52　装配式榫接柔性挡墙

装配式榫接柔性挡土墙具有以下特点：

（1）装配式榫接柔性生态挡墙通过工厂化预制、装配式安装、榫接柔性结构的采用，实现了挡墙施工的轻型化、标准化、工厂化、生态化，且具有一定的抗震性。具有施工快捷、抗震效果稳定可靠、景观生态环保等优点。

（2）装配式杆件在预制场内通过流水线预制生产，预制施工具有自动化、机械化程度高的特点和预制速度快、质量控制稳定的优点。

（3）装配式杆件过通过卯榫式结构拼装成框架式挡墙，通过填充黏土与杆件的自重进行挡墙防护，实现了挡墙防护的柔性特性，保证了挡墙的抗震效果。通过土压力计、位移计、孔压计在挡墙内的埋设，实现了多震地区高边坡挡墙的全周期数据采集、分析、预警，为后期运营过程中装配式挡墙的结构强度、位移沉降、风化形变的监控提供保障。

（4）装配式榫接柔性生态挡墙通过减少混凝土用量、挡墙内部进行植被绿化等措施，解决了工程与环境的矛盾，实现了挡墙防护的绿色施工，实现经济、环保、社会效益的最大化。

1. 装配式挡土墙施工

装配式挡土墙施工工艺流程如图 3-11-53 所示。

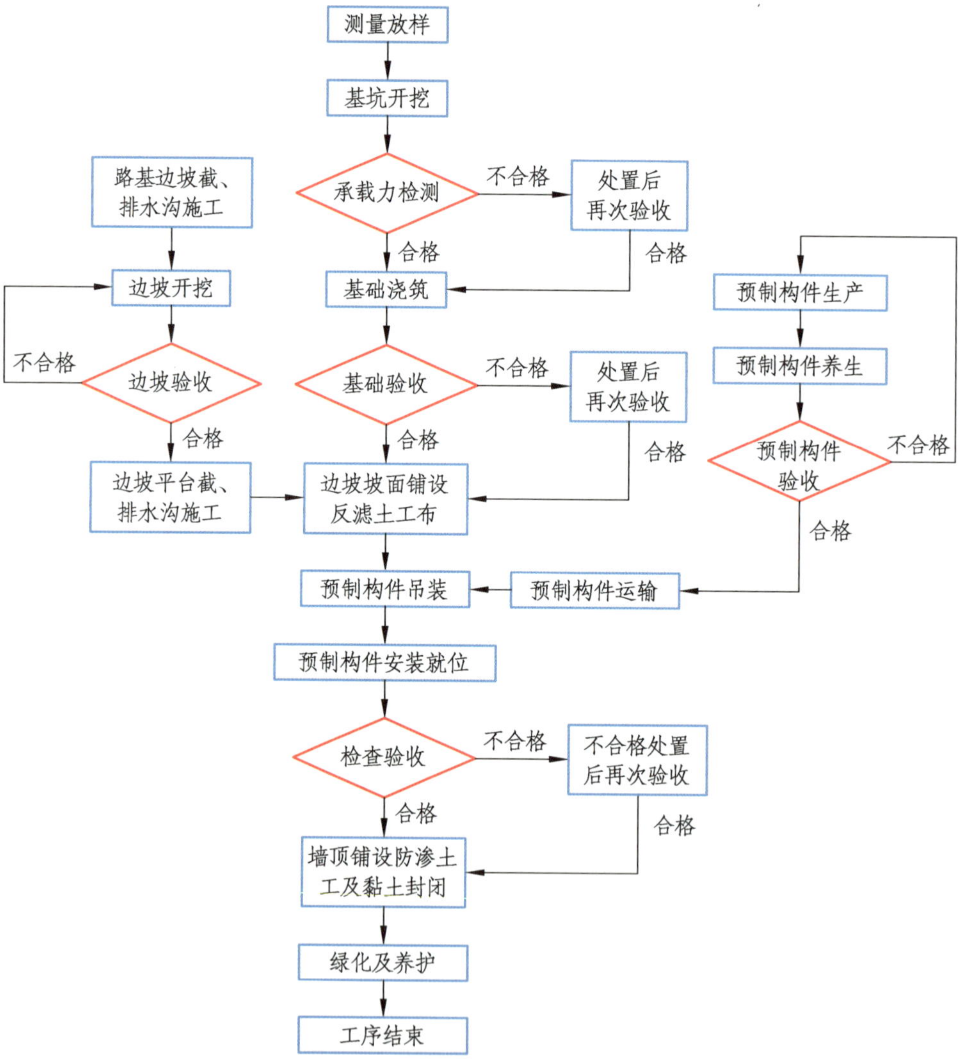

图 3-11-53 装配式挡墙预制、安装施工工艺流程

装配式挡土墙施工工艺操作要点如下：

（1）挡土墙基础的浇筑。

边坡开挖之前做好截、排水沟，采用人工配合机械的方式进行开挖，应用水准仪、全站

仪、坡度尺控制开挖尺寸。在基础开挖过程中，及时按设计要求修坡、整平，边坡开挖严格按照设计坡率进行施工，严格控制超欠挖，基础开挖完成后按照设计要求浇筑现浇挡墙基础。装配式挡墙基础浇筑如图 3-11-54 所示。

（2）挡土墙构件的安装。

榫接式预制构件如图 3-11-55 所示。榫接式柔性挡土墙预制混凝土构件吊装采用专用吊具，吊索与预制构件水平面的夹角不小于 60°。预制构件安装顺序宜遵循先预制主构件后预制次构件，先低后高的原则。在基础上间隔放置一排纵梁作为底层纵梁，纵梁平行于设计边坡面，使纵梁与基础充分接触，保证纵梁受力均匀，从而稳定支撑整个固土架。构件与构件之间的凹槽衔接形成挡土墙骨架，通过榫卯结构限制了局部错动位移的产生，保证新型装配式挡土墙的整体稳定性。预制构件的运输与吊装安装如图 3-11-56 所示。预制构件搭设如图 3-11-57 所示。

图 3-11-54　装配式挡墙基础浇筑

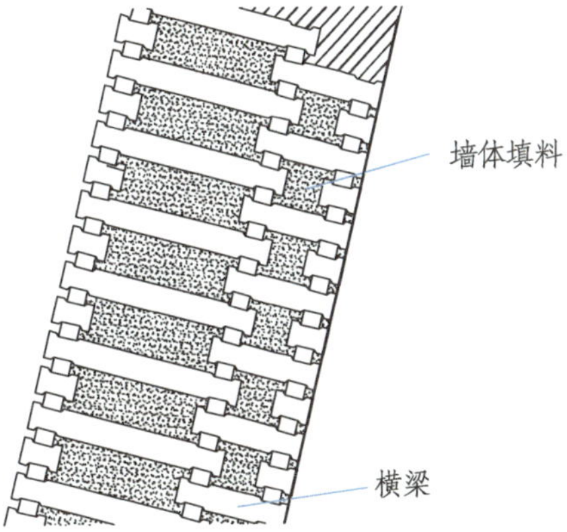

图 3-11-55　榫接式预制构件

图 3-11-56　预制构件的运输与吊装安装

图 3-11-57　预制构件搭设

根据图纸弹出预制构件施工控制线，当构件初步就位后，根据构件定位线采用砂浆进行高度调整，确定稳固后方可松开吊钩。杆件就位后根据控制线对预制构件两端、两侧、轴线进行精密调整，校核构件的标高、垂直度。

（3）装配式挡土墙框架的填充。

装配式构件拼装完成后，在框架外部码放生态植草带、墙顶填充黏土，在框架内结构之间填以碎石土，在框架内填充碎石土时采用夯机进行压实，做到拼装一层、回填压实一层。对回填土料进行分层压实，施工完毕，每层压实都需要进行找平工作，对每层的压实度进行检测，土层压实度要达到92%，一旦发现压实度不符合要求的，应按照规范和技术要求重新碾压，直至压实度满足要求后，再进行找平和验收工作。装配式挡墙施工完成后对顶部平台进行封闭，做好防排水措施。装配式挡土墙框架填充如图 3-11-58 所示。

图 3-11-58 装配式挡墙框架填充

2. 装配式挡土墙的监测

装配式生态挡土墙受力形式不同于普通重力式挡土墙，特别是多震区的外力对装配式生态挡墙的影响是不确定的，需要通过长期的监控来对高边坡的稳定性进行检测与预警。

在装配式挡墙安装完成后，为了对多震地区高边坡的稳定性以及装配式挡墙受力情况进行全周期检测，在挡墙内安装了土压力计、位移计、孔压计，定期通过全功能读数仪进行数据的采集，并且通过建立的挡墙模型进行数据的分析。

监测元件的安装如图 3-11-59 所示，数据采集如图 3-11-60 所示。

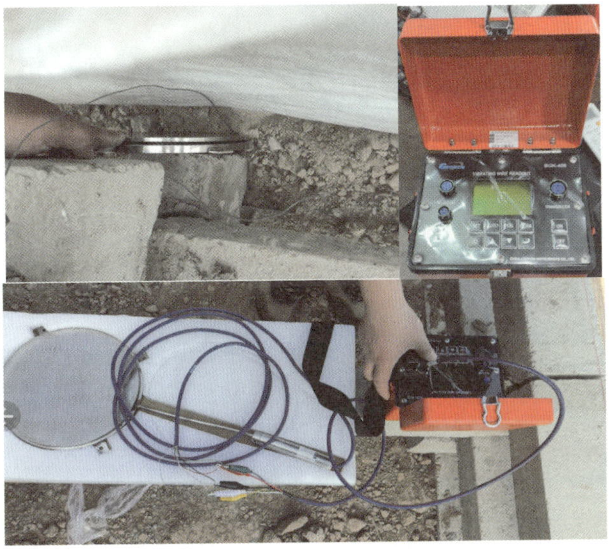

图 3-11-59　监测元件的安装

图 3-11-60　数据采集

3. 生态绿化工程

挡土墙坡面采用植生袋铺设绿化，植生袋铺设应结合墙体填料同步施工；墙体顶部采用人工播种进行绿化；植生袋铺种完毕后应立即采用喷灌方式浇水，避免水柱直冲。装配式挡土墙的绿化如图 3-11-61 所示。

图 3-11-61　装配式挡土墙的绿化

第 12 章　桥梁工程

12.1　工程概况

本项目施工图设计路线约 152 km，共设桥梁 68 座，总计 25.472 km，其中特大桥 2 座，共计 2 087.9 m，大桥 59 座，共计 23 013.9 m，中桥 7 座，共计 370.1 m。本合同段金银垭水库大桥、西河大桥、嘉陵江特大桥采用悬浇施工的连续刚构箱梁，雍家山中桥、池鲤中桥采用满堂支架现浇预应力箱梁，其他桥梁均采用预制吊装 T 梁。全线特大、大、中桥梁设置情况见表 3-12-1。

表 3-12-1　成绵苍巴全线桥梁统计

序号	桥名	里程	桩基类型	备注
1	铁炉村大桥	K2+020	端承桩	桥墩采用圆形双柱墩，桩基础，墩柱直径为 1.5 m，桩基直径为 1.8 m，桥墩采用端承桩设计。0 号桥台采用 U 台，扩大基础；19 号桥台采用肋板台，桩基础，桩基直径为 1.5 m，桩基采用端承桩设计
2	欧家湾大桥	K4+348/ ZK4+350	端承桩	桥墩采用圆形双柱墩，桩基础，墩柱直径为 1.5 m，桩基直径为 1.8 m，桥墩采用端承桩设计。桥台采用 U 形桥台，扩大基础
3	任家湾中桥	K5+395/ ZK5+400	端承桩	0 号桥台采用柱式台；1 号桥台采用肋板台。桥台采用桩基础
4	两岔河大桥	K6+803.5/ ZK6+805.896	端承桩	桥墩采用圆形双柱墩，桩基础，墩柱直径为 1.5 m，桩基直径为 1.8 m，桥墩采用端承桩设计。桥台均采用桩柱式桥台，桩基础，桩基直径为 1.8 m，桩基采用端承桩设计
5	麻石大桥	K8+150	端承桩	桥墩采用圆形双柱墩，桩基础，墩柱直径为 1.5 m，桩基直径为 1.8 m，桥墩采用端承桩设计。桥台采用桩柱式桥台，桩基础
6	谭家湾大桥	K10+220/ ZK10+220	端承桩	桥墩采用圆形双柱墩，桩基础，墩柱直径为 1.5 m，桩基直径为 1.8 m，桥墩采用端承桩设计。桥台采用 U 形桥台，扩大基础
7	雍家山中桥	K13+345/ ZK13+440	端承桩	桥墩采用圆形双柱墩，桩基础，墩柱直径为 1.5 m，桩基直径为 1.8 m，桥墩采用端承桩设计。桥台采用桩柱式桥台，桩基础
8	青杠湾大桥	K14+143/ ZK14+149.7	端承桩	桥墩采用圆形双柱墩，桩基础，墩柱直径为 1.5 m，桩基直径为 1.8 m，桥墩采用端承桩设计。0 号桥台采用柱式台，桩基础；15 号桥台采用 U 形桥台，扩大基础

续表

序号	桥名	里程	桩基类型	备注
9	何家湾大桥	K14+810/ZK4+816.7	端承桩	桥墩采用圆形双柱墩，桩基础，墩柱直径为 1.5 m，桩基直径为 1.8 m，桥墩采用端承桩设计。桥台采用柱式台，桩基础
10	金银垭水库大桥	K15+750	摩擦桩	左幅主桥（65+120+65）m 上部结构采用预应力连续刚构桥，下部结构采用等截面薄壁空心墩，承台接桩基础；引桥上部结构采用预应力混凝土（后张）简支 T 梁，桥面连续；下部结构桥台采用柱式墩，钻孔桩基础，桩基为摩擦桩。5、6 号主墩采用等截面空心薄壁墩，墩高分别为 31.361 m、35.761 m；4、7 号桥墩采用等截面实体墩，墩高分别为 23.681 m，35.751 m；其余桥墩采用柱式墩，桥墩采用钻孔桩基础，桩基为摩擦桩。右幅主桥（65+120+65）m 上部结构采用预应力连续刚构桥，下部结构采用等截面薄壁空心墩，承台接桩基础；引桥上部结构采用预应力混凝土（后张）简支 T 梁，桥面连续；下部结构 0 号桥台采用柱式墩，钻孔桩基础，桩基为摩擦桩；13 号桥台采用肋板台，承台接桩基础，桩基为摩擦桩。5、6 号主墩采用等截面空心薄壁墩，墩高分别为 31.361 m，35.761 m；4、7 号桥墩采用等截面实体墩，墩高分别为 24.311 m，35.641 m；其余桥墩采用柱式墩，桥墩采用钻孔桩基础，桩基为摩擦桩
11	车行天桥	K16+400	—	桥台均采用 U 形桥台，扩大基础
12	张口石中桥	K18+785.50	端承桩	桥台均采用 U 形桥台，扩大基础
13	观音庙大桥	K19+675	端承桩	桥墩采用圆形双柱墩，桩基础，墩柱直径为 1.5 m，桩基直径为 1.8 m，桥墩采用端承桩设计。0 号桥台采用 U 形桥台，扩大基础；8 号桥台采用肋板台，桩基础
14	长交路中桥	K21+114	端承桩	0 号桥台采用肋板台，桩基础；1 号桥台采用 U 台，扩大基础
15	梓江大桥	K22+350	端承桩	桥墩采用圆形双柱墩，桩基础，墩柱直径为 1.5～2.0 m，桩基直径为 1.8～2.2 m，桥墩采用端承桩设计。桥台采用桩柱台，桩基础
16	赵家湾 1 号大桥	K24+522/ZK24+545	端承桩	桥墩采用圆形双柱墩，桩基础，墩柱直径为 1.5 m，桩基直径为 1.8 m，桥墩采用端承桩设计。桥台采用 U 形桥台，扩大基础
17	赵家湾 2 号大桥	K25+525/K25+495	端承桩	桥墩采用圆形双柱墩，桩基础，墩柱直径为 1.5 m，桩基直径为 1.8 m，桥墩采用端承桩设计。桥台采用柱式桥台，桩基础，桩基直径为 1.8 m，桩基采用端承桩设计

续表

序号	桥名	里程	桩基类型	备注
18	营盘村中桥	K26+158	—	桥台均采用U形桥台，扩大基础
19	营盘村大桥	K26+445.6	端承桩	桥墩采用圆形双柱墩，桩基础，墩柱直径为1.5 m，桩基直径为1.8 m，桥墩采用端承桩设计。桥台均采用桩柱式桥台，桩基础，桩基直径为1.8 m，桩基采用端承桩设计
20	董家湾大桥	K29+135/ ZK29+126	端承桩	桥墩采用圆形双柱墩，桩基础，墩柱直径为1.5 m，桩基直径为1.8 m，桥墩采用端承桩设计。0号桥台采用肋板台，桩基础；7号桥台采用柱式台，桩基础
21	董家湾中桥	K29+608/ ZK29+645	端承桩	桥台采用柱式台，桩基础
22	卞家湾大桥	K30+784/ ZK30+772	端承桩	桥墩采用圆形双柱墩，桩基础，墩柱直径为1.5 m，桩基直径为1.8 m，桥墩采用端承桩设计。0号桥台采用U形桥台，扩大基础；8号桥台采用肋板台，桩基础
23	中坝大桥	K34+526/ ZK34+522.5	端承桩	桥墩采用圆形双柱墩，桩基础，墩柱直径为1.5 m，桩基直径为1.8 m，桥墩采用端承桩设计。桥台采用桩柱式台、肋板式台，桩基础，桩基直径为1.5 m、1.8 m，采用端承桩设计
24	马营大桥	K35+321/ ZK35+333.2	端承桩	桥墩采用圆形双柱墩，桩基础，墩柱直径为1.5 m、1.8 m，桩基直径为1.8、2 m，桥墩采用端承桩设计。桥台采用桩柱式台、肋板式台，桩基础，桩基直径1.8 m、1.5 m，采用端承桩设计
25	后头河大桥	K36+370	端承桩	桥墩采用圆形双柱墩，桩基础，墩柱直径为1.5 m，桩基直径为1.8 m，桥墩采用端承桩设计。桥台采用U形桥台，扩大基础
26	杨家咀1号大桥	K39+438	端承桩	桥墩采用圆形双柱墩，桩基础，桥墩采用端承桩设计。桥台均采用桩柱式桥台，桩基础，桩基采用端承桩设计
27	杨家咀2号大桥	K39+776	端承桩	桥墩采用圆形双柱墩，桩基础，桥墩采用端承桩设计。左幅、右幅6号台采用U形桥台扩大基础；其余桥台均采用桩柱式桥台，桩基础，桩基采用端承桩设计
28	华发寺大桥	K40+235/ ZK40+340	端承桩	左幅下部结构，0号桥台采用U形桥台，16号桥台采用肋板台，桥墩采用柱式墩，0号桥台采用扩大基础，其余墩台采用桩基础。下部结构右幅0号、9号墩台采用U形桥台。桥墩采用柱式墩，右幅0号、9号墩台采用扩大基础，其余桥墩采用桩基础
29	狮子河大桥	K45+007.0	端承桩	桥墩采用圆形双柱墩，桩基础，桥墩采用端承桩设计。桥台均采用桩柱式桥台，桩基础，桩基采用端承桩设计

续表

序号	桥名	里程	桩基类型	备注
30	盐井河大桥	K45+585.0	端承桩	桥墩采用圆形双柱墩，桩基础，桥墩采用端承桩设计。 右幅0号台采用U形桥台扩大基础；其余桥台均采用桩柱式桥台，桩基础，桩基采用端承桩设计
31	长家湾大桥	ZK46+385.0/ K46+385.0	端承桩	桥墩采用圆形双柱墩，桩基础，桥墩采用端承桩设计。左右幅7号台采用U形桥台扩大基础；左、右幅0号桥台均采用桩柱式桥台，桩基础，桩基采用端承桩设计
32	中房湾大桥	K47+778/ ZK47+771	端承桩	桥墩采用圆形双柱墩，桩基础，墩柱直径为1.5 m，桩基直径为1.8 m，桥墩采用端承桩设计。 桥台均采用桩柱式桥台，桩基础，桩基直径为1.8 m，桩基采用端承桩设计
33	王家湾大桥	K48+633/ ZK48+623	端承桩	桥墩采用圆形双柱墩，桩基础，墩柱直径为1.5 m，桩基直径为1.8 m，桥墩采用端承桩设计 桥台采用桩柱式桥台和U形桥桥台，桩基础，桩基直径为1.8 m，桩基采用端承桩设计
34	郭家湾大桥	K49+020/ ZK49+020	端承桩	桥墩采用圆形双柱墩，桩基础，桥墩采用端承桩设计。左幅10号桥台采用U形桥台扩大基础；其余桥台均采用桩柱式桥台，桩基础，桩基采用端承桩设计
35	苟家湾大桥	K50+352/ ZK50+340	端承桩	桥墩采用圆形双柱墩，桩基础，桥墩采用端承桩设计。右幅10号桥台采用肋板台桩基础；其余桥台均采用桩柱式桥台，桩基础，桩基采用端承桩设计
36	玉龙村大桥	K51+340	端承桩	桥墩采用圆形双柱墩，桩基础，桥墩采用端承桩设计。桥台均采用桩柱式桥台，桩基础，桩基采用端承桩设计
37	梁美湾大桥	K52+165	端承桩	桥墩采用圆形双柱墩，桩基础，桥墩采用端承桩设计。0号桥台采用U形桥台扩大基础；12号桥台采用桩柱式桥台，桩基础，桩基采用端承桩设计
38	大梁家沟大桥	K52+775/ K52+755	端承桩	桥墩采用圆形双柱墩，桩基础，桥墩采用端承桩设计。0号桥台采用U形桥台扩大基础；左幅9号、右幅10号桥台采用桩柱式桥台，桩基础，桩基采用端承桩设计
39	梁家盖大桥	K53+760/ ZK53+850	端承桩	桥墩采用圆形双柱墩，桩基础，桥墩采用端承桩设计。 右幅桥台均采用U形桥台扩大基础；左幅桥台均采用桩柱式桥台，桩基础，桩基采用端承桩设计
40	魏家沟大桥	K55+200/ ZK55+184	端承桩	桥墩采用圆形双柱墩，桩基础，桥墩采用端承桩设计 0号桥台均采用U形桥台扩大基础；9号桥台均采用桩柱式桥台，桩基础，桩基采用端承桩设计
41	马家角大桥	K57+360/ ZK57+354	端承桩	桥墩采用圆形双柱墩，桩基础，桥墩采用端承桩设计。 桥台均采用肋板式桥台，桩基础，桩基采用端承桩设计

续表

序号	桥名	里程	桩基类型	备注
42	大河坝1号大桥	K57+810	端承桩	桥墩采用圆形双柱墩，桩基础，桥墩采用端承桩设计。桥台均采用桩柱式桥台，桩基础，桩基采用端承桩设计
43	大河坝2号大桥	K58+330	端承桩	桥墩采用圆形双柱墩，桩基础，桥墩采用端承桩设计。桥台均采用桩柱式桥台，桩基础，桩基采用端承桩设计
44	西河大桥	K58+412	端承桩	主桥上部为（65+120+65）m预应力混凝土连续刚构，下部主墩为单薄壁空心墩，主引桥过渡墩为空心墩，桩基础；引桥上部结构为30 m预应力混凝土简支T梁，下部为柱式墩，桩基础；桥台为U形桥型桥台。本项目桩基础采用钻孔灌注桩基础
45	小河口大桥	K59+710	端承桩	桥台均采用桩柱式桥台，桩基础，桩基采用端承桩设计。5、6、7号墩采用矩形实体墩桩基础，其余桥墩均采用圆形双柱墩，桩基础，桥墩采用端承桩设计
46	下湾头大桥	K60+490/ZK60+510	端承桩	桥墩采用圆形双柱墩，桩基础，墩柱直径为1.5 m、1.8 m、2.0 m，桩基直径为2.0 m、2.2 m、2.5 m，桥墩采用端承桩设计。左幅0号、21号台采用重力式桥台，扩大基础；右幅0号、20号台采用桩柱式桥台，桩基础，桩基直径为2.0 m，桩基采用端承桩设计
47	袁家河大桥	K63+655/ZK63+665	端承桩	桥墩采用圆形双柱墩，桩基础，墩柱直径为1.5 m，桩基直径为1.8 m，桥墩采用端承桩设计。左幅0号及右幅8号采用桩柱式桥台，桩基础，桩基直径为1.8 m，桩基采用端承桩设计；左幅8号桥台采用重力式桥台，扩大基础；右幅0号桥台采用肋板式桥台，承台接桩基础，桩基直径为1.5 m，桩基采用端承桩设计
48	小碑村大桥	K65+535/ZK65+557	端承桩	桥墩采用圆形双柱墩，桩基础，1号、4号、5号墩柱直径为1.5 m，桩基直径为1.8 m，采用摩擦桩设计。2号、3号墩柱直径为1.8 m，桩基直径为2.0 m，采用端承桩设计。桥台均采用桩柱式桥台，桩基础，桩基直径为1.8 m，桩基采用端承桩设计
49	大堰河大桥	K67+920/ZK67+905	端承桩	桥墩均采用圆形双柱墩，桩基础，桥墩采用端承桩设计。桥台均采用桩柱式桥台，桩基础，桩基采用端承桩设计
50	苟家坝大桥	K71+040/ZK71+030	端承桩	桥墩采用圆形双柱墩，桩基础，墩柱直径为1.5 m，桩基直径为1.8 m，桥墩采用端承桩设计。 0号桥台采用柱式台，桩基础，N号桥台采用肋板台，桩基础，桩基直径为1.5 m，桩基采用端承桩设计
51	何家角大桥	K72+155/ZK72+161	端承桩	桥台均采用肋板式桥台，承台接桩基础，桩基直径为1.5 m，桩基采用端承桩设计

续表

序号	桥名	里程	桩基类型	备注
52	锦屏大桥	K74+840/ZK74+852	端承桩	左幅 0 号台采用肋板式桥台，承台接桩基础，桩基直径为 1.5 m，其余桥台均采用桩柱式桥台，桩基础，桩基直径为 1.8 m，桩基采用端承桩设计
53	钟鼓大桥	K78+690/ZK78+705	端承桩	桥墩采用圆形双柱墩，桩基础，左幅 1 号、8～12 号墩，右幅 1 号、2 号、12 号、13 号墩，墩柱直径为 1.5 m，桩基直径为 1.8 m；左幅 2 号、7 号墩，右幅 3 号、7～11 号墩，墩柱直径为 1.8 m，桩基直径为 2.0 m；左幅 3～6 号墩，右幅 4～6 号墩，墩柱直径为 2.0 m，桩基直径为 2.2 m；桩基采用端承桩设计。桥台均采用重力式桥台，扩大基础
54	高观子大桥	K80+375/ZK80+380	端承桩	桥墩采用圆形双柱墩，桩基础，桥墩采用端承桩设计。 10 号台采用 U 台扩大基础；0 号桥台采用桩柱式桥台，桩基础，桩基采用端承桩设计
55	茶树角大桥	K81+030/ZK81+080	端承桩	桥墩采用圆形双柱墩，桩基础，桥墩采用端承桩设计。 桥台采用桩柱式桥台，桩基础，桩基采用端承桩设计
56	张家岩 1 号大桥	K84+155/ZK84+085	端承桩	桥墩采用圆形双柱墩，桩基础，墩柱直径为 1.5 m，桩基直径为 1.8 m，桩基采用端承桩设计。 左幅桥台及右幅 0 号桥台采用桩柱式桥台，桩基础，桩基直径为 1.8 m，桩基采用端承桩设计；右幅 7 号桥台采用肋板式桥台，承台接桩基础，桩基直径为 1.5 m，桩基采用端承桩设计
57	张家岩 2 号大桥	K84+855/ZK84+910	端承桩	桥墩采用圆形双柱墩，桩基础，墩柱直径为 1.5 m，桩基直径为 1.8 m，桩基采用端承桩设计。 桥台右幅 0 号台采用肋板台桩基础，其余均采用重力式桥台，扩大基础
58	龙门特大桥	K86+515	端承桩	桥墩采用圆形双柱墩，桩基础，墩柱直径为 1.5 m、1.8 m，桩基直径为 1.8 m、2.0 m，桥墩采用端承桩设计。桥台采用桩柱式台，桩基础；桩基直径为 1.8 m，桩基采用端承桩设计
59	侯家湾大桥	K87+725	端承桩	桥墩采用圆形双柱墩，桩基础，桥墩采用端承桩设计。 桥台均采用桩柱式桥台，桩基础，桩基采用端承桩设计
60	拱坝河大桥	K89+210	端承桩	桥墩采用圆形双柱墩，桩基础，墩柱直径为 1.5 m、1.8 m，桩基直径为 1.8 m、2.0 m，桥墩采用端承桩设计。桥台采用桩柱式桥台和 U 形桥台，桩基础和扩大基础，桩基直径为 1.8 m，桩基采用端承桩设计

续表

序号	桥名	里程	桩基类型	备注
61	王氏湾大桥	K90+400.968/ZK90+415.968	端承桩	桥墩采用圆形双柱墩，桩基础，墩柱直径为 1.5 m，桩基直径为 1.8 m，桥墩采用端承桩设计。 0 号桥台采用柱式台，桩基础，N 号桥台采用肋板台，桩基础，桩基直径为 1.5 m，桩基采用端承桩设计
62	塔子山大桥	K92+500	端承桩	桥墩采用圆形双柱墩，桩基础，墩柱直径为 1.8 m、2.2 m，桩基直径为 2.0 m、2.5 m，桥墩采用端承桩设计。桥台采用桩柱式台，桩基础，桩基直径为 2.0 m，桩基采用端承桩设计
63	车家坝大桥	K94+530/ZK94+610	端承桩	桥墩采用圆形双柱墩，桩基础，墩柱直径为 1.8 m、2.0 m、2.2 m，桩基直径为 2.0 m、2.2 m、2.5 m，桥墩采用端承桩设计。桥台采用桩柱式桥台，桩基础，桩柱直径 2.0 m，桥台采用端承桩设计
64	嘉陵江特大桥	K96+110.5/ZK96+062.00	嵌岩桩	桥主墩采用桩柱式结构形式，桩基础为嵌岩桩，设计 C30 双排 6 根，3 m 桩基；承台尺寸 17 m×14 m×4.5 m，采用 C3 钢筋混凝土
65	梁池坝大桥	ZK99+063/K99+090	端承桩	桥墩采用圆形双柱墩，桩基础，墩柱直径为 1.5 m、1.8 m，桩基直径为 1.8 m、2.0 m，桥墩采用端承桩设计。桥台采用桩柱式桥台，桩基础，桩基直径 1.8 m，基础采用端承桩设计
66	池鲤中桥	ZK99+892/K99+904	端承桩	线路平面采用左、右分离式设计，桥梁平面位于直线上，桥梁分幅设计，单幅桥梁宽度 12.75 m。 上部构造采用预应力混凝土现浇箱梁，现场支架现浇施工。桥墩采用双圆柱墩，桥台采用桩柱式台，墩台基础桩基础
67	五显梁大桥	ZK100+326/K100+355	端承桩	桥墩采用圆形双柱墩，桩基础，墩柱直径为 1.5 m，桩基直径为 1.8 m，桥墩采用端承桩设计。桥台采用肋板式台，桩基础，桩基直径 1.5 m，采用端承桩设计
68	茶店 1 号大桥	K102+555/K102+575	端承桩	桥墩采用圆形双柱墩，桩基础，桥墩采用端承桩设计。桥台均采用 U 形桥台，扩大基础

12.2　施工准备及设计验算

12.2.1　熟悉设计文件及施工调查

1. 熟悉设计文件

设计文件包括地质勘察资料、施工图、标准图集等。

通过熟悉设计文件了解和掌握工程的特点、工程关键部位的施工方法和质量要求，以及新工艺、新技术、新材料的应用情况。

通过地质勘察资料了解地质情况，选择合适的施工方法和施工设备，如桩基施工根据地质情况确定是适合冲击方法或旋挖方法，同时选定相应的机械设备。

在熟悉设计文件的过程中发现工程数量、结构尺寸、与现场不符的情况及时与设计对接进行修订。

2. 施工调查

收集项目所有单位工程所在地的水文气象资料，雨、雪、风等不良气象的分布季节。如有水下桩、跨江跨河桥梁，要了解水流的流速、流量、水位变化情况。

结合项目工程的位置，调查周围的房屋、厂房、光电缆线、地下管线等既有的设备设施。

了解当地的建材市场，包括河沙碎石，水泥，钢材，木材等价格以及产地，产量，质量，运输价格等条件，以及当地可利用的资源和设施的具体情况。开展施工现场实地调查及现场核对，根据设计要求、合同条件及现场情况等编制实施性施工组织设计。

12.2.2 施工准备

1. 技术准备

（1）主要施工机械及其配套设备的技术性能资料，所需材料的检验和配合比试验。

（2）具有可操作性的桩基墩柱一体施工工艺的参考资料。

（3）核对工程地质资料，做好全面的施工准备，施工前对钻孔过程中可能会遇到的问题及突发事件采取针对性的措施及应急处理方案。

2. 机械设备准备

根据现场施工要求，安排性能好的机械设备进场。旋挖机进场后，安排技术人员进行调试、维护与保养，以保证设备在施工过程中正常运转。

3. 测量准备

依据已报监理工程师批准并能满足工程需要的测量控制网，组织测量人员对桩位进行精确放样。

4. 试验准备

在监理工程师见证下随机抽取相应的钢筋、连接螺纹套筒等材料样品，进行相关的原材料试验工作并报监理工程师审批。

5. 物资材料准备

按照施工设计图相关内容做好钢材等材料的准备工作，保证物资材料按使用计划供应，满足施工需要。

6. 施工通道

施工便道使用挖掘机向内加宽、平整并夯实，作为材料运输便道，桩基施工中钻出的渣土直接由钻头带到指定区域，再由铲车装车运至弃土场废除。

12.2.3　专项设计与验算

对于模板支架一般规定、模板支架设计、预应力张拉、先张法、后张法等分项工程，应按规范标准进行结构稳定性、强度、安全等内容的核算。

1. 模板、支架一般规定

（1）模板和支架除设计要求外，模板宜采用钢材、胶合板或其他适宜的材料制作；支架宜采用钢材或常备式定型钢构件等材料制作。模板的板面应平整，接缝处应严密且不漏浆，模板与混凝土的接触面应涂刷隔离剂，但不得采用废机油等油料，且不得污染钢筋及混凝土的施工缝。

（2）模板和支架均应进行施工图设计，且经批准后方可用于施工。

2. 模板、支架设计

（1）模板、支架的设计应根据工程结构形式、荷载情况、地基土类别、施工设备和材料性能等条件进行，且宜优先采用标准化、定型化的构件。

（2）模板背面应设置主肋和次肋作为其支承系统。

（3）支架的立杆之间应根据其受力要求和结构特点设置水平和斜向等支撑连接杆件，增强支架的整体刚度和稳定性。

（4）托架结构宜设置成三角形，且与预埋件的连接固定方式应可靠。

（5）模板、支架的设计应考虑下列各项荷载，并应按表 3-12-2 的规定进行荷载组合。

①模板、支架自重。

②新浇筑混凝土、钢筋、预应力筋或其他圬工结构物的重力。

③施工人员及施工设备、施工材料等荷载。

④振捣混凝土时产生的振动荷载。

⑤新浇筑混凝土对模板侧面的压力。

⑥混凝土入模时产生的水平方向的冲击荷载。

⑦设于水中的支架所承受的水流压力、波浪力、流冰压力、船只及其他漂浮物的撞击力。

⑧其他可能产生的荷载，如风荷载、雪荷载、冬季保温设施荷载、温度应力等。

表 3-12-2　模板、支架和拱架设计计算的荷载组合

模板、支架结构类别	荷载组合	
	计算强度	验算刚度
梁、板和拱的底模板以及支撑板、支架及拱等	①+②+③+④+⑦+⑧	①+②+⑦+⑧
缘石、人行道、栏杆、柱、梁、板、拱等的侧模板	④+⑤	⑤
基础、墩台等厚大建筑物的侧模板	⑤+⑥	⑤

（6）普通模板荷载计算。

当采用内部振捣器时，新浇筑混凝土作用于模板的侧压力，可按式（3-12-1）计算，并取其中的较小值。

$$F = 0.22\gamma_c t_0 \beta_1 \beta_2 V$$
$$F = \gamma_c H \tag{3-12-1}$$

式中 F——新浇筑混凝土对模板的侧压力（kN/m^2）;

γ_c——混凝土的重力密度（kN/m^3）;

t_0——新浇筑混凝土的初凝时间，可按试验确定，当缺乏试验资料时，可采用 $t_0 = 200/(T+15)$（T 为混凝土的温度）;

β_1——外加剂影响修正系数；不掺外加剂时 1.0，掺具有缓凝作用的外加剂时取 1.2;

β_2——混凝土坍落度影响修正系数；当坍落度小于 30 mm 时，取 0.85；坍落度为 50 ~ 90 mm 时，取 1.00；坍落度为 110 ~ 150 mm 时，取 1.15;

V——混凝土的浇筑速度（m/h）;

H——混凝土侧压力计算位置处至新浇筑混凝土顶面的总高度（m）。

3. 预应力张拉

1）机具及设备要求

（1）预应力筋的张拉宜采用穿心式双作用千斤顶，整体张拉或放张宜采用具有自锚功能的千斤顶；张拉千斤顶的额定张拉力宜为所需张拉力的 1.5 倍，且不得小于 1.2 倍。与千斤顶配套使用的压力表应选用防振型产品，其最大读数应为张拉力的 1.5 ~ 2.0 倍，标定精度应不低于 1.0 级。张拉机具设备应与锚具产品配套使用，并应在使用前进行校正、检验和标定。

（2）张拉用的千斤顶与压力表应配套标定、配套使用，标定应在经国家授权的法定计量技术机构定期进行，标定时千斤顶活塞的运行方向应与实际张拉工作状态一致。当处于下列情况之一时，应重新进行标定。

①使用时间超过 6 个月。

②张拉次数超过 300 次。

③使用过程中千斤顶或压力表出现异常情况。

④千斤顶检修或更换配件后。

2）施加预应力的准备工作

（1）具备经批准的张拉顺序、张拉程序和施工作业指导书，经培训掌握预应力施工知识和正确操作的施工人员，以及能保证操作人员和设备安全的防护措施，检查锚具安装正确，确认结构或构件混凝土已达到要求的强度和弹性模量。

（2）实施张拉时，应使千斤顶的张拉力作用线与预应力筋的轴线重合一致。

3）预应力张拉应力计算与控制

预应力筋的张拉控制应力按符合设计要求进行设置，采用预应力智能张拉设备进行施工。当施工中预应力筋需要超张拉或计入锚圈口预应力损失时，可比设计要求提高 5%，但在任何情况下不得超过设计规定的最大张拉控制应。

预应力筋采用应力控制方法张拉时，应以伸长值进行校核，实际伸长值与理论伸长值的差值应符合设计要求，设计无规定时，实际伸长值与理论伸长值的差值应控制在 ± 6%以内，否则应暂停张拉，待查明原因并采取措施予以调整后，方可继续张拉。

预应力筋的理论伸长值 ΔL_L 可按式（3-12-2）计算：

$$\Delta L_L = \frac{P_P L}{A_P E_P} \tag{3-12-2}$$

式中　L——预应力筋的长度（mm）；

A_P——预应力筋的截面面积（mm^2）；

E_P——预应力筋的弹性模量（N/mm^2）；

P_P——预应力筋的平均张拉力（N），直线筋取张拉端的拉力，两端张拉的曲线筋，计算方法在《公路桥涵施工技术规范》（JTG/T 3650—2020）附录 F 中规定了 P_P 计算公式为

$$P_P = \frac{P(1-e^{-(kx+\mu\theta)})}{kx+\mu\theta} \tag{3-12-3}$$

式中　P——预应力筋张拉端的张拉力（N）；

x——从张拉端至计算截面的孔道长度（m）；

θ——从张拉端至计算截面曲线孔道部分切线的夹角之和（rad）；

k——孔道每米局部偏差对摩擦的影响系数；

μ——预应力筋与孔道壁的摩擦系数。

注：当预应力筋为直线时，$P_P=P$ 预应力筋张拉时，应先调整到初应力，该初应力宜为张拉控制应力 σ_{con} 的 10%～25%，伸长值应从初应力时开始量测。预应力筋的实际伸长值除量测的伸长值外，尚应加上初应力以下的推算伸长值。

预应力筋张拉的实际伸长值 ΔL_S，可按式（3-12-4）计算：

$$\Delta L_S = \Delta L_1 + \Delta L_2 \tag{3-12-4}$$

式中　ΔL_1——从初应力至最大张拉应力间的实测伸长值（mm）；

ΔL_2——初应力以下的推算伸长值（mm），可采用相邻预应力筋级的伸长值。

预应力筋张拉控制应力的精度宜为 ± 1.5%，预应力筋的锚固，应在张拉控制应力处于稳定状态下进行。锚固阶段张拉端锚具变形、预应力筋的回缩量和接缝压缩值，不大于设计规定或不大于表 3-12-3 所列容许值。

表 3-12-3　锚具变形预应力筋的回缩和接缝压缩容许值

锚具、接缝类型		变形型式	容许值 ΔL_R/mm
钢制锥形锚具		预应力筋回缩、锚具变形	6
夹片式锚具	有顶压时	预应力筋回缩、锚具变形	4
	无顶压时		6
镦头锚具		缝隙压密	1
带螺帽锚具的螺帽间隙		缝隙压密	1～3
每块后加垫板的缝隙		缝隙压密	2
水泥砂浆接缝		缝隙压密	1
环氧树脂砂浆接缝		缝隙压密	1

注：带螺帽锚具采用一次张拉锚固时，ΔL_R 宜取 2～3 mm；采用二次张拉时，ΔL_R 可取 1 mm。

预应力筋张拉、锚固及放松时，填写施工记录。施加预应力时宜采用信息化数据处理系统对各项张拉参数进行采集。

4. 先张法

（1）墩式台座结构应符合下列规定：

①承力台座应进行专门设计，并应具有足够的强度、刚度和稳定性，其抗倾覆安全系数应不小于 1.5，抗滑移系数应不小于 1.3。

②锚固横梁应有足够的刚度，受力后挠度应不大于 2 mm。

（2）预应力筋的安装宜自下而上进行，并采取措施防止其被台座上涂刷的隔离剂污染。预应力筋与锚固横梁间的连接，宜采用张拉螺杆。

（3）先张法预应力筋的张拉除应符合上述相关规定外，尚应符合下列规定：

①张拉前，应对台座、锚固横梁及各项张拉设备进行详细检查，符合要求后可进行操作。

②同时张拉多根预应力筋时，应预先调整其初应力，使相互之间的应力一致，再整体张拉；张拉过程中，应使活动横梁与固定横梁始终保持平行，并应抽查预应力筋的预应力值，其偏差的绝对值不得超过按一个构件全部预应力筋预应力总值的 5%。

③预应力筋的张拉应符合设计要求，设计无规定时，其张拉程序按表 3-12-4 的规定进行。

表 3-12-4　先张法预应力筋张拉程序

预应力种类		张拉程序
钢丝、钢绞线	夹片式等具有自锚性能的锚具	低松弛预应力筋：0→初应力→σ_{con}（持荷 5 min 锚固）
	其他锚具	0→初应力→1.05σ_{con}（持荷 5 min）→0→σ_{con}（锚固）
螺纹钢筋		0→初应力→1.05σ_{con}（持荷 5 min）→0.9σ_{con}→σ_{con}（锚固）

注：1. 表中σ_{con}为张拉时的控制应力值，包括预应力损失值。
2. 超张拉数值超过设计或《公路桥涵施工技术规范》（JTG/T 3650—2020）规定的最大超张拉应力限值时，应按设计或规范规定的限制张拉应力进行张拉。
3. 当张拉螺纹钢筋时，为保证施工安全，应在超张拉并持荷 5 min 后放张至 0.9σ_{con}时安装模板、普通钢筋及预埋件等。

5. 后张法

（1）采用金属或塑料管道构成后张预应力混凝土结构或构件的孔道时，应符合下列规定：

①管道的规格、尺寸应符合设计规定，且其内横截面积应不小于预应力筋净截面积的 2 倍；对长度大于 60 m 的管道，宜通过试验确定其面积比是否可以进行正常的压浆作业。

②管道应按设计规定的坐标位置进行安装，并应采用定位钢筋固定，使其能牢固地置于模板内的设计位置，且在混凝土浇筑期间不产生位移。

③后张预应力管道安装的允许偏差应符合表 3-12-5 的规定。

表 3-12-5　先张法预应力筋张拉程序

项目		允许偏差/mm
管道坐标	梁长方向	±30
	梁宽方向	±10
	梁高方向	±10
管道间距	同排	±10
	上下层	±10

（2）锚具、夹具和连接器在安装前，应擦拭干净。

（3）预应力张拉之前，宜对不同类型的孔道进行至少一个孔道的摩阻测试，通过测试所确定的μ值和 k 值宜用于对设计张拉控制应力的修正。张拉时，结构或构件混凝土的强度、弹性模量（或龄期）应符合设计规定。

张拉程序按设计文件或技术规范的要求进行。设计无另行规定时，其张拉程序可按表 3-12-6 的规定进行。

表 3-12-6　后张法预应力筋张拉程序

锚具与预应力筋类别		张拉程序
夹片式等具自锚性锚具	钢绞线束钢丝束	低松弛预应力筋：0→初应力→σ_{con}（持荷 5 min 锚固）
其他锚具	钢绞线束钢丝束	0→初应力→1.05σ_{con}（持荷 5 min）→σ_{con}（锚固）
		0→初应力→1.05σ_{con}（持荷 5 min）→0→σ_{con}（锚固）
螺母锚固锚具	螺纹钢筋	0→初应力→σ_{con}（持荷 5 min）→0→σ_{con}（锚固）

注：1. 表中σ_{con}为张拉时的控制应力，包括预应力损失值。
2. 两端同时张拉时，两端千斤顶升降压、画线、测伸长等工作应基本一致。

后张预应力筋断丝及滑丝不得超过表 3-12-7 中规定的控制数。

表 3-12-7　后张预应力筋断丝滑移限制

类别	检查项目	控制数
钢丝束和钢绞线束	每束钢丝断丝或滑丝	1
	每束钢绞线断丝或滑丝	1
	每个断面断丝之和不超过该断面钢丝总数的	1%
螺纹钢筋	断筋或滑移	不容许

注：1. 钢绞线断丝系指单根钢绞线内钢丝的断丝。
2. 超过表列控制数时，原则上应更换，当不能更换时，在许可的条件下，可采取补救措施，如提高其他束预应力值，但须满足设计上各阶段极限状态的要求。

12.3 桥梁基础

12.3.1 桥梁基础分类

桥梁基础按施工方法可分为扩大基础、桩基础、沉井、地下连续墙等，本项目桥梁基础多数采用扩大基础及桩基础。

1. 扩大基础

扩大基础，是将墩（台）及上部结构传来的荷载由其直接传递至较浅的支承地基的一种基础形式，一般采用明挖基坑的方法进行施工。

扩大基础是由地基反力承担全部上部荷载，将上部荷载通过基础分散至基础底面，使之满足地基承载力和变形的要求。扩大基础主要承受压应力，一般用抗压性能好，抗弯拉、抗剪性能较差的材料（如混凝土、毛石、三合土等）建造，适用于地基承载力较好的各类土层。根据土质情况分别采用铁镐、十字镐、挖掘机、爆破等设备与方法开挖。

扩大基础在埋置深度和构造尺寸确定以后，应先根据最不利而且有可能情况下的荷载组合，计算出基底的应力，然后进行基础的合力偏心距、稳定性以及地基的强度（包括持力层、软弱下卧层的强度）的验算，需要时还应进行地基变形的验算。

2. 桩基础

桩基础是深入土层的柱形结构，其作用是将作用于桩顶以上的结构物传来的荷载传到地基持力层中去。当荷载较大或桩数量较多时需在桩顶设承台将所有基桩连接成一个整体共同承担上部结构的荷载。桩是垂直或微斜埋置于土中的受力杆件，它的横截面尺寸比长度小得多，其所承受的荷载由桩侧摩阻力及桩端地层的反力共同承担。

本项目桥墩桩基础主要有以下两种：

（1）摩擦桩：当软土层很厚，桩端达不到坚硬土层或岩层上时，则桩顶的极限荷载主要靠桩身与周围土层之间的摩擦力来支承，桩尖处土层反力很小，可忽略不计。

（2）端承桩：桩穿过软弱土层，桩端支承在坚硬土层或岩层上时，则桩顶极限荷载主要靠桩尖处坚硬岩土层提供的反力来支承，桩侧摩擦力很小，可忽略不计。

12.3.2 明挖扩大基础施工

1. 工艺流程

明挖扩大基础施工的主要内容包括基础的定位放样、基坑开挖、基坑排水、基底处理以及砌筑（浇筑）基础结构物等。

明挖扩大基础施工工艺流程如图 3-12-1 所示。

2. 定位放样

在开挖基坑前，应做好复核基坑中心线、方向和高程，并应按地质水文资料，结合现场情况，决定开挖坡度、支护力量以及地面的防水，排水措施。放样工作先根据桥梁中心线与墩台的纵、横轴线，推出基础边线的定位点，再放线画出基坑的开挖范围。基坑底部的尺寸较设计平面尺寸每边各增加 0.5 ~ 1.0 m 的富余量，以便于支撑、排水与立模板（如果是坑壁垂直的无水基坑坑底，可不必加宽，直接利用坑壁作基础模板亦可）。

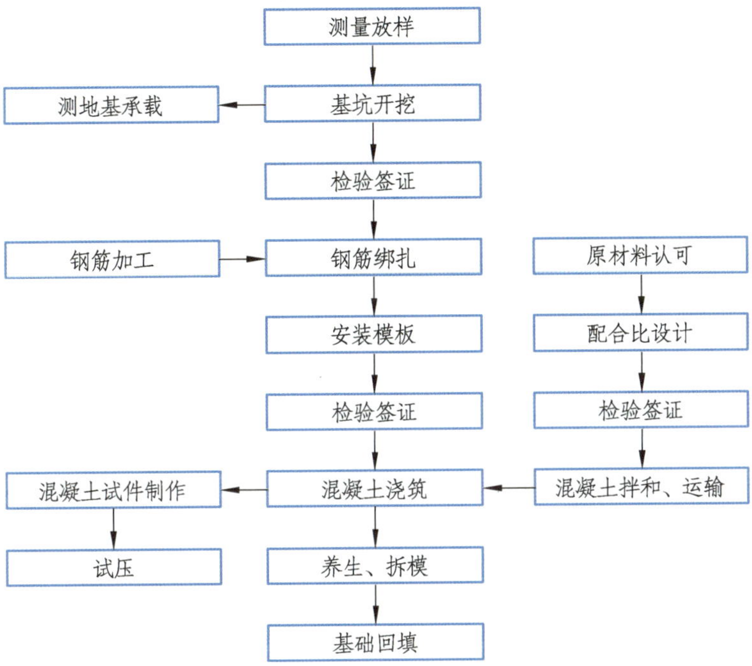

图 3-12-1　明挖扩大基础施工工艺流程

3. 基坑开挖

由于本项目地处四川盆地东北部大巴山区，沿线地形起伏较大，属丘陵、低山区。地形、地貌主要受岩性控制，厚层砂岩常形成陡崖，而泥岩常形成缓坡。山区内主要由砂、泥岩相间构成台阶状孤山包，地质相对稳定，本项目基坑基本采用放坡开挖，坑壁不加支撑。

地下水位一般低于基底，或渗透量少，不影响坑壁稳定，基础埋置不深，施工期较短，挖基坑时，不影响邻近建筑物安全的施工场所，选用坑壁不加支撑的基坑。

（1）基坑尺寸应满足施工要求。当基坑为渗水的土质基底，坑底尺寸应根据排水要求（包括排水沟。集水井。排水管网等）和基础模板设计所需基坑大小而定。一般基底应比基础的平面尺寸增宽 0.5 ~ 1.0 m。当不设模板时，可按基础底的尺寸开挖基坑。

（2）基坑坑壁坡度应按地质条件、基坑深度、施工方法等情况确定。

（3）如土的湿度有可能使坑壁不稳定而引起坍塌时，基坑坑壁坡度应缓于该湿度下的天然坡度。

（4）当基坑有地下水时，地下水位以上部分可以放坡开挖；地下水位以下部分，若土质易坍塌成水位在基坑底以上较高时，应采用加固或降地下水位等方法开挖。

4. 基坑排水

排除地面水一般采取在基坑周围设置排水沟、截水沟或筑土堤等办法，并尽量利用原有的排水系统，使临时排水系统与永久排水设施相结合。

基础施工中常用的基坑排水方法如下：

（1）集水坑排水法。除严重流砂外，一般情况下均可适用。

（2）井点降水法。井点降水法适用土质较差且有严重流砂现象、细（粉）砂、地下水位较高、有承压水、挖基较深、坑壁不易稳定的土质基坑，在无砂的黏质土中不宜使用。

（3）其他排水法。对于土质渗透性较大、挖掘较深的基坑，可采用板桩法或沉井法。此外，视工程特点、工期及现场条件等。还可采用帷幕法，即将基坑周围土层用高压喷射注浆处理成封闭的不透水的帷幕。本项目嘉陵江特大桥右线 5#主墩、右线 7#过渡墩、左线 7#主墩、左线 9#过渡墩基础采用钢板桩钢围堰施工承台的方法进行施工，右线 5#主墩、左线 7#主墩桩基施工完毕后。在施工平台上进行钢板桩钢围堰施工，钢板桩钢围堰施工完成后，进行承台基础开挖，完成承台施工，然后施工墩柱，墩柱施工出水面以后，对钢围堰进行拆除。

5. 基底检验及基底处理

1）基底检验

主要内容应包括：检查基底平面位置、尺寸大小，基底标高；检查基底土质均匀性、地基稳定性及承载力等；检查基底处理和排水情况；检查施工日志及有关试验资料等。按现行《公路桥涵施工技术规范》（JTG/T 3650—2020）要求，基底平面周线位置允许偏差不得大于 20 cm，土质基底标高不得超过+5 cm，石质基底标高不得超过+5 ~ 20 cm。

基底检验根据桥墩大小、地基土质复杂情况（如溶洞、断层、软弱夹层、易熔岩等）及结构对地基有无特殊要求等，按以下方法进行：

（1）小桥墩的地基，一般采用直观或触探方法，必要时进行土质试验。特殊设计的小桥墩对地基沉陷有严格要求，且土质不良时，宜进行荷载试验。对经加固处理后的特殊地基，一般采用触探或作密实度检验等。

（2）大、中桥一般由检验人员用直观、触探、挖试坑或钻探（钻深至少 4 m）试验等方法，确定土质容许承载力是否符合设计要求。对地质特别复杂，在设计文件中有特殊要求，虽经加固处理又经触探、密实度检验后尚有疑问时，需进行荷载试验，确认符合设计要求后，方可进行基础结构物施工。

2）基底处理

本项目对于一般软弱地基土层加固处理方法可归纳为换填土法、挤密土法、胶结土法三种类型。

（1）换填土法：将基础下软弱土层全部或部分挖除，换填力学物理性质较好的土。

（2）挤密土法：用重锤夯实或砂桩、石灰桩、砂井、塑料排水板等方法，使软弱土层挤压密实或排水固结。

（3）胶结土法：用化学浆液灌入或粉体喷射搅拌等方法，使土壤颗粒胶结硬化，改善土的性质。

12.3.3 桩基础施工

桩基础须根据地质情况，通过设计计算决定采用的桩基类型（摩擦桩或端承桩），并按地质详勘报告选取设计参数。端承桩要求嵌岩深度根据基底岩层软硬情况取不小于 3 倍桩径。同一墩台基础基底必须置于同一岩层上，以防止因地质不同引起不均匀下沉。

1. 施工准备

（1）桩基工程开工前，熟悉与桩基础的设计文件和设计交底的有关内容，并进行现场核对和施工调查。根据现场收集到的情况，核对工程数量，根据工期要求，施工难易程度，对进场人员、设备、材料进行合理配备。

（2）对本项目内控制点进行复核测量，确定各桥位控制测量方案，埋设施工控制桩，确定好原材料料源，做好不同强度等级混凝土配合比试验工作并将成果及时上报。

（3）开工前做好生活和工程用房修建，解决电力和水的供应，修建临时便道，设立必要的安全标志。

（4）为便于施工设备、材料的运输，修筑施工便道，便道修筑根据现有公路及桥位的走向进行布置。

（5）施工前做好施工主线及各个施工便道临时排水设施，开挖临时排水沟。

2. 施工安排

（1）桥梁墩台基础施工前，根据平、纵断面核查设计的桩位坐标及高程，无误后方可施工。位于平曲线内的桥梁，墩台采用径向布置，施工前应认真阅读有关设计图纸。

（2）桥梁基础施工时如发现地质情况与设计所采用的钻孔资料有出入时，应及时向设计单位反馈信息，并根据实际钻孔资料调整基底高程。

（3）墩台采用扩大基础时，在基础开挖达到设计要求的基底高程后，应进行验槽，确认地基承载力是满足设计要求的承载力，并位于同一地层上，方可进行基础施工。基地承载力不满足设计要求时，可采用换填土法、挤密土法、胶结土法等措施，对地基土层进行加固处理。

（4）由于沿线地形陡峻，基础开挖需注意路线纵横向的边坡稳定，并做好防水排水，当地形情况有变化时应进一步加强开挖边坡防护。

3. 泥浆池布置

泥浆池的排列要整齐、有序。泥浆池尺寸每幅两个墩位设置一个泥浆池循环系统。泥浆池包括造浆池、沉淀池及净化处理系统。

为满足施工环保要求，钻孔时应设置造浆池、沉淀池。制备泥浆的材料选用环保型造浆液。造浆池和沉淀池分开设置，施工中采用泥浆泵向孔内注入浆液，灌注混凝土时泥浆从孔内排出经泥浆槽进入沉淀池，沉淀后的泥浆经造浆池返回钻进的孔内，形成不断的循环沉淀净化。

泥浆循环顺序：新制泥浆→造浆池→桩孔→泥浆槽→沉淀池→造浆池→桩孔。

泥浆池防护沿泥浆池四周设置防护围栏，围栏高 1.2 m，并张挂安全警示标志。不定期对泥浆池、沉淀池、泥浆集中存放地点进行检查，发现问题及时安排整改，对桩基工作人员进行安全教育。

4. 钻孔桩施工

本项目位于四川盆地东北部大巴山区，沿线地形起伏较大，属丘陵、低山区。地形、地貌主要受岩性控制，厚层砂岩常形成陡崖，而泥岩常形成缓坡。山区内主要由砂、泥岩相间构成台阶状孤山包，线位多为沿河和越岭延展地带，施工的操作空间狭小，因此本项目桩基工程多采用钻孔桩施工。钻孔桩采用冲击钻机或者钻机成孔，施工前根据现场实际情况进行山坡开挖形成运输通道及工作平台。

1）工艺流程

钻孔桩施工工艺流程如图 3-12-2 所示。

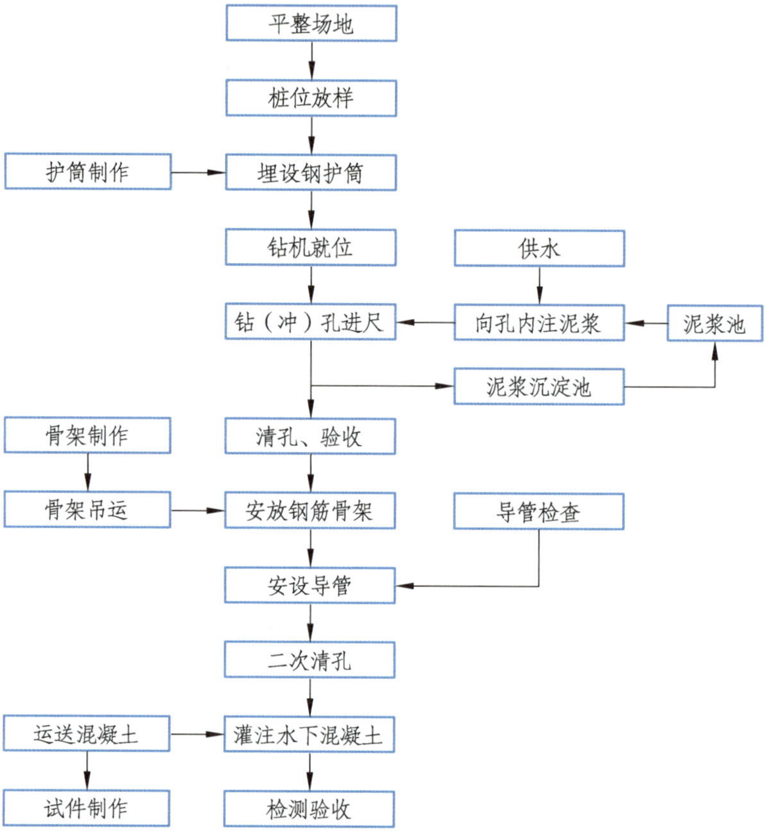

图 3-12-2 钻孔桩施工工艺流程

2）操作要点

（1）测量放样。

用全站仪定出桥墩、桥台、中心线位置。采用三角网复测无误后，在平行于桥位中心线的前后方向和横向两侧设置牢固控制桩。

（2）埋设护筒。

护筒采用 5 mm 厚 A3 钢板制作，护筒内径应大于桩径 200 mm，基底应为黏土，护筒在旱地时，护筒顶端应高出地面 0.3 m，并且高出地下水位 1.5 ~ 2 m 以上，护筒的平面位置偏差不大于 50 mm，护筒与桩轴线的偏差不大于 1%。

（3）固孔。

固孔采用膨润土悬浮泥浆作为钻孔泥浆。钻孔泥浆应始终高出孔外水位 1.0 ~ 1.5 m，胶泥应用清水彻底拌和成悬浮体，以保证在灌注混凝土时及施工完成时保持钻孔的稳定。在地面或最低冲刷线以下部分，护筒应在灌注混凝土后及时拔除。

（4）钻孔。

①开孔前调整钻头对中、钻杆垂直；开始时采取低速，待钻至护筒底 1.0 m 以下后正常钻进。

②经常检测泥浆比重，确保成孔质量和进度。

③钻孔过程中随时对孔径、孔形、倾斜度进行检测，测孔器直径比钢筋笼大 10 cm，长度不大于 5*D*（*D* 为测孔器的外径）。

④钻孔至设计桩底标高，并经检查合格后立即进行清孔，直到达到要求为止，沉渣厚度满足设计要求。

⑤钻孔过程中，在淤泥层严格控制进尺速度，接近持力层时应减少冲程，冲程控制 0.1 ~ 1 m，减少对持力层的破坏。

⑥终孔的确认。

对于采用钻孔灌注桩的基础，施工时应严格控制灌注桩桩底沉淀层厚度。摩擦桩：当桩径 $d \leqslant 1.5$ m 时，沉渣厚度 $t \leqslant 30$ cm；当 $d > 1.5$ m 时，$t \leqslant 50$ cm，且 $0.1 < t/d < 0.3$。端承桩：当桩径 $d \leqslant 1.5$ m 时，沉渣厚度 $t \leqslant 5$ cm；当 $d > 1.5$ m 时，$t \leqslant 10$ cm。钻孔灌注桩的质量检测必须严格按规范要求执行。

设计钻（挖）孔灌注桩为端承桩时，要求桩底入中风化基岩深度不小于 3 倍桩径，入土深度小的桩基应适当加大入岩深度。

⑦终孔验收。

特大桥主墩、过渡墩、辅助墩，以及 50 m 以上跨径桥墩和水中墩的桩基终孔须由设计代表、业主工程部副经理或以上、总监办工程部经理及以上人员到现场终孔签认；一般墩台第一根桩须由设计代表、业主工程部副经理或以上人员到场签认；一般墩台其余桩基终孔权限：终孔与设计标高相差大于 1 m 时，由设计代表、业主代表、总监办监理组长或以上人员到场确认。

⑧清孔。

钻孔达到图纸规定深度且成孔质量符合要求后，应立即进行第一次清孔。清孔时，应将附着于护筒壁的泥浆清洗干净，并将孔底钻渣及泥沙等沉淀物清除，端承桩不得大于 50 mm，摩擦桩不得大于 100 mm。

清孔后用测绳测出沉淀物厚度不大于设计要求值，不得用加深孔底的方法来代替清孔。

在吊入钢筋骨架后，灌注水下混凝土之前，应进行第二次清孔，符合要求后方可进行混凝土灌注，清孔检验质量标准见表 3-12-8。

表 3-12-8　清孔检验质量标准

项目	允许偏差
沉淀厚度/mm	桥墩摩擦桩：不大于 100 mm 桥台摩擦桩：不大于 150 mm
	端承桩：不大于 50 mm
清孔后泥浆指标	相对密度：1.03 ~ 1.10；黏度：17 ~ 20Pa · s；含砂率：<2%；胶体率：>98%

⑨孔位、孔深、孔径、孔形和倾斜度的检验。

该项检验在终孔和第一次清孔后，应立即进行；一般采用外径为钻孔桩钢筋笼直径加

100 mm（不得大于钻头直径），长度为 4 ~ 6 倍外径的钢筋检孔器吊入孔内检测，检验标准见表 3-12-9。

表 3-12-9 成孔检验质量标准

项目	允许偏差
孔的中心位置/mm	群桩：100；单排桩：50
孔径/mm	不小于设计桩径
倾斜度	钻孔：小于 1%
孔深	摩擦桩：不小于设计规定；端承桩：比设计深度超深不大于 50 mm

（5）钢筋笼的制作与安装。

①钢筋笼的制作。

钢筋骨架制作可整体或分节制作，每 2 m 设置加强箍筋一道，确保钢筋骨架整体性，防止钢筋骨架起吊时发生变形。

主筋接头应使用钢套筒挤压连接、直螺丝套筒连接。接头应错开，接头长度符合规范规定，质量检验应根据规范规定做试件进行试验。

钢筋笼外侧应采取保证桩基混凝土保护层的措施，可使用绑焊耳筋、在箍筋上穿环形混凝土垫块。主筋保护层垫块应保证牢固、有效，竖向为 2 m，横向圆周不得小于 4 处。不宜使用绑扎混凝土垫块的方法。桩基保护层定位钢筋数量根据桩径尺寸设置 6 ~ 8 个。

②声测管的安装。

在应用声波检测方法对桩基进行质量检测过程中，经常会出现由于声测管加工或安装不当，导致无法对桩基进行检测，在施工中应注意以下几点：

a. 声测管自进入工地现场后起，在装卸、搬运、安装过程中，要避免使声测管管体扭曲、挤压变形。声测管要存放在有遮雨设施的场地，避免管体生锈。进场安装的声测管，首先要对管体进行检验，扭曲变形的声测管不允许进入安装程序。

b. 在安装时，声测管应紧贴在加劲箍内侧，相互错位 120°，固定点的间距不超过 2 m，其中声测管底端和接头部位必须设固定点。

c. 钢筋笼放入桩孔时应防止扭曲，管与管平行垂直，声测管随钢筋笼分段安装，每埋设一节均应向声测管内加注清水，声测管安装完毕后应加盖或加塞封闭，以免浇筑混凝土时落入异物，堵塞孔道。

d. 声测管的上端应高出桩顶 1 m 且通到桩底来控制；同一根桩的声测管外露高度必须一致；在灌注基桩浇筑混凝土之前，应检查声测管内的水位，如管内的水不满，则应补充灌满。

③钢筋笼的安装。

桩的钢筋骨架，应紧接在混凝土灌注前，整体放入孔内。如果混凝土不能紧接在钢筋骨架放入之后灌注，则钢筋骨架应从孔内移出。在钢筋骨架重放前，对开挖的完整性，包括孔底松散物的出现进行检查。灌注混凝土时，钢筋骨架应进行固定，防止混凝土灌注过程中钢筋骨架上升。支撑系统对准中线防止钢筋骨架倾斜和移动。钢筋骨架上事先安设控制钢筋骨架与孔壁净距的焊接马蹄筋，以等距离绑扎在钢筋骨架周径上，以确保钢筋在孔中位置和保护层厚度，检验标准见表 3-12-10 所示。

表 3-12-10　钢筋笼检验质量标准

项目	允许偏差	项目	允许偏差
骨架外径	≤ ±10 mm	骨架倾斜度	≤ ±0.5%
主筋间距	≤ ±10 mm	钢筋笼径	≤ ±5 mm
箍筋间距	≤ ±20 mm	钢筋笼长度	≤ ±50 mm
骨架顶端高程	≤ ±20 mm	骨架底面高程	≤ ±50 mm
钢筋保护层	≤ ±20 mm	骨架中心平面位置	≤ ±20 mm

（6）混凝土灌注。

①本项目桥墩桩基础混凝土强度等级为 C30，采用导管法进行水下混凝土的灌注。导管每次使用前，对其平直度和密闭性做检查，合格后方可使用。导管在安设过程中应防止碰撞钢筋笼，其底部距孔底高度以 30 ~ 50 cm 为宜。

②在灌注水下混凝土之前，再次对桩孔的各项指标进行检测，合格后方可允许浇筑混凝土，首次灌注混凝土的数量应能满足导管首次埋置深度和填充导管底部的需要，详见图 3-12-3。

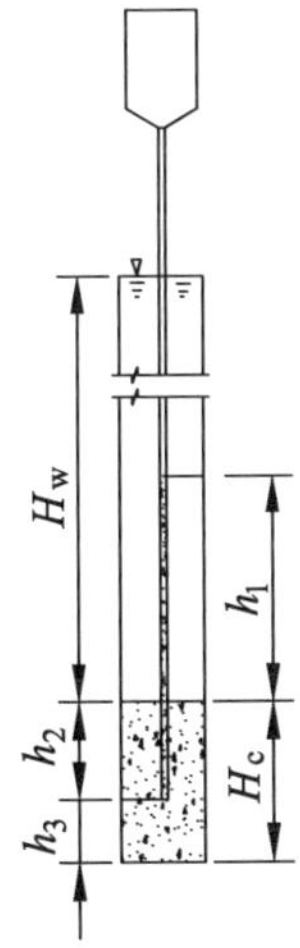

图 3-12-3　首次混凝土数量计算

所需混凝土数量可按照式（3-12-5）进行计算：

$$V \geqslant (\pi D^2/4)\times(h_2+h_3)+(\pi d^2/4)\times h_1 \qquad (3\text{-}12\text{-}5)$$

式中　V——灌注首批混凝土所需数量（m^3）；

D——桩孔直径（m）；

h_3——桩孔底至导管底端间距，一般为 0.4 m；

h_2——导管初次埋置深度（m）；

d——导管内径（m）

h_1——桩孔内混凝土达到埋置深度 h_2 时，导管内混凝土柱平衡导管外（或泥浆）压力所需的高度（m）。

首次混凝土的数量需满足导管埋置深度≥1 m 和填充导管底部的要求，导管内径按 25 cm，桩径按 1.4 m，通过式计算 1.4 桩径的桩基首批混凝土方量为 4 m^3。

③混凝土的配制应严格按照设计及规范要求进行，并应与导管施工相适宜，坍落度宜为 18～22 cm。灌注混凝土必须一次完成，中途不得停顿。

④混凝土浇筑过程中，出料口必须埋在已浇筑部分的混凝土中至少 2 m 以上，并不大于 6 m。随着孔内混凝土的上升，及时提升或拆除导管，拆管时间不超过 15 min，拆下的导管应立即冲洗干净备用。

⑤混凝土最终灌注高度应高出设计标高 1.0 m 以上，以确保桩顶混凝土质量。具体施工过程：安设导管，导管底部与孔底之间流出 30～50 cm 空隙，如图 3-12-4（a）所示；悬挂隔水拴，使其与导管水面紧贴，如图 3-12-4（b）所示；漏斗盛满首批封底混凝土，如图 3-12-4（c）所示；剪断铁丝，隔水拴下落孔底，如图 3-12-4（d）所示；连续灌注混凝土，上提导管，如图 3-12-4（e）所示；混凝土灌注完毕，拔出护筒，如图 3-12-4（f）所示。

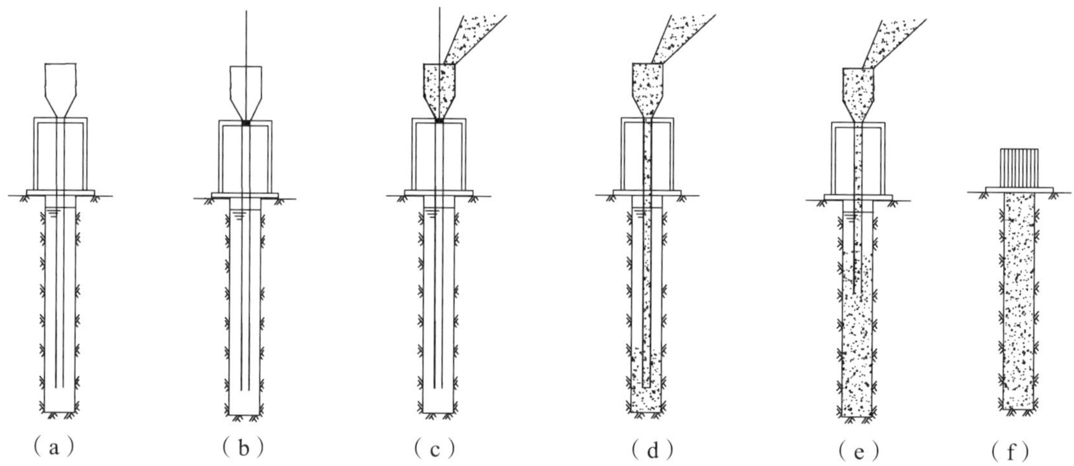

图 3-12-4 导管法灌注桩身混凝土

⑥在灌注混凝土中导管要经常检查是否可拉动提起，提升时要注意速度，以免出现脱节现象。经常检查导管接头，是否有松动、漏浆、漏气现象。使用短钢护筒作护壁时，应在灌注完混凝土后立即拔出。灌注过程中混凝土管堵塞时，可用长杆冲捣或用振动器振动导管。及时凿除桩顶 0.5～1.0 m 的混凝土，并检查桩顶混凝土有无松散现象。

（7）桩基检查与验收。

桩基混凝土达到设计规定强度后，人工截除超灌部分桩头，采用小应变法或超声波检测法按 100%的检测频率对桩基进行检测。

12.3.4 桩柱一体施工

本项目有部分桥梁工程的下部结构处于挖方段路基、深挖路堑处并且墩柱坐落于边坡之上，桩基与墩柱同径，并且无系梁，具备桩柱一体施工条件。采用桩柱一体施工时，钻至孔底标高后，需依次下放桩基及墩柱钢筋笼，并统一灌注水下 C35 混凝土。

以本项目 K7+738 矩形渡槽为例，主要介绍前期准备、施工过程控制，桩成后的土方开挖及墩身处理。桩的开挖、钢筋笼的安装和混凝土浇筑基本与钻孔桩施工一致。

1. 施工重难点分析及对策

（1）场地狭小，交叉施工。

本工程均位于山丘斜坡填土作业平台下，总工期非常紧，工程为桩柱一体，为保证顺利完成工，施工所需设备投入较多，且均为大型设备，施工场地可用面积狭小，给整个施工组织协调带来很大难度。因此采用以下措施应对：

①合理规划各个施工程序的先后次序，优化交叉施工作业程序。

②杜绝闲置机械、设备堆放现场，凡进出本工程现场的设备全部都是需要使用的，无用机械一律停放至附近路基。

③设置专门的项目协调人，负责协调各作业队之间的关系和施工规划。

④合理规划交叉施工程序，避免工序之间冲突。

⑤大型机械设置专门的滞留区，暂时不使用的设备不得停留在施工场地内。

⑥每天组织召开生产协调会，处理协调当天生产中出现的问题。

（2）单桩单柱施工合格率必须确保 100%工程采用桩柱一体施工，因桩柱一体施工的墩柱无法调整、移位或补救，在施工过程中不能出现任何质量问题，因此，项目派专业工长全程跟踪每根桩的每道工序，必须按照方案和技术交底严格执行，对特殊情况立即上报，立即讨论处理，确保桩、柱施工合格率 100%。

2. 施工准备

1）机械准备

本工程桩基设计为灌注桩，工程选用桩柱一体，墩柱竖直度不大于 $H/1\,000$，且不大于 20 mm，为此采取以下措施应对：

（1）选择性能优良的 SY405R 旋挖机为本桩基服务，经常检修和设备维护，保持设备良好率，每根桩开钻前，测量工程师采用全站仪对钻杆 x、y 方向竖直度进行测量一次，减小成桩桩身竖直度误差。

（2）钻进成孔竖直度控制：根据前期桩基施工经验，桩基成孔竖直度在砂岩岩层有突变的现象，因此对入岩时钻进速度要求尽量放慢速度，钻头转速<8 r/min。

采用 SY405R 智能化旋挖钻机，钻机配备自控电脑系统，可以自动显示和调节旋挖钻机的钻孔深度，竖直度，桩的竖直度在成孔时桩机桅杆上有竖直度控制仪控制，桩机电脑屏上会自动显示，司机根据情况调整，竖直度在施工过程中就能控制确保小于 1%，达到设计要求。并且在每根桩开钻前，测量工程师采用全站仪对钻杆 x、y 方向竖直度进行测量一次，使钻杆竖直度保持在 0.5%内。减小成桩桩身竖直度误差；

2）场地准备

对钻机位及孔口周边进行硬化，孔口周边硬化需要预留出孔口位置，硬化厚度 20 cm，采用 C30 混凝土，在桩孔位置，桩孔半径外延 300 mm 圆形范围采用素混凝土硬化处理。素混凝土与外部钢筋混凝土设置分格缝，分格缝采用木模板填实。待混凝土平台达到 7 d 强度后方可行驶机械，为旋挖钻机提供坚固、稳定的工作平台。

3. 桩柱一体钻孔桩施工工艺流程

桩柱一体钻孔桩施工工艺流程如图 3-12-5 所示。

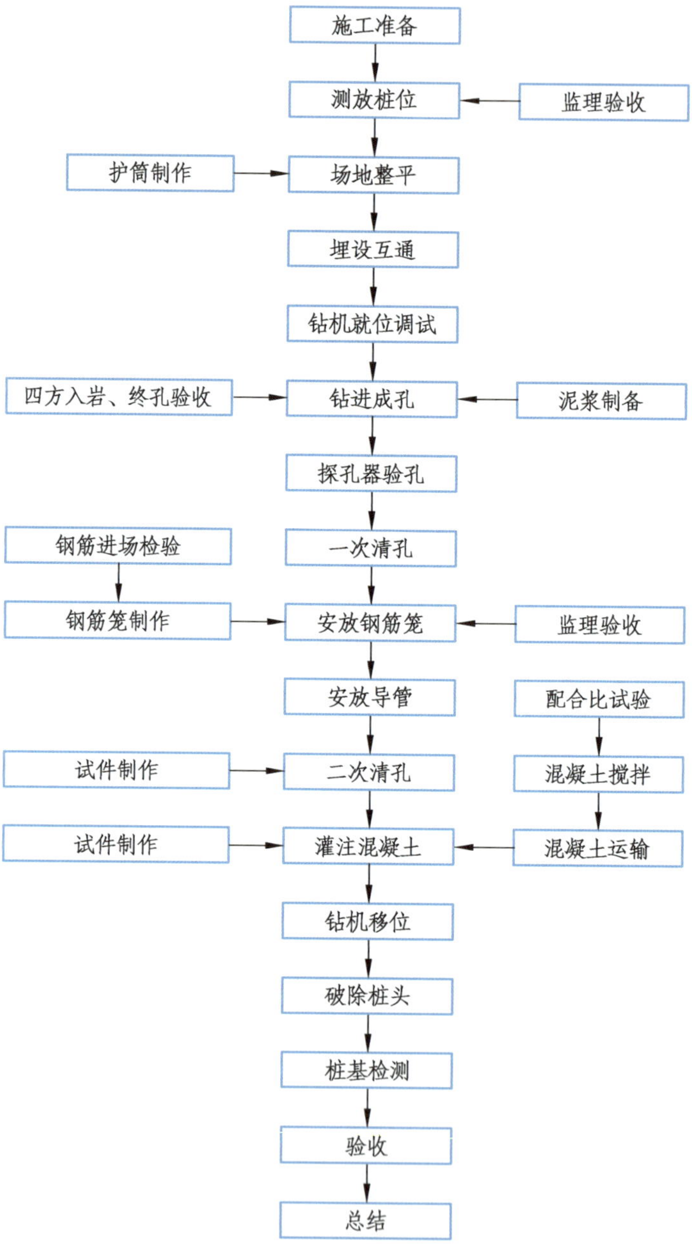

图 3-12-5 桩柱一体钻孔桩施工工序

4. 土方开挖及墩身处理

1）土方开挖

开工前，测量组应抓紧全线平面控制网和高程控制网复测，并根据施工需要合理加密控制点。仔细复核设计桩位和盖梁的坐标、高程，确保放样正确。采用全站仪及坐标法放样，同时制定好开挖方案，逐层开挖至桩顶标高。

合理计划和组织相关队伍对天桥两侧路基进行开挖，边坡坡率及平台符合路基横断面要求，墩身及盖梁 0.3 m 范围内严禁采用机械开挖，盖梁底和墩顶 0.5 m 范围采用人工开挖。

2）墩身处理与修复

（1）清洗墩身。

在人工挖土完成后，采用高压水枪清洗剂对墩身进行清洗，然后用钢刷刷掉无法冲洗干净的泥土，再用清水将所有混凝土表面清洗干净，无泥垢残留。

（2）缺陷修复。

①麻面修复：修补前用清水将混凝土表面浸湿，然后用高强无收缩砂浆混合环氧树脂砂浆抹平，抹浆初凝后要加强养护工作。

②坑窝修复：先将松动的石子和突出颗粒剔除，剔成喇叭口，外边大些，然后用清水洗干净湿透，并用定制环形模板封住喇叭口，上端留个缝隙将高强无收缩纤维灌浆料填满，拆模后打磨抛光确保平整。

③露筋修复：露筋较浅时处理方式与坑、窝修复一样；若露筋较深或面积较大时，则应先将薄弱混凝土剔除，冲刷干净湿润，然后支牢模板，再用掺有膨胀剂的 C50 混凝土填满捣实，加强养护。

④错台修复：墩柱直径 1.5 m，对于突出的混凝土，用电镐先将其剔凿的与 1.5 m 直径的墩柱大致平齐后，待整个墩柱处理完成后再进行美观处理。

⑤修复材料：采用环氧树脂砂浆、高强无收缩纤维灌浆料、高强无收缩砂浆、混凝土表面增强剂、碎石、膨胀剂、染色剂和白水泥等，既可以保证混凝土强度、无空鼓现象出现，又可以保证外观与原混凝土颜色一致。

5. 养生与美化处理

（1）混凝土养生采用塑料薄膜黏接，在盖梁处放置水桶和滴管保证混凝土表面湿润，以免出现裂缝和空鼓现象出现。

（2）混凝土外观美化处理所有修复的墩柱待强度达到 100%后，统一用电砂轮、钢刷和砂纸对墩身表面进行打磨和抛光处理，达到混凝土表面无色差、光滑、无蜂窝麻面和缝隙等，满足验收标准。

12.4 下部结构

12.4.1 墩柱施工

本项目墩柱大部分采用实心圆柱墩，高度在 8 m 以上 40 m 以下的圆柱墩均采用翻模施工。对于在柱中部无横系梁、墩身高度小于 8 m 的墩柱，采取一次性组模到顶一次浇筑成型的方法施工。其中西河大桥、嘉陵江大桥采用矩形墩（墩柱高度在 45 ~ 55 m 的空心墩）和空心薄壁墩（墩柱高度≥55 m 的空心墩），并采用液压爬模的施工方法

1. 实心墩施工

本项目大部分实心圆柱墩采用翻模施工，施工工艺简单，可直接使用吊车进行，模板可周转使用，可自由地调节浇筑高度，拼装容易，施工速度快，适用范围广。

1）施工工艺流程

墩柱施工工艺流程如图 3-12-6 所示。

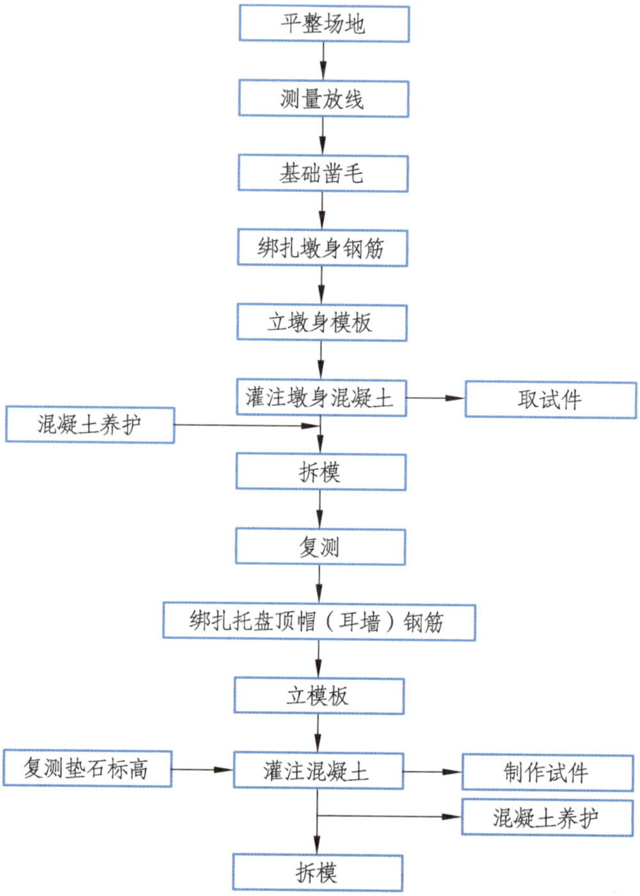

图 3-12-6 墩柱施工工艺流程

2）操作要点

（1）翻模组装。

组装前进行试拼装，确认模板尺寸准确无误后，涂刷脱膜剂。

（2）基顶放线。

由测量人员放出墩底的几何尺寸、平面位置，并将点位引出，作为以后检查模板时使用。分节浇筑的墩身，用全站仪控制墩的中心位置及垂直度，确保将其控制在规范允许的范围之内。

（3）钢筋及预埋件安装。

钢筋在加工场下料加工，由人工配合汽车吊或者塔吊在现场直接进行绑扎，钢筋的绑扎和连接严格按规范要求进行作业。钢筋绑扎完成后，在钢筋上按规范要求设置混凝土垫块，以保证钢筋的保护层符合要求。根据放线位置进行预埋件的安装，根据设计要求并配合模板的设计及分节高度进行调节安装顺序。

（4）模板组装。

模板由标准板（直线板）、边模板、角模板等组成，每节模板高度为 2.25 m，模板面板采用 6 mm 厚钢板，用∠100 × 100 mm 的角钢及扁铁焊接成模板框架，模板间用 M12 × 30 mm 螺栓连接。

围带用槽钢制成，围带间用圆钢拉杆连成整体，拉杆外套 PVC（聚氯乙烯）管，每层模板在浇筑混凝土前在靠近顶面处用杆件支撑。模板固定架由槽钢或角钢带及三角架、斜拉索具组成，将内外模板加固成整体，保证在混凝土浇筑过程中模板不变形，并能支撑施工平台。施工平台主要由门形支架，平台纵横梁、步板、栏杆等组成，用于小型机具存放和工作平台。

模板采用塔吊吊装，人工辅助就位，M12 × 30 mm 螺栓将模板连成整体，围带和钢拉杆加固模板，拉杆间距一般采用 1.0 ~ 1.5 m。安装内外作业平台，同样采用塔吊吊装，人工辅助拼装，工作平台支撑于围带上。

（5）翻模施工。

40 m 以下的圆柱墩墩身采用翻转模施工，翻模施工采用大块钢模板，利用塔吊、手动葫芦提升、安装和拆除模板的作业方式。由分节段大块钢模板、施工平台、模板固定架、提升机具设备、安全设施几部分组成，具体的结构形式如图 3-12-7 所示。

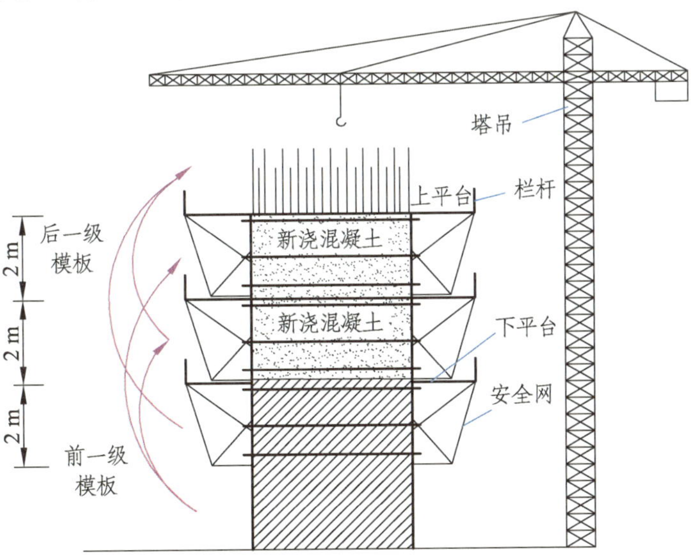

图 3-12-7　翻模施工示意

采用翻模法施工时，模板选用大块模板，以加快施工进度和平整度。配备塔式起重机翻升模板，上、下通行梯运送上、下施工人员和小型机具。翻模由三个节段模板及支架、工作平台、塔式起重机手动葫芦组合而成的成套模具。施工时第一节段模板支于墩身承台基础顶上，第二节段支立于第一节模板上，第三节段模板支立于第二节模板上。当第三节段混凝土强度达到 3 MPa，第一节段混凝土强度达到 10 MPa 时，拆除第一节段模板。

混凝土浇筑：第一节段模板与内外模板安装后，在内外模板之间安装混凝土灌注漏斗，混凝土经输送泵送入模。混凝土采用水平分层灌注振捣。强度达到 3 MPa 以上时，清除浮浆，凿毛清理第一节段混凝土表面，进行第二节、第三节段施工。第三节段混凝土强度达到 3 MPa 以上，第一节段混凝土强度达到 10 MPa 以上时，准备第四节段墩身施工。采用混凝土输送泵送料，插入式振捣器振捣。当立柱高度超过 2 m 时，由于混凝土落差较大，不能采用自落式灌注，拟采用串筒减速进行混凝土的浇筑，以防止混凝土离析。每层混凝土浇筑厚度按 40 cm 控制，采用振捣棒在距钢模 10 cm 处进行先周边后内心的振捣。

拆模及养生：养护施工至墩顶后，墩顶仍保留三个节段模板，墩身混凝土强度大于 10 MPa 时，拆除模板，拆除时按先底节段，再中节段，最后顶节段的顺序进行，每节段模板拆除，按安全网栏杆脚手架、平台和模板固定架、围带、连接螺栓，钢拉杆、钢模板的顺序进行。混凝土初凝后表面开始洒水，并覆盖保水材料。

2. 空心墩施工

本项目中金银垭水库大桥、西河大桥、嘉陵江大桥一部分墩柱为空心墩柱并采用液压爬模的施工方式。利用液压系统模板自行爬升，省去起吊设备，节省设备费用及工时；施工效率高，模板系统拆装少，便于立模。

1）施工工艺流程

空心墩施工工艺流程如图 3-12-8 所示。

2）操作要点

（1）模板工程。

墩台身内外模板采用大块整体钢模，选用 5 mm 厚钢板作面板。模板进场后，进行清理、打磨，以无污痕为标准，刷脱模剂，并用塑料薄膜进行覆盖。立模前进行试拼，加固采用内撑和外加拉杆形式。墩台空心内的顶部采用搭设碗扣支架，$\phi48$ 钢管加固，安装好后，检查轴线、高程，保证模板、支架在灌注混凝土过程中受力后不变形、不移位。立模采用汽车吊并配合人工，吊装就位后，采用垂球进行竖向校核，全站仪复核其平面位置。

（2）钢筋安装。

承台与墩台基础锚固筋按规范和设计要求连接牢固，形成一体；基底预埋钢筋位置准确，满足钢筋保护层的要求，墩身钢筋与预埋钢筋按 50%接头错开配置；墩身钢筋数量大，为确保施工精度和绑扎质量，钢筋绑扎作业在固定胎架上绑扎；采用定型塑料或同强度等级砂浆水泥作垫块，保证钢筋的保护层厚度。

（3）混凝土浇筑。

混凝土浇筑分墩底实体段、墩身空心段、墩顶实体段三阶段进行。混凝土采用自动计量拌和站生产，输送车运输，泵送入模。

混凝土分层浇筑厚度不超过 30 cm，采用振捣棒振动捣实。混凝土浇筑应连续进行，如因故必须间断时，其间断时间小于前层混凝土的初凝时间，允许间断时间经试验确定。

在混凝土浇筑过程中，随时观察所设置的预埋螺栓、预留孔、预埋支座的位置是否移动，若发现移位时及时校正。

墩底实体段、墩身空心段、墩顶实体段混凝土施工时，特别注意实体段与空心墩身连接处的混凝土质量和外观。特别是在实体段，由于一次浇筑混凝土体积过大，为防止混凝土表面开裂，采取下列措施降低混凝土水化热：

①采用低水化热配合比。

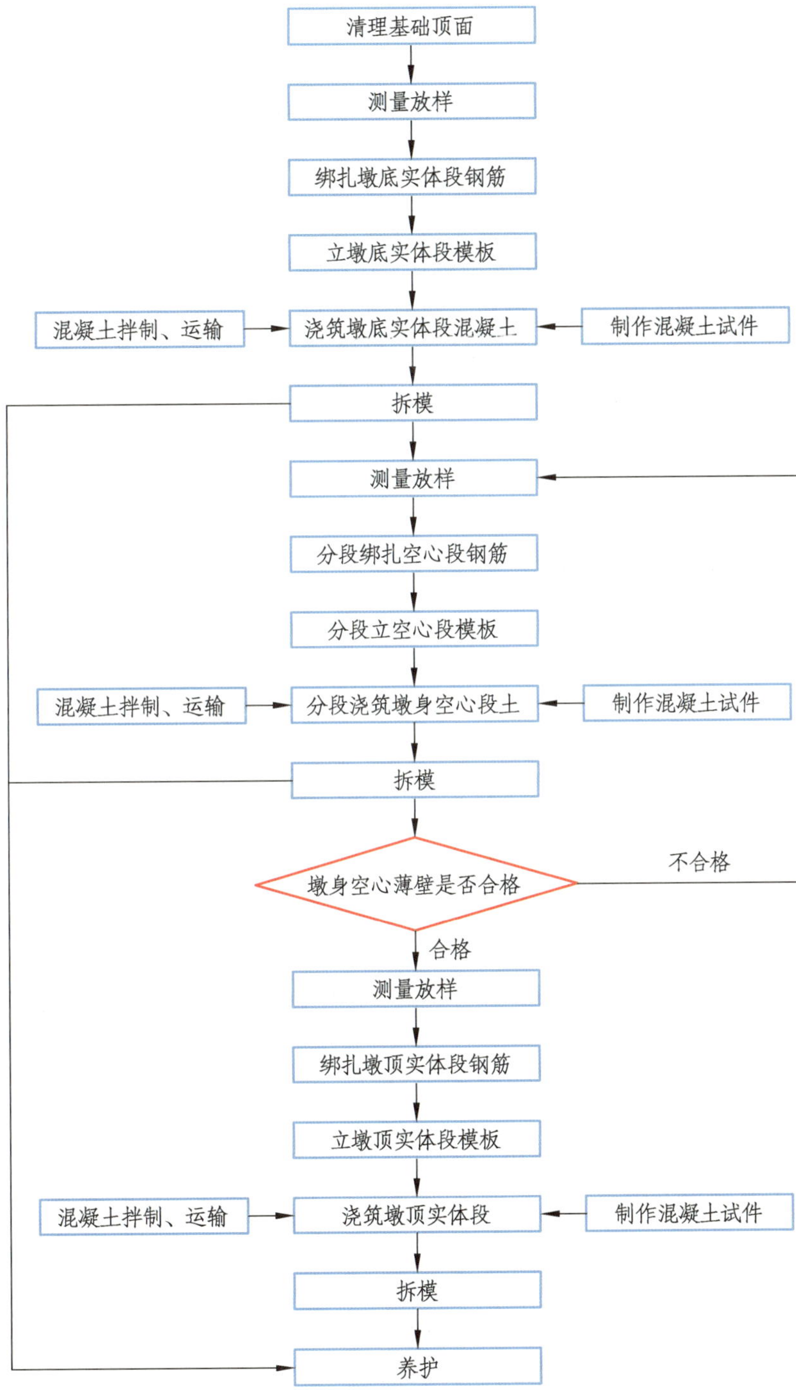

图 3-12-8 空心墩施工工艺流程

②骨料降温：在使用前用高压冷水冲洗，使之温度降低，但拌和时应注意含水量的变化，及时调整配合比。

③使用低温水：抽取地下水用作混凝土拌和水。有条件的话，在拌和水中加入冰块，效

果将更好。

④水泥防热：拌和站的水泥棚要四周通风，保持阴凉。

⑤运输机具降温：混凝土输送车、吊斗等在使用前均先用冷水冲洗降温。

⑥浇筑混凝土前用冷水冲洗接灌混凝土面、钢筋、模板，使其温度降低。

（4）自动液压爬模施工工艺。

自动液压爬模施工是以已凝固的混凝土墩壁为承载主体，利用导轨和模板互为支承、交替爬升，模板随爬架就位，并依靠爬架进行操作，从而达到爬架及模板的爬升、定位等作业，最后形成爬模结构整体的上升。如此循环，反复进行。

爬架在工场按平台为单元进行制作，运到前场进行组拼、挂设，主平台及下挂平台（外爬架电梯平台入口除外）先在平台上拼成整体，然后由塔吊整体起吊挂设在锚固件上。上部操作平台在主平台上分别接高，当工作平台全部安装就位后，吊装模板，当外爬架系统的主要工作平台及模板就位后，安装爬升导轨及配套的液压爬升装置，并利用手拉葫芦吊装电梯入口平台。液压爬模构造如图 3-12-9 所示。

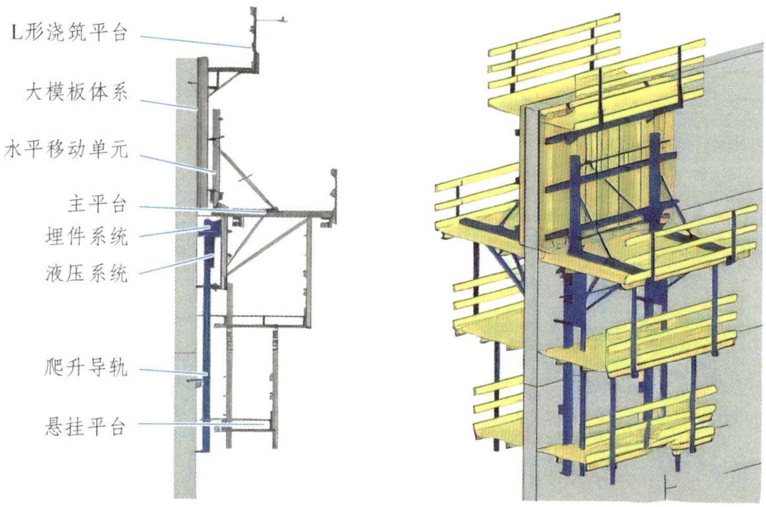

图 3-12-9　液压爬模构造

当新浇节段混凝土强度达到 10 MPa 以上时，即可爬升导轨及爬架，当导轨或爬架爬升就位后，及时插上悬挂销及安全销，关闭油缸进油阀门及控制器，切断电源；内部爬架爬升时，人工统一步调拉动葫芦，时刻观察爬架同步性，检查爬架突出部位与塔柱内腔壁之间的间隙情况，爬升到位后，及时将其悬挂在墙体锚固件上。

承台完成后，在承台上立模浇筑首节墩身混凝土，立模前应完成墩柱钢筋的安装。钢筋在钢筋加工厂制作好后，运至施工现场绑扎。钢筋安装、立模之后可浇筑首节墩身混凝土。首节墩身混凝土施工完毕，即可进行自动液压爬模系统的拼装。以上节段的施工，全部利用液压爬模系统的反复爬升来完成。自动液压爬模爬工艺流程如图 3-12-10 所示。

12.4.2　柱系梁施工

小碑村大桥左、右幅 2#、3#、4#墩设计均采用柱式墩，设钢系梁。

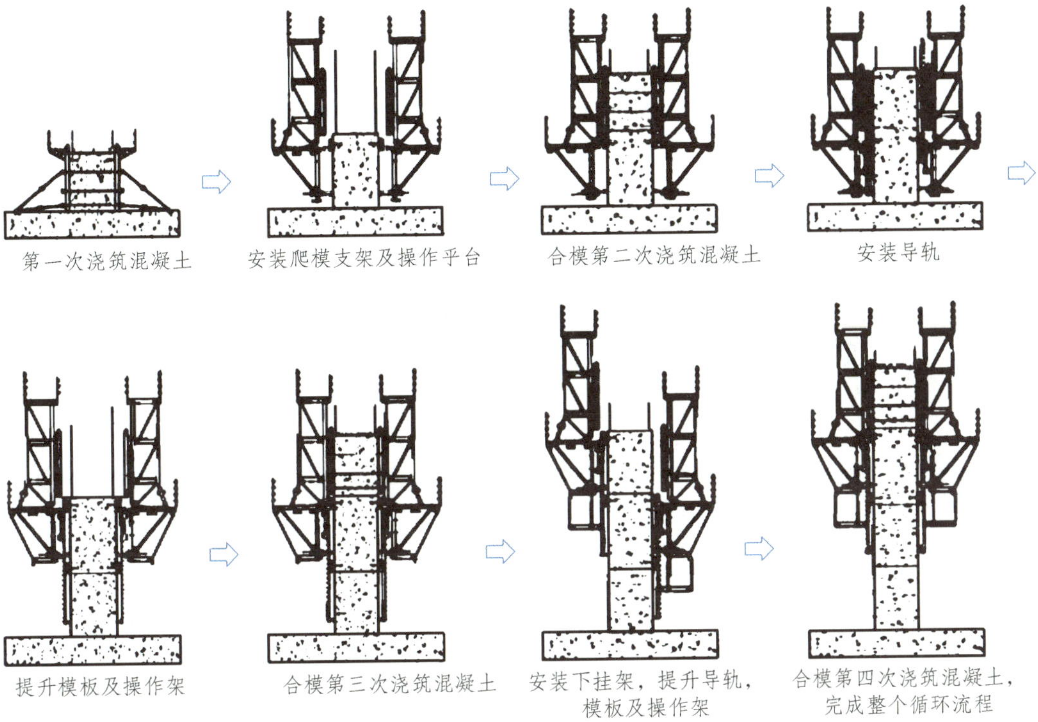

图 3-12-10　液压爬模工艺流程

1. 混凝土系梁

施工立柱时在立柱上预留 $\phi100$ 的孔道，在考虑到中上系梁底模的安装拆除都有空间的前提下，穿以 $\phi85$ 的钢棒，在钢棒上套上钢筋，安装钢砂箱。其上安装 2 根 45 号工字钢夹在墩柱上，穿上 $\phi16$ 螺栓同立柱连成整体，上铺 16 号工字钢，间距 80 cm。在其上安装系梁底模，调校后绑扎系梁钢筋、安装侧模，校验后，浇筑系梁混凝土，中上系梁混凝土可用吊车或塔吊将混凝土的储料斗逐斗将混凝土吊至系梁上倒入，分层 40 ~ 45 cm 厚逐层浇筑完成。在养护期满后再拆除模板。中、上系梁施工如图 3-12-11 所示。

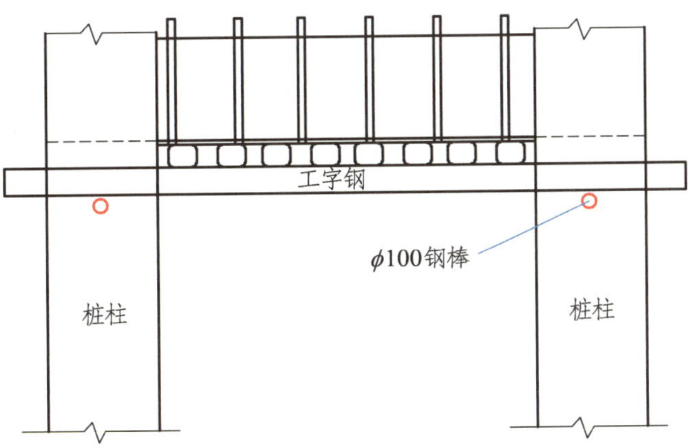

图 3-12-11　中上系梁施工

2. 钢系梁

钢系梁（图 3-12-12）由模块 1（钢套筒部位）、模块 2（直线段连接部位）组成。模块 1（图 3-12-13）与墩柱定位好后与模块 2（图 3-12-14）焊接，最后在模块 1 中浇筑混凝土。

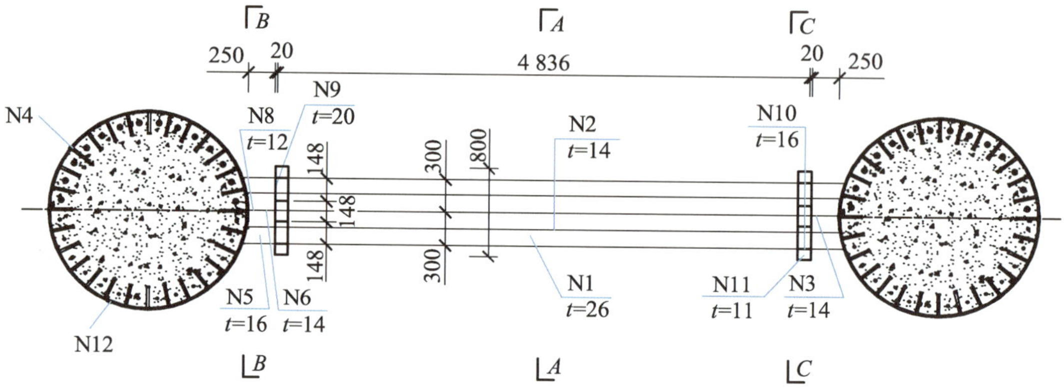

图 3-12-12　钢系梁整体

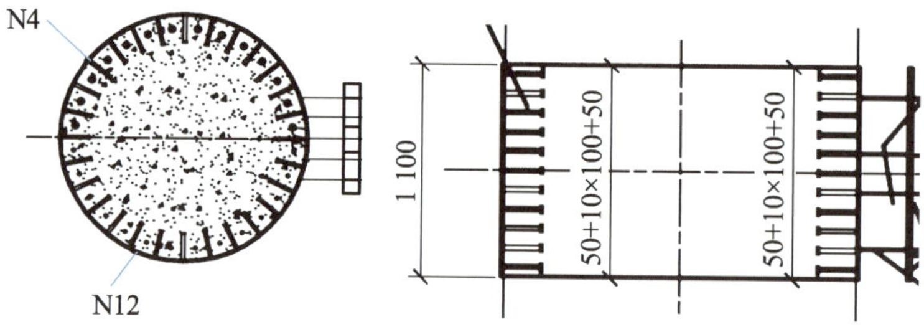

图 3-12-13　模块 1

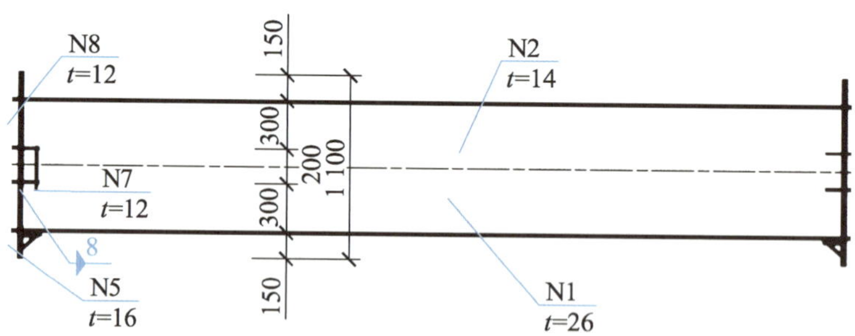

图 3-12-14　模块 2

模块 1：单个模块 1 的组成有 1 块厚度为 12 mm（N12）的钢板卷制成钢套筒，1 块厚度为 20 mm（N9）的钢板，1 块厚度为 14 mm（N6）的钢板、2 块厚度为 16 mm（N5）的钢板、3 块厚度为 12 mm（N8）钢板作为 N12 与 N9 构件之间的连接板。套筒内焊接有 308 个长 20 cm，直径 22 mm 的剪力钉与混凝土连接。

模块 2：中间部位的组成由 4 块厚度 25 mm（N1）钢板、两块厚度 14 mm（N2）钢板焊接而成。单个与模块 1 连接接头组成由 1 块厚度 20 mm（N9）钢板、中间部位与 N9 钢板焊接，1 块厚度 12 mm（N11）钢板，4 块厚度 16 mm（N10）钢板焊接而成。

12.4.3　盖梁施工

本项目盖梁施工过程中采用预埋支承钢棒施工方法和抱箍托架式施工方法。项目大部分盖梁采用抱箍托架式施工方法，项目高墩盖梁采用预埋支承钢棒施工方法。

1. 施工工艺流程

盖梁施工工艺流程如图 3-12-15 所示。

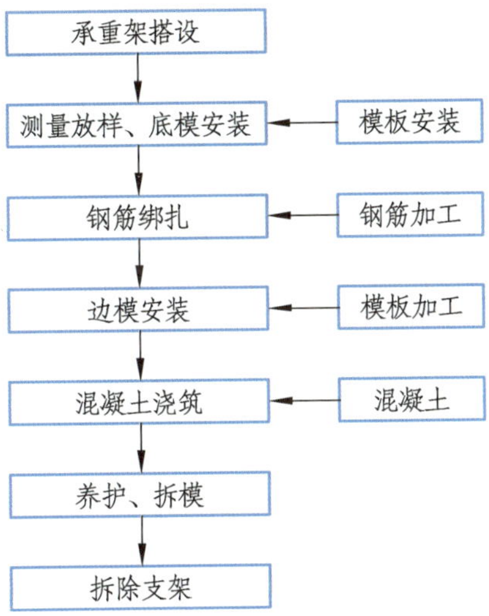

图 3-12-15　盖梁施工工艺流程

2. 操作要点

（1）凿除柱顶浮浆。

将柱顶混凝土浮浆全部凿除，裸露新鲜混凝土，并清洗干净，以保证墩柱与盖梁混凝土连接牢固。

（2）施工放样。

测量人员将盖梁轴线、底面标高放样后，作为施工人员安装盖梁底模的参照。

（3）安装盖梁模板。

当采用抱箍托架施工方法时，首先安装承重抱箍，利用抱箍握紧墩柱产生的摩擦力来承担盖梁自身重量和施工荷载。抱箍采用 20 mm 钢板，抱箍高为 50 cm，为增大抱箍与立柱间的摩擦系数和防止损伤墩柱，在抱箍与墩柱之间夹垫 2 层白色土工布，土工布与抱箍粘牢；联结螺栓采用 M20 高强螺栓，每块连接板上设置 36 个，确保抱箍与墩柱之间有充分的摩擦力以及承受上部荷载。

抱箍上为承重横梁；承重横梁采用 2 根 40 号工字钢，工字钢内侧用拉杆拉紧；工字钢上放一排长 4 m10 号工字钢，40 号工字钢垂直布置，工字钢间距为 50 cm，并与 40 号工字钢绑扎牢固；盖梁底模坐在 10 号工字钢上面，调整到位后，底模板两边搭设工作平台，四周设 1.5 m 高的安全护栏并挂设安全网。同时安装组合爬梯作为上下通道。

盖梁模板为定做大块钢模板，进场使用前经过底面拼装验收。将盖梁底模安装就位，盖梁底模标高安装施工误差不应大于 ± 5 mm，轴线偏位误差不应大于 ± 10 mm，模板接缝间垫双面胶条，防止接缝漏浆造成混凝土面色差或蜂窝麻面。盖梁模板安装如图 3-12-16 所示。

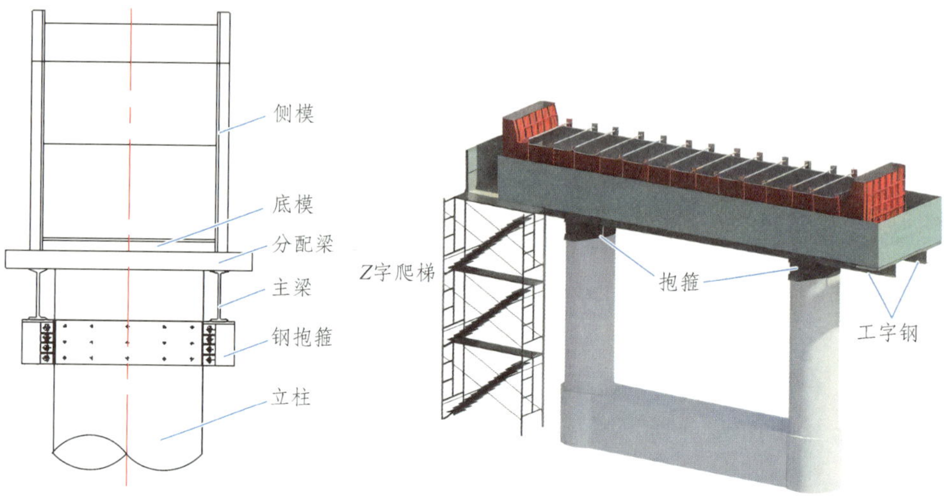

图 3-12-16 盖梁模板安装

（4）盖梁预压。

盖梁预压采用砂袋预压，预压重量为 1.1 倍施工荷载，在压载过程中采用水准仪观测模板、工字钢、抱箍的变形情况并做好记录，待抱箍、工字钢不再发生沉降，预压过程即告结束，预压过程中，按规定的频率对布设好的观测点进行认真测量，并妥善保护好各观测点。

支架预压前应布设好沉降观测点。预压采用一次性加载和卸载。观测频率为：加载前、加载完成、卸载后，加载完成 24 h 后，进行卸载，通过监控记录求出弹性形变。

（5）安装盖梁钢筋。

受力钢筋焊接接头要设置在内力较小处，并错开布置。在接头长度区段内（即 35 倍钢筋直径长度，且不少于 50 cm），同一根钢筋不得有两个接头。配置在接头长度区段内的受拉钢筋，其接头的截面面积占其总截面面积的百分率不得超过 50%。

（6）钢筋笼绑扎。

盖梁钢筋笼在桥墩下进行绑扎。在绑扎前要进行场地处理：清除场地上的污泥垃圾→人工整平场地→场地四周挖临时排水沟→搭设绑扎平台（钢管架）。绑扎过程中，将骨架用临时支撑进行定位。临时支撑采用钢管搭设，支撑在骨架内部，骨架与支撑用铁丝绑扎牢固。在绑扎箍筋前，在骨架顶层及底层钢筋上面用石笔画出每道箍筋的位置。绑扎后的所有扎丝头一律得向钢筋笼内倒。

（7）钢筋笼整体吊装。

使用起重机整体吊装盖梁钢筋笼。吊点设置在临时支撑的钢管上（吊点沿钢筋笼的纵轴线分布），钢筋笼就位后，使用吊线锤和钢卷尺检查钢筋笼纵轴线是否与盖梁中心线重合、钢筋笼与立柱中心的相对位置是否符合设计要求。钢筋位置允许偏差见表 3-12-11。及时安装钢筋保护层垫块，然后拆除临时钢管支撑。

表 3-12-11　钢筋位置允许偏差

检查项目		允许偏差/mm
受力钢筋间距	两排以上排距	±5
	同排	±20
箍筋、横向水平钢筋、螺旋筋间距		0，20
钢筋骨架尺寸	长	±10
	宽、高或直径	±5
弯起钢筋位置		±20
保护层厚度		±10

（8）安装盖梁侧模。

盖梁钢筋笼吊装完成后，按照要求安装同强度等级高强度保护层垫块，每平方米不少于 4 个，侧模采用定型钢模，模板接缝处贴双面胶条防止漏浆，侧模采用 20 的对拉螺栓进行加固，内设支撑。模板各部位支撑、拉杆要稳固。

12.4.4　桥台施工

本项目桥梁桥台根据现场地形地质情况，可采用重力式 U 形桥台、桩柱式桥台和肋板式桥台等。

1. 施工工艺流程

桥台施工工艺流程如图 3-12-17 所示。

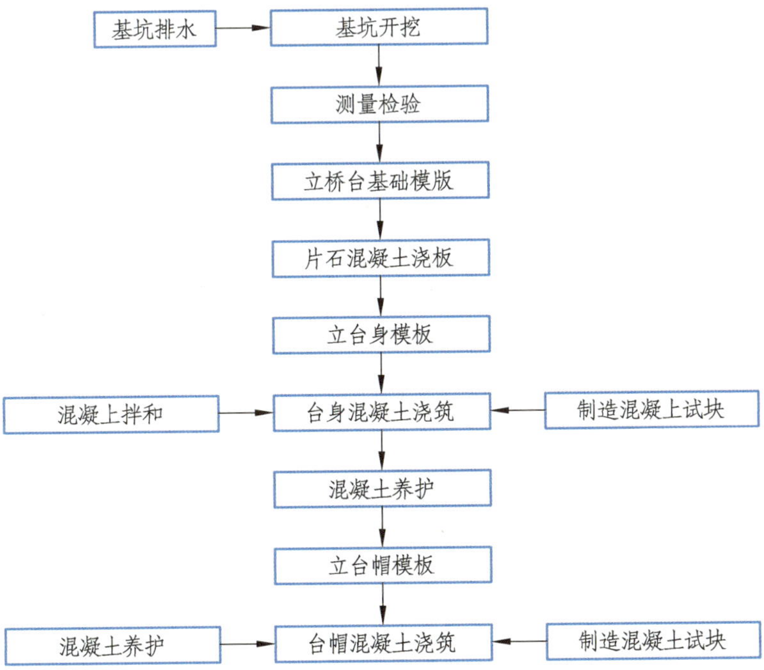

图 3-12-17　桥台施工工艺流程

2. 操作要点

（1）施工准备。

基础施工完成后，将施工区域内的场地平整加固，并形成施工便道。

（2）定位放线及垫层。

测定桥台的中心桩，每个桥台各设一组十字控制桩用以控制纵轴和横轴。施工中各种桩位控制点都应标注清楚的编号，涂上各色油漆，醒目牢固。测定桥台的横、纵轴中心线，并埋设不少于 2 个控制桩保留至施工结束。基底验收合格后进行垫层混凝土施工，抹平养护，待垫层混凝土达到一定强度后（大于 5 MPa），放出承台边缘线（弹墨线）在适当位置预埋钢筋头，以便下一步支撑模板加固之用。调整桩顶钢筋，做好喇叭口。

（3）钢筋。

预埋桥台台身钢筋的位置准确、牢固、不偏位，锚固钢筋满足 35 d 锚固长度。钢筋安装时使用特制的钢筋支架支撑，支架支撑在下层钢筋上，不得直接支设在模板上。安装好的钢筋有足够的刚度和稳定性，使钢筋位置在灌注混凝土时不致变动。

（4）桥台模板施工。

模板安装要求接缝紧密不漏浆，内侧光滑平整，直顺度满足要求。

（5）浇筑混凝土。

浇筑混凝土前要进行清理，混凝土到达现场后，要检查混凝土的和易性和坍落度，坍落度控制在 16 ~ 18 cm 之间。使用插入式振捣器，振捣移动间距不超过振捣器作用半径的 1.5 倍。与侧模应保持 5 ~ 10 cm 的距离，插入下层混凝土 5 ~ 10 cm，每层浇筑厚度 30 cm，逐层浇筑并始终保持由一侧向另一侧方向浇筑，

（6）台背回填。

台背回填应分层夯实，每层松土厚 20 ~ 30 cm，一般应夯 2 ~ 3 遍，夯实后厚度为 15 ~ 20 cm，密实度达到 85% ~ 90%。台背填筑应与过渡段施工方向结合，一次完成。

12.4.5 垫石施工

盖梁施工完毕后，安装、焊接支座垫石的钢筋网片，安装过程中严格控制钢筋网片的焊接质量并控制其标高及四角高差。模板采用自制的钢模板，模板安装时测出垫石的顶面标高，并在模板四边上弹墨线，以便严格控制垫石的标高、四角高差等指标符合设计要求。

混凝土一次性整体浇筑完成，人工利用小型振捣棒振捣，要确保其振捣密实。混凝土浇筑完毕后，及时对其表面进行抹平、压光处理。

垫石浇筑后一般采用洒水覆盖的方法进行养护，洒水养护时间一般为 7 d。

12.5 上部结构

12.5.1 T 梁预制施工

1. 施工工艺流程

后张法预应力 T 梁预制工艺流程如图 3-12-18 所示。

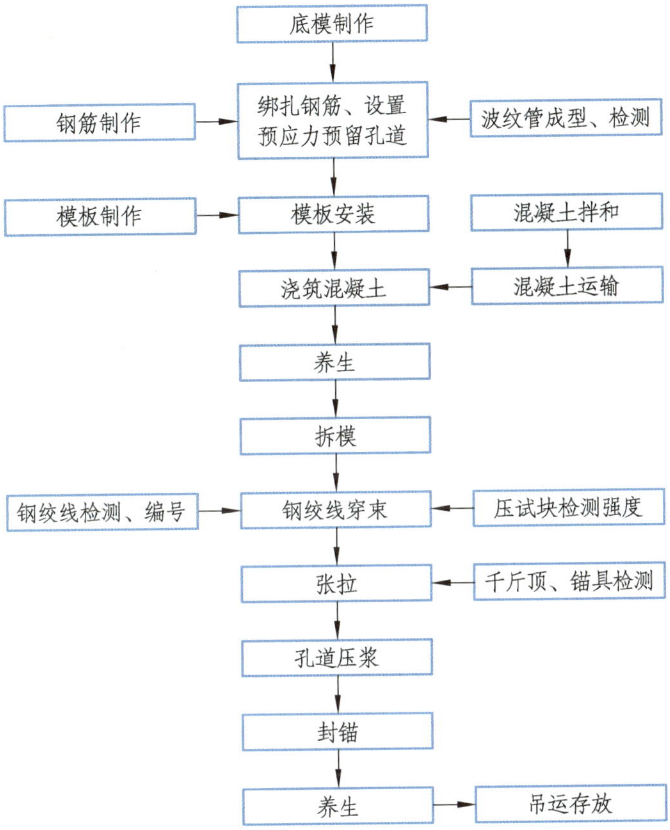

图 3-12-18　后张法预应力 T 梁预制工艺流程

2. 操作要点

1）基座与底模

后张法预应力 T 梁基座采用混凝土浇筑，中间段厚约 20 cm，端部加厚；底模采用 6 mm 厚钢板，用角钢加固后与混凝土底座固定在一起。表面涂刷脱模剂自然养护 3～5 d 后使用。基座底预留侧模底部对拉螺栓的预留孔，预留提梁孔。

2）钢筋施工

钢筋在现场钢筋加工厂加工制作，运输至梁场后安装绑扎。T 梁钢筋在绑扎胎架上绑扎成型，采用钢筋定位架进行绑扎，钢筋的尺寸、数量、间距、位置必须严格按照设计及规范要求施工，

3）预应力管道安装

预应力管道采用塑料波纹管，波纹管整根依次穿过各定位筋，接头要确保紧密，无破损和漏浆现象出现。波纹管端部与锚垫板垂直，并伸入锚垫板喇叭口内，喇叭口处用胶带缠裹紧密不漏浆。

4）模板施工

（1）模板制作。

预制 T 梁模板为大块分段整体钢模，可分块组装和分段拆除，为提高 T 梁混凝土外观质量，模板采用 6 mm 厚的钢板辅以角钢加劲和槽钢支架组成的大块分段整体钢模。模板具有

足够的强度、刚度和稳定性、可调横坡式，能可靠地承受模板周转、混凝土浇筑等过程中产生的各种荷载。模板间接缝采用企口缝，模板全部设计加工成大块模，以减少拼装时接缝数量，T 梁钢筋、模板安装如图 3-12-19 所示。

图 3-12-19 T 梁钢筋、模板安装

（2）模板安装。

模板安装采用预制场龙门吊进行起吊，起吊后侧板面与地面垂直，顶板保持水平。每块模板用四根 30 mm 的螺旋支脚支撑。模板的对口拉杆间距根据加劲桁片间距设置，采用 22 mm 的拉杆，拉杆安装时上下口垫片加双螺母，以免滑丝胀模。

外侧模有内、外模之分，安装时要对模板分块进行编号。

模板初次安装后，着重检查梁长、板和肋板宽度、横隔板定位准确性、顶板水平和侧板垂直度、梁的纵轴线是否弯斜偏曲、模板预拱度是否与台座所设的预拱度吻合等几个方面。模板安装允许偏差见表 3-12-12。

表 3-12-12 模板安装允许偏差

项次	检查项目	允许偏差/mm	检查方法
1	模板内部尺寸	+5，0	尺量
2	轴线偏位	10	尺量
3	模板相邻两板表面高差	2	塞尺量
4	模板表面平整	5	三米直尺量
5	预埋件中心线位置	3	尺量
6	预留孔洞中心线位置	10	尺量
7	预留孔洞截面内部尺寸	+10，0	尺量

（3）模板拆除。

拆模时的混凝土强度不低于 20 MPa，梁体混凝土芯部与表层、表层与环境温差均不大于 15 ℃，且能保证构件棱角完整，联结板根部、隔墙根部及梁面板腋部不开裂时方可拆模。用与梁体混凝土同等养护条件的试件强度确定拆模时间。

5）混凝土施工

梁体混凝土浇筑采用斜向分段、水平分层的方式连续进行，从一端向另一端浇筑。段与段之间的接缝，上、下层混凝土接缝相互错开，分层厚度控制在 300 mm；在钢筋、波纹管密集区采用附着式振动器进行侧模振捣，马蹄形部分采用附着式高频振捣器振捣；腹板部分采用附着式高频振捣器；翼缘板部分则采用 50 型插入式振捣棒进行振捣。T 梁混凝土浇筑完毕后进行喷淋养护，喷淋频率以混凝土表面经常处于湿润状态为准。自动喷淋养护系统如图 3-12-20 所示。

图 3-12-20　自动喷淋养护系统

6）预应力施工

预制 T 梁预应力钢束必须待梁体混凝土强度及弹性模量达到设计值的 90%后，且混凝土龄期不小于 7 d 方可张拉。钢束采用两端同时张拉，预应力钢束采用整体穿束工艺，智能化数控张拉机具张拉。本项目预制 T 梁预应力施工采用智能张拉设备进行张拉，如图 3-12-21 所示。

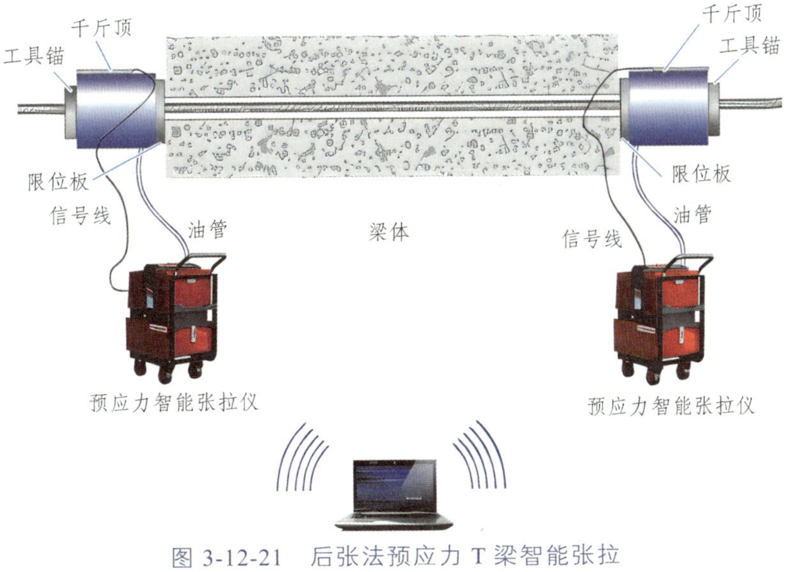

图 3-12-21　后张法预应力 T 梁智能张拉

（1）千斤顶、限位板、锚具和夹片安装。

①将钢绞线按自然状态依顺时针方向插入夹片，用特制的套管挤推夹片使其进入锚环内，

并使其端部整齐，外露长度一致。

②安装限位板时根据实际测量钢绞线直径，选择相匹配的限位板。安装过程中注意钢绞线与孔洞一一对应防止错位。

③安设千斤顶使中线与孔道中线处对中。

（2）工具锚安装于千斤顶后盖，精确对中，钢绞线须在工作锚与工具锚之间顺直无扭结。为使工具锚脱缸方便，在工具锚夹片与锚环之间涂少许退锚灵。

（3）张拉完毕后，在距锚头 5 cm 处用砂轮机将多余钢绞线切割，切割时用湿布包裹锚头并不断注入清水降温。

7）孔道压浆

本项目桥梁预应力施工采用智能循环压浆工艺。智能循环压浆工艺与普通压浆工艺的对比详见表 3-12-13。

表 3-12-13　传统压浆工艺与智能循环压浆工艺对比

序号	比较内容	传统压浆工艺	智能循环压浆工艺
1	排出管道空气	普通压浆靠浆液自流排气，真空辅助压浆因封锚问题难以达到真正负压	循环回路让浆液在管道内持续循环以排净管道内空气
2	压力大小及稳定时间控制	人工操作、测量，往往导致出浆口没压力，致压浆不密实	自动调整压力大小，以保证管路满足规范要求的大小和时间持压、稳压
3	水胶比控制	现场材料比控制不严，往往通过加水改善流动性	实时监测水胶比，不合格浆液不进入浆桶，切实控制浆液性能
4	测试管道实际压力损失	无此功能	实时监测管道压力，系统精确调节灌浆压力
5	流量控制	无此功能	实时监控流量，以发现管道是否畅通，复核压浆量
6	压浆记录	人工记录，可信度低	自动记录，可真实再现整个压浆过程
7	安全保障	两端关闭阀门时可能对操作人员造成伤害	自动关闭，操作人员远离进浆、出浆口
8	质量管理	真实质量状况难以掌握，压浆密实与否难以检验	可进行质量追溯，还原压浆全过程，提高管理水平

智能压浆机使用需先设定进水量，按高速搅拌机启动键即可自动向高速搅拌机中加水，当水量达到规定值后高速搅拌机自动启动，随后加入压浆料进行搅拌。搅拌的同时实时监测水胶比，到达预设搅拌时间工艺 1 ~ 5 min，且水胶比合格，则放浆到低速搅拌机（储浆桶）。

8）封锚

待孔道压浆工作完毕并经检查合格后，及时对伸缩缝端进行梁体封锚。封锚混凝土采用 C50 混凝土。管道压浆后，必须在 3 d 内进行梁体封锚。封锚前，将锚穴侧边的原梁体混凝土表面凿毛，凿毛深度不得小于 5 mm、间距不得大于 20 mm，以保证锚杯口表面浮浆全部凿除至石子外露。

12.5.2　架桥机架设 T 梁施工

1. 施工工艺流程

安装前，检查预制 T 梁外形和构件的预埋尺寸和位置，其允许偏差不得超过设计规定。T 梁在吊装时，混凝土强度达到设计强度，盖梁的强度应符合设计要求。T 梁安装采用架桥机梁板安装如图 3-12-22。

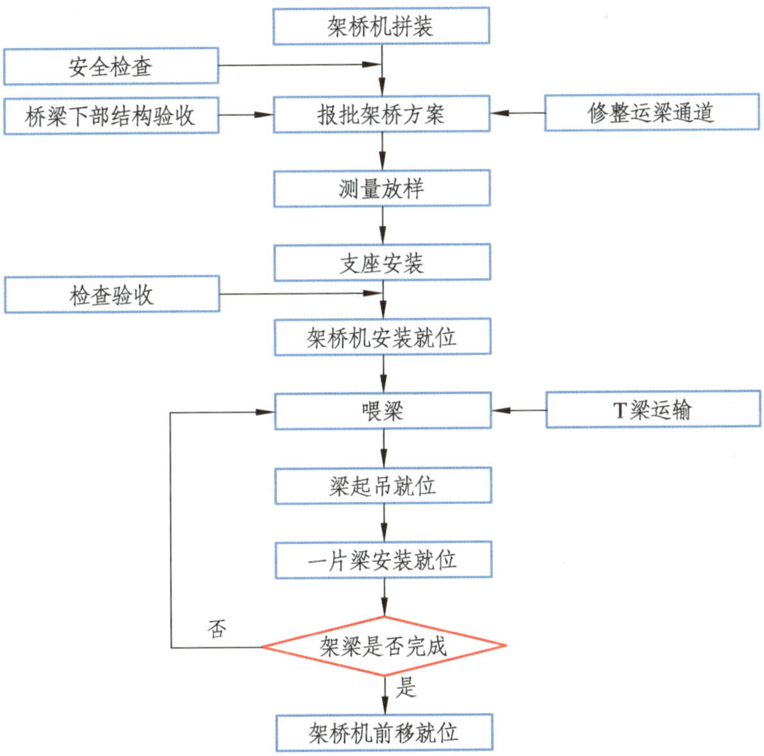

图 3-12-22　架桥机施工工艺流程

2. 操作要点

1）架桥机安装

架桥机安装顺序：测量定位→平衡对称拼装两侧主桁梁→安装前后联系框架、临时支撑→安装前、中、后支腿及中、后顶高支腿→铺设纵向轨道→安装起吊小车、液压系统、操作台、接通电源→检查调试→初步运行。

2）T 梁运输

T 梁起吊移梁采用设吊孔穿柔性吊装带兜梁底的吊装方法，预制时应在梁底预留穿索兜底所需的活动段底膜。吊点应设在梁端隔梁中心线内侧 30 cm 的范围内，用绑钢丝绳在梁片底面、侧面的拐角接触处必须安放护梁铁瓦或胶皮垫。用两台龙门吊把梁从存梁区提起，（吊带与 T 梁马蹄接触处垫塑料胶）匀速移动，把 T 梁吊至运梁车上，及时将 T 梁捆绑好，两侧加设斜支撑加固，匀速拉至架桥机下方。

3）喂梁

由运梁炮车将梁运至架桥机后跨内，两起吊小车将梁吊起，T 梁架设如图 3-12-23 所示。在吊梁时，当梁体吊离运梁车 20 ~ 30 mm 时，要暂停起吊，对各重要受力部位进行观察，确认一切正常后方能继续起吊，梁在起吊过程中，要保持纵向和横向倾斜最大不得超过 2%，纵向倾斜不宜过大，并采取制动防滑措施。

图 3-12-23　T 梁架设

4）梁安装就位

梁安装顺序为：喂梁→前、后起重小车起吊梁，将梁纵向运行到前跨位→整机携梁横移至安装位置→预制梁下落至能通过的最高位置→整机携梁横向移至安装位置下落就位→完成梁就位安装。架桥机架梁施工步骤如图 3-12-24 所示。

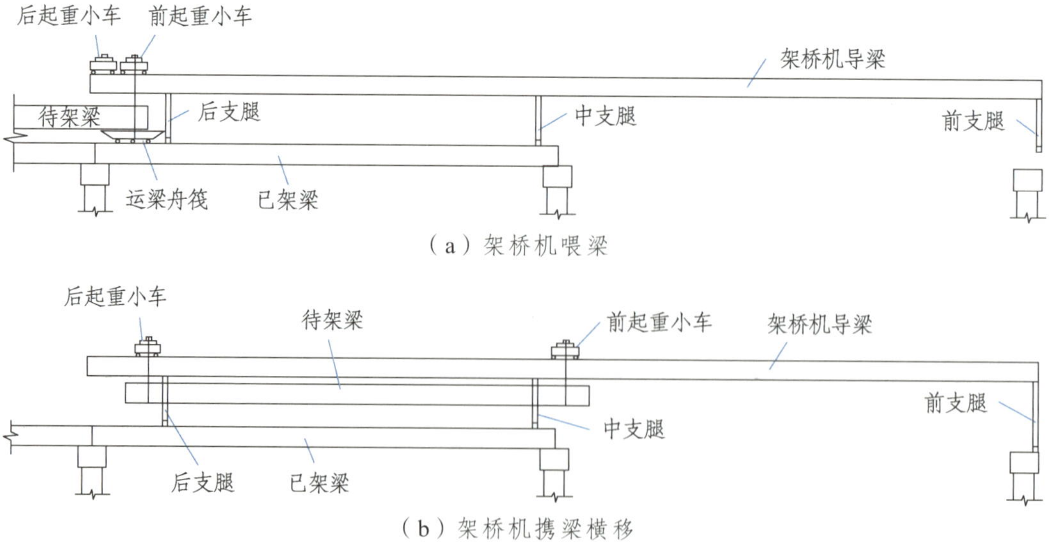

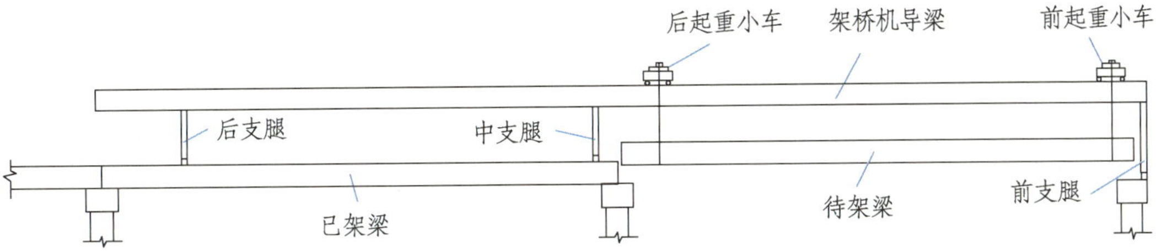

（c）架桥机落梁

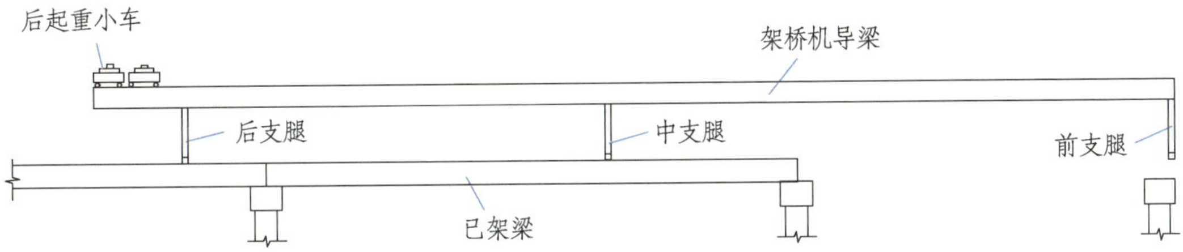

（d）架桥机纵向行走

图 3-12-24　架桥机架梁施工步骤

12.5.3　预应力混凝土连续钢构桥施工

西河大桥位于西河湿地自然保护区内，处于高山峡谷中，依据地形和地势布设，主桥上部结构设计为（65+120+65）m 预应力混凝土连续刚构。

1. 施工工艺流程

上部结构施工顺序：首先在 13#、14#墩搭设 0#、1#梁段托架，采用托架进行梁段混凝土现浇施工，然后在 0#、1#梁段上安装挂篮，采用挂篮对称浇筑箱梁 2#～16 # 块，在浇筑悬臂梁段的同时，安装过渡墩处支座，利用托架浇筑边跨现浇段，利用挂篮浇筑边跨合龙段，完成边跨合龙，最后完成中跨合龙段浇筑。西河大桥上部结构施工工艺流程如图 3-12-25 所示。

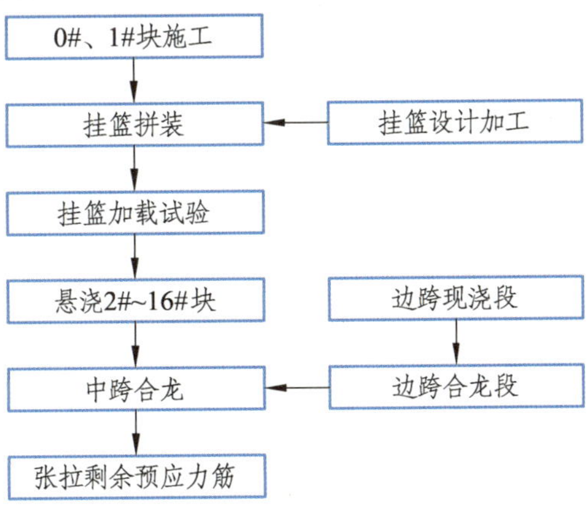

图 3-12-25　西河大桥上部结构施工工艺流程

2. 操作要点

1）0#、1#段施工

主桥共计 4 个 0#、1#梁段，单个 0#、1#梁段混凝土数量 391.1 m³，梁段重量 1 016.6 t。

0#、1#梁段为箱梁与墩身连接的隅节点，截面内力最大且受力复杂。0#、1#梁段是在墩顶托架上进行施工，是本桥施工的关键工序，其施工工艺流程如图 3-12-26 所示。

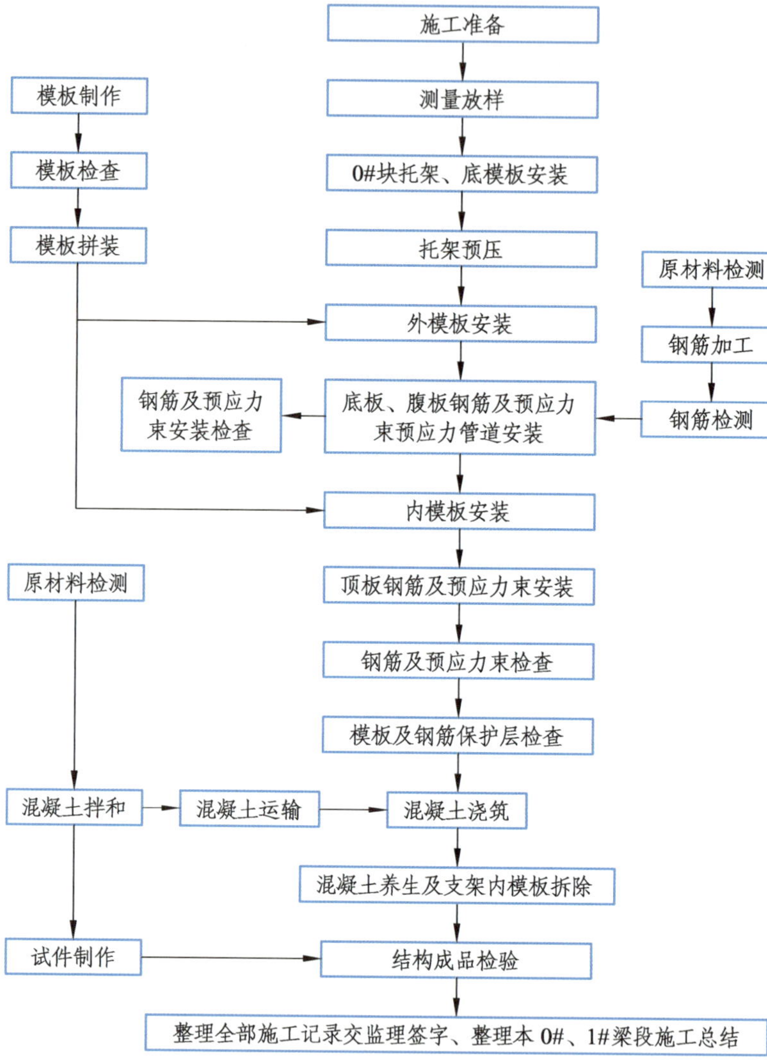

图 3-12-26 0#、1#梁段施工工艺流程

（1）墩身上预埋型钢安装牛腿及托架，预埋的牛腿及托架经计算后确定。托架安装后，根据受力大小、受力分布按照施工时竖向等效荷载的 1.2～1.3 倍进行预压，采用预应力张拉预压，以消除托架的变形、检验托架的安全度，避免托架变形而使箱体混凝土开裂。预压后根据支架的弹性变形设置底模的预拱度。连续刚构 0#块托架如图 3-12-27 所示。

（2）底板和翼板的底模及侧墙外模利用大型钢模。侧墙的内模、横墙模板及顶板底模为建筑组合钢模。侧墙的内、外模用拉杆对拉固定间距，利用箱内、外的钢管支架调模及支顶固定。底板模板通过木模调整和卸架。翼板、顶板底模通过钢管支架顶托调整和卸架。

（3）0#、1#梁段混凝土采用混凝土输送泵，前后左右对称灌注混凝土。

（4）混凝土灌注结束后，加强对梁体，尤其是箱体内侧与外侧的养护。当混凝土强度达到设计强度 90%、弹性模量不低于混凝土 28 d 弹性模量的 90%，且龄期 7 d 以后，才能进行预应力束张拉施工。

图 3-12-27　连续刚构 0#块托架

2）挂篮悬臂段施工

（1）连续刚构悬臂施工工艺流程如图 3-12-28 所示。

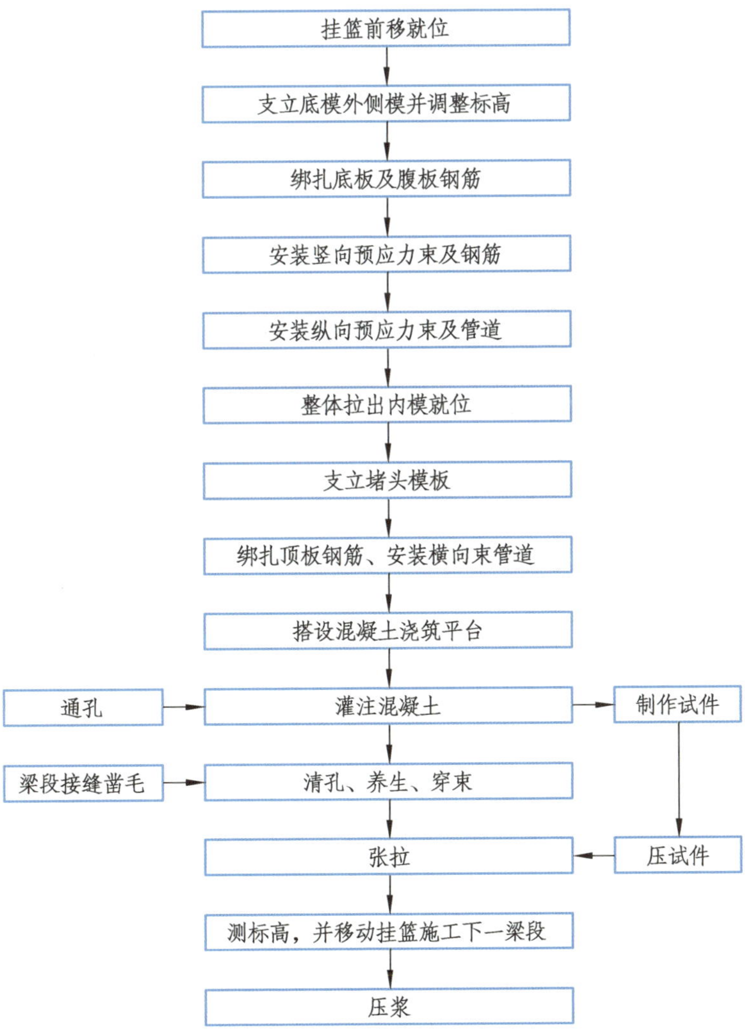

图 3-12-28　连续刚构悬臂施工工艺流程

（2）挂篮的结构形式。

挂篮由菱形桁架、悬吊系统、锚固系统、底模平台、内外模板及走行系统组成。连续刚构悬臂如图 3-12-29 所示，菱形挂篮结构如图 3-12-30 所示。

图 3-12-29　连续刚构悬臂

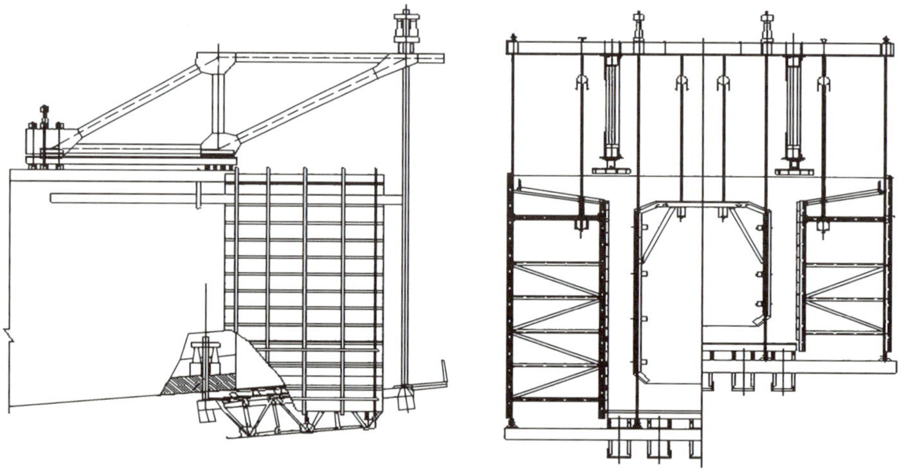

图 3-12-30　菱形挂篮结构

（3）挂篮预压。

挂篮拼装完毕后，须对挂篮进行预压试验。

预压方法预压前先将挂篮菱形架在平整好的场地内组装好，并按两个一组做好标记。用汽车吊将菱形架吊至工装平台上。两片菱形架相对而放，在后锚处安装 3 根后锚梁并用 $\phi32$ 精轧螺纹钢对拉锚固。在前端节点处拼装扁担梁，扁担梁用 $\phi32$ 精轧螺纹钢筋连接，预压时采用一台 500 t 千斤顶压住扁担梁，其作用力通过 $\phi32$ 精轧螺纹钢筋传递给挂篮菱形架，达到预压的目的。挂篮预压如图 3-12-31 所示。

预压重量按最不利梁端的自重，取 1.2 倍压载系数，按 20%、60%、100%、120%，对挂篮分级加载预压，测量各测点的标高值。用预压前、预压期、稳定期、卸载后的标高观测值，算出挂篮总下沉值（预压前-稳定期），计算弹性变形量（卸载后-稳定期）和非弹性变形量（预压前-卸载后）。

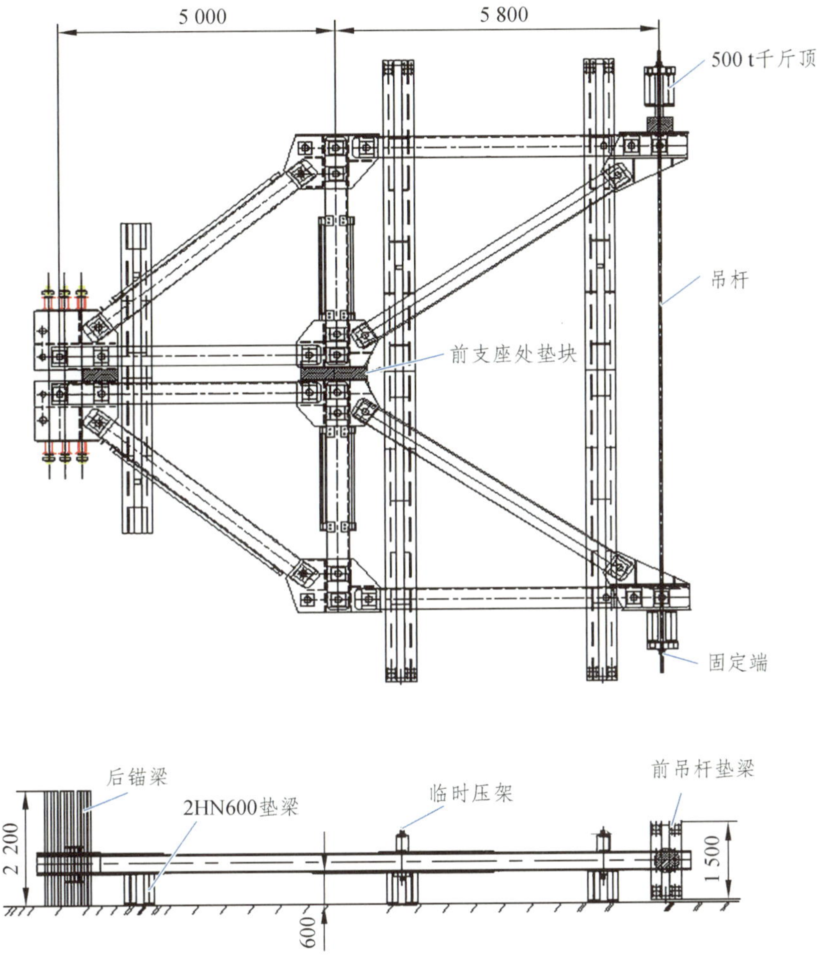

图 3-12-31　挂篮预压

（4）悬臂浇筑。

悬臂灌注施工主要包括挂篮前移、调整、钢筋及管道模板安装、混凝土浇筑及养护、预应力张拉、拆模 5 个工序循环进行。本连续梁悬浇梁段施工长度分为 3 m、3.5 m、4.0 m3 种。各个工序的施工周期如图 3-12-32 所示。

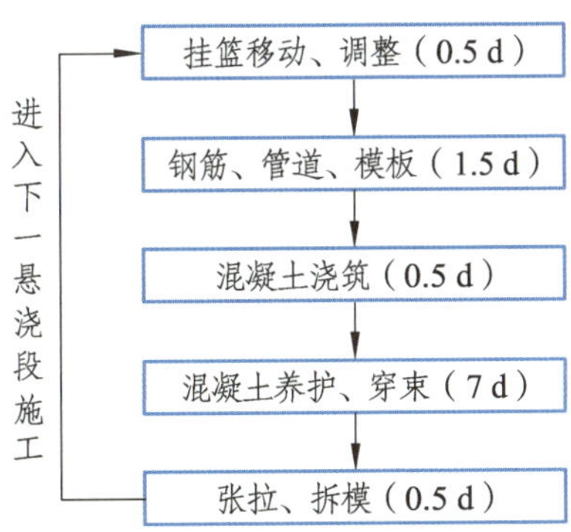

图 3-12-32　悬臂浇筑梁段施工周期安排

（5）挂篮前移。

待已浇筑梁段混凝土强度和弹性模量达到设计要求指标后，对纵向预应力筋张拉并压浆，铺设垫梁和轨道。轨道锚固后，放松底模架前后吊带并将底模架后横梁用 2 个 10 t 导链悬挂在菱形桁架后上横梁上；拆除后吊带与底模架的联接，放松前后吊带，用 3 个 5 t 导链牵引菱形桁架带动底模和外上侧模前移就位，然后安装底模后吊带，将底模吊起。解除外上侧模走行梁吊杆前移至预留孔，调整立模标高进入下循环施工。

3）边跨段施工

（1）边跨结构形式。

连续梁边跨工程数量统计见表 3-12-14。

表 3-12-14　连续梁边跨工程数量

现浇段			体积	质量	施工方法
总长	盖梁上部分	悬挑部分			
390 cm	165 cm	225 cm	68.3 m^3	177.6 t	托架法

（2）边跨施工方法。

过渡墩墩柱高约为 45 m，高度较高，因此需搭设墩旁托架立模现浇边跨直线段。

托架采用 0-1 号块施工托架承重，考虑引桥架梁后，直线段无法施工，须先施工直线段再架设引桥 T 梁。现浇直线段施工时，需要在引桥侧安装托架采用千斤顶张拉反压配重。在承台施工时提前预埋精轧螺纹，给反压钢绞线提供反力，每片托架下设 2 根精轧螺纹。边跨现浇段托架如图 3-12-33 所示。

边跨现浇段浇筑完成后，等待强度达到标准后进行边跨合龙段施工。

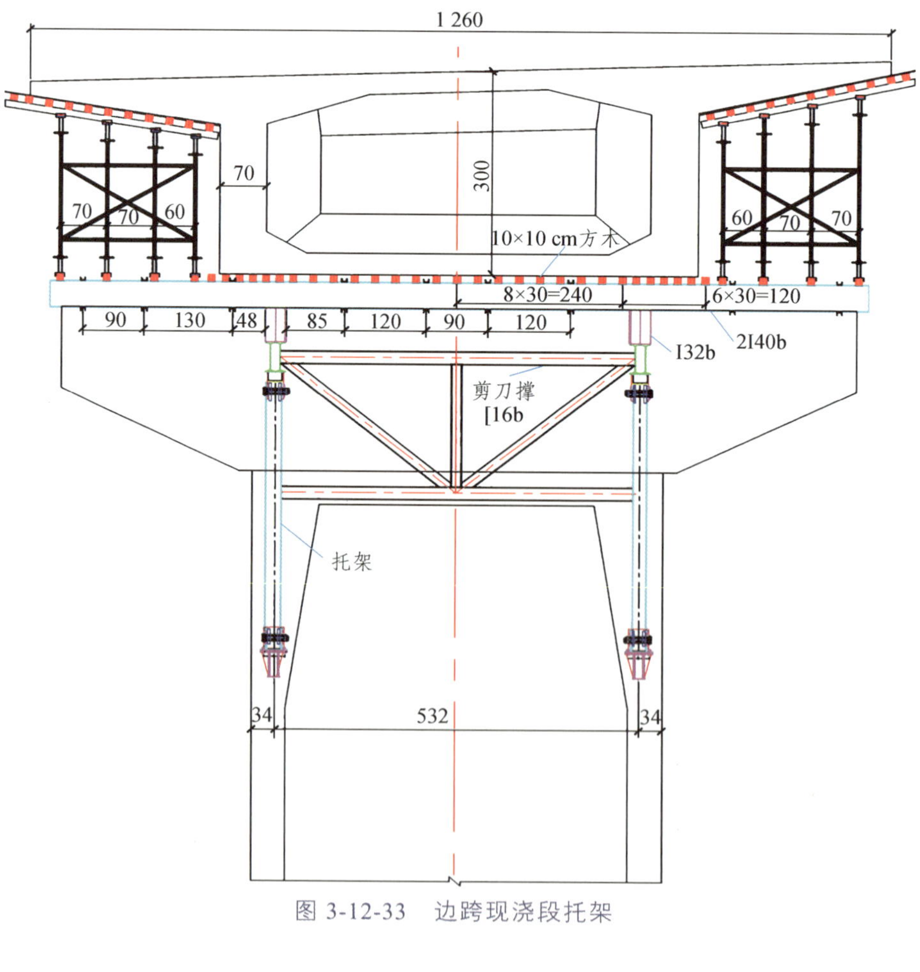

图 3-12-33　边跨现浇段托架

4）合龙段施工

（1）合龙顺序、温度、时间。

连续刚构合龙段施工过程是由双悬臂静定结构变为四跨连续超静定结构的体系转换过程，合龙顺序为先边跨、再中跨的顺序进行合龙段的施工。最佳合龙温度宜为 15 ± 3 ºC，施工时严格控制合龙温度。

（2）劲性骨架。

劲性骨架采用槽钢焊接而成，劲性骨架两端预埋在两侧梁段内，中间设置一段“后焊接端”待模板和配重设置好后，再固定焊“后焊接端”。

（3）合龙束。

施工时首先安装平衡现浇段混凝土重量的压重，安装内外刚性支撑并部分张拉钢束，浇筑现浇梁段混凝土并同步卸除压重重量，待龄期达到 7 d 以上，混凝土达到设计强度等级的 90%，且弹性模量不低于混凝土 28 d 弹性模量的 90%后方可张拉预应力筋。

（4）合龙段混凝土浇筑。

浇筑顺序为先底板，再顶板，尤其是底板波纹管集中的地方和劲性骨架内外部分更应充分振捣密实。混凝土灌注完毕后，顶面覆盖双层麻袋，箱体内外以及合龙前后 1 m 范围内。

5）连续箱梁预应力及压浆施工

对于主桥纵向预应力钢束的张拉，待龄期达到 7 d 以上，混凝土达到设计强度等级的 90%，且弹性模量不低于混凝土 28 d 弹性模量的 90%后，方可张拉预应力筋；全桥施工阶段三向预应力张拉顺序按纵向预应力→竖向预应力→横向预应力的原则进行。横向预应力钢束滞后悬臂两个节段张拉，以消除悬臂端边界效应，便于纵向预应力传递到悬臂板，与横向钢束形成双向受压。

合龙段临时张拉时，在劲性骨架设置后，按照原设计要求对称张拉临时预应力束，至底板张拉完成后，再次张拉至设计吨位。对于最后浇筑的两个悬浇段、两个边跨现浇段、三个合龙段钢束采用二次张拉，以弥补预应力损失。

桥梁预应力施工采用循环智能压浆工艺，压浆工艺及过程与预制 T 梁压浆工艺相同，压浆时对压浆料进行预留试件检测。

3. 新工艺

1）0#块贝雷梁反压托架预压法

本项目西河大桥 0#块施工中，采用托架搭设 0#块施工平台（图 3-12-34）。为了验证托架的安全性、可靠性及消除托架的非弹性变形，取得弹性变形值，结合现场实际工况，采用了反力架法预压。通过墩顶预埋精轧螺纹钢筋，锚固贝雷梁，千斤顶施加反压力，实施对托架的反压，免除了堆载预压吊装繁琐及风险。

图 3-12-34　墩顶托架预压

2）挂篮无堆载预压法

目前，大部分挂篮预压的方法主要采用砂袋或水袋等直接堆载的方法预压。该方法耗时长，费用高，难以模拟挂篮实际工作状态，并且，由于挂篮作业空间有限，堆载数量受到限制，往往难以适应大跨径变截面连续箱梁和刚构桥梁的悬浇挂篮的预压施工需要。

本标段西河大桥使用一种新的悬浇挂篮的预压方法——液压预压施工方法。该方法不仅克服了传统预压的缺点，满足了各种悬浇挂篮预压的需要，还能更好地模拟悬浇挂篮的实际受力情况。同时该预压方法，挂篮受力明确，容易控制预压荷载，安全性高，且预压设施简单，省时省力，费用相对较低。

12.5.4 钢箱梁施工

本项目苍溪枢纽互通 LHK83+587.4 车行天桥组合梁为钢混组合梁的组合结构。钢主桥结构现场安装采用 QAY200 汽车吊单机吊施工技术，采用 ϕ630 钢管柱临时支墩的方式进行临时支撑设置。

1. 施工工艺流程

钢箱梁制作工艺流程如图 3-12-35 所示。

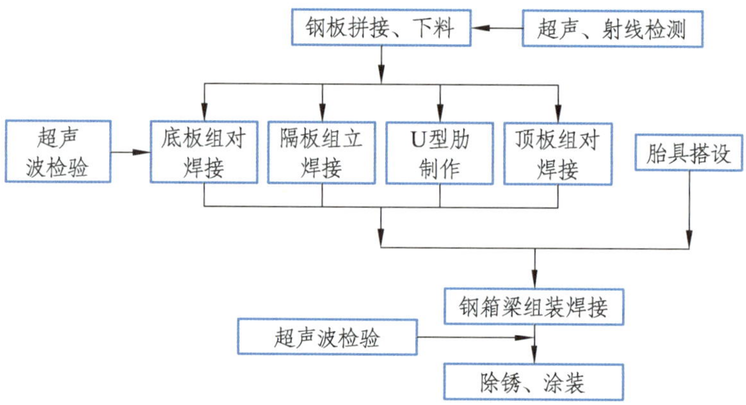

图 3-12-35 钢箱梁制作工艺流程

2. 操作要点

1）拼接

所有零件优先用精密切割下料。对于形状复杂的零件（如隔板），用计算机放样确定几何尺寸，并采用数控切割机精切下料。下料时，主梁长度预留配切量（包括弹性压缩量及焊接收缩量等加工余量），精密切割的边缘表面质量，应满足表 3-12-15 的要求。

表 3-12-15 精密切割边缘表面质量要求

项目	主要零件	次要零件
表面粗糙度	$\sqrt{Ra25}$	$\sqrt{Ra50}$
崩坑	不允许	1 m 长度内，允许有一处 1 mm
塌角	圆角半径不大于 0.5 mm	
切割面垂直度	≤0.05t（t 为板厚），且不大于 2 mm	

2）矫正

零件矫正前清除下料边缘的毛刺、挂渣。矫正后的钢料表面不应有明显凹痕和其他损伤。热矫的温度控制在 700 ~ 800 °C，矫正后零件随空气缓慢冷却，降至室温以前，不得锤击或用水急冷。零件矫正后的允许偏差符合下表 3-12-16 的规定。

表 3-12-16　零件矫正允许偏差

<table>
<tr><th>零件</th><th>名称</th><th>简图</th><th>允许偏差/mm</th><th colspan="2">说明</th></tr>
<tr><td rowspan="3">钢板</td><td>平面度</td><td>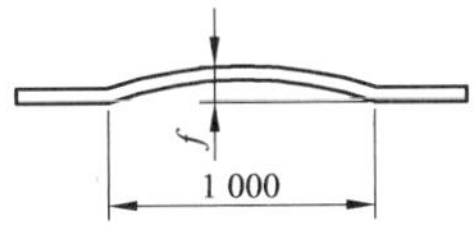</td><td>f≤1.0</td><td colspan="2">每米范围</td></tr>
<tr><td rowspan="2">马刀形弯曲</td><td rowspan="2">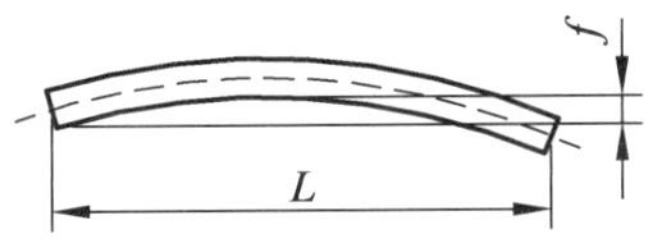</td><td>f≤3.0</td><td>L≤8 000</td><td rowspan="2">全长范围</td></tr>
<tr><td>f≤4.0</td><td>L>8 000</td></tr>
<tr><td>型钢</td><td>直线度</td><td>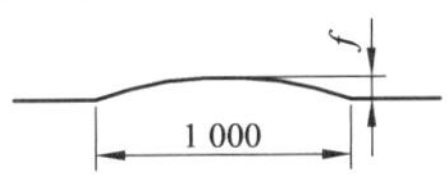</td><td>f≤0.5</td><td colspan="2">每米范围</td></tr>
</table>

3）钻孔

连接板钻孔主要采用模套钻孔技术，钻孔模板由模板加钻套组成。模板上设有各方向定位槽，并划线打样冲标记。模板的四边均机加工平直，钻套安装孔由数控加工中心、坐标镗床等精镗出，孔的位置度能达到国家标准及设计图纸的要求。

空间无阻挡的工件均采用大型摇臂钻床，局部位置的与劲板位置较近的孔采用摇臂钻床加长钻杆加工，空间狭小的位置的孔用磁力钻加工。

4）板单元焊接

严格遵守焊接工艺，不得擅自更改工艺。由不同厚度的钢板组成的单元件，接料前应将厚板一侧加工成 1∶8 的坡度，对接焊缝采用埋弧自动焊施焊。板单元加劲肋角焊缝的焊接应采用 CO_2 气体保护自动焊。

5）节段组装

组装前必须彻底清除待焊区的铁锈、氧化皮、底漆、油污、水等有害物质，使其表面显露出金属光泽。箱型梁底板在箱梁组装胎型上就位，通过定位件保证纵向基准线与胎型纵向中心线重合且密贴。按其上构件位置线依次组装隔板、腹板，检查合格后焊接。组装精度要求见表 3-12-17 所示。

表 3-12-17　组装精度要求

项　目	允许偏差/mm	条　件
梁高 H	<2	梁段接头处
	<4	其余部分
全长	<10	分段累加总长
	<2	分段长

续表

项　目	允许偏差/mm	条　件
腹板中心距	<3	腹板外边缘间距
翼板宽	<2	梁段接口处面板宽
	<5	梁段其他部位面板宽
横断面对角线差	<2	梁段接头处的横断面
旁弯	3+0.1L（最大 5）	桥面中心连线在平面内的偏差
	<2	单段箱梁
面板、腹板平面度	H/250，2t/3（取小值）	H—加劲肋间距；t—板厚
扭曲	每米不超过 1，且每段<4	每段以两边隔板处为准
工地连接板面高低差	<2	安装匹配件后板面高差
预拱度	<5	

6）焊缝检验

所有焊缝必须在全长范围内进行外观检查，不得有裂纹、未熔合、夹渣、未填满弧坑和焊瘤等缺陷。

经外观检查合格的焊缝方能进行无损检测，无损检测应在焊接 24 h 后进行。用射线和超声波两种方法检验的焊缝，必须达到各自的质量要求。

7）涂装

（1）涂装时不允许出现油漆挂流，每层油漆涂装前都要把表面污物清理干净。

（2）每层间的漆膜厚度偏差不大于 20 μm。

（3）钢板标记包括内容：规格、尺寸+序号+材质+炉批号。

（4）涂装前应进行表面处理的质量检查，合格后方可进行涂装。

（5）涂装时，涂层遍数和漆膜厚度应符合设计要求，应及时测定湿膜厚度。涂装作业的漆膜厚度最终以干膜厚度为准，施工时施工人员均使用湿膜卡连续自测湿膜厚度，以获得要求的干膜厚度。干膜厚度和湿膜厚度的对应关系可根据式（3-12-6）估算：

$$\text{湿膜厚度}=\frac{\text{干膜厚度}\times(1+\text{稀释比})\times 100\%}{\text{油漆固体体积含量}\%} \tag{3-12-6}$$

（6）涂层干膜厚度大于或等于设计厚度值的点数占总测点数的 90%以上，其他测点的干膜厚度不应低于 90%的设计厚度值。当不符合上述要求时，应进行修补。

12.5.5　钢支撑支架现浇箱梁施工

本项目茶店互通（K103+091）匝道上部结构为预应力连续现浇 T 梁施工，最大墩身高度为 42.4 m，平均高度为 30 m，由于匝道曲线半径小，因此施工方式墩身高度 20 m 以下采取满堂支架现浇和 20 m 以上 45 m 以下钢支撑现浇。

1. 施工工艺流程

现浇连续箱梁施工工艺流程如图 3-12-36 所示。

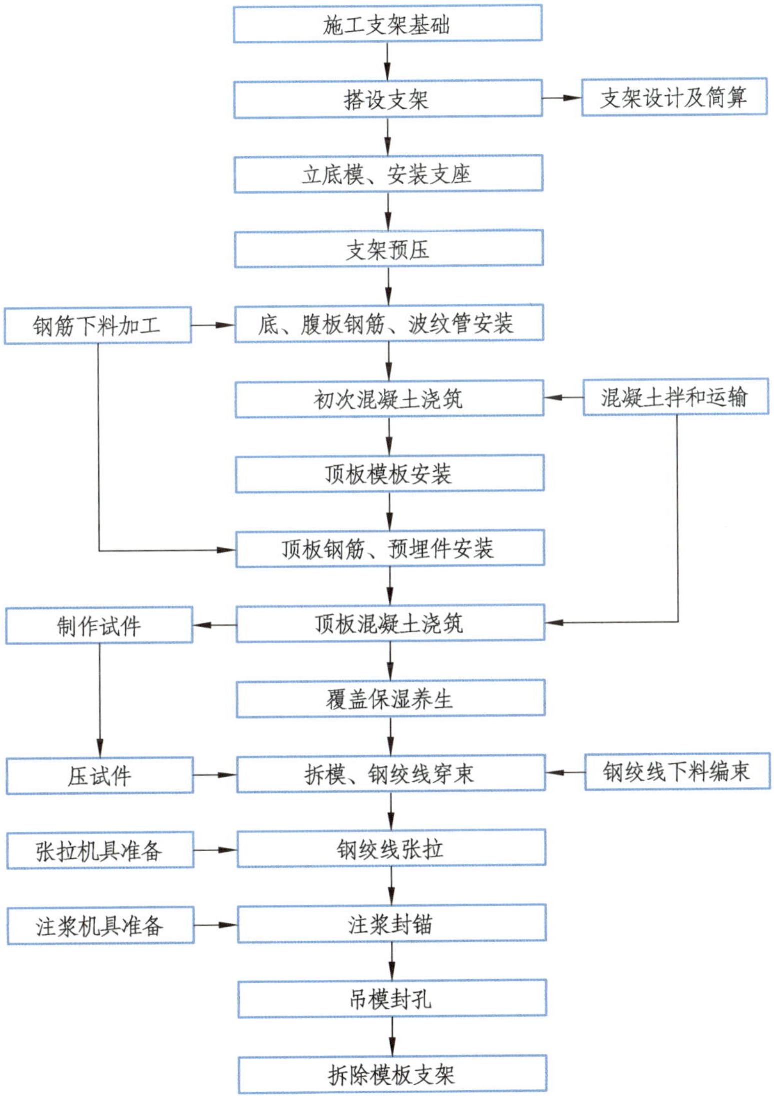

图 3-12-36　现浇连续箱梁施工工艺流程

2. 操作要点

1）支架搭设

箱梁支架采用钢管柱梁式支架现浇施工，搭设支架前，根据地形情况设置明挖扩大基础。搭设后进行充分的堆载预压（采用砂包作荷载对支架进行预压以消除非弹性变形及地基沉降）。

2）模板安装

底模、侧模、翼板模板均采用 2 cm 厚的光面竹胶板。模板表面平整，整洁无异物，浇混凝土前用水将模板表面冲洗干净，模板拼缝严密，接缝均在一条直线上，模板表面刷优质脱模剂，要求涂刷均匀适量。

3）钢筋绑扎

箱梁钢筋在工区的加工棚加工，用卡车运到现场。吊车吊运钢筋至支架上，进行绑扎成型。

预应力孔道采用塑料波纹管，所有管道沿长度方向设置“井”字形定位钢筋进行定位，并点焊在主筋上，确保不上浮、不变位，波纹管的埋设在非预应力筋骨架形成并垫好保护层后进行，也可根据需要在绑扎钢筋骨架当中一起进行。

4）箱梁混凝土浇筑

每段箱梁的混凝土分两次浇筑完成。第一次浇筑底板及腹板，第二次浇筑顶板和翼板。

浇筑箱梁混凝土时由低向高进行，浇筑混凝土后及时进行养护，防止裂纹产生。混凝土浇筑过程中，上层混凝土要在下层混凝土初凝前覆盖，以免出现施工冷缝。

现浇梁钢筋、混凝土施工如图 3-12-37 所示。

图 3-12-37 现浇梁钢筋、混凝土施工

5）箱梁预应力施工

本项目预应力施工采用智能张拉和智能压浆工艺，通过仪器自动操作，完成钢绞线的张拉施工压浆施工。工艺与预制 T 梁张拉工艺相同。

12.5.6 满堂支架现浇箱梁施工

雍家山中桥、池鲤中桥采用满堂支架现浇箱梁施工，苍溪枢纽互通匝道墩身高度为 20 m 以下的也采用满堂支架现浇。

1. 施工工艺流程

满堂支架现浇箱梁施工流程如图 3-12-38 所示。

2. 操作要点

本项目落地式满堂支架，下部支架系统立杆纵横间距统一为 60 cm × 60 cm，立杆步距 1.2 m，顶端设置 1.5 m 施工防护平台。

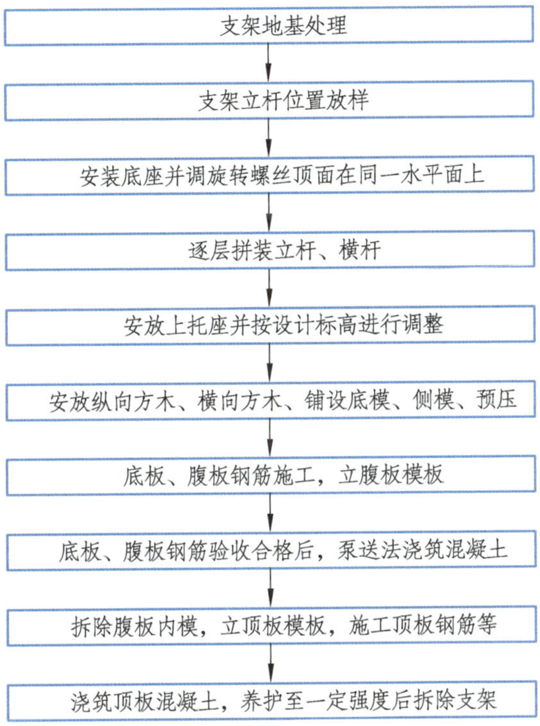

图 3-12-38　满堂支架现浇箱梁施工流程

立杆采用 48 mm×3.5 mm（结构计算时钢管壁厚取 3 mm）钢管作为箱梁的支撑，钢管顶安置可调顶托，顶托上面铺设横向双钢管 48 mm×3.5 mm（结构计算时钢管壁厚取 3 mm），然后纵向布置 10 cm×10 cm 木方（材质统一为杉木），方木间距 20 cm；立杆底部铺设［20b 型槽钢，基础采用 C30 混凝土硬化，厚 30 cm。其搭设形式如图 3-12-39 所示。

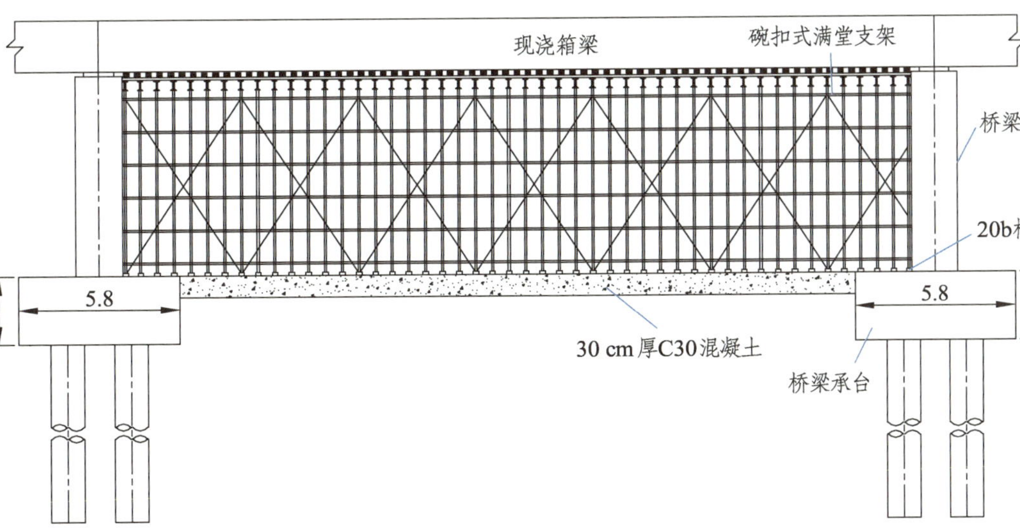

图 3-12-39　满堂支架布置

12.6 桥面系及附属

本项目桥面系包括桥面铺装、防撞护栏、桥面防排水、伸缩缝施工等内容。本项目上部构造桥面铺装设计为 10 cm 厚沥青混凝土结构；桥梁伸缩缝根据设计要求分别采用 D80 型伸缩缝，防撞护栏为 C30 钢筋混凝土防撞护栏，雨水由两侧泄水管排入桥下。

12.6.1 桥面铺装施工

1. 施工工艺流程

上部构造桥面铺装设计为 10 cm 厚 C40 混凝土结构。桥面铺装施工流程如图 3-12-40 所示。

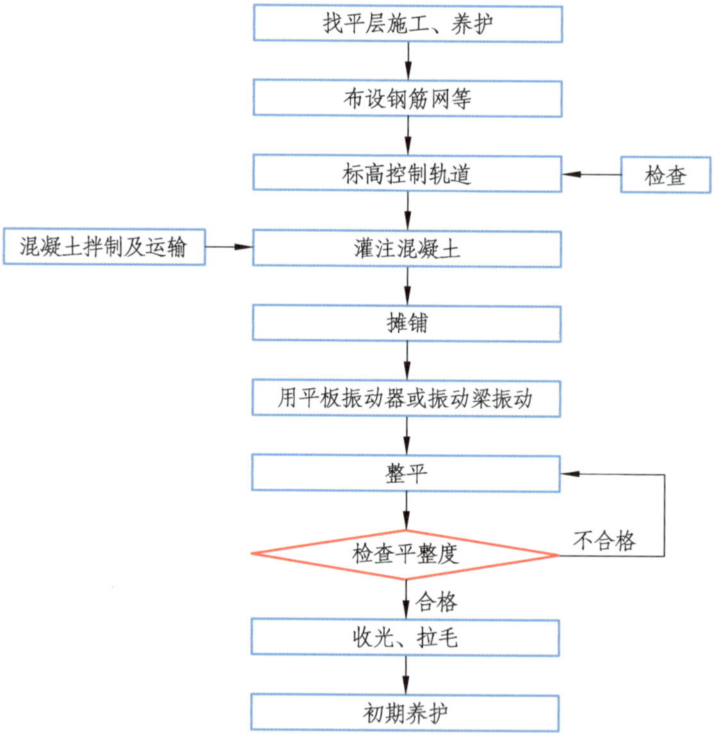

图 3-12-40 桥面铺装施工流程

2. 操作要点

（1）T 梁安装且完成体系转换后，清除其表面残留的混凝土、砂浆等污杂物，并测设桥面高程网，布设桥面钢筋，准备桥面混凝土铺装。

（2）施工前安装泄水管，绑扎桥面钢筋，最后浇筑桥面混凝土。桥面混凝土三辊轴整平机组施工，三辊轴整平机在一个作业单元长度内，采用前进振动、后退静滚方式作业，每段分别滚压 2 ~ 3 遍。混凝土布料长度大于 10 m 时，采用密排振捣棒组间歇插入振实，每次移动距离、振捣时间等应符合规范要求。混凝土振实后适时进行整平抹光、拉压槽，并用 3 m 直尺加强检查。

12.6.2　伸缩缝施工

本项目桥梁伸缩缝采用 D80 型、D160 型伸缩缝等类型。伸缩缝是桥梁运营过程中最易损坏、难修补的部分，伸缩缝装置的施工要点如下：

伸缩缝安装时温度为 17.5 ~ 22.5 ℃，伸缩缝装置应分别标出质量、吊点位置。伸缩装置运到工地存放时，其底面应垫离地面至少 30 mm，确保其不受损害。

在预留凹槽内划出伸缩装置定位中心线（顺缝向和垂直缝向）和标高，用起重机将伸缩装置吊入预留凹槽内，使伸缩装置准确就位。

12.6.3　防撞护栏施工

钢筋混凝土防撞护栏在桥面混凝土铺装完成后施工，桥面铺装钢筋应伸入防撞护栏内。本项目桥梁防撞护栏采用 SS 级、SA 级类型，如图 3-12-41 所示。

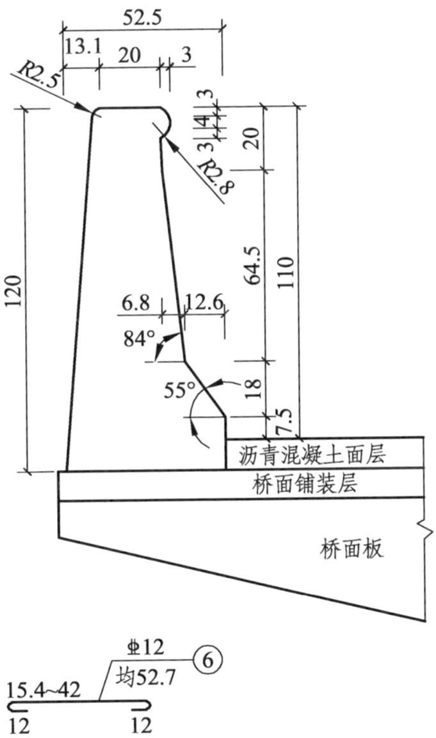

（a）SS 级防撞护栏钢筋布置

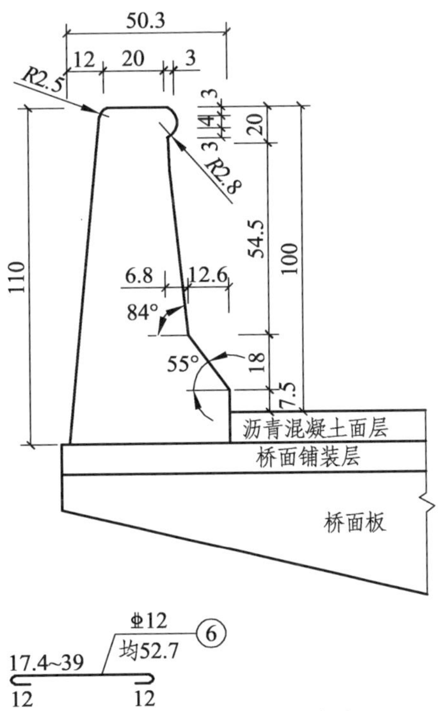

（b）SA 级防撞护栏钢筋布置

图 3-12-41　防撞护栏设计

1. 防撞护栏钢筋

防撞护栏钢筋要求与边梁外侧翼板预埋钢筋焊接，焊接量较大，采取电弧搭接焊双面焊接，焊缝长度不小于 5 倍钢筋直径。绑扎护栏钢筋的同时，安装护栏内预埋的通信及电力电缆管，用钢筋井字架点焊在护栏钢筋上固定。

2. 防撞护栏模板

防撞护栏模板采用定制钢模板，每块长度 2 m，模板下部用圆钢拉杆固定模板间距，上部用专用卡具卡紧固定间距，模板间用螺栓连接，用汽车吊机配合安装。

护栏模板安装前，先用全站仪测设护栏底座边线，测量支立模板处标高，用水泥砂浆找平，使护栏模板顶面正好为护栏顶，并保持顶面线形平顺。模板下部通过在 T 梁顶面打入膨胀螺栓用木楔卡紧固定，模板安装从一头向另一头内、外同步进行。先安装单块外侧模板，施工人员在用钢筋焊制的吊篮上进行操作，然后安装内侧一块护栏模板，穿入钢筋拉杆（拉杆外套硬塑料管既可方便拉杆拨出重复利用，又可保持模板间距离），上好上口卡具，在内侧梁面上打入膨胀螺栓，可调长度的钢支撑杆支撑临时固定，支撑杆脚固定在 T 梁上打入的膨胀螺栓上，然后依次安装相邻护栏模板。

3. 防撞护栏浇筑

混凝土采用集拌混凝土，混凝土搅拌车运输，人工用铁锹送料入模。混凝土分层浇筑，用插入式振动器振振捣，第一层浇筑至圆弧线略下一点，在第二层混凝土浇筑前必须进行混凝土复振，尽可能驱赶掉积留在圆弧斜板上的气泡，护栏顶面用铁抹子仔细压实抹平。

防撞墙对混凝土外观质量要求较高，墙内预埋件较多，施工时派专人负责巡模，要防止混凝土漏振、蜂窝出现。如有跑模和漏浆现象，及时采取必要的补救措施。

4. 拆模及养护

模板拆除用汽车吊配合，先拆除外侧模板，人员在吊篮上进行操作，松去连接螺栓及拉杆后，汽车吊吊离，再拆除内侧模板。模板拆除后及时修补外表缺陷，然后浇水用塑料薄膜覆盖养护。

防撞护墙采用加工的异型钢模，模板支立牢固、接缝紧密，混凝土拌和严格控制配比，达到相同坍落度，控制混凝土均量入模，达到同等振捣程度，以确保混凝土颜色统一，外表美观。模板使用完毕后，应进行养护和维修，确保使用时模板光洁完好。

在支架上现浇的梁，支架必须安装在坚实的地基上，并应有足够的支撑面积，以保证不下沉。并应有排水设施。后张法预应力混凝土梁的底模应设置在台座上，同时考虑到张拉时的两端的集中反力，两端地基必须做加固处理，以满足需要。

第 13 章　隧道工程

13.1　工程概况

项目所处地区多为Ⅳ、Ⅴ级围岩。其中，神皇垭隧道为微瓦斯隧道；观音庙隧道、陶家山隧道、慈航殿隧道、细亚梁隧道为低瓦斯隧道；老鹰岩隧道是全线最长的控制性工程。隧道基本参数见表 3-13-1。

13.2　施工准备

13.2.1　场地准备

隧道洞口场地一般较为狭窄，隧道施工的机械设备和材料较多且集中，若现场布置不好，容易造成施工相互干扰、施工效率低、浪费严重等现象，甚至发生安全事故。因此，隧道施工前应结合隧道洞口地形地貌，进行详细的场地布置施工方案规划和比选。

（1）隧道施工场地以隧道洞口为中心布置，应事先规划，分期安排，所有临建设施必须位于正线及其构筑物以外，并注意减少与现有道路的交叉和干扰，应避免大挖大填。

（2）所有临建设施底面标高必须低于洞口仰拱填充面高度 10 cm 左右，向外侧单面排水，且等于或略高于便道路基面标高。

（3）所有临建设施主线应平行或垂直于线路行车线。

（4）长大隧道洞外，应有大型机械设备安装、维修和存放的场地。

（5）合理布置大堆材料、施工备用物品及回收材料堆放场地的位置。

（6）运输便道、场区道路和临时排水设施等，应统一规划，做到合理布局，形成网络。

（7）危险品库房必须按照有关治安规定办理，危爆物品库的修建必须远离居民区和生活区。

（8）因地形条件限制，利用洞内弃渣逐步发展场地后才能进行临时工程的施工，应规划过渡措施，分期安排。

（9）洞口场地应做好临时排水系统，所有临建设施必须设有完善的排水系统。

13.2.2　施工方法的选择

在当前的施工实践中，从施工造价及施工速度考虑，施工方法顺序：全断面法→台阶法→环形开挖留核心土法→中隔壁法（CD 法）→交叉中壁法（CRD 法）→双侧壁导坑法。从施工安全、施工进度、经济及实际情况综合考虑，本项目隧道施工选用台阶法及环形开挖留核心土法。

表 3-13-1 隧道统计

隧道名称	左右洞	最大埋深/m	开始里程	结束里程	长度/m	V	Ⅳ	V/%	合计	进洞门
老土地隧道	左洞	188	ZK69+430	ZK70+598	1 168	468	700	40	1 168	削竹式
	右洞	190	K69+417	K70+580	1 163	463	700	40	1 163	削竹式
锅头包隧道	左洞	279	ZK72+592	ZK74+445	1 853	523	1 330	28	1 853	削竹式
	右洞	284	K72+578	K74+440	1 862	502	1 360	27	1 862	削竹式
老鹰岩隧道	左洞	321.58	ZK75+134	ZK77+740	2 606	1 048	1 558	40	2 606	端墙式
	右洞	315.78	K75+122	K77+745	2 623	1 253	1 370	48	2 623	端墙式
客人垭隧道	左洞	204.76	ZK78+920	ZK80+172	1 252	852	400	68	1 252	端墙式
	右洞	204.96	K78+930	K80+162	1 232	832	400	68	1 232	端墙式
石城隧道	左洞	257.188	ZK81+537	ZK84+025	2 488	443	2045	18	2 488	削竹式
	右洞	258.138	K81+517	K84+042	2 525	567	1958	22	2 525	削竹式
大田坪隧道	左洞	68.055	ZK95+164	ZK95+547	383	383	0	100	383	端墙式
	右洞	76.725	K95+077	K95+576	499	499	0	100	499	端墙式
神皇垭隧道 微瓦斯	左洞	116.642	ZK96+577	ZK98+703	2 126	1 503.3	622.7	71	2 126	端墙式
	右洞	113.999	K96+575	K98+722	2 147	1 502	645	70	2 147	端墙式
观音庙隧道 低瓦斯（变化）	左洞	—	ZK1+614	ZK2+712	1 098	558	540	51	1 098	削竹式
	右洞	—	K1+587	K2+692	1 105	565	540	51	1 105	削竹式
陶家山隧道 低瓦斯（变化）	左洞	—	ZK2+855	ZK3+880	1 025	452	573	44	1 025	削竹式
	右洞	—	K2+853	K3+864	1 011	428	583	42	1 011	削竹式
慈航殿隧道 低瓦斯	左洞	—	ZK4+131	ZK5+850	1 719	459	1 260	27	1 719	削竹式
	右洞	—	K4+145	K5+803	1 658	438	1 220	26	1 658	削竹式
细亚梁隧道 低瓦斯	左洞	—	ZK12+757	ZK13+217	460	460	0	100	460	端墙式
	右洞	—	K12+780	K13+200	420	420	0	100	420	端墙式

13.3 洞口及明洞工程

13.3.1 洞口超前大管棚施工工艺流程

洞口超前大管棚施工流程如图 3-13-1 所示。

13.3.2 施工要点

1. 洞口土石方开挖

洞口土石方开挖如图 3-13-2 所示。

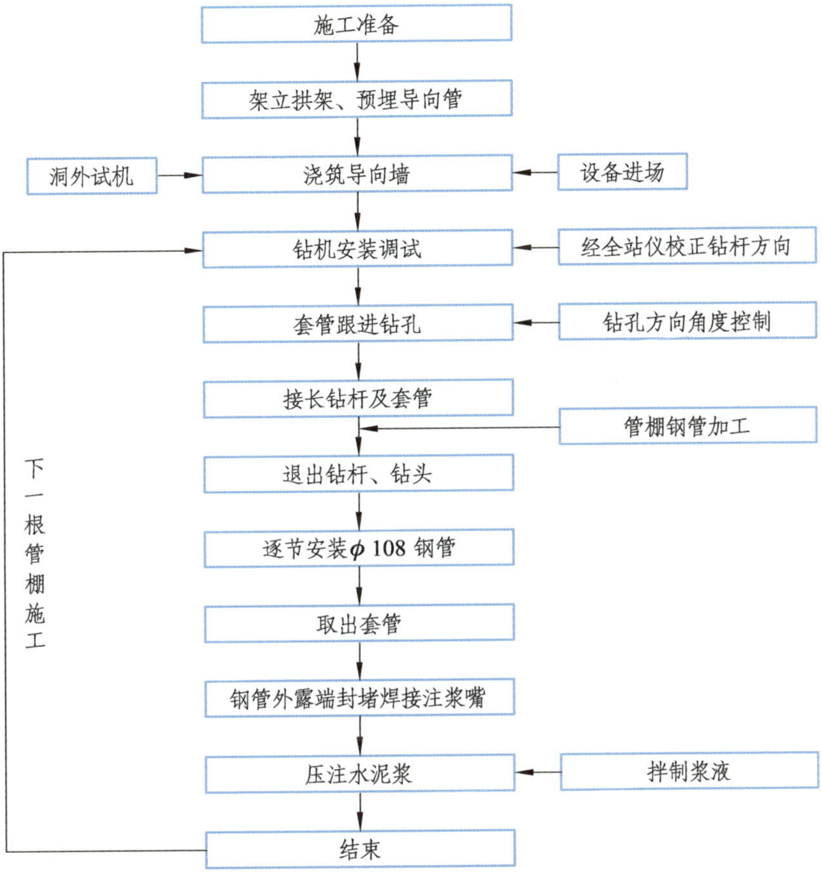

图 3-13-1　洞口超前大管棚施工流程

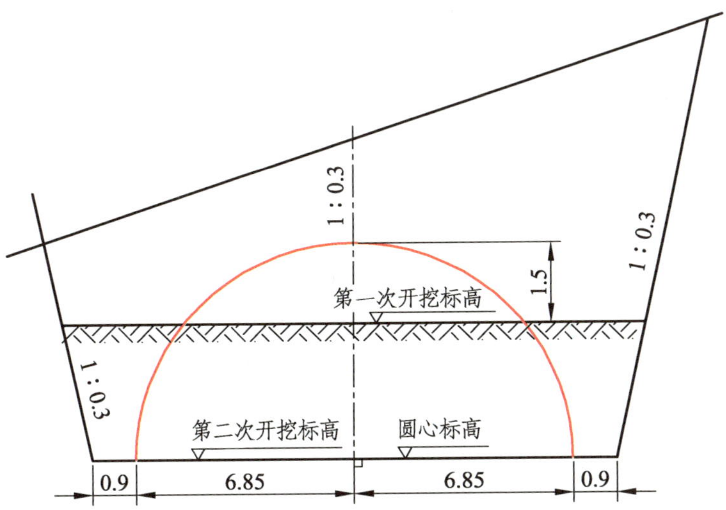

图 3-13-2　洞口土石方开挖

爆破法开挖石方按以下程序进行：施爆区管线调查→炮位设计与设计审批→配备专业施爆人员→用机械或人工清除施爆区覆盖层和强风化岩石→钻孔→爆破器材检查与试验→炮孔

检查与废渣清除→装药并安装引爆器材→布置安全岗和施爆区安全员→炮孔堵塞→撤离施爆区和飞石、强地震波影响区内的人、畜→起爆→清除瞎炮→解除警戒→测定爆破效果（包括飞石、地震波对施爆区内、外构造物造成的损伤及造成的损失）。

石方边仰坡开挖，充分重视挖方边仰坡稳定，采用预裂、光面、控制爆破等技术。开挖风化较严重、节理发育或岩层产状对边坡稳定不利的石方，采用小型排炮微差爆破，小型排炮药室距设计边仰坡线的水平距离，不小于炮孔间距的1/2。开挖层靠边仰坡的两列炮孔，特别是靠顶层边坡的一列炮孔，采用减弱松动爆破。

2. 明洞边墙施工

明洞边墙施工应该注意以下问题：

（1）明洞边墙基础应设置在符合图纸要求且稳固的地基上，地基承载力满足设计要求，基坑的渣体杂物、风化软层和积水应清除干净。严禁超挖回填虚土。

（2）偏压隧道应按设计要求设置偏压墙。

（3）偏压和单压明洞的外边墙基底，在垂直路线方向应按设计要求挖成一定坡度的向内的斜坡，以提高基底的抗滑力，如基底松软，应采取措施增加基底承载力。

（4）深基础开挖，应注意核查地质条件；如挖至设计标高，不符合图纸要求时，应提出变更设计。

（5）基础施工完成后应及时回填，避免雨水等侵蚀地基。

3. 明洞衬砌及防水

（1）明洞衬砌施工应仰拱先行、拱墙整体浇筑。明洞边墙地基承载力应满足设计要求。边墙基础混凝土灌注前应排除坑内积水，完成后应及时回填。

（2）明洞衬砌施工应符合洞身衬砌施工的有关规定。明洞衬砌与暗洞衬砌应连接良好。

（3）明洞拱圈外模拆除后，应及时按设计做好防水层及纵向盲沟，保证排水通畅，并应符合隧道防排水的有关规定。

（4）明洞防水层施工前应用水泥砂浆将衬砌外表涂抹平顺。

（5）防水卷材应与拱背粘贴紧密，接头搭接长度不小于 100 mm，铺设应自下而上进行，上下层接缝宜错开，不得有通缝。

（6）回填拱背的黏土隔水层应与边坡、仰坡搭接良好、封闭严密。

（7）靠山侧边墙顶或边墙墙后，应设置纵向和竖向盲管（沟），将水引至边墙泄水孔排出。

4. 明洞回填

（1）明洞拱圈混凝土达到设计强度后由人工夯实回填至拱顶以上 1 m，方可采用机械回填。

（2）墙背回填应两侧对称进行，底部应铺填 0.5 ~ 1.0 m 厚碎石并夯实，然后向上回填。石质地层中墙背与岩壁空隙不大时，可采用与墙身同级混凝土回填；空隙较大时，可采用片石混凝土或浆砌片石回填密实。土质地层，应将墙背坡面开凿成台阶状，用干砌片石分层码砌，缝隙用碎石填塞紧密，不得任意抛填土石。

（3）墙后有排水设施时，就与回填同时施工。

（4）拱背回填应对称分层夯实，每层厚度不得大于 0.3 m，两侧回填高差不得大于 0.5 m，回填至拱顶齐平后应分层满铺填筑。

13.4　洞身开挖

13.4.1　上下台阶法

1. 适用范围

上下台阶法适用于隧道Ⅳ级围岩。适用于石城隧道、神皇垭隧道。

2. 施工步骤

Ⅳ级围岩采用上下台阶法开挖，初次循环先开挖上部，上部渣土可用小型挖掘机倒入下台阶，当下台阶出渣时，上台阶可以开始喷射混凝土和钻孔。上下台阶法施工开挖工序如图 3-13-3 所示。

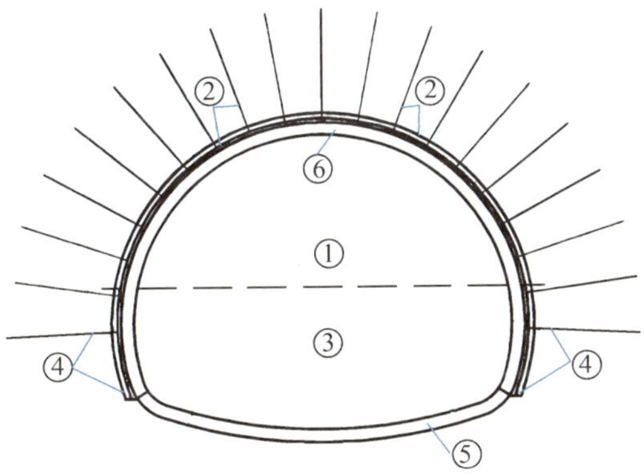

①—上半断面开挖；②—上半断面初期支护；③—下半断面开挖；④—下半断面初期支护；⑤—仰拱施工；⑥—拱墙衬砌。

图 3-13-3　上下台阶法施工开挖工序

第一步：进行上半断面光面爆破开挖支护，形成上下台阶工作面。

第二步：下台阶待上台阶掘进 10 ~ 20 m 后同步进行施工，同时开挖、同时支护，同时出渣，同时循环。

Ⅳ级围岩必要时采用先护后挖，开挖采用微震光面爆破技术，初期支护紧跟开挖面。每步开挖后及时进行喷锚支护，拱墙锚杆与钢架和钢筋网焊接为整体。上台阶施工时，钢架底脚设锁脚锚杆，必要时设置纵向槽钢托梁以确保下台阶开挖安全。

13.4.2　三台阶七步法开挖

1. 适用范围

三台阶七步法开挖适用于隧道Ⅳ级围岩，围岩稳定性相对较差地段。

2. 施工步骤

三台阶七步法是以弧形导坑开挖预留核心土为基本模式，分上、中、下三个台阶七个开挖面，各部位的开挖与支护沿隧道纵向错开、平行推进。施工步骤及施工流程如图 3-13-4 ~ 图 3-13-6 所示。

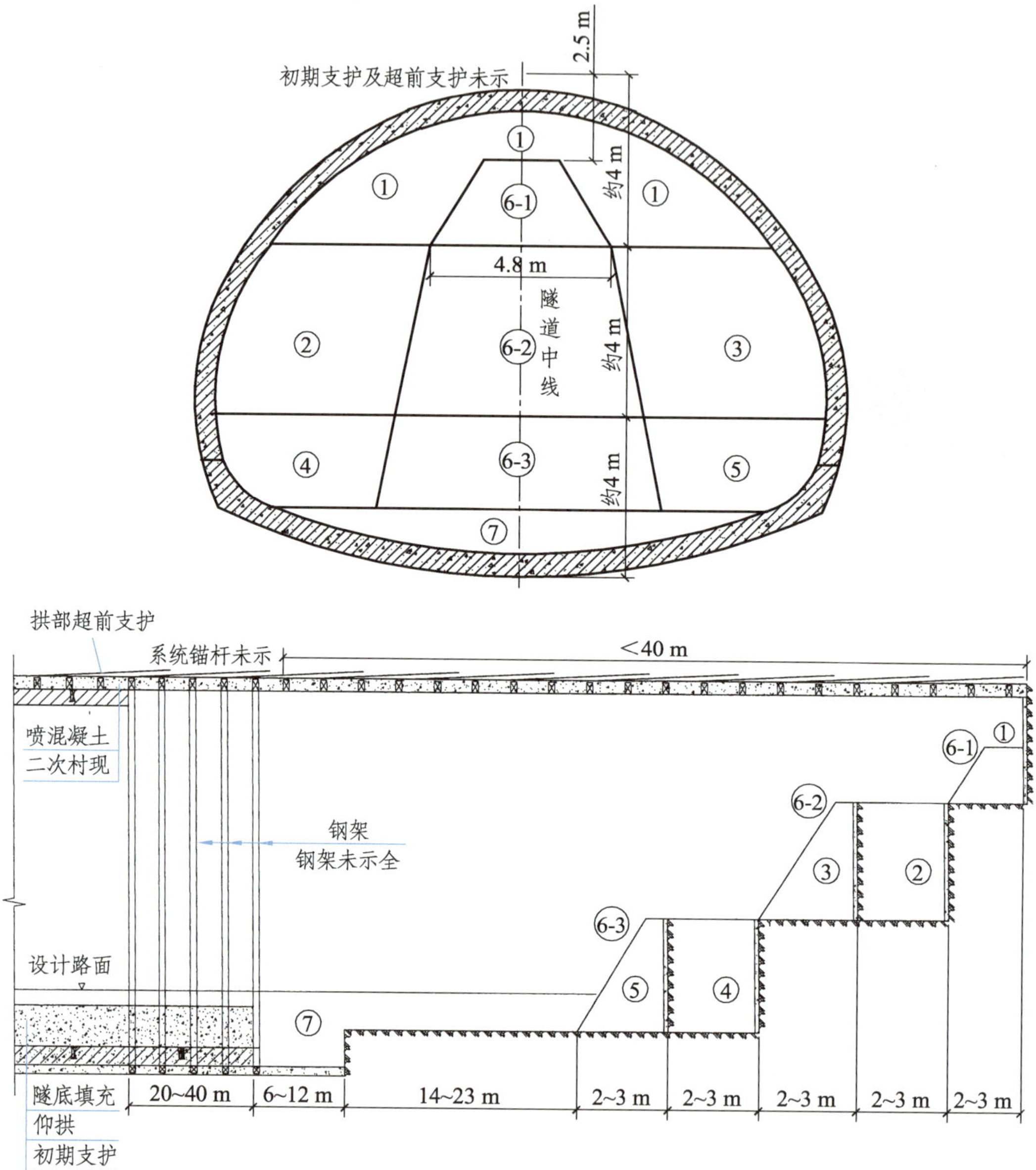

图 3-13-4　三台阶七步法开挖工序

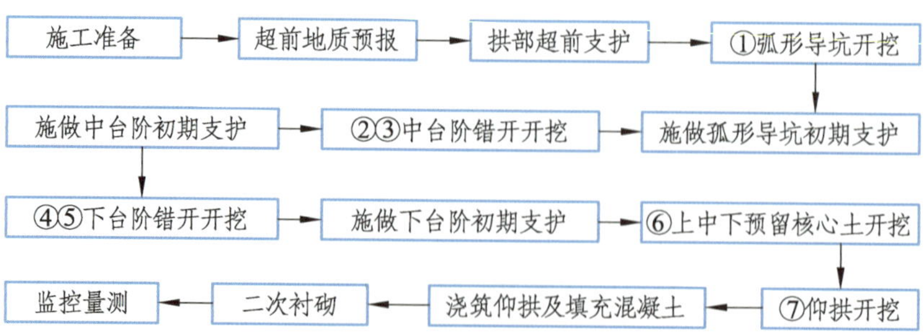

图 3-13-5　三台阶七步法开挖施工流程

图 3-13-6　三台阶七步法开挖

3. 施工要点

（1）隧道施工应坚持“弱爆破、短进尺、强支护、早封闭、勤量测”的原则。

（2）隧道开挖方式采用弱爆破或机械开挖，爆破时严格控制炮眼深度及装药量。Ⅳ级围岩各步开挖循环进尺不大于 2 榀钢架间距，各步开挖循环进尺 1.0 ~ 1.5 m。

（3）应注意开挖过程中初期支护及核心土的稳定性，必要时应利用核心土体加设全断面环形临时支撑。钢架之间纵向连接钢筋应及时施作并连接牢固，台阶界面钢架用锁脚钢管加固，防止钢架失稳或下沉。喷射混凝土达到设计强度 70%以上时再进行下一步开挖。

（4）台阶高度 4 m 左右。上部弧形导坑长度宜为 2 ~ 3 m，核心土距拱顶 2 m；中、下台阶长度为 4 ~ 6 m，两侧台阶开挖面前后错开 2 ~ 3 m，两侧初期支护不能同时处于悬空状态；初期支护紧跟开挖面，仰拱距下部核心土距离不超过 35 m，二次衬砌距下部核心土距离不超过 75 m。

13.4.3　环形导坑预留核心土法

1. 适用范围

环形导坑预留核心土法分离式隧道Ⅴ级围岩浅埋一般段及深埋段。

2. 施工步骤

环形导坑留核心土法是将隧道断面分成左右两个侧壁坑和中洞核心三大部分开挖。短台阶分两层开挖，中洞核心部分分三层开挖。施工步骤及施工流程如图 3-13-7 ~ 图 3-13-9 所示。

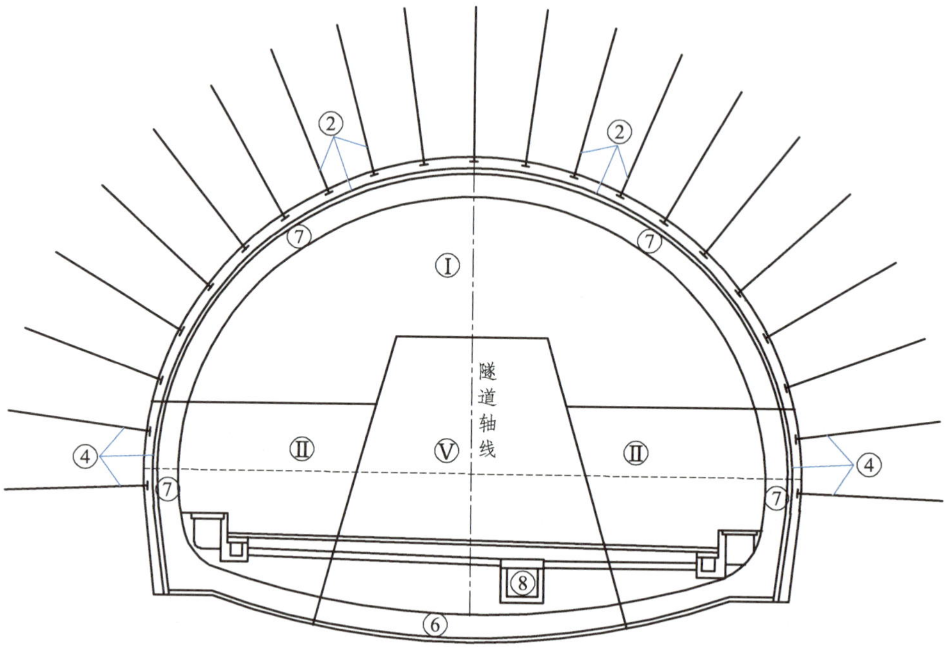

图 3-13-7　环形导坑预留核心土法开挖工序

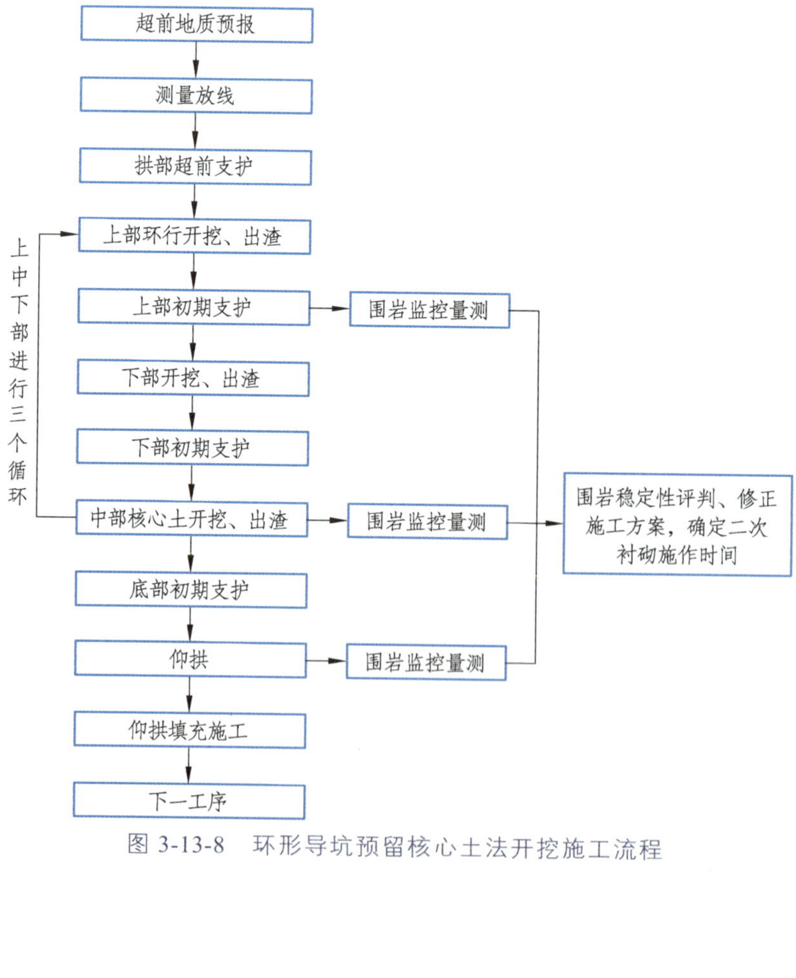

图 3-13-8　环形导坑预留核心土法开挖施工流程

图 3-13-9　环形导坑预留核心土法开挖施工

3. 施工要点

（1）隧道施工应坚持“弱爆破、短进尺、强支护、早封闭、勤量测”的原则。

（2）隧道开挖方式采用弱爆破或机械开挖，爆破时严格控制炮眼深度及装药量。Ⅳ级围岩各步开挖循环进尺不大于 2 榀钢架间距，各步开挖循环进尺 0.6 ~ 1.2 m。

（3）应注意开挖过程中初期支护及核心土的稳定性，必要时应利用核心土体加设全断面环形临时支撑。钢架之间纵向连接钢筋应及时施作并连接牢固，台阶界面钢架用锁脚钢管加固，防止钢架失稳或下沉。喷射混凝土达到设计强度 70%以上时再进行下一步开挖。

（4）台阶高度 4 m 左右。上部弧形导坑长度宜为 2 ~ 3 m，核心土距拱顶 2 m；下台阶长度为 4 ~ 6 m，两侧台阶开挖面前后错开 2 ~ 3 m，两侧初期支护不能同时处于悬空状态；初期支护紧跟开挖面，仰拱距下部核心土距离不超过 35 m，二次衬砌距下部核心土距离不超过 70 m。

13.4.4　中隔壁（CD）法

1. 适用范围

中隔壁（CD）法适用于紧急停车带。

2. 施工步骤

中隔壁（CD）法先分部开挖隧道的一侧，并施作中隔壁，然后再分部开挖另一侧的施工方法，其施工如图 3-13-10 ~ 图 3-13-13 所示。

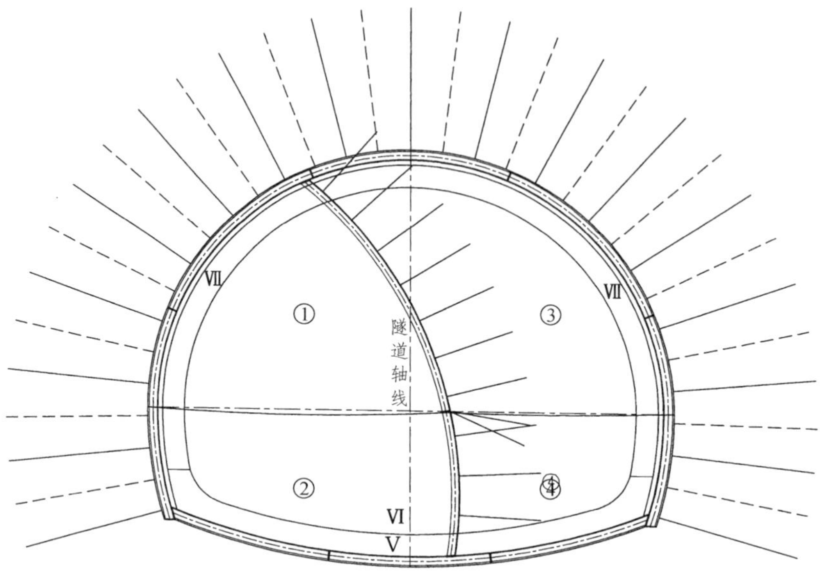

图 3-13-10 中隔壁法施工工序横断面

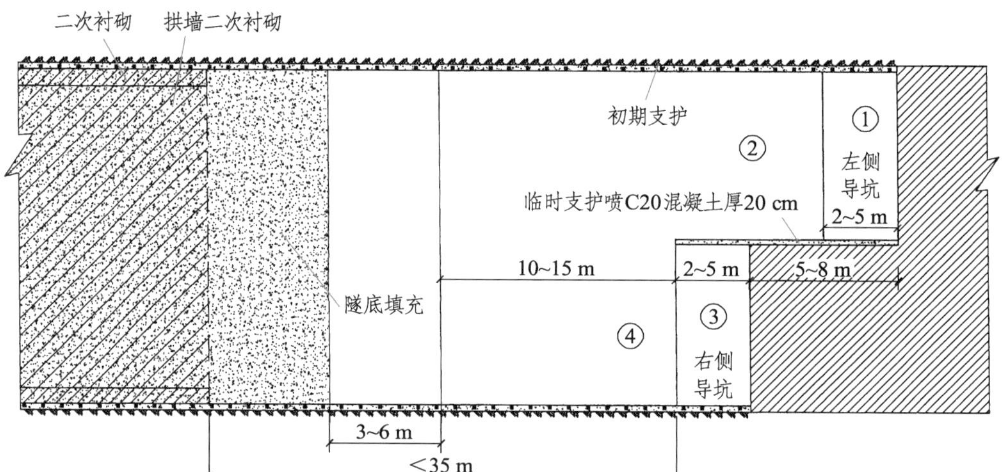

（a）单侧壁法施工工序平面

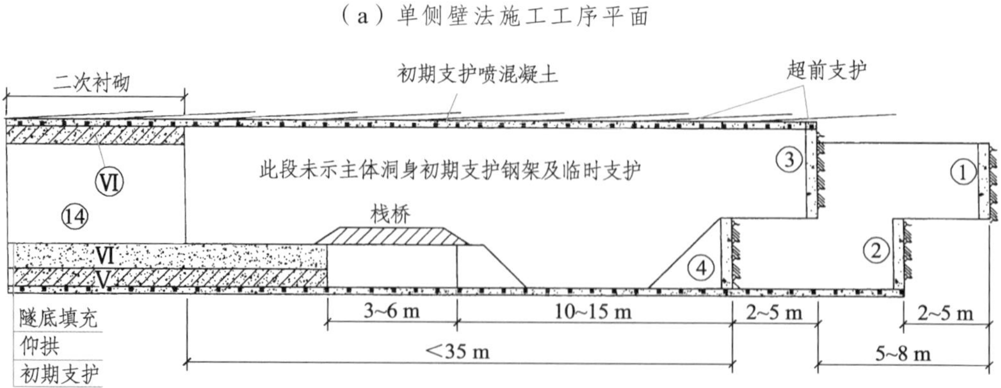

（b）单侧壁法施工工序纵断面

图 3-13-11 中隔壁法施工工序示意

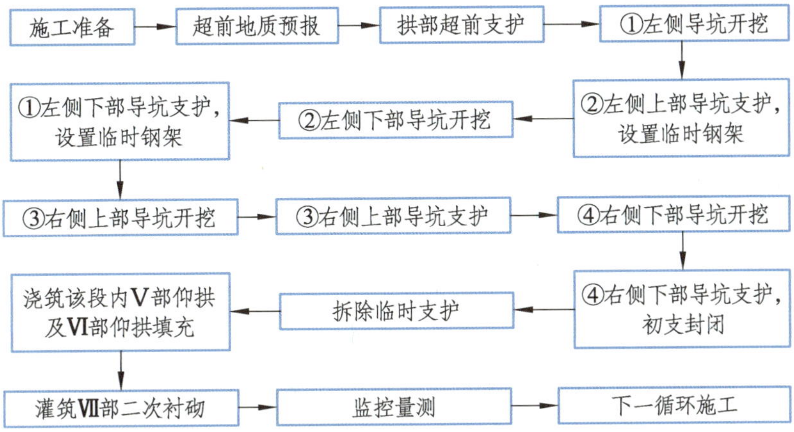

图 3-13-12　中隔壁法（CD 法）施工工序流程

图 3-13-13　中隔壁法（CD 法）施工

3. 施工要求

（1）上部导坑的开挖循环进尺控制为Ⅴ级围岩 1 榀钢架间距、Ⅳ级围岩 2 榀钢架间距，下部导坑的开挖进尺可依据地质情况适当加大且不大于 1.5 m，上下导坑距离 2 ~ 5 m。左右侧导坑距离 5 ~ 8 m。导坑上下台阶界面钢架用锁脚锚杆加固，防止钢架失稳或下沉。

（2）中隔壁法施工时，开挖后立即进行喷射混凝土施工，然后打锚杆、架立钢架、复喷至设计厚度。开挖时侧壁两端接头尽量在主洞钢架接头附近。

（3）初期支护完成后，方可进行下一分部开挖。各部开挖时，周边轮廓应尽量圆顺。应在先开挖侧喷射混凝土，强度达到设计要求后再进行另一侧开挖。当开挖形成全断面时，应及时完成全断面初期支护闭合，仰拱封闭落后右侧下导坑 10 ~ 15 m，一次开挖长度不大于 3 m。根据监控量测结果控制二次衬砌距开挖面的距离，二次衬砌落后右侧下导坑开挖面不超过 35 m。

（4）中隔壁的拆除工艺是关键技术。中隔壁拆除时间的判定要以拱顶下沉和净空收敛为依据，一般在拱顶下沉 7 d 内增量在 2 mm 以下作为拆除中壁的基准。同时，要求中隔壁的拆除应滞后于仰拱，一次拆除长度应根据监控量测数据慎重确定，拆除后应立即施工二次衬砌。

13.5 初期支护

13.5.1 围岩地质特征

隧道围岩基本为中风化砂岩、强风化砂质泥岩，主要由黏土矿物组成，含砂质，泥质结构，构造大部分破坏，钙泥质胶结，岩芯较破碎，多呈块状，局部呈短柱状，节理裂隙发育，岩质软。自稳能力较弱，侧壁易产生坍塌。开挖后立即支护。

13.5.2 锚杆

锚杆采用 ϕ25 中空注浆锚杆或 ϕ22 药卷锚杆，并设置垫板。小导管为热轧无缝钢管，外径 ϕ42，壁厚 4 mm。施作时垂直岩面打设，垫板紧贴岩面。

为了稳定围岩，掌子面开挖后，全环钢拱架支护，拱顶施作 ϕ42 注浆小导管，穿过软弱、松动、不稳定的岩土体，锚固在稳定的岩土体上，提供足够的拉力，克服滑落岩土体的自重和下滑力，防止洞壁滑移、塌落。

13.5.3 钢筋网、钢架

1. 钢筋网铺设

钢筋网铺设应符合下列规定：

（1）应在初喷混凝土后再进行钢筋网铺设。

（2）钢筋网应随受喷岩面起伏铺设，与初喷混凝土面的最大间隙不宜大于 50 mm，不宜将钢筋预焊成片后铺设。

（3）钢筋网钢筋每节长度不宜小于 2.0 m，钢筋搭接长度不应小于 30 倍钢筋直径。

（4）钢筋网每个交点和搭接段均应绑扎或焊接。

（5）钢筋网应与锚杆或其他固定装置连接牢固，在喷射混凝土时不晃动。

2. 钢拱架施工

（1）工字钢在挂网初喷 4 cm 后安设，安装完毕复喷至设计厚度。工字钢与围岩之间混凝土保护层厚度不小于 4 cm，临空一侧混凝土保护层厚度不小于 2 cm。

（2）工字钢钢架与初喷混凝土间务求紧密接触；空隙处采用垫块嵌紧，钢架每单元按两处计量，每处采用 1 号垫块 1 块，2 号垫块 2 块，施工时可根据工艺调整。

（3）每榀钢架按片数组装设计，连接板厚度为 1.4 cm，钢架接头位置可根据工艺调整，分台阶施工时宜设置在台阶分界处，相邻两段之间的连接采用钢板与型钢端部焊接后，再用螺栓连接。相邻钢架间采用 ϕ20 钢筋焊接连接，连接钢筋环向间距为 1.0 m，内外两侧交错布置。

（4）采用工字钢制作钢架时使用冷弯法制造成型，在钢筋厂集中加工。加工时，在钢拱架腹板中部预先开设超前小导管钻孔孔位，采用机械钻孔，孔口使用砂轮机清除毛刺和钢渣，每榀之间可以互换，严禁现场气割冲孔，预留孔径大于小导管管径 3 ~ 5 mm，孔位间距根据小导管环向间距而定，为 40 cm。首榀钢架加工完成后，放在平地试拼，周边拼装允许偏差为 ± 30 mm，平面翘曲应小于 20 mm。当各部尺寸满足设计要求时，才进行批量生产。

（5）钢拱架施工，拱架纵向间距符合设计要求，打设锁脚锚杆。

为了稳定围岩，掌子面开挖后，全环施作钢筋网片，钢筋网的搭接采用绑扎，其绑丝采用 20#冷镀锌铁丝，每根绑丝的长度为 15 cm，网片要求搭接 1 ~ 2 个网格，绑点位于纵环向钢筋的交叉处，网片施工时，要求紧贴岩面，通过锚杆的垫板将网片与锚杆连接牢固。钢拱架按设计要求施作，纵向连接钢筋为 ϕ22 螺纹钢连接。拱顶、拱腰施作 ϕ42 注浆小导管，穿过软弱、松动、不稳定的岩土体，锚固在稳定的岩土体上，提供足够的拉力，克服滑落岩土体的自重和下滑力，防止洞壁滑移、塌落。

13.5.4　喷射混凝土

1. 喷射混凝土准备工作

喷射混凝土前应做好以下准备工作：

（1）清理受喷面的浮石、岩屑、杂物和粉尘等。

（2）检查开挖断面净空尺寸，凿除欠挖凸出部分。

（3）岩面渗水处采取引排措施。

（4）设置控制喷射混凝土厚度的标识。

（5）检查作业机具、设备、风水管路、电缆线路，并试运转正常。

（6）检查作业场地的通风和照明条件。

2. 喷射混凝土操作要点

（1）喷射混凝土前，应严格控制速凝剂掺入量，控制水灰比。操作人员做好防护措施。喷射混凝土施工采用湿喷工艺。喷射混凝土作业时，喷嘴与受喷面应保持垂直，喷枪头到受喷面的距离宜为 0.6 ~ 1.5 m。喷嘴前严禁站人，初喷混凝土厚度一般为 40 mm。

（2）复喷混凝土采用湿喷工艺，混凝土搅拌时间不少于 60 s，速凝剂按试验规定的量在喷射机喂料时加入。喷射混凝土采用分层作业，自上而下进行，拱部喷射混凝土对称作业，拱顶每次复喷厚度不宜大于 100 mm，边墙每次复喷厚度不宜大于 150 mm。复喷最小厚度不宜小于 50 mm。后一层喷射混凝土在前一层喷射混凝土终凝后进行，如终凝后发现初喷混凝土表面已蒙上粉尘时，后一层喷射混凝土作业前，受喷面应吹洗干净。

（3）喷射混凝土作业时，喷嘴宜垂直岩面，喷枪头到受喷面的距离宜为 0.6 ~ 1.5 m。喷射机工作压力宜根据混凝土坍塌度、喷射距离、喷射机械、喷射部位确定，先在 0.2 ~ 0.7 MPa 之间选择，并根据现场试喷效果调整。

（4）喷射混凝土终凝 2 h 后进行喷雾养护，养护时间为 7 d，喷射完成后检查喷射混凝土外观情况，外观应均匀密实，表面平顺光亮、无干斑、无流滑现象，可用检测锤子敲击检查，确保“内实外平”，并同步监控检查 28 d 抗压强度。

13.6　仰拱与铺底施工

13.6.1　栈桥设计验算

隧道仰拱施工的同时，采用仰拱栈桥（图 3-13-14）保证隧道开挖、初支施工的正常进行。

仰拱栈桥桥长 18 m，为两端简支结构，主要为满足隧道内施工车辆通行，仰拱栈桥分左右两支设置，单支由 12 根 I25a 工字钢并排，翼缘满焊接成箱型结构，宽度为 1.2 m，表面焊接 $\phi8$ 圆钢防滑，两支栈桥之间宽度为 1.0 m，栈桥总宽度为 3.4 m。

图 3-13-14 仰拱栈桥

栈桥主要供出渣车和混凝土罐车通行，其最大荷载按出渣车 40 t 重车，前后轮轮距为 4.5 m，前轴分配总荷载的 1/3，后轴为 2/3，左右侧轮各承担 1/2 轴重，工字钢为整体共同承担重车荷载，工字钢自重按 1.15 系数设计，动载及安全系数设计为 1.1。

13.6.2 仰拱及回填

1. 仰拱衬砌施工准备

（1）隧底开挖断面形状、尺寸、基底高程、基地承载力应符合设计规定。

（2）应凿除欠挖，确认基地承载力。

（3）应清除隧底虚渣、杂物、淤泥，并抽干积水。

（4）隧底超挖可采用强度等级不低于 C15 的混凝土或 C20 的喷射混凝土回填，超挖较大（大于或等于 0.1 m）时，采用 M10 浆砌片石、C15 混凝土回填；超挖较小（小于 0.1 m）时，用 C20 喷射混凝土回填。回填后应再次检查断面形状、尺寸。

（5）如地基承载力不足，隧底有溶洞、采空区或其他空穴时，按设计要求进行处理。

2. 仰拱初期支护施工

（1）仰拱初期支护应随开挖及时施作。

（2）仰拱初期支护喷射混凝土不得与仰拱混凝土衬砌一次浇筑。

（3）仰拱初期支护钢架应与拱墙钢架对齐，误差不应大于 20 mm。

（4）仰拱钢架节段之间的连接及相邻钢架之间的横向连接方式应与拱墙钢架连接要求相同。

3. 仰拱模板安装

待钢筋绑扎完成后仰拱模板下放，调整模板角度，各部位尺寸检查合格后固定。仰拱模板采用弧形模板，待钢筋绑扎完毕需要立仰拱两面的堵头模板及两边的边模，堵头模板为能固定止水带的定型模板。根据实际情况，为了保证仰拱两侧与拱脚连接处浇筑混凝土时能够使仰拱成型，还需要在内侧增设模板。

4. 仰拱、铺底混凝土浇筑

（1）仰拱钢筋和模板经监理工程师检验合格后方可浇筑仰拱混凝。仰拱施工前，应将隧底虚渣、杂物、积水等清除干净，并用高压风将隧底吹洗干净，超挖采用同级混凝土回填。仰拱采用整体钢模分段施工，仰拱超前二次衬砌施工，并分段整体灌注，确保仰拱及底部施工质量，混凝土浇筑应由中间向两侧对称进行。仰拱混凝土采用简易仰拱栈桥浇筑，仰拱混凝土严格按照试验室提供的配合比施工。

（2)每段仰拱混凝土浇筑前必须由测量人员按规定的密度放好仰拱混凝土面标高控制点，浇筑时严格按照标高控制点控制混凝土面标高。每段仰拱混凝土浇筑时必须连续浇筑完成，间隔时间符合规范要求。混凝土振捣密实，表面压实抹平，混凝土浇筑时，用插入式振捣棒振捣，振捣厚度小于振动棒长度的1.25倍，在每一点的振捣时间一般为20～30 s。施工过程中把握以下原则直上直下、快插慢拔、插点均布、切勿漏插。

（3）仰拱、铺底施工时，要按图纸要求预埋路面下横向盲沟、拱脚纵、横向排水管等排水设施，并注意设置与二次衬砌贯通的变形缝。铺底混凝土厚度和强度应满足设计和施工要求，避免在车辆反复行驶后损坏。

5. 仰拱混凝土衬砌施工

（1）仰拱混凝土衬砌应先于拱墙混凝土衬砌施工是为了保证拱墙衬砌与仰拱混凝土能有效连接，满足拱墙衬砌与仰拱混凝土连接处的承载力和变形控制要求。超前距离应根据围岩级别、施工机械作业环境要求确定，一般不宜大于拱墙衬砌浇筑循环长度的2倍，仰拱超前拱墙二次衬砌的距离要尽可能小，以满足模板台车移动和防水板铺挂台车、栈桥架设所需要的最小场地要求控制。

（2）仰拱衬砌混凝土应整幅一次浇筑成形，不得左右半幅分次浇筑，一次浇筑长度为4～6 m。

（3）仰拱混凝土，应使用模板浇筑，模板应留振捣窗，振捣窗纵横向间距不宜大于2 m，振捣窗不宜小于450 mm×450 mm，振捣窗周边模板应加强刚度，窗门应平整、严密、不漏浆。

（4）挡头模板应采用可重复使用并能同时固定止水带的定型模板。

（5）仰拱混凝土衬砌与拱墙混凝土衬砌连接面应规整、密实。

6. 仰拱填充施工

（1）仰拱填充混凝土不得与仰拱衬砌混凝土一次浇筑。仰拱是衬砌结构的一部分，而仰拱填充是隧道路面基层的构造要求，受力和材料要求不一样，因此仰拱填充混凝土不能与仰拱衬砌混凝土一次浇筑。

（2）仰拱填充混凝土施工前应清除仰拱表面积水、杂物等。

（3）仰拱横向施工缝与填充混凝土横向施工缝宜错开设置，错开距离不宜小于0.5 m。

（4）在设有变形缝位置，仰拱衬砌变形缝与填充混凝土变形缝应在同一断面位置。

（5）仰拱填充混凝土顶面应平顺，坡度应符合设计规定。

（6）仰拱填充采用片石混凝土时，片石距挡头模板的距离应大于50 mm，片石间距应大于混凝土粗集料的最大粒径，并应分层掺放。

（7）仰拱和仰拱填充混凝土应在其强度达到2.5 MPa后方可拆模。

为确保洞身开挖安全，初期支护及时封闭成环，仰拱紧跟施作，及早施作二次衬砌，仰拱距离掌子面的安全步距，Ⅳ级围岩不得超过50 m，Ⅴ级围岩不得超过40 m。仰拱开挖后，立即支护，仰拱清底采用机械配合人工清理，底面无虚渣后，完成初喷。初喷结束后，施作钢筋，主筋与配筋严格按照设计要求施作，钢筋保护层垫块分布均匀，双层钢筋网的钢支撑，符合设计要求，保证钢筋骨架的施工刚度，在混凝土浇筑过程中不出现移位。

13.7 防水与排水

隧道防、排水采取“防、排、截、堵结合，因地制宜，综合治理”的原则。隧道工程防水采用防水板和其他配套排水设施防水。并按设计要求做好施工缝、变形缝的防水及排水盲沟等防排水设施。纵向排水盲管应与环向透水盲管、泄水管用变径三通连为一体，形成完整的排水系统。

隧道采用的防水措施有：

（1）隧道防水等级为一级，全隧道二次衬砌拱部、边墙及仰拱采用防水混凝土，抗渗等级为 P8。

（2）采用 1.5 mm 自粘式 EVA（乙烯-乙酸乙烯共聚物）防水卷材+无纺布（400 g/m^2）。

（3）全隧道环向施工缝设中埋式止水带+背贴式止水带。全隧道纵向施工缝设置钢边橡胶止水带+背贴式止水带。

（4）变形缝填充防水嵌缝材料并加设中埋式橡胶止水带，变形缝靠岩面一侧采用背贴式止水带。

（5）隧道排水采用双侧沟的方式。衬砌背后设环向盲沟，衬砌背后的积水通过环向和纵向盲沟的汇集后引入中心水沟，再排出洞外。

13.7.1 施工防排水系统

隧道顺坡施工时，采用自然排水方式，开挖后在隧道一侧设置临时排水沟，洞内渗水和施工污水从工作面自然流入排水沟排入洞外沉淀池，经沉淀处理达标后排放。

隧道反坡施工时，采用机械排水方式。反坡排水地段设置集水井，用水泵逐段抽水排入大集水井。如此接力至洞外废水处理池处理，经处理后排放。

浅埋地面陷沟、冲沟要处理，防止地面水下渗。陷沟、冲沟主要存于地表，它对隧道埋深较浅地段危害较大，在开挖前应先对地表的陷沟、冲沟汇水地段进行调查，然后针对性地进行回填掩埋夯实注浆处理。

当季节性地表水下渗时，洞内渗漏水要排引归槽，使其渗漏水由归槽引到临时砂浆水沟，再排到集水井内抽到洞外，不要使仰拱基底的基底受到地下水浸泡破坏。

施工用水要管理好，不能到处漫流，要把施工用水汇排到洞内集水井内，再由水泵抽到洞外，以防恶化基底。严禁隧道拱脚、墙脚和隧底受水浸泡（若基底受水浸泡必须进行处理），确保施工及结构安全。

洞顶排水系统要先做好再进洞。洞口开挖前应先做好浆砌天沟等防水设施，确保截水引流。

13.7.2 结构防排水

隧道结构自防水采用 P8 的防水混凝土，隧道模筑混凝土衬砌前，先做好各种防排水设施的布置，在隧道初期支护与二次衬砌拱墙之间铺设隧道专用防水板。防水板在洞外按一次衬砌长度制作成型，洞内采用多功能台架铺设。防水层铺设时做好环向及纵向排水盲管的施作，并采取在初期支护和二次衬砌之间注浆处理。防排水施工工艺流程如图 3-13-15 所示。

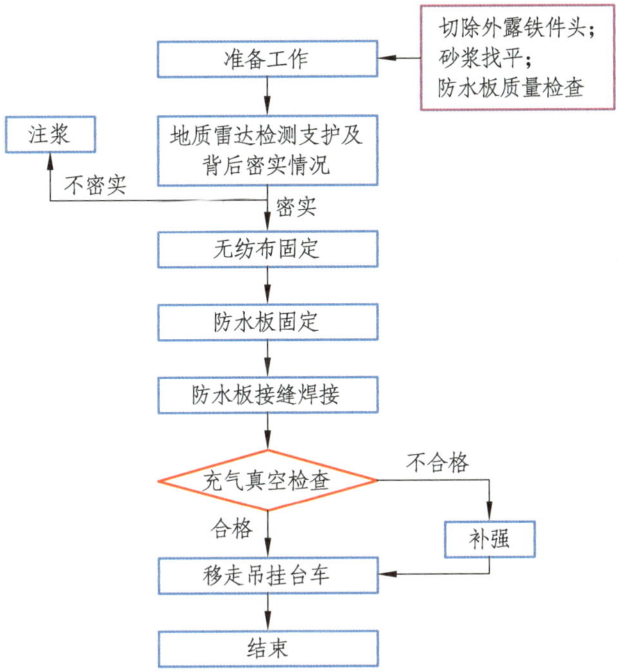

图 3-13-15　防排水施工工艺流程

1. 系统排水盲管的布设、安装

隧道边墙及拱墙背后每隔 8 m 环向均布铺设 FH50 软式透水管，在有集中股水流处用，50HPDE（地下水丰富时，100 HPDE）单壁无孔波纹管直接引排至纵向排水盲管。

隧道左右边墙背后设置，100HPDE 双壁打孔波纹管（外裹无纺布）各一道，其纵坡与路面纵坡一致。

隧道边墙底部横向每隔 8 m 设置一道纵向坡度不小于 1.5%的排水支管，使墙背水排入中央排水沟内。

（1）隧道中线结构设计基线下 48 cm 设中央排水沟，用以排泄墙背地下水及路面下渗水，其断面为矩形断面，净空尺寸为 90 cm × 60 cm（宽 × 高）。中央排水沟低于洞口端排至洞外，洞内每隔 150 m 设置一处检查井，在隧道进出口约 5 m处各设一处检查井，以便连接洞外路基排水沟。检查井位置可适当调整，避开施工缝和变形缝。

（2）主洞内隧道两侧沿纵向设置矩形路缘边沟，沿纵向每隔 25 m 设一处路缘边沟沉淀池，用于引排运营清洗污水，消防及路面积水。车行、人行横通道、隧道路面较低侧设置纵向 5 cm × 5 cm（宽 × 高）矩形排水浅槽，排水槽两端设 100 泄水孔，接入主洞路缘边沟内。

（3）在隧道路面基层下设置横向及纵向排水盲沟，将路面下毛细渗水引入到中央排水沟内，横向排水盲沟宽 15 cm。

2. 环向排水盲管安装

环向排水盲管沿喷射混凝土表面环向布置，并用固定钉固定。固定钉间距 1 m，采用 5 cm 钉，并每隔 10 m 用三通与纵向盲管相连。

3. 纵向排水盲管安装

纵向排水盲管沿纵向布设两条直径为 10 cm 的 HPDE 双壁单侧打孔波纹管于结构设计线下 0.65 m。

纵向排水盲管按设计规定划线，以使盲管位置准确合理，盲管安设的坡度与纵坡一致。

排水管采用钻孔定位，定位孔间距为 30 ~ 50 cm，将膨胀锚栓打入定位孔或用锚固剂将钢筋头预埋在定位孔中，固定钉安在盲管两端。用无纺布包住盲管，用扎丝捆好，用卡子卡住盲管，然后固定在膨胀螺栓上。

采用三通与环向盲管、连接盲管相连。

13.7.3 防水板的拼装与敷设

1. 施工准备

测量隧道断面，利用作业台车对断面进行修整，首先凿除喷射混凝土表面“葡萄状”结块，对于开挖面严重凹凸不平的部位须进行修凿和找平。采用 1∶2.5 的水泥砂浆抹平明显坑洼，其平整度要达到边墙 $D/L=1/6$，拱部 $D/L=1/8$（L 为喷射混凝土相邻两凸面间的距离；D 为喷射混凝土相邻两凸面间凹进去的深度）。

在初期支护面上标出拱顶中线和垂直于隧道轴线的断面线。检查防水板的质量是否有变色、老化、波纹、刀痕、撕裂、孔洞等缺陷；在防水板边沿划出焊接线和拱顶中线；防水层按实际轮廓线长度截取，对称卷起备用。

2. 防水板铺设

防水板长边沿隧道纵向铺设，先在隧道拱顶部正确标出隧道纵向中心线，再使防水板的中心线与隧道中心线重合，从拱顶开始向两侧下垂铺设，自粘搭接，铺设时力求与初期支护密贴，不必拉得太紧，搭接长度不小于 15 cm，焊缝宽度不小于 20 mm。防水板焊缝焊接时，热合机行走速度控制在 16 ~ 112 m/min，同时一定要认真检查焊接是否牢固。防水板铺设施工工艺流程如图 3-13-16 所示。

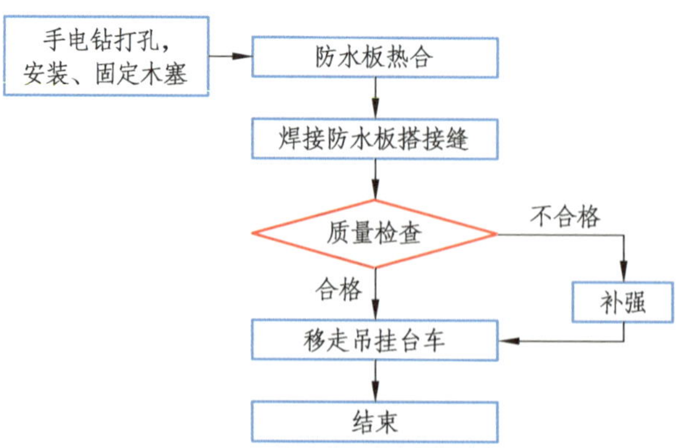

图 3-13-16　防水板铺设施工工艺流程

防水板的铺设要松紧适度，使之能紧贴在喷射混凝土表面上。若防水板铺设过紧会被撕裂，过松则无纺布防水板褶皱堆积容易形成人为蓄水点。

防水板一次铺设长度根据混凝土循环灌筑长度确定，并领先衬砌施工 1 ~ 2 个循环。

3. 防水板铺设方法

（1）准备专门的铺架台车。

（2）隧道环向铺设时，应先拱后墙。先在拱顶垫层上正确标出隧道纵向中心线，再使防水板横向中心线与标定线重合，将拱顶部与圆垫片粘贴接好后，向两侧下垂铺设，边铺边粘贴，下部防水板应压住上部防水板。防水板连接应采用搭接，且采用专用胶黏接，黏接部位应密实，接缝黏接剥离强度不小于防水板抗拉强度，其黏接宽度不应小于 15 cm；防水板可留有 T 字形搭接头，避免产生十字形搭接头；防水板搭接缝与衬动施工缝应错开不小于 50 cm 的距离。

4. 防水板质量检查

外观检查：防水板铺设应均匀连续，黏结缝宽度不小于 150 mm，搭接宽度不小于 150 mm。焊缝应平顺、无褶皱、均匀连续，无假焊、漏焊、焊过、焊穿或夹层等现象。

13.7.4　施工缝、变形缝防水处理

隧道衬砌变形缝设置中埋式橡胶止水带+背贴式止水带，隧道施工缝设置背贴式止水带+中埋式止水带+钢边橡胶止水带。

1. 施工缝防水处理

隧道施工缝处理措施为：先将缝内杂物清理干净，然后在纵缝及环向施工缝中加设中埋止水带，并在环向施工缝内侧采用背贴式止水带，矮边墙处加设钢边止水带，最后在纵向施工缝表面均涂抹混凝土界面剂。

2. 变形缝防水处理

变形缝是由于不同刚度结构受不同的力，容许产生一定的不均匀沉降而设置的结构缝隙，是结构外防水的关键环节。本工程变形缝采用中埋式橡胶止水带止水，缝隙间充填聚硫密封胶+沥青木丝板，在变形缝结构内侧预留槽，槽内采用背贴式止水带。

（1）对于止水带的安装与定位，先在预留槽内安设背贴式止水带并进行固定，然后将中埋式止水带准确居中安设，粘贴或焊接定位，用 10 号钢筋固定卡固定，先安装一端浇筑混凝土，另一端用箱形木板保护，待混凝土达到一定强度后拆除模板及箱形保护。

（2）对于变形缝处的混凝土灌注与振捣，对竖直向止水带两边的混凝土要加强振捣，保证两边的混凝土密实。同时将止水带与混凝土表面的气泡排出，保证止水带与混凝土牢固结合，止水带处的混凝土不应有粗骨料集中或漏振现象。

（3）对水平向的止水带待止水带下充满混凝土并充分振捣密实后，放平止水带并压出少量的混凝土浆，然后再浇灌止水带上部混凝土，振捣上部混凝土时要防止止水带变形。

（4）变形缝外侧密封胶施工时，为了避免三向受力，影响防水质量，在密封胶与嵌缝材料间采用隔离纸隔离层。密封胶与变形缝两侧壁必须粘贴牢固，密封严实，无渗漏水现象。嵌缝应密实，表面不容许出现开裂、脱离、滑移、下垂和空鼓、塌陷等缺陷。嵌填密封胶之前，应清除槽

内浮渣、尘土、积水。黏结密封胶的混凝土基面必须平整、干燥、干净、无任何污染。

（5）变形缝中使用的橡胶止水带和嵌缝材料必须有出厂质量证明，并经进场检验和复验合格后方可使用。变形缝的构造形式和材料必须符合设计要求。

（6）注浆处理措施：在施工二次衬砌混凝土时，要把注浆所用小钢管预埋好，要用麻布堵塞好，以防混凝土堵塞注浆口；待衬砌完成一段距离，且强度达到注浆要求后开始压力注浆；注浆压力控制在 0.5 MPa 左右，在注浆压力不变，且浆液注不进去时，即可认为注满。

拱顶注浆处理如图 3-13-17 所示。

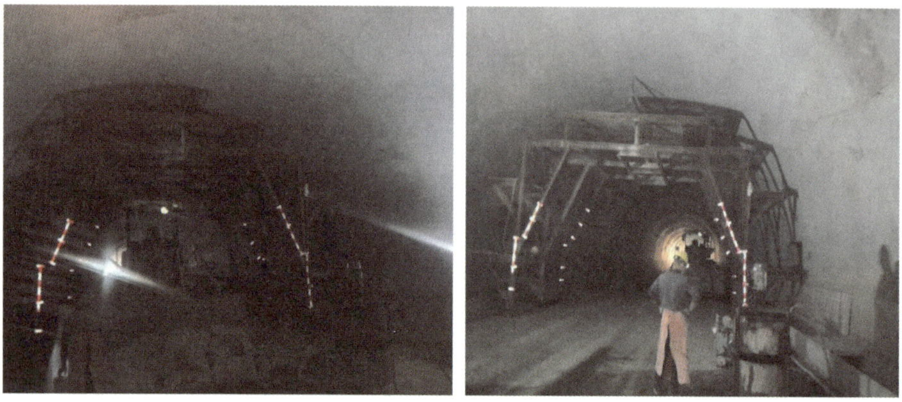

图 3-13-17　拱顶注浆处理

13.8　二次衬砌

1. 基面处理

初支面铺设土工布（图 3-13-18）前，应对初支混凝土面进行断面测量，确保二次衬砌的厚度和净空，提前进行初支检测，确保初支密实无空洞。初支面要求平整，无空鼓、裂隙、松酥，外露的尖硬物和局部渗水应提前处理，不平处补喷或采样砂浆找平。

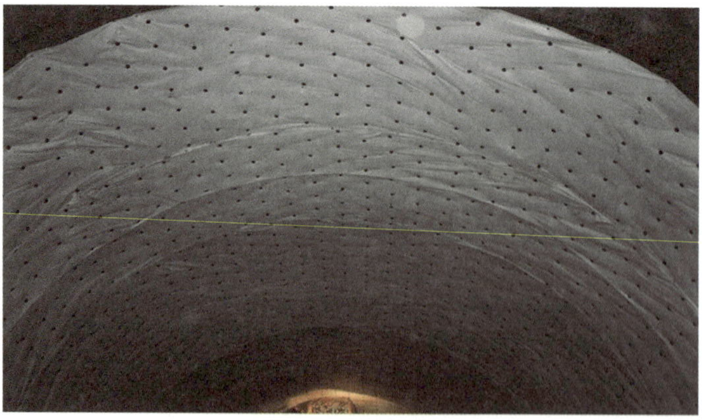

图 3-13-18　土工布铺设

2. 防水层铺设

防水层铺设应超前二次衬砌施工 1 ~ 2 个衬砌段，并应与开挖掌子面保持一定距离。

隧道防水层由 1.5 mm 厚自粘式 EVA 防水板和 400 g/m² 无纺布组成，铺设要采用专用台架，从一侧开始铺设，过程中要尽量地减少接头。无纺布的搭接宽度不小于 15 cm，防水卷材应采用自粘型，禁止焊接。

3. 钢筋绑扎

钢筋尽量减少在现场焊接，若必需焊接，应在防水板上面加垫木板或石棉板做隔热层，以免防水板被烧坏。钢筋与模板间应设置足够数量混凝土垫块，以确保钢筋的保护层厚度。钢筋下料要精准，接头处不能设置在正拱顶，一般设置在拱腰处且错开。受力主筋的搭接应采用焊接，焊接长度及焊缝应满足设计及规范要求。相邻主筋搭接位置错开，错井距离应不小于 1 m，同一受力钢筋的两处搭接，错开距离应不小于 1.5 m。

4. 台车就位

隧道二次衬砌施工（含加宽段）均采用全液压自动行走的整体衬砌台车，并配备有闭锁装置，以保证定位准确。衬砌台车就位工艺流程如图 3-13-19 所示。

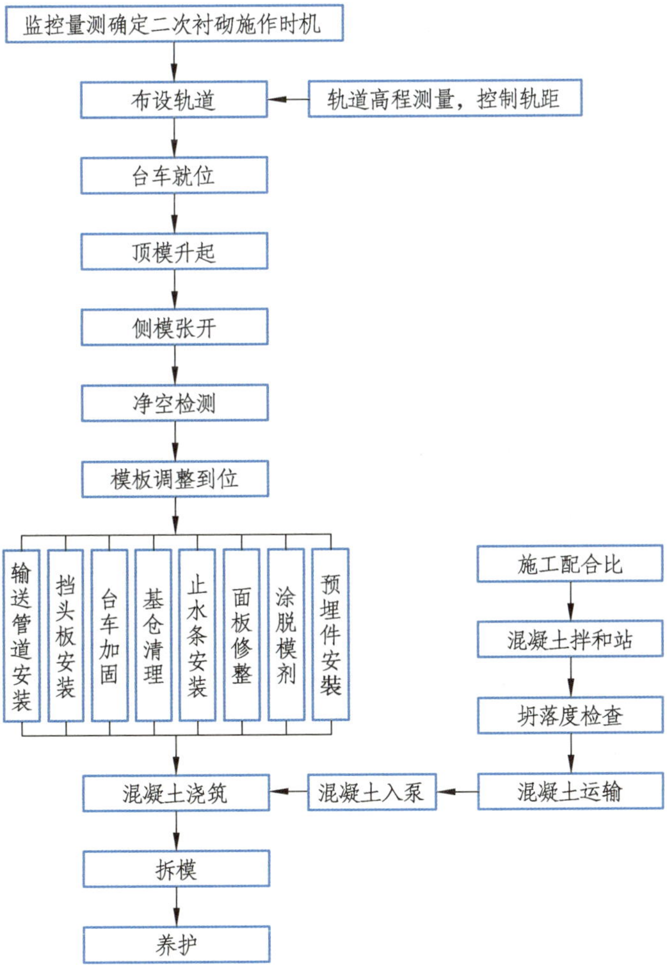

图 3-13-19 衬砌台车就位工序流程

5. 衬砌混凝土施工

（1）二次衬砌混凝土灌注前应重点检查以下几点：

①台车定位是否准确，加固是否牢靠，有没有对防水板造成损伤。

②预留预埋是否按要求施作，定位是否准确。

③矮边墙（或仰拱面）是否凿毛到位，是否清理干净。

④脱模剂是否涂刷均匀，有没有存在污染钢筋的情况。

⑤设备运转是否正常，人员配置是否到位。

（2）混凝土浇筑过程中，应注意以下几点：

①隧道二次衬砌混凝土均采用泵送，对混凝土的和易性要求较高，所以混凝土质量是重中之重，要抓好原材料是否合格、是否满足配比要求，要严格把控混凝土的配合比。

②混凝土的入模温度，在冬季施工时不应低于 5 ℃，夏季施工时不应高于 32 ℃。控制好浇筑速度，对称浇筑，两侧混凝土灌注面高差宜控制在 50 cm 以内。

③混凝土冲顶时应放缓浇筑速度,确保混凝土填充密实的情况下也要防止爆模、胀胀模。预埋注浆管间距应不大于 3 m，且每模板台车范围内的预留孔应不少于 4 个。

④注浆压力宜控制在 0.1 MPa 以内。注浆量设计按 0.25 m/m 计。

13.9 质量通病及防治措施

13.9.1 隧道开挖质量通病及防治措施

隧道开挖过程中易出现光爆效果不佳（图 3-13-20），超欠挖严重（图 3-13-21）的问题。

图 3-13-20 隧道光爆效果差

图 3-13-21 超挖严重

1. 形成原因

（1）爆破参数不合理，未根据围岩变化及时进行调整。

（2）爆破作业过程中未按照设计炮眼位置、钻孔深度、装药量等进行施工。

（3）地质条件限制，未排除危岩而造成超挖或自然垮塌造成超挖。

2. 防治措施

（1）及时调整围岩光面爆破设计参数，并向操作者做好技术交底，坚持每循环精确放样，准确标定开挖轮廓线，施工员、技术人员从炮眼位置、倾角、炮眼深度、装药到起爆各个环节全过程监控。

（2）准确布置炮眼位置，严格控制装药量，并根据围岩变化情况，及时修正爆破参数，严格控制循环进尺，在围岩差的地段采用超前锚杆等辅助施工手段来预加固围岩，避免超欠挖的产生。

13.9.2　支护质量通病及防治措施

1. 存在问题

（1）拱架对接时未采取帮焊（图 3-13-22），帮焊质量不合格（图 3-13-23）。

图 3-13-22　钢拱架拼接处未采取帮焊

图 3-13-23　钢拱架帮焊质量不合格

（2）钢拱架扭曲变形严重，且采用钢筋帮焊质量差（图 3-13-24）。

（3）螺栓数量不足，螺母未上紧（图 3-13-25）。

图 3-13-24　钢拱架变形且帮焊质量差

图 3-13-25　螺栓螺母未上紧

2. 防治措施

（1）钢拱架对接帮焊是必要补强措施，技术交底时应清晰、明确，在验收过程中，要作为重点检查项。

（2）不同规格的首榀钢架加工完成后，应放在模具上试拼，周边拼装允许偏差为 ± 30 mm，平面翘曲应小于 20 mm，保证钢架架立的垂直度。当各部尺寸满足设计要求时，方可批量生产。

（3）安装钢架时测量精确定位，钢架安装应确保两侧拱脚必须放在牢固的基础上，安装前应将底脚处的虚渣及其他杂物彻底清除干净；脚底超挖、拱脚标高不足时，应用混凝土垫块填充；开挖时要避免机械对拱架造成损伤。

（4）钢架螺栓应连接紧密，必要时可增设钢板或钢筋填充但要确保焊接牢固。

3. 注意事项

（1）拱架间距要严格把控，间距控制在设计值的 ± 50 mm 以内，且榀数不得小于设计值。

（2）钢筋网片搭接≥20 cm 或不少于一个网格。

（3）锁脚锚杆（管）的角度应满足设计要求，应与拱架连接紧密且牢靠。

13.9.3 喷锚质量通病及防治措施

1. 存在问题

喷射混凝土质量差（图 3-13-26），“排骨架”和接茬处鼓包。

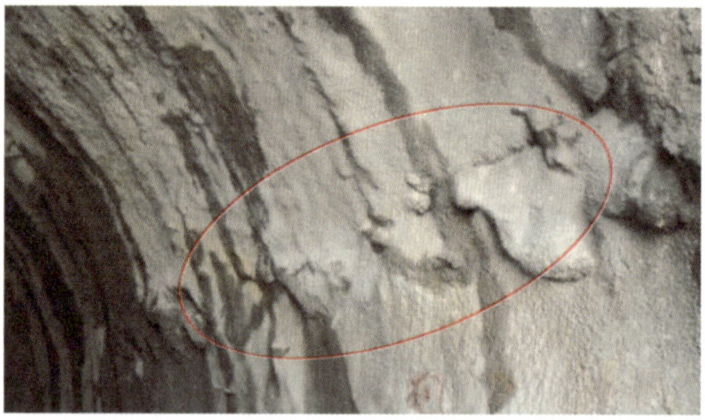

图 3-13-26 喷射混凝土质量差

2. 形成原因

（1）配合设计不准、喷射混凝土料搅拌不均匀。

（2）米石粒径超标，原材料质量差（也是造成回弹系数增大、超耗的主要原因）。

（3）围岩面浮尘粉尘太厚、喷射风压不合理。

（4）喷射角度、厚度不合理。

（5）围岩裂隙水发育。

3. 防治措施

（1）喷射前用高压水枪把岩面虚土、浮尘、粉尘清洗干净。埋设明显的标志控制喷射混凝土的厚度，确保最小厚度满足设计要求。

（2）自下而上分层喷射，每层厚度以 5 ~ 8 cm 为宜，最厚每层不超过 15 cm。如喷射过程中发现混凝土凝固较慢滑落现象，应及时调整速凝剂的掺量和坍落度以达到最佳效果。

（3）在施工下台阶时应将上台阶接茬处用工具凿出 5 ~ 10 cm 新茬并用水湿润，以保证混凝土新旧的黏结。在喷射混凝土过程中不应超喷或欠喷，对于欠喷的要及时补喷。不平顺部位及侵入二次衬砌的部分，应人工清理。

（4）严格把控原材料质量，不合格质量的原材料坚决不准使用。根据现场实际情况合理调整施工配合比，合理调整混合料的搅拌时间，使混凝土符合设计及规范要求。

13.9.4　仰拱质量通病及防治措施

1. 存在问题

仰拱出现变形、开裂（图 3-13-27）。

图 3-13-27　仰拱变形、开裂

2. 形成原因

（1）仰拱混凝土施工之前基底未清理干净。

（2）仰拱混凝土施工后未及时对空洞进行注浆处理。

（3）仰拱混凝土离析、集料成堆、漏浆严重、混凝土强度不均匀。

3. 防治措施

（1）仰拱封闭前，进行严格检验，确保基底无虚渣和积水。

（2）仰拱混凝土施工完毕后，采用地质雷达对其进行检测，发现空洞及时采取基底注浆措施进行回填。

（3）承载力不够的地段要进行地基加固处理。

（4）混凝土入模之前，检查混凝土的和易性，发现离析等现象立即废弃该罐混凝土。加强模板检查，对模板缝不符合要求的重新安装模板，严防模板缝漏浆。

4. 注意事项

（1）仰拱超挖不得用洞渣随意回填，要采用衬砌同强度等级混凝土进行回填。

（2）仰拱接缝处应平顺，整体横坡顺直，大面无坑洼。

13.9.5 二次衬砌质量通病及防治措施

1. 存在问题

（1）防水板局部破损（图 3-13-28），松弛度不适中。

（2）环向盲管间距过大，中埋止水带预留宽度不足，止水带安装不规范（图 3-13-29）。

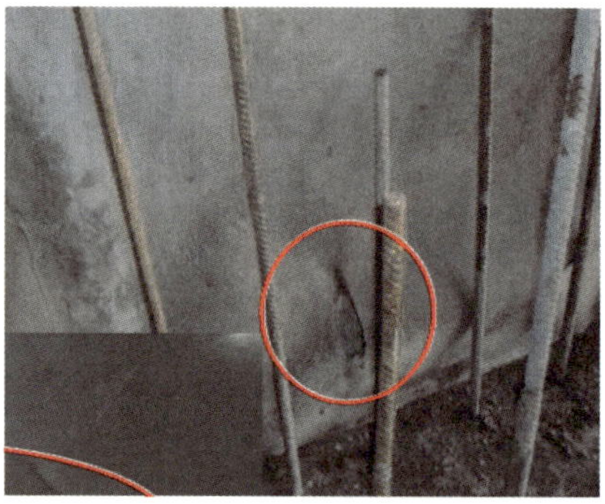

图 3-13-28 防水板破损

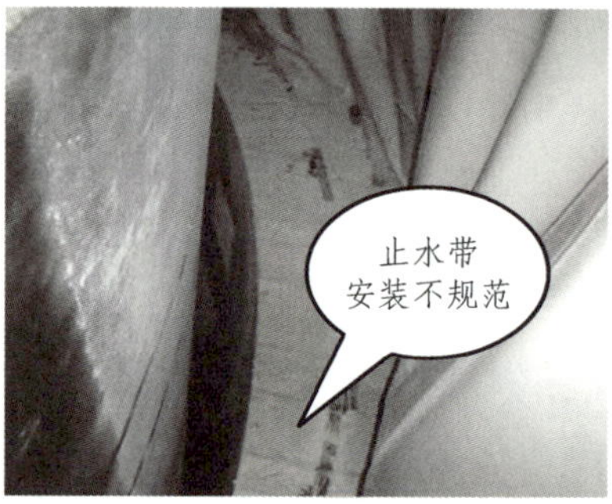

图 3-13-29 止水带安装不规范

（3）钢筋接头的焊接长度不足（图 3-13-30），焊接接头未错开或错开距离不足（图 3-13-31）。

图 3-13-30 二次衬砌钢筋焊接长度不足

图 3-13-31 二次衬砌接头错开距离不足

2. 防治措施

（1）矮边墙预留钢筋采取保护套措施，防止戳破防水板。焊接钢筋时，应采取保护措施（一般使用木板或石棉瓦阻隔在焊点与防水板之间），防止电焊烧伤防水板。土工布、防水板敷设应专用台架，从下往上、环向铺设。要确定好每环的尺寸，尽量避免接头。松弛度环向一般取 10%，纵向一般 6%，要根据初支面的平整度进行调整，要保证混凝土浇筑时板面与初支面能密贴。

（2）环（纵）向止水带可通过加工定位装置，确保位置居中，不得在止水带上穿孔打洞固定止水带。止水带尽量避免接头，接头处应采用冷粘或焊接缝宽不小于 5 cm。

（3）严格技术交底及工艺控制；合理下料，仰拱钢筋预留预埋准确，焊接长度要满足单面焊 10 d、双面焊 5 d，且焊缝饱满。钢筋接头要错开不小于 1 m，同一个钢筋上的两个接头要错开不小于 1.5 m。

3. 注意事项

二次衬砌的混凝土浇筑前应对其接茬面，进行凿毛且清理干净，并冲水湿润。

13.9.6　二次衬砌脱空形成原因及防治措施

二次衬砌脱空的超声波检测如图 3-13-32 所示。

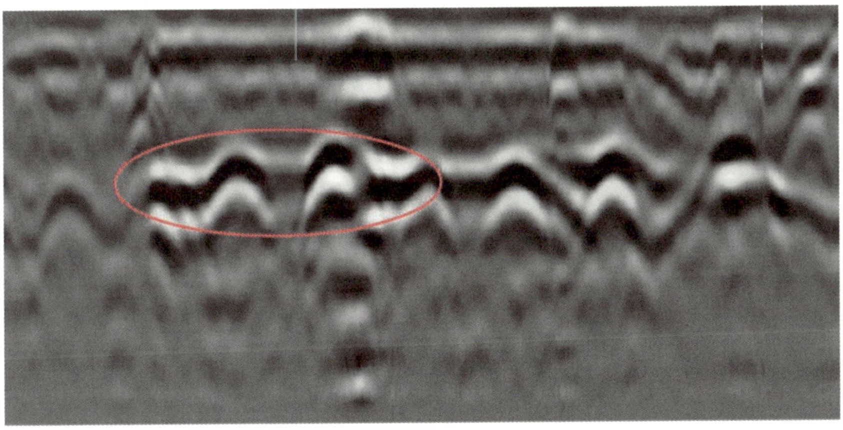

图 3-13-32　超声波检测

1. 形成原因

（1）防水板挂设过紧，没有预留松弛系数，在浇筑混凝土过程中防水板紧绷，导致拱顶出现空洞。

（2）混凝土坍落度大，封顶后自然下落。

（3）未泵满混凝土或泵送压力不足。

2. 防治措施

（1）根据设计尺寸预留一定的松弛系数铺设防水板。

（2）根据现场施工情况，对不同部位的混凝土采用不同的塌落度，封顶时混凝土塌落度不宜过大。

（3）泵送设备要及时保养维修，操作人员要悉知设备性能。

（4）拱顶按设计要求预埋设 $\phi 42$ 钢管或 PVC 管，待二次衬砌完成后对拱顶背后进行注浆处理。

13.9.7　二次衬砌露筋形成原因及防治措施

二次衬砌露筋如图 3-13-33 所示。

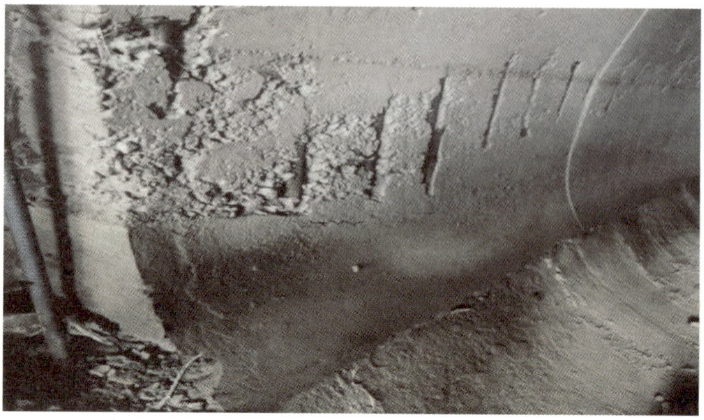

图 3-13-33　二次衬砌露筋

1. 形成原因

（1）二次衬砌钢筋与模板间未设置保护层垫块，垫块数量不足或垫块安装位置不准确。
（2）二次衬砌钢筋安装位置不准确。
（3）因配合比不当混凝土产生离析，振捣部位缺浆或模板严重漏浆。
（4）混凝土振捣时，振捣棒撞击钢筋，导致钢筋移位。
（5）混凝土表面振捣不密实，或拆模过早，拆模时混凝土缺棱掉角。

2. 防治措施

（1）灌注混凝土前，检查钢筋位置和保护层厚度是否准确。
（2）为保证混凝土保护层的厚度，要注意固定好垫块。
（3）为防止钢筋移位，严禁振捣棒撞击钢筋。
（4）拆模时间要根据试块试验结果确定，防止过早拆模。

13.9.8　二次衬砌接缝处错台防治措施

混凝土接缝错存在错台如图 3-13-34 所示。

图 3-13-34　混凝土接缝错存在错台

防治措施如下：

（1）二次衬砌台车设计时，加大刚度、挠度验算，采用稍大的安全系数。

（2）当发现模板变形时，一律更换模板。

（3）相连二次衬砌接缝处采用加强措施，如采用横向液压千斤顶，使接缝处平整。

13.9.9　二次衬砌渗（漏）水形成原因及防治措施

隧道渗水如图 3-13-35 所示。

图 3-13-35　隧道渗水

1. 形成原因

（1）防水层破坏。

（2）混凝土施工缝、沉降缝未处理好。

（3）混凝土振捣不密实、达不到设计防渗等级。

2. 防治措施

（1）按设计要求施工防排水设施，原材料必须达到有关技术标准，且几何尺寸稳定。

（2）洞身施工防水层前先进行支护表面修整处理，防止防水层被戳破。防水板挂设预留一定的松弛度。对防水板的防护措施要得当。在割除拱部钢筋头对矮边墙基础已铺防水板要做防烧保护，在绑扎衬砌钢筋时不得破坏防水板，在焊接衬砌混凝土内钢筋时必须用移动保护板遮挡防水板,防止在焊接钢筋过程中因熔渣飞溅而烧坏防水板。灌注二次衬砌混凝土时，振捣棒不得接触防水板。

（3）衬砌钢筋安装完成后，再次对防水层进行检查，发现问题，及时处理，确保混凝土灌注前防水层的施工质量，防水工程完成后，严禁在其上凿眼打洞。

（4）衬砌混凝土要捣固密实，加强结构自身防水。

（5）按规范安装止水条、止水带，按设计埋设排水盲管，富水地带增设排水管。

第 14 章　路面工程

14.1　工程概况

成绵苍巴高速公路路面工程主线及匝道采用沥青混凝土路面，桥梁、隧道采用复合式路面，收费站广场采用水泥混凝土路面，沥青面层之间设改性乳化沥青黏层，半刚性基层顶面设同步碎石下封层。桥面铺装沥青层与混凝土铺装层间设防水黏结层。路面工程概况见表 3-14-1。

表 3-14-1　成绵苍巴高速公路路面工程汇总

项目名称	单位	G5 京昆高速绵阳至成都扩容工程	绵阳至苍溪高速公路	苍溪至巴中高速公路
标段长度	km	35.319	102.601	15.116
路面结构层厚度	cm	89	87	89
设计标准	—	双向八车道	双向四车道	双向四车道
设计时速	km/h	100、120	80	80
设计年限	年	15	15	15
道路交通等级	—	一级公路	一级公路	一级公路

14.1.1　路面结构设计

1. G5 京昆高速公路绵阳至成都段扩容工程主线及枢纽匝道路面结构层

G5 京昆高速公路绵阳至成都段扩容工程主线及枢纽匝道路面结构层见表 3-14-2。

表 3-14-2　G5 京昆高速公路路面结构层形式

结构层	结构层厚度/cm	结构层形式
上面层	4	SMA-13 改性沥青玛蹄脂碎石
中面层	6	AC-20C 中粒式改性沥青混凝土
下面层	8	AC-20C 中粒式普通沥青混凝土
基层	28	水泥稳定碎石
底基层	28	水泥稳定碎石
垫层	15	级配碎石

2. 绵阳至苍溪高速公路主线及枢纽匝道路面结构层

绵阳至苍溪高速公路主线及枢纽匝道路面结构层见表 3-14-3。

表 3-14-3　绵阳至苍溪高速公路路面结构层形式

结构层	结构层厚度/cm	结构层形式
上面层	4	SMA-13 改性沥青玛蹄脂碎石（隧道掺阻燃、温拌剂）
中面层	6	AC-20C 中粒式改性沥青混凝土（隧道掺温拌剂）
下面层	6	AC-20C 中粒式普通沥青混凝土
基层	28	水泥稳定碎石
底基层	28	水泥稳定碎石
垫层	15	级配碎石

3. 苍溪至巴中高速公路主线及枢纽匝道路面结构层

苍溪至巴中高速公路主线及枢纽匝道路面结构层见表 3-14-4。

表 3-14-4　苍溪至巴中高速公路路面结构层形式

结构层	结构层厚度/cm	结构层形式
上面层	4	SMA-13 改性沥青玛蹄脂碎石（隧道掺阻燃、温拌剂）
中面层	6	AC-20C 中粒式改性沥青混凝土（隧道掺温拌剂）
下面层	8	AC-20C 中粒式普通沥青混凝土
基层	28	水泥稳定碎石
底基层	28	水泥稳定碎石
垫层	15	级配碎石

14.1.2　路面各结构层组成及作用

1. 级配碎石垫层

级配碎石垫层又称路基改善层，是介于底基层与路床的结构层。并非所有的路面结构中都需要设置垫层，只有在土基处于不良状态（潮湿地带、湿软土基、北方地区的冻胀土基等）时，才需要设置垫层。级配碎石垫层如图 3-14-1。

图 3-14-1　级配碎石垫层

1）结构组成

级配碎石是由几种粒径不同的碎石和石屑按照一定比例掺配拌制而成的混合料，其级配组成应符合设计及规范规定的级配范围。成绵、绵苍、苍巴设计图纸中推荐级配范围见表 3-14-5。

表 3-14-5　级配碎石垫层推荐级配范围

筛孔尺寸/mm	质量百分率/%
31.5	100
26.5	90 ~ 95
19	72 ~ 84
16	65 ~ 79
13.2	57 ~ 72
9.5	47 ~ 62
4.75	30 ~ 40
2.36	19 ~ 28
1.18	12 ~ 20
0.6	8 ~ 14
0.3	5 ~ 10
0.15	3 ~ &
0.075	2 ~ 5

2）作用

级配碎石垫层具有一定的透水性，排除路面结构中的层间水分和路基中的毛细水，确保路面结构处于一种中湿或干燥状态且能优先于半刚性面层和半刚性基层吸收结构在荷载作用下产生的应变能，提高结构的抗裂及抗疲劳性能。

2. 水泥稳定碎石基层

基层可分两层。上层称为基层或上基层，起主要承重作用；下层称为下基层或底基层，起次要承重作用。

成绵苍巴高速公路路面结构层设计中，基层采用水泥稳定碎石，具有较好的强度、扩散荷载的能力以及水稳定性、抗冻能力，能用于高速基层、底基层施工。

基层是直接位于沥青结构层或水泥混凝土面板下的主要承重层；底基层是在基层下铺筑的次要承重层。水泥稳定碎石基层如图 3-14-2 所示。

图 3-14-2　水泥稳定碎石基层

1）结构组成

以级配碎石作为骨料，采用一定比例的胶

凝材料填充骨料的空隙。结构强度主要靠骨料间的嵌挤力及水泥强度共同实现。它的初期强度高，板结效果好，强度随龄期增长而不断提高，因而具有较高的强度，抗渗度和抗冻性较好。骨料成活后遇水不泥泞，表面坚实，能够满足高速公路基层使用的各项指标要求。

成绵、绵苍、苍巴设计图纸中推荐级配范围及强度指标详见表 3-14-6、表 3-14-7。

表 3-14-6　水泥稳定碎石基层、底基层推荐级配范围

筛孔尺寸/mm	质量百分率/%	液限/%	塑性指数/%
26.5	100	<28	<5
19	82 ~ 86		
16	73 ~ 79		
13.2	65 ~ 72		
9.5	62 ~ 53		
4.75	35 ~ 45		
2.36	22 ~ 31		
1.18	13 ~ 22		
0.6	8 ~ 15		
0.3	5 ~ 10		
0.15	3 ~ 7		
0.075	2 ~ 5		

表 3-14-7　基层、底基层 7 d 无侧限抗压强度

类型	水泥稳定碎石基层	水泥稳定碎石底基层
抗压强度值波动范围/MPa	5.0 ~ 7.0	3.0 ~ 5.0

目标配合比应根据设计指标要求，通过 7 d 无侧限抗压强度确定混合料级配和水泥剂量，再根据目标配比进行试拌试铺工作，并通过试验结果对配合比进行优化。

2）作用

水泥稳定基层属于半刚性基层，既是高等级公路的主要构成部分，也是一个重要的承重层。

（1）柔性沥青路面和土质路基间的过渡层，使沥青路面和路基有效结合形成一个有机体。

（2）水稳层具有一定的刚度、强度、稳定性，是路面结构层中主要承载结构，同时还能减少建设成本。

（3）可以将路面承受的车辆荷载均匀地扩散到路基，具有一定的韧性。

（4）具有良好的不透水性，防止下雨期间因结构透水，造成路床受雨水浸泡。

3. 连接层结构组成及作用

路面连接层主要包括乳化沥青透层、同步碎石封层、改性乳化沥青黏层及桥面防水层。

1）透层

透层是适用于无机结合料基层表面的有机结合料渗透层，用于沥青层与基层之间，其主

要材料为乳化沥青。沥青热融后通过机械搀拌，使沥青以细小的微滴状态分散于含有乳化剂的水溶液中，形成水包油状的沥青乳液。

透层主要作用有以下几点：

（1）透入基层表面孔隙，增强基层和面层间的黏结。

（2）有助于结合基层表面集料中的细料。

（3）在完成基层的铺装后，适时洒布透层油可以减少基层的养生费用，提高养生质量。

（4）经过透层油渗透成型以后的基层，表面的开口孔隙被填充，从而得到一个渗透深度上的防水层。

（5）在由于某种原因推迟铺筑面层的情况下，透层可为基层提供临时性防护措施，防止降雨和临时行车的破坏。

2）同步碎石封层

同步碎石封层是用洒布车将预拌碎石及改性沥青同步铺洒在基层上。其最大优点是可同步铺洒改性沥青和预拌碎石，实现喷洒到基层上的改性沥青即时与碎石结合，从而达到改性沥青和预拌碎石之间的牢固结合的效果。同步碎石封层是一项简单、高效且经济的防水黏结功能层。

封层主要作用有以下几点：

（1）具有良好的抗滑性能和防渗水性能。

（2）能起到有效的黏结作用。

同步碎石封层如图 3-14-3 所示。

图 3-14-3　同步碎石封层

3）黏层

黏层是改性沥青加热后通过机械搀拌使改性沥青以细小的微滴状态分散于含有乳化剂的水溶液中，形成水包油状的改性沥青乳液，在沥青路面结构之间起黏结作用的结构层。

黏层主要作用是加强路面沥青层与沥青层、沥青层与水泥混凝土面板之间的黏结性。乳化沥青黏层如图 3-14-4 所示。

4）桥面防水层

桥面防水层是指为了防止雨水进入桥面，以及防止雨水、雪水下渗入桥体、桥梁以及其他用水对桥体破坏等而设的防水层，其以水为基质，以 SBS（苯乙烯-丁二烯-苯乙烯嵌段共聚物）改性沥青为基料，通过一定比例配制生产而成的水乳型高聚物改性沥青防水材料，如图 3-14-5 所示。

图 3-14-4　改性乳化沥青黏层洒布

图 3-14-5　桥面防水层

桥面防水层主要作用有以下几点：

（1）防止渗水对桥梁上部结构的损害。

（2）增加桥面混凝土铺装与沥青面层之间的黏结度。

4. 沥青面层结构组成及作用

沥青路面是指由一定级配组成的矿料（碎石或轧碎砾石、石屑或砂、矿粉等）与一定比例的沥青材料，在严格控制条件下拌制而成的沥青混凝土经摊铺碾压形成的结构层。

沥青面层具有较高的高温稳定性、水稳定性、低温抗裂性、耐疲劳性，并且其表面层还具有良好的平整度、抗滑性能，其噪声小及行车舒适性好。面层一般由数层不同级配的沥青混合料组成，该项目沥青层路面包括上面层、中面层、下面层。

1）上面层

上面层又称表面层或磨耗层。本项目上面层为 SBS 改性沥青玛蹄脂碎石混合料（SMA-13），属于骨架密实性结构，具有较高的内摩擦角及黏聚力。

上面层由 SBS 改性沥青与少量的纤维稳定剂、细集料以及较多量的填料（矿粉）组成的沥青玛蹄脂填充于间断级配的粗集料骨架的间隙组成一体的沥青混合料。隧道上面层混合料中需添加温拌剂和阻燃剂。

上面层是直接承受行车荷载的垂直力、水平力以及车身后所产生的真空吸力的反复作用，同时受到降雨和气温变化的不利影响最大，是直接反映路面使用性能的路面结构层。

2）中、下面层

中、下面层为沥青面层中的主面层，它是保证面层强度的主要部分，具有一定的不透水性，传递并扩散上面层车辆荷载。该项目的中、下面层分别为 SBS 改性沥青中粒式沥青混凝土（AC-20C）、中粒式普通沥青混凝土（AC-20C）。沥青混凝土由一定级配、不同粒径的集料、矿粉和沥青，加热到一定温度后拌和而成，属于悬浮密实型结构，黏聚力大，混合料内摩擦角小。

14.2 施工准备

14.2.1 材料机械准备

根据项目总体工期计划，计划于 2023 年 7 月份完成路面施工。结合现场实际情况，项目计划于 2022 年 2 月底前完成 20%路面底基层、基层备料；于 2022 年 6 月底完成 60%路面底基层、基层的备料，20%沥青下面层备料；于 2022 年 12 月底前完成 90%路面底基层、基层的备料，50%沥青中、下面层备料，10%上面层备料；于 2023 年 3 月底前完成底基层、基层备料 100%，80%沥青中下面层备料，完成 60%上面层备料；于 2023 年 5 月底前完成所有路面结构层备料工作。

依据项目前期策划，级配碎石垫层、水泥稳定碎石（底）基层计划 5 个工作面同时施工。机械配置情况见表 3-14-8。

14.2.2 施工劳务准备

根据项目路面工程施工特点，划分五个工区，成绵 TJ10 标段设置一、二工区，绵苍 TJ1 标段设置三、四工区，绵苍 TJ2 标、苍巴段设置五工区。

一工区沥青站负责施工成绵 TJ10 标段 K06+571～K41+891，水稳站负责施工范围成绵 TJ10 标段 K19+500～K41+891；二工区水稳站负责施工范围成绵 TJ10 标段 K6+571～K19+500；三工区沥青站负责施工范围绵苍 TJ1 标段 K0+575～K57+130，水稳站负责施工范围绵苍 TJ1 标段 K0+575～K30+181；四工区水稳站负责施工范围绵苍 TJ1 标段 K30+181～K46+970；五工区沥青站负责施工绵苍 TJ2 标段 K57+130～K103+176 和苍巴段 K0+000～K13+800。

一工区配置 1 个临建队伍、2 个摊铺队伍、1 个运输车队及 3 个附属队伍，共计 7 个队伍；二工区配置 1 个临建队伍、1 个摊铺队伍、1 个运输车队及 2 个附属队伍，共计 5 个队伍；三工区配置 1 个临建队伍、1 个摊铺队伍、1 个运输车队及 2 个附属队伍，共计 5 个队伍；四工区配置 1 个临建队伍、1 个摊铺队伍、1 个运输车队及 1 个附属队伍，共计 4 个队伍；五工区配置 1 个摊铺队伍、1 个运输车队，共计 2 个队伍。

14.2.3 施工现场准备

1. 拌和站建设

拌和站的料仓大棚应进行全封闭，料仓数量应满足配合比中不同规格材料种类的要求。拌和站及试验室的建设规划详见第 1 章　成绵苍巴高速公路立项及批复第 10 章，在此不再赘述。

2. 路床交验

根据交通运输部《公路工程质量检验评定标准 第一册 土建工程》（JTG F80/1—2017）规定，路床交工验收的实测项目包括压实度、弯沉、纵断高程、中线偏位、宽度、平整度、横坡、边坡、路基外观质量鉴定。

路床交验要保证其连续性，为路面施工提供连续工作面。

14.2.4　技术准备

1. 混合料配合比设计

在工程开工之前，结合项目所在地的气候环境、施工进度计划、材料特性等因素，由试验检测单位通过试验进行混合料配合比设计，并经验证合格后方可用于施工。

表 3-14-8　机械配置

序号	设备名称	规格型号	计量单位	需用数量	施工内容	备注
1	稳定粒料拌和站	1000 型	台	1	水稳料拌和	一工区
2	稳定粒料拌和站	800 型	台	2	水稳料拌和	
3	沥青拌和站	5000 型	台	1	沥青混合料拌和	
4	地磅	120 t	套	3	原材料、混合料称重	
5	摊铺机	DT2000	台	1	主线垫层、底基层、基层	
6	摊铺机	DT1600	台	2	主线及连接线垫层、底基层、基层	
7	伸缩摊铺机	福格勒	台	1	加宽段、匝道垫层、底基层、基层、沥青	
8	单钢轮压路机	32 t	台	3	主线及连接线垫层、底基层、基层	
9	单钢轮压路机	26 t	台	5	主线及连接线垫层、底基层、基层	
10	轮胎压路机	30 t	台	5	主线、互通及连接线垫层、底基层、基层	
11	双钢轮压路机	12 t	台	3	主线、互通及连接线垫层、底基层、基层	
12	装载机（现场）	50	台	3	每个水稳施工工作面 1 台	
13	洒水车（现场）	10 m³	辆	4	1#站现场 2 辆，2#站现场 2 辆	
14	自卸车	后 8 轮（6.2 m 的仓）	辆	40	混合料运输	
15	沥青摊铺机	超宽	台	1	上、中、下面层摊铺	
16	双钢轮压路机	13 t 戴纳派克、悍马	台	6	上、中、下面层碾压	
17	轮胎压路机	30 t	台	2	中、下面层碾压	
18	双钢轮压路机	3 t	台	1	上、中、下面层碾压	

续表

序号	设备名称	规格型号	计量单位	需用数量	施工内容	备注
19	洒水车（沥青现场）	10 m^3	辆	1	上、中、下面层压路机加水，卫生清扫	一工区
20	装载机（沥青现场）	50	台	1	沥青年员工作面	
21	自卸车	后 8 轮（6.2 m 的仓）	辆	20	沥青混合料运输	
22	装载机	50	台	17	1#水稳拌和站 6 台、2#水稳拌和站 8 台、1#沥青站 3 台	
23	洒水车	10 m^3	辆	3	1#水稳拌和站 1 辆、2#水稳拌和站和 1#沥青站 2 辆	
24	清扫机		台	1	拌和站、施工现场卫生清扫	
25	乳化沥青智能洒布车		辆	1	透层、黏层洒布	
26	同步碎石封层车	GYKT0612	辆	1	封层洒布	
27	稳定粒料拌和机	800 型	台	2	水稳料拌和	二工区
28	地磅	120 t	套	2	原材料、混合料称重	
29	摊铺机	DT1600	台	2	主线及连接线垫层、底基层、基层	
30	伸缩摊铺机	福格勒	台	1	加宽段、匝道垫层、底基层、基层	
31	单钢轮压路机	32 t	台	2	主线及连接线垫层、底基层、基层	
32	单钢轮压路机	26 t	台	2	主线及连接线垫层、底基层、基层	
33	轮胎压路机	30 t	台	2	主线、互通及连接线垫层、底基层、基层	
34	双钢轮压路机	12 t	台	1	主线、互通及连接线垫层、底基层、基层	
35	自卸车	后 8 轮（6.2 m 的仓）	辆	40	混合料运输	
36	装载机	50	台	10	3#水稳站 9 台，施工现场 1 台	
37	洒水车	10 m^3	辆	3	3#水稳站 1 台，施工现场 2 台	
38	小型压路机	3 t	台	1	边部碾压	
39	清扫机		台	1	拌和站、施工现场卫生清扫	
40	水泥净浆洒布车		辆	1	水泥净浆洒布	
41	平板夯		台	1	局部夯实	

续表

序号	设备名称	规格型号	计量单位	需用数量	施工内容	备注
42	稳定粒料拌和站	800 型	台	1	水稳料拌和	三工区
43	沥青拌和站	5000 型	台	1	沥青混合料拌和	
44	地磅	120 t	套	3	原材料、混合料称重	
45	摊铺机	DT2000	台	1	主线及连接线垫层、底基层、基层	
46	单钢轮压路机	36 t	台	1	主线及连接线垫层、底基层、基层	
47	单钢轮压路机	26 t	台	1	主线及连接线垫层、底基层、基层	
48	轮胎压路机	30 t	台	1	主线及连接线垫层、底基层、基层	
49	双钢轮压路机	12 t	台	1	主线及连接线垫层、底基层、基层	
50	自卸车	后 8 轮（6.2 m 的仓）	辆	20	水稳混合料运输	
51	洒水车	10 m^3	辆	3	前场 2 辆，后场 1 辆	
52	小型压路机	3 t	台	1	边部碾压	
53	清扫机		台	1	拌和站、施工现场卫生清扫	
54	装载机	50	台	5	后场 4 台，施工现场 1 台	
55	平地机		台	1	加宽段铺筑	
56	平板夯		台	1	局部夯实	
57	水泥净浆洒布车		辆	1	水泥净浆洒布	
58	摊铺机	DT2000	台	1	主线、互通沥青面层施工	
59	伸缩摊铺机	福格勒	台	1	互通匝道、加宽处沥青面层施工	
60	轮胎压路机	30 t	台	2	主线、互通沥青面层施工	
61	双钢轮压路机	13 t 戴纳派克、悍马	台	3	主线、互通沥青面层施工	
62	自卸车	后 8 轮（6.2 m 的仓）	台	20	主线、互通沥青面层施工	
63	装载机	50	台	4	拌和站 3 台、现场 1 台	
64	洒水车	10 m^3	辆	2	前后场各一辆	
65	平板夯		台	1	局部夯实	

续表

序号	设备名称	规格型号	计量单位	需用数量	施工内容	备注
66	稳定粒料拌和机	800 型	台	1	水稳料拌和	四工区
67	地磅	120 t	套	2	原材料、混合料称重	
68	摊铺机	DT2000	台	1	主线、互通垫层、底基层、基层	
69	伸缩摊铺机	福格勒	台	1	加宽段、匝道垫层、底基层、基层	
70	单钢轮压路机	36 t	台	1	主线、互通垫层、底基层、基层	
71	单钢轮压路机	26 t	台	1	主线、互通垫层、底基层、基层	
72	轮胎压路机	30 t	台	1	主线、互通垫层、底基层、基层	
73	双钢轮压路机	12 t	台	1	主线、互通垫层、底基层、基层	
74	自卸车	后 8 轮（6.2 m 的仓）	辆	20	混合料运输	
75	装载机	50	台	5	5#水稳站 4 台、施工现场 1 台	
76	洒水车	10 m^3	辆	3	5#水稳站 1 台，现场养护及便道洒水 2 台	
77	清扫机		台	1	拌和站、施工现场卫生清扫	
78	小型压路机	3 t	台	1	边部碾压	
79	水泥净浆洒布车		台	1	水泥净浆洒布	
80	平板夯		台	1	局部振捣碾压	
81	沥青拌和站	5000 型	台	1	沥青混合料拌和	五工区
82	地磅	120 t	套	2	原材料、混合料称重	
83	摊铺机	DT2000	台	1	主线、互通沥青面层施工	
84	伸缩摊铺机	福格勒	台	1	互通匝道、加宽处沥青面层施工	
85	轮胎压路机	30 t	台	2	主线、互通沥青面层施工	
86	双钢轮压路机	13 t 戴纳派克、悍马	台	3	主线、互通沥青面层施工	
87	自卸车	后 8 轮（6.2 m 的仓）	台	20	主线、互通沥青面层施工	
88	装载机	50	台	4	拌和站 3 台、现场 1 台	
89	洒水车	10 m^3	辆	2	前后场各一辆	
90	平板夯		台	1	局部夯实	

各结构层混合料配合比设计见表 3-14-9 所示。

表 3-14-9　配合比设计

标段	结构层	配合比
成绵	级配碎石垫层	15：35：20：21：9
	水泥稳定碎石底基层	15：37：21：19：8，水泥剂量为 3%
	水泥稳定碎石基层	15：37：21：19：8，水泥剂量为 3.5%
	沥青混凝土下面层 AC-20C	10：36：15：10：25：4。最佳油石比为 4.25%，抗剥落剂的沥青质量为 0.4%
	改性沥青混凝土中面层 AC-20C	10：36：15：10：25：4。最佳油石比为 4.45%，抗剥落剂的沥青质量为 0.4%
	沥青玛蹄脂碎石上面层 SMA-13	41：35：3：11：10。最佳油石比为 6.28%，木质素纤维稳定剂为 0.3%，抗剥落剂的沥青质量为 0.4%
绵苍	级配碎石垫层	25：24：20：31
	水泥稳定碎石底基层	28：21：19：17：15，水泥掺量为 3.5%
	水泥稳定碎石基层	15：37：21：19：8，水泥剂量为 3.5%
	沥青混凝土下面层 AC-20C	26：7：22：30：11：4。最佳油石比为 4.34%，抗剥落剂的沥青质量为 0.4%
	改性沥青混凝土中面层 AC-20C	15：24：23：6：28：4。最佳油石比为 4.44%，抗剥落剂的沥青质量为 0.4%
	改性沥青混凝土中面层 AC-20C 隧道路面	15：24：23：6：28：4。最佳油石比为 4.43%，温拌剂的沥青质量为 0.5%，抗剥落剂的沥青质量为 0.4%
	沥青玛蹄脂碎石上面层 SMA-13	42：33：5：10：10。最佳油石比为 6.24%，木质素纤维稳定剂为 0.3%，抗剥落剂的沥青质量为 0.4%
	沥青玛蹄脂碎石上面层 SMA-13 隧道路面	42：33：5：10：10。最佳油石比为 6.28%，阻燃剂的沥青质量 10%，温拌剂的沥青质量为 0.5%，抗剥落剂的沥青质量为 0.4%，木质素纤维稳定剂为 0.3%
苍巴	沥青混凝土下面层 AC-20C	26：7：22：30：11：4。最佳油石比为 4.34%，抗剥落剂的沥青质量为 0.4%
	改性沥青混凝土中面层 AC-20C	15：24：23：6：28：4。最佳油石比为 4.44%，抗剥落剂的沥青质量为 0.4%
	改性沥青混凝土中面层 AC-20C 隧道路面	27：12：11：21：26：3。最佳油石比为 4.44%，抗剥落剂的沥青质量为 0.4%，阻燃剂的沥青质量为 10%，温拌剂的沥青质量为 0.5%
	沥青玛蹄脂碎石上面层 SMA-13	42：33：5：10：10。最佳油石比为 6.24%，木质素纤维稳定剂 0.3%，抗剥落剂的沥青质量为 0.4%
	沥青玛蹄脂碎石上面层 SMA-13 隧道路面	35：38：3：13：11。最佳油石比为 6%，木质素纤维稳定剂为 0.3%，阻燃剂的沥青质量为 10%，温拌剂的沥青质量为 0.5%，抗剥落剂的沥青质量为 0.4%，木质素纤维稳定剂为 0.3%

2. 路面结构层试验段

路面施工前需进行试验段施工，主要是验证各结构层混合料生产配合比是否满足规范要求，确定施工最佳松铺系数及最优机械组合、碾压工艺。无机结合料需验证混合料最佳含水率及水泥剂量，沥青混合料需验证最佳油石比及最优加热温度。

3. 试验段施工参数

路面各结构层试验室施工参数详见表 3-14-10。

表 3-14-10 各结构层施工参数

结构层	试验段施工参数
15 cm 厚级配碎石垫层	1. 基准配合比：经过对现场施工的级配碎石垫层混合料进行检测，测得实际干密度为：2.340 g/cm³，将用于指导后续施工。级配碎石垫层混合料的最佳含水量为 5.0%（摊铺时含水量略大于最佳含水量，不宜超过最佳含水量的 0.5%~1.0%）。 2. 松铺系数：1.21，松铺厚度：18.15 cm。 3. 拌和机设定：设定拌和最大量为 600 t。 4. 运输车辆：20 辆以上性能良好的自卸车，按里程和便道情况及时调整。 5. 摊铺速度：1.5~2.0 m/min。 6. 碾压遍数及顺序：双钢轮压路机前进静压、后退弱振 1 遍。单钢轮压路机强振 2 遍，胶轮交叉碾压 2 遍。检测压实度合格，采用双钢轮压路机进行收面，直至消除轮迹印
28 cm 厚水泥稳定碎石（底）基层	1. 基准配合比：经过对现场施工的水泥稳定碎石（底）基层混合料进行检测，采用最大干密度为 2.439 g/cm³（2.37 g/cm³），将用于指导后续施工。水泥稳定碎石（底）基层混合料的最佳含水量为 5.2%（4.9%）（摊铺时含水量略大于最佳含水量，不宜超过最佳含水量的 0.5%~1.0%）。 2. 松铺系数：1.27，松铺厚度：35.56 cm。 3. 拌和机设定：采用二次拌和工艺，设定拌和产量 600 t/h。 4. 运输车辆：20 辆以上性能良好的自卸车，按里程和便道情况及时调整。 5. 摊铺速度：1.2 m/min；摊铺机夯锤频率：15 Hz。 6. 碾压遍数及顺序：双钢轮压路机静压 1 遍，36 t 单钢轮强振 1 遍，26 t 压路机强振 1 遍，轮胎压路机碾压 2 遍，双钢轮压路机收面，直至消除轮迹印。 7. 使用塑料养生膜进行养生，覆盖前进行补水。 8. 横向接缝使用装载机配合人工进行处理
沥青混凝土面层	1. 面层所用材料（粗细集料、填料、沥青）的各项技术指标均能满足《公路沥青路面施工技术规范》（JTG F40—2004）的要求。进场材料均得通过试验室抽检，满足检验标准的原材方可进场。 2. 松铺系数：1.20。 3. 拌和机设定：采用间歇式拌和机，设定拌和产量 350 t/h； 4. 运输车辆：15 辆以上性能良好的自卸车，按里程和便道情况及时调整； 5. 摊铺速度：2.0 m/min。 6. 碾压遍数及顺序：中、下面层采用一台双钢轮压路机全幅静压 1 遍（2~2.5 km/h）；两台双钢轮压路机全幅各振压 2 遍（3.0~4.5 km/h）；两台轮胎压路机全幅各静压 2 遍（3.0~4.5 km/h）；一台双钢轮压路机全幅静压 1 遍（3~4.5 km/h）组合。上面层采用 2 台双钢轮压路机并列成梯队前进静压，后退弱振 1 遍，强振 2 遍，碾压速度控制在 1.5~2 km/h；两台双钢轮压路机弱振碾压 1~2 遍，速度控制在 3~4 km/h；一台双钢轮压路机静压 1~2 遍至表面无明显轮迹，碾压速度为 1.5~2 km/h

14.3　施工原材料

14.3.1　原材料、技术指标要求及检测方法

1. 集料

1）级配碎石垫层、水泥稳定碎石（底）基层

（1）粗集料。

本项目用于水泥稳定碎石的粗集料采用卵石（粒径大于 5 cm）轧制而成。每批次检测代表数量不超过 1 000 m^3，粗集料的技术要求见表 3-14-11 的要求。

表 3-14-11　粗集料技术要求

指标	部位	技术要求	试验方法
压碎值/%	底基层	≤30	T 0316—2005 粗集料压碎值试验
	基层	≤22	
针片状颗粒含量/%	—	≤18	T 0312—2005 粗集料针片状颗粒含量试验（游标卡尺法）
最大粒径/mm	—	31.5	—
0.075 mm 以下粉尘含量/%	—	1.2	T 0310—2005 粗集料含泥量及泥块含量试验
软石含量/%	—	≤3	T 0320—2000 粗集料软弱颗粒试验

（2）细集料。

公称直径 4.75 mm 的集料统称为细集料，质量指标主要控制 0.075 mm 以下颗粒含量≤15%。所用细集料为卵碎石加工过程中产生的石屑，每批次检测代表数量不超过 1 000 m^3，技术要求见表 3-14-12 中的要求。

表 3-14-12　细集料技术要求

指标	技术要求	试验方法
塑性指数/%	≤17	T 0118—2007 液限和塑限联合测定法
有机质含量/%	<2	T 0313—1994 粗集料有机含量试验
		T 0336—1994 细集料有机含量试验
硫酸盐含量/%	≤0.25	T 0341—1994 细集料三氧化硫含量试验
0.075 mm 以下颗粒含量/%	≤15	T 0327—2005 细集料筛分试验水洗法
砂当量/%	≥50	T 0334—2005 细集料砂当量试验

2）沥青混凝土面层

（1）粗集料。

沥青路面上面层用粗集料采用玄武岩或辉长岩碎石，中、下面层碎石可采用卵砾石破碎。粗集料应洁净、干燥、表面粗糙，每批次检测代表数量不超过 500 t，技术要求见表 3-14-13。

表 3-14-13 粗集料技术要求

指标	技术要求		试验方法
	表面层	中、下层	
集料压碎值/%	≤26	≤28	T 0316—2005 粗集料压碎值试验
洛杉矶磨耗损失/%	≤28	≤30	T 0317—2005 粗集料磨耗试验（洛杉矶法）
表观相对密度/%	≥2.6	≥2.5	T 0304—2005 粗集料密度及吸水率试验（网篮法）
对沥青的黏附性	≥5 级	≥4 级	T 0616—1993 沥青与粗集料的黏附性试验
坚固性/%	≤12	≤12	T 0314—2000 粗集料坚固性试验
细长扁平颗粒含量（混合料）/%	≤15	≤18	T 0312—2005 粗集料针片状颗粒含量试验（游标卡尺法）
其中粒径大于 9.5 mm/%	≤12	≤15	
其中粒径小于 9.5 mm/%	≤18	≤20	
水洗法<0.075 mm 颗粒含量/%	≤1	≤1	T 0310—2005 粗集料含泥量及泥块含量试验
软石含量/%	≤3	≤5	T 0320—2000 粗集料软弱颗粒试验
石料磨光值（面层石料）	≥42	—	T 0321—2005 粗集料磨光值试验
吸水率/%	≤2	≤3	T 0304—2005 粗集料密度及吸水率试验（网篮法）

（2）细集料。

用于沥青路面的细集料采用立式冲击破碎设备生产的机制砂，设备使用时必须安装有效除尘装置。机制砂 0.075 mm 以下颗粒含量≤15%，每批次检测代表数量不超过 200 t，技术要求见表 3-14-14。

表 3-14-14 细集料技术要求

指标	技术要求	试验方法
表观相对密度	≥2.50	T 0328—2005 细集料表观密度试验（容量瓶法）
坚固性（>0.3 mm 部分）/%	≥12	T 0340—2005 细集料坚固性试验
含泥量（<0.075 mm 颗粒含量）/%	≤3	T 0333—2000 细集料含泥量试验（筛洗法）
亚加蓝值/%	≤25	T 0349—2005 细集料亚甲蓝试验
砂当量/%	≥60	T 0334—2005 细集料砂当量试验
棱角性（流动时间）/s	≥30	T 0345—2005 细集料棱角性试验（流动时间）

2. 水泥

水泥采用 P·O 42.5 缓凝水泥，不得使用快硬早强水泥和受潮变质的水泥。每批次检测代表数量不超过 500 t，根据水泥材料技术规定，水泥的初凝时间应大于 3 h，终凝时间应大于 6 h 且小于 10 h。依据施工工艺的技术要求，当气温高于 30 ℃时，水泥进入拌缸温度宜不高于 50 ℃，高于 50 ℃时应采取降温措施；气温低于 15 ℃时，水泥进入拌缸温度应不低于 10 ℃。

3. 沥青

1）A 级 70 号道路石油沥青

下面层沥青混凝土基质沥青及乳化沥青均采用 A 级道路石油沥青 70 号，进场每车沥青检测合格后方可使用，每批次代表数量不超 100 t，沥青技术要求见表 3-14-15。

表 3-14-15　A 级 70 号道路石油沥青技术要求

项目名称		设计指标要求	规范要求
针入度（25 ℃，100 g，5 s）/0.1 mm		60～70	60～80
针入度指数 PI		−1.5～+1.0	−1.5～+1.0
延度（5 cm/min，15 ℃）/cm		≥100	≥100
软化点（环球法）/℃		≥47	≥46
闪点（TOC）/℃		≥260	≥260
含蜡量（蒸馏法）/%		≤1.8	≤2.2
密度（15 ℃）/（g/cm³）		实测记录	实测记录
溶解度（三氯乙烯）/%		≥99.5	≥99.5
动力黏度（60 ℃）/（Pa·s）		≥200	≥180
旋转薄膜烘箱试验 163 ℃，75 min 或薄膜烘箱试验 163 ℃，5 h	质量损失/%	≤±0.6	≤±0.8
	残留针入度比/%	≥63	≥61
	延度（10 ℃）/cm	≥7	≥6

2）SBS 改性沥青（I-D）

SBS 改性沥青是以道路 A 级石油沥青 70 号为基质沥青，添加 SBS 改性剂制成。进场每车沥青检测合格后方可使用，每批次代表数量不超 100 t。SBS 改性沥青具有高黏度、高弹性、高软化点的特性，与集料的粘附力也较好，能有效改善沥青混合料的高温稳定性和抗疲劳性能。设计沥青混凝土上、中面层采用 SBS 改性沥青，SBS 改性剂掺量≥5%。SBS 改性沥青技术要求要求表 3-14-16。

表 3-14-16　SBS 改性沥青（I-D）技术要求

检验项目		设计指标要求	规范要求
密度（15 ℃）/（g/cm³）		实测记录	实测记录
针入度（25 ℃，100 g，5 s）/0.1 mm		40～55	30～60
针入度指数 PI		≥0	≥0
延度（5 ℃，5 cm/min）/cm		≥30	≥20
软化点（环球法）/℃		≥80	≥60
运动黏度（135 ℃）/（Pa·s）		≤2.8	≤3
闪点（COC 法）/℃		≥230	≥230
溶解度/%		≥99.0	≥99.0
弹性恢复（25 ℃）/%		≥85	≥75
贮存稳定性离析，48 h 软化点差/℃		≤2.0	≤2.5
旋转薄膜烘箱试验 163 ℃，75 min 或薄膜烘箱试验：163 ℃，5h	质量变化/%	±0.8	±1.0
	残留针入度比（25 ℃）/%	≥70	≥65
	残留延度（5 ℃）/cm	≥20	≥15

3）乳化沥青

采用高渗透性阳离子乳化沥青 PC-2 型，每批次检测代表数量不超过 100 t，乳化沥青技术要求要求表 3-14-17。

表 3-14-17　乳化沥青技术要求

试验项目		技术要求	试验方法
破乳速度		慢裂	T0658—1993 乳化沥青破乳速度试验
粒子电荷		阳离子（+）	—
筛上残留物/%		≤0.1	T 0652—1993 乳化沥青筛上剩余量试验
蒸发残留物	残留分含量/%	≤50	T 0651—1993 乳化沥青蒸发残留物含量试验
	溶解度/%	≤97.5	T 0607—2011 沥青溶解度试验
	针入度（25 ℃）/0.1 mm	50～300	T 0604—2011 沥青针入度试验
	延度（25 ℃）/ cm	≤40	T 0605—2011 沥青延度试验
常温储存稳定性/%	1 d	≤1	T 0655—1993 乳化沥青储存稳定性试验
	5 d	≤5	

注：1. 黏度选用沥青标准黏度测定。

2. 如果乳化沥青是将高浓度产品运到现场稀释后使用时，应满足表中的蒸发残留物等指标标准稀释前乳化沥青的要求。

4）PCR 改性乳化沥青

PCR 改性乳化沥青用于黏层。每批次检测代表数量不超过 100 t，改性乳化沥青（PCR）技术要求见表 3-14-18。

表 3-14-18 黏层用 PCR 改性乳化沥青技术要求

试验项目		技术要求	试验方法
破乳速度		快裂或中裂	T 0658—1993 乳化沥青破乳速度试验
粒子电荷		阳离子（+）	T 0653—1993 乳化沥青微粒离子电荷试验
筛上残留物（1.18 mm 筛）/%		≤0.1	T 0652—1993 乳化沥青筛上剩余量试验
沥青标准黏度 C25.3/s		8～25	T 0621—1993 沥青标准黏度试验（道路沥青标准黏度计法）
蒸发残留物	含量/%	≥50	T 0651—1993 乳化沥青蒸发残留物含量试验
	针入度（100 g，25 °C，5 s）/0.1 mm	40～120	T 0604-2011 沥青针入度试验
	软化点/°C	≥50	T 0606—2011 沥青软化点试验（环球法）
	延度 5 °C/ cm	≥20	T 0605—2011 沥青延度试验
	溶解度（三氯乙烯）/%	≥97.5	T 0607—2011 沥青溶解度试验
与矿料的黏附性，裹覆面积		≥2/3	T 0654—2011 乳化沥青与粗集料的黏附性试验
贮存稳定性/%	1 d	≤1	T 0655—1993 乳化沥青储存稳定性试验
	5 d	≤5	

4. 填料

填料多用于沥青混凝土路面中，起到填充孔隙，防止热沥青流淌，增强沥青结合料的黏结性和热稳定性的作用。本项目用于沥青混合料的填料采用石灰岩等憎水性石料磨细的矿粉。每批次检测代表数量不超过 50 t。矿粉技术要求见表 3-14-19。

表 3-14-19 矿粉技术要求

指标		技术要求	试验方法
表观相对密度/（t/m^3）		≥2.50	T 0352—2000 矿粉密度试验
含水量/%		≤1	T 0103—1993 烘干法
外观		无团粒结块	—
亲水系数		<1	T 0353—2000 矿粉亲水系数试验
塑性指数		<4	T 0354—2000 矿粉塑性指数试验
加热安定性		实测记录	T 0355—2000 矿粉加热安定性试验
粒度范围/%	<0.6 mm	100	T 0351—2000 矿粉筛分试验（水洗法）
	<0.15 mm	90～100	
	<0.075 mm	75～100	

5. 外掺剂

1）纤维稳定剂

在沥青混合料中掺加的纤维稳定剂一般采用木质素纤维、矿物纤维等。本项目均采用木质素纤维，纤维稳定剂技术要求见表 3-14-20。

表 3-14-20 木质素纤维质量技术要求

项目	指标	试验方法
纤维长度/mm	≤6	水溶液用显微镜观测
灰分含量/%	18±5	高温 590～600 ℃燃烧后测定残留物
pH 值	7.5±1.0	水溶液用 pH 试纸或 pH 计测定
吸油率	≥纤维质量的 5 倍	用煤油浸泡后再筛上经振敲后称量
含水率（以质量计）/%	≤5	105 ℃烘箱烘 2 h 后冷却称量

纤维稳定剂的掺加比例以沥青混合料总量的质量百分率计算。用于 SMA 路面的木质纤维素应≥0.3%，矿物纤维素应≥0.4%；纤维掺加量的允许误差不超过±5%。

2）温拌添加剂

目前温拌沥青混合料的制备方法主要有沥青-矿物法、泡沫沥青法、有机添加剂法和表面活性剂法。本项目采用表面活性剂法，表面活性温拌剂采用胺类。添加剂的加入应使沥青混合料的拌和和碾压温度可以降低 30 ℃以上；M 型（沥青添加型）温拌剂掺量为沥青质量的 0.5%，直接加入沥青存储罐中使用。温拌剂技术要求见表 3-14-21。

表 3-14-21 温拌剂技术要求

类型	pH 值	胺值/（mg/g）
M 型（沥青添加型）	11.5±1	510～610

3）阻燃剂

隧道内采用阻燃沥青路面，阻燃剂技术要求应满足表 3-14-22。

表 3-14-22 阻燃改性沥青技术指标要求

<table>
<tr><th>试验项目</th><th>技术指标</th><th>试验方法</th><th>规范</th></tr>
<tr><td>针入度（25 ℃、100 g、5 s）/0.1 mm</td><td>40～60</td><td>T 0604—2011
沥青针入度试验</td><td rowspan="3">《公路工程沥青及沥青混合料试验规程》（JTG E20—2011）</td></tr>
<tr><td>针入度指数 PI</td><td>≥+0.0</td><td>T 0604—2011
沥青针入度试验</td></tr>
<tr><td>延度（5 ℃、5 cm/min）/cm</td><td>≥20</td><td>T 0604-2011 沥青延度试验</td></tr>
<tr><td>软化点（环球法）/℃</td><td>≥70</td><td>T 0606—2011
沥青软化点试验（环球法）</td><td rowspan="3">《公路工程沥青及沥青混合料试验规程》（JTG E20—2011）</td></tr>
<tr><td>运动黏度（135 ℃）/（Pa·s）</td><td>≤3</td><td>T 0625—2011
沥青旋转黏度试验（布洛克菲尔德黏度计法）</td></tr>
<tr><td>闪点/℃</td><td>≥230</td><td>T 0611—2011
沥青闪点与燃点试验（克利夫兰开口杯法）</td></tr>
<tr><td>氧指数</td><td>≥25</td><td></td><td>《橡胶燃烧性能的测定》（GB/T 10707—2008）</td></tr>
</table>

续表

试验项目		技术指标	试验方法	规范
溶解度/%		≥99	T 0607—2011 沥青溶解度试验	《公路工程沥青及沥青混合料试验规程》（JTG E20—2011）
弹性恢复（25 ℃）/%		≥75	T 0662—2000 沥青弹性恢复试验	
离析软化点差/℃		≤2.5	T 0661—2011 聚合物改性沥青离析试验	
烟密度/%		<75	—	
RTFOT（旋转薄膜烘箱试验法）后残余物	质量损失/%	±1.0	T 0610—2011 沥青旋转薄膜加热试验	
	针入度比（25 ℃）/%	≥65		
	延度（5 ℃）/cm	≥15		

14.3.2　材料自加工工艺

1. 碎石自加工工艺

碎石加工设备采用 PF 反击破碎机，主要有振动给料机、破碎机、制砂机、洗砂机、振动筛以及皮带输送机等机器设备。加工厂设备选型应综合考虑工期、碎石需求量、母岩的岩性、抗压强度及成品集料的技术要求。

1）河道卵砾石

（1）工艺介绍。

由于项目境内河流较多且卵砾石母材质量好，混合料原材质量和供应上都有保证，因此选择卵砾石作为原材料。卵砾石最小粒径控制在 50 mm，以保证卵砾石经过破碎后，粗集料破碎面较多。

卵砾石的加工工艺流程：筛分→给料→输送→破碎→制砂→筛分。振动筛直接筛除卵砾石粒径小于 50 mm 的母材，将筛分合格的母材依次传送至振动给料机、破碎机，将破碎后的卵碎石混合料通过筛分、选级后分档堆放。在初破和二破之间加设振动筛或除尘的措施，确保细集料细粉含量和含泥量符合要求。碎石加工如图 3-14-6 所示。

图 3-14-6　碎石加工

（2）控制要求。

以卵碎石作为施工原材时，要严格把控破碎面的质量，粗集料破碎面技术要求见表 3-14-23。

表 3-14-23 粗集料破碎面技术要求

路面结构层	具有一定破碎面颗粒的含量/%		试验方法	规范
	1 个破碎面	2 个或 2 个以上破碎面		
上面层	100	90	T 0346—2000 粗集料破碎颗粒含量试验	《公路工程集料试验规程》（JTG 3432—2024）
中面层、下面层、基层	90	80		

2）山体岩石自加工

（1）工艺介绍。

本项目周边多为丘陵、山体，开采岩体多为石灰岩，岩体质量较坚硬，破碎后粗集料可以使用于路面施工。山体岩石的加工工艺流程：给料→输送→破碎→制砂→筛分。

破碎设备要求采用反击式破碎机，禁止采用颚式破碎机。

（2）控制要求。

每次开机前都应测量调整板锤间距，到达一定的产量时，调整板锤间距有困难时，应更换使用板锤的另一边，两边都磨损到不能调整间距时，要及时更换板锤。将扁平细长颗粒回破，降低扁平细长颗粒含量。应保证破碎机给料充足稳定，即满石破碎。

2. 矿粉自加工工艺

（1）工艺介绍。

矿粉作为沥青混凝土路面的重要材料，在建材市场的加工和采购质量极不稳定。所以本项目矿粉采用自加工生产，既能有效控制矿粉质量，又能降低施工成本。

矿粉加工工艺流程：给料→输送→烘干→粉磨→过筛→除湿。本项目填料生产加工和运输储备设有单独场区，能保证石灰岩堆放区域的干燥，施工生产不受降雨等外界环境影响，生产出的矿粉贮存在密封贮存罐内。原材料投入给料机后，由带式输送机送入烘干机进行烘干，经烘干后的原材料进入球磨机进行粉磨，粉磨后的半成品由提升机送入到振动筛筛分选级，合格粒度的矿粉由斜槽、提升机输送到储存罐，大颗粒碎石返回球磨机进行再粉磨。

（2）控制要求。

采用石灰岩等憎水性石料磨细的矿粉，填料中严禁掺加拌和机除尘装置回收的粉尘，矿粉必须保持干燥，能从填料仓自由流出。材料的表观相对密度、含水量、外观、亲水系数、塑性指数、加热安定性、粒度等应满足技术要求。

14.3.3 碎屑岩弃渣水稳料可行性研究

为减少环境破坏，加强资源重复利用。项目通过试验室试验、理论分析和现场工程实践，研究了马迎隧道（K33+332～K34+223）的砂岩弃渣用于制作水稳料的可行性。

1. 砂岩弃渣基本特征分析

1）XRD 测试分析

任何结晶物质都有自己独特的晶体结构，这些晶体结构在特定波长的 X 射线衍射下，会产生自己特有的衍射图谱（衍射线的强度和位置）。含多种晶体相试样的衍射图谱是由各组成相衍射图谱机械叠加而成的，它们互不干扰，相互独立，逐一比较就可以在重叠的衍射图谱中剥离出各自的衍射图谱，且多相混合物中各相衍射线的强度随该相含量的增加而增加，这就可以对其进行定性和半定量分析。利用 X 射线衍射技术（XRD）对岩样样品进行测试分析，测试仪器为帕纳科锐影（Empyrean）X 射线衍射仪，如图 3-14-7 所示。

图 3-14-7　帕纳科锐影 X 射线衍射仪

基于 XRD 测试基本数据，采用 JADE 软件对其成分进行定性、半定量分析。

因为砂岩类弃渣所含黏土矿物含量极低，利用相关软件较难分析出，故仅半定量分析出非黏土部分。其中，砂岩 1-4 大约含有 39.7%石英、26%微斜长石、22.4%钠长石及 11.9%方解石；砂岩 6-4 大约含有 69%石英、26.6%钠长石及 4.4%云母；砂岩 8-2 大约含有 46%石英、26.2%钙长石、15.5%云母、7%蛇纹石及 5.3%方解石。

2）SEM 测试分析

除了组成岩石的矿物成分影响岩石的宏观物理力学性质外，岩石内部的微结构也是影响岩石宏观物理力学性质的主要因素之一，常采用扫描电子显微镜（SEM）进行观测。

SEM 的成像原理和光学显微镜、透射电子显微镜不同，SEM 照明源是电子束，将电子束以光栅状照射到试样上，通过收集和处理电子与试样相互作用产生的背散射电子、二次电子等，从而获得放大后微观形貌图像。

为系统分析不同岩样的微结构特征，利用赛默飞公司生产的 Apreo S 型高分辨场发射扫描电镜对典型岩样的微观结构与微形貌进行研究，电镜扫描仪如图 3-14-8 所示。

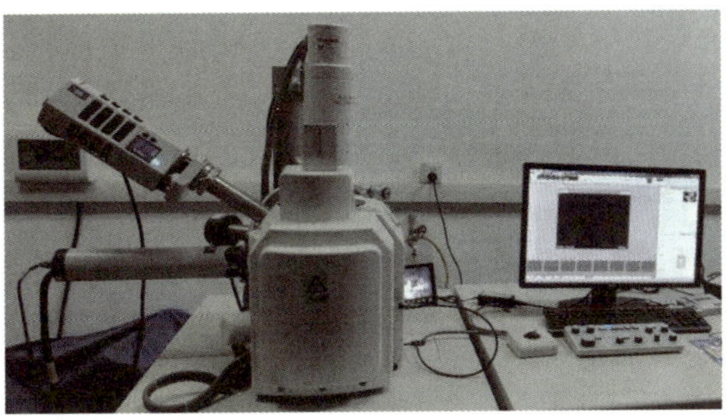

图 3-14-8　SEM 电镜扫描仪

砂岩 1-4 的微观形貌如图 3-14-9 所示。在 100 倍电镜下可见，砂岩 1-4 表面凹凸不平，呈块粒状，有较多裂缝，在 500 倍电镜下，砂岩可见有条状块体，块体间裂缝较多，块体处较为致密，但周边孔隙较多；块体在 1 000 倍电镜下可见有明显蜂窝网状孔隙，孔隙较为密集；在 7 000 倍电镜下可见孔隙发育完整。结合 1 号砂岩样的吸水率、单轴抗压强度及软化系数测试结果可知，试样孔隙过多导致了 1 号试块吸水率较高，为 5.53%；单轴抗压强度较低，只有 30.19 MPa；而因为吸水多，导致试样易软化，其软化系数较低，仅为 0.59。

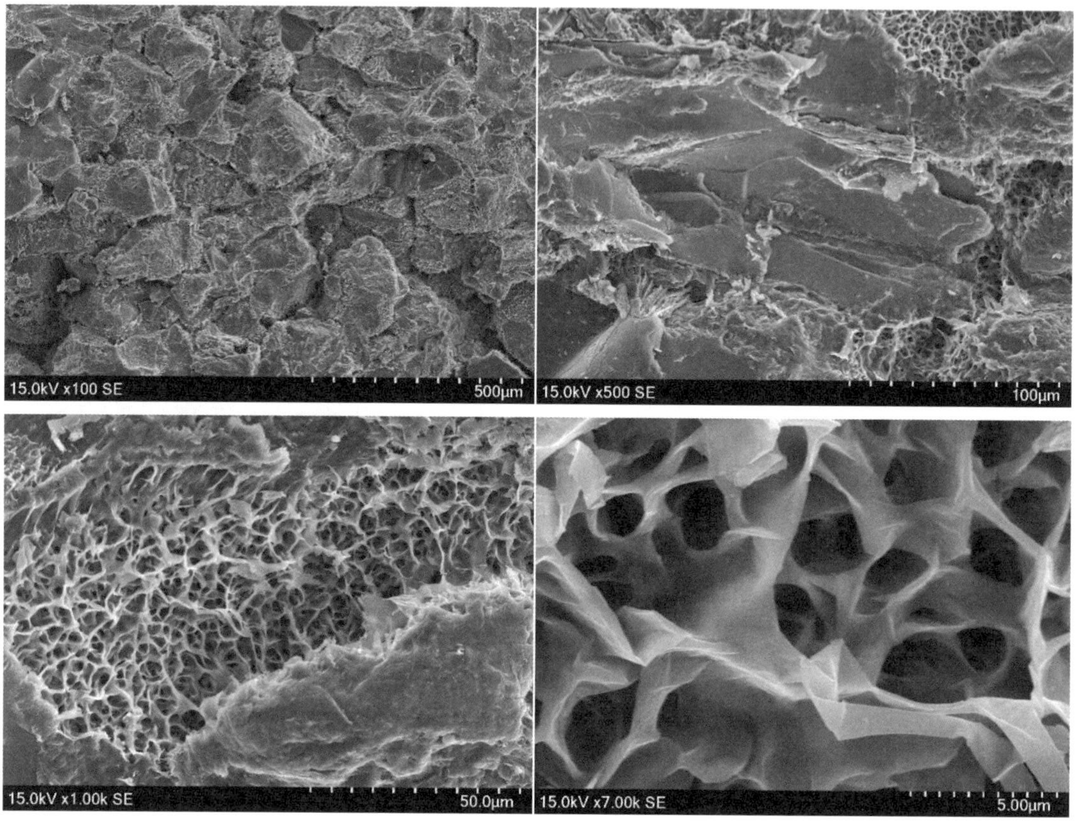

图 3-14-9　砂岩 1-4SEM

砂岩 6-4 的微观形貌如图 3-14-10 所示，在 100 倍电镜下可看到，砂岩 6-4 较为致密，表面平整度较好，但局部有孔隙颗粒，有部分层状凸起，在 1 000 倍电镜下可见砂岩局部有孔隙，孔隙较少，局部可见裂隙。

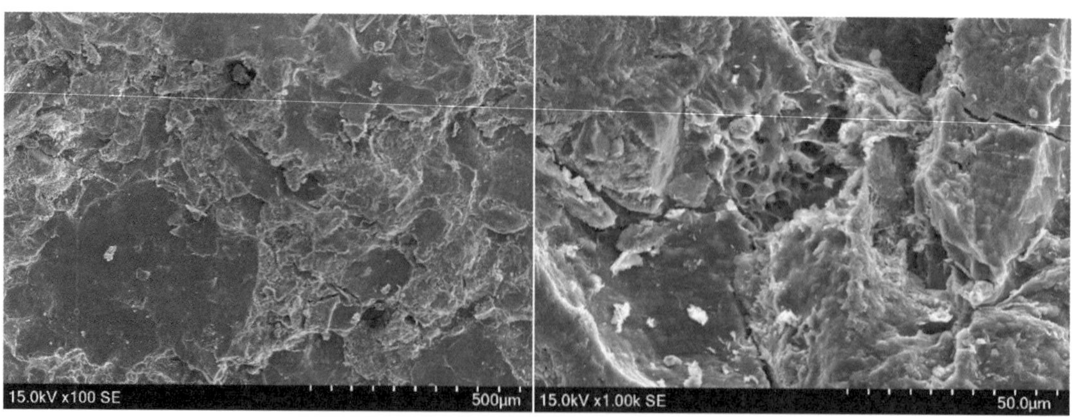

图 3-14-10　砂岩 6-4SEM

结合 6 号砂岩样的吸水率、单轴抗压强度及软化系数测试结果可知，试样存在较多孔隙及裂缝导致了 1 号试块吸水率较高，为 4.28%；单轴抗压强度较低，为 52.06 MPa；而因为裂缝孔隙多，吸水多，导致试样易软化，其软化系数较低，仅为 0.52。

2. 弃渣水稳集料技术指标分析

通过对砂岩弃渣水稳粗集料压碎值、针片状颗粒含量、0.075 mm 以下粉尘含量、软石含量等相关指标检测，砂岩弃渣各项指标均不能达到水稳材料粗集料的要求。

通过 XRD 测试，所有砂岩均不含硫酸盐和一般有机质，通过液塑限联合测定的塑性指数为 12.8，三项硬性指标均满足细集料的技术要求。细集料按规范要求采用标准筛过筛，且按照规范要求级配配取，可满足细集料的级配要求。沿岩体中的裂隙或岩性分界面侵入的岩沥青，极易从岩体中剥落分离出来，且沥青含量相对较低，质地较好，即便混入水稳料的细集料中，也不会对细集料的性能造成很大影响，砂岩弃渣各项指标均能达到水稳材料细集料的要求，因此砂岩弃渣可用于水稳料的细集料。

3. 弃渣水稳细集料工程应用

本次试样主要取自工程八部，但对其他区域的问题仅具参考价值。其他区域工程弃渣是否可以用于水稳料集料，甚至是混凝土骨料等，需要做具体的测试分析。其他指标达到粗集料要求而 0.075 mm 粉尘以下含量超标的骨料，可在使用前先进行筛分或清洗，去除过多的粉尘，再将其用于制作水稳料，以规避 0.075 mm 以下粉尘含量超标对工程质量的影响。

14.4　主要施工方法

14.4.1　混合料拌和生产工艺

1. 水稳料生产工艺

路面工程所用水稳拌和站主要用于生产级配碎石垫层、水泥稳定碎石（底）基层混合料。水稳拌和站是生产稳定类粒料的机器设备集合，将各种原材料进行搅拌，制成稳定类混合料。它包括控制室、水泥罐体（包含过渡罐）、计量输送设备、搅拌设备等。拌和机的选型根据混合料运输能力、现场施工效率以及场站负责段落工程量等综合考虑确定其型号，该项目水泥稳定拌和站均采用双拌锅工艺拌和。水稳料的具体生产工艺流程如图 3-14-11 所示。

（1）根据配合比将不同骨料分别用装载机装入水稳拌和站设备各个料斗，敞开料斗闸口，骨料落到传输带上，各传输带的传输速度应与配合比中规定各档材料的重量相匹配，装载机上料如图 3-14-12 所示。

（2）由传输带将各档材料输送至拌锅内，所需水泥通过螺旋电子秤依照分量设定值自动称量，经螺旋运送机送至拌锅内；拌和用水通过流量计按配合比规定数值进行控制，并均匀加入拌锅内。

（3）拌锅内混合料经强制搅和，向出料口推移，当物料抵达第一拌锅出料口时，由物料运输皮带将已经完成拌和的混合料传送至第二拌锅中进行二次拌和，从而确保混合料搅拌的均匀性。混合料的搅拌输送过程如图 3-14-13 所示。

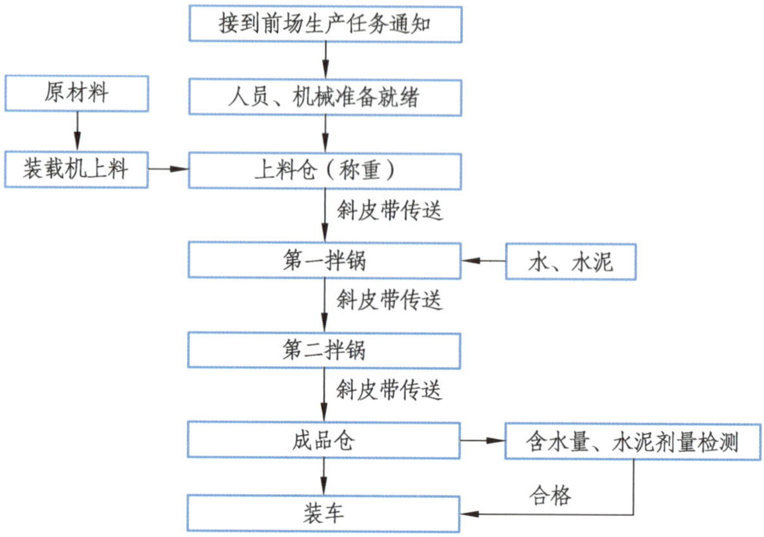

图 3-14-11　水稳拌和站生产工艺流程

图 3-14-12　装载机上料

图 3-14-13　双拌锅二次拌和

（4）成品水稳混合料经传输带输送到储料仓，进行临时存储，由气缸操控斗门敞闭。成品料装车如图 3-14-14 所示。

图 3-14-14　混合料装车

2. 沥青料生产工艺流程

沥青混合料生产是路面工程施工中重要的环节，它是将原材料经过除尘、加热（烘干）、筛、添加沥青、添加剂、搅拌等工艺程序，最终生成满足要求的沥青混合料。沥青拌和站主要由配料系统、干燥系统、燃烧系统、热料提升、振动筛、热料贮存仓、称量搅拌系统、沥青供给系统、粉料供给系统、除尘系统、成品料仓及控制系统等部分组成。拌和设备的选型根据设备的生产能力、混合料运输能力、现场施工效率以及场站负责段落工程量等综合考虑，确定其型号，该项目选用型号均为 5000 型间歇式沥青拌和站。

（1）将不同规格的集料经给料机进行初配后，由冷矿料输送机送至干燥筒烘干、加热后从滚筒排出。

（2）由热矿料提升机送入筛分装置进行二次筛分。筛分好的各种砂、石料分别储存在热储料仓的隔仓内，然后按预先设定的比例先后进入热矿料称料斗内称重计量。

（3）储存在保温罐内的热沥青由沥青输送泵经带保温的沥青管道，抽送至沥青称量桶内称重计量。

（4）各种材料按配合比分别计量后，按预先设定的程序先后投入到搅拌器内进行强制搅拌。

（5）待拌和均匀后，或直接卸入运输车中，或送至成品料储存仓内暂时储存。

沥青混合料生产工艺流程如图 3-14-15 所示。

3. 乳化沥青生产流程及工艺

乳化沥青设备是在乳化剂的作用下通过机械力将沥青破碎成微小的颗粒，并均匀地分散在水中，形成稳定乳状液的设备。乳化沥青生产工艺流程如图 3-14-16 所示。

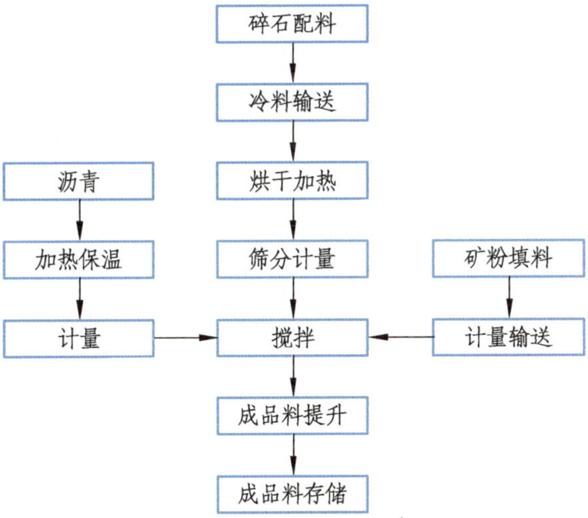

图 3-14-15　沥青混合料生产工艺流程

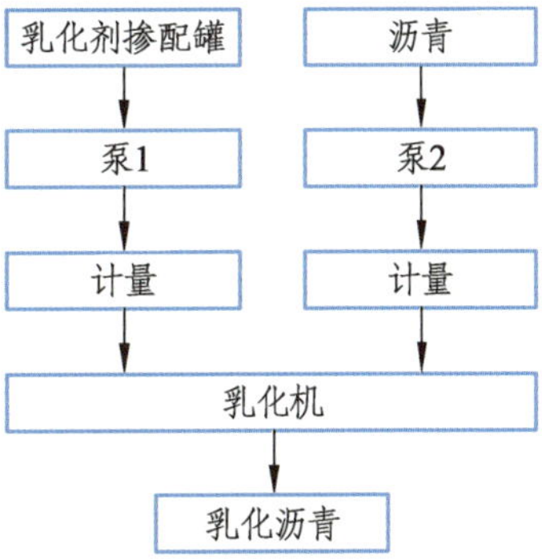

图 3-14-16　乳化沥青生产工艺流程

乳化沥青生产工艺分准备阶段、生产阶段、结束阶段：

（1）准备阶段，普通乳化沥青的工艺温度，水温一般为 55 ~ 60 ℃，项目基质沥青为 70# 沥青，加热温度控制在 135 ~ 140 ℃之间。然后将水、乳化剂稀释后先后泵入调配罐中，乳液配制完成后，把预热管道、阀门的开关打开，把泵阀、管道预热好，沥青和乳液管道循环没有问题，便可以进入生产阶段。

（2）生产阶段先启动乳液泵，再启动胶体、沥青泵，电机启动正常后，看出料是否正常，以咖啡色最好。调整乳液、沥青泵的转速，调整到目标固含量，调整过程中先调乳液再调沥青。

（3）结束阶段，先停沥青泵，待沥青泵完全停住后，停磨机、停乳液泵。所有设备停止后，利用热水或清水冲洗调配罐，然后启动乳液泵用清水冲洗乳液管道和胶体磨并注意冬季防寒保温。

14.4.2 底基层、基层施工工艺

底基层、基层施工工艺流程如图 3-14-17 所示。

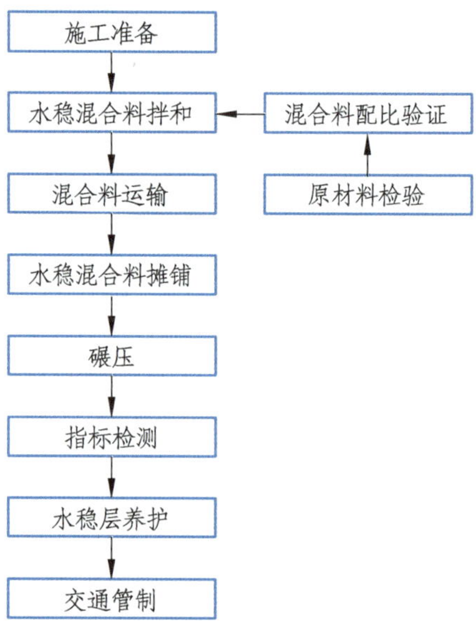

图 3-14-17 底基层、基层施工工艺流程

本项目底基层、基层施工工艺中采用了三维智能摊铺和压实度无人检测先进技术。

三维智能摊铺大厚度水稳施工工艺适用于通视距离满足 600 ~ 1 000 m 的各种等级公路、机场道路及市政道路且水稳层压实厚度>20 cm 路面摊铺施工。相对于传统的施工工艺，其主要特点如下：

（1）提升路面摊铺智能化、自动化程度；消除人为误差；加大工期管控区间；消除路面施工中的危险源；数据传输不受卫星影响；探究新的碾压工艺

（2）传统厚度的水稳碾压工艺，使用单钢轮压路机进行复压，待压实度满足要求后由胶轮进行终压光面，再进行大厚度摊铺，采用传统碾压工艺会水稳层表面产生刚性离析。该摊铺工法探究了钢、胶交叉碾压的工艺，有效地控制了结构层顶部的刚性离析。

1. 3D 智能摊铺大厚度水稳施工工艺原理

通过前期设计优化将 20 cm 厚底基层和 36 cm 厚基层优化成 28 cm 厚底基层和 28 cm 厚基层，大厚度摊铺分 2 次进行摊铺，每次摊铺厚度 28 cm。

3D 智能摊铺系统先将线路数据通过“数字化 BIM 建模”软件，分别建立竖曲线、平曲线的数据模型，将建模的数据导入 CB460 控制箱，通过无线信号传输给“测量机器人”SPS×30 全站仪，由“机器人”实时检测摊铺机上的棱镜并将检测数据再传输回 CB460 控制箱，通过数据对比，自动调整摊铺机的熨平板高度、横坡等指标，从而达到自动化、智能化摊铺的效果。

为提高施工精度，通过增加角度传感器、横坡传感器等设备对施工过程中因机械振动等原因产生的误差进行补偿修整，从而使施工精度控制在 ± 3 mm 范围内。

3D 智能摊铺大厚度水稳操作要点如下：

1）设备及数据准备

（1）数据准备。

在电脑中安装 Trimble Businss Center 软件。通过交点法将设计导线要素进行输入，再通过平曲线、竖曲线、超高等数据的输入，将全线的测量数据建立成一个 3D 数据模型（图 3-14-18）。最后通过横坡、中心平面坐标、纵断标高等数据校验模型是否存在错误。

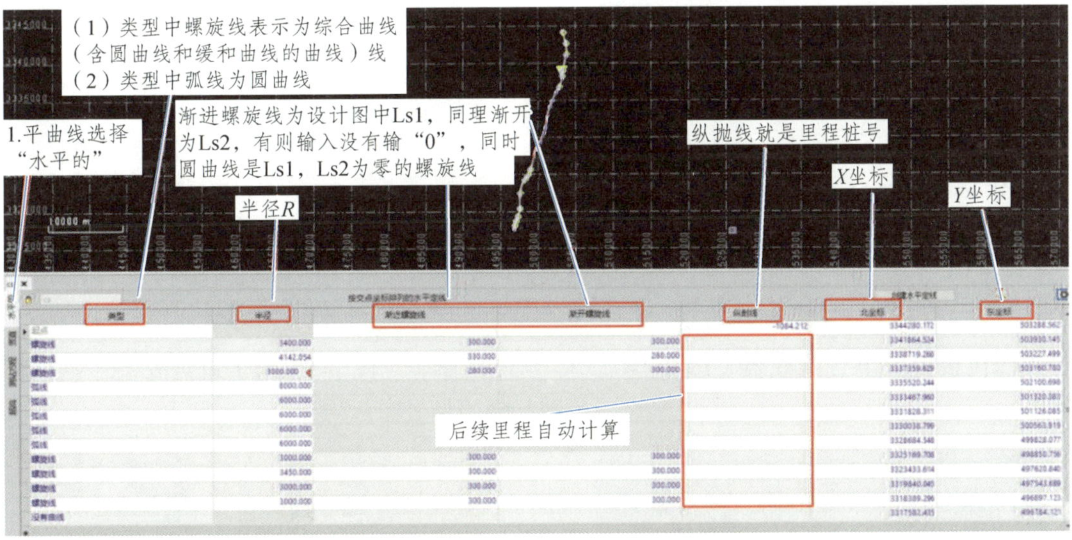

图 3-14-18　三维数据模型建立

经过校验无误的模型建成后，将模型分别拷贝到 CB460 控制箱和手簿中。

CB460 工程文件拷贝到“Machine Control Data”文件夹下以及该文件夹下的“ALL”文件。

手簿工程文件拷贝到“Trimble SCS900 Data”文件下。

（2）设备安装及定位。

3D 智能系统使用两台机械控制、引导自动全站仪，是两个独立的“测量机器人”，要求每台全站仪测量视线通畅。“机器人”最远测量距离可达 1 km，为确保施工精度，施工过程中将距离设定为 600 m。“机器人”选定位置后通过后方交会的方法确定自身的坐标。SPS×30 全站仪如图 3-14-19、图 3-14-20 所示。

将 CB460 控制箱（图 3-14-21）和 CB440 控制箱（图 3-14-22）安装在上、下摊铺机爬梯两侧，便于人员操作。

图 3-14-19　SPS×30 全站仪（对应手簿）

图 3-14-20　SPS×30 全站仪（对应摊铺机）

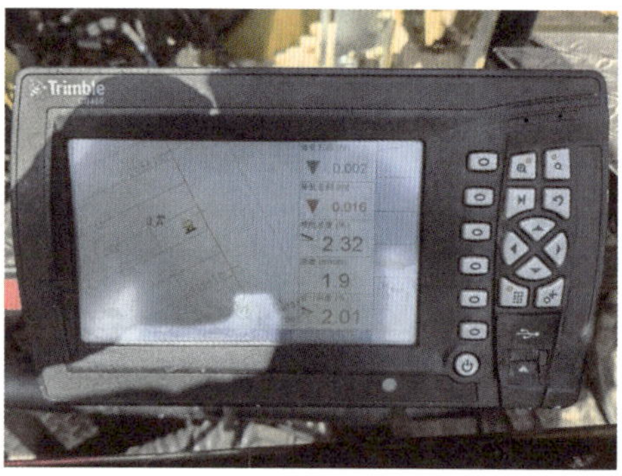

图 3-14-21　CB460 控制箱

图 3-14-22　CB440 控制箱

摊铺机棱镜及电台接收器（图 3-14-23）、角度传感器（图 3-14-24）只需安装于摊铺机一侧即可。

图 3-14-23　棱镜及电台接收器

图 3-14-24　角度传感器

横坡传感器（图 3-14-25）安装于摊铺机后方，摊铺机熨平板的上方。由于摊铺机熨平板并非一个整体，因此为确保横坡传感器能起到最佳效果，在熨平板之间使用铝合金杆连接，将横坡传感器安装在铝合金杆上并设置减震装置。

图 3-14-25 横坡传感器

2）技术准备

（1）完成水稳层目标配合比的设计后，经监理试验室验证合格后，上报监理单位并经批复后方可用于施工生产。

（2）邀请 3D 智能摊铺系统厂家对“数字化 BIM 建模”软件进行培训交底工作。

（3）水稳层方案完成编制、上报，并经监理单位批复。

（4）分别对项目部人员、机械司机、劳务人员进行技术和安全交底。

2. 水稳混合料拌和

水稳拌和采用集中厂拌的方式使用 WDB800 型连续式水稳拌和站。拌和站施工生产之前，应邀请地方有资质的计量标定单位对拌和站进行校验、标定并出具相应的标定证书后方可进行配合比验证试生产。根据已完成的设计配比，结合现场进行生产配比的调试及验证，最终经批复的水稳基层配合比见表 3-14-24。

表 3-14-24 水稳基层配合比

配比名称	19 ~ 26.5 mm	9.5 ~ 19 mm	4.75 ~ 9.5 mm	0 ~ 4.75 mm	0 ~ 4.75 mm	水泥剂量	含水率
水稳基层配合比/%	15	37	21	19	8	3.5	5.2

拌和时应严格按照已批复的配合比控制混合料中集料的比重，当材料含水率、粒径等发生变化时，应重新调整拌和站的皮带转速，确保混合料的级配为最优状态。同时拌和站采用双拌锅拌和且搅拌时间应不少于 15 s。

为保证混合料在碾压时处于最佳含水率，当天气炎热或运距较远时，可适当调高混合料的含水率 0.5% ~ 1%，从而使混合料在碾压过程中的压实度达到规范要求。混合料生产期间应每隔 2 h 测定一次含水率，每 4 h 测一次混合料的剂量，并做好记录。

3. 混合料运输

（1）混合料运输车在装载混合料前应保持车厢内清洁干净，不得有杂物。

（2）运输车辆在装料时应前按“前、后、中”3 次及以上移动车辆，使得车厢内的混合料装成“山”字形如图 3-14-26 所示，减少混合料离析。

（3）混合料装载完成驶离卸料区后，第一时间覆盖帆布或篷布，避免混合料在运输过程中发生物料遗撒、水分散失等环保及质量问题。运输车辆在驶离场区时应主动过磅，称量混合重量并在磅房领取过磅单用于后期验工。

（4）运输车辆将混合料运至现场后，应服从现场统一调配，在固定位置调头并有序排队卸料，排队期间不得随意掀开覆盖帆布或篷布。直至需卸料摊铺时方可掀开篷布如图 3-14-27 所示，同时将过磅单交给现场签字。

（5）如运输期间发生意外情况，当车辆停滞时间超过混合料的初凝时间时，混合料应直接废弃不得运至现场并运回拌和站统一处理。

图 3-14-26 “山”字形装料

图 3-14-27 运输车掀布卸料

4. 混合料摊铺

（1）成绵苍巴水稳层压实厚度为 28 cm，属大厚度水稳摊铺。摊铺机起步前，熨平板通过钢垫板支垫起一定高度，高度根据已确定的松铺系数 1.27 确定为 35.56 cm。在摊铺过程中，通过智能摊铺系统，可省去传统钢钎、钢丝绳布设等施工步骤。摊铺过程结构层外侧布置如图 3-14-28 所示。

（2）运输车倒车至摊铺机前 10～30 cm 时，应停车挂空挡，由摊铺机伸出前收料斗推动自卸车前行。自卸车将混合料缓慢卸下，由传送带将混合料输送摊铺机后，再由螺旋布料器将混合料按照设计宽度进行布料。摊铺机布料时，混合料高度要埋没布料器 2/3 高度，这样既能减少混合料的离析同时还能确保摊铺时混合料充足，不会发生漏料摊铺情况。

（3）根据试验段总结，摊铺速度按照 1.2 m/min，既能保证摊铺机匀速、不间断地摊铺，还能与拌和站的生产能力相匹配。为保证混合料摊铺完成后有一定的初始压实度，将摊铺机的震动频率调整为 25 Hz，振捣频率调整为 4 Hz，如图 3-14-29 所示。

5. 平面坐标及标高控制

（1）水稳施工摊铺前，应将 SPS×30 全站仪与 MT900 棱镜配对。全站仪内安装有自动马达，使得该全站仪会始终自动检测棱镜所在位置的 X、Y、Z 坐标。

图 3-14-28　摊铺过程结构层外侧布置

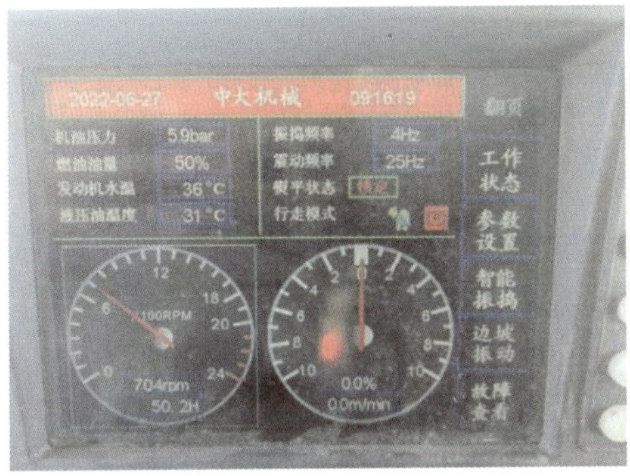

图 3-14-29　摊铺机震动、振捣频率

（2）将 MT900 棱镜与摊铺机熨平板底部某一点的三维关系通过设定参数进行关联并输入 CB460 控制箱，这样就实现了一个数据转换功能。

（3）SPS×30 全站仪将检测数据通过电台接收器传输到 CB460 控制箱，控制箱通过数据对比后，对摊铺机下达调整摊铺机熨平板的“命令”，进而确保摊铺后的指标误差在规范允许范围内。由于摊铺过程中机械运动、振动等因素，势必会对检测数据造成影响。为减少机械振动的影响，通过增设 AS450 角度传感器对检测坐标进行全面补偿，将施工精度控制在 ±3 mm 范围内。

（4）横坡控制：横坡传感器以 100 次/秒的检测频率检测摊铺机熨平板的实时横坡度，并将检测平均数值传输至 CB440 控制箱中，最终传输至 CB460 控制箱。由 CB460 控制箱通过数据对比对摊铺机下达调整摊铺机熨平板横坡的“命令”。如自动调整结果无法满足设计要求，可以通过 CB440 控制箱手动调控至设计横坡度。为减少摊铺机震动对数据的影响，安装减震器及传感器内的误差修正元件，从而提高数据的精确度及施工质量。

（5）测量复核：通过 SPS×30 全站仪、移动杆、手簿（图 3-14-30）等设备，对摊铺完成后的作业面及时复核顶面标高及路面横坡度等数据，从而校验设备的运行是否正常，如图 3-14-31 所示。

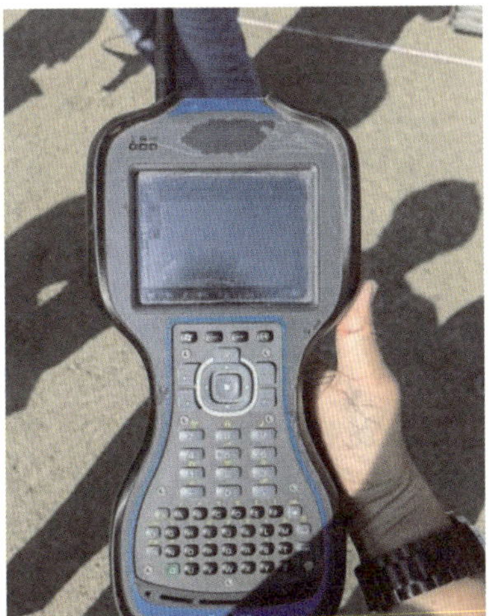

图 3-14-30　移动手簿

图 3-14-31　摊铺后数据实时检测

6. 底基层、基层压实

基于智能压实系统的路面基层压实施工适用于高速公路基层、沥青面层大面积碾压施工等，压实度智能检测系统在对路面基层施工过程中压实度质量控制中起到关键作用。该项目采用了智能压实检测工艺，其主要特点为：数据图形化，指导现场施工；施工质量回溯，原始数据回放；反映作业参数，提供实时化管理手段；数据存储云中心，协同工作；提高施工效率，保证施工质量。

1）压实度智能检测原理

将振动压路机作为加载设备，根据压路机振动轮与基层之间的相互作用，通过基层结构的反作用力来分析和评定基层的压实状态，进而实现碾压过程中压实质量的连续监测控制。基层碾压过程中，根据基层与振动压路机相互动态作用原理，通过连续量测振动压路机振动轮竖向振动响应信号，建立检测评定与反馈控制体系，实现对整个碾压面压实质量的实时动态监测与控制。压实度检测原理、系统操作流程如图 3-14-32、图 3-14-33 所示。

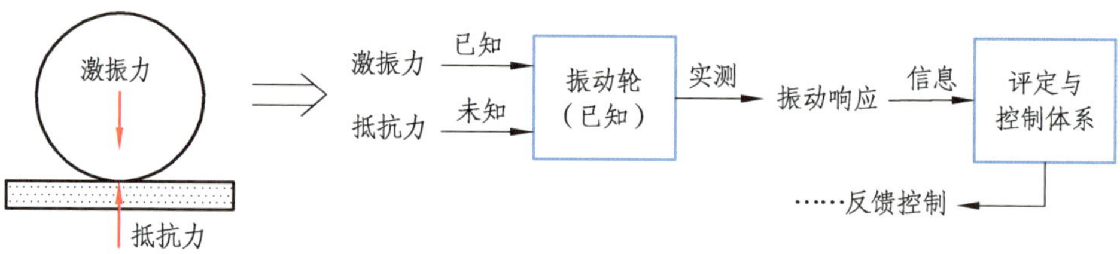

图 3-14-32 压实度检测原理

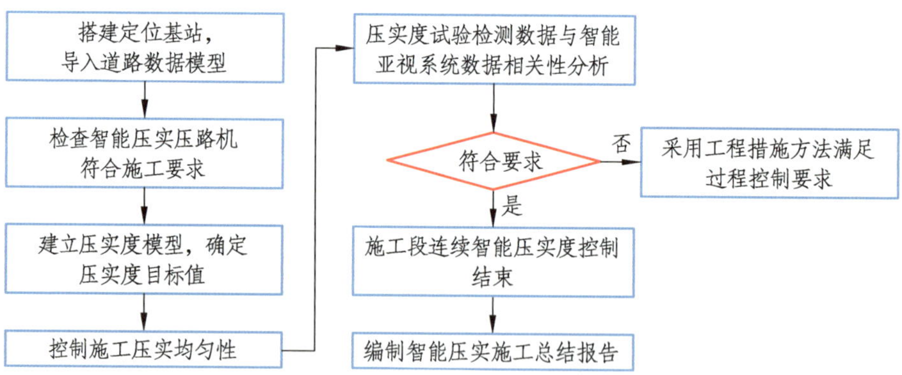

图 3-14-33 智能压实系统操作流程

2）施工步骤

基层经过摊铺和整型后，应在混合料的最佳含水量时，立即进行碾压。碾压机械组合为 1 台 12 t 双钢轮压路机、1 台 36 t 单钢轮压路机、1 台 30 t 胶轮压路机。

碾压作业从低侧到高侧，先静压后振动的原则进行碾压。

智能压实检测具体碾压步骤如下：

（1）压路机压实度智能检测设备安装如图 3-14-34 所示。每次施工前应检查激振频率是否稳定、设备安装是否牢固等。

图 3-14-34　智能压实系统安装

（2）相关性检验。在碾压过程中每碾压完成一遍进行一次使用传统灌砂法进行压实度检测，通过测得的实际压实度来确定压实控制指标值（CMV），并与验收控制指标进行相关性校验。以此来确定碾压过程中智能压实检测值（ICMV）和实际压实度之间的相关性，并总结出智能压实度检测值（ICMV）的目标值，间接地反映出压实度是否满足要求。压实度传感器如图 3-14-35 所示，压实度传感器工作原理如图 3-14-36 所示。

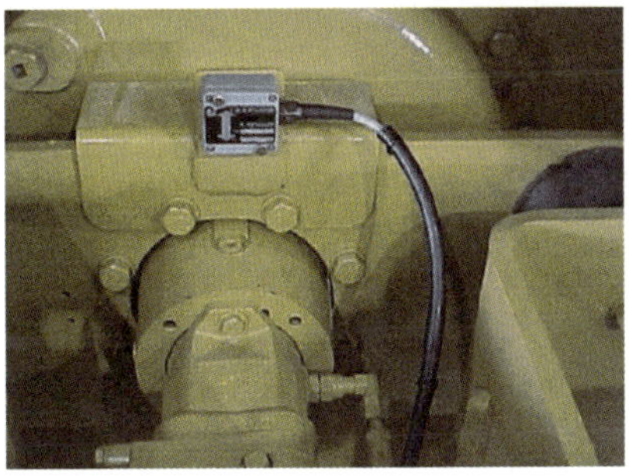

图 3-14-35　压实度传感器

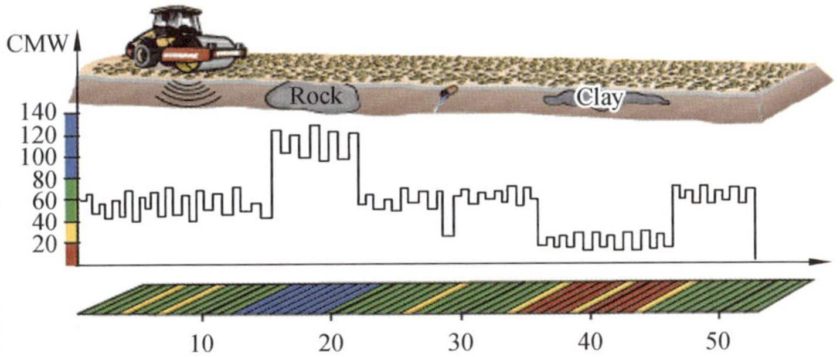

图 3-14-36　压实度传感器工作原理

相关性系数越高，相关关系越大。因此，必须要通过一定数量的常规检验指标值和压实度控制指标值进行对比来提高相关性系数。每种压实状态下检测数量不少于 6 个点。

连续压实控制指标与常规检验指标之间具有正相关关系应符合表 3-14-25。

表 3-14-25　相关程度参考准则

相关系数的绝对值	相关程度
0.9 ~ 1.0	相关性非常强
0.7 ~ 0.9	相关性强
0.5 ~ 0.7	相关性弱
<0.5	相关性非常弱

（3）在基层碾压过程中需对压实程度、压实均匀性和压实稳定性进行过程控制。

①碾压过程控制：通过定位系统，对压路机的行驶轨迹、行驶速度、碾压遍数进行实时定位监测。

②压实过程控制：通过现场试验规律总结出智能压实检测值（ICMV），并与压实度建立对应关系。通过设立智能压实目标值（ICMV）来判断检测区域的压实度是否满足设计和规范要求。压路机上安装显示屏，操作手可以对压实度是否满足要求的区域进行区分，对不满足要求的区域可以采取补压，试验检测人员可以通过电脑端实时对压实度进行监控。

③压实均匀性控制：该系统是对整个碾压作业进行连续检测，每个碾压区域压实度可通过控制箱图像或数据实时进行显示，掌握基层是否达到规定的压实度要求，可有效地避免出现过压、欠压或露压现象的发生，避免了现有工艺中必须规定的压实遍数的要求（实际碾压遍数 2 遍，比原有碾压工艺节省 1 遍），同时也避免了粗骨料因振动碾压过多造成的破碎，保证了压实质量，提高碾压的效率。同时，压路机驾驶员还可以从驾驶室中的平板中获取车辆的运行轨迹、速度、压实次数等信息，及时了解当前工作面的压实情况等。路面压实度智能监控系统如图 3-14-37 所示，压实效果图像如图 3-14-38 所示。

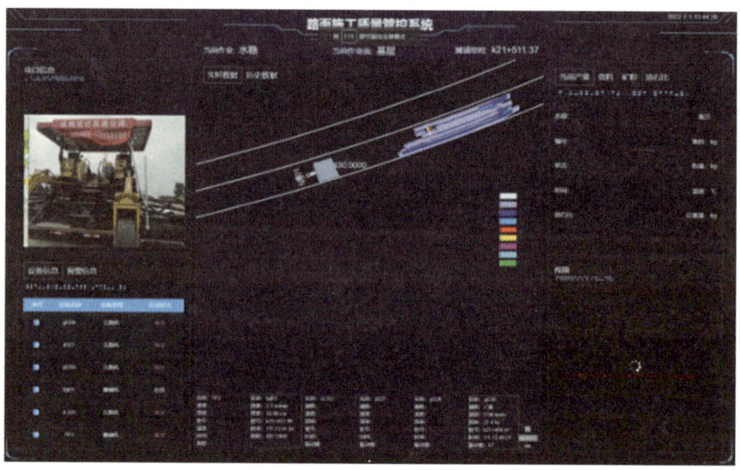

图 3-14-37　路面压实度智能监控系统

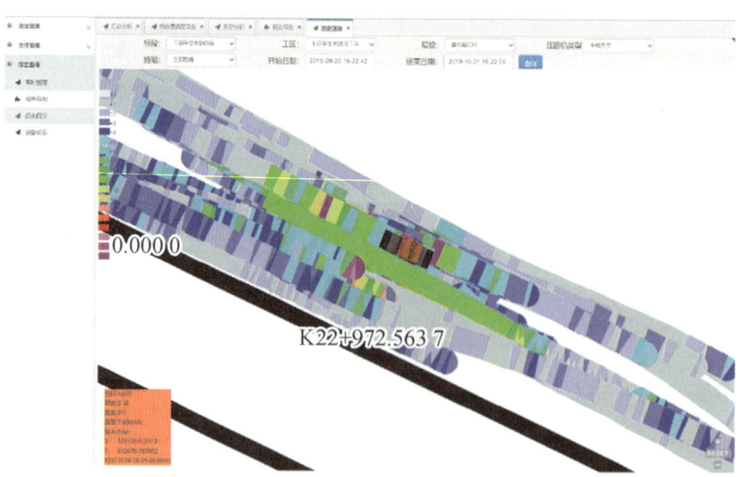

图 3-14-38　压实效果图像

（4）底基层、基层碾压方案如下：

①初压：双钢轮压路机静压 1 遍。

②复压：36 t 单钢轮振动压路机强振碾压 2 遍，30 t 轮胎压路机碾压 2 遍。

③终压：12 t 双钢轮压路机收面

7. 接缝处理、养生及交通管制

1）横向接缝处理

摊铺结束或因故中断时间超过 2 h，应设置横向接缝。

（1）摊铺机驶将混合料摊铺完成，驶离接缝处，人工将接缝处混合料弄整齐。

（2）将混合料碾压密实。

（3）技术员 3 m 直尺检测接头处平整度，沿平整度符合要求的里程撒布灰线。

（4）装载机将平整度不满足要求的地方进行铲除，如图 3-14-39 所示，人工配合将接头处清理为与路的中心线垂直并垂直向下的断面，如图 3-14-40 所示。

（5）下次施工时，摊铺机返回至接缝处，重新开始混合料摊铺。

图 3-14-39　装载机端部处理

图 3-14-40　接缝处人工细部修整

2）边沟、接搭板处的处理

人工将混合料摊铺平整，采用压路机横向碾压，碾压不到的地方采用小型夯实机压实。

3）养生和交通管制

（1）碾压完成 100～150 m 后，及时补洒适量水分（图 3-14-41）并使用节水保湿养生膜进行覆盖。覆盖薄膜时，应使薄膜与基层表面充分接触，其边部也应使用薄膜进行包裹，从而减少水分散失。

（2）薄膜覆盖时，搭接位置不得少于 10 cm，同时在薄膜的边部、中间部位、搭接部位放置沙袋覆盖养生（图 3-14-42），防止下雨、大风等恶劣天气将薄膜掀飞。每隔 2 d 安排专人检查养护区水分是否满足要求、养护薄膜是否有破损，并安排洒水车进行适量补水和修补。

（3）在基层养护期间，使用安全锥在养护段落的端部处进行交通管制，不得允许任何车辆在结构层上行驶。

（4）碾压完成后，通过智能压实检测系统对压实度进行统计分析，满足要求后，对基层覆盖养生膜进行养生，覆盖前进行补水。基层养生期保证水分充足，必要时采用洒水车进行补水，养生时间 7 d。养生膜必须搭接 20 cm 以上，并采用沙袋压实。边部养生膜覆盖不到的位置，加工条状养生膜压贴后，保证养生期间基层表面处于完全覆盖状态（包括边缘）。养生期间封闭交通，除洒水车外，其他车辆不得通行。

图 3-14-41　补洒水分

图 3-14-42　沙袋压实覆盖养生

14.4.3　沥青面层施工工艺

沥青面层施工工艺流程如图 3-14-43 所示。

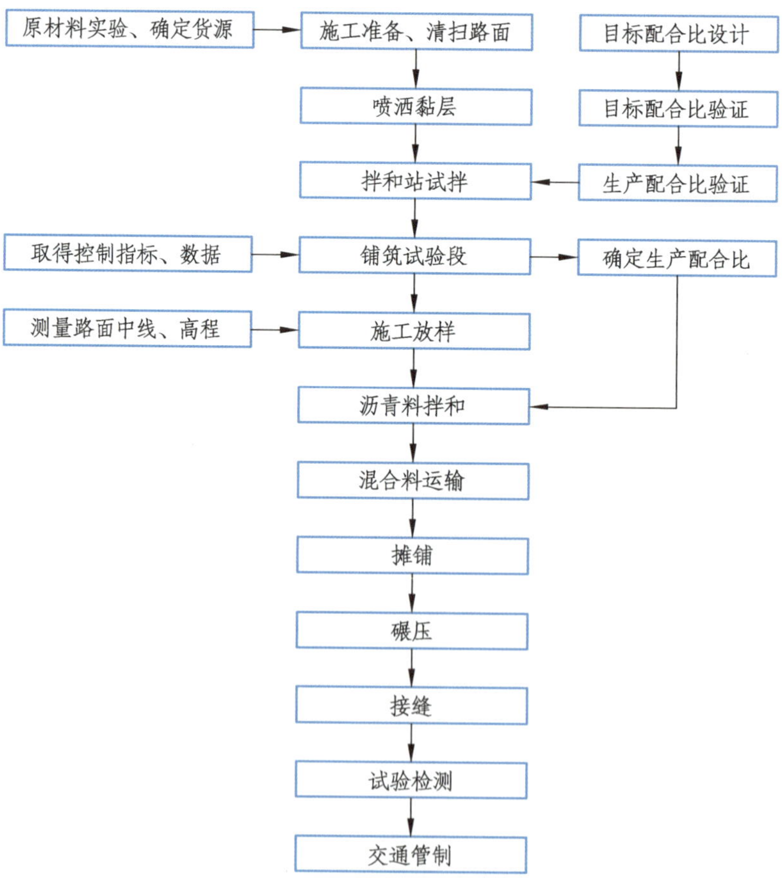

图 3-14-43　沥青面层施工工艺流程

1. 中、下面层施工工艺

1）配合比

沥青混凝土下面层采用 AC-20C 密级配，采用 70#基质沥青。中面层采用 AC-20C 密级配，采用 SBS 改性沥青。混合料配合比严格按照总监办批复的配合比指导施工生产，详见表 3-14-26。

表 3-14-26　SBS 改性沥青混凝土中面层配合比

混合料类型	下列各种矿料所占比例/%						油石比/%
	18 ~ 28 mm	11 ~ 18 mm	6 ~ 11 mm	3 ~ 6 mm	0 ~ 3 mm	矿粉	
AC-20C	15	24	23	6	28	4	4.44

2）施工工艺

（1）下承层准备。

在下面层施工前，根据《公路工程质量检验评定标准 第一册 土建工程》（JTG F80/1—2017）对桥梁现浇混凝土进行检测验收，检测验收合格后按照桥面防水层的施工工艺进行施工。在下面层施工前，任何车辆及行人不得上桥污染桥面。

（2）混合料的拌和。

①沥青混凝土在拌和站集中拌和，采用了一台 HQLB-5000 型间歇式沥青混合搅拌设备，拌和机配备 6 个料斗，能按产量自动配料。

②集料经热料仓走料，取样进行筛分，经计算机掺配确定各热料仓掺配比例，合成级配接近生产级配，经旋转压实试验检测调整油石比。严格按照批复的沥青混凝土生产配合比进行施工。

（3）拌和质量控制。

①严格控制沥青和集料的加热温度以及沥青混合料的出厂温度。经检测集料温度均比沥青温度高 20 °C，热混合料成品在贮料仓储存后，其温度略有下降，但不超过 10 °C，储存时间不超过 2 h，拌和站设置测温台，并安排一人专门负责检测混合料的出厂温度，并记录存档。沥青混合料的施工温度经检测均符合表 3-14-27 的相关规定。

表 3-14-27　沥青混合料的施工温度

施工工序	施工温度/°C	
	SBS 改性沥青	70 号基质沥青
沥青加热温度	≤175	155 ~ 165
集料加热温度	190 ~ 220	集料加热温度比沥青温度高 10 ~ 30
沥青混合料出厂温度	170 ~ 185	145 ~ 165
混合料最高温度	195	195
运输到现场温度	≥160	≥145
摊铺温度	≥160	≥135
初压开始温度	≥150	≥130
碾压终了的表面温度	≥90	≥70
开放交通时的路表温度	≤50	≤50

②拌和楼控制室逐盘打印沥青及各种矿料的用量和拌和温度，并定期对拌和楼的计量和温度进行校核。

③拌和时间按试拌时 45 s 确定的时间进行拌和，使所有集料颗粒全部裹覆沥青结合料，并以沥青混合料拌和均匀为度。开始拌和时，前两锅混合料废弃在指定位置，不得装入运输车内用于摊铺。

④目测检查混合料的均匀性等各项指标，混合料无花白、冒青烟和离析等现象，混合料即可用于现场施工生产。

⑤拌和机拌料每天上午、下午取一组混合料试样做马歇尔试验和燃烧法检测矿料筛分油石比试验，检验油石比、矿料级配和沥青混凝土的物理力学性质。经检测，油石比与设计值的误差及矿料级配与生产设计标准级配的差值在设计规范允许范围之内。

3）沥青混合料运输

（1）采用 20 辆 30 t 自卸车运输，运输能力与生产能力相匹配，并根据运距确定运输车辆数量，保证摊铺和拌和的均衡连续，运输车辆在施工前检查正常，装料前将车厢洗干净，车厢侧板和底板涂一层油，保证沥青混合料不与车厢板黏结，但不得有余液积聚在车厢底部。

（2）车辆在料仓下分“前、后、中”三次接料，保持装载高度均匀并防止离析。

（3）运料车在运输过程中应用毛毡布加以覆盖，如图 3-14-44 所示，以起到保温、防雨、防污染的作用。运输车辆在进入摊铺现场时，轮胎上不得沾有泥土等可能污染路面的脏物，并在车辆进入摊铺现场之前由专职人员进行清理，以确保轮胎洁净。

（4）沥青混合料到摊铺地点凭运料单接收，混合料均符合施工温度要求，无结成团块等混合料存在，可用于摊铺施工。

（5）运输车辆不得超载，在进入现场后不得急刹车或急弯调头使黏层造成损伤。运料车的运输能力应稍有富余，施工过程中摊铺机前方应有运料车等候，在等候的运料车多于 5 辆后开始摊铺。

图 3-14-44 运输混合料覆盖

4）混合料的摊铺和整型

（1）摊铺机开工前应提前 1 h 预热熨平板，保证熨平板温度不低于 100 ℃。摊铺机熨平板拼接紧密，不存在缝隙，防止卡入粒料将铺面拉出条痕。第一车料摊铺前，用棉纱蘸少许柴油擦拭熨平板底面，形成油膜隔离层，防止熨平板对混合料的拖带造成表观坑洞。

（2）沥青混合料运至现场后，采用插入式温度计检测沥青混合料运到现场的温度。插入深度要大于 150 mm。在运料卡车侧面中部设专用检测孔，孔口距车厢底面约 300 mm，并由专职人员检测运至铺筑现场的每车混合料的温度，并做记录存档。每天施工开始阶段宜采用较高温度的混合料。摊铺温度均满足规范要求。

（3）摊铺机前设专人指挥倒车，使运输车辆慢速退至摊铺机前 100 ~ 300 mm 处，空档等候，由摊铺机推动前进，开始缓缓卸料，严防车辆撞击摊铺机。运料车每次卸料必须倒净，如有剩余，应及时清除，防止硬结。如无法清除混合料的均已运输回站上，统一进行处理，避免造成污染，沥青摊铺施工如图 3-14-45 所示。

图 3-14-45　沥青摊铺施工

（4）为确保摊铺面的平整度，沥青混凝土下面层摊铺采用一台摊铺机摊铺作业。摊铺机采用自动找平方式（即采用平衡梁摊铺厚度控制方式）进行施工。试验段施工时，预先采用松铺系数 1.25 指导施工，即松铺厚度为 6 cm × 1.25=7.5 cm。

（5）铺筑过程中应选择熨平板的振捣或夯锤压实装置具有适宜的振动频率和振幅，以提高路面的初始压实度。

（6）摊铺速度按 2.5 m/min 进行施工，并做到缓慢、均匀、连续不间断地摊铺。

（7）摊铺开始后，应将摊铺机逐渐调整到最佳工作状态，调好螺旋布料器两端的自动料位器，并使料门开度、链板送料器的速度和螺旋布料器的转速相匹配。螺旋布料器内混合料表面以略高于螺旋布料器 2/3 为宜，使熨平板的挡板前混合料的高度在全宽范围内保持一致，避免摊铺层出现离析现象。摊铺机调整正常后，应保持相对稳定，摊铺过程中出现瞬时波动不得调整。用机械摊铺完成的混合料在未压实前，除施工检测人员均不得进入踩踏。

5）混合料碾压

（1）混合料摊铺后应立即进行压实作业。沥青混合料的压实是保证沥青面层质量的重要环节，应选择合理的压路机组合方式及碾压步骤。为保证压实度和平整度，初压应在混合料不产生推移、开裂等情况下尽量在摊铺后较高温度下进行，施工时应选择紧跟的碾压方式。

（2）压路机应以慢而均匀的速度碾压，现场压路机的碾压速度均符合表 3-14-28 的规定。

压路机的碾压路线及碾压方向不应突然改变而导致混合料推移。碾压区的长度应大体稳定，两段的折返位置应随摊铺机前进而推进，横向不得在相同的断面上。

表 3-14-28 压路机碾压速度

压路机类型	初压速度/（km/h）		复压速度/（km/h）		终压速度/（km/h）	
	适宜	最大	适宜	最大	适宜	最大
钢筒式压路机	2～3	4	3～5	6	3～6	6
轮胎压路机	2～3	4	3～5	6	3～6	8

（3）为确保碾压质量，经试验段施工最终确定碾压方案及注意事项如下：

①初压采用 1 台双钢轮以 1.5～2.0 km/h 静压一遍，弱振反压一遍，重叠 1/3～1/4 轮宽。

②复压采用 2 台双钢轮压路机以 3.5～4.5 km/h 来回各强振碾压 1 遍，共计 2 遍，重叠 1/3～1/4 轮宽；采用 2 台胶轮压路机以 3.5～4.5 km/h 来回各强振碾压 3 遍，共计 6 遍，重叠 1/2 轮宽。

③终压采用 2 台双钢轮压路机以 3.5～4.5 km/h 来回各静压 1 遍，共计 2 遍，重叠 1/3～1/4 轮宽。

④碾压时，压路机的驱动轮面向摊铺机，从外侧向中心碾压。压路机碾压段的总长度应尽量缩短，施工时未超过 50 m。振动压路机振动频率为 40 Hz。由于层厚较厚，双钢轮采用较大的频率和振幅，相邻碾压带应重叠 1/3 的碾压轮宽度。

⑤为避免压路机碾压过程中有沥青混合料粘轮现象，各种压路机均配有雾状自动喷水降温设施，并对司机及劳务人员进行技术交底，严禁任何人向压路机轮洒水、柴油或泼水降温。

⑥热拌沥青混合料路面应待摊铺层表面温度低于 50 ℃后，方可开放交通。

6）接缝

横缝采用平接缝的方式处理。摊铺完成后，用切割机对基层端头进行切割，使工作缝成直角连接。在下次铺筑新混合料前，在接缝处涂抹同类型的沥青。摊铺完成后压路机先进行横向碾压，再纵向碾压成为一体，充分压实，连接平顺以提高接缝的黏结力。

7）质量控制要点

（1）路面基层施工前先进行下承层质量检查和整形，上基层表面平整度、厚度、压实度、高程、线形及坡度等应符合图纸和规范要求。施工前将表面的浮土和杂物清除干净，洒布黏层后，并向监理工程师报检合格后进行混合料摊铺。

（2）严格控制料源，所有进场材料经检测合格后方可投入使用。

（3）拌制混合料时，按设计配合比严格控制油石比、矿料级配和拌和温度，配料计量准确。拌和机由技术熟练的人员专人操作、保养和维修，始终保持良好的工作状态。拌和机的自动计量系统准确灵敏，开工前对自动计量系统进行了检查和调试。

（4）拌和以后的混合料应尽快运输、摊铺。在运输过程中使用毛毡布进行覆盖，对混合料起到保温、防污染。

（5）为防止粘车、粘轮，在车内涂刷和清理胶轮所用的油均为食用油。

（6）在摊铺时要注意控制混合料摊铺温度，保证混合料摊铺、碾压各阶段温度应符合表 3-14-29 的要求。操作严格按规程进行，保证碾压质量。

表 3-14-29　SMA 改性沥青混凝土上面层配合比

混合料类型	下列各种矿料所占比例/%						油石比/%
	11～18 mm	6～11 mm	3～6 mm	0～3 mm	矿粉	木质素纤维	
SMA-13	42	33	5	10	10	0.3	6.24

（7）碾压完成后进行自检，自检合格后对交通进行封闭。使混合料在自然条件下冷却至 50 ℃以下，方开放交通。

（8）保证所施工的沥青混凝土下面层表面平整、密实、无坑洼和明显离析现象。

2. 上面层施工工艺

1）配合比

沥青混凝土下面层采用 SMA-13 密级配、SBS 改性沥青。

2）混合料拌和

（1）由于 SMA-13 同样属于 SBS 改性沥青混合料，混合料的加热温度详见表 3-14-30 的要求。其中 SMA 沥青混合料拌和时间不宜少于 50 s，其中湿拌时间不宜少于 40 s，干拌时间不宜少于 10 s。添加木质素纤维时，预先将其拍打松散，防止其成团拌入沥青混合料。集料上料过程中，装载机从底部按顺序竖直装料，以减少集料离析。

表 3-14-30　中面层施工主要混合料的施工温度　　单位：℃

工序	SBS 改性沥青
沥青加热温度	160～165
改性沥青现场制作温度	165～170
成品改性沥青加热温度，不大于	175
集料加热温度	190～220
改性沥青 SMA 混合料出厂温度	170～185
混合料最高温度（废弃温度）	195
混合料贮存温度	拌和出料后降低不超过 10
摊铺温度，不低于	160
初压开始温度，不低于	150
碾压终了的表面温度，不低于	90
开放交通时的路表温度，不高于	50

（2）拌和过程中目测检查混合料拌和是否均匀，有无花白料、冒青烟等现象，检查集料和混合料的离析情况，若有异常，查明原因，及时调整。

（3）沥青混合料运输。

详见下面层沥青混合料运输工艺及要求。

（4）混合料的摊铺和整型。

详见下面层沥青混合料摊铺和整型工艺及要求。

（5）混合料碾压。

①混合料摊铺后，压路机应紧跟摊铺机后碾压。碾压时，压路机应“紧跟慢压”，即紧跟摊铺机，缓慢匀速对路面进行碾压。混合料不同阶段碾压温度应符合表 3-14-31 中的规定。

表 3-14-31 热拌沥青混合料不同阶段的碾压温度

施工工序	SMA 面层沥青混合料的碾压温度/℃
初压温度	≥160
复压温度	≥140
终压温度	≥110

②SMA-13 沥青玛蹄脂碎石上面层压实分为初压、复压、终压 3 个阶段如图 3-14-46。碾压应慢速、均匀进行。碾压遵循“紧跟、慢压、高频、低幅”的原则。碾压区域设置标志，以明确分区检查温度和碾压遍数。

图 3-14-46 初压、复压、终压

a. 初压：在碾压过程中，采用 2 台 13 t 戴纳派克双钢轮压路机并列成梯队的方式，振动频率为 40 Hz 碾压 2 遍（前进后退一次为 1 遍），前进后退均采用振动碾压方式，以高频低幅模式进行碾压。压路机轮迹的重叠宽度为 20 ~ 30 cm，压路机应从水平横断面低侧向横断面高侧进行碾压，压路机每次由两端折回的位置应以阶梯形随摊铺机向前推进，折回处不得在同一横断面上。压实速度为 3 ~ 5 km/h。

b. 复压：碾压方式与初压相同，共计碾压 2 遍。

c. 终压：采用 1 台 13 t 戴纳派克双钢轮压路机，压路机静压赶光 2 遍，至无明显轮迹为止。

d. 压实原则：碾压时，应将压路机的驱动轮面向摊铺机，从外侧向中心碾压，在超高路段则由低向高碾压。

③碾压时，应将压路机的驱动轮面向摊铺机，压路机的碾压长度应与摊铺速度相适应，并保持大体稳定。振动压路机倒车时应先停止振动，并在向另一方向运动后再开始振动，以免混合料形成鼓包，沥青面层碾压如图 3-14-47 所示。

④SMA 面层由于沥青玛蹄脂的存在，过度振压将造成玛蹄脂的上浮。因此，当温度在碾压过程中降低至 115 ℃左右时或在碾压遍数达到合适振压遍数以后，将不允许振压。

⑤沥青混合料待摊铺完成后，应待其自然冷却至混合料表面温度低于 50 ℃后，方可开放交通。在当天碾压尚未完全冷却的路面上，不得停放压路机和其他车辆，沥青面层交通管制如图 3-14-48 所示。

图 3-14-47 沥青面层碾压

图 3-14-48 沥青面层交通管制

14.4.4 连接层施工工艺

1. 透层洒布施工工艺

水稳基层施工完成后，在基层表面稍干燥的时候，便可进行透层施工。可以起到水稳基层养护的作用。但是此处应注意，水稳基层的边部也应进行喷洒，以防止水稳基层的水分从边部散失。

透层洒布施工工艺：下承层清理（未能及时洒布透层油时）→透层施工→养护。

1）下承层清理

在水稳基层施工完成后，基层各项指标经检测验收满足设计及规范要求后，人工配合洒水车冲洗路面，对冲洗完后的部位仍较脏的部位可以使用人工持钢刷进行刷洗，用鼓风机进行清扫。

2）透层沥青洒布

（1）在基层碾压成形表面稍变干燥，但尚未硬化的情况下喷洒乳化沥青，应尽量在基层碾压完成 24 h 内完成洒布，兼顾基层的养生作用。透层洒布如图 3-14-49 所示。

（2）喷洒乳化沥青之前，应对已完成的人工构造物进行保护，防止喷洒过程中对构造物造成污染。

图 3-14-49 透层洒布施工

（3）采用智能型沥青洒布车洒布透层沥青，洒布量为 0.7 ~ 1.5 L/m²，具体洒布量根据试验试洒之后确定为 0.94 L/m²。

（4）喷洒时车速保持在 5 km/h 匀速行驶，使用的喷嘴宜确保透层油的种类和稠度选择并保证均匀，能呈雾状，与洒油管成 15° ~ 25°的夹角，洒油管的高度应使同一地点接受 2 ~ 3 个喷油嘴喷洒的沥青，不得出现花白条。洒布完成后如有花白遗漏应人工补洒，露白处需用人工喷洒设备补洒。沥青洒布后应不能流淌，且不能在表面形成油膜。喷洒过量的透层油应立即清除。

（5）透层油洒布过程中，车速应均匀，不得随意变速、转弯或急刹车，以免产生漏油或油量集中。

3）养护

（1）透层油洒布后的养生时间随透层油的品种和气候条件由试验确定，确保乳化沥青渗透且水分蒸发。

（2）刚洒布完的透层必须有一段破乳期，以确保透层的渗入深度。在破乳期内，严禁车辆和行人进入，并在施工段落两端设置交通断路标志。标志应醒目，夜间施工时，应采用反光标志，并设专人巡逻看护，以防止车辆损坏透层。透层检测指标详见表 3-14-32。

表 3-14-32 透层质量检测方法和标准

检查项目	检查频率	质量标准	极限值	检查方法
渗透深度	6 ~ 10 处/作业段或 1 km	不小于 5 mm	3 mm	养生后钻芯
洒布量	6 ~ 10 处/作业段或 1 km	设计值	0.9 设计值；1.05 设计值	称定面积法或总量控制
均匀性	20%作业面	90%	80%	比色法
外观	全面	无漏洒、污染、不均、表面破损		观察

2. 封层洒布施工工艺

透层破乳 24 h 后，先对有破损的地方进行补洒；若有其他污染或杂物应进行清扫或冲洗，冲洗后待表面干燥后才可进行改性沥青封层的施工。注：SBS 改性沥青和碎石检验合格后方可装入洒布车内。

洒布工艺：洒布车上料、洒布→碾压→养护。

1）上料、撒布

（1）洒布车车速控制在 5 km/h。为保证雾状喷洒而形成均匀、等厚度的沥青膜，需保持沥青在 180～190 °C的温度范围内。为防止高温沥青罐车的输油管阀门滴漏沥青，应采用铁质容器。

（2）封层碎石应同步撒布，如图 3-14-50 所示。碎石粒径采用 5～10 mm 的集料，铺撒面积为单层面积的 70%左右。碎石撒布前已确定碎石的撒布量，此项量测所用仪器为带有刻度的容量盒，将施工用碎石按 70%均匀、不重叠地摆铺在盒底面上，然后把盒竖立，使碎石堆积在一侧，通过读取盒盖上的数据，计算出单位面积上所用石料的体积及质量。碎石撒布时，应保证碎石上下不重叠、不松散、不成堆。对铺撒不均匀、撒布量不符合要求的部位及时清理或进行人工补撒。

图 3-14-50　同步碎石封层施工

（3）采用同步碎石封层车进行撒布，沥青洒布量为 2.0～2.4 kg/m^2，碎石洒布量为 12～16 kg/m^2，撒布前碎石需要进行预裹覆，预裹覆沥青用量为 0.3%～0.5%。通过试验段试撒，确定改性沥青洒布量为 2.24 kg/m^2，碎石撒布量为 14.5 kg/m^2。

2）碾压

对刚撒布的封层碎石不能立即碾压，否则高温改性沥青会黏附胶轮压路机的轮胎并黏走碎石。碎石撒布一段后，当 SBS 改性沥青温度降至 100 °C左右时，使用轻型胶轮压路机趁热将预拌碎石压入沥青层，从低往高进行，碾压速度 3 km/h，碾压 3 遍，使碎石压入改性沥青之中并黏结牢固，扫除多余松散颗粒。碾压时不得随意刹车或调头。

3）养护

封层铺筑后，严禁施工车辆急刹车和掉头。应封闭交通，SBS 改性沥青封层的施工与下面层的施工紧密衔接，紧接着施工沥青下面层。摊铺完下面层后方可开放交通。经胶轮压路机稳压形成的下封层表面，碎石和沥青的黏结非常牢固，改性沥青的延性（弹性恢复）大，发挥应力吸收层作用，能有效延缓和减少基层裂缝在面层上的反射裂缝。

4）纵横向接缝处理

（1）纵向接缝：纵向接缝采用搭接的方式，先做的一幅封层暂留 10 ~ 15 cm 宽度，不撒碎石，待做下一幅封层时，沿预留沥青边缘进行同步碎石撒布。

（2）横向接缝：应在接缝位置放置与撒布宽度同宽的钢板，宽度为 50 cm，待封层车通过后，应立即将其清洗干净。封层检测指标详见表 3-14-33。

表 3-14-33 封层质量检测方法和标准

检查项目	检查频率	质量或允许偏差	检查方法和频率
沥青量	每半天 1 次	沥青量 ± 0.2 kg/m2	测定面积计算改性沥青量
集料量	每半天 1 次	在规定范围内	总量检测控制
外观检查	随时全面	外观均匀一致，用硬物刮开下封层观察，与基层表面牢固黏结，不起皮，无油包和基层外露等现象，无多余沥青	

3. 黏层洒布施工工艺

沥青黏层在沥青中面层、上面层施工之前便可进行沥青黏层施工。

沥青黏层施工工艺：下承层清扫→黏层施工→养护。

1）下承层清扫

（1）对验收合格的下承层先进行清扫，用鼓风机吹走工作面表面的尘土，做到工作面整洁。清扫干净后，用洒水车进行洒水湿润，并报监理工程师进行验收合格后方可进行下道工序施工。

（2）沥青洒布车最大喷洒宽度为 6 m，在喷洒前由测量班对面层进行放线，以防喷洒超宽或喷洒宽度不够。

2）黏层沥青洒布

（1）黏层油采用智能沥青洒布车一次喷洒均匀，喷洒时车速保持在 5 km/h 匀速行驶，使用的喷嘴宜确保黏层油的种类和稠度选择并保证均匀能成雾状，与洒油管成 15° ~ 25°的夹角，洒油管的高度应使同一地点接受 2 ~ 3 个喷油嘴喷洒的沥青，不得出现花白条。

（2）洒布时，试验人员对改性乳化沥青的用量测定，并及时调整用量，经试验段施工，确定黏层洒布量为 0.62 L/m^2。

黏层施工后封闭交通如图 3-14-51 所示。

图 3-14-51 黏层施工后封闭交通

黏层检测指标详见表 3-14-34。

表 3-14-34　黏层质量检测方法和标准

检查项目	检查频率	规范值、允许偏差	检查方法和频率
SBS 改性乳化沥青	每半天 1 次	±0.2 kg/m^2	称定面积法及总量控制
洒布均匀性	随时	均匀一致	目测
渗水量	1 处/200 m	≤5 mL/min	路面渗水试验

4. 连接层施工注意事项

（1）气温低于 10 ℃或大风、下承层表面湿润、即将降雨时不得喷洒透层、黏层油，下承层表面水分必须晒干后才可。施工气温不应低于 15 ℃，大风、浓雾或下雨天不得进行同步碎石封层施工。

（2）透层、黏层洒布温度控制在 60 ℃以上，同步碎石封层洒布热沥青温度不得低于 160 ℃。

（3）透层、黏层撒布完成存在漏洒的部位人工进行补洒，并将补洒部位处理均匀；改性沥青与碎石洒布后，立即进行人工修补或补撒，修补的重点是起点、终点、纵向接缝、过厚、过薄或不平处。

（4）派专人手拿竹扫帚紧跟同步碎石封层车后边，及时把弹出摊铺宽度（即沥青洒布宽度）外的碎石扫到摊铺宽度内或加工挡板防止碎石弹出摊铺宽度。

（5）当同步碎石封层车上任何一种料用完时，应立即关闭所有材料输送的控制开关。核对材料剩余量，校核拌和准确性。

（6）连接层施工前均需进行交通管制，禁止任何车辆通行。

5. 桥面防水层施工工艺

在桥面施工中面层之前便开始进行桥面防水层施工。桥面防水层施工工艺如图 3-14-52 所示。

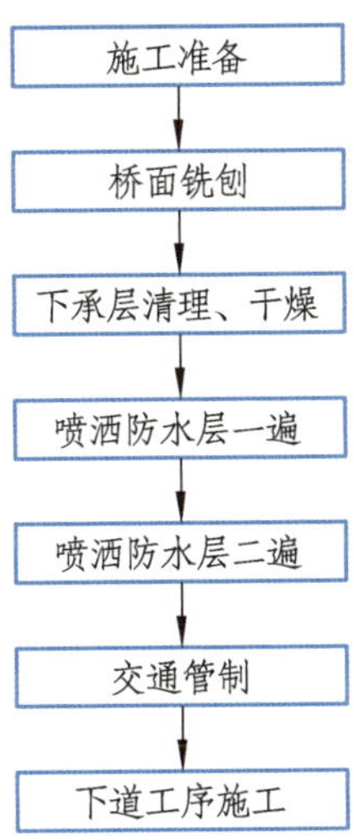

图 3-14-52　桥面防水层施工工艺流程

1）准备工作（交验与清洁）

对桥面标高进行验收。验收合格后，应先切除桥面上的尖锐突出物和钢筋头等，再人工仔细打磨或凿除凸起包块、浮浆及杂物。桥面（包括防护墙根部）应平整、清洁、干燥，不得有空鼓、松动、蜂窝、麻面、浮渣、浮土、脱模剂和油污。

2）桥面铣刨

（1）根据设计和业主要求及现场实际情况确定铣刨深度，铣刨深度控制在 5 ~ 8 mm 范围内，单向一次铣刨宽度控制为不小于 2 m。铣刨效果如图 3-14-53 所示。

图 3-14-53　桥面铣刨效果

（2）铣刨机铣刨深度要从零缓慢调整到计算的铣刨深度，调整完成后，铣刨机平稳前进，找平仪始终保持正常的工作状态。铣刨过程中，铣刨废料直接传输至运输车并运至指定位置堆放。

（3）对于未铣刨到或铣刨深度不满足要求的部位使用小型铣刨机进行处理，确保表面水泥浆彻底清理。

（4）进行铣刨面的清扫工作。铣刨机跟随配置的山猫清扫车，及时将残渣清除到废料车上，并配置 6 名工人对边部或拐角残渣进行清理。清理完成后使用鼓风机、高压水枪对铣刨面进行彻底清理，确保铣刨面洁净无灰尘。

3）涂刷高性能改性乳化沥青防水层

（1）桥面防水涂料必须采用专业的防水涂料喷涂设备，要求设备雾化程度高，喷涂面须均匀，流量可以调节。喷涂施工前必须做好防撞墙与伸缩缝的防护工作，防撞墙采用可移动式挡板进行防护，挡板采用竹胶板，伸缩缝也可采用竹胶板临时封堵，以防止防水涂料污染。

（2）防水层采用两遍喷涂，其中每层均为单独涂料喷涂，这样能够很好地保证防水涂膜均匀、平整、无夹层现象。

（3）每层涂刷应在上层涂刷实干（约 4 h）后方可涂刷，以防止起鼓。底涂层有一定厚度，材料用量不小于 0.5 kg/m^2。桥面防水施工效果如图 3-14-54 所示。

4）施工质量检测

（1）底涂层检测。聚氨酯防水材料施工完成后，进行目测，表面平整、无流挂、无针孔、无起泡、无空鼓、无开裂、无异物混入。

（2）黏结强度检测。在施工完成 7 d 后进行拉拔试验，拉拔后的部位使用聚氨酯防水涂料喷涂，做快速修补、刮平。

（3）不透水性检测。

（4）若检验时发现涂层有鼓泡、遗漏等缺陷，应及时对涂层缺陷进行修补。

图 3-14-54　桥面防水效果

5）注意事项

（1）防水涂料严禁在雨天、雪天、风力大于或等于 5 级时施工。聚氨酯防水涂料施工环境气温宜在−5 ~ 35 ℃。

（2）防水涂料使用前，应检查涂料是否凝固、结块。

（3）防水涂料宜涂布多遍。应保障固化时间，待涂布的涂料干燥成膜后，方可涂布后一遍涂料。采用涂刷法施工时，每遍涂刷的推进方向宜与前一遍相一致。土层的厚度应均匀，且表面应平整。

（4）对转角及防护墙根部应做细部增强处理，不得有削弱、断开、流淌和堆积现象。

（5）底涂层施工完成后，在铺撒封层之前，应对桥面进行封闭保护，严禁车辆行驶和人员踩踏，并铺设土工布防止潮湿和污染。

14.4.5　路肩滑模施工

1. 施工工艺

路肩滑模施工工艺流程图如图 3-14-55 所示。

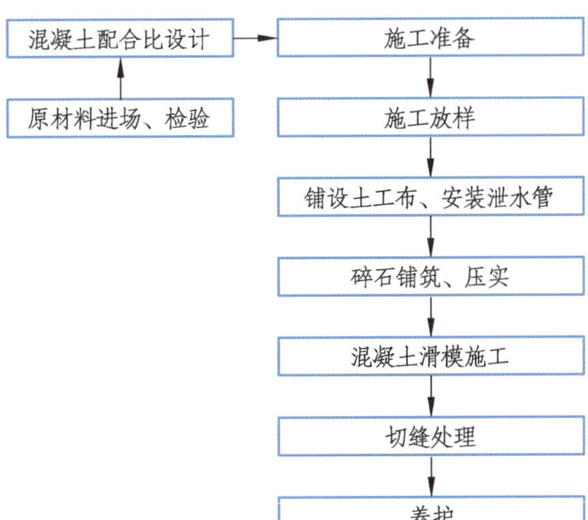

图 3-14-55　路肩滑模施工工艺流程

2. 施工准备

（1）编制土路肩施工方案并审批完成。编制土路肩施工技术交底，由现场技术员对施工班组进行详细三级交底。

（2）用于土路肩施工的机械、材料就位且满足施工需求。

（3）现场具备施工条件，满足“三通一平”施工要求。

3. 施工放样

在下面层顶面距路肩设计边缘宽度 30 cm 位置设置指示桩，直线段每 10 m 设一桩，平曲线段每 5 m 设一桩，并进行高程测量，由此来推算路肩施工的挂线高度。拉钢丝线作为滑膜机行驶的导向线和标高控制线，严格测量钢丝顶面标高，以确保高程达到要求。控制挂线高度比路肩设计标高高 10 cm。采用直径 3 mm 钢丝线，其两端紧线器必须同时拉紧防止下挠。测量放样如图 3-14-56 所示，滑模机按照指示桩位置及高程滑行如图 3-14-57 所示。

图 3-14-56　测量放样

图 3-14-57　滑模机按照指示桩位置及高程滑行

4. 碎石铺筑

碎石铺筑前，按设计图纸要求铺设防渗土工布，其指标应满足设计及规范要求。填筑采用 MME150 型路肩摊铺机进行铺筑。摊铺前根据设计图纸碎石铺筑尺寸进行模板制作，其摊铺原理与路面摊铺机相似。施工时，注意保证碎石边坡坡率为设计边坡坡率。对于局部不平整或线形不平顺的位置，采用人工整平。摊铺机配备振实装置，振动频率 12 Hz，保证回填碎石密实。碎石铺筑如图 3-14-58 所示。

图 3-14-58　碎石铺筑

5. 混凝土拌和

（1）配合比。土路肩采用 C20 普通混凝土现浇而成。C20 混凝土配合比详见表 3-14-35。

表 3-14-35　用于土路肩施工 C20 混凝土配合比

混合料类型	各种矿料所占质量/kg								水胶比
	水泥	粉煤灰	砂	碎石			水	减水剂	
				5～10 mm	10～20 mm	16～31.5 mm			
C20 混凝土	207	89	817	216.6	649.8	216.6	154	3.26	0.52

（2）混凝土在拌和站集中拌和，拌和站设置 HZS120 双生产线，每条生产线配置 5 个 150 t 粉罐，一条地面式槽型皮带轮，4 个配料仓。

（3）集料经电子秤称重确定各级级配掺量比例，由皮带将级配料传送至拌锅内，搅拌均匀，形成满足生产要求的混凝土。

6. 混凝土滑模施工

（1）混凝土拌制前根据天气、气温适当地调整施工配合比，水泥、砂、碎石等原材料要符合要求，混凝土坍落度设计值为 160～220 mm。对到场的混凝土进行坍落度和外观检查，不合格的退场。

（2）检验合格的混凝土由罐车直接卸料入维特根 SP15 型滑模机料斗内，通过皮带及运料通道传送至模具中。模具表面配置 4 个附着式振捣器，用于混凝土的振捣，样式依照土路肩图纸设计参数定制而成。土路肩滑模浇筑混凝土如图 3-14-59 所示，土路肩混凝土浇筑成型如图 3-14-60 所示。

图 3-14-59　土路肩滑模浇筑混凝土

图 3-14-60　土路肩混凝土浇筑成型

（3）通过滑模机向前行走挤推模具中混凝土同时前行。模具后侧形成样式完整的土路肩。

（4）浇筑完成的土路肩待初凝后切缝。每 5 m 一道假缝，每 10 m 一道真缝，假缝深 3 cm。

7. 养护

土路肩浇筑后及时用塑料薄膜覆盖养生，进行洒水，确保在养生期间内使混凝土处于湿润状态。混凝土的洒水养护时间一般为不少于 7 d。养护时，其敞露的表面全部应覆盖严密，以预防混凝土水化热产生，内外温差变大导致出现裂缝。混凝土养护期间应注意采取保温措施，防止表面温度因环境因素影响而发生剧烈变化。

14.4.6 隧道防水卷材铺设施工

1. 防水卷材技术指标

隧道防水卷材采用改性沥青防水卷材，其技术指标应满足《公路隧道设计规范 第一册 土建工程》(JTG 3370.1—2018) 和《弹性体改性沥青防水卷材》(GB 18242—2008) 的要求。改性沥青防水卷材主要技术指标见表 3-14-36。

表 3-14-36 改性沥青防水卷材主要技术指标

<table>
<tr><th colspan="2">技术指标</th><th>技术要求</th><th>技术指标</th><th>技术要求</th></tr>
<tr><td colspan="2">PY 类卷材厚度/mm</td><td>≥4</td><td>尺寸变化率%</td><td>≤0.7</td></tr>
<tr><td colspan="2">可溶物含量/（g/m²）</td><td>≥2 900</td><td>质量损失%</td><td>≤1</td></tr>
<tr><td colspan="2">耐热性（70 ℃，2 h）</td><td>无位移、流淌、滴落</td><td>渗油性/张数</td><td>≤2</td></tr>
<tr><td colspan="2">低温柔性（−25 ℃）</td><td>无裂纹</td><td>防窜水性</td><td>0.6 MPa，不窜水</td></tr>
<tr><td colspan="2">拉力/（N/50 mm）</td><td>≥800</td><td>接缝剥离强度/（N/m）</td><td>≥1.5</td></tr>
<tr><td colspan="2">最大拉力时伸长率/%</td><td>≥40</td><td>钉杆撕裂强度</td><td>≥200</td></tr>
<tr><td colspan="2">浸水后质量增加/%</td><td>≤1</td><td>冲击性能</td><td>直径为（10±0.1）mm，无渗漏</td></tr>
<tr><td rowspan="2">热老化
70 ℃，168 h</td><td>拉力保持率/%</td><td>≥90</td><td rowspan="2">静态荷载</td><td rowspan="2">200 kN，无渗漏</td></tr>
<tr><td>伸长率保持率/%</td><td>≥80</td></tr>
</table>

2. 施工工艺

在隧道施工中面层之前开始进行防水卷材铺设施工。防水卷材施工工艺流程如图 3-14-61 所示。

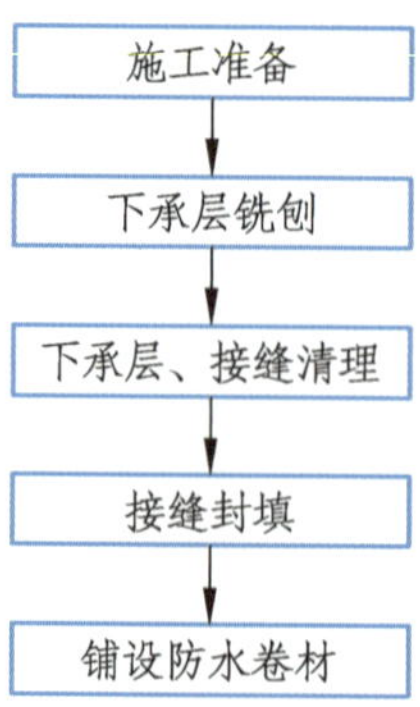

图 3-14-61 防水卷材施工工艺流程

3. 施工准备

（1）原材料进场且外委检测合格。

（2）对隧道混凝土下面层标高进行验收且验收合格。

（3）隧道混凝土下面层铣刨施工完毕且验收合格。使用铣刨机对表面进行铣刨处理，把表面的混凝土浮浆层打碎吸除，清理容易松动的杂物，获得干净、坚硬且粗糙的麻面。

（4）清理隧道混凝土下面层，确保下承层平整、清洁、干燥，不得有空鼓、松动、蜂窝、麻面、浮渣、浮土等。

（5）对接缝采用高压水枪或鼓风机彻底清除接缝中的灰尘及其他杂物，确保缝壁及内部清洁、干燥，如图 3-14-62、图 3-14-63 所示。

图 3-14-62　隧道下承层冲洗

图 3-14-63　人工使用鼓风机清理接缝

4. 接缝封填

成绵苍巴高速公路隧道设计接缝分为 A 型横向缩缝、B 型横向缩缝、胀缝、纵缝 4 种。其中施工产生的横缝设置于胀缝或缩缝处，横向缩缝一般采用假缝型。根据设计图纸要求，接缝填料采用橡胶沥青，其各项指标符合规范要求。填缝必须饱满、均匀、厚度一致并连续贯通，填缝料不得缺失、开裂、渗水，如图 3-14-64 所示。

图 3-14-64　接缝封填

5. 铺设防水卷材

在接缝部位铺设防水卷材，为保证防水性能，接缝封堵后及时铺设 1 m 宽防水卷材。防水卷材接缝位置搭接 10 ~ 15 cm。防水卷材铺设完毕后，为保证防水效果，避免破坏，在接缝处理完毕的隧道混凝土下面层上及时铺筑改性沥青混凝土中面层。防水卷材铺设如图 3-14-65 所示。

图 3-14-65　防水卷材铺设

14.5　主要通病及防治措施

14.5.1　裂纹的成因及防治措施

1. 水泥稳定碎石底基层、基层

1）形成原因

（1）水泥剂量过高。

（2）碎石级配不合理，细料偏多和碎石集料粉料过多。

（3）碾压时混合料含水量过大。

（4）施工时气温过低，养护不及时或养护结束后未及时铺筑上层，暴露时间太长。

（5）路基弯沉不合格或局部存在“弹簧”。

（6）破碎卵砾石的光滑面较多，降低水泥与卵砾石的黏结性。

水稳层裂缝如图 3-14-66 所示。

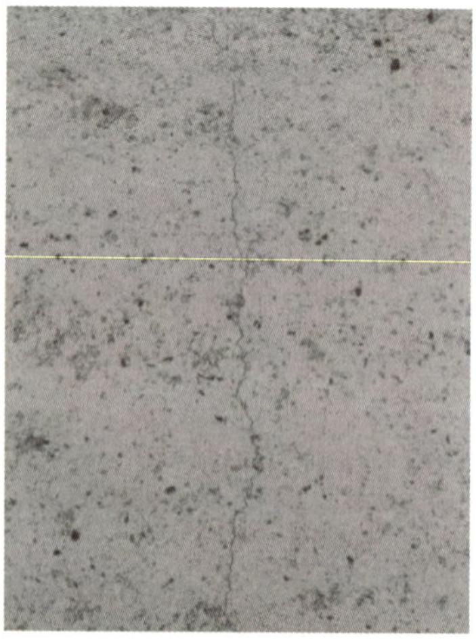

图 3-14-66　水稳层裂缝

2）防治措施

（1）水稳层施工前，先对路基压实度、弯沉进行检查，局部弹簧必须彻底处理。在提高队伍作业素质、质量均一稳定、保证强度的情况下，应严格控制水泥稳定碎石的水泥剂量。底基层水泥剂量为 3%，基层水泥剂量为 3.5%，并在规范允许范围内适当下调。

（2）通过试验比对合理优化配合比。

（3）应严格控制混合料的含水率。

（4）养生结束后应及时进行上一层铺筑施工。

（5）严格控制 0.075 mm 以下颗粒含量，适当掺其他外掺材料，如粉煤灰、砂等可以减少裂缝的产生和开裂程度。

2. 沥青路面

1）横向裂缝

横向裂缝如图 3-14-67 所示，裂缝与路中心线基本垂直，缝宽不一，缝长有贯穿整个路幅的，也有部分路幅的。

图 3-14-67　横向裂纹

（1）形成原因。

①施工缝未处理好，接缝不紧密，结合不良。

②沥青未达到适合于本地区气候条件和使用要求的质量标准，致使沥青面层温度收缩或温度疲劳应力（应变）大于沥青混合料的抗拉强度（应变）。

③半刚性基层收缩裂缝的反射缝。

④桥梁、涵洞或通道两侧的填土产生固结或地基沉降。

（2）防治措施。

①合理组织施工，摊铺作业连续进行，减少冷接缝。冷接缝的处理，应先将已摊铺压实的摊铺带边缘切割整齐、清除碎料；在利用给摊铺机熨平板加热时，一同对接缝处进行加热，然后对缝壁涂刷黏层沥青，再铺筑新混合料。

②充分压实横向接缝。碾压时，压路机在已压实的横幅上，钢轮伸入新铺层 15 cm，每压一遍钢轮向新铺层移动 15 ~ 20 cm，直到压路机全部在新铺层为止，再改为纵向碾压。

③根据《公路沥青路面施工技术规范》（JTG F40—2004）及设计图纸要求，选用本地区气候条件和道路等级相匹配的沥青类型，以减少或消除沥青面层温度收缩裂缝。

④桥涵两侧填土充分压实或进行加固处理。工后沉降严重地段事前应进行软土地基处理和路基加固措施。

2）纵向裂纹

纵向裂纹如图 3-14-68 所示，裂缝走向基本与行车方向平行，裂缝长度和宽度不一。

图 3-14-68　纵向裂纹

（1）形成原因。

①前后摊铺幅相接处的冷接缝未按有关规范要求认真处理，结合不紧密而脱开。

②纵向沟槽回填土压实质量差而发生沉陷。

③拓宽路段的新老路面交界处沉降不一。

（2）防治措施。

①采用全路幅一次摊铺，如分幅摊铺时，前、后幅应紧跟，避免前侧已摊铺混合料冷却后才摊铺后半幅，确保接缝处混合料的温度。前、后幅相接处为冷接缝时，应先将已施工碾压完的边部有坍斜缺陷部位进行切除。切线须顺直，侧壁要垂直。清除碎料后，宜用热混合料敷贴接缝处，使之预热软化，然后铲除敷贴料，并对侧壁涂刷黏层沥青，再摊铺相邻路幅。摊铺时，应控制好松铺系数，使压实后的接缝结合紧密、平整。

②沟槽回填土应分层填筑、压实，压实度需达到要求。

③大面积地产生纵向裂纹时，应查明是否路基沉降，并采取相应的措施处理路床完成后重新进行路面施工。

3）网状裂纹

网状裂纹如图 3-14-69 所示，裂缝纵横交错，缝宽 1 mm 以上，缝距 40 cm 以下。

图 3-14-69　网状裂纹

（1）形成原因。

①路面结构中夹有软弱层或泥灰层，粒料层松动，水稳性差。

②沥青与沥青混合料质量差，延度低，抗裂性差。

③沥青层厚度不足，层间黏结差，水分渗入，加速裂缝的形成。

④路面总体强度不足，在损坏初期形成网裂，日后裂缝逐步扩展，缝距缩小。

（2）防治措施。

①沥青面层摊铺前，对下承层需认真检查，及时清除泥灰，处理好软弱层，保证下承层稳定并喷洒黏层沥青。

②原材料质量和混合料质量严格按设计及《公路沥青路面施工技术规范》（JTG F40—2004）要求进行选定、拌制和施工。

③沥青面层各层应满足最小施工厚度的要求，保证各层的良好连接，并从设计、施工、养护上采取有效措施排除雨后结构层内积水。

④路面结构设计应做好交通量调查和预测工作，使路面结构组合与总体强度满足设计使用期限内交通荷载要求。基层必须选用水稳定性良好的水泥稳定类材料。

4）反射裂纹

（1）形成原因。

①半刚性基层收缩裂缝的反射裂缝。

②在旧路面上加罩沥青面层后原路面上已有裂缝和水泥混凝土路面的接缝。

（2）防治措施。

①通过合理调控各结构层间的施工先后顺序，减少半刚性基层收缩裂缝。

②在旧路面加罩沥青路面结构层前，可铣削原路面后再加罩，或采用铺设玻璃纤维布后再加罩，以延缓反射裂缝的形成。

14.5.2　混合料离析的成因及防治措施

1. 形成原因

（1）集料级配变化大，有超粒径现象，且拌和不均匀。

（2）摊铺工艺差，单机摊铺两端离析。

（3）碾压不及时，水稳料在碾压前水分损失较大。养护不及时，养护方法不合理。

（4）过早开放交通，未限制施工车辆过度通行速度，造成表面松散如图 3-14-70 所示。

图 3-14-70　离析造成路面坑槽、松散

2. 防治措施

（1）加强集料的料源管理，宜使用集中加工的集料，保证级配的稳定。

（2）缩短场拌水泥碎石从加水拌和、运输到摊铺时间，并及时碾压成型。

（3）选用性能良好的摊铺机和熟练的机械操作手，减少操作过程中的离析现象。

（4）加强覆盖养生，要求使用塑料薄膜覆盖养生，并保证养护期间的湿度。

（5）养生结束后，要钻芯检查基层成形情况，对不成形或成形不好的段落要查明原因，返工处理。

（6）局部松散，应将其清除后修整，然后用新拌制混合料填补。

14.5.3 坑槽的成因及防治措施

表层局部松散，形成深度 2 cm 以上的凹槽。在水的侵蚀和行车的作用下，凹槽进一步扩大或相互连接，从而形成较大较深的坑槽，如图 3-14-71 所示，严重影响行车的安全性和舒适性。

图 3-14-71 表面坑槽

1. 形成原因

（1）面层厚度不够，沥青混合料黏结力不佳，沥青加热温度过高，碾压不密实，在雨水和行车作用下，面层材料性能日益恶化松散、开裂，逐步形成坑槽。

（2）摊铺时，下层表面泥灰、垃圾未彻底清除，使上下层不能有效黏结。

（3）罩面前，原有的坑槽、松散等病害未完全修复。

（4）养护不及时。当路面出现松散、脱皮、网裂等病害时，或被机械行驶刮铲损坏后，未及时修复。

2. 防治措施

（1）沥青面层应具有足够的设计厚度，特别是上面层不应小于施工厚度，以保证在行车荷载作用下有足够的抗力。沥青混合料配合比设计宜选用具有较高黏结力、较密实的级配。若采用空隙率较大的抗滑面层或使用酸性石料时，宜使用改性沥青或在沥青中掺加一定量的抗剥落剂以改善沥青和石料的黏附性能。

（2）沥青混合料拌制过程中，应严格掌握拌和时间、沥青用量及拌和温度，保证混合料的均匀性，严防温度过高导致沥青焦枯现象发生。

（3）在摊铺沥青混合料面层前，下承层应清扫干净并均匀喷洒黏层沥青。面层摊铺后应按规范要求碾压密实。

（4）当路表面出现松散、脱皮、轻微网裂等可能使雨水下渗的病害时，或路面被机械刮铲受损时，应及时修补以免病害扩展。

14.5.4 车辙的成因及防治措施

车辙是路面在车辆荷载作用下轮迹处下陷，轮迹两侧往往伴有隆起，形成纵向带状凹槽，如图 3-14-72 所示。车辙在进行渠化交通管制的路段或停刹车频率较高的路段较易出现。

图 3-14-72　车辙

1. 形成原因

（1）沥青混合料热稳定性不足。矿料级配不好细集料偏多，集料未形成嵌锁结构。沥青用量偏高，沥青针入度偏大，或沥青质量不好。

（2）沥青混合料面层施工时未充分压实，在车辆反复荷载作用下，轮迹处被进一步压密，而出现下陷。

（3）基层或下卧层软弱，或未充分压实，在行车荷载作用下继续压密或产生剪切破坏。

2. 防治措施

（1）粗集料应粗糙且有较多的破碎裂面。密级配沥青混凝土中的粗集料应形成良好的骨架作用，细集料充分填充空隙。沥青混合料稳定度及流值等技术指标应满足规范要求。高等级道路应进行车辙试验检验，稳定度对高速公路不小于 800 次/mm。

（2）根据当地气候条件按设计要求选用合适强度等级的沥青，针入度不宜过大。

（3）对于通行重车比例较大的道路，或起动、制动频繁、陡坡的路段，必要时可采用改性沥青混合料提高抗车辙能力，但在选用时，需兼顾高温性能、低温性能。同时，道路结构组合设计时，沥青面层每层的厚度不宜超过混合料集料最大粒径的 3～4 倍，否则易引起车辙。

14.5.5　拥包的成因及防治措施

拥包是沿行车方向或横向出现局部隆起，如图 3-14-73 所示。拥包较易发生在车辆经常起动、制动的地方，如停车站、交叉口等。

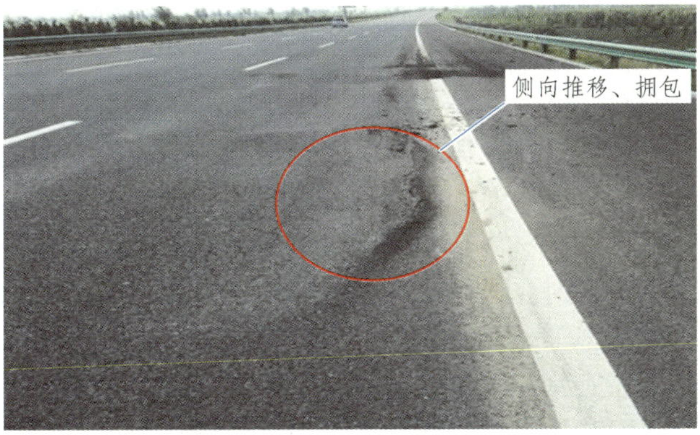

图 3-14-73　横向推移、拥包

1. 形成原因

（1）沥青混合料的沥青用量偏高或细料偏多，热稳定性不好，在夏季气温较高时，不足以抵抗行车引起的水平力。

（2）面层摊铺时，底层未清扫或未喷洒（涂刷）黏层沥青，致使路面上、下层黏结不好。沥青混合料摊铺不匀，局部细料集中。

（3）基层或下面层未经充分压实，强度不足，发生变形位移。

（4）在陡坡或平整度较差路段，面层沥青混合料容易在行车作用下向低处积聚而形成拥包。

2. 防治措施

（1）在混合料配合比设计时，要控制细集料的用量，细集料不可偏多，选用针入度较低的沥青，并严格控制沥青的用量。

（2）在摊铺沥青混合料面层前，下层表面应清扫干净，均匀洒布黏层沥青，确保上下两层黏结。

14.5.6 表面松散的成因及防治措施

表面松散表现为面层集料之间的黏结力丧失或基本丧失时，路表面可观察到成片悬浮的集料或小块混合料，面层的部分区域明显不成整体。干燥季节，在行车作用下可见轮后粉尘飞扬。

1. 形成原因

（1）沥青混凝土中的沥青针入度偏小，黏结性能不良；混合料的沥青用量偏少；矿料潮湿或不洁净，与沥青黏结不牢；拌和时温度偏高，沥青焦枯；沥青老化或与酸性石料间的黏附性能不良，造成路面松散。

（2）摊铺施工时，未充分压实，或摊铺时，沥青混凝土温度偏低；雨天摊铺，水膜降低了集料间的黏结力。

（3）基层强度不足，或呈湿软状态时摊铺沥青混凝土，在行车作用下可造成面层松散。

（4）在沥青路面使用过程中，溶解性油类的泄漏，雨雪水的渗入，降低了沥青的黏结性能。

2. 防治措施

（1）对使用酸性石料拌制沥青混合料时，须在沥青中掺入抗剥落剂或在填料中掺用适量的生石灰粉、干净消石灰、水泥，以提高沥青与酸性石料的黏附性能。

（2）在沥青混合料生产过程中，应选用强度等级合适的沥青和干净的矿料，集料的含泥量不得超过规定的要求；集料在进入拌缸前应完全烘干并达到规定的温度；除按规定加入沥青外，还应在拌制过程中随时观察沥青混合料的外观是否有因沥青含量偏少而呈暗淡无光泽的现象，拌制新的级配的沥青混合料时尤应加强观测；集料烘干加热时的温度一般控制不超过规范允许值，避免过高，否则会加快沥青中的轻质油分挥发，使沥青过早老化，影响沥青混凝土整体性。

（3）沥青混合料运到工地后，应及时摊铺、及时碾压。摊铺温度及碾压温度偏低会降低沥青混合料面层的压实质量。摊铺后应及时按照有关施工技术规范要求碾压到规定的压实度，碾压结束时温度应不低于规范允许值。

14.5.7　沥青路面啃边的成因及防治措施

沥青路面啃边变现为路面边缘破损松散、脱落。

1. 形成原因

（1）路边积水，使集料与沥青剥离、松散。

（2）路面边缘碾压不足，面层密实度较差。

（3）路面边缘基层松软，强度不足，承载力差。

2. 防治措施

（1）合理设计路面排水系统，注意日常养护，经常清除雨水口进水孔垃圾，使路面排水畅通。

（2）施工时，路面边缘应充分碾压，压实后的沥青层应与缘石齐平、密贴。摊铺时要正确掌握上面层的松铺系数。

（3）基层宽度须超出沥青层，以改善路面受力。

14.5.8　沥青路面光面的成因及防治措施

沥青路表面光滑，表面看不到粗集料或集料已被磨光。阴雨天气易出现行车滑溜交通事故。

1. 形成原因

（1）上面层细集料或沥青用量偏多。

（2）集料质地较软，磨耗大，易被汽车轮胎磨损。

2. 防治措施

（1）集料应具有较好的颗粒形状、较多的棱角。沥青路面上面层混合料级配应符合设计及《公路沥青路面施工技术规范》（JTG F40—2004）规定的容许范围内，避免细集料过多。

（2）上面层采用强度足够，耐磨性好的集料。集料的压碎值应不大于 26%，针片状颗粒含量应不大于 15%，洛杉矶磨耗损失应不大于 28%。

第 15 章　机电及其他工程

15.1　机电工程

成绵苍巴高速公路机电工程包含 13 处收费站、2 处服务区、3 处停车区、26 个隧道、主线路基和桥梁的机电工程施工。

15.1.1　通信系统

1. 通信机房

1）机柜、设备安装

成绵苍巴高速公路机电工程由三家施工单位进行施工，对设备进行了联合招标采购，保证设备的兼容性，并且机柜颜色全线统一避免了色差。机柜及设备安装时应注意如下几个方面：

（1）根据房建图纸找出机房位置并结合现场房屋实施情况调查出机房尺寸，根据机柜尺寸和数量画出机房内机柜布设图，合理设置机柜底座摆放位置。按布设图安装机柜底座，机柜底座安装高度应与防静电地板标高一致，固定牢固水平后安装机柜，机柜开门统一朝向。

（2）部分设备利用子架安装插入机柜，子架应能顺滑地导入，且固定可靠。设备安装模块时应用力适度，确认模块与设备接触良好。

（3）在安装机柜及柜内设备时，应采取防静电措施，避免设备损坏。

（4）机柜内设备安装应保持一定的间距便于安装理线槽。

（5）每个安装有设备的机柜内应保证机柜内安装有 PDU（电源分配单元）电源。机房内机柜安装标准如图 3-15-1 所示。

图 3-15-1　机房内机柜安装标准

2）走线架布设

机房内线缆的敷设工艺决定了机房的美观程度。该项目对机房内线缆的敷设工艺进行了优化，由镀锌钢槽优化为 4C 铝合金成品走线架，便于缆线布放、抽换和绑扎。设置机柜前后走线架时，走线架上缆线布放不交叉，强、弱线缆分离。测量机柜前、后尺寸，以及配电箱位置、地线排位置和光缆引入位置，画出走线架布设图，按布设图切割拼接走线架。引入光电缆与地线交越处设跨越桥架，不得叠压布放，缆线采用理线器等距固定。排间应采用绝缘堵头进行绝缘处理。走线架安装实物如图 3-15-2 所示。

3）线缆布放、绑扎、成端

设备安装完成后根据设备安装机柜位置和安装高度画出设备配线图，根据接线图中所示线缆型号、长度和布设路径进行实施。布线应尽量短而整齐，减少信号传输损耗，保证外观美观。线缆布放留有一定的余量，余留长度应统一，整齐盘留在盘留盒内。线缆进入机柜时穿透明套管，并使用尼龙扎带绑扎紧固，绑扎间隔和扎带朝向应一致。网线成端时接头应压接牢固，接触良好，并保证接口与理线架间外露网线同长度保证外观良好。线缆布设完成后使用电子标签机打印两端标签，标明起止点、长度、用途等情况，便于后期维护。线缆布放如图 3-15-3 所示。

图 3-15-2　走线架安装

图 3-15-3　线缆布放

2. 通信管道与光缆线路

1）通信管道施工

成绵苍巴高速公路机电工程通信管道设置为：成绵段 4 根 7 孔集束管+14 孔 ϕ40/33 硅芯管 55 km；绵苍段和苍巴段 3 根 7 孔集束管+12 孔 ϕ40/33 硅芯管 135 km。在通信管道施工前，该项目部按施工图进行了现场调查，调查具体路由状况、人手孔的具体位置，对存在的问题汇总编制清单并出具具体解决方案。主要问题及方案如下：

（1）绵苍段和苍巴段中央分隔带回填土要求压实度>90%，按原设计先布放管道再回填压实将影响管道质量。该项目沟通设计最终确定方案为：先回填压实后利用开沟机开出 3 m×5 m 管道沟，管道施工完成后整个中央分隔带上层混凝土封层。

（2）通信管道根数多，布放里程长，人工机械成本投入大，影响工期进度。该项目部针对此问题研究发明高速公路通信管道集束管敷设结构及施工方法。利用此设备和施工方法优质高效地完成了施工任务，最终申报有效发明专利并公开发明。

2）光缆线路施工

通信管道和监控基础施工完成后按已实施管道、人手井和监控基础位置进行光缆配盘，整盘配置，接头尽可能设置在监控分歧点位置，减少光缆总损耗。同时，光缆配盘也要为后期运营考虑，在人手孔内预留足够长度的光缆。光缆吹放完成后，定制铝合金标牌并挂牌，标注起始端、终端、型号和用途。施工微缆时，应注意在通信管道和盘留盒间应进行双重套管防护。

光缆接续中，每道工序完成后应测量接头损耗。光纤熔接完成并测试合格后，应立即做增强保护措施，可采用热可缩管法、套管法和 V 型槽法。光纤全部连接完成后，将余纤盘在骨架上，盘绕方向应一致，接头部位应平直不受力。光缆的金属外护套和加强芯应紧固在接头盒内，同一侧的金属外护套与金属加强芯应电气连通，两侧的金属外护套、金属加强芯应电气绝缘断开，处于悬浮状态，接续完毕后接头盒应密闭。光缆接续如图 3-15-4 所示。

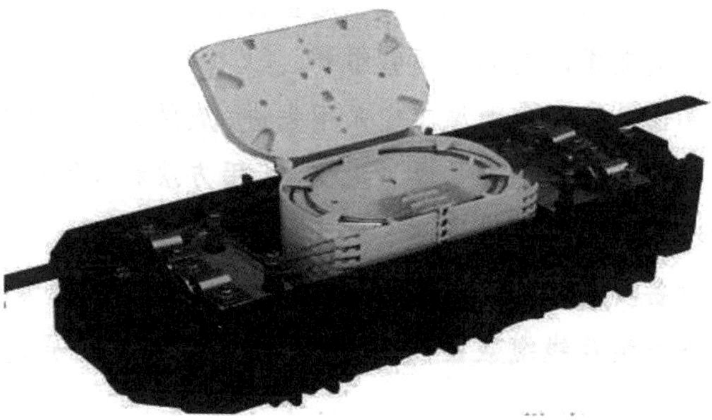

图 3-15-4　光缆接续

15.1.2　收费系统

1. 收费岛

收费岛施工应与混凝土路面施工同步进行，并在收费大棚基础施工完成后再进行施工。收费岛混凝土浇筑前应根据设计文件检查所有预留预埋管线，基础、人手孔的位置和深度应符合设计文件的要求。预埋管道的位置应与收费岛内的设备基础相协调，待收费岛内管道铺设完成后再进行设备基础的实施。收费岛施工应根据承台预留检修口，若收费大棚基础间存在钢梁，应根据钢梁位置增加收费岛岛身长度，错开钢梁施工承台基础。因增加岛身长度，收费岛上受影响设备基础也应按布设原则相应地移动位置，同时应与路面沟通减少路面钢筋铺设长度，避免钢筋进入感应线圈切割位置。

收费岛施工按基坑开挖→模板支立→绑扎钢筋→混凝土浇筑的工序进行施工。除手动栏杆及其托架基础外，其余岛上设备基础均预埋镀锌钢管，管道通至电缆槽或岛上手孔。管内预留钢线并在管两端固定，以便穿放线缆时减小难度。

2. 车道设备

车道设备安装前检查设备数量、型号是否符合设计图纸要求，避免返工。检查基础定位、基础标高是否符合设计图纸的要求，对不符合的基础处理至合格方可进行下步工序。

雨棚信号灯、ETC 天线等设备应检查安装高度，要求安装后设备下缘至路面高度>5.5 m，不造成侵限。立柱在固定前应调整好立柱竖直度，立柱安装竖直度要求<5 mm/m，用铅锤、直尺或全站仪测量、调整。达到要求再紧固螺栓。立柱安装固定实物图如图 3-15-5 所示。

图 3-15-5 立柱安装固定

设备机箱外漏线缆，必须加套管保护，U 形布管避免雨水进入机箱。设备机箱内线缆应固定、绑扎牢固，线缆布设平直、整齐，线缆无扭绞、无交叉现象。机箱采用智能一体化机箱可实时监控机箱状态。

设备安装完毕，经检查接线确认无误后，方可对设备进行加电测试。在调试过程中，每项试验应做好记录，并及时处理安装中系统出现的问题，编写好调试报告。各设备调试要求如下：

（1）雨棚信号灯：开启后色度、亮度（含红色、绿色）应符合设计图纸要求。测试控制时红、绿灯切换灵敏。雨棚信号灯实物如图 3-15-6 所示。

图 3-15-6 雨棚信号灯

（2）雾灯：开启后雾灯闪烁频率正常，LED 灯无坏点，在雾天、黑夜或能见度低的条件下清晰可见，亮度符合设计要求。雾灯如图 3-15-7 所示。

（3）车牌识别：识别摄像机 IP 地址配置正确（根据 IP 规划配置），视频图像清晰，抓拍区域符合车道使用要求。车牌识别在触发模式、手动模式下均能自动识别，并输出正确车牌信息。通过测试一组数据，车牌识别准确率>95%以上。车牌识别、补光灯如图 3-15-8 所示。

图 3-15-7　雾灯

图 3-15-8　车牌识别、补光灯

（4）车道摄像机、亭内摄像机：设备 IP 地址、网关、掩码配置正确（根据 IP 规划要求配置），摄像机图像清晰，监视区域符合车道使用要求。

（5）手动栏杆：栏杆横臂与旋转轴连接牢固，栏杆转动灵活、无卡滞现象。横臂处于开启或关闭状态时锁定装置正常锁定，横臂保持水平状态。栏杆各部件表面光滑平整，无划痕、无变形。手动栏杆实物如图 3-15-9 所示。

（6）自动栏杆机：通过软件模拟测试时，起落顺畅，栏杆起落总时间<4 s 或符合设计要求，线圈上有金属物时，车检器有检测信号，测试防砸功能时，栏杆机能自行抬杆。自动栏杆机如图 3-15-10 所示。

图 3-15-9　手动栏杆

图 3-15-10　自动栏杆机

（7）车检器：模拟过车或在线圈上压金属物体的时，车检器检测信号状态正常。测试一组数据，检测器计数精度偏差<0.1%。

（8）车道控制机：开机后工控机正常进入系统，收费软件正常启动，通过软件模拟测试工控机各端口通信正常，外围各设备控制功能正常，且符合设计要求。车道控制机如图 3-15-11 所示。

图 3-15-11　车道控制机

高速公路收费站入口治超系统，按照安装位置可分为收费车道设置、收费广场设置、收费站前匝道口安装三种设置方式。收费广场不具备设置入超限检测时，利用收费车道区域设置。称重设备根据设置条件，可选择整车式或轴组式称重设备。收费车道设置超限检测时，应充分考虑超限车辆劝返后倒车及调头的转弯半径。

3. ETC 门架

1）门架安装

ETC 门架的吊装以单机旋转法就位为主，立柱起吊时不得在地面上拖拉，以免损伤路面。立柱就位后进行初校，包括平面位置、垂直位置和标高的校正。立柱垂直度校正的方法有敲打锲块法、千斤顶校正法、钢管撑杆斜顶法等，可在安装时根据现场实际情况而定。

桁架采用高强螺栓进行连接。桁架在地面进行拼装，拼装时将预留吊点位置进行局部加固。桁架采用多点绑定的方式进行吊装。吊点不宜设置在应力较大部位。桁架连接点不能作为起吊点。吊装时，将吊臂提升，以垂直起吊的方式进行吊装。将桁架坐落在已安装门架立柱上，拧紧连接螺母，吊机放下钢丝绳，吊装结束。ETC 门架吊装实物图如图 3-15-12 所示。

2）门架设备安装

ETC 门架上摄像机采取抱箍安装方式，根据车道设备布设要求，高清车牌识别安装在每条车道正中间。高清全景相机装在四条车道的正中间，偏超车道一侧。LED 频闪灯安装在距离相机 2.5 ~ 3 m 位置，太近会导致车牌过曝，太远会导致车牌亮度不够，影响识别结果。RSU（路侧单元）天线安装在每条车道正中间，在行车道与超车道之间加装一台作为冗余。

3）一体化机柜安装

一体化机柜设置方式有门架旁路侧安装和门架上安装两种。一体化机柜采取吊装方式安装，安装时将机柜四个固定孔对准地脚螺栓后放置在基础平面上，同时将各种控制线、电源线及接地线等从机柜的走线孔中穿入。调整好机柜位置，利用铅锤、直尺校正安装垂直度，紧固地脚螺栓螺母。一体化机柜安装如图 3-15-13 所示。

图 3-15-12　ETC 门架吊装

图 3-15-13　一体化机柜安装

15.1.3　监控系统

1. 视频监控系统

1）基础及立柱施工

监控摄像机基础施工按“基坑开挖→模板支立→绑扎钢筋→混凝土浇筑”的工序进行施工。基础浇筑施工完成后必须达到养护要求，才能进行结构安装和设备安装。

立柱吊装前，应复核基础地锚尺寸公差是否符合要求，对地锚螺栓的螺纹、基础表面进行清理，用水平尺测量基础水平度，确认吊装工作是否可以进行。用水平尺检测立柱杆体垂直度，直至垂直度符合规范要求，然后彻底紧固螺母。

2）设备安装配线

对电缆进行绝缘和导通测试，测试合格之后，用铁丝将电缆、光缆由基础内部的预埋管穿入立柱中下部的配电箱，将线缆按施工设计图与配线箱内的接线端子、防雷设备连接。熔接光缆，安装光缆终端盒并引出尾纤与传输连接。布放摄像机立柱顶部至配电箱的线缆，安装固定摄像机，安装高度须符合设计要求，并确认摄像机的水平和俯、仰角应能在设计要求的范围内灵活调整。将电源线加冷压端子接入摄像机端子内，连接牢固，无虚接现象。

根据规划的 IP 地址，本地配置摄像机的 IP 地址，并测试摄像机云台运转、变焦、聚焦、光圈等能否正常控制，保证图像效果良好和控制灵活。安装完成后应在本地再次进行以上调试，确保摄像机与接地体的接触良好，测量接地电阻值，必须达到设计要求。

2. LED 拼接显示单元

RS232 输出输入串口使用 RJ45 接口，要求使用直连网线，不能使用交叉网线。拼接屏级联的情况下，同时开关机的时间间隔应在 20 s 以上。当拼接显示单元输入线缆长度超过 5 m 时，需要使用材质优良的 DVI（数字视频接口）或 HDMI（高清多媒体接口）线缆才能获得稳定的画面，线材质量较差时会产生噪点或图像不稳定等现象。

检查安装场所，小间距 LED 必须在室内使用，需要保证以下条件：确认支架足够牢固，能够支撑 LED 箱体及其安装附件的重量。确认 LED 箱体安装在通风环境。确认地面平整结实，承重力强。

为保证 LED 正常工作和使用寿命，机房内需维持一定的温度和湿度。工作环境温度为 – 10 ~ 45 ℃,若温度不达标可能会引起设备故障,反之,若温度超标,可能造成设备烧坏。相对湿度为 8% ~ 85%，若机房内长期湿度过高，易造成绝缘材料绝缘不良甚至漏电，有时也易发生材料机械性能变化、金属部件锈蚀等现象；若相对湿度过低，绝缘垫片会干缩而引起紧固螺丝松动，同时在干燥的气候环境下，易产生静电，危害交换机上的电路。

模组安装时应先找到箭头标识，再将模组轻轻放置在箱体上，确保模组板箭头方向和箱体内的箭头以及转接板的箭头方向，三者保持一致。逐一将所有模组放置在箱体上，放置完成后手动调整模组之间的缝隙，使所有模组之间的缝隙大小均衡。

3. 可变信息标志

可变信息标志采用门架支撑安装于车道上方。小型可变信息标志和可变信息发布屏均采用单立柱 F 形悬臂式支撑安装于路侧。隧道内可变信息标志悬挂安装于隧道内。所有可变信息标志的净空高度要求不低于 5.5 m。可变信息标志在安装过程中应调整显示屏与道路垂直方向的夹角，同时显示屏前不应有任何遮拦阻挡物，以保证显示屏的最佳视觉效果。可变信息标志及支架要求安装牢靠、稳固，能够确保在>40 m/s 的风速下正常工作。

1）主线可变信息标志

主线可变信息标志门架的吊装与 ETC 门架的吊装要求一致。门架式可变信息标志如图 3-15-14 所示。

2）隧道内可变信息标志

根据隧道尺寸，测量出车道中心线所在位置后，利用吊锤确定车道中心线对应的隧道顶部位置，以此点作为隧道内可变信息标志拉杆安装的中心点。用拉杆法兰孔确定好洞顶打孔位置，在洞顶打出安装孔，孔的深度要满足设备安装要求。将拉杆上法兰安装在隧道顶部的打孔位置,并固定牢固。将可变信息标志拉杆与已经安装好的法兰，通过连接螺栓进行连接。为保证安全，连接螺栓的螺母要深拧一些，但不要完全固定，保证拉杆可以左右调整。将屏体缓慢吊起使屏体上的安装位对准已安装好的拉杆下法兰,利用连接螺栓连接好拉杆和屏体，并拧紧螺栓。测量车道指示器屏体下沿距离路面的高度，检查屏体下沿高度是否满足净空不低于 5.5 m 的要求。隧道可变标志如图 3-15-15 所示。

图 3-15-14　门架式可变信息标志

图 3-15-15　隧道可变标志

15.1.4 隧道机电

1. 隧道电缆沟托架

成绵苍巴高速共有 26 座隧道，强电、弱电沟共计 128 km。电缆沟内支架按 0.8 m 间隔布放，每个支架需 2 个螺栓固定，共需打眼 320 000 个点。若由人力施工成本高、工期长。由于机电工程施工时隧道内路面施工已经完成，存在较好的施工作业面，因此该项目部采用新型设备打孔机打眼，快速高效地完成了本项施工。

打孔机操作步骤如下：

（1）将打孔机布放在隧道一侧电缆沟端口，注意摆放设备与电缆沟平行。

（2）机器开机后在操作屏上输入钻头高度、钻孔深度、作业间距等参数，并调整钻孔电钻位置。

（3）调整完成后启动作业，钻孔机便可进行连续作业。打孔机施工如图 3-15-16 所示。

图 3-15-16 打孔机施工

2. 隧道消防系统

1）隧道内火灾自动报警系统

隧道内火灾自动报警系统采用了分布式感温光纤探测器或者图像型火灾探测器，另配备手动报警按钮及声光报警器来进行报警。

（1）分布式感温光纤探测器安装。

单孔不超过 2 车道的隧道可在顶部中间位置敷设 1 条感温光纤。单孔超过 2 车道时，应在顶部均匀敷设数量不少于车道数减 1 条的感温光纤。为了保证良好的通风与快速响应时间，感温光纤必须安装在隧道的最高点上，离隧道顶部的距离应>0.1 m，安装净高应<8 m。在光缆的尾端设置光缆余量段来实现终端显式定位，并在尾端进行防水处理。

以 1.5～2.0 m 的间隔将感温光纤与支架固定。光缆牵引至主机控制柜一端需预留至少 10 m。光缆铺设路径上预留的光缆环展开长度应>5 m，并盘好固定，盘绕环的半径应>150 mm。敷设光缆前后，应对光纤外观进行检查，确保无破损。

（2）图像型火灾探测器安装。

图像型火灾探测器的安装与隧道内摄像机的安装要求一致。

（3）主机安装。

机柜的安装位置必须竖直平稳与地面固定可靠，垂直偏差不得超过 1.5%。柜门处应放置有塑封过的接线示意图。机柜内的设备所固定位置按施工设计图纸技术要求安装或参考机柜内设备的接线示意图所示固定安装。设备和部件应安装牢固、端正，附件完整、无损伤，螺丝紧固，台面整洁无划痕。

主机应在 19 寸标准机柜中安装。需注意主机上连带的光纤尾纤，避免造成拆、压损坏。放进机柜时必须与机柜内的托台平面保持平稳，固定位置螺丝固定可靠。

（4）手动报警按钮及声光报警器安装。

消防电话、电话插孔、带电话插孔的手动报警按钮宜安装在明显、便于操作的位置。当在墙面上安装时，其底边距地面高度宜为 1.3 ~ 1.5 m。声光报警器应距地 1.8 m 以上。手动报警按钮安装于消火栓箱旁，线缆连接到火灾报警控制器。手动火灾报警按钮、声光报警器应安装牢固，不应倾斜，表面不应有破损。连接导线应留有>150 mm 的余量，且在其端部应有明显标志。

2）隧道水消防

（1）消防水泵。

消防水泵同时设有备用泵，其性能与工作泵性能一致。消防水泵的安装水平，应在泵的进、出口法兰面或其他水平面上进行检测，纵向安装水平偏差<0.10%。横向安装水平偏差<0.2%。水泵设备应布局美观，阀门高度一致，油漆涂刷均匀，管道成排成线，标识清晰。安装完成后，消防水泵上铭牌应仍清晰可见。

（2）消防管道。

消防管道的内部和端部应清洗干净，并应清除杂物。密封面和螺纹不应损伤。泵的进、出管应有各自的支架，泵不得直接承受管道等的质量。密封的内部管路和外部管路，应按设计规定和标记进行组装，其进、出口和密封介质的流动方向严禁发生错乱。管道与泵连接后，不应在其上进行焊接和气割，若需焊接和气割时，应拆下管道或采取必需的措施，并应防止焊渣进入泵内。消防泵房设备安装牢固，阀门高度一致，阀门单独受力，油漆涂刷均匀，管道成排成线。

（3）消火栓。

消火栓的启闭阀门设置位置应便于操作使用，安装应平正、牢固，箱体安装的垂直度允许偏差 ± 3 mm。安装消火栓水龙带，水龙带与消防水枪和快速接头绑扎好后，应根据箱内构造将水龙带放置好。消火栓箱门上应用红色字体注明“消火栓”字样。消防箱内如图 3-15-17 所示。

图 3-15-17　消防箱内

3. 交通信号控制系统

交通信号控制系统由隧道交通监控工作站、现场 PLC（隧道本地控制系统）、各种检测报警设备及交通诱导设备组成。现场 PLC 对车辆检测信息和其他各类信息进行实时检测，上传至监控室，经过计算机及值班人员综合处理后控制外场交通诱导设备的显示来诱导车辆安全行驶。在发生事故的情况下，为了准确及时地实施疏散，交通信号控制可依据洞内报警信号实施自动控制，另外还可手动操作控制。

1）微波车辆检测器

微波车辆检测器本体固定在安装脚座后以不锈钢束带锁在立杆上，若立杆较细可采用不锈钢扣环锁在立杆上。保持安装支架垂直于车道。将电缆接头连接到侦测器，顺时针方向扭转防水接头直到锁定为止。

2）车道指示标志

车道指示标志在安装过程中应调整显示屏与道路垂直方向的夹角，同时显示屏前不应有任何遮拦阻挡物，以保证显示屏的最佳视觉效果。拉杆安装位应做到定位准确、美观，位于隧道中心线上。拉杆安装位打孔应保证孔的深度满足产品安装要求。拉杆上法兰安装应固定牢固。拉杆安装后应能保证拉杆可以左右调整。

屏体缓慢吊起至适当高度，并拧紧螺钉。用卷尺测量车道指示器屏体下沿距离路面的高度，净空高度不得低于 5.5 m。将车道指示标志线缆由本地控制器引至屏体，并成端接入，外露部分必须使用金属软管进行保护，并固定在洞顶。标牌编写应清晰、齐全。整理并固定缆线，封堵已使用的进线孔，完好地密封预留的进线孔。

3）交通信号灯

交通信号灯设置在隧道入口前，无联络道的隧道为“红、绿、黄”三显示信号灯，有联络道时，增加换向指示灯。悬臂杆与支撑杆可使用圆形或多棱形的变截面型材制作，悬臂与灯杆连接端直焊接固定法兰盘，悬臂下应留有进线孔和出线孔。拉杆使用圆钢制作，一端配有可调距离的螺旋扣，直径和长度等根据悬臂长度等确定。支撑臂可使用抱箍、抱箍座与灯杆连接固定。拉杆与灯杆、拉杆与悬臂、支撑臂与悬臂可使用夹板连接固定。安装时使用的固定螺栓、螺母、垫固应使用热镀锌件并用弹簧垫固压紧。隧道洞口信号灯如图 3-15-18 所示。

图 3-15-18　隧道洞口信号灯

4. 隧道本地控制系统（PLC）

隧道本地控制系统负责监测和控制隧道供配电系统、照明系统和通风系统，采集 UPS（不间断电源）、柴油发电机、变压器温控仪、智能电表设备的有关数据，并根据已经编好的逻辑程序进行联动采取相应的处理动作。PLC 柜内预留有足够的空间来安装通信设备，并设有一个文件槽，放置过塑后的设备布局明细图、接线图。

PLC 控制信号电缆和反馈信号电缆要求使用各自独立电缆。CO/VI 等模拟量信号要求使用屏蔽电缆。强弱电要求分开敷设，缆线沿着桥架上的电缆槽敷设，电缆槽架需要做到良好接地。为了屏蔽外界信号干扰尽量避免与外界动力电缆，高压电缆同沟敷设。信号电缆长距离原则上不应超过 300 m，避免因敷设产生的压降影响 PLC 对设备的监控。缆线敷设完成后要求封堵进线口，做好柜体密封工作，防止鼠患。进柜电缆标签要求参照通信系统中对标签的具体要求。

根据项目上使用的交通信号灯和车道指示标志、消防水系统、防火卷帘门系统设计子程序块实现 100%监控相应设备，实现火灾报警联动控制功能并且反馈正确。通风子程序能使隧道通风系统具备远程控制、时序控制、CO/VI 联动控制、火灾报警联动控制功能并且反馈正确。使隧道照明系统具备远程点控、时序控制、光强联动控制、火灾报警联动控制功能并且反馈正确。

5. 紧急电话系统

紧急电话系统输出扩展模块与设备之间采用 DC 24 V，中间继电器隔离，柜内安装一块>50 W 的开关电源。紧急电话供电电源采用 UPS 供电。壁挂式紧急电话安装在隧道预留洞室内，洞室至缆沟需预留穿线管道。

紧急电话系统安装流程：基础施工→紧急电话护栏安装→立柱安装→紧急电话和扬声器安装→缆线接线工作→场地恢复。按照施工安装图中所示的位置确定设备安装的位置，确定电源线和数据线的走向及紧急电话、扬声器的安装位置。紧急电话护栏开口处朝向路面，根据预留好的位置孔安装护栏，有反光标识朝路面，分机方向朝隧道口。扬声器支架要求安装高度距离路面 3 m，两个扬声器之间的距离为 200 m，扬声器朝向行车方向。紧急电话机箱底部，洞室顶端均采用 PVC 线槽以供设备布线。设备安装与接线完成后，做好各种线缆的标签、标识及进线孔洞的封堵，设备接线图放置于电源控制箱内，便于后期维护。

6. 环境检测系统

CO/VI 检测器设备安装区域和位置应具有数据代表性，发射端和接收端之间不能有任何物体阻挡。设备安装于隧道边墙上，支架基础应坚实、平整，附着良好，安装高度距离地面为 3 m。发射端与反射端镜面等位支架安装距离为 3 m，并应保持同一高度，同轴度良好。

洞外与洞内光强检测器，应选择气象数据具有代表性的区域和位置，洞外光强检测器距离隧道口 100 m、洞内光强检测器距离隧道口 120 m 处设置。设备安装于隧道边墙上，支架基础应坚实、平整，附着良好，安装高度距离地面约 3 m。洞外设备立杆安装高度约为 3 m，应考虑便于施工、调试和维护等因素来选择安装位置。洞外亮度检测器如图 3-15-19 所示。

图 3-15-19　洞外亮度检测器

15.1.5 低压配电系统

1. 不间断电源装置（UPS）及应急电源（EPS）

不间断电源装置（UPS）及应急电源（EPS）设备的内部接线连接正确，紧固件齐全，可靠不松动，焊接连接无脱落现象。不间断电源装置（UPS）及应急电源（EPS）输入、输出各级保护系统和输出电压稳定性、波形畸变系数、频率、相位、静态开关的动作等各项技术性能指标应符合产品技术文件要求和设计文件要求。不间断电源装置（UPS）及应急电源（EPS）装置输出端的中性线（N 极），必须与由接地装置直接引来的接地干线相连接，做重复接地。蓄电池安装应排列整齐，距离均匀一致，连接条经过防腐处理。蓄电池极性连接正确，并牢固可靠。蓄电池柜漆面完整，螺栓、螺母经过防腐处理。

2. 高压、低压开关柜

高压、低压开关柜进场时进行进场验收，其规格、型号、质量应符合设计图纸要求和技术标准的约定，部件齐全，柜体无锈蚀、无机械损伤。高压开关柜内各种闭锁装置动作应准确可靠，且高、低压开关柜表面涂层应完整，盘面清洁。二次回路接线正确，连接可靠。计量回路的表计应在计量合格有效期内。高低压柜如图 3-15-20 所示。

图 3-15-20　高低压柜

3. 柴油发电机

柴油发电机规格、型号应符合设计要求，所有附件应齐全，设备完好，无锈蚀或机械损伤。发电机组的安装位置应正确，应有减震装置，发电机组基础应与机房整体地面分割。发电机组安放应垫平放正，地脚螺栓的螺帽齐全，紧固。防潮防污功能应符合产品技术文件要求。机组的箱体及发电机的外壳应接地（PE）或接零（PEN）可靠，标识明确。

15.1.6 通风设施

1. 风机底座焊接

检查风机预埋件的位置桩号和数量，预埋件的位置偏差不大于通风机安装的允许偏差，即中心线平面位移<10 mm，标高<10 mm。将风机的连接附件焊接在预埋件上，并加载荷做预埋件的抗拉拔力的实验。

2. 风机吊装

在安装风机前必须核对风机的机号、型号、传动方式，叶轮旋转方向，出风口位置等。风机捆扎点的索具应用软索具，以免损坏设备漆层。转子、轴颈和轴封等处均不应作为捆扎部位。风机在捆扎前下面垫上自制的槽钢框架，在风机与框架之间应加垫木方以减少对风机的操作。风机控制箱开关灵活，箱内接线整齐，回路编号齐全正确。风机吊装如图 3-15-21 所示。

图 3-15-21　风机吊装

15.1.7　照明设施

以路面中点到灯具底座中心高度为 5 500 ~ 5 600 mm 定点，保证灯底边到路面的安全行车距离为 5 200 mm。灯具在入口段一般是 1.1 ~ 1.2 m 一个灯，过渡段是 4 ~ 6 m 一个灯，基本段是 8 ~ 12 m 一个灯，出口段、出口过渡段与入口段基本相同。

先安装一个试验照度区灯具，安装完后通电，按照设计的角度及现场实际情况调整灯具角度，达到最佳视觉效果（线性要求）及照度要求。后续灯具照明参照试验照度区灯具的角度安装，保证顺线的方向一定平行于路面。灯具的尾线不应裸露在外，应穿金属波纹管保护，并用线卡固定在隧道壁上。

隧道电缆敷设在隧道内，电缆支架安装完毕，隧道内电缆转换箱安装完毕后进行施工。施工时按照“先干线，后支线，短距离缆线和设备同期敷设”的顺序集中力量进行各种电缆的施工。敷设以人工敷设方式为主。将电缆盘吊装到小车上，到现场后，逐盘装到电缆盘支架上进行展放。现场设指挥员一名，与敷设人员约定好敷设信号，根据电缆敷设情况指挥敷设速度。

敷设电缆时人应站在电缆弯曲的外侧，电缆盘前方禁止站人。敷设电缆时注意防止电缆砸伤手或身体其他部位。线缆要安装在线缆盘上运输且电缆端头进行有效密封。当线缆盘上的一截线缆被剪断后，剩下的端头要立即用批准的方法密封以防止湿气浸入。当线缆通过线缆孔洞、线缆管道和类似的地方时进行密封以防止害虫和水进入。隧道照明如图 3-15-22 所示。

图 3-15-22　隧道照明

15.2 交安工程

交安工程施工内容包括标志施工、波形护栏施工和标线施工。

15.2.1 标志施工

标志施工工序：测量放样、基础开挖→基础浇筑→标志立柱、板安装。

1. 测量放样、基础开挖

交通标志定位和设置都应按图纸的要求调查，不可与机电设备存在遮挡。安装的标志应与交通流方向成直角，施工前，先由测量员按照交通标志的设计桩号定出具体位置，用石灰线标出拟开挖的范围，并用水准仪测出标高，根据测出的标高和基础设计标高算出拟开挖基坑的深度。基坑开挖尺寸不宜过大，减少对路基稳固破坏。基坑开挖完成后必须夯实，避免基础及立柱倾斜。放样开挖如图 3-15-23 所示。

图 3-15-23　放样开挖

2. 基础浇筑

严格按设计要求进行基础的施工，各项要求及施工方法参照机电基础施工。

3. 标志立柱、板安装

基础混凝土强度达到要求后，进行标志钢立柱的吊装，立柱全部采用高空吊车作业，并防止碰撞和变形，安装后立即进行调整，保证立柱的垂直及悬臂的水平。

标志板运输要求两块标志板邻接面之间用衬垫材料分隔，以免磨损标志板面。应确保运到现场的标志板无损坏、褪色、变形和有其他缺陷。安装后的板面应平整，上、下边缘与路面水平，不得向上向下倾斜。标志板安装如图 3-15-24 所示。

图 3-15-24　标志板安装

15.2.2 护栏施工

波形梁护栏施工工序：放样→打入立柱→调整线性→架设护栏。

1. 放样

放样时以构筑物等作为控制点进行测距定位，保证立柱间距，定出立柱准确位置和标准高度，利用调整段调整立柱间距，用标记标明具体位置，使立柱与道路线形一致。立柱放样后调查地基各种横、纵穿路基管道、管线、泄水管或结构物情况，明确标示好位置，并及时调整立柱位置或改变立柱固定方式，严防护栏立柱打入破坏各种路基管道。

2. 打入立柱

一般路段立柱采用打入法施工，立柱施工时采用液压式打桩机组平行推进施工法，将立柱对准标记打入，打入时随时观测立柱高度、竖直度的变化，发现问题及时修正，以达到设计深度。当立柱接近打入设计深度时，要控制好锤击频率和锤头落差，以确保立柱准确埋入规定标高位置，严防偏移、跑位和打入过深，使立柱竖直度偏差控制在 ± 10 mm/m 以内，立柱孔位中心高度偏差控制在 ± 20 mm/m 以内。打入立柱时，注意顶部无塌边、变形、开裂或镀锌（喷塑）层损坏等现象。同时，液压打桩机底部挂帆布或彩条布，以免漏油污染沥青面层。挖方路段等无法打入时可采取机械钻孔的方式，安装完立柱后回填砂浆，并保证竖直度及埋置深度。打入式如图 3-15-25 所示。

当立柱施工采用混凝土进行立柱埋设浇筑时，待水泥混凝土强度达到 70%，方可进行立柱和波形梁板安装。埋入式如图 3-15-26 所示。

图 3-15-25　打入式

图 3-15-26　埋入式

3. 调整线性

施工中，立柱在纵向和横向都应垂直竖立，间距应准确，在架设护栏时无需为对孔或其他任何原因而移动。用经纬仪、水平仪等检测工具对立柱中距、竖直度、高度线形进行调整、检测，对不符合标准的立柱，用拔桩机拔去，调整立柱间距后重新打入施工。

4. 架设护栏

立柱准确定位后安装防阻块。防阻块通过连接螺栓将立柱和护栏板连接起来，在拧紧连接螺栓前应调整相互位置，以确保护栏板形成平顺的线形，避免局部凹凸。

波形梁的搭接方向应与行车方向一致。检查线形是否平顺、标高是否一致，利用波形梁的长圆孔及时进行调整。安装后的波形梁应线形平顺，色泽一致，不得出现任何损坏。波形梁调整时，梁板及立柱不得现场焊割或钻孔，也不得通过让防阻块明显变形来调整。路侧护栏起、讫点应安装各类型圆头式端头。端头通过拼接螺栓与护栏板牢固连接，拼接螺栓必须采用高强螺栓。护栏安装后如图 3-15-27 所示。

图 3-15-27　护栏

15.2.3　标线施工

标线施工工序：清扫路面→测量放样→划底线、涂底漆→材料熔融→涂敷、撒玻璃珠。

1. 清扫路面

涂料与路面结合牢固的重要条件是保持接触面的干净。在标线施工前必须用铁锹、扫把清扫路面，用高压吹风机清除灰尘。必要时用水冲洗，使路面干净无杂物，但须待路面干透以后方可施工，确保标线与路面黏结牢固。到达施工现场，清扫人员对施工区域进行初步清扫。清扫施工路面如图 3-15-28 所示。

2. 测量放样

标线施划前，要根据图纸要求并结合道路平曲线要素、匝道曲线要素等实地放线，以保证标线位置精确、线形顺畅。首先根据设计图纸的尺寸进行测量放样，沿线每 50 m 设一控制点，曲线段采用加密点控制，每 10 m 设一点，然后用粉笔做标记，作为标线的基准点。在基准点设好后，用标线绳沿基准点摆放并固定。在保证每个基准点尺寸的情况下，使线型顺直平滑。标线放样、定位如图 3-15-29 所示。

图 3-15-28　清扫施工路面

图 3-15-29　标线放样、定位

3. 划底线、涂底漆

用汽车沿标线绳匀速行驶滴洒基准线，行车道部分的虚线和实线均以此基准线为准。以清晰的底线材料用划线车同时放出车道边缘线及车道分界线的水线，线形与道路线形一致。

为提高路面与涂膜之间的黏结力，须在路面上先涂底漆，底漆均匀地涂于所弹线的右侧。涂抹时，使用喷洒机将底漆调至浓淡均匀后涂洒。底漆涂洒宽度应比标线宽度稍宽一些。底漆的加温温度必须超过 180 ℃。涂敷底漆如图 3-15-30 所示。

图 3-15-30　涂敷底漆

4. 材料熔融

涂料溶解温度管理要严格，避免长时间高温加热，防止涂料变色，热劣化，熔融涂料运距不宜过长，要充分搅拌、混合，使涂料均匀，要注意加热次数，每锅料尽可能只加热一次，一天作业结束前应与负责人商量还需要熔融材料的数量，尽量不使剩余涂料过多地留置到隔日。

5. 涂敷、撒玻璃珠

涂敷作业是标线施工最关键的一步，应按操作规程严格把关。涂敷工作一般在白天进行，路面潮湿，灰尘过多，风速过大或温度低于 10 ℃时，喷涂路面标线工作应暂停施工。

涂敷前应进行施工机械检查，保证设备处于完好状态。预先用白铁皮进行实地试划，检查色度、厚度、宽度、玻璃珠撒播量等，必要时还要进行参数调整。标线涂敷时应在底漆剂干燥后进行。喷涂标线时应匀速、连续，确保涂膜厚度均匀、整齐。施工时，标线起、终点应粘贴胶带纸。

为保证夜间识别性，在标线涂敷的同时要撒播玻璃珠，经验表明，玻璃珠的直径有一半埋入涂膜中反光效果最好。在施工中要严格控制撒播时间，密切注意撒播器以及划线时风力、风向对玻璃珠的影响，避免玻璃拥挤成堆。撒播要均匀、全面，如玻璃珠撒播过多，会使白的色调变坏，并产生高低不平。要让涂膜自然冷却。标线完成如图 3-15-31 所示。

图 3-15-31　标线

15.3 绿化工程

15.3.1 概况

全线景观绿化及环境保护工程包括：主线、互通景观苗木栽植及养护工程、声屏障施工等其他工程。主要工程内容有土路肩绿化、碎落台绿化、边沟外和隧道口绿化、中央分隔带绿化、互通立交绿化、取弃土场绿化等工程。

15.3.2 绿化工程施工

1. 施工重点

本项目绿化工程施工的重点在于绿化工程中互通、隧道进出口及分离式中分带的施工，需从以下几个方面进行质量及安全把控。

1）苗木品质把控

互通、隧道进出口、分离式中分带区域苗木为该项目工程体现绿化景观之美的重点区域，需重点把控进场苗木品质对该几处区域苗木的选择，须胸径、高度、冠幅、分枝点等严格遵守设计规范要求，材料进场做好自检与对监理报检报备工作。

2）保障苗木存活率

因互通等区域所种苗木规格相对较大，价格较为昂贵，且对整体绿化景观起支撑性骨架作用，故需要加强注意保障苗木存活率。苗木种植时必须浇灌定根水，修剪部分枝叶减少水分蒸发。在夏季时分保障每日浇水，时刻关注不同种类植物生长情况，发现有病虫害应及时救治；春、秋两季是生长旺盛的季节，应做好苗木施肥工作。

3）工期安排

结合现场作业面出具情况，因夏季施工无法保证苗木存活率，绿化工程重点施工时段为9～11月。因全线施工距离较长，互通、隧道进出口、分离式中分带数量较多，需加强工期管控确保按时完成项目施工。应科学制定工期计划，严格按照工期计划进行排布施工，提前做好苗木供应准备工作。

4）确保景观效果

基于满足设计规范要求的前提，尽量挑选体态优美、冠幅饱满的苗木。互通、分离式中分带、隧道进出口等处应加强组团式种植集中体现景观效果。

5）安全生产

因主线行驶车辆较多，日常施工需加强注意安全管理。其他区域按照《成绵苍巴高速公路项目路面施工阶段交叉施工及交通安全指引》要求，严格落实安全生产防护要求。

2. 绿化施工通用技术标准

1）表土、苗木、种子品质要求

（1）苗木种植前，在绿化区域应按照施工图纸及植物生长的最小土层厚度要求，对表土进行清理、平整、翻松，对不符合要求的进行铺设客土等施工作业。表土（含客土）应为松散、具有透水作用并含有机质的土壤。种植前应对表土理化性质进行化验分析，根据分析结果采取相应改良措施，并提供土壤检测及改良措施报告。高速公路绿化施工表土主要技术指标见表 3-15-1。植物生长需要土层厚度见表 3-15-2。地形造型尺寸和相邻高程允许偏差见表 3-15-3。

表 3-15-1　高速公路绿化施工表土主要技术指标

名称	中分带	边坡	互通立交	服务区	边沟外
土壤土块粒径	≤4 cm	≤6 cm	≤5 cm	≤5 cm	≤6 cm
土壤砾石粒径	≤1.0 cm	≤1.5 cm	≤1.2 cm	≤1.2 cm	≤1.5 cm
土壤砾石含量	≤10%	≤15%	≤12%	≤12%	≤15%
土壤容重	≤1.5 g/cm³	≤1.8 g/cm³	≤1.6 g/cm³	≤1.6 g/cm³	≤1.8 g/cm³
土壤含盐量	≤0.1%	≤0.15%	≤0.12%	≤0.12%	≤0.15%
pH	6.5～8.0	6.5～8.0	6.5～8.5	6.5～8.0	6.5～8.5
土壤有机质	≥1.2%	≥0.8%	≥1.0%	≥1.0%	≥0.8%
全氮	≥0.10%	≥0.06%	≥0.08%	≥0.08%	≥0.06%
速效氮	$\geq 40\times10^{-6}$	$\geq 20\times10^{-6}$	$\geq 30\times10^{-6}$	$\geq 30\times10^{-6}$	$\geq 20\times10^{-6}$
速效磷（P_2O_5）	$\geq 20\times10^{-6}$	$\geq 10\times10^{-6}$	$\geq 15\times10^{-6}$	$\geq 15\times10^{-6}$	$\geq 10\times10^{-6}$
速效钾（K_2O）	$\geq 120\times10^{-6}$	$\geq 80\times10^{-6}$	$\geq 100\times10^{-6}$	$\geq 100\times10^{-6}$	$\geq 80\times10^{-6}$

注：土壤水分、养分测量使用土壤水分、养分快速测量仪。

表 3-15-2　植物生长需要土层厚度

植物类型	草本植物	小灌木	大灌木	浅根乔木	深根乔木
土层厚度/cm	30	45	60	90	150
允许偏差	<5%				
检查方法	挖坑或样洞尺量				

表 3-15-3　地形造型尺寸和相邻高程允许偏差

<table>
<tr><th>项次</th><th colspan="2">项目</th><th>尺寸要求</th><th>允许偏差/cm</th><th>检查方法</th></tr>
<tr><td>1</td><td colspan="2">边界线位置</td><td>设计要求</td><td>±50</td><td>经纬仪、钢尺测量</td></tr>
<tr><td>2</td><td colspan="2">等高线位置</td><td>设计要求</td><td>±10</td><td>经纬仪、钢尺测量</td></tr>
<tr><td rowspan="6">3</td><td rowspan="6">地形相对标高/cm</td><td>≤100</td><td rowspan="6">回填土方自然沉降以后</td><td>±5</td><td rowspan="6">经纬仪、钢尺测量，每 1 000 m² 测量一次</td></tr>
<tr><td>101～200</td><td>±8</td></tr>
<tr><td>201～300</td><td>±12</td></tr>
<tr><td>301～400</td><td>±15</td></tr>
<tr><td>401～500</td><td>±20</td></tr>
<tr><td>>500</td><td>±30</td></tr>
</table>

（2）苗木品种、规格应符合设计要求，自外地引进的苗木应有“植物检疫证”。进场苗木应进行检查，苗木允许偏差及检验方法见表 3-15-4。

表 3-15-4　苗木允许偏差和检验方法表

<table>
<tr><th rowspan="2">项次</th><th colspan="3" rowspan="2">项目</th><th rowspan="2">允许偏差/cm</th><th colspan="2">检查数量</th><th rowspan="2">检查方法</th></tr>
<tr><th>范围</th><th>点数</th></tr>
<tr><td rowspan="8">1</td><td rowspan="8">乔木</td><td rowspan="5">胸径/cm</td><td>≤5</td><td>−0.5</td><td rowspan="12">每 100 株检查 10 株</td><td rowspan="12">10</td><td rowspan="12">尺量</td></tr>
<tr><td>6～9</td><td>−0.8</td></tr>
<tr><td>10～15</td><td>−1.0</td></tr>
<tr><td>16～20</td><td>−1.5</td></tr>
<tr><td>20 以上</td><td>−2.0</td></tr>
<tr><td colspan="2">树高/cm</td><td>+50，−20</td></tr>
<tr><td colspan="2">冠径/cm</td><td>−20</td></tr>
<tr><td colspan="2">分枝点</td><td>+10，−5</td></tr>
<tr><td rowspan="4">2</td><td rowspan="4">灌木</td><td rowspan="2">树高/cm</td><td>≥100</td><td>+30，−10</td></tr>
<tr><td><100</td><td>+20，−5</td></tr>
<tr><td rowspan="2">冠径/cm</td><td>≥100</td><td>−10</td></tr>
<tr><td><100</td><td>−5</td></tr>
</table>

（3）草皮要求生长健壮，密度均匀，根系发达，草高适度，无斑秃、病虫害，杂草不超 2%。

（4）种子应提供由国家法定种子检验机构出具的种子检验报告。从外地引进的种子应有检疫合格证。

2）装运、卸苗和假植

（1）严禁超限超载运输苗木，必要时办理相关手续。

（2）装卸时应轻拿、轻放，保证根系和土球的完好，严禁摔坨。装运苗木层数要适量，避免压坏土球。

（3）装车时，将苗木根部（或土球）朝向车头方向并加垫固定，树冠朝向车尾方向码放整齐，树冠用绳拢好，树干与车厢相交部位加垫固定。

（4）运输时应保持根部湿润，必要时可采取沾泥浆、喷保湿剂和苫布遮盖等。

（5）苗木运到种植地点后，卸车时应顺序进行，按品种规格码放整齐。苗木不能当天种植时，应及时假植。

3）苗木种植

（1）定点、放线。

定点放线应符合设计图纸要求，位置准确，标记明显。应由监理工程师验点，合格后方可开挖。种植穴定点时应标明中心点位置，种植槽应标明边线；定点标志应标明树种名称、规格；行道树定点遇障碍物影响株距时，应及时申报调整。规则式种植，种植穴位置必须排列整齐，行列清晰。绿篱和色带、色块应边界清晰。自然式种植应充分贯彻设计意图。

（2）种植穴（槽）开挖。

穴、槽的规格，应视土质情况和苗木根系大小而定。种植穴规格见表 3-15-5～表 3-15-8。树槽宽度应在土球外两侧各加 10 cm，深度加 10～15 cm。苗木种植深度应保证在土壤下沉后，根茎和地表面等高。挖种植穴（槽）应垂直下挖，穴槽壁要平滑，上、下口径大小要一致，挖出的表土和底土、好土、弃土分别置放。穴底保留一层活土。在客土地方挖种植穴、槽，应先水密，将穴、槽底部踏实。挖种植穴、槽时，遇路政设施、电讯、电缆等应采取保护措施。

表 3-15-5　常绿乔木类种植穴规格　　单位：cm

树高	土球直径	种植穴深度	种植穴直径
150	30 ~ 50	40 ~ 60	60 ~ 80
150 ~ 250	60 ~ 90	60 ~ 80	90 ~ 100
250 ~ 400	80 ~ 100	80 ~ 100	110 ~ 120
400 以上	120 ~ 200	100 以上	150 以上

表 3-15-6　落叶乔木类种植穴规格　　单位：cm

胸径	种植穴深度	种植穴直径	胸径	种植穴深度	种植穴直径
2 ~ 3	30 ~ 40	40 ~ 60	8 ~ 10	80 ~ 90	90 ~ 110
3 ~ 4	35 ~ 50	50 ~ 70	10 ~ 12	90 ~ 110	100 ~ 120
4 ~ 5	40 ~ 60	60 ~ 80	13 ~ 15	100 ~ 120	120 ~ 130
5 ~ 6	60 ~ 70	70 ~ 90	15 ~ 18	110 ~ 150	130 ~ 150
6 ~ 8	70 ~ 80	80 ~ 100	18 以上	120 ~ 180	150 以上

表 3-15-7　花灌木类种植穴规格　　单位：cm

冠径	种植穴深度	种植穴直径
50 ~ 80	40 ~ 50	60 ~ 70
80 ~ 100	50 ~ 60	60 ~ 70
100 ~ 200	70 ~ 80	80 ~ 100
200 以上	80 ~ 100	100 ~ 120

表 3-15-8　篱类种植槽规格

种植高度/cm	单行/（cm×cm）	双行/（cm×cm）
30 ~ 50	30×40	40×50
50 ~ 80	40×40	40×60
100 ~ 120	50×50	50×70
120 ~ 150	60×60	60×80

（3）种植。

苗木种植应按施工图纸核对苗木品种、规格及种植位置。苗木植入种植穴前，检查种植穴大小及深度，不符合要求时，应修整合格。散苗时应轻拿轻放，不得损坏苗木。苗木入穴时，注意调整观赏面。种植裸根苗木时，应将种植穴底填入少许活土，置入苗木填土至 1/2 时，应轻提树干，使根系舒展，并充分接触土壤；带土球苗木入穴前必须将穴底填的松土踏实，应将不易腐烂的包装物拆除，将苗木置入穴内，保持根系自然舒展状态，扶直树干；行道树种植可每隔 10 株或 20 株种植一棵作对齐依据的参照树。回填土时，应分层踏实。乔灌木种植深度应与原种植线持平。种植较大规格乔木时应加支撑。苗木种植后应修筑浇水围堰。绿篱及色块应由中心向外顺序退植；坡式种植应由上向下种植；大型块栽或不同彩色丛栽时，宜分区分块种植。

苗木种植符合质量要求，种植的苗木品种、规格、位置应符合设计要求。特殊景观树除外，种植的苗木应保持直立，不得倾斜。行道树或行列种植苗木应在一条线上，相邻植株规格应合理搭配，相邻高度相差不超过 5%。绿篱及色块种植时，株行距、苗木高度、冠幅大小应均匀搭配，树形丰满一面应向外。

苗木浇水的围堰应符合要求，单株苗木的围堰内径不小于种植穴直径，围堰高度宜为 10 ~ 20 cm。围堰应踏实，无水毁。围堰用土应无砖、石块、沥青等杂物，围堰外形宜相对统一。

苗木支撑应符合要求，应根据立地条件和苗木规格选择合适支撑方式。常绿树支撑高度为树干高的 2/3，落叶树支撑高度为树干高的 1/2。连接苗木的支撑点应在苗木主干上，其连接处应衬软垫，并绑缚牢固。支撑物方向应在下风口。支撑物埋深不少于 30 cm，支撑物应满足强度要求。同规格同树种宜统一支撑方式；站区苗木支撑宜考虑美观效果。

苗木种植后必须及时灌水，浇灌水应符合要求，水质应符合《农田灌溉水质标准》（GB 5084—2021）相关要求。新栽苗木应在当日浇第 1 遍水，此次水量不宜过大、过急。3 d 内浇第 2 遍水，7 d 内浇上第 3 遍水，这 2 次水量要大，应浇透。浇 3 次水后，原则上每周浇水 1 次，直至苗木成活，具体视气候、墒情等灵活掌握。每次浇水后均应整堰、堵漏、培土、扶直树干、固定。以后根据苗木生长情况及时补水。

（4）修剪。

苗木的根部和高大落叶乔木树冠的修剪，均应在散苗后种植前进行，一般剪去劈、裂、断根、断枝、过长根、徒长枝和病虫根、枝。具有明显主干的高大落叶乔木应保持原有树形，适当疏枝，对保留的主侧枝应在健壮芽上短截，可剪去枝条 1/5 ~ 1/4。无明显主干、枝条茂密的落叶乔木，对干径 10 cm 以上苗木，可疏枝保持原树形；对干径为 5 ~ 10 cm 的苗木，可选留主干上几个侧枝，保持原有树形进行短截。常绿乔木：圆头型树冠的可适量疏枝。枝叶集生树干顶部的苗木可不修剪；具轮生侧枝的常绿乔木用作行道树时，可剪除基部 2 ~ 3 层轮生侧枝。用作行道树的乔木，定干高度宜大于 3 m，第一分枝点以下枝条应全部剪除，分枝点以上枝条酌情疏剪或短截，并应保持树冠原型。珍贵树种的树冠宜作少量疏剪。

灌木、绿篱、花篱按照设计进行修剪，除根部修剪在种植前进行，树冠部分应在种植二遍水扶直后进行。

花灌木修剪时，新生枝条开花灌木修剪，应保留 3 ~ 5 个枝条，每枝保留 3 ~ 5 个花芽，其他剪去，如紫薇、月季。隔年生枝条开花的灌木，只剪除弱枝、病虫枝、过长枝，如樱花。枝条茂密的大灌木应适当疏剪枝条。嫁接灌木应将接口以下砧木萌生枝条剪除。灌木类地被修剪高度 30 ~ 40 cm。苗木种植完成后，经监理工程师验收。

4）大树种植

大树移植前的准备：办手续、选大树，做好技术、安全、人员、工具、材料、机械等准备工作。移植土球（土台）规格符合有关标准，做好大树保护工作，大树移植后，必须设立牢固支撑，两年内应配备专职有养护经验人员进行养护管理并建立技术档案。大树种植如图 3-15-32 所示。

图 3-15-32　大树种植

5）草坪及草本地被种植

（1）基本要求。

暖季型草坪宜在 3 ~ 5 月播种，冷季型草坪宜在 3 ~ 4 月或 9 ~ 10 月播种。种子品质应符合设计要求，播种前应对种子进行消毒。播种前应做发芽试验和催芽处理，确定合理的播种量。整地前应进行土壤处理，防治地下害虫。播种时，土壤含水量在 13% ~ 18%最好。先将土地整平，大面积草坪应留 0.3% ~ 0.5%坡度，再将表土疏松，然后耙平，播种后镇压，使种子和土壤混合。播种时土壤干旱，播种后应及时喷水，水点宜细密均匀，浸透土层 8 ~ 10 cm 保持土表湿润无积水，出苗后可减少喷水次数，土壤宜见湿见干。

（2）人工播草。

种植前种子处理可加快种子发芽，处理包括选种，浸种，去壳、去芒，特殊处理等。撒播、穴播、条播，无论采用何种方式，均应做到播种均匀。播种后及时覆土滚压或齿耙耙平，播种后须覆盖稻草麦秸或无纺布，苗高 3 ~ 5 cm 时除去。为保证撒播均匀，可掺砂 1 ~ 2 倍混合种子撒播，大小不同的草籽组成混播，宜先播大粒者，再播小粒者。

（3）草皮铺植。

草皮铺植时清除坡面杂物，翻耕 20 ~ 30 cm，若土质不良，则需改良，耙平坡面。应选择均一、无病虫害的草皮，及时铺植，顺次平铺。铺好的草皮四角用尖桩（木竹）固定，尖桩与坡面垂直，其露出草皮表面不超过 2 cm。块与块之间保留间隔，一般适宜以 1∶1.2 ~ 1∶1.5 的比例铺植，需尽快成坪时，草皮块间隔应小些，块与块间隙填入细土。在坡顶及坡边缘，草皮应嵌入坡面内，铺过坡顶肩部 100 cm 或至天沟，坡脚应用砂浆抹面等做处理。每天洒水保持土壤湿润直至绿茵成坪，并注意病虫害防治和及时追肥。

（4）草坪和草本地被植物分栽。

种子繁殖较困难的草种或匍匐茎、根状茎较发达的种类用此方法，四川省常用此法种植的有麦冬、葱兰、酢浆草、狗牙根等。种子适宜在 3 ~ 5 月和 9 ~ 11 月栽种，其他季节成活率较低。分栽密度符合设计要求。植物材料应注意保鲜，不萎蔫。种植前应先浇水浸地，浸润土层深度应达 10 cm。

3. 中分带绿化施工

1）土壤要求

（1）中央分隔带应进行绿化用土回填，回填土为耕地表层土或调配好的种植土，填土深度应大于 80 cm。

（2）挖坑检验回填土深度，若深度不够或回填土是生土或有垃圾要及时采取补救措施。

（3）化验中分带土壤，根据化验结果，进行土壤改良或客土。

（4）中分带客土须做好“水密”工作，种植前在中分带中央开挖一条大约宽 35 cm，深 45 cm 的沟槽，然后往沟槽里灌水，让土壤密实。

2）苗木管理

苗木选择应符合设计要求。苗木种植、草坪、草花、地被植物种子相关要求参照 3.13.2 节中“2. 绿化施工通用技术标准”。苗木要及时修剪，保证枝条无伸出中央分隔带，没有烧膛、偏冠等现象，高度符合设计要求。

3）注意事项

施工中注意管线避让，交叉施工须有明显施工标志，并采取预防措施，防止苗木根土污染路面。挖种植穴的出土及待栽苗木应顺向放于中分带内，确需放置路面的，要下铺彩条布顺向放置，并尽快种植。绿化工程施工对路面造成污染时，须及时清扫、清洗。先施工绿化，后施工路面时，应注意设置保护苗木的设施和标志。

4. 边坡绿化施工

1）湿法喷播

适用高速公路 1：1～1：5 的路堤、路堑土质或土石混合边坡。

湿法喷播操作流程如下：

（1）坡面平整时平整清理，清除石块和垃圾等杂物，对较坚硬的土质边坡还要适当将表层刨松（即刻槽深度 5 cm 左右）为喷播作业做好准备。

（2）喷播时将经过处理的种子和土壤改良剂、纸浆纤维、复合肥料、保湿剂混入一定比例的清水溶于喷播机内，经过机械充分搅拌，形成均匀的混合液，通过高压泵的作用，将混合液高速均匀地喷播到已处理好的坡面上，形成均匀的覆盖物保护下的草种层。

（3）草种播完后立即覆盖无纺布，无纺布搭接处（不少于 15 cm）及每片无纺布的头尾均用铁丝钉或竹签加以固定，并撒上少量的细砂或细土压边。大约过 15 d，当草苗长至 3～5 cm 时，应趁阴天或下午 3 点以后，及时掀去无纺布。

2）三维网植草

适用高速公路 1：1～1：5 的路堤、路堑土质或土石混合边坡，坡比必须达到设计要求。

三维网植草操作流程如下：

（1）三维植被网前先将坡面处理好，网自上而下铺展，要确保网与坡面紧密结合，防止“空鼓”。

（2）网与网的搭接应不小于 10 cm，搭接处固定用的“U”型钉间距不大于 100 cm，网中部固定的“U”型钉的间距不大于 200 cm。

（3）因三维网包尺寸较小，为了确保回填土的密实度，应依次按网筛回填土、喷水沉降、第二次回填土、泥浆回填的顺序进行。

（4）覆土回填完毕后进行喷播，并及时覆盖无纺布。

5. 土路肩、碎落台、边沟外和隧道口

1）土路肩

路肩在施工中易受到污染，绿化种植前需进行清理改良，符合种植土标准后方可种植。如图 3-15-33 所示。

图 3-15-33 土路肩绿化

2）碎落台

该位置多为碎石粉土等原状生土，不利于植物生长，需经改良符合种植土标准后方可种植。

3）边沟外侧绿地

低洼容易积水，施工前整理地形，填平坑洼。

4）隧道口

绿化施工前要清理场地，整理地形。所用客土要达到种植土指标和厚度，原有植被围护保护，挖穴、种植、支架等严格执行设计标准，如图 3-15-34 所示。

图 3-15-34 隧道口绿化施工

6. 互通立交区绿化施工

苗木种植时根据设计并结合地形实际，做好微地形和蒸发池，做好地形排水处理。土壤

改良合格后才能种植。垃圾要及时清运或妥善处理。

施工时要保护既有管线，挖坑时注意避让，对于设计遗漏边角地应及时同有关人员协商解决。会车点植物种植不应影响行车安全视距。要确保灌溉设施正常运转，绿化图案景观效果明显。互通立交区绿化施工如图 3-15-35 所示。

图 3-15-35　互通立交区绿化施工

7. 声屏障施工方法

声屏障施工顺序：测量放样→基础开挖（路基类声屏障）→土方开挖→钢筋加工→安装模板→加固模板→预埋连接件→混凝土浇筑→安装 H 钢→安装固定声屏障屏体（路基、桥梁声屏障）。

1）测量放样

声屏障基础由测量班统一进行放样，按设计确定的里程位置放出基础中心点，每 10 m 一个控制点，并沿线路的纵横向放出基础中心桩位的保护桩，以便施工过程中可以随时恢复桩位、进行复核。

2）基础施工

（1）基础开挖。

根据测量班放样位置，采用挖掘机开挖基坑，人工配合修整成形。基础真缝设置 12 m 一道，中间采用木模板隔开，缝外侧以热沥青浸制的麻筋填塞，然后水泥砂浆抹平。真缝端面应整齐、方正、贯通，嵌塞物应紧密填实。

（2）垫层施工。

垫层采用 C10 混凝土垫层，作为基础底模，厚度为 10 cm，平面尺寸每侧应超出基础承台尺寸 10 cm。

3）钢筋加工

主筋搭接采用双面焊，其有效搭接长度不小于 5*d*（*d* 为钢筋直径），焊条型号不低于 J502，焊接前进行试焊，经检测合格后方可正式焊接，焊工均持证上岗。配置在接头长度区段内的受力钢筋，其接头的截面积占全部截面面积的最大百分率为 50%。

4）模板安装

模板均采用 1.5 cm 厚竹胶板，模板木肋采用 4 cm × 8 cm 木条，间距 20 cm 一道。保护层厚度 50 mm。承台模板为矩形，断面为 800 mm × 1 500 mm，高度为 500 mm，四周支撑在钢管上或利用短木方直接支撑。

每一个承台设置一个独立立柱，立柱断面为 400 mm × 600 mm，高度为 1 500 mm。采用竹胶模板组装，按高度拼接到设计标高，保证模板自重及钢筋混凝土浇筑后立柱的稳定和安全。

5）模板加固

（1）基础立柱。

基础立柱模板采用ϕ10 对拉螺栓加钢管双向固定，竖向间距为 45 cm。

（2）横梁。

每两个立柱之间横梁采用双排脚手架组合支撑，双排钢管排距为 60 cm，钢管立杆横向间距为 70 cm，水平钢管支撑竖向步距为 45 cm。横梁侧模加固采用ϕ10 对拉螺栓加钢管固定，沿横梁长度每 70 cm 加固一道。

6）预埋件施工

预埋时严格控制屏障两块预埋钢板中心尺寸为 2 000 mm，误差不大于 ± 2.5 mm。预埋钢板顶面应同结构顶面平齐，并用水平尺校正水平和标高。

预埋钢板准确定位后，预埋钢板的 3 根锚固钢筋要与立柱钢筋采用电焊固定牢靠，防止浇筑混凝土时产生移位。

预埋件外露部分必须进行防腐防锈处理，涂两遍环氧底漆，再加两遍环氧富锌漆。

每隔 2 m 在底部预埋直径 150 mm 的 PVC 管以导排积水，并保证每处排水管顺边坡坡度开槽浅埋在边坡上，并直接将水流引进坡底边沟中。

7）混凝土浇筑

本工程基础及地梁混凝土均采用 C30 商品混凝土，采用插入式振荡器分层振捣，每层厚 30 cm，上层混凝土振捣要影响到下层至少 5 cm。

混凝土采用包裹型塑料薄膜覆盖，辅人工洒水养护。

8）安装 H 钢

（1）H 型钢立柱采用 150 型钢材。H 型钢底部的柱脚板采用自动切割方法，保证切口的平整。

（2）H 型钢定位在底板上采用相互垂直的两边定位，并作好记号，为下一步焊接 H 型钢时创造条件。H 型钢根据图纸尺寸下料，两端面切口保持与 H 型钢中轴线垂直，切口须磨平毛口。H 型钢与底板的焊接采用靠模定位，H 型钢定位面为相互垂直的两侧面，在定位过程中，用角尺校正 H 型钢相互垂直的两侧面与底板的垂直。H 型钢立柱准确就位后，调整其水平竖直后，垂直误差不能大于 1.5 mm/m。

（3）完成以上两步后，方可满焊底板及柱脚板，焊接时采用对角交叉焊，保持 H 型钢与底板的垂直及与靠模定位不变。焊后打磨平毛口及清除焊渣。

（4）H 型钢立柱加工完毕后，应进行除锈，然后作防腐处理。防腐处理采用热镀锌处理，镀层厚度不小于 86 μm。

9）声屏障安装

（1）测量、定位。

分段实施声屏障的安装前，需分段进行纵向、横向中心线的复核测量，以掌握其对 H 型钢立柱的垂直度影响和 H 型钢柱底板下面是否需要用钢垫片，来调整标高和水平。在预埋件上标好“十字”记号。

（2）隔声屏体安装。

①声屏障 H 型钢立柱在基础上安装到位后，利用吊机通过专用吊索运到安装位置，金属屏体吊至立柱顶端插入固定。为防止擦伤金属屏体表面的镀（涂）层，吊索采用扁形承重尼龙带。

②安装卡簧构件必须保证声屏障构件牢固，防止由于松动导致产生二次噪声。

③声屏障顶部必须顺直，顶部盖帽采用拉铆钉固定。

15.3.3 绿化施工后期养护

养护是一项经常性的工作，具备四季性与长期性，且施工后前几年养护管理尤为重要。为了使所栽植的各种园林植物成活率高、生长茂盛、观赏性更好，需要根据所种植物的生物学特性，了解其生长发育规律，并结合当地的具体生态条件，制定符合实情的科学的养护措施。

1. 养护的标准

绿化植物生势旺盛，枝叶健壮，树形美观。及时清理死树及枯枝，及时补植死亡植株，保证景观效果优良。

2. 专职养护

根据具体环境、种植设计特点，树木品种规格等具体情况，设置专职养护队伍，配备相关机具设备和操作人员。

3. 松土锄草

春秋季节各进行一次，夏季每月进行一次，入冬前浅翻一次（深度 5 ~ 20 cm），对危害树木严重的各类藤蔓，一旦发现，立即根除。

4. 修剪、整形

修剪在秋季苗木休眠期进行，整形在春季苗林萌发前进行。乔木应及时修剪，避免影响路灯和交通指示牌。草坪需在春夏季每月一次，秋、冬季每季一次定期修剪。要注意经常性挑草，出现低洼积水，填土重铺，草高控制在 5 ~ 6 cm，超过高度用割草机轧平，草坪边缘每月一次切边保持线条清晰。

5. 施肥、浇水

灌溉时间视天气的变化而定。如久干无雨、土壤干燥（土壤反白开裂）需浇水灌溉，应在早晨或晚上进行。排水主要依靠地形、排水沟，自然排水，紧急情况还可通过挖深井用泵排水。连续雨天，临时突击加开排水沟，加速排水，确保新栽苗木周围不积水。夏天蒸发量大的季节，隔天浇水期延长一个月。每次浇水必须浇透，使水分真正到达植物的根系，对植株整体也需要喷淋。施肥需等植物根系损伤恢复并开始生长后才能进行。施用肥料为复合肥，以 1：1 000 浓度进行叶面喷洒和根部浇。施肥间隔时间须大于三个月。

6. 病虫害防治

病虫害的防治重点是乔木，因为乔木经过移植，根系、树枝等受到严重伤害，树木恢复期较长，抗病虫害能力随之下降，因此必须密切注意对乔木观察，一旦出现病虫害症状，立即对症下药，严防病虫害蔓延。

7. 扶正、培土

在施工养护期间，如发现苗木歪斜、倾倒，立即重新扶正、加固，并对植株根部进行培土。雨季来临前，以防为主，对排水沟、集水沟、集水井等进行一次全面的检修加固。在暴风雨过后全面检查，树木如有歪斜需要扶正培土，重新支撑，剪除伤残枝。

8. 地形整平

对土壤沉降、不平整部分进行整平、加土，及时撒入细土进行地形修复、除杂，人工除去绿化区内的石子等杂物。

9. 冬季养护

养护期的重点在冬季养护，因为苗木刚经过移植，对新环境适应有一过程，根系与土壤的结合还不紧密，因此须通过精心的养护从“外力”上辅助苗木度过寒冷的冬天。

15.4　房建工程

15.4.1　工程概况

成绵苍巴高速公路绵苍段房建项目包含 13 个收费站、2 个服务区、3 个停车区及附属工程，均为框架结构，13 个收费大棚为球形节点钢构，共计 41 050.24 m^2。具体房建信息如工程概况见表 3-15-9。

表 3-15-9　工程概况

区段	工程名称	建筑面积/m^2	区段	工程名称	建筑面积/m^2
成绵	塘汛收费站	4 937.54	绵苍 TJ2	白龙收费站	4 568.69
	永明（松垭）收费站	341.56		白龙服务区	5 309.14
	观太收费站	341.56		羊岭收费站	464.1
	观太停车区	588.42		白桥停车区	897.36
	仙海收费站	341.56		白桥收费站	464.1
绵苍 TJ1	魏城收费站	464.1	苍巴段	元坝收费站	446.03
	梓潼服务区	5 780.46	绵苍 TJ1 段	隧道变电所 12 处	2 218.08
	梓潼收费站	7 916.68		隧道水泵房 8 处	459.68
	七曲山收费站	464.1	绵苍 TJ2 段	隧道变电所 10 处	1 848.4
	马迎收费站	464.1		隧道水泵房 6 处	344.76
	马迎停车区	897.76	苍巴段	隧道变电所 4 处	984.96
	国光收费站	464.1		隧道水泵房 1 处	43

1. 土方工程

挖土采用机械挖土，为保证基础施工作业面，采用满堂开挖，放坡系数为 1∶0.33。边坡顶部设挡水土坝，基坑底部设排水沟集水井，为雨后排水做好准备，泵房及水池深基坑坡顶周边设置护栏。

在基坑底设计标高以上留置 20 cm 厚的土层由人工清理。人工清槽完后及时通知建设单位、监理、设计、地质勘察部门验槽。

根据设计图纸要求，对有特殊要求和超挖部分需要换填。换填前，将基坑内的风积沙、杂物等清除干净；换填料分层铺摊，每层铺土的厚度为 200 ~ 300 mm；换填料每层压实后，按规范进行环刀取样，测出土的干密度，达到设计压实度 0.97 的要求后，再进行上一层换填料铺碾。基坑开挖如图 3-15-36 所示。

图 3-15-36　基坑开挖

2. 模板工程

台阶形基础模板每一阶模板由 4 块侧模拼钉组成，其中两块侧板的尺寸与相应的台阶侧面尺寸相等。4 块侧板用木挡拼成方框，上台阶模板的其中两块侧模的最下一块拼板要加长（轿杠木），以便搁摆在下层台阶模板上，下层台阶模板的四周要设斜撑及平撑。

3. 钢筋工程

1）原材料要求

进场钢筋应具有出厂质量合格证明书原件，每捆（或盘）都应有标牌，进场时分品种、规格、炉号分批检查，核对标志，检查外观，并按现行规范的规定抽样做机械性能试验，合格后方可使用。

2）钢筋储存

根据钢筋型号及使用部位分批进场，进场钢筋和加工好的钢筋应根据钢筋的牌号分类堆放，钢筋下面应铺垫枕木，做到“下垫上盖”，避免污垢或泥土的污染及淋雨，防止钢筋生锈，做好钢筋原材料区、加工区、半成品区及钢筋规格型号的标牌标识。钢筋储存如图 3-15-37 所示。

图 3-15-37　钢筋储存

3）钢筋加工

钢筋尺寸和形状正确，平面上无翘曲现象。钢筋末段弯钩直径和长度必须满足验收规范要求。钢筋弯点处不能有裂缝，三级钢筋不能二次弯曲。钢筋加工如图 3-15-38。

图 3-15-38　钢筋加工

4）钢筋连接方式

水平级钢筋及直径 12 mm 以下的级钢筋采用绑扎搭接，直径 12 mm 以上的级钢筋采用机械锥丝连接或电弧焊，水池筏板基础钢筋全部采用电弧焊接。采用电弧焊时Ⅰ级钢筋采用 E43 型焊条，Ⅱ级钢筋用 E50 型焊条，Ⅲ级钢筋采用 E55 型焊条。框架柱ϕ16 以上型号竖向钢筋必须采用机械锥丝连接，ϕ16 以下型号竖向钢筋可采用电渣压力焊或绑扎接头。

15.4.2 主体工程

1. 模板工程

1）施工准备

将楼层各道轴线分别弹线，并引测好标高线，明确其刚度和稳定性、在安装模板前必须将模板清理干净，刷好脱模剂，防止污染钢筋，脱模剂应涂刷均匀，不得漏刷。模板工程如图 3-15-39 所示。

图 3-15-39 模板工程

2）梁模板施工

梁模板主要由侧板、底板、夹木、托木、斜向支撑等组成。侧板和底板均加木档拼制或采用整块板。在主梁与次梁交接处，应在主梁侧板上留缺口，并钉上衬口档，顶撑的间距要根据梁的断面大小而定，以保持顶撑的稳固。

3）柱模板施工

柱与梁接口处，采取柱模开槽，梁底及侧模与槽边相接，拼缝严密，并用木枋压紧，柱模加固采用钢管抱箍，每 450 mm 设置一道。安装前要检查是否平整，若不平整，要先在模板下口外铺一层水泥浆（10 ~ 20 mm 厚），以免混凝土浇筑时漏浆而造成柱底烂根。

4）楼梯模板施工

施工前根据楼梯几何尺寸进行提前加工放样，先安装休息平台梁模板，再安装楼梯模板斜楞，然后铺设楼梯底模。安装外帮侧模和踏步模板，踏步模板用木板做成倒三角形，局部实测实量。安装模板时要特别注意斜向支柱（斜撑）的固定，防止浇筑混凝土时模板移动。楼梯支模如图 3-15-40 所示。

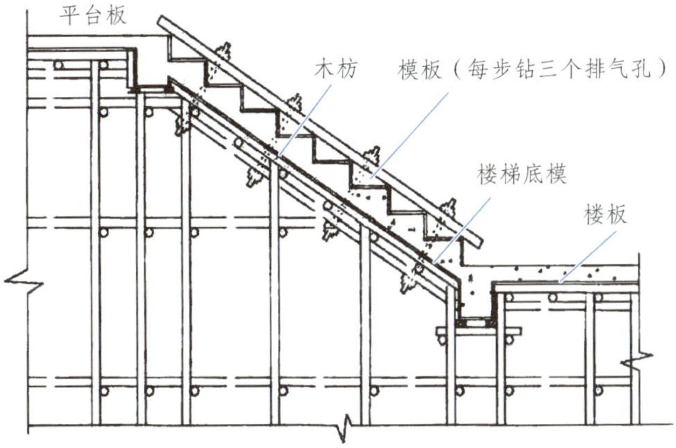

图 3-15-40　楼梯支模

2. 钢筋安装

柱子钢筋在支模前绑扎，墙的钢筋在支好一侧模板后绑扎，梁的钢筋在支好梁底模后绑扎，楼板的钢筋在支好的模板上绑扎。

框架梁接头位置，上筋位于跨中，下筋位于距支座 1/3 跨度处；基础梁钢筋上筋、下筋钢筋搭接位置与之相反，按倒置的铰支梁考虑。受力钢筋的绑扎接头位置要错开，搭接长度内绑扎钢筋面积占受力筋总截面面积的比：受拉区≤25%，受压区≤50%。

钢筋骨架垫水泥砂浆垫块，厚度为设计要求的厚度。柱子和梁侧面采用塑料垫块，柱每边设置垫块不小于两竖行，上、下间距 1 000 mm。楼板支座处的附加钢筋和悬挑构件的受力筋的保护层采用钢筋马凳控制，钢筋马凳间距 1 000 mm。钢筋安装如图 3-15-41 所示。

图 3-15-41　钢筋安装

3. 混凝土工程

1）原材料

选用水化热低的水泥品种，使用级配良好粗骨料，掺入不大于水泥用量 15%的粉煤灰，具体掺量由试验决定。

2）混凝土浇筑

混凝土浇筑时，先浇筑底板及坑壁，再浇筑水池底板，底板分两块先后浇筑。浇筑过程中做好测温工作，控制混凝土的内部温度与表面温度，以及表面温度与环境温度之差均不超过 25 ℃。混凝土振捣采用振捣棒，要做到“快插慢拔”，在振捣过程中，宜将振捣棒上下略有抽动，每点振捣时间一般以 20 ~ 30 s 为宜，直至混凝土表面呈水平，不再显著下沉，不再出现气泡，表面泛出灰浆为止。混凝土浇筑如图 3-15-42 所示。

图 3-15-42　混凝土浇筑

3）养护

养护期间，新浇筑的混凝土在 12 h 内铺草袋，并浇 8 ~ 10 cm 厚水养护，以保证混凝土内外温度差不超过 25 ℃，养护时间不少于 14 d。

4. 脚手架工程

根据本工程情况，外墙采用双排钢管脚手架，内墙脚手架采用满堂脚手架，并严格按照《建筑施工扣件式钢管脚手架安全技术规范》（JGJ 130—2011）施工。

1）主体工程施工阶段

混凝土框架搭设满堂脚手架。内墙砌筑使用工具式脚手凳。

2）装饰装修工程施工阶段

外墙保温层、玻纤网、抗裂砂浆使用双排外脚手架；外墙涂料采用吊篮施工；室内吊顶、顶棚抹灰刷涂料内墙面抹灰及油漆刷浆用里脚手架。

3）安全网设置

（1）主体施工阶段外脚手架的立面自二层开始用聚丙烯密目网全部封闭，直到屋面以上 1.2 m。该网一直保留到外墙装饰等工作结束。

（2）主体施工阶段在第一步架的高度设水平安全底网一道，以后每层设随层水平安全网，随施工作业面升高提升。安全网设置如图 3-15-43 所示。

图 3-15-43　安全网设置

5. 砌体工程

1）材料

水平地面以下采用 MU7.5 混凝土小型空心砌块，砂浆采用 Mb10 水泥砂浆，砌块应用 Cb20 细石混凝土灌孔密实；水平地面以上采用强度等级为 A5.0 的 B06 级蒸压加气混凝土砌块，砂浆采用 Ma5.0 混合砂浆，进场的砌块要有出厂合格证和检测报告。

2）砌筑

砌筑前加气混凝土砌块应充分湿润，工艺为“内湿外干”。窗口处应埋设混凝土固定块或蒸压粉煤灰砖砌筑。砖墙砌筑应上、下错缝，内外搭砌，灰缝平直，砂浆饱满，砌筑砂浆采用 M7.5 水泥混合砂浆，砂浆稠度以 5 ~ 7 cm 为宜；砌筑前铺灰，长度不超过 3 ~ 5 m，柱间墙体每皮分 3 次铺灰为宜。水平灰缝厚度 15 mm，垂直灰缝宽度 20 mm，并随手将挤出的砂浆刮去。操作时砖块要放平、跟线。砌筑操作过程中，以分段控制游丁走缝和乱缝。经常进行自检，如发现有偏差，应随时纠正，严禁事后采用撞砖纠正。应一边砌一边将溢出砖墙面的灰块刮除。内外墙的转角处严禁留直槎，其他临时间断处，留槎的做法必须符合施工规范的规定。每砌完一层楼后，应校核墙体的轴线尺寸和标高，使误差在允许范围以内。砌体工程如图 3-15-44 所示。

图 3-15-44　砌筑工程

15.4.3　收费雨棚工程

1. 钢结构网架地面（块）拼装

地面拼装流程：抄测场地标高→放线定位下弦球位置→安放垫木调节标高→安装下弦球吊装单元→安装下弦球吊装单元之间的下弦杆→调整、紧固下弦杆→安装上弦球吊装单元→安装上弦球吊装单元的连接杆→测量、调整、紧固→验收。

（1）专业测量人员根据抄测地面合格后，测放轴线。

（2）放线定位下弦球位置，安放垫木，安装下弦球吊装单元，其拼接示意如图 3-15-45（a）所示。

（3）安装下弦球吊装单元之间的下弦杆，从中间往两侧进行，杆件两端的螺栓同时拧紧到位，保证下弦球的位置和标高不变，整个下弦平面的螺栓全部拧紧到位形成一个稳定的体系。拼接示意如图 3-15-45（b）所示。

（4）安装第一个上弦球吊装单元，上弦球吊装单元采用一个上弦球和四根腹杆组成，吊装前上弦球与腹杆间的高强螺栓一次拧紧到位。吊装到位后拧紧腹杆与下弦球的高强螺栓，椎体高度允许偏差 ± 2 mm。拼接示意如图 3-15-45（c）所示。

（5）安装第二个上弦球吊装单元，先拧紧上弦球与腹杆间的高强螺栓，吊装到位后拧紧靠近第一单元的腹杆与下弦球的高强螺栓，其他三处的高强螺暂时保持松支状态，便于上弦杆的安装就位。拼接示意如图 3-15-45（d）所示。

（6）安装两上弦球吊装单元间的上弦杆，杆件两端的螺栓同时拧紧到位，拧紧的过程中调节并拧紧第二个上弦球吊装单元剩下的三处腹杆与下弦球间的高强螺栓。拼接示意如图 3-15-45（e）所示。

（7）按（5）、（6）的安装方法安装剩下的上弦球吊装单元、上弦杆，单元拼接长度小于 20 m，单跨允许偏差 ± 10 mm。拼接示意如图 3-15-45（f）所示。

（8）按（5）的方法安装第二排的第一个上弦球吊装单元，单跨允许偏差 ± 10 mm。拼接示意如图 3-15-45（g）所示。

（9）按（5）、（6）的安装方法安装第二排剩下的上弦球吊装单元、上弦杆，单跨允许偏差 ± 10 mm。拼接示意如图 3-15-45（h）所示。

（10）按（4）、（5）、（6）的方法安装第三排的上弦球吊装单元、上弦杆件，单跨允许偏差 ± 10 mm。

（11）按（4）、（5）、（6）的方法安装第四排的上弦球吊装单元、上弦杆件，周边支承网架相邻支座高差小于 *L*/400（*L* 代表跨度）。

（12）按（4）、（5）、（6）的方法安装最边处的上弦球吊装单元、上弦杆件。

（13）按以上安装步骤安装其他分块平台的网架，周边支承网架相邻支座高差小于 *L*/400。

（14）按（5）、（6）的安装方法安装平台间的网架，安装完成后整体测量交验，纵向、横向长度允许偏差 *L*/2 000。拼接示意如图 3-15-45（i）所示。

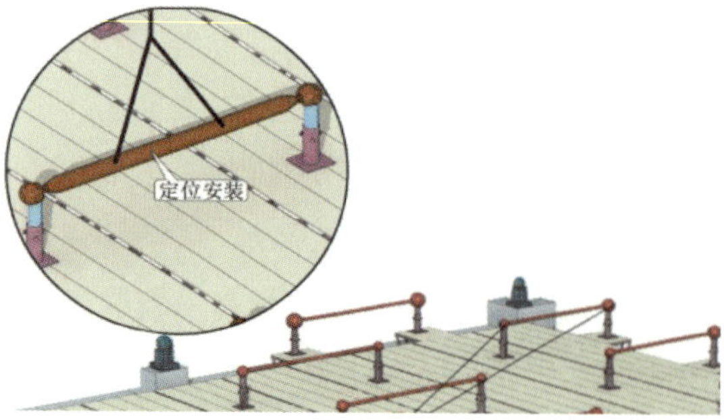

（a）

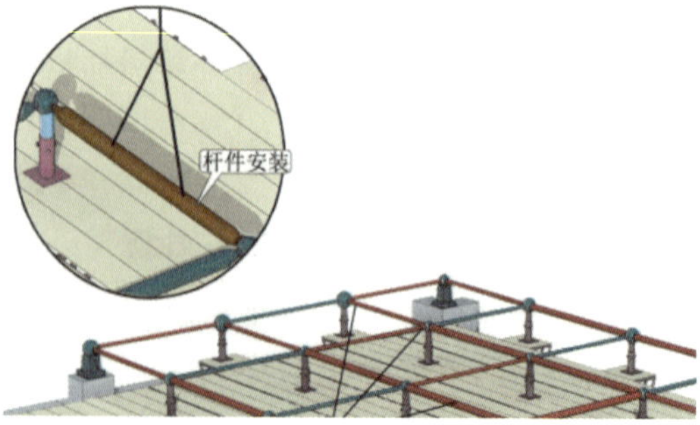

（b）

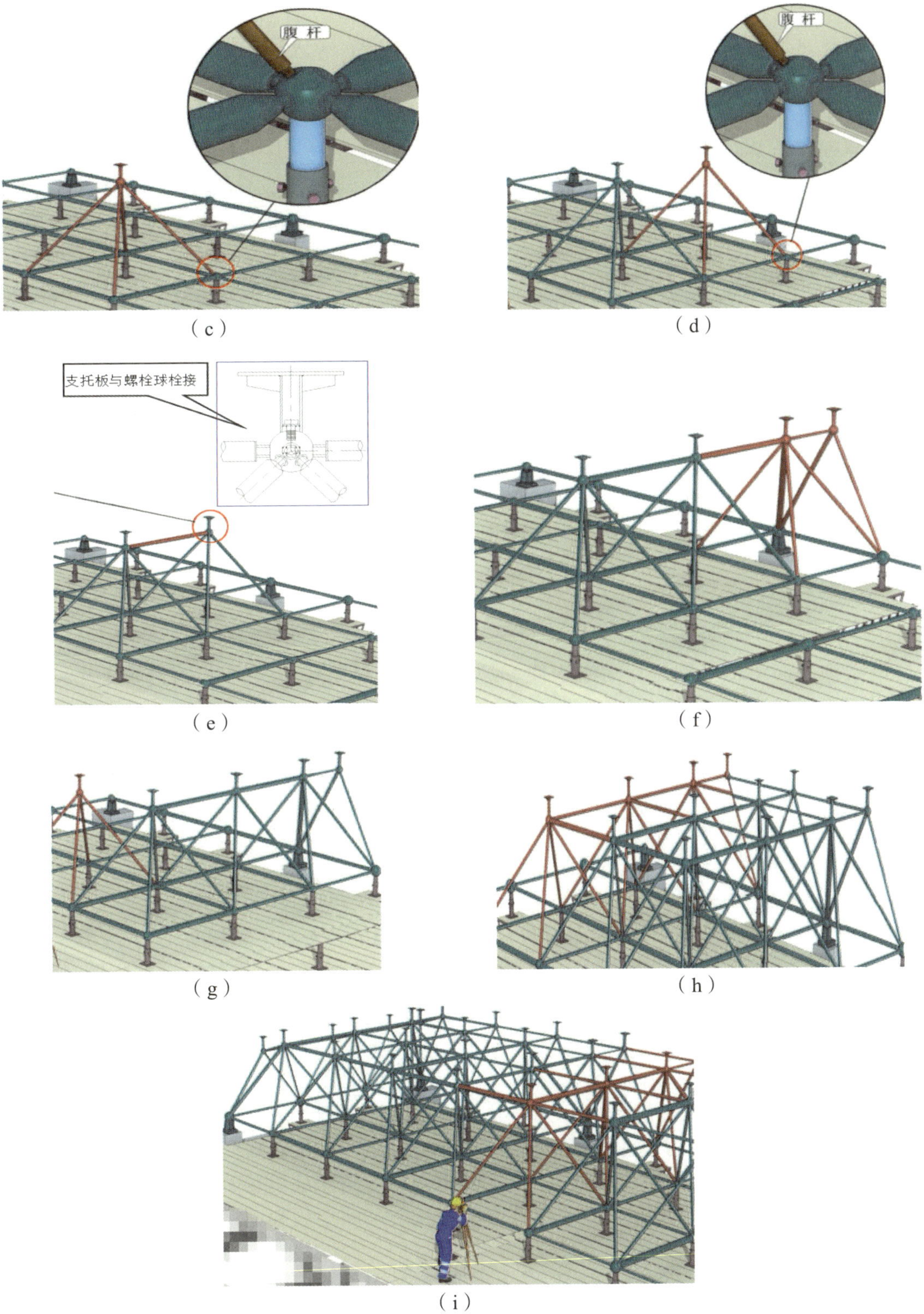

图 3-15-45　地面拼装完成

2. 钢结构网架吊装

网架起吊设置 4 个吊点，吊点应选在网架支座附近的节点球处，即下弦球 3～5 处。四角必须同时起吊，相应对称，因设计荷载原因，材料有偏差时，应当临时增加配重，保证网架整体起吊后四角平衡。起吊后静止 5 min，检查所有吊点是否栓牢固，所有螺丝节点有无松动，网架整体有无倾斜，若发现问题应及时处理，加以整改，整改后由专业指挥员指挥方可起吊，保障网架吊装顺利，及吊装完成。吊车及吊点如图 3-15-46 所示。

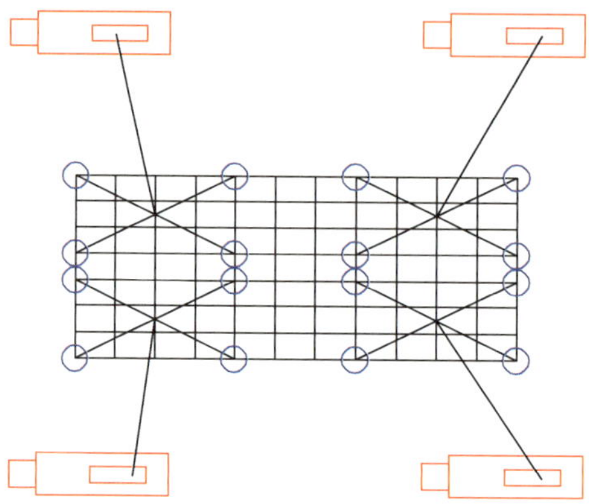

图 3-15-46 吊车位及吊点

3. 钢结构网架涂装

钢结构表面清理→除锈→喷涂底漆→涂装检查→现场补漆→涂装面漆/防火涂层→质量检查→面漆/防火涂层补涂→检查验收。

15.4.4 装饰装修工程

1. 抹灰工程

1）内墙抹灰

（1）材料选用。

选用专用界面剂，1∶1∶6 水泥石灰膏砂浆打底扫毛，无水房间抹灰选用 1∶0.5∶2.5 水泥石灰膏砂浆，有水房间抹灰选用 1∶3 水泥砂浆，挂网选用耐碱玻纤网格布或镀锌钢丝网，钢丝网网眼规格不大于 10 mm×10 mm，钢丝直径不小于 0.7 mm。

（2）操作要点。

一般应从上往下打底，底层砂浆抹完后，将架子升上去，再从上往下抹面层砂浆。应注意在抹面层灰前，先检查底层砂浆有无空裂现象，如有空裂，应剔除返修后再抹面层灰。另外，应注意底层砂浆上尘土、污垢等杂物应先清理干净，基层干燥时必须洒水湿润后，方可进行面层抹灰。当气温干燥或现场作业条件可能会影响到抹灰质量时，在抹面层灰前应在底灰上刮一层界面剂后再抹面层灰，这样可以消除抹灰层间空鼓和面层开裂现象。

2）外墙抹灰

（1）材料选用。

①玻化微珠保温层厚度为 30 mm。

②聚合物砂浆胶黏剂（与玻化微珠配套产品），可操作时间≥2 h。

③抗渗防裂砂浆：可操作时间≥2 h。

④耐碱玻纤网格布网孔 10 mm×10 mm。

（2）操作要点。

在外墙不同材质基层交接部位、转角部位等采用挂镀锌钢丝网防止产生开裂现象，在建筑物外墙 1 m 标高及距阴阳角 0.1 m 的竖向部位处弹水平及竖向控制依据线，按墙上已弹出的基准线，分别在门窗口角，垛、装、墙面等处吊垂直套方抹灰饼具体工艺可参照内墙抹灰。

2. 门窗工程

1）材料选用

（1）本工程门窗主要有成品防盗门、成品防火门（甲、乙、丙级）、铝合金门、木门、铝合金窗。

（2）进场材料均需提供合格证明并符合设计要求。

2）操作要点

洞口内预埋件的表面，应不低于洞口内墙面，以利连接，遇有个别低于墙面者，可以垫铁连接，堵缝发泡在凝固以前，不允许在门框上进行任何作业，以免砂浆松动裂纹，降低密封质量。门框堵塞的断热材料等必须严实，钢质门安装必须保证连接质量，以使钢质门与墙体牢固地结成一体钢质门安装必须开关轻便，不能过松。安装后，用螺丝刀将各部位五金件螺丝检查扭紧，安装好的门框扇表面应平整，无明显凹凸现象，表面无刷纹、流坠或喷花、斑点等漆病。

第 16 章　重难点工程

16.1　嘉陵江特大桥

嘉陵江特大桥左幅起点里程为 ZK95+557.5，终点里程为 ZK96+566.5，桥梁左幅全长 1 009 m，其结构形式为（6×40+105+200+105+8×40+1×30）m 预应力混凝土简支 T 梁+预应力混凝土连续刚构。右幅起点里程为 K95+642.5，终点里程为 K96+574.5，桥梁右幅全长 932 m，其结构形式为（4×40+105+200+105+8×40+1×30）m 预应力混凝土简支 T 梁+预应力混凝土连续刚构。最大桥高 61.5 m，主桥最大墩高 57.5 m。嘉陵江特大桥盖梁在四川省内首次采用爬锥法施工，提高了盖梁施工的安全性，节约了工期。该桥所在线路建成后，将形成一条新的出川、入陕、进京的大通道，对加强成都平原经济区与川东北经济区联系，完善我国西北、西南地区高速路网具有重要意义。嘉陵江特大桥如图 3-16-1 所示。

图 3-16-1　嘉陵江特大桥

1. 主要技术标准及参数

（1）道路等级：双向四车道高速公路。

（2）设计速度：80 km/h。

（3）荷载标准：一级公路。

2. 自然条件

1）地理位置及交通条件

桥址区所在地隶属四川省苍溪县亭子镇五福村。桥梁横跨嘉陵江，交通条件便利。

2）地形地貌

桥址地处四川盆地东部，整个地貌由低山和深丘及河谷平坝构成，北部低山窄谷，海拔一般为 700～1 000 m，占总面积 35.2%，山势峭拔，坡陡谷狭，沟壑纵横，地势由北向南呈梯状下降，多为棕紫泥土和黄红泥土，森林覆盖面大东北长梁平台，低山狭谷，一般海拔 600 ~ 800 m，占总面积 29%，山势逶迤绵亘，多平台长梁，河谷狭窄，多为黄泥土、夹沙土和石骨子土。

3）地层岩性

桥址区分布的地层为第四系全新统人工填土土层、第四系全新统冲洪积层、第四系全新统坡积层、第四系全新统残坡积层和白垩系下统苍溪组基岩。

4）水文地质条件

桥址区地表水主要为嘉陵江，为常年性流水，河床宽约 400 m，勘察期间正常水深一般为 7 ~ 10 m，江面高程一般为 372.05 ~ 373.05 m。洪水季节水深 11 ~ 19 m，高程为 376.05 ~ 378.05 m，常年泄洪水位高程约为 380.80 m，该河段水量主要受大气降水及上游补给。嘉陵江洪水主要由暴雨形成，属陡涨陡落型洪水。年最大洪水发生时间以 7、8、9 月最多，6 月次之，5、10 月偶有发生，但量级较小。年最大流量的年际变化较大，实测年最大洪峰流量为 23 700 m^3/s，最小为 2 090 m^3/s。

桥位水文地质条件复杂，常年水深 10 m，受汛期大坝泄洪影响，洪水期水深可达 19 m，水流速度高达 10 m/s，在全国建桥史上罕见。桥位处河床地质为巨粒石堆积体或基岩裸露，施工难度较大，为全线控制性工程。

16.1.1　施工进度预警系统

在嘉陵江特大桥施工过程中项目部应用 BIM 建模，并导入 GIS 系统进行进度管理。有效提高了项目在进度管理方面的效率，使得项目管理者能够及时了解现场实际施工进度情况，对比计划进度，并及时进行调整。

1. 系统概述

系统分为项目层、业主层和公司层三个层级。各层级管理层用户可通过大屏、PC-WEB 端、移动端三类端口实现数据的共享和管理。对项目层而言，项目部可根据进度数据，进行人员、材料、机械的统筹安排，单工点级系统界面如图 3-16-2 所示。

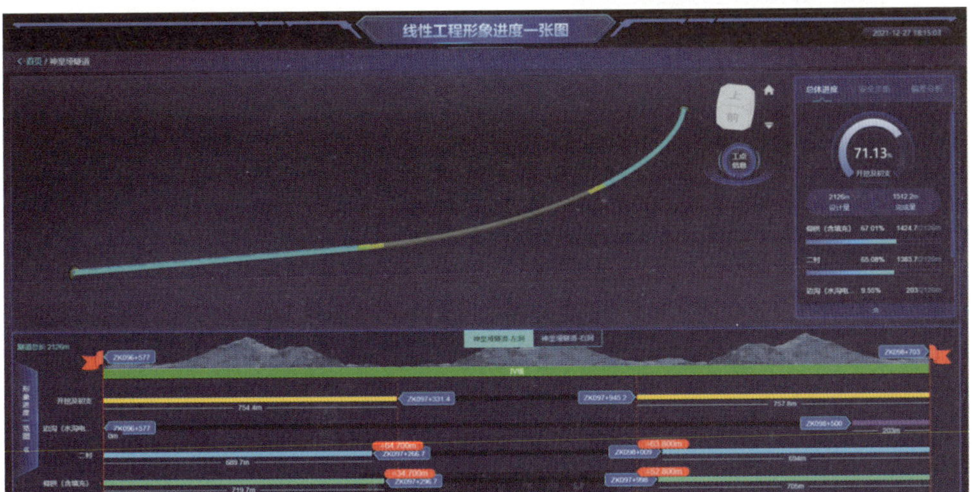

图 3-16-2　单工点级系统界面

对业主层而言，可清晰直观地了解项目桥梁的实际进度，项目级系统界面如图 3-16-3 所示。

图 3-16-3　项目级系统界面

对公司层而言，可对比其他类似桥梁的施工进度，提出指导性建议。

系统解决了长大项目管理人员对进度全局难把控、进度表达不形象、进度表达媒介受限、数据不及时、信息不共享等问题。为项目管理决策者提供及时、准确、形象化的生产进度及资源数据，在任何时间、任何地点可以对现场情况了如指掌、运筹帷幄，可高水准地向上级汇报，也可有依据地指挥下级。

2. 系统使用

1）BIM 建模

（1）BIM 模型：通过系统自带的参数化建模工具进行快速建模，仅需配置线路平竖曲线要素、族文件、结构关键参数就可以生成整体模型，如图 3-16-4 所示。

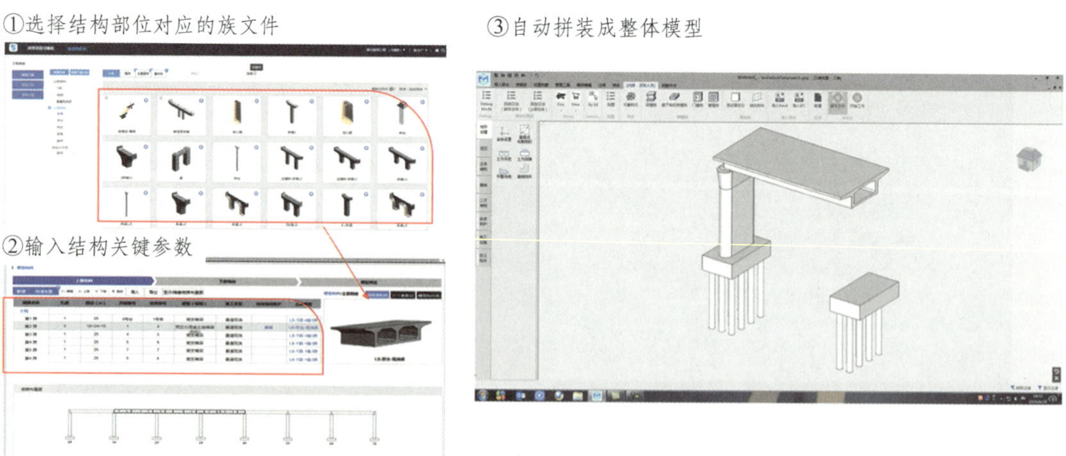

图 3-16-4　BIM 模型库

（2）GIS 数据：可配置两种模型。第一种是常规地图底图模型，精度低、较模糊、数据量小；第二种是倾斜摄影模型，精度高、清晰、数据量大，如图 3-16-5 所示。

图 3-16-5　GIS 数据配置接口

（3）BIM+GIS 数据叠加：通过简单配置，就可以生成项目层级的 BIM+GIS 模型，如图 3-16-6 所示。

图 3-16-6　BIM+GIS 数据叠加融合

2）模型导入

将 BIM 模型导入 GIS 系统。

3）进度计划编制

通过进度计划管理软件进行施工进度计划的编制与调整，通过对项目进行工点划分，设置相应的责任人与参与人。施工进度计划总体进度计划编制完成后，项目部可按周（可自定义天数）进行细化，并派发给相关负责人，如图 3-16-7、图 3-16-8 所示。

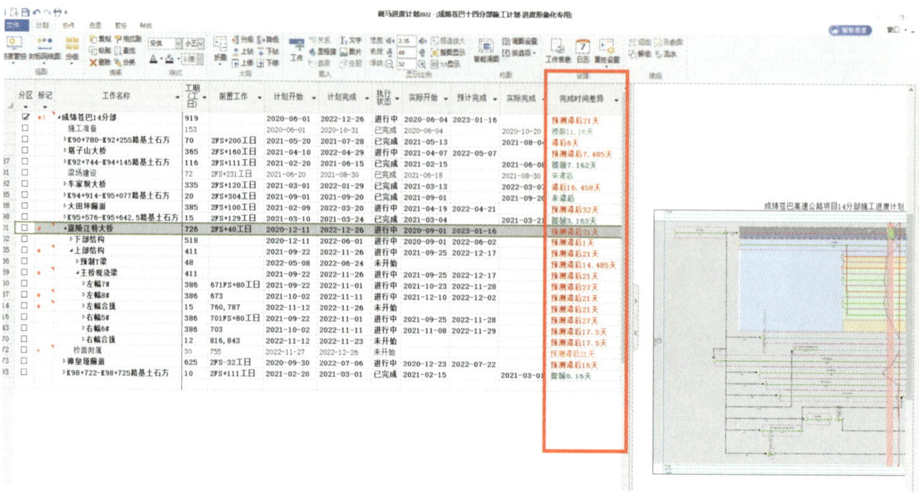

图 3-16-7 进度编制管理界面

图 3-16-8 下发周计划任务

4）数据采集进度监控

现场技术员在日常工作当中，采用手机端对现场实际施工进度数据进行及时采集，系统根据采集的数据，自动生成进度分析，对未达进度实行预警。如图 3-16-9 ~ 图 3-16-11 所示。

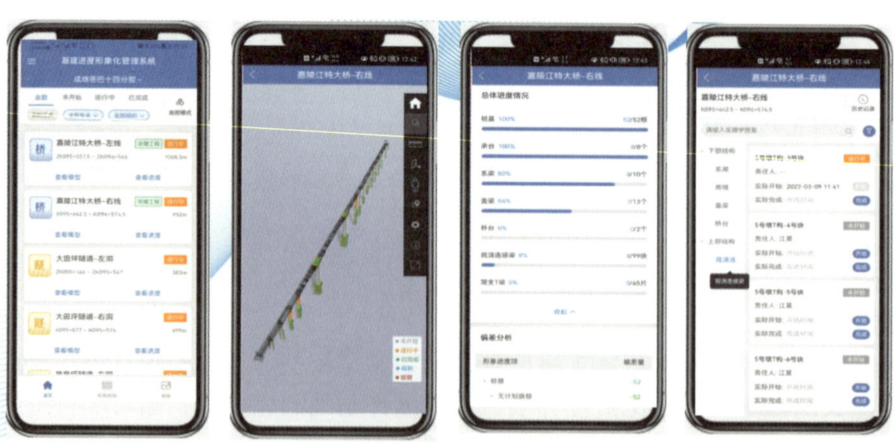

图 3-16-9 手机端采集施工进度数据

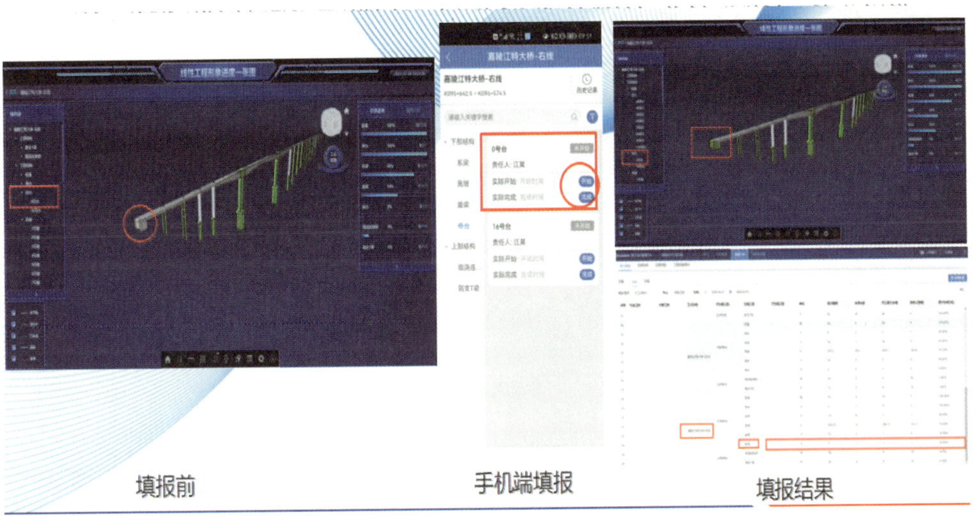

图 3-16-10　数据采集系统界面

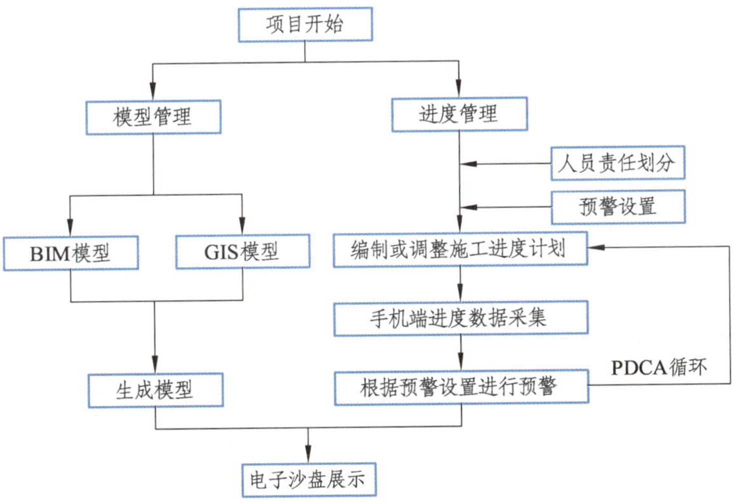

图 3-16-11　系统管理基本流程

3. 进度管理与预警

项目工作人员根据项目实际情况，在系统中设置预警对象、预警时间阈值、预警计算方式，预警推送人员，使预警信息能够及时、准确地发出，如图 3-16-12 所示。

手机端采集的实际开始与完成时间自动返回至进度管理软件，通过计划与实际相对比，自动计算进度偏差，超出设定预警值时，通过手机短信方式实时推送预警信息。项目管理人员可及时掌握进度情况，分析原因、调整施工计划，达到进度管理的目的，如图 3-16-13 所示。

4. BIM 融合 GIS 进度管控

BIM+GIS 电子沙盘（图 3-16-14）集成了 BIM 三维模型与无人机倾斜摄影模型，并结合项目施工进度填报数据，通过数据看板、颜色区分、沙盘漫游等方式进行项目整体形象化展示，让项目的每个参与者都能够第一时间掌握项目的动态，及时作出准确的响应。

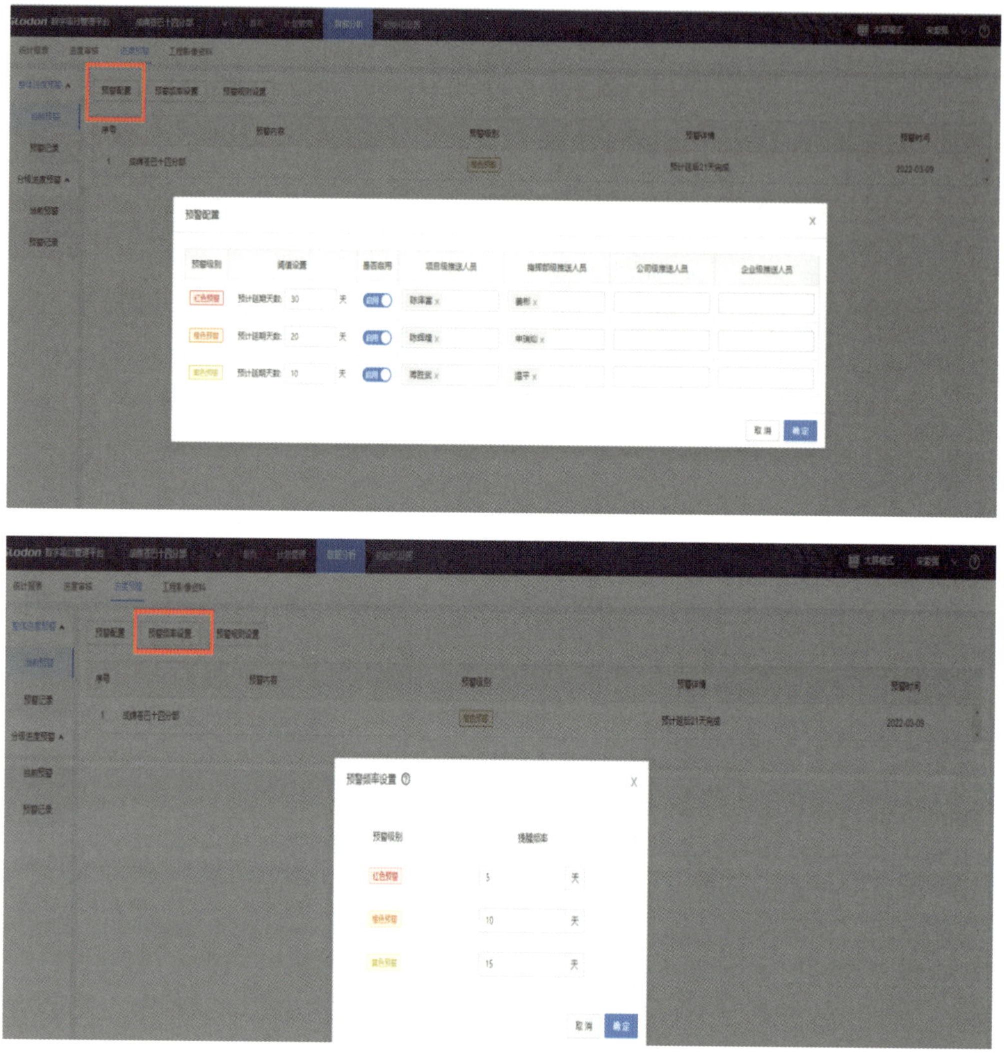

图 3-16-12 设置进度预警

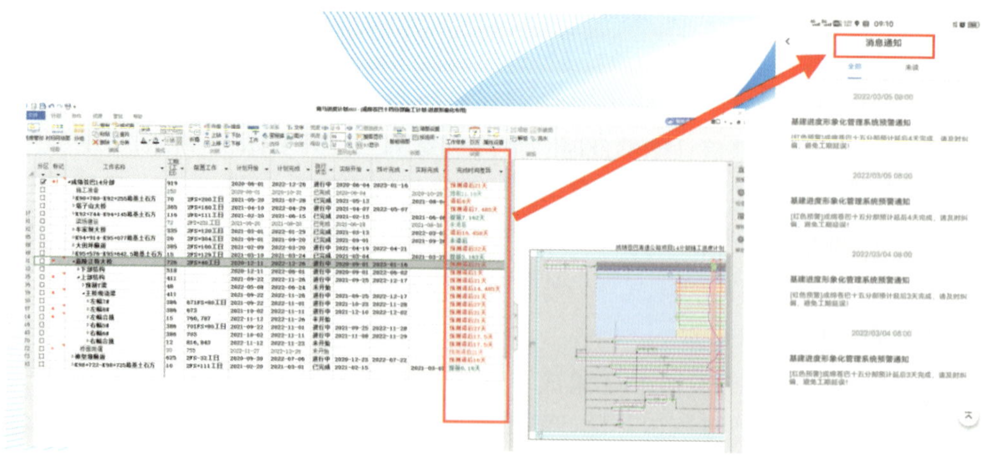

图 3-16-13 进度预警并发送

图 3-16-14　BIM+GIS 电子沙盘

项目管理者通过企业层级页面可以总览所有项目的进展情况，对风险进度提前预知，对趋势走向通过可视化组件可以提前预判。通过 GIS 地图可以分区域了解不同地域的进度状态，层层下钻可以了解到区域类指挥部、项目标段的分布情况、进度的完成情况以及偏差情况，如图 3-16-15 所示。

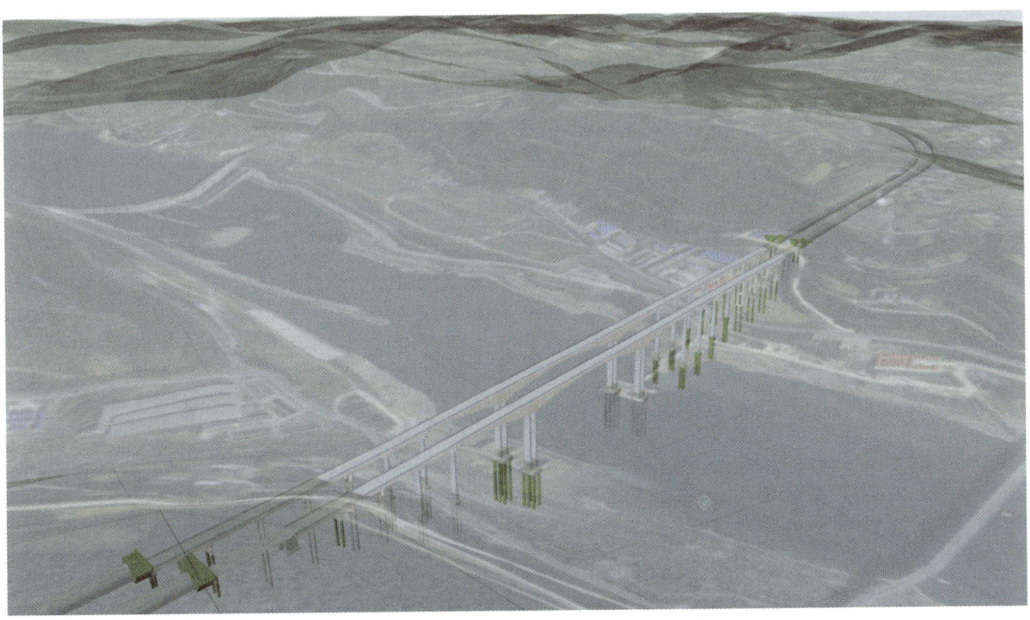

图 3-16-15　嘉陵江特大桥进度预警

基于 GIS 和 BIM 的工程进度管理平台，可以大大提升管理效率，提高工程管理的针对性和有效性。

16.1.2 施工准备及资源配置

1. 驻地、试验室

通过现场踏勘，充分比选，遵循安全、经济、实用、美观，以及与环境相协调的原则，本项目驻地选择在亭子镇范围内大唐水利枢纽大坝右侧原施工队伍驻地（大唐水利枢纽永久性征地范围）。为确保施工质量、加强施工现场管控，试验室设在驻地右侧，由独院三栋单层房屋组成。如图 3-16-16 ~ 图 3-16-18 所示。

图 3-16-16 驻地及试验室

图 3-16-17 嘉陵江特大桥施工驻地

图 3-16-18 嘉陵江特大桥大里程施工场地

2. 混凝土拌和站

项目部相关人员根据施工平面图，查看施工现场，经过多方比对，在大唐水电拌和站旧址（距线路 K94+800 左侧约 500 m）设置 1#混凝土拌和站，占地 32 200 m^3。

为做好混凝土拌和站的环境保护工作，采用全覆盖式集料传送带，配置水泥罐顶除尘机，设置出入口洗车池和污水排放沉淀池等环保措施。

1）原材料管理

原材料中水泥由局指挥部统一进行招标采购；外加剂根据集团公司《关于推行外加剂、土工材料年度采购决定的通知》（中铁二十三局设物〔2018〕125 号）公布的西南片区供应商进行采购；粉煤灰、矿粉等根据集团公司要求统一招标采购，地材与当地合作加工供应或者控制价格采购。

2）成品混凝土管理

按照拌和站地磅过磅数量进行管理。

3）混凝土运输管理

根据生产任务、运输数量、运输距离，按照方量进行单价租赁。

3. 用电及用水

嘉陵江特大桥大小里程施工点，采用 2 台容量为 630 kV·A 的变压器，以满足本桥生产所需，电力主要用于抽水、焊接、塔吊、升降梯、混凝土浇筑等工序。

生产及生活用水根据现场考察，对地下水、既有水源取样化验表明，水质良好，可作为生活及拌和站用水。

16.1.3 施工技术

嘉陵江特大桥钢栈桥分一期、二期栈桥同时进行施工，水中墩墩位处地质复杂，部分墩位处为基岩裸露，部分墩位为大块孤石和卵石混合，采用围堰施工。下部结构桩基采用钻头

为十字冲锤的冲击钻施工，盖梁采用爬锥法施工。上部结构连续刚构采用悬臂浇筑法施工

1. 临建工程（栈桥）施工

嘉陵江特大桥受汛期大坝泄洪影响，桥位处水流湍急，最大流速达到 10 m/s。本项目多次组织行业内专家对栈桥及钢围堰施工方案进行会审，确保施工方案安全、经济、合理。

为快速打通施工通道，嘉陵江特大桥钢栈桥分为一期、二期栈桥同时进行施工。一期栈桥采用直径为 1.02 m，壁厚 1.2 cm 的钢管桩作为受力基础，并利用厂制导管架形成空间稳定结构。一期栈桥提升完成后，在栈桥上游施做锚固桩，并利用钢管与栈桥进行有效连接，确保钢栈桥安全度汛。二期钢栈桥采用筑岛后进行下部结构钢管桩基础施工。为确保激流速下钢栈桥安全度汛，二期栈桥基础采用冲击钻引孔钢管桩跟进至中风化岩层后灌注 11 m 长钢筋混凝土桩作为锚固桩。厂制导管架、一期栈桥、汛期泄洪栈桥如图 3-16-19 ~ 图 3-16-21 所示。

图 3-16-19 厂制导管架

图 3-16-20 一期栈桥

图 3-16-21　汛期泄洪栈桥

1）一期栈桥

一期栈桥施工主要分为钢管桩施工、贝雷片架设、桥面系安装三部分。其中，钢管桩施工应根据地形、施工水域、材料、打桩设备等选择了振动沉管法。栈桥施工流程如图 3-16-22 所示。

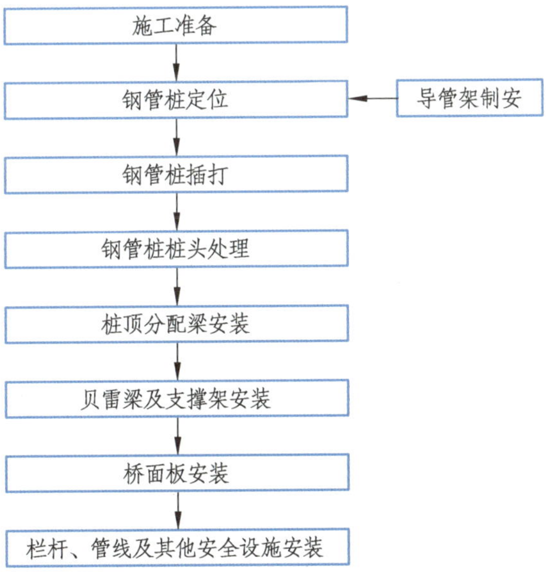

图 3-16-22　栈桥施工流程

（1）步骤一：钢管桩插打及连接系施工。

①管桩插打前，安装导管架定位。

②钢管桩插打可采用履带吊与打桩锤配合作业，打桩锤采用 DZ90 振动锤，确定桩的桩位与桩的垂直度满足要求后方可沉桩。

③当钢管桩需接桩时，则接桩时尽量保持桩的轴线在一条直线上，最大偏斜不大于 5%。焊接接长自然冷却后方可继续锤击，并尽量避免长时间中断沉桩。

④钢管桩沉桩过程中，单排桩墩单桩插打的精度要求平面偏差≤50 mm、钢管桩插打垂直度偏差≤1%。

⑤钢管桩插打完成后，在导管架内壁的压浆管压注速凝水泥浆。

⑥桩位处覆盖层超过 2 m 处，确保钢管桩入岩深度不少于 0.5 m，后期注意冲刷情况的

测试及时防护；覆盖层少于 2 m 或无覆盖层处，确保钢管桩插打入岩深度超过 0.5 m 后，应根据插打的难易程度，及时反馈，及时修正入岩深度。

⑦单片式导管架顺桥向水上连接系应尽量在最低水位期间焊接，下弦不得高于+373.0 m，并尽量做低。

（2）步骤二：贝雷片架设。

贝雷片及支撑架架设应根据《装配式公路钢桥使用手册》进行贝雷梁的组拼，各种必需配件按规定安装。贝雷片安装偏差：轴线偏位≤10 mm，平面偏差≤10 mm。

（3）步骤三：桥面系安装。

①混凝土桥面板加工尺寸偏差≤10 mm；表面平整度控制在 5 mm 以内；安装轴线偏位不大于 10 mm。

②两侧栏杆安装时，必须保证栏杆顺直。栏杆安装完成后应拉线检查。其平面偏差≤5 mm，竖直度偏差≤5 mm。

③桥上应设置必要的航道警示灯和夜间照明设施。

④栈桥进出口按要求设置减速带、限载、限速标志牌以及《施工栈桥安全使用说明牌》等。

⑤栈桥两侧应配置必要的风速风向仪、救生圈、消防器材、安全绳等防护用品。

（4）步骤四：桩底锚固。

①钢管桩插打进入中风化岩层时，在钢管桩顶部架设贝雷梁平台利用地质钻探机在钢管桩内部钻孔，钻孔深度为伸入岩层 5 m（根据取样情况判断，若 4 m 内遇强风化岩，进入中风化岩 1 m 后提前终孔），然后植入锚杆，锚杆采用 3 根ϕ32 螺纹钢筋，压浆管和钢筋插入新钻孔底部，钢筋上部高出岩层面 3 m，排水管位于止浆塞下 200 mm 处，注浆管与排水管延伸到高出作业平台 1 m。通过压浆管向新钻小孔内部注入水泥浆，然后钢管内部浇筑 3 m 高 C30 水下混凝土，最后形成岩层-锚杆-立柱的稳定系统。

②桩底锚固工艺流程：导管架定位→插打钢管桩→焊接桩间分配梁→铺设贝雷梁→搭设钻机作业平台→钻机就位并下ϕ194 套管并嵌入河床底 0.5 m→钻锚杆孔→下锚杆钢筋及 DN15 注浆管与 p40 塑料排水管→拔除ϕ194 套管→注浆至排水管返浓浆为止→吸泥机清理管内岩面以上覆盖的土层→灌注混凝土。

③水泥浆配合比：为了使水泥浆能在注浆管中流动并达到要求的强度，采用 42.5 级普通硅酸盐水泥，纯水泥浆灌注，水灰比控制在 0.4。为了增强水泥的早期强度，在水泥浆中掺入 1%三乙醇胺早强剂。

2）二期栈桥

钢栈桥施工从岸边往嘉陵江江中采用逐孔振沉钢管桩逐孔架设上部结构的方法（即“钓鱼法”）施工。在便道处先做桥台基础，靠近桥台第一排定位桩插打时吊机停靠在岸边上，当桩间连接及分配梁焊接完毕后，利用履带吊架设第一孔栈桥 H 型钢，铺设钢筋混凝土预制板桥面系，然后履带吊机驶至栈桥前端吊装悬臂导向支架，利用悬臂导向支架精确打入下排钢管桩，测量组确定桩位与桩的垂直度满足要求后，开动振桩锤振动。在振动过程中要不断地检测桩位与桩的垂直度，发现偏差要及时纠正。钢管桩插打到位后搭设好临时施工平台，进行引孔施工，引孔施工完成后应及时进行桩之间的连接，增加桩的稳定性，避免发生意外事件，然后下放钢筋笼，浇筑混凝土，混凝土浇筑完成后安放桩顶分配梁、架设第二孔栈桥贝雷梁、桥面系，如此循环施工至结束，二期栈桥工艺流程如图 3-16-23 所示。

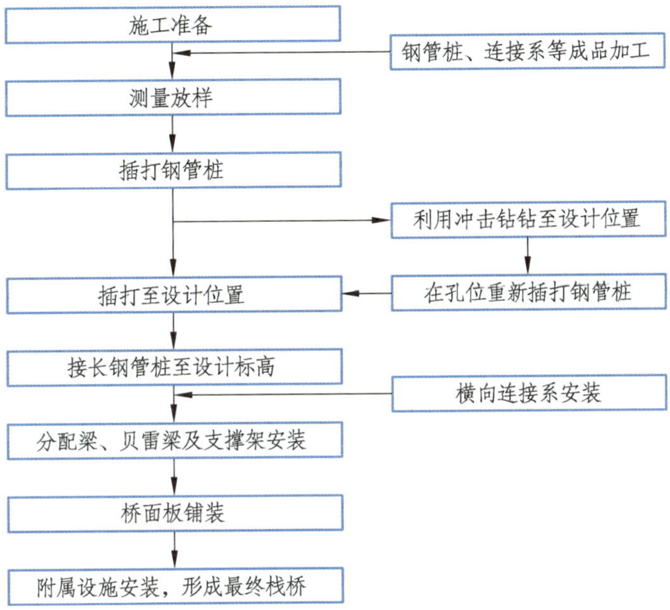

图 3-16-23　二期栈桥工艺流程

（1）步骤一：钢管桩插打。

根据该栈桥的地质情况选用 1 台 90 型冲击钻机，根据规范钻孔孔径可比桩径小 50～100 mm，本工程主栈桥与支栈桥桩径均为 1 020 mm，故引孔机配 900 mm 的钻头。

（2）步骤二：接长钢管桩。

在已经插打好的钢管桩前一排打入 2 根临时平台搭设稳固桩，然后进行钻机的钻孔平台搭设，平台搭设完成后钻机就位，进行引孔施工现场并做好记录，引孔施工达到设计标高以后清孔并下放钢筋笼，钢筋笼下放到位后用导管灌注 C30 水下混凝土，拆除临时稳固桩，桥面系施工，进行下一跨施工。每个墩钢管桩施工完成后，立即进行该墩钢管桩间连接系、桩帽及桩顶分配梁的施工。连接系需根据现场实测钢管间距进行现场下料，下料后采用履带吊悬吊连接系材料到位后电焊工先进行点焊固定，连接系必须以满足焊接长度为原则并经现场技术员同意后方可进行满焊，现场技术员须及时检查焊缝质量。连接系与钢管接触位置全部满焊。

钢管桩割至设计标高位置后，在钢管桩上口开槽并焊接加劲板，钢管桩与加劲板焊接必须满足规范要求。2I40b 工字钢安装经测量放线后放置于钢管桩上，将 2I40b 工字钢与加劲板焊接，增加桩的局部刚度和工字钢的稳定性。

（3）步骤三：贝雷片架设。

①在桩顶分配梁上进行测量放样，定出贝雷架准确位置。

②将拼装好后的贝雷梁装车并运至履带吊车后面。

③贝雷分组进行安装，履带吊车首先安装一组贝雷，准确就位后先牢固捆绑在横梁上，然后焊接限位器，再安装另一组贝雷，同时与安装好的一组贝雷用贝雷片剪刀撑进行连接。依此类推完成整跨贝雷梁的安装。

（4）步骤四：桥面系安装。

桥面采用 6 m×2 m×0.2 m、7 m×2 m×0.2 m 钢筋混凝土预制板铺设，采用吊车吊装铺设，桥面预制板预埋件与贝雷梁横之间焊接连接。最后安装护栏立杆、护栏扶手和护栏钢管以及涂刷红白油漆，每段相隔长度为 30 cm。

桥上应设置必要的航道警示灯和夜间照明设施。栈桥进出口按要求设置限载、限速标志牌以及《施工栈桥安全使用说明牌》等。栈桥两侧应配置必要的风速风向仪、救生圈、消防器材、安全绳等防护用品。

2. 临建工程（围堰）施工

嘉陵江特大桥小里程主墩右 5#采用钢板桩围堰、左 7#采用高压旋喷桩止水帷幕围堰；大里程主墩右幅 6#、左幅 8#采用直径 0.82 m，壁厚 1.6 cm 锁扣钢管桩围堰；右幅 7#、左幅 9#采用钢筋混凝土咬合桩围堰。由于右幅 6#、左幅 8#墩位处为基岩裸露为固定钢护筒防止桩基施工漏浆，锁扣桩围堰采用先封底后桩基施工逆作法施工工艺。

1）高压旋喷桩止水帷幕围堰

高压旋喷桩止水帷幕围堰施工流程如图 3-16-24 所示。

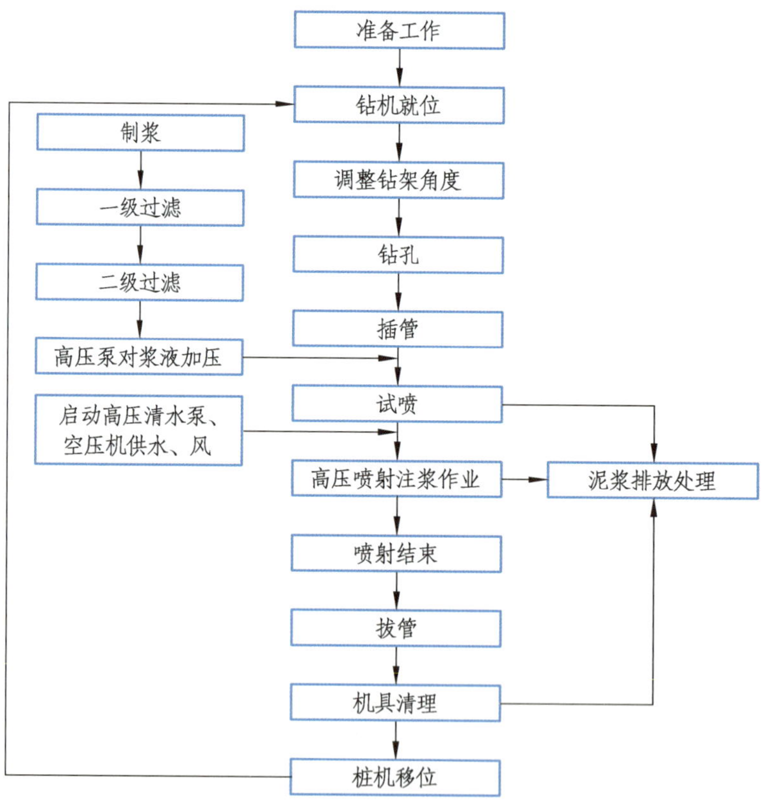

图 3-16-24　高压旋喷桩止水帷幕围堰施工工艺流程

（1）基坑支护设计参数。

高压旋喷桩：围护墙采用双ϕ700@500，有效桩顶标高 374 m，有效桩长 8.5 ~ 8.7 m，桩数 639 组，搅拌桩组内咬合 200 mm，组与组之间咬合 200 mm。高压旋喷桩采用逐孔施工。水泥采用强度等级为 42.5 级的普通硅酸盐水泥。

（2）机具就位。

施工前先进行场地平整，挖好排浆沟和泥浆池，铺设好钻机、高喷车行走轨道，搞好钻机、高喷车定位工作。接通水、电设备并进行现场初步试车。要求钻机安放保持水平，钻杆保持垂直，其倾斜度不得大于 1%。

（3）成孔。

采用钻机成孔，浓泥浆循环护壁钻进，孔径 D=130 mm，孔深为剖面深度，并保证其钻入泥岩或砂岩深度在 1.0 m 以上。施工过程中每连续 5 个孔取一次泥岩或砂岩岩芯，便于掌握泥岩或砂岩顶部高程，控制入岩深度。钻孔间距按图标尺寸，孔深宜比设计深度深 20 ~ 30 cm，便于沉渣。钻孔的位置与设计位置的偏差不得大于 50 mm。二重管高压旋喷止水帷幕围堰如图 3-16-25 所示。

图 3-16-25　二重管高压旋喷止水帷幕围堰

2）锁扣钢管桩

（1）在水深 10 m，水流速度 3 m^3/s，地质条件为基岩裸露的条件下，钢板桩需采用静态打桩机植桩，此设备插打钢板费用极高，目前国内共两台此设备，因此不能选用钢板桩。此水文地质条件下若采用双壁钢围堰施工工艺存在如下不利因素：

①由于墩位处基本为基岩裸露且存在高低不平情况，双壁钢围堰底部加工尺寸精度要求极高，此水深条件下准确测量墩位处基岩高程困难且费用较高。

②双壁钢围堰在此水流速度下下放定位困难。

③双壁钢围堰度汛措施极高，且安全风险高。

④双壁钢围堰整体加工后下放困难，设备人员物力等费用极高，分段下放周期长。

因此，嘉陵江特大桥左幅 8#墩、右幅 6#墩钢围堰施工不适合采用双壁钢围堰。综上所述，从施工工期、成本控制、安全度汛等方面考虑，嘉陵江特大桥左幅 8#墩、右幅 6#墩采用锁扣钢管桩围堰施工工法。

（2）为确保锁扣钢管桩能顺利实施，项目就深水急流条件下锁扣钢管桩围堰施工技术进行全面研究，确保围堰能达到以下目的：

①确保锁扣钢管桩在急流条件的插打精度。

②有效地节约工期，确保汛期前墩柱施工高度高出常水位。

③解决钢护筒无法跟进桩基施工时如何能保浆的问题。

④解决锁扣钢管桩桩间渗水、承台开挖过程中底部渗水问题。

⑤锁扣钢管桩围堰如何能安全度汛。

为了在急流速下确保锁扣钢管桩的插打精度，嘉陵江特大桥锁扣钢围堰采用导向框法施工：在导向框上精确放样每根桩位，锁扣钢管桩在插打过程中能准确下桩，及时校正符合，确保了锁扣钢管桩顺利无缝合龙；利用导向框及时固定锁扣钢管桩避免了在高流速下水流冲击造成管桩倾斜偏位，为顺利地完成锁扣桩插打提供有利条件。节约了工期，确保了汛期前墩柱施工高度高出常水位。

锁扣钢管桩围堰精准合龙如图 3-16-26 所示。

图 3-16-26　锁扣钢管桩围堰精准合龙

在锁扣钢管桩施工中，首次采用遇水膨胀止水胶进行锁扣缝填堵止水解决了锁扣钢管桩桩间渗水问题。

（3）锁扣钢管桩桩间渗水主要由两个方面造成的：一是锁扣钢管桩本身的加工精度不满足要求，二是在锁扣钢管桩插打过程中造成的锁扣变形。本项目在锁扣钢管桩施工完毕后进行试抽水，发现锁扣桩（锁扣处）渗水严重，水泵无法有效　降低围堰内水位。经过长时间的研究讨论实践，最终采用聚氨酯遇水膨胀止水胶进行锁扣缝处封堵，并成功地止住了渗水。围堰止水效果如图 3-16-27 所示。

图 3-16-27　围堰止水效果

3）钢平台

通过前期设计综合考虑，施工钢平台与锁扣钢管桩围堰结合施工；利用锁扣桩作为施工钢平台的下部支撑结构，有效地节约了施工钢平台的工期（安拆时间共节约 20 d），为后期施工提供了有力保障。锁扣钢管桩施工钢平台如图 3-16-28 所示。

图 3-16-28　锁扣钢管桩施工钢平台

该桥创新性地采用逆作法施工：先围堰施工，后平台钢护筒施工；先封底施工，后桩基施工。采用逆作法解决了以下几个问题：

①先围堰施工解决了急流下钢护筒下放定位困难问题。钢护筒截面积较大在急流下定位相当困难，围堰施工完后，围堰内江水相对静止，钢护筒下放安装定位简单。

②在钢护筒安装就位后，先进行封底混凝土的浇筑，利用封底混凝土包裹在钢护筒四周，同时利用钢护筒四周的预埋压浆管进行压浆封堵，防止混凝土收缩造成的缝隙漏浆，成功地解决了桩基钻进过程中的保浆问题。泥浆保浆高度高达 13 m，避免了漏浆问题的出现。为桩基快速顺利进行提供了保障，节约了桩基施工工期高达 30 d（钢护筒无法保浆的情况下只能采用清水钻，清水钻的钻进效率只有泥浆钻进的一半）。

③为能安全度汛，对所有的锁扣钢管桩均进行锚固桩施工，并在承台完成后进行支撑加固钢围堰。2021 年 10 月 5 日大坝泄洪流量高达 15 950 m^3/s，流速高达 9.8 m/s 情况下锁扣钢

管桩围堰安全度汛。为深水急流复杂地质条件下钢围堰施工积累了宝贵经验。

3. 桩基工程施工

嘉陵江特大桥桩基总计 110 根，桩径有 180 cm、200 cm、220 cm、300 cm 4 种类型，具体见表 3-16-1。

表 3-16-1 嘉陵江特大桥桩基工程数量

规格/cm	160	180	200	220	300	合计
数量	24	28	14	20	24	110

嘉陵江特大桥桩基工程根据水文地质条件使用了 3 种不同的桩基施工工艺。桩径为 180 cm、200 cm、220 cm 的桩均采用旋挖钻的钻机施工工艺，桩径为 300 cm 的桩均为主墩水中桩，采用了冲击反循环和冲击钻两种施工工艺。左幅 8#、右幅 6#墩共计 12 根均位于嘉陵江河道中，河床岩层较硬，施工难度大，施工之初配备了 2 台冲击反循环钻机，开钻后出现钻头开裂问题，钻进速度严重受阻，如图 3-16-29 所示。

图 3-16-29 冲击反循环钻头开裂

为了保证施工进度、质量，项目部比对了多种机械配置方案，充分考虑了安全性、可靠性、适用性和经济性，最终选择了钻头为十字冲锤的冲击钻，进行施工。

1）现有机械配置方案

左幅 8#墩配置 2 台冲击反循环钻机（FC-3000），需进行 3 个循环才能完成桩基施工。按统计正常进尺 1.9 m/天计算还需 55 d（正常钻进需要 49 d，灌桩及钻机就位时间考虑需要 6 d）。与倒排工期剩余桩基施工时间 31 d 严重滞后，工期不能满足要求，如图 3-16-30 所示。

右幅 6#墩配置 2 台冲击反循环钻机、2 台冲击钻（十字冲锤），需进行 2 个循环。考虑冲击反循环进行 2 个循环，冲击钻（十字冲锤）1 个循环。按统计正常进尺 1.9 m/d 计算冲击反循环需 40 d（未考虑锤裂、机械故障耽误时间，锤裂风险极高耽误时间不可预知），综合计算按现有设备配置还需 55 d 才能完成全部桩基施工。

图 3-16-30　施工现场

2）按旋挖钻配置施工方案

左幅 8#墩、右幅 6#墩如配置旋挖钻，左、右幅需各配置 1 台 550 型旋挖钻（自重 135 t）。由于主栈桥及支栈桥均设置了 12 m 跨度，平台直接利用锁扣桩围堰作为下部支撑；栈桥及平台满足不了旋挖钻荷载要求。旋挖钻机进场前需对栈桥、围堰进行加固。综合计算采用旋挖钻施工需 80 d 左右完成全部桩基施工。

3）按人工挖孔机械配置方案

人工挖孔桩采用水磨钻进行开挖施工，单孔配置 6 人（两班倒）。人工挖孔进尺 1.2 m/d。人工挖孔前需采用冲击钻进行钻进入岩 1 m 后在钢护筒内浇筑 2 m 混凝土。综合计算采用人工挖孔桩需 50 d 才能完成全部桩基施工。

存在护筒封水效果不好，人工挖孔桩安全风险极大，且无法继续施工到设计桩底位置等风险。

4）可行方案

（1）可行方案一：全部采用钻头为十字冲锤的冲击钻，相比于圆锥形冲击钻，体重较轻，在水中平台上施工，可以使用较小的钻机，施工较方便。每个平台配备 6 台冲击钻进行钻进施工，1 个循环全部完成，耗时 45 d，如图 3-16-31 所示。

图 3-16-31　冲击钻（十字冲锤）

主要风险：锤裂、机械设备损坏带来的工期延误风险。

（2）可行方案二：除左幅 8#墩已钻进的 2 个孔以外全部采用人工挖孔。人工挖孔前冲击钻进行引孔，入岩 1 m 后浇筑混凝土至钢护筒底以上 1 m；待混凝土强度达到后进行人工开挖（混凝土作为封水及锁口护壁作用，增加安全系数，确保人工挖孔顺利进行）。

人工挖孔桩采用水磨钻进行开挖施工，单孔配置 6 人（两班倒）。人工挖孔进尺 1.2 m/d。

耗时 50 d，时间可控，但安全风险高。

综上分析所述，嘉陵江特大桥最终选用了安全风险低、工期风险低的可行方案一（全部采用冲击钻），并在计划的工期内顺利完成了所有桩基施工任务。

4. 盖梁施工

1）施工工艺流程

根据桥梁盖梁的结构形式、桥墩的高度以及现场施工条件的不同，桥梁盖梁施工的方法多种多样，比较常见的有横穿钢棒法、预埋型钢法、落地支架法和抱箍法等几种施工方法。为了缩短工期、确保安全性，嘉陵江特大桥采用了全新的施工工法——预埋爬锥法，其工艺流程如图 3-16-32 所示。

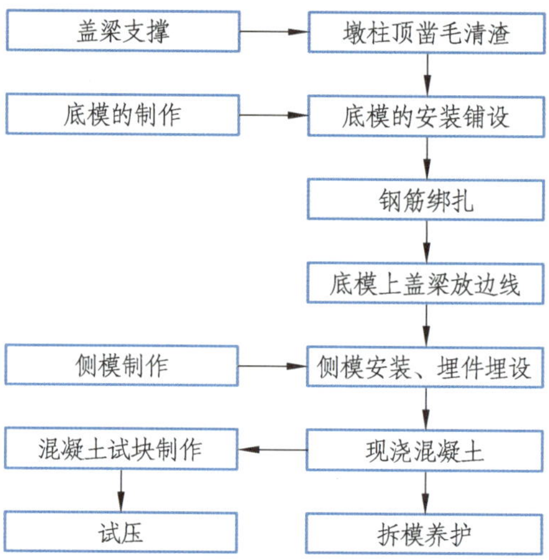

图 3-16-32　预埋爬锥法

爬锥预埋件施工流程：预埋件设计→预埋件加工→预埋件埋设→混凝土浇筑→锚板（含架体）安装→预埋件拆除→爬锥孔修复。预埋爬锥式盖梁施工实景如图 3-16-33 所示。

图 3-16-33　预埋爬锥式盖梁施工实景

2）爬锥预埋件设计及计算

爬锥预埋件设计如图 3-16-34 所示。

（1）盖梁支架（预埋件）作用及荷载。

盖梁支架（预埋件）作用及荷载取值见表 3-16-2。

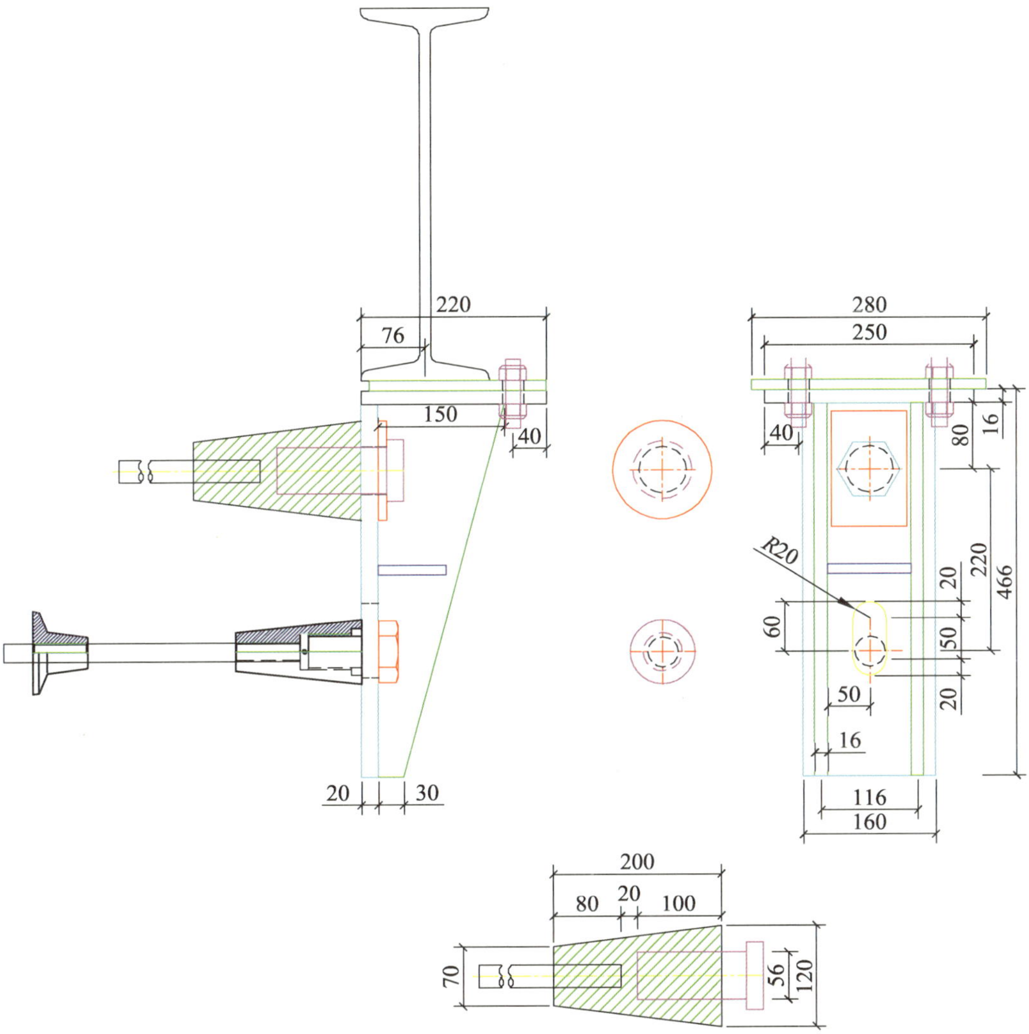

图 3-16-34　预埋爬锥式盖梁设计

表 3-16-2　盖梁支架（预埋件）作用及荷载取值

序号	荷载种类	荷载取值/（kN/m³）	备注
①	人工机具	2.5	
②	混凝土振捣荷载	2.0	
③	侧模	4.0	
④	混凝土容重	25	
⑤	钢构件自重	—	利用有限元软件建模加载计算时按均布荷载进行加载，不再单独计算

荷载组合：强度验算的荷载组合为①+②+③+④+⑤；刚度验算的荷载组合为③+④+⑤。（为计算方便采用强度计算荷载组合。）

钢材容许应力：Q235 钢容许轴向应力取 $1.25[\sigma]=1.25\times140=175$ MPa；容许弯曲应力取

1.25[σ_w]=1.25 × 145=181 MPa；容许剪应力取 1.25[τ]=1.25 × 85=106 MPa，节点销子的孔壁承压应力为[σ]=1.25 × 210=262.5 MPa。

（2）横向分配梁计算。

横向分配梁采用 14#工字钢，间距为 40 cm。

横向分配梁的线荷载 q=(1.9×25+2.5+2.0) × 0.4=20.8 kN/m。

利用有限元软件进行建模，各构件受力如图 3-16-35 ~ 图 3-16-38 所示（单位为 kN·m）。

图 3-16-35　支架受力模型

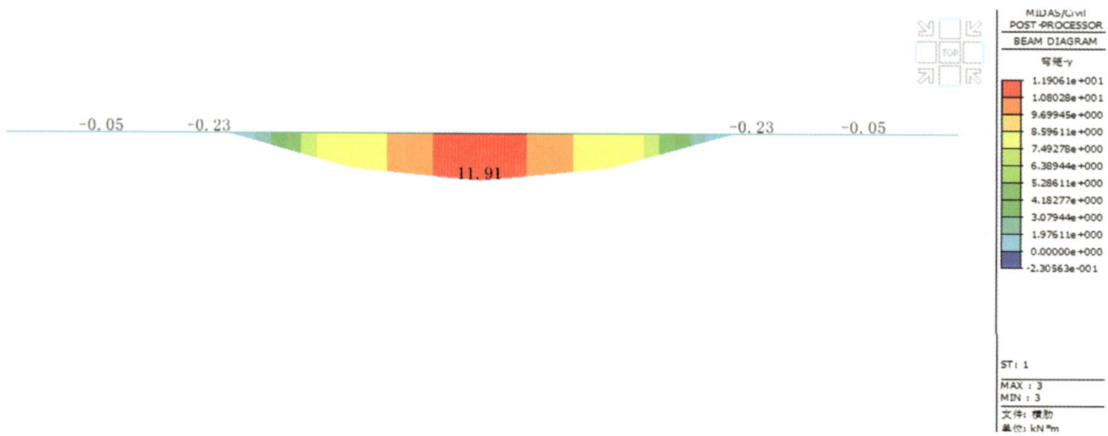

图 3-16-36　弯矩图

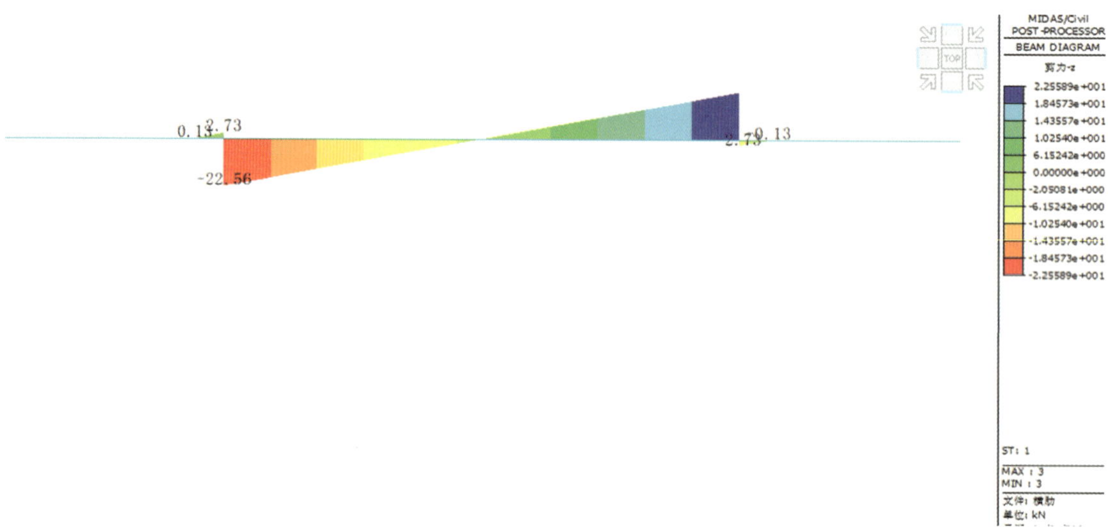

图 3-16-37　剪力图

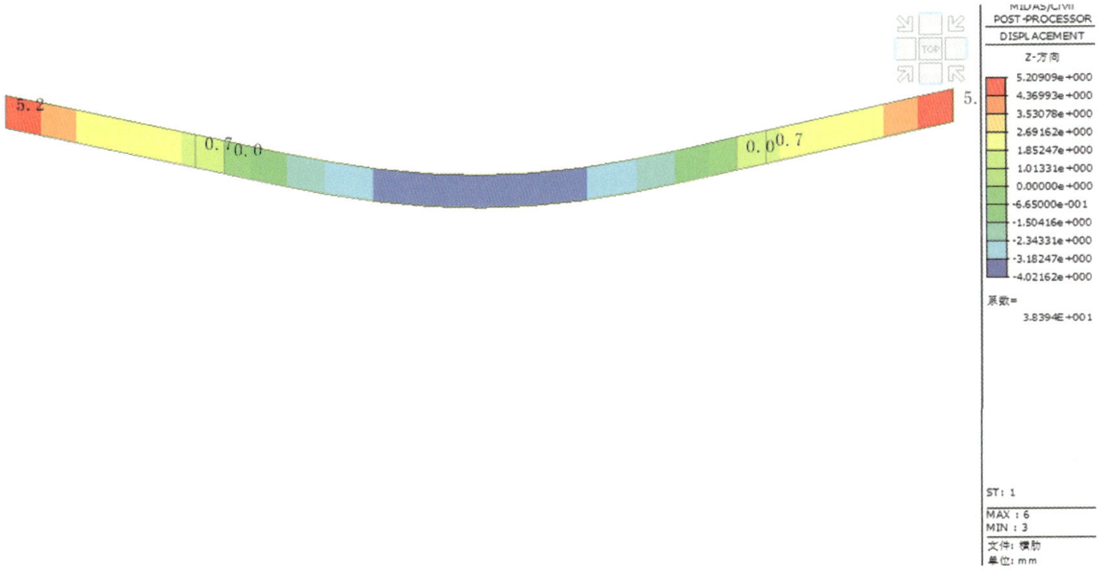

图 3-16-38　挠度图（f_{max} =-3.8 mm）

I14b 工字钢截面特性见表 3-16-3。

表 3-16-3　工字钢截面特性

序号	名称	单位	数值	备注
1	截面 I_x	mm^3	7 120 000	
2	截面 W_x	mm^3	101 714.3	
3	面积矩 S_x	mm^3	57 846.8	
4	腹板总厚 T_w	mm	5.5	
5	塑性发展系数 γ_x	mm	1.05	
6	最大弯矩 M_{max}	kN · m	11.91	

①正应力验算。

$$\begin{aligned}\sigma &= M_{\max}/(\gamma_x \times W_x)\\ &= 11\,910\,000/(1.05\times 101\,714.286)\\ &= 111.5\text{ MPa} < 1.25[\sigma_w] = 1.25\times 145 = 181\text{ MPa}\end{aligned}$$

②剪应力验算。

$$V_{max}=22.56\text{ kN}$$

$$\begin{aligned}\tau &= V_{\max}\times S_x/(I_x\times T_w)22\,560\times 578\,46.8/(7\,120\,000\times 5.5)\\ &= 33.3\text{ MPa}<1.25[\tau] = 1.25\times 85 = 106\text{ MPa}\end{aligned}$$

③横向分配梁整体稳定性验算。

横向分配梁 14#工字钢上翼缘满铺模板，有效限制了横向分配梁的侧向位移，因此不用计算整体稳定性。另对于热轧工字钢不存在局部稳定问题。

④变形验算。

从位移图中可看出横向分配梁位移图最大变形 4 mm<2 152/400=5.4 mm，由于计算变形是采用强度计算荷载，所以如果采用刚度计算荷载算出的变形会更小，所以变形符合要求。

综上所述，横向分配梁承载力满足施工要求。

（3）纵向大梁计算。

盖梁端部：$q_1=(1.0\times25+2.5+2.0)\times2.4/2+4=39.4$ kN/m。

盖梁根部：$q_2=(1.9\times25+2.5+2.0)\times2.4/2+4=66.4$ kN/m。

墩身顶面：$q_3=(1.9\times25+2.5+2.0)\times0.2+4=14.4$ kN/m。

自重软件计算时已加载。

利用有限元软件进行建模，各构件受力如图 3-16-39 ~ 图 3-16-43（单位为 kN · m）。

图 3-16-39　支架受力模型

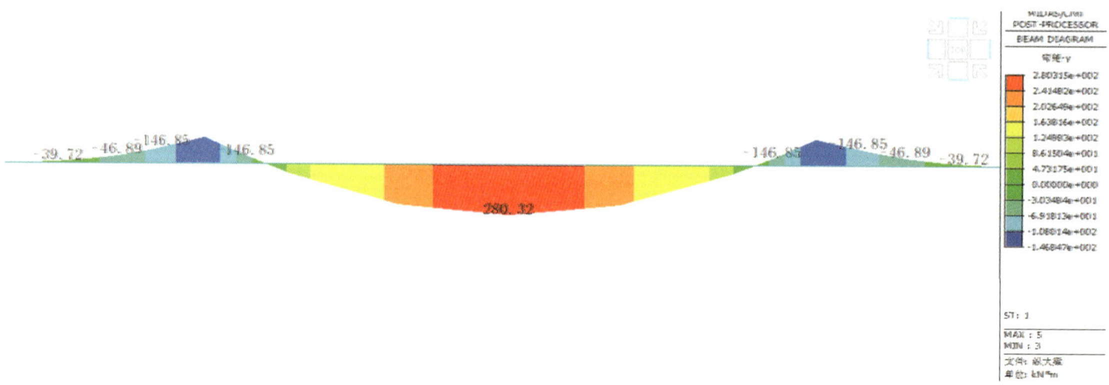

图 3-16-40　弯矩图

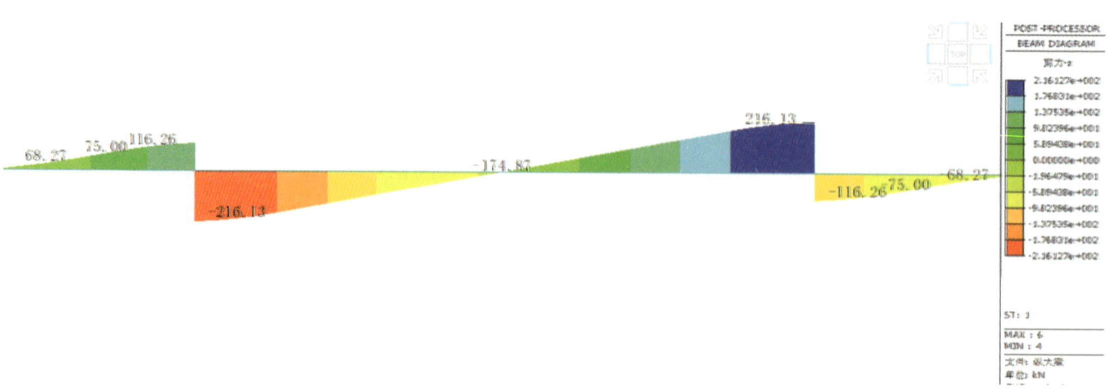

图 3-16-41　剪力图

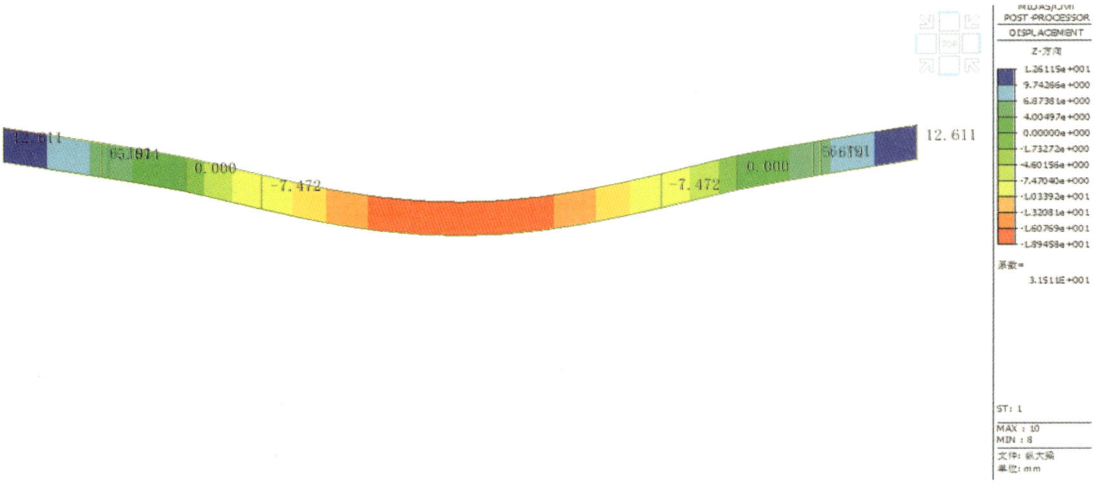

图 3-16-42　挠度图（f_{max}=7 mm）

图 3-16-43　支反力图

I45b 工字钢截面特性参数见表 3-16-4。

表 3-16-4　I45b 工字钢截面特性参数表

特性	参数	特性	参数
A/mm^2	11 100	每延米质量/（kg/m）	87.1
I_x/mm^3	338 000 000	I_y/mm^3	8 950 000
W_x/mm^3	1 502 222.2	W_y/mm^3	117 763.2
i_x/mm	174.5	i_y/mm	28.4
绕 X 轴面积矩/mm^3	880 207	绕 Y 轴面积矩/mm^3	
腹板厚/mm	13.5	塑性发展系数	γ_x=1.05；γ_y=1.2

①正应力验算。

$$M_{max}=267.56 \text{ kN} \cdot \text{m}$$

$$\begin{aligned}\sigma &= M_{max}/(\gamma_x \times W_x)\\ &= 280\,570\,000/(1.05\times 1\,502\,222.22)\\ &= 177.88 \text{ MPa} > 1.25[\sigma_w] = 1.25\times 145 = 181 \text{ MPa}\end{aligned}$$

②剪应力验算。

$$V_{\max}=216.13\ \text{kN}$$

$$\tau=V_{\max}\times S_x/(I_x\times T_w)=216\,130\times880\,207/(338\,000\,000\times13.5)$$

$$=41.67\ \text{MPa}<1.25[\tau]=1.25\times85=106\ \text{MPa}$$

③纵向大梁整体稳定性验算。

纵向大梁由两根 45#工字钢组成，上翼缘满铺模板横肋，在两端和跨中设横撑各拉杆，有效限制了纵梁的侧向位移，因此不用计算整体稳定性。并且对于热轧工字钢不存在局部稳定问题。

④变形验算。

从位移图中可看出纵向大梁位移图最大变形 18 mm<7 200/400=18 mm，由于计算变形是采用强度计算荷载，所以如果采用刚度计算荷载算出的变形会更小，所以变形符合要求。

综上所述，纵向大梁承载力满足施工要求。

3）牛腿计算

从纵向大梁支反力图可看出每根牛腿所受的剪力为 P=332.8 kN。

承重大爬锥为圆锥形，大头直径为 120 mm，小头直径为 70 m，长 200 mm，45#钢材加工而成，外部螺栓直径 56 mm，采用 40Cr 钢材加工而成，爬锥使用的各材料特性参数见表 3-16-5。

表 3-16-5　爬锥使用的各材料特性参数

序号	名称	名称	单位	数值	备注
1	40Cr 钢材	容许弯曲应力	MPa	500	
		容许剪应力	MPa	280	
2	45#钢材	容许弯曲应力	MPa	220	
		容许剪应力	MPa	125	
3	Q235 钢材	节点销子的孔壁承压应力	MPa		

①爬锥剪应力验算。

爬锥截面面积：

$$A=3.141\,6\times(60\ \text{mm}\times60\ \text{mm}-28\ \text{mm}\times28\ \text{mm})=8\,846.7\ \text{mm}^2$$

$$\tau=2P/A=2\times332\,800/8\,846.7=75.24\ \text{MPa}<[\tau]=125\ \text{MPa}$$

外部螺栓：

$$A=2\,030\ \text{mm}^2\text{（M56 高强螺栓应力有效截面面积）}$$

$$\tau=4P/3A=332\,800\times4/(3\times2030)=218.6\ \text{MPa}<[\tau]=280\ \text{MPa}$$

爬锥的剪切强度符合要求。

②外部螺栓抗弯验算。

$$W_x=3.14\times56^3/32=17\,232\ \text{m}^3$$

$$\sigma_{\max}=M_{\max}/(\gamma_x\times W_x)=332\,800\times15/(1.05\times17\,232)$$

$$=275.9\ \text{MPa}<[\sigma_w]=500\ \text{MPa}$$

③连接板销孔孔壁承压验算。

连接板采用 20 mm 钢板制作，销孔加焊 10 mm 钢板，销孔孔径为 56 mm，销孔处孔壁局部承压容许压力：$T=56\times30\times210\times1.25=441\ \text{kN}>332.8\ \text{kN}$，符合要求。

④爬锥下混凝土局部承压验算。

爬锥受力不均匀，保守只考虑外侧受压，局部受压范围按长度为 100 mm，平均宽度为 107.5 mm 进行局部承压力计算。

根据《混凝土结构设计规范》(GB/T 50010—2010)，爬锥下混凝土局部受压承载力计算：

$$F\leqslant1.35\beta_c\beta_l f_c A_{ln}$$

$$\beta_l=\sqrt{\frac{A_b}{A_l}}$$

式中　F——局部受压面上的作用的局部荷载或局部压力设计值（kN）;

β_c——混凝土强度影响系数：当混凝土强度等级不超过 C50 时，取 β_c=1.0；混凝土强度等级为 C80 时，取 β_c=0.8；其间按线性内插法确定；

β_l——混凝土局部受压时的强度提高系数；

f_c——混凝土轴心抗压强度设计值（C35，16.7 N/mm²）;

A_l——混凝土局部受压面积（mm²）;

A_{ln}——混凝土局部受压净面积（mm²）;

A_b——局部受压的计算底面积（mm²）。

混凝土局部受压净面积 $A_{ln}=A_l=100\times107.5=10\ 750\ \text{mm}^2$

局部受压的计算底面积 $A_b=100\times107.5\times3=32\ 250\ \text{mm}^2$

$$\beta_l=\sqrt{\frac{A_b}{A_l}}=\sqrt{32\ 250/10\ 750}=1.732$$

所以 $F\leqslant1.35\beta_c\beta_l f_c A_{ln}=1.35\times1\times1.732\times16.7\times10\ 750/1\ 000=419.77\ \text{kN}$。

$F=419.77\ \text{kN}>332.8\ \text{kN}$（牛腿支反力），所以满足要求。

另外，考虑爬锥下有墩身箍筋，对局部承压能力还有较大提高，所以局部承压计算满足要求。局部受压的计算底面积如图 3-16-44 所示。

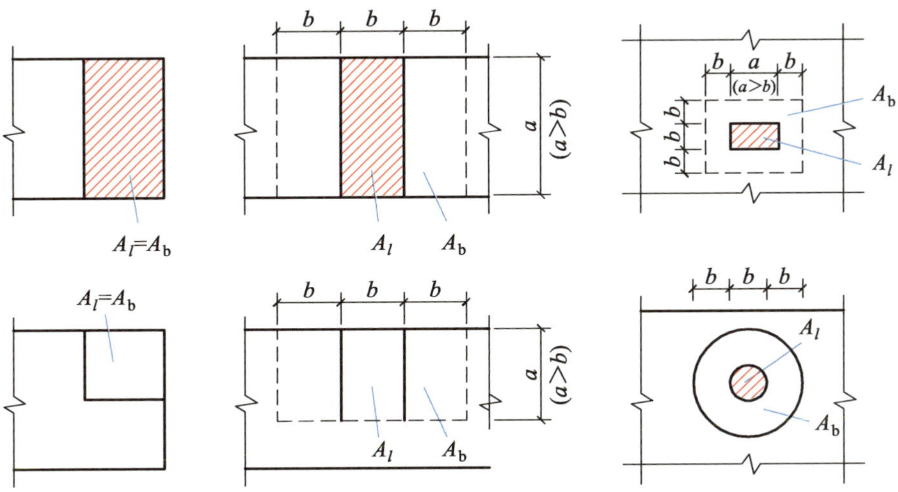

图 3-16-44　局部受压的计算底面积

⑤墩身内预埋螺栓强度计算。

爬锥内预埋螺杆为 M27 高强螺杆，有效截面积 A=459 mm^2

以 45#工字钢大梁为例进行计算，工字钢离墩身 152/2=76 mm

则爬锥内预埋高强螺杆承受的拉力为 N=332.8×76/370=68 kN。

高强螺杆采用 M27 高强螺杆，长度 300 mm，材质为 45#钢冷拔处理，高强螺杆抗拉强度 F=459×600=275.4 kN≥N=68 kN，符合要求。

通过计算，安全系数很大。同时高强螺杆内侧有埋件板，不会拔出。

4）效益分析

（1）经济效益。

与传统预埋件施工相比，爬锥预埋件承载能力高，大幅度减少了预埋件数量，节约了施工材料；爬锥、受力螺栓可周转使用，减少了材料费用的投入；爬锥预埋件施工简单，与传统预埋件相比，大幅度减少了人工成本。施工过程中，仅材料及人工成本费用节约了 15.9 万元。

（2）社会效益。

嘉陵江特大桥图纸设计混凝土保护层厚度大，业主及监理要求保护层内不得有铁件，以避免形成锈蚀通道影响结构混凝土的耐久性。与传统预埋件相比，爬锥预埋件拆除后，仅留有爬锥孔洞，可采用混凝土修补剂修补，修补质量好，修补后混凝土表观色泽一致，避免了传统预埋件需大面积凿毛及填补槽口混凝土，现场施工质量难控制、混凝土外观色泽难一致。

（3）节能环保效益。

爬锥法高强螺栓与牛腿安装与拆除仅人工均能实现，有效保证了施工工期、减小了施工材料耗用、减少机械设备的使用，实现了工程本身与自然环境融为一体的目标。

5. 连续刚构施工

1）连续刚构工艺流程

连续刚构工艺流程如图 3-16-45 所示。

2）支架及挂篮预压

（1）支架预压。

为消除支架系统非弹性变形和弹性变化值，确保梁体的线形美观，支架安装完成后，梁体施工前对支架进行预压。

①预压流程。

利用墩身预埋精轧螺纹筋及螺母、垫板固定横梁做反力架，在各受力点布设千斤顶加压施载，千斤顶底部设置工字钢垫梁，加压荷载为考虑 1.2 倍系数后的荷载组合值 3 082.1 kN（已考虑混凝土自重、模板重、人员机具及施工荷载等）；加载按照 3 082.1 kN 的 60%、80%、100%分 3 次进行，每阶段加载完成后 1 h 开始进行观测，间隔 6 h 测量一次，待连续两次观测沉降小于 2 mm 后再进行下一阶段加载；待加载过程全部施加到位后，连续观测 12 h，直至沉降量稳定在 2 mm 之内。加载过程应均匀缓慢、有序进行，避免托架受力不均和突然受力而出现不稳定情况，待消除托架非弹性变形量及压缩稳定后测出弹性变形量，即完成托架压重施工。托架预压纵向布置如图 3-16-46 所示。

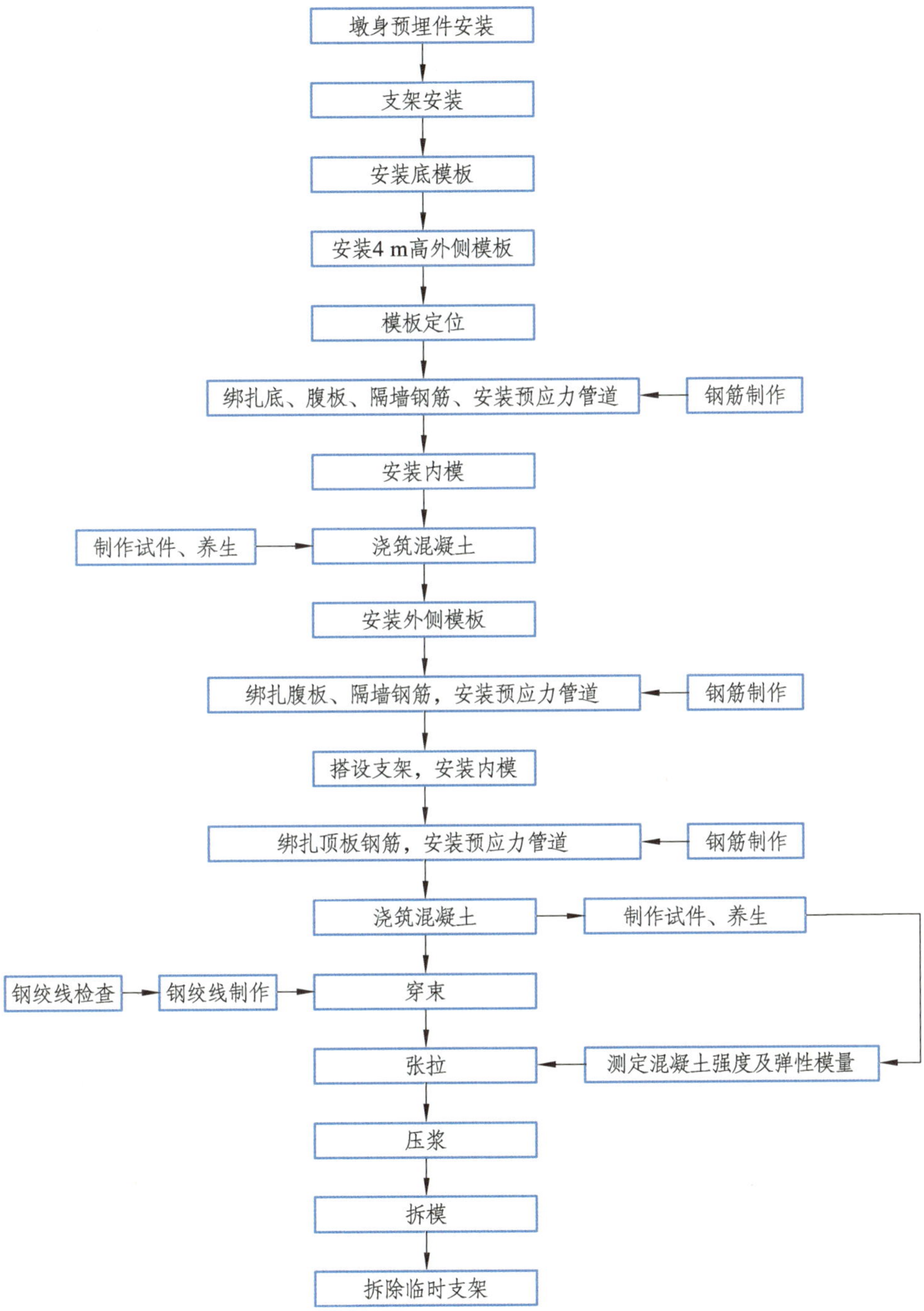

图 3-16-45　连续刚构工艺流程

②预压观测及数据整理。

按加载及卸载步骤分别测量各级荷载下的观测点沉降量，并在卸载后全面测量各观测点的回弹量。沉降观测过程中，每一次观测均找测量监理工程师抽检，并将观测结果报监理工程师认可同意。

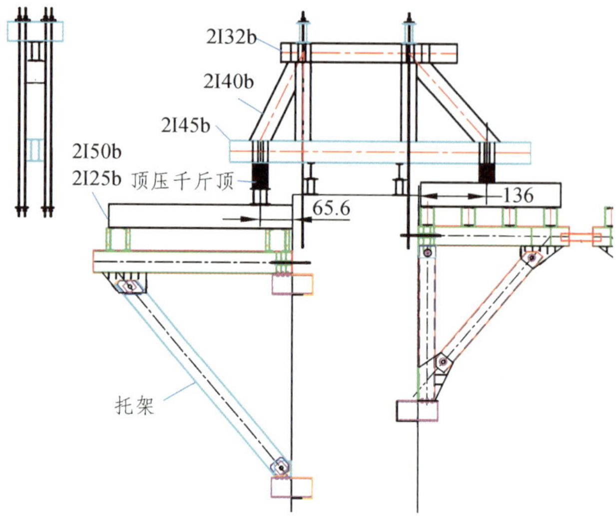

图 3-16-46 托架预压纵向布置

测量人员按三级加载对原始标高 H_0、第一级加载完成标高 H_1、第二级加载完成标高 H_2、第三级加载完成标高 H_3、加载完成持荷 12 h 后标高 H_4 及卸载完成后标高 H_5 进行详细记载，根据现场采集的数据进行计算、分析、整理、修正，得出系统变形量。

根据测量出各测量点标高值，计算出各观测点的变形如下：

非弹性变形 $\delta_1=H_0-H_5$。通过试压后，可认为支架、模板、方木等的非弹性变形已经消除。

弹性变形 $\delta_2=H_5-H_4$。根据该弹性变形值，在底模上设置预拱度 δ_2，以使支架变形后梁体线型满足设计要求。

另外，根据 H_1、H_2、H_3 的差值，可以大体看出持续荷载对支架变形的影响程度。

（2）挂篮预压荷载试验。

为检验挂篮在悬灌及走行过程中的安全性，确保施工的顺利进行，必须进行加载试验。加载按挂篮及最大梁段重之和的 1.2 倍进行，本桥梁按 1 号梁段重量 310.4 t 考虑。通过加载试验测出挂篮的非弹性变形和弹性变形，用于挂篮悬浇时调整标高及线型控制。

挂篮加载采用在已浇筑的 0#梁段端头预埋盒子及 32 mm 精轧螺纹钢筋作为反力架的连接件，在 0#段端头设置二组三角架（利用 0#块外侧三角托架）作为挂篮预压的反力架；分别在反力架下部安装千斤顶对挂篮底横梁位置进行加压达到模拟施工的效果。挂篮预压横向示意及测点布置如图 3-16-47、图 3-16-48 所示。

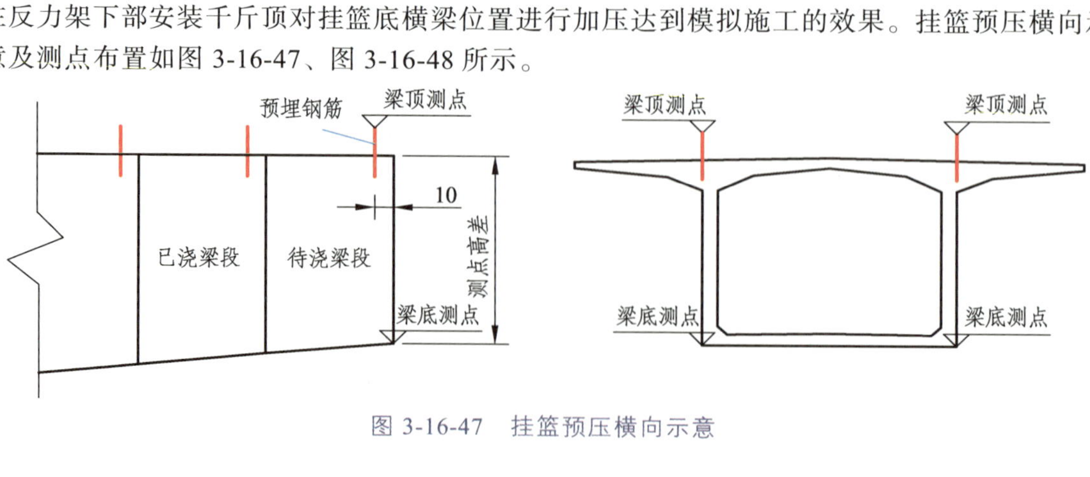

图 3-16-47 挂篮预压横向示意

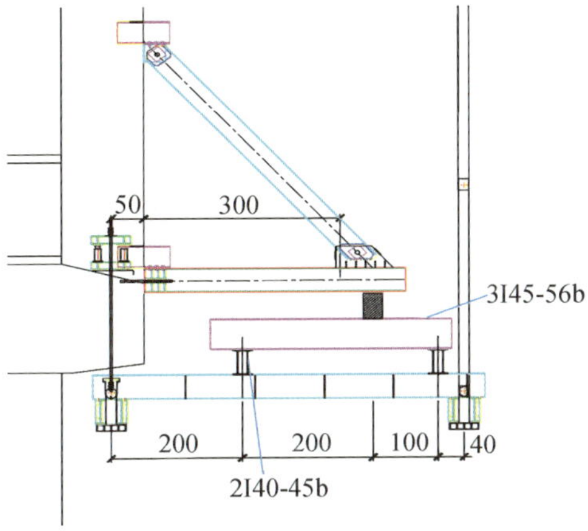

图 3-16-48　测点布置

挂篮预压观测断面设置在悬臂端模板底部纵向两个断面（0#段端头及底模架前端），顶部设置在主构架前端节点处，每个断面设置 3 个观测点，加载重量按 1#梁段 310.4 t 最大施工荷载的 120%进行加载模拟，加载分三级进行，分别为 60%、80%及 120%。挂篮预压的加载点及相应加载重量见表 3-16-6。

表 3-16-6　挂篮预压值

加载点	预压值/t		
	60%	80%	120%
①、②	46.56	62.08	93.12

加载程序及数据处理与支架预压相同。

嘉陵江特大桥为全线控制性工程，施工周期长、难度大、安全风险高。项目推行进度预警管理、线形监控质量管理等管理方法。在保证质量安全的前提下，根据现场实际情况，进行盖梁施工方法的研究探索，将盖梁爬锥法应用到施工中，提高了安全性，缩短了工期，降低了成本。此桥在施工中克服了汛期急流、紧张工期等重重困难，最后提前工期 75 d 合龙。采用了“导管架法栈桥施工技术”“锁扣钢管桩围堰逆做施工技术”“钢栈桥钢围堰锚固桩施工技术”“预埋爬锥法系梁盖梁施工技术”；并采用“有限元分析软件 ANSYS”“FLUENT 流体动力学分析软件”等对水流冲击、风载进行研究。所采用的工法及技术对国内后续建桥极具指导性。

16.2　老鹰岩隧道

老鹰岩隧道位于四川省剑阁县锦屏乡锦屏村，为全线控制性工程，是全线最长隧道，施工周期长。隧道左线起点桩号 ZK75+134 终点桩号 ZK77+740，全长 2 606 m，最大埋深 321.58 m；右线起点桩号 ZK75+122 终点桩号 ZK77+745，全长 2 623 m，最大埋深 315.78 m，为分离式双洞隧道，采用复合式衬砌。隧道设 2 处紧急停车带，2 处车行横通道，6 处人行横通道，隧道内采用沥青复合式路面。隧道围岩级别及长度划分情况见表 3-16-7。

表 3-16-7　隧道围岩级别及长度　　单位：m

路线	明洞	Ⅳ级	Ⅴ级	紧急停车带
左线	26	1 458	1 022	100
右线	23	1 270	1 230	100

16.2.1　施工准备

1. 现场准备

老鹰岩隧道地处山区丘陵地带，修施工便道以满足大型设备、材料及出渣运输的需要。为方便施工车辆及施工人员进洞工作，使用 C25 混凝土硬化施工便道至隧道洞口。

在隧道开工前完成大型临建工程修建，如钢构件加工厂、拌和站、预制构件厂等。隧道施工区域和生活区域明显分开。洞口端设 45 m³ 高位水池，用于施工现场综合生产用水、消防用水。隧道进出口设额定容量为 800 kV · A 的变压器 2 台。

2. 人力、机械准备

隧道分进出口两个施工队，共进场施工人员 320 人，管理人员 16 人。进场机械设备共 77 台，包括液压仰拱栈桥、湿喷机械手、防水板钢筋一体化台车、水沟电缆槽台车等设备。在施工前需接受安全技术交底，特种作业人员持证上岗、特种设备报安监部门备案。二次衬砌台车在进洞前进场。

16.2.2　洞口工程施工

隧道进口端采用端墙式洞门，出口采用削竹式洞门，明洞采用明挖法施工，洞口处拱部 120° 范围内设一环长 25 m 的 108 管棚。老鹰岩隧道进口端墙式洞门及出口如图 3-16-49 所示。

图 3-16-49　老鹰岩隧道进口端墙式洞门及出口

16.2.3　洞身开挖施工

施工中进行超前地质预报，全面开展超前地质预测、预报，采用超前预报系统、地质雷达等多种综合物探手段进行测量、探测，取得围岩状态参数，通过数据的分析和处理及时反馈，结合现场围岩实际情况采取不同方法指导施工。

Ⅴ级围岩 S5b、S5c 衬砌类型采用环形导坑预留核心土法施工。隧道Ⅴ级围岩 S5a 衬砌类型及Ⅳ级围岩 ST4 紧急停车带采用三台阶七步开挖法。Ⅳ级围岩 S4b 衬砌类型采用上下台阶法施工。

16.2.4　超前支护及初期支护施工

1. 大管棚

为保证进洞安全，在进入暗洞前按设计要求采用大管棚超前支护，注浆加固后再进行开挖。大管棚长度为 30 m，外径 108 mm，壁厚 6 mm，环向间距 40 cm，每节钢管两端均预加工成外丝扣，以便连接接头钢管。大管棚施工示意如图 3-16-50 所示。

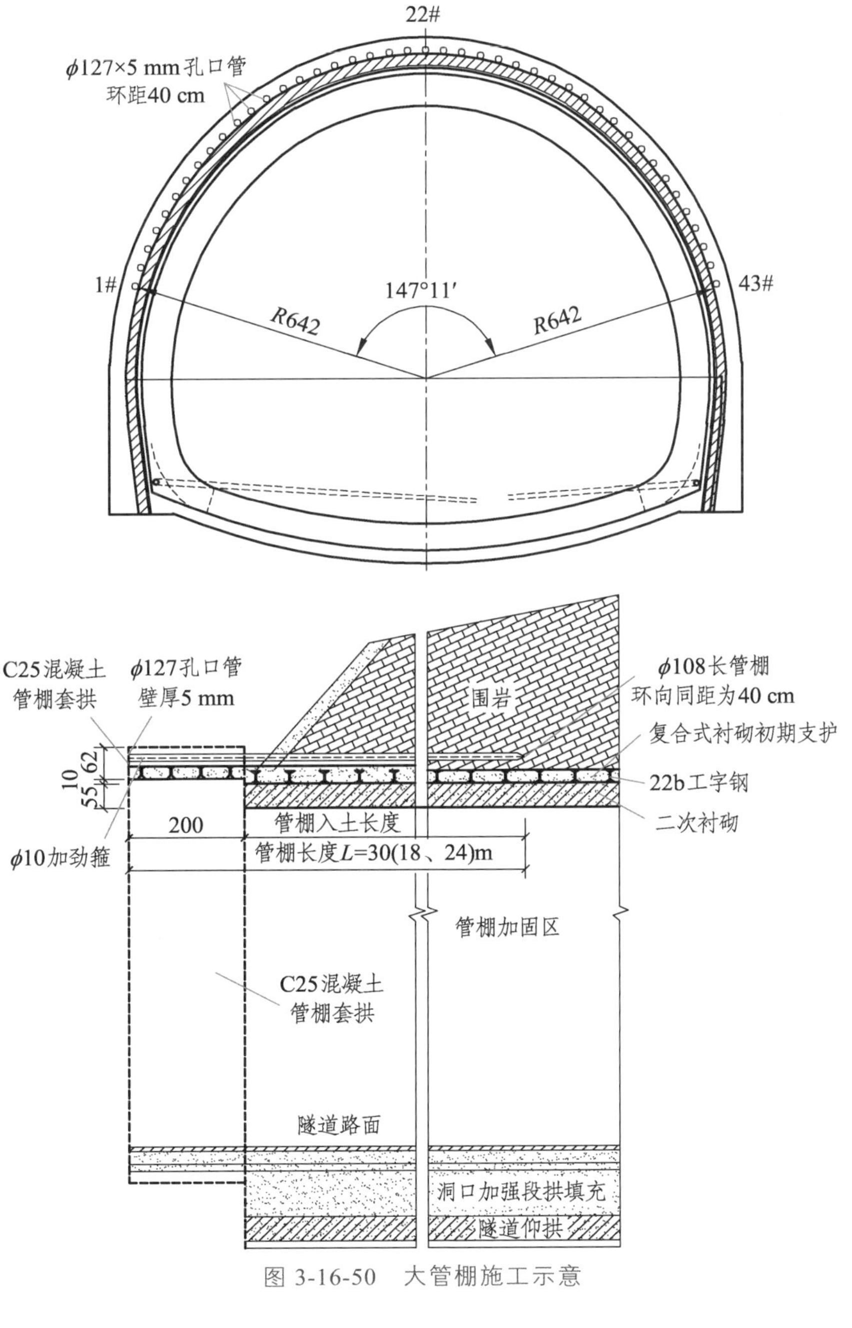

图 3-16-50　大管棚施工示意

2. 超前小导管

超前小导管采用外径为 42 mm，壁厚 4.0 mm 的热轧无缝钢管加工制成，导管长 4.5 m，两排小导管纵向搭接长度不小于 1 m。前端加工成锥形，尾部焊接ϕ6 mm 钢筋箍加劲，除尾部 1 m 外沿管壁四周梅花形钻 4 排ϕ6 mm 注浆孔，施工时钢管沿隧道开挖外轮廓线周边以 10° ~ 12°的外插角打入岩层中，小导管环向间距 40 cm，布置范围为拱部 120°。超前小导管纵向布置大样如图 3-16-51 所示。

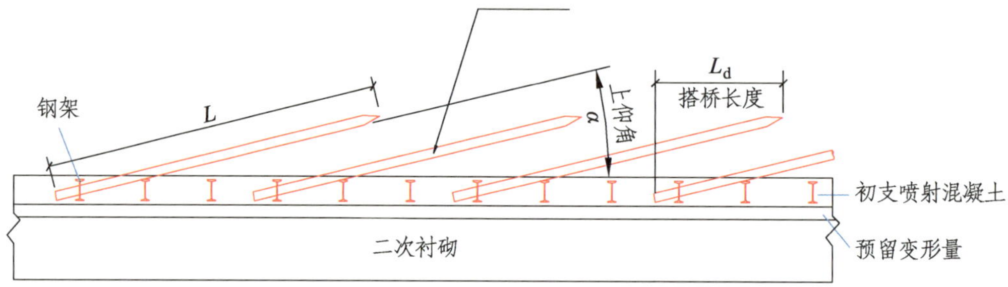

图 3-16-51 超前小导管纵向布置大样

3. 湿喷机械手喷射混凝土施工

初期支护采用湿喷机械手施工。湿喷机械手施工流程如图 3-16-52 所示。

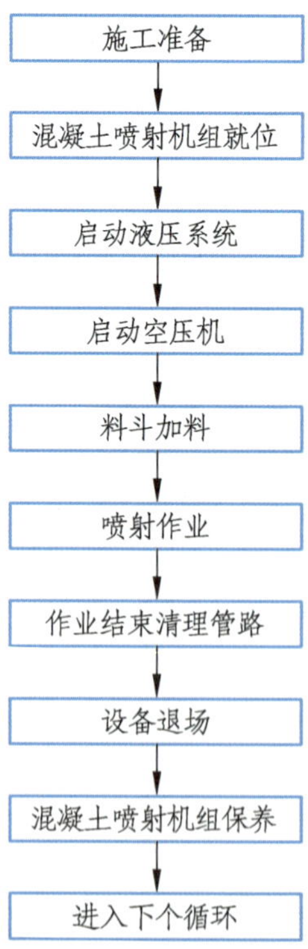

图 3-16-52 湿喷机械手施工流程

1）试喷混凝土

选择与实际作业区条件相似的一处区域，湿喷机械手就位后，按照批准的工艺要求对受喷面进行试喷，制作取样试件，判断喷射效果，检查机械手运转情况，以检验混凝土工作性能，检验混凝土与湿喷机械手的适应性。

2）喷射过程操作控制要点

（1）喷射量和速凝剂的设定。

初喷的主要目的是快速封闭岩面微小裂隙，控制围岩松弛，与围岩一起承载，这要求初喷混凝土应尽早施工，及早形成刚度；因此，初喷时速凝剂的掺量较复喷时稍高。

喷射边墙部位时将混凝土喷射量设定为 18 m^3/h，速凝剂掺加量设为 4%左右；喷射拱部时将混凝土喷射量调整为 15 m^3/h，速凝剂掺加量设为 5.5%左右，确保喷射效率和一次喷层厚度，同时最大限度地节省速凝剂用量。

（2）喷射速度。

速度过大会造成反弹力大，混凝土反弹量增加，而速度太小时，到达目标面已经坠落或即使到达目标面而因冲量较小而打击力不够下击并嵌入砂浆层而脱落，造成密实不足的缺陷。

经过现场试验：15 m/s 的料束喷射速度使反弹率保持在 5%～12%，这时湿喷机械手所需风压应稳定在正常范围内（0.3～0.6 MPa），大大减少了湿喷料的回弹量及速凝剂的使用，降低了施工成本。

（3）喷射距离。

喷头距受喷面太近时，压缩空气会将刚喷射在受喷面上的混凝土拌和料吹走，使粗骨料回弹量增大；距离过大会降低喷射料击打力，造成混凝土不密实或降低与原喷层的黏结脱落。因此，喷射距离控制在 1.2～1.5 m 较为适宜。

（4）喷射角度。

当入射角为 90°时，即喷射料流垂直于目标表面，有回弹倾向的物料被紧随其后到达的喷射料打回目标面，故可能不发生实际的坠落，即没有回弹。当入射角小于 90°时，回弹发生。入射角越小，回弹量越大。

现场作业时，湿喷机械手喷嘴本身具有全方位可调可操作性能，操作手根据岩面的起伏凹凸做精细调整以确保喷头始终垂直于喷射面。经过试验得出掌子面初期支护不能一次性到位，要分多次分层喷射，这样回弹掉块会大大减少。

（5）混凝土喷射。

初喷厚度一般控制在 5 cm 左右，可快速封闭岩面，为后续工序提供安全条件。初喷时，由下往上喷射，避免回弹料混入支护结构，凹洼处首先喷平补齐，初喷完成后进行复喷至设计要求厚度。

与传统湿喷工艺相比，湿喷机械手的使用不仅大大减少了湿喷料的回弹量及速凝剂的使用，降低了施工成本，而且提高了湿喷过程中人员的安全，同时每米喷射时间减少 2～3 h，加快了施工进度。

16.2.5　仰拱及填充混凝土施工

仰拱混凝土施工先于拱墙二次衬砌施工，仰拱整体施作，仰拱与填充分开施作。仰拱混凝土施工采用自行式仰拱液压栈桥作业，极大提高了车辆在栈桥上作业的安全性。

1. 仰拱施工

（1）开挖。

仰拱土质地层开挖应以机械开挖为主，并辅以人工配合。仰拱开挖要平顺，避免引起应力集中；边墙钢架底部杂物清除干净，保证与仰拱钢架连接良好，确保施工质量和安全。

（2）栈桥施工。

仰拱开挖一定距离后，栈桥进行前移施工。顶升栈桥前后液压缸，前后轮抬起，使后支脚离地，并保持桥面相对水平。牵引车挂住前端车轮平衡梁上的铰点缓慢匀速行走（2 m/min左右）当后端测距雷达第一个探头位于隆洞已浇筑底板边治时，牵引车停止行走，栈桥在惯性力作用下向前行一定距离，但距离不大。放置前、后工作支撑，收回前后液压缸，安装前后端引桥。

栈桥移动行走时要缓慢。行走时路面要相对平整，防止桥体过大振动、扭曲而损坏结构。栈桥前后支撑应尽可能放平，前端支撑和引桥应与地面岩石接触牢固，以防止载荷汽车对桥的冲击引起桥的位移。

载荷汽车上桥速度要缓慢，行驶速度也不能快，小于 5 km/h。侧向移位要缓慢。

自行式仰拱栈桥如图 3-16-53 所示。

图 3-16-53　自行式仰拱栈桥

（3）初期支护、二次衬砌钢筋预埋、混凝土施工与其他隧道工程施工一致。

2. 仰拱回填及中心水沟施工

仰拱回填、中心排水沟与其他隧道工程施工一致。

16.2.6　隧道防排水及二次衬砌施工

1. 系统排水管的布设

隧道排水系统分地下水排水系统、路面水（清洗水）排水系统和洞外截、排水系统，各自互相独立，分别排放。

隧道衬砌防水板背后系统排水管由纵向排水管、环向排水管和横向排管组成。纵向排水管沿纵向布设于两侧墙脚，用来排出衬砌背后集水，再通过隧底横向排水管将水引排至中心排水沟内。环、纵、横向排水管均用三通管连接。环向按设计设置打孔波纹管，环向排水管间距按设计布设，沿排水管两侧使用铁丝+膨胀螺钉固定，定位间距 50 cm，将膨胀螺钉打入初支内，用铁丝将环向排水管定位于膨胀螺钉上。

2. 防水板及二次衬砌钢筋施工

老鹰岩隧道采用防水板钢筋自动化安装一体台车施工技术，有效解决了大断面隧道施工期间多工序作业相互干扰的问题，一机多用，增大了作业空间，更好地减少了人员劳动强度，提升了工作效率和安全性，提高了施工质量。

同时一次性铺设 6 m 宽幅防水板可以减少搭接，更好地保证了防水系统整体效果。隧道二次衬砌钢筋安装定位技术不仅提高了钢筋的安装效率及施工质量，而且减少了施工人员的投入，加快隧道二次衬砌的施工进度。防排水及二次衬砌钢筋施工工艺流程如图 3-16-54 所示。

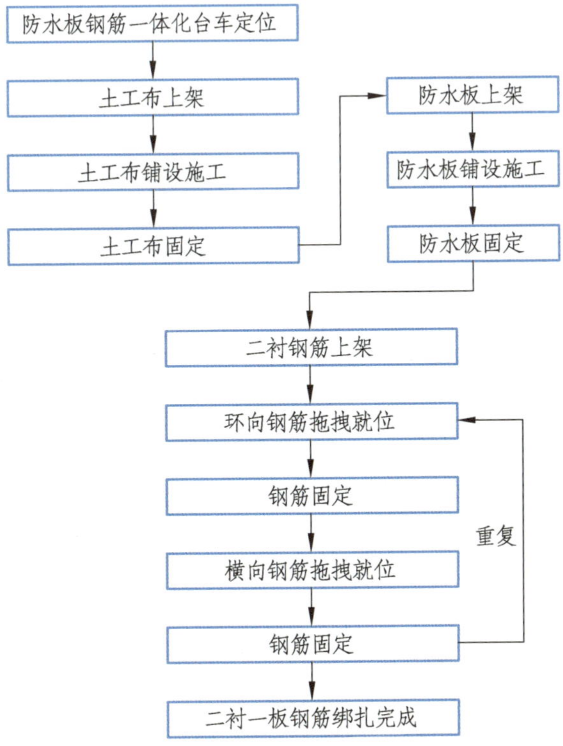

图 3-16-54　防排水及二次衬砌钢筋施工工艺流程

1）防水板施工

隧道防水板铺设使用先进的防水板及二次衬砌钢筋一体化台车，操作步骤如下：

（1）按下遥控器相应台车行走按键，使台车移动至土工布施工位置。土工布施工如图 3-16-55 所示。

图 3-16-55　土工布施工

（2）在二层平台，将盛具两端分别固定在台车两侧弧形轨道上的小车上。将防水板放入盛具，调整外翻式调节杆与初支洞壁间隙。

（3）手工出布至矮边墙适当位置固定，分别按下遥控器启动两端两台电动绞盘，将土工布拉展敷设初支洞壁上，同时可以使两侧电动绞盘不同步驱动来调整松紧度及对缝。

（4）用人工用超声波热熔焊机与热熔焊钉焊接固定。防水板铺设结束，将盛具退回二层平台，从小车上卸除，推至平台适当位置。防水板铺设施工如图 3-16-56 所示，防水板搭接施工如图 3-16-57 所示。

图 3-16-56　防水板铺设施工

图 3-16-57　防水板搭接施工

土工布铺设与防水板铺设相同。

2）二次衬砌施工

（1）二次衬砌钢筋安装。

①将加工好的多节钢筋采用焊接连接成环向钢筋交底长度。

②将二次衬砌分布筋成束绑扎在位于掌子面端弧形轨道最底端一侧小车上，按小车运动方向，正（反）向启动小车将分布筋提升至其尾端到分布筋需放置平台时，人工拽住分布筋尾部，小车返回，操作工沿台车平台手托分布筋向台车洞口端平移，当拉拽小车返回至相应平台时停止，手动将分布筋取下。重复动作二次衬砌分布筋按需放置于各个平台。

③二次衬砌环向钢筋拉拽就位。将一端已拉拽至钢筋入轨导向装置处；通过牵引驱动装置和柔性牵引构件拉拽该待铺设的环向钢筋，以使其在弧形轨道上弯曲成弧拱形。

④装好环向钢筋的弧形盛具，在旋转驱动机构中的动力装置——电动辘轳和钢丝绳的牵引下围绕其转轴 90°旋转由地面转至台车前端立面。

⑤钢筋末端限位：通过端部限位装置对钢筋的两个端部进行限位，并解除二次衬砌环向钢筋与拉拽小车的固定连接状态。

⑥钢筋排布及一端固定。将弧形轨道从台车主体一端向另一端移动；在前行的连续移动或间断停顿过程中，按纵向分布位置和数量从弧形轨道上将环向钢筋取下，并将取下的钢筋一端与对应侧隧道矮边墙中伸出的预留钢筋焊接固定。

⑦按设计要求在环向钢筋间绑扎分布筋，直至完成一模靠洞壁层钢筋绑扎。同时将内层连接筋吊在外层钢筋网片上。

⑧重复步骤，直至铺设好第二层钢筋及与第一层间定位筋。

衬砌钢筋施工如图 3-16-58 所示。

图 3-16-58　衬砌钢筋施工

（2）衬砌混凝土施工。

隧道衬砌采用 12 m 长的液压衬砌台车（图 3-16-59），混凝土采用泵送。仰拱、防排水系统以及钢筋绑扎超前衬砌 1～2 个循环完成。

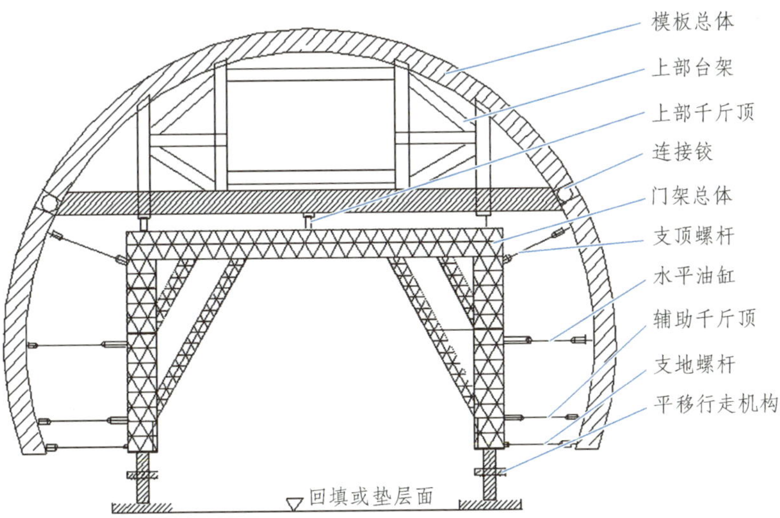

图 3-16-59　液压衬砌台车

①台车调试。

台车模架、模板局部变形或加工尺寸偏差等是造成衬砌错台等衬砌外观质量问题的主要原因。因此，台车进场时要认真测量台车各结构尺寸，做到台车模板尺寸与隧道的衬砌结构尺寸相符合（考虑沉降量）。二次衬砌台车现场拼装完成后，必须在轨道上往返行走 3 ~ 5 次后，再次紧固螺栓，并对部分连接部位加强焊接以提高其整体性。每施作衬砌 500 ~ 600 m，台车应全面校验调试一次，校验可在隧道加宽带进行。

②混凝土浇筑。

混凝土由洞外拌和站拌制，用混凝土输送车运输，泵送混凝土灌注，混凝土自衬砌台车窗口灌入，应由下向上，对称分层。附着式和插入式捣固器振捣。在混凝土浇筑过程中，观察模板、支架、钢筋、预埋件和预留孔洞的情况，当发现有变形、移位时，应及时采取加固措施。施工中如发现泵送混凝土坍落度不足时，不得擅自加水，应当在技术人员的指导下用追加减水剂的方法解决。

混凝土浇筑应连续进行。当因故间歇时，其间歇时间应小于前层混凝土的初凝时间或能重塑的时间。当超过允许间歇时间时，按接缝处理，衬砌混凝土接缝处必须进行凿毛处理。纵、环向施工缝按照设计要求设置中埋式橡胶止水带。拱墙二次衬砌防水混凝土灌注结束 12 h 后，即应从挡头板浇水养护。

3）混凝土养护

为了预防混凝土开裂，拱墙混凝土拆模时间不可过早，且拆模时结构表面温度与环境气温之差不得大于 20 ℃。拆模后及时进行洒水养护，养护时间不少于 14 d。老鹰岩隧道养护采用二次衬砌养护修补台车（图 3-16-60），台车主要由门架承重结构、操作平台、走行装置、喷淋装置、雾炮组成。

图 3-16-60 二次衬砌养护修补台车

（1）施工要求。

①混凝土拆模后，及时进行养护，保持混凝土处于湿润状态。

②采用环向喷淋系统及雾炮机对二次衬砌混凝土表面养护，台架外侧设一环洒水养护喷嘴，开启进水开关后，水雾均匀喷洒到二次衬砌混凝土表面，纵向移动台架，完成需养成护

段二次衬砌混凝土养护，确定洒水喷雾间隔时间，确保二次衬砌混凝土养护效果。

（2）台车移动。

检查台车设备，确保各设备可正常运行。隧道二次衬砌混凝土拆模后立即养护，将喷淋养护台车在人工的操作下移至刚拆模二次衬砌段，用橡胶软管连接高压水管与养护台架水箱进水接口。

（3）喷淋养护。

衬砌混凝土拆模后，喷淋养护台车在人工的操作下，走行至循环段衬砌，打开水泵阀门，通过水压力促使水流在喷淋养护台车上各环向及纵向水管上的喷淋头旋转喷至混凝土表面，保持混凝土表面湿润。

（4）雾炮养护。

采用高压喷雾风炮对二次衬砌混凝土表面进行养护，即开启雾炮进水开关后，利用高压风将水以水雾的形式喷至混凝土表面，使混凝土表面保持湿润，养护至规定时间。

4）衬砌拱顶充填注浆施工

注浆施工工艺：注浆台车就位→布置机具→钻孔→压水试验→配浆→压浆→效果检查。（衬砌顶部注浆与其他隧道一致。）

拱部混凝土衬砌浇筑时，要在拱顶预留注浆孔，注浆孔间距不大于 3 m，每模板台车范围内的预留孔不少于 4 个。拱顶二次注浆填充，要在衬砌混凝土强度达到 100%后进行，注入水灰比为 0.5∶1 的水泥浆，注浆压力应控制在 0.1 MPa 以内，确保二次衬砌背后密实，无空洞。

注浆之前，连接注浆管路，并对管路进行试压，以此确定管路是否漏浆和空载压力，注浆压力采用空载压力+0.2 MPa。注浆浆液采用 0.5∶1 单液水泥浆，注浆时密切关注注浆流量、注浆压力及周围衬砌情况。注浆压力达到注浆终压或者相邻注浆孔出现串浆即可结束。注浆效果进行雷达扫描无损检查，对于不符合要求的地段进行补孔注浆。

16.2.7　水沟、电缆槽施工

在二次衬砌施工一定距离以后电缆槽、排水按前后平行进行施工。水沟、电缆槽采用水沟电缆槽整体移动模架施工技术，通过水沟电缆槽整体移动模架可提高施工工效并且提高水沟电缆槽的外观质量。电缆槽盖板由洞外预制后统一安装。

1. 测量放线

测量人员放出水沟中线、水沟电缆槽高程及施工位置控制点。由于移动模架长度为 12 m，现场放样点纵向间距定为 6 m，保证每一浇筑段水沟电缆槽模板有 3 个平面和高程控制点；施工放样点应布设于水沟电缆槽外模靠线路侧 10 cm，避免施工过程中点位被模板遮挡或点位被破坏。

2. 钢筋安装

施工水沟电缆槽墙身钢筋，并将衬砌引出的综合接地钢筋接长并焊接于墙身最上面一根纵向通长钢筋，按综合接地要求该通长钢筋必须每 100 m 断开一次。预埋件设置根据设计要求将衬砌排水盲管接出，安装横向排水管。电缆槽与侧沟之间预留泄水槽，焊接接地端子和接出过轨钢管。所有预埋件必须保证安装牢固。

3. 模板加固

水沟电缆槽移动模架模板通过液压系统和整体台架进行加固，其电缆槽外模侧通过在仰拱填充混凝土上植入钢筋进一步加固；表面每 6 m 通过角钢钢架限制相对位置并加固；端头模板利用钢模端头焊接圆箍，再插入钢管固定。

4. 混凝土浇筑

混凝土施工采用水沟电缆槽移动模架（图 3-16-61）均匀分层浇筑，一次性浇筑完成。因沟槽断面小，不能直接用罐车入模，需要用铁皮制成平口“[”型溜槽，便于引导混凝土入模，使模内混凝土面均匀上升。坍塌范围宜控制在 14 ~ 16 cm。

图 3-16-61 水沟电缆槽移动模架

5. 拆模及养护

混凝土实行洒水养护，不得少于 14 d。因拆模全部通过液压系统操作，容易破坏混凝土，因此要求拆模前养护不得少于 12 h。拆模时先拆除端头模板及加固设施，再通过液压系统拆除水沟电缆槽外模最后通过升降系统将水沟电缆槽模板整体上移。拆模过程中禁止启动横向液压系统，避免模板横向移动破坏水沟电缆槽结构。

16.3 永明枢纽互通

16.3.1 工程概况

永明枢纽互通位于绵阳市三台县永明镇附近，该枢纽互通为连接绵阳南环线、绵遂、绵西、省道 S205 及绵盐路等多方向的 5 路交叉。实现各个方向的互联互通。永明枢纽互通式立交中心桩号为 K25+285.600，交叉角度为 90°13′00″，采用五路枢纽互通立交方案。主线上跨绵遂高速，起点桩号 K24+000，终点桩号 K26+020，永明枢纽互通式立交距观太互通立交 5.207 km，距永明互通立交 2.603 km。

永明枢纽效果如图 3-16-62 所示。

图 3-16-62　永明枢纽效果

1. 地形地貌

永明枢纽互通位于绵阳市三台县永明镇境内，互通区有绵盐路及村村通公路通过，交通较便利。互通区沟谷段属河流冲积地貌，山丘段属剥蚀堆积丘陵地貌，地形起伏变化较小，地势较为平坦，局部起伏较大。互通桥梁跨越绵遂高速、绵盐路及周家堰，互通区范围内高程 437.32 ~ 460.31 m，相对高差约 22.99 m。

2. 地质、水文概况

项目桥址区地层岩性主要为第四系人工填土层（Q_4^{ml}）素填土、填筑土；第四系冲洪积层（Q_4^{al+pl}）粉质黏土、卵石土；第四系坡洪积层（Q_4^{dl+pl}）粉质黏土；第四系中更新统冰水堆积层（Q_2^{fgl}）黏土、卵石；白垩系下统七曲寺组（K_1^q）泥岩、粉砂岩、砂岩。

互通区地表水主要为鱼塘和周家堰，地表径流排泄条件较好，接受大气降水补给，水量受季节变化影响明显，雨季时水量增大，水位上升，旱季时水量减小，水位下降。

3. 气候条件

项目位于北亚热带山地湿润季风气候区，年平均气温为 14.7 ~ 17.3 °C。平武县最低，为 14.7 °C。绵阳市年平均气温的年际变化不大，最高年与最低年仅差 1.5 °C左右，极端最高气温为 36.1 ~ 39.5 °C，极端最低气温为 − 4.5 ~ − 7.3 °C。绵阳市降水量比较充沛，降水量的年际变化很大，年均降水量为 825.8 ~ 1 417 mm，多年平均降水量为 963.2 mm。其分布特点是：南北少，中部多；东边少，西边多。一般风速较小。

4. 工程建设特点和主要工程量

1）工程特点

（1）建设规模大。

永明枢纽互通采用改扩建既有松垭互通为变异苜蓿叶形+新建部分 T 形方案，包含 15 条匝道、1 条连接线，桥梁 19 座。被交路包含运营中的绵遂高速和绵盐路行车干扰多、施工难度大等特点既是本项目的控制性工程也是重难点工程。

（2）永明枢纽施工环境差、危险系数高。

永明枢纽五次上跨绵遂高速，四跨绵盐路，运营中绵遂高速改建拓宽路基长度 2 km、接长涵 4 处，拆除的 E 匝道桥和 C 匝道桥接壤运营中的绵遂高速，危险系数高。

（3）被交路绵遂高速及绵盐路交通量大。

绵遂高速为双向四车道，行车速度 80 km/h，车流量经现场调查（非节假日）：一般时段双向车流约 20 辆/min，高峰时段双向车流约 30 辆/min。绵盐路为一级公路，双向四车道，行车速度 80 km/h，车流量大，经现场调查（非节假日）：一般时段双向车流约 40 辆/min，高峰期双向车流约 60 辆/min。

（4）施工前及施工过程中协调工作量大。

施工前编制的专项方案多（绵遂高速既有桥拆除方案、跨绵遂高速架梁方案、绵遂高速保通方案）、办理手续需要上报绵遂公司及高速公路管理局，还需向地方政府、公安交警、路政等部门备案，需要协调的工作量大、办理周期长。

（5）征地拆迁难度大。

施工前需要拆除 2 处砖厂，1 处养猪场，1 处中联商混站，1 处小构件厂，1 处驾校，2 处养鸡场及大小房屋、鱼塘、坟墓等合计 100 处，需要拆迁的电力线路、水管、燃气等 48 条。抢栽、抢种、强盖严重，红线范围内除挖方段有密集的经济农作物如葡萄树、桑树等，不但增加了拆迁难度，又给施工增加砍树伐根工作量。

2）主要工程量

桥涵工程：15 条匝道、1 条连接线，桥梁 19 座，其中大桥 13 座（大桥中有 2 座是拆除改建），中桥 6 座，通道桥 1 座，涵洞 34 座/1 007.24 m。

路基工程：路基挖方 159.5 万，填方 134.8 万。

路基防护工程：拱形骨架、锚杆框架梁、挡土墙。

16.3.2 专业工程施工

1. 临时工程

永明枢纽互通临时工程（图 3-16-63）包括：钢筋加工厂、预制梁厂、拌和站、驻地、工地试验室及临时便道（便桥）。为方便施工、方便管理并节约临时用地，临时工程选取适宜的场地，集中化建设。

1）钢筋加工厂

设置在综合生产区内，钢筋加工场长 100 m，宽 30 m。钢筋供应量约 3.5×10^4 t；钢筋场采用工厂式轻型钢结构厂房，厂房内设置 1 台 5 t 行吊、1 台 10 t 行吊。

钢筋加工场设置加工制作区、原材料堆放区、钢筋下料区、半成品堆放区、废料堆放区、成品堆放区及转运区、库房运输通道，各区域分开标识布置。钢筋加工采用全自动钢筋弯箍机、数控弯曲机、锯切机、滚轮机、套丝机等先进加工设备。桥梁钢筋统一在钢筋加工场加工制作，加工场运输钢筋至最远现场约 3 km。

图 3-16-63　永明枢纽临时工程

2）预制梁厂

预制梁厂生产任务：三分部桥梁 19 座，四分部桥梁 5 座。共计预制 30 m T 梁 1 069 片，预制 20 m 小箱梁 163 片。

预制厂总长 300 m，总宽 110 m，占地总面积 33 000 m^2。梁厂按三排横列式设置，按功能划分为制梁区和存梁区。每排制梁区设置 4 个钢筋加工胎架，共 12 个。

预制厂内设置生产台座 54 个，36 个 30 m T 梁制梁台座（台座中心间距 2 m）、18 个 20 m 箱梁预制台座（台座中心间距 4.5 m），梁厂日产量为 2.5 片，工期 12 个月。

厂内设置 1 排 20 m 小箱梁存放区，2 排 30 m T 梁存放区。存梁区按双层存梁设置，可存 20 m 小箱梁 50 片，30 m T 梁 128 片，共计存梁 178 片梁。

厂内另设置预制梁钢筋加工厂 1 处、材料堆放区，1 个钢筋半成品存放区，2 个底腹板钢筋绑扎胎架，2 个顶板钢筋绑扎胎架，1 个波纹管存放库，1 间锚具存放库，1 间压浆料存放库，4 间工具房等。

根据制梁区宽度及预制梁长度，合理配置机械，制梁区配置 38 m、90+90 t 门吊 2 台，28 m、80+80 t 门吊 1 台用于运梁和提梁；另配置 38 m、10+10 t 门吊和 28 m、5+5 t 门吊用于钢筋笼移位、模板安装与拆卸和混凝土浇筑等工作。

3）拌和站

拌和站选址在 MSK27+700 右侧 100 m，占地 11 300 m^2，地形较为平坦，且距线路正线较近，便于混凝土的运输。

拌和站周边水井水量充足，施工用水采用打井，可满足施工用水需求，砂石料由三台县合格的石料加工厂供应。

施工用电可以就近接入，与当地供电局联系增设变压器，同时配备发电机作为临时备用电源。

拌和站混凝土供应范围为 K16+000 ~ K24+700，生产混凝土 2.8×10^5 m^3。

综合考虑施工生产情况，将拌和站划分为拌和作业区、材料计量区、材料库、砂石料筛分清洗区、运输车辆停放区、试验区、集料堆放区及生活区，内设洗车池（洗车台）、砂石分离机、污水沉淀池和排水系统。砂石分离机分离出来的砂石料经过晾晒后可以再次作为拌和混凝土的骨料，污水沉淀池内的搅拌絮凝池可以将污水分离出来的清水作为路基洒水用水和冲洗罐车用水，生活区与其他区隔离。拌和站内设置 2 台 120 拌和机，每台搅拌机配置 6 个 100 t 粉料罐，配料机 4 台。料棚长 80 m 宽 50 m，高 9 m，内置 10 个料仓，地面全部硬化。拌和站四周采用栅栏封闭并设置喷雾降尘系统。

4）分部驻地

项目分部驻地建设符合成绵指挥部《高速公路标准化管理手册》的要求，分部驻地房屋坚固、安全、耐用、邻近施工现场。驻地场内地面硬化，办公区与生活区分开设置，场区四周进行绿化。

分部驻地总占地面积 5 362 m^2，围墙、院内地面、排水设施均按照工地标准化建设，对既有房屋进行内外装饰装修。根据使用功能划分为办公区（办公室、会议室、资料室等）和生活区（食堂、宿舍、活动室等）

5）工地试验室

为便于项目集中管理，同时减少交通成本，工地试验室占地 2 900 m^2，建筑面积约 1 000 m^2，设置接待室、会议室、试验办公室、资料室及九个操作室。

试验室统一配置满足本项目试验需要的全套仪器设备，配备独立的消防设施。院内采用 C20 混凝土进行硬化处理，并进行绿化。

6）临时便道（便桥）

临时便道直线段路宽 3.5 m，不足路段进行拓宽；转弯地段路宽 6.5 m，长度不小于 15 m；最大纵坡应不大于 9%，200 m 设置 1 处错车道。错车道路面宽度应不小于 6.5 m，长度应不小于 20 m，土质地段路基基层为不小于 20 cm 厚的片砂砾石垫层，面层为 20 ㎝厚的砂砾或 20 cm 厚 C25 水泥混凝土；路面设置 2%的排水横坡，并设置排水边沟，沟底宽度和深度应不小于 40 cm；新增便道需要跨越河流、沟渠，埋设预制管涵，管涵长度、管径大小结合便道宽度及过水量决定。

2. 路基工程

路基施工采用全机械化作业，土方的开挖及运输采用挖掘机配合自卸汽车施工。石方开挖困难地段采用破碎锤等机械作业。路基填筑按“三阶段、四区段、八流程”的施工工艺组织施工，全面填筑前进行试验段填筑工艺试验。推土机配合平地机摊铺平整，重型振动压路机碾压密实。桥涵过渡段采用级配材料填筑，小型压实机具配合压实。路基防护及排水工程随路基同步施工。

一般路基土石方施工、路基支挡与防护工程及路基排水工程已在第三章路基工程中详述，本节只针对特殊路基施工做详细介绍。

本项目涉及特殊路基施工有：碎石桩、水泥搅拌桩、换填、重压片石、低填浅挖、填挖交界、过渡段施工和陡坡路基施工等项目，其中碎石桩、水泥搅拌桩、换填、重压片石已在第三章路基工程中详述。

1）低填浅挖路基施工

填方高度小于 1.6 m 时按低填浅挖路基处理。先清除地表耕植土和淤泥，然后在路槽以下 80 cm 范围内，换填粒径大于 5 mm 含量大于 50%的碎石土、砾石土或级配碎石。若 80 cm 以下土层含水量过高时，可于底部压填厚度大于 50 cm 的片石。对于基岩裸露，泥岩、页岩等软质岩石全风化、强风化路段，换填厚度不小于 30 cm 的级配碎石，级配碎石压实度不小于 96%。

2）填挖交界施工

为了减少路基纵、横向填挖交界处的不均匀沉降，对挖方区过渡段路床 0.8 m 范围内土体进行超挖回填碾压，并在路床顶面以下设置 3 层土工格栅，层间距 0.3 m，深入填挖方区各 8.0 m。填方区过渡段采用路基挖方中符合填筑要求的砾类土、砂类土、碎石土、或花岗岩、砂岩碎屑填筑，最大粒径不大于 10 cm，如地面横坡陡于 1∶5，地面开挖反向台阶，台阶宽度大于 3.0 m，坡度向内 2%～4%。

3）桥涵过渡段路基处理

（1）路桥过渡段。

为了避免因不均匀沉降产生桥头跳车现象，桥头台背回填设置倒梯形过渡段，过渡段倒梯形底部长度不小于台后路堤填土高度，且不应小于 3.0 m，过渡段采用级配碎石材料填筑，压实度不小于 96%。在台尾埋入挖方路段，台尾无法压实段落采用碎石或 C15 水泥混凝土浇筑回填。

（2）涵洞等构造物两端过渡段。

为了避免因不均匀沉降产生框架、涵洞等构造物两侧跳车现象，构造物两侧设置倒梯形过渡段，过渡段倒梯形底部处理长度 3.0 m，处理高度至构造物顶+2.0 m，过渡段采用级配碎石材料填筑，压实度不小于 96%。

（3）桥涵台背路基技术措施。

①在台后填筑前，应对地基进行补压夯实，对基坑进行回填夯实。

②台背 3 m 范围内采用小型夯实机或小型振动压路机压实，分层压实厚度不大于 20 cm。

③桥台台后填土与锥坡填土同时进行。对于柱式、肋板式桥台，在柱和肋柱侧对称、平衡地进行。涵洞填土应在涵洞两侧对称均匀分层回填压实。涵顶填土小于 50 cm 厚时不得采用大型压实机械碾压。

采用液压夯夯实过渡段如图 3-16-64 所示。

图 3-16-64　采用液压夯夯实过渡段

4）陡坡路基施工

地面挖设大台阶：全断面填土必须置于稳定土层上，地面横坡陡于 1∶5 时，对基底进行挖台阶处理，台阶宽度不小于 2.0 m。坡脚设置 3～4 m 宽大台阶，台阶面设向内倾斜 2%～4%的横坡。

铺设土工格栅加固：在路堤底部和路床位置设置土工格栅加固，为了保证路基填土的充分压实，陡坡路段填土厚度不得大于 2.0 m。

填料要求：路堤填料采用挖方土中满足路基填料要求的碎石土、块石土填筑。

3. 桥涵工程

桥梁桩基采用旋挖钻机钻孔，钢筋加工厂分节制作钢筋笼，导管法灌注水下混凝土；系梁及承台基坑采用挖掘机开挖、人工清基；墩柱采用整体式钢模板，汽车起重机吊装模板；盖梁采用抱箍支撑施工；预制梁集中预制，采用履带吊或架桥机架设；钢箱梁采用工厂化分段加工制作，运至现场搭设临时支墩和棚洞后架设焊接成型；现浇连续梁采用支架法施工。

涵洞基础及涵身采用大块钢模板，汽车吊配合安装；涵洞盖板采用集中预制，运输至现场后利用汽车吊吊装或采用支架法现浇施工。

永明枢纽互通所有预制梁均在 3#预制场集中预制；互通桥跨越绵盐路及绵遂高速处采用钢混组合梁结构形式，经过多次交通导改，按期完成了大跨度钢梁的架设；全线首次引进全自动三维激光摊铺机进行桥面铺装层施工，大大提高生产效率，节约施工成本。

1）后张法预应力梁预制

永明枢纽互通桥梁上部结构采用后张法预应力 T 梁和箱梁，预制梁均在梁厂集中预制。从梁厂建设到预制梁的生产过程中采用标准化模式、先进性工艺等技术手段，大幅提高了预制梁的施工质量，节约施工成本。

（1）钢台座制作。

制梁台座基础采用混凝土扩大基础，台座两端混凝土基础加深、加大，以满足梁板张拉起拱后基础两端的承载力要求，同时在台座上设置沉降观测点进行监控，每月检查一次并建立档案。台座基础顶面横向等间距安装工字钢，工字钢顶面铺设厚度 5 mm 的钢板。台座顶面两侧采用槽钢包边，槽口向外，采用直径略大于槽口尺寸的高强橡胶管填塞，以防漏浆。在预制梁两端各 60～90 cm 位置处将台座改为活动式底板支撑，活动式底板与台座同宽，长 15～20 cm，以便捆绳进出。

梁底支座预埋钢板应根据桥梁纵坡调整其预制角度，使支座预埋钢板在安装时与支座都处于水平状态。

预制梁厂钢台座如图 3-16-65 所示。

（2）模板制作安装。

预制梁模板采用定型钢模，钢板面板厚度应不小于 6 mm，翼缘侧面梳形钢板厚度不应小于 10 mm。

预制梁侧模除横隔板处断开外，应采用整体大块钢模板，钢模板面板厚度不小于 6 mm。横隔板底模采用独立的钢板底模，保证侧模拆除后横隔板的底模仍能起支撑作用。

图 3-16-65　预制梁厂钢台座

（3）钢筋制作安装。

预制梁钢筋型号、规格多样，为保证加工安装时不易混乱，加工厂采用超市化加工制作，按不同规格型号摆放、标识清晰。

预制梁钢筋在绑扎安装时采用定位支架准确定位，伸缩装置及防撞护栏预埋筋、翼缘湿接缝环形钢筋应采用辅助措施进行定位。顶板钢筋宜在专用胎架上绑扎成型，再整体吊装的方式安装。预制梁厂钢筋加工安装如图 3-16-66 所示。

图 3-16-66　预制梁厂钢筋加工安装

（4）混凝土浇筑。

混凝土拌和时，由试验人员检查、控制混凝土质量和坍落度，混凝土各项技术指标（和易性、坍落度、强度等级、耐久性等）符合规定要求后，才可进行混凝土浇筑。混凝土浇筑时分层浇筑，每层 30 ~ 50 cm，3 h 内浇筑完成。采用附着式和插入式振捣器共同振捣，附着式振捣器采用高频振捣器功率为 1.5 kV，每一扇模板使用 22 个振捣器，每个振动部位，必须振动到该部位混凝土密实，不再产生气泡，混凝土停止下沉，表面平坦为止（一般振动 30 s），插入式振捣器要求快插慢拔，充分排除气泡同时防止混凝土出现空洞，并且要插至前一层混凝土，插入深度为 5 ~ 10 cm，在混凝土浇筑过程中注意不要接触波纹管及锚具，保证其位置的正确。

（5）自动喷淋养护。

混凝土浇筑完毕，混凝土收浆后，顶板尽快用土工布覆盖和开启移动式喷淋统洒水养护。养护用水的条件与拌和用水相同，覆盖时不得损伤或污染混凝土的表面，一般在常温下混凝土的淋喷养护时间不少于 7 d，每次淋喷间隔时间以能保持混凝土表面经常处于湿润状态为度。预制梁自动喷淋如图 3-16-67 所示。

图 3-16-67　预制梁自动喷淋

（6）预应力施工。

投入预应力智能张拉压浆系统两套，电脑控制系统进行预应力钢束两端对称张拉。按照预先计算好的张拉油表控制读数控制张拉应力，两端同时分级进行张拉：0%→10%σ_k（测延伸量）→100%σ_k（测延伸量并核对）持荷 5 min（以消除夹片锚固回缩时的预应力损失）→锚固（观测回缩）。智能张拉压浆系统如图 3-16-68 所示。

图 3-16-68　智能张拉压浆系统

2）钢混组合梁施工

永明枢纽钢混梁采用专业分包加工，分部派专人驻厂监控并进行动态跟踪加工进度和质量。钢梁采用“加工厂分块加工，现场分区施工、搭设临时墩与临时施工棚洞、分块（条）吊装高空焊接”的总体施工思路。钢混组合梁施工步骤如图 3-16-69 所示。

（a）步骤一（基础、桥墩/台施工完毕，架设临时支墩）

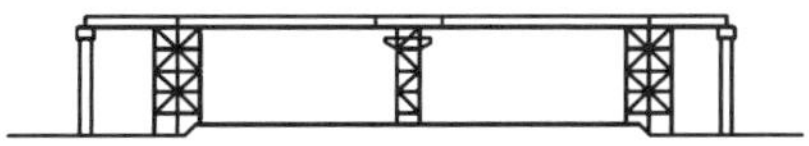

（b）步骤二（吊装及拼接分体箱刚纵梁、横隔板）

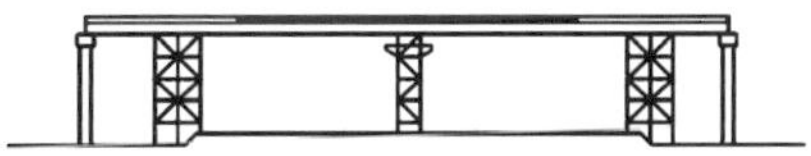

（c）步骤三（搭设模板，绑扎桥面板钢筋，分段浇筑跨中段落混凝土）

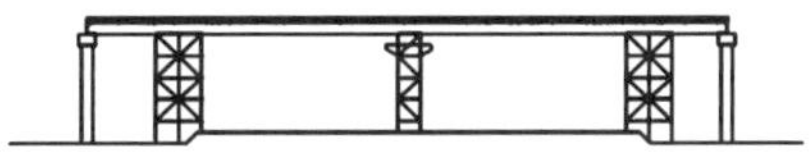

（d）步骤三（跨中段落混凝土达设计强度的 100%，分段浇筑支点附近混凝土）

（e）步骤三（特桥面板混凝土达设计强度的 100%，拆除临时支撑；
铺设二期恒载，完成附属设施安装，全桥施工竣工）

图 3-16-69　钢混组合梁施工步骤

3）桥面铺装施工

永明枢纽互通首次采用超宽混凝土桥面全自动三维激光摊铺机进行桥面铺装施工，摊铺机采用了悬挂桁架振捣整平机，安装三维激光系统、液压控制系统。与同类工程所采用的常规摊铺施工方式（传统摊铺机）相比，三维激光摊铺机使用轮胎式行走和激光自动定位，解决了无法自动定位变坡点的问题。摊铺机可随意拼装适配不同宽度及线型的桥面，最宽可达全幅 19.15 m，且一次成型铺装施工。使用三维激光摊铺机施工，具有智能度高、操作简单、安装便利、适用桥面类型广、范围大、便于控制标高与竖曲线变化同时经济适用并且美观安全性高的优点。能有效地把控桥面铺装的质量，提高工作效率，降低施工成本。三维激光摊铺机施工如图 3-16-70 所示。

图 3-16-70　三维激光摊铺机施工

16.3.3 重难点工程施工

1. 跨绵遂高速钢梁施工

1）工程概况

永明枢纽主线桥及 3 座匝道桥上跨绵遂高速，跨线桥采用钢混组合梁（钢箱梁）结构，主要上跨及涉路工作内容见表 3-16-8 所示。永明枢纽跨绵遂高速如图 3-16-71 所示。

表 3-16-8　上跨及涉路桥梁统计表

结构物名称	跨越方式	跨度/m	备注
跨绵遂高速主线桥	钢混凝土叠合梁+T 梁	30+37+30	左右两幅
N 匝道绵遂高速跨线桥	钢混凝土叠合梁+T 梁	30+37+30	单幅
P 匝道绵遂高速跨线桥	钢箱梁	30+36.3+30	单幅
O 匝道 3 号桥	钢箱梁	30+37+30	单幅

图 3-16-71　永明枢纽跨绵遂高速

（1）跨绵遂高速主线桥。

跨绵遂高速主线桥梁中线桩号为 K25+286.5，跨越绵遂高速、J 匝道桥、E 匝道。本桥上部结构共 3 联（30+37+30）m，第二联采用钢混组合梁，第一、三联采用预应力混凝土（后张）简支 T 梁。跨绵遂高速主线桥立面、横断面如图 3-16-72、图 3-16-73 所示。

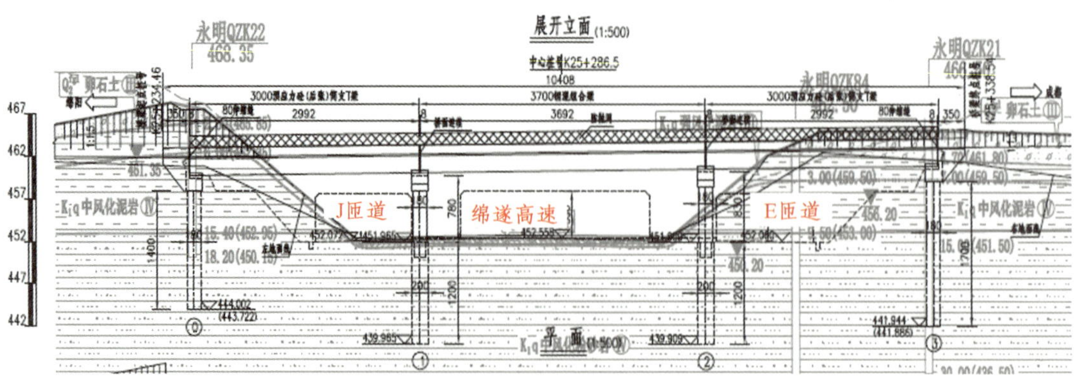

图 3-16-72　跨绵遂高速主线桥立面（单位：mm）

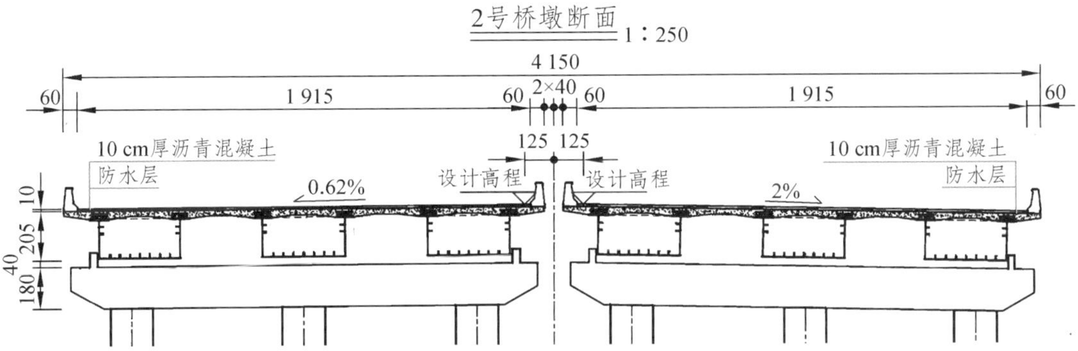

图 3-16-73　跨绵遂高速主线桥横断面（单位：mm）

钢梁跨径为 37 m，截面宽度为 18.2 m，梁高 2.0 m；左右幅均为多箱单室焊接结构。

（2）O 匝道 3 号桥。

永明枢纽 O 匝道 3 号桥中心桩号为 OK1+295.692，跨越绵遂高速、E 匝道桥、J 匝道桥。本桥上部结构（30+37+30）m。上部采用钢箱梁，箱梁腹板采用等高设计，桥面横坡由箱梁截面绕设计高程点旋转而成。钢箱梁的顶板兼做桥面承重结构，按正交异性板设计。钢梁箱体部位顶板采用 U 形肋加劲，底板采用 T 肋加劲，悬臂部位顶板采用 U 形肋和 T 肋加劲。箱内纵向间隔设置框架式横隔板和实腹式横隔板，实腹式横隔板中间开设人孔。支点处设支点横隔板，并在支点处设竖向支承加劲肋。箱梁悬臂长度为 1.5 m，悬臂板根部高 65 cm，端部高 40 cm，其位置与箱内横隔板相对齐。为保证外形美观，内部防锈，悬臂梁下翼缘之间采用薄钢板焊接封闭。O 匝道 3 号桥立面布置、钢箱梁横截面如图 3-16-74、图 3-16-75 所示。

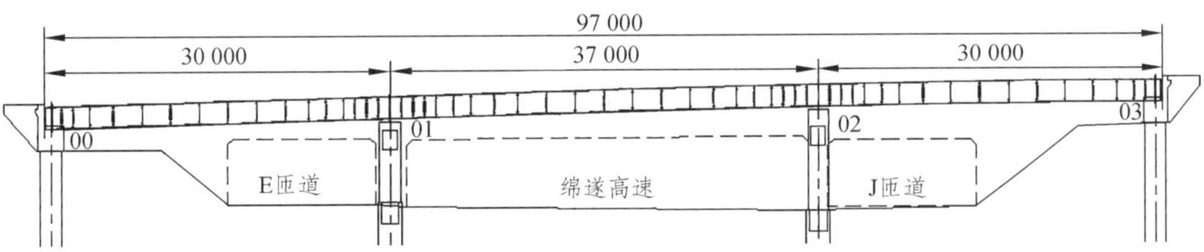

图 3-16-74　O 匝道 3 号桥立面布置（单位：mm）

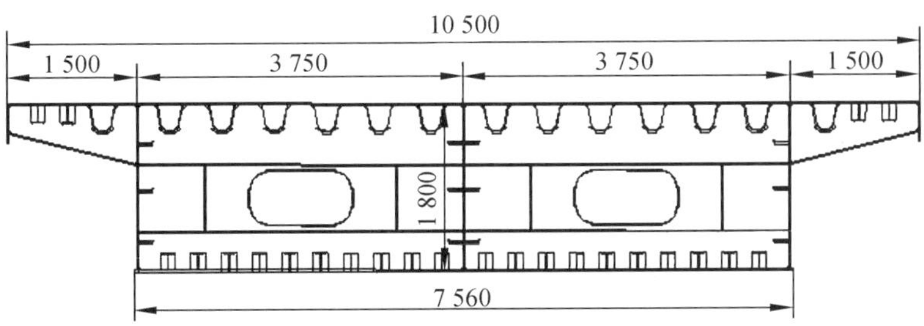

图 3-16-75　O 匝道 3 号桥钢箱梁横截面（单位：mm）

（3）P 匝道桥。

永明枢纽 P 匝道桥中心桩号为 PK0+565.241，跨越绵遂高速、E 匝道桥、J 匝道桥。本桥上部结构共 1 联（30+36.3+30）m，均采用钢箱梁，为单箱双室结构。其结构设计与 O 匝道相似。P 匝道桥立面布置、钢箱梁横截面如图 3-16-76、图 3-16-77 所示。

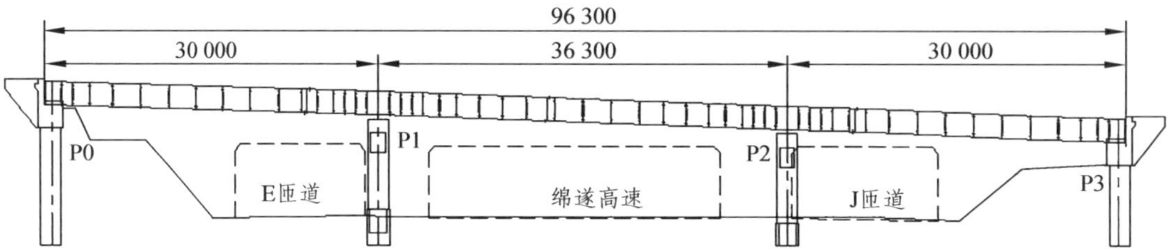

图 3-16-76　P 匝道桥立面布置（单位：mm）

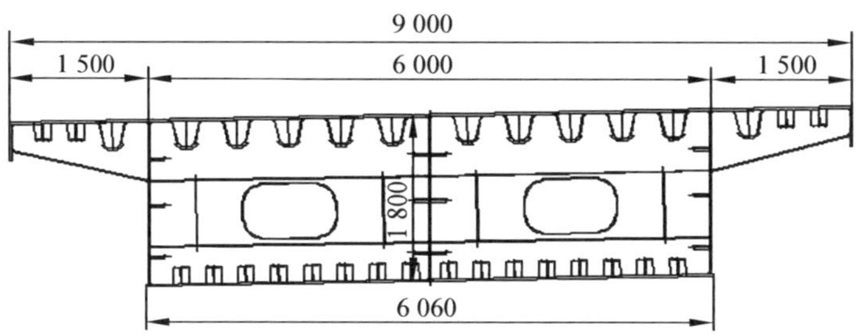

图 3-16-77　P 匝道桥钢箱梁横截面（单位：mm）

（4）N 匝道桥。

永明枢纽 N 匝道桥中心桩号为 NK0+560.51，跨越绵遂高速、J 匝道、E 匝道。本桥上部结构共 3 联（30+37+30）m，第二联采用钢混组合梁，第一、三联采用预应力混凝土（后张）简支 T 梁，桥面连续。N 匝道桥立面布置、钢箱梁横截面如图 3-16-78、图 3-16-79 所示。

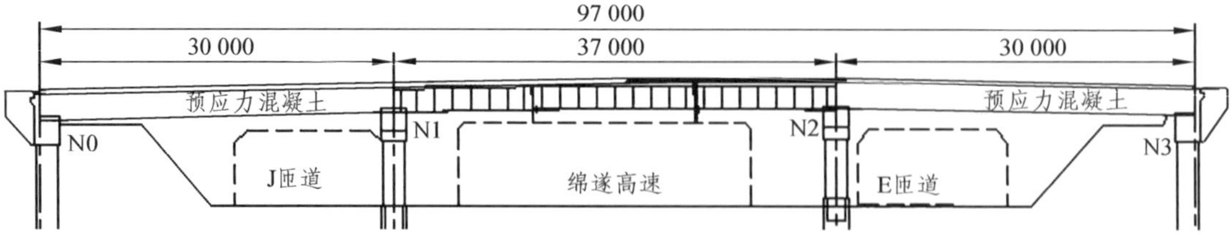

图 3-16-78　N 匝道桥立面布置（单位：mm）

2）施工工艺流程

本工程钢箱梁在四川德阳进行钢箱梁节段制作、涂装，然后通过公路运输转运至施工现场进行吊装、焊接、油漆补涂，最后一层面漆涂装。施工工艺流程如图 3-16-80 所示。

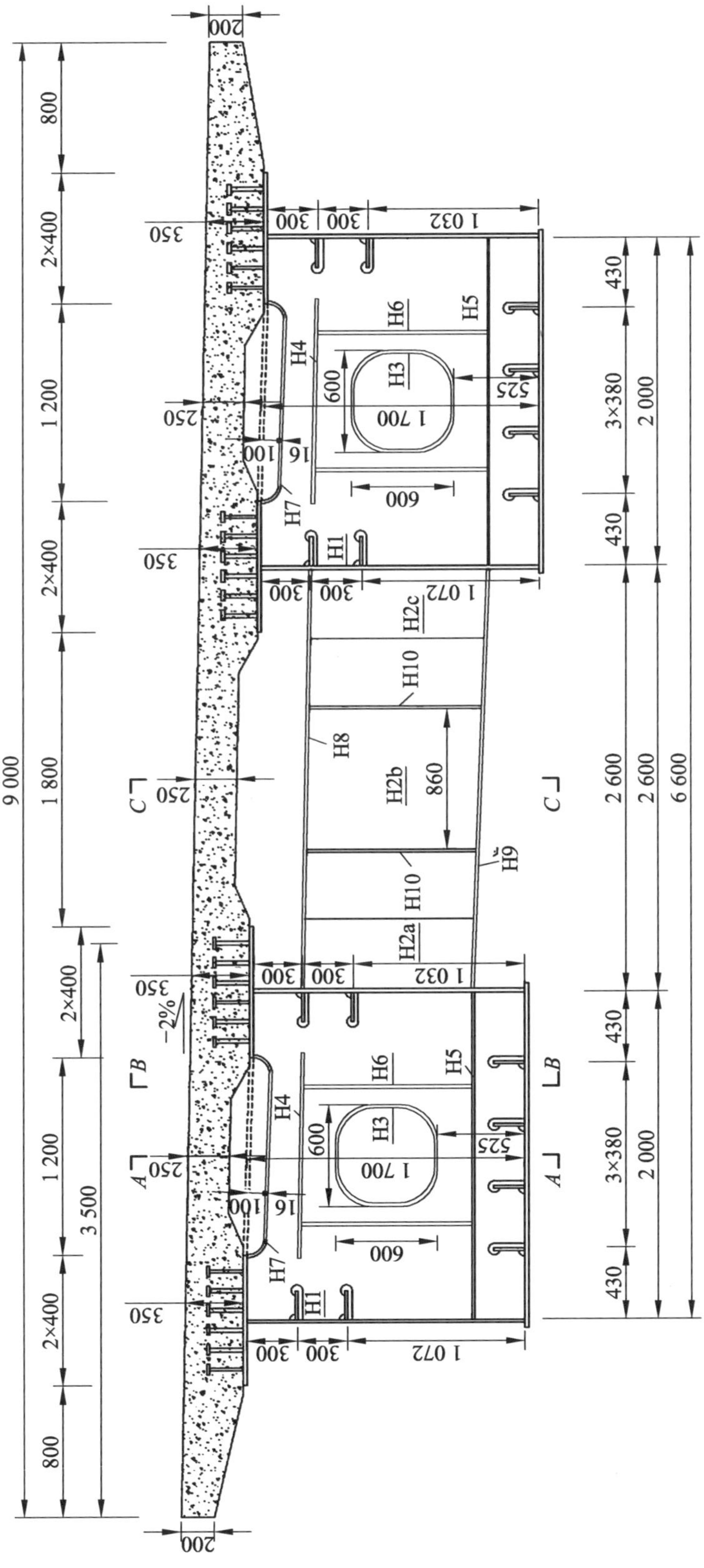

图 3-16-79　N 匝道桥钢箱梁横截面（单位：mm）

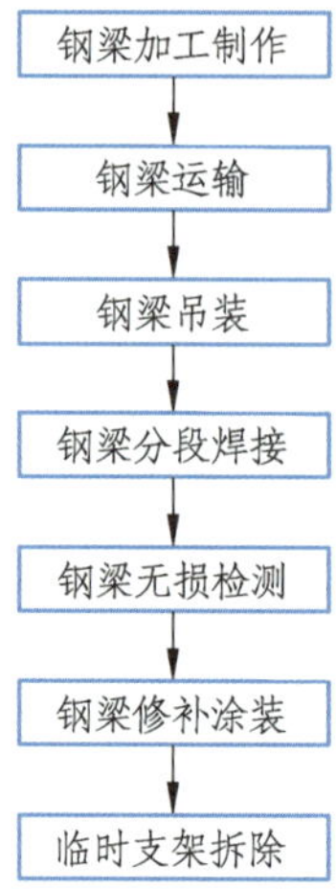

图 3-16-80　钢梁施工工艺流程

3）钢梁制作

永明枢纽互通钢梁加工制作为专业分包，在加工厂分段集中加工制作，分段运输至施工现场进行吊装。

（1）钢梁分段分块方案。

钢梁严格按照设计图纸的相关要求进行分段分块，并报设计确认。分段位置需避开高应力区，错开墩顶及跨中位置。分段时需综合考虑道路运输条件、工厂制造、现场吊装起吊能力等因素。

①主线桥左幅钢梁分段分块方案。

根据道路运输条件，钢梁顺桥向拟分成 2 节段，横向分为 5 部分（箱室分段及工地横梁分段），节段间顶板、腹板、底板采用 Z 字口错缝形式。主线桥左幅钢梁顺桥向分段、横桥向分块如图 3-16-81、图 3-16-82 所示。

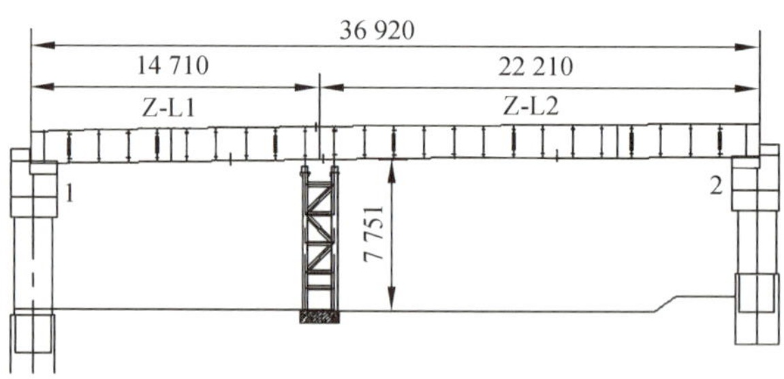

图 3-16-81　主线桥左幅钢梁顺桥向分段（单位：mm）

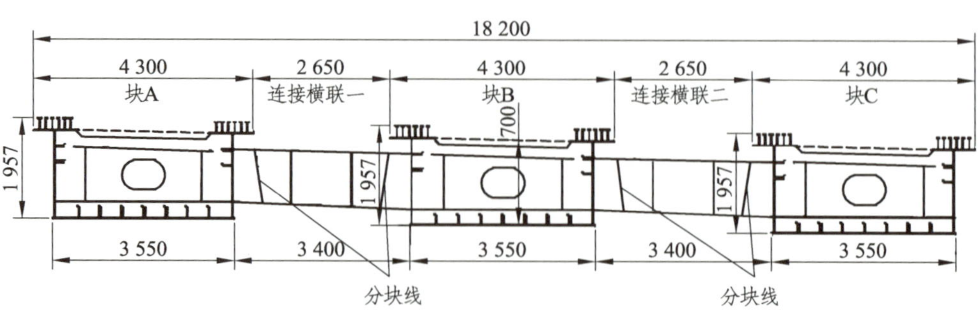

图 3-16-82　主线桥左幅钢梁横桥向分块（单位：mm）

②主线桥右幅钢梁分段分块方案。

根据道路运输条件，钢梁顺桥向拟分成 2 节段，横向分为 5 部分（箱室分段及工地横梁分段），节段间顶板、腹板、底板采用 Z 字口错缝形式。主线桥右幅钢梁顺桥向分段、横桥向分块如图 3-16-83、图 3-16-84 所示。

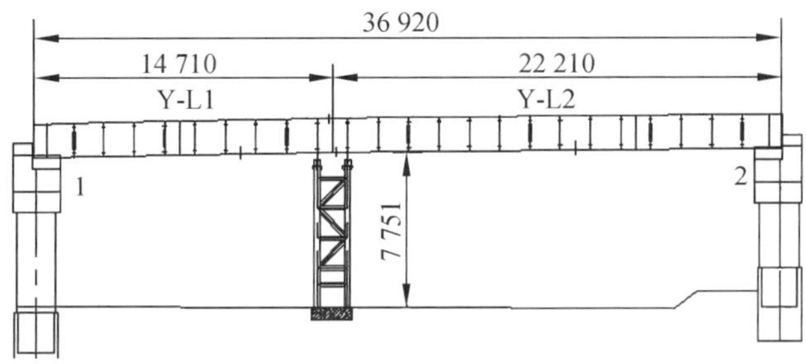

图 3-16-83　主线桥右幅钢梁顺桥向分段（单位：mm）

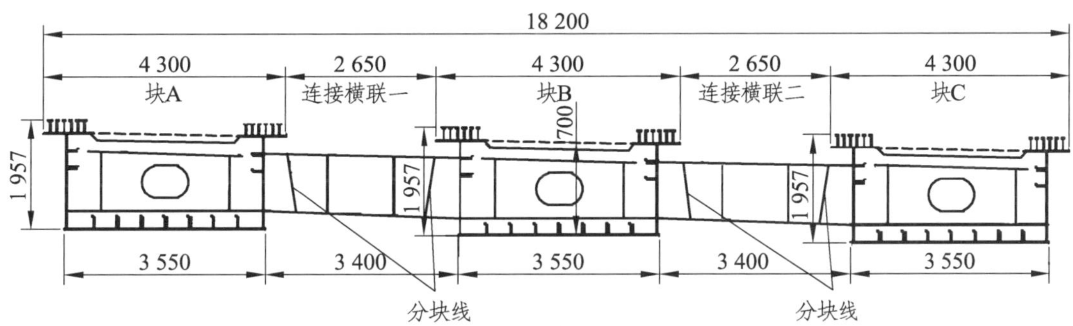

图 3-16-84　主线桥右幅钢梁横桥向分块（单位：mm）

③O 匝道 3 号桥分段分块方案。

钢梁采用纵向划分方式，沿桥长方向划分为 6 个节段，节段间顶板、腹板、底板采用 Z 字口错缝形式。普通横隔板处断面纵向划分为 3 个箱型分段。O 匝道 3 号桥钢梁分段划分立面、横断面如图 3-16-85、图 3-16-86 所示。

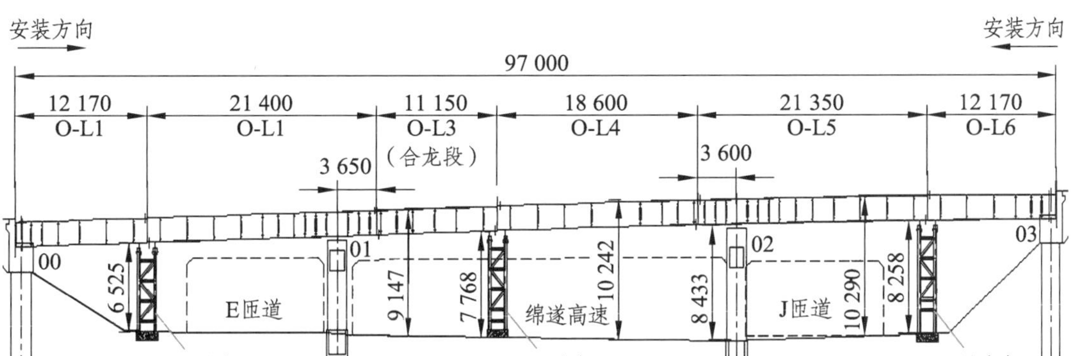

图 3-16-85　O 匝道 3 号桥钢梁分段划分立面（单位：mm）

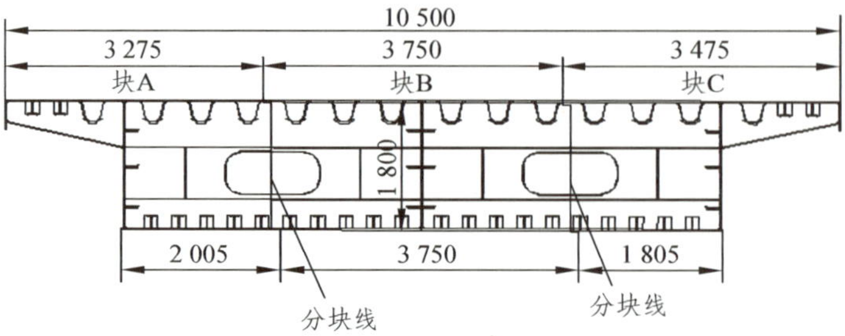

图 3-16-86　O 匝道 3 号桥钢梁分段划分横断面（单位：mm）

④P 匝道桥分段分块方案。

钢梁采用纵向划分方式，沿桥长方向划分为 6 个节段，节段间顶板、腹板、底板采用 Z 字口错缝形式。普通横隔板处断面纵向划分为 2 个箱型分段。P 匝道桥钢梁分段划分立面、横断面如图 3-16-87、图 3-16-88 所示。

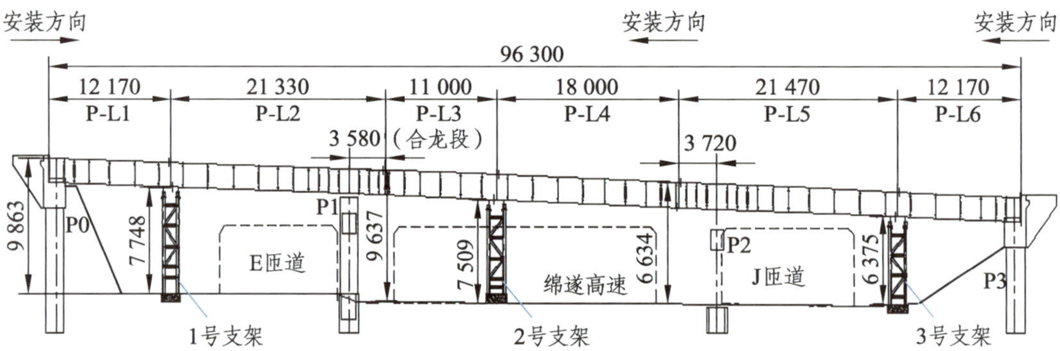

图 3-16-87　P 匝道桥钢梁分段划分立面（单位：mm）

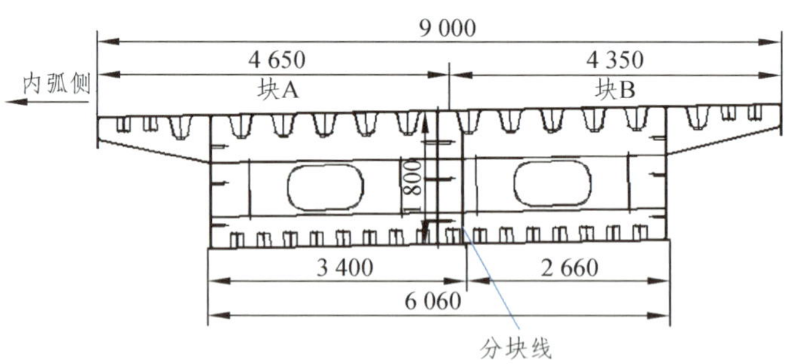

图 3-16-88　P 匝道桥钢梁分段划分横断面（单位：mm）

⑤N 匝道桥分段分块方案。

钢梁采用纵向划分方式，沿桥长方向划分为 2 个节段，节段间顶板、腹板、底板采用 Z 字口错缝形式。普通横隔板处断面纵向划分为 3 个箱形分段。N 匝道桥钢梁分段划分立面、横断面如图 3-16-89、图 3-16-90 所示。

（2）钢梁加工制造。

永明枢纽钢混梁采用专业分包加工，分部派专人驻厂监控并进行动态跟踪，根据现场的进度情况，通知厂家及时调整钢梁加工计划。钢梁运至施工现场后，分部根据现场施工情况为钢箱梁架设提供前期保障。钢梁制作工艺流程如图 3-16-91 所示。

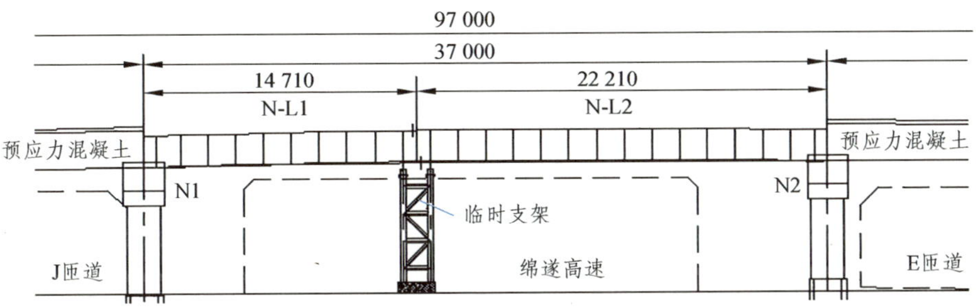

图 3-16-89　N 匝道桥钢梁分段划分立面（单位：mm）

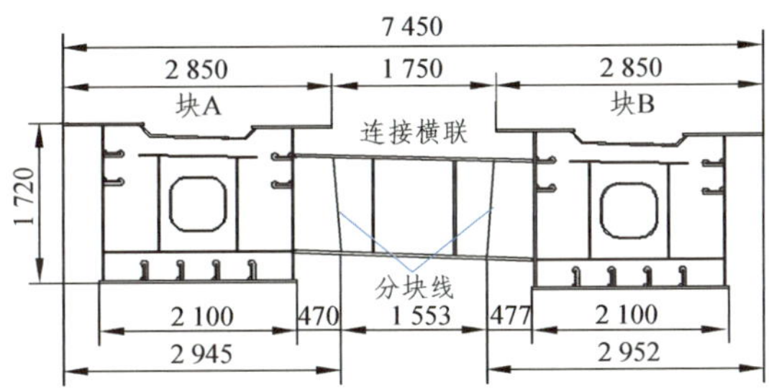

图 3-16-90　N 匝道桥钢梁分段划分横断面（单位：mm）

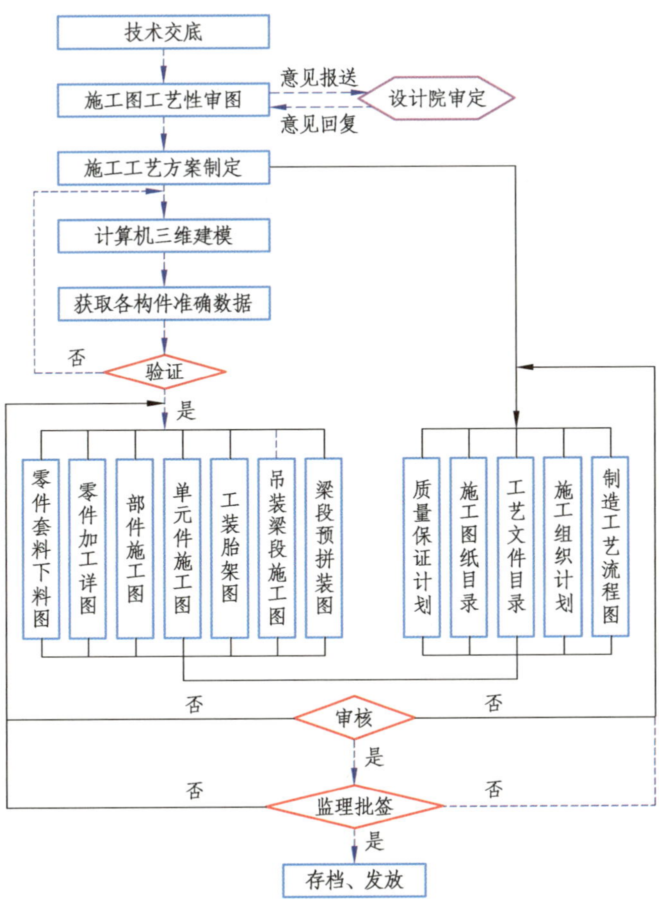

图 3-16-91　钢梁制造工艺流程

（3）钢梁运输。

跨绵遂高速主线桥、O 匝道桥、P 匝道桥、N 匝道位于同一安装地，为同一转运目的地。

具体转运路线为：广汉（G108 国道）→德阳华山路（G108 国道）→德阳泰山北路（G108 国道）→罗江（G108 国道）→绵阳绵梓路→绵阳飞云大道中段→经古井立交上绵阳二环路→绵盐路→松亚收费站→施工现场。

钢箱梁到达松垭收费站从高速入口匝道处进入施工现场。当吊装跨主线梁段时，运梁车与社会车辆在 E 匝道会车，此时运梁车前配一辆押运车负责引道，运梁车后方配两辆押运车负责压制社会车辆保证有效安全距离，押运车辆和运输车辆需悬挂警示灯，粘贴反光条，警示灯带。

4）钢梁安装

全桥钢梁安装采用支架吊装法，采用 1 台起重性能 260 t 汽车吊用于钢梁分段吊装，钢梁吊装及焊接、检测作业完成并验收合格，再对涂层损坏处及焊缝进行修补涂装、拆除支架。

（1）施工流程。

根据跨绵遂高速钢箱梁与绵遂高速实际位置制定交通导行线路。先安装 O 匝道 P 匝道边跨钢箱梁；然后将绵遂高速上的车辆导流至两侧的 E 匝道、J 匝道；再顺次安装跨绵遂钢梁；最后恢复绵遂高速正常通行。具体流程如下。

①O 匝道桥及 P 匝道桥边跨钢箱梁吊装（图 3-16-92）。

P0 号墩 ~ P1 号墩、P3 号墩 ~ P2 号墩，O0 号墩 ~ O1 号墩、O3 号墩 ~ O2 号墩之间钢箱梁吊装。

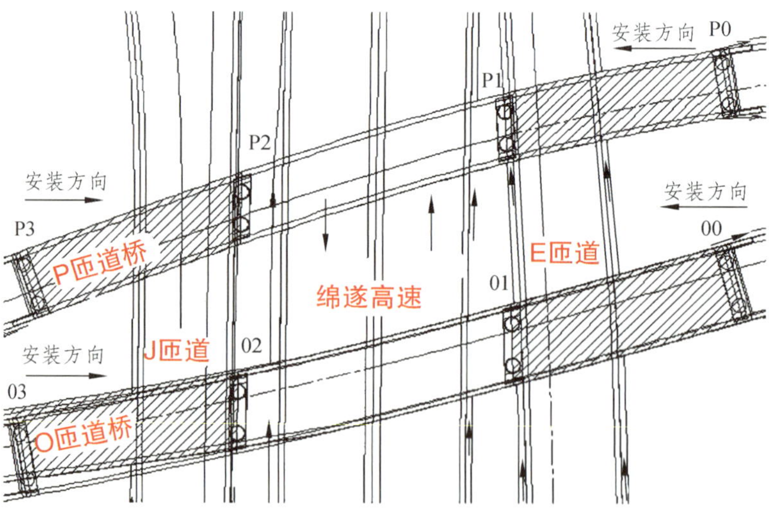

图 3-16-92　O 匝道及 P 匝道桥边跨钢箱梁吊装

②将绵遂高速上车流导行至 E 匝道、J 匝道（图 3-16-93 ~ 图 3-16-95）。

③跨绵遂高速钢梁吊装（图 3-16-96）。

跨绵遂高速钢箱梁吊装，此部分钢箱梁吊装时需将绵遂高速中央隔离带拆除，拆除长度为 P 匝道、N 匝道投影线外 20 m 范围。再顺次安装 P 匝道→O 匝道→跨绵遂主线桥左幅→跨绵遂主线桥右幅→N 匝道桥钢梁。

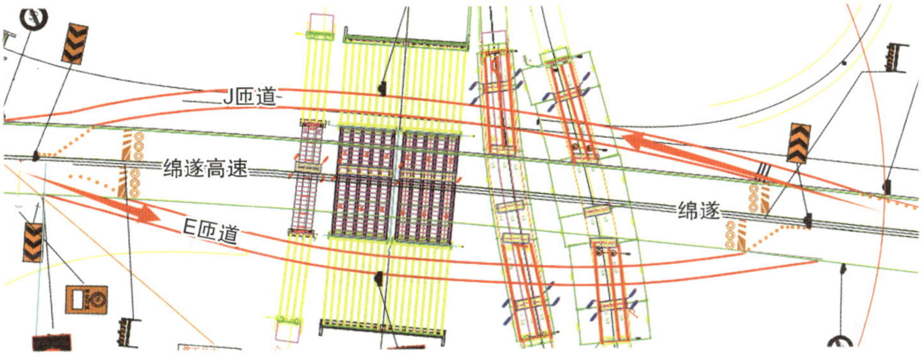

图 3-16-93　绵遂高速车辆导改

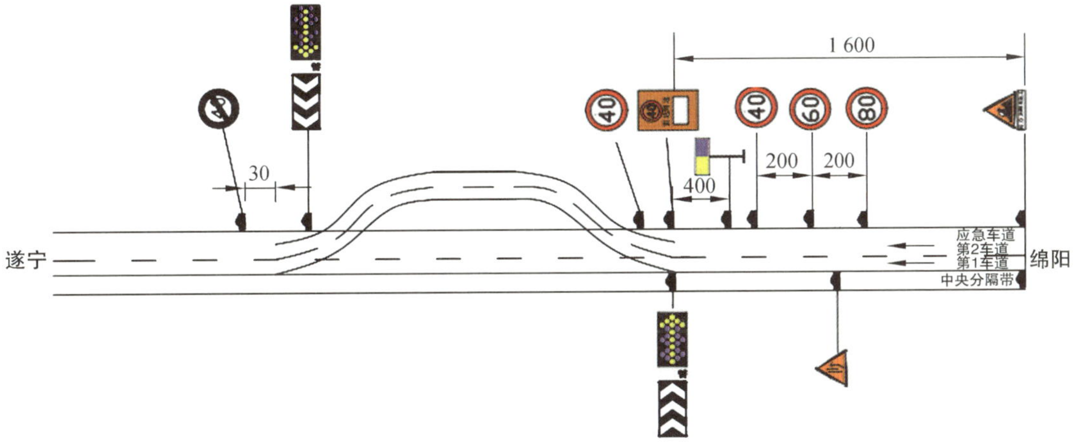

图 3-16-94　绵阳至遂宁方向绕行导改（单位：m）

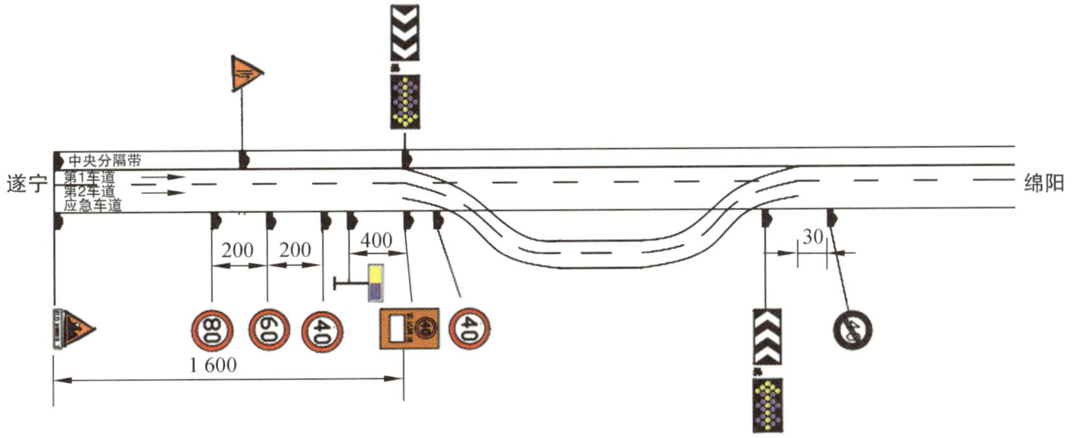

图 3-16-95　遂宁至绵阳方向绕行导改（单位：m）

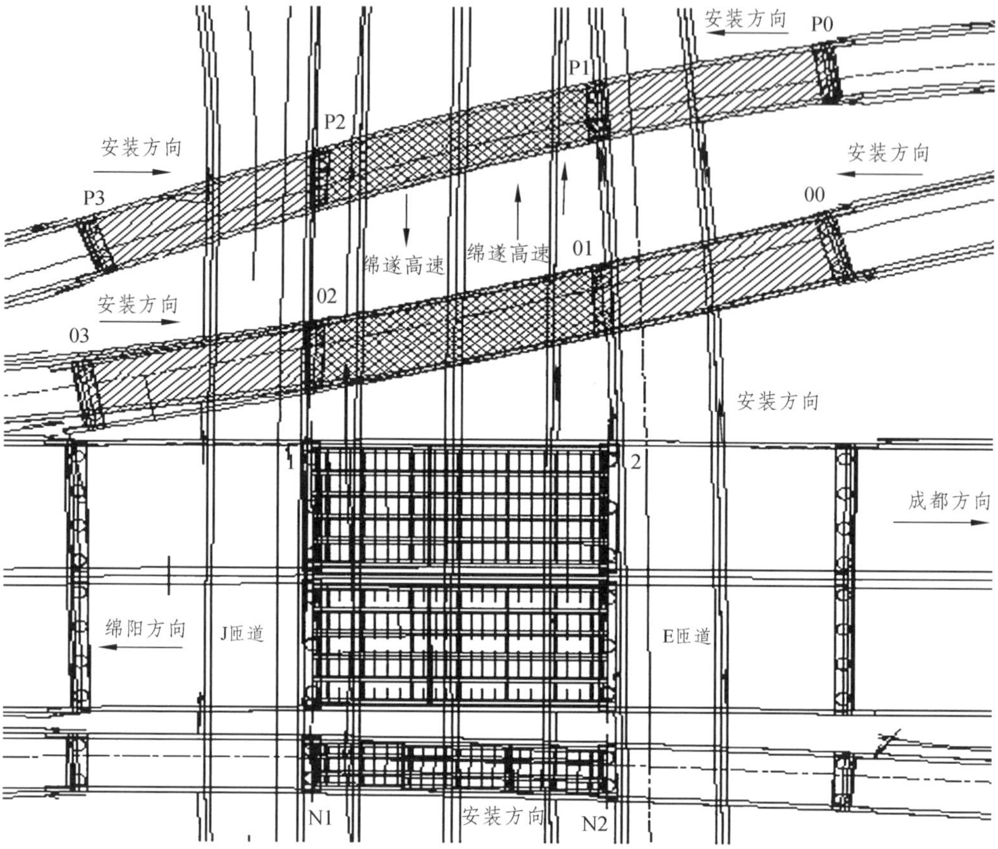

图 3-16-96 跨绵遂高速钢梁吊装

④恢复绵遂高速交通。

钢梁吊装完成后，拆除绵遂高速两侧安全围挡、锥桶、水马及交通标志，恢复原有交通设施，保证绵遂高速车辆正常通行。

（2）钢梁吊装前准备。

①吊装前提前浇筑临时支架基础，并搭设临时支架。

②复测现有桥墩的标高，做好复查记录，发现问题及时与项目技术人员联系。

③吊装前，对所有人员进行三级安全教育，并通过安全技术交底及吊装技术交底。

④吊装前应检查各起重吊具的性能并确保其处于良好状态，正式吊装前应先试吊，检测吊车的性能状态，确保安全起吊。

⑤夜间照明：安装前，对施工区域进行照明布置，确保施工区域无照明死角，确保施工安全；照明灯具采用幻光灯，并采用脚手管架搭设灯具安装塔架，吊装时，以安装位置为中心，分别在四周各布置一盏。

（3）钢梁吊装。

①O 匝道桥及 P 匝道桥边孔钢箱梁吊装（图 3-16-97）。

先吊装 0#台侧 P-L1、P-L2、O-L1、O-L2，然后吊车转场至 3#台侧，吊装 P-L6、P-L5、O-L6、O-L5。

0#台侧吊装顺序为 P-L1A→P-L1B→P-L2A→P-L2B→O-L1C→O-L1B→O-L1A→O-L2C→

O-L2B→O-L2A，采用 260 t 汽车吊进行吊装作业，满足吊装要求。

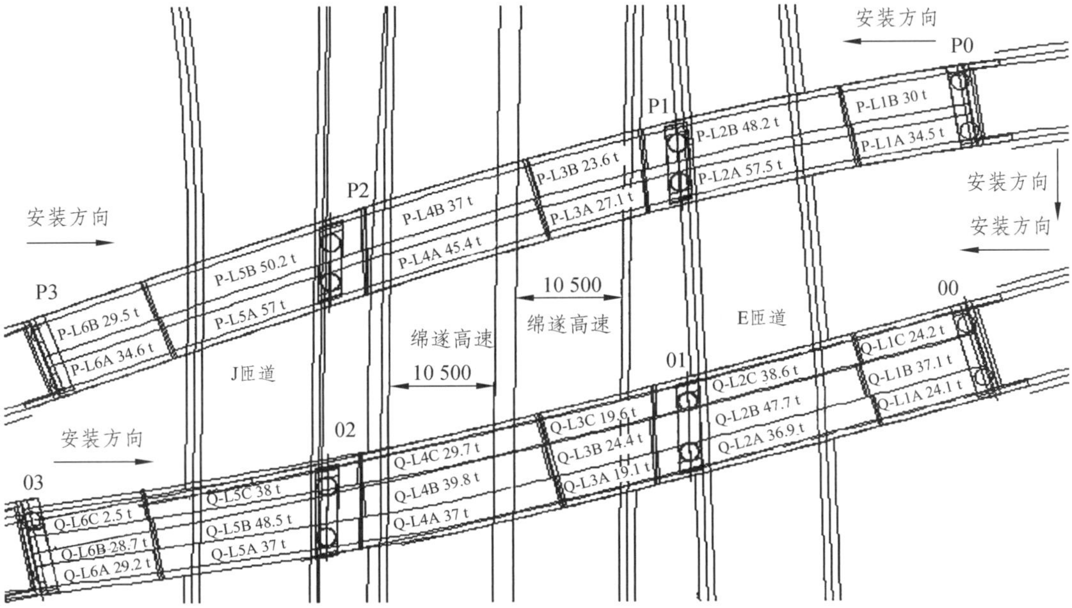

图 3-16-97　O 匝道及 P 匝道桥钢梁分段布置

a. 钢箱梁 P-L1A、P-L1B 节段吊装（图 3-16-98）。

最大吊装重量为 34.5 t，起吊高度为 9.9 m。钢箱梁运输至施工现场后，直接从运梁车上起吊，旋转至安装位置。

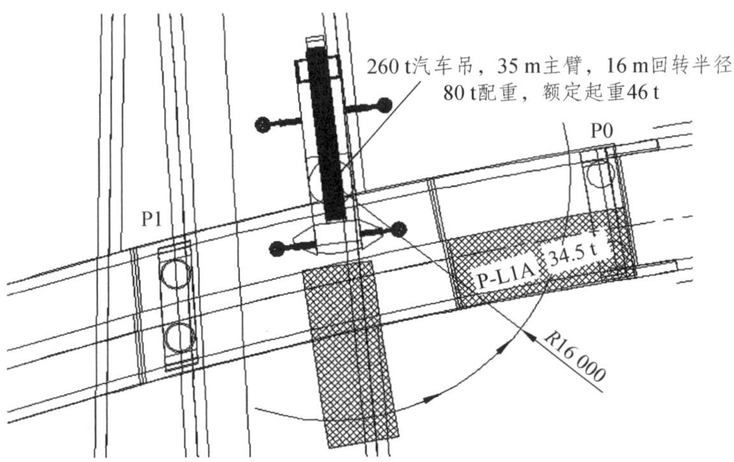

图 3-16-98　钢箱梁 P-L1A 吊装

吊装校核：260 t 汽车吊，35 m 主臂，16 m 回转半径，额定起重 44 t>34.5 t（产品重量）×1.1（冲击系数）+1.5（索具重量）=39.45 t，满足要求。同样的方式吊装 P-L1B。

b. 钢箱梁 P-L2A、P-L2B 节段吊装。

最大吊装重量为 57.5 t，起吊高度为 9.9 m。钢箱梁运输至施工现场后，直接从运梁车上起吊，旋转至安装位置。钢箱梁 P-L2A 如图 3-16-99 所示。

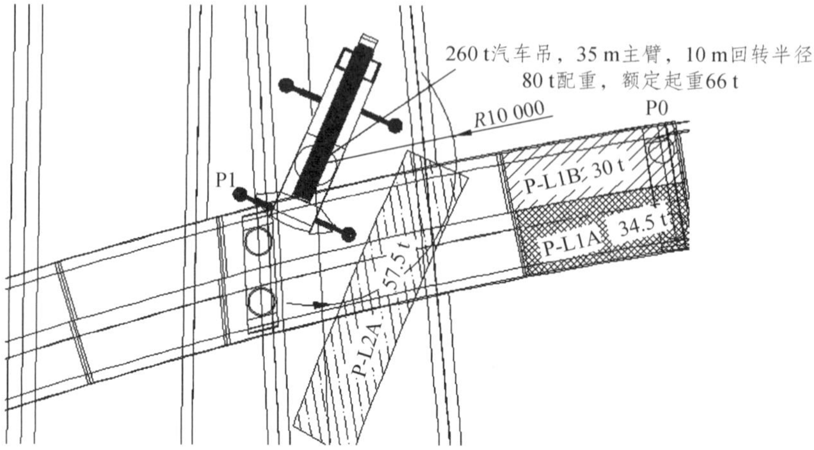

图 3-16-99 钢箱梁 P-L2A 吊装

吊装校核：260 t 汽车吊，35 m 主臂，10 m 回转半径，额定起重 66 t>57.5 t（产品重量）× 1.1（冲击系数）+1.5（索具重量）=64.75 t，满足要求。用同样的方式完成 P-L2B，如图 3-16-100 所示。

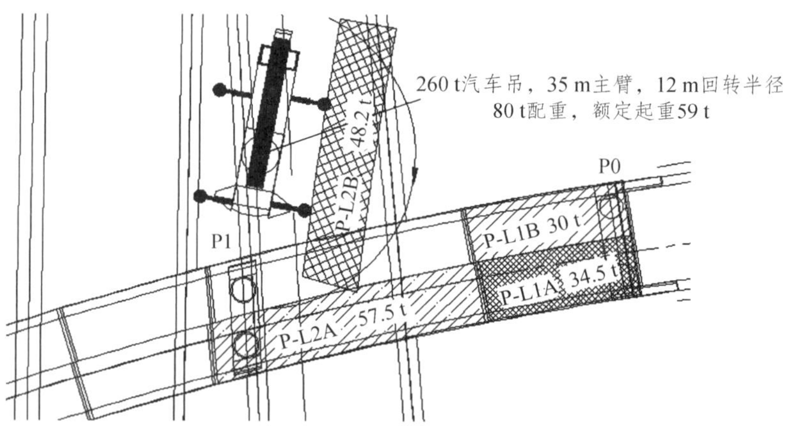

图 3-16-100 P 钢箱梁 P-L2B 节段吊装

吊装校核：260 t 汽车吊，35 m 主臂，12 m 回转半径，额定起重 59 t>48.2 t（产品重量）× 1.1（冲击系数）+1.5（索具重量）=55.52 t，满足要求。

c. O-L1C、O-L1B、O-L1A 节段吊装（图 3-16-101）。

吊车转场至 O 匝道 0 号墩、1 号墩处，同样用 260 t 汽车吊吊装小桩号侧箱梁，吊装顺序为 O-L1C→O-L1B→O-L1A。最大起吊高度为 9.2 m，最大重量为 47.7 t（O-L2C）。

钢箱梁运输至施工现场后，直接从运梁车上起吊，旋转至安装位置。

吊装校核：260 t 汽车吊，35 m 主臂，16 m 回转半径，额定起重 46 t>31.1 t（产品重量）× 1.1（冲击系数）+1.5（索具重量）=35.71 t，满足要求。

d. O-L2C、O-L2B、O-L2A 吊装（图 3-16-102）。

吊装方法与上述 O-L1 节段相同。

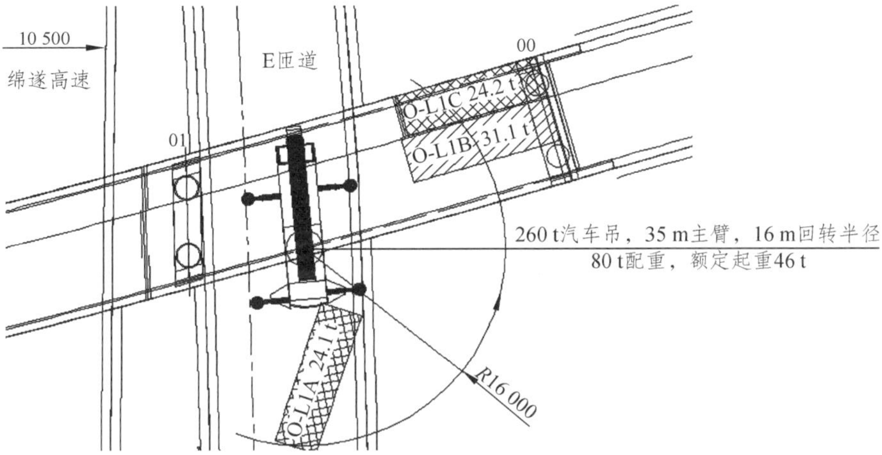

图 3-16-101　O-L1C、O-L1B、O-L1A 节段吊装

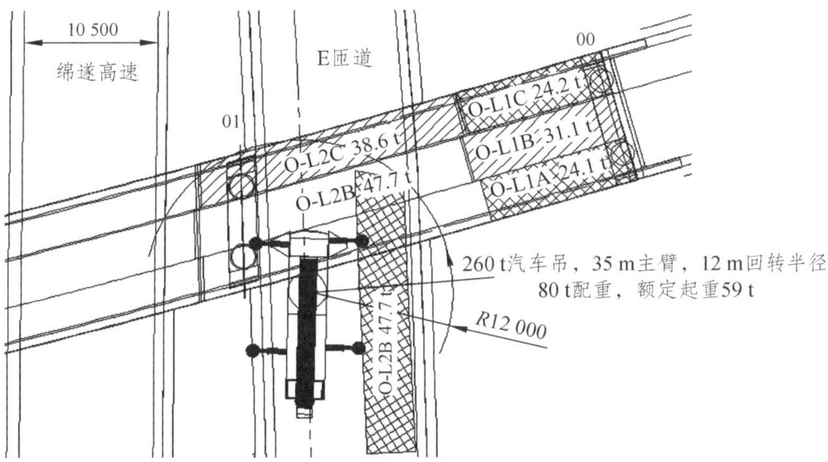

图 3-16-102　O-L2C 吊装

吊装校核：260 t 汽车吊，35 m 主臂，12 m 回转半径，额定起重 59 t>47.7 t（产品重量）×1.1（冲击系数）+1.5（索具重量）=54 t，满足要求。

e. P-L5、P-L6、O-L5、O-L6 节段吊装（图 3-16-103）。

P 匝道、O 匝道 0#台侧吊装完成后，转场至 3#台，即吊装 P3 号墩、O3 号墩侧钢箱梁。

吊装顺序为 P-L6A→P-L6B→P-L5A→P-L5B→O-L6C→O-L6B→O-L6A→O-L5C→O-L5B→O-L5A。吊装最大高度 10.3 m，最大重量 57 t。吊装方式与 0#台侧类似，不再重述。

②跨绵遂高速钢箱梁吊装。

吊装前需将绵遂高速上的车辆导行至 E 匝道、J 匝道上。跨绵遂高速箱梁包括主线桥、N 匝道、P 匝道、O 匝道梁段。

采用 260 t 汽车吊依次吊装 P 匝道（跨线部分）→O 匝道（跨线部分）→主线桥→N 匝道。

a. P 匝道跨线部分吊装。

吊装高度 9.7 m，最大重量为 45.4 t（P-L4A），如图 3-16-104 所示。

吊装校核：260 t 汽车吊，35 m 主臂，12 m 回转半径，额定起重 59 t>45.4 t（产品重量）×1.1（冲击系数）+1.5（索具重量）=51.44 t，满足要求。

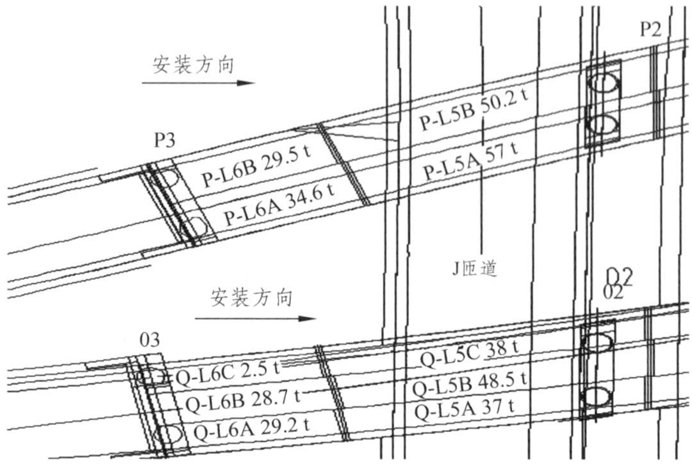

图 3-16-103　P-L5、P-L6、O-L5、O-L6 节段吊装

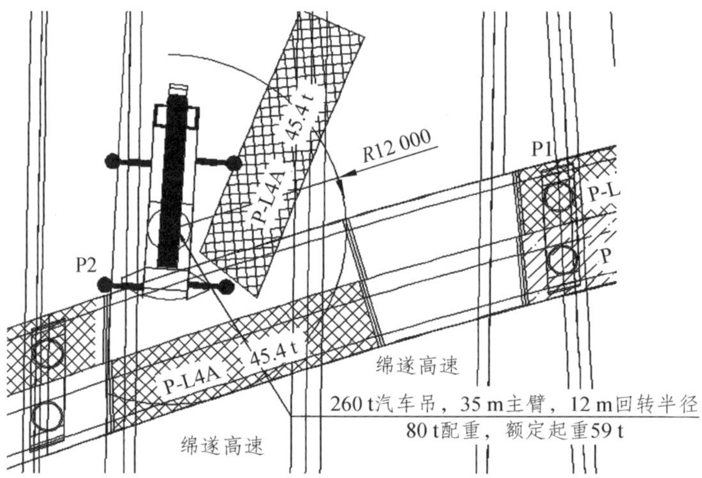

图 3-16-104　P-L4A 吊装

采用同样的方式吊装 P-L4B，合龙段 P-L3A、P-L3B。吊装 P-L4、P-L3 梁段时需将相邻两个梁段的腹板进行焊接，顶底板段焊，顶板上加型钢等措施后方可摘除吊钩。

b. O 匝道跨线部分吊装。

吊装高度为 10.3 m，最大重量为 39.8 t（O-L4B），如图 3-16-105 所示。

吊装校核：260 t 汽车吊，35 m 主臂，12 m 回转半径，额定起重 59 t>39.8 t（产品重量）×1.1（冲击系数）+1.5（索具重量）=45.28 t，满足要求。

采用同样的方式吊装完成剩余节段吊装。吊装 O-L4、O-L3 梁段时需将相邻两个梁段的腹板进行焊接，顶底板段焊，顶板上加型钢等措施后方可摘除吊钩。

c. 主线桥吊装。

吊装高度为 10 m，最大重量为 53.9 t（Z-L2B）。吊装顺序从小里程向大里程方向吊装，先吊装主线桥左线，然后同样方式吊装右线。Z-L1A 吊装、Z-L2B 吊装如图 3-16-106、图 3-16-107 所示。

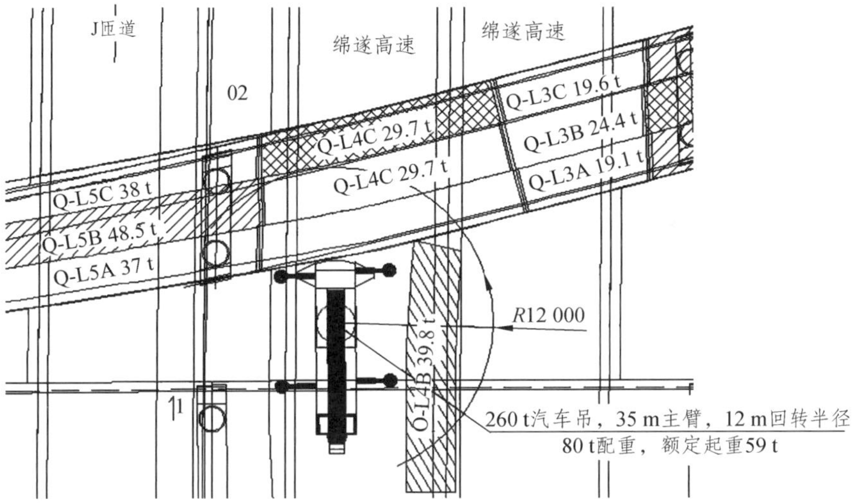

图 3-16-105　O-L4B 吊装

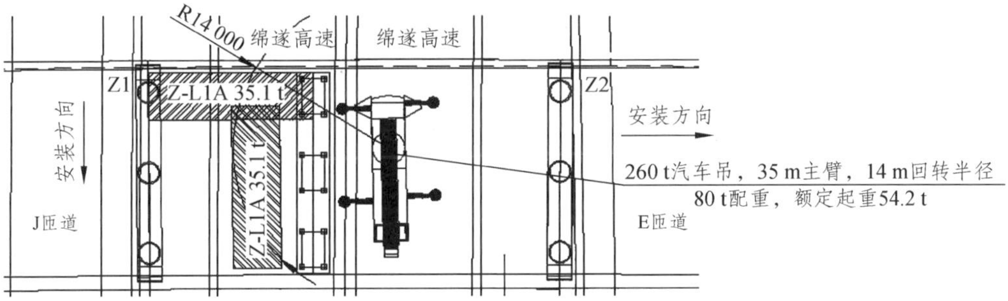

图 3-16-106　Z-L1A 吊装

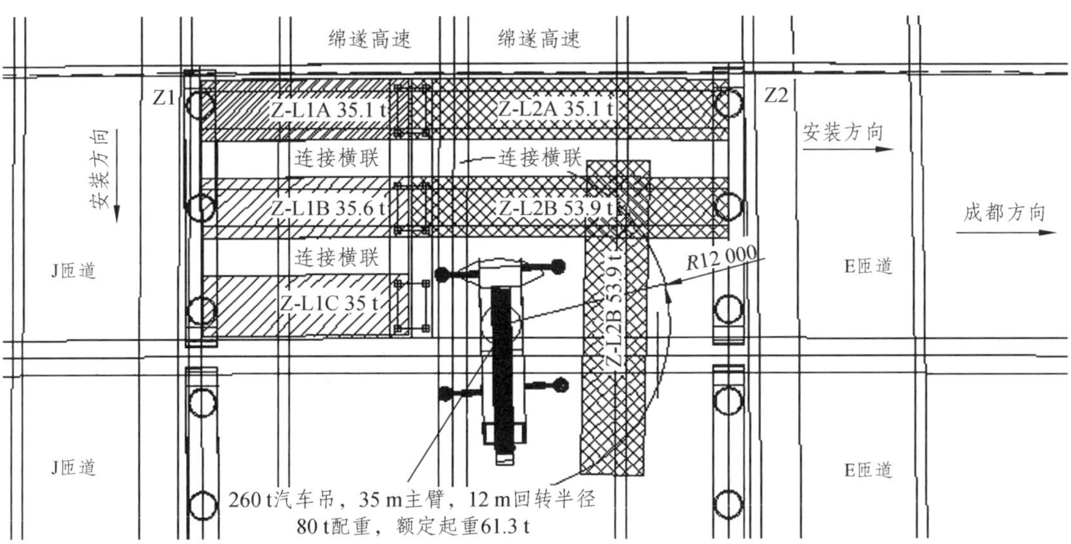

图 3-16-107　Z-L2B 吊装

吊装校核：260 t 汽车吊，30.6 m 主臂，12 m 回转半径，额定起重 61.3 t>53.9 t（产品重量）×1.1（冲击系数）+1.5（索具重量）=60.8 t，满足要求。

③N 匝道钢梁吊装。

与主线桥钢梁吊装方式相同。

5）钢箱梁关键工序质量控制

（1）拼装杆件类型及数量多，拼装精度要求高。布置杆件存放场地，优化桁架拱拼装顺序，在场地上先进行试拼，用全站仪控制桥墩、临时墩（棚洞）、拼接口轴线、标高，确保点位正确，轴线标高精度符合要求。

（2）支架高度较大，抗风要求高，钢管与基础采用固结，同时钢管支架之间采用横向连接，必要时设置揽风绳。

（3）桥梁上跨正在通行的绵遂高速和绵盐路，交通疏解压力大。架梁时分幅封闭导行，并编制导行方案上报有关部门审批，同时安排好交叉施工安全管理与协调。

（4）钢箱梁几何尺寸精度要从下料精度开始控制，焊接坡口角度要准确、焊接变形小。

（5）钢箱梁吊点就位精度要求高，吊点左右间距与前后间距至关重要，关系到吊杆垂直度和受力状况，定位时，测量仪器监测钢箱梁两边锚孔高度，间距用钢卷尺测量。

（6）钢箱梁构件焊接需以桥梁纵向轴线对称施焊，以保证桥梁线形，焊缝要全焊透处理，并加强十字焊缝接头处无损检测，重点检查顶板、底板、腹板等焊缝质量，超声波探伤、X 射线探伤的抽检频率要满足要求，施工检测必须达到 100%。

2. 既有互通桥梁拆除

1）工程概况

C、E 匝道桥为永明枢纽内既有绵遂高速公路的匝道桥梁，为满足新建匝道曲线半径及高程要求，需拆除既有桥梁后原位重建。

既有 C、E 匝道桥上部结构：5×20 m 预应力简支小箱梁（1 联）；下部结构：桥台采用柱式台，桥墩采用柱式墩，墩台均采用桩基础。

现状调查：拟拆除 C、E 匝道桥距离既有绵遂高速公路较近，绵遂高速车流量大，施工前需编制交通组织方案。桥梁跨越周家堰，拆除施工需在河道内埋设涵管填筑作业平台，施工结束后清理河道，保证河道畅通。C、E 匝道桥跨越桥下施工便道，此施工道路主要为主线路基和互通区桥梁施工交通运输便道，车流量较大，施工期间设置专职安全员进行现场防护，保证施工车辆及行人安全。

相关匝道影响：既有松垭收费站关停之后所有匝道均关闭，仅开放绵遂高速主线通车，其他匝道未影响施工，E 匝道与绵遂高速相接需设立封路标志等指示牌。

综合以上情况及本公司拆除类似桥梁的拆除经验，决定采取绳锯切割结合现场破碎的拆除方法，组织专业施工。

既有互通区及匝道如图 3-16-108～图 3-16-110 所示。

2）施工总体部署

以现状桥梁作为通道，先拆除桥面附属设施（包括护栏钢扶手、排水设施、伸缩缝、防撞墙），再拆除桥面铺装层及湿接缝，最后拆除箱梁及下部结构物，拆除结束后清理现场恢复河道。

图 3-16-108　既有互通区

图 3-16-109　既有 C 匝道桥

图 3-16-110　既有 B 匝道桥

拆除既有桥梁上部主桥附属结构防撞墙护栏采用破碎挖机配合绳锯进行破除，桥面混凝土采用破碎挖掘机破除，湿接缝采用马路锯片机切割拆除，箱梁利用破碎锤凿除横隔板及湿接缝将梁板放到桥下二次破碎，桥梁下部用带破碎的挖掘机拆除。

3）施工准备

（1）技术准备。

拆除桥梁前，必须完成关停松垭收费站涉路手续。

现场勘查结合实际具体工况，制定出且适合可行的施工组织方案。

提前开展安全指导人员的培训考核，为施工安全做保障。对于洪水、大风要做好针对性处理，指定主要负责人员，紧急预备方案。

（2）现场准备。

桥梁上部：关闭 B、C、D、E 匝道，并按要求设置带爆闪灯的围挡及锥桶等交通标志。桥梁下部：离桥正投影 20 m 范围内为施工区，施工区域拉好警戒绳。队伍和项目部至少派 1 名安全员进入现场，根据方案布控施工场地，做到上、下、前、后、左、右无死角。

依据施工要求，若要封闭道路进行施工，应提前与交通路政等有关部门协商沟通好，对封闭道路粘贴安全警示标语。

在、CE 匝道桥下部填筑施工平台，以便破碎锤二次破碎箱梁及拆除桥墩。

4）拆除施工

拆除分三个阶段，第一阶段桥面防撞墙防护以及各种附属结构拆除；第二阶段上部结构拆除；第三阶段下部结构拆除。

（1）桥面系拆除。

①防撞护栏拆除。

a. 先将防撞墙外侧通信电线及排水管道拆除，及时用平板车、铲车将钢材运至指定地点保管。

b. 防撞墙采用绳锯静力切割与破碎锤配合进行，拆除过程中尽量避免环保无噪声进行拆除，在切割过程中派专业人员驻守，保证施工的安全性，切割混凝土渣及时用铲车清理。

c. 护栏拆除顺序纵桥向从小里程桥台向大里程桥台拆除，为保证拆除安全，每孔单侧护栏由两端向中间进行，逐片拆除，护栏与梁片间的连接钢筋用气割割除。

②伸缩缝拆除。

伸缩缝拆除首先用风镐凿除桥面沥青及混凝土，与桥台及梁板连接钢筋采用气割割开，依次拆除，装车运走。

③沥青路面及铺装拆除。

a. 首先按要求确定破除旧路面的位置、宽度、深度。

b. 用破碎锤开始破碎面层，破碎时注意破碎深度，直到面层结构全部破除。破除后的废料应运至弃土场掩埋处理，避免对水资源污染。

c. 注意事项：拆除前应明确拆除界面，防止损害主体结构，拆除桥面铺装过程中，应避免出现横向联系失效后的倾覆。

④湿接缝横隔板拆除。

a. 湿接缝采用液压片锯进行切割，切割过程中利用风镐或破碎锤配合进行。

b. 湿接缝切割时在铺装层上进行放线，并用红色油漆明显标记（图 3-16-111），切割线选在梁板的铰缝或湿接缝中线处，沿桥梁纵向采用片锯或绳锯切割。

c. 湿接缝横隔板拆除顺序：横桥向从外边梁到内边梁进行逐孔拆除。

图 3-16-111　湿接缝中心线标记

（2）小箱梁拆除。

小箱梁每跨 4 片，单片长度 20 m，宽 2.4 m，高 1.3 m。将已破除并清理干净的桥跨梁板湿接缝、横隔板凿断，使梁板下落至桥下的施工平台上。破碎时机械位于梁板侧面，且机械周围无障碍，以便出现危险后机械退避。将梁板凿落至桥下，利用破碎锤对梁板进行就地破碎作业。将破碎后的钢筋用氧气乙炔进行切割并清理干净，再用挖掘机和装载机将已破碎的混凝土装车，运卸至弃土场。

主梁破碎前首先应进行预应力放张，预应力放张采用破碎机在梁跨中部进行破碎，打断梁体使预应力自然放张，放张后可按常规方法进行破碎。

（3）盖梁及墩柱凿除。

在施工平台上直接采用带破碎锤的挖机进行凿除，施工区域禁止任何人进入或停留，废渣用挖掘机装运到弃土场。E 匝道靠近绵遂高速跨线桥较近，下部结构拆除时加强对既有桥梁的保护措施，必要时采用绳锯配合破碎锤进行拆除，防止拆除结构物对绵遂高速桥的破坏。破碎锤拆除桥墩台如图 3-16-112 所示。

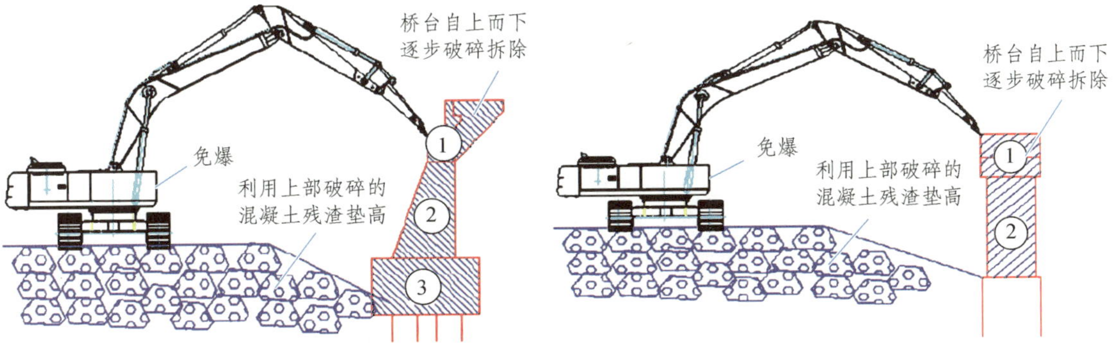

图 3-16-112　破碎锤拆除桥墩台

①拆除顺序：下部结构的拆除应遵循自上而下的原则逐步进行。先拆除盖梁（台帽），再拆除墩柱（台身），最后拆除基础部分。

②拆除方法：墩台盖梁、墩柱及基础的拆除可在上部主梁拆除的区间内同步完成，拆除时破碎锤可利用桥底的填筑平台，自上而下逐步将盖梁、墩柱破碎，遇到钢筋连接时可利用氧气乙炔进行切割，当机凿破碎掉落的混凝土块较大时，可利用破碎锤改小后，用挖机或装载机装车，拉运至附近弃土场掩埋。拆除的砌石按要求回收利用。

③注意事项：拆除过程中应派专人对下部结构进行观察，发现存在倾覆的可能性时应立即停止作业，待采取加固措施后才允许继续进行。盖梁在拆除时应从两边向墩柱中心逐步推进，避免失重直接倒伏。墩柱在拆除时同一层面可沿四周凿除，逐步自上而下地将墩柱全部凿除。发现墩柱有倒伏可能时，破碎锤站在倒伏方向的对面将墩柱凿除。

（4）拆除期间监控量测。

桥梁拆除期间，组织专门人员对正在拆除桥梁进行动态监控，当出现非正常情况时，及时预警，通知相关人员，着手解决问题。

①解除约束后、清除表面沥青铺装后，在桥梁中心线处每间隔 10 m 布设一处观测点，记录点位坐标及高程。

②梁体拆除时对梁体挠度变化情况进行一次全方位观测。当发现挠度变化较大时，应及时组织人员远离正在拆除桥梁并及时检查支架情况，将数据反馈相关技术人员，得到允许或者处理方案后方可继续拆除。

③拆除期间应全程观测桥梁横向偏位情况及桥梁倾斜情况，当偏位或者倾斜较大或者持续增长时，应及时通知施工人员撤离至安全区域，对偏位或倾斜情况进行处理并确认安全后，方可继续拆除施工。

3. 跨绵盐路现浇梁施工

1）工程概况

O 匝道 1 号桥和 J 匝道跨绵盐路桥位于绵阳市永明镇境内，如图 3-16-113、图 3-16-114 所示，为新建永明枢纽互通区桥梁。该桥梁横向近邻既有绵遂高速跨线桥，纵向上跨绵盐公路，桥梁墩柱位于绵盐路中央分隔带位置，桩基、墩柱施工要占用绵盐路半幅车道。绵遂高速及绵盐路交通量大，桥梁施工期间需对绵盐路进行交通导改、采取防护措施确保施工人员及设备安全，确保既有桥梁及行车安全。

图 3-16-113 既有绵遂高速跨绵盐路

本桥上部结构采用预应力混凝土现浇箱梁。下部桥台采用 U 形桥台，桥墩采用柱式墩，墩台均采用桩基础。平面位于 R=2 238.75 m 的右偏圆曲线上，桥面横坡为单向 2%，纵断面位于 R=2 000 m 的竖曲线上。全桥共 2 跨 1 联，2 × 25 m，梁体为单箱 3 室、变截面结构。梁高 1.6 m，箱梁顶宽 12.5 m，底板宽 9.5 m，顶板厚 25 ~ 45 cm，腹板厚 50 ~ 80 cm，底板厚

25 ~ 45 cm。跨绵盐路立面图、断面图如图 3-16-115、图 3-16-116 所示。

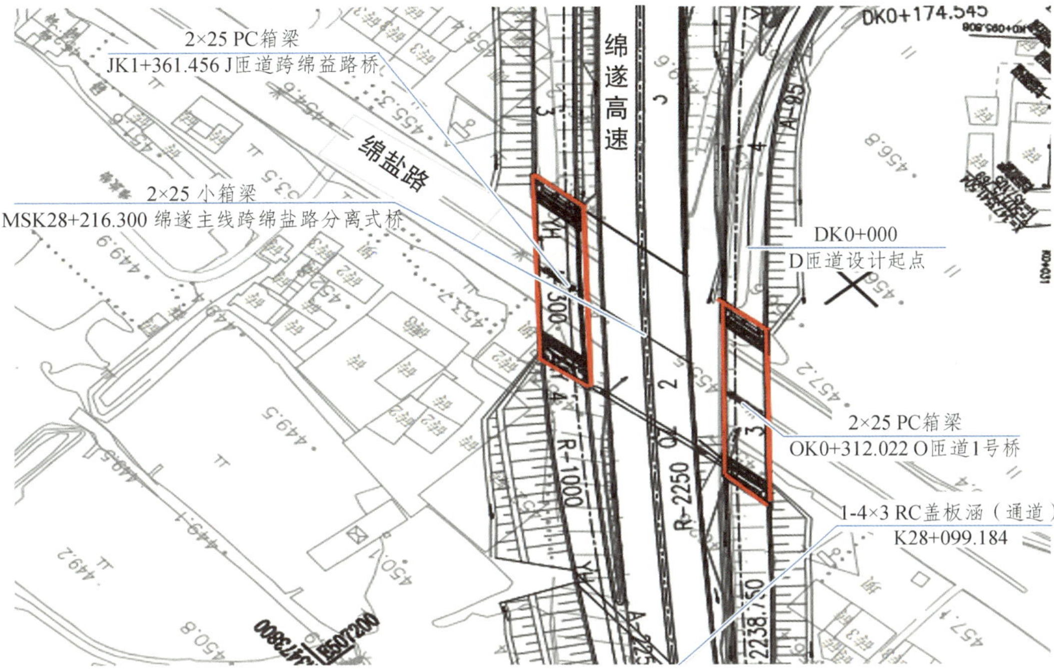

图 3-16-114　跨绵盐路桥平面

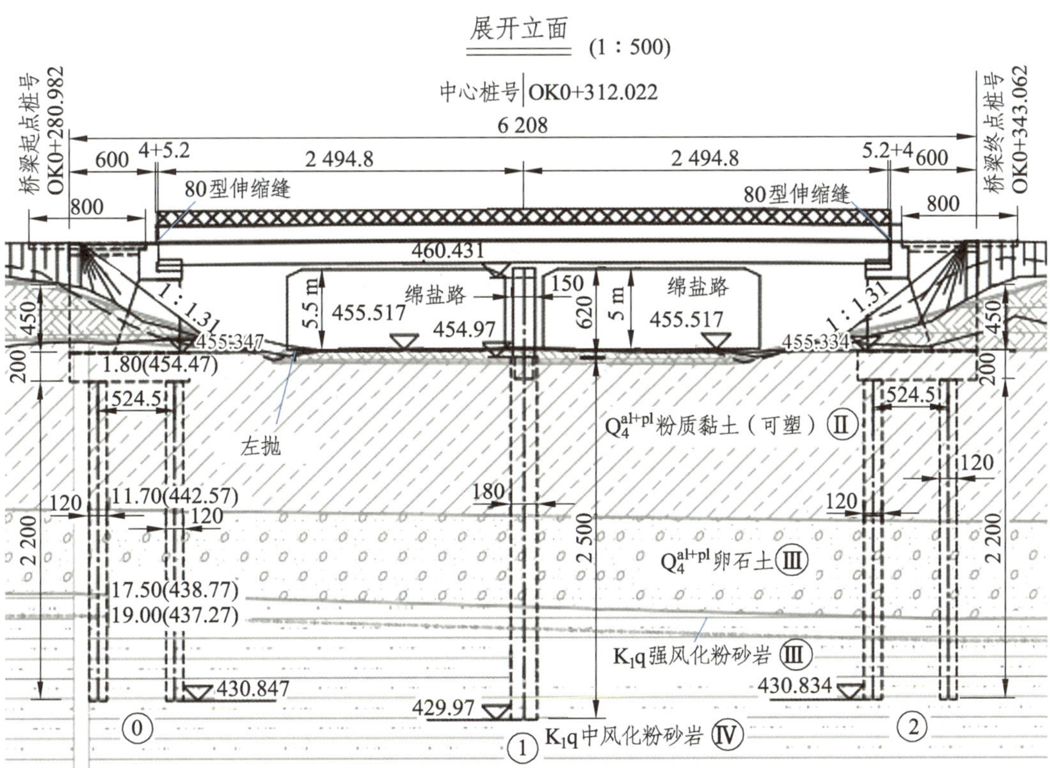

图 3-16-115　跨绵盐路桥立面图（单位：mm）

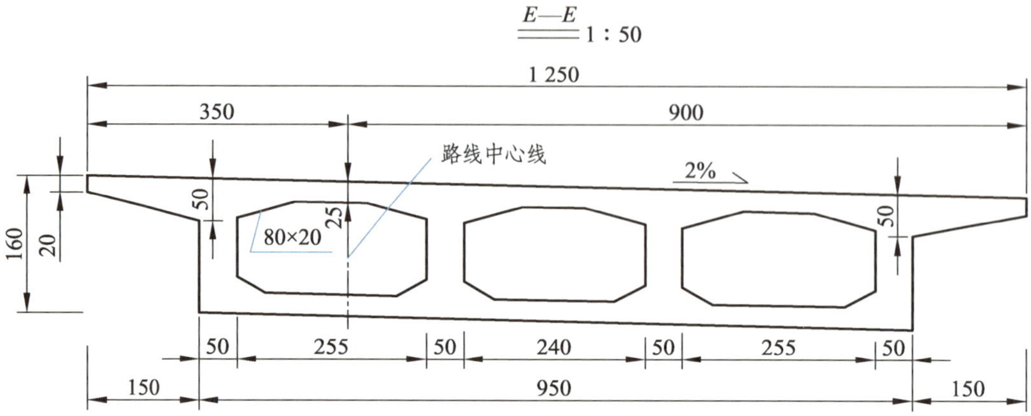

图 3-16-116 跨绵盐路桥断面图（单位：cm）

2）总体施工部署

现浇梁结构采用满堂支架施工工法，箱梁混凝土分两次浇筑成形，第一次浇筑至顶板下缘，第二次浇筑顶板、翼缘板混凝土。支架采用盘扣式支架系统，支架基础范围内软弱土采用砂砾石换填，基础顶面浇筑 20 cm 厚 C20 混凝土垫层，两侧设置排水沟。箱梁模板选用 15 mm 厚竹胶板做面板，分配梁选用 10 cm × 10 cm 方木，主横梁用 12.6 号工字钢，顶端两侧设置密目防护网。跨绵盐路处搭设门洞（图 3-16-117），保证车辆通行。

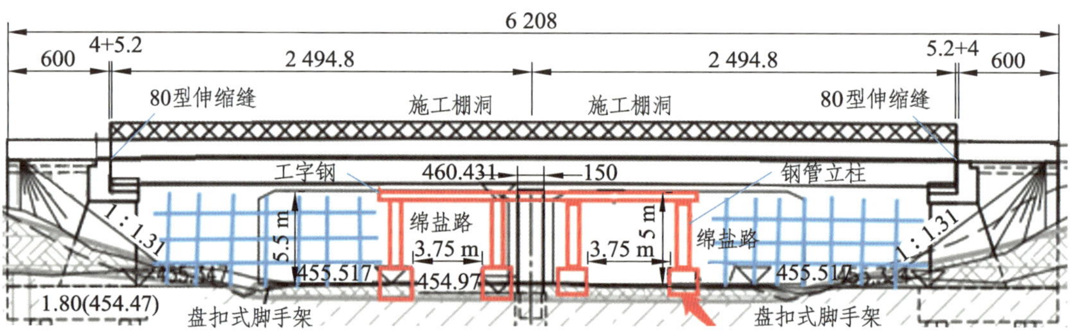

图 3-16-117 钢管立柱门洞（单位：mm）

3）支架施工

跨绵盐路现浇梁采用盘扣式支架施工，满堂支架施工工艺流程如图 3-16-118 所示。

（1）支架地基处理。

桥梁两端位于既有公路填筑路基上，桥梁中部跨越既有绵盐路。在施工前，为满足支架荷载要求，必须对地基进行夯实碾压处理。

支架基础范围内淤泥质土、回填土、腐殖土等全部挖除，原地面清表厚度不少于 30 cm，利用砂砾石分层填筑碾压，分层厚度 30 ~ 50 cm，18 t 振动压路机碾压 6 ~ 8 遍。地基碾压后采用轻型触探仪进行承载力检测，现浇箱梁支架地基承载力应根据计算满足受力要求（一般在 270 kPa 以上），且无软弱下卧层。检测合格后，方可进行混凝土垫层施工。

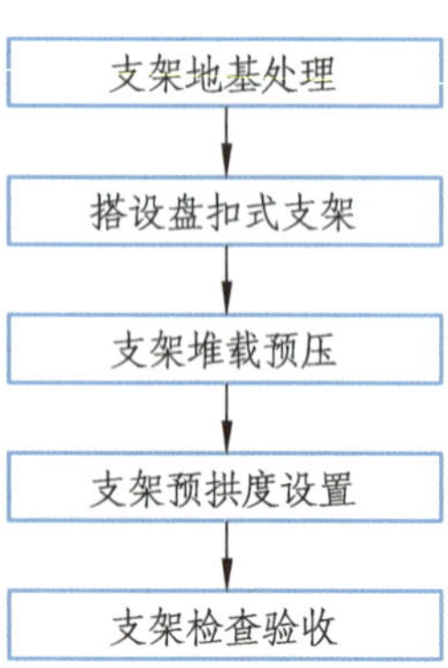

图 3-16-118 支架施工工艺流程

碾压平整后顶面用 20 cm 厚 C20 混凝土硬化，硬化宽度两侧各超出翼缘板外边缘 1 ~ 2 m，以满足施工作业空间。硬化面横向坡度为 1%，硬化面两侧设置 0.3 m × 0.3 m 排水沟。防止雨水和施工用水浸泡基础下沉，排水通畅。门洞立柱条形基础采用 C30 混凝土浇筑，截面尺寸为 50 cm × 50 cm × 1 250 cm。

（2）搭设承插型盘扣式支架（图 3-16-119）。

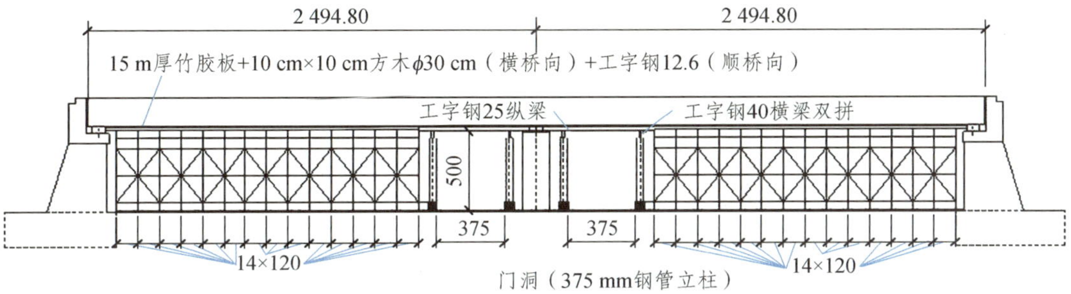

图 3-16-119　承插型盘扣式支架（单位：mm）

支架系统设计：立杆顺桥向间距 1 200 mm，立杆横桥向间距 900 mm，立杆计算步距 1 500 mm。顺桥向采用 12.6 号工字钢，横桥向采用 10 cm × 10 cm 方木，中心距离为 30 cm，底模侧模采用 15 mm 厚竹胶板。跨越绵盐路左右幅各搭设一个单车道通行门洞，门洞净高 5 m，门洞净宽 3.75 m，门洞搭设靠近绵盐路内侧。门洞采用直径 375 mm 钢管做立柱，横向间距 2 m，钢管立柱上搭设双拼 40 号工字钢横梁，纵梁采用工字钢 I25a，间距为 60 cm。箱梁模板支架剖面如图 3-16-120 所示。

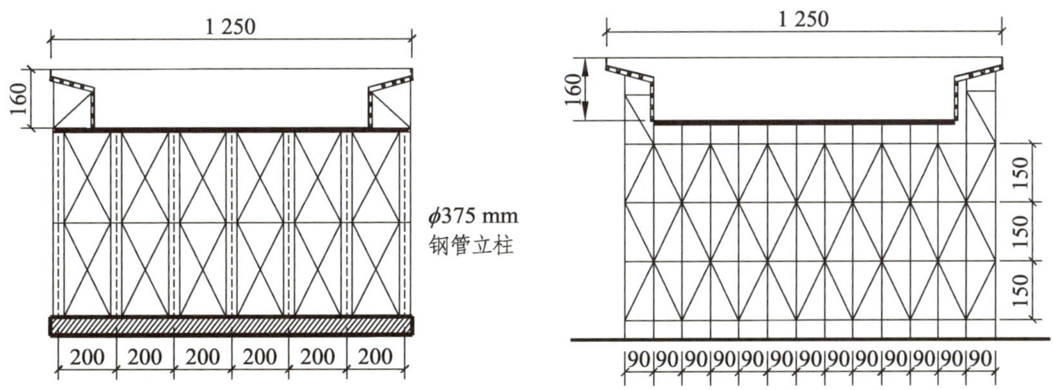

图 3-16-120　箱梁模板支架剖面（单位：mm）

（3）支架预压。

采用支架必须做静载试压，以检查支架的承载能力，测试纵梁和横梁变形值。最大加载按主梁自重的 1.1 倍。要分级加载，每级持荷时间不少于 30 min，最后一级为 1 h，然后稳定时间为 48 ~ 72 h，一般预压后最后 3 d 的稳定变形为不大于 1 mm/d，分别测定各级荷载下支架和支架梁的变形值。根据测试结果，确定支架的施工预抛高值，以消除施工中因支架变形造成的箱梁线型和标高误差。

①预压材料。

根据本工程的特点以及工期的要求，选取沙袋进行预压，沙袋顶部用防水雨布覆盖，防止干沙吸水或雨天淋水。

②预压加载。

箱梁预压只对底、腹板处进行预压，翼缘板处由于荷载较轻不予预压，预压时按箱梁支架承受的混凝土恒重的 1.1 倍分级进行加载预压，一级加载为预压载荷的 60%，二级加载为预压载荷的 80%，三级加载为预压载荷的 100%，四级加载为预压载荷的 110%。根据压载数据及结构设计预拱度进行底模标高设置。每级加载完后，先停止下一级加载，并应每天观察支架的沉降量，当支架顶部的沉降量平均值小于 2 mm 时，可进行下一级加载。

③监测点布置。

在桥跨的 1/4、跨中、3/4 布置共 3 个断面，每个断面对应箱梁腹板下设置监测点，每个监测断面上的监测点数不少于 3 个，并对称布置，且在支架顶部和底部对应位置上分别布置。

④监测内容。

监测内容包括预压前支架顶部和底部相应点监测点初始标高、每级加载后的监测点标高、加载到 110%后每间隔 24 h 监测点标高、卸载 6 h 后监测点标高。当支架预压符合本方案预压的合格条件时可以卸载。

⑤监测点整理。

计算支架各观测点的弹性变形量和非弹性变形量。将各测点沉降表和测点布置图整理好上交监理核对。

⑥卸载。

支架预压可一次性卸载，并沿混凝土结构纵横对称进行，从跨中向两端进行。

（4）支架预拱度设置。

在确定预拱度时应考虑下列因素：①支架在荷载作用下的弹性压缩 h_1（按试验取）；②支架在荷载作用下的非弹性变形 h_2（按试验取）；③支架基底在荷载作用下的沉降 h_3（按试验取）；④设计预拱度。

4）现浇箱梁施工

现浇箱梁施工工艺流程如图 3-16-121 所示。

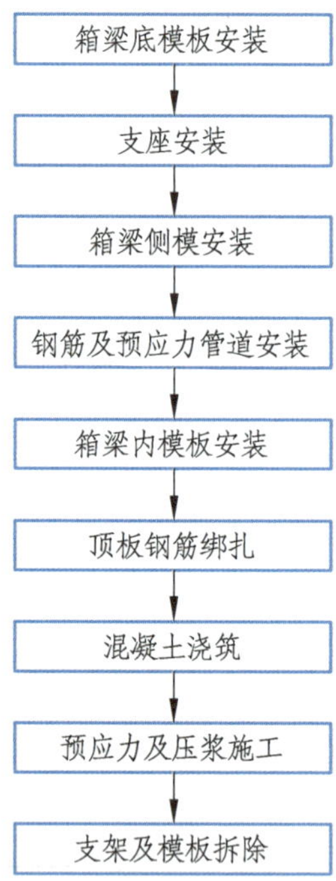

图 3-16-121　箱梁施工工艺流程

（1）模板施工。

模板采用 15 mm 厚竹胶板，其尺寸规格为 1.22 m × 2.44 m，铺设时模板长边顺桥向铺设，且要保证板缝在横向和纵向都要对齐，确保混凝土外观；为防止漏浆，模板接缝间贴双面胶带。

根据预压结果计算的预拱度值+设计预拱度，通过支架顶托对模板标高进行调整。

安装采用人工配合吊车安装。箱梁顶板上预留人洞，便于箱内材料运输，箱内施工完成后将钢筋搭接并将人洞封闭。

（2）支座安装。

底模铺设后，准确施放出支座纵横轴线，采用取芯机准确钻出支座的预埋孔，安装支座预埋螺栓定位管，采用高强度灌浆料灌缝。

（3）钢筋绑扎及波纹管等预埋件安装。

箱梁的钢筋安装顺序为底板→腹板→横隔梁→顶板。

钢筋位置应准确，定位要牢固。钢筋混凝土底板的保护层应与梁体强度相同的细石混凝土垫块。梁肋和横隔下的垫块，应防止被压坏或垫块倾倒。模板安装和灌筑混凝土前，仔细检查保护层垫块的位置、数量及紧固程度，并指定专人作重复性检查以提高保护层厚度尺寸的质量保证率。

波纹管定位完成后仔细检查管道密封情况，确认无误后穿入预应力筋并留足工作长度。

（4）混凝土浇筑。

混凝土由拌和站集中拌和，混凝土浇筑前，仔细检查钢筋保护层垫块的位置、数量及其紧固程度，测定混凝土拌和物的坍落度等工作性能。

每联箱梁混凝土分两次浇筑，第一次浇筑底板及腹板，第二次浇筑顶板部分及翼缘板，混凝土浇筑采用混凝土泵车泵送入模，混凝土的坍落度控制在 160 ~ 200 mm。

浇筑混凝土的顺序为由低处向高处方向斜向分层浇筑振捣，每层浇筑混凝土厚度不大于 30 cm，上层混凝土必须在下层混凝土初凝前浇筑，避免出现“冷缝”。

混凝土初凝后覆盖土工布洒水养护，保持土工布湿润。养护不少于 7 d。

（5）预应力施工。

在混凝土达到 90%设计强度，且混凝土龄期不小于 7 d 时，对称张拉纵向预应力束。

预应力张拉采用控制应力与伸长量双控的措施，实际伸长量应控制在理论伸长量的 ± 6%范围内。

张拉锚固后切除锚头多余钢绞线，按要求对锚头部位用水泥浆封裹密封，封锚后 24 ~ 48 h 内孔道压浆。

（6）支架和模板的拆除。

箱梁预应力张拉完成、孔道压浆强度达到设计强度后，进行箱梁底模和支架的拆除。支架拆除顺序：从跨中向两端对称进行。

5）跨绵盐路施工交通导改

O 匝道 1 号桥和 J 匝道桥跨越绵盐路，桥梁施工期间需对绵盐路进行交通导改措施，确保交通安全。

（1）主要导改措施。

①任务划分。

第一阶段：下部结构施工；第二阶段：桥梁上部结构施工。

②施工步骤。

第一阶段：桥梁下部结构施工。

下部墩柱位于绵盐路中央分隔带位置，桩基、墩身施工前需进行交通导行，对绵盐路半幅封闭，施工区封闭长度 140 m。去往盐亭方向车辆需导行至另半幅单车道通行，如图 3-16-122 所示。

第二阶段：桥梁上部施工。

上部结构为 2 × 25 m 现浇梁，现浇梁采用满堂盘扣式支架施工，在跨越绵盐路位置搭设门洞确保行车安全畅通。支架施工、现浇梁施工将占用绵盐路左右幅各半幅车道，通行车辆在施工区域内单车道通行，如图 3-16-123 所示。

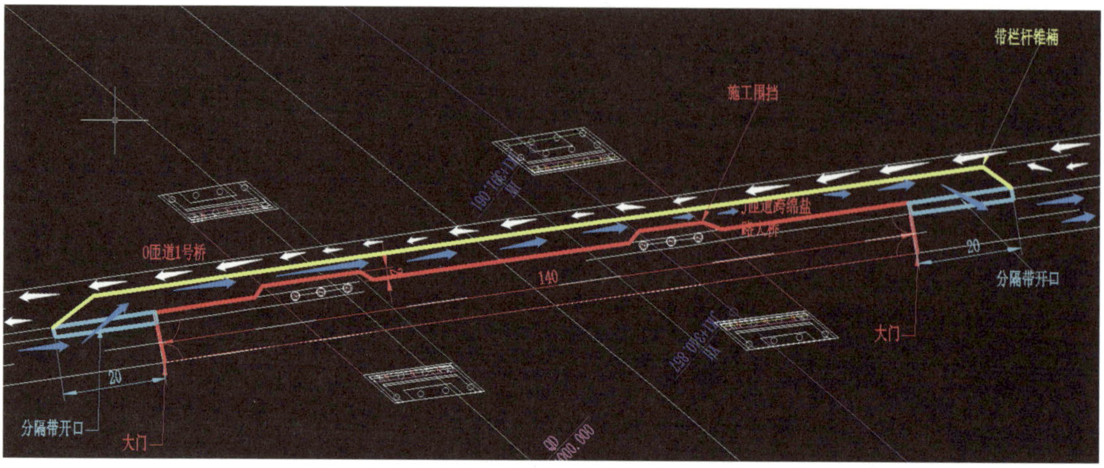

图 3-16-122 绵盐路交通导行（第一阶段）

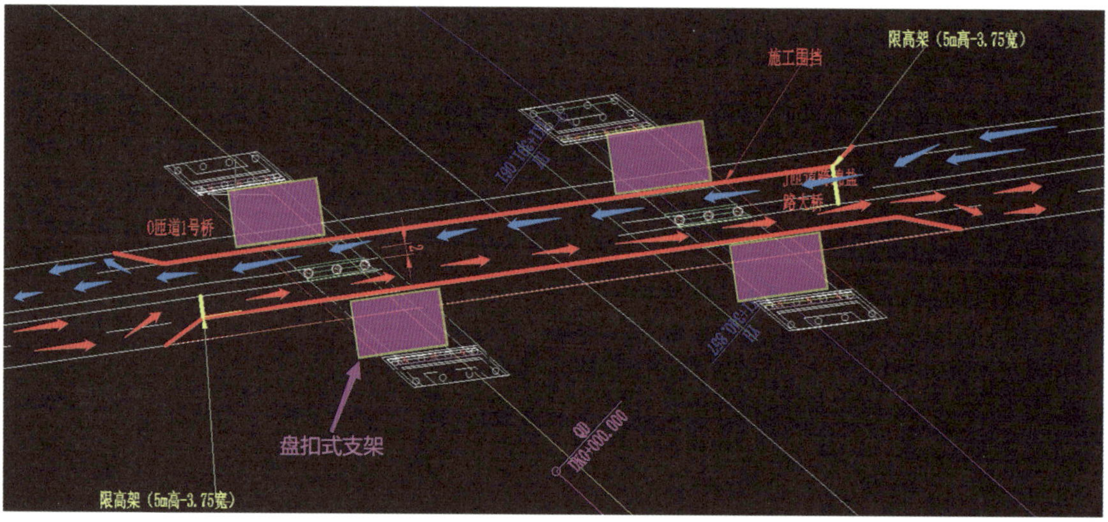

图 3-16-123 绵盐路交通导行（第二阶段）

（2）交通安全设施。

①路段施工告知牌。

路段施工告知牌总计设置 4 块，固定于绵盐路东西两侧进出口。告知该路段的各单位、居民关于封闭道路事宜，以便我方施工。

②施工围挡。

在施工中施工区域用标准硬质彩钢板围挡进行全封闭，围挡搭设整齐牢固，并按照规定设置警示和标识。

③布设警示灯。

围挡上方每隔 3 m 布设一盏低压警示红灯，用绝缘线缆及绝缘绑线，将标志灯固定在围挡支架布设的小方木上。

在施工区域入口及路口拐弯处设置交通警示灯并保证足够的照明，以确保过往车辆及行人的通行安全。

④设置导行牌及警示标志。

在东西两侧的路口及施工区域入口处分别设置醒目的交通导行标志牌，及早对过往车辆进行警示和疏导。

围挡外侧及南、北两侧 30 m 外处分别用隔离桩警示隔离，并安放导向箭头指示灯。

16.3.4　关停松垭收费站

永明枢纽互通采用改扩建既有松垭互通为变形苜蓿叶形+T 形方案，共设置 15 条匝道及连接线，新建绵成高速公路有 11 条匝道直接与绵遂高速公路拼接，收费站还建，施工期间封闭松垭收费站。

1. 路网现状

松垭收费站隶属于绵遂高速（G93 成渝环线绵阳段），距离松垭收费站 3.7 km 处为绵遂高速经开区收费站（遂绵向），距离松垭收费站 18 km 处为仙海收费站（遂绵向），距离 11 km 为绵遂高速花园收费站（绵遂向），距离 10 km 为绵西高速丰谷收费站，距离 9.4 km 为绵西高速中太收费站，原永明枢纽距离松垭站 2.3 km。

2. 交通管理协调

（1）封闭前期首先和相关部门并办理相关手续，封闭前各收费站口发放封闭传单，立设封闭公告和指引交通，将交通干扰减至最少，确保施工顺利开展。

（2）在整个封闭期间设数名专职交通协管员配合交警指挥道路交通，维护好交通秩序。

（3）期间对路上包含松垭字样提示牌进行遮挡。

（4）召开媒体见面会，在电视台、广播等发布相关信息。

（5）地图导航（高德、百度）调整引导路上行驶。

3. 交通组织

1）总体交通组织

松垭收费站封闭期间，车辆由就近经开区收费站或丰谷收费站进出高速，此两处收费的交通引流为两个方向的最佳进出高速位置，根据现状流量，出行方便程度等综合选定。

2）封闭前绕行方式及布控方式

（1）绵阳—遂宁方向：从仙海收费站到 139 里程处开始，分别在距离经开区收费站 2 km、1 km、500 m、0 m 道路中央分隔带及右侧线外设置 8 块提示牌，提示内容为：松垭站封闭经开站出站，白底黑字具备反光功能，尺寸为 1.5 m × 2 m。

同时进入经开区收费站处设置两块提示牌，如图 3-16-124 所示。

仙海站至经开站间 139 km 处天桥设置横幅，如图 3-16-125 所示。

经开站往松垭方向，原有提示牌中松垭、绵阳机场、盐亭字样进行遮挡，分别在距离松垭收费站 2 km、1 km、500 m、0 m 道路中央分隔带及右侧线外设置 8 块提示牌，提示内容为：松垭站封闭请绕行，白底黑字具备反光功能，尺寸为 1.5 m × 2 m，如图 3-16-126 所示。

松垭站站前广场设置 1 块 1.5 m × 2 m 双面反光提示牌，绵盐路两个方向设置提示牌、公告牌，内容为：松垭站封闭请绕行。同时松垭站红绿灯进行调改。如图 3-16-127 所示。

（2）遂宁——绵阳方向：花园站进站处设置提示牌，内容效果如图 3-16-128 所示。

图 3-16-124　经开区收费站导行提示牌

图 3-16-125　仙海站至经开站间导行提示横幅

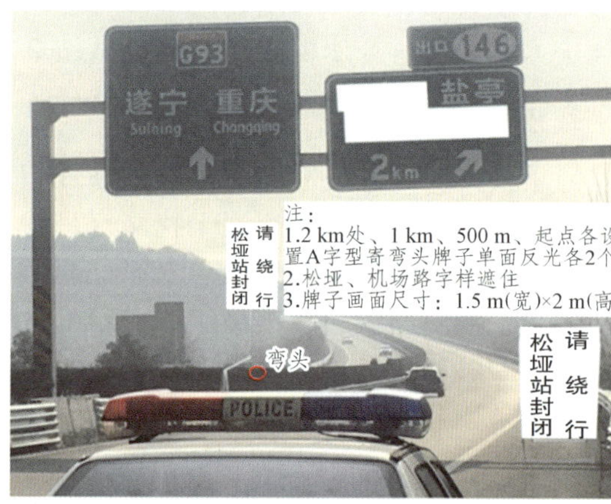

图 3-16-126　经开站往松垭方向导行提示横幅

图 3-16-127　松垭站站前广场导行提示牌

图 3-16-128　花园站进站处导行提示牌

从花园站至松垭站期间含松垭字样提示牌进行遮挡，K154+300 处天桥设置横幅，如图 3-16-129 所示。

距离原永明枢纽 2 km、1 km 处各设置两块提示牌，如图 3-16-130 所示。

图 3-16-129　花园站至松垭站导行提示横幅

图 3-16-130　距离原永明枢纽导行提示牌

距离松垭站 2 km、1 km、500 m、0 m 处各设置两块提示牌。

绵西高速丰谷站设置提示牌，如图 3-16-131 所示。

图 3-16-131　绵西高速丰谷站导行提示牌

绵西高速，从杨家站往丰谷方向，距离丰谷站 2 km、1 km、500 m、0 m 处设置各设置两块提示。

绵西高速西充至绵阳方向，进入永明枢纽前端设置两块标识牌，提示松垭站封闭。设置位置为相邻两座隧道前端及两座隧道中间适当位置。

4. 收费站关停

松垭站进出匝道封闭采用锥桶、水马、硬质围挡封闭提示，并在水马后设置路障，拉设安全警戒绳。悬挂“封闭施工，注意避让”的醒目标志牌。

16.3.5　永明枢纽涉及绵遂高速交通导改

永明枢纽主线桥梁上跨绵遂高速，多处匝道与绵遂高速加宽拼接，施工干扰大。施工前需对绵遂高速进行交通导改，确保交通安全。

1. 第一阶段施工

1）防护区域

（1）防护区设置。

左侧（北侧）MSK27+800-MSK28+480、MSK29+540 ~ MSK29+680，两段长度为 820 m。

右侧（南侧）MSK27+780-MSK28+220，长度为 440 m。

（2）防护区施工。

加宽时需封闭绵遂高速加宽段落的外侧应急车道，并限制速度 40 km/h。

施工内容：加宽段落路基工程、涵洞接长、J 匝道康家坝大桥 JK0+146.409（8 m × 20 m 小箱梁）、J 匝道周家堰大桥 JK0+866（6 m × 20 m 小箱梁）、J 匝道跨绵盐路桥 JK1+361.456（2 m × 25 m 箱梁）、O 匝道 1 号桥 OK0+312.022。跨绵遂高速右侧主线桥、匝道桥下部结构施工。

2）绵阳—遂宁方向保通区域

（1）保通区域设置。

警告区：MSK24+780-MSK27+780，长度为 3 000 m。

上游过渡区：MSK27+560 ~ MSK27+660，长度为 100 m。

缓冲区：MSK27+660 ~ MSK27+780，长度为 120 m。

工作区：MSK27+780 ~ MSK28+340，长度为 560 m。

下游过渡区：MSK28+340 ~ MSK28+440，长度为 100 m。

终止区：MSK28+440 ~ MSK28+470，长度为 30 m。

（2）保通区域交通安全措施。

以距封闭区起点 200 m 处为基准点，在距基准点 3 km、2 km、1.6 km、800 m、600 m 的路肩上各设一个“前方施工”大型标牌；从封闭区起点开始封闭行车道。330 m 设“禁止超车”标志牌一个；从封闭区起点 300 m 设“限速 80 km”；270 m、240 m 设“道路变窄”“限速 60 km”的小型标牌各 1 个；210 m 增设“太阳能仿真车”1 台；200 m 设“车辆慢行”小型标牌 1 个；150 m 设“禁止使用远光灯”；90 m、30 m 设“禁止超车”“车辆慢行”各 1 个；0 m 设“太阳能导向箭头灯”“超大型导向标”。0 m 大型标志牌后方设“双向通行”大型标志牌 1 个，超大型导向标前方堆放双层水码墙，后方堆设沙袋墙。反方向封闭区域外设置“限速 60 解禁”“限速 80 解禁”“禁止超车解禁”3 块标牌。

3）遂宁—绵阳方向保通区域

（1）保通区域设置。

警告区：MSK26+460 ~ MSK29+460，长度为 3 000 m。

上游过渡区：MSK29+460 ~ MSK29+560，长度为 100 m。

缓冲区：MSK29+560 ~ MSK29+680，长度为 120 m。

工作区：MSK29+680-MSK27+800，长度为 1 880 m。

下游过渡区：MSK27+800 ~ MSK27+700，长度为 100 m。

终止区：MSK27+700 ~ MSK27+670，长度为 30 m。

（2）保通区域交通安全措施。

以距封闭区起点 200 m 处为基准点，在距基准点 3 km、2 km、1.6 km、800 m、600 m 的

路肩上各设一个“前方施工”大型标牌；从封闭区起点开始封闭行车道。330 m 设“禁止超车”标志牌一个；从封闭区起点 300 m 设“限速 80 km”；270 m、240 m 设“道路变窄”“限速 60 km”的小型标牌各 1 个；210 m 增设“太阳能仿真车”1 台；200 m 设“车辆慢行”小型标牌 1 个；150 m 设“禁止使用远光灯”；90 m、30 m 设“禁止超车”“车辆慢行”各 1 个；0 m 设“太阳能导向箭头灯”“超大型导向标”。0 m 大型标志牌后方设“双向通行”大型标志牌 1 个，超大型导向标前方堆放双层水码墙，后方堆设沙袋墙。反方向封闭区域外设置“限速 60 解禁”“限速 80 解禁”“禁止超车解禁”3 块标牌。

2. 第二阶段施工

1）防护区域

MSK29+540-MSK28+480 遂宁至绵阳方向占用硬路肩，保证两车道通行。

终止既有 B、C、D、E 匝道的通行，使松垭去往绵阳的车流和遂宁至松垭的车流通过游仙经开区收费站出入绵遂高速，游仙经开区收费站距松垭收费站仅 3.7 km。

施工内容：同时施工 J 匝道跨 A 匝道桥 JK1+080（3 m × 30 m T 梁）、贯通 J 匝道，ABC 匝道破除重建、N 匝道绵遂高速跨线桥 NK0+560.510（30 m+37 m+30 m）、跨绵遂高速主线桥 K25+286.5（30 m+37 m+30 m）、O 匝道 3 号桥 OK1+295.552（30 m+37 m+30 m）、P 匝道绵遂高速跨线桥 PK0+565.241（30 m+36.3 m+30 m 钢箱梁）剩余工程。

2）保通区域

保通区域安全设施及设置方式与第一阶段遂宁至绵阳段相同设置。

16.3.6　智慧工地

成绵苍巴永明枢纽从 2020 年进场以来至今共建设智慧工地系统 7 项，建设系统清单、范围、数量见表 3-16-9 所示。

表 3-16-9　智慧工地统计表

安全管理	工地视频云监系统（自建、自维）	永明枢纽 5 套
质量管理	混凝土拌和站效能云监系统（自研、自建）	永明枢纽 1 套
进度管理	BIM+GIS 建管系统（与四川省公路院合作）	永明枢纽 1 套
物资设备/成本管理	智能物料验收系统（自研、自建、自维）	永明枢纽 1 套
档案管理	混凝土云联系统（自研、自建、自维）	永明枢纽 1 套
	运输机械云监系统（自建、自维）	永明枢纽 2 套
	电子档案管理系统（与启程公司合作）	永明枢纽 1 套

1. 工地云监系统

工地云监系统（图 3-16-132）主要由集团视频云监平台及工地视频监控终端组成，集团所属各级单位管理人员根据不同权限管理查阅权限内监控端画面。其中，现场监控终端根据地域条件可选择有线/4G、线力电/太阳能不同组成模式，每个监控终端均采用高清可变焦摄像头，可覆盖方圆 1 km 左右监控区域，支持远程操控。

图 3-16-132　工地云监系统

2. 混凝土拌和站效能云监系统

混凝土拌和站效能云监系统（图 3-16-133）主要由拌和机组终端监控程序、物联网数据传输模块及配套网络传输组件构成，核心通过实时读取拌和机组运停状态、每盘混凝土实际拌和配比、骨料称重重量等信息，实现对拌和站效能及混凝土拌和质量的有效监控。

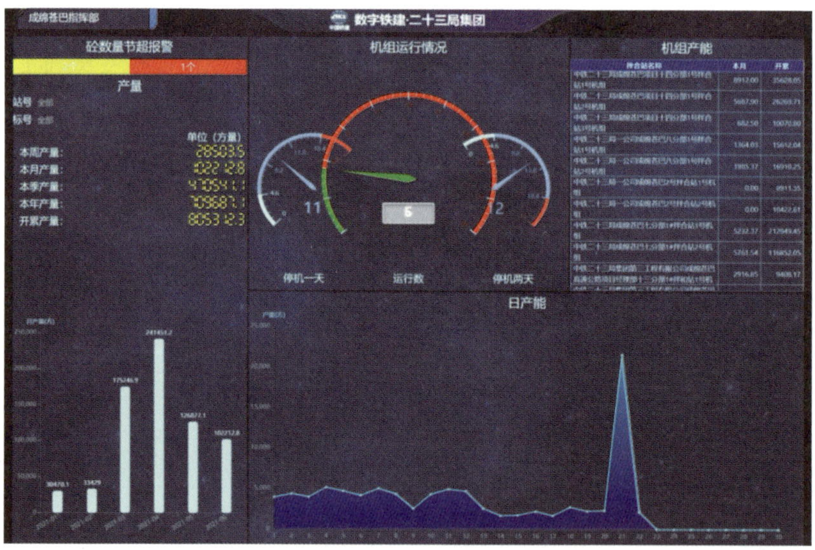

图 3-16-133　混凝土拌和站效能云监系统

3. BIM+GIS 建管系统

BIM+GIS 建管系统旨在解决长大项目管理人员对进度全局难把控、进度表达不形象、进度表达媒介受限、数据不及时、信息不共享等问题。为项目管理决策者提供及时、准确、形象化的生产进度及资源数据，在任何时间任何地点可以对现场情况了如指掌、运筹帷幄。上可高水准汇报，下可有依据指挥。

4. 智能物料验收系统

智能物料验收系统（图 3-16-134）主要由一套本地物联系统集联十类物联终端（电子磅秤、一体化工控主机、同步数显仪、影像抓拍摄像机、车牌识别一体机、自动道闸机、语音播报器、打印机、扫描仪及屏幕显示器等）而成，旨在提升现场物料验收效率及有效防堵隐性成本流失，是集团公司首个自主研发的智慧工地系统，具有自主知识产权。

此系统与集团公司综合信息管理（EIM）系统集成互联，数据实时传输，是集团公司全力推进“数字铁建·智慧工地”建设的重要组成部分。

图 3-16-134　智能物料验收系统

5. 混凝土云联系统

混凝土云联系统（图 3-16-135）能根据不同筛选信息进行多方向的混凝土节超统计，便于项目有效进行经济活动分析,大大提升工作效率并可以按车次对混凝土原材超耗进行预警，最终通过线上签收混凝土的方式达到整体业务闭环。

图 3-16-135　混凝土云联系统

6. 运输机械云监系统

运输机械云监系统由集团运输机械云监平台及终端 GPS 定位器、超声波油位传感器及 4G 数据传输集传模块三大主要物联硬件构成，核心旨在实现对所有监控运输机械启停状态、地理位置、期间运行轨迹、工时及油耗情况的实时监控追踪。

7. 电子档案管理系统

电子档案管理系统（图 3-16-136）主要由施工过程质量（施工、测量、试验）资料管理、电子档案管理、在线电子认证平台组成。实现项目建设过程质量控制、验收评定、在线电子签名认证、竣工档案编制等管理功能。

图 3-16-136　电子档案管理系统

第 17 章　施工测量、监测及试验检测

17.1　施工准备阶段测量及监测

17.1.1　复测准备

1. 复测原则

复测的总体原则遵照相关规范要求，对标段内的平面控制网按照公路四等、高程控制点按照四等进行施测。复测的各项精度指标严格按照《工程测量规范》要求执行，对复测不满足规范要求的点进行原因分析，并进行二次检测，当确认需更新采用同精度内插更新的方法进行更新控制点的坐标成果，使全线控制点满足施工及后续测量工作需要。

为提高外业观测数据质量，根据相关规范并结合本工程，本次平面控制网复测按四等 GPS 标准进行复测。统一测量，整体平差，并按照标段间的共用点协议进行联测。测量时均采用边、网连接方式构网，形成由三角形或大地四边形组成的带状网。

2. 施测要求

严格执行测量规范，遵守先整体后局部的工作程序。先确定平面、高程控制网，最后以平面、高程控制网为依据，进行各局部平面、高程控制点加密测量。

严格审核测量原始数据的准确性，坚持测量与计算工作同步校核的工作方法。

仪器测量工作执行自检、互检合格后再报检的工作制度。

明确为工程服务，按图施工，质量第一的宗旨。紧密配合施工，发扬团结协作、实事求是、认真负责的工作作风。

3. 控制网测量方案编制

（1）编制内容。

施工测量方案结合施工工况进行编制，并包含工程概况、复测范围及内容、技术依据及设计资料、工作流程、人员及设备组织计划、控制网等级要求、坐标高程系统、技术标准及规范要求、实测计划及方法、相邻段联测计划、数据处理和平差方法、复测成果和资料，以及人员资格证书和设备检定证书。

（2）报审流程。

复测方案编制完成后，经过项目技术负责人和监理单位的审批，然后进行控制网的测量。

17.1.2　设计控制网复测

1. 平面控制网复测

1）外业观测

平面控制网采用 6 台徕卡 G15 型 GPS 进行施测，采用仪器精度均为 5 mm+1 ppm × D（D

为实测距离）的双频 GPS。根据规范要求，测量控制网施工复测外业测量严格按表 3-17-1 及表 3-17-2 的技术要求执行。

表 3-17-1 卫星定位测量控制网的基本技术要求

项　目	三等	四等
卫星截止高度角	≥15°	≥15°
同时观测有效卫星数	≥4 颗	≥4 颗
观测时段长度	≥60 min	≥45 min
观测时段数	2	1～2
数据采样间隔	15 s	15 s
几何图形强度因子 PDOP	≤8	≤10

表 3-17-2 卫星定位测量控制网的主要技术要求

等级	平均边长 /km	固定误差 *A*/mm	比例误差系数 *B*/（mm/km）	约束点间的边长相对中误差	约束平差后最弱边相对中误差
二等	9	≤10	≤2	≤1/250 000	≤1/120 000
三等	4.5	≤10	≤5	≤1/150 000	≤1/70 000
四等	2	≤10	≤10	≤1/100 000	≤1/40 000
一级	1	≤10	≤20	≤1/40 000	≤1/20 000
二级	0.5	≤10	≤40	≤1/20 000	≤1/10 000

2）基线解算及质量检验

（1）基线解算。

当每天的外业观测结束后，及时地采用基线解算软件解算出各条基线，根据基线解算结果对外业观测数据的质量进行检验，以便发现不合格的观测数据，适时地进行补测或重测。

GPS 基线解算的过程主要包括以下几个步骤：

①原始观测数据的读入。基线解算时，首先需要读取原始的 GPS 观测数据。一般来说，各接收机厂商的随机软件都可以直接处理从接收机中传输出来的 GPS 原始观测数据，而由第三方所开发的数据处理软件则不一定能对各接收机的原始观测数据进行处理，要处理这些数据，需要将其转换成通用的 RINEX 格式。

②外业输入数据的检查与修改。读入 GPS 观测数据后，就需要对观测数据进行必要的检查，检查的项目包括测站名、点号、测站坐标、天线高等。对这些项目进行检查的目的是避免外业操作时的误操作。

③设定基线解算的控制参数。基线解算的控制参数用以确定数据处理软件采用何种处理方法来进行基线解算，设定基线解算的控制参数是基线解算时的一个非常重要的环节，通过控制参数的设定，可以实现基线的精化处理。

④基线解算。基线解算的过程是由程序自动进行的，无需过多的人工干预。基线解算分三个阶段进行：第一阶段，进行初始平差，解算出整周未知数参数（此时为实数）和基线向量的实数解（浮动解）；第二阶段，将整周未知数固定成整数；第三阶段，将确定了的整周未知数作为已知值，仅将待定的测站坐标作为未知参数，再次进行平差解算，求出基线向量的

最终整数解（固定解）。

（2）外业数据的质量检查。

基线解算完成后，应对基线的质量进行检查，实际上也就是对外业观测数据进行质量检查。除根据解算基线时软件提供的基线质量指标（如单位权中误差 RMS、整周模糊度检验值 RATIO、相对定位精度因子 RDOP 等）进行检查外，主要从同步环、异步环和重复基线的闭合差等方面检查 GPS 外业观测数据的质量。

基线解算时，当观测值的改正数大于某一个阈值，则认为该观测值含有粗差，必须将其删除。数据删除率越高，观测值的质量就越差。

①同步环闭合差。

两台及以上的接收机对同一组卫星进行的观测称为同步观测，3 台及以上的接收机同步观测获得的基线构成的闭合环称为同步环，在 N 台仪器观测构成的同步环中，有 $N(N-1)/2$ 条同步观测基线，但只有 $N-1$ 条是独立基线。当环中基线为多台接收机同步观测时，各基线不独立，其理论闭合差恒为零，但是由于观测误差、数据处理软件模型不完善或计算数据取舍的差异，使得同步环闭合差一般不为 0。假设 W_X、W_Y、W_Z 分别为同步闭合环中各边的坐标分量闭合差，即

$$\begin{cases} W_X = \sum_{i}^{a} \Delta X_i \\ W_Y = \sum_{i=1}^{a} \Delta Y_i \\ W_Z = \sum_{i=1}^{a} \Delta Z_i \end{cases} \tag{3-17-1}$$

式中　ΔX_i，ΔY_i，ΔZ_i——第 i 条基线向量的坐标分量。

则环线闭合差定义为

$$F = \sqrt{F^2x + F^2x + F^2} \tag{3-17-2}$$

一般规定，同步环坐标分量闭合差和环线闭合差应满足

$$\begin{cases} W_1 \leqslant \frac{\sigma}{5}\sqrt{n} \\ W_z \leqslant \frac{\sigma}{5}\sqrt{n} \\ W_n \leqslant \frac{\sigma}{5}\sqrt{3n} \end{cases} \tag{3-17-3}$$

式中　n——闭合环中的边数；

σ——基线测量中误差，mm。

通常采用外业测量时 GPS 接收机的标称精度，按平均边长计算。

②异步环闭合差。

在构成闭合环的基线向量中，只要有非同步观测基线，则该闭合环称为异步环。当独立观测的基线向量构成某种闭合图形（如三角形、多边形）时，图形的闭合差理论上应为零，但是由于观测误差、数据处理模型误差等因素的综合影响，导致异步环闭合差一般不为零。

异步环的坐标分量闭合差和全长闭合差应满足

$$\begin{cases} F_X \leqslant 3\sigma\sqrt{n} \\ W \leqslant 3\sigma\sqrt{n} \\ F_Z \leqslant 3\sigma\sqrt{n} \\ W_m \leqslant 3\sigma\sqrt{3n} \end{cases} \tag{3-17-4}$$

③重复基线较差。

同一条基线若观测了多个时段，则可得到多个基线结果，这种具有多个独立观测结果的基线称为重复基线。重复基线任意两个时段基线长度较差 Δd 应满足

$$\Delta d \leqslant 2\sqrt{2}\sigma \tag{3-17-5}$$

（3）补测与重测。

未按施测方案观测、缺测和漏测以及数据处理后不符合有关规定的，应及时补测。

一个控制点上没有与两条合格独立基线相连接，则在该点上应补测或重测不少于 1 条独立基线。

可以舍弃在重复基线长度较差、同步环闭合差、异步环闭合差检验中超限的基线，但应保证舍弃基线后的独立环所含基线数不超过规定，否则应重测该基线或者有关的同步图形。

一个测站多次重测仍不能满足各项限差规定时，可按技术设计要求另增选新点进行重测。对需要补测或重测的观测时段或基线，应尽量安排一起进行同步观测，补测或重测的原因应写入数据处理报告。

（4）GPS 网平差。

GPS 网平差计算采用专用的 GPS 网平差软件或相应的随机商用平差软件，只要外业观测数据满足同步环、异步环和重复基线闭合差的限差要求，GPS 网平差计算通常都容易进行。在使用平差软件进行 GPS 网平差时，按以下几个步骤来进行。

①提取基线向量，构建 GPS 基线向量网。提取基线向量时需要遵循以下几项原则：

a. 必须选取相互独立的基线，否则平差结果会与真实的情况不相符合。

b. 选取的 GPS 基线向量都能与其他非同步观测的 GPS 基线向量构成异步环。

c. 选取质量好的基线向量，基线质量的好坏可以依据 RMS、RATIO、同步环闭合差、异步环闭合差和重复基线较差来判定。

d. 选取能构成边数较少的异步环的基线向量。

e. 选取边长较短的基线向量。

②三维无约束平差。构成了 GPS 基线向量网后，需进行 GPS 网的三维无约束平差，从而达到以下几个目的：

a. 根据无约束平差的结果，判别构成的 GPS 网中是否有粗差基线，如发现含有粗差的基线，则需要进行相应的处理，必须使得最后用于构网的所有基线向量均满足质量要求。

b. 调整各基线向量观测值的权，使得它们相互匹配。

③约束平差或联合平差。三维无约束平差后，需要进行约束平差或联合平差，平差可根据需要在三维空间进行或二维空间中进行。约束平差的具体步骤是：

a. 指定进行平差的基准和坐标系统。

b. 指定起算数据。

c. 检验约束条件的质量。

d. 进行平差解算。

④三维向量网无约束平差。

基线解算各项质量指标均满足要求后，以全网有效观测时间较长、观测条件较好、接近全网中部的控制点的坐标作为起算数据，进行全网的无约束平差。

无约束平差中，基线分量的改正数绝对值应符合式（3-17-6）：

$$\begin{cases} V_{\Delta X} \leqslant 3\sigma \\ V_{\Delta Y} \leqslant 3\sigma \\ V_{\Delta Z} \leqslant 3\sigma \end{cases} \tag{3-17-6}$$

否则，认为该基线或者其附近的基线存在粗差，应予以剔除。

平差合格后，提供无约束平差工程坐标系中的空间直角坐标、基线向量及其改正数和精度信息。

⑤控制网约束平差。

在三维无约束平差确定的有效观测基础上，进行约束平差。

以设计提供的控制点的三维空间直角坐标作为约束条件，进行复测网三维约束平差。平差合格后，提供约束平差后相应坐标系的空间直角坐标、基线向量及其改正数和精度。

约束平差后，基线向量各分量改正数与无约束平差同一基线改正数较差的绝对值应符合式（3-17-7）：

$$\begin{cases} dV_{\Delta X} \leqslant 2\sigma \\ dV_{\Delta Y} \leqslant 2\sigma \\ dV_{\Delta Z} \leqslant 2\sigma \end{cases} \tag{3-17-7}$$

3）平面控制网成果报告

在确认复测网精度满足要求的前提下，将复测成果与原测成果进行对比，形成成果报告。成果报告应包含：复测方法、使用仪器和复测结果说明；测量仪器检定证书、复测结果汇总表和复测记录、水准点布置图、精度计算书。

4）GPS 控制网工程实例

以成绵段某测区为例，该区域平均海拔 450 m，地势较平坦，交通方便。沿线农作物及建筑物较多，通视条件差，该线路控制测量要求按一级导线的精度施测，以满足定测和施工放样的要求，导线边长不超过 650 m。控制测量如果应用全站仪等常规方法难以如期完成测量任务，因而采用 GPS 测量方法开展线路控制测量工作。为保证全线点位精度的均匀，采用了分两级 GPS 控制网的测量方案，首级控制网为四等网、次级控制网为一级网。

首级控制网沿路线每隔 4～5 km 在中线两侧一对相互通视、间隔 500 m 左右的控制点，共 30 个点，布网形式采用平行四边形。首级控制网共施测 95 条基线，组成 41 个同步环，22 个异步环和 22 条复测边。次级控制网在首级控制网基础上把全线分成 7 段，沿线路在中心线两侧每隔 300～600 m 埋设一个与相邻点通视的控制点，共 148 个点，布设成 7 个次级 GPS 网，每个网联测 2～4 个首级控制点。次级网共施测基线 244 条，组成 80 个同步环，31 条附合路线。

首级和次级控制网的野外数据采集都采用徕卡 GPS 双频接收机以静态相对定位的方式

施测。卫星高度角设置为15°，有效观测卫星数不少于5，历元采样间隔15 s，PDOP值不大于6，首级控制网的时段观测长度不短于60 min，平均重复设站数不少于2，次级控制网的时段观测长度不短于45 min，平均重复设站数不少于1.6。

每天外业观测完成后进行数据处理，先进行基线解算，然后进行复测基线、同步环闭合差、异步环闭合差、附合路线闭合差等的检核。首级控制网的基线向量检核情况为：同步环闭合差最大值为24 mm，异步环闭合差最大值为27 mm，复测基线的较差为12 mm；次级控制网的基线向量检核情况为：同步环闭合差最大值为7.7 mm，附合路线最大闭合差为60 mm，复测基线的较差为1.9 mm，所有基线的各项检核指标均在限差之内。

基线处理合格后，应进行三维无约束平差和二维约束平差。约束平差时，采用设计单位指定的CGCS2000坐标系，取测区中部的子午线为高斯投影的中央子午线。对于首级控制网，三维无约束平差中基线向量改正数最大值为13 mm，平差后最弱点点位中误差为14 mm，最大边长中误差为14 mm，最弱边长相对中误差为14.7×10^{-6}，可见首级控制网达到了四等控制网的精度要求。对于次级控制网，三维无约束平差中基线向量改正数最大值为2 mm，7个次级控制网进行二维约束平差时分别采用了2～4个首级控制点，平差后最弱边点位中误差为42 mm，最大边长中误差为30 mm，最弱边长相对中误差为71×10^{-6}，达到了一级控制网的精度要求。

2. 高程控制网复测

在高程控制网测量中，为了提高精度选用电子水准仪，测量采用闭合线路或者附合线路，以减小测量误差或出现测量错误。

1）外业观测

水准测量应在标尺分划线成像清晰稳定时进行，下列情况下不宜进行观测；

（1）日出后与日落前30 min内。

（2）太阳中天前、后各约2 h内。

（3）标尺分划线的影像跳动剧烈时。

（4）气象突变时。

（5）风力过大而使标尺和仪器不稳定时。

2）内业数据处理

外业测量结束后，对观测数据的质量进行检核，检核的内容主要包括：测站数据，水准路线数据，附合路线的高差闭合差，数据质量检查合格后才能进行后续的平差计算。

高程控制网复测的主要技术标准应符合表3-17-3的规定：

表3-17-3 水准测量等级和测量精度

水准测量等级	每千米水准测量偶然中误差 M_Δ/mm	限差				
		检测已测段高差之差/mm	往返测不符值/mm	附合路线闭合差/mm	环闭合差/mm	左右路线高差不符值/mm
二	≤1.0	$6\sqrt{R}$	$4\sqrt{R}$	$4\sqrt{L}$	$4\sqrt{F}$	—
三	≤3.0	$20\sqrt{R}$	$12\sqrt{R}$	$12\sqrt{L}$	$12\sqrt{F}$	$8\sqrt{R}$
四	≤5.0	$30\sqrt{R}$	$20\sqrt{R}$	$20\sqrt{L}$	$20\sqrt{F}$	$14\sqrt{R}$

注：表中R为测段长度，L为附和路线长度，F为环线长度。

3）高程控制网成果报告

成果报告要求与平面控制网一致。

17.1.3　加密控制网复测

1. 加密平面控制网复测

1）外业观测

加密控制网测量时选择合理的构网方式，在设计控制网的基础上进行加密，加密控制网的约束点采用设计控制网中的控制点进行约束。

GPS 静态测量的技术要求见表 3-17-4。

表 3-17-4　GPS 静态测量技术要求

项目	卫星高度角/（°）	有效卫星总数	卫星有效观测时间/min	时段长度/min	观测时段数	数据采样间隔/s	PDOP 或 GDOP	固定误差 a/mm	比例误差系数 b/（mm/km）
技术要求	≥15	≥5	≥30	≥60	≥1	15～60	≤6	≤8	≤1

外业观测时需要注意以下要点：

（1）作业前按要求进行仪器检校。对中精度小于 1 mm，在作业前及作业过程中对基座水准器、光学对点器进行检校，确保其状态正常。

（2）使用 8 台徕卡 G15 型 GPS 接收机同步进行作业。采用静态观测模式，以设计控制网对点作为联结边，采用边联式构网，形成大地四边形组成的方格网。

（3）每时段观测前后分别量取天线高，误差小于 2 mm，取两次平均数为最终结果。

（4）观测过程中按规定填写观测手簿，对观测点名、仪器编号、日期、时间以及观测者姓名均进行详细的记录。

2）基线解算及质量检验

加密控制点的基线解算及质量检验与设计控制点基线解算及质量检验一致。

3）加密平面控制网成果报告

报告内容应包括：任务依据、技术标准、测量日期、作业方法、人员设备、数据处理方法、控制网测量精度、控制点现状分析、加密测量结论等。

2. 加密高程控制网复测

1）外业观测

（1）水准点的设置及埋设。

根据设计院提供的水准点，按照所需要的水准点进行加密。

水准点选在土质坚硬，便于长期保存和使用方便的地方。水准路线沿公路路线两侧布设，水准点间距宜为 1～1.5 km，山岭重丘区根据需要适当加密，大桥、隧道口及其他大型构筑物两端增设水准点。

（2）水准点观测的技术要求。

水准观测应在水准点埋设稳定后进行，观测的技术要求见表 3-17-5。

表 3-17-5 水准点观测技术要求

测量等级	往返较差、附合或环线闭合差/mm		检测已测测段高差之差/mm
	平原、微丘	重丘、山岭	
二等	$\leqslant 4\sqrt{l}$	$\leqslant 4\sqrt{l}$	$\leqslant 6\sqrt{L_i}$
三等	$\leqslant 12\sqrt{l}$	$\leqslant 3.5\sqrt{n}$或$\leqslant 15\sqrt{l}$	$\leqslant 20\sqrt{L_i}$
四等	$\leqslant 20\sqrt{l}$	$\leqslant 6.0\sqrt{n}$或$\leqslant 25\sqrt{l}$	$\leqslant 30\sqrt{L_i}$

注：计算往返较差时，l 为水准点间的路线长度（km）；计算附合或环线闭合差时，l 为附合或环线的路线长度（km）；n 为测站数；L_i 为检测段长度（km），小于 1 km 时按 1 km 计算。

2）内业数据处理

水准线路应按附合线路和环形闭合差计算，每千米水准测量高差中误差按式（3-17-8）计算：

$$M_{中} = \sqrt{\frac{1}{N}(WW/L)} \tag{3-17-8}$$

式中 $M_{中}$——高差中误差（mm）；

W——闭合差（mm）；

L——相应线路长度（km）；

N——附合或闭合线环的个数。

3）加密高程控制网成果报告

成果报告要求与平面控制网一致。

17.1.4 奥维互动地图在高速公路工程中的应用

1. 奥维互动地图简介

奥维互动地图是集信息查询、语音导航、定位指南、轨迹记录、地物标记、位置分享、地图规划、高程服务等功能于一体的多功能、多平台的互动地图应用软件，支持手机和电脑终端安装使用。

支持绘制各种地图元素，各种格式数据导入导出，包括 ovobj、kml、gpx、plt、dxf 和 txt 文件。在高速测量中有很大的使用价值。

2. 奥维互动地图与 CAD 对接

奥维互动地图可直接读取 CAD 设计文件并将其转化为奥维对象，将设计线路显示在地图之上，同时也能够将奥维浏览器图片及奥维对象直接转换为 CAD 底图与矢量对象，进一步在 CAD 上做精细设计。

CAD 图形用关联点转换法导入奥维互动地图的步骤如下：

（1）为了提高关联点转换精度，利用 GPS-RTK 测量手簿参数计算软件计算出两个控制点的经纬度输入到手机奥维互动地图软件中，手簿中的经纬度为度分秒的计数方式，需要利用计算器转换成小数的计数方式输入到手机奥维互动地图软件中，在数据管理菜单中，选择关联点方案管理添加关联点，坐标类型为 CGCS2000，在关联点输入中已知控制点。

（2）关联点方案管理中添加关联点方案（图 3-17-1），并设置名称、坐标类型、中央子午线，最后添加关联点，在关联点管理中依次添加 3 个关联点并保存。

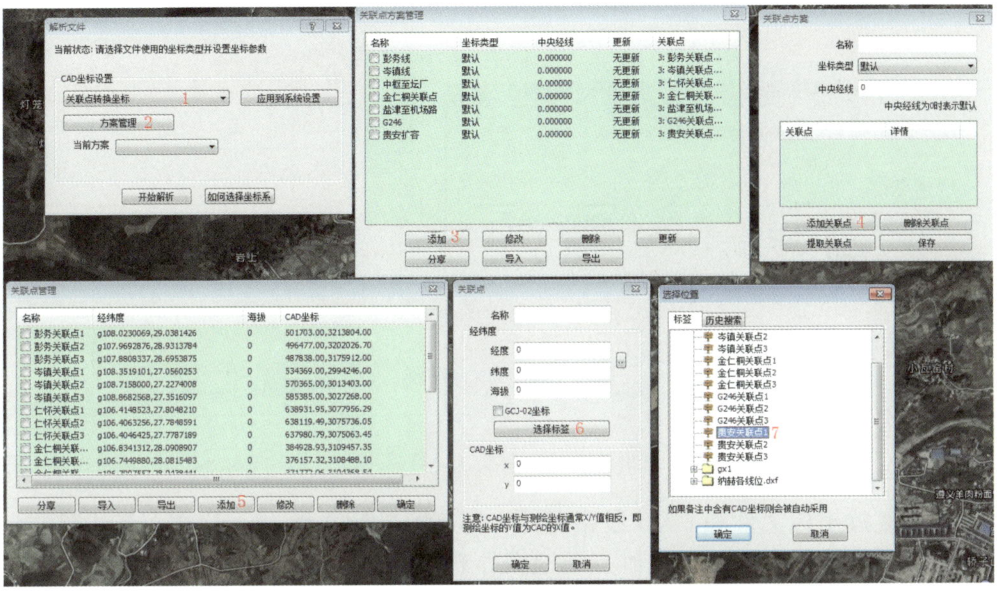

图 3-17-1　关联点方案管理中添加关联点方案

对添加后的关联点组合进行命名，选择为当前方案，如图 3-17-2 所示。

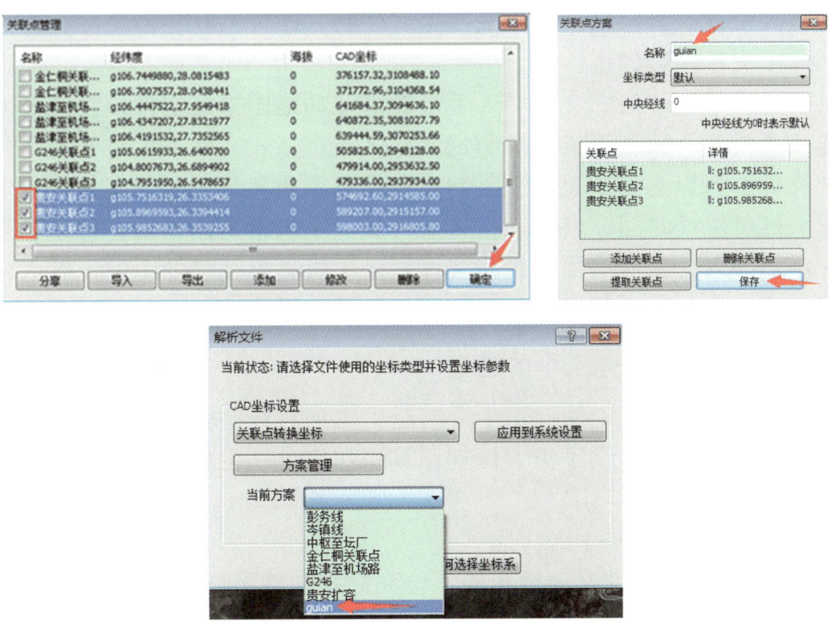

图 3-17-2　关联点命名以及选择

（3）打开 CAD 设计图纸另存为 dxf 格式文件，存入到手机中后，打开数据管理菜单，选择导入导出对象，从文件导入选择设计图纸 dxf 格式文件，坐标设置选择关联点转换坐标，当前方案选择保存文件名称，方案管理选择保存文件名称，之后开始解析，如图 3-17-3 所示，导入 CAD 图纸完成。

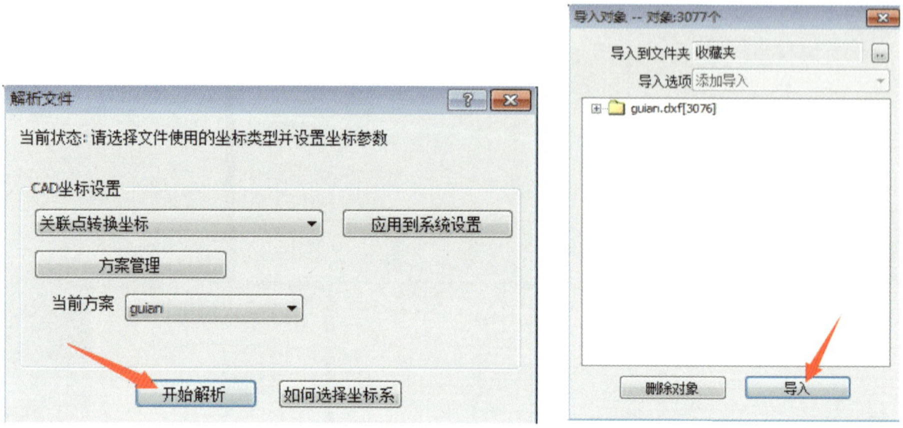

图 3-17-3 解析 CAD 文件

（4）导入逐桩坐标文件和 CAD 线路文件，将逐桩坐标文件（txt 格式）和线路文件（dxf 格式）两种文件分别通过电脑版奥维互动地图导入软件中，即可看到在电脑奥维互动地图中已经生成线路和里程的线路中线图。

（5）从电脑版奥维导出谷歌 kml 格式文件，此时，电脑版奥维线路文件已基本完成，目的是通过手机进行现场实时定位，因此还要通过电脑版奥维互动地图生成手机版需要的线路格式，即 kml 格式文件。当电脑已经生成数据文件时，通过电脑导出文件，选择谷歌 kml 格式文件，选择导出文件路径即可。

（6）将电脑生成的 kml 格式文件导入手机奥维互动地图指定文件，将电脑生成的 kml 格式文件通过连接手机后，放入手机奥维制定文件 omap 格式文件下，对于大部分手机不能搜索到 kml 格式文件，所以必须通过电脑复制或剪切到手机奥维制定子文件目录下。

（7）生成手机奥维线路图，当 kml 格式文件放入手机指定路径后，打开手机奥维互动地图，通过文件添加导入，将所需要的线路文件导入手机奥维互动地图中，导入完成后，退回到手机奥维界面可以清楚地看到线路图及所增加的结构物图。

3. 奥维互动地图在工程施工中的应用

奥维互动地图在工程前期中的应用十分广泛，本项目线路较长、山区地形复杂、施工困难大，使用奥维互动地图后提供了极大便利，其操作简单、定位准确、直观，大大地提高了工作效率。

1）设计交桩和控制网复测中的应用

设计交桩过程中，利用奥维互动地图的定位和标签功能将点位、点名直接反映在地图上，简单直观。在奥维互动地图中，能清楚地看出线位、主要构筑物、地物地貌等。对控制网进行加密布设时，能准确地测距，把加密的控制点在地图上全部标记出来，利用奥维互动地图的导航功能到达指定地点，对控制点位置适当修正，以达到节省工时和降低外业劳动强度的目的，这种技术手段不仅便于控制点的控制管理而且便于后续现场查找。

2）征地红线测量放样工作中的应用

在征地红线测量放样中，根据奥维互动地图的显示可以快速找到需要放样点的大概位置，再用 GPS-RTK 进行精确放样，既提高放样速度，又能对放样点位进行复核，同时奥维互动地图可以对地上物进行标记，距离丈量、面积计算。在测量放线过程中，如遇到地物，如水渠、电线杆等都可以在奥维互动地图上进行标记，为以后的拆迁工作提供依据。

3）取、弃土场的选择应用

项目施工前要先进行取土场和弃土场的考察选择，现场考察过程中，奥维互动地图可以提供比较直观的卫星混合地图，可以标记出不易察觉的小路，取、弃土场的位置范围，方便随时查看。利用其自身的导航功能实时定位，通过测绘编辑计算出取土场和弃土场大致的容量及到施工点的距离，结合现场情况，选择出最优的方案和路线。

4）工区驻地及临时设施的布置应用

在工区驻地及临时设施的布置利用奥维互动地图与 CAD 协同设计功能，首先将设计单位提供的征地红线 CAD（dxf 格式）导入到手机奥维互动地图中，本着“统筹兼顾、交通便利”的原则，在地图上筛选出几处工区驻地及构件加工场地，利用手机奥维导航功能导航至设计位置，并逐一进行考察，最终选择确定工区及构件加工场地位置。利用 CAD 绘图软件进行编辑、修正，便可以确定工区及构件加工场地的布局设计。

5）施工便道选择中的应用

施工便道的选择直接影响后续工程施工成本和施工进度，为了保证工程施工顺利进行，便道规划的合理性起着关键作用。首先在奥维互动地图上规划出路线方案，再到现场考察、完善，最后将便道用不同的颜色轨迹线标识出来，利用轨迹线自有的测距属性，可以轻松统计出便道的长度，初步估算出维修便道所需部分物料及费用，为施工便道的选择提供合理的依据。奥维互动地图在取、弃土场的选择应用如图 3-17-4 所示。

图 3-17-4　奥维互动地图在取、弃土场的选择应用

6）施工现场考察应用

项目进场后，进行沿线调查，对既有的道路、沟渠、电线、通信线缆、房屋建筑、坟墓、管道等提前制定迁改方案，为后续的施工决策提供合理的依据，传统上需采用 RTK（实时动态载波相位差分技术）和全站仪进行测量，且耗时耗力。奥维互动地图应用能在实际地形中迅速找到线路和结构物的大致位置，并对全线地形地貌都可以得到清楚、具体的认识，有利于对工程整体的把控和下一步工作计划的部署，可以很大程度地减少现场勘查的工作量，使得现场勘测工作更加便捷、高效，为制定下一步施工计划提供详尽、可靠的技术保障。

4. 内业数据的整理

外业测量考察结束后，将外业测量记录的轨迹、图形、照片、现场标识记录等以标签的形式导出 dxf 格式的文件，实现图片和线路、标识的协同制作。外业考察记录多且复杂，可在奥维互动地图中调整标签类型、颜色属性加以区分，实现数据整理的清晰，直观了解线路现场实际情况与设计图纸位置关系，以及周边环境分布情况。

17.1.5 隧道控制测量

1. 洞外控制点布设

洞外控制点布设要求如下：

（1）洞外平面控制网应沿两洞口连线方向布设成多边形组合图形，构成闭合检核条件。

（2）制点应布设在视野开阔、通视良好、土质坚实、不易破坏的地方。

（3）测站和后视场地应清理和平整，以利于观测。

（4）控制点均应埋设混凝土包金属标志。

（5）每个洞口平面控制点布设不应少于 3 个，水准点不应少于 2 个。

（6）用于向洞内传递方向的洞外联系边不宜小于 300 m。

（7）GPS 控制网进洞联系边最大俯仰角不宜大于 5°，导线三角网的最大仰俯角不宜大于 15°。

（8）洞口附近的水准点应尽可能与隧道洞口等高，两水准点间高差以水准测量 1 ~ 2 站即可联测为宜。

2. 洞外控制网测设

洞外平面控制测量采用 GPS 测量施测，高程控制测量采用三角高程施测。中长隧道洞外控制网布设为平面、高程三维网，平面控制网与光电测距三角高程网“两网合一”进行观测，导线网闭合环的边数宜为 4 ~ 6 条。在隧道各开挖洞口布设 3 个以上控制点，由大地四边形或三角形网构成 GPS 带状网。

内业平差计算时，采用徕卡 LGO 数据处理软件，以复测后提交的控制点为基准，解算各个加密控制点。

3. 洞内控制网测设

1）洞内导线点布设

洞内导线须随隧道的掘进不断向前延伸，而且在隧道贯通之前，就得依据导线测设路线中线，进行隧道施工放样。因此洞内导线应满足以下条件：

（1）应尽可能有利于提高导线临时端点的点位精度。

（2）新设立的导线点必须有可靠的校核，避免发生任何错误。

（3）在把导线向前延伸的同时，对已设立的导线点应设法进行检查，及时察觉由于山体压力或洞内施工，运输等因素的影响而产生的点位位移。

2）洞内点位布设

由于隧道断面尺寸的限制，为了保证满足施工需求，必须采用双导线进洞，具体如图 3-17-5 所示。

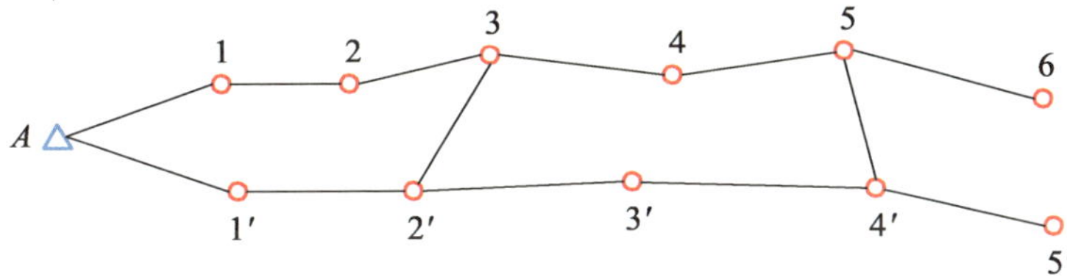

图 3-17-5　隧道双导线进洞点位布设

洞内导线点的布设应在浇筑仰拱回填时埋设，一般采用ϕ12 的螺纹钢筋，钢筋顶部制作标记，这与一般的导线点的埋设方法基本一样。但是由于洞内狭窄，施工及运输繁忙，且照明差，标志露出地面极易遭到破坏，故标石顶面应埋在地面以下 5 ~ 10 cm 的位置，为了以后便于找到点，应在对应的墙面上用红油漆注明点号，并以箭头指示桩位。导线点兼作高成点使用时，标点顶面应高出周围路面一点。

3）洞内导线点测设

洞内平面控制测量应采用导线控制测量方法进行。洞内控制导线应从测量设计确定的洞外联系边引入，洞内洞外平面控制网宜以边连接。洞内导线应随施工进度分期布设，建立新一期导线前，应先复测原有控制点。

由于洞口内、外温差大，空气密度变化剧烈，使得测角时，目标成像极不稳定，严重影响照准精度，而且折光影响异常显著，给洞口内、外两个测站的测角带来极大的困难。而这两个测站又距贯通面最远，其测角误差对贯通影响最大。因此，洞口内、外两个测站的测角，应安排在最有利的观测时间进行。通常可选在大气稳定的夜间或阴天。

由于洞内导线边短，仪器对中和目标偏心对测角的影响较大，因此，测角时在测回之间，仪器和目标均应重新对中，以减弱此项误差的影响。为了减小照准误差和读数误差，在观测时可采用瞄准两次、读数两次的方法。

洞内导线点定期与洞外导线点网进行联测，以便随时校核洞内导线点由于位移引起的变化。

洞内采用主副导线环建立洞内平面控制网，导线控制测量应组成多个多边形闭合导线环，一般导线环的个数不宜少于 4 个，每个导线环的边数宜为 4 ~ 6 条。导线边长应根据隧洞长度和辅助坑道的位置及分布情况，同时结合地形条件和仪器测程选择，并宜采用长边。按导线的主要技术要求，采用标称精度不低于 2″、2 mm+2 × $10^{-6}D$（D 为实测距离）的全站仪施测。隧道洞内导线控制测量在洞外控制测量的基础上，结合洞内施工特点布设导线，以洞口投点为起始点，沿中线布设，形成导线环。

4）洞内高程点测设

水准点的高程与路线水准点采用统一高程。采用洞口附近一个水准点的高程作为起算高程。每隔 100 m 设立一对高程控制点。洞内高程采用水准仪进行往返观测。并定期进行复测。

17.1.6 路基原地面复测

1. 利用 GPS-RTK 进行中线、横断面复测

因本项目处于山区丘陵地带，植被茂密，如使用传统的测量方法，不仅工作量大，效率低，而且测量精度低。随着 GPS 技术的快速发展，RTK 测量技术也日益成熟，其精度高、实时性和高效性，在公路测量中的应用越来越广。

1）GPS-RTK 使用方法

GPS-RTK 外业测量方法是在已知站点架设一台接收机，使用 RTK 移动站进行定位测量，具体步骤如下：

（1）基准站尽量架设在交通便利，视野开阔，地势较高的地点，以便于信号的接收，保证基准站和移动站之间数据传输畅通。

（2）建立工作项目和坐标管理系统。选择好参考椭球及椭球参数，选择、输入投影带等。

（3）移动站电台频率的选择。根据本区域常用的无线电频率，选择合适的频率，移动站和基准站必须使用同一频率。

（4）从测量菜单中选择 RTK 测量模式，并进行初始化。

初始化所需时间是由 RTK 技术差别，接收卫星的数量和质量 RTK 数据链传输质量等因素决定的。由于中午受电离层干扰大，公用卫星数少，常常会出现初始化时间长，解算精度低等问题，因此应尽量避开中午前、后 1 h，以提高工作效率和测量成果的准确性。

（5）初始化完成后，可以启动 RTK，进行测量工作。先联测 1 ~ 2 个已知控制点，测量其精度，满足设计要求后开始测量任务。

2）道路中线放样

中线测量作业流程如下：

（1）设置基准站：GPS-RTK 定位要求基准站接收机实时地把观测数据及已知数据通过无线电信号传输给移动站接收机，基准站和移动站的观测数据质量、无线电的信号传播质量对 RTK 定位结果影响很大，因此，在设置基准站时，基准站与流动站之间距离不能太大，基准站应设置在上空开阔、没有强电磁干扰、多路径误差影响小的控制点上。架设好基准站和天线，打开接收机，进行点校正工作。

（2）移动站设置：打开接收机，双击“测量”图标，选择“RTK”测量方式。移动站接收机在跟踪 GPS 卫星信号的同时也接收来自基准站的数据，进行处理获得移动站的三维 WGS-84 坐标，通过与基准站相同的坐标转换参数将 WGS-84 坐标转换为相应坐标。

（3）中线放样测量：选择“放样”选项，进行放样测量作业。系统软件会自动根据输入到 TRK 电子手簿中的放样点的坐标，定出放样点的点位。

（4）数值采集：当移动站到达放样点后，整平移动站天线，使放样点位置和天线中心位置重合，按“测量”键对该放样点进行数值采集工作。

3）纵、横断面测量

公路中线确定后，可以通过现场数据采集或地形图上数据采集的方式完成纵、横断面测绘工作。现场数据采集时，根据中线桩的位置、线路走向，使用 RTK 测量方式，在现场完成

纵、横断面采集和绘制。在地形图上进行数据采集时，使用 CASS7.0 数据绘图软件，在测绘的大比例尺带状地形图上，绘出路线纵断面和各桩点的横断面图。

4）纵、横断面测量过程中需注意的问题

路基原地面测量的纵向桩号除了按设计 20～25 m 一个断面桩号，对于地形变化大的地区需要加桩，原地面坡度变化的拐点及最高点与最低点（上坡与下坡变化处）必须增加断面，对于填方与挖方结合处也需要增加断面，有的路基设计带有长链与短链，计算断面间距时要增加长链的长度和扣除短链的长度。

原地面测量的横断面方向对于地形变化大的地区需要增加测点，原地面横坡变化大的拐点必须增加测点。

2. 倾斜摄影技术测量土方量

1）概况

无人机倾斜摄影是从不同的方位角度进行数据的采集后统一成像成图的一种技术，能够快速、高效生成丰富数据信息，并且能够真实地反映项目实际的地面的信息情况，形成一个数字化真实的场景，满足项目实施者提前进行项目规划部署。无人机倾斜测量的特点如下：

（1）精确性：无人机倾斜摄影技术所生成的 GIS 模型数据还原了实际地形地貌数据，数据的误差在公路测量要求范围内，其所建立的数字化地形模型几乎涵盖实际地形地貌信息。

（2）低成本性：在项目施工前期需要耗费大量的人力物力对施工范围的所有地形地貌信息进行调查，需要消耗大量的时间，低效率，而使用无人机倾斜摄影技术所要求的人力和物力都比较少。

（3）高效率性：无人机倾斜摄影技术过程中人工参与的工作量极少，大多都由计算机软件完成，能够快速地输出准确的 GIS 数据。粗略测算，无人机测量费用为人工测量的十分之一不到，足不出户就完成了大部分的测量工作。

（4）多功能性：无人机倾斜摄影测量土方量技术，可应用于各种状态下的土方工程，例如：路基土方量、基坑填挖量、弃土场容土量、取土场取土量等。

成绵苍巴项目路线所在区域地形较为复杂，路线范围内土方工程占比较大，且项目配备的测量人员无法在施工过程对土方量阶段性收方，并且收方过程中较为粗略。采用无人机倾斜摄影技术能够对施工过程的土方量进行快速精细化测量并出量，节约大量的人力成本以及提升项目的精细化管理，倾斜摄影技术可以生产出某个时间节点的施工状态模型，可方便应用于其他策划等方面。

2）工艺原理

倾斜摄影技术，将传感器搭载在无人机平台上，通过无人机接收实时卫星信号进行地理坐标信息采集，同时能及时接收到地面控制平台所发出的指令信息，搭载在无人机上的采集影像传感器一般选择是五镜头相机。相机固定的镜头采集影像数据。

在所对应的测区范围内采集地形表面地形以及地面物体影像的过程中，相比传统单镜头采集影像及正射采集影像，倾斜影像有着明显的优势特点，因为倾斜摄影能够提供更好的角度去观察所在测区范围的地形地面信息，借助这一优势特点刚好能够满足生成带有地形表面纹理的三维信息模型。

借助建模软件 Context Capture（Smart3D）将无人机采集到的带有信息数据的照片，通过计算机统一处理计算，将每张影像照片按照已写入的位置等信息数据统一进行空中三角数据处理，生成点云文件，再由点云构成 TIN（不规则三角网）格网数据，TIN 格网融合影像参数数据生成赋有位置纹理等信息的三维模型。三维建模的生产路线图如图 3-17-6 所示。

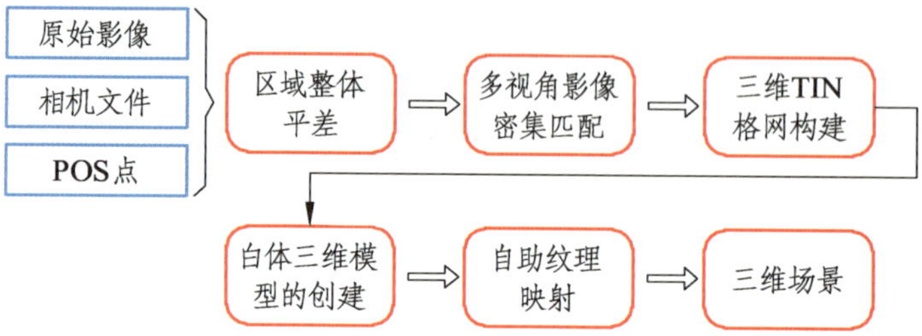

图 3-17-6　三维建模流程

在已输出的模型上进行土方量测量，模型融合实际纹理信息高且精度真实反映物体的外观、位置、高度、体积等属性的三维模型，然后结合相机参数及影像数据通过计算机建模软件建立计算模型，基于模型量测相应土方量的方法。

3）倾斜摄影技术测量土方量操作流程及操作要点

倾斜摄影技术测量土方量操作流程如图 3-17-7 所示。

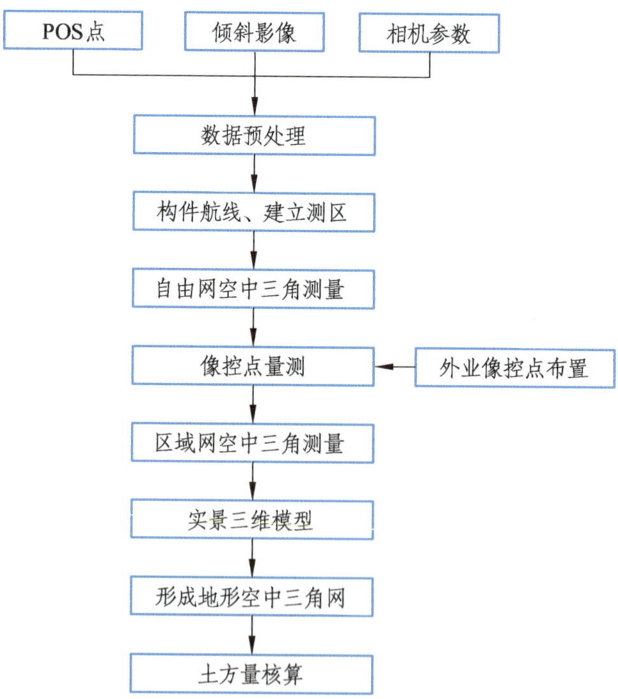

图 3-17-7　无人机倾斜摄影技术测量土方量流程

（1）规划飞行路线。

根据对精度的需要确定飞行高度，由于当地环境地形起伏大，采用网络地图进行预先规划航测范围。在进行室外作业前导入飞控软件进行进一步参数设置，如图 3-17-8 所示。

图 3-17-8　飞行前规划飞行路线

（2）采集数据。

从已完成采集任务的相机中输出采集的影像数据如图 3-17-9、图 3-17-10 所示，读取相机飞行时的参数，同时建立从相机中 POS 点文件输出建立 import block 区块，对影像数据写入坐标和相机参数。

1.txt - 记事本

文件(F)　编辑(E)　格式(O)　查看(V)　帮助(H)

```
NUM,Lat,Long,hight,P,R,Y,Relative hight,Q,Data,time,debug
0001,31.86272461,106.04929375,811.125769,-22,-2,114,350.020300,50,2021.05.25, 9.17.28.146920,1 1 37 0 1 1 0
0002,31.86255793,106.04972037,811.107715,-3,-1,113,350.002247,50,2021.05.25, 9.17.36.426650,2 2 37 0 2 2 0
0003,31.86239839,106.05014225,811.102699,-3,-1,114,349.997230,50,2021.05.25, 9.17.43.707090,3 3 37 0 3 3 0
0004,31.86223765,106.05056462,811.111966,-3, 0,113,350.006498,50,2021.05.25, 9.17.50.986710,4 4 37 0 4 4 0
0005,31.86207912,106.05098505,811.066648,-3,-1,114,349.961179,50,2021.05.25, 9.17.58.226720,5 5 37 0 5 5 0
0006,31.86191953,106.05140781,811.111003,-3, 0,113,350.005534,50,2021.05.25, 9.18.05.506750,6 6 37 0 6 6 0
0007,31.86175990,106.05183040,811.106024,-4, 0,114,350.000555,50,2021.05.25, 9.18.12.786380,7 7 37 0 7 7 0
0008,31.86160110,106.05225123,811.104342,-3, 0,113,349.998873,50,2021.05.25, 9.18.20.26810,8 8 37 0 8 8 0
0009,31.86143947,106.05267592,811.126433,-3,-1,113,350.020964,50,2021.05.25, 9.18.27.346910,9 9 37 0 9 9 0
0010,31.86128026,106.05309587,811.083506,-3, 0,114,349.978037,50,2021.05.25, 9.18.34.586810,10 10 37 0 10 10 0
0011,31.86112066,106.05351867,811.085145,-3, 0,114,349.979676,50,2021.05.25, 9.18.41.866730,11 11 37 0 11 11 0
0012,31.86096226,106.05393909,811.082815,-3, 0,113,349.977347,50,2021.05.25, 9.18.49.107230,12 12 37 0 12 12 0
0013,31.86080182,106.05436203,811.086830,-3, 0,113,349.981361,50,2021.05.25, 9.18.56.387120,13 13 38 0 13 13 0
0014,31.86064273,106.05478162,811.101179,-4, 0,114,349.995710,50,2021.05.25, 9.19.03.626850,14 14 38 0 14 14 0
0015,31.86048291,106.05520672,811.091683,-3, 0,114,349.986214,50,2021.05.25, 9.19.10.946660,15 15 38 0 15 15 0
0016,31.86032301,106.05562754,811.104066,-3, 0,114,349.998597,50,2021.05.25, 9.19.18.187030,16 16 38 0 16 16 0
```

图 3-17-9　准备影像数据（POS 文件）

图 3-17-10　准备影像数据（影像文件）

（3）数据处理。

把区块文件导入软件，导入已建立好的区块文件如图 3-17-11 所示。

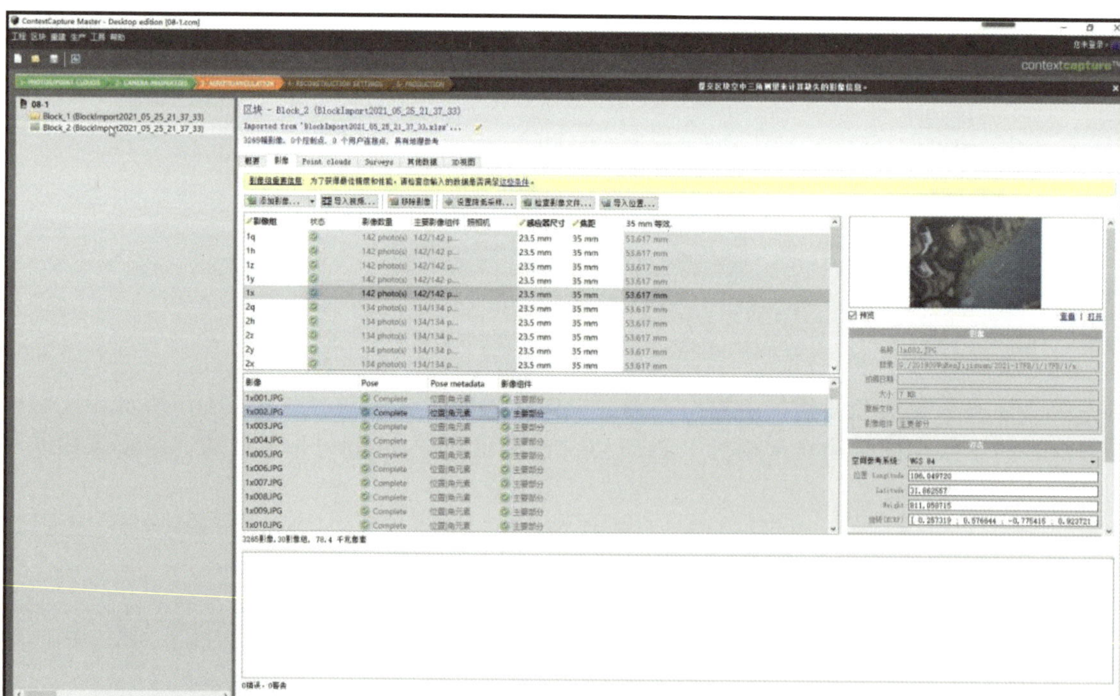

图 3-17-11　建立工程文件

建立倾斜摄影空中三角测量运行模块如图 3-17-12 所示，为了模型的准确性，需要进行两次空中三角测量运算，目的是检查影像数据是否全部满足要求。建立空中三角测量模型如图 3-17-13 所示。第一次空三运行结果如图 3-17-14 所示，合格率为 100%，所有影像数据均能够参与计算。

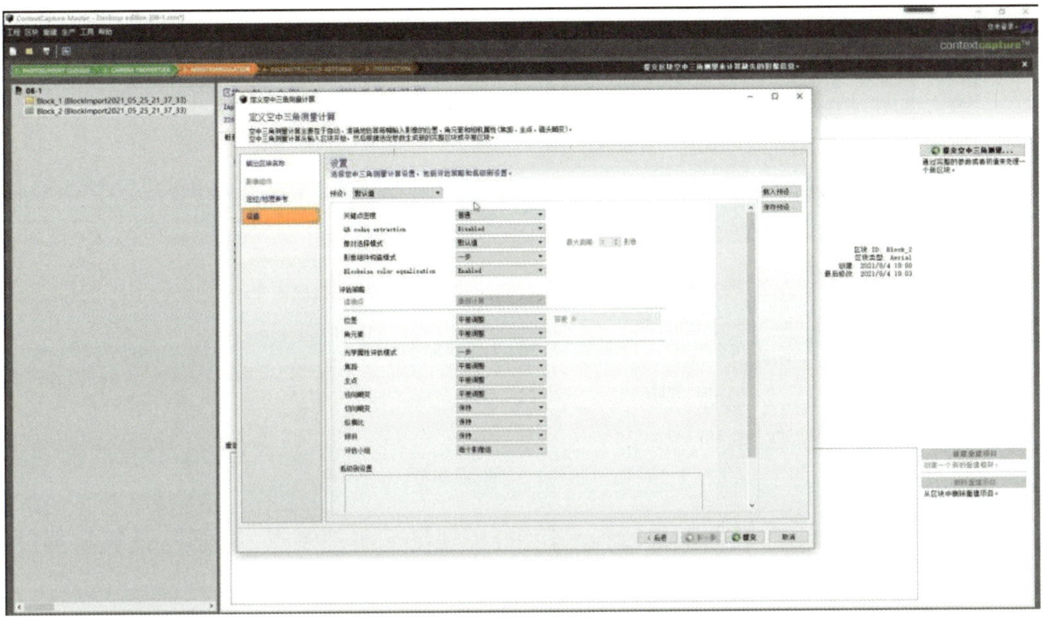

图 3-17-12　空中三角测量模型参数设置

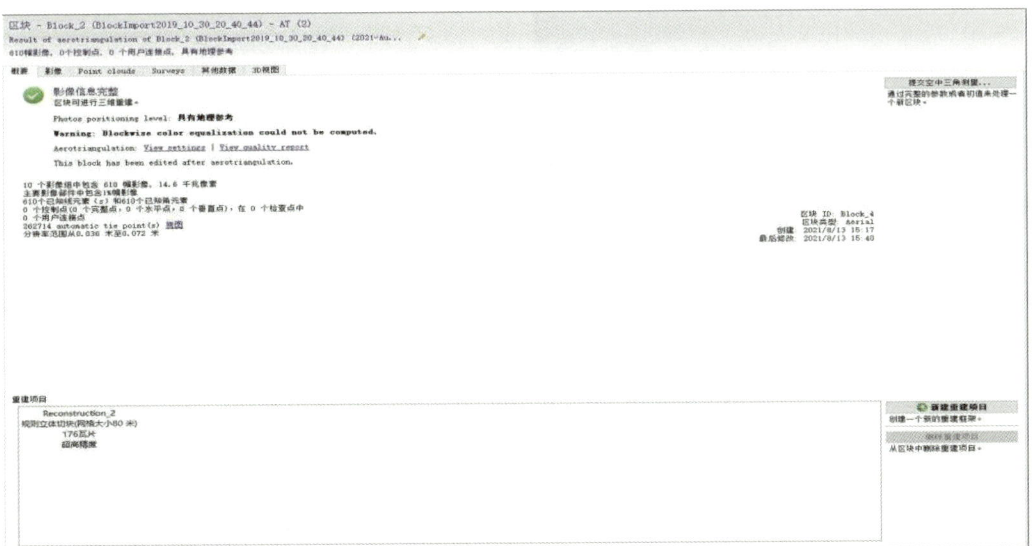

图 3-17-13　建立空中三角测量模型

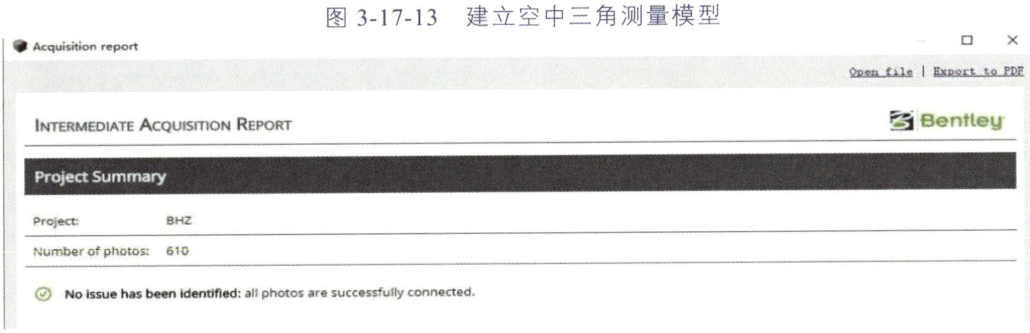

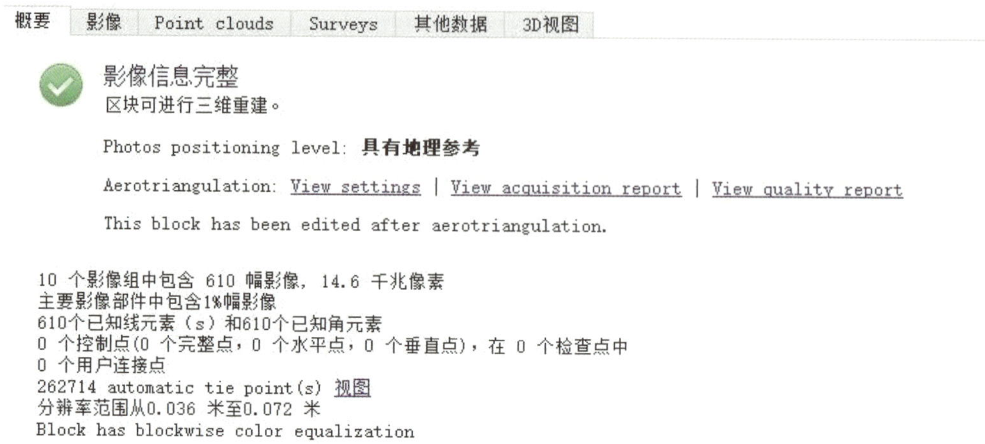

图 3-17-14　空中三角测量运行结果

为了模型更加准确，在数据采集过程采用 RTK 现场采集控制点，在运行计算数据过程中将控制点数据增加进去，在计算过程中用于校正数据，控制点数据如图 3-17-15 所示。

图 3-17-15　地面实际控制点数据

完成空三数据计算后可以进行三维模型的运行与计算，程序可以输出多种格式的数据，三维网格数据、三维点云数据以及正射影像数据，土方量测量只需要三维网格数据就可以，在三维网格数据中输出常用格式 osgb 文件，可应用于其他方面。由于计算机性能限制，分块进行运算，完成后统一整合为一个模型以及模型质量报告。实景三维模型如图 3-17-16 所示。实景三维模型质量报告如图 3-17-17 所示。

图 3-17-16　实景三维模型

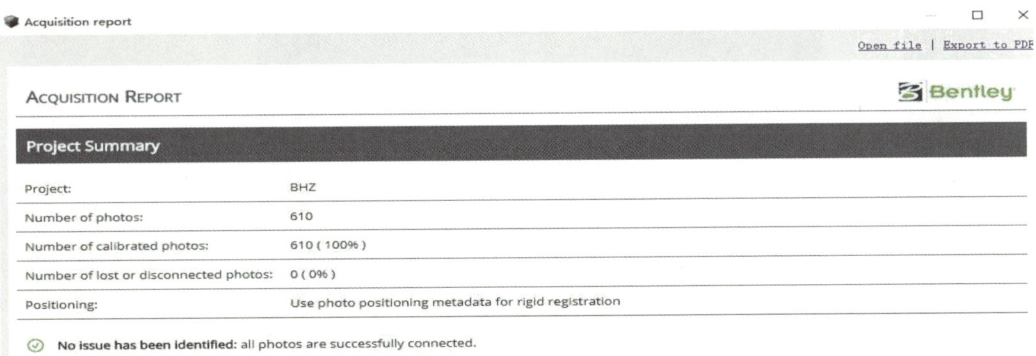

Acquisition report

Open file | Export to PDF

ACQUISITION REPORT　Bentley

Project Summary

Project:	BHZ
Number of photos:	610
Number of calibrated photos:	610 (100%)
Number of lost or disconnected photos:	0 (0%)
Positioning:	Use photo positioning metadata for rigid registration

No issue has been identified: all photos are successfully connected.

图 3-17-17　实景三维模型质量报告

（4）实际测量。

采用 Context Capture Viewer 打开已生成的三维模型，通过软件中测量模块进行方量测量，同时也可以进行坐标、距离、面积等，测量如图 3-17-18 所示。

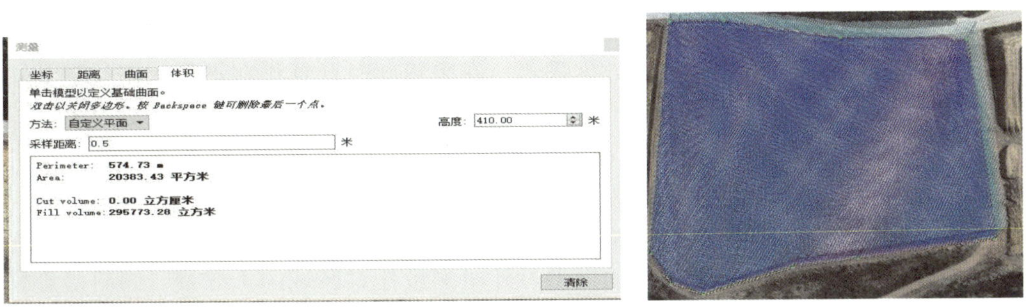

图 3-17-18　方量测量

在软件中通过调整采样距离进行数据对比分析结果见表 3-17-6，用传统方式是无法采集到小于 0.5 m 精度的原地形数据，因此无法计算比较准确的土方量数据，从表 3-17-6 的结果可得，采样距离从 1 m 到 5 m 时量差达到 7.5%。

表 3-17-6　结果分析

采样距离/m	挖方体积/m^3	高程/m	面积/m^2	较差量
1.0	194 512.46	405	20 383.43	7.52%
5.0	209 141.71	405	20 383.43	
0.5	295 733.28	410	20 383.43	0.85%
1.0	298 232.46	410	20 383.43	7.64%
5.0	321 018.66	410	20 383.43	7.70%

生成的三维地形数据通过清华山维 EPS 软件提取高程点以及等高线数据生成 dwg 格式文件，如图 3-17-19 所示。

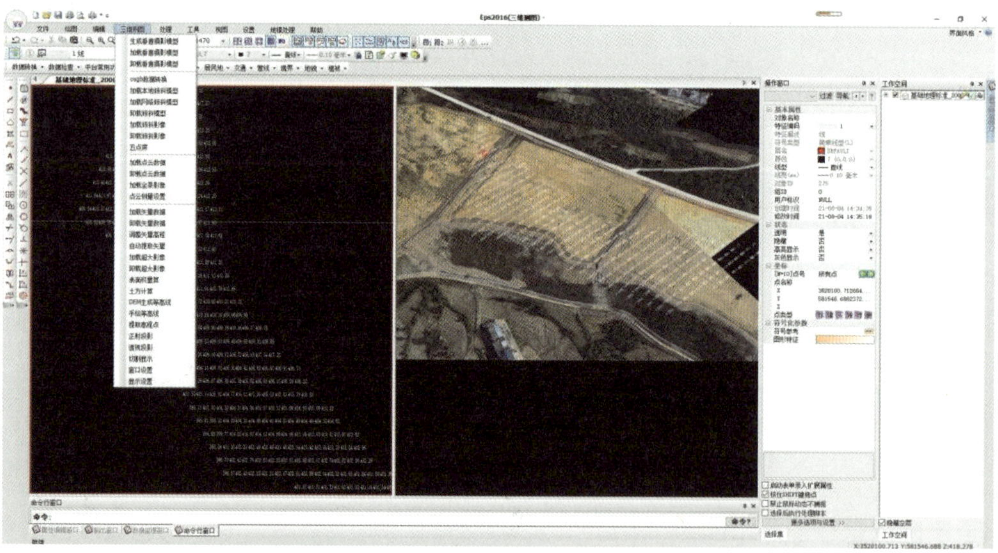

图 3-17-19　从三维地形提取高程点和等高线

4）工程应用

成绵苍巴高速苍溪段，路线区地势陡峭，沿线沟渠河道较多，施工过程艰难。从 2019 年 10 月至 11 月完成第一次全线无人机数据采集，在采集同时计算机在进行数据处理并输出模型，2020 年 7 月由于路线发生变动进行补飞，同时完成全线所有数据采集和处理工作。全线原始数据总共 1 062.37 GB，三维模型 osgb 格式文件总共 410 GB，正射影像数据 120 GB，整个过程有效时间为 20 d，处理面积约为 70 km^2。

全过程中由两名飞手和两台计算机完成，相对传统方式该工法投入很少的人力物力，过程中不需要太多人为干预，基于输出的模型可随时测量任意区域的土方量。倾斜摄影模型如图 3-17-20、图 3-17-21 所示，正射影像如图 3-17-22 所示。

图 3-17-20　全线倾斜摄影模型

图 3-17-21　倾斜摄影测量模型

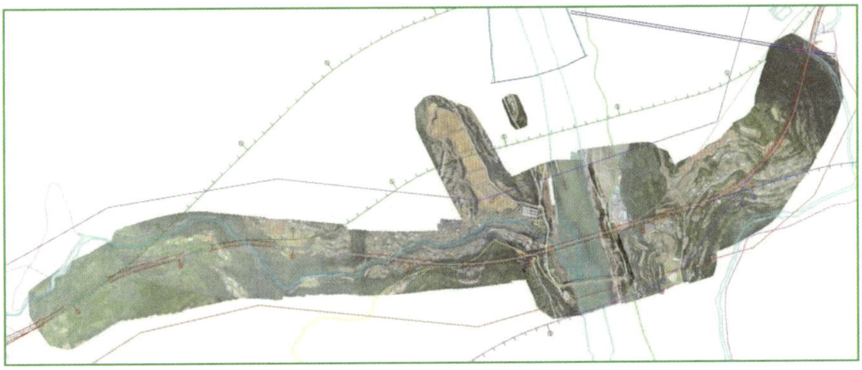

图 3-17-22　正射影像

经过综合分析可得，无人机倾斜摄影技术在测量方面相对传统测量能减少 60%以上的去现场测量的时间；测量土方量只需要两人和一台电脑完成，能减少人力约 50%以上；计算土方量能够节省现场采集数据的时间，相对传统测量土方量的方法能够提高数据准确性 7.5%以上；粗略测算，无人机测量费用为人工测量的 10%不到。

17.2　施工阶段测量及监测工作

17.2.1　路基、路面施工测量

1. 路基施工前期准备工作

路基开工前都要对路基横断面进行复测，以核对设计断面是否符合实际情况，以便进一步核实工程数量，并作为对设计断面进行修改的依据。因此，路基开工前应编制测量工作方案和工作制度，并对工程中所使用的仪器进行检验校正，避免由于测量仪器问题出现测量数

据误差。在编制测量工作方案时应注意结合施工工程内容和特点有针对性地编制，应注意熟悉图纸和规范要求，避免施工测量内容的遗漏或与规范要求不符，同时应规定重点工序、重点部位加大复核力度。

2. 路基施工的测量方法

（1）复核图纸和曲线要素，计算出相应的中心坐标，确定结果无误后，方可进行放样。

（2）根据坐标法配合计算器，对路基左（右）开挖（填）边线桩及该点标高进行准确放样，放出实际的开挖（填）边线桩，并在桩顶进行标记。

（3）对于填（挖）方原地面线与设计图纸出入较大的地段，需及时将实测的测量数据及时上报设计院。在高边坡路基第一个平台开挖完成后，采用 RTK 或全站仪检查平面位置、高程和宽度是否正确，并对下一个开挖边线的桩点位置进行放样。

（4）在路基开挖过程中要详细记录土石变化处的标高及该点至中桩的距离，以便为验工计价和竣工结算提供依据。

（5）对高挖低填地段，都要放出该挖方的开挖线位置，填方的坡脚线位置，检查是否符合设计坡度要求，测量其高程，以达到下一道开挖坡度要求。

3. 路面施工前期准备工作

路面施工前，要做好各项调查工作，仔细阅读规范标准，明确《公路工程质量检验评定标准》中的各项规定值或允许偏差，明确各检查项目的检查方法和频率。施工图纸仔细研读，路面的各个层次关系要明确，各层次设计厚度要明确，各层次厚度代表值、合格值要明确。

为保证路床工程质量及下步路面施工，所交工程段的中线位置、路基宽度、路床顶面高程、横坡度、平整度、边坡坡率必须满足设计文件、招标文件及有关技术规范的要求。

路基施工单位对拟交工程段恢复路线中桩、边桩，包括整公里和百米桩，中桩埋设必须牢固，确保能重复使用。供交验时使用的中桩间距 20 m，*ZH*、*HY*、*QZ*、*YH* 和 *HZ* 点各加设一桩，横断面按设计车道线布设高程测点（路基同一断面左右幅各至少 4 点，分别按左右路基边缘、硬路肩外边缘、行车道外边缘、中央分隔带边缘布设）。并用石灰线明确标识上述线位和点位。

路床复测的操作流程如下：

（1）中线放线测量：测定中线偏位情况。每 200 m 测 4 个断面，弯道加测 *ZH*、*HY*、*QZ*、*YH*、*HZ* 等点位。

（2）纵断面高程测量：利用经过复核并已确认的中桩，按照规范规定，每 200 m 测 4 个断面，曲线段增加为每 20 m 测 1 个断面，检测结果与计算的设计值相比较，偏差不超过+10 mm、− 15 mm。

（3）宽度测量：利用经过复核并已确认的中桩，用长钢尺从中桩处向路床左右方向（应与路中线或路中线的切线垂直）进行测量，分别检查路床左右半幅宽度是否达到要求，每 200 m 测 4 处，要求实测值符合设计值。

（4）平整度测量：使用 3 m 直尺，在路基左右幅每 200 m 测量 2 处 × 10 尺（沿路线纵向连续量测），允许值为 15 mm。

（5）横坡测量：每 200 m 测 2 个断面，与纵断高程测量同时进行，用同一断面的最近点、最远点的实测高程和平距计算横坡，允许偏差 ± 0.3%。

4. 路面结构层的测量控制

路面结构层测量控制的操作流程如下：

（1）复测：路面施工实施前，要对前一结构层高程进行复测，高程直接影响厚度，为必测项目，检验合格后方可进行下道工序施工。

（2）放线：施工之前做好放样工作。恢复中线时，每 10 m 设一桩，并在两侧路肩边缘外设指示桩，在指示桩上用明显标记标出级配碎石结构层边缘的设计高度。

（3）布设横断面：在曲线段道路上，曲线半径大于 1 500 m 时，中桩间距 10 m 布设一横断面；曲线半径小于 1 500 m 时，中桩间距 5 m 布设一横断面；每个横断面半幅布设 3 个点位，用钢钉红布做标记，每个点位测量铺筑前实际高程，根据结构层设计高程与铺筑前实际高程计算结构层压实厚度，再根据结构层松铺系数推算每个点位的松铺厚度和挂线高度。

（4）铺设：结合基准点实际测量获得的高程，根据现场实测松铺系数以及设计高程确定最佳的松铺系数，并精确计算出基准钢丝悬挂的高程，外侧边部加设槽钢立模，并打上钢钎以提高整体的稳定性。进行路面结构层的铺设。

17.2.2　道路工程变形监测

1. 垂直位移监测点布设

工程建筑物的变形包括垂直位移和水平位移两种。道路路基、桥梁等工程的垂直位移测量通常采用水准测量的方法，多次重复测定埋设在变形体上的观测点（监测点）相对于稳定的基准点的高差，可以获得沉降值随时间的变化情况。垂直位移测量的监测路线相对固定，监测工作重复进行，监测精度要求高，视距短，有时一次安置仪器可以监测多个前视点。为了减少测量系统误差的影响，一般考虑采取以下措施：

（1）监测观测点的垂直位移时，设置固定的安置仪器点和立尺点，保证往、返测量和复测是同一水准路线。

（2）监测工作中保证人员，仪器设备不变。

（3）垂直位移监测的水准路线应组成附合水准路线或闭合水准路线，以便对监测成果有可靠的检核和平差计算。

2. 水准基点的埋设

水准基点是沉降监测的基准点，因此，埋设必须保证稳定不变和长久保存。标志的结构和埋设形式应根据监测目标所处的地质情况、重要性和使用年限等条件选择。为了检查水准基点本身是否稳定不动，可以将其成组埋设，每组设 3 个点，形成一个等边三角形。在三角形的中心与三点等距的地方设置固定测站，在此测站上可以经常监测三点间的高差，由此便可以判断出水准基点的高程有无变动。

为了保证水准基点的稳固可靠，采用深埋的标志，当工程的规模不大、地质条件好、沉降时间短时，可以在工程周边地质稳定的位置埋设普通水准标石作为基准点，但必须保证其在整个监测期间稳定。有时还可以将标志埋设在稳固的永久建筑物上。

当监测目标附近不易找到埋设稳定水准基点的位置时，为了保证水准基点的稳定，一般在较远的稳定位置设置水准基点。这时，由于水准路线长度加大了，测量误差的积累也随之加大，所测得的变形值的可靠程度就小。为了解决这一矛盾，可以考虑在监测目标附近较稳定地区设置工作基点，在远离监测目标的稳定地区设置基准点，利用工作基点对沉降监测点进行监测，而工作基点本身的稳定性则定期地由水准基点来检查与测定。工作基点应选择相对较为稳定的位置,并尽可能靠近监测对象,工作基点的标志可以采用浅埋混凝土标等形式。工作基点与水准基点之间可以采用闭合水准路线或复测水准路线的形式进行联测。

3. 沉降监测点的埋设

监测点应布设在监测目标上最有代表性的位置。监测点应有足够的数量和代表性，同时还应根据构筑物的形状大小、使用性质、结构特征，以及构筑物场地的地质条件等情况选择监测点的布设方式和监测点标志。监测点应牢固地与监测目标结合在一起，使得监测点的变化能真正反映监测目标的变形情况，且尽量保证在整个沉陷监测期间不受损害。

4. 垂直沉降监测

基准点与工作基点之间组成水准环线，分段进行监测，测量的等级应高于工作基点与监测点之间的水准测量等级。外业监测后，计算各段往、返测高差较差和环线闭合差。合格后，由水准基点的高程推算工作基点和沿线各水准点的高程，再与各点的首次监测高程相比较，可以得到工作基点和沿线各水准点高程的变化值。

工作基点与监测点之间的水准路线敷设成闭合路线或附合路线。按照设计方案监测后，计算往、返测高差较差和闭合差，然后根据工作基点的高程推算各沉降监测点的高程，最后计算各监测点的沉降量。

5. 水平位移监测

为了测定监测对象的水平位移，在离监测点较近的地方设置相对稳定的工作基点，在工作基点上直接对监测点进行监测。基准点与工作基点要定期联测，当基准点不能直接测定工作基点时可以通过连接点进行坐标的传递。由基准点形成的基准网也要定期重复监测，以检查基准点的稳定性。

在基准点和工作基点的平面标志上，不仅要安放供瞄准用的目标，而且还要安放仪器、反光镜等，要求标志要有较高的平面复位精度，基准点标志还需要较高的稳定性。这些点位的标志上常常设置强制对中装置，例如用混凝土或钢材制成的观测墩。用于水平位移测量的监测标志，除要求加工简单，便于埋设，使用和保存方便，还要求标志有较高的复位精度。

水平位移测量的方法一般采用地面监测方法，主要使用高精度全站仪测量角度、边长、坐标的变化来获得水平位移。在地面监测自动化系统中，测量机器人正逐渐成为首选和主要的仪器，测量机器人实际上是一种能代替人进行自动搜索、跟踪、辨识和精确照准目标并获取角度、距离以及三维坐标等信息的智能型电子全站仪。

6. 高填、深挖路基沉降监测

1）高填方路基沉降监测

（1）沉降监测基准点的布设。

沉降监测基准网应布设成闭合环状、附合水准路线形式，按二等水准测量的技术要求进行施测。在软土地基施工区，水准点应设置于土质坚硬的地点或稳定的建筑物上，且距离路基坡脚不宜小于 50 m，当所有水准点埋设完成并稳定后，应对其进行联测。

为了减小因转点过多而对监测成果的影响，应根据需要在沉降监测的断面附近布设工作基点，工作基点一般埋设混凝土标石。当路基施工到一定高度时，应将工作基点转移到附近桥面上，作为路基完工后的沉降监测工作基点。这样不但监测方便，而且点位稳定，便于长期保存。

（2）路基沉降板的埋设。

路基沉降监测标志由沉降板底座、测杆和保护测杆的钢管组成，随着填土的增高，测杆及保护管亦应加长，每节长度不超过 50 cm 或 100 cm，应保证接高后的测杆顶面高出保护管上口。在沉降监测标志安装前应先将地面整平，应保持底板的水平及测杆的垂直度。底座是一块 50 cm × 50 cm 的钢板，测杆是直径为 20 mm 的圆钢，钢管护套内径为 40 mm。沉降板的构造如图 3-17-23 所示。

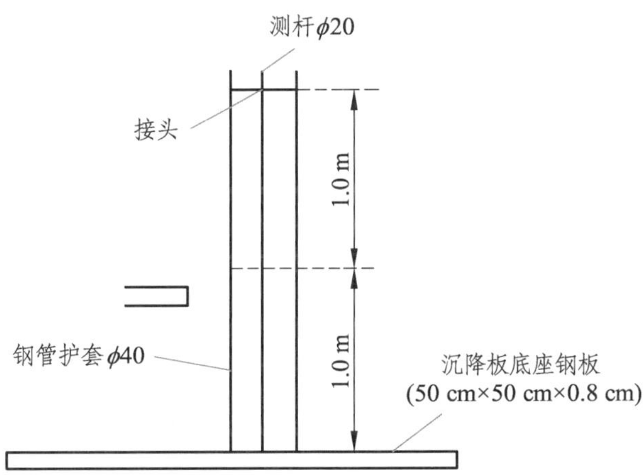

图 3-17-23　路基沉降板

在施工时，每填筑一层路基增加一节连接杆和套管，沉降板应根据设计要求布设在有软土的地方，其数量及具体位置应符合设计要求。

（3）沉降监测。

根据《建筑变形测量规范》（JGJ 8—2016）中的规定，路基沉降监测应按国家二等水准测量精度要求进行。

为了监测到路基各部位的总沉降量，应在路基填筑开始前完成首次监测。

由于沉降监测标志的埋设与施工同步进行，因此路基填筑要与标志的埋设做好协调，做到互不干扰。监测设施的埋设及沉降监测工作的进行不得影响路基填筑的均匀性。

在沉降板埋设基本不影响施工的条件下，路基的施工应做到碾压均匀，使沉降监测资料具有良好的代表性。

为了分析施工期间沉降和竣工后沉降，施工期沉降与总沉降的关系以及验证推算竣工后沉降方法的准确性，必须按频率、频次观测。

（4）路基沉降评估。

①沉降监测资料整理。

必须做好沉降监测数据的记录与整理，绘制每个监测点的荷载-时间-沉降曲线。对沉降监测资料应及时分析，尤其在预压期和静载期，应对路基沉降的发展趋势进行分析，以便在必要时采取补救措施。

②沉降评估方法。

路基沉降预测一般采用曲线回归法。常用的方法有双曲线法、指数曲线法、沉降速率法及灰色预测法等。路基沉降预测曲线回归法应满足以下要求：

a. 应根据路基填筑完成或堆载预压后 3 个月以上的实测数据作回归分析，确定沉降变形的趋势，曲线回归的相关系数不低于 0.92。沉降预测的可靠性应经过验证，间隔 3 个月以上的两次预测最终沉降量的差值不得大于 8 mm。

b. 路基填筑完成或堆载预压后，最终的沉降预测时间应满足：$S(t) \geqslant 0.75 \times S(t \to \infty)$。其中，$S(t)$为预测时的沉降监测值，$S(t \to \infty)$为预测的最终沉降值。

c. 设计沉降计算的总沉降量与通过实测资料预算的总沉降量之差，原则上不宜大于 10 mm。

d. 路基填筑完成或经预压荷载后应有不少于 6 个月的监测和调整期，持续沉降监测应不少于 6 个月，并根据监测资料绘制沉降曲线，按实测沉降数据分析并推算总沉降量、工后沉降值，初步确定路面施工时间。监测数据不足以评估或工后沉降评估不能满足设计要求时，应继续监测或采取必要的加速或控制沉降的措施。

e. 在 3 个月后进行第一次预测，根据 3 个月的监测数据，绘制时间-沉降量曲线，并预测 6 个月的沉降量及剩余沉降量，从而决定路面施工时间。当推算的工后沉降量满足评估标准时，方可进行路面施工；当沉降分析结果表明不能在计划的工期内施工时，则应研究确定是延长路基沉降时间，还是采取调整预压土高度，调整预压时间、增加地基加固等工程措施。

2）深挖路堑边坡监测

公路高边坡是一种复杂的工程，不仅表现在边坡成因、岩性、原生构造与空间组合及其已有变形方面，而且在内、外地质应力，特别是公路开挖、堆渣、排水等工程活动作用下，处在不断的风化、卸荷、构造解体等复杂的活动中。所以在高边坡防护施工中，对边坡变形、应力及防护措施进行监测，对高边坡完善防护设计、保证安全具有十分重要意义。

根据本项目路堑边坡的特点，对所有高边坡采用地表变形监测，对部分高边坡进行深部位移监测及锚索应力监测等。

（1）监测工作内容及方法。

地表变形监测的主要内容有边坡地表变形、观测裂缝发展情况。地表变形监测的工作方法为采用全站仪监测各位移监测点的坐标、高程，利用直尺或游标卡尺等量测裂缝宽度变化情况。通过对比各次测量数据监测边坡变形情况。

（2）监测点布设原则。

监测断面一般选择在地质条件差，变形大，并有断层、裂隙、危岩体等可能潜在破坏的部位，或者边坡坡度陡、稳定性差的部位，或者在结构上有代表性的部位。布置断面时以监控边坡的整体稳定性为主，兼顾局部稳定性。根据坡高、坡长及岩土体情况，一个边坡可布置 1～5 个观测断面，每个断面布置多个测点，重点边坡则增加观测断面和测点数。

在深挖路堑边坡范围内，从挖方边坡最高处开始设监测断面，并沿路线方向每隔 30～50 m 间距向两侧均匀布置地表变形监测断面，于断面边坡坡口线外 2 m 处埋设位移监测桩。

开挖过程中，在对应边坡平台位置埋设位移监测桩，直至边坡坡脚。

地表变形监测点可根据边坡地层结构、变形现状及稳定状态，遵循“全面监测、突出重点”的原则在现场调整布设。位移的观测基点宜设置在相对稳定区域，施工过程中应注意保护位移监测桩，避免被施工机具破坏，影响观测结果。

（3）监测频率。

地表变形的监测频率应与施工情况和降雨相联系，雨季和边坡开挖期间应加密监测。

地表变形监测测点埋设后即开始监测，一般监测过程持续至边坡加固完成 6 个月或经历 1～2 个雨季后 3 个月无明显位移即可结束。在此期间的监测频率建议按照表 3-17-7 控制。

表 3-17-7　边坡监测频率

阶段	时间	次数	备注
仪器安装后		2～3	如遇坡体发生破坏、监测数据发生异常等特殊情况，适当加密监测次数
边坡开挖期及雨季	1 周	1	
旱季和少雨季节	1 月	2	
暴雨期或雨后数天内	1 天	1	

每个监测项目的监测周期宜与施工和降雨量相适应，雨季、边坡开挖或已出现变形破坏时应加密观测。边坡每开挖一级时，至少应观测一次。连续 3 d 降雨量大于 50 mm/d 时，应连续观测 2～3 次，间隔时间不大于 2 d。

监测数据应及时整理，监测结果用于指导施工。

（4）预警标准。

①速率控制：最大位移速率应小于 2 mm/d。

②位移控制：边坡开挖后位移不收敛，持续增长。

③坡面裂缝控制：裂缝是边坡变形结果，坡面裂缝张开或下错严重。

在实际监测的过程中，如果出现有上述一点或几点现象时都应引起注意，结合地质资料综合分析，进一步论证边坡的稳定性，以便及早发现安全隐患，进行预测、预警，采取相应的补救措施。

（5）成果提交形式。

监测资料应及时分析，当天测试数据当天分析，及时发现问题及时补救，监测成果将以周报、月报、年报、总结报告提交，紧急情况下提交监测警报。整编成果应考证清楚、项目齐全、数据可靠、方法合适、图表完整、说明完备。报告主要内容包括：监测工作概述、地表位移（含裂缝）观测图表、监测分析与结论、措施建议。

（6）应急预案。

在监测期间，如发现超过边坡预警管理标准，及时提出监测警报，当天向驻地监理、总监办、总包工程部、咨询单位报警；如时间紧迫，报警可以先电话通知，随后书面通知。除提交完备监测成果外，将与业主、设计、监理及咨询单位一起开展应急预案，提出应急对策方案，协助各单位完成应急抢险工作，最大限度地降低损失。

7. 挡土墙变形监测

在挡土墙整个施工过程中，为有效监控挡土墙沉降位移，有必要进行工程监控量测，为挡土墙的施工提供参考依据。根据挡土墙工程规模、类型以及安全性等指标，选择相应的方法（水平位移监测采用极坐标法、垂直位移监测采用水准测量方法）进行监测，其监控量测方法如下。

1）变形监测网的布设

变形监测网的网点宜分为基准点、工作基点和变形观测点。其布设应符合下列要求：

（1）基准点：基准点应选在变形影响区域外稳固可靠的位置，不少 3 个基准点，选用挡土墙附近一级控制点作为基准点。

（2）工作基点：点位选在比较稳定且方便使用的位置，基准点埋石制作，水平位移基准点采用ϕ12 钢筋，在钢筋顶用钢锯锯出十字线，垂直位移基准点采用ϕ12 钢筋，并将钢筋头打磨成圆弧形，造好标石到现场选点埋设。

变形观测点：设置在每段挡土墙地面以上 0.5 m 处，每段挡土墙设置一个观测点，观测点采用ϕ12 钢筋，并将钢筋头打磨成圆弧形，在圆弧位置上锯十字线，此观测点作为水平位移观测点和垂直位移观测点。在第一段挡土墙浇筑拆模后，用电锤在挡墙外侧钻孔 10 cm 深，将制作好的观测点插入钻孔内，并将其固定。

2）测量仪器配置

每期观测前，对所使用的仪器和设备进行检查、校正，并做好记录。为满足监控量测需要，确保监控量测的质量，配备测量仪器和设备见表 3-17-8。

表 3-17-8 配备测量仪器和设备

序号	器具名称	型号	精度	单位	数量
1	全站仪	徕卡 TS02	测角精度为 2″，测距精度为 2 mm+2 ppm×D（D 为实测距离）	台	1
2	电子水准仪	Dini03	每公里往返测量标准偏差 ±1 mm	台	1

3）人员及仪器要求

各期的变形监测，应满足下列要求：

（1）在较短的时间内完成。

（2）采用相同的观测路线和观测方法。

（3）使用同一台仪器设备。

（4）使用同一把观测尺。

（5）观测人员相对固定。

（6）采用统一基准处理数据。

4）结果处理

每期观测结束后，应及时处理观测数据。当数据处理结果出现变形量达到预警值或接近允许值或变形量出现异常变化时，必须即刻通知项目部技术负责人以及相关人员采取相应措施。

17.2.3　桥梁、涵洞施工测量

1. 桩基施工测量

在施工控制网的基础上，利用全站仪用极坐标方法进行放样，桩位放出后需用不同放样点位进行校核，确认无误后方可交付使用。施工中要埋设护桩，利用护桩可以在桩基施工过程中经常性检查桩位的正确性，确保桩基施工过程中桩位的变化能被及时发现、及时调整。钻进过程中还应经常检查桩位及桩的垂直度，成孔后，需严格校对孔底高程决定终孔。钢筋笼安装完成后，还必须对其中心进行测量，使其与桩位中心一致，并对钢筋笼位置加以固定。终桩时，桩头高程不得低于承台底高程。

2. 承台施工测量

用全站仪进行极坐标法放样承台中心坐标，检查桩与桩的相对间距，再投放出十字线护桩。护桩数量、设置方法，根据现场具体情况确定，并应满足正确定位和施工放样的要求，以护桩为施工基准线，开挖基坑，投放承台十字线或立模工作线。模板检查可以利用十字线拉弦线吊线锤，将点过渡到模板顶检查模板尺寸，不合格重复调整，直至满足规范要求。也可利用仪器置镜将十字线点投到模板，并协助检查模板，调整模板直到合格为止，模板平面尺寸合格后，测量承台待浇筑混凝土面的标高，进行下一道工序施工。

3. 墩台纵横轴线施工测量

桥梁墩台施工首先施放墩台中心点，直线上可采用中线法依次施放，或采用极坐标法从控制点施放一批墩台中心点。无论采用何种方法施工放样，均应用重复测量的方法进行，做到处处有检测，点点有复核。曲线桥梁上的桩基、承台、墩台采用导线法，极坐标法等，放样出曲线墩台中心后，检查相互之间跨距及偏角。墩台中心点检测无误后，可放出墩台纵横十字线以供放基础、承台墩柱施工使用。

4. 桥面系施工测量

桥面铺装混凝土施工前，对梁板顶面进行全面测量，以确保铺装层混凝土的设计厚度。

根据中线控制点准确放出桥面铺装混凝土和钢筋的平面位置，根据标记拉线设置高程控制轨，下设架立钢筋形成，架立钢筋固定在梁上，其高度由拉线量取。轨道平行于线路中心布置。轨道顶面标高的控制采用点焊架立钢筋控制，根据设计标高，每 5 m 测量一点，测出各点梁板的标高，计算铺装层厚度，焊接轨道圆钢并调整轨道顶面标高至设计标高。

5. 涵洞水系、道路位置调查

涵洞基础开工前按图纸确定的排水构造物的位置和标高进行施工放样测量，对连接的水沟、道路进行复测，核对涵洞的夹角、涵底高程、孔径是否与实际水文或地方小路顺接，对发现问题应通过设计变更程序进行更改。

6. 涵洞轴线、高程施工测量

涵洞放样是根据涵洞设计施工图给出的涵洞中心里程，先放出涵洞轴线与路线中线的夹点，然后根据涵洞轴线与路线中线的夹角放出涵洞的轴线方向，再以轴线为基准，测设其他

部分的位置。各个细部的高程，均根据附近的水准点用水准测量方法测设。

7. 桥梁线形监控

1）基准点的埋设

平面控制网由桥面中轴线组成，平面控制网采用全站仪建立。

高程控制网的建立采用二等水准测量的方法，变换仪器高法，先在中支点桥墩承台上各设一个高程控制点，待 0 号梁段施工完成移到 0 号块顶面上或用全站仪建立。0 号块箱梁顶面拟布置 3 个施工控制基准点（图 3-17-24）。0 号块上的基准点为箱梁各段悬臂浇筑施工的高程控制点（图 3-17-25）。

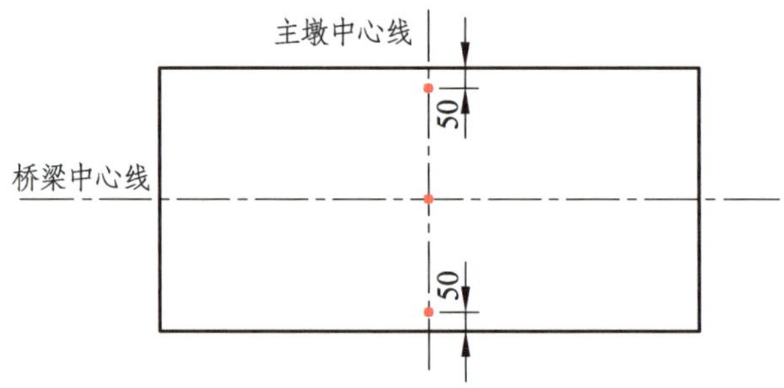

图 3-17-24　0 号块梁顶高程基准点布置（单位：cm）

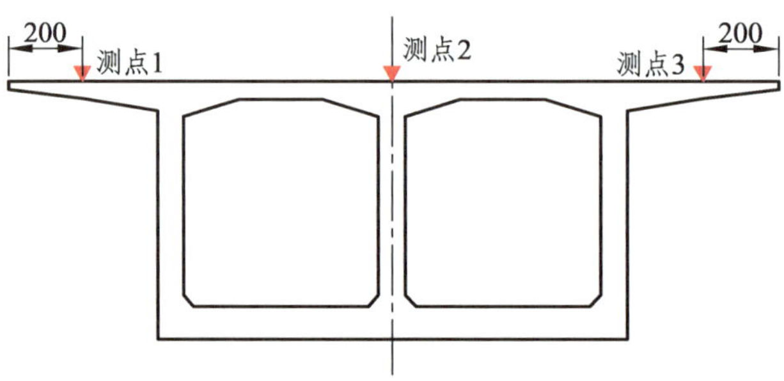

图 3-17-25　各节段梁顶高程测点布置（单位：cm）

基准点埋设可用ϕ12 螺纹钢筋，预埋筋与箱梁顶板钢筋焊固，保持竖直，并露出顶面混凝土约 2 cm，露出端上部加工磨圆并涂上红漆。基准点的使用期为箱梁整个悬臂浇筑的施工期，应加以保护，不得损坏和覆盖。

在箱梁悬臂施工过程中，对于高程控制的基准点，在下述情况下应对其进行复测，确保其可靠性：

（1）结构受力体系发生转化后；

（2）桥墩基础发生较大沉降时；

（3）施工进行每隔 2 个月；

（4）监控单位经分析后认为有必要时。

2）梁段测点埋设

主梁各节段的竖向挠度和横向偏移是主梁线形控制的关键因素，也是监控工作的关键内容。根据桥梁结构特点及控制精度要求，各节段上的线形控制测点布置如图 3-17-26 所示。

其中测点 1、2、3 为常规测点，测点 4、5 为立模时重点控制的测点。测试时须建立测点 4、5 与测点 1、2、3 之间的标高换算关系。

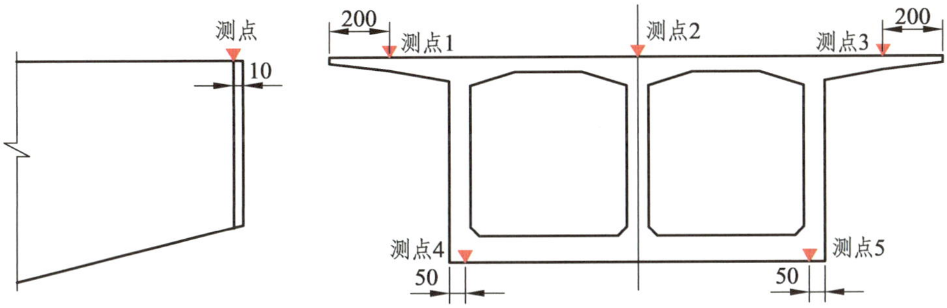

图 3-17-26 箱梁各节段测点位置示意（单位：cm）

各节段箱梁顶板上测点（图 3-17-26 的 1、2、3 号测点）既是控制箱梁中线平面位置的测点，又是箱梁标高控制点和变形观测点。各测点埋设仍可用ϕ12 螺纹钢筋，预埋筋与箱梁顶板钢筋焊固，保持竖直，并露出顶面混凝土约 2 cm，露出端上部加工磨圆并涂上红漆，在混凝土施工中严禁踩踏和碰撞。

3）监控内容及方法

（1）立模标高计算：根据已经浇筑梁段的重量、标高、预应力、混凝土强度及弹性模量等实测值，综合考虑挂篮变形、支座变形、墩沉降、温度以及施工堆积物、模板重量的影响，采用施工控制程序进行分析计算后，提出下一梁段的立模标高的计算值。

（2）平面坐标放样：当前悬浇节段的施工挂篮初步定位后，先根据箱梁截面控制网，采用全站仪进行悬浇节段平面中线位置放样。

4）箱梁模板安装

根据箱梁节段立模标高监控指令，安装底模、侧模和顶模，调整挂篮前吊杆高度等方法使底模标高、顶板底模标高满足监控指令要求。

5）悬浇阶段监测

箱梁每一节段悬臂施工过程中，应进行至少以下 3 个工况的变形测量和高程控制测量：挂篮就位立模板及浇筑箱梁混凝土前；浇筑箱梁混凝土后，纵向预应力钢束张拉前；纵向预应力钢束张拉后。

同时，应进行至少以下 4 个工况的箱梁平面中线位置控制测量，即：挂篮就位及立模板后；浇筑箱梁混凝土前；浇筑箱梁混凝土后；张拉预应力钢筋后。

以上测量工况，除对当前施工节段进行高程测量外，同时对已施工的节段进行高程测量复测，以得到箱梁节段累计实际变形。

6）温度影响监测

箱梁悬浇施工中变形观测一般以闭合水准线路的形式进行观测。为了克服温度变化所引起的变形影响，固定观测时间比较重要，一般应选择在清晨 8：30（春、冬季）7：00（夏、秋季）以前完成外业测量。另外，箱梁浇筑混凝土后也应在次日清晨时间测量变形。

当箱梁悬臂浇筑至长悬臂状态时，大气温度变化、日照温差等对长悬臂箱梁变形影响显著，为保证各跨箱梁顺利合龙和线形控制要求，必须进行悬臂端标高的 24 h 跟踪测量，同时记录相应的气温变化值。

7）箱梁合龙监测

合龙段是全桥施工的重点，也是线型控制的重点，连续梁合龙段的一般施工顺序为：边跨合龙→拆除中墩临时锚固→拆除边跨支架与挂篮→中跨合龙。在各合龙段施工前以及体系转换前后，都要对各“T”形悬臂箱梁高程进行联测。同时，对合龙前的悬臂端线形进行悬臂端标高的 24 h 跟踪测量，记录相应的气温变化值，绘制变形曲线，提出大桥合龙的合适时间。合龙段的施工应进行以下 6 个工况的变形测量和高程控制测量：

（1）安装模板前。

（2）浇筑混凝土前。

（3）浇筑混凝土后。

（4）张拉部分纵向预应力钢束后。

（5）拆除临时支撑后。

（6）张拉完所有预应力钢束后。

另外，当合龙采用压重等技术时，应在整个合龙段施工中进行变形监测。

8. 嘉陵江特大桥施工线形监控

嘉陵江特大桥主桥为大跨径预应力混凝土双肢薄壁桥墩变截面连续刚构桥梁，跨径组合为（105+200+105）m，采用悬臂浇筑法施工。

1）线形监控

（1）准备工作。

①完成挂篮安装检查并重点进行预压试验。预压试验可采用分期加载法，分级加载次数和加载重量尽量与梁段实际情况接近，加载时每级荷载持续时间不少于 30 min，绘出挂篮的荷载-变形曲线图，得出弹性变形和非弹性变形。

②在 0 号块和边跨现浇段支架投入使用之前，进行支架静载试验，试验方法同挂篮预压试验。

③桥梁轴线以及桥墩位里程、高程均根据全桥三角网点和水准网点要进行两次复测，由监理单位进行两次复核。

④按照全桥施工进度的安排划分理论计算的各阶段，应用施工监控理论及相关软件计算得到每一节段的梁体变形，并转化为各梁段的立模标高。

⑤设置桥墩基础沉降观测点，观测点采用在各墩适当位置处粘贴钢尺的方法设置，每个墩上设置 2 个测点。

（2）监测点布设（图 3-17-27）。

（3）监测次序。

嘉陵江特大桥悬臂浇筑预应力混凝土连续箱梁桥施工过程中，整套施工工序为循环施工，在墩顶的 0 号块施工完成后，进行挂篮的安装，在挂篮施工作业面内进行节段的钢筋绑扎、浇筑和张拉等工作，当前节段施工完成后，挂篮走行到下一节段位置，继续上述步骤施工，直至桥梁合龙。绑扎节段非预应力钢筋的工序对标高影响较小，可以不考虑，其余的监测次序可在当前节段挂篮走形前、后，当前节段空模状态下；当前节段混凝土浇筑前、后；当前节段预应力张拉后的施工步骤进行标高观测。

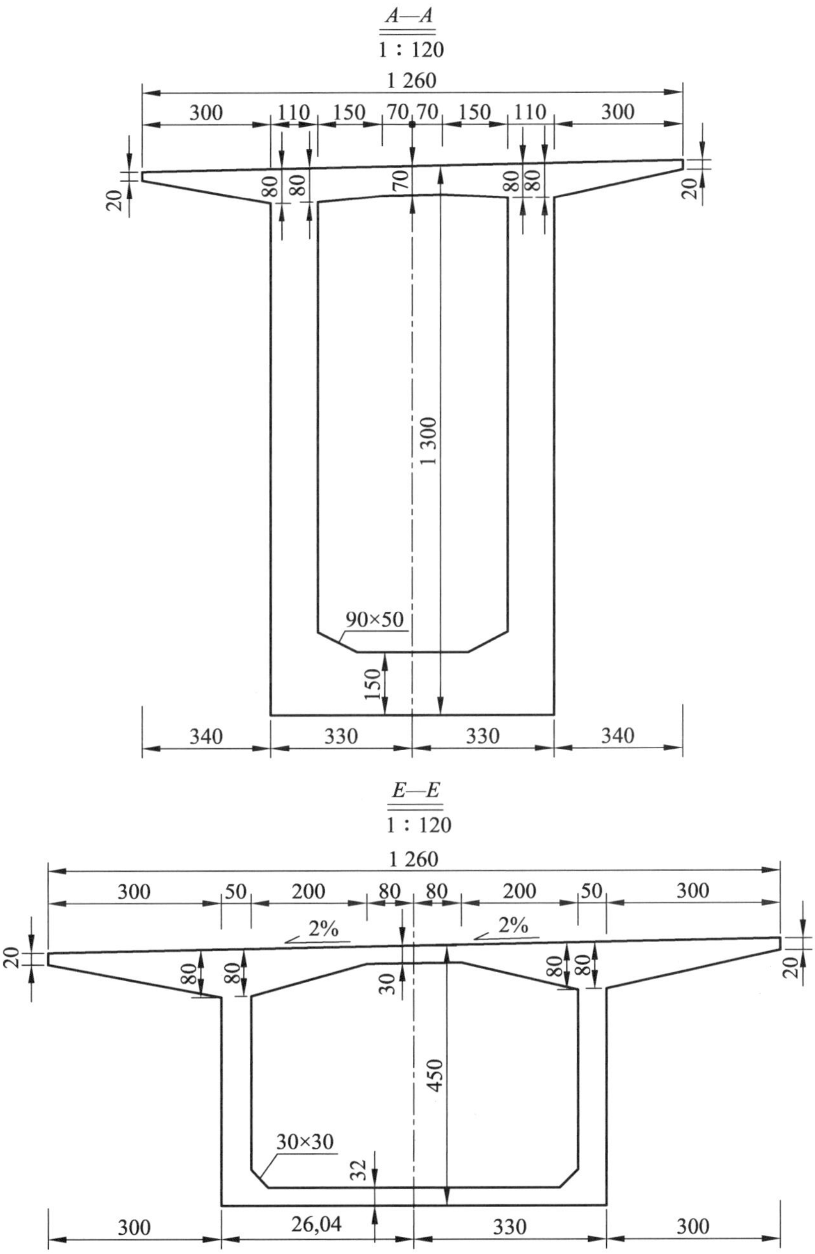

图 3-17-27　箱梁各节段测点位置示意（单位：cm）

在每一块件的主要施工步骤实施后均测量主梁标高，每一个块件施工时均监测前端 4 个块件的标高。每施工 4 个块件后进行一次全桥已施工块件的标高通测。

2）结果分析

（1）分析模型。

采用正版大型专业桥梁设计软件 Midas Civil 2019 进行嘉陵江大桥的空间监控分析计算。主梁、桥墩均采用空间梁单元模拟，原则上每个悬浇节段对应一个单元，并对有截面变化的地方细分单元，桥墩划分单元长度与主梁相近，另据工程经验承台群桩基础变形甚微对监控结果影响可忽略，故最终划分主梁、桥墩及承台共计 177 个节点，166 个单元，其中每个主墩 22 个单元，主梁 122 个单元，如图 3-17-28 所示。

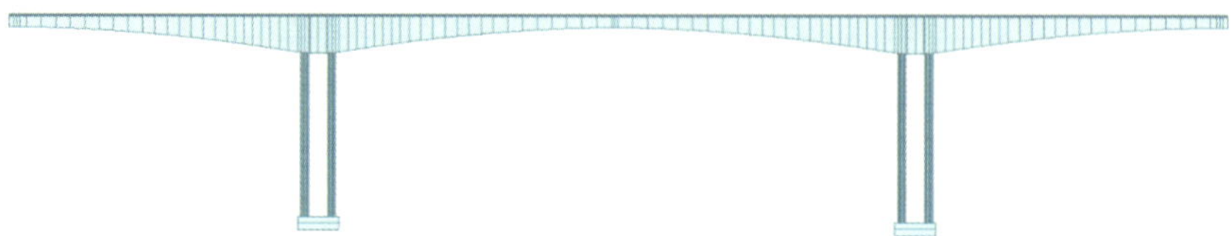

图 3-17-28　嘉陵江大桥监控分析模型单元划分

外部边界条件为主墩承台底固结，限制承台截面的 D_X、D_Y、D_Z 三方向平动及 R_X、R_Y、R_Z 三方向转动；边墩支座为单排双支座，每个支座提供竖向支撑，并限制其中一个支座的 Y 方向横向位移；边跨现浇段临时支撑每节点的一般支承限制其 Y、Z 向平动及 R_X 和 R_Z 向转动，为避免计算歧义，在其中 1 个节点上另加纵向位移 X 向平动约束。内部连接条件为墩顶节点与纵向位置对应的主梁节点刚性连接，各薄壁墩墩底与承台顶刚性连接。

预应力按照施工图文件的布置形式及在相应施工阶段张拉，钢束与管道壁摩阻系数 $\mu=0.2$，每延米管道位置局部偏差摩擦影响系数 $k=0.0015$。

桥面铺装采用防水黏结层+10 cm 厚沥青混凝土铺装，铺装及栏杆重量共计 52.5 kN/m，跨中合龙段主墩向边跨侧水平顶推力设计为 160 t。

需要指出的是，本桥按合龙段支架采用挂篮承载（不另行加工合龙段吊架），两主墩靠边跨侧挂篮在张拉完最后一个悬臂节段 23#段后移 5 m，小里程中墩中跨侧的挂篮前移 5 m，大里程中墩中跨侧挂篮原地不动，边跨侧挂篮前移 5 m，所有挂篮在边中跨合龙段全部施工完成后再统一拆除。合龙配重为合龙段两侧各一半合龙段混凝土重量，即边跨合龙单侧配重 344.5 kN，中跨合龙段两侧各 326.2 kN 配重。一些重要阶段的节点荷载如图 3-17-29 ~ 图 3-17-32。

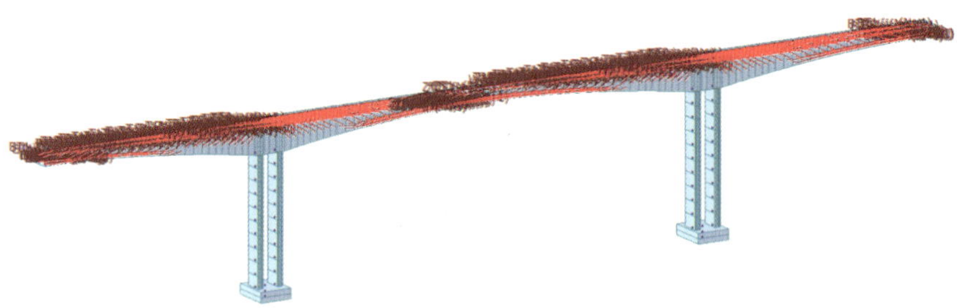

图 3-17-29　监控模型主梁纵向钢束布置

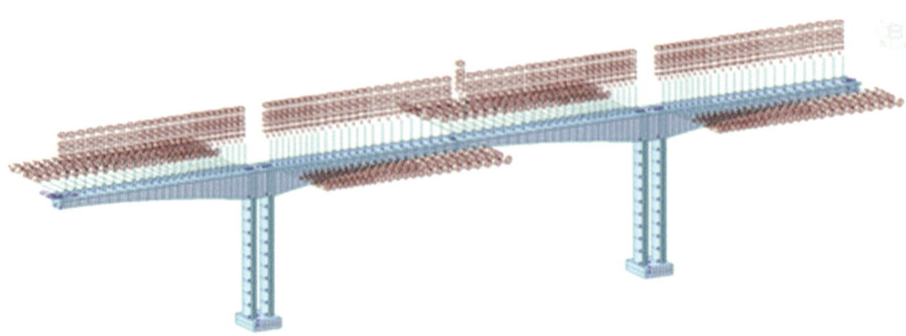

图 3-17-30　监控模型挂篮荷载加载（注：激活和钝化模拟挂篮移动，单位：kN）

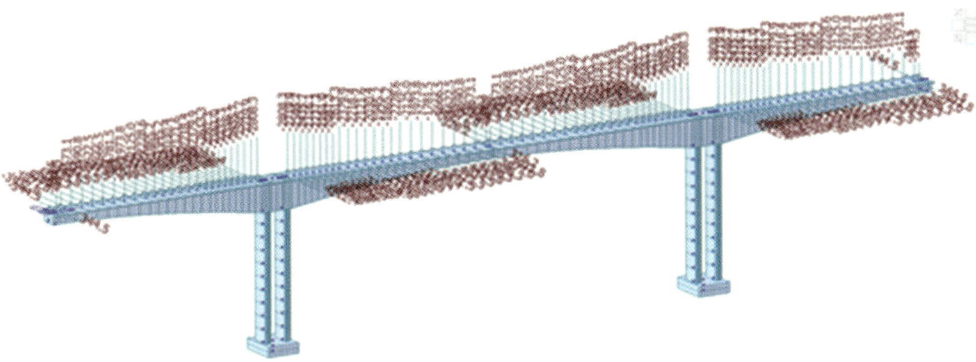

图 3-17-31 监控模型湿重荷载加载（注：激活和钝化模拟刚张拉前节段重量，单位：kN）

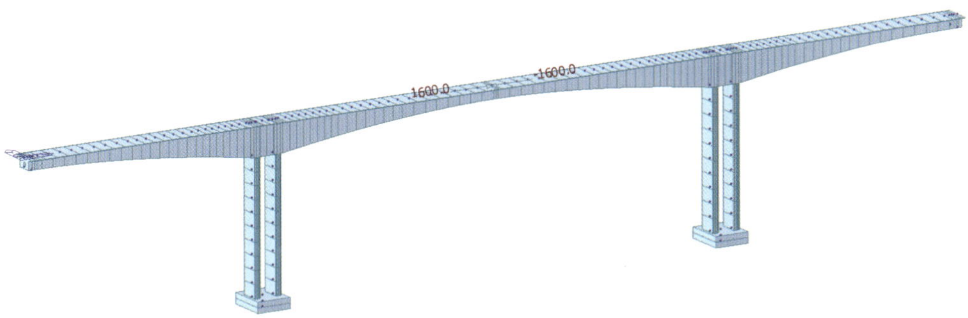

图 3-17-32 监控模型顶推荷载（单位：kN）

（2）分析结果。

①最大悬臂状态。

主梁结构在最大悬臂阶段（即 23#节段张拉后）的累积竖向变形如图 3-17-33 所示，位移结果对称，最大负向累积变形为 – 44 mm（边跨侧第 19#节段），最大正向累积变形为 17 mm（中跨侧第 23#节段）。

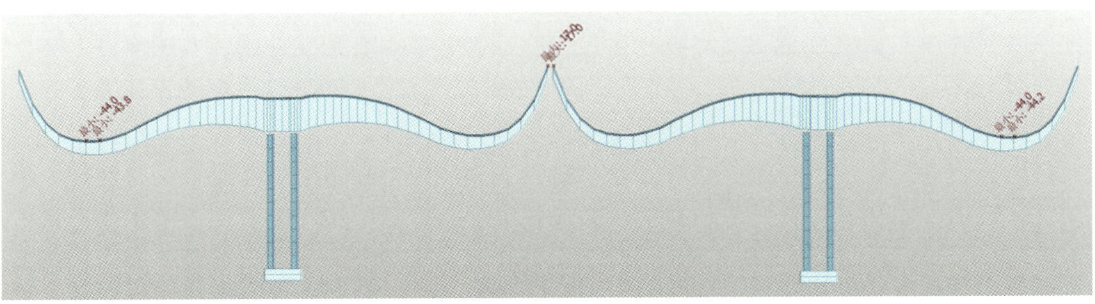

图 3-17-33 最大悬臂时主梁累积竖向变形分布（注：非荷载变形图，向上为正，单位：mm）

在准备浇筑最后一个节段即张拉完 22#节段预应力时的挂篮前移引起的主梁位移变化如图 3-17-34 所示，最大位移为悬臂端，数值为 – 3.5 mm（方向向下）。因为 23#节段是后一个节段，其他节段的挂篮前移引起的主梁挠度变化将比此值更小。可得：挂篮移动对主梁的挠度变化影响很小。

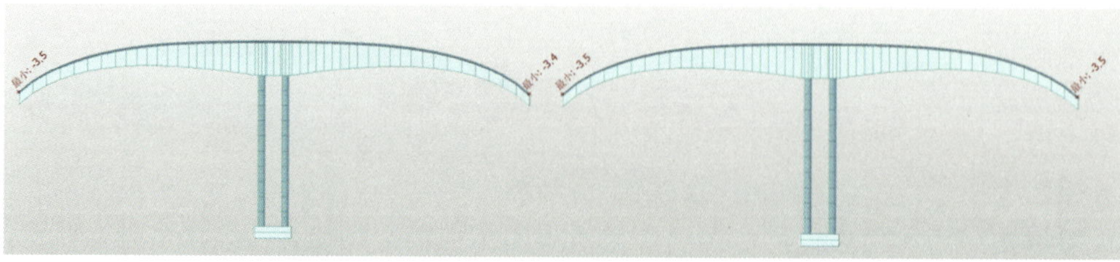

图 3-17-34　22#节段挂篮前移后主梁的本施工阶段竖向位移分布（注：向上为正，单位：mm）

在最后一个节段即 23#节段浇筑后引起的主梁位移变化如图 3-17-35 所示，最大位移为悬臂端，数值为－49.7 mm（方向向下），位移值较大，变形明显。可得：挂篮移动与节段浇筑比较，变形值影响很小。

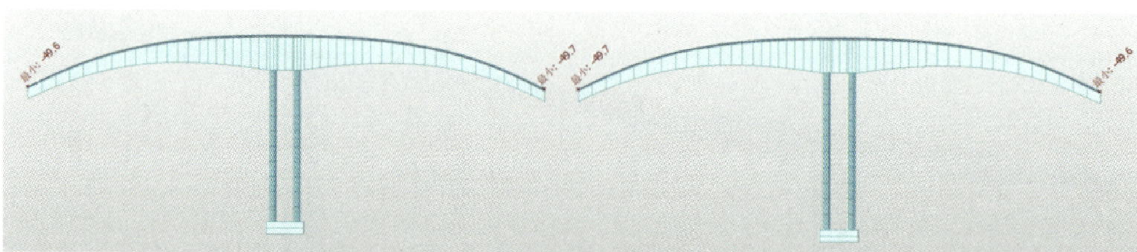

图 3-17-35　23#节段浇筑后主梁的本施工阶段竖向位移分布（注：向上为正，单位：mm）

在最后一个节段即 23#节段张拉后引起的主梁位移变化如图 3-17-36 所示，最大位移为悬臂端，数值为 17 mm（方向向上），位移比较明显。可得：在节段施工时，主梁浇筑施工引起的挠度变化最大，本桥最大量值为 49.7 mm；张拉预应力的挠度变化次之，本桥最大量值为 17 mm；挂篮前移引起的主梁挠度变化最小，本桥最大量值为 3.5 mm。所以，为配合施工的有利开展，可以考虑将挂篮前移及节段浇筑的步骤合并，在浇筑后统一进行变形测量，以期减小对施工的干扰影响。

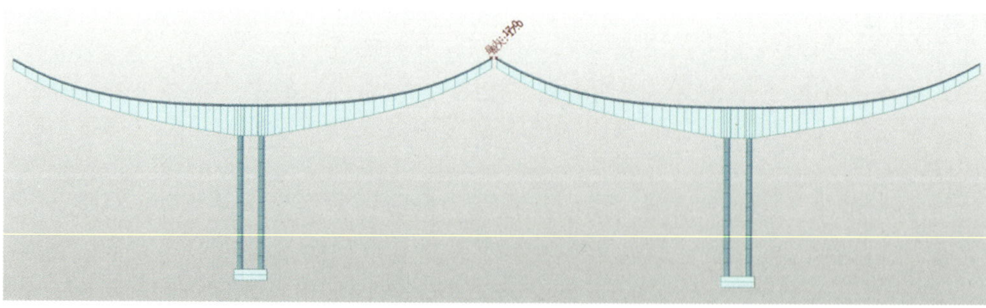

图 3-17-36　16#节段张拉后主梁的本施工阶段竖向位移分布（注：向上为正，单位：mm）

②边跨合龙。

为了边跨合龙，分别移动小里程中墩的小、大里程挂篮到边、中跨合龙段梁边。因为位置受限，大里程中墩则只能移动边跨侧挂篮到边跨合龙段梁边，中跨侧挂篮保持位置不变。此时因为大里程中墩 T 构荷载不对称，桥墩将往边跨侧弯曲，将加大边跨侧竖向位移。此阶段的位移如图 3-17-37 所示。小里程桥墩边、中跨侧最大悬臂梁端竖向位移为－5.1 mm，大里程 T 构中跨侧最大悬臂端位移为+1.0 mm，边跨侧最大悬臂端位移为－6.5 mm。

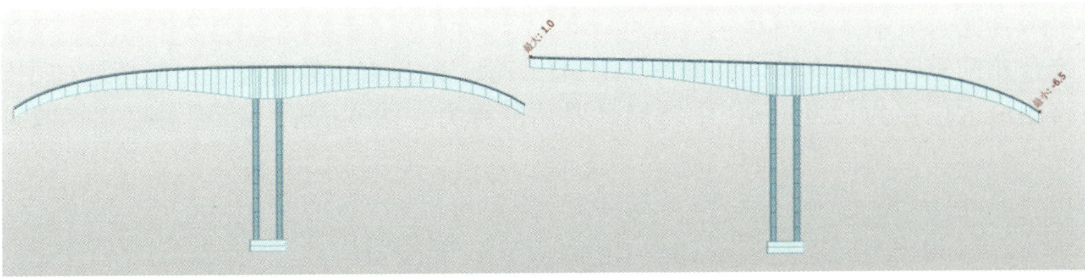

图 3-17-37　挂篮前移（合龙前）的本施工阶段竖向位移分布图（注：向上为正，单位：mm）

边跨合龙配重时，本桥 T 构为双肢墩稳定性好，故只加边跨合龙配重（中跨合龙配重在中跨合龙前施加），此阶段位移如图 3-17-38 所示。因只有边跨配重，引起桥墩向边跨侧弯曲，边跨侧悬臂端位移为 – 22.4 mm，中跨侧悬臂端位移为+7.6 mm。

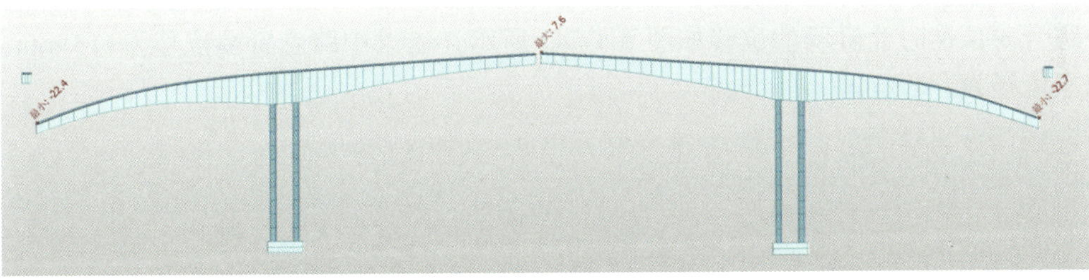

图 3-17-38　边跨合龙配重后主梁的本施工阶段竖向位移分布（注：向上为正，单位：mm）

中跨合龙段浇筑并张拉预应力后，主梁此阶段变形如图 3-17-39 所示，主梁变形明显，边跨侧最大向上位移为 21.9 mm，并引起中跨侧主梁下挠，最大位移为悬臂端为 – 18.7 mm。此时的累积竖向位移如图 3-17-40 所示，边跨主梁最大累积位移为 – 40.3 mm，中跨主梁最大累积位移为 – 53 mm。

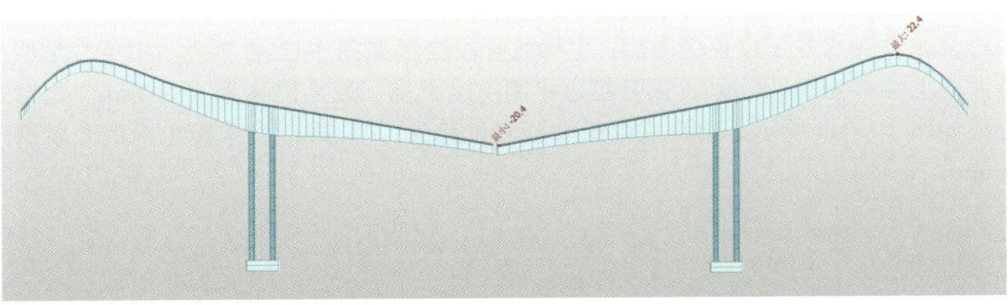

图 3-17-39　边跨合龙张拉后主梁的本施工阶段竖向位移分布（注：向上为正，单位：mm）

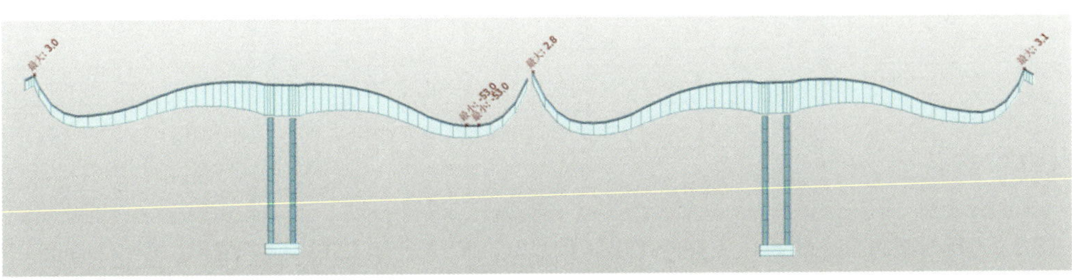

图 3-17-40　边跨合龙张拉后主梁的累积竖向位移分布（注：向上为正，单位：mm）

③中跨合龙。

中跨合龙配重时，此阶段位移如图 3-17-41 所示。因只有中跨配重，引起桥墩向中跨侧弯曲，边跨侧最大位移为+2.9 mm，中跨侧悬臂端位移为 – 19.6 mm。

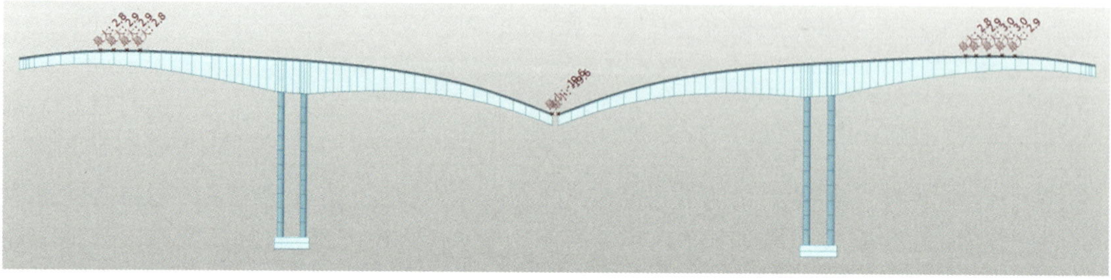

图 3-17-41　中跨合龙配重后主梁的本施工阶段竖向位移分布（注：向上为正，单位：mm）

中跨合龙顶推时此阶段的位移如图 3-17-42 所示，主梁中跨悬臂端位移为+13 mm，边跨主梁最大位移为 – 3.3 mm。

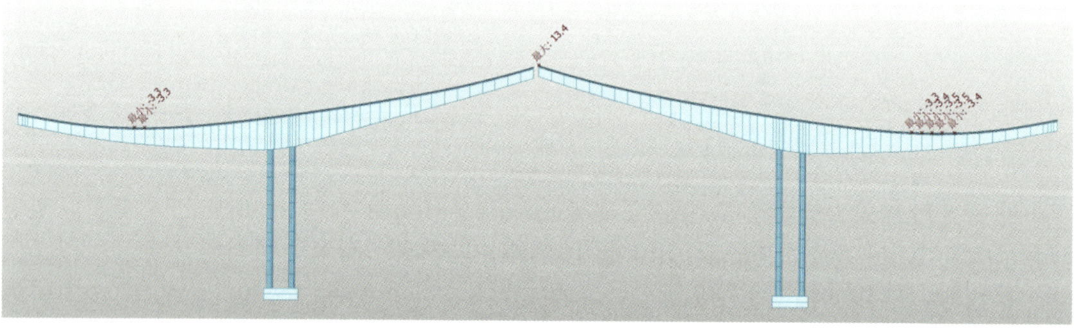

图 3-17-42　主梁顶推时本施工阶段竖向位移分布（注：向上为正，单位：mm）

中跨合龙段浇筑并张拉预应力后，主梁此阶段变形如图 3-17-43 所示，主梁变形明显，中跨侧最大向上位移为+49.8 mm，并引起边跨侧主梁下挠，最大位移为 – 6.0 mm。此时的累积竖向位移如图 3-17-44 所示，边跨主梁最大累积位移为 – 44.5 mm，中跨主梁最大累积位移为 – 18.4 mm。

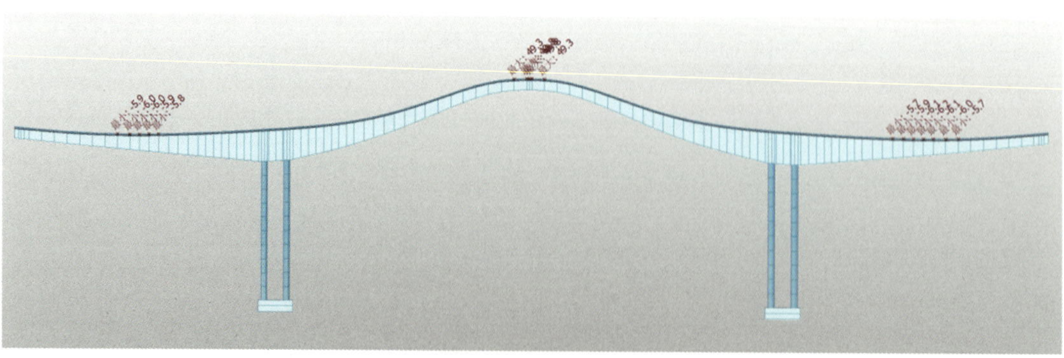

图 3-17-43　中跨合龙张拉后主梁的本施工阶段竖向位移分布（注：向上为正，单位：mm）

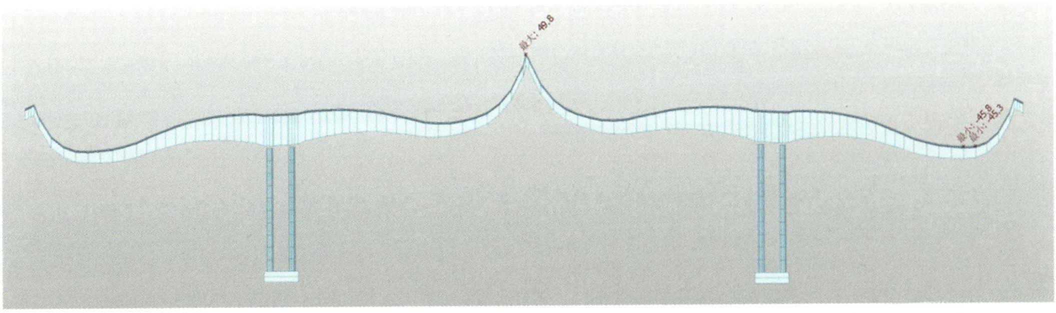

图 3-17-44　中跨合龙张拉后主梁的累积竖向位移分布（注：向上为正，单位：mm）

④挂篮拆除。

所有挂篮在合龙结束后统一拆除，此施工阶段对中跨主梁变形影响稍大，主梁此阶段变形如图 3-17-45 所示，中跨变形明显，最大向上位移+24.4 mm，边跨侧主梁变形不明显，最大位移为 – 3.2 mm。此时的累积竖向位移如图 3-17-46 所示，边跨主梁最大累积位移为 – 46.8 mm，中跨主梁最大累积位移为 – 4.7 mm。

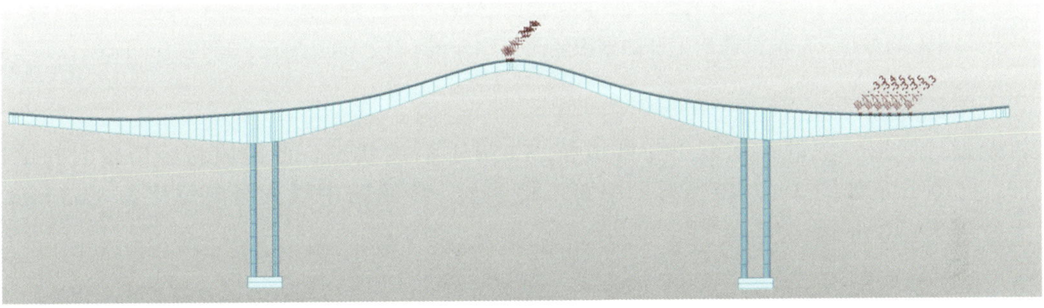

图 3-17-45　挂篮拆除主梁在本施工阶段竖向位移分布（注：向上为正，单位：mm）

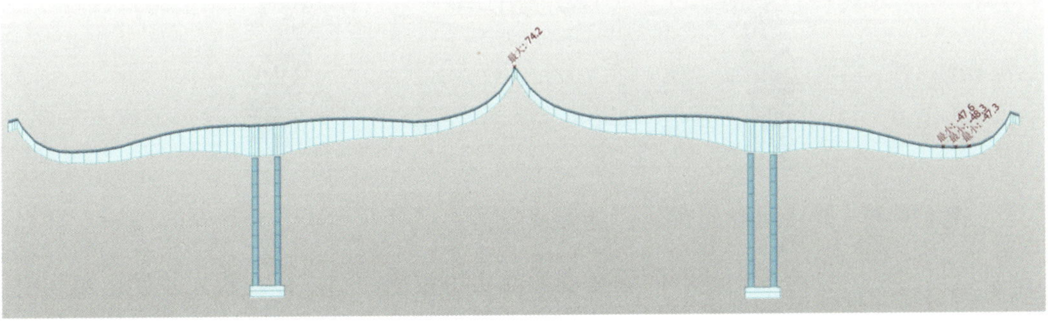

图 3-17-46　挂篮拆除后主梁的累积竖向位移分布（注：向上为正，单位：mm）

⑤二恒加载。

二期恒载加载后对主梁中跨位移影响较大，主梁此阶段变形如图 3-17-47 所示，中跨变形明显，最大位移为-30.8 mm，边跨侧主梁变形不明显，最大位移为 – 1.3 mm。此时的累积竖向位移如图 3-17-48 所示，边跨主梁最大累积位移为 – 48.1 mm，中跨主梁最大累积位移为 – 25.2 mm。

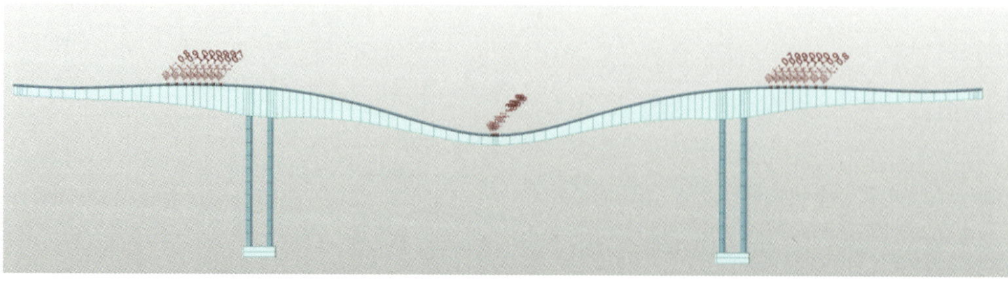

图 3-17-47　二恒加载主梁在本施工阶段竖向位移分布（注：向上为正，单位：mm）

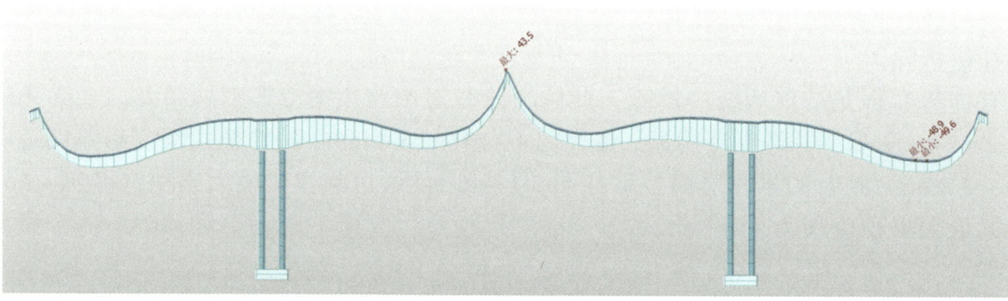

图 3-17-48　二恒加载后主梁的累积竖向位移分布（注：向上为正，单位：mm）

⑥十年徐变。

桥梁设计线形一般取在运营十年即成桥 3 650 d 后的状态，此阶段将经历较大的结构徐变变形，挠度分布如图 3-17-49 所示，中跨下挠明显，中跨跨中最大竖向位移为 – 33 mm，边跨最大位移为+40 mm。

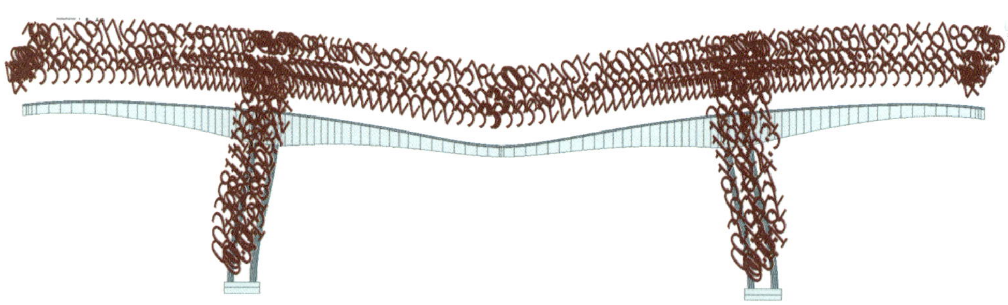

图 3-17-49　十年徐变主梁在本施工阶段竖向位移分布（注：向上为正，单位：mm）

需要指出的是，目前理论计算的徐变变形与实桥观测的结果存在较大差异，实践中很多的连续刚构桥梁在通车后中跨存在很大的跨中的下挠，已有研究表明徐变变形计算和抛高预留值偏小，结构活载未计徐变效应，以及可能的结构超载导致结构刚度劣化使得位移加大等问题需要在线形控制中不能仅以理论计算的徐变变形来设置十年徐变预抛高。目前，业界对十年徐变的中跨跨中挠度经验预留值为（1/1 000 ~ 1/2 000）L，边跨最大值约为中跨 1/3 ~ 1/4，本桥为较大跨度的连续刚构桥，按以往经验和实践，主梁抛高预留值宜高不宜低，故本桥采用中跨跨中的十年徐变预留值 L/1 000=20 cm，边跨最大预留值为 5 cm，预留值在跨内的分配采用三段余弦曲线，以使结构线形更顺滑，具体分布如图 3-17-50 所示（此值与设计文件吻合）。

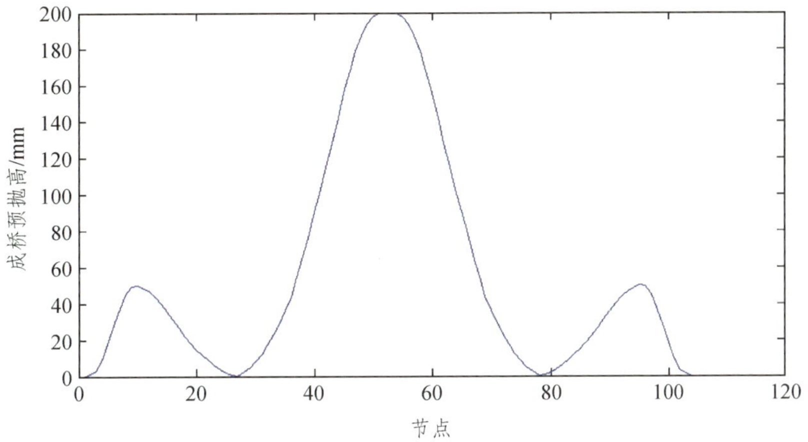

图 3-17-50 主梁各节段节点的成桥预抛高（注：向上为正，单位：mm）

（3）预拱度分析。

总结上节中主要施工阶段的挠度分析结果，将主梁预抛高分为施工预拱度及成桥预拱度两个部分，施工预拱度即为二期恒载完成后的累积变形反向，具体分布如图 3-17-51 所示，中跨最大预抛高为 25.2 mm，边跨最大预抛高为 48.1 mm（注：此数据不是总的理论预拱度，需再加上成桥预拱度值）。需要指出，图 3-17-51 中的每个节点包含两个数值，较低的数值为施工预拱度值，较高的数值为本节段施工完成即张拉后该点的抛高变化情况。

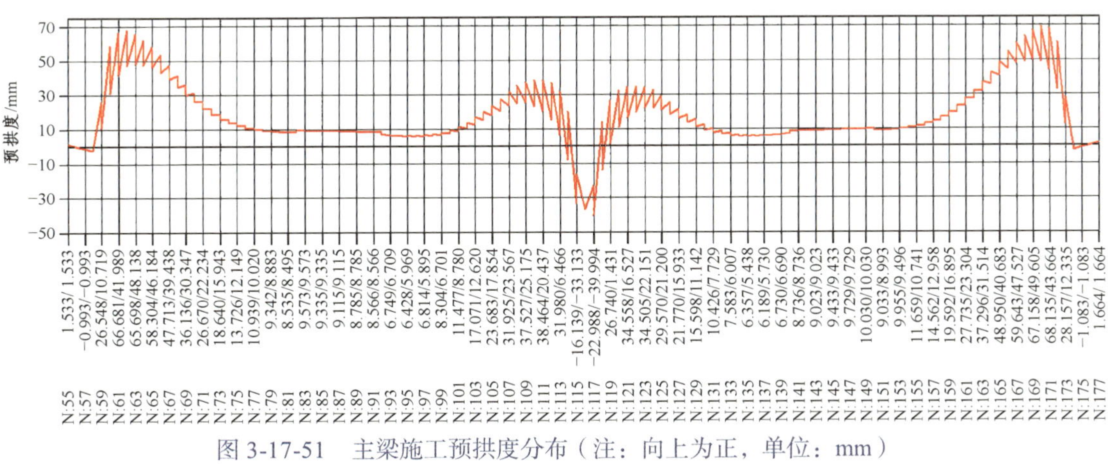

图 3-17-51 主梁施工预拱度分布（注：向上为正，单位：mm）

所以，本桥最终的理论预抛高（不含挂篮本身弹性变形）为施工预拱度与成桥预拱度之和。在施工过程中，一般前面的 1/3 主梁节段完全按理论预拱度设置，一是因为此阶段的预拱度设置本身数值较小，二是需要通过在这个过程了解清楚主梁的变形规律，特别是误差干扰情况（比如张拉预应力可能完全观测不到上挠变形，日照温差影响还可能是下挠）。中段的 1/3 节段一般规律会比较正常，需要重点了解结构的刚度情况（一般结构实际刚度比理论值大，张拉预应力的变形会比计算值偏小，还有浇筑一般会有一定超方，可能基本抵消刚度增大的效果），最后的 1/3 节段需要更加注意减小人为因素的不利影响，需要加强监测。

17.2.4 隧道施工测量

1. 洞内控制网测量

洞内导线的角度、边长用全站仪测定。洞内导线的平差与一般导线的平差一样，但是，隧道在掘进中，凡是已构成闭合图形的导线环，都应进行平差计算，算出导线点平差后的坐标值。当隧道全部贯通后，应对洞内导线网重新观测和平差，用以最后确定隧道中线。

在隧道贯通之前，洞内水准路线均为支水准路线，因此必须用往、返测量进行校核。由于洞内施工场地狭小，运输频繁和施工繁忙，还有水的侵害，会影响水准点的稳定性，故应经常性地与洞外水准点进行复测校核，及时调整水准点的高程。

2. 开挖横断面测量

在隧道施工中，开挖断面时，先必须要确定出断面各部位的高程和断面开挖宽度尺寸，以定出隧道的走向和轮廓位置。在开工之前先进行内业工作，即在电脑上绘出隧道各特征断面的电子轮廓图，在图上标出隧道各个高度的轮廓距中线的宽度（浅埋段、深埋段、加宽段、车行横洞、人行横洞）。

仪器对准掌子面任意测量，然后反算里程和实测高程到设计高程的距离，再将实测高度调整到绘出的已知高度，再根据已知里程和该高度时的宽度进行正算放样。接着将各腰部点连接起来，即为拱部断面的轮廓线。也可用测量软件编好程序直接测设轮廓线上任意点。

3. 仰拱施工测量

仰拱测量的主要目的是控制隧道底轴线高程和宽度。测量时也是先测坐标反算里程，再根据里程计算宽度和标高进行放样，向下量出开挖深度。

4. 衬砌施工测量

拱部衬砌的放样主要是将台车安置在正确位置上。拱部分段进行衬砌，一般直线段按 12 m 左右，曲线段 10 m 左右进行分段。

在二次衬砌台车向前移动之前，要进行隧道底轴线放样，此轴线指导二次衬砌台车轨道位置，以防台车左右偏位。

测量时主要控制隧道轴线、净空和宽度。对于底部宽度和高程控制，宽度和标高一般控制在电缆沟顶面位置，测量时用仪器红外线对准模板测量坐标，然后进行反算，得出里程，再根据该里程的设计宽度正算坐标和高程后进行放样，放样时调整好仪器角度，打开红外线，左右移动模板，让红外线对准模板边，这时调整仪器竖直角，让实测高程和设计高程一致，上下调整二次衬砌台车模板，让红外线对准模板电缆沟顶部位置即可。每个点要重复测量两次，以防调下一点时前面调好的点发生变动。

5. 辅助坑道（斜井）施工测量

为了加快施工进度，隧道施工中除了进出洞口之外，还会用斜井来增加施工开挖面。确定了斜井洞口位置、主洞交点里程及横断面尺寸后，布设导线后进行放样测量，跟主洞测量方法一样。

6. 隧道贯通测量

1）隧道贯通误差及限差

在隧道施工中，由于地面控制测量、联系测量、地下控制测量以及细部放样的误差，使得两个相向开挖的工作面的施工中线不能理想地衔接，而产生错开的现象，即所谓贯通误差。贯通误差在路线中线方向上的投影长度称为纵向贯通误差，在垂直于中线方向的投影长度称为横向贯通误差。在高程方向的投影长度称为高程贯通误差。纵向贯通误差影响隧道中线的长度，只要它不低于路线中线测量的精度，实际中就不会影响到路线纵坡，高程贯通误差影响隧道的纵坡，一般应用水准测量的方法测定，限差较易达到。横向贯通的精度至关重要。倘若横向贯通误差过大，就会引起隧道中线几何形状的改变，严重者会使衬砌部分侵入到建筑限界内，影响施工质量，造成经济损失。

2）隧道贯通误差的来源与分配

隧道贯通限差规定见表 3-17-9。

表 3-17-9　隧道贯通限差规定

两相向开挖洞口间长度/m	<3 000	3 000～6 000	>6 000
横向贯通限差/mm	150	200	视仪器设备及施工需要另行规定
高程贯通限差/mm	70		

隧道贯通误差主要来源于洞内、洞外控制测量的误差及竖井联系测量的误差。对于没有竖井的隧道，横向贯通误差主要来自洞外地面控制测量和洞内导线测量。一般而言，地面上的观测条件要比洞内好，因此对地面控制测量的精度可要求高一些，而将洞内导线测量的精度要求适当降低。现行规范将地面控制测量的误差作为影响隧道贯通误差的一个独立因素，而将地下两相向开挖的洞内导线测量误差各作为一个独立因素。设隧道总的横向贯通中误差的容许值为 $M_{横}$，洞外地面控制测量误差所产生的横向贯通中误差的容许值 $m_{外}$为

$$m_{外}=\frac{M_{横}}{\sqrt{3}}=0.58M_{横} \tag{3-17-9}$$

根据上述公式，规程对洞内、洞外控制测量误差所产生的横向贯通中误差的容许值作出规定，见表 3-17-10。

表 3-17-10　隧道横向贯通中误差容许值

测量部位	横向中误差/mm		高程中误差/mm
	两开挖洞口间长度<3 000	两开挖洞口间长度为300～6 000	
洞外	45	55	25
洞内	60	80	25
总的横向（高程）中误差	775	100	35

对于通过竖井开挖的隧道，横向贯通误差受竖井联系测量的影响也很大，通常将竖井联系测量的误差也作为一个独立因素，并按等影响原则分配。如通过洞口和一个竖井开挖时：

$$m_{外}=\frac{M_{横}}{\sqrt{4}}=0.50M_{横} \tag{3-17-10}$$

当通过洞口和两个竖井开挖时：

$$m_{外}=\frac{M_{横}}{\sqrt{5}}=0.45M_{横} \tag{3-17-11}$$

高程贯通误差来源于洞内、洞外水准测量误差。洞内的水准路线短、高差变化小，这些方面较地面水准测量有利，而洞内也有水汽、烟尘、光亮度差及施工干扰等不利因素，因此规范将洞内、洞外水准测量误差均作为影响高程贯通误差的一个独立因素。设隧道总的高程贯通中误差的容许值为 M_H，则洞内、洞外水准测量误差所产生的高程贯通中误差的容许值相同，均为

$$m_H=\frac{M_H}{\sqrt{2}}=0.71M_H \tag{3-17-12}$$

根据式（3-17-12）规范规定高程容许值。无论隧道多长，高程贯通中误差的容许值不变。

7. 隧道监控量测

在隧道施工过程中，对围岩及支护、衬砌结构的位移、应力、应变进行量测，监测围岩的自承能力和变形，支护构件内力的动态变化，以便最大限度地利用围岩自承能力，并利用掌子面附近的量测资料和已施作初期支护隧道的量测资料，对围岩及隧道支护结构当前的和最终的稳定性进行分析，并根据监测资料对设计和施工安全进行动态判断。

1）隧道周边收敛监测

（1）量测方法。

每个断面分别在隧道左右拱墙设置测点，利用全站仪测读隧道周边测点相对位置的变化。测点距开挖面 2 m 的范围内安设，初始读数保证爆破后 12 h 内，下一循环开挖前取得，最迟不超过 24 h。

隧道周边位移量测中采用非接触测量方法，主要是利用高精度全站仪对边测量、免棱镜测距应用功能，在隧道中可以灵活有效地进行隧道的变形量测。该方法设站灵活、抗施工干扰的能力强，测量速度快，效率高，可将仪器架设在安全区进行量测，量测人员无须到达危险区，操作安全。非接触测量方法应符合下列规定：

①测点采用膜片式回复反射器作为测点靶标，靶标黏附在预埋件上。量测方法包括自由设站和固定设站两种。

②全站仪使用适合隧道变形观测且具有膜片反射功能的仪器，精度满足 0.5～1.0 mm 的测试精度要求。

③反射膜片尺寸采用 40 mm×40 mm，条件允许情况下，增加反射膜片的尺寸，提高找准精度。

④预埋件宜采用 $\phi22$ 的螺纹钢制作，长度约 40 cm，端头焊接 50 mm×50 mm 的铁片方便反射膜片的粘贴安装。预埋件应与量测断面周壁垂直埋设，不应固定在钢架上，埋入围岩深度不应小于 0.2 m，用早强锚固剂锚固。埋设时应采取一定保护措施，反射膜片安装时应将预埋件粘贴处清理干净。

⑤反射膜片安装后，施工和测量人员应注意保护，防止喷射混凝土覆盖其表面，确保无损、清洁，如有灰尘等脏物覆盖而影响测量时，应及时擦拭干净。

⑥位移测量期间，应防止测点被现场施工人员或机械破坏，不得在预埋件测点上悬挂物品。

（2）断面及测点布设原则。

根据开挖方式及围岩级别的不同，Ⅴ级围岩、破碎带段等不良地质段及加宽带段地质较复杂地段按 5 m/断面，Ⅴ级围岩一般地段按照 10 m/断面布设；Ⅳ级围岩地质较复杂地段按 10 m/断面，一般地段按 30 m/断面布设；Ⅲ级围岩地质较复杂按 30 m/断面，一般地段按 50 m/断面布设。具体布设断面的间距结合实际围岩状况，以变形有效控制为原则，采用“从严控制”布设断面。对于台阶法施工的测线布置如图 3-17-52 所示。

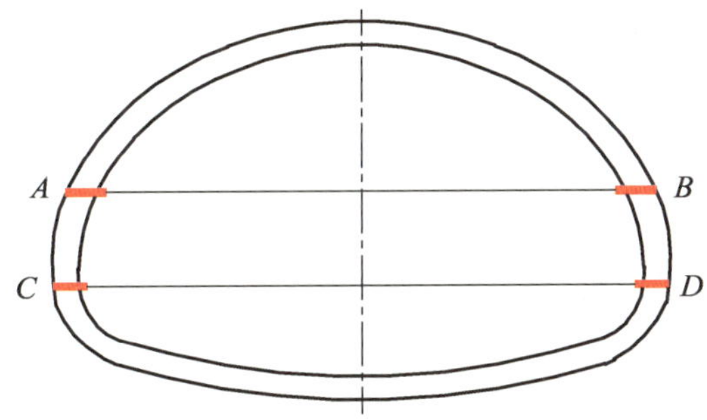

图 3-17-52　隧道周边收敛台阶法施工的测线布置

2）隧道拱顶下沉监测

（1）量测方法。

每个断面分别在隧道拱顶设置测点，利用全站仪测读测点的相对高程的变化。测点应距开挖面 2 m 的范围内尽快安设，初始读数应保证爆破后 12 h 内，下一循环开挖前取得，最迟不得超过 24 h。

隧道拱顶下沉量测中主要采用无接触测量方法。

（2）测点布设。

在确定监测的隧道断面开挖后尽早进行，每量测断面在拱顶设置一个断面布设三个测点，其中拱顶中线一个，左右相距 2 m 各一个。测点应牢固、可靠、易于辨识，应能真实反映围岩、支护的动态变化信息。对于台阶法施工的测线布置如图 3-17-53 所示。

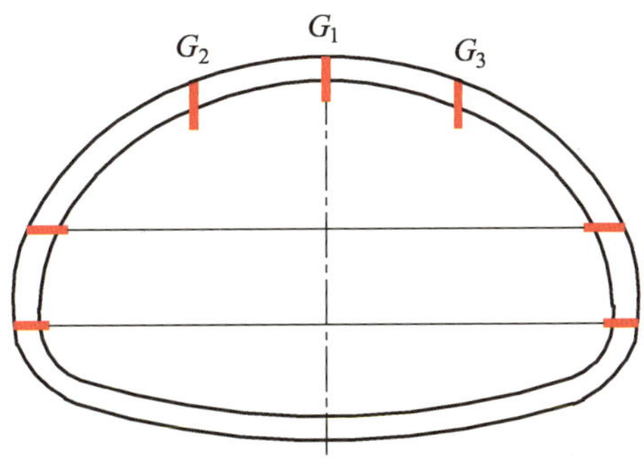

图 3-17-53　隧道拱顶下沉台阶法施工的测线布置

（3）断面布设原则。

根据开挖方式及围岩级别的不同，Ⅴ级围岩、破碎带段等不良地质段及加宽带段地质较复杂地段按 5 m/断面，Ⅴ级围岩一般地段按照 10 m/断面布设；Ⅳ级围岩地质较复杂地段按 10 m/断面，一般地段按 30 m/断面布设；以变形有效控制为原则，采用“从严控制”布设断面。周边位移、拱顶下沉断面，两者布置在同一个断面里程上。

3）地表下沉监测

（1）量测方法。

在施工过程中可能产生地表塌陷处设置观测点，并在预计断面以外 3 倍洞径处的区域，参照标准水准点埋设方法，埋设 2 个临时水准基点，作为各观测点高程测量的基准，从而计算出各观测点的下沉量。地表沉降横向测点布置如图 3-17-54 所示。

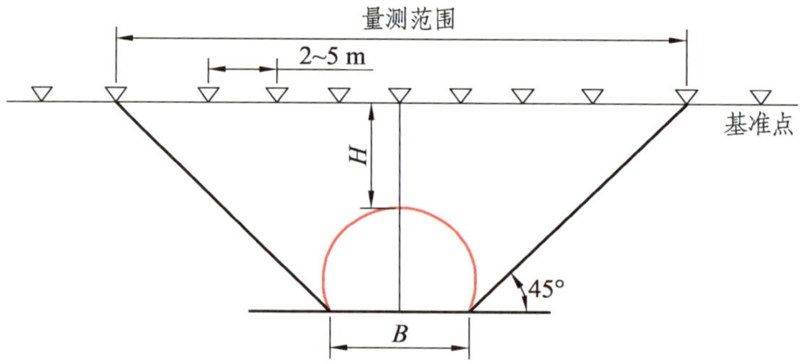

图 3-17-54　地表沉降横向测点布置

（2）断面布设。

地表下沉测点断面布设在洞口段，在施工中可能产生塌陷之处（尤其是进出洞的浅埋地段），对隧道施工有影响的偏压段或洞身浅埋段。断面布设的间距具体参照设计文件关于监控量测项目布置断面里程和相关规范执行。当设计文件和规范不一致时，结合实际地表监测环境状况，以对隧道地表下沉有效监测为原则。

（3）测点埋设。

每个断面上测线与隧道中心线垂直，埋设测点时中心监测点设在隧道轴线的地表位置，其他监测点沿中心线对称布置，测点间距由中心监测点开始至距离地表隧道轴线最远一点由密至疏拱布置 5 个测点，测点间距 2 ~ 5 m 布置，宽度范围为 $W=B$（开挖宽度）$+H/2$（两侧埋深的一半）。

在隧道开挖纵横向各 4 倍洞径外的区域，参照标准水准点埋设方法，埋设 2 个临时水准基点。基准点要求通视良好、测量方便、基础牢固、易保护。一个基准点作为测站点，另外一个作为后视检核点，以便互相校核。参照标准导线点埋设，所有基点应埋设在基岩或原状土层中，测站的基点应进行深埋。

监测网点观测标志采用钢筋混凝土观测标墩，或选择其他的标准观测墩。标墩基础力求稳固，除去表面风化层使标墩浇筑在新鲜基岩上。当地表覆盖层较厚时，应开挖出一基坑，深度不少于 1 m，标墩应现场浇筑。

在测点位置挖长、宽、深均为 200 mm 的坑，然后放入地表测点预埋件（自制），测点一般采用 $\phi12$ 的螺纹钢筋，在钢筋的一端焊接一块边长约为 5 cm 见方的钢板，钢筋的另一端放入坑中，用锤敲至贴片距地表 30 cm 左右为宜，并调整测点方向，测点四周用混凝土填实，待混凝土固结后即可量测。

4）隧道监控量测预警

公路隧道监控量测是及时掌握隧道变形的重要途径，它不但能够进行危险预估，对现场施工提供指导性意见，还能为施工的安全提供一定程度上的技术支持。监控量测预警离不开监控量测信息可以说量测信息为监控预警打下了一定的基础，同时还能够把这种信息加以处理分析。在更新信息系统的同时对信息进行有效的采集。

由于隧道工程的不确定性和隐蔽性以及千变万化的特点，所以在进行公路隧道施工监控量测预警管理时，对信息的掌控和信息的多重处就有着更为严格的要求。准确把握乱序信息中的规律，消除虚假信息及信息中掺杂的噪声，对监控量测有着重要现实意义。

8. 成绵苍巴高速公路老鹰岩隧道监控量测

1）工程概况

老鹰岩隧道位于四川省剑阁县锦屏乡锦屏村，出口位于四川省剑阁县羊岭镇钟鼓村，为分离式隧道，右线最大埋深约 315.78 m；左线最大埋深约 321.58 m。隧址区海拔高程 487.271 ~ 830.000 m 之间，相对高差 342.729 m，属低山区。隧址区地形整体较为陡峻，局部较平缓，山体坡度 10 ~ 45°，地表植被发育茂盛，隧道进出口地形较陡，局部有 2 ~ 10 m 的砂岩陡坎，进出口下部均有居民房，附近有水泥路和乡村小路通过，总体交通较为便利。

2）监测依据

《公路隧道施工技术规范》（JTG/T 3660—2020）。

《公路隧道设计规范　第一册　土建工程》（JTG 3370.1—2018）。

《公路工程质量检验评定标准　第一册　土建工程》（JTG F80/1—2017）。

相关隧道施工设计图、变更设计图和其他有关技术文件。

3）监测内容与方法

（1）监控量测内容。

量测的项目和具体内容按现行《公路隧道施工技术规范》（JTG/T 3660—2020）规定及相关隧道设计图纸及双方合同约定要求所拟定。本项目监控量测项目主要内容见表 3-17-11。

表 3-17-11　监控量测项目主要内容

序号	项目名称	目的
1	地质和支护状况观察	掌握围岩岩性、层理产状、节理裂隙、地下水状况及支护状况等
2	周边位移	掌握隧道开挖后的隧道周边位移随时间、施工工况变化的规律，指导施工
3	拱顶下沉	
4	地表下沉	掌握隧道开挖造成的浅埋段地表沉降随时间、施工工况变化的规律，指导施工

（2）监测方法与监测频次。

根据《公路隧道施工技术规范》（JTG/T 3660—2020），围岩周边位移、拱顶下沉、地表下沉等监测项目的监测方法与监测频次见表 3-17-12 所示。

表 3-17-12 监测方法与监测频次

监测项目	方法及工具	测点布置	监测间隔时间			
			1～15 天	16 天～1 个月	1～3 个月	大于 3 个月
洞内外状态观察	地质素描、罗盘、相机	开挖后及初期支护后	每爆破一次或支护完成之后			
周边位移	全站仪	Ⅴ级围岩按每 5～10 m 间距布设；Ⅳ级围岩按 10～20 m 间距布设；Ⅲ级围岩按 30～50 m 间距布设	1～2 次/天	1 次/2 天	1～2 次/周	1～3 次/月
拱顶下沉	全站仪	Ⅴ级围岩按每 5～10 m 间距布设；Ⅳ级围岩按 10～20 m 间距布设；Ⅲ级围岩按 30～50 m 间距布设	1～2 次/天	1 次/2 天	1～2 次/周	1～3 次/月
地表下沉	全站仪	洞口和浅埋段	开挖面距监测断面前后<2*B* 时，1～2 次/天 开挖面距监测断面前后<5*B* 时，1 次/2 天 开挖面距监测断面前后>5*B* 时，1 次/（3～7）天			

（3）隧道稳定性综合评价标准。

①根据位移速率判别。

a. 当周边位移速率小于 0.2 mm/d 时或拱顶下沉速率小于 0.1 mm/d 时，则认为围岩位移达到基本稳定。

b. 当周边位移或拱顶下沉速率大于 1.0 mm/d 时，表明位移不稳定，应加强观测。

c. 当周边位移或拱顶下沉速率大于 5.0 mm/d 时，应报警，通知施工单位停止掘进。

②根据位移时态曲线的形态判别。

a. 当位移速率不断下降时（$d^2u/dt^2<0$）表示趋于稳定状态。

b. 当位移速率保持不变时（$d^2u/dt^2=0$）表示不稳定，应考虑加强措施。

c. 当位移速率不断上升时（$d^2u/dt^2>0$）表示进入危险状态，应立即停止施工，须加固。

4）拱顶下沉监测

对老鹰岩隧道进行监控量测。左线布置拱顶下沉断面 71 个。

老鹰岩隧道各初衬断面测点布置如图 3-17-55 所示。拱顶下沉变化值见表 3-17-13。

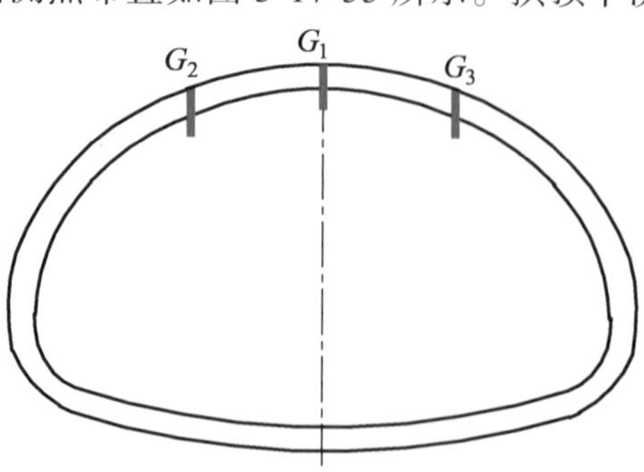

图 3-17-55 拱顶下沉断面测点布置

表 3-17-13　老鹰岩隧道左线拱顶下沉量成果汇总（展示部分数据）

序号	里程	起测时间	截止时间	最终累计变化量/mm		预留变形量/mm	最终沉降速率/（mm/d）	围岩级别
1	ZK75+166	2021-3-23	2021-5-2	G_1	22.8		0.0	V
2	ZK75+176	2021-3-27	2021-5-5	G_1	23.6		0.0	V
3	ZK75+186	2021-3-29	2021-5-7	G_1	24.5		0.0	V
4	ZK75+196	2021-3-31	2021-5-9	G_1	21.2		0.0	V
5	ZK75+206	2021-4-2	2021-5-10	G_1	24.7		0.0	V
6	ZK75+216	2021-4-5	2021-5-11	G_1	21		0.0	V
7	ZK75+226	2021-4-7	2021-5-12	G_1	20.2		0.0	V
8	ZK75+236	2021-4-9	2021-5-16	G_1	21.8	100	0.0	V
9	ZK75+246	2021-4-12	2021-5-17	G_1	21.7		0.0	V
10	ZK75+256	2021-4-15	2021-5-21	G_1	22.1		0.0	V
11	ZK75+266	2021-4-17	2021-5-23	G_1	23.5		0.0	Ⅳ
12	ZK75+286	2021-4-23	2021-5-28	G_1	20.7	80	0.1	Ⅳ
13	ZK75+306	2021-5-2	2021-6-2	G_1	19.7		0.1	Ⅳ
14	ZK75+326	2021-5-12	2021-6-12	G_1	19.1		0.1	Ⅳ
15	ZK75+346	2021-5-18	2021-6-16	G_1	18.2		0.1	Ⅳ
16	ZK75+366	2021-5-23	2021-6-21	G_1	17.0		0.1	Ⅳ
17	ZK75+386	2021-5-29	2021-7-1	G_1	22.6		0.1	Ⅳ
18	ZK75+406	2021-6-3	2021-7-4	G_1	21.7		0.1	Ⅳ
19	ZK75+426	2021-6-9	2021-7-10	G_1	20.3		0.1	Ⅳ
20	ZK75+446	2021-6-15	2021-7-16	G_1	20.5		0.1	Ⅳ
21	ZK75+466	2021-6-20	2021-7-23	G_1	20.1		0.1	Ⅳ
22	ZK75+486	2021-6-26	2021-7-29	G_1	19.4		0.1	Ⅳ
23	ZK75+506	2021-7-4	2021-8-4	G_1	18.1		0.1	Ⅳ
24	ZK75+526	2021-7-11	2021-8-11	G_1	17.5		0.1	Ⅳ
25	ZK75+546	2021-7-17	2021-8-17	G_1	17.4		0.1	Ⅳ
26	ZK75+566	2021-7-22	2021-8-22	G_1	17.1		0.1	Ⅳ
27	ZK75+586	2021-7-28	2021-8-28	G_1	17.0		0.1	Ⅳ

续表

序号	里程	起测时间	截止时间	最终累计变化量/mm		预留变形量/mm	最终沉降速率/（mm/d）	围岩级别
28	ZK75+606	2021-8-2	2021-9-2	G_1	18.6	80	0.1	Ⅳ
29	ZK75+626	2021-8-7	2021-9-7	G_1	17.7		0.1	Ⅳ
30	ZK75+646	2021-8-11	2021-9-13	G_1	18.1		0.1	Ⅳ
31	ZK75+666	2021-8-15	2021-9-17	G_1	19.0		0.1	Ⅳ
32	ZK75+686	2021-8-18	2021-9-18	G_1	16.8		0.1	Ⅳ
33	ZK75+706	2021-8-21	2021-9-21	G_1	17.0		0.1	Ⅳ
34	ZK75+726	2021-8-25	2021-9-25	G_1	18.7		0.1	Ⅳ
35	ZK75+746	2021-8-29	2021-9-29	G_1	20.2		0.1	Ⅳ
36	ZK75+766	2021-8-31	2021-10-1	G_1	18.5		0.1	Ⅳ
37	ZK75+786	2021-9-4	2021-10-5	G_1	20.1		0.1	Ⅳ
38	ZK75+806	2021-9-7	2021-10-6	G_1	18.5		0.1	Ⅳ
39	ZK75+826	2021-9-10	2021-10-11	G_1	17.2		0.1	Ⅳ

从监测数据结合工况分析可知，隧道开挖过程中拱顶下沉主要发生在掌子面开挖初期及仰拱施做及下台阶开挖期间。

拱顶下沉变化量主要发生在断面距离掌子面 1～3 倍隧道宽度范围之内，即为断面布设后半个月之内，其变化量约占累计变化量的 70%。

5）周边位移监测

左线布置周边位移断面 71 个；老鹰岩隧道各初衬断面的测点布置如图 3-17-56 所示。周边位移变化值见表 3-17-14。

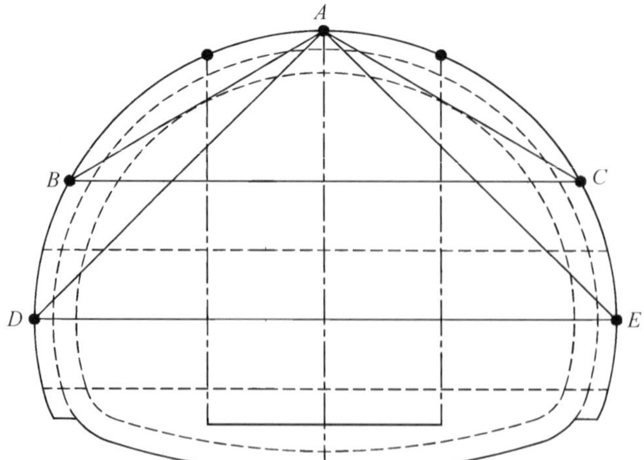

图 3-17-56　周边位移断面测点布置

表 3-17-14　老鹰岩隧道周边位移位移成果汇总（部分数据）

序号	位置	里程	起测时间	截止时间	最终累计变化量/mm		预留变形量/mm	最终沉降速率/（mm/d）	围岩级别
1	左线	ZK75+156	2021-3-15	2021-4-23	*AB*	21.4	120	0.0	V
					AC	21.9		0.0	
					AD	22.8		0.0	
					AE	21.8		0.0	
					BC	21.2		0.0	
					DE	22.6		0.0	
2		ZK75+166	2021-3-23	2021-5-2	*AB*	23.1		0.0	V
					AC	22.1		0.0	
					AD	22.8		0.0	
					AE	22.0		0.0	
					BC	21.6		0.0	
					DE	24.2		0.0	
3		ZK75+176	2021-3-27	2021-5-5	*AB*	21.8		0.0	V
					AC	22.4		0.0	
					AD	24.7		0.0	
					AE	22.3		0.0	
					BC	22.2		0.0	
					DE	23.6		0.0	
4		ZK75+186	2021-3-29	2021-5-7	*AB*	21.9		0.0	V
					AC	21.1		0.0	
					AD	23.6		0.0	
					AE	19.1		0.0	
					BC	19.4		0.0	
					DE	20.9		0.0	
5		ZK75+196	2021-3-31	2021-5-9	*AB*	22.9		0.0	V
					AC	22.0		0.0	
					AD	21.3		0.0	
					AE	25.4		0.0	
					BC	20.7		0.0	
					DE	22.4		0.0	

续表

序号	位置	里程	起测时间	截止时间	最终累计变化量/mm		预留变形量/mm	最终沉降速率/(mm/d)	围岩级别
6	左线	ZK75+206	2021-4-2	2021-5-10	*AB*	26.8	120	0.0	V
					AC	23.2		0.0	
					AD	25.0		0.0	
					AE	23.3		0.0	
					BC	23.1		0.0	
					DE	22.3		0.0	
7		ZK75+216	2021-4-5	2021-5-11	*AB*	22.7		0.0	V
					AC	22.0		0.0	
					AD	22.3		0.0	
					AE	23.4		0.0	
					BC	22.3		0.0	
					DE	22.3		0.0	
8		ZK75+226	2021-4-7	2021-5-12	*AB*	21.0		0.0	V
					AC	21.7		0.0	
					AD	21.5		0.0	
					AE	20.8		0.0	
					BC	21.9		0.0	
					DE	22.6		0.0	
9		ZK75+236	2021-4-9	2021-5-16	*AB*	21.4	100	0.0	V
					AC	24.9		0.0	
					AD	24.3		0.0	
					AE	21.0		0.0	
					BC	25.7		0.0	
					DE	21.9		0.0	
10		ZK75+246	2021-4-12	2021-5-17	*AB*	22.5		0.0	V
					AC	22.2		0.0	
					AD	21.9		0.0	
					AE	21.7		0.0	
					BC	22.2		0.0	
					DE	22.9		0.0	

续表

序号	位置	里程	起测时间	截止时间	最终累计变化量/mm		预留变形量/mm	最终沉降速率/（mm/d）	围岩级别
11		ZK75+256	2021-4-15	2021-5-21	*AB*	21.3	100	0.0	V
					AC	23.4		0.0	
					AD	22.8		0.0	
					AE	22.3		0.0	
					BC	21.2		0.0	
					DE	21.2		0.0	
12		ZK75+266	2021-4-17	2021-5-23	*AB*	22.5		0.0	IV
					AC	21.2		0.0	
					AD	22.2		0.0	
					AE	22.9		0.0	
					BC	20.3		0.0	
					DE	21.1		0.0	
13		ZK75+286	2021-4-23	2021-5-28	*AB*	20.7	80	0.1	IV
					AC	21.6		0.1	
					AD	20.7		0.1	
					AE	21.9		0.1	
					BC	22.9		0.1	
					DE	22.3		0.1	
14	左线	ZK75+306	2021-5-2	2021-6-2	*AB*	19.5		0.1	IV
					AC	18.8		0.1	
					AD	17.9		0.1	
					AE	18.0		0.1	
					BC	18.0		0.1	
					DE	18.5		0.1	
15		ZK75+326	2021-5-12	2021-6-12	*AB*	17.9		0.1	IV
					AC	16.8		0.1	
					AD	16.6		0.1	
					AE	17.4		0.1	
					BC	19.2		0.1	
					DE	17.9		0.1	

续表

序号	位置	里程	起测时间	截止时间	最终累计变化量/mm		预留变形量/mm	最终沉降速率/（mm/d）	围岩级别
16		ZK75+346	2021-5-18	2021-6-16	*AB*	17.7	80	0.1	Ⅳ
					AC	17.0		0.1	
					AD	16.0		0.1	
					AE	16.3		0.1	
					BC	17.4		0.1	
					DE	16.8		0.1	
17		ZK75+366	2021-5-23	2021-6-21	*AB*	16.8		0.1	Ⅳ
					AC	17.5		0.1	
					AD	17.9		0.1	
					AE	16.7		0.1	
					BC	19.1		0.1	
	左线				*DE*	17.7		0.1	
18		ZK75+386	2021-5-29	2021-7-1	*AB*	22.3		0.1	Ⅳ
					AC	22.8		0.1	
					AD	20.9		0.1	
					AE	22.4		0.1	
					BC	21.9		0.1	
					DE	21.2		0.1	

从监测数据以及变化量和时间的曲线图反映出监测数据主要以陡变后平稳发展趋势为主。所有的变化曲线主要反映出隧道在开挖初期变化较快，仰拱闭合后变化趋于缓和并逐渐稳定。

从变化趋势可以看出，周边位移变化曲线多在自采集数据后 2～3 周内趋于稳定。

6）地表沉降监测

按照施工进度及时在老鹰岩隧道 DB_1、DB_2，ZK75+767 断面布置地表下沉监测点，对隧道洞口浅埋段地表进行监控量测。布置地表下沉两排，每排 7 个点，共计布置地表下沉点 14 个。地表沉降断面测点布置如图 3-17-57 所示。老鹰岩隧道左、右线洞口的地表下沉汇总见表 3-17-15。

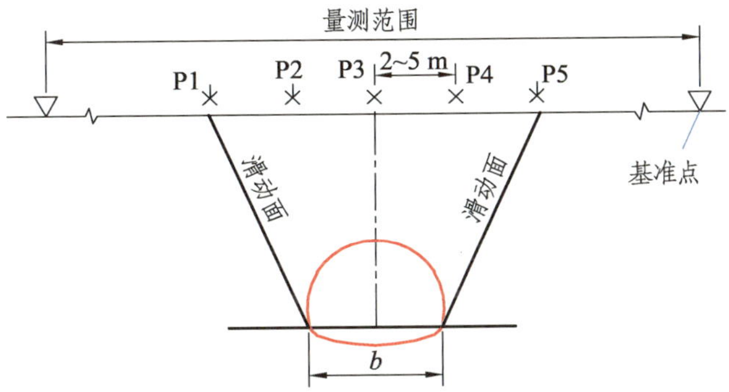

图 3-17-57　地表沉降断面测点布置

表 3-17-15　老鹰岩隧道地表下沉汇总

序号	断面桩号	测点及累计沉降值/mm								稳定判定
		测点	1	2	3	4	5	6	7	
1	DB1	累计沉降值	28.9	30.1	28.5	27.4	24.9	27.0	25.0	稳定
2	DB2	累计沉降值	27.7	29.5	30.4	27.6	29.3	27.9	30.9	稳定

7）总结

老鹰岩隧道监控量测工作高效有序地开展保证了隧道顺利贯通。针对监控量测工作总结出以下经验：

（1）对掌子面及支护的描述为判断围岩、隧道的稳定性提供地质依据，根据喷层表面状态及锚杆的工作状态，分析支护结构的可靠程度。从而有效地指导隧道施工。

（2）由于隧道下台阶开挖施工会对上台阶的围岩及初期支护的受力状态和稳定性产生一定的影响，所以在下台阶的开挖过程中，支护和锚喷应及时跟进，以减轻二次开挖对隧道稳定的不利影响。

（3）老鹰岩隧道左围岩级别均为 V 级、IV 围岩，拱顶下沉与周边位移的预留变形量均为 120 mm、100 mm、80 mm。根据测试的结果可知：拱顶下沉最大累计变化量断面是 K75+170，累计值为 24.9 mm；周边位移最大累计变化量断面是 ZK75+180，累计值为 26.3 mm。周边位移基本稳定后，可施做二次衬砌，有效合理地指导了现场施工。

17.3　竣工验收阶段测量

17.3.1　路基竣工测量

路基土石方工程完成后应进行竣工测量。竣工测量的主要任务是最后确定道路中线的位置，同时检查路基施工是否符合设计要求，其主要内容有中线测设、高程测量和横断面测量。

1. 中线测设

首先恢复中线，然后进行中线贯通测量。在有桥涵、隧道的地段，应从桥隧的中线向两端贯通。贯通测量后的中线位置，应符合路基宽度和建筑限界的要求。中线里程应全线贯通，消灭断链。直线段每 50 m、曲线段每 20 m 测设。

2. 高程测量

竣工时应将水准点引测到稳固建筑物上或埋设永久性混凝土水准点上，其间距不应大于 2 km，其精度与原测时要求相同，全线高程必须统一，消除因采用不同高程基准而产生的“断高”。然后对线路中桩进行高程测量，实测中桩高程与设计高程之差不应超过 15 mm。

3. 横断面测量

横断面测量主要检查路基横坡、宽度、边坡坡度、侧沟与天沟的深度和宽度，与设计值之差不得大于 5 cm，路基护道宽度误差不得大于 10 cm。若不符合要求且误差超限时，应进行整修。

17.3.2 路面竣工测量

路面竣工测量是路面验收的一个基础依据，应对全线宽度、纵断面高程、横坡度、中线偏位等进行实测，同时检查路面施工是否符合设计要求。应满足表 3-17-16。

表 3-17-16 沥青混合料路面交工检查与验收质量标准

检查项目		检查频度（每一侧车行道）	质量要求或允许偏差		试验方法
			高速公路、一级公路	其他等级公路	
面层总厚度	代表值	每 1 km 5 点	设计值的 −5%	设计值的 −8%	T 0912
	极值	每 1 km 5 点	设计值 −10%	设计值的 −15%	T 0912
上面层厚度	代表值	每 1 km 5 点	设计值的 −10%	—	T 0912
	极值	每 1 km 5 点	设计值 −20%	—	T 0912
	极值（最小值）	每 1 km 5 点	比代表值放宽 1%（每 km）或 2%（全部）		T 0924
路表平整度	标准差 σ	全线连续	1.2 mm	2.5 mm	T 0932
	IRI	全线连续	2.0m/km	4.2m/km	T 0933
	最大间隙	每 1 km 10 处，各连续 10 杆	—	5 mm	T 0931
宽度	有侧石	每 1 km 20 个断面	± 20 mm	± 30 mm	T 0911
	无侧石	每 1 km 20 个断面	不小于设计宽度	不小于设计宽度	T 0911
纵断面高程		每 1 km 20 个断面	± 15 mm	± 20 mm	T 0911
中线偏位		每 1 km 20 个断面	± 20 mm	± 30 mm	T 0911
横坡度		每 1 km 20 个断面	± 0、3%	± 0、5%	T 0911

17.3.3 桥梁竣工测量

在墩台施工完成以后架梁以前进行竣工测量。墩台竣工测量的目的是测定建成后墩台的实际情况，并检查是否符合设计要求以及为架梁提供依据，为运营期间桥梁监测提供基本保障。通过竣工测量，一方面可以检查施工是否满足设计要求，起到检查施工质量的作用；另一方面，在桥梁投入运营后，为保证桥梁的行车安全和使用寿命。

1. 墩台中心、纵横轴线及跨距

由于桥梁竣工后，各墩、台上已有工作线交点、墩中心点等标志，所以各墩、台间的跨度可根据墩中心点或工作线的交点测定。用全站仪或三角测量的方法施测。在测出各跨的距离后可计算出桥长，与设计桥长比较以估算其精度。

2. 丈量墩台各部尺寸

墩、台各部尺寸的检查内容主要是墩顶的尺寸，支承垫石的尺寸和位置等。这些检查均以墩顶标有的纵、横方向线或工作线为依据进行。

3. 支承垫石高程测量

支承垫石高程的测量，可自桥梁一端的一个水准点开始，逐墩测量，最后闭合于另一端的一个水准点上。测量时应考虑前、后视距大致相等。

17.3.4　涵洞竣工测量

涵洞主体工程施工完毕，涵顶、涵侧填土前，应对轴线位置、涵长、净空、结构尺寸、流水面高程等进行测量，确定其是否满足表 3-17-17 的要求。

表 3-17-17　涵洞实测项目

项次	检查项目	规定值或允许偏差	检查方法和频率
1	轴线偏位/mm	明涵 20，暗涵 50	全站仪：检查 2 处
2	流水面高程/mm	±20	水准仪、尺量：2 处
3	净空/mm	明涵 ±20，暗涵 ±50	尺量：检查 3 ~ 5 处
4	净宽/mm	±20	尺量：检查 3 ~ 5 处
5	长度/mm	+100，－50	尺量：检查中心线

17.3.5　隧道竣工测量

隧道竣工后，为了检查主要结构物和建筑物以及路线位置是否符合设计要求并提供竣工文件所需资料，也为将来运营中的维修工程等提供测量控制点，必须进行竣工测量。

在进行竣工测量时，首先进行中线测量，从隧道一端测至另一端。在测量时，直线地段每 50 m，曲线地段每 20 m，以及需要加测断面处，如洞身断面变换处和衬砌类型变换处，应打临时中线桩。在中线测量闭合后，于直线地段每 200 m 左右埋设一个永久中线点。曲线地段应在曲线主点埋设永久中线点。如果主点之间曲线过长，则可适当加设永久中线点，使相邻各点能相互通视。永久中线点埋设之后，应在边墙上标明点的名称及里程。

洞内水准点每 1 km 埋设一个，短于 1 km 的隧道至少埋设 2 个或两端洞门附近各设一个。水准点的编号和高程应标记在隧道的边墙上。洞内水准点应附合在洞外水准点上，平差后确定各点高程。

根据中线测量隧道每个断面的实际净空，包括拱顶高程、路线中线左、右起拱线的宽度、路面底板高程。测量的方法一般采用支距法，以路线中线为准。最后绘出断面净空图。

隧道竣工测量结束后，根据测量成果编绘相关的图表作为竣工资料。竣工图表主要包括：永久中线点、永久高程点的成果表和示意图，净空断面测量资料和断面图，注明连续里程和施工里程的中桩表、坡度表等。

17.4 试验及检测工作

17.4.1 试验检测机构

1. 试验检测机构设置

根据本项目施工特点，项目经理部设中心试验室负责整个项目试验检测工作的统筹、监督、服务、协调和指导工作。中心试验室人员共 7 名，根据工作需要在苍溪设立分室，负责广元段试验检测日常管理工作。土建分部各子公司根据试验检测工作任务设置 8 个备案工地试验室（根据交通情况约 20 km 设置一个），每个备案工地试验室持证人员不少于 6 人（其中检测工程师 2 人，助理检测工程师 4 人，各专业持证人员齐全，以便人员签字），备案工地试验室分部到辖区内市交通质监站备案；各分部根据实际情况和工作需要设置试验分室（含拌和站试验组）以满足现场检测工作要求，试验分室持证人员不少于 3 人（其中检测工程师 1 人，助理检测工程师 2 人），根据需要全线设置试验分室（拌和站试验组）8 个，试验分室作为工地试验室的组成部分，纳入工地试验室管理，接受质检机构及工地试验室的监管；路面分部根据工程名称和施工单位共计备案 3 个路面工地试验室(其中两个新建在沥青拌和站内，绵仓段利用原土建试验室)，每个路面工地试验室备置试验人员不少于 8 人，其中检测工程师不少于 2 人。

2. 试验检测任务

1）项目开工前的试验工作

（1）工地试验室备案。

选择场地并规划建设试验室，考虑安全、交通、信息化、质量控制等因素；确定试验室的检测项目、参数，根据检测项目、参数购买或调拨试验仪器设备，选择仪器设备供应商和检定/校准机构，对没有的检测参数和检测能力的项目还要选择外委检测机构。配置满足要求的试验人员并对进场人员进行培训，建立符合要求的质量体系文件，并向当地质检机构进行试验室备案等。

（2）原材料的控制与选择。

试验室要配合物资设备部多方了解、综合考虑选择材料生产（供应）厂家，通过抽样检测确定符合要求的生产厂家（特别是地材生产厂家）。

（3）标准试验的准备。

根据施工图纸，将项目所需标准试验列出清单，主要有混凝土配合比设计，路基填料选定、钢筋加工工艺等，要考虑标准试验所需的时间，及时将原材料和设计要求转递到委外检测单位（包括母体机构和其他符合资质要求的检测机构）。

（4）制定试验检测计划。

熟悉施工图纸，根据工程量清单统计所需的主要材料用量，根据相关验收标准、规范要求的检测频率，制定原材料试验检测计划，同时熟悉施工工艺，做好隐蔽工程的试验检验计划。

2）施工过程中的质量检测和动态控制

过程控制是施工质量的关键阶段，也是工地试验室任务量较大的时候，应主要做好以下几方面工作：

（1）对原材料的质量检验，凡用于施工实体工程的材料必须要求生产厂家出具出厂合格证，经过进场检验合格后才能使用。对进场原材料按批次、项目、参数进行检测，检验不合格的和未经检验的材料（含无质量证明资料）不能使用；当原材料的产地、品种、规格等指标发生变化，还应重新取样试验，并重新进行标准试验。

（2）每道工序（特别是隐蔽工程）在施工前、施工中、施工后都要进行质量检测，要求试验检测人员做到及时、准确、客观地反映检测结果，严格控制施工质量，不得影响工程进度。

（3）做好试验原始资料的收集、整理、归档，试验资料要真实、准确、完整、字迹清晰，依据档案管理办法，同时做好各种台账，并将试验报告及时传递到相关部门。

（4）如施工过程遇到质量问题（含外观缺陷）时，试验人员要配合技术人员重点检测问题部位，找出主要原因，并且出具检测数据及报告，提出参考意见，分析和处理问题，对整改后的工程进行跟踪检测。

试验室要定期统计混凝土拌和站质量控制水平，及时调整施工配合比。

3）工程完工后的实体质量检测和交（竣）工验收的检测和质量评定

这一阶段工程实体已经基本完成，试验室的工作主要包括以下两方面的内容：

（1）对已完工程实体的检验验收工作，积极配合项目部技术部门完成，为下一步工程交（竣）工验收做好基础工作，实测项目的关键项目按要求提供试验报告。

（2）根据本项目的档案管理办法，对施工过程中形成的试验检测资料进行整理、归档，并提交到项目部档案管理部门。

4）发挥集团优势，统一全线试验检测工作

（1）项目开工初期广泛调查周边混凝土用原材料，选定江油华能电厂产优质粉煤灰代替水泥用量，不仅降低混凝土成本，同时还提高混凝土的工作性能和耐久性能。全线混凝土设计量约为 5.4×10^6 m^3，根据不同季节按 15%～25%掺加，可等量代替水泥，按照平均掺量 20%计算，以 C30 混凝土为例（胶材用量约 350 kg/m^3），约替代水泥用量 3.78×10^5 t，每吨粉煤灰降低成本 100 元，节约成本约 4 000 万元。

（2）统筹外委试验检测管理，对影响现场施工质量的桩基完整性，隧道超前地质预报、初期支护、二次衬砌，路基地基处理，边坡锚杆等检测服务工作利用检测规模大的特点采取竞争性谈判方式，共选择 8 家符合资质的检测单位，降低外委检测费用，与市场价相比节约 1 200 万元；同时对一些本身价值高、检测费用高且需要进行破坏性检测的产品和需要定期进行型式检验的产品如支座、锚具、钢绞线、防水板、止水带等，因标段数量少降低了材料损耗和检测费用。8 家检测单位由项目经理部统一管理，并将检测结果反馈给项目经理部，及时掌握现场施工质量状况，便于更好地指导和服务于施工现场，保证工程施工质量可控。

（3）对各工地试验室使用的配合统一评审，通过对各分部配合比使用的胶凝材料、水灰比、强度进行对比，选定合理的水胶比及胶凝材料用量，下发配合比设计指导意见，根据全线各工地试验室的试验数据，结合不同施工季节，选择满足季节施工要求的配合比，降低混凝土生产成本，同时设定胶凝材料最大值，在集团川渝同类工程的基础上降低胶凝材料总用量 17 kg/m^3，直接降低工程成本约 3 700 万元。施工过程中注重试验数据，动态调整各种施工配合比，根据施工质量控制水平，在试验数据的基础上不断优化设计，在保证工程质量合格和交（竣）工验收的前提下，降低生产成本。

（4）邀请四川铁锐信检测认证有限公司（原集团检测试验中心）派出优秀团队，在一线现场检查、指导、服务，保证了质量体系的正常运转，在省交通厅质监站、绵阳市质监站、广元市交通综合执法大队、昆仑集团等组织的历次原材料检查和实体质量检查中，均未出现不符合质量验收标准的情况。

（5）中心试验室每天进行工地巡查，抽检混凝土墩（台）身、二期衬砌等抗压强度是否满足设计要求，预制梁实体混凝土强度、钢筋保护层合格率、锚下预应力检测值、静载试验等关键指标是否均满足设计要求，路基及台背（涵背）回填质量基本可控。通过对钢筋保护层的检测，促使各分部不断改进施工工艺，确保钢筋保护层合格率不断提高。

3. 试验检测机构职责

1）中心试验室职责

（1）负责本项目的试验检测规划，统筹、监督、服务、协调、指导整个项目的试验检测工作。

（2）建立完善的组织机构，制定试验室组织机构框图、检测流程图以及质量保证体系图等。

（3）制定各工地试验室、工作室和关键人员岗位职责和相互关系；明确各分部试验室所承担的试验检测任务和职责，并制定相应的管理办法。

（4）监督检查工地试验室的质量体系运行情况。

（5）负责水泥混凝土配合比设计、沥青混凝土配合比设计、路面基层材料配合比等标准试验的审核工作。

（6）统筹外委试验检测机构，督导外委试验。

（7）负责对混凝土原材料、路基压实质量、混凝土实体进行抽样检测（抽检频率为各分部的 5%）。

（8）检查混凝土拌和站配合比使用情况及计量校准。

（9）检查工地试验室信息化系统，对水泥、钢筋及钢筋连接、混凝土、砂浆抗压强度等试验检测监控。

（10）完成领导交办的其他工作。

2）工地试验室职责

（1）全面负责管段项目的试验检测工作，按照项目建设和管理要求，制定详细的试验检测、过程控制计划。

（2）制定试验室组织机构框图、检测流程图以及质量保证体系图等。

（3）明确管段各试验分室所承担的试验检测任务和职责，并制定相应的管理办法。

（4）对管段试验分室提供业务指导和监督检查，协助第三方检测单位的现场抽样检测。

（5）完成水泥混凝土配合比设计、沥青混凝土配合比设计、土工标准试验等工作。

（6）确定外委试验项目，负责外委试验管理。

（7）对混凝土原材料、路基压实质量、混凝土实体进行抽样检测。

（8）检查混凝土拌和站配合比使用情况及计量校准情况并建立台账。

（9）建立试验室信息化系统，对水泥、钢筋、混凝土抗压强度等试验检测实时监控、数据共享。

（10）负责批准各种试验检测报告并做好归档、保存工作。

（11）完成领导交办的其他工作。

3）试验分室职责

（1）接受工地试验室的业务指导和监督检查。

（2）提出本施工区段试验工作计划并根据工程进度情况及时进行工作计划调整。

（3）负责本施工区段混凝土拌和站的管理工作，负责管段范围内的原材料抽样及现场试验检测工作。

（4）负责原材料的常规检测、混凝土力学性能、钢筋焊接质量、路基压实质量检测等，负责外委试验的抽样，并对所抽样品负责。

（5）负责填写和整理各项试验检测原始记录，做好试验检测资料或试验报告的记录、审核工作，并及时送工地试验室批准报告。

（6）配合及协助监理试验室的现场抽样及试验工作。

（7）配合第三方试验检测单位进行见证、抽检、平行试验工作，并为此项工作提供各种方便。

（8）完成工地试验室和监理机构交办的其他工作。

（9）参加有关工程质量检查及质量事故的调查分析。

4）拌和站试验组职责

（1）负责对进场原材料按抽检频率进行取样检测或送检，跟踪试验检测结果，做到原材料先检后用，严禁未检先用和使用不合格原材料。

（2）负责检查混凝土浇筑申请单，开具混凝土施工配合比，严格控制混凝土的拌和工艺和工作性能。

（3）检查拌和站计量器具，是否定期自校，拌和站计量器具误差是否满足规范要求。

（4）监督原材料标志标牌是否及时更新，与物资部门做好原材料的对接台账，确保进场台账与检测台账对应。

（5）保证混凝土试件的真实性，代表性，并建立台账，确保养护室混凝土试件与台账对应。

（6）保证混凝土试件养护条件符合要求，到试验龄期的试件按规范要求进行抗压试验并上传信息。

17.4.2　试验检测依据、项目、方法

1. 试验检测依据

（1）按照母体检测机构授权的参数，配齐相应的标准、规范、规程和设计文件等技术资料，并进行确认和受控管理，填写《标准、规范、规程》一览表，便于查阅和管理。

（2）对使用的标准、方法可通过标准查询机构或网站进行不定期的跟踪和更新，确保在用的标准、方法为现行有效。

（3）标准、方法更新，及时根据变更情况，执行变更程序，及时采用新标准且受控，并在过期的标准、规范、规程标注“作废”字样。

（4）当行业标准独立于国家标准时，优先选用行业标准；当行业标准引自于国家标准时，优先采用最新标准；根据标准选择试验方法。

2. 工地试验室授权检测项目

根据项目工程量内容和母体检测参数，确定经济合理自检项目和参数。工地试验室应在其母体检测机构授权的项目及参数范围内开展检测活动，工地试验室不能超出母体授权参数进行检测，一般包括以下几条：

（1）土：含水率，密度，颗粒组成，界限含水量，击实试验（最大干密度，最佳含水率），承载比（CBR），相对密度，天然稠度，粗粒土和巨粒土最大干密度。

（2）集料。

①粗集料：颗粒级配，密度，吸水率，含水率，含泥量，泥块含量，针片状颗粒含量，压碎值。

②细集料：颗粒级配，密度，吸水率，含水率，含泥量，泥块含量，压碎指标，亚甲蓝值。

③矿粉：比表面积，密度，活性指数，流动度比，含水率，三氧化硫含量。

（3）岩石：单轴抗压强度，含水率，密度，毛体积密度，吸水率。

（4）水泥：密度，细度（筛余值、比表面积），标准稠度用水量，凝结时间，安定性，胶砂强度，胶砂流动度。

（5）水泥混凝土、砂浆。

①水泥混凝土：稠度、表观密度，含气量，凝结时间，抗压强度，抗压强性模量，抗弯拉强度，劈裂抗拉强度，抗渗性，配合比设计，泌水率，扩展度及扩展度经时损失。

②砂浆：稠度，密度，立方体抗压强度，配合比设计，保水性，分层度。

（6）外加剂：pH 值，氯离子含量，减水率，泌水率比，抗压强度比，硫酸钠含量，凝结时间差，含气量。

（7）掺合料：细度，比表面积，需水量比，烧失量，安定性，含水量，三氧化硫含量，游离氧化钙含量。

（8）钢材与连接接头：重量偏差，尺寸偏差，抗拉强度、屈服强度、断后伸长率、最大力总伸长率，弯曲性能，反向弯曲。

（9）路基路面：几何尺寸，厚度，压实度，平整度，水泥混凝土路面强度。

（10）混凝土结构：混凝土强度、碳化深度、钢筋位置及保护层厚度。

（11）基坑、地基与基础：地基承载力。

3. 试验检测方法的选择确认

根据标准、规范等要求选择符合公路工程行业相关的试验方法。试验室应按照相关技术标准或规范要求，使用适合的方法和程序实施试验检测活动。优先选择国家标准、行业标准、地方标准，当行业标准独立于国家标准时，优先选用行业标准，当行业标准引自于国家标准时，优先选用最新标准。此外，还要根据判定标准选择试验方法。如果缺少指导书可能影响试验检测结果，应制定相应的作业指导书，试验方法与结果判定依据应相匹配。

17.4.3 试验检测管理

1. 试样取样、留存管理

（1）样品保管由样品管理员负责。

（2）样品到达后，编号入库保存，并办理入库登记手续，填写出、入库台账、留样台账。

（3）样品桶、样品箱、样品袋应清洁完好。

（4）样品应用规格为 6 cm × 4 cm、白底黑字的样品标签标识。桶装和瓶装样品直接正面粘贴，袋装样品直接粘贴在相同尺寸的硬板上，然后用细铁丝绑扎于袋口处。

（5）样品保管室的条件应符合该样品必要的保管要求，应做到账、物、卡三者相符。

（6）检测工作结束后，应对抽检的原材料水泥、沥青、外加剂等进行留样管理，其中水泥、沥青、外加剂留样时间一般不少于 90 d，试件残体一般不少于 30 d。不合格样品应长期保留，直到处理意见闭合，经相关单位批准后处置。

（7）留样样品在规定留样时间到期后应按环境管理要求进行处置，并在样品出入库中进行处置记录。

（8）做好样品保管室的防火、防盗工作。

（9）样品的取样、运输、接收、标识、流转、保护、存贮和处理详见母体质量手册

2. 试验检测人员管理

1）试验人员配置

（1）工地试验室试验人员配备根据招标合同、工程特点、工程量大小及工程复杂程度、工期要求等因素，合理确定试验检测人员编制，确保试验检测工作正常开展。根据本工程特点，在工程刚开工及收尾结束阶段需试验人员约 80 人，施工高峰时约需试验人员约 120 人及辅助人员 30 人。

（2）工地试验室所需试验检测人员由母体试验室统一调配安排，因特殊情况对工地试验室的主任、技术负责人等进行变更时，应向母体试验室提出书面申请，由母体审核批准后派驻同等资格的试验检测人员，并报建设单位批准，上报工地试验室当地交通建设质量安全监督管理站（以下简称“质监站”）备案。

（3）工地试验室通过质监局备案后，应建立试验室人员的个人技术档案，由资料员统一管理归档更新。档案应一人一档并根据个人信息及时更新，包含聘任文件、工作简历、身份证、检测证书、毕业证、职称证的复印件，培训记录、监督记录、能力确认和授权资料、年季月考核成绩、奖惩情况等信息。

（4）工地试验室应制作试验检测人员展示台，包括工地试验室所有试验检测人员的彩色免冠照片、姓名、职务、证书编号、人员分工、监督电话等，悬挂在办公室予以公示。

（5）试验检测人员在工作时间应穿统一发放的工作服，并佩戴胸卡。应包含工地试验室名称、人员、证书编号、照片及基本信息。

2）试验人员培训与考核

工地试验室应建立详细的季度、年度考核及培训计划，所有从事抽样、检验、检测、签发检验报告、提出意见和解释以及操作设备等试验检测人员须持有“公路检测工程师”或“助理检测师”证书，并经项目经理部培训考核，确认能力满足岗位要求合格后方可上岗工作；各试验检测专业合理配置，能涵盖工程所涉及专业范围和内容。随着工程陆续开工及试验检测人员陆续进场，项目经理部试验检测中心组织试验检测人员进行为期 3 d 的培训，并对试验检测人员进行理论考核，合格后颁发上岗证。各工地试验室技术负责人、质量负责人考核合格后由母体检测机构授权，试验检测人员考核合格后由各工地试验室负责授权。工地试验室为保证工作能有效正常开展，保持试验检测人员相对稳定，不得随意调离岗位。

3. 试验仪器设备管理

1）设备配置

（1）根据工程合同文件、工程施工需要和试验检测标准、试验规程等，设置功能室并配备性能良好、精度满足要求，覆盖全参数范围的仪器设备及配件。功能室设备配置要求见 3.2.9 的内容。

（2）仪器设备的整体布局要满足试验检测工作和安全使用的要求，流程顺畅，操作方便，同步作业不形成相互干扰。按工地试验标准化建设指南要求做到动静分离、干湿分离，通风良好。沥青室及沥青混合料室要设置专门的排气通道，化学室和高温室要设置排风装置。

（3）设备按要求安装好并通电调试满足要求后设备管理员根据《计量法》规定编制《仪器设备周期检定/校准计划表》，联系当地的计量检定机构对所有试验设备进行检定或校准，检定或校准合格并经设备管理员确认后方可使用。

2）仪器设备档案资料管理

（1）设备管理员建立“仪器设备和标准物质台账”“仪器设备周期检定/校准表”“仪器设备登记卡”“仪器设备计量管理台账”“仪器设备期间核查计划表”，根据仪器设备信息改变情况及时更新。

（2）《运转记录》《仪器设备使用记录》，根据使用情况及时填写。定期将《仪器设备维护保养记录》《仪器设备运转记录》《仪器设备使用记录》归档管理。

（3）建立仪器设备管理档案。对具有重要影响的仪器设备和标准物质的管理档案按一台一档建立，内容主要包括：仪器设备登记卡；使用说明书；作业指导书（或操作规程）；出厂合格证；历次检定、校准、内部校准证书；仪器设备维护保养记录；仪器设备运转记录；仪器设备使用记录；仪器设备调拨记录。

3）仪器设备实施标识管理

（1）标识管理分管理状态标识和使用状态标识。

（2）设备管理标识粘贴于仪器设备醒目处，不影响仪器设备使用操作，标识内容主要有设备名称、规格型号、管理编号、放置位置、管理人等。

（3）对需要检定、校准或有效期的仪器设备，对其检定、校准状态或有效期进行标识，主要内容包括：仪器编号、检定结论、检定/校准日期、有效期、下次检定日期、检定校准单位等。

（4）设备标识尽可能粘贴在对应的设备上，对于不便粘贴标识的小型设备或粘贴后影响使用功能的设备，可将标识粘贴于仪器设备放置处或仪器设备包装盒上，同时在仪器设备适当位置上粘贴简易标识，即在设备上粘贴管理编号。

（5）状态标识分为“合格”“准用”“停用”三种，每台仪器设备检定/校准后，分别贴上“合格”（绿色），“准用”（黄色），“停用”（红色）标志三色标识，内容填写齐全。

①合格（绿色）：设备经检定、校准、核查，确认其符合检测方法标准规定的使用要求。

②准用（黄色）：仪器设备存在部分缺陷，但在限定范围内可以使用，包括：多功能检测设备，某些功能丧失，但检测所用功能正常，且检定、校准或核查合格者；设备某一量程准确度不合格，检测所用量程合格者；降级后使用的设备。

③停用（黄色）：仪器设备目前状态不能使用，但经检定、校准或核查证明合格，或修复后可以使用的。

（6）仪器设备的管理由设备管理员负责管理，试验人员在设备使用过程中应注意人身和设备安全，每次试验完毕后应切断电源、清扫现场，保护仪器设备清洁，并按要求填写使用记录。

（7）仪器设备应定期进行维护和保养，并按要求填写维护保养记录。

（8）设备携带到现场进行检测时，检测人员应填写《仪器设备出入库记录表》，使用完毕返库后设备管理员须对其功能和状态进行检查，结果符合要求后方可继续使用。

4. 试验检测资料管理

工地试验室应建立试验检测档案资料管理制度，严格按照档案管理规定和项目建设要求进行分类、整理、归档，按照资料形成的先后顺序或项目完成情况与工程同步进行。各种台账的建立、竣工资料的整理，包括建立试验仪器设备管理台账和周期检定/校准台账；应建立、健全试验仪器设备台账，在使用中按规定检定/校准和保养，并将情况随时记录在台账上；建立试验检测台账，建立试验检测计划台账、混凝土配合比试验台账、原材料试验台账、现场检测试验台账，可直观地了解原材料性能变动情况，也可随时检查检验检测频率是否满足标准规范要求；建立外委试验台账，包括品种、规格、型号、数量、送样日期和委托编号等；建立试验资料报送台账，以防止资料漏报、丢失。长期保存的试验检测档案资料如各类原始记录、各类检测报告由资料员负责收集、整理、保存 ；检测人员需借阅试验检测档案资料，应办理借阅手续；与检测无关的人员不得查阅检测报告和原始记录等。

5. 部门工作协同管理

试验检测工作必须加强与相关部门密切沟通，建立同工程部、物资部等部门的联系机制，将原材料和实体检测结果及时反馈给相关部门并跟踪处理结果。具体如下。

1）工程部

（1）与设计文件有关图纸、设计交底资料、施工技术交底、分部分项工程的划分、工程数量清单等需要及时提供给试验室，以便试验室提前介入，如根据施工工艺要求设计混凝土配合比，参与各种工艺性试验，研究可行的试验检测方案，为工艺性试验成果提供数据报告，对不能自检的试验还要提前联系外部检测机构检测。

（2）施工过程质量控制及时通知试验室，如钢筋连接（焊接）需按批次检验，路基填料压实质量应分层检验，隐蔽工程（如基础地基承载力，隧道初支背后空洞检测）在下道工序施工前的都需验收，要清晰表述工作流程，避免检验不及时，错检，漏检。

2）物资设备部

（1）试验仪器设备、低值易耗品的采购及招标，进场设备的登记、建档、标识等需要物质设备部的配合 ；主要物资、地材的厂家调查资料，及时提供给试验室报监理审批。

（2）进场原材料的数量、规格、存放地点、拟使用部位等要及时通知试验室，并提供符合要求的质量证明资料，以便于试验室及时试验，试验室将试验结果及时反馈到物资部，物资部根据试验检测结果进行标识、使用，避免原材料漏检或未检先用。所有进场物资需要物资部门对检验状态进行明确标识,试验室配合物资部门检查材料检验状态的标识及使用管理，实现过程质量控制，防止使用未经检验或检验不合格的原材料。

3）安全监督部

（1）试验室检测环境危险因素的辨识以及消防、用电、化学药品、现场检测安全基本知识等需要安全监督部的专业培训；大型试验设备的安全操作、应急演练等需要安全监督部指导，试验室可能涉及的企业职工伤害事故较多，主要有：物体打击、机械伤害、触电、起重伤害、火灾、灼烫、中毒和窒息、车辆伤害、淹溺、高处坠落、坍塌、其他伤害等 16 类。

（2）安全法律、法规、安全基本知识的培训以及日常安全检查都需要安全监督部的指导。

（3）现场检测时（特别是隧道超前地质预报检测、二次衬砌无损检测、深基坑检测、桩基成孔质量检测时），要告知试验检测人员按操作规程作业，有权拒绝违章指挥和强令冒险作业的行为，确保试验检测条件符合安全要求，达到安全作业条件才能进行检测，必要时可以撤离危险场所。

6. 检测不合格整改措施

工地试验室应建立不合格报告制度，检测中发现不合格品应及时通知相关部门，依据对不合格品的处理意见，完成纠正及纠正措施；试验室应对不合格品实施严格管理，妥善处理，防止差错。

不合格品可分为不合格原材料，不合格半成品材料，不合格实体产品三类。试验员对发现的或各环节产生的不合格品一经确认，应立即隔离，做好标识，上报试验室主任；试验室主任根据掌握的不合格品信息，分析不合格品产生的原因，填写不合格品处理意见表，提出对不合格品的处理意见和纠正措施；相关部门依据对不合格品的处理意见，完成纠正及纠正措施。主有以下几条：

（1）对于签发的涉及结构安全的产品或试验检测项目不合格报告，工地试验室授权负责人应在 1 个工作日之内报送项目部质量管理部门，抄送项目部分管领导，并建立不合格试验检测项目台账。

（2）检测员当发现进场原材料经检验和试验后认定不合格，立即通知样品管理员和技术负责人。样品管理员对不合格样品进行标识、记录和隔离。试验室授权负责人在书面通知单中对检验不合格的原材料注明不合格的检验意见。

（3）资料员立即以书面形式通知相关部门，对不合格原材料进行标识、记录和隔离，防止不合格材料进入生产工序，并对不合格的原材料建立台账清单。

（4）试验室质量负责人对不合格品进行鉴定分析并对改进措施实施监督。

（5）对已酿成的工程质量事故，根据情况报上级主管部门并妥善处理。

7. 外委试验检测管理

对于检测难度大，检测频率低，设备投入高，工地试验室不具备检测资质的项目，经本项目监理单位批准，建设单位指挥部备案后，委托具有公路工程综合甲级或相关专业专项资质的社会试验检测机构进行试验检测。

在选择外委检测机构前，首先将本工程需要委外的检测按任务类别、工作量的大小、成果报告的时效性要求等分解成隧道实体检测两个包件、桥梁桩基检测和隧道超前地质预报分别为三个包件，复合地基承载力及路基边坡锚杆拔力检测为一个包件。并通过由各子公司推荐业务水平高、服务信誉好、资质有效的检测机构，项目经理部邀请这些检测机构进行框架协议谈判。根据其资质、技术力量、设备、业绩、信用、检测费用通过框架协议谈判最终选择 8 家检测单位作为本项目的现场检测服务单位。

委外试验检测执行取样见证制度，试样必须由工地试验室、监理单位共同取样见证。现场取样和试验检测时，工地试验室、试验分室密切配合，为检测单位提供准确的技术参数。

工地试验室或试验分室根据试验检测周期及时向外委检测单位收取检测报告，并核对报告信息是否齐全、参数是否符合规范或设计要求、检测内容是否完整，采用规范是否现行有效等。

外委试验检测还要注意以下几点：

（1）选择原材料或特殊材料的外委检测机构时，主要考察其资质、技术力量、设备、业绩、信用、检测费用，择优选择，确定高效优质的检测单位完成委外试验。

（2）对资质不符、能力低下、弄虚作假及收费严重不合理的委托试验检测机构，一经发现，必须立即停止委托试验。

（3）试验室必须建立委托试验计划和台账，对外委试验报告要单独管理。

（4）试验室技术负责人和质量负责人要对委托试验的技术和质量问题把关，对委托试验报告必须审核，有问题及时联系解决。

（5）各项委托试验采用的试验方法和评定标准必须符合业主的技术标准要求。委托试验报告至少一式三份。

（6）对于委托试验项目，做好封样标识工作，并取得委托试验室的收样确认凭证。

（7）对于重要的试验项目，委托试验留样以备复验。

17.4.4　质量保证体系

1. 质量监督体系

中心试验室应制定监督计划，监督范围包括人员、所选择的检测方法、仪器设备的选择与使用、环境控制、样品、安全防护、报告及结果评价等，以确保检测活动符合要求。

中心试验室质量负责人制定年度质量监督计划并监督工作的落实，并对监督结果进行评价；技术负责人组织检测人员技术考核；资料管理人员负责对检测工作所使用的标准、规范的检查与查新。

1）内部监督工作内容

（1）人员监督，进场试验检测人员经培训并考核合格上岗，按监督计划对工地试验室在岗试验人员进行技术考核。

（2）仪器设备的监督，设备按规定要求进行检定（或校准），并在两次检定（或校准）期间至少进行一次期间核查，期间核查方法按作业指导书进行。

（3）检测方法的监督主要监督各项试验工作是否正确按行业规范标准（或国家标准）进行操作；资料员每3个月对现行标准进行一次跟踪查新，确认所用规范现行有效。

（4）参加母体组织的试验室比对工作。

2）内部监督过程

（1）采用不定期抽查方法，检查仪器设备使用及记录、试验工作过程、检测的原始记录、室内环境卫生等，严格按照考核要求进行评判。

（2）重要的或第一次进行的试验检测任务，监督人员进行检测过程监督，保证检测质量，监督人员将监督内容详细记录在监督表中。

2. 数据溯源

1）试验仪器设备溯源

（1）试验室所有仪器设备到货后，由试验室专人配合安装调试，经计量部门检定/校准，取得检定/校准合格证书后方可使用，并建立台账及专用档案，做到一机一档，台账要有专人管理。

（2）仪器设备应当溯源至国家基准，属于Ⅰ类设备的应送技术监督部门进行检定，属于Ⅱ类专业设备的需进行校准或比对，属于Ⅲ类设备的应当定期进行功能核查。仪器设备必须按照计量检定规程周期校验，校验合格者方可使用，超过校验周期或校验不合格者不得使用并粘贴停用标志。

（3）仪器设备除按周期进行校验外，凡符合下列条件之一者必须进行校验：①关键部位进行维修；②更换关键零部件；③搬迁重新安装；④对工作准确性有怀疑时。

（4）对于性能不稳定、使用频率高和经常携带运输至现场进行检测的以及在恶劣环境条件下使用的仪器设备应制定期间核查计划，开展有效的期间核查。

（5）使用贵重精密、大型仪器设备者，均应经培训考核合格取得操作许可证，仪器设备不用时，应罩上防尘罩，保证清洁卫生。精密仪器设备要由专人使用并负责保管，该人调离工作岗位时要对仪器性能维修情况及仪器附件进行交接清楚，并有交接记录。

（6）设兼职计量员一名，负责本室计量器械的校验组织工作，检测仪器设备不得挪作他用，不得从事与检测无关的其他工作，计量标准器具一律不出借。

2）标准物质溯源

（1）试验室技术负责人负责根据工程项目内容配置所需的试验检测项目，购买试验过程中所需要的标准物质，购买应首选国家标准计量主管部门批准、颁布并授权生产的有证标准物质。同时确认购买批次标准物质的有效期，避免使用过期标准物质。标准物质有“使用期限”，最终经相关人员审核批准后予以购买。

（2）对于购买的标准物质，应由技术负责人在使用前进行检查、验收、登记，并填写《标准物质验收记录》。验收主要内容包括名称、编号、批次号、数量和品种是否与购买要求一致，标识是否清晰、完整，有无证书，是否在证书声明的有效期内等。另外，通过观察法进行外观和包装的检查也很有必要，如装于安瓿瓶内的溶液有无沉淀变色、分层等异常现象。

（3）试验室所购买的标准物质，应建立专门档案。标准物质的档案应涵盖该标准物质的基本信息，例如：标准物质的名称、产地、生产日期、有效期等。

（4）标准物质入库后应采取适当的监控管理措施，要定期检查存储环境状况是否满足保存要求；检查标准物质是否过期、变质、包装破裂、标签和证书破损、渗漏，发现问题后应及时处理并登记备案。

（5）试验室可根据实际情况，做好定期核查工作，发现标准物质有变化时，应及时作出反应，尽早防范，以免试验过程和结果承担风险。期间核查是在相邻两次校准（或检定）期间进行核查，以验证标准物质是否处于校准状态，保证运行中的标准物质持续符合技术规范的要求，确保检测结果质量。

17.4.5　数据处理及数据报告

1. 数据信息化处理

工地试验室数据采集系统将采集软件、试验设备有机结合，本项目试验室主要引进四川云检科技发展有限公司开发的智慧管理云平台能够实时自动采集试验数据、生成曲线、形成完整的记录和报告，并上传到云检数据中心。对水泥、混凝土试件、钢筋及钢筋连接试验进行实时数据采集，确保试验数据的真实有效。

拌和站根据试验室提供的配合比进行施工生产，各种材料在规范规定的允许偏差范围内正常生产，超出允许偏差，按设定的超差范围等级不同，以短信方式分别发送到相应管理人员，便于相应管理人员及时掌握现场混凝土施工情况，对超差混凝土按要求进行及时处理。

数据信息化控制的主要内容如下：

（1）对自动采集软件适用性进行确认，满足使用要求后方可用于本项目工地试验室。

（2）数据采集，直接采集压力机、万能材料试验机试验过程中的数据，采集独立于试验过程，防止人为干扰。

（3）数据处理，系统平台设定混凝土设计强度、钢筋型号规格等，判定采集到的数据，对不合格的数据进行分析统计，形成不合格台账，并用短信形式将不同预警信息发送给相关管理人员，便于及时掌握现场情况，督促整改等。

（4）数据的存储检索可根据试验类别、时间等进行数据追溯。

（5）根据检索结果可以导出试验数据记录和报告。

2. 试验数据处理

（1）试验人员在进行试验过程中，要认真做好相关试验记录，做到数据真实、准确，不得随意涂改和事后补填。

（2）原始记录按要求的格式和内容填写，按统一的编号规则编号，记录填写内容完整齐全、字迹清晰，书写一律采用碳素钢笔或签字笔，不得使用铅笔、圆珠笔或红色笔。

（3）原始记录内容应包括以下内容

①原始记录的标题。

②原始记录的唯一编号标识。

③检测对象的状况，包括状态、地点、型号规格、名称和制造厂商名称。

④抽样、封样记录。

⑤检测的依据和方法。

⑥使用的仪器设备名称和编号。

⑦记录观察得到的数据、计算公式和导出的结果。

⑧检验时的环境条件。

⑨检验中意外情况的描述和记录。

⑩检验日期。

⑪检测人员、校核人员的识别；参与抽样人员的标识。

（4）原始记录不得随意涂改，如有记错时，应对错误数据画一道横线，将正确的数据写在上方，并加盖更改人印章，更改印章每张记录不应超过两处；原始记录空白地方应划上斜杠以示资料完整，原始记录的有效数字应严格按规程修约与保留。

（5）应记录使用主要仪器的型号、编号、量程等，对有温、湿度要求的检测项目应记录测试过程的温度、湿度。

（6）原始记录应注明试验检测时所采用的标准号，必须有试验、计算、复核人签署姓名，不得漏签或代签。

（7）原始记录必须复核，复核的主要内容有如下内容：

①采用的检测标准和评定标准是否正确，选用仪器精度或量程是否恰当。

②记录数据是否准确，计算数据是否正确，保留有效位数和数字修约是否符合规范。

③采用法定计量单位是否正确。

④用语是否准确、规范。

⑤填写项目及签名、日期是否完整。

⑥原始记录完成后应及时出具试验报告并交资料员归档管理，不得影响试验检测的时效性。

⑦试验过程中如果遇到停电、仪器设备发生故障，要及时报告质量负责人，检修后重新试验，并在试验记录中注明。

3. 试验数据报告

（1）检验报告采用四川云检科技有限公司的检验报告格式，数据、术语、结论统一。

（2）检验报告的内容包括项目要求的、说明检验结果必须的，以及使用方法所要求的各项信息。

（3）检验报告应采用法定计量单位应客观、实事求是、科学公正，检验结论严谨正确。

（4）检测报告至少一式两份，试验的原始记录应进行编号，不得任意撕毁，登记后存档保管，保管期不少于5年。

（5）在审核中发现错误，应由原填写人重新填写，审核人不得自行更改。

（6）检测报告完成后，试验室主管人员、校核人员、试验人员分别在报告上签字，试验结果加盖公章后方可有效。

（7）试验报告最终上传电子档案系统。

第 4 篇

成绵苍巴高速公路数字化建设应用

第18章 数字化建设背景

18.1 国家数字化应用背景

18.1.1 国家政策

党和国家高度重视数字化转型工作，积极推进国家大数据战略加快建设数字中国，推动实体经济和数字经济融合发展国，推动互联网、大数据、人工智能同实体经济深度融合。2016—2020年，数字化转型相关政策推动并主导了数字技术路径的选择与发展，积极扶持培育新数字技术市场，并以国企为数字技术创新应用主战场，集中力量、以点拓面，加快构筑和推进了国家数字化战略体系建设和数字技术创新应用。2020年9月，国务院国资委发布《关于加快推进国有企业数字化转型工作的通知》，此后国企纷纷响应并制定企业“十四五”数字化转型规划，用以指导企业下一步数字化转型工作，表明企业数字化转型全面启动，数字化转型进入国企担当、中小企业共创的新阶段。

18.1.2 国家环境

2016—2020年间，中国信息化建设向全方位、多领域快速推进，网络强国战略、数字经济战略、数字中国建设不断深化改革，数字建设基础不断夯实，数字化理念广泛融入生产生活中，数字红利开始释放。该阶段下，数字技术的重要性逐渐显现，中国加快推进以政策为引领的新数字技术发展和应用，并推动数字技术与实体经济深度融合，在数字化赋能行业转型升级方面探索了一系列创新智慧应用场景，新型智慧城市、智慧医疗、智慧教育、智能制造等数字化转型项目建设如火如荼。同时期，数字化赋能各行各业带动了全产业链供应链升级，以国企为代表的大型企业及大型互联网平台企业纷纷开始探索企业数字化转型，加速产业链创新，建设融合共赢数字生态。从国家数字化导向和数字化发展背景来看，建筑行业数字化管理应用，势在必行，谁走在前面，必须谁就抓住了时代机遇，谁就能占据鳌头。

18.2 施工行业数字化应用背景

18.2.1 施工行业整体背景

自2002年中国第一个国家信息化规划出台后，信息化建设驶入快车道，以政策推动互联网+、信息化、移动化发展，并在技术进步、效率提升和组织变革方面取得了极大的成效，提升了实体经济的创新力和生产力。在政策的推动下，通信网络、电子信息、软件等一系列数字技术领域技术创新不断，推动了数字基础设施提档升级，互联网生态初现，为后续数字化转型打下坚实基础。但是直至2018年，整个建筑行业的数字化程度十分落后，据中国产业信息网数据，2018年我国建筑数字化投入占总产值的比重仅为0.10%，低于1.00%的发达国家平均水平，也低于 0.30%的国际平均水平。国内范围来看，建筑业的数字化程度在所有的行业中倒数第一。不仅仅是中国如此，麦肯锡曾发布一个统计数据，全球范围来看，建筑业总体的数字化程度仅比农业高，在统计的行业中排在倒数第二。

虽然建筑行业数字化现状不容乐观，但随着 BIM、物联网、人工智能等新技术的不断涌现，对建筑企业来说，数字化转型既是必然的要求，也是必然的趋势。科技的进步必然催生出新的技术，这让新的运作模式成为可能，近年来科学技术的发展迅速，信息技术的创新更是日新月异，以数字化、网络化、智能化为特征的信息化发展蓬勃向上。其中，数字化作为实现数据资源的获取和积累的途径，为信息化的发展奠定了基础。虽然各行各业信息化的成熟程度、建设核心、发展方向和作用效果各不相同，但随着新技术的发展，信息化已成为各行各业不可避免的发展趋势。建筑行业的数字化程度在所有行业中始终是处于较低位置，但随着国家的政策驱动以及物联网等信息技术日趋成熟，BIM 技术、智慧工地、建筑工业化逐渐映入人们眼帘，集团公司已经开始探索基于新技术而产生的新的运作模式、盈利模式。

在新时代、新环境下想要求生存就要先求发展，传统粗放式发展已经不能满足现下的行业市场，集团公司需要不断探索建筑工业化等现代化，而数字化是探索这些现代化模式的必需品。

18.2.2　同级单位建设情况

中交第一航务工程局有限公司（以下简称“中交一航局”）自“十三五”以来，以信息化建设为突破口，重新按标准化、规范化对业务进行梳理，业务结构发生深刻变化。数字化转型是中交一航局解决新业务开展中管控半径增大、精细化管理能力不足的重要工具，推动“业财一体化”系统建设，实际上就是在规范“业务标准”的基础上规范“管理标准”，解决管理颗粒大、线条粗的问题。2019 年推行和实施财务与业务一体化战略，基于浪潮云 EMIS 构建业务财务一体化综合管理信息共享平台，夯实“流程再造、制度完善、标准统一”三大基础，实现以业务活动驱动财务管控，以财务管控倒逼业务活动规范的效果。通过一体化平台建设，落实“现金流为核心，成本管控为主线”的管控思路，实行“经济合同、费用（标后）预算、中间结算、资金计划、审批流程”强控制。资金支付过程中，坚持“无合同不付款、无结算不付款、无计划不付款、无审批不付款、无相关条款不预付”的原则，以“资金安全”保障财务安全。在“数字化施工”方面，实现了“水泥土搅拌桩数字化施工技术”“双轮铣槽机数字化施工技术”“路基路面智能碾压监测技术”“BIM 钢筋下料优化及自动化加工技术”“挤密砂桩船打桩数字化施工技术”“数字化强夯施工技术”等。在“智慧工地”方面，实现了“房建工程智慧工地系统”“公路工程智慧工地系统应用”“水运工程智慧工地系统”“设备管理系统应用”“工地物质管理系统”“桥梁工程数字化 BIM 施工交底技术”“视频监控云平台应用”等应用。

中铁四局集团有限公司（以下简称“中铁四局”）围绕核心业务管理信息化，在制度建设、网络建设、硬件建设、软件系统建设不断深入，积累了一些具有自身特色的成果。机构方面成立了专门的研究院，专门负责打造中铁四局自己的信息化建设。同时，中铁四局还基于自己企业自研、自建的成果，稳步向前实施了走出去的战略，目前信息化建设年承揽额超 2 亿元，不但为企业数字化转型实现管理效能提升，同时还实现了企业管理文化外输，体现出了数字化管理的文化价值。中铁四局目前以“项目管理”为主线，分步实施了合同管理、人力资源管理、项目信息门户、分包商管理、采购管理、供应商管理、营销管理、产值管理、形象进度管理、资料检索、财务管理、视频监控、船机动态管理等业务系统，逐步实现对项目全过程信息化管理。信息化向项目部延伸、向各业务流程扩展，逐步覆盖到项目管理的全生命周期，提高了管理的精细化程度，提高了公司总部的集约化管控能力，也提高了各部门的协作效率，推动企业管理向前发展。

行业同级单位已经在信息化、数字化管理转型的路上行稳致远，企业通过信息化建设和数字化管理转型来实现自身管理的改革势在必行。

18.3 集团公司数字化建设现状

18.3.1 建设整体规划

集团公司自 2012 年以来，按照股份公司“业务驱动、统一规划、统一标准、分层分步实施、互联共享、迭代更新、自主可控”的信息化建设总体原则，集团公司制定了“业务管理信息化”“办公业务一体化”“业务财务一体化”“物联应用一体化”“信息管理数字化”的五步走建设规划。

（1）“业务管理信息化”是指基于业务的实际管理，梳理标准和范围的业务办理流程及规则，通过与信息化技术进行业务和系统融合，从而实现全面业务信息化线上办理。

（2）“办公业务一体化”是指基于业务办理现实过程中，业务单据与审批流存在“两张皮”现象，无法确保业务数据的“有效审批”，从而实现将业务单据与审批流程绑定，一体化解决业务审批问题。

（3）“业务财务一体化”是指将业务系统数据与财务管理系统数据无缝对接，财务数据由业务单据数据审批通过后自动推送，从而使业财数据一致，以确保业务数据的有效性。

（4）“物联应用一体化”是指使用智慧工地相关物联设备，解决业务终端数据采集的方便、快捷和准确性，也就是解决业务办理的信息采集“最后一公里”问题。

（5）“信息管理数字化”是指在业务信息化的基础上，通过采集到的数据，深度挖掘数据的各类价值，实现业务的数字化管理和决策数字化支撑。

通过“业务管理信息化”“办公业务一体化”“业务财务一体化”“物联应用一体化”“信息管理数字化”的规划建设，基本上搭建起了集团公司的信息化建设总体框架，为集团公司信息化、数字化建设描绘了建设蓝图。

在此基础上，集团公司还细化了具体落地的四个架构：业务架构、系统架构、数据架构及应用架构。

（1）业务架构是信息化建设的根和本。它主要以“主营业务为核心，综合业务协同跟进”为总体建设思路，核心以集团施工项目为对象，以全周期管理为主题，以业务数据为根本，以“经营为龙头、进度为主线、安全为红线、质量为要点、成本为核心、财务总把门”的基本建设原则，以全面助推集团精细化管理及助力实现事前预控、事中可控为宗旨，着力建设的一套横向业务可关联，纵向业务能延展的集团全业务架构信息化融合体系。

（2）系统架构，可归纳为“1+2+N”。其中“1”指集团“数字基座平台”，这是集团数字化应用的根基；“2”是集团两大核心管理系统，这是集团信息化应用的主要载体；“N”为诸多功能性、拓展性集成应用。“1+2+N”中的 2 大核心管理系统，即集团综合信息管理（EIM）系统及股份统建的财务共享平台基础上新增的资金、税务、费用预算等财务管理系统。关于在 1+2 的基础上拓展的 N 个软硬件终端应用系统建设，集团目前已拓展研发了三个基于微信端的业务微应用及 8 个统建智慧工地系统。

（3）数据架构，当前可概括为“一库四池”，“一库”，是指系统架构中那“1”个基座平台的数据库，基座平台所获取的所有两大核心系统及“N”个终端应用系统的数据都将存入此库中，“4 池”，是指集团统建流程池、客商池、合同池及成本清单（科目）池。

（4）应用架构，指搭建一套能够保障集团信息化建设有效落地的业务、系统应用体系。概括来说便是“横向到边，业务驱动；纵向到底，明确分工”。

这四个架构，让集团的信息化建设和数字化转型更为具体化，为建设落地细化了路径。

18.3.2　业务系统群建设

在企业综合信息管理（EIM）平台上，集团公司统一建设了全集团的人事资管理、办公OA、经营管理、工程管理、物资管理、资产管理、安全管理、质量管理、合同管理、成本管理、知识管理等多业务系统群的建设和实施。因基于集团公司统一规划、统一建设，所有业务均实现了集团、子（分）公司、区域公司、项目层级等所有层级纵向到底的管理，同时也基于集团从上至下业务规范驱动、同一平台建设，遵循了“数出一门、权责一致”的基本规则，业务覆盖横向到边并具有可延展性，所有业务均不存在信息孤岛，各业务间数据可无级共享、相互印证。企业综合信息管理平台系统群建设的同时为企业形成了各业务管理标准手册、业务管理规则、物资标准档案、工程结构物分解标准、业务系统操作手册等一批业务管理资料。企业综合信息管理平台系统群的多业务共平台和联合研发建设达到了“1+N>N”的效果，为单业务管理系统数据有效性和信息系统持续性研发应用等这类行业性难题的解决提供了有效途径，同时也为企业大数据管理、数字化管理、数字资产化奠定了基础。

18.3.3　财务系统群建设

财务共享管理平台是基于股份公司统一规划、统一建设的财务业务管理平台，是集团公司全集团统一使用的财务管理平台。该平台包含动支申请、合同管理、报销业务、验工计价、业务结算、业务结转、工资薪酬、付款业务、财务办公、个人借款等各类财务管理应用。在股份公司统一规划基础上，集团公司针对公司实际管理需求，组织完成了财务应收应付管理系统、全税种管理系统、资金管理系统等财务管理系统群的开发实施应用。财务业务管理系统群建设为集团公司会计核算、财务管理、资金管理等业务提供了标准化、规范化管理手段，降低了财务管理运作成本、提高了财务管理水平和效率和实现了财务业务的集中管控。

18.3.4　智慧工地群建设

智慧工地系统建设是集团公司信息化建设终端采集部分的重要部署，着重解决对施工现场安全、质量、进度的管控，同时解决信息化数据的自动采集问题。为尽量减少对外部软件公司的依赖及规避集团长远建设被“卡脖子”的风险，集团智慧工地建设确定了以“自建为主、联建购建为辅”的建设原则，集团公司在企业综合信息管理（EIM）平台各业务系统群基本落地的同时，先后展开了智能物料验收云监系统、拌和站能效云监系统、混凝土质量云监系统、混凝土消耗云监系统、工地视频云监系统、劳务实名管理系统、运输机械云监控系统、隧道人&车门禁系统、在线巡视系统、BIM 进度管理系统等 10 项智慧工地系统建设。

业务管理、财务管理以及智慧工地管理三大信息化系统群为成绵苍巴项目实现数字化管理应用奠定了基础。

18.4 成绵苍巴数字化管理需求

成绵苍巴高速公路工程为近年来四川省单笔投资额最大的一个 BOT 项目。面对点多线路长、安全压力大、质量要求高、工期特别紧、环保要求严、准备时间长、上场人员多、管理跨度大、上级预期高等特点，传统的手工纸质记录结合人工巡视等管理方式，已无法满足该项目管控需要。如何利用现代化手段实现管理模式的创新，解决工程建管过程中的诸多难题，成为了摆在项目建管人员面前的第一道关卡。

18.4.1 超长线型大工程量管理

成绵苍巴项目的地域覆盖超长，成绵苍巴高速公路工程由京昆高速公路绵阳至成都扩容段、绵阳至苍溪、苍溪至巴中三条高速公路组成，线路总长 151.8 km；工程涵盖路基（填方约 2.1238×10^7 m^3、挖方约 2.7783×10^7 m^3）、桥梁（100 座/35.7 km）、隧道（26 座/29.3 km）、路面以及交通安全设施、绿化等公路施工的全部专业，工程量巨大。目前对项目的管理是层级式，各职能部门业务又是平行和交叉的，这就造成领导所关心的用来决策的数据信息汇总存在较大的难度，层层上报、时间太长，甚至存在偏差，出现部门之间、层级之间同一个报表不同数字，这是因为对业务工作的标准、规则缺失导致业务不统一，数据积累和汇总难以为企业提供高效决策服务，可以说信息化的推进是企业规模扩大管理水平的需要。随着数字化时代的到来，建筑行业的数字化转型已经成为了行业发展的新趋势。信息化的广泛应用，特别是在项目劳务人员管理、安全管控、成本管理，标准化工地等各方面更起到了不可替代作用，因此企业管理数字化转型势在必行。

18.4.2 资源综合利用管理

集团公司一力承担如此长大的线型工程是前所未有的，所需资源是巨大的。相比于其他集团通常仅承包其中某一个项目的大小，集团公司相当于承包 20 余个项目，需要多项目综合应用，如何科学合理地统一规划、统一建设、统一调配就显得尤为重要。人、材、机，资源的综合利用绝非简单地“拍脑袋”决策，而是需要大量的数据分析支撑，只有利用数字化的管理，才可能科学合理地实现多项目资源合理利用，从而减少投入，降低施工组织成本，达到提升项目效益的目的。

18.4.3　业务的标准化管理

成绵苍巴项目是集团公司举全公司之力，全部子公司参加施工的一个特大型综合工程。各个子公司所属区域不同，管理模式具有差异，业务管理流程及方式也存在不同，如何快速、深度整合各单位的管理，形成同一标准的业务管理，快速推进项目建设，也是项目施工管理的重点内容。同时，集团公司也正好可以切合成绵苍巴项目，对全集团的工程、物资、资产、安全、质量、成本等主营业务进行综合性研究，在此基础上规范各业务全局的管理模式，梳理出标准做法，再通过信息化管理系统的手段固化管理模式，为集团公司业务全面标准化管理奠定基础。

第 19 章　数字化建设思路与规划

19.1　建设思路

19.1.1　总体思路（1+N）

集团公司在股份公司“十四五”信息化建设规划原则下，始终坚持“统筹规划、统一建设、自研为主、联研为辅”的原则，以提升工程项目管理水平为主线，以“主营业务驱动，综合业务跟进”为基调，以业务数据为根本，围绕“数智二十三局”的现代化管理理念，不断整合利用现有信息资源，持续挖掘数据潜在价值，建设具有先进水平、能够自主创新的企业数字应用局面。把创新发展理念贯穿数字企业建设全过程，深化管理制度改革，破除制约数字生产力释放的体制障碍，为企业数字化转型提供根本保证。

19.1.2　具体思路

1. 一个平台

集团始终致力于打造一套涵盖集团所有主营业务、适用全局全体职工的业务管理平台，在这个平台上，业务数据协同共享，决策数据动态更新，运营规则高度融合，管理方针高效传达，通过数据采集、业务办理、财务入账等全过程一体化规范管理，充分发挥“一个平台”在数字化转型过程中的支撑作用，有效消灭“信息孤岛”，构建自上而下、横纵协同、运行有序的信息管理平台。

目前，集团主营业务主要涉及智慧工地系统、企业综合管理系统（EIM 系统）、财务管理系统三大信息管理系统，在集团公司领导的合理布局和正确部署下，已形成联动格局，即智慧工地系统先行数据录入与采集，EIM 系统整合数据流形成报表等业务凭据，财务管理系统直接接收业务凭据并从中提取财务数据完成分阶段、渐进式全过程管理，杜绝人为因素影响数据真实性，避免多次采录增加工作量，真正打造业务办理区块化，业务审核精准化，业务管理集约化的业数融合大统一体系。

2. 统一业务流

（1）规范业务环节，建立全局统一的业务行进模式。

从全局的视角出发，站在业务使用者的角度，将企业管理规章、职工岗位职责、业务办理程序等所有规则融合于具体业务流程，摒弃传统业务流转机制内不规范、不明确、不闭环的管理逻辑，削减线下审批过程中的重复审批环节，增加流程并行处理节点，形成一个职责分明、流程清晰、执行规范的业务行进模式，有效提高管理执行力。

（2）加强业务联动，打破横向业务间数据共享壁垒。

坚持“横向到边，业务驱动”的建设原则。从全面业数融合的高度，整合集团各项主营业务，聚焦业务活动分散运作与集中管理的矛盾源头，按照业务场景动态纠偏业务领域的条块分割，依托数字技术，提高同种业务间的数据流转效率，增加不同业务间的数据关联纽带，推动上下游业务链的数据连通，形成互联互通、纵横交错的业务流转网络，有效提升资源优化配置和协调水平，便于企业实现数字产业化的实质性进展。

（3）贯通业务层级，覆盖纵向各层级业务管理节点。

坚持“纵向到底，明确分工”的建设原则。由业务部门梳理业务事项和业务标准，确定业务职责分工，根据实际需求，划分业务层级，理清流转思路，甄选审批方案，实行“分级实施，集中管理”模式，通过数字化手段，将业务办理行径穿透各级业务管理机构，提高管理效率，规避管理风险，明确各层级管理职责，充分发挥上级单位的“领头羊”作用，引导基层单位主动担当，形成“上下一心、责任一体、全局一盘棋”的业务管理架构体系。

3. 整合信息流

（1）信息互通，资源共享。

深化信息互联互通机制，将各层级、各业务分散凌乱的信息流聚合成企业大数据，借用“一个平台”管理手段，利用互联网高新技术，形成统一底层信息基座和上层信息平台，以信息互通、资源共享为目标，打造多系统泛用性信息集群，激发信息要素价值，加快信息共享流通和业数融合应用，构建大数据支撑、网络化共享、智能化协作的信息融合架构体系。

（2）数出一门，权责分明。

切实执行集团“建、管、用”三责体系，即集团公司主建设，负责调研、规划、立项、研发、推广等工作；各二级单位主管理，负责实施、运维、督导、考核等工作；各项目主使用，负责应用、问题收集、意见反馈等工作。统一信息入口，规范信息来源，运用信息化手段提取各业务数据的同源架构，解决信息流转过程中的交联汇合问题，为数字运行通路构建核心支点。

（3）矩阵架构，流程把关。

基于集团、子公司、项目部三级矩阵管理架构，打造“办公业务一体化”信息处理平台，突破时间和地域的限制，为各级管理人员和业务人员提供协同合作的信息交流平台，改善纸质化办公缺陷，提供不同维度审批授权，既满足业务办理实际需要，也一定程度上降低纸质材料堆积冗余、查询不便的负面影响，全方面集成信息流，通过统一入口、统一标准、统一管理，实现业务流程一键化自动流转，防范化解业务合规化管理的潜在风险，实时跟踪信息流转情况，全面提升集团信息流转效率和办公效率。

（4）业务驱动，财务归口。

结合集团现状，全面推进“业财一体化”，打通业务系统和财务系统的信息壁垒，实现信息流、业务流、资金流、工作流的相互交叉、相互关联、相互调用与相互验证，可以解决业务数据和财务数据核算口径不一致、同源数据反复录入、信息统计高度不匹配等各类问题。“业财一体化”的引入，大大提高信息录入效率和容错率，增强业务分析、财务管控能力，把财务管理工作往前移，将事后监督优化为事前、中管控，标志着集团真正进入业财大一统高速发展格局。

4. 应用数字流

（1）业务管理数字化应用。

将传统线下业务办理工作转换为线上数字化办公，坚持业务规范原则，创新业务办理过程，绕过复杂的现场环境与人为因素影响，直接在用户端以数字的形式展现各项业务数据，优化管理过程冗余，强化管理结果导向。业务管理数字化是企业全面数字化转型的第一步，整合业务数据后，加以分析、归集、统计，以管理要素为核心，得到真正落地的、利于企业管理向好的底层数据基座，持续完善业务办理便捷化和数字办理精准化。

（2）项目管理数字化应用。

基于业务管理数字化的全面应用，在汇总的基础数据中提炼出适宜项目管理的核心数据，形成数字化应用平台，以现场管理为中心，通过数字、图像形象展示现场进度、质量、安全等一系列问题表象，追溯过程数字流，点明供需隐患，挖掘节超源头，最终反映到项目成本管理，连通业务与财务的桥梁，为经营决策提供数据支撑，辅助管理者把好项目的“方向盘”。

（3）企业管理数字化应用。

企业决策者着眼于项目本身，以项目为个体进行统筹规划与管理，因此，如何利用好项目信息资源为企业提质增效成为了发展的主流方向。为此，集团打造企业数据门户，整合各项目、各地区合同执行情况、物料价格趋势等直接影响企业营收状况的数据，形成集团特色数据门户，将每一条数据从业务人员录入和现场采集开始，到事中业务办理，最终财务管控全过程走向清晰表现，并智能化分析问题数据，自动化预警异常现象，完成数据的收集、拼凑、融汇的全过程运作，深入挖掘数据价值，通过数字化手段为企业创造价值。

为确保业务流、信息流、数字流的“三流”数据一致，集团着眼全局，谋划发展，在股份公司信息化建设顶层设计下，提出“1+2+N”战略布局，通过建设“一个数字基座平台”“两个核心管理系统”“诸多功能性、拓展性集成应用”完成集团数字化转型进程。业务流作为数据基础，从底层打通业务壁障，连接业务枢纽，形成业务大数据，打造一个数字基座平台，构建“业务管理信息化”格局；信息流作为数据桥梁，通过过程管控夯实重要管理环节，构建“办公业务一体化、业务财务一体化、物联应用一体化”格局；数字流作为数据结果，直接显现数字化应用成果，构建“信息管理数字化”格局。

19.2 建设原则

19.2.1 总体原则

在股份公司“业数驱动、统筹规划、统一标准、分步实施、互联共享、自主可控”的信息化新发展原则基础上，坚持实用为先、应用为主、成效为本、数据为王的总体建设发展原则

首先，以能用、实用及好用为前提，拒绝理论性、理想化、不落地的建设；其次，以信息化应用与实际业务融合的全面性、深入性及稳定性为主旨，避免“两张皮”的无效建设；最后，以体现提高管理效率、提升管控效能的实际成效为建设根本，避免为信息化而信息化的错误建设。

19.2.2 建设原则

建设原则：业务驱动、自下而上、循序渐进。

首先，信息化建设的原动力来自业务需求，信息化管理的效力又回归业务管理，决定信息化建设的持续有效推进必须以业务为驱动；其次，业务发生现场作为业务管控的基础和重

点，决定信息化业务管理模型的建立与优化应遵循自下而上的原则；最后，信息技术的日新月异及企业本身管理的不断推陈出新，决定信息化建设应注重一定前瞻性切勿急功冒进，应遵循循序渐进的建设思路。

19.2.3 实施原则

实施原则：全面启动、分期实施、试点先行。

首先，企业管理横向各业务应全面启动并推进信息化建设进程，以信息化管理不断推进自身业务管理水平及管控效能的提升；其次，各业务信息化建设应本着成熟一个落地一个，分期分步予以实施应用；最后，试点应用是全面推广前一个非常必要且十分重要的验证过程，必须予以严格落实。

19.2.4 应用原则

应用原则：定岗定责、全员参与、上下联动。

信息化管理服务归根于实际业务管理，涉及企业管理各个层级与各个方面，涵盖过程中的各个岗位及相关各管理人员，决定其必然是一个须全员参与、上下联动的全面性管理工作，各业务管理岗位即为对应信息化应用执行责任终端。

19.3 规划目标

全力推进项目“1+N”数字化建设总体布局，全面实现项目“要素精细化、监控过程化、管理智慧化”目标。

1. 要素精细化

工期管理要素精细化、数量管理要素精细化、成本管理要素精细化。

2. 监控过程化

进度监管过程化、安全监管过程化、质量监管过程化、数量监管过程化、成本监管过程化。

3. 管理智慧化

数据采集智慧化、数据互联智慧化、数据分析智慧化。

19.4 规划内容

19.4.1 业务系统数字化应用

1. 办公 OA

项目部办公 OA 平台直接与集团 OA 通信，各分部办公 OA 与项目部及对应子公司同步通信，日常事务报、审、批、阅办理均通过办公 OA 平台办理，全面实现项目部、各分部对上、对下无纸化办公，结合集团流程效能监控平台对流程办理效能实时监管（图 4-19-1）。

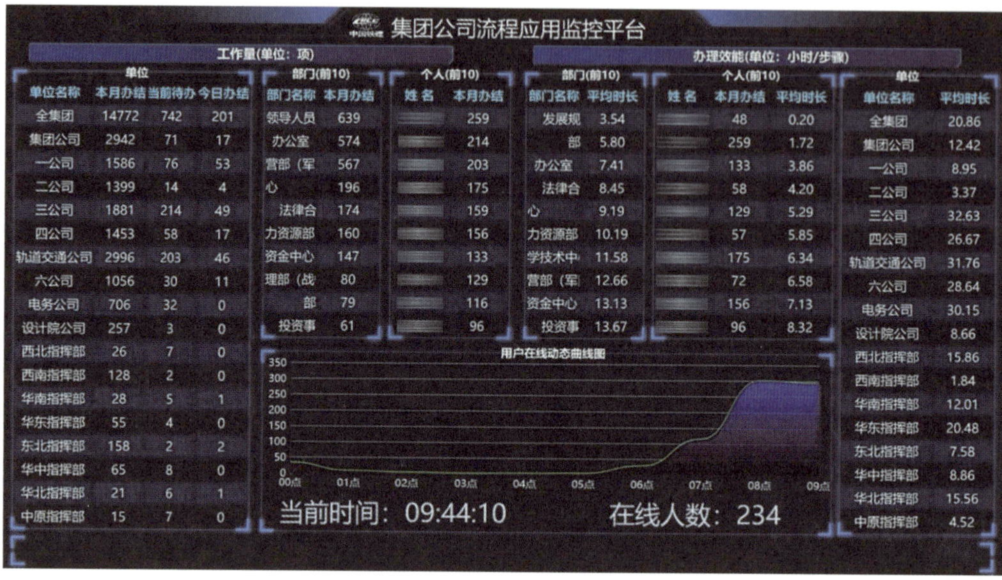

图 4-19-1 集团流程效能监控平台

2. 工程数量管理

按照集团公司统一确定的工程数量 0#台账管理方式执行，由项目部按照各分部任务划分完成已到图纸 WBS 分解（分解到责任工区即可），后由责任工区（分部）再进一步按照分部、分项、小分项等分解至最小单体结构物，在此基础上挂接业主清单、责任预算清单及劳务分包清单数量（具体管理细则详见集团相关规定），最终实现对工程数量的过程化、精细化管控（见表 4-19-1）。

3. 成本管理

在实现工程数量过程化、精细化管控的基础上，结合责任成本单价，对上、下合同单价，实现对项目经济运行情况的过程化、动态化管控，主要管控功能如下：

（1）项目实际成本准确归集。通过 EIM（集团综合信息）系统与久其系统集成，实现了对 EIM 系统各业务成本发生后直接无缝推送至久其系统生成对应财务核算凭证，杜绝了业务核算与财务核算之间任何人为影响，确保了 EIM 系统数据的及时性及准确性，为全面实现成本管控过程化、动态化奠定了坚实的基础，具体如下：

①物资成本的实时归集。通过 EIM 系统物资管理功能，实现对项目部、各分部每笔入库、出库物资的实时登记，结合物资现场月末盘存，自动归集每单位/月物资消耗成本并无缝共享相关管理单位；相关结算、结转业务数据直接推送至久其财务系统。

②机械成本的实时归集。通过 EIM 系统设备管理功能，实现对项目部、各分部自有、外租设备折旧、租赁结算、维修维护保养等费用的实时采集，自动归集每单位/月机械成本并无缝共享相关管理单位；相关结算、结转业务数据直接推送至久其财务系统。

③人工成本的实时归集。通过 EIM 系统劳务管理功能，实现对项目部、各分部劳务分包验工计价、计日工、扣款等业务的实时办理，自动归集每单位/月人工成本并无缝共享相关管理单位；相关结算、结转业务数据直接推送至久其财务系统。

表 4-19-1　施工项目工程数量台账表例

项目名称：沪昆铁路一项目部

第 300 章桥梁工程													
序号	清单号	清单名称	单位	单位工程	大分部工程	小分部工程	大分项工程	小分项工程	图号	原施工图数量	施工图复核数量	现场复核数量	核定数量
1	0305010141J01030101	①C30 混凝土承台垫块	m^3	东山大桥	东山大桥下部工程	东山大桥基础	东山大桥下部工程桩基础	东山大桥下部工程 1#墩桩基		140.00	140.00	140.00	728.00
2	0305010141J01030102	②C35 混凝土承台垫块	m^3	东山大桥	东山大桥下部工程	东山大桥基础	东山大桥下部工程桩基础	东山大桥下部工程 1#墩桩基		140.00	140.00	140.00	728.00
3	0305010141J01030101	①C30 混凝土承台垫块	m^3	东山大桥	东山大桥下部工程	东山大桥基础	京山大桥下部工程桩基础	东山大桥下部工程 2#墩桩荃		168.00	168.00	168.00	873.60
4	0305010141J01030102	②C35 混凝土承台垫块	m^3	东山大桥	东山大桥下部工程	东山大桥基础	京山大桥下部工程柱基础	东山大桥下部工程 2#墩桩基		168.00	168.00	168.00	873.60
5	0305010141J01030101	①C30 混凝土承台垫块	m^3	东山大桥	东山大桥下部工程	东山大桥基础	东山大桥下部工程桩基础	东山大桥下部工程 3#墩桩基		216.00	216.00	216.00	1 123.20
6	0305010141J01030102	②C35 混凝土承台垫块	m^3	京山大桥	京山大桥下部工程	东山大桥基础	东山大桥下部工程柱差础	东山大桥下部工程 3#墩桩基		216.00	216.00	216.00	1 123.20
7	0305010141J01030101	①c30 混凝土承台垫块	m^3	东山大桥	东山大桥下部工程	东山大桥基础	东山大桥下部工程桩基础	东山大桥下部工程 4#墩桩基		225.00	225.00	225.00	1 170.00
8	0305010141J01030102	②C35 混凝土承台垫块	m^3	东山大桥	东山大桥下部工程	东山大桥基础	东山大桥下部工程桩基础	东山大桥下部工程 4#墩桩基		225.00	225.00	225.00	1 170.00

续表

第 300 章桥梁工程													
序号	清单号	清单名称	单位	单位工程	大分部工程	小分部工程	大分项工程	小分项工程	图号	原施工图数量	施工图复核数量	现场复核数量	核定数量
9	0305010141J01030101	①C30 混凝土承台垫块	m^3	东山大桥	东山大桥下部工程	东山大桥基础	京山大桥下部工程柱基础	东山大桥下部工程 5#墩柱基		125.00	125.00	125.00	650.00
10	0305010141J01030102	②C35 混凝土承台垫块	m^3	东山大桥	东山大桥下部工程	京山大桥基础	东山大桥下部工程桩荃础	京山大桥下部工叁 5#墩柱基		125.00	125.00	125.00	650.00
11	0305010141J01030101	①C30 混凝土承台垫块	m^3	东山大桥	东山大桥下部工程	东山大桥基础	东山大桥下部工程桩基础	东山大桥下部工程 6#墩柱基		72.00	72.00	72.00	374.40
12	0305010141J01030102	②C35 混凝土承台垫块	m^3	东山大桥	京山大桥下部工程	东山大桥基础	东山大桥下部工程桩基础	东山大桥下部工程 6#墩柱基		72.00	72.00	72.00	374.40
13	0305010141J01030101	①C30 混凝土承台垫块	m^3	东山大桥	东山大桥下部工程	东山大桥基础	东山大桥下部工程桩基础	东山大桥下部工程 7#墩柱基		34.00	34.00	34.00	176.80
14	0305010141J01030102	②C35 混凝土承台垫块	m^3	东山大桥	东山大桥下部工程	东山大桥基础	京山大桥下部工程柱基础	东山大桥下部工程 7#墩柱基		34.00	34.00	34.00	176.80
15	0305010141J01030101	①C30 混凝土承台垫块	m^3	东山大桥	东山大桥下部工程	东山大桥基础	东山大桥下部工程桩基础	东山大桥下部工程 8#墩柱基		154.00	154.00	154.00	800.80

④其他直接成本的归集。过 EIM 系统其他直接费管理功能，实现对项目部、各分部其他直接成本业务办理信息的实时采集，自动归集每单位/月其他直接成本并无缝共享相关管理单位；相关结算、结转业务数据直接推送至久其财务系统。

⑤间接成本的定期归集。通过 EIM 系统与久其系统集成，实现对项目部、各分部间接成本的定期（每月）采集并无缝共享相关管理单位。

（2）项目责任成本管理落地。在项目实际成本及时准确落地的基础上，按照集团统一确定的责任成本管理模式及实施细则，EIM 系统将自动根据实时进度填报（形象、实物）自动统计对应应计收入及预算成本，从而实现对项目综合收益、责任收益盈亏的实时过程监控。

4. 进度管理

以工程数量 0#台账管理 WBS 分解为基础，以施组工期编制（核定各单位、分部工程计划工期）及月施工计划下达（核定次月每个最小结构物计划工期）业务执行为依据，EIM 系统将按照预置预警逻辑对可能超期工程、已超期工程进行预警，并实时生成项目施工横道图及进度图（图 4-19-2）。

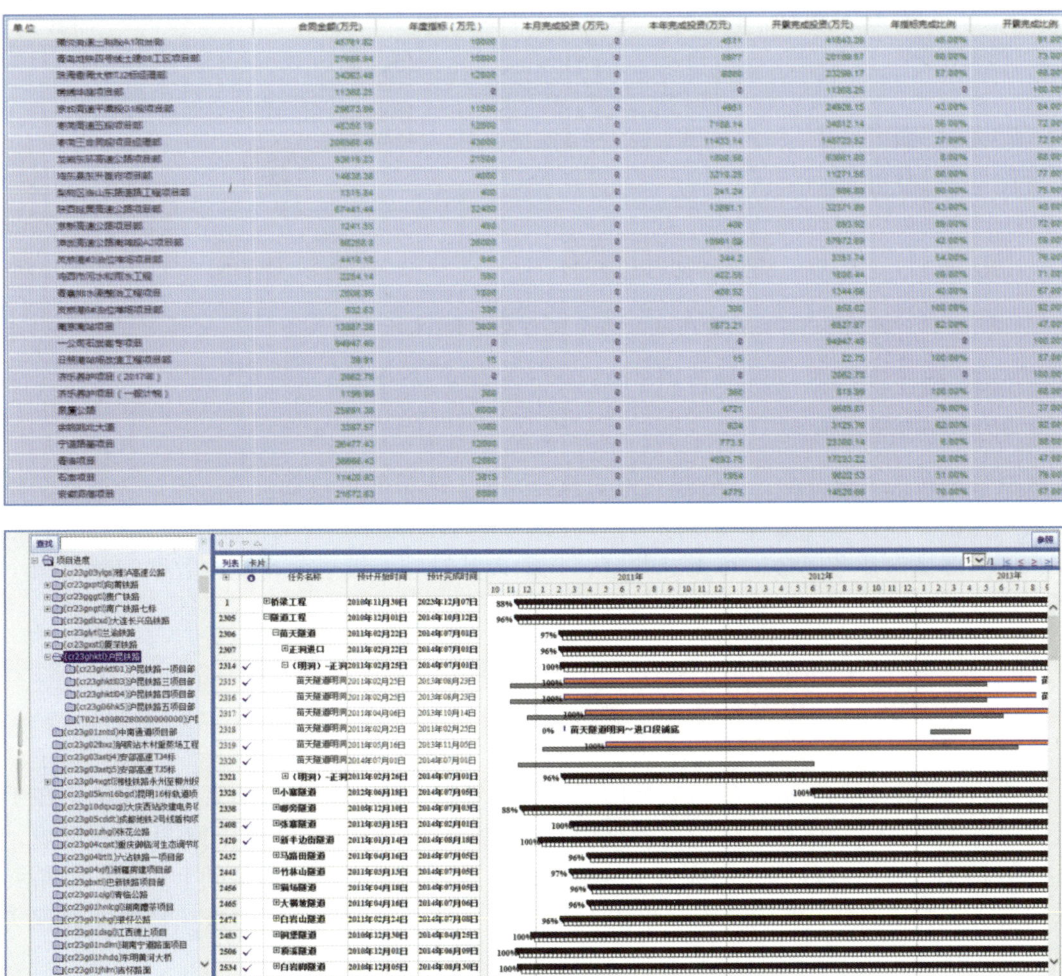

图 4-19-2　进度管理相关图表

5. 物资节超管理

以工程数量 0#台账管理 WBS 分解为基础，核定每个最末结构物对应物资设计应耗明细，从而实现根据进度填报由 EIM 系统自动统计已完工程对应物资应耗功能。工程数量 0#台账、责任成本、进度及物资节超管理逻辑如图 4-19-3 所示。

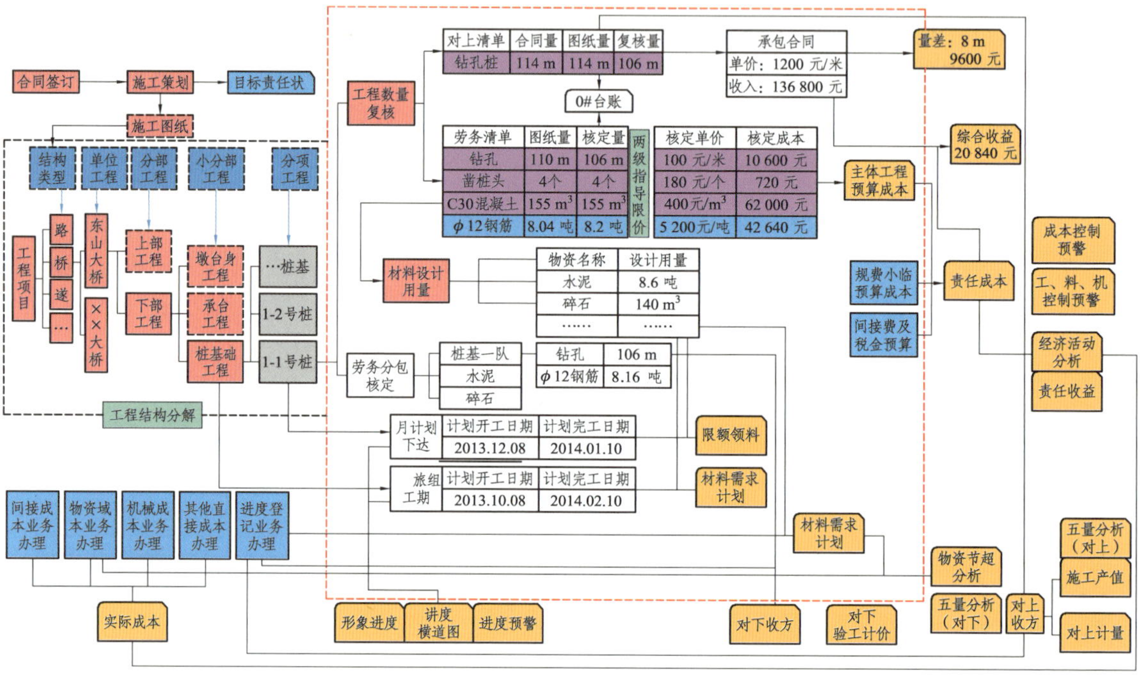

注：黄色底纹为系统自动归集/统计功能。

图 4-19-3　工程数量 0#台账、责任成本、进度及物资节超管理逻辑

6. 数据管理应用方案

数据管理按照“总分&交叉管理”模式执行，即，项目部可自动汇总、统计、查询全面数据信息（含各分部详细业务办理信息），各分部可汇总、统计、查询本部所有业务详细信息。此外，各分部横向业务间数据可无缝共享，且纳入其对应上级子公司统一数据管理范围（对应子公司可汇总、统计、查询其业务信息）。

19.4.2　智慧工地融合应用

1. EIM 系统+智能磅站系统（智能物料验收系统）

智能磅站系统为近年应用较为成熟的工地智能物联应用，其设计初衷及主要价值在于规范过磅业务、提高过磅效率、保障过磅准确性，最大程度地杜绝过磅期间人为因素影响，如图 4-19-4 所示。本次在成绵苍巴项目上线该系统，拟在其原有价值的基础上，进一步拓展其纵深辅助管理价值，即，实现系统与集团 EIM 系统的集成，以此拓展对进场物料的远程实施跟踪，进一步优化提升过磅效率并实现多磅联网集中管理。

图 4-19-4　自动地磅系统

2. EIM 系统+混凝土质量监控系统（混凝土质量云监系统）

混凝土质量监控系统的主要功能在于其可实时采集并统计拌和站每盘拌和原料、配比及拌和方量。上线该系统的核心价值在于，在其与集团 EIM 系统实现集成后，一是可以实时对比分析拌和站每盘拌和料实际拌和配比与理论配合比、试验配合比的差异，对差异较大的及时发送预警信息，确保对将损失降到最低；二是可以实现对每种强度等级的拌和质量跟踪及汇总统计，使得预警可以根据一定时间段内按照混凝土强度等级综合质量情况进行预警，如图 4-19-5 所示。

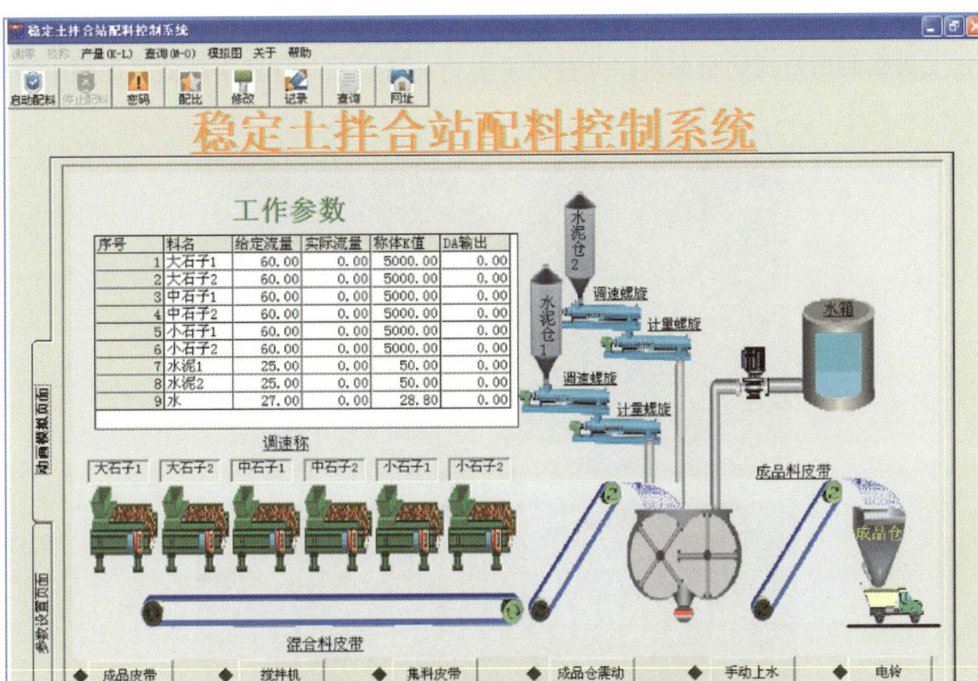

图 4-19-5　拌和站工业控制管理系统

3. EIM 系统+混凝土产能监控系统（混凝土产能云监系统）

混凝土产能监控系统的核心是实现对项目所有分部近 20 个拌和站，40 余个机组运行状态、产能、各强度等级混凝土均产数据的实时动态掌握，有效平衡各站资料利用效率，最优化调配拌和资源，满足全线混凝土的高效率供应，如图 4-19-6 所示。

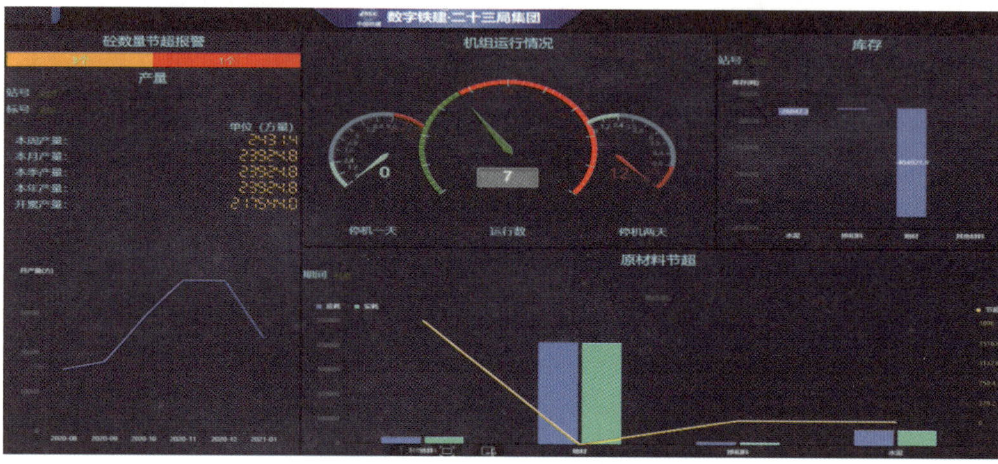

图 4-19-6　拌和站效能云监平台

4. EIM 系统+混凝土消耗监控系统（混凝土云联管理系统）

混凝土消耗监控系统的主要功能是基于实现 EIM 与拌和站工业控制系统的无缝级联集成，实现对拌和站全业务流程闭环管理，从而实现对项目各工程部位、分部分项结构物不同混凝土强度等级使用情况的全程跟踪及数据采集，并通过汇总计算实施监督混凝土消耗节超过程化管理，如图 4-19-7 所示。

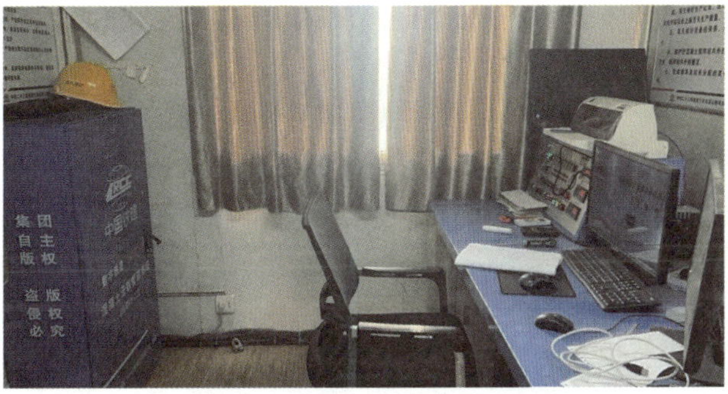

图 4-19-7　混凝土云联管理平台

5. 工地视频监控系统（工地视频云监系统）

工地视频监控系统主要实现对全线重点工区、工点、料场、施工部位等的全天候视频监控，对违规施工、进度滞后等情况进行及时处理。该系统需实现分级管理，即项目部可调看全线所有监控终端，各分部可调看本部所有监控终端。本次权限拟采用“移动+定点”混合监控方式实施建设，其中，“移动监控”指为每一名现场技术管理人员配置一顶带联网监控及实时语音功能的智能安全帽，监控中心可随意调看该人员所处环境实时视频并与之直接对话；“定点监控”即指在全线重点工区（梁场）、区间（隧）、工点（桥）、料场等布设全天候固定联网监控终端，监控中心可随时调看该终端现场实时视频（本次拟大部分布设 360 度旋转摄像头，监控中心可操作），如图 4-19-8 所示。

6. 项目视频会议系统

项目视频会议系统主要实现项目部与各项目分部视频会议的互联互通，同时实现项目部（含项目分部）与集团视频会议系统的互联互通。拟采用两套方案并行建设，一是采购与集团公司同品牌视频会议系统（不同品牌难以兼容）实施建设；二是在设备选型上，兼顾时下效果较为稳定的云视频会议系统，以满足不同场景下的网络视频会议需求。

图 4-19-8　工地视频监控系统

7. EIM+劳务实名管理系统

劳务实名管理系统可实现对项目劳务人员进出场管理、在场考勤管理、工资管理等全闭环管理，充分利用信息化手段，结合信息化管理系统及 GPS 定位终端，通过考勤岗亭、考勤挂箱及移动手机端考勤(现场人员须在 GPS 所定位工区范围内执行考勤方有效)等灵活方式，对进场在册民工进入施工现场后现场打卡考勤，由系统自动记录劳务人员在场信息、考勤记录及薪酬发放情况并按管理需求进行统计，全面实现对项目全线在场劳务人员情况的实时动态掌控，如图 4-19-9 所示。

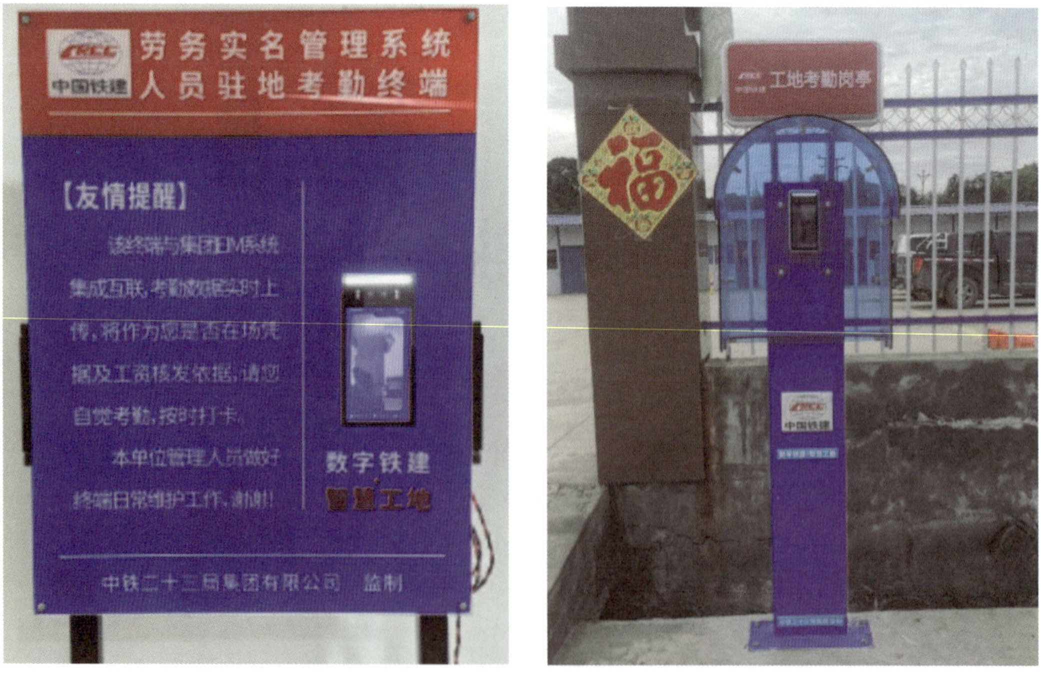

图 4-19-9　劳务实名管理系统考勤方式

8. 隧道人/车门禁系统

隧道人/车门禁系统涵盖人员、车辆进出管理，人员进出（实名刷卡/扫脸），车辆刷卡进出，可实时统计隧道内人员、车辆在隧情况。

危险告警系统。通过在固定危险区域绘制电子围栏或部署蓝牙定位信标，佩戴定位型智能安全帽的人员靠近该区域即告警，并播放语音文件，提醒作业人员远离该区域或安全作业，同时发送报警信息至管理后台系统，如图 4-19-10、图 4-19-11 所示。

图 4-19-10　隧道门禁管理系统蓝牙警示功能

有毒危害气体监控系统。通过采集隧道的瓦斯浓度、一氧化碳浓度及风机运行等参数，在地面中心进行 24 h 不间断监测，当以上参数异常的情况时自动报警并切断工作电源，达到隧道安全生产的目的（图 4-19-12）。

图 4-19-11　隧道门禁管理系统电子围栏功能

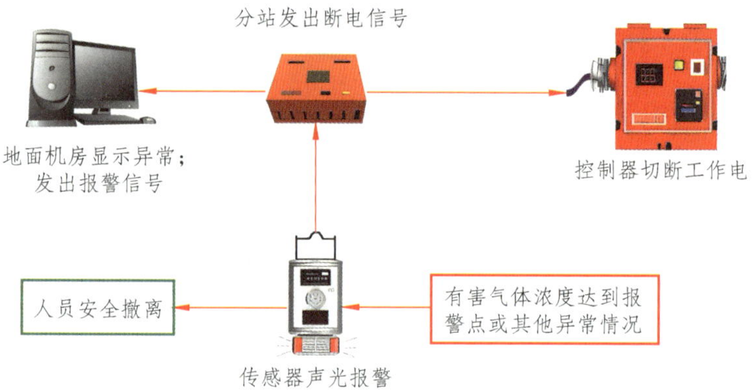

图 4-19-12　隧道有毒有害气体检测系统

9. 隧道人/车定位系统

通过架设隧道 Wi-Fi/Lora 及为在隧人员配置蓝牙信标，实现对在隧人员定位及轨迹管理（图 4-19-13）。

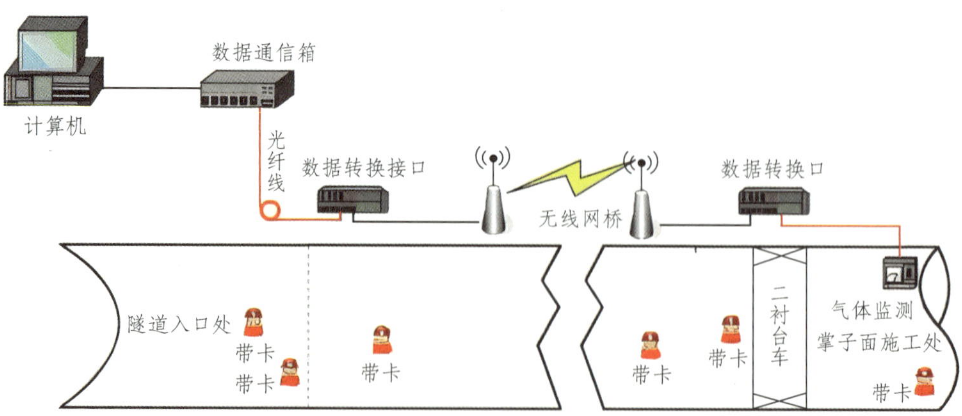

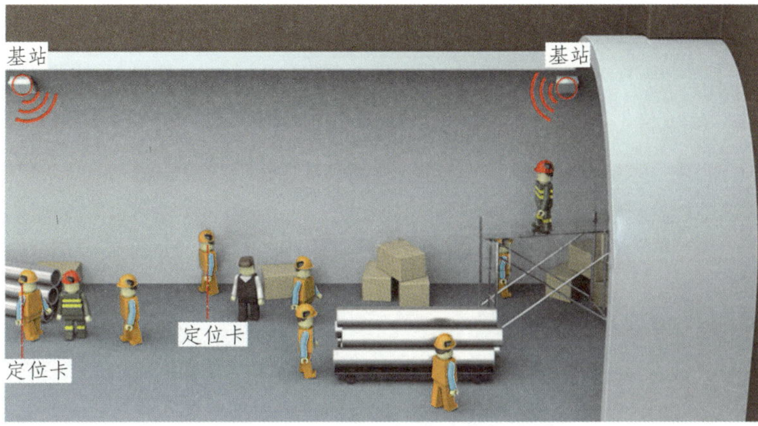

图 4-19-13　隧道人员定位管理系统

10. 施工机械监控系统

施工机械监控系统通过为所有进场自有/外租设备安装一个监控终端，即可通过该终端实时监控对应设备运转状态（停机/运行）、运行时间及运行轨迹，各终端可实现集中联网管理，即项目部/项目分部可实时查看全线/本部机械设备运转情况，如图 4-19-14 所示。

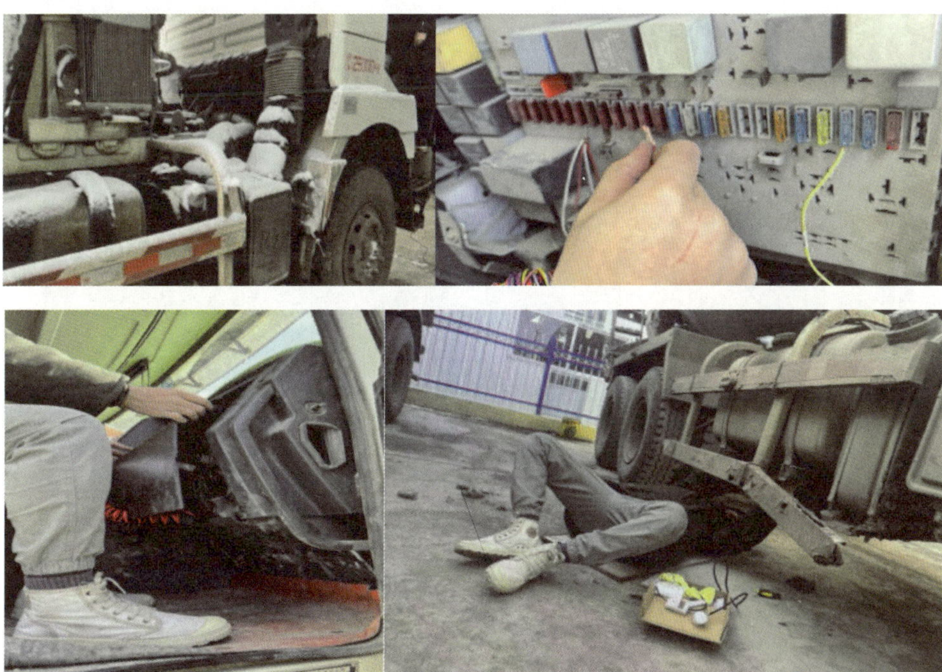

图 4-19-14　施工机械监控系统

11. EIM+人员在线巡视系统

人员在线巡视系统通过与 EIM 人员组织体系完整对接，实现对现场管理人员实时定位查询，在线发起语音、视频等通话，该系统可满足管理人员对现场情况实时视频巡检的需求，其相较于固定点位视频监控应用更为灵活。

12. EIM+BIM 进度管理系统

BIM 进度管理系统将 BIM 模型与 EIM 系统打通，实现 WBS 结构数据的互联集成，从而实现项目 BIM 线路规划及形象进度的实时三维展示，如图 4-19-15 ~ 图 4-19-17 所示。

图 4-19-15　BIM 地理线路规划管理

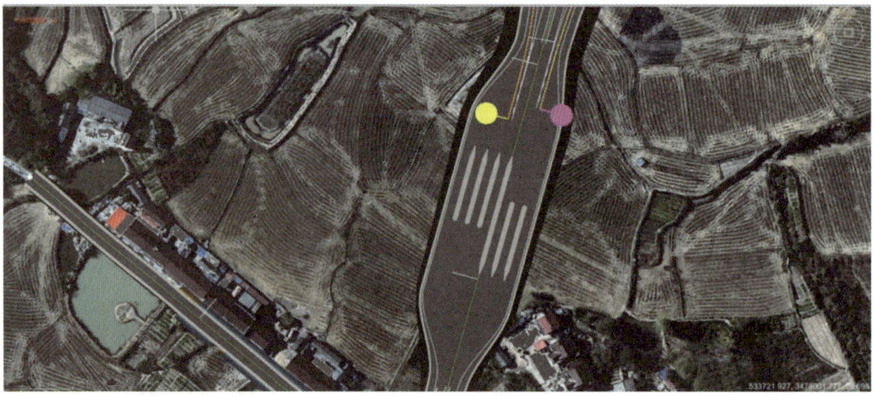

图 4-19-16　BIM 地理线路规划管理

图 4-19-17　项目 BIM 形象进度管理

13. 预制梁喷淋养护系统

预制梁喷淋养护系统通过为每个预制梁台座安装喷淋装置（走管、喷头等），由计算机系统按照预置喷淋程序自动为梁体执行喷淋养护。相较于人工喷淋，自动喷淋系统喷淋更均匀，喷淋质量更高，养护效果更好，同时节约人力成本。如图 4-19-18 所示。

图 4-19-18　梁体自动喷淋系统

14. 智能预应力张拉系统

智能预应力张拉系统主要通过预设张拉数值后由系统自动对各公路/铁路梁实现智能张拉，可打印或输出每片梁张拉数据，在减少人力的同时，可更好保障张拉质量（该系统暂不可实现联网集成管理，每套独立运行），如图 4-19-19、图 4-19-20 所示。

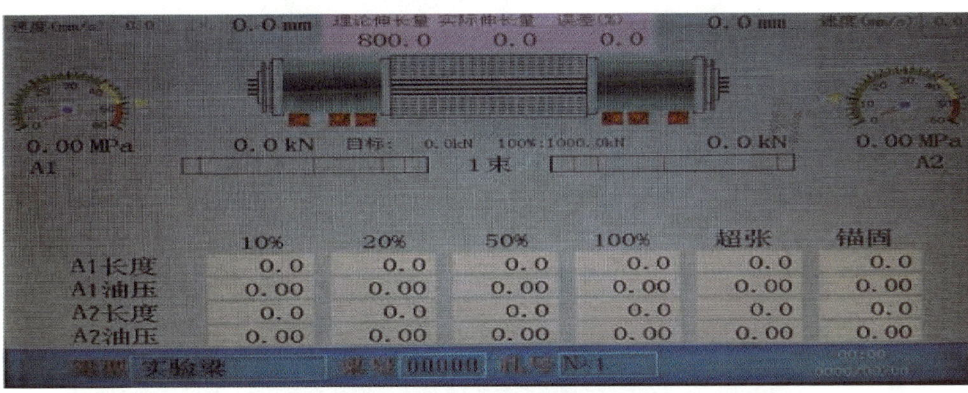

图 4-19-19　预应力张拉系统

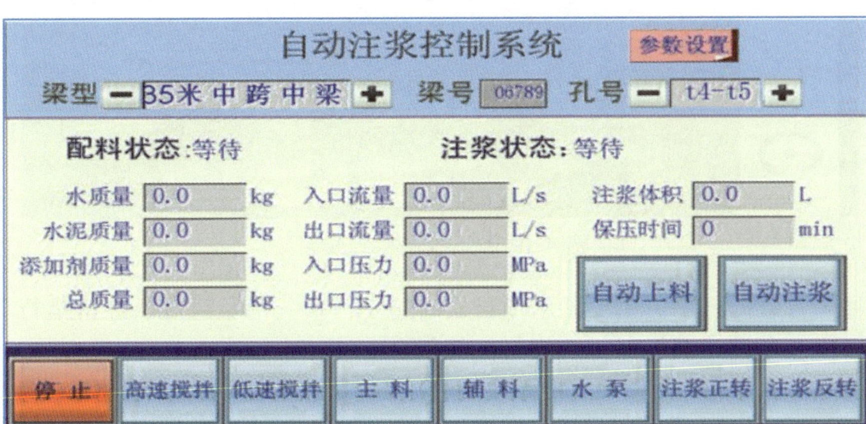

图 4-19-20　智能压浆系统

19.4.3 大数据分析实施方案

1. 展示布局

项目部信息化管理中心电视墙+分部 LED 大屏展示。其中，项目部展示数据为成绵苍巴全线工程各项指标数据；分部展示数据为本部各项指标数据，如图 4-19-21 所示。

图 4-19-21 信息化管理中心事例图样

2. 展示内容

（1）视频监控数据展示。以 GIS 地图方式展示视频终端，分级展示，监控人员可随时通过地理位置/工区/人员/终端名称等调看现场实时视频，如图 4-19-22 所示。

图 4-19-22 视频监控平台

（2）项目运营数据展示。主要展示项目实时施工产值、形象进度、经济运行、成本消耗（工料机费）、资金存量、现场存货（物料）等信息。

（3）拌和站运营效能展示。主要展示项目 17 个拌和站实时动态运营状况，含机组工作状态、各机组运行时长、拌和方量、各强度等级混凝土拌和方量等，满足项目对资源利用效能调控管理的需要，如图 4-19-23 所示。

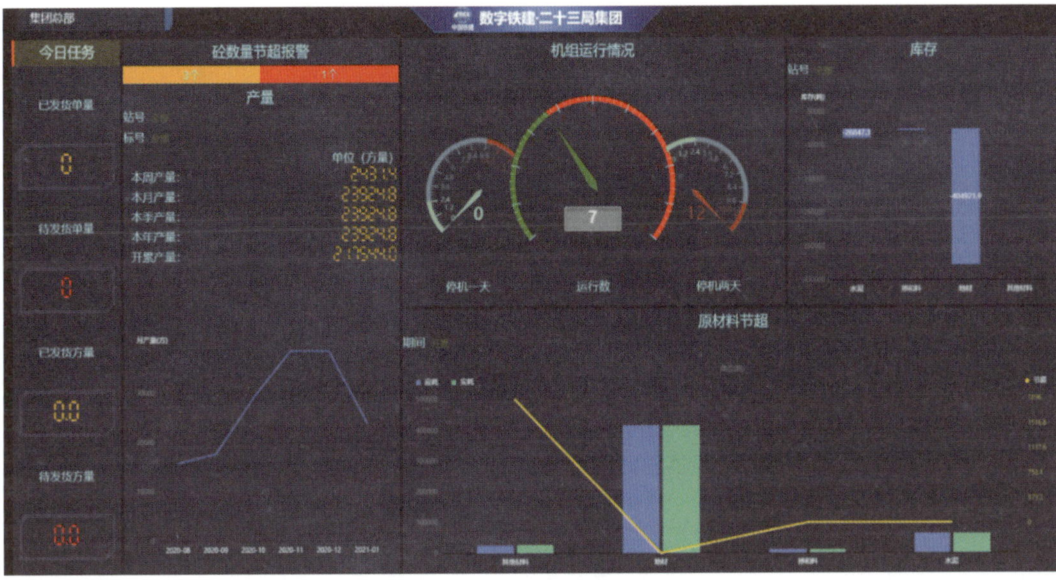

图 4-19-23　拌和站效能云监平台

（4）运输机械云监展示。主要展示项目运输机械设备实时动态运行情况，含启停机状态、运行时长、所在位置、运行轨迹、功效油耗等数据，满足项目对运输机械设备资源的利用效能调控管理需求。

（5）BIM 电子沙盘及形象进度展示。主要展示项目全线线路规划地理电子沙盘模型，全线重点工程形象进度展示等，如图 4-19-24 所示。

图 4-19-24　电子沙盘管理平台

（6）混凝土用量核算分析展示。主要展示项目全线各工程部位不同强度等级混凝土用量节超分析数据，满足项目对混凝土节超管理的实时动态跟踪，如图 4-19-25 所示。

图 4-19-25 混凝土云联系统手机端展示

（7）劳务实名管理数据展示。主要展示项目月度进、出场等人员信息，实时在场人员、工种、作业队信息，实时考勤信息等数据，满足对项目劳务实名管理的实时动态跟踪，如图 4-19-26 所示。

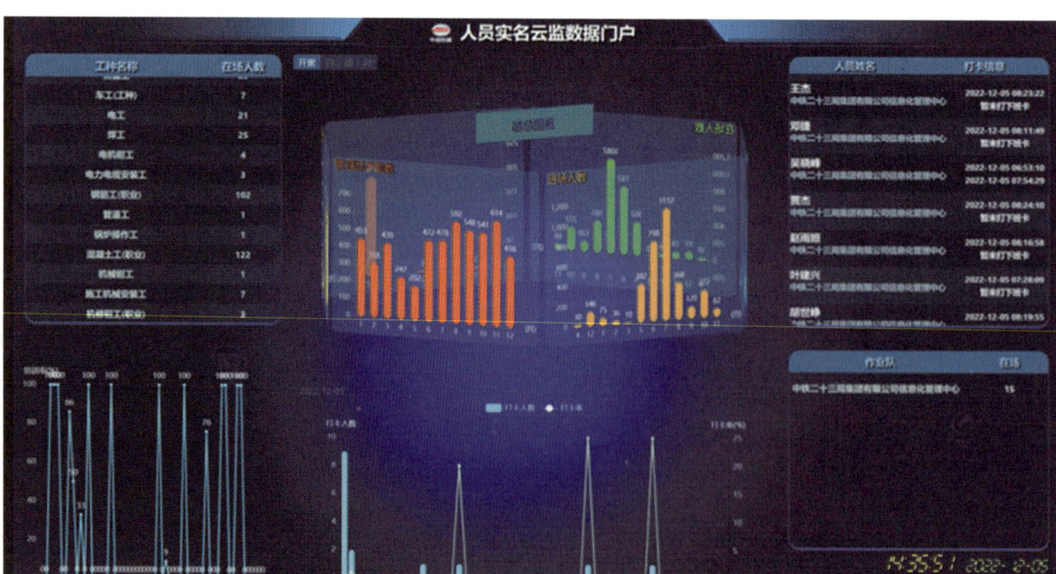

图 4-19-26 人员实名云监数据门户

（8）物资价格数据分析展示。主要展示项目全线各分部物资采购价格实时对比分析数据，满足项目对物资采购价格管理的实时动态跟踪，如图 4-19-27 所示。

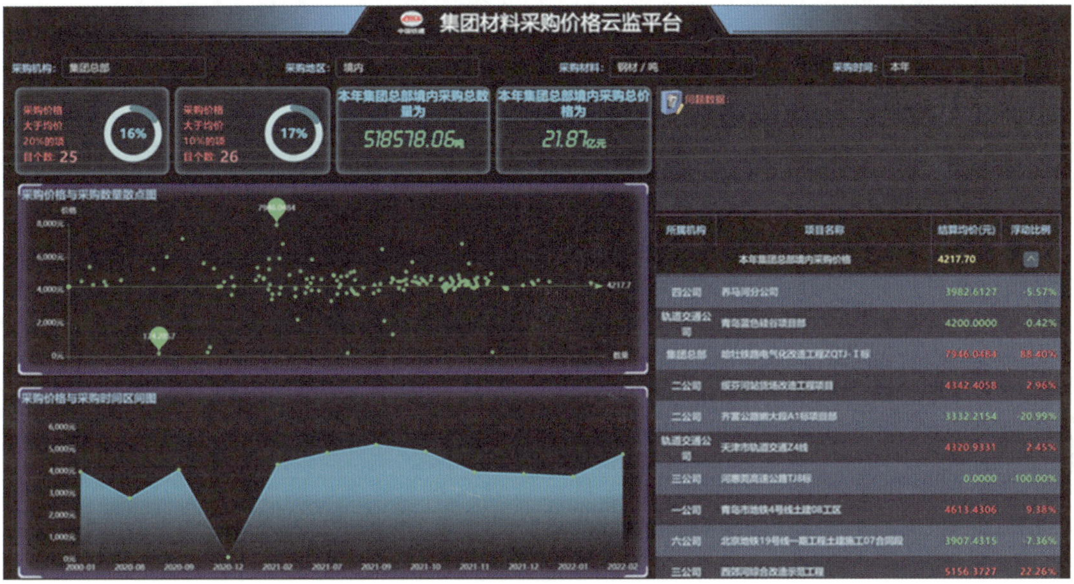

图 4-19-27　大数据看板

第20章　数字化建设保障体系

20.1　管理体系保障

20.1.1　组织架构

1. 项目经理部组织体系

成绵苍巴项目经理部自进场以来立即成立独立部门信息化管理中心，定编四人，主任一人，负责项目信息化工作及分部智慧工地建设督促管理等工作。受分管领导项目总工程师及项目经理直接管辖。并成立中铁二十三局集团有限公司成绵苍巴高速公路项目经理部网络安全与信息化建设领导小组，组长为项目经理、副组长为领导班子成员、组员为各实际业务部门业务负责人，网信领导小组是整个项目信息化建设的领导与决策机构，其主要职责为：

（1）负责项目部网络安全和信息化工作总体领导和决策。

（2）保障网络安全和信息化建设所需的资金、人员、设备与设施等资源。

（3）负责贯彻落实国家有关方针政策和工作部署，推进项目部网络安全和信息化工作。

（4）指挥和协调本项目重大信息安全事件处理。

项目部网信领导小组下设"网络安全与信息化建设领导小组办公室"（以下简称"网信办"），由信息化管理中心负责人任主任，其他部室负责人为办公室成员。

网信办设在信息化管理中心，为领导小组日常办事和执行机构，承担管理网络安全保护工作，承担各类信息化应用的组织、建设、管理、服务、维护等职能，具体如下：

（1）贯彻中央有关网络安全和信息化政策，执行法律、法规、规章和规范性文件，配合各级行政管理部门、上级管理机构改善和加强集团网络安全管理。

（2）负责项目部网络安全和信息化建设方案、计划的制定和实施。

（3）建立长效信息安全响应与处置机制，积极防范信息安全风险，及时发现和处理信息安全事件。

（4）负责项目部网络安全和信息化建设、应用的技术指导、培训、检查。

（5）负责项目部网络安全和信息化工作总体考核评价。

（6）了解掌握网络安全和信息化建设的新发展、新技术、新应用，为项目部网络安全和信息化建设提供技术支撑。

（7）做好项目部网络空间安全保卫，收集网络安全情报信息，了解敏感时间、敏感事件，防止被窃取、破坏重要信息。

2. 各分部组织体系

各分部须针对本单位实际情况，成立本单位网络安全与信息化建设领导小组，并设立日常工作机构（须正式行文报项目部信息化管理中心备案）；同时，各分部网络安全与信息化建设组织体系至少应包含以下要素：

（1）网络安全与信息化建设主管领导（单位负责人）。

（2）网络安全与信息化建设分管领导（无特殊情况，应与项目部保持一致）。

（3）网络安全与信息化建设专（兼）职管理部门（应尽可能设置专职管理部门）。

（4）网络安全与信息化建设相关（成员）部门。

（5）网络安全与信息化建设专职业务主办。

各级业务部门，管理上服从本单位网信领导小组的指挥调度，业务上服从上级对口业务部门的指导与监督；在负责人兼任网信办成员的基础上，须指定一人作为本部门网络安全与信息化建设日常业务联络员。

各分部网信领导小组为本单位网络安全与信息化建设最高指挥管理机构，是项目部网络安全与信息化建设工作的执行主体及本单位网络安全与信息化建设工作的责任主体；应在项目部网信领导小组的统一领导下，按照项目部信息化建设的总体安排和部署，加强组织、合理安排、做好做实成绵苍巴项目信息化建设各项工作，并为最终应用成效负责。

20.1.2　规章制度

为规范化全面管理成绵苍巴信息化业务管理，全面推进成绵苍巴项目信息化建设，加强和规范信息化管理工作，不断提升信息化管理水平，依据相关管理制度，制定了《中铁二十三局集团成绵苍巴高速公路项目经理部信息化管理办法（暂行）》，并经项目经理办公会研究通过。

20.1.3　职责分工

1. 建设期职责

（1）集团公司。

集团公司负责系统功能调研、需求分析、技术研发及对工程公司核心专职人员技术培训，由总部工程管理部（战备部）、信息化管理中心联合各业务部门实施；

（2）工程公司。

工程公司按照集团公司统一建设标准及要求，全面负责系统现场规划、设备安装、联调调试及对现场操作人员培训等工作，由公司信息化主管部门联合业务对口部门实施。

2. 建设完毕验收职责

验收合格后，项目部、子公司和集团三方签字盖章验收，进行系统的正式移交，签署交接单等书面材料。该智慧工地系统建设正式完成。

3. 使用期“运维管”职责

（1）集团公司。

集团公司负责系统应用督导、日常管理、办法制定、成效反馈及考核等，由总部工程管理部（战备部）牵头各业务部门实施；

（2）工程公司。

工程公司各对口业务部门严格按照总部职能管理部门要求使用好、维护好系统。

20.2 能力保障

20.2.1 自主研发能力保障

信息化自主研发能力是企业核心竞争力的根本保障。在企业信息化初级阶段，企业拥有自己的开发团队是在信息化建设初级阶段取得成功的保障因素，只有企业信息化达到了一定发达程度，才能走市场化道路。

自 2011 年起，集团信息化建设即确立了以软件公司建设实施运维为辅，全力夯实集团自主实施、自主运维能力的建设宗旨，尤其是在经历了 2018 年主营业务管理系统合作商因经营问题停止技术服务及系统运营支持导致集团多年心血付之东流的教训，让集团彻底摒弃了传统采购建设的应用模式，而是全力转向为自研为主、联研为辅的自主可控建设应用模式。为此，集团信息系统普及推广及实施应用的核心支撑力量得以不断孕育夯实，逐渐整理出了一套符合集团信息化建设实施应用的科学管理体系，包括组织管理体系、信息系统实施应用方案、信息化成效督导落实方案等；同时，集团信息化建设实施运维力量也完成了专业化、职业化转变，这些经验及人才沉淀，为项目数字化应用落地提供了有力保障，如图 4-20-1、图 4-20-2 所示。

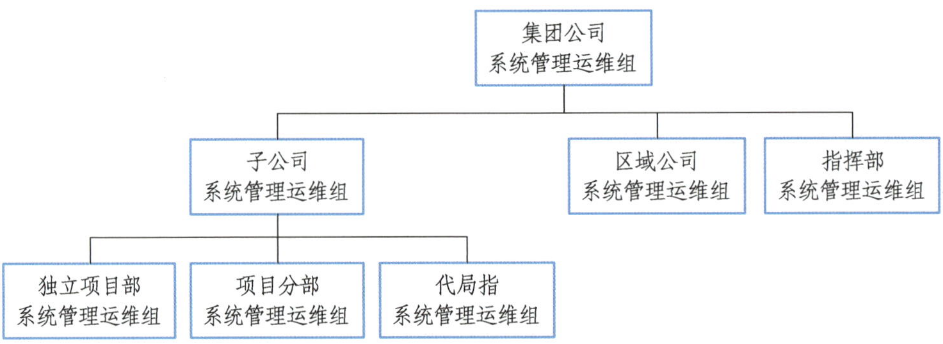

图 4-20-1　集团信息化实施应用组织管理体系

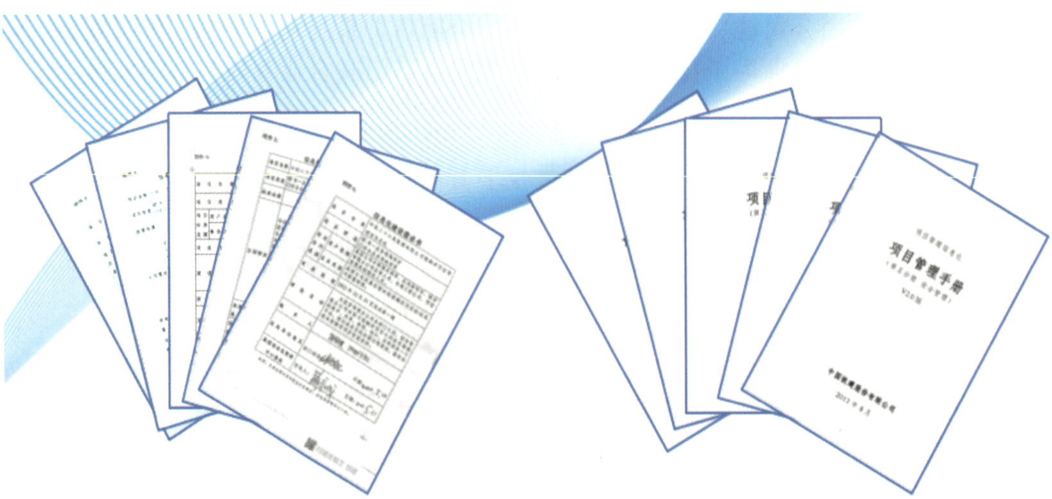

图 4-20-2　集团信息化实施应用及督导落实方案

集团已基本具备主营业务管理定制化研发、系统集成研发及物联应用系统研发能力，为成绵苍巴数字化建设应用向纵深拓展提供了有力支撑，如图 4-20-3、图 4-20-4 所示。

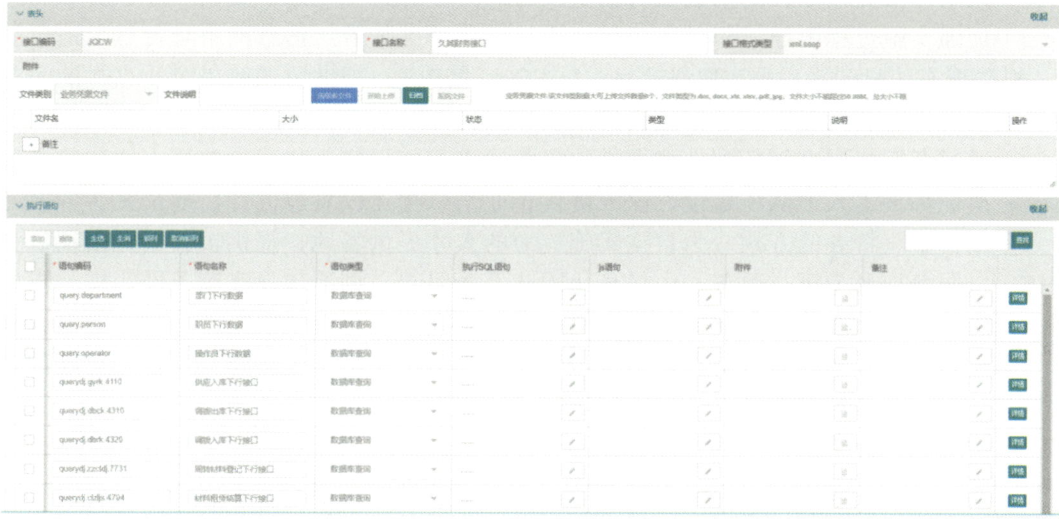

图 4-20-3　集团业财一体化数百个接口全部独立完成

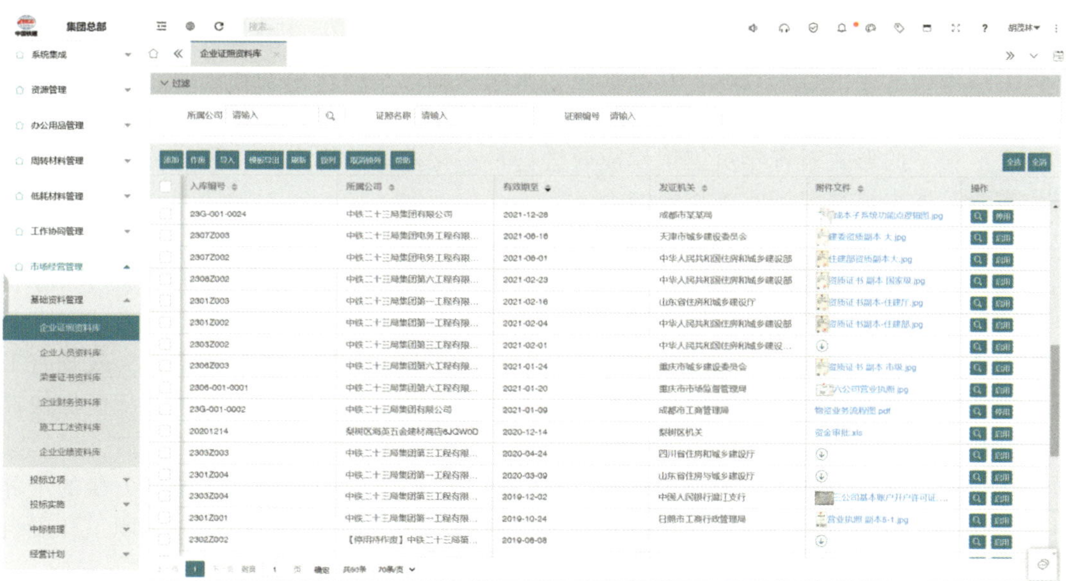

图 4-20-4　集团基于业务需要自主研发的经营业绩和证照管理系统

20.2.2　自主实施能力保障

为建设实施提供有力保障工作，信息化建设实施团队本着不断提高团队人才自主实施能力，为信息化、智慧工地建设提供强有力的人才支撑，推进项目信息化建设更好、更快地发展。

（1）加强载体建设，积极推进各类信息化建设、智慧工地建设。在全力推动自主实施的过程中，结合企业现状和信息化团队人才的短缺，制定新的举措，力争使自主实施能力提升到一个新高度，保障项目信息化建设得到有力实施。通过自主实施组织，制约问题得到解决，实现工作突破，为信息化人才的创新、创业搭建平台，创新信息化基础建设以及重点科研项目实施，集聚和培养人才，助推企业高质量发展。

（2）加强实施过程引导，积极搭建科技成果转化服务平台。信息网络与智慧工地建设相结合，根据现有信息建设手段，加强项目、人才等信息沟通，帮助协调解决企业存在的问题，为企业发展提供有利数据，加速推进提高企业生产力。

（3）通过开辟高层次创新型人才引进的绿色通道。加强信息化建设领军人才和信息化紧缺的高层次业务技术人才队伍建设，深入落实企业信息化建设发展方针，健全完善各项配套措施，采用特事、特办的方式，为自主实施能力的人才提供场地，提供机会。开拓项目引才新渠道，以服务项目为第一要务，由信息化团队牵头组织，创造建设实施条件，进一步拓展项目一线青年员工参与信息化建设，积极组织单位之间信息化建设实施竞争，开展项目联动合作，强化信息化人才、有效对接项目建设活动，吸引青年员工参与建设项目，提高信息化人才资源，进行针对性和有效性的自主实施建设。

（4）实战练兵锤炼工作本领。遵循核心业务“自己干”“干得精”，常规业务“干得了”“管得住”的原则，信息化团队在成绵苍巴项目部打造青年员工技能实训基地，定期组织青年员工进行信息化建设核心业务技能大练兵。基地建设过程中，智慧工地建设安装、位置选取、装置调试等基本工作在有经验的指导下均由青年员工自主完成建设。为牢牢把握核心信息化建设业务自主实施主动权，信息化团队将锻造青年技能人才队伍举措落实到现场，激励基层青年员工在现场工作中自查自纠、互查互纠，实现从基地实训成果到现场业务技能的转化。针对现场常见实施问题动态组织研究、开展建设实施大比拼，并以每月“建设实施小结+个人工作进度汇报”的形式对青年员工工作成效进行常态化检验。由老员工现场传帮带，青年员工操作实践，逐步提高现场实施作业能力。

（5）加大培养力度，开发和提升人才的实施能力。加强对紧缺人才的实施能力培养。针对信息化建设的现场实施的需要，加大对建设团队的指导和实用人才的培养。通过举办各类业务培训、系统培训、实操培训，相互交流，学习实践等方式，以培养信息化人才和专业技术实施人才为重点，以提高自主实施能力为目标，对实施人才进行开放式培养，鼓励有工作业务经验的与之进行交流，及时吸取现场实际业务理念和最新工艺施工要求，从而加快提升实施建设能力。

强化企业信息化管理人才的能力培养。以提升管理能力为重点，加快实施性力量的培养。引进专业建设人员进行培训，并利用远程培训，视频讲解，现场实操讲解鼓励职工开展自我培训。

20.2.3 自主运维能力保障

作为建筑企业，主要业务涉及移动互联网应用、计算机信息系统集成、软件设计开放与维护、物联网应用、数字化建设、智能化、安防监控运维服务等，信息化团队一直以来本着优质的服务及良好的运维能力，为了保证项目能够得到有质量保障的运维服务，建立了完善的信息自主运维体系和拥有专业的运维服务团队。公司大力整合项目资源，规范运维行为，确保服务质效，形成统一管理、集约高效的一体化运维服务质量保障体系，通过 QQ 群系统运维答疑，智慧工地建设现场运维服务，从而保障系统服务能有效、稳定、持续运行。

信息化运维团队本着服务至上的目标，保证用户现有的信息系统正常运作，降低整体管理成本，提高网络信息系统的整体水平。同时，根据日常维护的数据和记录，提供用户信息系统的整体建设规划和建议，更好地为用户的信息化发展提供有力的保障。

服务关键指标的建设，运维维护服务所涉及到的核心能力参数，在本部分中主要体现在人员、资源、技术、过程等四个方面。首先，确保提供运维维护服务的人员具备应有的能力，为保证故障响应、解决问题和使用结果可控，信息化运维团队在人员管理、岗位结构和人员知识、技能、经验、运维能力等方面达到应有的水平。

在人员储备方面，建立与运行维护服务相关的人员储备计划和机制，确保有足够的人员，以满足与业务的运行维护服务需求。建立与运维相关的培训体系与机制，在制定培训计划识别培训要求，并提供及时和有效的业务培训，运维技能培训。建立各机构运维服务相关的绩效考核体系，并能够有效组织实施。

专职信息化管理负责运维服务的工作，对运维服务中的不同角色在明确分工和职责定义，为了保障运维服务的顺利实施，在一个完整的运维服务团队进行实施，包括管理、技术支持、操作等。通过规划、检查运维服务的各个过程，对运维服务能力的策划、实施、检查、改进的范围、过程、信息安全和成果负责。在实际操作岗位上，运维服务中负责日常操作的实施，根据规范和手册，执行运行维护服务各过程，并对其执行结果负责。保证服务人员在运维服务过程中具备运维服务相关知识，包括基础知识、专业知识、综合能力、综合技能，高质量、高效率地在运维服务过程中发挥作用。通过运维工作，不断总结经验，关注运维服务的过程，提升运维服务人员具备所从事运维活动的经验，并具备一定的从事运维服务工作的资源。

使用有效工具实施和管理运维服务包括，监控设备、过程管理工具、专用统计工具及服务器，将可靠的数据通过联络网进行传递保存。并设定专人进行负责数据的复核工作，建立管理制度，进行过程的数据接收、记录、跟踪和反馈，以及日常运维工作的监督考核，确保具备和运维服务策划相适应的技术和手段。可以面对各种软硬件故障、风险及安全漏洞、新技术和信息化所提出的新要求，根据企业的发展趋势，具备发现和解决问题、技术储备以及研发、应用新技术和运维能力。

第 21 章　数字化建设实施

21.1　数字化建设计划

21.1.1　2019 年数字化建设计划

1. 年度总体计划

（1）为保障项目部上线后智慧工地的快速部署及应用，中心全力推进相关设施设备的市场调研及选型储备，主要设施设备的选型储备工作，具体如下：

①工地视频云监系统。计划对多中高中低档不同品牌监控设备产品实际测试，最终确定产品集成远程可视化管理平台，并对平台进行集中管控，统一操作。

②智能物料验收系统。该系统主要包括网络连接设备、视音频采集设备及信息处理设备选型储备。

③运输机械云监系统。该系统主要包含 GPS 信号传输器及超声波油量监测设备基本完成选型储备。

（2）全力推进 EIM 系统实施应用工作，项目部施工生产将全面展开，作为 EIM 系统将全面铺开应用，其中，办公 OA、HR 人力资源、工程进度、物资管理、设备管理、工程数量管理、责任成本管理及安全质量等功能都将全面实施执行。

2. 年度节点计划

（1）完成智慧工地各系统的设备选型及测试工作。

（2）组织展开 EIM 系统使用培训、宣传推广工作。

21.1.2　2020 年数字化建设计划

1. 年度总体计划

（1）全力推进 EIM 系统实施应用工作。本年度项目部施工生产将全面展开，作为集团主营业务核心管理系统（EIM）将全面铺开应用，其中，办公 OA、HR 人力资源、工程进度、物资管理、设备管理、工程数量管理、责任成本管理及安全质量等功能都将全面实施执行。

（2）全力推进业财一体化实施应用。此项实施工作作为集团 2020 年度信息化一项核心推进工作，项目部将全力按照集团公司统一部署，全力推进此项工作的落地实施。

（3）全力推进智慧工地建设。项目部作为集团智慧工地系统首个先行先试单位，将逐步落地实施工地视频云监系统、智能物料验收系统、混凝土质量云监系统、劳务实名管理系统、运输机械云监系统等的建设与集成。

（4）全力保障项目部本级网络安全及信息化设施设备维护。此项工作作为中心基础保障工作，将全力保障项目部网络安全及信息化设施设备稳定运行。

（5）全力推进项目数据分析平台建设。该项目核心整合项目部全线所有工程施工数据（进度、工料机消耗、经济运行等），对所整合的数据进行大数据分析及展现，实时在各级监控指挥中心动态显示，为领导决策、指挥调度提供数据支撑。

2. 年度节点计划

（1）明确部门管理职责及岗位职责，制定项目信息化工作推进计划及相关管理办法。计划 3 月底完成本工作。

（2）承办集团公司 EIM（企业综合信息管理）系统/业财一体化培训会。预计 2020 年 4 月底完成本工作，随集团 EIM 调试进度。

（3）督促各分部高标准完成智慧工地建设，包含智能物料验收系统、运输机械云监系统、劳务实名制管理系统等。能物料验收系统以不晚于各拌和站验收时间为限，其余模块视集团公司研发进度同步开展。

（4）承办集团公司（或举办项目经理部）智慧工地建设推进会。计划 2020 年 6 月底（或项目大面积开工前）完成本工作。

（5）按照集团公司制定的成绵苍巴项目要全面推进智慧工地建设的要求，分批组织各分部进度、成本、物资等业务人员到项目经理部指挥中心轮岗轮训，提升所属单位信息化管理水平。计划 7 月份（或项目大面积开工后）开始本工作，直至项目结束。

（6）做好项目经理部的网络安全维护、软件资产管理、业务部门配合，各分部的信息化绩效考核等日常工作。

21.1.3　2021 年数字化建设计划

1. 年度总体计划

（1）配合集团公司完成 EIM 系统工程数量+责任成本模块培训。

（2）协同工程部、计划合同部督促各分部推进工程数量+责任成本模块实施。

（3）完善智慧工地实施方案和推进计划，发各分部执行。

（4）配合集团公司开展各系统的试点，并督导各分部完成混凝土拌和站效能云监、工地视频云监、运输机械云监、隧道人车门禁、劳务实名管理、BIM 进度管理、混凝土消耗管理、隧道人车定位系统建设。

（5）收集智慧工地各子系统使用中发现的问题，并及时向集团公司反馈。

（6）出台项目信息化考核实施细则，并完成各项考核工作。

2. 年度节点计划

（1）项目计划于 2021 年 3 ~ 4 月举办了由局指工程、计划全体人员、各工程公司和分部相关部门负责人和业务骨干人员近百人参加的培训班，对工程数量、进度管理、物资需求、责任预算编制、工程承包合同、劳务分包合同管理等业务进行讲解，在 4 月底召开第 2 次培训班，讲解 EIM 系统操作并将前期准备的基础数据录入系统。

（2）项目计划建设智能物料验收、混凝土拌和站效能云监、工地视频云监、运输机械云监、隧道人车门禁、劳务实名管理、BIM 进度管理、混凝土消耗管理、隧道人车定位共 9 个系统，结合项目劳动竞赛方案，制定年度信息化建设实施计划表。

（3）局指计划在 2021 年 3～5 月期间针对智慧工地的各系统举办集训，对劳务实名管理、隧道人车门禁、工地视频云监系统的建设、使用、维护进行现场教学、演示和实操培训，各分部信息化专（兼）职人员参加。并形成相关系统《作业指导书》，督导各分部按节点工期完成建设任务。

21.1.4 2022 年数字化建设计划

1. 年度总体计划

（1）解决已完成建设工地视频云监系统的全线分部均存在的阴天、降雨导致的视频监控掉线等问题，计划在三分部永明枢纽 5 号点位进行的为期 20 d 测试工作，保证满足在持续阴天降雨情况下可持续供电。

（2）联合集团公司信息化管理中心在 2022 年上半年于成绵苍巴项目举办智慧工地系统硬件安装集训、软件系统使用培训及反馈交流会，针对集团自研的重点项目混凝土云联系统进行多角度、大范围地推广应用。及混凝土云联管理系统 V3.0 版本测试工作。

（3）提高 EIM 系统业务融合率，提高线上业务流审批效能，推进 EIM 系统业务功能使用。

2. 年度节点计划

（1）2022 年 3～4 月在 3 分部进行针对工地视频云监系统在极端天气的在线保障测试工作。

（2）2022 年 3～7 月期间于一、三、四、五、十四分部举办智慧工地系统硬件安装集训、软件系统使用培训及反馈交流会，和混凝土云联管理系统 V3.0 版本测试工作。

（3）召开信息系统业务融合推进会，进行流程及报表需求落实。

21.2 数字化建设实施

21.2.1 数字化平台建设

1. 综合办公管理

（1）资料借阅：覆盖到子公司等二级单位并完善使用范围。

（2）内控管理：实现对内控评价文档和贯标文档的管理。

（3）办公用品管理：实现办公用品的申请、登记、领用、盘点（折旧）等功能及对应各种报表的开发。

2. 工程进度管理

工程进度管控：实现进度登记（自动收方）。

3. 工程数量管理

工程数量控制：实现工程部门对施工图、责任成本、劳务分包、验工计价中工程数量上限的控制。

4. 项目物资、设备管理

（1）物资需求计划、采购计划：实现物资需求计划、采购计划的录入、审批等相关功能。

（2）物资节超分析：主要实现劳务队节超核算、分项工程节超核算、钢筋场、混凝土站等内部加工单位的节超核算、节超预警、混凝土节超核算［实际生产的混凝土量应消耗的原材料量（按配合比计算）与实际原材料消耗量的对比］。

（3）完善预警机制：包括合同预警、采购单价预警和超计划量采购预警，以及预警的通报、考核、处罚机制。

（4）周转材料管理：增加自有和租赁周转材料的管理，包含周转材料的登记、领用、摊销和租赁等功能。

（5）物资原材检验：采用系统打印的物资送检委托通知单与试验室相对接，试验检验结果报告以照片或扫描件的形式上传到对应物资材料的入库单中。

（6）采购发票管理：完成对供应商已提供发票的管理，并实现未付款、未到发票统计的功能。

（7）配比控制：实现对已批复配比的录入，并根据混凝土的发料量和配比计算物资原材的节超。

（8）到货登记：实现对未检已到现场材料的登记管理。

（9）限额领料：实现作业队限额领料的管理。

（10）物资台账：实现物资进料台账、检验台账、限额领料台账、物资动态台账等各种台账的管理。

5. 项目成本管理

（1）计划成本：保证系统中计划成本归集的准确性，以及责任成本与分包科目的对应关系。

（2）企业定额：实现企业定额的录入和维护，最终实现动态企业定额，在系统中实现工料机应耗量的计算。

（3）成本对象管理：按照不同的成本归集方法划分出可以通用的成本对象以满足各种方法的成本归集。

6. 项目安全管理

完成与工程施工计划及进度的关联，实现危险源的辨识、评价与预警。

7. 项目质量管理

（1）QC（质量控制）成果评审。

（2）优质工程评审。

（3）计价质量控制。

（4）混凝土试件合格率体现。

（5）完成与工程施工计划及进度的关联，实现质量控制要点的辨识、评价与预警，如图 4-21-1 所示。

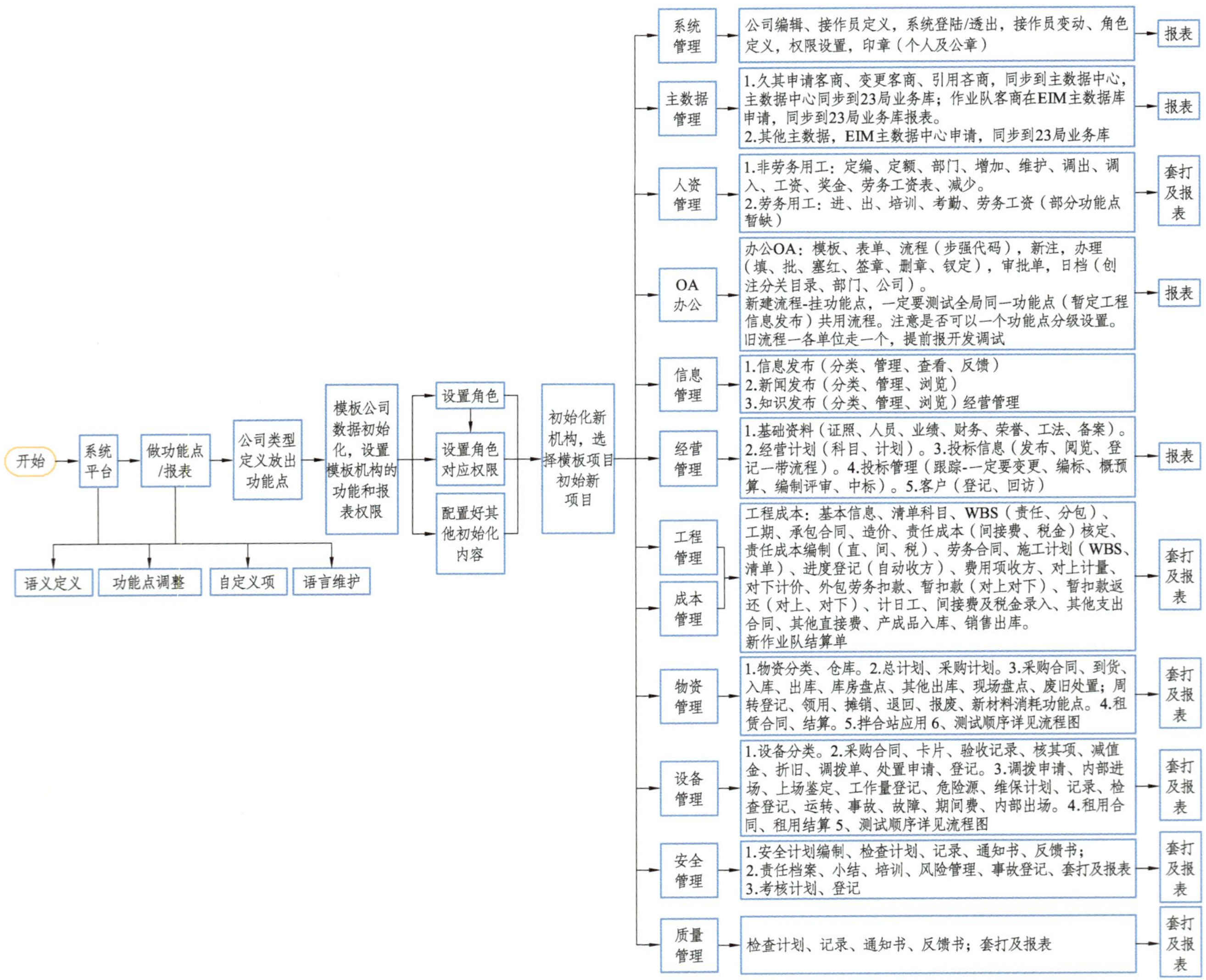

图 4-21-1 EIM 系统功能模块

21.2.2　智慧工地系统建设（N）

1. 智能物料验收系统

（1）与集团公司确定系统试点安排。
（2）确定试点项目，试点计划。
（3）沟通协调确定设备采购及到货安排。
（4）调研并确定现场具备试点建设条件。
（5）开始第一批试点工作。
（6）编制作业指导书及系统操作手册。
（7）组织展开人员培训。
（8）第二批试点建设工作。
（9）编制下发系统管理制度。
（10）跟踪系统使用情况反馈。
（11）组织需求研讨分析并上报集团。
（12）系统更新维护。
（13）更新完善系统操作手册。

2. 运输机械云监系统

（1）各分部上报建设计划。
（2）沟通协调确定设备采购及到货安排。
（3）调研并确定现场具备试点建设条件。
（4）组织展开人员培训。
（5）开始第一批试点工作。
（6）编制作业指导书及系统操作手册。
（7）下达各项目建设节点计划。
（8）跟踪督导各项目自行建设情况。
（9）编制下发系统管理制度。
（10）对物资部进行系统移交。
（11）编制下发系统操作手册。

3. 混凝土云联管理系统

（1）与集团公司确定系统试点安排。
（2）确定试点项目级试点计划。
（3）沟通协调确定设备采购及到货安排。
（4）调研并确定现场具备试点建设条件。
（5）开始第一批试点建设工作。
（6）跟踪系统使用情况反馈。
（7）组织需求研讨分析并上报集团。
（8）第二批试点建设工作。

（9）跟踪系统使用情况反馈。
（10）组织需求研讨分析并上报集团。
（11）组织展开人员培训。
（12）第三批试点建设工作。
（13）跟踪系统使用情况反馈。
（14）编制作业指导书及系统操作手册。

4. 劳务实名管理系统

（1）与集团公司确定系统试点安排。
（2）沟通协调确定设备采购及到货安排。
（3）调研并确定现场具备试点建设条件。
（4）组织展开人员培训。
（5）开始第一批试点工作。
（6）编制作业指导书及系统操作手册。
（7）下达项目建设节点计划。
（8）跟踪督导各项目自行建设情况。
（9）编制下发系统管理制度。
（10）编制下发系统操作手册。

5. 工地视频云监系统

（1）与集团公司确定系统试点安排。
（2）确定试点项目级试点计划。
（3）沟通协调确定设备采购及到货安排。
（4）调研并确定现场具备试点建设条件。
（5）组织展开人员培训。
（6）开始第一批试点工作。
（7）编制作业指导书及系统操作手册。
（8）组织展开人员培训。
（9）第二批试点建设工作。
（10）编制下发系统管理制度。
（11）下达各项目建设节点计划。
（12）跟踪督导各项目自行建设情况。
（13）对安监部进行系统移交。
（14）编制下发系统操作手册。

6. 混凝土质量云监系统

（1）与集团公司确定系统试点安排。
（2）确定试点项目级试点计划。
（3）沟通协调确定设备采购及到货安排。
（4）调研并确定现场具备试点建设条件。

（5）开始第一批试点工作。
（6）编制作业指导书及系统操作手册。
（7）组织展开人员培训。
（8）第二批试点建设工作。
（9）编制下发系统管理制度。
（10）跟踪系统使用情况反馈。
（11）组织需求研讨分析并上报集团。
（12）系统更新维护。
（13）更新完善系统操作手册。

21.2.3　数字化建设项目实施

1. 项目实施资源管理

（1）集团统建项目，如图 4-21-2 所示。
（2）集团批建项目
根据实际需求自行采购。

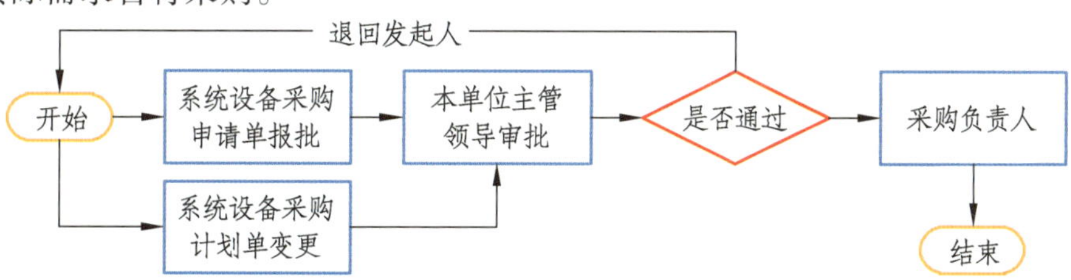

图 4-21-2　集团统建项目采购报批流程

2. 项目实施方案管理

1）集团统建项目
（1）上报主体：智慧工地系统实际使用单位。
（2）上报内容：按照 EIM 系统标准流程《智慧工地报建审批》表单内容填写。
（3）上报时限：上报集团总部时间不得低于实际进场实施前 20 个工作日（考虑定制设备生产、测试、物流及前期配置等），低于此时间集团将据情拒批或延期执行。
报批流程：为简化各单位报建流程，集团统建系统执行如下报建流程：
①集团直属单位。经本单位信息化分管领导审批同意后上报集团信息化管理中心审批；
②非集团直属单位。经本单位主管领导审批同意后报上级法人信息化主管部门审批，审批同意后上报集团信息化管理中心审批（图 4-21-3）。

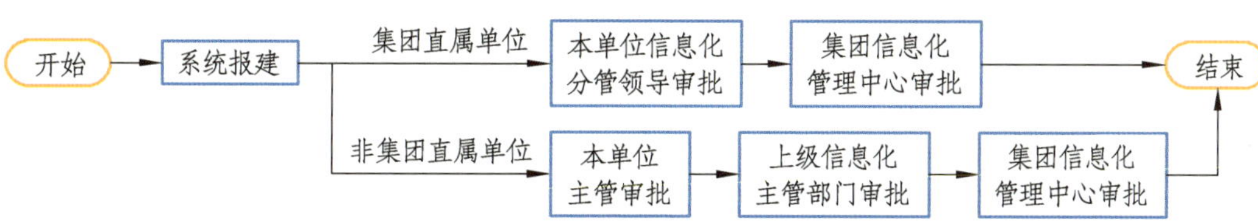

图 4-21-3　集团统建项目报建流程
注：局工指所属分部由局工指统一汇总呈报。

2）集团批建项目

按照集团既有制度执行（50 万以下项目必须报经所属法人审批并报集团总部备案，50 万及以上项目必须报经集团总部审批），需集团批建项目，必须形成专项报告上报，阐明该智慧工 地系统建设背景、业务需求、系统功能、使用价值、市场调研、拟合作单位概况及建设预算等内容，上报集团公司工程管理部审批。

3. 项目实施过程管理

（1）自研为主、联研为辅的自主可控建设应用模式。

（2）项目应在系统建设完成（实际完成时间）后一周内申请检查验收。

（3）验收合格后，项目部、子公司和集团三方签字盖章验收。

21.3 数字化建设考核

21.3.1 实施基础考核

（1）保障本单位职责范围内的系统运维业务系统正常使用，各负其责，各尽其职。

（2）拥有独立建设、运维各项智慧工地系统的能力，保证各系统建设完成后的验收通过率。

21.3.2 实施能力考核

对各信息化项目实施应用有明确的实施应用要求，有有效的督导措施及监督考核，能够保障各项信息化项目应用的有效落地。

第 22 章　数字化应用

22.1　数字化应用的原则与指导思想

22.1.1　数字化应用原则

为全面推进中铁二十三局集团有限公司成绵苍巴高速公路项目经理部数字化应用，故制定应用方面总体原则，首先明确数字化建设的指导思想，根据切实可行的路线进行试点应用阶段，从数字化各类系统（业务管理数字化、办公业务一体化、业务财务一体化、工程数量和责任成本、智慧工地）的落地试点，通过以点带面、明晰方向进行应用过程的反馈升级，更新迭代，过程中遵守“推融合，优应用”的基本守则，在稳步开展数字化日常业务基础工作正常开展的前提下，反手助推系统优化的研发与集成工作的推进，最终目的为通过各类业务数字化系统的应用过程形成一套完整的应用管理体系，明确数字化管理机构、职责、建设原则与流程、运行与运维管理等。

22.1.2　数字化应用指导思想

以习近平新时代中国特色社会主义思想为指导，全面贯彻党的十九届六中全会精神，积极响应股份公司“数字铁建”战略，按照股份公司“1236”数字化转型思路，坚持“业数驱动、统筹规划、统一标准、分步实施、互联共享、自主可控”的原则，持续推进“业务管理信息化”“办公业务一体化”“业务财务一体化”应用优化改进，加快推进智慧工地“物联一体化”建设落地，积极推进集团“一库四池”建设，深度挖掘数据价值应用研发，打造集团数据门户应用平台，推进集团数字化转型。

22.2　信息系统的应用

22.2.1　业务融合应用试点

1. 物资设备部（智能物料验收系统）

对于任何一项大工程，严格把控建材质量和数量都是重中之重，传统的物资业务是通过地磅称重人员手动录入数据的方式统计每一单收料情况，当每天都有几十上百车物料进入时，这种手工录入的方式就显得费时费力，久而久之必然会因人员疏忽导致数据有误或者单据丢失，从而对后续统计分析工作造成影响，严重的甚至会影响到工程质量。集团在综合考虑人员素质、施工现场环境、设备情况和网络稳定性各种因素后，对物料验收系统进行优化升级以便更好的适配传统业务的开展。数字化系统带来的业务模式改变是正向且优质的。智能物料验收系统的特点如下：

（1）智能物料验收系统代替了人工识别录入信息的过程，这个过程减少了操作员的工作量、提高过磅效率、有效降低甚至是避免了数据录入错误的问题。

（2）智能物料验收系统每条单据的生成都需要提供完整真实的数据，首先系统会自动获取外设设备读取的相关信息并自动生成数据，其次需要操作员补全其他必要信息才可最终生成单据，而生成的单据会及时自动上传至监管平台并在本地留下可查阅记录，因此每一条数据都是信息完整且可重复导出查看的。

（3）智能物料验收系统具有报表一键生成功能，操作人员可直接将当天的收料数据直接复制到物资台账中，不仅节省时间，还能避免数据输入错误的情况。

2. 试验室（效能云监系统）

拌和站是一个工程项目里较为重要的生产机构，对于拌和站效能和混凝土拌和质量的有效监控能很大程度地提升项目的产值并降低生产成本。传统拌和站管理模式中，材料进出仓管理、机组拌和生产、混凝土数据对比分析等各项工作都是独立作业独立核算难以实现数据互联互通，需要在每天结束工作之后依靠人工统计完成数据整合工作，不仅工作效率低下而且在数据准确性上更无法保证。集团自研自建的拌和站效能云监系统则有效解决了该问题，该系统主要由拌和机组终端监控程序、物联网数据传输模块及配套网络传输组件构成，通过实时读取拌和机组运停状态、每盘混凝土实际拌和配比、骨料称重等信息，实现对拌和站效能及混凝土拌和质量的有效监控。引入效能云监系统之后，拌和站的管理模式和生产效能都得到了提升。效能云监系统特点如下：

（1）全面系统的混凝土拌和产能统计，从进料仓到拌和机组按照生产对应的机器型号全方位自动统计产能，实时记录拌和工作避免人工统计产生错误的情况发生，大大优化了站内人员工作和作业机组运行管理。

（2）拌和运行状态监控，对拌和站机组开停状态实时监控并自动统计运停时长，监控人员可以实时了解拌和工作进度做出调整提高整体利用率，现场管理人员能合理安排人员和生产机组的时间优化拌和站效能管理。

（3）原材节超与混凝土质量监控，从进料开始严格统计每一盘混凝土实际原材消耗与理论配比进行对比，并按照预设阈值发布预警，管理人员可以动态掌握拌和站每日生产节超情况方便实时做出调整以达产能最优，严格把控所有产出混凝土的质量，提高拌和站安全质量管理水平，为整个项目安全优质的工程奠定基础。

3. 工程部、试验室（混凝土云联管理系统）

集团每年都有上百个同时进行的在建重大工程，每天消耗的混凝土可以说是数不胜数，因此严格把控混凝土的质量和数量对施工品质和成本都有着非比寻常的重要意义。2020年以成绵苍巴作为试点推广的混凝土云联管理系统在对混凝土生产消耗管理上取得了非常亮眼的成绩，该系统主要由拌和站PLA集成机柜、工控主机、中间数据服务器、工业控制系统及其他网络应用组成，旨在直接打通集团综合管理EIM系统与拌和站工业控制系统数据直连交互，从而实现自混凝土现场需求至运输到货全线上提任务、线上下配比、自动分配任务及自动锁定结构物实际消耗用量功能。通过对比传统拌和站和新型数字化拌和站运行管理模式可以发现，新型拌和站运行模式更加智能。混凝土云联管理系统的特点如下：

（1）提高任务响应时效，信息直连，业务闭环。传统拌和业务不仅操作繁琐还会因人为不确定因素导致失误发生，而融合新系统的拌和站通过提前录入不同型号的混凝土配合比信息，只需操作员确定所需混凝土型号便可由系统自动操作机组进行拌和工作，不仅节省时间提升工作效率更有效减少了人为失误的发生。

（2）快速生成任务综合信息，线上提示、线下单据、方便直观，传统出料单都是操作员手写，容易漏写错写部分信息影响施工进度，而新模式下系统可以直接机打生成混凝土出料单，上面集成了混凝土型号、方量、生产单位、使用部位、出仓时间、车牌等信息，不仅方便现场施工更有利于后期节超管控。

（3）部位消耗动态监控，跟踪混凝土消耗量，自动对比预设消耗量并实时预警，通过新拌和系统生产的混凝土各项信息都能实时上传至监管平台并在本地数据库保留备份，为以后经济活动分析工作带来便利，方便工程和物资部门随时了解过往信息方便施工方案的整改和优化。

（4）混凝土成本超耗监控，通过综合现场提单数据、本地出单数据和上传至 EIM 系统的三方数据统计情况，多维度监控混凝土节超，实现节超管控过程化，有效控制成本超耗。

4. 安监部（工地视频云监系统）

集团对所有在建工程的安全和质量一直都有着非常高的要求，不仅制定并实施了一系列安全施工标准和安全教育培训，对于施工过程中可能存在的一些不正当操作和不安全行为也定下了相应的处罚标准，可是仅靠现场安全人员的监督难免有遗漏，为减少安全隐患、提高工程质量、保障广大劳动者的生命安全，集团通过收集多方意见并对大多数施工现场进行考察，自研自建自维的工地视频云监系统正式上线了。该系统主要由集团视频云监平台及工地视频监控终端组成，集团所属各级单位管理人员根据不同权限管理查阅权限内监控端画面。其中，现场监控终端根据地域条件可选择有线/4G、线力电/太阳能不同组成模式，每个监控终端均采用高清可变焦摄像头，可覆盖方圆 1 km 左右监控区域，支持远程操控。以往的工地监控因为供电和网络问题可选择的点位很少、能探测到的区域很小，来往的运输车辆还会经常破坏电线和网线导致监控掉线，而监控画面也只能在本地呈现无法随时随地自由观看，这就导致监控无法发挥原有的作用。而集团研发的工地视频云监系统针对复杂的施工现场给出了良好的解决方案。工地视频云监系统的特点如下：

（1）简约无线设计，该系统利用太阳能电池供应电流、物联卡供应网络的方式有效解决了复杂施工环境下供电供网难的问题，同时也避免了有线电路容易被破坏的情况发生，减少管理人员检修次数降低运维成本，长期稳定地为施工现场提供高效的视频监控服务。

（2）全方位超清摄像头 360°无死角监控，音视频联合确保不安全行为及时发现、及时处理，协助现场安全员提升工地安全管理效能，帮助提高现场作业人员安全意识及行为规范，为员工安全和工程质量提供可靠的保障。

（3）足不出户掌握现场动态，使用该系统的授权用户可通过电脑手机下载 APP 的方式实时在线了解现场施工情况，通过远程指导的方式处理现场办公，提高工地文明施工水平、规范施工标准，运筹帷幄决胜千里。

5. 物资部、安监部（运输机械云监系统）

“兵马未动，粮草先行”，一个工程的建设不仅需要优秀的管理人员和先进的施工技术，其所需材料的运输路线就像一根根血管，只有确保养分达标，才能保证工程顺利地进行。对于物资和安全部门，运输机械的管理一直是安全生产工作的重中之重，而复杂的施工环境和相对偏远的施工点位使得传统的车队管理方式捉襟见肘，运输过程中的车辆很容易就会脱离管理人员的视线，其他人也无法了解车辆运输途中的动态，失去监管则会滋生很多问题。通过统计物资和安监部门关于运输机械管理的需要，集团以车辆定位、油耗、轨迹对比为核心设计出了一套运输机械云监系统。该系统由集团运输机械云监平台及终端 GPS 定位器、超声波油位传感器及 4G 数据传输集传模块三大主要物联硬件构成，核心旨在实现对所有监控运输机械启停状态、实时地理位置、期间运行轨迹、工时及油耗情况的实时监控追踪；系统目前用于全线拌和站罐车监控，由集团自主安装实施及运维，下一步，将进一步拓展其对车辆轨迹偏移、正反转、斗升举及安全警戒等监控功能。运输机械云监系统的特点如下：

（1）物资设备部能准确掌握每一台机械的运停情况，实时调整运输方案，科学调配车队资源，减少设备闲置浪费。

（2）预防偷油漏油，实时动态监控每台机械油耗数据，并对不合理的油耗数据发出警报，对偷油漏油行为进行有效管控。

（3）预防材料倒卖，实时动态监控每台机械位置，对长时间非正常点位停车行为发出警报，对倒卖材料行为有效监控。

（4）预防超速行驶，安监部门能准确掌握每一台机械运行时速，及时对超速行驶的车辆发出警报，确保运输过程中的安全稳定。

6. 安监部（隧道人车门禁系统）

众所周知，隧道工程的难度是所有施工工程里数一数二的，尤其是在环境复杂的山区，稍长长度的隧道工程更是面临诸多安全施工方面的挑战，为帮助解决隧道施工管理难的问题，集团通过全方位施工现场实地调研，收集整合各种施工方的不同需求，不断改进优化试点方案，将数字化和现场管理有机地结合在一起，着重考虑安全生产、作业人车定位和劳务实名，推出了隧道人车门禁系统。该系统主要由一套本地软件系统集成包括人行通闸、车行道闸、人脸识别机、通行信号器、车辆识别基站、户外/户内数字显屏、扩音系统等 7 大类逾 30 种物联硬件组成，核心旨在实现对隧道人、车通行实施规范管理，并对洞内人、车情况进行实时监控，提升隧道规范化管理及人员安全管理水平。该系统与劳务实名系统集成互联，人员进出自动记入考勤记录，与集团 EIM 系统数据共享互联。在使用该系统之前，因为隧道长度和光线问题，施工人员只是多走几步可能就进入了安全监督员的视野盲区，另外隧道中各种施工车辆来回进出也有一定的安全隐患，安监部需要派出多名安全员才可能勉强对施工隧道进行监督且效果不佳。在隧道加装了集团自研自建的人车门禁系统之后，现场施工管理水平明显得到了提升。隧道人车门禁系统的特点如下：

（1）通过设置人行实名通道和车行读卡闸机实现人车分流，并限制车辆行驶速度，为作业人员和车辆正常行驶提供安全保障。

（2）提升隧道车辆利用效能，实时动态统计进出洞车辆信息（含类型、编号、司机、进出时间、次数等）同步显示在户外数字显示屏上，让现场管理人员能够随时掌握各类工程机械位置实时调整施工方案，有效预防现场车辆窝工、惰工。

（3）辅助施工管理人员知悉隧道施工进度，通过对出渣、罐车进出次数统计，做到对隧道开挖施工情况心中有数，合理制定材料需求计划和车辆运停方案，帮助现场管理者提升施工管理效能。

（4）在洞作业人车信息统计（含人数、工种、姓名、进入时间等），实时更新数据在户外屏显和室内控制电脑上，使安全监督员面对偶发事件能及时作出反应制定合理高效的解决措施，为现场所有工作人员的生命安全提供有效的保障。

7. 财务部（劳务实名管理系统）

不积跬步，无以至千里；不积小流，无以成江海。不管再大的工程都是所有人一步一步从零开始做起直至完成，而所有人员中现场施工者的数量又占了绝大多数，做好一线人员的劳务管理一直是个难度很大的工作。以往对一线劳务人员的现场管理只能依靠计划部劳资专员人工监督和统计，因为人员基数大这样操作往往有很大疏漏，每日信息数据难以保证精确度，长此以往，数据失真会引发多方面的纠纷，不利于现场管理和工程进展。针对施工现场人员管理混乱的情况，集团上线了数字化劳务实名管理系统，该系统由集团 EIM 系统集成人脸识别摄像头、有线/4G 数据模块、劳务人员信息采集器、手机考勤及工地移动考勤岗亭等组成，核心实现对劳务进出场、在场培训、出工考勤及工资发放业务的全过程化、数据化闭环管理，在有效规范现场劳务管理的同时，亦有力规避可能发生的劳务用工纠纷；同时，还为集团沉淀可用优质劳务资源奠定数据基础。系统由集团自主研发，具有自主知识产权。该系统的上线使用是文明工地、智慧工地的标志。劳务实名管理系统的特点如下：

（1）根据国家相关规定，劳务必须实名管理，这既是对现场劳务人员生命安全的负责，也是对项目管理人员现场管理能力的考察。这套系统的出现使得现场管理变得方便快捷，数据准确性大大提高，节省了现场人工签到点名环节浪费的时间，提升整体施工效率。

（2）规范劳务日常管理，实现劳务进出、人脸考勤、工资、安全培训等在场全过程实名操作，方便计划部劳资专员进行每日劳务统计并留存记录，对劳务人员用工情况作出合理安排。

（3）减少劳务纠纷，劳务工资与在场时间、考勤情况挂钩，数据自动留存，计划部门可随时调取记录查阅当天详细用工情况，有效减少因工时问题造成的劳务纠纷，同时也能避免队伍给虚造劳务工发工资套取工程款，另外劳务人员银行卡信息也是直接接入系统方便随时查看，有效解决劳务工实际工资被拖欠等问题，提升劳务人员工作热情，确保工程高效进行。

（4）提升管理效能，该系统能自动识别身份证、银行卡及人脸信息，还可直接下载手机 APP 方便查询学习，有效提升劳资专员管理效能，为项目创效增收。

22.2.2　业务融合应用培训

按照集团信息化“全局一盘棋”总体部署，为切实提高各单位信息化业务融合及实施运维支撑能力，扎实推进信息化专业运维人才队伍建设，集团公司在 EIM 系统上线时各业务口进行了全局线上培训，每年还组织了多次 EIM 系统业务融合应用线上培训，对各单位专职信息系统运维人员、业务人员等进行了 EIM 系统业务融合、办公业务一体化、业务财务一体化相关业务培训。使得项目部能够充分了解系统中业务的应用，保证“业财一体化”工作的顺利运转，各单位设置了专职信息化运维人员，保障业务办理顺畅，集团整体运维质量得到巩固提升。

22.3 运维与功能开发

22.3.1 应用运维

1. 系统运行稳定性

包括主程序和数据库稳定性的测试，硬件上容易松动的地方进行检查加固；以分部、指挥部、集团公司信息中心或信息化专兼职人员为单位，将系统软件方面出现的问题进行及时记录，通过历史处理问题方式尝试解决，分部及时上报问题给局指挥部，局指能处理则通过远程或技术指导进行解决，否则联系集团公司相关业务组别进行问题分析及处理。整体形成一套完整的业务处理链条。

2. 系统性能优化

初始设定时在不影响正常使用的情况下提高或降低某些参数，定期检测系统运行情况并优化，集团公司信息中心不定期对智慧工地各类软件系统进行应用优化升级，采取远程操控或分部人员自行根据教程进行优化升级。

3. 系统兼容检查

利用 Windows Server 自带的兼容性检查软件，列出不兼容的硬件，特别是自研程序，若有问题需跟局指挥部信息化管理中心反馈，按层级上报集团研发团队协商解决。

4. 存储设备管理

系统每日产生数据量庞大，需自定义自动存储位置并定期清理已上传数据，数据备份应由专人定期完成、亦可采用计划任务的方式由服务器自动完成，由管理员按时检查删除冗余。

5. 交换机路由设备管理

设置专属交互网络，保证数据安全和传输速度，严禁私设和随意连接专用网络。

6. 端口管理与监控

端口兼容性检测和运行状态监测，手动禁用无关端口，确保系统正常运行。

7. 机柜、电源、网线布局管理

设备固定和防尘防潮处理，电线网线贴标识标签以便后续检修。

8. 软件升级与安全

关注官方公告及时更新系统，定期更新杀毒软件病毒库，不乱插移动设备，做好日常网络安全防护工作。

9. 用户管理

应有专人出具书面文档给系统管理员，该账户应由系统管理员控制管理，另外严格控制远程用户登录情况，禁止非办公地点登录。

22.3.2　需求研发

1. 软件开发专业团队

研发团队由专业领域博士牵头，硕士及本科以上软件专业相关人员组成，并拥有多年团队合作经验和大量软件开发成果，从根本上保证了软件研发工作的质量和效率。

2. 现场反馈

集团遍布全国的重难点工程，对数字化工地设备的需求是多样且挑剔的，因此准确把握用户对系统功能的各项要求是做好系统研发工作的必要条件之一。集团拥有专业的项目管理团队，能根据现场施工情况准确描述出对系统功能和特性的需求，从而更好地设计出具有符合特殊施工环境的专业数字化系统。

3. 硬件定制

施工现场环境复杂，对数字化现场管理设备的要求更是严苛，不仅要保证设备的功能齐全，更要确保流畅、长效地运行。因此，数字化硬件设备的定制是一个包含多方面考量的工作，需要精通现场施工和数字化系统管理的全面型人才才能完成，集团自开展信息化工作以来便着手打造综合素质过硬的智慧工地专业人才队伍，所选人员是拥有丰富的施工现场作业经验的信息化相关专业人才，并通过深入基层的实训与完整的系统培训课程相结合的方式，不断提升该队伍理论水平和实操本领，每一次新的硬件定制，该团队都会亲临一线进行调研工作，制定出通用、效果强且颇具特色的方案。

22.4　数字化应用情况

成绵苍巴通过企业综合信息管理系统（EIM 系统）管理各项业务。系统涵盖集团公司、子（分）公司、区域指挥部、工程指挥部、项目部等多层级业务管理，具体业务包括办公 OA、HR 人力资源管理、经营管理、合同管理、工程管理、物资管理、资产管理、低耗管理、成本管理、安全管理、质量管理等业务，如图 4-22-1 所示。

图 4-22-1　部分业务功能

22.4.1 总体业务应用情况

成绵苍巴项目智慧工地整体实施构架包括以下三个层面。

1. 终端层面

智慧工地在终端层面充分利用了物联网技术和移动应用，通过传感器、摄像头、定位器等相应的智能物联终端设备来全面透彻地感知建造过程中发生的一切真实数据，实现对工地的实时监控、数据采集及智能感知，并保证所有数据的真实性和及时性，为领导决策提供有力数据支撑，如图 4-22-2 所示。

图 4-22-2 终端设备展示

2. 应用层面

智慧工地要全面深入地采集施工一线数据，除了通过各种物联终端外，还需要配合适应现场环境的应用管理模式，关键就在于现场工作方式的改变。例如，对于现场施工人员，由以前的随意进出施工现场规范为现在的考勤打卡制；对于项目管理人员，由以前的手动记录数据、自行制作报表规范为现在的选取式录入数据、后台自动计算分析生成报表的管理方式。通过自动化与人工的结合提高数据获取的准确性、及时性、真实性和响应速度。

3. 平台层面

为了能够更好地利用智慧工地提高施工生产效率，除了在终端层和应用层进行有效数据采集之外，还需要搭建平台层来展示和分析各种业务数据。因此在整体构架当中，平台层就提供了高性能的计算能力以及低成本的含量数据存储能力。后台在对数据进行存储和高效计算后，将真正辅助管理的数据模型及关键模块展示在大数据一体化平台。因此就能够使项目管理人员更便捷，更快速地访问数据，从而实现高效的协同作业，如图 4-22-3 所示。

这三个不同的层面所承担的作用有所不同，充分利用这三层设备的协调和配合，才能够促使智慧工地真正发挥应有作用，从而构建更和谐更安全的作业环境。

目前成绵苍巴项目共投入使用集团自研智慧工地系统 5 套、项目与合作方共研系统 5 套，具体建设清单按照不同管理模块见表 4-22-1。

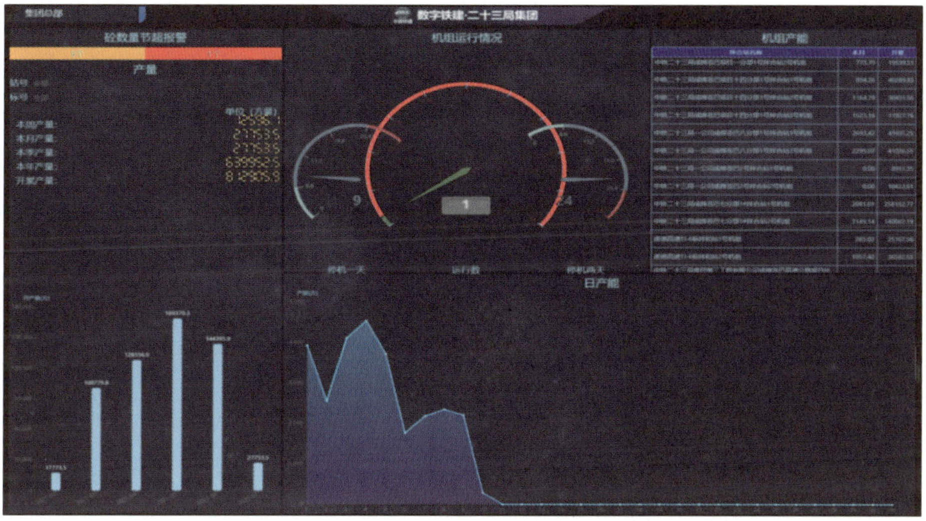

图 4-22-3　混凝土拌和站效能云监系统 EDP 门户

表 4-22-1　管理模块建设清单

管理模块	智慧工地系统名称	建设范围及数量
安全管理	工地视频云监系统（自建、自维）	1～17 分部/142（套）
	安全文明施工系统（与西南石油大学合作）	14 分部/1（套）
	隧道人车门禁系统（自研、自建、自维）	6～17 分部/67（套）
质量管理	混凝土拌和站效能云监系统（自研、自建）	1～17 分部/46（套）
进度管理	BIM+GIS 建管系统（与四川省公路院合作）	1-5 分部/1（套）
物资设备/成本管理	智能物料验收系统（自研、自建、自维）	1～17 分部/23（套）
	混凝土云联系统（自研、自建、自维）	3、4、5、14 分部/4（套）
	运输机械云监系统（自建、自维）	1～9、11～17 分部/119（套）
劳务管理	劳务实名管理系统（自研、自建、自维）	1 分部/1（套）
档案管理	电子档案管理系统（与启程公司合作）	1～15/1（套）

以上十套智慧工地系统可从不同管理模块及各类业务需求入手，更好地促进各方面工作联合管理，还能有效降低项目运营管理成本，使项目管理提能增效。

22.4.2　各业务具体应用情况

1. 安全管理业务应用

1）信息系统

信息系统可以进行检查计划、检查记录、整改通知书下达、整改反馈等的办理，实现安全质量控制 PDCA 闭环管理，并通过安全质量主页图形化的展示，可直观反映安全质量管理中问题发生的频率、频次，通过统计分析实时掌握现场安全质量问题发生的情况，加强预控。

通过安全隐患管理，实现项目隐患情况实时动态管控，加强过程安全控制；通过记录管理中安全技术交底，实现项目管理人员更有效地管理、查看、归档；通过事故管理，实现对项目所发生安全事故详细情况的登记、归档；通过安全培训，实现了项目管理人员、作业队、特种作业人员进场前、过程中培训的动态管理。通过考核管理，实现了本单位对考核对象安全管理落实情况的登记；通过危险源管理，实现了项目根据工程进度实时更新、销号的动态危险源管理。质量管理通过创优计划与措施管理为项目质量管理提供目标，通过优质工程登记、信誉评价登记、安质工作总结，对安全质量工作进行总结分析，积累经验以利再战。各流程及系统截图如图 4-22-4 ~ 图 4-22-9 所示。

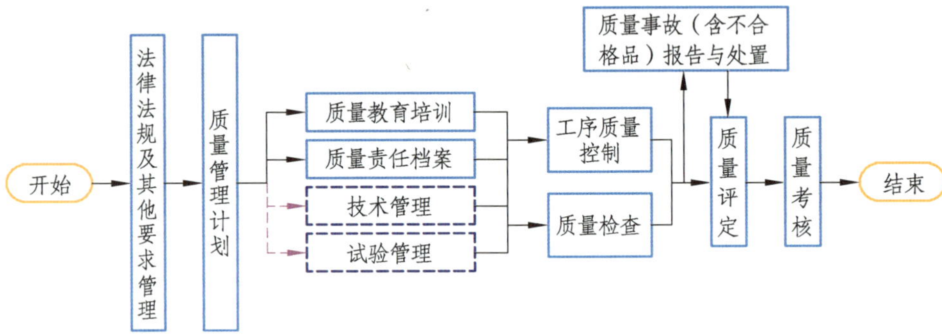

图 4-22-4　质量管理业务流程

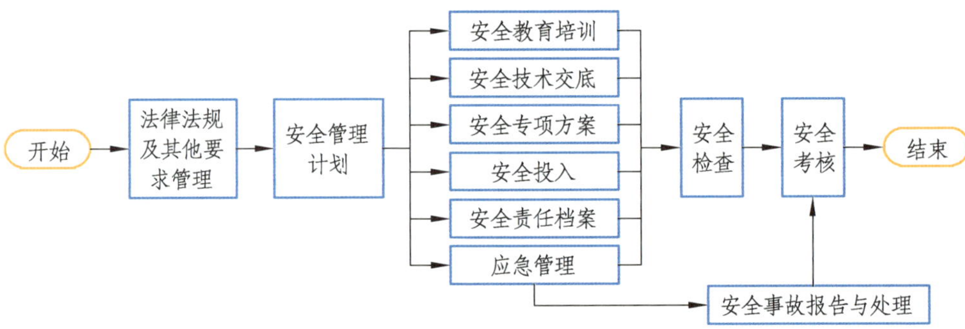

图 4-22-5　安全管理业务流程

图 4-22-6　安全培训

图 4-22-7　安全检查记录

图 4-22-8　隐患整改通知书

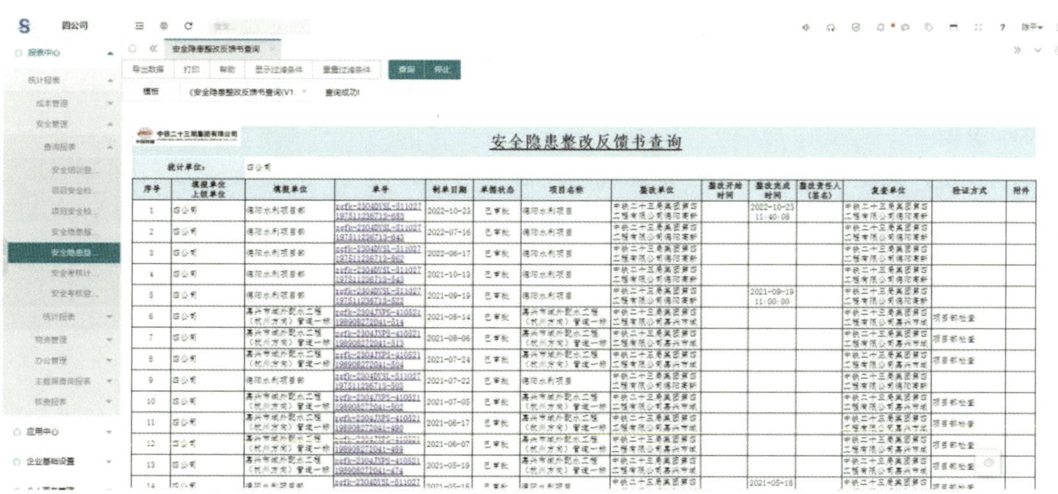

图 4-22-9　隐患整改反馈书

2）智慧工地

安全管理为施工单位的各项管理要点中的重中之重，数字化的应用对应该业务模块中主要包含智慧工地的三大系统，分别为工地视频云监系统、安全文明施工系统、隧道人车门禁系统；

（1）工地视频云监系统：该系统为成绵苍巴项目试点推广中应用最普遍、反响最好的系统之一，所属 17 个项目建设峰值点位高达 142 个，平均每个分部建立 8 个点位。

系统简介：该系统主要由集团视频云监平台及工地视频监控终端组成，集团所属各级单位管理人员根据不同权限管理查阅权限内监控端画面。其中，现场监控终端根据地域条件可选择有线/4G、线力电/太阳能不同组成模式，每个监控终端均采用高清可变焦摄像头，可覆盖方圆一公里左右监控区域，支持远程操控，如图 4-22-10 所示。

图 4-22-10 工地视频云监系统展示

核心价值：

①解放生产力：足不出户实时掌握现场动态。

②提高执行率：音视频联合监控，中枢指挥，远程指导，现场办公、及时解决。

③提升安全管理效能：不安全行为（措施）及时发现、及时处理，有效提升现场人员安全意识及行为规范。

④提高现场文明施工水平：提升标准化、规范化文明施工。

业务管理模式融合：

①局指挥部本级安全监督部按照时间节点对各类情况导致的工地视频掉线点位进行记录、跟踪、督促整改、通报；信息化中心负责提供相应运维业务的技术支撑。

②局指挥部本级安全监督部通过信息化监控中心对分部进行日常的安全业务巡检，并即

时形成相关的巡检记录台账，针对现场出现问题的点位分部，及时进行电话通报并视情况前往现场敦促整改。巡检记录如图 4-22-11 所示。

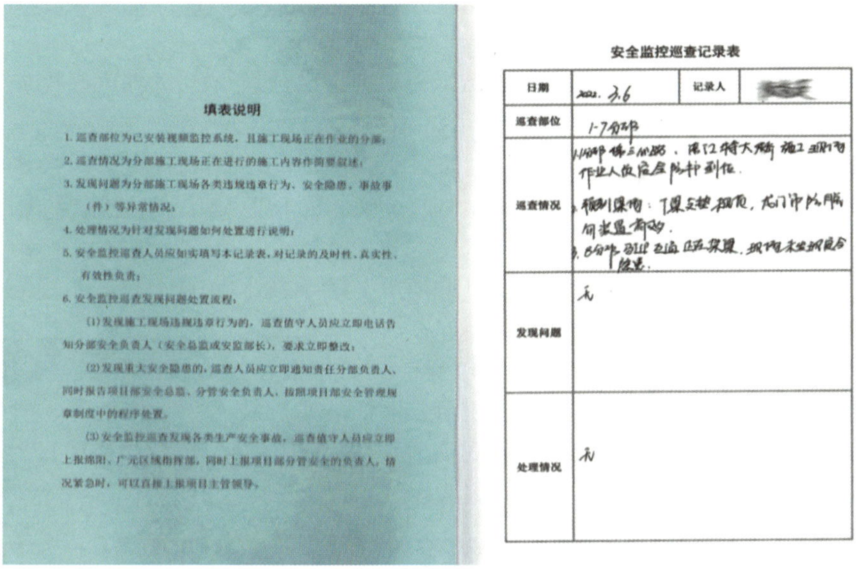

填表说明

1. 巡查部位为已安装视频监控系统，且施工现场正在作业的分部；
2. 巡查情况为分部施工现场正在进行的施工内容作简要叙述；
3. 发现问题为分部施工现场各类违规违章行为、安全隐患、事故事（件）等异常情况；
4. 处理情况为针对发现问题如何处置进行说明；
5. 安全监控巡查人员应如实填写本记录表，对记录的及时性、真实性、有效性负责；
6. 安全监控巡查发现问题处置流程：

（1）发现施工现场违规违章行为的，巡查值守人员应立即电话告知分部安全负责人（安全总监或安监部长），要求立即整改；

（2）发现重大安全隐患的，巡查人员应立即通知责任分部负责人、同时报告项目部安全总监、分管安全负责人，按照项目部安全管理规章制度中的程序处置。

（3）安全监控巡查发现各类生产安全事故，巡查值守人员应立即上报绵阳、广元区域指挥部，同时上报项目部分管安全的负责人，情况紧急时，可以直接上报项目主管领导。

安全监控巡查记录表

日期	2022.3.6	记录人	
巡查部位	1-7分部		
巡查情况			
发现问题	无		
处理情况	无		

图 4-22-11　安全监控巡查记录

（2）隧道人车门禁系统：集团自主研发，项目自建、自维。该系统为当下通用功能管理系统，主要实现对隧道人、车进出的安全规范管理及隧道内人员、车辆信息管理，降低隧道施工安全隐患并提高突发应急处理能力。已在所属 12 个项目 26 座隧道建成使用 67 套系统。

系统简介：系统主要由一套本地软件系统集成包括人行通闸、车行道闸、人脸识别机、通行信号器、车辆识别基站、户外/户内数显屏、扩音系统等 7 大类逾 30 种物联硬件组成，核心旨在实现对隧道人、车通行实施规范管理，并对洞内人、车情况进行实时监控，提升隧道规范化管理及人员安全管理水平。该系统与劳务实名系统集成互联，人员进出自动记入考勤记录，与集团 EIM 系统数据共享互联，如图 4-22-12 所示。

图 4-22-12　隧道人车门禁系统展示

核心价值：

①人车分流，降低行车安全风险。

②提升隧道车辆利用效能：实时动态统计进出洞车辆信息（含类型、编号、司机、进出时间、次数等），防止现场车辆窝工、惰工。

③辅助知悉隧道施工情况：通过对出渣、罐车进出次数统计，对隧道开挖施工情况心中有数。

业务管理模式融合：局指挥部本级安全监督部按照时间节点对各类情况导致的隧道人车门禁系统未正常使用进行记录、跟踪、督促整改、通报；信息化中心负责提供相应运维业务的技术支撑。

（3）安全文明施工系统：通过计算机视觉技术、医学技术为一体的工人行为信息化安全管控平台，旨在以信息化方式解决工程安全管控成本高昂的问题，集成医学技术于工人行为安全管控平台中，监测工人生理安全。目前已在 14 分部嘉陵江大桥完成试点工作。

系统简介：系统主要是由计算机视觉技术、医学技术等技术为一体的工人行为信息化安全管控平台；通过具备“安全风险识别-数据获取-数据分析-模型开发-结果验证”的计算机视觉数据采集传感器，实现工人安全的智能化管控，如图 4-22-13 所示。

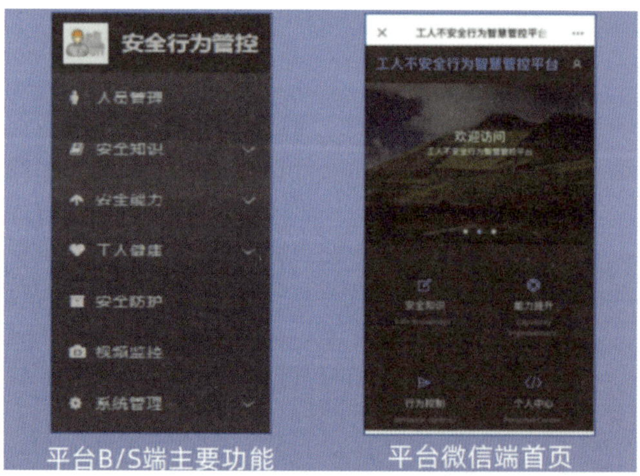

图 4-22-13　安全文明施工系统展示

核心价值：

①以信息化方式解决工程安全管控成本高昂的问题。

②以“能力评价—能力培训—能力考核”作为一个能力提升周期，实现工人安全能力提升。

③集成医学技术于工人行为安全管控平台中，监测工人生理安全。

④将工人外在不安全行为划分为“不安全防护—不安全动作—不安全位置”，设计并开发计算机视觉算法，实现工人行为安全的智能化控制。

2. 工程管理业务应用

1）信息系统

本系统主要包括工程项目基本信息、施工技术管理、工程数量管理、工程进度管理等功能；可以进行项目基本情况介绍、施组审批、工程量收方、施工小结、工程竣工等无纸化办理，实现了工程项目信息的实时查询统计及多维度统计的项目数量的图形化展示；指挥部可以实时了解整体项目分布情况及施工进展情况，为经营决策和项目管理提供依据。目前正在试点工程数量、责任成本管理体系的应用，能实现工程进度、工程数量 0# 台账、项目物资总需求、责任成本工程数量等管控，如图 4-22-14 所示。

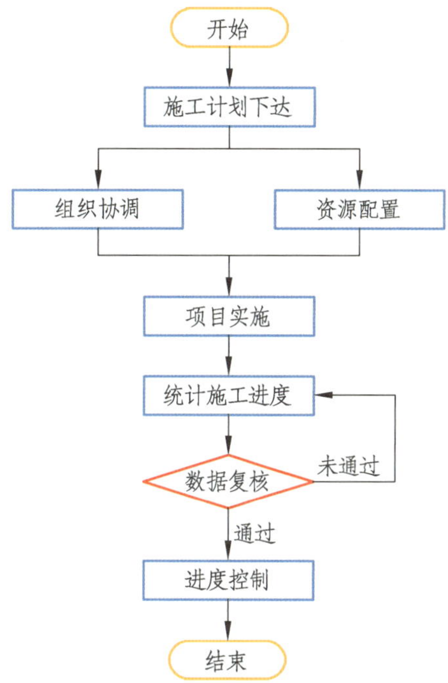

图 4-22-14　进度业务流程

2）智慧工地

工程管理也为施工单位的各项管理要点中的重中之重，该业务模块涵盖质量、进度、档案管理，数字化的应用对应以上业务模块中主要包含智慧工地的四大系统，分别为混凝土拌和站质量、效能云监系统、BIM 进度管理系统、电子档案管理系统以及 BIM+GIS 建管系统；

（1）混凝土拌和站质量、效能云监系统：该系统为成绵苍巴项目试点推广中自建拌和站项目应用最普遍的系统之一，成绵苍巴项目全线共计 23 个混凝土拌和站共 46 台机组，共计安装拌和站效能云监系 46 套，其中成绵段 8 套、绵苍段 32 套、苍巴段 6 套。

系统简介：该系统主要由拌和机组终端监控程序、物联网数据传输模块及配套网络传输组件构成，核心通过实时读取拌和机组运停状态、每盘混凝土实际拌和配比、骨料称重重量等信息，实现对拌和站效能及混凝土拌和质量的有效监控。系统数据与集团 EIM 系统共享互联，所有终端程序均由集团自主研发，系统建设实施均由集团自主完成，如图 4-22-15 所示。

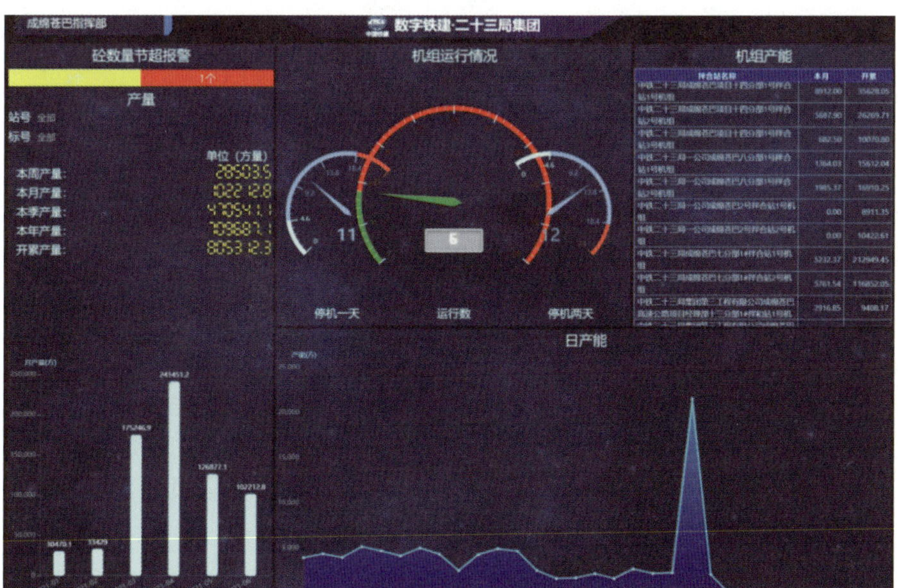

图 4-22-15　混凝土拌和站质量、效能云监系统图示

核心价值：

①混凝土拌和产能统计：按拌和站、机组、混凝土型号等自动统计产能。

②机组运行状态监控：对混凝土站机组开停机状态实时监控并自动统计运停时长。

③原材节超监控：自动统计理论配比与实际配比原材消耗。

④混凝土质量监控：自动对比分析每盘实际用量与理论量并按照预设阈值发布预警。

（2）BIM 进度管理系统：该系统为成绵苍巴项目试点推广中通过内部培训，分部人员自行建模搭建完成的一套对于进度管控起到可视化模式的系统，目前在 17 个分部已经进行应用推广。

系统简介：该系统为公司全力打造的 BIM 进度管理系统，系统分为标段项目层、多标段指挥部层和公司层三个层级，各层级管理层用户可通过大屏、PC-WEB 端、移动端三类端口实现企业级数据平台的应用。

系统旨在解决长大项目管理人员对进度全局难把控、进度表达不形象、进度表达媒介受限、数据不及时、信息不共享等问题。为项目管理决策者提供及时、准确、形象化的生产进度及资源数据，在任何时间任何地点可以对现场情况了如指掌、运筹帷幄。BIM 进度管理系统工点进度展示如图 4-22-16 所示。

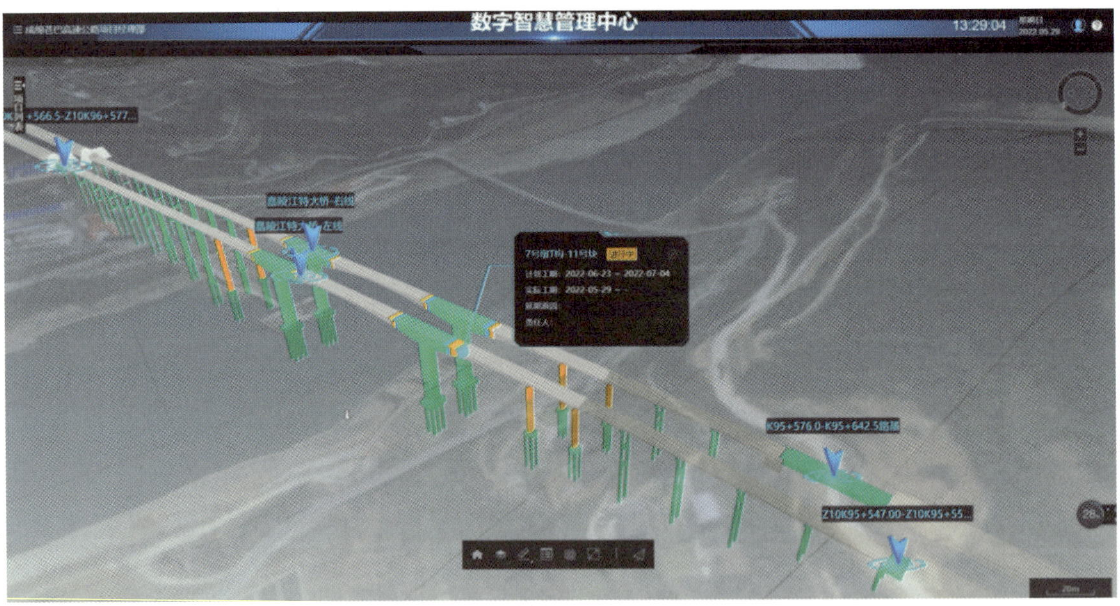

图 4-22-16　BIM 进度管理系统工点进度展示

核心价值：

①先进技术科学管理：采用 BIM+GIS、物联网、大数据等先进技术。

②进度形象化展示：基于 BIM 模型，对现场施工进度情况进行三维可视化展示。

③施工进度计划预警：根据逻辑关系、明确施工主线，实现进度预测计算、智能预警、自动通知。

（3）电子档案管理系统（图 4-22-17 ~ 图 4-22-19）：成绵苍巴高速公路项目是国家档案局第三批建设电子文件归档和电子档案管理试点项目，该系统主要由施工过程质量（施工、测量、试验）资料管理、电子档案管理、在线电子认证平台组成。实现项目建设过程质量控制、验收评定、在线电子签名认证、竣工档案编制等管理功能。提高项目内业资料管理工作的效率、节约档案管理成本，直接可以完成移交工作，无需形成纸质文件，做到“边施工、边收集、边整理”，缩短业务审批周期，保证项目档案收集的及时性和正确性。

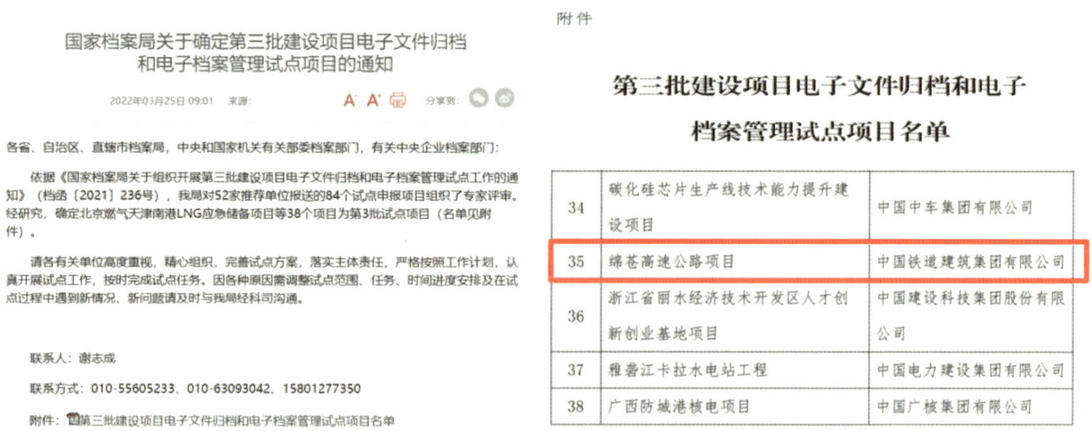

国家档案局关于确定第三批建设项目电子文件归档和电子档案管理试点项目的通知

2022年03月25日 09:01 来源：

各省、自治区、直辖市档案局，中央和国家机关有关部委档案部门，有关中央企业档案部门：

依据《国家档案局关于组织开展第三批建设项目电子文件归档和电子档案管理试点工作的通知》（档函〔2021〕236号），我局对52家推荐单位报送的84个试点申报项目组织了专家评审。经研究，确定北京燃气天津南港LNG应急储备项目等38个项目为第3批试点项目（名单见附件）。

请各有关单位高度重视，精心组织，完善试点方案，落实主体责任，严格按照工作计划，认真开展试点工作，按时完成试点任务。因各种原因需调整试点范围、任务、时间进度安排及在试点过程中遇到新情况、新问题请及时与我局经科司沟通。

联系人：谢志成

联系方式：010-55605233、010-63093042、15801277350

附件：第三批建设项目电子文件归档和电子档案管理试点项目名单

附件

第三批建设项目电子文件归档和电子档案管理试点项目名单

34	碳化硅芯片生产线技术能力提升建设项目	中国中车集团有限公司
35	绵苍高速公路项目	中国铁道建筑集团有限公司
36	浙江省丽水经济技术开发区人才创新创业基地项目	中国建设科技集团股份有限公司
37	雅砻江卡拉水电站工程	中国电力建设集团有限公司
38	广西防城港核电项目	中国广核集团有限公司

图 4-22-17 2022 年国家档案局第三批电子文件及电子档案管理试点公布

图 4-22-18 电子档案管理系统网页端主页

核心价值：

①提高项目内业资料管理工作的效率、节约档案管理成本，做到“边施工、边收集、边整理”，缩短业务审批周期，保证项目档案收集的及时性和正确性；

②采用电子签名和电子签章技术，生成带有电子签名的 PDF 文件，并保证文件在传阅过程中不被篡改且具有法律效力，可作为电子档案直接归档。

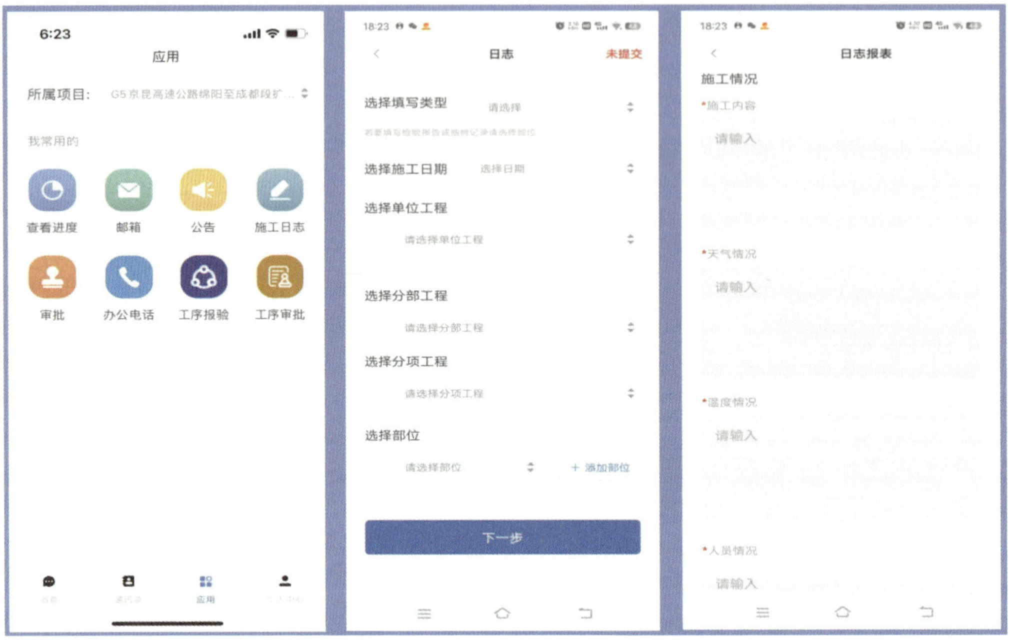

图 4-22-19　手机端应用展示、施工日志在线编写

（4）BIM+GIS 建管系统（图 4-22-20、图 4-22-21）：与四川省公路院规划勘察设计研究院有限公司合作，使用其平台。以电子沙盘为载体，将 BIM 模型通过软件进行数据处理，进行模型体量优化达到轻量化目的以解决项目工程结构可视化展示进度。系统通过建立分部分项字典表，在分部分项划分管理中对数据进行挂接，可将其他系统提供的施工过程数据进行集成。目前已在 1～5 分部使用。

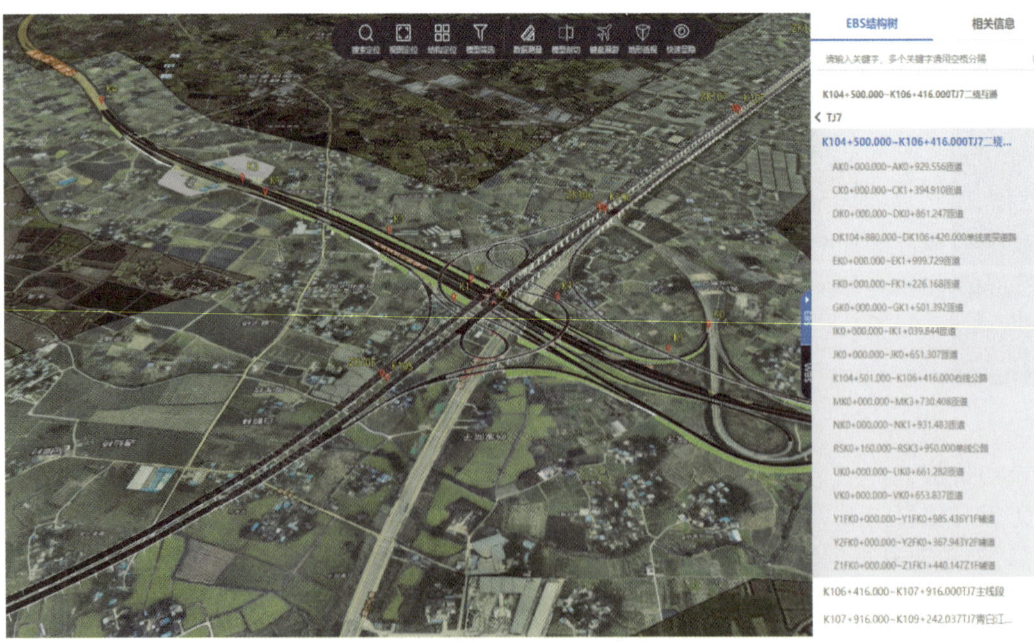

图 4-22-20　BIM+GIS 建管系统平台展示

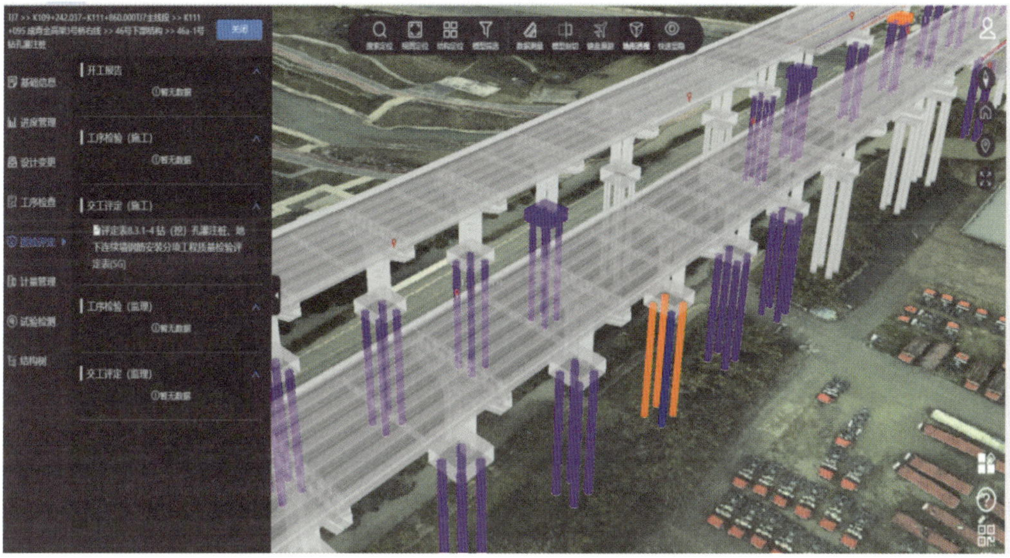

图 4-22-21　BIM+GIS 建管系统平台文件挂接展示

建设需求：针对长大项目，其管理人员对全局的进度把控难、进度表达不形象、表达媒介受限、数据不及时、不共享。

系统组成：主要由一套智慧建管平台、成绵段 BIM 精模型、GIS 地学信息系统、分部分项数据及施工全过程数据组成的一套完整的数字可视化平台。

使用效果：通过电子沙盘为载体，将 BIM 模型通过软件进行数据处理，进行模型体量优化达到轻量化目的以解决项目工程结构可视化、可进行进度展示。系统通过建立分部分项字典表，在分部分项划分管理中对数据进行挂接，可将其他系统提供的施工过程数据进行集成，并向养护阶段传递。

3. 物资管理业务应用

1）信息系统

通过对采购合同、进出库业务和盘存的无纸化办理，实现了与物资采购合同相关的各种查询、统计与报表的自动生成，实现了从各个维度统计物资实际消耗的自动归集，尤其是点验单、消耗单还可直接推送财务系统，实现业财一体化。实现了与物资实际消耗关联的各种统计报表和物资成本的自动生成，通过大数据应用和图表化实时展现，可以在工程公司、集团公司查看库存分布状态和采购单价变动，为提高企业物资管理能力提供依，如图 4-22-22 所示。

在传统物资管理中，业务人员在办理合同、出入库、盘存等日常业务外，还需手工填报各类台账及上级单位所需的各类报表。而在无纸化物资管理中，只需办理日常业务即可，台账、报表可实时自动生成，并能自动归集物资成本，从而减少了工作内容、提高了工作效率，通过数据的共享分析，带来管理上的提升。

在实际物资管理中需对物资节超进行分析，节超分析是通过应耗与实耗的对比来实现的，目前已经通过业务无纸化办理，实现了物资的实耗归集，而物资应耗是目前面临的一个实际问题，也是在下一步要解决的问题。

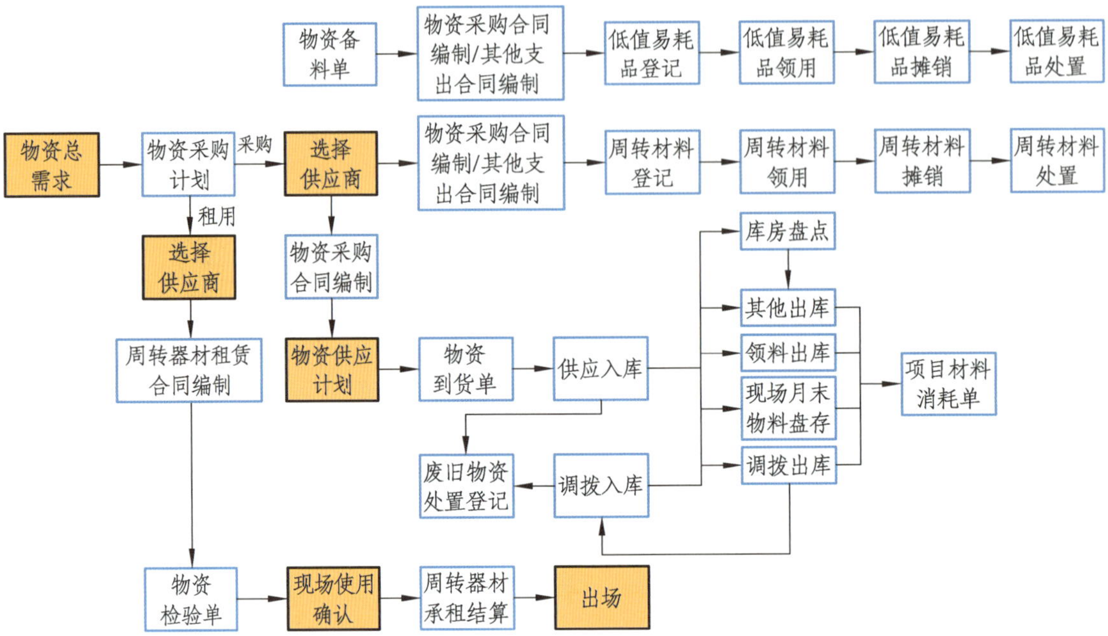

图 4-22-22 物资业务流程

2）智慧工地

物资管理同为施工单位的各项管理要点中的重点之一，该业务模块涵盖物资进料管控、运输设备在线管理等业务，数字化的应用对应以上业务模块中主要包含智慧工地的两大系统，分别为智能物料验收系统、运输机械云监系统详如图4-22-23、图4-22-24所示。

（1）智能物料验收系统：该系统主要由一套本地物联系统集联和类物联终端（电子磅秤、一体化工控主机、同步数显仪、影像抓拍摄像机、车牌识别一体机、自动道闸机、语音播报器、打印机、扫描仪及屏幕显示器等）组合而成，旨在提升现场物料验收效率及有效防堵隐性成本流失，是集团公司首个自主研发的智慧工地系统，具有自主知识产权。此系统与集团公司综合信息管理（EIM）系统集成互联，数据实时传输，是集团公司全力推进“数字铁建·智慧工地”建设的重要组成部分。

图 4-22-23 智能物料验收系统鸟瞰图

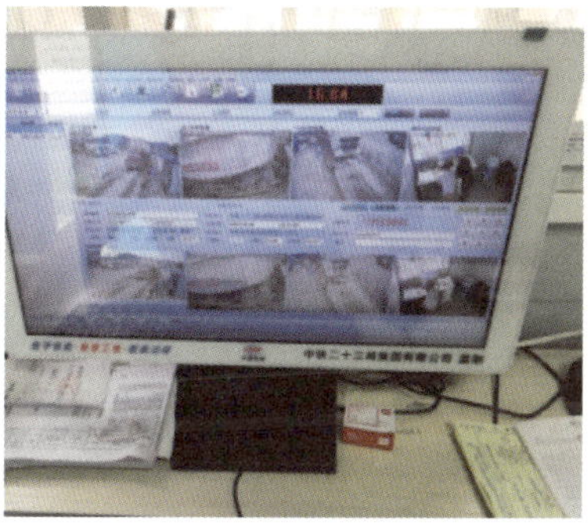

（a）一体化电脑主机

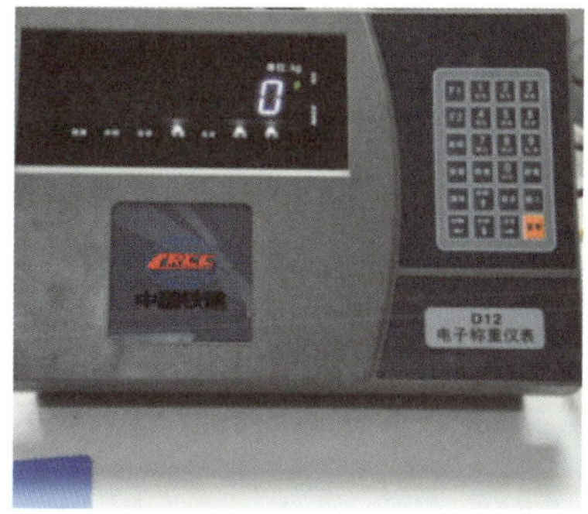

（b）同步数显仪

（c）影像抓拍摄影机

（d）车牌识别一体机

（e）自动道闸机

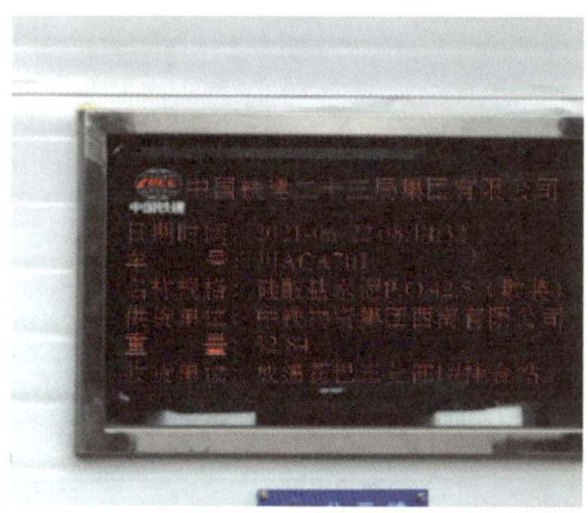

（f）屏幕显示器

图 4-22-24　智能物料验收系统组成图

智能物料验收系统的核心价值如下：

①提高作业效率：一键称重、自动出单，数据自动上传 EIM 系统。

②保障数据真实：数据自动采集传感器数值，无人为干预，真实可信。

③防堵成本流失：有效规避多种常见作弊导致的隐性成本流失（回皮称重车轮压边；前端或后台修改数据；私下调整称重系数；空车回皮前水箱放水；重车司机不下或缓下，空车下）。

（2）运输机械云监系统：该系统由集团运输机械云监平台及终端 GPS 定位器、超声波油位传感器及 4G 数据传输集传模块三大主要物联硬件构成，核心旨在实现对所有监控运输机械启停状态、地理位置、期间运行轨迹、工时及油耗情况的实时监控追踪。系统目前用于全线拌和站罐车监控，由集团自主安装实施及运维，下一步，将进一步拓展其对车辆轨迹偏移、正反转、斗升举及安全警戒等监控功能。

运输机械云监系统的核心价值如下：

①资源最优化利用：准确掌握每一台机械的功效情况，科学调配资源，减少闲置资源浪费。

②预防偷油漏油：实时动态监控每台机械油耗数据，对偷油漏油行为有效管控。

③预防材料倒卖：实时动态监控每台机械实时位置，对倒卖材料行为有效监控。

4. 成本、合同管理业务应用

1）信息系统

信息系统包括工程项目全合同（收入、支出）管理及工程项目工、料、机、费全成本自动归集，该系统上线后，为各级实时掌控施工项目成本运行情况提供了支撑；工程数量、责任成本管理功能的研发，增加了项目责任预算对项目实际成本的业务管控，实现了与劳务合同相关的各种查询、统计与报表的自动生成，实现了整个项目账面成本数据的自动归集，实现了与验工计价、现场管理费相关联的各种统计报表、各类台账的自动归集，尤其是对下验工、零工单、暂扣款还可直接打印交予财务，形成财务单据，为付款提供依据，结算单实现业财一体化，直接推送财务系统。通过大数据应用和图表化实时展现，可以在工程公司、集团公司查看对上计量对下计价情况，粗略分析项目盈亏情况和亏损项目个数，为计价情况，盈亏情况等成本管理决策提供数据支撑，如图 4-22-25 ~ 图 4-22-28 所示。

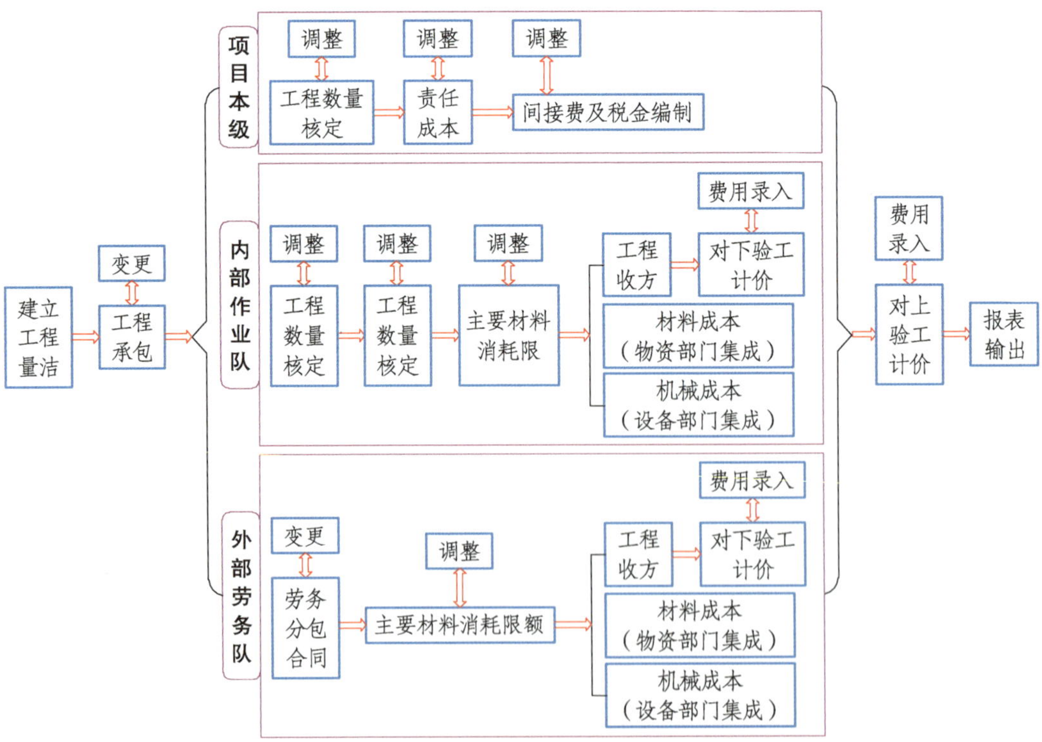

图 4-22-25　EIM 系统责任成本管理主要流程

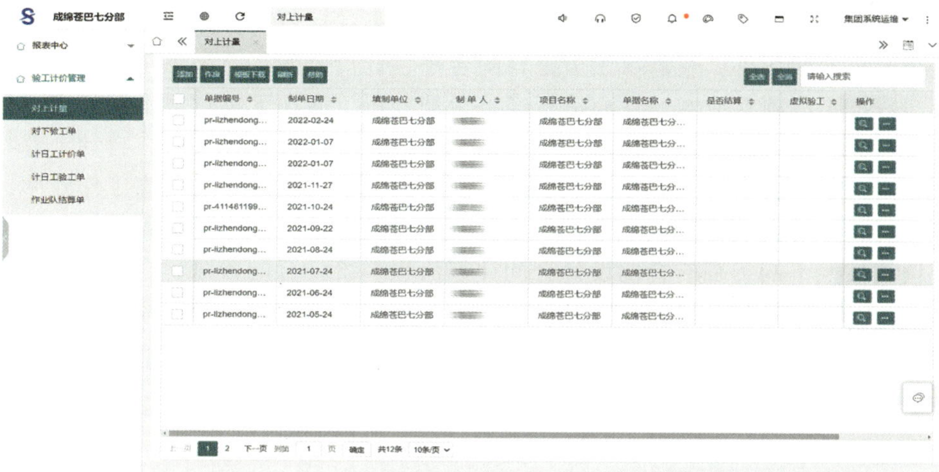

图 4-22-26　对上计量

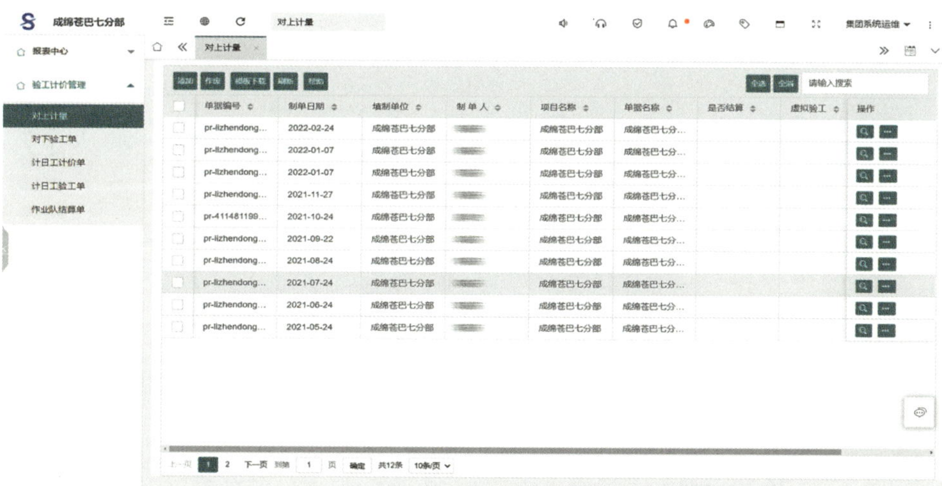

图 4-22-27　对下验工单

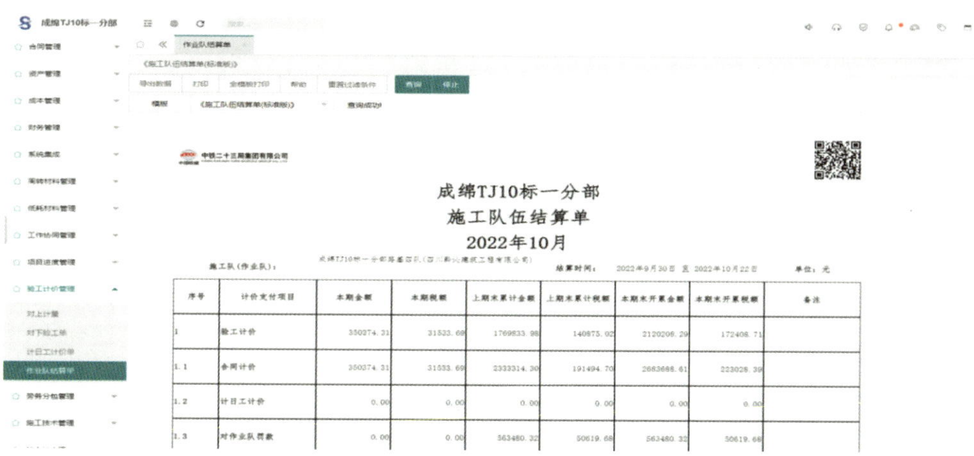

图 4-22-28　作业队结算单

在传统成本业务管理中，业务人员在办理合同、验工计价、暂扣款、其他直接费、间接费用及税金等日常业务外，还需手工填报合同台账、计价台账、上级单位所需的各类报表及汇总各部门数据形成项目成本，从而进行经济活动分析。而在无纸化成本管理中，只需办理日常业务即可，台账、报表、打印单据可自动生成，并能通过业务关联，自动汇总物资、设备等进入成本的数据，自动归集项目账面成本，从而减少工作内容、提高工作效率，通过数据的共享分析，汇总出项目账面成本，粗略分析项目盈亏情况，为成本管控奠定数据基础。

该模块能按照不同类别的合同设计合同评审流程、统计合同台账、合同变更、合同报表查询等，具有合同基本内容管理功能，合同审批通过后将直接推送到财务系统，如图 4-22-29、图 4-22-30 所示。

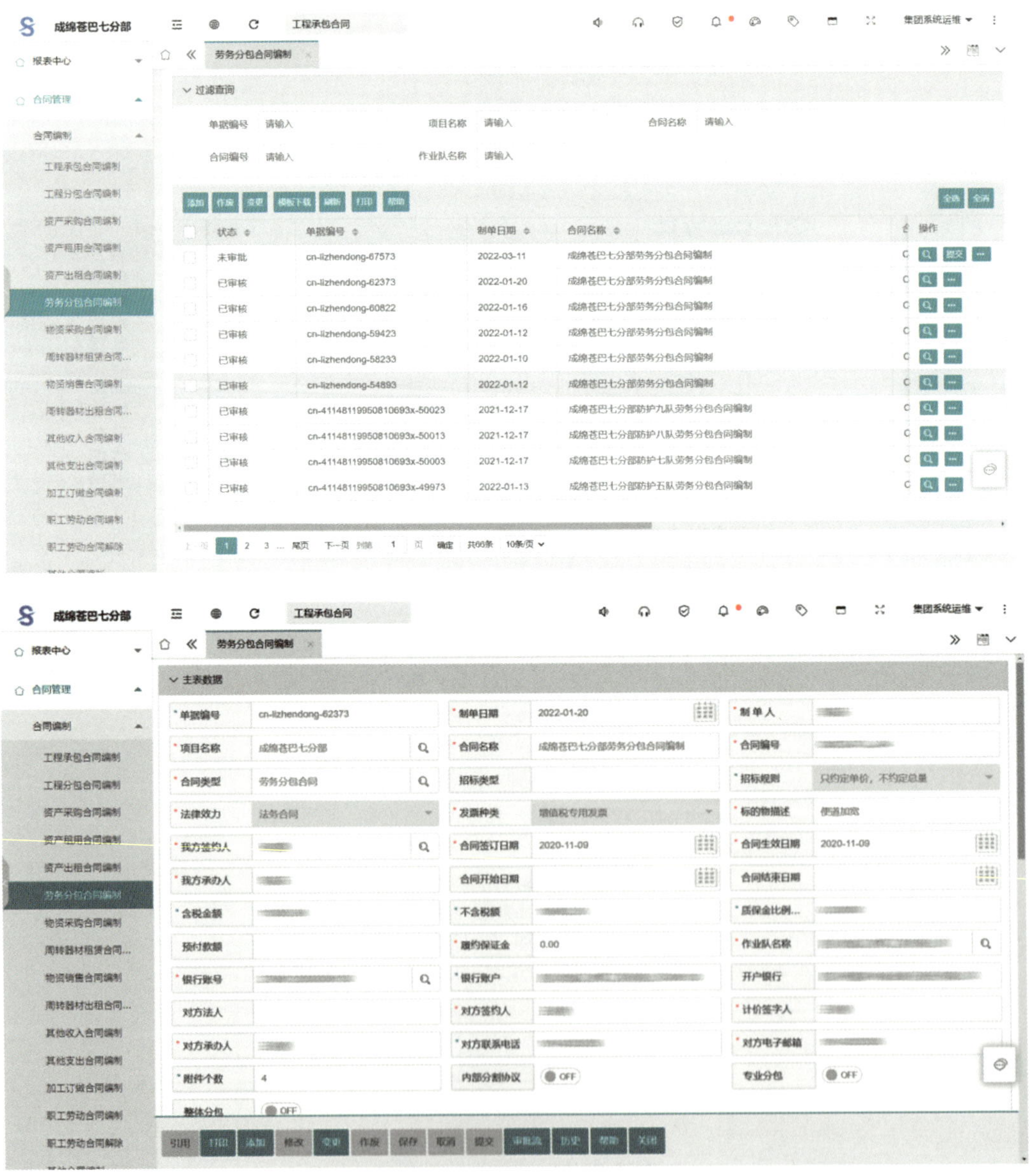

图 4-22-29　劳务分包合同编制

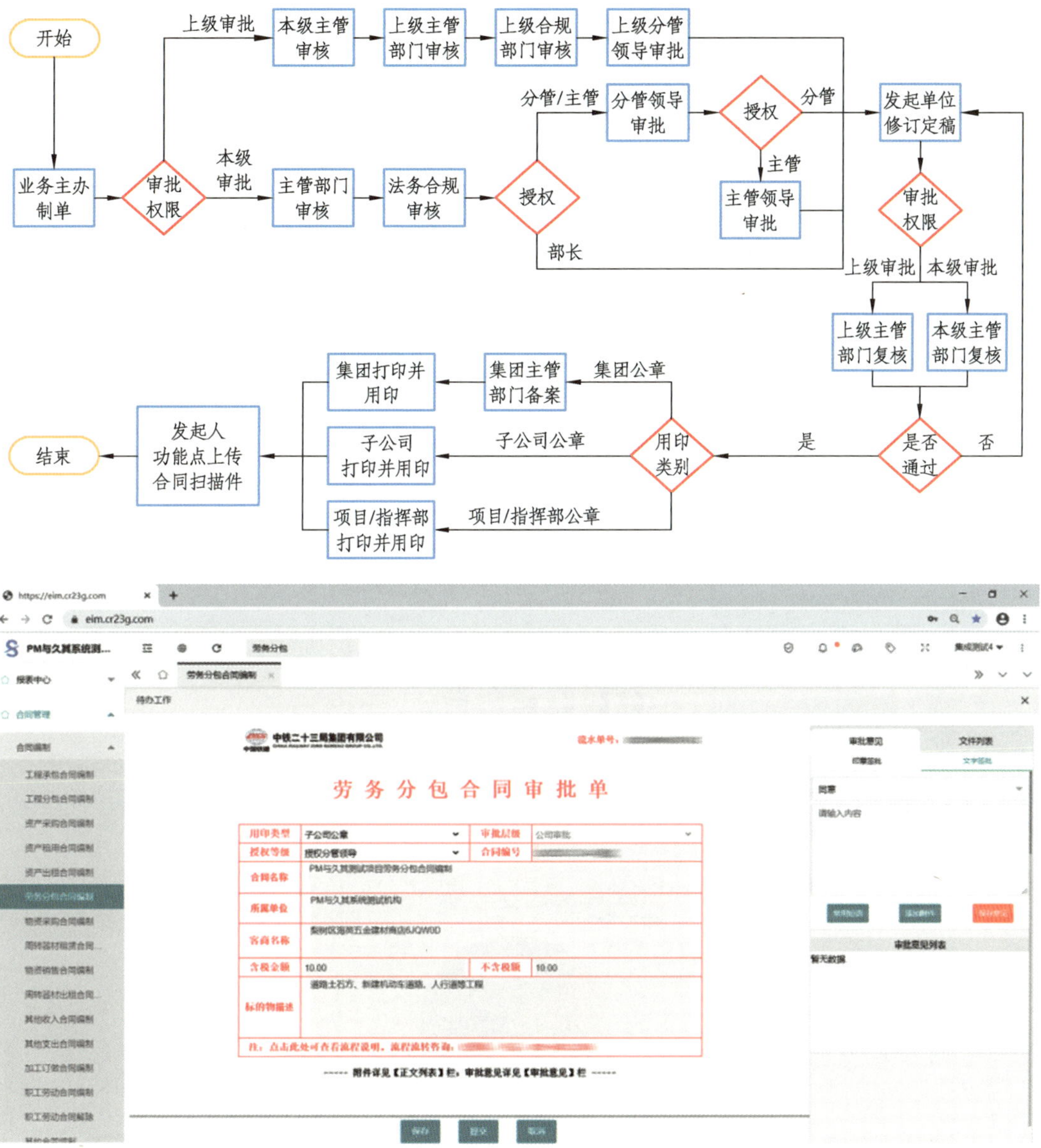

图 4-22-30　劳务分包合同流程审批

2）智慧工地

成本管理同为施工单位的各项管理要点中的重点之一，该业务模块在智慧工地中涉及混凝土相关业务，数字化的应用对应以上业务模块中主要包含智慧工地的系统为混凝土拌和站云联系统。

混凝土拌和站云联系统：混凝土节超作为施工项目管理的重要内容，消耗系统的应用可实时查看消耗情况，数据可靠，反映管理环节漏洞、拌和站生产情况，有助于分析原材消耗，对于提高管理效能，管理增效起到突出作用，甚至可以反映现场进度情况。该系统为集团全力打造的第二个核心智慧工地系统，系统主要由拌和站 PLA 集成机柜、工控一体机、中间数据服务器、工业控制系统及各种网络、应用组件构成，旨在直接打通集团综合管理 EIM 系统与拌和站工业控制系统数据，从而实现自混凝土现场需求至运输到货全线上（手机 APP）提任务、线上下配比、自动分配任务及自动锁定结构物实际消耗用量的功能，如图 4-22-31 所示。该系统杜绝中间任何人为干预影响，真正意义上实现对各结构物混凝土节超的实时过程动态监控。混凝土拌和站云联系统与集团 EIM 系统互联集成，集团自主研发，具有自主知识产权。

混凝土拌和站云联系统的核心价值如下：

①提高任务响应时效：信息直连、业务闭环，数据自动下发拌和机。

②部位消耗动态监控：跟踪混凝土消耗用量，自动对比预设应耗量并实时预警。

③混凝土成本超耗监控：多维度监控统计混凝土节超，实现节超管控过程化，有效控制成本超耗。

图 4-22-31　手机门户首页查看混凝土数据分析

5. 人力资源、劳务管理业务应用

1）信息系统

该系统涵盖人事基本信息、定岗定编、薪酬总额、入/离/调职及薪资发放管理应用模块。所有人事管理均可在系统完成，所有人员与薪酬在系统中绑定，统一从系统计提薪酬，各单位可对本单位定编定岗及薪酬总额执行情况清楚掌握。此外，系统还开放了个人自助查询，集团员工可通过手机轻松获悉本人基本人事信息及薪酬发放信息，如图 4-22-32 所示。

2）智慧工地

劳务管理在施工单位也是重点把控的一项，其能进行日常的规范化管理，并合理地减少劳务纠纷。

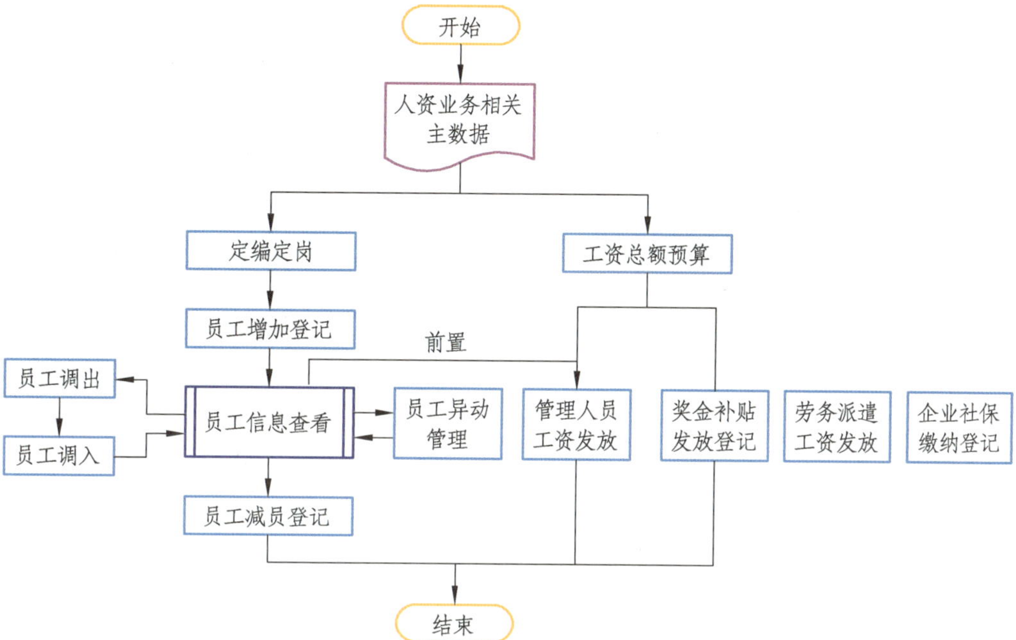

图 4-22-32　人资管理系统流程

劳务实名管理系统：该系统由集团 EIM 系统集成人脸识别摄像头、有线/4G 数据模块、劳务工信息采集器、手机考勤及工地移动考勤岗亭等组成，核心实现对劳务进出场、在场培训、出工考勤及工资发放业务的全过程化、数据化闭环管理，在有效规范现场劳务管理的同时，亦有力规避可能发生的劳务用工纠纷；同时，还为集团沉淀可用优质劳务资源奠定数据基础，如图 4-22-33 ~ 图 4-22-35 所示。劳务实名管理系统由集团自主研发，具有自主知识产权。

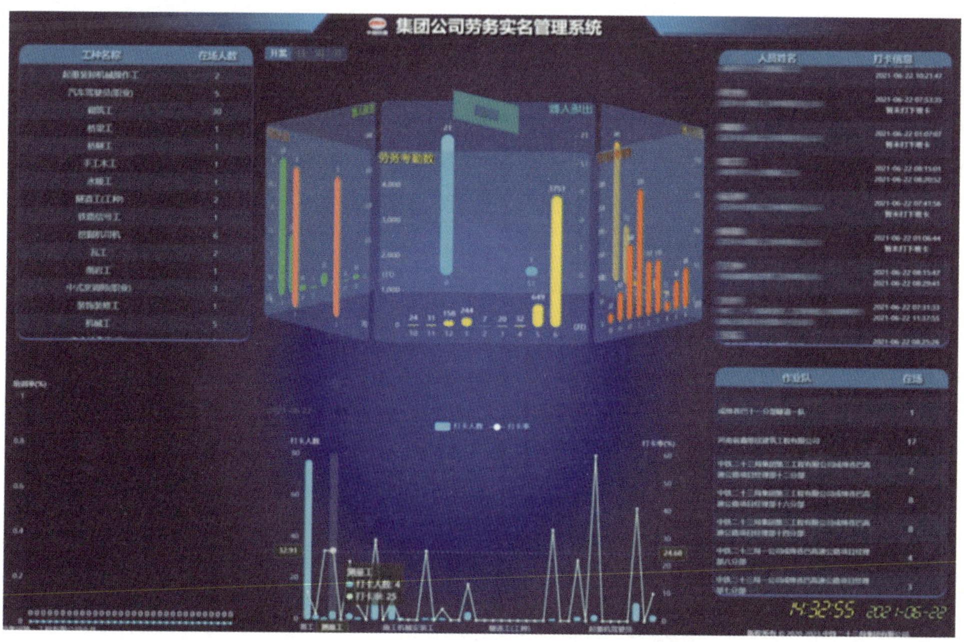

图 4-22-33　劳务实名管理系统门户网页

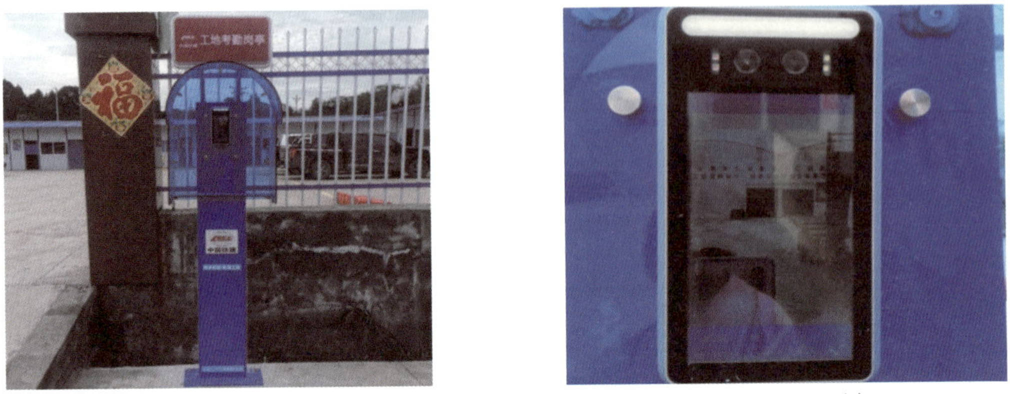

（a）劳务队考勤岗亭　　　（b）人脸识别机

图 4-22-34　劳务实名管理系统硬件展示

图 4-22-35　劳务实名管理 EIM 端展示

劳务实名管理系统的核心价值如下：

①遵从相关规定：国家明文规定劳务必须实名管理。

②规范劳务日常管理：实现劳务进、出、人脸考勤、工资、培训等在场全过程实名规范管理。

③减少劳务纠纷：劳务工资与在场时间、考勤情况挂钩，数据自动留存，随时备查，减少劳务工资纠纷。

④避免虚造劳务工工资套取工程款，劳务工实际工资被拖欠等问题。

⑤提升管理效能：自动识别身份证和银行卡、人脸识别考勤及手机 APP 便捷操作，有效提升管理效能。

6. 资产管理业务应用

通过合同、设备卡片、设备费用结算等业务的无纸化办理，实现了与设备合同相关的各种查询、统计与报表的自动生成，实现了从各个维度统计的设备使用费的自动归集，设备折旧可直接打印交予财务，形成财务单据，为付款提供依据。采购结算和租赁结算实现了业财一体化对接。实现了与设备卡片关联的各种统计报表的自动生成，通过大数据应用和图表化实时展现，可以在工程公司、集团公司查看新增设备、闲置设备、设备资产分布状态，从而为设备资源的合理调配等设备管理提供了依据，提升了设备管理效率。资产管理业务应用流程如图 4-22-36 所示。

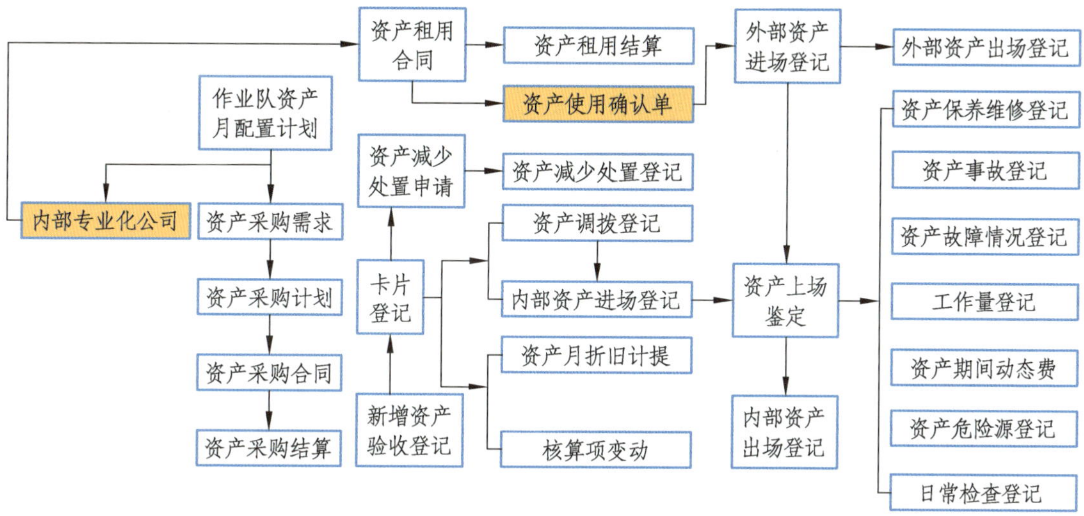

图 4-22-36　资产业务流程

通过设备调拨管理，实现设备的有效使用，达到设备资源使用最大化；通过设备进出场、上场鉴定、日常检查登记、事故登记等的无纸化办理，实现设备状态的实时化管理；通过设备维护及水、电表等业务办理，实现设备费用的进一步归集，进而实现设备信息跟踪高效化，报表统计自动化，设备费用归集及实时化。

在传统设备管理中，业务人员在办理合同、设备卡片、设备结算等日常业务外，还需手工填报各类台账及上级单位所需的各类报表。而在无纸化设备管理中，只需办理以上日常业务即可，台账、报表实时自动生成，并能自动归集设备费用，从而减少了工作内容，提高了工作效率，通过数据的共享分析，带来管理上的提升。

7. 办公 OA 业务应用

主要包含内部消息互通、通知文件下达、办公流程应用及知识分享等功能，为集团综合办公基础应用平台。

8. 财务管理系统应用

财务共享管理平台是基于股份公司统一规划、统一建设的财务业务管理平台，是集团公司全集团统一使用的财务管理平台。该平台包含动支申请、合同管理、报销业务、验工计价、业务结算、业务结转、工资薪酬、付款业务、财务办公、个人借款等各类财务管理应用。在股份公司统一规划基础上，集团公司针对公司实际管理需求，组织完成了财务应收应付管理系统、全税种管理系统、资金管理系统等财务管理系统群的开发与实施应用。财务业务管理系统群建设为集团公司会计核算、财务管理、资金管理等业务提供了标准化、规范化管理手段，降低了财务管理运作成本、提高了财务管理水平和效率和实现了财务业务的集中管控。

（1）资金系统。资金管理系统自 2018 年 4 月开始启动建设，系统涵盖资金计划、银行账户管理、内部账户管理、资金结算、资金池管理、融资信贷管理、保函管理等 23 管理功能。

（2）费用预算系统。包括管理费用、销售费用和间接费用。自 2018 年 11 月启动建设至今，已在 31 个法人机构，1 573 个项目全面推广。系统涵盖预算编制、预算调整、预算控制、预算查询分析等管理功能，系统至目前运行良好，基本满足业务管理需要。

（3）税务系统。自 2018 年 3 月开始启动建设，当年 11 月通过测试和集中培训，12 月初逐步试点上线。系统涵盖“全税种”的管理要点、风险提示、管理报表、纳税申报、发票管理以及税务档案，系统的上线应用，加强了业财税融合和日常管理、风险防控。

（4）应收系统。根据财务信息化建设的规划，基于“两金压控”和清收清欠的迫切需求，2018 年 9 月初开始梳理业务，11 月上线培训（人数将近 250 人），所有在建项目现场完成初始。2019 年对应收模块再次进行升级改造，方便对应收的确认及收款管理、植入账龄分析及坏账的管理、增强应收系统清收清欠的管理功能（如应收款项的账龄预警）。

（5）应付系统。应付系统是 2017 年 2 月份在全局范围内顺利将一般计税项目由久其系统 1.0 版本顺利升级到 2.0 简易版本，同步启用了合同管理和应付模块，旨在加强对合同的管理及应付账款的控制，切换后将对下计价结算业务进行标准拆分，实现暂估-应付-付款的核算模式，加强了对待取得进项税额与已取得进项税额的统计分析，以合同为业务开始，真正实现了无合同不计价，无计价不付款。

9. 办公一体化系统应用

办公业务一体化通过 EIM 平台将办公 OA 流程审批与各业务管理的具体业务单据打通，由单据完成后提交触发标准事项审批，事项审批完成后业务单据才真正有效。为提高流程审批时效，切实为基层报送、报批减负，对主要管理业务的人资管理、经营管理、合同管理、工程管理、物资管理、资产管理、安全管理、质量管理、合同管理、成本管理等的审批流程实现直接关联业务单据审批，从根本上解决了审批与执行异步问题。

10. 业务财务一体化系统应用

“业财一体化集成”覆盖财务系统 7 个单据，包括：业务结算单、业务报销单、业务结转单、工资奖金计提单、其他直接费报销单、收入合同登记单、支出合同登记单；覆盖业务系统 5 个单据，包括：材料租赁结算单、原材料点验单、周转材料点验单、机械租赁结算单、作业队结算单、项目直接费工资表、固定资产卡片、设备维护登记单、项目材料月消耗表、调拨出库单、调拨入库单、周转材料领料单、周转材料退回单、周转材料摊销单、周转材料报废单、低值易耗点验单、低值易耗领用单、低值易耗退回单、低值易耗摊销单、低值易耗报废单、废旧物资报废处置单、固定资产折旧表、其他直接费登记单、其他直接费报销单、编制工资表、奖金补贴表、劳务分包合同、物资采购合同、物资租赁合同、设备采购合同、设备租赁合同、工程承包合同、物资销售合同、其他收入合同、其他支出合同；覆盖财务系统和业务系统 17 个主数据，包括：客商、客商银行账户、银行档案、银行大类、城市、省份、合同类型、客商类型、支付方式、发票种类、采购规则、法律效力、计价周期、账户类别、部门、职员、用户。

第 23 章　数字化建设成果

23.1　人才储备与人员体系

项目自 2019 年进场以来，成立了由项目主管领导任组长、分管领导任常务副组长、其他副职领导任副组长、各部门负责人为成员的网络安全、信息化工作和智慧工地建设领导小组，建立了各分部主管领导、分管领导、专（兼）职部门负责人、专（兼）职业务人员的信息化组织框架体系。集团公司智慧工地实施科室设 3 人，研发科室设 5 人，各子公司设智慧工地专员设 12 人，项目部设专员 1 人，各分部设专员 1 人，为保障智慧工地建设顺利落实，共投入人员在 40 人左右。

为更好地开展智慧工地建设任务，壮大信息化管理人才队伍，局指联合集团公司相关智慧工地人才，召集各分部信息化管理专员，组织开展智慧工地相关培训数次，涵盖各项系统现场硬件安装培训及软件实操培训。其中包括劳务实名系统、运输机械管理系统、隧道门禁管理系统及工地视频云监系统，为保证培训效果，所有参培人员均要求亲临现场上手操作及调试，保证能够独立完成建设后方合格，经多次培训，各分部均具备了各项系统建设及维保能力，为后续工作推进提供有力人才支持，同时，也为集团信息化储备了一批优秀人才。

23.2　数字化建设资产

集团公司申报的劳务实名管理系统、企业数据门户系统、拌和站监控系统、混凝土云联管理系统、项目成本归集管理系统、施工进度管理系统、经营商务证照管理系统等 7 项系统软件著作权获得国家版权局批准。这是集团公司喜获的第一批自研软件著作权。在集团公司领导的正确领导下，集团公司信息化建设坚持走不受制于人的自研自建自维的道路，一直秉持“自研为主，联研为辅”的信息化系统建设原则，经过多年系统研发的积累，自主研发了多套信息系统并应用于生产和管理。为保护集团软件研发成果，按照集团公司统一安排部署，集团公司今年发起第一轮 7 项软件著作权申请工作，全部申请成功，为集团公司走不受制于人的自研自建自维的信息化建设道路奠定了坚实的基础。集团公司自 2020 年 4 月开始部署软件著作权登记相关事项，由于集团研发的软、硬件较多，涉及业务较广泛，为了更合理地布局软件著作权的申请，信息化管理中心多次组织专业人员就软件著作权申请制度、内容范围、资料格式及版权申请规划等事宜进行现场研讨，并按照标准要求多次调整细目分类，对用户手册和登记申请表进行数次修改，并结合研发人员提供的系统源代码形成软件著作权申报资料，以确保软著申请顺利通过。

智慧工地共计完成 9 项软件著作权，对于集团公司研发的每一项信息化系统，软件著作权的获得既可以保障集团研发成果的安全性，避免系统源代码被复制、抄袭、盗用，也避免业内相似软件的授权纠纷，同时还为下一步集团公司申请相应科技成果提供依据，助力企业的科研发展和数字化应用。

23.3 项目业务管理效能

智慧工地将现场管理、机械管理、人员管理、物料管理、物联监测无缝融合，同时结合先进的管理软件相辅相成。构建智慧工地平台，为工地提升安全质量品质、保证工程进度、减轻现场劳动力作出贡献。在建筑工地作业现场安装各类监控装置，构建智能监控和防范体系，能有效弥补传统方法和技术在监管中的缺陷，实现对人员、机械、材料、环境的全实时监控，变被动“监督”为主动“监控”。通过实施系统建设，加强建筑工地人员管理，精确掌握工人考勤情况、各工种上岗情况、安全专项教育落实的情况，以及违规操作情况，提升信息化管理水平，真正做到事前预警，事中常态检测，事后规范管理。在基于各系统由单位半自主研发的基础上，智慧工地项目更适用于施工现场环境，也便于不断完善。项目业务管理效能主要体现在以下几个方面。

23.3.1 BIM 模型应用方面

BIM 是一个由二维模型到三维模型的转变过程，也是从传统施工中被动“遇到问题，解决问题”到主动“发现问题，解决问题”的一个转变过程。所以，BIM 模型的应用对于“智慧工地”建设显得尤为重要。“智慧工地”建设中，BIM 模型的应用主要集中在以下几个方面：

（1）工程量的统计：在 BIM 模型创建完成后，通过对模型的解读，能够分析出各施工流水段各材料的工程量，如混凝土的工程量通过模型直接提取混凝土工程量与实际工程量之差可以控制在 1%以内。

（2）施工模拟：在制定完成施工进度计划后，通过软件把施工进度计划与 BIM 模型相关联，对施工过程进行模拟。将实际工程进度与模拟进度进行对比，可以直观地看出工程是否滞后，分析滞后的原因，以确保工程按计划完工。

（3）可视化交底：通过 BIM 的可视化特点，对施工方案进行模拟，对施工人员进行三维动画交底，提高了交底的可行性，如图 4-23-1 所示。

图 4-23-1 BIM 进度管理系统

23.3.2　劳务管理方面

“智慧工地”建设在劳务人员管理方面，对施工场地实现封闭式管理，通过闸机等设备，能够有效地管控施工人员的进出场，杜绝了外来陌生人员进入工地，使得工地更为安全，如图 4-23-2 所示。

图 4-23-2　隧道门禁管理系统

通过劳务管理系统，实施实名制管理，能够根据施工人员的身份信息，对劳务人员结构组成、年龄组成、性别比例等信息进行分析，合理优化劳务队的素质，便于形成劳务人员大数据，为以后工程项目选择劳务队提供有力依据。能够实时了解在场总人数以及各分包队伍、各个班组、各工种分布情况，优化劳务人员的使用情况，从而避免阶段性的窝工，节约劳动力使用成本。

由于采用实名制管理，劳务人员通过刷卡进、出施工场地，由劳务管理系统实时记录，使得施工总承包单位能够与劳务单位之间进行劳务人员的考勤进行核实，为劳务人员工资结算提供真实的考勤依据，避免劳务纠纷。

23.3.3　物料和运输机械管理方面

“智慧工地”建设在物料、机械设备管理方面，能够做到实时管控。传统的工地管理模式中，对物料和机械设备的管理可控制性不强，往往会出现物资材料入库不及时，数据不真实的问题。而“智慧工地”则利用物联网、大数据技术，对进场物料跟踪管理，也就是结合智能磅站数据采集系统、生产任务单线上下发、混凝土智能拌和数据监测系统等进行物料进度跟踪管理，管理人员能随时了解物资材料的进场情况及现场混凝土等的消耗情况，能够根据工程的实际进展情况，对物料的计划和使用进行有效的管控，如图 4-23-3 所示。

在运输机械管理方面，通过对现场运输机械的轨迹跟踪，加上后台电子围栏、报警信息和大数据报表分析等功能，能够有效对运输机械进行大范围调配，最大化提高运输机械使用率，精确核算用车成本；结合现场运输机械油量信息的实时回传功能，可真实反映运输机械油料消耗情况，掌握司机有无盗油行为，对运输机械实际油耗作有效监控和管理，辅助成本核算。

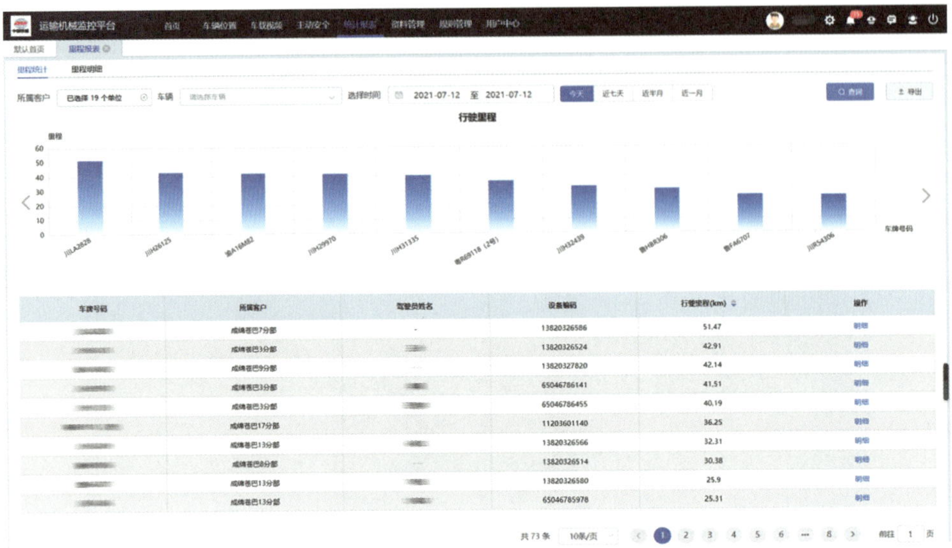

图 4-23-3 运输机械云监系统行驶里程统计

23.3.4 远程监控方面

“智慧工地”中的远程监控，不仅仅是在施工场地及周围装几个摄像头，然后在项目部成立一个监控室，对施工场地进行监控。而是通过互联网和集成监控平台，使建设单位、施工单位、监理单位、建设主管部门通过手机 APP 和 PC 端，随时根据需要调整摄像头方向及焦距，实时掌握施工现场的环境、进度、安全等情况，做到透明施工。现场即时动态信息的掌握，能够有效降低管理成本，提高采取对策的时效性，落实岗位职责，放大了检查的针对性和客观性。

23.4 集团综合管理效能

加强信息化后，企业可以更深入地实践管理，实时跟踪和监控公司的产值状况、市施工自动化的服务，通过流程的不断改进、重组和优化，帮助企业在长期发展的道路上重构核心竞争力、数字化改造和企业进步。

在 EIM 系统推广使用 OA 协同办公软件，建立了以公文运转、信息共享为核心的办公系统，实现了办公无纸化、网络化、科学化。通过实行协同办公、电子督办、网络管理、无纸作业，进一步提高了办事效率，改进了工作作风，提升了管理水平，促进了科学决策，在加强机关效能建设和智慧工地建设工作等方面均取得了显著的成效。

随着信息化系统的建设发展和深入智慧工地的现场，全面提升现场精细化管理水平，节能减排降耗成效明显，有效落实信息共享、共用，实现无论何时何地均可进行业务处理，节约通信费用、办公耗材费用、会议费用、差旅费用等。管理行为可视化，过程信息可追溯，时间控制精细化，全面提升团队的运转效率、竞争能力。

着眼提质，助力集团管理标准化、规范化落地；坚持降本，助力集团管理节约化、精细化施行；务求增效，助力集团管理定量化、高效化运行。

第 5 篇

成绵苍巴高速公路运营及维护

第 24 章 交通安全管理与交通组织

24.1 交通安全管理概述

高速公路是道路交通的主要组成部分，它以高速的行驶速度和大容量的车流量，为人们的日常生活和经济活动提供便捷的服务。高速公路运营期交通的安全管理对于保障公路的畅通和人民的出行安全至关重要。

24.1.1 车流管理

为了保障车流的稳定和流畅，应根据车流状况，制定出车流管理方案，使车辆流量合理分配。此外，在高速公路交通管理中，还需合理设置车道指示和前方告示牌，让驾驶员在路线选择方面更加明晰，从而为车辆之间的交通安全提供保障。

24.1.2 运营设施维护

在高速公路的运营中，还应对路面、隧道、桥梁、收费站等设施进行定期巡查和维护保养，确保设施的良好状态和功能完好性，为行车安全提供保障。

24.2 交通安全管理的内容

24.2.1 安全生产管理体系

1. 管理体系

在公司安全生产管理委员会领导下，公司以安全生产标准化建设为核心，构建和完善公司安全生产管理体系，建立公司级、站区（中心）级和班组级三级安全管理，按照一级管理一级、一级管好一级、一级管住一级的原则开展安全管理工作。

2. 组织体系

（1）安全生产管理委员会：公司设安全生产管理委员会，安全生产管理委员会是公司安全生产管理的最高领导和决策机构，由公司相关领导和各部门负责人组成，负责贯彻执行国家安全生产方针、政策、法律法规、规范、标准，领导和决策公司的安全生产工作。

（2）安全生产管理委员会办公室：安全生产管理委员会下设安全生产管理委员会办公室作为安全生产管理委员会的日常工作机构，由公司相关职能部门组成。负责贯彻落实安全生产管理委员会决议、决定和会议精神。安全生产管理委员会办公室的日常事务性管理工作由养护安全部负责组织与协调。

（3）安全领导小组：站区（中心）设立安全管理领导小组，是站区（中心）安全生产管理的领导和决策机构，由站区（中心）领导和管理人员组成，负责承接公司安全管理工作，研究、决策本单位的安全生产工作并组织实施。对本单位的安全生产负责。

（4）安全执行组：班组设立安全执行组，是安全管理的执行者，由班组长和班组成员组成。负责执行上级各项安全管理制度和操作规章，对本班组作业安全直接负责。

3. 制度体系

（1）安全管理制度体系由公司级和站区（中心）级的安全管理制度组成，其中包括管理标准、制度、规定或办法等。

（2）各级安全管理制度必须符合相关法律法规、规章、标准、规范，并有效承接各级政府及其主管部门、集团公司以及公司的要求，结合实际持续改进。

（3）公司和各单位应及时识别和获取适用的安全生产法律法规、规章、标准、规范，并及时向各单位公布更新后的安全生产法律法规、标准、规范的目录。

（4）公司的安全管理制度应包括或涵盖安全生产标准化建设的要求，并且要符合公司的管理要求；站区（中心）级安全管理制度可以根据实际情况对上级管理制度进行细化，或者针对特定情况制定管理制度。

4. 责任体系

（1）公司按照党、政、工、团齐抓共管，职能部门分工负责，专业管理与群众监督相结合的原则，建立健全责权清晰、运行高效、有机协调的安全责任管控体系。

（2）按照“党政同责、一岗双责、失职追责”“管生产必须管安全”的原则来制定各级（岗位）安全生产责任制。

（3）公司主要负责人对安全生产全面负责，各单位主要负责人对本单位的安全生产负主体责任，各岗位对具体工作安全生产负直接责任。

（4）安全生产责任实行一级对一级负责，即班组对站区（中心）负责、站区（中心）对公司负责、公司对集团公司负责。公司通过建体系、定规则、控运行、评效果等管理措施，推动各级（岗位）认真履行安全职责，确保安全生产。

24.2.2　标准化安全管理

1. 建设项目安全设施“三同时”管理

（1）按照“从源头上防止和减少生产安全事故”的原则，实施建设项目安全防护设施“三同时”管理，创造本质化安全条件。

（2）新建、改建、扩建的建设项目，必须严格按照国家相关法律法规的要求，安全设施与主体工程同时设计、同时施工、并同时投入生产和使用。

（3）建设项目安全设施“三同时”管理，按公司《建设项目“三同时”安全管理制度》的相关规定执行。

2. 安全评估

（1）公司安全管理现状评估：定期对公司安全管理现状进行评估，结合国家相关安全生产法律法规、规章和行业标准及公司安全管理规章制度，查找安全管理中存在的薄弱环节和突出问题，提出改进的意见和建议，提高安全管理水平，有效防范生产安全事故发生。评估由公司安全生产管理委员会办公室牵头，组织相关安全生产专家开展评估，并编制评估报告。

（2）站区（中心）安全现状评估：定期针对站区（中心）所管辖路段的事故模式及作业环境、周边环境等方面存在的危险因素，通过危险辨识、危险控制能力考评、系统安全现状综合评估，对站区（中心）进行安全现状评估，系统深入地挖掘出影响安全生产的危险因素和管理缺陷，形成安全性评估结论并运用到实际工作中。评估由安全领导小组牵头，组织相关人员进行评估。

（3）重点设施安全现状评估：定期对重点隧道、桥梁等设施进行专项安全现状评估，通过专业安全技术人员对重点设施的安全技术性能进行检测、判断，结合定性定量分析，综合评估其安全性能。评估由养护安全部组织实施。

3. 危险源管控

（1）危险源管理实行分级管理、逐级落实到岗位。按照属地管理的原则，各单位负责所属危险源的控制管理，各级危险源由所在的站区（中心）严格控制和负责日常监控工作。

（2）各单位按照“逐级上报、分类归口”的管理原则，对危险源进行辨识、监控、检查、变更管理等。

（3）各岗位涉及危险源以及相关作业，必须严格按照公司《危险有害因素辨识与风险控制手册》执行。

（4）具体要求按照公司《危险源管理标准》执行。

4. 事故隐患排查与治理

（1）各单位应按照“谁主管、谁负责”和“全员、全过程、全方位、全天候”的原则，明确责任主体，落实职责分工，实行分级分类管理。

（2）公司实施事故隐患闭环管理，建立事故隐患排查治理机制，落实事故隐患排查、建档、评估、治理、验收、销号等闭环管理工作职责。对重大事故隐患实行督办、跟踪治理、逐项销号的工作制度。

（3）具体要求按公司《隐患排查与治理安全管理制度》执行。

5. 安全资证管理

按照国家相关的法律法规、标准以及政府相关规定，对人员、车辆、特种设备等按规定办理相关资证，并保证在有效期内。

安全资证必须建档，统一管理。

24.2.3 人员及行为管理

1. 安全管理人员配备和岗位资质管理

（1）从业人员超过 300 人的，应按 3‰的标准配备专职安全管理人员，不足 2 人的配齐 2 人；从业人员在 300 人以下的单位，应当配备专（兼）职安全管理人员。

（2）公司专职安全管理人员配备 2～3 人，班组配备一名兼职安全管理人员。

（3）专职安全管理人员必须符合以下条件：

①应经专门的安全培训，取得安全管理培训合格证。

②责任心强、具有相应的安全生产知识和管理能力的人员从事安全管理工作，获得注册安全工程师资格的人员应优先安排到安全管理岗位。

（4）安全管理人员资质管理。

①公司及各站区（中心）主要负责人及安全管理人员，应经具有安全培训条件的机构培训后，取安全管理培训合格证。

②国家法律法规及政府主管部门对其他管理人员和岗位作业人员有安全资质要求的，必须按照国家法律法规及政府主管部门的相关规定和要求，参加培训、考试和取证。

2. 作业人员管理

（1）所有新入职、调（转）岗位、采用新工艺、新设备的职工和实习人员应按规定进行相应的三级安全知识教育培训，经考试合格后方能上岗进行作业。

作业人员做到安全生产“四件事”：

①熟练、掌握并严格遵守本岗位的安全操作规程（作业规程）、设备操作规程。

②掌握本岗位安全生产基本常识。

③熟悉岗位工作流程，具有识别本岗位危险有害因素的能力。

④熟悉本岗位应急处置措施或方案。

（2）作业人员在开始作业前，应对现场作业条件、安全措施以及作业环境等进行检查和确认后，方可开始作业。

3. 特种（设备）作业人员管理

（1）特种（设备）作业人员，应经过专门的安全技术培训并考核合格，取得相关部门颁发的特种作业操作证或特种设备作业人员证，做到持证上岗。

（2）持“特种作业操作证”和“特种设备作业人员证”的特种作业人员应定期参加复审。逾期未参加复审，或理论、实际操作考核不合格人员，或证件超过使用期限，不得再从事特种作业。

（3）特种作业人员应按“操作证”限定的作业项目进行作业。

（4）公司各单位负责建立健全本单位特种作业人员的技术管理档案和登记台账，原则上不得随意变动特种作业人员的岗位。

（5）严禁安排无特种作业证人员从事特种作业。

4. 外来人员管理

（1）外来人员是指来公司检查、指导工作的上级领导、贵宾，以及联系业务、参观学习的人员。

（2）外来人员在进入现场前，接待单位进行安全告知，重点告知安全注意事项和突发情况的处置措施等，协助、指导其正确佩戴各类个人防护用品。

（3）按照“谁接待、谁负责”的原则，接待单位负责其安全监管工作。

5. 安全承诺管理

（1）安全承诺是公司职工履行岗位安全职责的基本保证，全体职工均应向本单位进行书面承诺，并签订“安全承诺书”。

（2）安全承诺书的格式由公司统一制作，承诺人在“承诺书”上亲笔签名，并认真履行安全承诺内容。

（3）在同相关方签订合同时，公司业务主管部门还应同相关方签订“安全承诺书”。

（4）安全承诺一式两份，一份由承诺人保存，一份由各单位存档。

24.2.4 现场安全管理

1. 安全作业条件管理

（1）重复进行的作业应制定完善的安全操作规程，安全操作规程中应对确保作业过程安全的条件保障、作业要求作出明确规定。

（2）一次性作业或临时作业前对作业现场进行安全风险分析，并制定有针对性的防范措施。

（3）作业人员的工具、防护用具（品）配备应充分满足相关技术规范的要求；作业所需的设备设施应处于完好状态；作业现场的物资、材料、机具等应满足正常作业需要。

（4）现场作业条件不具备的，不得作业。特殊情况下应采取有效的安全防护措施后才可进行作业。

2. 安全防护设施管理

（1）安全防护设施设置符合相关标准要求。

（2）安全防护装置应有相应台账管理，并保证完好、有效、可用。

（3）需法定检测的各种安全防护设施应按相关规定送到有资质的单位进行校验，并有校验报告或记录。

（4）安全防护设施应进行定期检查，发现问题必须及时处理。

（5）各类安全标志、标线清晰，安全通道符合要求。

（6）各种安全防护装置、照明、信号、检测仪表、警示标志、防雷装置等，不准随意拆除或移作他用。因检修而拆除的安全防护装置，检修完成后应及时恢复。

3. 岗位定置管理

（1）办公室、工作场所等工作环境整洁有序。

（2）各类物品按要求摆放整齐，柜顶不能放置物品。

（3）库房相关物资应分类堆放，并有相应标识；小件备品备件应分类放置在货架上，设置标识，建立台账，账物相符。

（4）工作场所物流有序，各类物品的摆放必须符合安全生产的原则。

4. 安全检查

（1）安全检查分为安全隐患排查和现场安全监督检查。

（2）安全隐患排查包括：日常安全隐患排查、综合性安全隐患排查、专业性安全隐患排查、季节性安全隐患排查、重大活动及节假日隐患排查等。

（3）安全隐患排查应制定相应的检查表，对查出的隐患必须实行闭环管理。

（4）现场安全监督检查包括公司级和站区（中心）级，公司级由安全生产管理委员会组织进行检查；站区（中心）级由安全领导小组组织成员进行检查。对安全监督检查中查出的问题，必须进行纠正、整改和考核。

（5）现场安全监督检查的主要内容。

①检查是否存在“三违”等情况。

②检查现场安全设施，生产环境等物的不安全状态。

③现场作业人员对本岗位安全基本知识和岗位应急知识的掌握情况等。

（6）具体要求按公司“隐患排查与治理管理制度”执行。

5. 领导值班

（1）各级领导实行安全轮流值班，由各单位具体组织实施。

（2）各单位应制定领导安全轮流值班计划。在值班期间领导应对本单位危险源（点）和公路的运行状况进行了解，如实填写“值班记录表”，并报本单位安全管理部门备案。

24.2.5　特种设备安全管理

（1）设备管理部门按《中华人民共和国特种设备安全法》建立健全采购、安装、运行、修理、检验及报废等方面的安全管理制度，按国家对特种设备的有关要求进行分类管理。对公司从事特种设备作业人员的生产活动进行监察和指导。

（2）建立特种设备管理台账，各类证照齐全、有效。

（3）具体管理要求按照公司《特种设备安全管理制度》执行。

24.2.6　相关方管理

（1）相关方是指在公司内承揽建设工程、施工监理、设备检修、现场设备安装（施工）和劳务输出等业务的单位。

（2）公司实行“谁主管、谁负责，谁用工、谁负责”的原则，对相关方进行安全管理。

（3）主办部门负责办理公司与相关方签订《安全管理协议》，必须明确双方的安全责任与权力，违反相关规定的考核等。

（4）具体管理要求按照公司《相关方安全管理制度》执行。

24.2.7　安全教育培训管理

（1）养护安全部负责安全教育培训管理工作，建立健全公司安全教育培训管理规章制度，指导、督促、检查各单位开展安全教育培训工作。

（2）各单位按相关要求具体组织实施安全教育培训。

（3）具体管理要求按公司《安全教育培训管理制度》及其配套管理制度执行。

（4）国家法律法规及政府规章对作业人员有资质要求的按相关规定办理。

24.2.8　安全投入管理

（1）财务融资部建立健全安全投入管理制度，并按规定提取安全生产费用。

（2）建立安全费用使用专项台账。

（3）安全生产费用用于以下项目：

①完善、改造和维护安全防护设备设施。

②安全生产教育培训和配备劳动防护用品。

③安全评估、重大危险源监控、事故隐患评估和整改。

④设备设施安全性能检测检验。

⑤应急救援器材、装备的配备及应急救援演练。

⑥安全标志及标识。

⑦其他与安全生产直接相关的物品或者活动。

24.2.9 信息与档案管理

（1）公司及各单位应建立健全相应的安全管理台账，对安全管理工作进行动态管理。

（2）安全管理台账应包括：安全会议记录、安全检查记录、生产安全事故隐患整治台账、危险源管理台账、安全培训教育台账、劳动防护用品发放记录、工伤事故管理台账、安全考核台账、班组安全记录等。

（3）各单位于每月 25 日（节假日顺延）前，按要求向公司安全管理部门报送安全工作材料，保证信息的真实性和时效性。

24.2.10 工伤事故管理

（1）工伤事故管理应按“四不放过”的原则进行调查、分析与处理。

（2）具体管理要求按照公司《生产安全事故管理制度》执行。

24.2.11 劳动保护和职业健康管理

（1）按照《中华人民共和国职业病防治法》《劳动防护用品监督管理规定》等法律法规的规定，开展职业健康和劳动保护等管理工作。

（2）在有职业危害因素的场所工作，必须按规定佩戴相应的防护用品。

（3）具体管理要求按照公司《职业健康管理制度》执行。

24.2.12 事故应急管理

（1）公司按照“预防为主、以人为本、总体策划、分级响应”的原则，建立健全应急救援管理体系。

（2）公司预案体系包括综合应急救援预案、专项应急救援预案和现场处置方案。

（3）具体管理要求按照公司《生产安全事故应急救援管理制度》执行。

24.2.13 安全会议管理

（1）安全生产管理委员会每季度召开一次会议，传达集团公司及行业主管部门等安全会议精神，研究部署公司安全工作，决策安全工作重大事项。

（2）安全生产管理委员会办公室定期（原则每季度）召开一次会议，落实安全生产管理委员会布置的工作，研究安全工作中的具体问题。

（3）安全领导小组每月召开一次会议，贯彻落实上级安全工作要求，分析本单位安全工作形势，研究布置本单位安全重点工作，落实各项安全工作。

（4）班组每天开班前会，落实每班作业安全措施。

（5）具体管理要求按照公司《安全会议管理制度》执行。

24.2.14　安全民主监督管理

（1）公司实行民主监督、舆论监督和群众监督相结合的方式对安全工作进行监督。

（2）工会依法对安全工作进行民主监督，对安全工作进行舆论监督。

（3）公司设立举报电话，鼓励职工监督各级安全生产工作，举报各种事故隐患、“三违”行为及安全管理中的违规行为。

24.2.15　安全文化管理

（1）公司按照《企业安全文化建设导则》和《企业安全文化建设评估准则》的要求，结合公司安全生产实际，下达安全文化建设指导性意见或专项工作安排，各单位应予有效承接和落实。

（2）综合管理部负责公司安全文化建设的策划，并组织实施。

（3）各单位在有效承接和落实公司安全文化建设各项工作安排的同时，结合本单位实际创造性地开展安全文化建设，引导职工增强安全意识，规范作业行为。

24.3　交通安全管理的性质

交通安全管理的性质，包括其综合性、预防性、风险管理、法规合规性、等方面。

1. 综合性与系统性

交通安全管理的首要性质在于其综合性与系统性。高速公路系统由基础设施、车辆、交通流量和驾驶员等多个要素组成，管理者需要全面考虑这些要素的相互关系。这种系统性的管理涵盖了道路设计、交叉口规划、标志标线设置等方面，旨在创造一个安全、高效的交通环境。

2. 预防性与响应性

交通安全管理在其性质上注重预防性措施和紧急响应的平衡。预防性方面包括定期检查、维护计划的制定以及基础设施更新。紧急响应方面则要求建立完善的紧急事件响应机制，以最小化事故造成的影响。通过这种预防性和响应性的结合，可以有效应对各类挑战，确保高速公路系统的连续稳定运营。

3. 风险管理与评估

在交通安全管理中，风险管理与评估是一项关键性任务。通过系统性的风险评估，管理者能够识别潜在的危险源和事故发生的可能性。这不仅需要深入了解交通系统内外的风险因素，还需要采取相应的管理策略，以降低事故概率和最小化事故损失。

4. 法规合规性

交通安全管理的性质之一是对法规合规性的高度关注。高速公路运营与维护必须符合国家和地方的法规要求，以确保安全和合法性。这包括对交通规则、道路标志、车辆技术等多个方面的法规合规性的监测和维护。

24.4 交通控制与智能运输系统

随着高速公路运营的不断发展，交通控制与智能运输系统作为管理的先进工具，对提升效率、保障安全起到了关键作用。高速公路作为城市交通体系的重要组成部分，面临着日益增长的交通流和复杂的行车状况。传统的交通控制方式逐渐显得力不从心，因此，引入智能运输系统成为提升高速公路运营管理的重要途径。本章将深入研究交通控制与智能运输系统的演进，揭示其在高速公路运营中的关键作用。

24.4.1 交通控制的原理与演进

1. 传统交通控制手段

传统交通控制手段包括信号灯、标志标线和道路设计等，这些基础设施在过去确实为交通流提供了一定的有序性。然而，随着交通复杂度的增加，其局限性也逐渐显现。

2. 智能交通控制的原理

智能交通控制基于先进的传感器技术、实时数据分析和智能算法，其原理在于通过实时感知交通状况，并基于数据分析结果进行智能决策，以实现对交通流的动态调控。

3. 智能运输系统的演进趋势

智能运输系统的演进呈现出信息化、网络化和智能化的趋势。通过各类传感器、通信技术和大数据处理手段，构建全方位、高效率的智能交通管理体系。

24.4.2 智能运输系统的关键技术

1. 传感器技术

传感器技术在智能运输系统中是关键的技术支持。摄像头、雷达、激光雷达等传感器的应用使系统能够实时感知交通环境，提供精准的数据。

2. 实时数据分析与大数据

智能运输系统通过实时数据分析和大数据技术，能够从庞大的数据集中提取有用信息，为决策提供科学依据。这包括交通流预测、拥堵分析等方面的应用。

3. 人工智能与智能算法

人工智能技术为智能运输系统带来了智能决策的能力。深度学习、强化学习等算法的应用使系统更具自适应性和智能性。

24.4.3　智能运输系统对高速公路运营与维护的影响

1. 提升交通安全性

智能运输系统通过实时监控和智能决策，显著提升了高速公路的交通安全性。事故预警、驾驶行为监测等功能降低了事故的发生概率。

2. 提高运行效率

智能运输系统通过动态交通流优化和交叉口管理，能够显著提高高速公路的运行效率，减少拥堵，提升通行速度，缩短行车时间。

3. 降低环境影响

智能运输系统通过智能算法的优化，能够指导车辆选择更为环保的行驶路线，减少拥堵带来的尾气排放，对环境产生积极影响。

24.5　交通应急组织

在现代社会，高速公路作为重要的交通基础设施之一，其安全运营对社会的正常生活和经济发展至关重要。然而，由于各种原因，交通事故和突发事件时有发生。因此，建设强大而高效的交通应急组织成为确保高速公路安全运营的迫切需求。

24.5.1　交通应急组织的定义

交通应急组织是指对交通事故、自然灾害等紧急情况进行应对处理，其职责包括但不限于应急预案制定、指挥调度、资源协调、救援与疏导等。交通应急组织可分为预案制定、指挥调度、资源协调、救援与疏导等范畴。每个范畴都有其特定职责，共同构成一个高效协同的体系。

24.5.2　交通应急组织的构建与机制

1. 组织架构与人员配置

交通应急组织的组织架构需具备清晰的层级结构，涵盖中央与地方两级。在各级组织内，人员配置要合理，包括应急管理专业人员、通信专家、医疗救援人员等。

2. 信息与通信系统

现代交通应急组织需借助先进的信息与通信技术，确保信息的迅速传递。包括实时监控系统、卫星通信、无人机技术等，以提高信息的获取和处理速度。

24.5.3　高速公路交通应急组织的运作机制

1. 应急预案的制定与更新

为了更好地应对不同情况，高速公路交通应急组织需要制定详尽的应急预案，并定期更新。这包括对可能发生的事故类型进行评估、资源准备、协同机制等。

2. 事件识别与评估

高速公路交通应急组织应利用现代技术手段，包括智能监控、大数据分析等，实现对交通事件的快速识别和准确评估。

3. 协同指挥与资源调配

在事故发生时，高速公路交通应急组织需要迅速展开协同指挥，并有效地调配资源。这包括与医疗机构、警察、消防等相关机构的协同工作，确保救援工作的高效进行。

24.5.4 应急组织在高速公路运营中的作用

1. 事故处理与交通疏导

交通应急组织在事故发生后起到了至关重要的作用。他们需要快速响应、迅速处理现场，同时高效地疏导交通，减少次生事故的发生。

2. 公众教育与信息发布

除了紧急情况的处理，交通应急组织还需开展公众教育，提高驾驶者和市民的安全意识。通过信息发布，向公众传递实时、准确的交通信息，引导公众采取正确的行为。

3. 与其他机构的合作

交通应急组织与其他救援机构、政府部门、道路管理单位等需要密切合作。建立联动机制，实现资源共享，提高整体救援效能。

24.6 道路排障的组织与管理

道路排障是高速公路维护中不可或缺的环节，其组织与管理对于确保道路畅通、提高交通安全性至关重要。排障的高效组织与管理直接关系到道路的通行能力、交通安全性以及紧急情况的处理能力。

24.6.1 道路排障的定义与范畴

道路排障是指在道路运行中，对于因交通事故、车辆故障或其他原因导致道路阻塞的情况，通过组织专业人员和设备，迅速进行清理、修复和交通疏导的过程。

排障工作涵盖了多个方面，包括交通事故现场的处理、道路上因突发事件引起的阻塞、车辆故障的紧急修复等。了解排障的范畴有助于构建全面的管理体系。

24.6.2 道路排障的战略规划

在道路排障的组织过程中，战略规划是确保排障团队高效应对各类紧急情况的关键。制定全面的战略计划需要充分考虑区域特点、交通流量、事故发生频率等因素，以确保排障团队具备全面的应对能力。

1. 策略制定

制定应对不同紧急情况的策略，确保在各种情况下都能够迅速、有序地进行排障工作。结合实际情况，制定资源调配、人员培训等方面的策略，以最大程度提高应对效率。制定应对不同紧急情况的策略是战略规划的核心。排障团队需要根据不同的事故类型和严重程度，制定相应的处置方案。例如，针对危险品泄漏事故，需要采取特殊的安全措施，而在大规模堵塞情况下，应该采用有高效的交通疏导策略。

2. 资源调配与优化

资源调配是排障工作成功的关键。在制定战略规划时，需要明确各类资源的调配原则，包括人员、车辆、设备、应急物资等。为了最大化资源利用效率，可以引入先进的调度系统，实时监控资源状况，并通过数据分析优化调度方案。明确资源调配原则，包括人员、设备、应急材料等。通过科学的资源优化，确保排障团队能够在最短时间内响应，提高工作效率。

24.6.3　组织结构与层级体系

1. 指挥中心

设立专业的指挥中心，负责监控整个排障过程，进行实时决策，并与其他相关机构协同合作。指挥中心是排障工作的大脑，负责协调、监控和指挥整个排障过程。为了提高指挥中心的工作效率，可以引入先进的信息系统，实现实时监控、智能决策和多方协同。指挥中心人员应具备危机管理、应急决策等专业技能，以确保在紧急情况下能够迅速做出正确决策。

2. 现场指挥

现场指挥是排障团队的执行者，直接参与事故现场的处置工作。为了提高现场指挥的实时性和准确性，可以利用现代通信技术，与指挥中心保持紧密联系。此外，现场指挥人员应具备危险品处理、交通疏导、急救等多方面技能，以胜任复杂多变的现场环境，熟悉各种紧急情况的处理流程。

3. 执行人员

执行人员是排障团队的骨干力量，他们直接参与清理、修复和疏导工作。为了提高执行人员的操作效率，可以通过培训和演练提升其专业技能，确保在紧急情况下能够快速、有序地展开工作。

24.6.4　技术支持与合作学习

1. 先进技术的应用

排障工作可以借助现代科技手段提高效率和精确度。引入智能监控系统，可通过实时视频监控事故现场，提供更准确的信息支持。无人机巡查可以快速勘察大面积事故现场，识别隐患。虚拟现实技术可以用于培训，让团队成员更真实地体验紧急情况处理。

2. 装备更新

道路排障的装备需要保持先进性，以适应交通环境的不断变化。车辆需要具备高效的清理和牵引能力，设备需要采用先进的材料和技术。为了确保装备的可靠性，定期的检测和维护是必不可少的。同时，不断更新装备，引入新技术，可以提高排障团队的整体水平。

3. 学习国际先进经验

了解国际上排障工作的先进经验对道路排障管理具有借鉴意义。可以通过参观考察、国际交流等方式，深入了解其他国家在组织与管理、技术应用等方面的成功经验，为道路排障工作提供有益启示。

4. 跨部门合作

排障工作需要多个部门的协同合作，包括交通管理部门、医疗救援部门、环保部门等。建立跨部门的合作机制，共享资源和信息，形成紧密的工作网络。通过多方合作，还可以融合各方优秀经验，推动道路排障水平的共同提升。

第 25 章　高速公路收费管理

25.1　收费管理概述

高速公路收费管理是指对高速公路使用者收取费用并管理相关财务和运营的一系列措施和制度。

（1）在收费模式方面，可采取用户付费模式或道路所有者付费模式。前者基于用户的使用量收费，包括按车型、行驶距离或时间段计费等方式；而后者由政府或道路管理机构承担费用，通常通过税收或其他财政收入来源支付高速公路的建设和维护成本。

（2）在收费管理方面，需要考虑收费基础，包括交通需求、道路拥堵程度、公共交通可用性以及社会经济因素等。此外，还应平衡公平性和效率性，确保收费制度不会对特定群体造成不合理的经济负担，同时激励有效的资源配置和交通管理。

（3）在收费设施与技术方面，电子收费技术的应用使得收费更加高效、精准，减少了人力成本和车辆通行时间。智能交通系统的结合，可以实现对车辆流量、拥堵情况和道路安全的实时监控与调整。

政府在高速公路收费管理中扮演着监管者和规划者的角色，制定相关政策、法规和标准，确保公共利益得到保障。一些国家和地区逐渐引入市场竞争机制，鼓励私营企业参与高速公路建设、运营和收费管理，以提高效率和服务水平。

此外，高速公路收费管理还需要考虑社会影响与可持续发展。收费策略可能影响交通模式选择和车辆使用行为，进而影响环境问题如空气质量、能源消耗和碳排放等。因此，收费政策和管理措施应当促进交通系统的可持续发展，考虑社会、经济和环境方面的可持续性。

25.2　高速公路收费原理

25.2.1　高速公路收费原理概述

高速公路收费的原理基于交通经济学的基本原则，强调“用户付费”的理念。这一原则是公平和效率的体现，通过按照车辆类型、行驶距离或时间段等因素差别化收费，确保公路使用者按照实际使用程度支付费用，避免对特定用户群体施加不必要的负担。同时，收费制度的设立也旨在资金回收，以覆盖公路建设、维护和管理的成本，并为未来的改进和发展提供资金支持。这种资金回收机制不仅有助于保障道路设施的持续运营和改善，还可以促进交通系统的可持续发展，包括环境友好型改造和交通流优化等方面。因此，高速公路收费不仅是一种交易行为，更是交通管理和公共资源配置的重要手段，为社会经济发展和公共福祉作出了积极贡献。

25.2.2 高速公路收费的相关制度规定

高速公路建设需要耗费大量资金和资源，而且建设周期长，对项目质量有着较高要求，应加强每个环节的质量管控。随着高速公路建设规模的扩增，当地财政部门不可避免地会出现资金紧张问题，也正是因为如此，国家出台并实行了高速公路收费的相关制度体系。在制定收费制度时，要参考国家法律以及高速公路管理准则，在出口或入口处设置收费站，可灵活选择半自动收费或封闭式自动收费。每个收费站都要设置车辆信息录入系统，以此为基础来计算通行费用。

我国高速公路收费的法理论据在于“贷款修路，收费还贷”政策，即由银行提供贷款修建公路，然后以收取公路通行费的方式偿还本息。1997年国家发布《公路法》，明确规定县级以上政府交通主管部门利用贷款、国内外经济组织依法投资或受让收费还贷公路收费权的公路，可以收取车辆通行费。在收费标准方面，由省（自治区、直辖市）交通主管部门和价格主管部门共同进行审批，其中政府还贷公路还需要经同级财政部门审核。《公路法》中对高速公路的收费期限进行了明确规定，政府还贷公路、经营性高速公路最长收费年限分别为15年和25年；2015年《收费条例（修订稿）》又进一步提出，收费高速公路实现统借统还，收费年限不设具体年限，改以路网实际偿债期进行确定，2018年又对收费公路管理条例进行修订，主要对收费年限的修改，其中包括了经营性高速公路的经营时间可以超过30年；2018年印发了《交通运输部办公厅关于扩大高速公路差异化收费试点工作的指导意见》，该意见的目的是为实施高速公路收费的供给侧结构性改革，高速公路差异化收费管理是指车辆分路段、时段、类型等开展收费；2019年，《深化收费公路制度改革取消高速公路省界收费站实施方案》出台，该实施方案强调了要加快高速公路收费管理体系、组织结构建设，从社会效益角度出发压实政府责任；2021年《全面推广高速公路差异化收费实施方案》，该实施方案在全国进行推广以提高高速公路通行效率，释放更为普惠的高速公路发展红利。

25.2.3 高速公路收费监管规定

根据交通运输部发布的《收费公路管理条例》，我国高速公路收费标准会根据技术等级、还贷期限、物价指数等综合考量，开展公路收费标准定价。各省在考虑地方经济，形成了不同的收费管理模式，这里以浙江省、海南省为例，在两地交通厅官网及媒体报道中，对国内的高速公路收费监管开展整理。

1. 浙江省高速公路收费管理概况

（1）试行差异化收费。2016年8月，交通运输部印发的《关于推进供给侧结构性改革促进物流业“降本增效”的若干意见》一文中，提出了高速公路分时段收费的概念。2017年，浙江省被纳入到分时段差异化收费的试点城市之一。浙江省确定合理回报，强化资金管理，建立收费公路信息公开制度，接受社会舆论监督，进一步完善收费公路价格决策听证，建立灵活的费率机制，差异化的收费也可以让通行者更易接受。

（2）以智慧联网助力收费监管。浙江省作为数字化工作开展走在前列的省市，也是较早将数字化技术运用到高速公路收费监管中来的城市之一，早在2009年，浙江省就出台了《高速公路联网运行收费、监控、通信技术要求》，要求全省进行联网监控。目前，浙江省公路局已经实现了全省各条高速公路通信传输链接，为全省统一联网收费、为路网指挥协调提供了技术保障和政策保障。省交通运输厅建有“公众出行服务系统”，公众可以在该系统上进行投诉举报等，浙江省高速公路收费的数字化、信息化水平较高，数据信息流转速度较快，为开展高速公路收费监管、审计提供了强而有力的数据支撑和技术保障，可以较为清晰地估算出高速公路收费的总体规模。

2. 海南省高速公路收费管理概况

我国只有海南省高速公路不收费，海南省公路管理局负责高速管理，交通厅将公路养护经费安排在燃油附加费，省交通投资控股有限公司由省交通运输厅行使管理权。海南省高速公路收费监管优秀经验总结如下：

（1）设置燃油税。海南高速公路可维持免费，实现一脚油门踩到底，归根结底是其关键的燃油附加税改革,该项改革直接推动了高速公路建设资金来源的结构,将原先的贷款造路，收费还贷模型中的过路费改为税费征收，该税费也成为了高速公路建设、运营、管理和捐赠的资金来源。燃油税通过法律，整合各部门之间的利益，最大限度地节省开支，取代现有的运输成本。在我国，1998 年就讨论过开征燃油税，但存在利益冲突、问题和障碍进展缓慢。海南省人民政府率先推出了《海南经济特区机动车燃油附加费征收管理办法》,实现四费合一，该项政策于 1994 年 1 月 1 日正式实施。这取消了海南省的所有公路收费卡，真正实现了高速公路免费。

（2）技术探索，项目揭榜。2022 年 7 月份，海南省发布了“揭榜挂帅”项目公告，旨在全国范围内引进先进技术，解决高速公路不设站收费的难题。一边通过出台相关法律，实现四费合一，破除单一的高速公路建设资金来源，另一方面通过引进先进技术，优化不收费管理，在一定程度上可以帮助海南高速公路免费公路政策的可持续发展。

25.3 收费运营管理

25.3.1 四川省收费公路统计结果汇总

截至 2021 年，四川省收费公路统计汇总结果公报如下。

1. 收费公路总体情况

（1）里程构成。

2021 年末四川省收费公路里程 7 850.50 km，占全省公路总里程 398 899 km 的 1.97%。其中,高速公路 7 702.50 km,一级公路 144.6 km,独立桥梁隧道 3.4 km,占比分别为 98.12%、1.84%和 0.04%。收费公路里程比上年末增加 744.9 km。

（2）主线收费站。

2021 年末四川省收费公路共有主线收费站 24 个，较上年末增加 1 个。其中，高速公路 20 个，一级公路 4 个，占比分别为 83.33%和 16.67%。

（3）建设投资。

2021 年末四川省收费公路累计建设投资总额 5 824.58 亿元，较上年末净增加 1 079.45 亿元，增长 22.75%。其中，累计资本金投入 1 929.25 亿元，资本金比例 33.12%；累计债务性资金投入 3 895.33 亿元，债务性资金比例 66.88%。

（4）债务余额。

2021 年末四川省收费公路债务余额为 3 742.88 亿元，比上年末增加 666.42 亿元，增长 21.66%。其中，年末银行贷款余额为 2 759.06 亿元，年末其他债务余额为 983.82 亿元，占比分别为 73.71%和 26.29%。

（5）收入支出。

2021 年度，四川省收费公路通行费收入 311.56 亿元，比上一年增加 86.17 亿元，剔除 2020 年 2 月 17 日至 5 月 5 日四川省收费公路免收 79 d 车辆通行费 62.53 亿元因素后，2021 年车辆通行费收入同比净增加 23.64 亿元，增长 8.21%；支出总额 444.72 亿元，比上一年增加 9.60 亿元，增长 2.21%；通行费收支缺口 133.16 亿元，比上年减少 76.57 亿元，剔除 2020 年免费因素后，2021 年车辆通行费收支缺口同比减少 14.03 亿元，下降 9.53%。

2021 年度支出总额中，偿还债务本金支出 164.01 亿元，偿还债务利息支出 172.96 亿元，养护支出 32.07 亿元，公路及附属设施改扩建工程支出 11.03 亿元，运营管理支出 47.59 亿元，税费支出 17.06 亿元，占比分别为 36.88%、38.89%、7.21%、2.48%、10.70%、3.84%。

2. 政府还贷公路情况

2021 年末四川省政府还贷公路里程 1 874.50 km，累计建设投资总额为 1 661.42 亿元，债务余额为 1 000.05 亿元，年通行费收入 70.56 亿元，年支出总额为 138.61 亿元，分别占四川省收费公路的 23.88%、28.52%、26.72%、22.65%和 31.17%。

（1）里程构成。

政府还贷公路总里程 1 874.50 km，其中，高速公路 1 795.10 km，一级公路 76.80 km，独立桥梁隧道 2.60 km，占比分别为 95.76%、4.10%和 0.14%。政府还贷高速公路占收费高速公路里程的 23.31%。

（2）建设投资。

政府还贷公路累计建设投资总额 1 661.42 亿元，其中，高速公路 1 649.25 亿元，一级公路 10.35 亿元，独立桥梁隧道 1.81 亿元，占比分别为 99.27%、0.62%和 0.11%。政府还贷公路累计建设投资总额中，累计资本金投入 681.68 亿元，资本金比例 41.03%；累计债务性资金投入 979.74 亿元，债务性资金比例 58.97%。

（3）债务余额。

2021 年末政府还贷公路债务余额 1 000.05 亿元，其中，高速公路 992.32 亿元，一级公路 6.87 亿元，独立桥梁隧道 0.86 亿元，占比分别为 99.23%、0.69%和 0.08%。

（4）收支情况。

2021 年度政府还贷公路通行费收入 70.56 亿元。其中，高速公路 70.31 亿元，一级公路 0.15 亿元，独立桥梁隧道 0.10 亿元，占比分别为 99.65%、0.21%和 0.14%。

2021 年度政府还贷公路支出总额 138.61 亿元。其中，偿还债务本金 51.82 亿元，偿还债务利息 58.04 亿元，养护支出 8.92 亿元，公路及附属设施改扩建工程支出 4.57 亿元，运营管理支出 12.72 亿元，税费支出 2.54 亿元，占比分别为 37.39%、41.87%、6.43%、3.30%、9.18%、1.83%。

2021 年度政府还贷公路通行费收支缺口 68.05 亿元。其中，高速公路缺口 67.79 亿元，一级公路缺口 0.29 亿元，独立桥梁隧道盈余 0.03 亿元。

3. 经营性公路情况

2021 年末四川省经营性公路里程 5 976.00 km，累计建设投资总额 4 163.17 亿元，债务余额 2 742.83 亿元，年通行费收入 241.01 亿元，年支出总额 306.12 亿元，分别占四川省收费公路的 76.12%、71.48%、73.28%、77.35%、68.83%。

（1）里程构成。

经营性公路总里程为 5 976.00 km，其中，高速公路 5 907.40 公里，一级公路 67.80 公里，独立桥梁隧道 0.70 公里，分别占经营性公路里程的 98.85%、1.14%和 0.01%。经营性高速公路占收费高速公路里程的 76.69%。

（2）建设投资。

经营性公路累计建设投资总额 4 163.17 亿元，其中，高速公路 4 155.34 亿元，一级公路 6.87 亿元，独立桥梁隧道 0.96 亿元，占比分别为 99.81%、0.17%和 0.02%。

经营性公路累计建设投资总额中，累计资本金投入 1 247.57 亿元，资本金比例 29.97%；累计债务性资金投入 2 915.60 亿元，债务性资金比例 70.03%。

（3）债务余额。

经营性公路债务余额 2 742.83 亿元，其中，高速公路 2 741.19 亿元，一级公路 1.58 亿元，独立桥梁隧道 0.06 亿元，占比分别为 99.94%、0.05%和 0.01%。

（4）收入支出。

2021 年度经营性公路通行费收入 241.01 亿元。其中，高速公路 240.58 亿元，一级公路 0.34 亿元，独立桥梁隧道 0.09 亿元，占比分别为 99.82%、0.14%和 0.04%。

2021 年度经营性公路支出总额为 306.12 亿元。其中，偿还债务本金 112.19 亿元，偿还债务利息 114.92 亿元，养护支出 23.16 亿元，公路及附属设施改扩建工程支出 6.47 亿元，运营管理支出 34.86 亿元，税费支出 14.52 亿元，占比分别为 36.65%、37.54%、7.57%、2.11%、11.39%和 4.74%。

2021 年度经营性公路通行费收支缺口 65.11 亿元。其中，高速公路缺口 65.39 亿元，一级公路盈余 0.22 亿元，独立桥梁盈余 0.06 亿元。

4. 通行费减免情况

2021 年度，四川省收费公路共减免车辆通行费 64.14 亿元，其中，鲜活农产品运输“绿色通道”减免 16.74 亿元，重大节假日小型客车免费通行减免 18.80 亿元，高速公路差异化收费、ETC 通行费优惠、抢险救灾车辆免费通行等其他政策性减免 28.60 亿元，占比分别为 26.10%、29.31%和 44.59%。剔除 2020 年免费因素后，2021 年车辆通行费减免金额同比增加 4.13 亿元，增长 6.88%。

25.3.2　高速公路收费车型及计费标准

根据中华人民共和国交通运输行业标准《收费公路车辆通行费车型分类》（JT/T 489—2019），高速公路收费车型及标准见表 5-25-1 ~ 表 5-25-3。

表 5-25-1 客车车型分类标准

类别	车辆类型	核定载人数	说明
1 类客车	微型、小型	≤9	车长小于 6 m 且核定载人数不大于 9 人的载客汽车
2 类客车	中型	10～19	车长小于 6 m 且核定载人数为 10～19 人的载客汽车
	乘用车列车	—	
3 类客车	大型	≤39	车长不小于 6 m 且核定载人数不大于 39 人的载客汽车
4 类客车		≥40	车长不小于 6 m 且核定载人数不少于 40 人的载客汽车

表 5-25-2 货车车型分类标准

类别	总轴数（含悬浮轴）	车长和最大允许总质量
1 类货车	2	车长小于 6 m 且最大允许总质量小于 4.5 t
2 类货车	2	车长不小于 6 m 或最大允许总质量不小于 4.5 t
3 类货车	3	
4 类货车	4	
5 类货车	5	
6 类货车	6	

注：1. 货车包括载货汽车、货车列车和半挂汽车列车。
2. 货车列车和半挂汽车列车，按牵引车和挂车合并进行车型分类。
3. 超过六轴的货车，根据车辆总轴数按照超限运输车 96 辆执行。

表 5-25-3 专项作业车车型分类标准

类别	总轴数（含悬浮轴）	车长和最大允许总质量
1 类专项作业车	2	车长小于 6 m 且最大允许总质量小于 4.5 t
2 类专项作业车	2	车长不小于 6 m 或最大允许总质量不小于 4.5 t
3 类专项作业车	3	
4 类专项作业车	4	
5 类专项作业车	5	
6 类专项作业车	≥6	

2020 年 1 月 1 日零时，按国务院统一部署，全国取消高速公路省界收费站，高速公路联网收费系统由封闭式收费转变为门架主线自由流收费模式。高速公路通行费通过计费门架实行分段计费，单个门架的计费额按其所辖里程和费率计算，并按“四舍五入”精确到“分”。车辆单次行程应缴通行费就是途经门架的计费额之和，ETC 车辆通行费精确到“分”，人工收费车道车辆通行费精确到“元”。

对只行驶一条高速公路的，车主可根据自己驾驶车辆的车型类别及行驶路径，查找对应高速公路行驶门架区间的通行费计费额，累加合计就是该次行程应缴通行费额。对行驶多条高速公路的，车主可根据自己驾驶车辆的车型类别及行驶路径，查找途经高速公路的行驶门架区间通行费计费额，累加合计就是该次行程应缴通行费额。

25.3.3　高速公路收费管理问题的对策

为解决高速公路收费管理面临的多种挑战，需要通过持续的技术和资金投入来完善收费基础设施。根据数据调查显示，自 2011 年以来，我国已经实现了 11 个省级行政区的 ETC 联网，到 2021 年，这一数字增至 30 个，基本实现了 100%的全覆盖。ETC 联网利用现代化技术手段推动了高速公路收费系统的升级和更新，提高了收费系统的运行效率，并将收费管理水平提升到更高水平。除了加强基础设施的完善外，还需要全面加强 ETC 车道的通行能力，以缓解收费站车辆过多的压力。政府部门应该加大宣传力度，扩大 ETC 用户的使用范围。此外，还可以进一步完善 ETC 收费系统，增加自动拦截、车牌识别等功能，提升工作效率。

在强化 ETC 发行服务方面，应该通过加强客服中心窗口服务意识，严格按照运营和服务规程要求办理业务，提高服务质量，完善申办流程，推进业务办理规范化、标准化、专业化，以确保业务质量。同时，应该加强发行系统和投诉系统的维护，保障 ETC 线上、线下发行平台的运行稳定和畅通。针对货车 ETC 发行，应该探索信用卡业务、保理产品模式、结合行业优势推广发行、深入货运企业解决内部需求以及推出线上选装办理渠道等措施。

在制定合理的收费标准方面，国家相关部门应该不断完善相关法律、法规，保证收费的规范性，实现各地区收费标准统一，适当缩短收费周期并降低收费价格，为人们出行提供便利。应该明确规定收费价格，保证公正、公开、合理，充分发挥法律体系的约束和引导作用，提升其权威性。各地区的收费标准要尽可能保持统一，采取分时段差异化收费政策，让收费标准更加科学合理。

为了加强营运收费管理队伍的培训，应该全面提升业务能力与综合素质，强化职业道德，端正工作态度，明确划分工作职责与具体内容，丰富培训模式与内容，实现培训教育目标。应该加强现场指导、岗位练兵等有效手段，提升综合素质与专业能力，灵活应对各种突发情况，保护人民群众的生命财产安全。

为了减少通行费收入流失，收费管理人员应该深入学习相关政策，将原则贯彻落实到位，加强对违规车辆、超载车辆的关注，设置警示性的收费标准，惩治偷逃费用的行为，保障通行费的收入。应该为免征车辆、抢险救灾车辆开放绿色通道，最大程度保证通行费的收入。

在加大稽查力度与频率方面，应该准确把握稽查重难点，优化组织结构，明确各岗位的具体职责与工作内容，加强对计重设备的保养和维护，提高稽查工作的效率和管理水平。

运用现代化技术是解决高速公路收费管理问题的重要手段，应该加大资金和技术投入力度，推动收费程序智能化、信息化发展，打造不停车收费系统，提升收费管理的效率和水平。

第 26 章　养护的组织与管理

26.1　养护管理概述

随着我国交通运输网络的不断完善，高速公路数量逐年增加。高速公路通常在建设施工完成后，会受到车辆频繁的碾压和自然环境的侵害，道路极易出现不均匀沉降、路面破损和裂缝等病害，如不能够有效解决上述病害，易造成较大的财产损失甚至人员伤亡。因此，高速公路养护一直是交通管理部门的重要工作方向。道路的日常养护管理不仅能够保证道路标志的完整、路面及周围排水畅通、照明路灯正常使用，而且能够在路面发生开裂、凹陷等病害时在最短的时间进行修复，更换老旧和损坏的设施设备，延长高速公路的使用寿命，确保道路的行车安全。高速公路养护管理对于我国的高速公路发展至关重要，在新时代快速发展的今天，必须得到高度重视，给予充分的经费支撑及建设高素质人才队伍。

近年来，高速公路的日常养护组织与管理在不断优化，相应的养护管理机制也在不断完善，道路的养护质量和养护技术得到了不同程度的发展。但目前仍存在诸多问题。

（1）高速公路日常养护的组织与管理并不能够满足当前道路养护要求，需要进行完善和优化。

（2）高速公路养护工程的管理和组织存在突发性、流动性和季节性等特点，管理和组织并不协调。

（3）高速公路养护管理需要大量的专业技术人才，但当前国内针对养护管理人才培养教育的力度不足、人才流失等原因使得养护管理水平受到影响。

（4）高速公路养护管理是多个部门进行协调配合作业，但由于管理标准的不统一，使得道路养护管理存在盲区。

（5）目前国内的高速公路养护管理的信息化仍处于发展阶段，未形成完整的信息化系统和大数据共享平台，国家在研发资金投入方面仍需大量投入，促进信息的流畅，提升养护管理效率。

针对上述问题，应当从以下几个方面来积极采取措施来改善高速公路的养护管理现状。

26.2　日常养护的组织与管理

高速公路日常养护作为一项全天候施工的全线工程，在日常养护的组织与管理上具全天性、频繁性和不定性。

26.2.1　日常养护具有全天性

由于高速公路的养护施工管理部门需要随时随地为整条高速公路的正常运行使用提供全天候的服务，确保高速公路的顺畅安全运营。因此，在大多数的高速公路养护管理部门进行养护时，应当将高速公路日常养护的组织与管理放在第一位。

26.2.2　日常养护具有频繁性

在具体的养护施工和管理方式上，需要严格遵循面面俱到，以备不时之需，确保全天候为整条高速公路的日常养护服务。及时对高速公路进行清理和修补，特别是在一些频繁发生病害的区域，如排水沟和绿化带等地方，需要及时进行处理，对于高速公路上的一些照明、交通标志及其他的安全设施在出现故障时，确保在第一时间进行抢修，保证高速公路的正常运营。

26.2.3　日常养护具有不定性

在高速公路的日常养护中，通常会突发一些交通事故，也会时不时发生一些突发性的自然灾害等，使得高速公路的日常养护具有不确定性，需要满足动态协调调配，在突发性的养护管理问题面前及时作出决策，确保高速公路的正常运营。

上述措施在高速公路日常的养护工作中通常是一些技术含量低，并不需要大型的修复器械和高端的修复技术就能够完成的，最关键的便是需要及时进行，充分体现高速公路养护施工的及时性、安全性和日常性。

26.3　养护工程的组织与管理

26.3.1　养护工程的组织与管理具有突发性

在高速公路的养护过程中，突发性事故是最考验整个日常养护组织和管理队伍的。作为车辆交通事故频发的路段，高速公路的紧急抢修和设施设备的及时更换是需要保证在第一时间完成的，这需要在最短的时间去保证高速公路的正常运行。因此，在日常养护的过程中，需要做好高速公路突发抢修工作，确保交通事故发生后的第一时间能够在最短的时间里对事故路段进行抢修和维护，进而保证路线的正常运营。事故发生路段管理处（中心）应当实事求是、积极配合政府部门和上级单位对事故的调查工作。除此之外，面对一些突发性的自然灾害，如泥石流、塌方、地震等，对高速公路的正常使用造成阻碍的，则需要对灾情进行有效控制，及时做好高速公路的抢修清理工作。

26.3.2　养护工程的组织与管理具有流动性

在具体的高速公路养护工作中，绝大部分的养护工作是需要进行流动作业的，如高速公路中的路面除障、道路清理、路面除冰等工作，使用常规的道路养护设备即可完成。因此，高速公路养护工程的组织与管理是具有流动性的特点。在高速公路的养护管理和组织过程中，为了加快流动性和管理性，加大道路机械化的占比是未来高速公路养护作业的发展趋势，流动性作业是保证道路畅通无碍的重要保障，能够有效保证养护作业的顺利进行和整个道路的安全运营。

26.3.3　养护工程的组织与管理具有季节性

季节性是高速公路养护施工中比较突出的特点。不同的区域、季节及气候特征对整个高速公路的危害及对设施设备的损害不同。在高速公路日常养护的过程中，不同的季节性养护施工措施是不同的。除此之外，高速公路养护受到不同地域性的影响较大，比如在一些沿海地区，受到温湿气体、海洋性气候的影响，高速公路的设施设备容易产生腐蚀性破坏。因此，为了保证不同区域的高速公路的安全运营，日常养护管理部门需要对相应的高速公路敏感区段进行必要的养护管理，同时确保日常养护维修队伍能够随时应对不同的问题病害。若是高速公路位于我国的北方寒冷地区，则需要在寒冬降临的时候，为高速公路做好除冰作业，备好相应的除冰设备和融雪材料等，以进一步解决高速公路季节性养护问题。养护作业应保持所辖道路轮廓标、百米牌、防眩板等小型标志牌位置正确，无倾斜，轮廓标、百米牌洁净，反光效果明显，每季度全线维护不少于 1 次。同时确保路面排水畅通，及时清理疏通急流槽、桥面泄水孔等排水设施，路桥面无积水，桥面无积雪、积冰，每季度不少于 1 次对全线桥梁边沟进行检查清理。

通过对高速公路养护工程管理的特点进行分析后，可以看出良好的养护施工组织管理在保证高速公路的正常运行中发挥着至关重要的作用。随着近几年高速公路养护经费的提高，高速公路中的养护施工作业在向着智能化、机械化的过程中发展，在迎合国际 AI 发展的浪潮中，分析养护组织与管理的未来发展趋势，加大管理力度，增加科研经费投入和机械化的运行是公路养护管理发展的必然趋势。

26.4 养护机械化管理

近年来，随着我国机械工程领域的快速发展和不断完善，高速公路养护机械化管理需要在迎合新时代、新发展理念的情况下，不断创新优化，实现更高效的高速公路养护机械化管理。高速公路养护机械化管理是未来发展的必然趋势。就目前我国高速公路养护机械化的现有发展趋势，智能化、机械化的发展程度严重不足，智能化的发展程度偏低，进而限制了高速公路养护的质量和效率。在众多养护项目中，绝大多数的项目仍然没有实现机械化，大多数的养护工作仍然是以人力为主，不仅会浪费大量的人力和财力，最终道路养护的效果也不能够达到既定目标。因此，在实现高速公路机械化养护的过程中，需要在大规模普及机械化养护的过程中，做到精细化、智能化管理。高效的管理监督在高速公路养护过程中是非常重要的，通过对养护人员进行精细化管理，限制养护人员的行动，精确落实各项养护工作，对养护机械进行合理调配和使用。

高速公路养护机械化管理是需要在现有机械化水平的基础上，对使用的养护机械进行精细化管理，精确到每一台机械的具体使用时间，使用期限、功能作用、作业人员调配等，这是高速公路养护机械化管理的关键。在保证高速公路的正常使用的情况下，不断推动我国高速公路养护机械化发展，可以从以下几个方面进行。

26.4.1 制定完备的高速公路养护机械管理制度

完备的管理制度是实现高速公路养护机械化的重要基础。在整个高速公路的养护过程中，要充分发挥养护机械设备的重要作用，需要在组织和管理制度上下手，制定完善的养护管理制度，实现高效的高速公路养护。

首先，管理部门需要依据当前的机械设备配套情况结合现有的养护施工技术，不断优化现有管理制度。其次，管理人员要以一个负责任的态度，对整个道路的养护过程进行监督管理，保证工作人员的安全性和道路养护作业的规范性。然后，对于涉及的养护机械设备，管理人员应当对养护作业过程中的危险性操作进行现场指导监督，保证施工作业人员的安全，并对操作人员进行严格的规范，养护作业中使用的机械设备应当由专业的技术人员进行操作，采用一人一机的方式进行，减少养护机械设备操作中的风险，同时相关的技术人员必须持证上岗，管理人员也应当对技术人员进行考核，在确定技术人员的水平达标的情况下对其进行录用。如果在高速公路养护过程中发现了私自操作机械设备的情况，则需要对技术人员进行严肃处罚。管理人员要针对性地对机械设备的技术人员进行定期培训，提升机械设备技术人员的专利能力。在技术培训的过程中，需要加入大量的高速公路机械设备养护知识，提升技术人员的认知水平。在相应的机械设备发生故障时，专业的技术人员能够及时处理，确保高速公路养护工作的顺利开展。高速公路养护管理工作必须贯穿养护的整个环节，实现全过程的养护管理，在提升养护管理效率的同时，保证高速公路养护的顺利进行。

26.4.2　实现高速公路养护管理与机械组合的最优化

当前，高速公路机械化养护的优势之一在于利用多种机械设备进行高效养护，传统的养护模式逐渐被淘汰，高速公路的养护效果显著提升，以最短的时间和最少的养护经费达到最佳的养护效果。在整个高速公路建成后，随着车辆的频繁碾压以及周围自然环境的不断侵蚀，高速公路的性能会随着时间的推移不断降低与衰退。

为了保证高速公路的正常使用，就需要依据现有的机械设备配套情况，将高速公路养护管理与机械组合达到最优化，从以下几个方面进行。

（1）针对机械化养护的复杂性，需要在施工前制定一个完备的计划，实现养护与施工机械组合的最优化，在减少养护时间的同时，充分发挥出机械设备的重要作用。在计划的制定过程中，必须保证信息收集的全面性、合理性和可靠性，将多方面的信息进行整合处理，包括建好的高速公路宽度、长度、路基情况、自然环境、车流量、平均承载重量等，依据这些信息进行综合分析，制定出一个安全合理的高速公路养护计划。

（2）需要对养护过程中的各种资源进行整合，提高道路养护过程中的经济性，包括机械设备的使用数量、使用时间、技术人员的调配、损耗材料的资金等，在具体实施过程中可以进行不断优化改进。

26.4.3　合理规范使用已有的中、大修机械设备

在高速公路的养护过程中，路面养护在整个养护过程中占绝大部分工作内容。在进行路面养护过程中，需要依据路面的破损情况，使用相应的路面养护机械。在我国现有的高速公路养护过程中，中型、大型养护机械设备多种多样。沥青路面的再生设备在我国的高速公路养护过程中得到了广泛应用，并且发挥出了非常重要的作用。沥青适用于各种路面问题的养护，包括路面裂缝、路面车辙、路面凹陷等。在具体的使用过程中，需要依据路面实际的破损情况，选择合适的机械设备，当现场路面损害到达一定程度后，则需要使用大修机械设备进行修补。

在整个高速公路的养护过程中，合理的机械化管理是加强高速公路养护工作的关键所在，也是当前交通运输部门迫切需要完成的任务之一。高速公路养护机械化的实现，不仅拥有传统的道路养护模式所不可比拟的优势，而且能够有效提升养护效果。

26.5 养护的质量管理

当前我国高速公路养护中的质量管理存在诸多缺陷，包括养护人员的认知能力和技术水平不足、养护管理技术存在缺陷、质量管理体系不够健全等，针对上述问题，提出了以下对策。

26.5.1 不断提高养护人员的综合素质

当前的高速公路养护人员普遍存在思维认知不足，普遍存在一种“重建轻养”的思想，易对整个养护管理工作疏忽大意。针对国内繁重的道路养护工作，需要不断提升质量管理人员的综合素质与专业技术水平。在绝大多数从事养护管理的工作人员中，技术人员的占比不到 35%，相关的创新型人才更少，使得创新或掌握新技术与新工艺的人员较少，整个高速公路的养护质量和水平不理想。因此，在高速公路养护工作中，需要将质量管理工作落实到实处，充分认识到“重建设轻养护管理”这类思想的片面性，特别是针对一些关键性工程项目，在思想上加强认识，严格落实“建养并重”的举措，切实做好各个方面的养护管理，将每一项养护管理工作均落实到实处。

此外，公路养护机构应当充分利用现有的人力资源，建立健全养护管理人才教育培训和未来职业发展体系，需要不断加大养护技术和管理知识的培训力度，提升相应技术人员的综合素质和技术水平，并定期开展专业技术培训，坚持“以人为本”的发展理念，不断鼓励员工自主学习，提升自身的工作责任心和责任感。

26.5.2 创新养护技术与养护理念

当前国内的高速公路常规的养护技术主要采用微表处、稀浆封层、超波磨耗层、热再生等，从现场养护效果来看，常规的高速公路养护技术并未完全解决高速公路中的病害问题。因此，需要引进具有更好效果且实施过程简单便捷的养护技术，在应用中创新，避免出现治标不治本的现象。虽然现有的养护技术在处理路面凹陷、车辙病害以及路面抗滑性等方面表现良好，如使用新技术微表处、新型冷补以及热再生等养护技术，但是这些技术并不能够完全适应国内高速公路养护。对此，高速公路养护需要在不断创新中寻找适合国内公路养护特点的新技术，如采用沥青路面再生技术、路面裂缝检测技术、低噪声路面技术、常温沥青混合料技术等，在尽量减少能源耗散的同时保护环境，不断提升公路资源的利用效率，实现多种废弃公路材料的循环使用。

26.5.3 建立健全高速公路养护质量管理体制

目前，我国的高速公路管理主要是通过国家拨款完成的，从本质上来看是属于事业型体制，单纯依靠政府的拨款进行高速公路养护是很难把具体养护工作落实到位的，同也不能够满足新时代快速发展的需求。对此，交通管理部门应当采取多项措施来建立健全高速公路养护质量管理体制，完善组织管理架构，大胆创新与实践。构建完善的道路养护管理体系，是有效延长高速公路寿命的重要保障。加强高速公路养护管理系统的研究，构建符合我国国情的养护管理体系，使用科学合理的方式方法进行养护管理，不断优化推进养护管理方式，依据国内高速公路的实际特点进行针对性的养护技术研究与创新,同时积极开展体制改革工作。

我国的高速公路养护不仅需要依靠国家政府资金的支持，还需要在国有经营性资产的管理模式下大胆改革,不能够为了更高的利润空间而放弃长远的考虑,而是需要实现统筹规划，切实加强行业管理和高速公路养护质量管理，严格落实管理理念与管理职能。此外，我国的高速公路养护管理仍然存在养护质量管理不全面、可操作性较低等一系列问题，在整个高速公路养护过程中养护的质量并不理想。因此，需要不断完善高速公路养护的规范标准，在已有规范标准的基础上，发现存在的不足之处，不断汲取国外先进的管理技术与经验，构建出具有中国特色的高速公路养护质量管理规范体系。不仅可以依据标准规范体系来构建国家和省级的管理体系，还可以因地制宜发展具有当地特色的养护管理制度，让整个养护规范标准具有更高的可操作性、规范性与实用性。高速公路的养护管理机构应当对现有道路养护管理存在的问题进行广泛调研与分析，了解新型养护管理技术的发展趋势及实际的应用情况，制定出全面的规范标准。在完善养护管理制度时，公路养护管理机构应与相关的科研院所积极合作，推动新工艺技术的研发，确保制定的规范标准具有适用性和科学性，同时建立监测和评估机制，不定时对新技术进行检测，并及时修订和更新规范标准。

26.6　养护作业的安全管理

针对高速公路养护作业的安全管理，需要深入分析养护施工中的安全影响因素，提出针对性的治理措施。建立健全与公司发展相适应的安全生产管理体系，实现“零伤害、零事故”的安全生产目标。

26.6.1　养护作业中的安全影响因素分析

1. 自然环境影响

在高速公路的养护作业过程中，自然环境的影响对高速公路养护作业的安全产生了较大的影响，如泥石流、冻雨、暴雪等次生灾害，对道路的养护作业产生了较大阻碍。在养护作业的过程中若是没有做好预防工作，在施工过程中极易产生安全事故。

2. 管理制度影响

由于高速公路路线长、影响因素众多，养护作业设计面比较广，在进行养护作业时需要做好基础性的安全管理工作，确保在管理工作开展的过程中，与具体的养护作业相契合，多方面、多角度统筹安排，降低安全隐患。

3. 人为因素影响

在高速公路的养护作业过程中，要做到“以人为本”。整个养护作业中的养护技术人员和安全管理人员在养护工作中应当严格遵守规范要求，如果在养护施工过程中作业人员没有按照安全管理规范进行施工和养护作业，这必然会对整个养护作业的安全产生较大的影响，使整个养护工程并不能够顺利开展。

26.6.2 高速公路养护作业安全管理措施

1. 提升养护作业安全管理人员水平

重视养护作业安全管理队伍水平，能够有效推进高速公路养护施工安全管理工作，不断提升安全管理的质量，构建出一支高素质的安全管理队伍。将整个安全管理队伍的安全教育培训和实际安全管理岗位相结合，在提升管理人员的技术水平及业务能力的同时，满足高速公路养护管理作业的人才培养。相关的公路养护施工单位应当定期开展安全管理人员的安全知识培训和专业技术培养，针对实际的安全管理工作设计合适的安全管理培训方案，保证专业技术人员的适用性和针对性，构建一支强大的安全管理队伍。

2. 强化养护作业安全管理意识

在高速公路养护施工安全管理开展的过程中，相应的安全管理人员和施工技术单位需要加强安全意识，充分重视安全组织意识。专业的施工人员在上岗前要开展安全教育工作，提升自我的安全意识，保证在高速公路养护施工的过程中依照技术规范和具体的操作要求完成养护计划。公路养护安全管理工作开展过程中的相关技术人员应当具备随机应变的能力，应对突发性问题需要提前做好应急方案，将安全施工放在首位，不断加强养护作业人员的安全管理意识，稳步推进施工安全管理工作的进行。

3. 完善养护作业安全管理制度

高速公路养护施工安全管理工作所涉及的面比较广，而完善的安全管理制度是各个养护环节作业顺利开展的关键所在，能够有效避免安全事故的发生。对此，需要加强重视养护作业安全管理生产责任制度的构建环节，结合高速公路养护施工要求，将安全生产责任制度积极完善，贯彻落实安全生产和管理工作，制定明确的安全技术操作流程和检查工作，不断加大安全管理工作和安全作业的实行力度，明确安全管理责任，将安全管理制度与实际的安全管理紧密结合在一起，结合最新的交通安全管理规范要求，制定与本区域养护作业安全管理相匹配的制度。

4. 规范养护作业安全管理机构运作

政府机构应当加强对养护作业安全管理机构的监督，推动养护管理机构建设向着专业、规范、高效、明确的方向发展，保证养护管理作业的顺利进行，保障养护管理工作的质量。同时养护作业安全管理机构需要加强业内合作与沟通，建立符合当前道路养护管理规范的组织结构和作业流程,加强技术人员的管理和培训,建立健全规范合理的考核机制和评级准则。

高速公路作为国民经济发展中的重要支柱，是推进城市与乡镇、城市与城市之间交流和贸易的桥梁，维持物资运输、城市建设和经济发展的动力。在自然环境、人为因素等多重因素的影响下，易出现路面破损开裂、塌陷掉块等情况，影响其安全性。因此，养护管理部门应当从日常养护管理和组织中不断优化和完善监督管理制度，提升技术人员和安全管理人员的综合素质，定期开展专业技术培训，提升管理技术水平，规范养护作业的安全管理机构、强化养护作业的安全管理意识，保证高速公路的安全性。

第 27 章　高速公路监控通信管理

27.1　通信系统及运行管理

27.1.1　通信系统的结构

通信系统提供语音、图像、数据综合通信业务。通过先进的运行、管理、维护、设置建立一个高效率、高可靠性的综合业务接入、传输光网络。其提供有程控交换系统，提供最可靠的信令系统，实现集中的通信网络运行、维护和管理信息系统。高速公路通信系统的主要组成部分为光纤数字传输系统，程控数字交换系统，紧急电话系统，数据、图像传输系统，移动通信系统和通信电源系统。

1. 光纤数字传输系统

光纤数字传输系统是以光波为载体的一种通信系统。它用于传输数字信号的传输媒质为光纤。光纤数字传输系统为监控系统的图像、收费系统的数据、传真、图像等非话业务之间提供话务通信，提供传输专用通道。

各条高速公路通信系统采用的方案有所不同，早期的光传输系统是 PDH（准同步数字系列，Plesiochronous Digital Hierarchy）在运行，但是目前大多数光传输系统是建立在 SDH（同步数字系列，Synchronous Digital Hierarchy）技术上。SDH 光纤数字传输系统是在 PDH 系统的基础上发展起来的，一般采用 SDH 与 ONU 光网络单元接口、OLT 光线路终端接口或维护管理接口相结合。

光纤数字传输系统是为高速公路通信而提供的远距离传输渠道，其服务对象是道路沿线业务电话的数据通信、中继线通路、移动通信和其他沿线业务。为了适应我国经济飞速发展的需求，同时为了满足电信业务的需要，光纤数字传输系统应该使用 SDH、STM-4 较为适宜。这样做有利于简化网络的结构，可以更加灵活方便地使用，还能够增强维护和管理的能力。SDH 本地网管和接入网网管灵活运用既可“集中”也可“分开”设置。SDH 在所有传送网中仍是性能优越的技术。

2. 程控数字交换系统

程控数字交换系统是由通信中心的一整套汇接局数字程控交换机及若干用户（沿线各管理设施）组成，其容量是根据不同情况所设置的。系统具有完成管理部门各单位点对点的语言、传真、图像和数据的传输，实现管理中心和下属各单位一点对多点的同时通信，与上级业务管理部门和外界社会的通信等功能。

3. 紧急电话系统

当在高速公路发生了故障或紧急情况时，可使用直接求救专用系统——紧急电话系统。系统由放大器、呼叫亭设备以及控制中心设备三大部分组成。紧急电话系统不仅是在高速公路上提供一个直接求援呼救的专用通信系统，还是一个独立的专用系统，控制着本管理所辖区域内的所有紧急电话。紧急电话系统最好是通过使用油膏填充、有钢带装的铜芯线电缆进行传输，这样不仅可以免维护，还能保证通信质量。

4. 数据、图像传输系统

数据、图像传输系统是外场监控设备与监控中心之间的数据传输系统，借助电缆和 ONU 音频通道完成业务。监控数据传输采用模拟传输的方式。通信系统设备为监控设备在各站所的 ONU 设备的业务通道中提供足够的 2/4WVF 接口，以方便综合业务的接入和端口的扩充。所有的传输提供都是借用光缆传输通道，各摄像机的控制信号和视频图像复用后采用一纤传输方式传输，通信系统为每个摄像机配置一芯光纤。

5. 移动通信系统

作为现代综合业务通信网中的某环节，移动通信是与卫星通信、光纤通信一起被列为现代通信领域的三大新兴通信技术手段。移动通信技术是指用无线通信技术来完成移动终端之间或移动终端与固定终端之间的信息交换，两个移动终端之间通信的完成需要一个完整的移动通信系统来支持。移动通信系统服务于高速公路调度通信，由于沿高速公路设有光传输通信系统，只需在综合业务接入网的 ONU 光网络单元和光线路单元设备上设音频接口板即可实现联网。

6. 通信电源系统

通信电源系统是通信系统的一个重要组成部分。若通信电源系统发生故障，就会导致供电质量下降或供电中断，通信系统就无法正常运行，这必然会引发通信系统的故障，进一步将会造成巨大的经济损失和不可估量的政治影响。

27.1.2 通信系统的特点

高速公路通信系统是实现高速公路现代化管理的保障，是实现高速公路管理必不可少的根本设施。它将监控系统和收费系统的数据、语音和图像等信息准确而及时地传输，同时保证高速公路管理部门之间的业务联络畅通，并为高速公路内部各部门与外界建立必要的联系。高速公路通信系统一般建在公路两侧，沿公路呈线状分布，一般通信站都设置在收费站或管理所的所在地，通信站的地理位置在公路建立时已基本确定，不能随意设立通信站点。高速公路通信系统是以内部通信为主，并进入电信公用网，高速公路的管理体制一般采取分级管理、集中控制调度，有效保持各级管理机构与公路沿线各地有关部门及上级机关通信联络的畅通。为了及时处理交通事故，调度指挥通常利用通信系统进行语音、数据、图像等各类信息的传输和交换，保证各部门之间的通信联络，加强公路各管理处、效劳区、收费站、监控中心等机构之间的联络。

27.1.3 通信系统设备运行管理

通信系统的流畅运行离不开对其设备的运行管理。落实高速公路通信系统设备的管理，就需要明确设备对应的更新与系统改造，能够合理地使用设备，再配合对应的无线传输设备管理和器材、工具与仪表的管理，这样就可以为高速公路通信系统正常运行奠定基础条件。

1. 设备更新及系统改造

落实高速公路通信系统设备的管理，需要做好设备对应的更新处理，并且针对当前的实际需求，要求做好相对应的系统改造处理，这样才能够满足通信系统使用的要求，最终匹配相应的工作。

2. 设备使用管理

如果使用错误的设备，会影响通信成功率，一旦保养不到位，也会降低设备的实际使用寿命。所以，在设备使用管理方面，还需要考虑到从系统设计入手，能够合理地配置设备的使用级别和对应的数量，能够确保与设备工作条件相互匹配。尤其是针对室外工作的通信设备，需要做好设备功能的利用与开发，提升设备的实际使用率。同时，需要利用图标的方式，针对设备的型号、出厂编号、数量等各种情况进行标注。

3. 无线传输设备管理

目前，针对高速公路的日常工作，也需要建立健全对应的无线传输设备维护保养机构组织，按照无线电传输设备维护保养的实际专业化要求来做好人员的配置。从设备的采购开始，一直到后续的安装使用、日常的维护与保养都需要做好责任的明确划分。落实操作流程，积极开展信息化管理。直接将无线电传输设备的规划、设计、制造、安装、使用、调度、改造等全过程作为实际的管理对象，这样也能够将故障产生的原因直接消除。

4. 通信器材、工具、仪表管理

针对高速公路的通信系统，做好备用器材的存储工作，这样有利于高速公路系统的正常运行，注意做好库存量的控制，不能太多，也不能太少。对于存储的种类要求能够尽可能地合理，主要是存储关键性和非通用性的模块件。各个通信站都需要做好对应的通信测试仪表的配置，通信设备的工具、器材、仪表管理等工作都是非常繁琐的，这就要求相关人员具有较高的知识水平，拥有较强的工作责任心，在物品管理中也能够做好登记入册的划分，确保其安全存放。在实际的管理环节，需要确保设备没有任何的损坏，没有出现丢失或者是损坏的现象。另外，还需要强化存放库房的防火防潮等对应的工作，最终让设备的使用能够更加地合理与安全。

27.2　机电系统组成与维护管理

27.2.1　机电系统的组成

高速公路机电系统一般包括监控系统、通信系统、收费系统及配电照明系统以及隧道机电系统，其结构如图 5-27-1 所示。

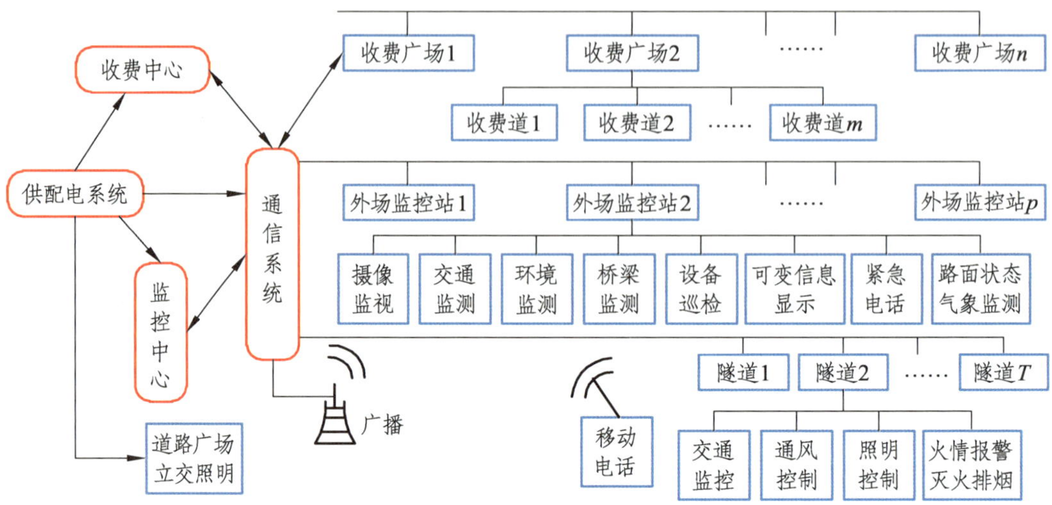

图 5-27-1 机电系统结构

1. 监控系统

通常来说，监控系统主要包括各级监控中心以及各类外场设备。监控中心包括计算机系统、闭路电视监控系统、投影成像系统、供电系统、通信系统等。监控中心计算机与通信系统与横向、纵向其他信息系统组成业务骨干局域网络，传输视频、音频、文字等多媒体信号。网络结构采用模块化设计，可随时根据需要进行扩展，并与公共互联网网络形成物理隔离。计算机系统由专用服务器集群构成，具备 7×24 h 持续工作能力。监控相关数据采集传感器以及软件是监控系统最重要的部分，它通过外场摄像头以及风速、二氧化碳、雨水等环境采集设备来采集数据，并进行分析。相关数据将实时回传至监控中心，并根据事先输入的各数据阈值及整体数据分析模型进行高速公路情况分析判断，供管理人员进行决策。

2. 收费系统

高速公路收费系统一般由收费站及收费结算中心组成。其中，收费站一般可分为现金结算车道以及 ETC 车道。收费车道一般包括收费亭、地秤、栏杆机、信号灯、情报板、监控摄像系统、车牌识别系统以及相关计算机系统组成。车辆驶入出口收费车道后，上述系统采集相关行驶里程、车牌号码、重量等相关收费数据并进行收费，之后将采集到的数据传输至收费结算中心。收费结算中心则对每辆收费车辆的类型、型号、车牌、行驶里程、轴承数量、颜色等基本信息进行分析核对，计算对应的通行费用，存入数据库。相应数据作为收费结算系统进行周期性清算以及和银行进行对账结算的重要依据。

成绵苍巴高速公路有七曲山收费站、羊岭收费站、国光收费站、文昌收费站等（图 5-27-2 ~ 图 5-27-5）。

3. 通信系统

高速公路通信系统是机电系统的重要中枢和支撑。通信系统要 7×24 h 不间断地将外场监控设备所采集到的多媒体数据、环境监测数据以及收费系统、隧道机电系统等专用系统所采集的专用数据传输至高速公路管理系统的各个层级，同时还需要保障各管理层级机关以及路政、消防、公安等部门之间信息通信的互动。

图 5-27-2　七曲山收费站

图 5-27-3　羊岭收费站

图 5-27-4　国光收费站

图 5-27-5　文昌收费站

4. 配电照明系统分析

配电照明系统是高速公路机电系统必不可少的辅助系统，是提供给收费、监控、通信系统设备用电的系统。配电照明系统的主要功能是按照规定的技术要求，24 h 不间断地对机房内部设备和外场终端安全供电。要求既能正常供电，也能紧急供电，其中正常供电包含变电和配电两部分。变电建设有高压和低压配电间以及装备各种配电箱和配电屏。配电则按沿线布设电缆管道及各种规格电力电缆和控制通信电缆。紧急供电一般配备柴油发电机组、防酸漏铅电瓶或 UPS 电源。高速公路照明一般有三个部分：主车道照明、广场（立交和收费站）和隧道照明。在运输繁忙、事故多发（立交和匝道连接点）、重要（主车道）路段设置主线照明，可以改善夜间行车环境，减少道路交通事故发生。

5. 隧道机电系统

隧道机电系统所涵盖的主要设备其实都未超过上述系统的框架之内，被列为独立的机电系统主要原因在于隧道本身作为高速公路中具有特色的相对独立体系，其对应的机电系统和高速公路其他部分的机电系统相比具有较强的隧道特性。一般来说，隧道机电同样包括通信系统、照明系统、监控系统、环境监测系统、消防系统、报警系统、信息情报展示系统等。相关系统同样以局域互联的形式相互连通并入高速公路整体的通信网络中。隧道的控制管理体系的设置取决于相关高速公路所处的地理位置，多山地区隧道较多，所对应的隧道管理体系一般分为两级，包括隧道管理所分中心以及高速公路隧道区域管理分中心；相应的，所处地域较为平坦或者位于平原地区的高速公路隧道较少，对应的管理层级相对单一，甚至并入路段分中心进行管理。

27.2.2 机电系统维护管理

高速公路机电系统投资大，技术复杂，机电设备分布的点多、线长、面广而且较为松散，一旦出现故障，故障率高且修复时间紧。所以建立严密的管理制度和维护规程，形成一套行之有效的高速公路机电系统运行管理模式，不但有利于维持机电设备使用寿命，创造经济效益，而且有利于专业技术的研究、拓展，使机电系统发挥应有的价值和功能。

1. 完善高速公路机电系统管理体系

高速公路机电系统结构繁杂，涵盖的内容也相当广泛，机电系统安全运行管理工作的专业性很强，所以建立健全高速公路机电系统管理制度是十分关键的。

首先，确定机电系统安全运行管理工作任务，并确定管理工作目标，以便于提高管理效率与服务质量。

其次，结合国家相关规定和高速公路工程的实际情况，制定科学的操作标准和操作流程，使相关工作人员能够在开展管理工作的过程中有所参考和借鉴，并且保证机电系统安全管理能够实现规范化和流程化。

再次，加强机电设备安全管理和可靠性管理，机电设备是整个高速公路机电系统的基础，其性能具有一定的不可控性，高速公路的施工设计和日常运输对机电设备的稳定性和安全性都会产生一定影响，而且机电设备之间是通过网络连接的，所以在开展安全运行管理工作的过程中要加强机电设备的日常安全检查和故障检测，一旦发生问题应及时上报，并积极采取处理措施，保证机电设备安全稳定运行。

最后，建立合理的维修养护流程，很多高速公路机电设备所处的自然环境比较恶劣，影响机电设备正常运行的不利因素较多，相关工作人员应该定期对机电设备进行维修养护，根据实际情况，有步骤、有秩序地开展标准化维护工作，提高维修养护效率，同时有效保障机电设备的使用寿命，能在一定程度上避免重大安全故障的发生，从而有效保障经济效益。

2. 保证机电设备的及时更新和改造

数字化产品设备的更新换代速度特别快，尤其是人们对机电系统的功能提出了更高的要求，设备的更新换代是时代发展和进步的必然结果。所以提高高速公路机电系统安全运行管理的重要措施之一就是保证机电设备实现及时更新和改造。

首先，在保证经济效益的情况下，要结合机电设备的实际情况和实际管理需求，对于功能不全、性能衰退以及技术陈旧的设备进行合理的淘汰或者改造，保证机电设备的及时更新。

其次，在进行机电设备改造过程中，应该保证机电设备能够满足安全运行管理的需要，同时要对改造方案进行可行性技术分析，并制定科学合理的改造方案，从而保证改造工作的顺利进行。

最后，要根据设备特性合理选择改造方案，避免浪费，保障人力、物力、财力的合理分配。

27.3　隧道通风系统运营管理

27.3.1　隧道通风系统简介

隧道风机是隧道机电系统独有的，较为重要也是较为具有特色的隧道机电设备。高速公路隧道通风系统主要包括进风段、出风段、排放设备、风机、管道和控制系统等组成部分。而高速公路隧道通风系统被广泛应用的主要原因是它能够提高隧道内部的空气质量。隧道内部车辆排放的二氧化碳、一氧化碳和颗粒物，容易形成“盖”效应，造成污染物浓度过高。长时间暴露在这种环境下，容易影响人体健康和车辆的机械系统。通风系统可以使污染物在隧道内部得到有效的分散和清除，从而提高隧道内部的空气质量。

高速公路隧道通风系统一般根据隧道的不同特点选择不同的通风方式。

1. 单向流通风

单向流通风是指在隧道内部安装了通风风道，在进入和出口处分别设置送风风口和排风风口，通过调节送风口和排风口的开度和运行方式，使得隧道内部的空气可以形成一个单向流通的气流，将污染物扫出隧道，保持隧道内部的空气质量。

2. 双向流通风

双向流通风是指在隧道内部同时设置送风口和排风口，通过调节送风口和排风口的开度和运行方式，使得隧道内部空气可以形成一个双向流通的循环气流，从而将污染物及时清除，保持隧道内部的空气质量。

3. 自然通风

自然通风是指通过自然的气流路径，将隧道内部的空气与外界空气进行交换。这种方式虽然实现成本低，但是对于有些地区的高速公路隧道来说，可能会受到气候和地形的限制。

27.3.2 隧道通风系统运营管理

高速公路隧道通风系统的后期运营管理是确保隧道安全运行和通风效果的重要环节。通风系统需要定期检查、维护和管理，以保障隧道内的空气质量和车辆行驶的安全。

1. 制定维护计划

根据通风系统的特点和运行情况制定详细的养护计划，包括维护内容、频率、责任人等，确保工作有序进行。针对通风设备，需要检查风机的转速、噪声和振动情况，以及风道和风口是否有积尘、异物堵塞或损坏。此外，对通风系统的运行维护人员进行定期培训，提升其技能水平，确保其能够熟练操作和维护通风设备。定期组织人员进行应急演练，以提高人员对紧急情况的应对能力，确保在发生事故时能够及时有效地处置。

2. 监测隧道空气质量

定期监测隧道空气质量、风速风向、能耗和设备运行状态，空气质量监测包括检测各种有害气体的浓度，以及颗粒物和微生物的含量，确保隧道内空气质量符合相关标准。风速风向监测可以帮助分析通风效果，及时调整通风设备的运行参数，以提高通风效率。能耗监测可以对通风设备的能耗情况进行监测和分析，寻找节能减排的途径，优化通风系统的运行方式，降低能源消耗。设备运行状态监测则可以及时发现设备运行异常，并采取相应措施。

3. 技术升级与改进

定期评估通风设备的技术状况和性能，及时进行设备更新换代，采用更先进、效率更高的设备，以提高通风系统的运行效率和安全性；不断引入新技术，对通风系统进行技术改进和优化，提升其通风效果和能源利用效率，降低维护成本和能耗。

第 28 章　服务区管理

28.1　高速公路服务区概念

高速公路服务区作为高速公路路段中的重要配套服务设置，它的主要功能是给途经高速公路的来往车辆、驾乘人员提供车辆维护，人员休息等相关服务项目，极大保证了过往交通车辆的安全行驶，提升了公路交通运输效率，也极大缓解了车辆驾驶员的疲劳，避免了疲劳驾驶。随着高速公路的覆盖面积越来越大，以及高速公路运输能力的逐渐提升，服务区的各项指标都需要做出相应的提升，从而优化高速公路行驶环境，提升了驾乘人员高速公路行驶过程中的舒适性。当前，高速公路行驶车辆的休息、餐饮、车辆维护、加油、购物等，基本上都是通过服务区实现的，服务区为过往车辆提供了休息的场地，使车辆加油、维护非常方便。

除此之外，服务区还为司乘人员提供人性化、多样化的服务，除餐饮、超市等，还为客户提供信息查询、娱乐休闲等服务，在缓解其长途驾驶的疲劳后，保证其能够在长途运输过程中有轻松和愉快的心态。在重大自然灾害等情况下，服务区也能够针对性地提供紧急服务，将交通风险减少到最低限度，最大程度地减少司乘人员的生命、财产方面的损害。

高速公路服务区的日常管理方面，受其自身经济体制、管理思想的限制，截至目前，尚未能形成系统、统一的管理制度。当前，高速公路服务区经营模式，主要由高速公路运营单位自行经营、对外承包、高速公路运营单位部分自主经营部分外包的三类不同的经营模式。受自身经营模式的影响，其经营、管理制度也是不同的，导致国内绝大部分高速公路服务区在管理方面,存在一系列亟待解决的问题。同时部分高速公路服务区基础服务设施较为简单，无法满足多样化、人性化的服务要求，也造成了人力资源、财力资源的不合理浪费。此外，在日常经营管理上，由于管理制度的不健全，特别是缺乏科学、有效的绩效激励制度，造成员工缺乏工作积极性，甚至缺乏必要的服务意识，管理效率较低，在部分岗位上还存在职权混乱的情况，这些都极大限制了服务区的发展和盈利能力的提升。而且，部分高速公路服务区商品性价比普遍较低，客户得到服务和支付的价格不成比例，从而导致客户对服务区极大的不满，这些都是高速公服务区当前面临的主要问题。

成绵苍巴高速公路有七曲山服务区、白龙服务区、旺瓢山停车区、白桥停车区等（图5-28-1 ~ 图 5-28-3），对服务区的管理主要从综合管理、财务管理、经营管理、安全管理四个方面开展工作。

图 5-28-1　白龙服务区

图 5-28-2　七曲山服务区

图 5-28-3　旺瓢山停车区

28.2　综合管理

28.2.1　优化服务区人员岗位设置

服务区在管理工作中，做到以人为本，并创建合理的绩效激励制度，让员工以积极的心态，投身到管理、服务工作中来。同时，在服务区内部形成一种积极向上的工作环境，加强对员工的培训，提升员工的服务能力，促进其综合素养的提升。

服务区虽然面积较小，却关系到驾乘人员的衣食住行、购物、加油、车辆维护等，因此服务区真正需要的是具有综合管理能力的员工，同时服务区也需要大量的工作人员，来解决这些管理工作的需求。但因为服务区远离城市区域，运输成本极大，再加上庞大的人力资源成本，从而加大了服务区的成本压力，也造成了管理工作上的难度。

管理人员的精细程度直接决定了服务区的精细化管理水平。管理者的职责是管理，不可能做到事必躬亲，但对员工的工作状况应当有一个全面的了解，只有有效解决员工工作过程中的问题，才能将精细化管理标准落实到实处。

服务区的服务工作由多个不同环节构成，任何环节的问题，都将对服务工作整体造成极大的不利影响。因此，服务区岗位优化以及明确工作职责就显得极为重要。加强人力资源的管理，提升员工的工作素质，保证各项服务工作的协调进行，才能实现精细化管理。

岗位职责的精细化管理，是服务区管理的关键。在保证服务区各项服务工作能够正常进行的基础上，优化服务区的岗位划分，提升整体服务、管理效率。同时，根据岗位要求以及服务要求，划分员工岗位，确定岗位人员数量，多余的人力及时淘汰，以减少人力成本的不合理支出。

岗位的设置要根据岗位职责和员工个人能力进行，保证将合适的员工安排在合理的岗位，这样员工才能意识到自己的价值，并且可以最大化员工的工作能力。根据工作人员的不同立场，服务区的管理者必须充分了解所有职位，有必要分析和研究职位的性质、分工、具体内容和主管职位所需的技能，并确定每个职位的需要，合理地调整不同工作能力的岗位。同时，管理者必须客观地掌握员工的能力。在对员工个性、学历、实践能力等因素进行综合分析的基础上，必须研究与他们相匹配的职位，以最大限度地发挥每个人的优势，创造更多价值。

28.2.2　明确服务区人员工作流程

要严格控制和检查工作流程，完善采购、验收、存储等有关管理工作，并明确岗位职责，从而明确服务区日常工作流程。

（1）加强采购方面的管理。应根据客户需求进行采购，并签订采购合同，加强采购管理，形成完善的采购程序。

（2）加强验收管理。相关材料、产品入库存储，应当对货物种类、质量等进行检测，并由相关负责人进行安全签字，未验收的产品决不能进入入库操作。

（3）是加强存储方面的管理工作。加强入库登记工作，并对仓库进行定期管理，保证仓库的环境卫生。

（4）加强出库管理工作，材料的领取必须符合相关的程序，并根据实际领取情况，认真填写出库单，保证库存物品和账户记录的一致性。

28.3　财务管理

在高速公路服务区管理工作中，要提高现代服务区运营公司财务管理水平，促进国有资产保值增值，除了加强对财务管理工作的重视外，还要结合以往工作中存在的问题，进行内部控制的创新优化，加强服务区公司党风廉政建设，提高管理层的责任意识，改善绩效评价体系。在财务管理工作中，重点从预算管理、内控管理、税收管理以及提升财务人员素质四方面开展工作。

28.3.1 加强预算管理

实际工作中，以全面预算为纲领，制定新的工作方案，逐一落实到服务区运营管理的每个细节，以此推动高速公路服务区的高质量发展。

（1）加强预算控制。在预算控制工作中，需要确定预算标准并落实在实际工作中，以此实现对服务区整体工作的全面控制。一般来讲，服务区的预算控制工作主要是对资金与业务流的控制，通过对这两者的管理与控制，可以保证资金与业务的稳定，能够有效避免出现因资金断裂而造成工作无法顺利进行的情况。在控制工作中可采用多种不同的控制方法，如制定业务单位自控、财务部门控制、职能部门控制等多级次联合控制机制，按照因地制宜原则，组建预算控制体系。在预算控制工作中，加强对服务区运行情况的分析，对于偏离控制目标较大的预算单位及时纠偏，保证各项工作的稳定运行。同时在预算控制过程中发现的预算管控问题，要及时处理并反馈给财务部门，提出相整改建议，为财务管理预算工作开展提供有效支持。此外，还应加强预算责任单位与财务部门的沟通意识，增加信息沟通的及时性，避免出现预算信息沟通不对称的情况。

（2）加强预算管理与核算管理的协调，建立预算与核算的“对账”机制。在实际工作中融入信息技术，建立全面预算信息化系统，进行预算管理与核算管理工作，增加两者之间的信息交流，提升财务管理效果。信息技术的运用，不仅可以提升各部门之间的信息沟通效率，还能够提升核算工作质量，促进财务管理工作，保证预算项目与核算项目的一致性。公司各部门做好交流工作，充分利用信息技术的共享优势，加大横向数据关联，避免在核算过程中出现信息不准确的情况。预算会计与核算会计是两项不同的工作，需要不同的人员进行。核算过程中预算人员可以参与其中，辅助核算人员进行相关的工作，了解核算执行情况。这样一来，不仅可以实现两者之间有效监督管理，同时能够提升工作效率。

（3）完善全面考核评价体系。评价制度的建立有利于提升财务工作人员积极性，对企业长远发展具有促进作用。实际工作中，需要根据服务区岗位特点，确定考核指标，为评价活动开展提供依据，增加服务区考核量化指标。总公司将公益性支出与经营性支出进行细化，并根据财务数据计算出服务区经营过程中获取的利润。财务管理考核评价中，可以将上述内容作为评价的指标，真正实现服务区运营效益数据化。此外，企业可以利用该评价制度，加强对基层工作人员的管理，提升其责任意识，促使基层人员积极投入到服务区日常管理工作中。

28.3.2 加强内控管理

在高速公路服务区内部控制工作中，从多个不同的角度进行管理，以此提升内控工作质量。

（1）建立现代企业内部控制体系，为各项业务开展奠定基础。

①利用不相容职务相分离制衡原则，进行财务管理工作。对于服务区内的重要岗位，需要交给不同的人负责，以减少违法行为出现。因此，在控制成本支出的同时做好职务分离，实行“轮岗”制度。

②加强不同级次审批授权。在服务区的业务采购中，授权审批工作的实施，可以避免出

现重复购买，资金浪费的情况。对于易损耗、流动性大的产品采用授权审批的方式进行，以此保证资源运用的合理性。

③会计系统控制。该系统的实施与运用，能够有效提升业务数据、信息的处理效果，能够使各个部门进行相互监督，提升财务管理质量。

（2）从业务方面入手，加强对日常采购、经营的管理控制。高速公路服务区是一个综合性的服务场地，可以为用户提供餐饮、停车、加油、加水、休息等服务。财务管理中的内控工作，也可以在业务工作中体现出来。通过对餐饮中的原材料管理，为用户提供更加有针对性的服务，满足用户的不同需求。此外，对于超市中的快消食品，综合所辖所有服务区总的需求量，与厂家直接谈判，签订集中采购合同，降低采购成本的同时，提高产品采购质量，加快商品流通。对于服务区加油业务，则可以通过与中石化、中石油组建专业化的运营公司，提升油品供应和油站安全管控水平的同时，提高公司综合经济效益，实现服务区运营公司可持续发展。

（3）建立监督机制，提升财务管理工作质量。高速公路服务区运行的过程中，制定监督管理机制，对内部工作与外部工作进行动态监管，以此构建良好的工作环境，提升企业经济效益。成立专门的监督管理部门，由职能部门、财务部门等选择优秀人员，共同组成监督小组，对服务区内财务管理工作进行内部监督。同时聘请第三方，对服务区内的财务进行外部审查，以此保证监督管理工作的有效性。若是在监督管理中出现问题，则需要及时指出问题，并提出建议，以此提升内部工作质量。

28.3.3　加强税收管理

在高速公路服务区财务管理中，做好各项税收工作，加强对国家政策的分析，将此与服务区管理工作充分结合，利用国家税收政策减少企业缴纳税额，降低运行成本，提升财务管理质量。在实际工作中，服务区财务工作人员需要对本服务区的经营状态、经济效益等进行全面分析，将此作为纳税的依据，为税收工作开展提供保障，同时做好与当地税务局的沟通，争取更多的税收优惠。税收管理工作的实施，能够提升财务信息的有效性与准确性，做到科学缴税。通过这种方式，提升服务区的缴税意识，降低因财务问题造成的税务风险，为企业长远发展提供基础保障。

28.3.4　提升财务人员素质

在服务区财务管理工作中，还需要提升财务部门人员的专业素质，为服务区高质量发展提供智力支持。在服务区管理公司化的大背景下，建立一支专业能力强、素质高的财务人员队伍变得尤为重要。一方面要注重现有人员的培训工作，将下属管理的服务区财务人员进行统一编制，集中管理，建立服务区财务共享中心，不断提升现有人员的专业能力；另一方面加大人才引进力度，为服务区运营管理不断输送优秀的年轻力量，保证服务区持续高效发展提供人力资源保障。

28.4　经营管理

适合新时代高速公路服务区构建的经营管理模式应主动结合高新信息技术，摒弃分散管理形式，向经营管理专业化、连锁化过渡，发展高速公路服务区经营管理创新模式。

28.4.1 与信息技术构成“互联网+”模式

信息技术的卓越兼容性能为不同企事业单位发展创造新机会，与信息技术结合构建“互联网+”模式已成为传统行业转型的潮流与趋势，高速公路服务区建设依托高新信息技术打造线上线下一体化服务系统。服务区经营管理使用联网交互技术，逐步实现线上预约服务中转、线下协调履行服务职责的高效管理模式。服务区可线上接受服务请求，如货运中转、客运接送等。除基本服务业态外，服务区的拓展服务功能将有力推动当地旅游产业经济的快速发展。政府相关管理部门可以结合地方经济情况，打造特色综合服务区。借助当地山水自然、风土人情的先天优势，依托服务区开发具有特色文化内涵的主题服务区，打造集吃、住、行、娱乐及购物于一体的全新服务区业态。

28.4.2 打造区域性服务区特色品牌

高速公路服务区管理逐步完成规模化、集成化后，地方政府有关管理部门重新整合资源，将过去传统运营模式下分散、无序的高速公路服务区进行集中化、专业化管理，进而实现区域性服务区品牌效应，连锁规范经营服务区。在原有管理体系基础上依照集中统一原则，加大力度重组功能体系结构，加快推进服务区经营管理专业化、运营品牌连锁化进程。

28.4.3 推广“服务区+”产业模式

高速公路服务区的建设，可以有效突破地方经济发展瓶颈，切实促进服务区融合地方经济产业的高效产出模式形成。依托高速公路服务区基本功能架构——物流货运、旅途中转、休闲娱乐等，推动“服务区+”功能体系快速形成规模。

1. 服务区与旅游文化结合

高速公路服务区是发展旅游经济，彰显区域性特色文化的最佳场所。四通八达的交通枢纽吸引了来自五湖四海的游客观光游历，快捷便利的休闲娱乐设施能够吸引司乘人员留下脚步。服务区功能体系构建充分利用上述优势，深度开发地方旅游资源，提升服务区所在城市的形象。高速公路服务区结合地方政府力量，将当地特色农业、风景名胜、人文风情等作为新型商业服务项目，通过多种途径推广普及。以高速公路服务区建设为起点，激发当地旅游经济发展潜力。

2. 服务区与客运行业结合

高速公路服务区充分发挥交通节点的优势，协助客运物流行业拓展业务量。利用服务区优越的地理位置与交通资源，从根本上推动相关产业的经济效益增长。利用高速公路服务区衔接客运干线、支线，为游客提供快捷便利的出行方式。根据自身产业结构和运营模式，积极提供个性化出行服务，提高游客的出行品质和货物运输效率。

3. 服务区和物流行业相结合

依托高速公路服务区建设物流集散服务中心，为当地物流行业提供相应服务，服务内容主要包含运输、配送、打包、中转和报关等综合项目。高速公路服务区物流服务可找准时机适时配合农业发展需要，拓宽当地特色农产品销售渠道，增加服务区综合产业价值。

28.5　安全管理

高速公路服务区人流、车流密集，安全管理是基础性工作，只有采取科学、系统的管理方法，不断明确安全责任边界和责任主体，不断完善绩效考核的科学性和能动性，不断加强从业人员安全风险防范意识，不断提高承包经营单位的协同工作能力，才能系统性地提升服务区安全管理水平，保障公众出行安全，提升休闲体验感。

高速公路服务区常见的安全管理范围包括火灾爆炸事故、意外伤害事故、社会治安事故、食品安全问题等，目前传染病预防等公共卫生安全工作也迫切需要从机制建设的缺口开始查漏补缺。针对目前能够识别的安全管理边界以及未来不可预见的风险因素，需要对目前服务区的安全管理要求进行梳理，并建立一套涉及多主体协同工作的安全管理体系，探索行之有效的管理考核机制，才能有效保障公共安全。

28.5.1　树立系统性全面监管思维

服务区安全管理工作是一项系统性工作，在工作中应坚持“以预防为主线”“以制度为基础”“以能力为保障”三个原则。

28.5.2　确立专业化运营管理模式

近年来，在国家鼓励盘活存量资产、带动民营经济发展、促进生产管理专业化的背景下，为了促进高速公路服务区安全管理工作科学、高效、专业开展，多省市高速公路服务区均开始尝试“外包+监管”模式运营。在近几年的实践和磨合中，服务区安全管理水平得到了较大提升，促进了国有运营管理主体从经营管理执行方转型为专业化监督管理方，从功能职能定位上促进了国企转型升级发展，从社会效益上带动了社会经营主体的参与能动性，有效提高了服务区安全管理专业化程度和公众服务满意度，发挥了较好的协同作用。

28.5.3　建立“多元主体”监督与管理体系

建立“多元主体”监督与管理体系，分别从主体责任划分、规范性落实、风险识别、应急处置和台账管理等多方面对服务区安全生产提出了具体可行的管理要求。

（1）强化监管职能及角色定位，建立安全操作规程。

按照“安全第一位”的工作要求，该体系要求服务区加强对运营总包单位的监管，运营总包单位加强对管辖的相关方的监管。运营总包单位及管辖的相关方要根据各行业标准建立安全标准化管理体系，构建安全组织机构，配备兼职安全员，建立健全安全生产责任制，编制安全管理制度、操作规程及各类应急预案。

（2）重点加强对相关方的监管，建立全面检查机制。

相关方要及时开展安全风险辨识与管控，分析经营现状可能存在的安全隐患和突发事件，进一步提高安全生产意识。运营总包单位现场责任人要及时与相关方责任人进行沟通交流，解决安全生产工作中存在的难点及问题。运营总包单位要定期对管辖的相关方开展安全检查，必要时应邀请第三方专业机构进行安全检查，对检查发现的安全隐患及其整改情况要第一时间汇总上报服务区，便于服务区复查。

（3）相关方要结合经营管理要求，定期开展安全演练。

服务区经营管理要重点针对防火、防食物中毒进行演练，比如加油站要重点针对防火防爆进行演练，汽修厂要重点针对上路抢修进行演练，物业公司要重点针对防中暑、防突发事件进行演练。

（4）重视人员专业素质，有计划开展安全教育培训。

运营总包单位首先要配置充足的人力，保证服务区安全设施的使用和维护正常运作。其次要定期对相关方责任人进行安全生产知识和应对突发事件技能的培训，相关方责任人再对其员工进行培训，针对相关方责任人及员工的安全培训要有计划、有内容、有记录、有效果。

（5）加强内部外部沟通和联系，提高工作联动响应效率。

服务区营运总包单位建立协同工作机制，定期组织相关方进行安全应急工作演习，针对突发事件和非常事件进行安全培训和演练，建立工作联系机制，形成相关方的联动处置机制，强化安全管理工作的整体性和协同性。

（6）建立科学绩效考核机制，提高公共服务管理效益。

建立相对应的安全生产奖惩机制，针对服务区全面检查发现的问题，对运营总包单位下发整改通知书，由运营总包单位对管辖的相关方做出相应处罚。针对运营总包方建立科学合理的绩效考核机制，对安全管理的重点风险要素设置考核权重，组织定期和不定期的全面检查，根据绩效考核结果对运营总包方进行奖罚处理，通过制约和激励总包方，督促其持续完善和优化安全管理措施，实质性提高管理效率和服务水平。

参考文献

[1] 中国有色金属工业西安勘察设计研究院有限公司，中国有色工程有限公司. 工程测量规范：GB 50026—2020[S]. 北京：中国计划出版社，2021.

[2] 水利部国际合作与科技司. 水土保持综合治理 技术规范：GB/T 16453—2008[S]北京：中国标准出版社，2009.

[3] 中国电力企业联合会. 建设工程施工现场供用电安全规范：GB 50194—2014[S]. 北京：中国计划出版社，2014.

[4] 中国建筑科学研究院. 混凝土结构工程施工质量验收规范：GB 50204—2015[S]. 北京：中国建筑工业出版社，2015.

[5] 交通运输部公路科学研究院. 公路水泥混凝土路面施工技术细则：JTG/T F30—2014[S]. 北京：人民交通出版社，2014.

[6] 中国交通建设股份有限公司，中交第四公路工程局有限公司. 公路工程施工安全技术规范：JTG F90—2015[S]. 北京：人民交通出版社股份有限公司，2015.

[7] 四川省交通运输厅工程质量监督局. 高速公路施工标准化技术指南：DB51/T 2428—2017[S]. 成都：西南交通大学出版社，2018.

[8] 沈阳建筑大学. 施工现场临时用电安全技术规范：JGJ 46—2005[S]. 北京：中国建筑工业出版社，2015.

[19] 湖北省发展计划委员会. 冷弯薄壁型钢结构技术规范：GB 50018—2002[S]. 北京：中国计划出版社，2002.

[10] 中国建筑标准设计研究院有限公司. 门式钢架轻型房屋钢结构技术规范：GB 51022—2015[S]. 北京：中国建筑工业出版社，2015.

[11] 中国有色金属工业协会. 工程测量标准：GB 50026—2020[S]. 北京：中国计划出版社，2020.

[12] 交通运输部公路科学研究院. 公路工程质量检验评定标准 第一册 土建工程：JTG F80/1—2017[S]. 北京：人民交通出版社股份有限公司，2018.

[13] 中交第三公路工程局有限公司. 公路路基施工技术规范：JTG/T 3610—2019[S]. 北京：人民交通出版社股份有限公司，2019.

[14] 中交一公局集团有限公司. 公路桥涵施工技术规范：JTG/T 3650—2020[S]. 北京：人民交通出版社股份有限公司，2020.

[15] 交通运输部公路局，中交第一公路勘察设计院有限公司. 公路工程技术标准：JTG B01—2014[S]. 北京：人民交通出版社股份有限公司，2014.

[16] 中国建筑科学研究院，荣盛建设工程有限公司. 钢筋机械连接技术规程：JGJ 107—2016[S]. 北京：中国建筑工业出版社，2016.

[17] 中国建筑科学研究院. 钢筋机械连接用套筒：JG/T 163—2013[S]. 北京：中国标准出版社，2013.

[18] 中国交通建设股份有限公司，中交第四公路工程局有限公司. 公路工程施工安全技术规

范：JTG F90—2015[S]. 北京：人民交通出版社股份有限公司，2015.

[19] 成都市建设工程施工安全监督站，中节能建设工程设计院有限公司. 旋挖成孔灌注桩施工安全技术规程：DBJ51/T 022—2013[S]. 成都：西南交通大学出版社，2014.

[20] 四川省交通运输厅工程质量监督局，四川公路桥梁建设集团有限公司. 高速公路施工标准化技术指南：DB51/T 2428—2017[S]. 成都：西南交通大学出版社，2017.

[21] 交通部公路科学研究所. 公路沥青路面施工技术规范. JTG/F 40—2004[S]. 北京：人民交通出版社，2004.

[22] 交通运输部公路科学研究院. 公路路面基层施工技术细则：TG/TF 20—2015[S]. 北京：人民交通出版社股份有限公司，2015.

[23] 交通运输部公路科学研究院. 公路土工试验规程：JTG 3430—2020[S]. 北京：人民交通出版社股份有限公司，2020.

[24] 交通运输部公路科学研究院. 公路工程沥青及沥青混合料试验规程：JTG E20—2011[S]. 北京：人民交通出版社，2011.

[25] 中交第二公路勘察设计研究院. 公路工程岩石试验规程：JTG E41—2005[S]. 北京：人民交通出版社，2005.

[26] 交通部公路科学研究所. 公路工程无机结合料稳定材料试验规程：JTG E51—2009[S]. 北京：人民交通出版社，2009.

[27] 交通部公路科学研究所. 公路工程集料试验规程：JTG E42—2005[S]. 北京：人民交通出版社，2005.

[28] 交通运输部公路科学研究院. 公路路基路面现场测试规程：JTG 3450—2019[S]. 北京：人民交通出版社股份有限公司，2019.

[29] 交通运输部公路科学研究院. 沥青路面用纤维：JT/T 533—2020[S]. 北京：人民交通出版社股份有限公司，2020.

[30] 招商局重庆交通科研设计院有限公司. 土工合成材料应用技术规范：JTG/T D32—2012[S]. 北京：人民交通出版社，2012.

[31] 中交路桥技术有限公司. 公路排水设计规范：JTG/T D33—2012[S]. 北京：人民交通出版社，2012.

[32] 国家测绘局测绘标准化研究所，国家测绘局第一大地测量队，国家基础地理信息中心. 全球定位系统（GPS）测量规范：GB/T 18314—2009[S]. 北京：中国计划出版社，2009.

[33] 交通运输部公路科学研究院. 收费公路车辆通行费车型分类：JT/T 489—2019[S]. 北京：人民交通出版社股份有限公司，2019.

[34] 周水兴. 路桥施工计算手册[M]. 北京：人民交通出版，2001.

[35] 孔祥元，郭际明. 控制测量学[M]. 武汉：武汉大学出版社，2006.

[36] 黄丁发，熊永良，周乐韬. GPS 卫星导航定位技术与方法[M]. 北京：科学出版社，2009.

[37] 王国祥. GPS 基线解算与质量控制[J]. 铁道勘察，2005，31（6）：7-10.

[38] 周京全. 奥维互动地图在铁路项目施工初期测量中的应用[J]. 国防交通工程与技术，2019（4）.

[39] 王健，田桂娥，吴长悦，等. 道路工程测量[M]. 武汉：武汉大学出版社，2015.

[40] 任建安. 浅谈隧道施工测量的方法及应注意的问题[J]. 城市建设理论研究，2012，3.

[41] “两区三厂”建设安全标准化指南编写组.“两区三厂”建设安全标准化指南[M]. 北京：人民交通出版社，2019：3-6.
[42] 交通运输部工程质量监督局. 公路工程工地试验室标准化指南[M]. 北京：人民交通出版社，2013.
[43] 张正东. 高速公路路面工程物资材料盘点管理探析[J]. 企业改革与管理，2020.
[44] 王耀松. 施工现场材料管理[J]. 价值工程，2013（28）：111-112.
[45] 高军. 简述高速公路收费管理中的问题与对策分析[J]. 价值工程，2022，41（24）：28-30.
[46] 史明轩. 高速公路收费业务均衡管理系统技术应用探讨[J]. 中国交通信息化，2022（S1）：208-210.
[47] 秦刚，刘晓琳. 四川省高速公路发展现状及投资决策分析[J]. 中国集体经济，2024（12）：77-80.
[48] 周新垣. 四川高速公路管理研究[D]. 成都：四川大学，2004.
[49] 张韧. J省高速公路收费政府监管优化研究[D]. 西安：西北农林科技大学，2023.
[50] 王光伟. 高速公路通信系统管理与维护研究[J]. 科学技术创新，2018，（20）：80-81.
[51] 胡捷伦. 基于GIS的高速公路机电养护系统的设计与实现[D]. 上海：复旦大学，2013.
[52] 陈振海. 高速公路通信系统维护与管理探究[J]. 黑龙江交通科技，2020，43（11）：205-206.
[53] 张磊. 高速公路特长隧道供电照明通风系统的优化配置研究[J]. 运输经理世界，2022，（1）：152-154.
[54] 韩莹琨. 河南原阳高速公路服务区精细化管理研究[D]. 大连：大连海事大学，2018.
[55] 任雪霞. 高速公路服务区财务管理存在的问题与策略[J]. 财会学习，2021（19），49-51.
[56] 谭国娟. 细论高速公路服务区经营管理模式改革创新与功能体系重组改进[J]. 中国管理信息化，2022（14），199-201.
[57] 刘彦妤. 浅谈高速公路服务区的安全管理[J]. 中外企业文化，2020（6），63-64.